(제3판)

상업등기 질의·회신집

- 선례해설 및 실무사례 -

서 유 석(법무사·공인회계사)

법률&출판

제3판 머리말

상업등기의 주요 고객은 상인입니다. 상인인 고객은 전문가로부터 등기업무에 관한 전반적인 사항에 대한 안내뿐만 아니라 회사의 경영 및 세금 전반에 관한 사항까지도 조언받기를 원하는 경우가 많습니다. 등기와 관련하여 실무 현장에서 고객으로부터 검토 요청받은 내용의 면면을 살펴보면, 고객이 원하는 바는 등기에 국한되지 않음을 자주 느끼고 있습니다. 고객의 다양한 요구에 부응하기 위해서는 등기와 함께 상법, 세법 등에 대한 전문적 지식도 갖추어야 한다고 생각합니다. 앞으로는 더욱 그러할 것이라 예상됩니다.

제2판 대비 제3판에서 추가로 반영된 부분은 다음과 같습니다.

ⅰ) 기업 인수·합병(M&A) 시장의 확대 및 경제 활성화를 위한 다양한 형태의 기업인수·합병을 도입할 목적으로 상법이 일부 개정되어 2016. 3. 2.부터 시행되고 있습니다. 이와 관련하여 합병, 분할 등의 해당 분야에 상법의 개정 내용을 반영하였습니다.

ⅱ) 지난 1년간 발표된 상업등기선례와 개정된 등기예규의 내용을 반영하였습니다.

ⅲ) 2015. 8. 1.부터 시행된 「법인의사록에 대한 인증사무 처리지침」과 관련하여 동 지침이 실무에서 적용되는 과정에 나타난 주요 쟁점을 중심으로 정리하였습니다.

ⅳ) 지난 1년 동안 실무 현장에서 발생한 실제 사건에 대해 밴드 등을 통해 여러 법무사님들과 논의를 한 것 중 공유할 필요성이 있는 실무사례를 58개 추가하여 총 160개의 실무사례를 소개하였습니다.

ⅴ) 그 외 기존 교재의 내용 중 수정할 필요성이 있는 부분에 대해서는 실무제요, 상법 주석집, 논문 등을 참조하여 수정 보완하였습니다.

이번에도 여러분의 도움을 많이 받았습니다. 특히 밴드를 통해 실무 현장에서의 경험과 지식을 아무런 대가 없이 공유해주시고 필요할 경우에는 관련 자료까지 공유해주신 많은 선·후배 법무사님들께 감사를 드립니다.

2016. 8.

서유석

제2판 머리말

2015년 5월에 법원행정처에서 10년 만에 상업등기선례 요지집 제2권의 발표와 함께 상업등기 및 법인등기 주요선례에 대한 해설이 있는「상업등기선례 요지 및 주요선례 해설」이 한권으로 통합하여 출간되었습니다. 이에 이번에 출간한 「상업등기선례 요지 및 주요선례 해설」의 내용을 독자들에게 소개할 필요성이 생겼을 뿐만 아니라, 지난 6개월 동안 밴드(band) 등을 통해 실무 현장에서의 실전 사례도 상당수 축적되어 이 또한 소개할 필요성을 느껴, 다소 이른 감이 있지만 제1판의 내용을 전면적으로 수정·보완하여 제2판의 출간을 서두르게 되었습니다.

제1판 대비 제2판에서 추가로 반영된 부분은 다음과 같습니다.

i) 「상업등기선례 요지 및 주요선례 해설」에 있는 내용 중 상업등기선례에 대한 해설 부분을 요약하여 해당 선례 다음에 함께 실었습니다. 평소 선례를 보다 보면 그 자세한 논거가 없기에 궁금증이 완전히 해소되지 않아 다소 아쉬울 때가 있었던 것이 사실입니다만, 법원행정처의 주요선례에 대한 해설에 나와 있는 논거를 살펴봄으로써 선례의 입장을 보다 명확하게 이해할 수 있을 것으로 생각됩니다.

ii) 지난 6개월 동안 밴드(band) 등을 통해 소개된 실무 현장에서의 사례 및 저자의 직·간접적 경험을 통해 정리한 사례 등 총 50개를 새로 추가하여, 기존에 소개한 실무사례 52개를 합치면 총 102개의 실무사례를 관련 상업등기선례 순서에 맞추어 소개하였습니다.

iii) 제1판 대비 참조 조문 등은 줄이고 선례 해설 부분을 상대적으로 늘렸으며, 이와 함께 내용적인 측면에서도 필요한 범위 내에서 많은 부분을 수정·보완하였습니다.

이번에도 여러분의 도움을 많이 받았습니다. 특히 밴드를 통해 실무 현장에서의 지식을 아낌없이 나누어주신 숱한 선배 법무사님들과 바쁜 와중에도 제2판의 교정을 세밀하게 하여주신 김윤상 법무사님에게 감사를 드립니다.

2015년 8월

서유석

머리말

상업등기실무를 하는데 있어서 상업등기선례의 중요성은 아무리 강조하여도 지나치지 않을 정도로 실무에서 절대적인 위치를 차지하고 있습니다만, 실무에 도움이 되도록 현재까지 발표된 상업등기선례를 전체적으로 주제별로 분류하고 해설한 자료를 찾기란 참으로 힘든 것이 사실입니다. 이에 저자는 2005년 3월까지 발표된 상업등기선례를 항목별로 분류한 「등기선례요지집 제1권~제6권」 및 「상업등기선례요지집」과 2005년 4월 이후 제정 순으로 검색할 수 있도록 편제되어 있는 대법원 종합법률정보 사이트(http://glaw.scourt.go.kr)에 있는 상업등기선례 원문 등을 모두 수집하여, 1981년 7월 1일부터 현재까지 발표된 상업등기선례 전체를 주제별로 분류하고 정리하는 작업을 시작하게 되었습니다.

본 교재의 특징은 다음과 같습니다.

ⅰ) 1981년 7월 1일부터 2015년 1월 31일까지 발표된 상업등기선례를 법원행정처 발간 「상업등기실무(Ⅰ)(Ⅱ)」의 기본 목차 순에 맞추어 체계적으로 전부 분류하여 정리하였습니다.

ⅱ) 2014년 11월 21일부로 시행된 상업등기법과 상업등기규칙의 전부개정안에 맞추어 기 발표된 상업등기선례 전부에 대해 선례해설, 각주, 총괄정리, 실무사례 해설 등을 통해 재해석하였습니다. 즉 현행 법조문·등기예규 등의 해석을 통하여 명시적으로 폐지되지는 않았으나 사실상 폐지된 상업등기선례에 대한 설명과, 등기예규의 폐지에 따른 조치로 자동 폐지되었으나 그 폐지 내지 개정이유를 살펴 실질적으로 폐지되지 않은 상업등기선례에 대한 설명 등을 통하여 실무에서 일처리 하는 데 혼선이 없도록 노력하였습니다.

ⅲ) 상업등기선례의 정확한 이해를 도모하고자 개별적인 상업등기선례의 해석에서 한걸음 더 나아가 상업등기선례에 대한 체계적인 이해에 도움을 드리고자 노력하였습니다. 즉 개별 상업등기선례에 관한 이해를 돕기 위한 방편으로 참조 조문·규칙·예규·선례·판례 등을 선례 하단에 실었을 뿐만 아니라, 선례해설과 각주 등을 통해 해당 상업등기선례와 관련된 내용에 대해 해당 페이지를 적시하여 상호 연관시켜 비교하도록 하였습니다. 또한 보

다 체계적인 이해를 돕기 위해 총괄정리를 통해 관련 상업등기선례 전체를 묶어서 설명하였습니다. 이러한 시도가 단편적인 상업등기선례의 이해를 넘어 전체적인 상업등기선례의 입장을 이해하는데 도움이 되었으면 합니다.

ⅳ) 실무사례를 해당 상업등기선례와 함께 실었습니다. 실무에서 상업등기를 처리하는데 있어서 가장 효율적인 방법은 처리하고자 하는 사건에 맞는 상업등기선례가 존재하여 그것에 맞추어 일을 진행하는 것이라 생각됩니다. 하지만 실무 현장은 과거에 경험하지 못한 다종다양한 사건들로 넘쳐나는데 비해, 1년에 발표되는 상업등기선례의 분량은 그리 많지가 않습니다. 이에 「법무사지식공유센터(Q&A,토론)」와「19기법무사님들을 위한 밴드」에 올라온 질의에 대해 상업등기 편집위원으로 활동하면서 정리한 자료와 저자가 실무를 하면서 직·간접적으로 경험한 실제 사건을 토대로 하여 실무사례 52개(유사사례와 비교사례 포함 시 약 80개)를 편제 순서에 맞추어 실었습니다. 사실관계가 다소 불명확하거나 너무 특이한 사안이라 생각되는 것은 사실관계를 약간 수정 내지 보완하였으며, 또한 비슷한 사례의 경우에는 묶어서 공통되는 사실 관계를 기초로 재구성하기도 하였습니다만, 기본적으로는 사실관계 있는 그대로 실기 위해 노력하였습니다. 상업등기선례와 마찬가지로 실무사례에 소개된 내용은 실제 사건을 기초로 한 것이라는 점에서 실무 현장에서 비슷한 사건을 처리하시는데 도움이 되실 것으로 생각됩니다.

그 동안 여러분의 도움을 받았습니다. 특히 밴드(band)를 통해 풍부한 경험을 토대로 지식공유에 앞장 선 많은 선배 법무사님들과 항상 같은 처지에서 고민을 함께한 동기 법무사님들의 도움이 컸습니다. 그 중 「법무사지식공유센터(Q&A,토론)」 밴드장이신 이남철 법무사님, 편집위원장으로 헌신하신 임선계 법무사님, 상업등기에 있어서 탁월한 지적 안목과 풍부한 경험을 바탕으로 많은 지적 영양분을 공급하시고 계시는 이한휴 법무사님, 후배들을 위해 항상 헌신하시는 이은정 법무사님, 상업등기 편집위원으로 함께 고생하신 백동현 법무사님과 김혜연 법무사님, 그리고 항상 희노애락을 함께 하며 응원과 용기를 불어넣어 주시는 19기 동기 법무사님들 등 모두에게 감사의 인사를 드립니다. 마지막으로 항상 저의 부족한 점을 채워주는 아내와 사랑하는 예지와 인지 그리고 마중물교회의 오정수 목사님과 교우 여러분들에게 감사를 드립니다.

2015년 2월
서유석

일러두기

1. 이 책은 2016년 8월 4일 기준으로 작성하였습니다.

2. 상업등기선례 본문에는 원문 그대로 법령명을 그대로 옮겼으나, 선례 해설 등에 ( ) 안에 근거규정으로 법령명을 적을 때에는 법원행정처에서 발간한 「상업등기실무」에서 사용한 약칭을 기본으로 하였습니다. 그 구체적인 예는 다음과 같습니다.

   【법률】
   상업등기법 제8조제1항 = 법 8조 1항
   상업등기법 제16조제1항제1호 = 법 16조 1항 1호
   비송사건절차법 = 비송법
   채무자 회생 및 파산에 관한 법률 = 통합도산법
   자본시장과 금융투자업에 관한 법률 = 자본시장법

   【규칙】
   상업등기규칙 제35조제1항 = 규칙 35조 1항
   상업등기규칙 제45조제2항제1호 = 규칙 45조 2항 1호

   【예규, 선례】
   대법원 등기예규 제1559호 = 예규 1559호
   상업등기선례요지집 1권[1]) 10항 = 상업선례 1-10
   상업등기선례요지집 2권[2]) 10항 = 상업선례 2-10
   상업등기선례 제201505-1호 = 상업선례 201505-1

3. 선례 본문 이외 선례 해설, 보론, 실무사례 등에 인용하는 법령명이 길어서 띄어쓰기를 할 경우에는 법령명에 「 」 표시를 하였습니다.

4. 개별 상업등기선례는 제정 당시의 법령, 등기실무 등을 감안하여 제정되었기에 그 당시에는 유효하였으나, 제정 이후 해당 법령의 개정, 등기실무의 변경 등으로 인해 현재는 유효하지 않을 수도 있습니다. 이와 관련하여 본 교재에서는 2016년 8월 4일을 기준으로 개별 상업등기선례가 유효한지 여부를 판단하고 그 논거를 선례 해설 등에 밝혀두었습니다.

---

1) 법원행정처, 『상업등기선례요지집』(2005년)
2) 법원행정처, 『상업등기선례 요지 및 주요선례 해설』(2015년)

차 례

제1편 총론

제2편 개인상인에 관한 등기

제3편 회사에 관한 등기

□ 주제별 분류(1): 동일 주제 선례에 대한 총괄 해석 목차

1. 동일한 주제를 가진 선례는 전체적으로 묶어서 살펴볼 필요가 있습니다. 아래 표는 동일한 주제를 가진 선례를 함께 묶어 총괄적으로 해설한 현황을 나타내는 표입니다.

□ 주제별 분류(2): 주제별로 본 실무사례 목차

1. 상업등기선례는 한해에 발표되는 숫자가 많지 않고 1년에 두 번 밖에 발표되지 않는 관계로 상업등기 실무를 처리하는 현장에서는 상업등기선례만으로 해결책을 찾지 못하는 애매한 사례를 접할 때가 종종 있습니다.
2. 아래 내용은 「법무사지식공유센터(Q&A,토론)」와 「19기 법무사님들을 위한 밴드」에 실무 현장에서 실제 발생한 사건에 대해 질의로 올라온 것과 저자가 실무 현장에서 직·간접 경험한 사건을 기초로 작성된 것입니다.

【 주요 참고문헌 등 】

1. 기초 참고자료

법원행정처, 『등기선례요지집 제1권~제6권』

__________, 『상업등기선례요지집』

__________, 『상업등기선례 요지 및 주요선례 해설』

대법원 종합법률정보(http://glaw.scourt.go.kr)> 규칙/예규/선례

2. 주요 참고문헌 및 약어

약어	참고문헌
『상업등기실무(Ⅰ)』	법원행정처, 상업등기실무(Ⅰ)(2011)
『상업등기실무(Ⅱ)』	법원행정처, 상업등기실무(Ⅱ)(2011)
『2016 상업등기실무』	법원공무원교육원, 2016 상업등기실무(2016)
『상업등기 주요선례 해설』	법원행정처, 상업등기선례 요지 및 주요선례 해설(2015)
『개정 상업등기법 · 규칙 해설』	법원행정처, 개정 상업등기법 · 상업등기규칙 해설(2015)
『상업등기기재례집』	법원행정처, 상업등기기재례집(2004)
『법원실무제요 비송』	법원행정처, 법원실무제요 비송(2014)
『법인파산실무』	서울중앙지방법원 파산부, 법인파산실무, 박영사(2015)
권오복, 『상업등기(상)』	권오복, 이론실무 상업등기(상), 육법사(2015)
권오복, 『상업등기(하)』	권오복, 이론실무 상업등기(하), 육법사(2015)
이승한, 『현물출자 등기실무』	이승한, 현물출자 등기실무, 법률&출판(2014)
『상법 회사편 해설』	법무부, 상법 회사편 해설(2012)
『주석상법(회사편Ⅰ)』	정동윤 외, 주석상법[회사(Ⅰ)], 한국사법행정학회(2015)
『주석상법(회사편Ⅱ)』	정동윤 외, 주석상법[회사(Ⅱ)], 한국사법행정학회(2015)
『주석상법(회사편Ⅲ)』	정동윤 외, 주석상법[회사(Ⅲ)], 한국사법행정학회(2015)
『주석상법(회사편Ⅳ)』	정동윤 외, 주석상법[회사(Ⅳ)], 한국사법행정학회(2015)
『주석상법(회사편Ⅴ)』	정동윤 외, 주석상법[회사(Ⅴ)], 한국사법행정학회(2015)
『주석상법(회사편Ⅵ)』	정동윤 외, 주석상법[회사(Ⅵ)], 한국사법행정학회(2015)
『주석상법(회사편Ⅶ)』	정동윤 외, 주석상법[회사(Ⅶ)], 한국사법행정학회(2015)
『주식회사법대계(Ⅰ)』	한국상사법학회, 주식회사법대계(Ⅰ), 법문사(2016)
『주식회사법대계(Ⅱ)』	한국상사법학회, 주식회사법대계(Ⅱ), 법문사(2016)
『주식회사법대계(Ⅲ)』	한국상사법학회, 주식회사법대계(Ⅲ), 법문사(2016)
『상법판례 백선』	법학전문대학원 14인 공저, 상법판례 백선, 법문사(2015)
이수천, 『상법강의』	이수천, 기업실무자를 위한 상법강의, 삼일인포마인(2016)
이철송, 『회사법강의』	이철송, 회사법강의, 박영사(2015)
임재연, 『회사법(Ⅰ)』	임재연, 회사법Ⅰ, 박영사(2013)
임재연, 『회사법(Ⅱ)』	임재연, 회사법Ⅱ, 박영사(2013)
사법연수원, 『2012 회사법연구』	사법연수원, 2012 회사법연구(2012)
김의효, 『지방세실무해설』	김의효, 지방세실무해설, 한국지방세연구회(2016)
박광현, 『지방세 이해와 실무』	박광현, 지방세 이해와 실무, 삼일인포마인(2015)

3. 참고논문 등

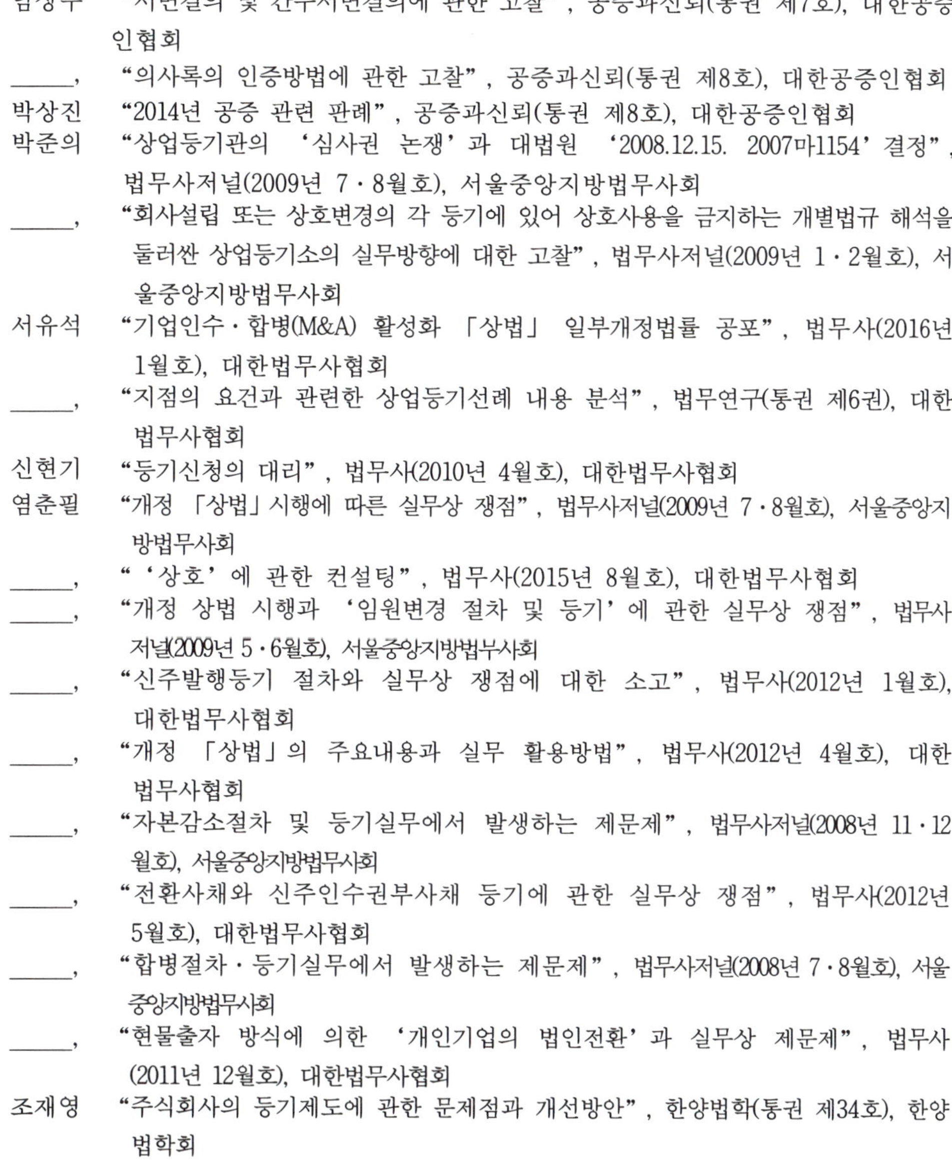

남상우 “서면결의 및 간주서면결의에 관한 고찰”, 공증과신뢰(통권 제7호), 대한공증인협회

______, “의사록의 인증방법에 관한 고찰”, 공증과신뢰(통권 제8호), 대한공증인협회

박상진 “2014년 공증 관련 판례”, 공증과신뢰(통권 제8호), 대한공증인협회

박준의 “상업등기관의 ‘심사권 논쟁’과 대법원 ‘2008.12.15. 2007마1154’ 결정”, 법무사저널(2009년 7·8월호), 서울중앙지방법무사회

______, “회사설립 또는 상호변경의 각 등기에 있어 상호사용을 금지하는 개별법규 해석을 둘러싼 상업등기소의 실무방향에 대한 고찰”, 법무사저널(2009년 1·2월호), 서울중앙지방법무사회

서유석 “기업인수·합병(M&A) 활성화 「상법」 일부개정법률 공포”, 법무사(2016년 1월호), 대한법무사협회

______, “지점의 요건과 관련한 상업등기선례 내용 분석”, 법무연구(통권 제6권), 대한법무사협회

신현기 “등기신청의 대리”, 법무사(2010년 4월호), 대한법무사협회

염춘필 “개정 「상법」시행에 따른 실무상 쟁점”, 법무사저널(2009년 7·8월호), 서울중앙지방법무사회

______, “‘상호’에 관한 컨설팅”, 법무사(2015년 8월호), 대한법무사협회

______, “개정 상법 시행과 ‘임원변경 절차 및 등기’에 관한 실무상 쟁점”, 법무사저널(2009년 5·6월호), 서울중앙지방법무사회

______, “신주발행등기 절차와 실무상 쟁점에 대한 소고”, 법무사(2012년 1월호), 대한법무사협회

______, “개정 「상법」의 주요내용과 실무 활용방법”, 법무사(2012년 4월호), 대한법무사협회

______, “자본감소절차 및 등기실무에서 발생하는 제문제”, 법무사저널(2008년 11·12월호), 서울중앙지방법무사회

______, “전환사채와 신주인수권부사채 등기에 관한 실무상 쟁점”, 법무사(2012년 5월호), 대한법무사협회

______, “합병절차·등기실무에서 발생하는 제문제”, 법무사저널(2008년 7·8월호), 서울중앙지방법무사회

______, “현물출자 방식에 의한 ‘개인기업의 법인전환’과 실무상 제문제”, 법무사(2011년 12월호), 대한법무사협회

조재영 “주식회사의 등기제도에 관한 문제점과 개선방안”, 한양법학(통권 제34호), 한양법학회

제1편

총 론

제1편 총론

제1장 등기기관 및 등기에 관한 장부

내 용	관련 조문[1]		관련 선례·예규·규칙[2] (실무사례 포함)
	상법	상업등기법	
1. 등기소와 등기관		제4조 ~제10조, 규칙 제5조 ~제12조	
2. 등기에 관한 장부 및 등기부		제11조 ~제14조, 규칙 제13조 ~제25조	1. 상업선례 제2-116호[3]

1) 상업등기에 관한 법규로서 실체법으로는 상법, 「채무자 회생 및 파산에 관한 법률」, 「자본시장과 금융투자업에 관한 법률」, 「법인의 등기사항에 관한 특례법」 등이 있고, 절차법으로는 상업등기법, 비송사건절차법과 상업등기규칙 등이 있다(『상업등기실무(Ⅰ)』, 9면). 본 교재에서는 그 중 해당 주제와 관련된 상법과 상업등기법 및 상업등기규칙만을 관련 조문에 표시하고, 기타 필요한 조문은 각 선례 하단에 「참조 조문·규칙·예규·선례·판례」의 제목 하에 실었다.

2) 해당 상업등기선례와 직접적으로 관련된 등기예규 및 규칙은 해당 상업등기선례 바로 아래에 「참조 조문·규칙·예규·선례·판례」의 제목 하에 실었으나, 특정 상업등기선례와 직접적인 관련은 없지만 상업등기에 꼭 참고할 만한 등기예규 및 규칙에 대해서는 상업등기선례와 독립하여 ※등기예규 제000호 혹은 ※규칙 제000호의 형식으로 표기하였다.

또한 상업등기선례의 이해도를 높이기 위해 실무에서 직접 발생한 사례를 필요한 범위 내에서 해당 상업등기선례의 순서에 맞추어 실었다. 이 「실무사례」는 법무사 사무실에서 실제 발생한 사건을 처리하기 위해 밴드(band)에 올라온 질의 및 토론과 저자의 개인적인 실무 현장에서의 경험 등을 바탕으로 작성한 것으로서, 해당 상업등기선례의 이해와 실무 적응 능력의 제고를 위해 필요한 범위 내에서 다루었으며, 표에서는 관련 상업등기선례 혹은 등기예규의 순서에 맞춰 실었다.

3) 상업등기선례를 약칭하여 표에서는 "상업선례"로 표시하였고, 상업등기선례 번호는 1981. 7. 1.부터 2005. 3. 31.까지 발표한 상업등기선례를 정리한 『상업등기선례요지집』을 제1권으로 하고, 2005. 4. 1.부터 2015. 3. 31.까지 발표한 상업등기선례를 정리한 『상업등기선례 요지 및 주요선례 해설』을 제2권으로 하여, 각 "제1-00호, 제2-00호" 등으로 표기하였다.

§ 요약

1. 상업등기란 상법 또는 다른 법령에 따라 상인 또는 합자조합에 관한 일정한 사항을 등기부에 기록하는 것 또는 그 기록 자체를 말하며(법 2조 1호), 반면에 법인등기란 법인에 관한 등기로서 그 설립 근거에 따라 분류되는 민법법인, 공익법인, 특수법인 등에 관한 일정한 사항을 등기부에 기록하는 것 또는 그 기록 자체를 말한다. 그 절차법의 적용에 관하여 살펴보면, 상업등기에 대해서는 상업등기법(규칙 포함)이 적용되는데 반해, 법인등기에 관해서는 비송사건절차법이 적용됨이 원칙이다.

2. 위 1.과 관련하여, 민법·상법 외의 법령에 의하여 설립된 특수법인에 대해서 그 절차법으로 상업등기법과 비송사건절차법 중 어느 것이 적용되는지가 애매한 경우가 종종 있는데, 원칙적으로는 그 법령에 특별한 규정이 있거나 성질상 허용되지 아니하는 경우 외에는 민법·상법 외의 법령에 의하여 설립된 특수법인에 대해서는 비송사건절차법 중 법인의 등기에 관한 규정이 적용되나(비송법 67조 1항),

3. 민법·상법 외의 특별법인 「농어업경영체 육성 및 지원에 관한 법률」에 의하여 설립된 농업회사법인은, ⅰ) 동법 제19조 제8항에 동법에서 규정한 사항 외에는 상법 중 회사에 관한 규정을 준용하도록 규정되어 있고, ⅱ) 동법 시행령 제17조 제1항에 농업회사법인은 기업적 경영체로 합명회사, 합자회사, 주식회사, 유한회사 형태로 설립할 수 있음을 규정하고 있는 점 등을 감안할 때, 그 절차법에 있어서 비송사건절차법이 아닌 상업등기법이 적용된다(상업선례 2-116, 5면).

4. 따라서 민법·상법 외의 특별법에 의해 설립된 특수법인에 대한 절차법의 적용에 있어서는, ⅰ) 해당 특별법에 특별한 규정이 있는지 여부, ⅱ) 그 설립근거 법률에 회사 형태로 설립되는 근거가 있는지 여부 등을 종합적으로 고려하여 결정되어야 한다(「보론」, 8~9면).

5. 한편 등기사무는 등기관이 처리하며(법 8조 1항), 등기소에서 편성하여 관리하는 등기부는 상호·무능력자·법정대리인·지배인·합자조합·합명회사·합자회사·유한책임회사·주식회사·유한회사·외국회사 등 총 11개로 구성되어 있다(법 11조 1항). 등기부는 영구히 보존하여야 하며, 등기신청서나 그 밖의 부속서류는 대법원규칙으로 정하는 기간 동안 보존하여야 한다(법 11조 2항).

1. 농업회사법인을 회사등기부에 등기하여야 하는지 여부 등

[상업등기선례 제2-116호,[1] 제정 2005. 11. 15.]

농업·농촌기본법 제16조(주: 현행 「농어업경영체 육성 및 지원에 관한 법률」 제19조)에 의하여 설립되는 농업회사법인의 등기에 관하여는 농업회사법인을 상법상의 회사로 보아, 비송사건절차법 제3편 제4장(주: 현행 상업등기법) 「상업등기」에 관한 규정을 적용하여야 하고, 비송사건절차법 제67조(법인등기 규정의 특수법인등기에의 적용 등)의 규정을 적용하여서는 아니 될 것이다.
(2005. 11. 15. 공탁법인과-624 질의회답)

◐ **선례 해설: 「법원행정처 선례해설 요약(1)」(6~7면) 참조**

1. 비송사건절차법 제67조에 의하면 비송사건절차법 중 법인의 등기에 관한 규정은 해당 법령에 특별한 규정이 있거나 성질상 허용되지 아니하는 경우를 제외하고는 민법 및 상법 외의 법령에 따라 설립된 법인(특수법인)의 등기에 대하여도 적용한다고 규정되어 있으며, 한편 「농어업경영체 육성 및 지원에 관한 법률」 제19조 제8항에서는 동법에서 규정한 사항 외에는 상법 중 회사에 관한 규정을 준용하도록 되어 있어, 「농어업경영체 육성 및 지원에 관한 법률」 제19조의 규정에 의하여 설립된 농업회사법인의 경우 비송사건절차법 중 법인의 등기에 관한 규정이 적용되는지 아니면 상업등기법이 적용되는지가 문제된 사안에서,

2. 본 선례에서는 「농어업경영체 육성 및 지원에 관한 법률」 제19조의 규정에 의하여 설립된 농업회사법인은 비송사건절차법 중 법인의 등기에 관한 규정이 아닌 상업등기법(구: 비송법 제3편 제4장)이 적용되어야 함을 밝히고 있다.

3. 「농어업경영체 육성 및 지원에 관한 법률」 제19조의 규정에 의하여 설립된 특수법인인 농업회사법인은 기업적 경영체로 합명회사, 합자회사, 주식회사, 유한회사 형태로 설립할 수 있으며(동법 시행령 제17조 제1항), 동법 제19조 제8항에 의해 동법에서 규정한 사항 외에는 상법 중 회사에 관한 규정을 준용하도록 되어 있으므로, 선례의 입장은 타당하다.

---

1) 『상업등기선례요지집』 상의 순서 항목을 기준으로 하되(예: 제2권 116번 항은 '제2-116호'로 표시), 참고로 구 상업등기선례번호 혹은 구 등기선례번호는 색인표에 병기해 두었다.

법원행정처 선례해설 요약(1)[1)2)]

【제목】 주식회사 형태의 농업회사법인을 설립하는 경우 특수법인으로 처리하지 않고 상법상 주식회사로 처리하여야 하는지 여부(적극)

1. 사안의 논점

「농어업경영체 육성 및 지원에 관한 법률」 제19조에 의하여 설립된 주식회사 등의 형태의 농업회사법인에 대하여 상법상 회사로 처리하여야 하는지 아니면 특수법인으로 처리하여야 하는지 여부

2. 특수법인 설립절차

특별법에 의하여 설립하려는 법인은 관련 법률에 따라 주무관청의 인가 또는 허가 등의 절차를 거쳐야 하고 설립등기 시에 그 인가 또는 허가서를 신청서에 첨부하여야 함.

3. 농업회사법인

i) 법적 근거: 「농어업경영체 육성 및 지원에 관한 법률」

ii) 농업회사법인의 설립등기를 위해서는 농업인 또는 농업생산자단체임을 소명하는 서면을 첨부하여야 하지만, 농업회사법인의 설립에 있어서 설립등기 전에 주무관청의 허가 또는 인가 등의 절차가 필요한 것은 아님.

iii) 「농어업경영체 육성 및 지원에 관한 법률」 제19조 제8항에서는 동법에서 규정한 사항 외에는 상법 중 회사에 관한 규정을 준용하도록 하고 있고, 동법 시행령 제17조 제1항에서는 농업회사법인은 기업적 경영체로 합명, 합자, 주식, 유한회사 형태로 설립할 수 있다고 규정하고 있음.

---

1) 『상업등기 주요선례 해설』, 332~336면

2) 본 교재에서는 전체 지면 관계상 해당 선례에 대해 법원행정처에서 해설한 내용을 요약하여 소개하였다. 하지만 요약임에도 불구하고 가능한 한 원문 그대로 실어 법원행정처 선례 해설의 입장을 독자들에게 전달될 수 있도록 노력하였다.

4. 견해의 대립

i) 농업회사법인의 설립근거는 「농어업경영체 육성 및 지원에 관한 법률」이라는 특별법이므로 등기업무에 있어서 농업회사법인은 특수법인이라는 견해

ii) 농업회사법인은 그 목적이 농업경영 등이어야 한다는 점, 일정 출자자는 농업인 또는 농업 관련 생산자단체이어야 한다는 점 외에는 상법상의 회사와 다를 바 없으므로 상법상의 회사의 일종에 불과하다는 견해

iii) 선례의 입장은 「농어업경영체 육성 및 지원에 관한 법률」에 의해 설립된 농업회사법인을 상법상의 회사로 보아, 비송사건절차법 중 법인의 등기에 관한 규정이 아닌 상업등기법을 적용하여야 한다는 견해로 상기 ii)의 입장과 동일

5. 결어[1)2)]

농업회사법인의 설립등기 이전에 행정관청의 사전 허가 등 어떠한 절차도 요구되지 않는다는 점, 첨부서면이 상법상의 회사와 거의 유사하다는 점, 농업회사법인을 일반 상법상의 회사와 차이를 두는 것은 정책지원, 세제지원이 있을 뿐이고 이는 주무관청에서 실질적으로 심사하여야 할 문제라는 점 등을 살펴볼 때,

「농어업경영체 육성 및 지원에 관한 법률」에 의하여 설립된 농업회사법인은 근거 법령과 상법의 중첩적 적용을 받는 상법상 회사로 봄이 타당하다. 따라서 그 등기에 있어서도 상업등기법이 적용되어야 한다.

---

1) 「농어업경영체 육성 및 지원에 관한 법률」에 의하여 설립된 농업회사법인은 「농어업경영체 육성 및 지원에 관한 법률」이 우선적으로 적용되고, 동법에서 특별히 규정한 사항 외에는 상법 중 회사에 관한 규정이 적용된다고 해석함이 타당하며(「농어업경영체 육성 및 지원에 관한 법률」 19조 8항 참조), 등기에 관해서는 「농어업경영체 육성 및 지원에 관한 법률」에 의하여 설립된 농업회사법인은 비송사건절차법 제5장 법인의 등기가 아닌 상업등기법이 적용되어야 한다.

2) 「농어업경영체 육성 및 지원에 관한 법률」에 의한 농업회사법인의 설립과 관련한 실무적인 사항에 관해서는, 농림축산식품부에서 발간한 『농업법인 관련 업무안내서』(발행일: 2015. 12.)를 참조하면 많은 도움을 얻을 수 있다.

「보 론」 법인등기와 상업등기

1. 근거 법률 및 절차법

구 분	종 류	근거 법률	절차법
법인등기	민법법인	민법	비송사건절차법 제5장 법인의 등기 (많은 부분 상업등기법을 준용함)
	공익법인	공익법인의 설립·운영에 관한 법률	
	특수법인	민법·상법 외의 법령	
상업등기	상인 및 합자조합	상법	상업등기법

주) 법인등기 및 상업등기 전체를 합쳐서 법인등기라 칭하는 경우가 많으나, 상인 또는 합자조합에 관한 등기인 상업등기에는 법인이 아닌 개인상인과 합자조합에 관한 내용을 포함하고 있어 엄밀한 의미에서 법인등기 및 상업등기 전체를 법인등기라 칭하는 것은 맞지 않다.

※ 관련 규정

▣ **민법 제32조(비영리법인의 설립과 허가)** 학술, 종교, 자선, 기예, 사교 기타 영리아닌 사업을 목적으로 하는 사단 또는 재단은 주무관청의 허가를 얻어 이를 법인으로 할 수 있다.

▣ **공익법인의 설립·운영에 관한 법률 제2조(적용 범위)** 이 법은 재단법인이나 사단법인으로서 사회 일반의 이익에 이바지하기 위하여 학자금·장학금 또는 연구비의 보조나 지급, 학술, 자선(慈善)에 관한 사업을 목적으로 하는 법인(이하 "공익법인" 이라 한다)에 대하여 적용한다.

▣ **비송사건절차법 제66조(「상업등기법」의 준용)** ① 법인과 대한민국에 사무소를 둔 외국법인의 등기에 관하여는 「상업등기법」 제3조, 제5조부터 제10조까지, 제11조제2항·제3항, 제12조부터 제22조까지, 제24조, 제25조, 제26조제1호부터 제12호까지 및 제14호·제17호, 제28조, 제75조부터 제80조까지, 제82조부터 제86조까지, 제87조제1항, 제88조, 제89조 및 제91조를 준용한다. 다만, 임시이사의 등기신청에 관하여는 「상업등기법」 제25조제1항 및 제2항을 준용하지 아니한다.

② 법인의 등기에 관하여는「상업등기법」제54조부터 제60조까지 및 제81조를 준용한다.

③ 대한민국에 사무소를 둔 외국법인의 등기에 관하여는「상업등기법」제23조제3항을 준용한다.

제67조(법인등기 규정의 특수법인등기에의 적용 등) ① 이 법 중 법인의 등기에 관한 규정은 「민법」 및 「상법」 외의 법령에 따라 설립된 법인의 등기에 대하여도 적용한다. 다만, 그 법령에 특별한 규정이 있거나 성질상 허용되지 아니하는 경우에는 그러하지 아니하다.

② 제1항에 규정된 법인의 업무에 관하여 재판상 또는 재판 외의 모든 행위를 할 수 있는 대리인에 관하여는 「상업등기법」 제16조 및 제17조 중 지배인에 관한 규정과 같은 법의 회사의 지배인등기에 관한 규정을 준용한다.

2. 조문의 적용에 대한 예(상업등기선례 제2-116호 해석)[1)2)]

i) 「농어업경영체 육성 및 지원에 관한 법률」제19조에 의해 설립된 농업회사법인은 민법·상법 외의 법령에 의하여 설립된 법인으로서 비송사건절차법 제67조 제1항 본문에 의해 비송사건절차법 중 제5장 법인의 등기에 관한 규정이 적용되어야 하는 것으로 일응 볼 수 있으나,

ii) 「농어업경영체 육성 및 지원에 관한 법률」제19조 제8항에 동법에서 규정한 사항 외에는 상법 중 회사에 관한 규정을 준용하도록 되어 있고, 농업회사법인은 동법 시행령 제17조 제1항에 기업적 경영체로 합명, 합자, 주식, 유한회사 형태로 설립할 수 있다고 규정하고 있는 점 등을 고려할 때, 「농어업경영체 육성 및 지원에 관한 법률」제19조에 의해 설립된 농업회사법인은 비송사건절차법이 아닌 상업등기법이 적용됨을 선례에서는 밝히고 있다.

1) 이와 관련된 좀 더 자세한 논의는「법원행정처 선례해설 요약(1)」(6~7면) 참조
2) 본 선례 해설을 통해, 민법·상법 외의 법령에 의하여 설립된 특수법인에 대해 설립근거의 개별 법령 해석으로, 그 등기절차에 있어서 비송사건절차법이 적용되는지 아니면 상업등기법이 적용되는지에 대한 이해의 폭을 넓힐 수 있다.

제2장 등기 등의 공시 및 인감증명

제2장 등기 등의 공시 및 인감증명

내 용	관련 조문		관련 선례·예규·규칙 (실무사례 포함)
	상법	상업등기법	
제1절 등기사항증명서의 발급[1]		제15조, 규칙 제26조 ~제33조	~~2. 상업선례 제1-8호~~[2]
제2절 등기기록, 등기신청서 기타 부속서류의 열람			3. 상업선례 제1-3호 4. 상업선례 제1-1호 5. 상업선례 제1-11호
제3절 주민등록번호의 공시 제한		규칙34조	
제4절 인감증명 (전자증명서 포함)		제16조, 제17조 규칙 제15조, 제40조 ~제50조	6. 상업선례 제1-4호
제5절 등기사항증명서의 교부수수료 등[3]		제18조	7. 상업선례 제1-2호 8. 상업선례 제1-6호 9. 상업선례 제2-1호 10. 상업선례 제1-9호 11. 상업선례 제2-2호 12. 상업선례 제1-5호 13. 상업선례 제1-7호 14. 상업선례 제1-10호 ※ 규칙 제2560-8호

1) 종래에는 등기신청사건이 접수되어 처리 중인 등기기록에 대해 원칙적으로 등기사항전부증명서를 발급하지 아니하였지만, 이 경우에도 2014. 11. 21.부로 시행된 개정 상업등기규칙에서는 그 등기기록에 등기신청사건이 접수되어 처리 중에 있다는 뜻을 등기사항증명서에 표시하여 발급할 수 있도록 하였다(규칙 31조 3항 참조).

2) 상업등기선례 제1-8호는 대법원 종합법률정보에서는 2016년 7월말 현재 유효한 선례로 되어 있으나, 본 선례의 기초가 된 등기예규 제634호가 2014. 1. 1.부로 등기예규 제1509호에 의해 폐지됨에 따라 사실상 사문화되었다.

3) 제5절 등기사항증명서의 교부수수료 등과 관련한 상업등기선례는 모두 수수료 면제 여부에 관한 선례이며, 이와 관련하여 등기사항증명서 교부수수료 등 면제 여부에 관한 「총괄(1)」(25면) 참조.

§ 요약

1. 등기기록에 기록되어 있는 사항의 전부 또는 일부의 열람과 이를 증명하는 등기사항증명서의 발급은 누구든지 수수료를 내면 신청할 수 있으나(법 15조), 등기기록의 부속서류 즉 등기신청서, 촉탁서, 통지서 등과 그에 첨부된 서면은 이해관계 있는 자가 이해관계 있는 부분만 열람(주: 발급은 불가)을 신청할 수 있다. 다만 등기기록의 부속서류에 대해서 발급이 불가하더라도, 이해관계 있는 자는 이해관계 있는 부분에 대해 등기공무원에게 인증이 없는 단순한 사본의 교부는 청구할 수 있다.

2. 등기기록 열람 및 등기사항증명서 교부의 경우에 등기기록에 기록된 임원 또는 지배인 등의 주민등록번호 뒷부분 7자리는 원칙적으로 비공개하여 공시한다(예규 1573호 8. 주민등록번호의 공시 제한 참조).

3. 법인인감증명서의 용도가 부동산매도용 또는 자동차매도용인 경우에는 통상의 법인인감증명 발급과는 달리 인감증명서 발급신청서에 매수자의 성명(법인명), 부동산등기용등록번호(주민등록번호, 법인등록번호 등) 및 주소(본점 또는 주사무소 소재지)를 기재하여야 하며, 매수인이 여러 명인 경우에는 신청서 뒷면에 있는 별지도 작성하여야 한다(예규 1581호, 23~24면).

4. 등기사항증명서의 교부 및 등기기록이나 신청서 기타 부속서류 열람의 수수료(이하 '교부수수료 등'이라 함)는 다른 법률에 수수료를 면제하는 규정이 있거나, 국유재산법상의 분임재산관리관 이상의 공무원이 징발법 등 시행상의 필요에 의하여 등기사항증명서의 교부 또는 열람을 청구하는 경우에 면제한다(「등기사항증명서 등 수수료규칙」 7조 1항).[1)]

5. 위 4.의 경우에 다른 법률에 수수료를 면제하는 규정이 있는지에 관한 상업등기선례가 다수 있는데 그 구체적인 내용은 다음과 같다. ⅰ) 원칙적으로 다른 법률에 수수료를 면제하는 규정이 있는 경우에는 교부수수료 등은 면제된다. ⅱ) 다만, 다른 법률에서 청구인이 국가기관에 대하여 필요한 자료의 제공 또는 관계서류의 열람 등을 요청하거나 요구할 수 있도록 규정한 경우에는 수수료를 면제한다는 명문의 규정이 없는 경우에도 등기기록이나 신청서 기타 부속서류 열람수수료는 면제된다.

---

1) 한편 「등기사항증명서 등 수수료규칙」 제7조에 의하여 등기사항증명서 교부수수료 및 등기기록이나 신청서 기타 부속서류 열람수수료가 면제되는 경우에도 무인발급기 또는 인터넷에 의한 등기사항증명서의 발급, 인터넷에 의한 등기기록의 열람에 의한 수수료는 면제되지 않는다.

제1절 등기사항증명서의 발급

2. 해산간주된 회사의 등기부등본 발급 가능여부[1)2)]

[상업등기선례 제1-8호, 제정 2003. 7. 24.]

> 상법부칙 제4조 제2항 및 상법부칙 제24조 제2항의 규정에 의하여 해산간주된 회사에 대한 등기사무처리지침에 의하여 해산간주된 회사라 하더라도 등기부등본(초본이 아님)을 발급할 수 있다.
> (2003. 7. 24. 공탁법인 3402-176 질의회답) **사실상 폐지**

참조 조문 · 규칙 · 예규 · 선례 · 판례

▣ 상법 부칙 제4조 제2항 및 제24조 제2항의 규정에 의하여 해산간주된 회사에 대한 등기사무처리지침[등기예규 제634호, 제정 1987. 8. 13.]

↳ 동 예규는 2014. 1. 1.부로 폐지됨, 관련 해석은 「선례해설」 참조

상법 부칙 제4조 제2항의 규정에 의하여 해산된 것으로 간주된 주식회사와 동법 부칙 제24조 제2항의 규정에 의하여 해산된 것으로 간주된 유한회사(이하 "해산간주회사"라 한다)에 대한 등기사무는 아래 지침에 의하여 처리한다.

1. 등기공무원은 1987. 9. 1. 현재 자본금액이 오천만원 미만인 주식회사와 자본금액이 일천만원 미만인 유한회사의 등기용지(지점의 등기용지도 포함한다)를 1987. 8. 31. 까지 확인하여, 그 등기용지의 오른쪽 윗부분 적당한 곳에 [해산간주(주식)] 또는 [해산간주(유한)]라는 색인표를 붙여 해산간주회사임을 알 수 있도록 한다.

2. 주식회사가 1987. 8. 31. 까지 자본금액을 오천만원 이상으로 증가하는 절차를 완료하고 그 자본금액 증가를 위한 변경등기의 신청을 하거나 주식

1) 상업등기선례 제1-8호는 대법원 종합법률정보에서는 유효한 선례로 남아 있으나, 본 선례의 기초가 된 등기예규 제634호가 2014. 1. 1.부로 등기예규 제1509호에 의해 폐지됨에 따라 사실상 사문화 되었다.

2) 1984. 4. 10. 상법(법률 제3724호, 1984. 9. 1. 시행) 개정 시 주식회사의 최저자본액(제329조 제1항)과 유한회사 자본총액 등(제546조)을 정하되, 기존회사를 보호하기 위하여 3년간 경과기간을 두고 이 기간 내에 소정의 절차를 밟지 아니한 회사는 해산된 것으로 간주하였다.

회사가 유한회사로의 조직변경절차를 위 기일까지 완료하고 그 조직변경을 위한 변경등기의 신청을 한 경우에는 위 기일 경과 후의 신청이라도 이를 수리하여야 한다.

3. 해산간주회사의 해산등기는 상법 및 비송사건절차법의 규정에 따라 신청에 의하여 할 것인바, 해산사유는 [상법 부칙 제4조 제2항에 의하여 해산](주식회사의 경우) 또는 [상법 부칙 제24조 제2항에 의하여 해산](유한회사의 경우)으로 한다.

4. 해산간주회사의 인감부 해당란에는 [해산간주]라는 색인표를 붙이고 해산간주회사에 대한 인감증명을 발행하여서는 안 된다.

5. 해산간주회사에 대한 등기부등본은 발행할 수 있으나 등기부초본은 발행할 수 없다.

6호 및 7호는 생략

◐ **선례 해설:**

1. 「상법 부칙 제4조 제2항 및 제24조 제2항의 규정에 의하여 해산간주된 회사에 대한 등기사무처리지침」(예규 634호)은, ⅰ) 주식회사는 2009. 5. 28. 상법 개정으로, 유한회사는 2011. 4. 14. 상법 개정으로 각 최저자본금제도가 폐지되었고, ⅱ) 법률 시행 후 약 30년이 경과한 현재 해당 법률 부칙에 따라 처리되는 등기사무가 없고, ⅲ) 예규 내용도 종이등기부를 전제로 한 것이어서 현재 등기사무처리에 반영할 사항이 없으므로, 2014. 1. 1.부로 등기예규 제1509호에 의해 폐지되었다.

2. 동 부칙 제정 이후 관련 상법 내용이 개정 되었고, 본 선례의 기초가 되었던 등기예규 제634호가 2014. 1. 1.부로 폐지됨에 따라 본 선례는 사실상 사문화 되었다.

[일러두기] 이와 같이 대법원 종합법률정보 상에는 유효한 선례로 나와 있으나 사실상 사문화된 선례가 다수 있고, 반면에 폐지된 선례일지라도 그 폐지사유를 살펴보면 실질은 폐지되지 않은 유효한 선례 또한 다수 있다. 이에 저자는 형식에 얽매이지 않고 실질을 중시하여 해당 선례에 대한 유효성 여부를 판단하였음을 밝혀 둔다. 따라서 본 교재에서는 대법원 종합법률정보 상의 폐지 여부와는 상관없이 1981. 7. 1. 이후 발표된 모든 상업등기선례에 대해 현재 시점에서 그 유효성 여부를 판단하고 「선례해설」 등을 통해 그 입장을 밝혀 두었다.

제2절 등기기록, 등기신청서 기타 부속서류의 열람

3. 등기신청서의 등사청구 가부[1)]

[상업등기선례 제1-3호, 제정 1994. 7. 14.]

수수료를 납부하고 등·초본의 교부를 청구할 수 있는 것은 등기부의 등본이나 초본에 한하고, 등기신청서 기타 부속서류에 관하여는 그 등·초본의 교부를 청구할 수 없다. 그러나 등기신청서 기타 부속서류의 열람과 사진촬영 및 열람의 연장으로서 등기공무원의 인증이 없는 단순한 사본의 교부는 청구할 수 있으나 이 경우 이해관계가 있음을 소명하여야 한다.
(1994. 7. 14. 등기 3402-642 질의회답)

참조 조문 · 규칙 · 예규 · 선례 · 판례

▣ 상업등기법[법률 제13953호, 2016. 2. 3., 타법개정]

제15조(등기사항의 열람과 증명) ① 누구든지 수수료를 내고 대법원규칙으로 정하는 바에 따라 등기기록에 기록되어 있는 사항의 전부 또는 일부의 열람과 이를 증명하는 등기사항증명서의 발급을 신청할 수 있다. 다만, 등기기록의 부속서류에 대해서는 이해관계 있는 부분만 열람을 신청할 수 있다.

▣ 상업등기규칙[대법원규칙 제2668호, 2016. 6. 27., 타법개정]

제26조(열람 및 각종 증명서의 신청방법) ① 등기소를 방문하여 등기기록 또는 신청서 기타 부속서류를 열람하거나 등기사항의 전부 또는 일부에 대한 증명서(이하 "등기사항증명서"라 한다) 또는 등기소에 제출한 인감에 대한 증명서(이하 "인감증명서"라 한다)를 발급받으려는 사람은 신청서를 제출하여야 한다.

제28조(열람의 신청) ① 등기기록 또는 신청서 기타 부속서류의 열람신청서에는 다음 각 호의 사항을 적어야 한다.

1. 열람을 신청하는 등기기록 또는 그 신청서 기타 부속서류
2. 폐쇄한 등기기록의 열람을 신청할 때에는 그 뜻

② 신청서 기타 부속서류의 열람신청서에는 이해관계를 명백히 하는 사유를 적거나 이를 적은 서면을 첨부하여야 한다.

---

1) 등기기록의 부속서류(신청서 기타 부속서류)의 열람신청과 관련한 상업등기선례로는 본 선례 외 상업등기선례 제1-1호(20면) 및 제1-11호(22면)가 있다.

◐ 선례 해설: 등기기록의 부속서류(신청서 기타 부속서류) 열람

1. 등기기록의 부속서류 즉 신청서 기타 부속서류란 등기신청서, 촉탁서, 통지서 등과 그에 첨부된 서면을 말한다.

2. 등기신청서 기타 부속서류는 누구든지 열람 및 발급을 신청할 수 있는 등기사항 전부 또는 일부를 증명하는 서면과는 달리(법 15조 1항 본문), 이해관계가 있는 자가, 이해관계 있는 부분에 한하여 열람할 수 있다는 데에 그 특징이 있다(법 15조 1항 단서). 여기서 이해관계가 무엇인지에 대해 법조문 및 선례에서 직접적으로 언급한 내용은 없으나, 비록 부동산등기에 관한 선례이기는 하지만 단순히 어느 부동산을 매수하고자 하는 자 또는 등기신청인에 대하여 단순히 금전채권이 있음을 소명하는 자는 이해관계인에 해당하지 아니한다는 선례가 있는 것으로 추측하건대, 상업등기법 제15조에서의 이해관계란 단순한 경제적 이해관계 보다는 법률적 이해관계로 봄이 상당하다.[1)]

3. 상업등기법 제15조에서의 「이해관계」의 의미

▷ 이해관계의 존부는 구체적인 사안에 따라 등기관이 판단
▷ 여기서 이해관계란 등기상 이해관계에 한정되지 아니하므로 부속서류 중 주주총회의사록의 열람을 청구함에 있어서는 주주총회결의무효확인의 소를 제기한 주주도 이해관계 있는 자에 해당할 수 있다(『상업등기실무(Ⅰ)』, 111면).
▷ 단순히 어느 부동산을 매수하고자 하는 자는 이해관계인에 해당하지 아니한다(상업선례 1-11, 22면).

4. 위 2.와 3.의 이해관계 있는 자는 이해관계 있는 부분에 한하여 그 열람이나 사진촬영이 허용되며, 열람의 연장으로서 등기공무원의 인증이 없는 단순한 사본의 교부는 청구할 수 있다고 본 선례는 밝히고 있다(주: 본 선례 이외 상업등기선례 제1-1호 및 등기예규 제680호에서도 같은 내용의 입장을 밝히고 있음). 또한 등기기록의 부속서류 즉 신청서 기타 부속서류를 열람하고자 하는 자는 열람신청서에 이해관계를 명백히 하는 사유를 적거나 이를 적은 서면을 첨부하여야 한다(규칙 28조 2항).

---

1) 「법원행정처 선례해설 요약(2)」(19면) 참조

법원행정처 선례해설 요약(2)[1)]

【제목】 등기상 이해관계가 없고 법률상 이해관계도 없는 단순히 경제적 이해관계가 있는 자도 신청서 기타 부속서류에 대해 열람이 가능한지 여부(소극)

1. 사안의 논점

상업등기법 제15조 제1항에 의하면, 등기기록의 부속서류의 열람을 신청할 수 있는 자는 대표권이 있는 사람 외에 이해관계가 있어야 하는데, 여기서 이해관계가 무엇인지 여부

2. 상업등기법 제15조 제1항의 이해관계

i) 상업등기법 제15조 제1항의 이해관계란 법률상 이해관계를 의미
ii) 법률상 이해관계란 등기기록상 이해관계에 한정되지 않고 등기사항과 관련하여 법률상 이익을 얻거나 불이익을 보는 관계를 의미
iii) 법률상 이해관계가 있다고 해서 신청서 기타 부속서류의 열람이 당연히 허용되는 것은 아니고 그 열람을 신청함에 있어 이해관계가 있음을 소명하고 등기관이 허용한 경우에 한하여 열람이 가능

3. 관련 선례: 상업등기선례 제1-3호(17면), 제1-1호(20면), 제1-11호(22면)

4. 결어

구 분	열람 여부	등기관의 거부처분 시
법률 및 등기상 이해관계 있는 자	가능	이의신청 내지 문서제출명령 등
법률상 이해관계가 있으나 등기상 이해관계가 없는 자	구체적 사안에 따라 등기관이 판단[2)]	
법률 및 등기상 이해관계가 없는 자	불가능	

1) 『상업등기 주요선례 해설』, 150~154면
2) 법률상 이해관계가 있다고 해서 당연히 신청서 기타 부속서류의 열람을 할 수 있는 것은 아니고 구체적 사안에 따라 등기관에게 이해관계가 있음을 소명하고 등기관이 이해관계가 있음을 인정한 경우에 한하여 열람을 할 수 있을 뿐이다(『상업등기 주요선례 해설』, 154면).

4. 등기신청서 기타 부속서류의 열람 방식

[상업등기선례 제1-1호, 제정 1991. 5. 20.]

이해관계 있는 자는 스스로 또는 타인에게 위임하여 수수료를 납부하고 이해관계 있는 부분에 한하여 등기부 또는 부속서류의 열람을 청구할 수 있으며, 등기공무원의 인증이 없는 단순한 등기신청서 기타 부속서류의 사본의 교부도 청구할 수 있다.
(1991. 5. 20. 등기 제1042호)

참조 조문 · 규칙 · 예규 · 선례 · 판례

▣ 상업등기법 및 상업등기규칙 관련 조문은 17면 참조

▣ 등기신청서 기타 부속서류에 관한 열람방식[등기예규 제680호, 제정 1989. 3. 8.]

등기신청서 기타 부속서류에 관하여는 법령의 근거가 없으므로 그 등(초)본이나 인증된 사본을 교부할 수는 없으나, 이해관계 있는 자의 청구가 있으면 그 열람 또는 사진촬영은 허용하여도 무방하며 열람의 연장으로서 등기관의 인증이 없는 단순한 사본을 교부할 수도 있다.

▣ 법인 등의 등기사항증명서 발급 등에 관한 업무처리지침[등기예규 제1573호, 개정 2015. 2. 16.]

7. 폐쇄등기부의 열람

가. 열람신청

1) 폐쇄등기부를 열람하고자 하는 자는 별지 제4호 양식의 열람신청서를 작성하여 관할 등기소에 제출하여야 한다. 다만, 종이 폐쇄등기부를 전자촬영한 이미지에 의한 폐쇄등기부 열람은 관할 등기소 외에 다른 등기소에서도 할 수 있다.

2) 폐쇄등기부 열람의 경우 위 6.나.의 폐쇄등기부 등 · 초본의 발급신청 처리기준의 예에 따라 처리한다.

라. 열람업무처리 시 유의사항

㈀ 열람업무 담당자는 신청서에 기재된 신청인의 성명, 생년월일 및 주소를 제시된 주민등록증 또는 운전면허증 등과 대조하여 그 일치 여부를 확인한 후 신청순서에 따라 열람하게 하여야 한다.

(ㄴ) 열람은 지정된 열람석에서만 하도록 하고 등기소장은 열람 시 열람업무 담당자를 동석하게 하여야 한다.
(ㄷ) 열람업무 담당자는 등기부의 열람이 이루어지고 있는 동안에는 열람대를 이석하여서는 안 되며, 불가피하게 이석할 경우에는 반드시 업무를 대신할 수 있는 사람을 배치하여야 한다.
(ㄹ) 열람업무 담당자는 열람 중 등기부가 훼손되지 않도록 주의를 기울여야 한다.
(ㅁ) 등기부책 1권을 신청인에게 포괄적으로 제시하는 방법을 지양하고 열람 신청한 등기용지가 나타날 수 있도록 특정 부분을 제시하여 열람할 수 있도록 한다.
(ㅂ) 열람 시, 필기구는 반드시 연필만 사용하도록 한다.

◐ 선례 해설: 등기기록의 부속서류(신청서 기타 부속서류)의 열람 방식

1. 열람신청:

i) 열람의 신청은 종이 폐쇄등기부의 열람신청절차에 준하며(「예규 1573호 7. 폐쇄등기부의 열람」 참조), 신청서 기타 부속서류를 열람하고자 하는 자는 등기소를 방문하여 열람신청서를 제출하여야 한다(규칙 26조 1항).

ii) 열람신청서에는 열람을 신청하는 신청서 기타 부속서류의 사항을 적어야 하며, 또한 그 신청서에는 이해관계를 명백히 하는 사유를 적거나 이를 적은 서면을 첨부하여야 한다(규칙 28조 2항).

2. 열람방법:

i) 신청서 기타 부속서류의 열람은 등기기록에 기록된 등기사항을 전자적 방법(컴퓨터모니터)으로 보게 하거나 그 내용을 기록한 서면을 교부하는 방법으로 하는데, 신청서 기타 부속서류가 종이 형태로 작성된 경우에는 등기관이 보는 앞에서 열람하여야 한다(규칙 29조).

ii) 신청서 기타 부속서류가 종이 형태로 작성된 경우의 열람방법에 관해서는 「등기예규 제1573호 7. 폐쇄등기부의 열람」에 그 절차 및 열람업무처리 시 유의사항에 대한 상세한 설명이 있다.

5. 등기부의 부속서류 열람 신청

[상업등기선례 제1-11호, 제정 2004. 10. 12.]

1. 부동산등기법 제21조(주: 현행 제19조)의 규정에 의하면 등기부의 부속서류에 대하여는 이해관계 있는 부분에 한하여 열람을 청구할 수 있으므로, 위 서류는 공공기관의 정보공개에 관한 법률 제9조 제1항 제1호의 '다른 법률에 의하여 비공개사항으로 규정된 정보'에 해당하여 위 법률에 의한 정보공개의 대상이 아니다.

2. 당사자의 경정등기 신청에 의하여 경정등기를 한 경우 그 등기신청서도 위 열람의 대상이 되는 등기부의 부속서류에 포함되며, 이해관계인의 대리인은 본인이 위 열람에 대하여 이해관계가 있음을 소명하는 자료와 본인의 위임장(법정대리인의 경우에는 법정대리인임을 소명하는 호적등본 등)을 첨부하여 위 신청서의 열람을 신청할 수 있으나, 단순히 어느 부동산을 매수하고자 하는 자는 위 이해관계인에 해당하지 아니한다.

(2004. 10. 12. 부등 3402-518 질의회답)

주) 이 선례는 부동산등기에 관한 것이나, 상업등기 및 민법법인, 특수법인등기에서도 동일함.

◐ **선례 해설:**

1. 등기사항의 열람과 관련하여 상업등기법에서는 이를 이원화하여, i) 등기기록에 기록되어 있는 사항의 전부 또는 일부의 열람과 이를 증명하는 등기사항증명서의 발급은 누구든지 신청할 수 있는 반면에, ii) 등기기록의 부속서류에 대해서는 이해관계 있는 자가, 이해관계 있는 부분만 열람(주: 발급은 안 됨)을 신청할 수 있는 것으로 규정하고 있다.

2. 한편 「공공기관의 정보공개에 관한 법률」(이하 '정보공개법'이라 함)에 의하면, 공공기관이 보유·관리하는 정보는 공개 대상이 되나, 다른 법률 또는 법률에서 위임한 명령에 따라 비밀이나 비공개 사항으로 규정된 정보에 대해서는 공개하지 아니할 수 있다(정보공개법 9조 1항 1호).

3. 등기기록의 부속서류에 대해서는 이해관계 있는 자에 한해서 열람을 신청할 수 있다고 상업등기법 제15조 제1항에 규정되어 있으므로, 이는 정보공개법 제9조 제1항 제1호의 비공개 대상이 되어, 이해관계자만 이해관계 있는 부분에 한해 등기기록의 부속서류에 대해 열람할 수 있다.

제3절 주민등록번호의 공시 제한[1)]

제4절 인감증명(전자증명서 포함)

6. 법인의 부동산매도용 인감증명 발급

[상업등기선례 제1-4호, 제정 1994. 9. 12.]

법인의 부동산매도용 인감증명발급에 있어 매수자가 다수인일 경우에는 매수자의 인적사항란에 매수자 중 모두(冒頭) 1인의 주소와 주민등록번호만을 기재하고 성명란에는 "○○○외 ○명"으로 기재하고 그 외 매수자의 인적사항은 별지에 기재하면 되고(등기예규 제483호 참조 => 주: 현행 등기예규 제1581호 참조), 위 경우 인감증명 교부에 대한 수수료는 1통분만을 납부하면 된다(등기부등·초본등수수료규칙 제5조 참조 => 주: 현행 「등기사항증명서 등 수수료규칙」 제5조 참조). (1994. 9. 12. 등기 3402-1113 질의회답)

참조 조문 · 규칙 · 예규 · 선례 · 판례

▣ 인감의 제출 · 관리 및 인감증명서 발급에 관한 업무처리지침[등기예규 제1581호, 개정 2015. 11. 26.]

3. 인감증명

가. 인감증명서의 발급신청

4) 인감증명서의 용도가 부동산매도용 또는 자동차(「자동차관리법」 제5조에 따라 등록된 자동차를 말한다. 이하 같다)매도용인 경우에는 인감증명서 발급신청서에 매수자의 성명(법인명), 부동산등기용등록번호(주민등록번호, 법인등록번호 등) 및 주소(본점 또는 주사무소 소재지)를 기재하여야 한다.

5) 부동산매도용 또는 자동차매도용 인감증명서 발급신청을 할 때에는 매수자의 인적사항을 미리 인터넷등기소(http://www.iros.go.kr)에 등록한 후, 입력확인번호나 입력확인서를 등기소에 제출하여 매수자 정보가 포함된 인감증명서를 발급받을 수 있다.

---

1) 개인의 주민등록번호를 전부 공개할 경우, 주민등록번호의 부당사용, 사생활의 침해 등이 우려되므로 임원·지배인 등의 주민등록번호를 공시할 때는 원칙적으로 주민등록번호 뒷부분 7자리를 비공개하여 공시한다. 다만, 개정된 등기예규에 의하면, 법인(합자조합을 포함한다)의 대표자 등이 인감카드 등을 사용하여 발급 등을 하는 경우에는 전부 외에 특정인 공개를 선택할 수 있도록 하고 그 외의 자(예를 들면 지배인 또는 대리인 등)는 특정인 공개만이 허용되며, 공용목적 내지 재판상 목적인 경우에도 종래 전부 공개에서 특정인 공개를 원칙으로 변경하였다(『개정 상업등기법·규칙 해설』, 168면).

◐ **선례 해설:**

1. 부동산매도용 또는 자동차매도용 인감증명서 발급신청에 관한 규정으로는 상업등기규칙 제40조 및 제41조가 있으며, 특히 인감증명서 발급에 관한 사무처리지침으로서 등기예규 제1581호가 제정되어 있다.

2. 법인의 부동산매도용 또는 자동차매도용 인감증명 발급신청을 함에 있어서 매수자가 2명 이상인 경우에는 등기예규 제1581호 [별지] 제5-가호 양식과 함께 제5-나호 양식을 같이 사용한다(아래 신청서 양식 참조).

별지 제5-가호 양식(인감증명서 발급신청서 - 앞면)

인감증명서 발급신청서

<table>
<tr><td colspan="4">매도용 인감증명서 발급시 기재란</td></tr>
<tr><td>용도</td><td colspan="2">부동산매도용( )</td><td>자동차매도용( )</td></tr>
<tr><td rowspan="3">인터넷등기소에 사전등록하지 않은 경우</td><td rowspan="3">매수자</td><td>성명(법인명)</td><td></td></tr>
<tr><td>주민등록번호
(등기용등록번호)</td><td></td></tr>
<tr><td>주소
(본점 또는 사무소)</td><td></td></tr>
<tr><td>인터넷등기소에 사전등록한 경우</td><td colspan="2">입력확인번호</td><td></td></tr>
</table>

별지 제5-나호 양식(인감증명서 발급신청서 - 뒷면)

연번	성명(법인명)	주민등록번호, 법인등록번호 등	주소(본점 또는 주사무소)	비고(통 수)

※ 개별매수자 목록을 작성하는 경우에는 각 매수자별 인감증명서 발급신청 통 수를 비고란에 기재함.

제5절 등기사항증명서의 교부수수료 등

▦ 총괄(1): 등기사항증명서 교부수수료 등 면제 여부에 대한 선례정리
[7~14번 상업등기선례에 대한 총괄 정리표]

1. 원칙적으로 다른 법률에서 수수료를 면제한다는 규정이 있는 경우에만 교부수수료 등이 면제된다. 다만, 다른 법률에서 청구인이 국가기관에 대하여 필요한 자료의 제공 또는 관계서류의 열람 등을 요청하거나 요구할 수 있도록 규정한 경우에는 수수료를 면제한다는 명문의 규정이 없는 경우에도 열람수수료는 면제된다(「등기사항증명서 등 수수료규칙」 7조 참조).

2. 등기사항증명서 교부수수료 등 면제 여부와 관련된 상업등기선례 요약

면제	내 용 (정리표 중의 법조문은 현행법 기준)
○	▷ 「산업입지 및 개발에 관한 법률」 제16조에 의하여 사업시행자로 지정받은 자가 그 사업을 시행함에 있어 필요한 등기부 등·초본 교부를 청구하는 경우(상업선례 1-2, 26면)
	▷ 국민연금관리공단이 국민연금사업과 관련하여 필요한 자료임을 소명하여 등기부 등·초본 교부를 청구하는 경우(상업선례 1-6, 28면 및 2-1, 29면)
	▷ 국민건강보험법 제96조의 규정에 의해 등기부 등·초본의 교부를 청구하는 경우(상업선례 1-9, 30면)
	▷ 한국자산공사가 대리인 중에 국유재산의 관리업무에 관한 대리권만을 수여받은 대리인에 관한 사항만으로 작성된 그 법인등기부 초본의 교부를 청구하는 경우(상업선례 2-2, 31면)
X	▷ 한국수자원공사법 제31조의 규정에 의해 공사가 제9조 제1항 각 호의 사업을 시행함에 필요하여 등기부 등·초본의 교부를 청구하는 경우(상업선례 1-5, 32면)
	▷ 지방세기본법 제133조의7의 규정에 의하여 지방자치단체가 등기부의 복사를 청구하는 경우(상업선례 1-7, 33면)
	▷ 신문사가 공익적 목적으로 등기부 등본 발급을 협조 요청할 경우(상업선례 1-10, 34면)

7. 등기부등 · 초본 등 수수료 면제 가부

[상업등기선례 제1-2호, 제정 1992. 4. 23.]

산업입지및개발에관한법률 제16조에 의하여 사업시행자로 지정받은 자가 그 사업을 시행함에 있어 필요한 등기부등 · 초본을 발급받을 때에는 위 같은 법 제50조 제2항에 의하여 관할등기소장에게 그 사유를 명시하여 무료로 청구할 수 있다.
(1992. 4. 23. 등기 제939호)

참조 조문 · 규칙 · 예규 · 선례 · 판례

▣ 등기사항증명서 등 수수료규칙[대법원규칙 제2560호, 2014. 10. 2., 타법개정]

제6조(수수료 납부) ② 제7조 제1항에 따라 수수료를 면제하는 경우에는 인증문 여백에 다음과 같이 면제사유를 기재하여 교부한다. "이 증명은 「등기사항증명서 등 수수료규칙」제7조 제1항에 따라 수수료를 면제함"

제7조(수수료 면제) ① 다른 법률에 수수료를 면제하는 규정이 있거나, 「국유재산법」상의 분임재산관리관 이상의 공무원이 「징발법」, 「징발재산정리에 관한 특별조치법」시행상의 필요에 의하여 청구하는 때에는 제2조 내지 제4조에 규정하는 수수료(주: 등기사항증명서 교부수수료 및 등기기록이나 신청서 기타 부속서류 열람수수료)를 면제한다.

② 다른 법률에서 청구인이 국가기관(정부기관 또는 행정기관 등을 포함한다)에 대하여 필요한 자료의 제공 또는 관계서류의 열람 등을 요청하거나 요구할 수 있도록 규정한 경우에는 제3조에 규정하는 수수료(주: 등기기록이나 신청서 기타 부속서류 열람수수료)를 면제한다.

③ 다른 법률에 수수료를 면제하는 규정이 있거나 국가가 자기를 위하여 하는 등기의 신청의 경우에는 제5조의2 내지 제5조의5에서 규정하는 수수료(주: 등기신청수수료)를 면제한다.

④ 다른 법률에 사용료를 면제하는 규정이 있거나 국가 또는 지방자치단체에 대하여는 제5조의6에서 규정하는 사용료(주: 등기전산정보자료 사용료)를 면제한다.

⑤ 「전자정부법」제38조에 의하여 행정기관이 업무처리를 위해 행정정보 공동이용 대상인 등기정보를 열람하는 경우에는 수수료를 면제한다.

⑥ 제1항 내지 제3항의 규정에도 불구하고 제2조 제2항 및 제3조 제2항의 규정에 의한 등기사항증명서의 등기기록의 열람 수수료는 이를 면제하지 아니한다(주: 위 면제 사유에 해당하는 경우에도 무인발급기 또는 인터넷에 의한 등기사

항증명서의 발급, 인터넷에 의한 등기기록의 열람에 대한 수수료는 면제하지 아니한다).
⑦ 제5조의5의 전자신청에 의한 등기사건이 처리완료된 후 신청인 또는 대리인이 당해 등기사건에 대하여 신청하는 제2조 제2항의 인터넷에 의한 등기사항증명서 교부수수료 또는 제3조 제2항의 등기기록 열람수수료를 1회에 한하여 면제한다.

▣ 산업입지 및 개발에 관한 법률[법률 제13684호, 2015. 12. 29., 일부개정]

제50조(관계 서류 등의 열람) ① 사업시행자는 산업단지개발사업을 시행할 때 필요한 경우에는 국가 또는 지방자치단체에 필요한 서류의 열람 또는 복사나 그 등본 또는 초본의 발급을 청구할 수 있다.
② 국가 또는 지방자치단체는 제1항에 따라 발급하는 서류에 대하여는 수수료를 부과하지 아니한다.

◐ **선례 해설:**

1. 「산업입지 및 개발에 관한 법률」 제16조에 의하면, 산업단지개발사업은 법률에 정하는 자 중에서 산업단지 지정권자의 지정에 의하여 산업단지개발계획에서 정하는 자만이 시행할 수 있다.

2. 위 1.의 법률에 의한 산업단지개발사업의 시행자는 산업단지개발을 시행할 때 필요한 경우에는 국가 또는 지방자치단체에 필요한 서류의 열람 또는 복사나 그 등본 또는 초본의 발급을 청구할 수 있으며, 이 경우에 발급하는 서류에 대하여는 수수료를 부과하지 아니하는 것으로 「산업입지 및 개발에 관한 법률」 제50조에서 규정하고 있는데, 이는 법률에 수수료를 면제한다는 규정이 있는 경우에 해당한다.

3. 「등기사항증명서 등 수수료규칙」 제7조에 의해 수수료 면제 여부가 문제될 경우 다음의 두 가지를 유념할 필요가 있다. 즉 i) 다른 법률에서 수수료를 면제한다는 명시적인 규정이 없는 경우에는 등기사항증명서 교부수수료 및 등기기록이나 신청서 기타 부속서류 열람수수료는 면제되지 않으나(1항), ii) 위 i)의 경우에도 불구하고 다른 법률에서 청구인이 국가기관에 대하여 필요한 자료의 제공 또는 관계서류의 열람 등을 요청하거나 요구할 수 있도록 규정한 경우에는 등기기록이나 신청서 기타 부속서류의 열람수수료는 면제된다는 점이다(2항).

8. 국민연금관리공단과 등기부 등 · 초본수수료

[상업등기선례 제1-6호, 제정 2000. 8. 29.]

국민연금관리공단은 국가 등에 대하여 국민연금사업과 관련하여 필요한 자료의 제공을 요청할 수 있으며, 국가 등은 특별한 사유가 없는 한 이에 응하여야 하며, 이 때 국민연금관리공단에 제공되는 자료에 대하여는 사용료 · 수수료 등이 면제되는바(주: 현행 국민연금법 제123조), 국민연금관리공단이 국민연금사업과 관련하여 필요한 자료임을 소명하여 부동산등기부 또는 상업등기부의 등 · 초본의 교부를 청구하는 경우에는 다른 특별한 사유가 없는 한 등기부등 · 초본수수료가 면제될 것이다.
(2000. 8. 29. 등기 3402-615 질의회답)

◐ 선례 해설:

1. 국민연금관리공단(이하 '공단' 이라 한다)은 국가, 지방자치단체, 그 밖에 대통령령으로 정하는 기관 · 법인 · 단체의 장에게 국민연금사업과 관련하여 필요한 자료를 요청할 수 있으며, 요청받은 국가, 지방자치단체, 기관 · 법인 · 단체의 장은 특별한 사유가 없으면 요청받은 자료를 제공하여야 한다. 이 경우 공단은 자료의 확인을 위하여 사회복지사업법 제6조의2 제2항[1]에 따른 정보시스템을 연계하여 사용할 수 있다(국민연금법 123조 1항 및 3항).

2. 위 1.의 규정에 따라 공단에 제공되는 자료에 대하여는 사용료, 수수료 등은 면제되는데(국민연금법 123조 4항), 이는 「등기사항증명서 등 수수료규칙」 제7조 제1항에서 규정한 다른 법률에 수수료를 면제하는 규정이 있는 경우에 해당되어,

3. 공단이 국민연금사업과 관련하여 필요한 자료임을 소명하여 부동산등기부 또는 상업등기부의 등기사항증명서의 발급을 청구하는 경우에는 다른 특별한 사유가 없는 한 등기사항증명서 교부수수료는 면제된다(「등기사항증명 등 수수료규칙」 7조 1항).

1) 보건복지부장관은 사회복지업무에 필요한 각종 자료 또는 정보의 효율적 처리와 기록 · 관리 업무의 전자화를 위하여 정보시스템을 구축 · 운영할 수 있다(사회복지사업법 6조의2 2항).

9. 국민연금관리공단이 국민연금법 제94조(주: 현행 제114조)의 대위권행사에 있어서의 소송당사자 입증을 위해, 공단의 법인등기부등본의 교부를 청구하는 경우 수수료가 면제되는지 여부(적극)

[상업등기선례 제2-1호, 제정 2005. 8. 22]

국민연금관리공단이 국민연금사업과 관련하여 필요한 자료임을 소명하여 부동산등기부 또는 법인등기부 등·초본의 교부를 청구하는 경우에는 국민연금법 제101조의2(주: 현행 제123조)에 의하여 등기부 등·초본의 수수료가 면제될 것인바, 국민연금관리공단이 그 명의의 문서에 국민연금법 제94조(주: 현행 제114조)의 대위권행사에 있어서 소송당사자 입증자료를 위한 것임을 명시하여 국민연금관리공단의 법인등기부등본의 교부를 청구하는 경우에 수수료가 면제될 수 있을 것이다.
(2005. 8. 22. 공탁법인과-400 질의회답)

◐ **선례 해설:**

1. 국민연금관리공단은 제3자의 행위로 장애연금이나 유족연금의 지급 사유가 발생하여 장애연금이나 유족연금을 지급한 때에는 그 급여액의 범위에서 제3자에 대한 수급권자의 손해배상청구권에 관하여 수급권자를 대위(代位)한다(국민연금법 114조 1항).[1)]
2. 본 선례에 의하면, 국민연금관리공단이 그 명의의 문서에 국민연금법 제114조의 대위권 행사에 있어서 소송당사자 입증자료를 위한 것임을 명시하여 법인등기사항증명서의 교부를 청구하는 경우에는 국민연금법 제123조 제4항 및 「등기사항증명서 등 수수료규칙」 제7조 제1항에 의해 그 교부수수료가 면제된다.
3. 왜냐하면 국민연금법 제114조의 대위권 행사는 국민연금관리공단이 국민연금사업과 관련하여 발생한 것이고 그와 관련하여 공단에 제공되는 자료에 대하여는 수수료가 면제되는 것으로 국민연금법 제123조에 규정되어 있기 때문이다.

---

1) [관련 판례] 국민연금공단이 제3자의 불법행위로 장애연금이나 유족연금 지급사유가 발생하여 연금을 지급한 경우 대위 취득하는 손해배상청구권은 수급권자가 장애연금이나 유족연금 지급사유와 동일한 사유로 제3자에 대하여 청구할 수 있는 손해배상액으로 한정되므로...(중략)...(대법원 2011. 5. 13. 선고 2009다100920 판결).

10. 국민건강보험공단이 등기부등 · 초본의 교부를 신청하는 경우 수수료가 면제되는지 여부

[상업등기선례 제1-9호, 제정 2003. 8. 30.]

1. 개정된 국민건강보험법(법률 제6951호, 2003. 7. 29. 시행) 제83조(주: 현행 제96조) 제1항 내지 제3항의 규정에 의하면 공단 및 심사평가원으로부터 건강보험사업을 위하여 필요한 자료를 요청받은 국가 · 지방자치단체 · 요양기관 · 보험업법에 의한 보험료율 산출기관 그 밖의 공공단체가 공단 또는 심사평가원에 제공하는 자료에 대하여는 사용료 · 수수료 등이 면제되는바, 국민건강보험공단이 위 규정에 의하여 등기부등 · 초본의 교부를 신청하는 경우 등기부등 · 초본수수료규칙 제7조 1항에 의하여 수수료가 면제된다.

2. 등기부등 · 초본수수료규칙 제7조 제6항에 의하면, 다른 법률에서 등기부 열람 수수료를 면제하는 규정이 있는 경우에도 무인등본발급기에 의한 등기부등본의 교부 수수료 또는 인터넷을 통한 등기부의 열람 수수료는 면제되지 않는다.

(2003. 8. 30. 부등 3402-462 질의회답)

◐ **선례 해설:**

1. 국민건강보험공단(이하 '공단' 이라 한다)은 국가, 지방자치단체, 요양기관, 보험업법에 따른 보험회사 및 보험료율 산출 기관, 「공공기관의 운영에 관한 법률」에 따른 공공기관, 그 밖의 공공단체 등(이하 '국가' 등이라 한다)에 대하여 국민건강보험사업을 수행하기 위하여 주민등록 · 가족관계등록 · 국세 · 지방세 · 토지 · 건물 · 출입국관리 등의 자료로서 대통령령으로 정하는 자료를 제공하도록 요청할 수 있으며, 또한 심사평가원은 국가 등에 대하여 요양급여비용을 심사하고 요양급여의 적정성을 평가하기 위하여 주민등록 · 출입국관리 · 진료기록 · 의약품공급 등의 자료로서 대통령령으로 정하는 자료를 제공하도록 요청할 수 있다. 이 경우에는 공단 또는 심사평가원에 제공하는 자료에 대해서는 수수료가 면제되는바(국민건강보험법 96조), 이는 다른 법률에 수수료를 면제하는 규정이 있는 경우에 해당하여 등기사항증명서 교부수수료는 면제된다.

2. 다만, 위 1.의 경우에도 무인발급기 또는 인터넷에 의한 등기사항증명서의 발급, 인터넷에 의한 등기기록의 열람수수료는 면제되지 않는다.

11. 한국자산관리공사 법인등기부 초본의 교부수수료

[상업등기선례 제2-2호, 제정 2006. 9. 26]

한국자산관리공사(이하, '공사'라 한다)가 대리인 중에 국유재산의 관리업무에 관한 대리권만을 수여받은 대리인에 관한 사항만으로 작성된 그 법인등기부 초본(등기예규 제1115호 3. 마. (2) 참조)의 교부를 청구하는 경우에는 수수료가 면제된다(「등기부 등·초본 등 수수료 규칙」 제7조 제1항, 국유재산법 제66조 제5항). 그러나, 그러한 대리인에 관한 사항뿐 아니라 공사의 사장에 관한 사항도 포함된 그 법인등기부 초본의 교부수수료를 면제받으려면, 국유재산의 관리를 위하여 필요함을 소명하여야 한다(국유재산법 제66조 제5항 참조).

(2006. 9. 26. 공탁상업등기과-1076 질의회답)

◐ **선례 해설:**

1. 중앙관서의 장(국가재정법 제6조에 따른 중앙관서의 장과 제42조 제1항에 따라 일반재산의 관리·처분에 관한 사무를 위임·위탁받은 자)은 대통령령으로 정하는 바에 따라 소속 공무원에게 그 소관에 속하는 행정재산에 관한 사무를 위임할 수 있으며(국유재산법 28조), 또한 행정재산을 효율적으로 관리하기 위하여 필요하면 국가기관 외의 자에게 그 재산의 관리를 위탁할 수 있다(동법 29조). 한편 총괄청(기획재정부장관)은 대통령령으로 정하는 바에 따라 소관 일반재산의 관리·처분에 관한 사무의 일부를 총괄청 소속 공무원, 중앙관서의 장 또는 그 소속 공무원, 지방자치단체의 장 또는 그 소속 공무원에게 위임하거나 정부출자기업체, 금융기관 등에게 위탁할 수 있다(동법 42조).

2. 위 1.에 따라 관리사무를 위임받은 공무원이나 위탁받은 자가 국유재산의 관리·처분을 위하여 국유재산의 관리업무에 관한 대리권만을 수여받은 대리인에 관한 사항만으로 작성된 법인등기사항일부증명서의 교부를 청구하는 경우에는 수수료가 면제되지만(동법 66조 5항 참조), 그러한 대리인에 관한 사항뿐만 아니라 공사의 사장에 관한 사항도 포함된 법인등기사항일부증명서의 교부수수료를 면제받으려면 국유재산의 관리를 위하여 필요함을 소명하여야 한다.

12. 한국수자원공사법 제35조의 규정에 의한 등기부등본 수수료 면제 여부

[상업등기선례 제1-5호, 제정 1995. 2. 14.]

한국수자원공사법 제35조(주: 현행 제31조)의 규정에 의하면 공사가 제9조 제1항 각호의 사업을 시행함에 필요한 때에는 관할등기소에 그 사유를 명시하여 서류의 열람·복사 기타 필요한 협조를 요청할 수 있으나 등기부등·초본 수수료를 면제받기 위하여는 법률에 그 수수료를 면제한다는 규정이 있어야 하는바, 위 규정은 수수료면제 규정으로 볼 수 없으므로 위 공사는 등기부등·초본 수수료를 면제받을 수 없다.
(1995. 2. 14. 등기 3402-112 질의회답)

◐ **선례 해설:**

1. 한국수자원공사법에 의해 설립된 한국수자원공사(이하 '공사' 라 한다)는 수자원 개발시설의 건설 및 운영·관리, 수도시설의 개발과 이용에 관한 사업, 댐의 수질조사 등의 사업을 시행할 때 필요한 경우에는 관계 행정기관이나 그 밖의 자에게 서류의 열람·복사 또는 자료의 제공 등 필요한 협조를 요청할 수 있어(한국수자원공사법 9조 및 31조),[1] 등기기록이나 신청서 기타 부속서류 열람수수료는 면제된다(「등기사항증명서 등 수수료규칙」 7조 2항).[2]

2. 하지만 공사가 법률에 의한 사업을 시행하기 위해 필요한 경우에 관계 행정기관이나 그 밖의 자에게 서류의 열람·복사 또는 자료의 제공 등 필요한 협조를 요청할 수 있다는 규정만이 있고 수수료를 면제한다는 명문의 규정이 없어 등기사항증명서의 교부수수료는 면제되지 아니한다(「등기사항증명서 등 수수료규칙」 7조 1항).[3]

---

1) **한국수자원공사법 제31조(자료제공 등의 요청)** 공사는 제9조 제1항 각 호의 사업을 시행할 때 필요한 경우에는 관계 행정기관이나 그 밖의 자에게 서류의 열람·복사 또는 자료의 제공 등 필요한 협조를 요청할 수 있다.
2) 현행 「등기사항증명서 등 수수료규칙」 제7조 제2항(26면 조문 참조)
3) 현행 「등기사항증명서 등 수수료규칙」 제7조 제1항(26면 조문 참조)

13. 지방세법 제86조(주: 현행 지방세기본법 제133조의7)의 규정에 의하여 지방자치단체가 등기부의 복사를 청구하는 경우, 등기부 등본이나 초본의 수수료가 면제되는지 여부(소극)[1)]

[상업등기선례 제1-7호, 제정 2001. 1. 16.]

다른 법률에서 청구인이 국가기관에 대하여 필요한 자료의 제공 또는 관계서류의 열람 등을 요청하거나 요구할 수 있도록 규정한 경우에는 등기부 등의 열람에 대한 수수료만을 면제하고 있으므로(등기부등·초본등수수료규칙 제7조 제2항 => 주: 현행 「등기사항증명서 등 수수료규칙」제7조 제2항), 지방세법 제86조(주: 현행 지방세기본법 제133조의7)의 규정에 의하여 지방자치단체가 등기부의 복사를 청구하는 경우, 등기부등본이나 초본의 수수료는 면제되지 않는다.

(2001. 1. 16. 등기 3402-28 질의회답)

◐ **선례 해설:**

1. 지방자치단체의 장은 범칙사건조사를 하거나 직무를 집행할 때 필요하면 국가기관 또는 다른 지방자치단체에 협조를 요청할 수 있고(지방세기본법 133조의7 1항), 협조 요청을 받은 국가기관 및 지방자치단체는 그 요청을 따라야 할 의무가 있다(지방세기본법 133조의7 2항)는 사항만으로, 지방세기본법에 등기사항증명서 교부수수료를 면제한다는 규정이 있다고 할 수는 없다.

2. 다만, 다른 법률에서 청구인이 국가기관(정부기관 또는 행정기관 등을 포함한다)에 대하여 필요한 자료의 제공 또는 관계서류의 열람 등을 요청하거나 요구할 수 있도록 규정한 경우에는 등기기록이나 신청서 기타 부속서류 열람수수료를 면제하므로, 「등기사항증명서 등 수수료규칙」 제7조 제2항에 의해 등기기록이나 신청서 기타 부속서류 열람수수료는 면제받을 수 있다.

1) 지방세뿐만 아니라 국세의 경우에도 마찬가지라 생각된다. 왜냐하면 국세기본법 제84조에 세무공무원은 직무를 집행할 때 국가기관, 지방자치단체 또는 그 소속 공무원에게 협조를 요청할 수 있고 위 요청을 받은 자는 정당한 사유가 없으면 협조하여야 하는 것으로 규정되어 있을 뿐 수수료를 면제한다는 명문의 규정이 없어, 등기기록이나 신청서 기타 부속서류 열람수수료는 면제받을 수 있으나 등기사항증명서 교부수수료는 면제되지 않는 것으로 해석된다.

14. 신문사가 공익적 목적으로 등기부등본 교부를 청구할 경우 수수료 면제여부(소극) 등

[상업등기선례 제1-10호, 제정 2004. 1. 12.]

1. 등기부등·초본 발급 및 열람에 대한 수수료 면제는 등기부등·초본등 수수료규칙 제7조 제1항, 제2항에 규정되어 있는바, 신문사가 공익적 목적으로 등기부등본 발급을 협조 요청할 경우에도 다른 법률에 수수료 면제에 대한 규정이 없으므로 그 수수료가 면제되지 아니한다.

2. 법인등기부의 열람은 등기부에 기록된 사항 중 필요한 사항을 기재한 서면을 교부하거나, 전자적 방법에 의하여 그 내용을 보게 하는 방법이 있는바, 서면에 등기부의 내용을 출력하여 교부하는 방법은 등기부의 열람에 해당한다.

(2004. 1. 12. 공탁법인 3402-10 질의회답)

◐ **선례 해설:**

1. 등기사항증명서 교부수수료 등이 면제되기 위해서는 개별 법률에서 수수료를 면제하는 규정이 있어야 하며, 등기기록이나 신청서 기타 부속열람수수료가 면제되기 위해서도 개별 법률에 국가기관에 대하여 필요한 자료의 제공 또는 관계서류의 열람 등을 요청하거나 요구할 수 있도록 규정되어 있어야 하는데,

2. 신문사가 공익적 목적으로 등기사항증명서의 발급을 청구하는 경우에는 개별 법률에서 수수료를 면제한다는 규정에 기해 청구하는 것이 아니므로 등기사항증명서 교부수수료가 면제되지 아니한다.[1)]

3. 위 선례뿐만 아니라 이와 관련된 모든 상업등기선례에서, 등기사항증명서 수수료 면제에 관한 「등기사항증명서 등 수수료규칙」 제7조 조문의 적용에 대해 매우 엄격하게 해석하고 있음을 알 수 있다.

---

1) 또한 본 선례에서 열람수수료 면제 여부에 대해 직접적으로 언급하지는 않았지만, 신문 등의 발행의 자유와 독립 및 그 기능을 보장하고 사회적 책임을 높이며 신문산업을 지원·육성함으로써 언론의 자유 신장과 민주적인 여론형성에 기여함을 목적으로 제정된 「신문 등의 진흥에 관한 법률」에 국가기관에 대하여 필요한 자료의 제공 또는 관계서류의 열람 등을 요청하거나 요구할 수 있도록 규정되어 있는 조문이 없는 것을 보면, 등기기록이나 신청서 기타 부속서류 열람수수료도 면제되지 않는 것으로 해석된다.

※ 등기사항증명서 등 수수료규칙[대법원규칙 제2560호, 2014. 10. 2., 타법 개정][1)]

제1조(목적)

이 규칙은 「부동산등기법」, 「상업등기법」, 「비송사건절차법」 및 그 밖의 법령에 따른 등기사항증명서와 제증명의 교부수수료, 등기기록 또는 부속서류의 열람수수료 및 등기신청수수료 등에 관한 사항을 규정함을 목적으로 한다.

제2조(등기사항증명서)

① 등기사항증명서 교부수수료는 1통에 대하여 20장까지는 1,200원으로 하고, 1통이 20장을 초과하는 때에는 초과 1장마다 50원의 수수료를 납부하여야 한다. 다만, 수수료 중 100원 미만의 단수가 있을 때에는 그 단수는 계산하지 아니한다.

② 제1항에도 불구하고 무인발급기나 인터넷에 의한 등기사항증명서의 교부수수료는 1통에 대하여 1,000원으로 한다.

제3조(열람)

① 등기기록이나 신청서 기타 부속서류의 열람에 대한 수수료는 1등기기록 또는 1사건에 관한 서류에 대하여 1,200원으로 하되, 열람 후 등기사항을 출력한 서면 또는 신청서 기타 부속서류의 복사물을 교부하는 경우에 20장을 초과하는 때에는 초과 1장마다 50원의 수수료를 납부하여야 한다. 다만, 수수료 중 100원 미만의 단수가 있을 때에는 그 단수는 계산하지 아니한다.

② 제1항의 규정에도 불구하고 인터넷을 통한 등기기록의 열람에 대한 수수료는 1등기기록에 관하여 700원으로 한다.

제4조 삭제 (2011. 9. 28 제2354호)

제5조(인감증명서)

① 인감증명서 교부에 대한 수수료는 1통에 대하여 1,200원으로 한다.

② 제1항에 불구하고 무인발급기에 의한 인감증명서의 교부수수료는 1통에

1) 「등기사항증명서 등 수수료규칙」 중 등기사항증명서 교부수수료 등과 직접 관련된 내용만 발췌하여 수록함

대하여 1,000원으로 하고, 「상업등기규칙」 제40조 제2항에 따라 인터넷을 이용하여 인감증명서 발급을 신청한 경우 교부수수료는 1통에 대하여 1,100원으로 한다.

제5조의2 내지 제5조의8은 생략

제6조(수수료 납부)

① 제2조 내지 제5조에서 정한 수수료는 현금으로 납부하여야 하며, 등기관은 등기사항증명서 또는 제증명서 인증문 여백 또는 열람신청서 여백에 소정 수수료의 영수필증을 첩부하여 소인하거나 기기에 의하여 그 영수필의 취지를 표시하여야 한다. 다만, 무인발급기에 의한 등기사항증명서의 교부수수료는 현금 또는 고주파송수신칩이 내장된 매체에 의한 결제방식으로 납부할 수 있고, 인터넷을 이용하여 등기기록을 열람하거나 인감증명서 발급을 신청하는 경우에는 그 수수료를 신용카드, 금융기관계좌이체, 전자화폐 등의 결제방식으로 납부하여야 한다.

② 제7조 제1항에 따라 수수료를 면제하는 경우에는 인증문 여백에 다음과 같이 면제사유를 기재하여 교부한다. "이 증명은 「등기사항증명서등수수료규칙」 제7조 제1항에 따라 수수료를 면제함"

③ 제5조의2부터 제5조의4까지의 규정에 따른 등기신청수수료의 납부는 그 수수료 상당액을 전자적 방법으로 납부하거나, 법원행정처장이 지정하는 금융기관에 현금으로 납부한 후 이를 증명하는 서면을 등기신청서에 첨부하여 제출하는 방법으로 하고, 등기관은 납부액의 상당 여부를 조사하여야 한다. 다만, 해당 신청사건을 관할하는 지방법원, 그 지원 또는 등기소에 신청수수료 납부기능이 있는 무인발급기가 설치된 경우에는 이를 이용하는 방법으로 수수료를 납부할 수 있다.

④ 제3항의 경우에 상당 액수를 초과하여 납부된 금액은 환급하여야 한다. 다만, 신청인등이 환급청구를 포기할 뜻을 표시한 때에는 등기신청서의 여백에 그 취지를 기재하고 신청인등의 기명날인 또는 서명을 받아야 한다.

⑤ 제5조의5의 규정에 의하여 전자신청을 하는 경우의 수수료는 신용카드, 금융기관 계좌이체 또는 전자화폐 등의 결제방법으로 납부하여야 한다.

⑥ 제5조의5의 규정에 의하여 전자표준양식에 의한 등기신청을 하는 경우의 수수료는 제3항에서 정한 방법으로 납부하여야 한다.

⑦ 등기신청이 각하되어도 이미 납부된 제5조의2 내지 제5조의5의 수수료는 이를 반환하지 아니한다.

제7조(수수료 면제)
① 다른 법률에 수수료를 면제하는 규정이 있거나, 「국유재산법」상의 분임재산관리관 이상의 공무원이 「징발법」, 「징발재산정리에 관한 특별조치법」 시행상의 필요에 의하여 청구하는 때에는 제2조 내지 제4조에 규정하는 수수료(주: 등기사항증명서 교부수수료 및 등기기록이나 신청서 기타 부속서류 열람수수료)를 면제한다.
② 다른 법률에서 청구인이 국가기관(정부기관 또는 행정기관 등을 포함한다)에 대하여 필요한 자료의 제공 또는 관계서류의 열람 등을 요청하거나 요구할 수 있도록 규정한 경우에는 제3조에 규정하는 수수료(주: 등기기록이나 신청서 기타 부속서류 열람수수료)를 면제한다.
③ 다른 법률에 수수료를 면제하는 규정이 있거나 국가가 자기를 위하여 하는 등기의 신청의 경우에는 제5조의2 내지 제5조의5에서 규정하는 수수료(주: 등기신청수수료)를 면제한다.
④ 다른 법률에 사용료를 면제하는 규정이 있거나 국가 또는 지방자치단체에 대하여는 제5조의6에서 규정하는 사용료(주: 등기전산정보자료 사용료)를 면제한다.
⑤ 「전자정부법」 제38조에 의하여 행정기관이 업무처리를 위해 행정정보 공동이용 대상인 등기정보를 열람하는 경우에는 수수료를 면제한다.
⑥ 제1항 내지 제3항의 규정에도 불구하고 제2조 제2항 및 제3조 제2항의 규정에 의한 등기사항증명서의 등기기록의 열람 수수료는 이를 면제하지 아니한다(주: 위 면제 사유에 해당하는 경우에도 무인발급기 또는 인터넷에 의한 등기사항증명서의 발급, 인터넷에 의한 등기기록의 열람에 대한 수수료는 면제하지 아니한다).
⑦ 제5조의5의 전자신청에 의한 등기사건이 처리완료된 후 신청인 또는 대리인이 당해 등기사건에 대하여 신청하는 제2조 제2항의 인터넷에 의한 등기사항증명서 교부수수료 또는 제3조 제2항의 등기기록 열람수수료를 1회에 한하여 면제한다.

부 칙(2014. 10. 2. 제2560호)

제1조(시행일) 이 규칙은 2014년 11월 21일부터 시행한다.
제2조(경과조치) 이 규칙 시행 당시 종전의 규정에 따라 한 등기는 이 규칙 시행 후에도 그대로 사용한다. 다만, 종류주식과 합자조합의 조합원에 관한 종전의 기록은 이 규칙에 따른 기록 방식으로 이기 신청할 수 있다.
제3조 및 제4조는 생략

제3장 등기신청절차

제3장 등기신청절차

내 용	관련 조문		관련 선례・예규・규칙 (실무사례 포함)
	상법	상업등기법	
제1절 등기신청인 및 신청대리인		제22조, 제23조, 규칙 제64조	15. 상업선례 제1-12호 16. 상업선례 제1-13호 ☞ 실무사례(1) 17. 상업선례 제1-14호 18. 상업선례 제1-15호
제2절 등기신청행위		제24조, 규칙 제51조 ~제71조	※ 등기예규 제1593호
제3절 첨부정보		규칙 제52조	
1. 원본의 제출			19. 상업선례 제2-6호
2. 대리권한을 증명하는 정보			20. 상업선례 제1-16호 ☞ 실무사례(2)
3. 관청의 허가서(인가서)			21. 상업선례 제1-19호
4. 의사록 인증			22. 상업선례 제1-20호 23. 상업선례 제1-25호 24. 상업선례 제2-36호 ☞ 실무사례(3) 25. 상업선례 제2-5호 ☞ 실무사례(4) ☞ 실무사례(5) ~~26. 상업선례 제1-23호~~[1] 27. 상업선례 제1-24호
5. 첨부정보의 유효기간			28. 상업선례 제1-21호
6. 번역문			29. 상업선례 제1-22호
7. 기타			30. 상업선례 제2-4호
제4절 인감의 제출[2]		제25조, 규칙 제35조 ~제38조	☞ 실무사례(6) ☞ 실무사례(7) 31. 상업선례 제1-26호 32. 상업선례 제1-29호 33. 상업선례 제1-28호 34. 상업선례 제1-17호 35. 상업선례 제1-18호
제5절 등기의무해태와 과태사항통지[3]	제635조	규칙 제176조, 규칙	36. 상업선례 제1-62호 ☞ 실무사례(8)

		제177조	37. 상업선례 제1-150호 ☞ 실무사례(9) ☞ 실무사례(10) ☞ 실무사례(11) ☞ 실무사례(12) ☞ 실무사례(13) ☞ 실무사례(14) ☞ 실무사례(15)
제6절 등록면허세, 등기신청수수료 등의 납부[4]			38. 상업선례 제1-48호 ☞ 실무사례(16) 39. 상업선례 제2-7호 ☞ 실무사례(17) ☞ 실무사례(18) ☞ 실무사례(19) ☞ 실무사례(20) 40. 상업선례 제1-43호 41. 상업선례 제1-44호 ☞ 실무사례(21) ☞ 실무사례(22) 42. 상업선례 제1-42호 43. 상업선례 제1-46호 44. 상업선례 제2-8호 45. 상업선례 제1-47호 ☞ 실무사례(23) ※ 등기예규 제1565호

1) 상업등기선례 제1-23호(81면)는 공증인법 제66조의2 제4항 개정 전 정관 또는 의사록의 인증은 회사 본점의 소재지를 관할하는 지방검철청 소속공증인의 인증을 받아야 한다는 제한에 관한 것이나, 그 후 공증인법 개정으로 그러한 제한은 없어져 본 선례는 사실상 사문화되었다.

2) 본 절에서는 등기소에 제출하는 인감신고와 함께 첨부정보로서의 인감증명서와 첨부정보에 날인할 인감 등에 관해서도 같이 다루었다. 2014. 11. 21.부로 시행된 개정 상업등기규칙에 의하면, 임원의 취임승낙 또는 사임을 증명하는 서면에 첨부할 인감증명 등에 관해 다소 큰 폭의 변화가 있다. 이와 관련된 것에 대해서는 「보론」(87면) 참조.

3) 과태료는 상업등기에 있어서 실무상 중요하게 여기는 주제임에 틀림없다. 이와 관련하여 상법 제635조 제1항 제1호의 등기해태에 따른 과태료와 동조 동항 제8호의 선임해태에 따른 과태료를 구분하여 살펴볼 필요가 있다.

4) 등록면허세에 있어서 주요 쟁점은 등록면허세의 중과 여부 및 중과 제외 여부, 그리고 비과세 내지 감면에 관한 것들이다. 여기에 덧붙여 일괄신청 시 납부할 등록면허세에 관한 등기예규 제1038호에 관한 내용도 실무에서 매우 중요하다.

§ 요약

1. 등기신청의 방법으로 방문신청과 전자신청 모두 허용되는데, 등기를 방문신청으로 할 경우에는 신청인 또는 그 대리인이 등기소에 출석하여 신청정보 및 첨부정보를 적은 서면을 제출하는 방법으로 한다(법 24조 1항). 이 경우 자격자대리인의 제출사무원은 등기신청서를 당사자나 그 대리인 본인을 대신하여 등기소에 출석하여 제출할 수 있으나(예규 1601호 2조), 이 경우에도 제출사무원은 법무사의 지도·감독 하에 단순히 법무사의 사무를 보조할 수 있을 뿐 법무사의 복대리인으로서 등기신청행위를 하는 것은 아니다(상업선례 1-14, 50면). 한편 법무사 또는 변호사가 아닌 자도 당사자의 위임을 받아 등기신청을 대리할 수는 있으나, 법무사 또는 변호사 아닌 자는 등기신청의 대리를 업(業)으로 할 수는 없다(법무사법 3조, 상업선례 1-15(53면) 및 예규 1221호 참조).

2. 신청서의 첨부서면인 법인 총회 등의 의사록은 원칙적으로 공증인법 제66조의2에 따라 공증인의 인증을 받은 원본이어야 하고(상업선례 2-6, 58면), 상업등기신청 시 대리권한을 증명하는 서면으로서의 위임장에는 촉탁에 따른 등기, 본·지점 공통 등기사항에 대한 지점 소재지에서의 등기 등의 일정한 경우 외에는 등기소에 제출한 인감(법인인감)을 날인하여야 한다(상업선례 1-16, 61면 및 법 25조). 한편 주무관청의 허가 또는 인가(등록도 포함)가 법인설립 또는 목적사업 수행에 효력발생요건인 경우에는 허가서 등을 첨부하여야 하나, 효력요건이 아닌 영업개시요건에 불과한 경우에는 허가서 등을 첨부할 필요가 없다(상업선례 1-19, 65면 및 예규 1593호).

3. 등기를 할 때 그 신청서류에 첨부하는 주주총회·이사회 등의 의사록은 자본금의 총액이 10억원 미만인 회사를 발기설립하는 경우 또는 공증인법 시행령에서 정하는 일정한 요건을 갖춘 비영리법인 또는 공법인 중 주무관청의 추천을 받아 법무부장관이 지정·고시하는 법인이 아닌 한 공증인법 제66조의2에 의한 법인의사록의 인증방식에 의해 인증을 받아야 한다. 즉 공증인법 제57조에 의한 사서증서의 인증방식은 불가하다. 한편 선례에 의하면 그 신청서류에 대해 주무관청의 허가서를 첨부한 경우에도 마찬가지이다(상업선례 1-20, 1-25 등).

4. 상업등기를 신청할 자는 미리 등기소에 인감을 제출하여야 하는데(법 25조 및 규칙 35조), 인감의 문자에 대해서는 특별한 제한이 없으나 인감의 규격에 대해서는 일정한 제한이 있다(상업선례 1-28 및 1-29, 예규 1581호 등). 한편 임원의 취임승낙 또는 사임을 증명하는 서면에 첨부할 인감증명 등에 대해서는 상당한 변화가 있었는바, 이와 관련해서는 기존의 상업등기선례의 입장을 살펴보기 보다는 개정된 상업등기규칙 제104조 · 제154조 및 「외국공문서에 관한 업무처리지침」(예규 1534호)의 내용을 검토하는 것이 보다 유익하리라 생각된다.

5. 상업등기에 있어서의 과태료와 관련하여 등기해태(등기를 게을리 한 경우)와 선임해태(법률 또는 정관에서 정한 이사 또는 감사의 인원수를 궐한 경우에 그 선임절차를 게을리 한 경우)를 구분하여 살펴볼 필요가 있으며, 특히 상법 제635조 제1항 제1호의 등기해태와 관련해서는 등기관의 과태사항 통지에 관한 예규로 등기예규 제1574호(101~102면)가 있다. 상업등기에 있어서는 형법과 같은 경합범의 개념이 없으므로 위반행위마다 각각 과태료가 부과되며, 비송사건절차법에서는 과태료에 대한 소멸시효 내지 제척기간에 관한 사항을 정하고 있지 않아 주의를 요한다.

6. 등록면허세는 등록분 등록면허세와 면허분 등록면허세로 구분할 수 있는데, 이 중 등록분 등록면허세는 재산권, 그 밖의 권리의 취득, 이전, 변경 또는 소멸에 관한 사항을 공부에 등기 또는 등록하는 경우에 등기 또는 등록이라는 단순한 사실의 존재를 과세물건으로 하여 그 등기 또는 등록을 받는 자에게 부과하는 것으로 일단 공부에 등재되었던 등기 또는 등록이 추후 원인무효로 말소되었다 하더라도 이미 납부한 등록면허세는 환급받을 수가 없다. 등록분 등록면허세의 일종인 법인등기와 관련하여, 등기 시 납부할 등록면허세에 대해서는 지방세법 제28조 제1항 제6호에 등기원인별로 나누어 정하고 있다. 실무에 있어서 등록면허세와 관련하여 주의를 요하는 사항을 대별(大別)하면, ⅰ) 일괄신청하는 경우의 납부할 등록면허세 산정 기준을 정한 등기예규 제1038호의 내용, ⅱ) 수도권 과밀억제권역 내에서의 등록면허세 중과에 관한 지방세법 제28조 제2항과 그 예외에 관한 사항, ⅲ) 등록면허세 비과세 · 감면(혹은 면제)과 관련된 지방세법 제26조 및 지방세특례제한법 개별 조문의 내용 등이라 하겠다.

제1절 등기신청인 및 신청대리인

15. 법인등기의 신청인

[상업등기선례 제1-12호, 제정 1987. 5. 9.]

등기의 신청은 신청인 또는 그 대리인이 할 수 있으므로 법인의 대표자로부터 그 권한을 위임받은 자는 등기신청서에 그 대리권을 증명하는 서면을 첨부하여 등기신청을 할 수 있으나 변호사 또는 사법서사(주: 현행 법무사) 아닌 자는 법원에 제출하는 서류작성의 대행을 할 수 없다.
(1987. 5. 9. 등기 제300호)

◐ 선례 해설:

1. 등기를 신청하는 경우에 대리인에 의하여 등기를 신청하는 경우에는 그 권한을 증명하는 정보를 첨부정보로 등기소에 제공하여야 하는데(규칙 52조 1항 1호),

2. 실무상 대리권한을 증명하는 첨부정보로 위임장을 제출하고 있다. 위임장의 형식은 법정되어 있지 않지만, 위임장에는 위임자와 수임자의 표시, 위임의 취지 및 연월일이 표시되어 있어야 하고 신청인 또는 대표자가 기명한 후 상업등기법 제25조에 의하여 등기소에 제출한 인감이 날인되어 있어야 한다. 단, 촉탁에 따른 등기의 경우와 본·지점 공통 등기사항에 대한 지점 소재지에서의 등기, 상호의 가등기 등을 신청하는 경우에는 위임장에 등기소에 제출한 인감을 날인할 필요는 없다(법 25조 3항, 관련 조문은 61면 참조).[1)]

3. 법무사나 변호사는 법원에 제출하는 서류 작성의 대행을 할 수 있으나(법무사법 2조 및 변호사법 3조 참조), 법무사 또는 변호사가 아닌 자는 법원에 제출하는 등기신청서 등의 서류 작성의 대행을 할 수 없으며, 위임장을 첨부하더라도 등기신청의 대리를 업(業)으로 할 수는 없다. 이와 관련된 논의는 상업등기선례 제1-15호(53면) 참조.

---

1) 「대법원 인터넷등기소(http://www.iros.go.kr)> 자료센터> 첨부서면예시」에서 상업등기 신청 시 첨부정보로 제공되는 위임장의 작성 예를 확인할 수 있다.

16. 등기신청 등의 절차[1)]

[상업등기선례 제1-13호, 제정 1987. 5. 21.]

등기의 신청 또는 등기신청에 따른 서류의 수령 등은 등기신청인이 직접 등기소에 출석하여 이를 하여야 하며, 신청인으로부터 그 권한을 위임받은 경우에는 그 대리권을 증명하는 서면을 첨부하여 그 대리인이 할 수도 있다.
(1987. 5. 21. 등기 제301호)

◐ 선례 해설: 「보론」(47~48면) 및 「실무사례(1)」(49면) 참조

1. 2014. 11. 21.부로 시행된 개정 상업등기법에서는 등기신청의 방법으로 ⅰ) 신청인 또는 그 대리인이 등기소에 출석하여 신청정보 및 첨부정보를 적은 서면을 제출하는 방법(방문신청)과 ⅱ) 전산정보처리조직을 이용하여 신청정보 및 첨부정보를 등기소에 보내는 방법(전자신청) 등 두 가지 방법 중 택일하도록 규정하고 있다(법 24조 1항).

2. 위 1.의 방법 중 전자신청이 아닌 경우에는 당사자 또는 그 대리인이 등기소에 출석하여 하지 않으면 안 되는데, 이를 출석주의라 한다. 이는 등기의 진정성을 확보하고, 등기신청에 대한 접수순서 결정의 혼란을 방지하며, 보정이 가능한 신청의 경우 당사자로 하여금 즉시 보정의 기회를 갖도록 하는 기능을 수행한다(『상업등기실무(Ⅰ)』, 137~138면). 한편 대리인(예규 1370호에 의해 허가받은 법무사 등의 사무원도 포함)이 등기소에 출석하여 등기를 신청하는 경우에는 그 권한을 증명하는 정보를 신청정보와 함께 첨부정보로서 등기소에 제공하여야 한다(규칙 52조 1항 1호).

3. 다만, 출석주의와 관련하여 몇 가지 예외가 인정되고 있다. 즉 전자신청의 경우에는 출석주의가 적용되지 않음은 당연하며, 그 이외 촉탁에 따른 등기와 본·지점 공통 등기사항에 대한 지점 소재지에서의 등기 등에 대해서는 출석주의의 예외가 적용되어 우편을 이용하여 신청정보 및 첨부정보를 적은 서면을 등기소에 제출하는 방법으로 등기를 신청할 수 있다(법 24조 2항).

---

1) 대리권한을 증명하는 서면에 관한 것은 「선례해설」(45면) 참조

「보 론」 회사등기의 신청인[1]

1. 원칙: 회사의 대표자

ⅰ) 회사의 등기는 법률에 다른 규정이 없는 경우에는 그 대표자가 신청함이 원칙이다(법 23조 1항). 이때의 대표자는 등기부를 기준으로 하지 않고 실체상의 대표자를 기준으로 결정된다.

ⅱ) 주식회사의 대표이사가 수인인 때에도 각자대표의 경우에는 그 중 1인이 혼자서도 등기를 신청할 수 있지만, 공동대표라면 공동으로 대표권을 행사하여야 하는 자 전원이 공동으로 등기를 신청하여야 한다(예규 1581호 2. 나. 참조).

ⅲ) 합병, 분할 또는 분할합병으로 인한 해산등기는 합병, 분할 또는 분할합병 후 존속하는 회사 또는 설립되는 회사를 대표할 자가 소멸회사를 대표하여 신청한다(법 63조 1항, 71조 1항).

2. 일시대표이사

ⅰ) 대표이사의 원수를 결한 경우 법원은 이사, 감사 기타의 이해관계인의 청구에 의하여 일시대표이사의 직무를 행할 자를 선임할 수 있으며(상법 389조 3항, 386조 2항),

ⅱ) 일시대표이사는 그 권한에 있어서 본래의 대표이사와 같으므로, 일시대표이사는 등기소에 자신의 인감을 제출한 후에 당사자인 회사를 대표해서 등기를 신청할 수 있다.

3. 법원의 가처분결정에 의하여 선임된 대표자의 직무대행자

ⅰ) 정관상 직무대행자는 상업등기법 제23조 제1항에서 말하는 회사의 대표자에 해당하지 않으나(「실무사례(1)」, 49면 참조),

ⅱ) 법원의 가처분결정에 의하여 선임된 대표자의 직무대행자는 대표자의 권한을 대행하는 자이므로 원칙적으로 등기신청인에 해당된다. 다만, 직무대행자는 가처분명령에 다른 정함이 있는 경우 또는 법원의 허가를 얻은 경우 외에는 상무에 속하지 아니한 행위를 하지 못하므로 그 범위에서 등기신청권한이 제한된다(상법 408조 참조).

---

1) 『상업등기실무(Ⅰ)』, 140~147면

4. 외국회사 영업소의 대표자

i) 외국회사가 대한민국에서 영업을 하려면 대한민국에서의 대표자를 정하고 대한민국 내에 영업소를 설치하거나 대표자 중 1명 이상이 대한민국에 그 주소를 두어야 하므로(상법 614조 1항),

ii) 외국회사의 등기는 대한민국에서의 대표자가 외국회사를 대표하여 신청하여야 한다(법 23조 3항).

5. 청산인(혹은 대표청산인)

i) 회사가 해산한 후에는 청산인 또는 대표청산인이 회사를 대표하며, 해산등기의 신청과 해산으로 인한 청산인의 취임등기의 신청은 동시에 하여야 한다(법 60조 2항).

ii) 따라서 청산인 또는 대표청산인이 청산 중인 회사를 대표해서 해산등기, 청산종결등기 등 해산법인에 관한 등기를 신청한다.

6. 회생법인의 등기신청인

i) 「채무자 회생 및 파산에 관한 법률」제23조에 의해 회생절차개시, 회생절차개시결정취소, 회생계획인가 또는 회생절차종결의 결정이 있는 경우 등에는 법원사무관등의 촉탁에 의해 등기가 이루어진다.

ii) 다만, 회생절차개시결정이 있는 때에는 채무자의 업무의 수행과 재산의 관리 및 처분을 하는 권한은 관리인에게 전속하고, 관리인이 선임되지 아니한 경우에는 채무자인 법인의 대표자가 관리인으로 간주되므로, 법원사무관등이 촉탁하여야 할 등기사항 이외의 등기사항에 관하여는 관리인 또는 관리인으로 간주되는 자의 신청에 의하여 등기하여야 한다(예규 1518호 4조 1항).

7. 파산법인의 등기신청인

i) 파산재단을 관리 및 처분하는 권한은 파산관재인에게 속하므로(통합도산법 384조), 파산재단과 관련된 등기사항은 파산관재인의 신청에 의하여 등기하여야 하나(예규 1518호 4조 3항),

ii) 회사의 비재산적 활동범위에 속하는 사항(회사의 조직법적 사단활동)에 관한 등기는 여전히 파산법인의 (대표)이사 등이 신청한다.

실무사례(1)

제목: 대표이사가 사임한 경우 정관에서 정한 대표이사 직무대행자가 등기신청인이 될 수 있는지 여부(소극)

정관에 "대표이사 1명 이상, 이사 3명 이상을 두어야 한다." 라고 규정되어 있다. 이번에 사내이사 겸 대표이사인 갑이 사임함으로써 이사의 정수에는 결원이 발생하지 않았으나 대표이사의 정수에 결원이 발생하였다. 이 경우 정관에서 정한 대표이사 직무대행자인 사내이사 을이 전임 사내이사 겸 대표이사 갑의 사임으로 인한 퇴임등기를 신청할 수 있는지?

---

1. 회사의 등기는 원칙적으로 회사가 당사자가 되고, 법률에 다른 규정이 없는 경우에는 그 대표자가 회사를 대표하여 등기를 신청하며(법 23조 1항), 이 경우 회사를 대표할 자가 등기신청을 하거나 등기신청을 대리인에게 위임을 하는 경우에는 미리 그 인감을 등기소에 제출하여야 한다(법 25조).
2. 위 1.과 관련하여, 법인의 대표자의 직무대행자로 법원의 결정에 의하여 선임된 자는 인감을 제출할 수 있으나, 정관에서 정한 대표이사 직무대행자는 인감을 제출할 수가 없다(예규 1581호 2. 가. 참조). 즉 정관상 대표이사 직무대행자는 상업등기법 제23조 제1항에서 말하는 회사의 대표자에 해당하지 않는다고 해석된다(『2016 상업등기실무』, 35면).
3. 전임 사내이사 겸 대표이사 갑의 사임으로 정관에서 정한 바에 따라 사내이사 을이 대표이사 직무대행자로 되었더라도, 사내이사 을은 등기신청인이 될 수 없어 전임 사내이사 겸 대표이사 갑의 사임으로 인한 퇴임등기를 신청할 수 없다.

참조 조문: 상업등기법 제23조, 제25조　　**참조 예규**: 등기예규 제1581호

> **[비교 사례]** 대표이사 갑의 사임으로 후임 대표이사 을이 이사회에서 선임되었다. 이 경우 전임 대표이사 갑의 사임으로 인한 퇴임등기를 신청할 등기신청인은 누구인지? => 후임 대표이사 을이 전임 대표이사 갑의 사임으로 인한 퇴임등기를 신청하여야 한다. 회사의 등기는 그 대표자가 회사를 대표하여 등기를 신청하는데, 이 경우 등기를 신청할 대표자는 등기부를 기준으로 하지 않고 실체상의 대표자를 기준으로 결정된다. 비록 전임 대표이사 갑이 등기부에 아직 대표이사로 등기되어 있더라도, 전임 대표이사 갑은 자신의 사임으로 인한 퇴임등기를 신청할 수 없다(『상업등기실무(II)』, 224면).

17. 법무사 사무원의 업무범위

[상업등기선례 제1-14호, 제정 1994. 6. 30.]

법무사는 타인의 위촉을 받아 법무사법 제2조의 사무를 업무로 하고, 소관지방법원장의 승인을 얻어 사무원을 채용할 수 있으며, 사무원은 법무사법 제2조에 규정된 법무사의 사무를 보조할 수 있으므로(동법 제21조), 위와 같이 승인을 받은 사무원이 법무사의 지시에 따라 법무사사무소에서 수기 또는 타자기 등의 기계를 사용하여 법무사명의로 등기 기타 등록신청에 필요한 서류를 작성하는 행위는 법무사법 제3조에 위반되지는 않으나, 사무원은 단순히 법무사의 사무를 보조하게 할 수 있을 뿐이므로 법무사가 위임받은 사건을 보조자인 사무원에게 다시 위임할 수는 없으며, 만약 법무사가 위임받은 등기사건 등을 사무원에게 다시 위임하여 사무원 자신의 이름으로 즉 사무원이 복대리인으로서 등기신청행위 등을 대리하였을 경우에는 법무사법 제3조에 위반된다.
(1994. 6. 30. 등기 3501-586 질의회답)

참조 조문 · 규칙 · 예규 · 선례 · 판례

▣ 법무사법[법률 제13953호, 2016. 2. 3., 일부개정]

제2조(업무) ① 법무사의 업무는 다른 사람이 위임한 다음 각 호의 사무로 한다.
1. 법원과 검찰청에 제출하는 서류의 작성
2. 법원과 검찰청의 업무에 관련된 서류의 작성
3. 등기나 그 밖에 등록신청에 필요한 서류의 작성
4. 등기 · 공탁사건(供託事件) 신청의 대리(代理)
5. 「민사집행법」에 따른 경매사건과 「국세징수법」이나 그 밖의 법령에 따른 공매사건(公賣事件)에서의 재산취득에 관한 상담, 매수신청 또는 입찰신청의 대리
6. 제1호부터 제3호까지의 규정에 따라 작성된 서류의 제출 대행(代行)
7. 제1호부터 제5호까지의 사무를 처리하기 위하여 필요한 상담 · 자문 등 부수되는 사무

제23조(사무원) ① 법무사는 사무원(事務員)을 둘 수 있다.
③ 법무사는 그 업무의 적정한 수행을 위하여 제1항에 따른 사무원을 지도하고 감독할 책임이 있다.

⑤ 법무사는 제1항에 따른 사무원이 아닌 자에게 사무를 보조하게 하여서는 아니 된다.

▣ 상업등기법[법률 제13953호, 2016. 2. 3., 타법개정]

제24조(등기신청의 방법) ① 등기는 다음 각 호의 어느 하나에 해당하는 방법으로 신청한다.

1. 신청인 또는 그 대리인이 등기소에 출석하여 신청정보 및 첨부정보를 적은 서면을 제출하는 방법. 다만, 대리인이 변호사[법무법인, 법무법인(유한) 및 법무조합을 포함한다]나 법무사[법무사법인 및 법무사법인(유한)을 포함한다]인 경우에는 대법원규칙으로 정하는 사무원을 등기소에 출석하게 하여 그 서면을 제출할 수 있다.

▣ 등기신청서의 제출 및 접수 등에 관한 예규[등기예규 제1601호, 개정 2016. 7. 27.]

제1조(목적) 이 예규는 「부동산등기법」 제23조제1항·제24조제1항 및 「상업등기법」 제18조의 규정에 의한 등기신청서의 제출 및 그 신청서의 접수·보정에 관한 사항과 「부동산등기규칙」 제58조 및 「상업등기규칙」 제53조의 규정에 의한 변호사 또는 법무사(법무법인 및 법무사법인·법무사법인(유한)을 포함한다. 이하 "법무사 등"이라 한다)의 사무원 출입허가에 관한 사항을 정하는 것을 목적으로 한다.

제2조(등기신청서의 제출) ① 등기신청서는 당사자나 그 대리인 본인 또는 「부동산등기규칙」 제58조의 규정에 의하여 등기소에 출석하여 등기신청서를 제출할 수 있도록 허가받은 법무사 등의 사무원(이하 "허가받은 법무사 등의 사무원"이라 한다)이 직접 등기소에 출석하여 등기과·소장이 지정한 등기신청서 접수담당자(이하 "접수담당자"라 한다)에게 제출하여야 한다.

② 제1항의 경우 중 허가받은 법무사 등의 사무원이 등기신청서를 제출하는 때에는 등기신청서 전면 여백에 [별표 1]양식의 표시인을 찍고 제출자란에 그 사무원의 성명을 기재하여야 한다. 여러 건의 등기신청서를 동시에 제출하는 경우에는 첫 번째 신청서에만 위 표시인을 찍고 총 신청건수를 기재하는 방법으로 할 수 있다.

제5조(등기신청서의 보정) ① 등기관이 등기신청에 대하여 보정을 명하는 경우에는 보정할 사항을 구체적으로 적시하고 그 근거법령이나 예규 등을 제시하여야 한다.

② 제1항의 등기신청의 흠결에 대한 보정은 당사자나 그 대리인 본인 또는 「부동산등기규칙」 제58조에 의하여 허가받은 사무원이 등기소에 출석하여 하여야 한다.

◐ **선례 해설:**

1. 제출사무원은 등기신청서를 당사자나 그 대리인 본인을 대신하여 등기소에 출석하여 제출할 수 있으며(법 24조 1항 1호 단서 및 예규 1601호 2조), 또한 등기신청의 흠결에 대한 보정도 당사자나 그 대리인 본인을 대신하여 등기소에 출석하여 할 수 있다(예규 1601호 5조 2항).

2. 하지만 법무사 사무원은 법무사의 지도·감독 하에 단순히 법무사의 사무를 보조할 수 있을 뿐 법무사의 복대리인으로서 등기신청행위를 할 수는 없으며, 만약 사무원이 법무사의 복대리인으로서 등기신청행위 등을 대리하였을 경우에는 법무사법 제3조에 위반된다.

3. 복대리인은 대리인이 그의 권한 내의 행위를 하게 하기 위하여 대리인의 권한으로, 즉 그의 이름으로 선임한 본인의 대리인을 말하는데, 복대리인은 그 권한 내에서 본인을 대리하며 본인이나 제3자에 대하여 대리인과 동일한 권리의무가 있다(민법 123조 참조). 따라서 단순히 법무사의 사무를 보조할 뿐인 법무사 사무원이 복대리인이 될 수 없음은 당연하다.

4. 법무사와 의뢰인의 관계는 민법상 위임의 관계에 있고, 수임자로서 법무사는 선량한 관리자의 주의로 위임사무를 처리하여야 한다는 점에서 법무사 사무원에게 다시 위임할 수는 없다(즉 법무사 사무원은 법무사의 복대리인이 될 수는 없다). 부동산등기와 관련된 사안에서 판례 또한 법무사의 선량한 관리자의 의무에 주목하고 있음을 눈여겨 볼 필요가 있다.[1)]

---

1) [참조 판례] 법무사가 의뢰인으로부터 등기신청서류의 작성과 등기신청의 대리 등을 수임하였을 때에는 위임의 본지에 따라 선량한 관리자의 주의로써 위임사무를 처리하여야 하는바, 일반인들이 법무사에게 등기신청의 대리 등을 의뢰하는 이유는 통상 법무사의 등기에 관한 전문적이고 기술적인 지식의 도움으로 복잡한 등기신청절차를 적정하게 처리하기 위한 것이라 할 것이므로, 부동산 매수인의 의뢰로 매매계약 및 대금 지급에 참여하는 등 부동산 거래관계에 관여하고 그에 따른 등기신청서류의 작성과 등기신청을 대리한 법무사는 그 등기신청과 관련된 한도 내에서는 등기부를 열람하여 등기의 목적과 관련된 권리관계를 확인하고, 이를 의뢰인에게 설명하고 필요한 조언 등을 할 의무가 있고, 형식적으로 소유권이전등기신청에 관한 서류를 작성하여 제출한 것만으로는 법무사가 수임인으로서의 의무를 다하였다고 할 수 없다(대법원 2008. 3. 27. 선고 2007다6313 판결).

18. 법인 직원이 법인의 위임을 받아 등기신청업무를 대리할 수 있는지 여부[1]

[상업등기선례 제1-15호, 제정 2000. 4. 21.]

변호사 또는 법무사가 아닌 자도 당사자의 위임을 받아 등기신청을 대리할 수 있지만, 변호사 또는 법무사가 아닌 자는 등기신청의 대리를 업으로 할 수 없고(법무사법 제3조), 이를 위반하는 경우에는 형사처벌을 받게 되는바(같은 법 제74조), 법인 직원이 법인의 위임을 받아 수회에 걸쳐 반복적으로 등기신청업무를 대리하는 행위는 변호사나 법무사가 아니면서 등기신청의 대리를 업으로 하는 것이라고 볼 수 있으므로 보수의 유무에 관계없이 법무사법 제3조에 위반된다.
(2000. 4. 21. 등기 3402-289 질의회답)

참조 조문 · 규칙 · 예규 · 선례 · 판례

▣ 법무사법[법률 제13953호, 2016. 2. 3., 일부개정]

제3조(법무사가 아닌 자에 대한 금지) ① 법무사가 아닌 자는 제2조에 따른 사무를 업(業)으로 하지 못한다.
② 법무사가 아닌 자는 법무사 또는 이와 비슷한 명칭을 사용하지 못한다.

▣ 법무사 아닌 자의 등기신청 등에 관한 업무처리지침[등기예규 제1221호, 개정 2007. 12. 11.]

1. 법무사 아닌 자의 등기신청대리의 금지

법무사 또는 변호사 아닌 자(공인중개사, 행정사 등. 이하 "법무사 아닌 자" 라 한다)는 다른 사람을 대리하여 부동산등기신청을 하거나 등기사항증명서 교부신청서를 작성하여 등기소에 제출하는 행위를 업으로 하지 못한다. 다만, 자기가 등기당사자 중 일방인 경우에는 타방을 대리하여 등기신청을 할 수 있다.

2. 법무사 아닌 자의 등기신청이 있는 경우 등기관 등의 조치

---

1) 비자격자 대리제한 및 법무사법 제3조 위반에 관한 많은 선례가 축적되어 있다.

가. 신청인과 대리인의 관계 소명 요청

법무사 아닌 자가 다른 사람을 대리하여 수시로 반복하여 등기신청을 하는 등 등기신청의 대리를 업으로 한다는 의심이 있을 경우, 등기관 또는 접수공무원은 대리인으로 하여금 신청인 본인과 그 대리인과의 관계를 「가족관계의 등록 등에 관한 법률」 제15조 제1항 제1호의 가족관계증명서나 주민등록표등본 등에 의하여 소명할 것을 요청할 수 있다.

나. 대리인이 본인의 가족이나 친족 등에 해당하는 경우

위 가.의 규정에 따라 신청인이 제출한 소명자료에 의하여 대리인이 신청인의 가족이나 친족에 해당하는 등, 그 대리인이 당해 등기신청을 업으로 하지 않는 것으로 소명된 경우 등기관은 그 등기신청을 즉시 수리한다.

다. 대리인과 본인 사이에 특별한 관계가 없는 경우

(1) 위 가.의 규정에 따른 소명자료를 대리인이 제출하지 않거나, 대리인이 제출한 소명자료에서 대리인이 신청인과 사이에 업으로 하지 않고 등기신청을 대리하여 줄 만한 특별한 관계에 있음이 밝혀지지 않은 경우 등 대리인이 당해 등기신청의 대리를 업으로 한다는 판단을 한 경우, 등기관 또는 접수공무원은 그 대리인에게 법무사법 위반의 사유로 고발조치될 수 있음을 알리고 등기신청의 취하 또는 접수의 자제를 권고할 수 있다.

(2) 법무사 아닌 자가 다른 사람의 대리인으로서 등기신청을 하면서 위 (1)의 권고에 응하지 아니하는 경우, 등기과·소장이 그 등기신청을 법사법 제3조 제1항에 위반한 것이라고 판단한 때에는 그 대리인을 관련 수사기관에 고발조치할 수 있다.

(3) 등기과·소장이 위 (2)의 규정에 의하여 수사기관에 고발조치한 때에는 고발조치한 내용과 그 고발조치에 대한 수사기관의 처분 결과(수사기기관으로부터 통보가 있는 경우)를 법원행정처장에게 보고한다.

◐ **선례 해설: 법무사법 제3조 위반**

1. 대리인이 될 수 있는 자격에는 제한이 없으므로 누구나 대리인이 될 수 있지만, 법무사 아닌 자는 법무사법 제2조에 따른 사무를 업(業)으로 하지 못한다. 이 경우 업으로 하였는지에 대한 여부는 보수를 받았는지 여부와는 상관없이 여러 사정을 종합적으로 고려하여 사회통념에 따라 판단되어야 한다.

법무사가 아닌 자가 법무사의 사무를 '업으로' 하였는지의 여부는 사무처리의 반복 계속성, 영업성 등의 유무와 그 행위의 목적이나 규모, 회수, 기간, 태양 등 여러 사정을 종합적으로 고려하여 사회통념에 따라 판단하여야 할 것이고, 반복 계속하여 보수를 받고 그러한 사무를 처리하는 것은 물론, 반복 계속할 의사로써 그 사무를 하면 단 한 번의 행위도 이에 해당한다(대법원 2003. 6. 13. 선고 2003도935 판결).

2. 법인 직원일지라도 법인의 위임을 받아 수회에 걸쳐 반복적으로 등기신청업무를 대리하는 것은 법무사법 제3조 위반이며, 또한 신청인의 가족이나 친족 등에 해당하지 않음에도 신청을 대리하는 자에 대해서는, 그 신청 행위가 업으로 하는 것으로 판단될 경우에는 등기관은 등기신청의 취하 등을 권고할 수 있으며 이에 응하지 않을 경우에는 고발조치할 수 있다(예규 1221호).

3. 상기 2.와 관련하여 상업사용인의 일종인 지배인에게 상업등기신청에 관한 일반적 대리권이 인정되는지 문제될 수 있는데, 지배인은 영업주에 갈음하여 그 영업에 관한 재판상 또는 재판 외의 모든 행위를 할 수 있는 자이지만(상법 11조), 상업등기신청은 법인의 인격에 관한 법률적 행위이므로 상업등기신청에 관하여는 지배인에게 등기신청 대리권이 인정되지 않는다(『상업등기실무(Ⅰ)』, 151면). 관련 문제로 지점의 지배인이 신주발행으로 인한 변경등기신청 시 첨부정보로 제공되는 주식의 청약을 증명하는 서면을 작성할 수 있는지에 대한 논의는 상업등기선례 제1-192호(703면) 참조.

4. 비록 부동산등기에 관한 선례이지만 이와 비슷한 취지의 등기선례로, ⅰ) 유통업이나 전자제품 및 자동차의 판매를 주업무로 하는 회사 직원이 소속회사와 거래 대리점 대표의 위임을 받아 수회에 걸쳐 등기신청업무를 행하는 것(등기선례 5-18호), ⅱ) 회사 직원이나 부동산중개업자 또는 행정사가 당사자의 위임을 받아 수회에 걸쳐 계속 반복적으로 등기신청을 하는 것(등기선례 5-19호), ⅲ) 공인중개사가 본인이 중개한 부동산에 대하여 당사자로부터 위임을 받아 등기신청을 대리하는 행위(등기선례 6-14호), ⅳ) 군청 등의 행정기관에서 민원서비스개선의 일환으로 부동산등기신청에 필요한 서류의 작성을 대행한 경우(등기선례 6-16호) 등에 대해 모두 법무사법 제3조 위반으로 보았다(신현기, "등기신청의 대리", 법무사(2010년 4월호), 대한법무사협회, 24~25면).

제2절 등기신청행위

※ 상업등기신청서의 양식에 관한 예규[등기예규 제1593호, 개정 2015. 12. 8.][1)]

제1조(목적)

이 예규는 상업등기에 관한 각종 등기신청서의 양식을 정함으로써 신청서작성 및 등기사무처리의 효율화를 기함을 목적으로 한다.

제2조(신청서 작성 방법)

① 등기신청서에는 신청인의 성명 및 주소, 등기의 목적과 사유, 등기할 사항, 관청의 허가 또는 인가를 필요한 경우에는 그 허가서 또는 인가서의 도달연월일, 다른 법률에 의하여 부과된 의무사항 등 상업등기규칙(이하 "규칙"이라 한다) 제51조 및 그 밖의 법령에 따른 사항을 기재하여야 한다.

② 신청서가 2장 이상일 때에는 신청인 또는 그 대리인이 간인을 하여야 하고, 신청인 또는 그 대리인이 2인 이상일 때에는 그 중 1인이 간인을 하면 된다.

제3조(신청서에 기재할 첨부서면)

① 등기신청서에는 대리인에 의하여 등기를 신청하는 경우에는 그 권한을 증명하는 서면, 관청의 허가 또는 인가가 필요한 경우에는 그 허가서 또는 인가서, 주소·주민등록번호(또는 생년월일)를 등기하여야 할 경우에는 주소증명서면 등 규칙 제52조 및 그 밖의 법령에 따른 서면을 첨부하였다는 기재를 하여야 한다.

② 제1항 중 관청의 허가(인가)가 등기할 사항의 효력요건인 경우에는 등기신청서에 관청의 허가서(인가서) 또는 그 인증이 있는 등본을 첨부하였다는 기재를 하여야 한다. 다만, 등기할 사항의 효력요건이 아닌 경우에는 그러하지

---

1) 등기예규 제1593호는 신청서 작성 방법 및 신청서에 기재할 첨부서면에 관한 통칙적인 사항을 정한 예규이며, 별표로 107가지의 등기신청서 양식을 정하고 있다. 본 교재에서는 별표의 107가지 등기신청서 양식을 지면관계상 생략하였으나, 동 예규의 별표상의 등기신청서 양식과 「대법원 인터넷등기소(www.iros.go.kr)> 자료센터> 등기신청양식」을 함께 참조하면 등기신청 시 많은 도움을 받을 수 있다.

아니하다.

③ 같은 등기소에 동시에 여러 건의 등기신청을 하는 경우에 첨부서면이 같은 것이 있을 때에는 먼저 접수되는 신청서에만 그 서면을 첨부하고, 다른 신청서에는 먼저 접수된 신청서에 그 서면을 첨부하였다는 뜻을 기재하는 것으로 그 서면의 첨부를 갈음할 수 있다. 다만, 전자신청의 경우에는 그러하지 아니하다.

제4조(문서의 양식)

상업등기에 관한 각종 등기신청서의 양식은 별지 제1호부터 제107호까지와 같이 하며, 용지규격은 A4로 한다.

부 칙(2014. 11. 5 제1544호)

제1조(시행일) 이 예규는 2014년 11월 21일부터 시행한다.

제2조(다른 예규의 폐지) 회사설립 등기신청 시 관청의 허가를 요하는 사업을 목적으로 하는 경우에 관청의 허가서를 첨부하여야 하는지 여부(등기예규 제544호)는 폐지한다.[1)]

부 칙(2015. 12. 8 제1593호)[2)]

이 예규는 2016년 1월 11일부터 시행한다.

1) 회사설립 등기신청 시 관청의 허가를 요하는 사업을 목적으로 하는 경우에 관청의 허가서를 첨부하여야 하는지 여부(예규 544호)는 본 예규 제3조 제2항에 반영되었음으로 폐지되었다. 따라서 등기예규 제544호의 내용은 그대로 유효하다.

2) 등기업무의 전산화 이후에 모든 등기업무가 전산정보처리조직에 의해 처리되기 때문에 등기신청서 양식의 불필요한 "처리인" 란을 삭제하여 등기사무 담당자의 업무부담을 경감하기 위해, 별지 신청서 양식의 "접수", "조사", "기입" 및 "교합" 란을 각각 "등기관 확인" 란으로 변경하고, "등기신청수수료영수필확인서" 를 그 첨부서면 기재란에 추가하였다(등기예규 제1593호 개정이유에서 발췌). 하지만 별지 신청서 양식에 대한 개정 외에 등기예규 본문의 내용은 종전과 동일하다.

제3절 첨부정보[1)2)]

19. 신청서의 첨부서면인 법인 총회 등의 의사록이 원본이여야 하는지 여부

[상업등기선례 제2-6호, 제정 2013. 11. 22.]

법인 등기를 할 때 공증인의 인증을 받은 법인 총회 등의 의사록을 첨부하여야 하는 경우, 인증이 있는 등본 내지 사본을 제출할 수 있다는 별도의 규정이 없으므로 반드시 공증인법 제66조의2에 따라 공증인의 인증을 받은 원본을 첨부하여야 하고, 등기신청인이 상업등기규칙 제60조 제1항에 따라 제출하였던 공증인의 인증을 받은 의사록의 반환을 청구하고자 할 때에는 같은 규칙 제60조 제2항(주: 현행 상업등기규칙 제66조 제1항)에 따라 등기신청서에 그 원본과 같다는 뜻을 기재한 사본을 첨부하여야 한다.
(2013. 11. 22. 사법등기심의관－4830 질의회답)

참조 조문 · 규칙 · 예규 · 선례 · 판례

▣ 공증인법[법률 제11823호, 2013. 5. 28., 일부개정]

제66조의2(법인의사록의 인증) ① 법인 등기를 할 때 그 신청서류에 첨부되는 법인 총회 등의 의사록은 공증인의 인증을 받아야 한다. 다만, 자본금의 총액이 10억원 미만인 회사를 「상법」 제295조 제1항에 따라 발기설립하는 경우 또는 대통령령으로 정하는 공법인이나 비영리법인의 경우에는 그러하지 아니하다.

▣ 상업등기규칙[대법원규칙 제2668호, 2016. 6. 27., 타법개정]

제66조(원본인 첨부서류의 반환) ① 신청서에 첨부한 원본인 서류의 반환을 청구하는 경우에 신청인은 그 원본과 같다는 뜻을 적은 사본을 첨부하여야 하고, 등기관이 서류의 원본을 반환할 때에는 그 사본에 원본 반환의 뜻을

---

1) 2014. 11. 21.부로 시행된 개정 상업등기규칙에서는 전산정보처리조직에 의한 등기사무처리 방식의 형태에 맞추어 방문신청과 전자신청의 내용을 전산환경에 맞게 정비하고, 종래 첨부서면의 제출방식을 첨부정보의 제공방식으로 변경하였다.

2) 첨부정보는 등기신청이 권한 있는 자에 의한 것이고 신청내용이 사실과 부합된다는 것 등을 증명하기 위한 것으로, 신청서에 첨부할 정보에 관하여는 상업등기법, 상업등기규칙 및 그 밖의 법령에서 정하고 있고(첨부정보의 법정), 신청서에 필요한 서면을 첨부정보로 제공하지 아니한 때에는 상업등기법 제26조 제8호에 의하여 각하된다. 첨부정보의 법정주의와 관련된 상업등기선례의 입장에 관해서는 「선례해설」(391면) 참조.

적고 기명날인하여야 한다. 다만, 다음 각 호의 서류에 대해서는 반환을 청구할 수 없다.

1. 등기신청에 첨부된 위임장 등 해당 등기신청만을 위하여 작성한 서류
2. 인감증명, 법인등기사항증명서, 주민등록표등본·초본, 가족관계등록사항별증명서 등 별도의 방법으로 다시 취득할 수 있는 서류

◐ **선례 해설: 「법원행정처 선례해설 요약(3)」(60면) 참조**

1. 등기신청서에 첨부하는 서류는 별도의 규정이 없는 한 원본이어야 한다. 본 선례의 내용과 같이 여기서 원본이란 등기신청을 할 경우 총회 등의 의사록에 대해 공증인법 제66조의2에 의한 법인의사록의 인증이 필요한 경우에는 공증인의 인증을 받은 총회 등의 의사록 그 자체를 말한다.

2. 한편 상업등기규칙 제66조에 의해 등기신청인은 신청서에 첨부한 원본인 서류의 반환을 청구할 수 있는데, 원본서류의 반환이 이루어지는 경우에도 원본반환은 등기신청인이 그 서면을 계속 보유하여야 할 필요성이 있는 서면에 한하므로, 인감증명서나 주민등록등(초)본 등과 같이 신청인이 행정관서 등에서 쉽게 얻을 수 있는 것은 성질상 원본반환의 대상이 아니다.

3. 한편 별도의 규정이 있는 경우에는 원본 대신 인증이 있는 등본(허가 또는 인가가 있음을 증명하는 정보, 판결에 관한 정보 등)을 첨부할 수 있다.[1)]

   i) 관청의 허가 또는 인가가 있음을 증명하는 정보(규칙 52조 1항)
   ii) 상법 제194조에 따른 회사계속등기신청 시 판결에 관한 정보(규칙 109조 2항)
   iii) 회사설립 시 검사인 또는 공증인의 조사보고나 감정인의 감정결과에 관한 재판이 있는 때에는 그 재판이 있음을 증명하는 정보(규칙 129조 7호)
   iv) 현물출자에 의한 신주발행 시 검사인의 조사보고나 감정인의 감정결과에 관한 재판이 있는 때에는 그 재판이 있음을 증명하는 정보(규칙 133조 7호)

---

1) 개정 전 상업등기법과 상업등기규칙에서는 위 4가지 사항에 대해서 "등본"을 첨부할 수 있음을 규정하고 있었으나, 2014. 11. 21. 전부 개정 시에 첨부서면이 첨부정보로 바뀌면서 "등본"이라고 명시하지는 않았지만 여전히 위 4가지의 경우 "등본"을 첨부정보로 제공할 수 있다고 본다.

법원행정처 선례해설 요약(3)[1]

【제목】 원본반환청구

1. 사안의 논점

현재 공증인사무소에서 공증인법에 따라 법인의사록 두 통을 받아 그 의사록을 인증 후 공증인이 한 통을 보존하고, 나머지 한 통은 촉탁인 또는 그 대리인에게 돌려주고 있어,[2] 등기신청을 위해 법인의사록 원본을 제출하는 경우에는 회사가 그 의사록을 비치하기 위해 등기소에 원본반환청구를 하여야 하는 불편이 있다. 따라서 회사가 등기신청을 위해 등기신청 단계에서부터 반드시 원본을 제출하여야 하는지 문제된다.

2. 원본제출주의

i) 등기신청 시 원칙적으로 원본이어야 한다.
ii) 원본인 첨부서류의 반환은 상업등기규칙 제66조에 의해 가능하다.

3. 원본제출주의 예외

i) 규칙 제66조를 유추 적용하여 등기신청 시 사본을 첨부하고 동시에 원본서류를 제출하여, 그 사본을 원본으로 갈음한다는 등기관의 확인을 받은 때에는 사본을 첨부할 수 있다.
ii) 한편 원본과 사본의 동일성을 등기관이 신뢰할 수 있는 경우에는 등기신청서에 그 사본을 첨부할 수 있는데, 그 구체적인 예로, 인증받은 등본을 제출할 수 있는 경우, 상호의 가등기 등을 신청하는 경우에 공탁한 공탁서의 사본을 제출하는 경우(규칙 80조), 설립등기 또는 신주발행으로 인한 변경등기의 경우에 검사인 또는 공증인의 조사보고나 감정인의 감정결과에 관한 재판이 있는 때에 그 재판의 등본을 제출하는 경우 등을 들 수가 있겠다.

4. 결어: 원본 첨부가 원칙

---

1) 『상업등기 주요선례 해설』, 155~160면
2) 촉탁인 또는 그 대리인이 정관의 인증 및 법인 총회 등의 의사록의 인증을 촉탁하려면 두 통을 제출하여야 하며, 공증인은 한 통은 자신이 보존하고 다른 한 통은 촉탁인 또는 그 대리인에게 돌려주어야 한다(공증인법 63조 및 66조의2 4항).

20. 법인등기 신청시 대리권한을 증명하는 서면으로서의 위임장에 원칙적으로 법인인감을 날인하여야 하는지 여부(적극)[1]

[상업등기선례 제1-16호, 제정 2004. 3. 31.]

대리인에 의하여 법인등기를 신청할 때에는 신청서에 그 권한을 증명하는 서면을 첨부하여야 하는바, 그 권한을 증명하는 서면으로서의 위임장에는 지점소재지에서 하는 목적변경등기 등의 일정한 경우를 제외하고는 원칙적으로 관할등기소에 제출한 법인인감을 날인하여야 한다.

(2004. 3. 31. 공탁법인 3402-77 질의회답)

참조 조문 · 규칙 · 예규 · 선례 · 판례

▣ 상업등기법[법률 제13953호, 2016. 2. 3., 타법개정]

제25조(인감의 제출) ① 등기신청서에 기명날인할 사람은 미리 그 인감을 등기소에 제출하여야 한다. 인감을 변경할 때에도 같다.

② 제1항은 대리인에 의하여 등기를 신청하는 경우에 그 위임을 한 사람에게도 적용한다.

③ 제1항은 다음 각 호의 어느 하나에 해당하는 등기에 대해서는 적용하지 아니한다.

1. 촉탁에 따른 등기
2. 본 · 지점 공통 등기사항에 대한 지점 소재지에서의 등기
3. 제38조 제1항에 따른 상호의 가등기
4. 제39조 제1항에 따른 본점이전에 관계된 상호의 가등기
5. 제47조 제2항 · 제3항에 따른 무능력자의 등기
6. 제49조 제2항 본문 · 제3항 · 제4항에 따른 법정대리인의 등기
7. 제55조 제1항에 따른 본점이전등기
8. 제63조 제1항 또는 제71조 제1항에 따른 본점 소재지에서 하는 해산등기

▣ 상업등기규칙[대법원규칙 제2668호, 2016. 6. 27., 타법개정]

제52조(첨부정보) ① 등기를 신청하는 경우에는 다음 각 호의 정보를 그 신청정보와 함께 첨부정보로서 등기소에 제공하여야 한다.

1. 대리인에 의하여 등기를 신청하는 경우에는 그 권한을 증명하는 정보

---

1) 「선례해설」(45면) 및 「실무사례(2)」(62면) 참조

실무사례(2)

제목: 상업등기 신청 시 위임장에 반드시 등기소에 신고한 법인인감 도장을 날인하여야 하는지 여부

상업등기 신청 시 등기신청 위임장에 반드시 등기소에 신고한 법인인감으로 위임받아야 하는지? 아니면 사용인감으로 위임받아도 상관없는지?

1. 등기신청서에 기명날인할 사람 혹은 대리인에게 그 등기신청을 위임할 사람은 촉탁에 따른 등기, 본·지점 공통 등기사항에 대한 지점 소재지에서의 등기, 상호의 가등기 등과 같은 상업등기법에서 정한 예외적인 사항에 해당하지 않는 한 미리 그 인감을 등기소에 제출하여야 한다(법 25조).

2. 선례 또한 같은 입장이다. 대리인에 의하여 등기를 신청하는 경우에는 그 권한을 증명하는 정보를 신청정보와 함께 첨부정보로서 등기소에 제공하여야 하는데(규칙 52조 1항 1호), 그 권한을 증명하는 서면으로서의 위임장에는 본·지점 공통 등기사항에 대한 지점 소재지에서의 등기 등의 일정한 경우를 제외하고는 원칙적으로 관할 등기소에 제출한 법인인감을 날인하여야 한다(상업선례 1-16).

3. 따라서 상업등기법 제25조 제3항의 예외 사유에 해당하지 않는 한, 상업등기 신청을 대리인에게 위임할 경우에는 위임장에는 등기소에 제출한 인감 즉 법인인감이 날인된 위임장을 제출하여야 하며, 사용인감이 날인된 위임장은 불가하다.

참조 조문: 상업등기법 제25조, 상업등기규칙 제52조 제1항 제1호
참조 선례: 상업등기선례 제1-16호(61면)

[비교 사례] 이번에 임시주주총회에서 특별결의를 거쳐 회사의 상호를 "주식회사 ○○"에서 "주식회사 △△"으로 변경하였다. 상호의 변경에 대해 본점 및 대전 지점에 변경등기를 신청하려고 한다. 대전 지점에 변경등기를 신청할 경우에도 신청서 혹은 위임장에 법인인감을 날인하여야 하는지 여부(소극)
=> 상호는 본·지점 공통 등기사항이며(「법인의 등기사항에 관한 특례법」 3조 2호), 본·지점 공통 등기사항에 대하여 지점 소재지에 하는 등기에 대해서는 신청서 혹은 위임장에 등기소에 제출한 법인인감을 날인할 필요가 없다(법 25조 3항 2호).

「보 론」 각종 신청서 및 서면에 날인할 도장1)

구 분	내 용
등기신청 위 임 장	1. 원칙적으로 등기소에 제출한 법인인감도장을 날인(상업선례 1-16, 61면) 2. 예외적으로 촉탁에 따른 등기, 본·지점 공통 등기사항에 대한 지점 소재지에서의 등기 등의 경우에는 법인인감도장 날인 불요(법 25조 3항)
인감신고서	1. 인감신고서 좌측 상단의 (신고하는 인감날인란)에는 법인인감도장 날인 2. 인감신고서 중간 (대표자 개인인감 또는 구인감란)에는 인감증명법에 따라 신고한 개인인감도장 날인(改印신고의 경우에는 등기소에 신고한 유효한 종전 인감날인도 가능) 3. 하단의 위임장 박스에 있는 인감(개인) 신고인 성명란 옆에는 등기예규 제1581호 2. 바. 2)에 따라 「위임에 의한 대리인이 인감을 신고하거나 개인 또는 폐지를 신청하는 경우에는 인감증명법에 따라 신고한 인감을 날인한 위임장을 첨부하고 그 인감증명을 첨부하거나 등기소에 제출한 유효한 종전 인감을 날인한 위임장을 첨부」
주주총회의사록, 이사회의사록 등 각종 의사록	1. 각종 의사록에는 원칙적으로 법인인감도장이나 인감증명법에 의한 인감날인 불요(상업선례 1-384) 2. 다만, 의장이 대표이사인 경우에는 실무적으로 의장 옆에 법인인감도장을 날인
취임승낙서, 사임서 등	1. 일반적으로 취임승낙서나 사임서를 증명하는 서면에는 인감증명법에 따라 신고한 개인인감도장을 날인하고 그 인감증명을 첨부하나, 2. 이에 관한 상업등기규칙 제104조 및 제154조의 내용을 요약하면(ⅳ, ⅴ는 외국인에게만 해당),

1) 이 부분에 관해서는 「법무사지식공유센터(Q&A,토론)」 밴드에 올라 온 질의에 대한 답변으로 이한휴 법무사님께서 정리한 글을 토대로 작성하였다.

취임승낙서, 사임서 등	i) 그 서면에 인감증명법에 따라 신고한 인감을 날인하고 그 인감증명을 첨부 ii) 본인이 기명날인 또는 서명하였다는 공증인의 인증서면(본국과 우리나라 공증인의 공증서면 외에 체류국의 공증인의 공증서면도 포함)을 첨부 iii) 다만, 등기소에 인감을 제출한 사람이 중임 또는 사임하는 경우에는 상기 i)과 ii) 외에 등기소에 제출된 인감이 날인된 중임승낙 또는 사임을 증명하는 서면으로 갈음 가능 iv) 본국 관청에 신고한 인감을 날인하고 그 인감증명을 첨부 v) 본인이 서명하였다는 본국 관청 증명서면 첨부
정관	등기소에 제출하는 정관 사본에는 법인인감도장 날인
공증용	1. 진술서, (공증용)주주명부, 정관 사본에는 법인인감도장을 날인하고 법인인감증명서와 법인등기사항증명서를 첨부(진술서에 대해서는 67면 각주2번 참조) 2. (공증)위임장에는 위임자가 법인인 경우에는 법인인감도장을 날인하고 개인인 경우에는 개인인감도장을 날인
서면결의서	자본금 총액이 10억원 미만인 소규모 주식회사에서 주주총회에 갈음하여 서면결의를 하는 경우에는 법률의 규정은 없지만, 실무상 인증한 의사록에 준한다고 보고 그 서면결의서에 인감증명법에 따라 신고한 개인인감도장을 날인하고 인감증명을 첨부
기타 동의서	주주배정방식에 의한 신주발행 시 신주배정기준일의 지정·공고에 관한 총주주 동의에 의한 기간단축동의서 및 실권예고부 청약최고 기간단축동의서, 제3자배정방식에 의한 신주발행 시 주주에게 하는 통지 및 공고에 대한 총주주 동의에 의한 생략 또는 기간단축동의서, 주주의 주주총회 소집기간 단축동의서 등 각종 동의서에는 날인에 대한 아무런 제한이 없음

21. 주무관청에 등록을 요하는 사항의 등기신청과 등록증의 첨부

[상업등기선례 제1-19호, 제정 1984. 6. 15.]

비송사건절차법 제202조(주: 현행 상업등기규칙 제52조)에 규정된 관청의 허가를 필요로 하는 사항에는 관청에 등록을 요하는 사항도 포함되므로 이러한 사항의 등기를 신청하는 경우에는 주무관청의 등록증을 첨부하여야 한다.

(1984. 6. 15. 등기 제218호 대한사법서사협회장 대 법원행정처장 회답)

◐ 선례 해설:

1. 관청의 허가 또는 인가를 필요로 하는 사항의 등기를 신청하는 경우에는 그 허가 또는 인가가 있음을 증명하는 정보를 첨부정보로 제공하여야 하는데(규칙 52조), 이 경우 주무관청에 등록을 하는 경우도 마찬가지이다. 다만, 이 경우에 관청의 허가 또는 인가가 등기할 사항의 효력요건인 경우에만 그 허가 또는 인가가 있음을 증명하는 정보를 첨부정보로 제공하는 것이지, 등기할 사항의 효력요건이 아닌 경우에는 첨부정보로 제공할 필요가 없다(예규 1593호 3조 2항).

2. 위 1.과 관련하여 각각의 경우에 상업등기선례의 입장이 어떠한지 해당 페이지에서 유의하여 살펴볼 필요가 있다.

내 용	해당 상업등기선례
▷ 회사설립 시 관청의 허가 또는 인가가 있음을 증명하는 정보의 제공 여부	제1-92호(387면)
▷ 회사의 목적추가 시 관청의 허가 또는 인가가 있음을 증명하는 정보의 제공 여부	제1-103호(415면) 제1-104호(416면)
▷ 주무관청의 등록증의 제공 여부	본 선례
=> 위 모든 경우에 관청의 허가 또는 인가 혹은 주무관청의 등록 등이 있음을 증명하는 정보를 첨부정보로 제공할지 여부는 등기할 사항이 효력요건인지 여부에 달려 있다는 것이 상업등기선례의 일관된 입장임.	
▷ 주무관청의 신고서는 신고 사항에 불과하여 첨부정보로 제공할 필요가 없음	제2-52호(389면) 제1-249호(953면)

▦ 총괄(2): 공증인의 인증에 관한 내용
[22~27번 상업등기선례에 대한 총괄 정리표]

1. 원칙적으로 등기를 할 때 그 신청서에 첨부정보로 제공되는 법인 총회 등의 의사록은 공증인의 인증을 받아야 한다(공증인법 66조의2). 이는 법인이 주무관청의 허가 또는 인가를 증명하는 정보를 제공한 경우에도 마찬가지이다(상업선례 1-20, 68면 및 1-25, 69면 참조).

2. 다만, ⅰ) 자본금 총액이 10억원 미만인 회사를 발기설립하는 경우(상법 292조), ⅱ) 자본금 총액이 10억원 미만인 회사가 서면에 의한 결의로써 주주총회의 결의에 갈음하는 경우(상법 363조 4항 및 5항), ⅲ) 사내이사가 2인 이하여서 이사회가 구성되지 않은 경우 이사결정서로 본점을 이전하는 경우 등(상법 383조 6항), ⅳ) 민법 제32조에 따라 주무관청의 허가를 받아 설립된 비영리법인 또는 공법인 중 일정 요건을 갖춘 법인으로서 주무관청의 추천을 받아 법무부장관이 지정・고시하는 법인(공증인법 66조의2 1항 단서 및 공증인법 시행령 37조의3) 등은 법인 총회 등의 의사록에 대해 공증인의 인증을 받을 필요가 없다(상업선례 2-36, 70면 및 「실무사례(3)」, 71면).[1)]

3. 인증 방법

ⅰ) 공증인의 인증방법으로서는 공증인법 제57조에 의한 사서증서의 인증방법과 동법 제66조의2에 의한 법인의사록 인증방법이 있는데, 등기신청서에 첨부정보로 제공되는 법인의 총회 또는 이사회의사록의 인증방법으로는 법인의사록의 인증방식만 가능하고 사서증서의 인증방식으로는 할 수 없다(상업선례 2-5, 74면 및 「실무사례(4)」, 78면).

ⅱ) 의사록에 대해 공증인의 인증을 받기 위해서는 공증인이 주주총회에 참석하여 결의의 절차 및 내용을 검사하여야 하는데(참석인증 혹은 출장공증), 공증인이 주주총회에 참석하지 못한 경우에는 그 결의에 필요한 정족수 이상의 자 또는 그 대리인이 공증인 앞에서 의사록의 내용이 진실에 부합됨을 공증인에게 진술하여야 한다(청문인증)(공증인법 66조의2 3항).[2)]

4. 공증인의 관할

공증인법 제66조의2 제4항의 개정 및 동법 제62조의 삭제로 현재 회사 본점의 소재지를 관할하는 지방검찰청의 소속공증인의 인증을 받아야 한다는 제한은 모두 폐지되었다(상업선례 1-23, 81면 및 1-24, 82면 참조).

5. 대리인을 통한 주주총회의사록 청문인증 시 공증위임장에 날인할 자

종전 실무는 주주총회의사록 청문인증 시 해당 주주총회 의결을 한 자 중 그 의결에 필요한 정족수 이상의 자가 공증위임장에 날인할 자로 보았으나, 2015. 8. 1.부터 시행된 「법인의사록에 대한 인증사무 처리지침」에 의하면 해당 주주총회 의결을 한 자 중 그 의결에 필요한 정족수 이상의 자뿐만 아니라 의사록에 서명·기명날인한 자도 포함된다고 보는 것이 타당하다(「보론」, 75~77면 참조).

6. 관련 문제: 정관의 효력발생

i) 원시정관은 공증인의 인증을 받음으로써 효력이 생긴다. 다만, 자본금 총액이 10억원 미만인 회사를 상법 제295조 제1항에 따라 발기설립하는 경우에는 동법 제289조 제1항에 따라 각 발기인이 정관에 기명날인 또는 서명함으로써 효력이 생긴다(상법 292조).

ii) 하지만 일단 유효하게 작성된 정관을 변경할 경우에는 주주총회의 특별결의가 있으면 그 효력이 생긴다. 즉 이 경우에는 등기 여부나 공증인의 인증과 무관하다는 것이 판례의 입장이다.

▣ 대법원 2007. 6 .28. 선고 2006다62362 판결
주식회사의 원시정관은 공증인의 인증을 받음으로써 효력이 생기는 것이지만 일단 유효하게 작성된 정관을 변경할 경우에는 주주총회의 특별결의가 있으면 그때 유효하게 정관변경이 이루어지는 것이고, 서면인 정관이 고쳐지거나 변경 내용이 등기사항인 때의 등기 여부 내지는 공증인의 인증 여부는 정관변경의 효력발생에는 아무 영향이 없다.

---

1) 자본금 총액이 10억원 미만인 소규모 회사에서의 총주주 동의에 의한 서면결의서와 이사결정서는 공증의 대상이 아니라는 것이 등기실무의 입장이나, 이에 대해 서면결의서는 공증인의 인증대상이라는 견해가 있다. 이와 관련된 논의에 대해서는 「보론」(72~73면) 참조.

2) 2015. 8. 1.부터는 의사록 인증 시 대리인이 공증사무실에 출석할 경우에는, 기존 진술서 양식에 대표이사나 의장이 진술하여 작성하던 진술서는 대리인이 작성해야 하며, 또한 등기상 대표이사나 의장, 해당 의결에 출석한 이사가 작성한 별도의 확인서를 제출해야 한다.

22. 법인의 의사록에 대한 공증인의 인증 여부[1)2)]

[상업등기선례 제1-20호, 제정 1987. 5. 8.]

법인이 공증인법 제66조의2 제1항 단서 및 동법 시행령 제2조의3 "별표 1" (주: 현행 시행령 제37조의3 참조)에 해당되는 법인이 아니라면 등기를 할 때에 그 신청서류에 첨부하는 총회 등의 의사록은 공증인의 인증을 받아야 한다.
(1987. 5. 8. 등기 제271호)

참조 조문 · 규칙 · 예규 · 선례 · 판례

▣ 공증인법[법률 제11823호, 2013. 5. 28., 일부개정]

제66조의2(법인의사록의 인증) ① 법인 등기를 할 때 그 신청서류에 첨부되는 법인 총회 등의 의사록은 공증인의 인증을 받아야 한다. 다만, 자본금의 총액이 10억원 미만인 회사를 「상법」 제295조 제1항에 따라 발기설립하는 경우 또는 대통령령으로 정하는 공법인이나 비영리법인의 경우에는 그러하지 아니하다.

▣ 공증인법 시행령[대통령령 제27103호, 2016. 4. 26., 타법개정]

제37조의3(의사록 인증 제외대상 법인) 법 제66조의2 제1항 단서에서 "대통령령이 정하는 공법인 또는 비영리법인"이란 「민법」 제32조에 따라 주무관청의 허가를 받아 설립된 비영리법인 또는 공법인 중 다음의 요건을 모두 갖춘 법인으로서 주무관청의 추천을 받아 법무부장관이 지정·고시하는 법인[3)]을 말한다.

1. 설립 목적 및 수행 사무가 공익적일 것
2. 주무관청의 감독으로 법인 총회 등의 결의절차와 내용의 진실성에 대한 분쟁의 소지가 없을 것

---

1) 법인 총회 등의 의사록에 대해 공증인의 인증을 받을 필요가 없는 것에 대한 설명은 「총괄(2)」 '2.' (66면) 참조

2) 법인의 의사록에 대해 공증인의 인증을 받을지 여부는 회사에서 정할 것이나, 등기를 할 경우에는 공증인의 인증이 제외되는 예외적인 경우가 아닌 한 반드시 공증인법에 의한 공증인의 인증을 받은 법인의 의사록을 첨부정보로 제공하여야 한다.

3) 2016. 5. 10. 현재 법무부 고시에 의하면 의사록 인증 제외대상 법인은 한국개발연구원 등 총 380개가 있다(사이트: 「법무부> 법무정보> 법무법인/공증> 공증업무관련 안내」에서 확인할 수 있음).

23. 법인등기신청서류에 첨부되는 법인의사록의 공증[1)]

[상업등기선례 제1-25호, 제정 2000. 10. 11.]

법인의 등기를 할 때에 그 신청서류에 첨부되는 법인의 총회 등의 의사록은 의사록 인증 제외대상 법인에 해당하지 않는 한 공증인의 인증을 받아야 하는바(공증인법 제66조의2, 공증인법시행령 제2조의3, [별표 1] 참조 => 주: 현재는 별표1은 삭제되었고 대신 법무부 고시에 의해 의사록 인증 제외대상 법인을 고시하고 있음), 이는 법인이 주무관청의 허가서를 첨부한 경우에도 마찬가지이다.

(2000. 10. 11. 등기 3402-705 질의회답)

◐ 선례 해설:

1. 법인이 등기를 할 때 그 신청서류에 첨부되는 법인 총회 등의 의사록은 공증인의 인증을 받아야 하며(공증인법 66조의2 1항 본문), 촉탁인 또는 그 대리인이 법인 총회 등의 의사록의 인증을 촉탁하려면 두 통을 제출하여야 하며, 공증인은 한 통은 자신이 보존하고 다른 한 통은 촉탁인 또는 그 대리인에게 돌려주어야 한다(공증인법 63조 및 66조의2 4항). 촉탁인 또는 그 대리인이 등기신청 시에는 반드시 공증인법 제66조의2에 따라 공증인의 인증을 받은 원본을 첨부하여야 한다(상업선례 2-6, 58면 및 「법원행정처 선례해설 요약(3)」, 60면). 이는 법인이 주무관청의 허가서를 첨부한 경우에도 마찬가지이다.

2. 다만, ⅰ) 자본금의 총액이 10억원 미만인 회사를 발기설립하는 경우, ⅱ) 민법 제32조에 따라 주무관청의 허가를 받아 설립된 비영리법인 또는 공법인 중 설립 목적 및 수행 사무가 공익적이고 주무관청의 감독으로 법인 총회 등의 결의절차와 내용의 진실성에 대한 분쟁의 소지가 없는 요건을 갖춘 법인으로 주무관청의 추천을 받아 법무부장관이 지정·고시하는 법인 등의 경우에는 예외적으로 법인등기를 할 때 그 신청서류에 첨부되는 법인 총회 등의 의사록은 공증인의 인증을 받을 필요가 없다(공증인법 제66조의2 1항 단서 및 동법 시행령 제37조의3).

1) 같은 취지의 선례로 상업등기선례 제1-20호(68면) 참조

24. 주식회사 등기의 첨부서면 중 정관 및 의사록의 인증 면제에 관한 질의

[상업등기선례 제2-36호, 제정 2011. 11. 2.]

「상법」 제292조 및 「공증인법」 제66조의2 제1항은 일정한 소규모 회사를 발기설립하는 경우 발기인들 간의 신뢰관계를 존중하여 신속하게 창업할 수 있도록 2009. 5. 28. 개정된 것으로, 자본금 총액이 10억원 미만인 회사를 발기설립하는 경우에만 「상법」 제292조 단서 및 「공증인법」 제66조의2 제1항 단서가 적용됨이 법문언상 명백하다. 따라서 자본금 총액이 10억원 미만인 회사를 발기설립하여 설립등기를 마친 회사의 임원변경등기에는 「공증인법」 제66조의2 제1항 단서가 적용되지 않으므로, 그 변경등기를 신청할 때 첨부하는 의사록은 공증인의 인증을 받은 것이어야 한다.
(2011. 11. 2. 사법등기심의관-2637 질의회답)

◐ **선례 해설:** 「실무사례(3)」(71면) 참조

1. 주식회사의 경우 원시정관 및 의사록에 대한 공증인의 인증이 면제되는 경우는 자본금의 총액이 10억원 미만인 회사를 발기설립하는 경우이다(상법 292조, 공증인법 66조의2).[1)]

2. 따라서 자본금 총액이 10억원 미만인 주식회사를 발기설립하여 회사설립등기 시 원시정관 및 의사록에 대한 인증이 면제되는 경우에도, 그 후 등기를 신청할 때 등기소에 제출하는 주주총회의사록, 이사회의사록 등 각종 의사록은 공증인법 제66조의2에 의한 공증인의 인증을 받은 것이어야 한다. 물론 자본금 총액이 10억원 미만인 소규모 주식회사로서의 특례를 적용하여 주주총회의사록 대신에 총주주 동의에 의한 서면결의가 이루어진 경우 및 사내이사가 2인 이하로 이사회가 구성되지 않아 이사회의사록 대신에 이사결정서(정관에 대표이사가 정해져 있는 경우에는 대표이사결정서)가 작성된 경우에는, 등기실무상 총주주 동의에 의한 서면결의서와 이사결정서 등은 공증인법상의 법인 총회 등의 의사록으로 보지 않아 공증인의 인증을 받고 있지 않다.

1) [비교] 자본금 총액이 10억원 미만으로 유한회사를 설립하는 경우에는 원시정관에 대한 공증인의 인증은 면제되나, 사원총회의사록에 대해서는 공증인의 인증이 면제되지 않는다(「실무사례(157)」, 1040~1041면 참조).

실무사례(3)

제목: 자본금 총액이 10억원 미만이고 사내이사 1인만 있는 소규모 주식회사의 경우 총주주 동의에 의한 서면결의서 및 이사결정서가 공증 대상인지 여부

자본금 총액이 10억원 미만인 소규모 주식회사의 경우 주주총회 개최 절차 없이 총주주의 서면결의에 대한 동의서 및 서면결의서로 총회의사록을 대신하는 경우 공증을 받을 필요가 없는지? 또한 사내이사 1인만 있는 주식회사의 경우 이사결정서는 공증받을 필요가 없는 것인지?

1. 상법상 주식회사의 각종 등기 시 첨부정보로 제공하는 것에 대해 공증이 필요한 것은 원칙적으로 i) 원시정관(상법 292조), ii) 주주총회, 이사회 의사록 등(공증인법 66조의2)에 한한다. 다만, 자본금 총액이 10억원 미만인 주식회사를 발기설립하는 경우에는 원시정관 및 총회 등의 의사록에 대한 인증이 필요치 않다(상법 292조 단서 및 공증인법 66조의2 1항 단서).

2. 또한 자본금 총액이 10억원 미만인 주식회사는 총주주의 동의가 있으면 주주총회도 서면결의가 가능하고(상법 363조 4항 및 5항), 사내이사가 2인 이하로 이사회가 존재하지 않아 이사회의 권한 사항 중 각 이사(대표이사를 정한 경우에는 그 대표이사)의 권한사항으로 변경된 경우에는 이사결정서(혹은 대표이사결정서)로 이사회의사록을 갈음하게 된다.

3. 자본금 총액이 10억원 미만인 주식회사로서 그 특례를 적용하여 주주총회의사록과 이사회의사록 대신에 작성된 총주주 동의에 의한 서면결의서와 이사결정서는 총회 등이 실질적으로 열리지 않았기 때문에 등기실무상 대부분 공증인의 인증을 받지 않고 있다.[1]

참조 조문: 상법 제292조, 제363조 제4항 및 제5항, 공증인법 제66조의2

[유사 사례] 자본금 총액이 1억원으로 사내이사 1인만이 있는 소규모 주식회사가 이번에 자본금을 2억원 증자하려고 한다. 이 경우 신주발행으로 인한 변경등기 신청 시 첨부정보로 제공할 의사록은 무엇인지? => 자본금 총액이 10억원 미만인 소규모 주식회사가 특례를 적용하여 2인 이하의 사내이사만을 둔 경우에는 이사회의 구성 의무가 면제되므로, 신주발행결의는 이사회가 아닌 주주총회의 결의에 의한다(상법 383조 4항). 따라서 이 경우 첨부정보로는 공증받은 주주총회의사록 또는 (공증받지 않은) 총주주 동의에 의한 서면결의서가 될 것이다.

1) 이와 관련된 견해의 대립에 관한 내용은 「보론」(72~73면) 참조

「보 론」 총주주 동의에 의한 서면결의서 등에 대해서도 의사록을 작성하고 그 의사록에 대해 공증인의 인증을 받아야 하는지에 대한 견해의 대립

1. 자본금 총액이 10억원 미만인 회사는 주주 전원의 동의가 있을 경우에는 소집절차 없이 주주총회를 개최할 수 있고 서면에 의한 결의로써 주주총회의 결의를 갈음할 수 있고, 결의의 목적사항에 대하여 주주 전원이 서면으로 동의를 한 때에는 서면에 의한 결의가 있는 것으로 보며(상법 363조 4항), 이러한 서면에 의한 결의는 주주총회의 결의와 같은 효력이 있다(상법 363조 5항). 한편 서면에 의한 결의에 대하여는 주주총회에 관한 규정을 준용하도록 되어 있어(상법 363조 6항), 소규모 주식회사에서의 총주주 동의에 의한 서면결의서 등에 대해서도 별도의 의사록을 작성하고 그 의사록에 대해 공증인법 제66조의2(법인의사록의 인증)에 의한 인증을 받아야 하는지 문제된다.

2. 기존 실무제요의 입장 및 실무 관행(『상업등기실무(II)』, 57~58면).

이와 관련해 기존 실무제요의 입장은, 현실적으로 주주총회를 개최하지 않은 경우 주주총회의사록을 작성하지 않으므로, 주주 전원의 동의로 서면결의를 한 때에는 서면결의를 하는 것에 관한 주주 전원의 동의서와 결의요건을 충족하는 주주의 서면결의서를 첨부하면 된다는 입장으로, 결국 별도의 의사록을 작성하지 않아도 되며 그 결과 공증인법 제66조의2에 의한 인증을 받을 필요가 없다는 점에 방점을 두고 있다. 한편 총회의 의사에는 의사록을 작성하여야 하는데(상법 373조), 이때의 총회에는 주주들이 현실적으로 주주총회를 개최한 경우뿐만 아니라 상법에 의하여 인정되는 서면결의 또는 서면으로 의안에 동의한 경우도 포함되므로, 서면결의 또는 서면동의 방식으로 주주총회에서 결의한 사항을 등기 신청할 때에도 신청서에 의사록을 첨부하여야 한다는 견해도 있음을 소개하고 있다. 실무제요의 입장은 실무에서 그대로 받아들여져 주주 전원의 동의로 서면결의를 한 때에는 서면결의를 하는 것에 관한 주주 전원의 동의서, 결의요건을 충족하는 주주의 서면결의서를 첨부하여 대부분 등기가 진행되었다. 따라서 서면결의를 하는 것에 관한 주주 전원의 동의서 및 서면결의서 혹은 결의의 목적사항에 대한 주주 전원의 서면동의서 이외 별도의 의사록을 작성하지 않으며, 당연히 공증인의 인증 또한 받지 않지 않고, 등기를 진행하는 것이 실무 관행이 되었다.

3. 기존 실무제요와 다른 견해

i) 상법 제363조 제6항에 서면결의에 대해서도 주주총회에 관한 규정을 준용하고 있는 이상, 당연히 의사록이 작성되어야 하고, 그 의사록에 대해서는 공증인법 제66조의2에 따라 공증인의 인증을 받아야 한다는 견해가 있다.[1] 법무부의 유권해석도 같은 입장이다.

ii) 학설 또한 서면결의에 대하여는 주주총회에 관한 규정이 준용되므로(상법 363조 6항), 현실적인 회의를 전제로 한 규정은 서면결의에 준용될 여지가 없지만, 회의를 전제로 하지 않는 규정에 대해서는 서면결의에 준용된다는 입장이 다수설인 듯싶다.[2]

4. 최근 실무제요의 입장(『2016 상업등기실무』, 292~293면)

i) 최근 실무제요에서, 등기실무에서는 현실적으로 주주총회를 개최하지 않은 경우 주주총회의사록을 작성하지 않는다고 생각하여, 총주주 동의에 의한 서면결의의 경우에는 의사록을 작성하지 않고 따라서 당연히 그 의사록에 대해 공증을 받지 않은 경우가 많음을 소개하면서도,

ii) 주주들이 현실적으로 주주총회를 개최한 경우뿐만 아니라 서면결의 또는 서면으로 의안에 동의한 경우도 의사록을 작성해야 하는 것으로 해석될 여지가 큼을 지적하며, 이렇게 해석될 경우에는 서멸결의서 등 이외 별도의 의사록을 작성하고 그 의사록에 대해서도 공증인의 인증을 받아야 함을 언급하고 있다.

5. 현재 실무에서는 대부분 상법 제363조 제4항의 서면결의 등에 대해서는 주주총회가 개최하지 않은 관계로 의사록을 작성하지 않고(의사록을 작성하지 않음으로 당연히 공증인의 인증도 없이) 등기를 신청하고 있다. 생각건대, 실무 관행이 상당 기간 이미 굳어진 현시점에서는 견해의 대립이 있음에도 불구하고 관련 사항에 대해 공증인법이 개정되거나 예규 혹은 선례가 새로이 발표되지 않는 한, 총주주 동의에 의한 서면결의서 등은 의사록 작성 및 공증인의 인증대상이 되지 않는다고 본다.[3]

---

1) 남상우, "서면결의 및 간주서면결의에 관한 고찰", 공증과신뢰(통권 제7호), 대한공증인협회
2) 이철송, 『회사법강의』, 555면 및 임재연, 『회사법(II)』, 86면
3) 상법 제363조 제4항 내지 제6항은 자본금 총액 10억원 미만의 회사에 대해서는 절차의 엄격성을 완화하기 위해 2009년 개정 시에 도입된 것인데, 의사록을 작성하고 그 의사록에 대해 공증인의 인증을 받는 것이 입법 취지에 맞는 것인지에 대해서도 생각해 볼 문제이다.

25. 법인등기신청서에 첨부할 법인의 총회 또는 이사회 의사록의 인증방법

[상업등기선례 제2-5호, 제정 2013. 5. 14.]

법인의사록의 인증과 사서증서의 인증은 인증의 대상, 인증시 제출하여야 하는 서면, 내용, 인증 이후 서류의 보관방법 등이 다르고 「공증인법」에서도 별도로 규정하고 있으므로, 법인등기신청서에 첨부하여야 할 법인의 총회 또는 이사회 의사록의 인증방법으로는 법인의사록의 인증방식만 가능하고 사서증서의 인증방식으로는 할 수 없다.
(2013. 5. 14. 사법등기심의관-1782 질의회답)

◐ **선례 해설:** 「보론」(75~77면) 참조

1. 사서증서의 인증은 촉탁인으로 하여금 공증인 앞에서 사서증서에 서명 또는 날인하게 하거나 사서증서의 서명 또는 날인을 본인이나 그 대리인으로 하여금 확인하게 한 후 그 사실을 증서에 적는 방법으로 한다(공증인법 57조).

2. 법인의사록의 인증은 공증인이 그 총회 등의 결의의 절차 및 내용이 진실에 부합하는지를 확인하는 방법으로 하는데, 그 확인은 공증인이 해당 법인의 의결장소에 참석하여 결의의 절차 및 내용을 검사하거나 해당 의결을 한 자 중 그 의결에 필요한 정족수 이상의 자 또는 그 대리인의 촉탁을 받아 의사록의 내용이 진실에 부합하는지에 관하여 진술을 듣고, 의사록에 기명날인하였거나 서명한 사람 또는 그 대리인으로 하여금 그 기명날인이나 서명이 본인의 것임을 확인하게 한 후 그 사실을 적는 방법으로 한다(「법인의사록에 대한 인증사무 처리지침」 2조 및 3조 참조).

3. 위와 같이 공증인법상 사서증서의 인증과 법인의사록의 인증은 확연히 구별되는데, 본 선례에 의하면 등기신청 시 첨부하여야 할 법인의 총회 또는 이사회의사록의 인증방법으로는 법인의사록의 인증방식만 가능하다. 법무부 질의회신에 의하면, 공증인법 제66조의2에 의한 법인의사록 인증방식의 요건을 충족하지 못한 촉탁에 의한 인증은 위법하다(법무부 질의회신: 법무과-3312, 2007. 6. 11.).

「보 론」 대리인을 통한 주주총회의사록 청문인증 시 공증위임장에 날인할 자: 「실무사례(4)(5)」(78~80면) 참조

1. 의사록의 인증이란 의사록에 기재된 그 총회 등의 결의의 절차 및 내용이 진실에 부합한다는 것에 대하여 공증인이 증명해 주는 것을 말하며, 촉탁인은 일반적으로 공증인에게 공증을 청구하는 사람을 일컫는다.

2. 종전 공증실무는 의사록의 인증은 그 내용이 진실에 부합하다는 것에 대한 인증일 뿐 의사록의 진정성립[1]을 확인하고 그에 대하여 인증하는 것이 아니라는 입장이었다. 즉 ⅰ) 청문인증을 하는 공증인은 그 총회 등의 결의의 절차 및 내용이 진실에 부합하는지를 확인하여야 하는데, 그 확인은 공증인이 해당 의결을 한 자 중 그 의결에 필요한 정족수 이상의 자 또는 그 대리인의 촉탁을 받아 의사록의 내용이 진실에 부합하는지에 관하여 진술을 듣는 방법으로 하며(공증인법 66조의2 2항 참조), ⅱ) 의사록의 서명 또는 기명날인(이하 '서명·기명날인'이라 한다)에 대한 확인도 해당 의결을 한 자 중 그 의결에 필요한 정족수 이상의 자 또는 그 대리인으로 하여금 확인하게 하는 것으로 보았다(공증인법 66조의2 3항 참조). ⅲ) 결국 종전 공증실무에서는 총회 등의 결의의 절차 및 내용이 진실에 부합하는지 여부와 의사록의 서명·기명날인이 진정한 것인지 여부 등에 대해 진술을 하고 확인하게 하여 줄 주체는 해당 의결을 한 자 중 그 의결에 필요한 정족수 이상의 자 또는 그 대리인으로 보아, 청문인증 시 해당 의결을 한 자 중 그 의결에 필요한 정족수 이상의 자만이 공증위임장에 날인하였다.[2]

---

1) 문서의 진정성립은 문서가 거증자가 주장하는 특정인의 의사에 기하여 작성된 경우를 의미한다. 사문서의 경우 문서에 있는 작성명의인의 인영이 그 명의인의 인장에 의한 것(인영의 진정, 인영과 인장의 동일성)임이 인정되면 그 인영이 그 사람의 의사에 기한 것(날인의 진정, 인영의 진정성립)이라고 추정되고(1단계 추정), 인영의 진정성립이 추정되면 문서 전체의 진정성립까지 추정된다(2단계 추정, 민사소송법 358조 참조).

2) 기존 공증실무의 입장은 공증인법 제66조의2의 법조문의 내용에 기인한 바가 크다고 생각된다. 즉 공증인법 제66조의2 제2항 및 제3항에 총회 등의 의사록의 인증을 하는 공증인은 그 총회 등의 결의의 절차 및 내용이 진실에 부합하는지를 확인하여야 하는데, 그 확인은 공증인이 해당 의결을 한 자 중 그 의결에 필요한 정족수 이상의 자 또는 그 대리인의 촉탁을 받아 의사록의 내용이 진실에 부합하는지에 관하여 진술을 듣고, 촉탁인 또는 그 대리인으로 하여금 공증인 앞에서 의사록의 서명 또는 기명날인을 확인하게 한 후 그 사실을 적는 방법으로 하는 것으로 규정되어 있어, 조문의 문언으로 보면 촉탁인은 해당 의결을 한 자 중 그 의결에 필요한 정족수 이상의 자로 해석되기 때문이다.

3. 의사록의 내용이 진실에 부합하는지 여부에 대한 촉탁인을 해당 의결을 한 자 중 의결에 필요한 정족수 이상의 자(또는 그 대리인, 이하 같다)로 본다는 점에 대해서는 수긍이 되나, 의사록의 서명·기명날인에 대해 확인하여 줄 주체도 해당 의결을 한 자 중 의결에 필요한 정족수 이상의 자로 보는 것은 무리가 있다. 주주총회의사록의 경우 의사록에 서명·기명날인하는 사람은 의장과 출석한 이사이고 의결권을 행사한 사람은 주주임을 감안하면, 서명·기명날인한 본인(주주총회 의장 및 출석한 이사)이 아닌 해당 의결을 한 자 중 의결에 필요한 정족수 이상의 자(주주)가 의사록의 서명·기명날인에 대한 부분을 확인하여 준다는 것은 불합리하기 때문이다. 즉 의사록의 서명·기명날인을 확인할 주체는 의사록에 서명·기명날인한 사람 그 자신을 일컫는다고 보는 것이 합리적이다.

4. 2015. 8. 1.부터 시행된 「법인의사록에 대한 인증사무 처리지침」 제3조에는, i) 공증인은 의사록을 인증할 경우 의사록에 기재된 결의의 절차 및 내용이 진실에 부합하는지를 확인하여야 하며, 청문인증 시 그 확인은 공증인이 해당 의결을 한 자 중 그 의결에 필요한 정족수 이상의 자 또는 그 대리인으로부터 해당 의결에 관하여 진술을 듣는 방법으로 한다는 것(1항 및 2항 1호)과, ii) 공증인은 의사록을 인증할 경우 의사록에 기명날인하거나 서명한 사람 또는 그 대리인으로 하여금 그 기명날인이나 서명이 본인의 것임을 확인하여야 한다는 것(3항)을 구분하여 정하고 있다.

5. 위 4.의 입장은, i) 의사록에 기재된 결의의 절차 및 내용이 진실에 부합하는지에 대한 확인은 해당 의결을 한 자 중 그 의결에 필요한 정족수 이상의 자 또는 그 대리인의 진술을 듣는 방법을 통해서 하며, ii) 의사록의 서명·기명날인에 대한 확인은 서명·기명날인한 사람 또는 그 대리인을 통해서 하는 것으로 하여, iii) 총회 등의 의사록을 대리인을 통한 청문인증 시에는 공증위임장에 날인할 자는 해당 의결을 한 자 중 그 의결에 필요한 정족수 이상의 자뿐만 아니라 그 의사록에 서명·기명날인한 자도 포함된다는 것이다.

6. 정리하면, 종전 공증실무는 주주총회의사록에 대한 청문인증 시 공증위임장에 날인할 자는 해당 의결을 한 자 중 의결에 필요한 정족수 이상의 자(주주)로 보았다. 하지만 2015. 8. 1.부터 시행된 「법인의사록에 대한 인증

사무 처리지침」에 의하면, 주주총회의사록에 대해 대리인을 통한 청문 인증 시 공증위임장에 날인할 자는 해당 의결을 한 자 중 의결에 필요한 정족수 이상의 자(주주)뿐만 아니라 그 의사록에 서명·기명날인한 자(의장 및 당해 주총에서 선임되고 즉시 취임 승낙한 것으로 의사록에 기재되어 있는 이사도 포함한 출석한 이사 전원)[1]도 포함된다.[2]

※ 참조 논문

i) 남상우, "의사록의 인증방법에 관한 고찰", 공증과신뢰(통권 제8호), 대한공증인협회

ii) 남상우, "의사록·정관 인증 개선방안에 관한 연구", 법무부

※「법인의사록에 대한 인증사무 처리지침」(2015. 8. 1. 시행)

제1조(목적) 이 지침은 공증인법 제66조의2에 따른 법인총회 등의 의사록(이하 '의사록'이라 한다) 인증 사무 처리에 관한 사항을 정하여 그 사무의 적절성과 공정성을 확보함을 목적으로 한다.

제3조(의사록 인증 요건) ① 공증인은 의사록을 인증할 경우 의사록에 기재된 결의의 절차 및 내용이 진실에 부합하는지를 확인하여야 한다.

② 제1항의 확인은 다음 각 호 중 하나의 방법에 의하여야 한다.

1. 공증인이 해당 법인의 의결 장소에 참석하여 검사하는 방법
2. 공증인이 해당 의결을 한 자 중 그 의결에 필요한 정족수 이상의 자 또는 그 대리인으로부터 해당 의결에 관하여 진술을 듣는 방법

③ 공증인은 의사록을 인증할 경우 의사록에 기명날인하거나 서명한 사람 또는 그 대리인으로 하여금 그 기명날인이나 서명이 본인의 것임을 확인하여야 한다.

④ 제3항의 본인이나 대리인에 대하여는 공증인법 제27조 내지 31조를 준용한다.

---

1) 신임, 중임 등의 사유로 당해 주주총회에서 이사로 선임된 사람이 즉석에서 취임을 승낙하였다고 주주총회의사록이 작성되었다면 취임 승낙한 이사도 의사록에 서명 또는 기명날인하여야 하므로, 그 이사도 공증위임장에 날인할 자이다. 당해 주주총회에서 선임되고 즉석에서 취임 승낙한 감사도 공증위임장에 날인할 자라고 주장하는 견해도 있으나 상법 제373조 제2항에 비추어 부정적이다. 다만, 감사가 의사록에 서명 또는 기명날인하는 것은 무방하며, 만약에 감사가 의사록에 서명 또는 기명날인하였다면 그 감사도 공증위임장에 날인할 자에 해당한다.

2) 2015. 8. 1. 이후에도 주주총회의사록에 대한 청문인증 시 종전과 같이 해당 의결을 한 자 중 의결에 필요한 정족수 이상의 자만이 작성된 공증위임장으로 공증인의 인증을 진행하는 경우도 있으나, 2015. 8. 1.부터는 대리인을 통한 주주총회의사록 청문인증 시 공증위임장에 날인할 자는 해당 의결을 한 자 중 의결에 필요한 정족수 이상의 자뿐만 아니라 그 의사록에 서명·기명날인한 자(당해 주총에서 선임되고 즉시 취임 승낙한 이사 포함)를 포함한다고 봄이 타당하다.

실무사례(4)

제목: 사단법인의 정관변경을 위한 총회의사록의 인증방식

사단법인 ○○연구소(이하 '사단법인'이라 한다)가 이번에 목적추가를 위한 정관변경을 하려고 한다. 사단법인 정관 제49조에는 "① 정관은 회장 또는 회원의 3분의 1 이상의 발의에 의하여 총회의 의결로 이를 변경할 수 있다. ② 전항의 결의는 회원의 3분의 2 이상의 동의를 얻어야 한다. ③ 정관의 변경은 주무관청의 허가를 받아야 한다."라고 되어 있다. 문제는 회원이 전국에 수백 명이다 보니 회원 3분의 2 이상의 총회 참석이 현실적으로 거의 불가능하다는 점이다. 이 경우 사단법인 정관변경을 위한 총회의사록의 인증을 사서증서의 인증방식으로 할 수 있는지?

1. 법인등기 신청서에 첨부하여야 할 법인의 총회 또는 이사회의사록의 인증방식으로는 공증인법 제66조의2에 의한 법인의사록의 인증방식만 가능하고 동법 제57조의 사서증서의 인증방식으로는 할 수 없다(상업선례 2-5, 74면).

2. 사단법인의 목적추가를 위한 정관변경을 위한 의사록은 공증인이 해당 법인의 의결장소에 참석하여 결의의 절차 및 내용을 검사하거나 해당 의결을 한 자 중 그 의결에 필요한 정족수 이상의 자 또는 그 대리인의 촉탁을 받아 의사록의 내용이 진실에 부합하는지에 관하여 진술을 듣고, 의사록에 기명날인하거나 서명한 사람 또는 그 대리인으로 하여금 의사록의 서명 또는 기명날인을 확인하게 한 후 그 사실을 적는 방법인 법인의사록의 인증방식만이 허용되므로, 사안의 경우와 같이 정관변경을 위한 결의 요건인 재적회원 3분의 2 이상의 결의 및 해당 의결을 한 자 중 그 의결에 필요한 정족수 이상의 자와 그 의사록에 서명 또는 기명날인한 자의 공증 위임이 불가능할 경우에는 정관변경을 위한 의사록의 공증은 어렵다 하겠다.

[유사 사례] 재개발(재건축) 정비사업조합의 추진위원회가 주민총회의사록을 의결정족수 이상의 촉탁이 아닌 출석한 이사만의 촉탁으로 공증인의 인증을 받을 수 있는지 여부(소극) => 법인의사록의 인증은 공증인법 제66조의2에 의한 인증방식만이 허용되므로 참석인증(출장공증)이 아닌 한 당해 의결을 한 자 중 그 의결에 필요한 정족수 이상의 자 및 그 의사록에 서명 또는 기명날인한 자의 공증 위임으로 이루어져야 하는데, 이를 출석한 이사만의 촉탁으로 한 의사록 공증은 법인의사록 인증방식이라 할 수 없어 불가하다.

실무사례(5)

제목: 주주총회의사록 공증 시 공증위임장에 날인할 자

이번에 목적추가를 위한 정관변경을 위해 임시주주총회를 개최하였다. 회사의 임원으로는 이사 4인과 감사가 있지만, 이번 임시주주총회에는 임원 중 대표이사 겸 사내이사인 갑과 사내이사 을만이 출석하였으며, 임시주주총회에 출석한 주주 및 의결에 찬성한 주주 현황은 아래와 같다.

주주명	소유주식수	회의출석	의결찬성	비 고
주주 A	50,000	○	○	임시주주총회 의장: 대표이사 갑 의장 외 출석한 이사: 사내이사 을
주주 B	20,000	○	○	
주주 C	20,000	○		
주주 D	5,000			
주주 E	5,000			
계	100,000	90,000	70,000	

【1】 정관변경을 위한 의사록에 서명 또는 기명날인할 자는 누구인지?
【2】 대리인을 통한 주총의사록 청문인증 시 공증위임장에 날인할 자는?

1. 주주총회의사록에는 의사의 경과요령과 그 결과를 기재하고 의장과 출석한 이사가 기명날인 또는 서명하여야 하므로(상법 373조), 사안의 경우 정관변경을 위한 임시주주총회 의장인 대표이사 겸 사내이사인 갑과 사내이사 을만이 임시주주총회의사록에 서명 또는 기명날인하면 된다.

2. 출장공증(혹은 참석인증)이 아닌 한 의결에 필요한 정족수 이상의 자 및 그 의사록에 서명 또는 기명날인한 자의 공증 위임이 필요하며, 정관변경을 위한 의결은 주주총회의 특별결의에 의하여야 하므로(상법 434조) 출석한 주주의 의결권의 3분의 2 이상의 수와 발행주식 총수의 3분의 1 이상의 수에 의한 결의가 있어야 한다. 사안의 경우 임시주주총회에 출석한 주주들이 보유한 주식의 수는 총 90,000주로 발행주식 총수인 100,000주의 3분의 1 이상이며, 의안에 찬성한 주주들이 보유한 주식 총수인 70,000주는 출석한 주주의 의결권인 90,000주의 3분의 2 이상의 수에 해당하므로 상법 제434조에 의한 특별결의 요건을 충족한다. 따라서 임시주주총회에 출석하여 의결한 주주 A, B, C 중 그 의결에 필요한 정족수 이상(사안의 경우 60,000주 이상)의 자에 해당하는 주주 A와 B 및 그 의사록에 서명 또는 기명날인한 의장 갑과 사내이사 을이 공증위임장에 날인할 자들이다.

[유사 사례] 회사 정관상 이사는 3인 이상 감사는 1인 이상으로 규정되어 있으며, 현재 회사는 정관의 규정에 따라 사내이사는 A, B, C 3인이고 감사는 D 1인이 있다. 2016. 5. 25. 임시주주총회에서 사내이사 C와 감사 D가 사임하고 신임 사내이사 E와 신임 감사 F를 신임 임원으로 선임결의하고, 즉석에서 신임 사내이사 E와 신임 감사 F는 취임 승낙하였다.

【1】 법무사 사무실을 통해 위 임시주주총회의사록에 대한 공증인의 인증을 촉탁하기로 한 경우에 공증위임장에 날인한 자는?

【2】 신임 사내이사 E의 취임을 증명하는 서면은?

【1】 이사는 주주총회에서 정관에 다른 정함이 없으면 보통결의, 즉 출석한 주주의 의결권의 과반수와 발행주식총수의 4분의 1이상의 수로써 선임한다(상법 368조 1항 및 382조 1항). 감사도 정관에 다른 정함이 없으면 주주총회의 보통결의로써 선임하는데, 의결권 없는 주식을 제외한 발행주식총수의 100분의 3을 초과하는 주식을 가진 주주는 그 초과하는 주식에 관하여 감사의 선임에 있어서 의결권을 행사할 수 없다(상법 409조 1항). 따라서 대리인을 통해 임시주주총회의사록에 대해 공증인의 인증을 촉탁할 경우에 공증위임장에 날인할 자는, ⅰ) 의결에 필요한 정족수 이상의 자(주주), ⅱ) 해당 임시주주총회의사록에 서명 또는 기명날인한 의장 및 출석한 이사(상법 373조 2항), ⅲ) 해당 임시주주총회에서 신임의 사유로 사내이사로 선임되고 즉석에서 취임을 승낙하였다고 의사록에 기재되어 있는 사내이사 E 등이다.[1)]

【2】 임원의 취임승낙을 증명하는 서면에는 인감증명법에 따라 인감을 날인하고 그 인감증명을 첨부하거나 그 서면에 본인이 기명날인 또는 서명하였다는 공증인의 인증서면을 첨부하여야 한다(규칙 154조 2항, 104조 1항). 공증받은 주주총회의사록에 선임기관의 선임결의와 피선임자인 이사의 취임승낙의 의사표시가 모두 있는 경우에는 사내이사 E을 선임한 임시주주총회의 공증받은 의사록도 공증인의 인증서면에 해당한다(상업선례 201507-4, 585면 참조). 이 경우에는 공증받은 임시주주총회의사록 외 취임승낙서나 인감증명을 별도로 첨부할 필요가 없다.

---

1) 해당 임시주주총회에서 신임의 사유로 감사로 선임되고 즉석에서 취임을 승낙하였다고 의사록에 기재되어 있는 감사 F도 임시주주총회의사록에 서명 또는 기명날인하여도 무방하다(상법 373조 참조). 만약 감사 F가 임시주주총회의사록에 서명 또는 기명날인하였다면, 감사 F도 공증위임장에 날인할 자에 해당한다.

26. 정관 또는 의사록에 대한 인증시 공증인의 관할 여하

[상업등기선례 제1-23호, 제정 1998. 11. 13.]

상법 제292조와 그 준용규정에 의한 정관 또는 의사록 인증에 관한 사무는 회사의 본점소재지를 관할하는 지방검찰청소속 공증인이 취급할 것이다.
(1998. 11. 13. 등기 3402-1135 질의회답) **사실상 폐지**

주) 제66조의2 제4항의 개정(1998. 12. 28. 법률 제5590호)으로 1999. 6. 29.부터는 법인의사록의 인증은 정관인증과는 달리 회사본점의 소재지를 관할하는 지방검찰청의 소속공증인의 공증을 받아야 한다는 제한은 폐지됨.

◐ **선례 해설:**

1. 공증인법 제66조의2 제4항의 개정으로 1999. 6. 29.부터 법인의사록의 인증은 회사의 본점 소재지를 관할하는 지방검찰청의 소속공증인의 공증을 받아야 한다는 제한은 폐지되었다(위 주석 내용과 동일).
2. 또한 공증인법 제62조가 삭제됨으로써 2010. 2. 7.부터 정관의 인증에 관하여도 본점 소재지를 관할하는 지방검찰청 소속공증인이 아니어도 그 인증이 가능하다.
3. 이러한 공증인법 개정으로 인하여 「정관 또는 의사록의 인증과 공증인의 관할 예규」(예규 1025호)도 2014. 1. 1.부로 등기예규 제1509호에 의해 폐지되었다.[1)]
4. 결국 현재는 공증인법의 개정으로 주주총회, 이사회 등의 의사록에 대한 인증과 정관에 대한 인증은 회사의 본점 소재지를 관할하는 지방검찰청의 소속공증인의 인증을 받아야 한다는 제한은 모두 폐지되었다. 따라서 상업등기선례 제1-23호는 사실상 폐지되었다.

---

1) 「정관 또는 의사록의 인증과 공증인의 관할 예규」(예규 1025호)는 종전 공증인법(2009. 2. 6. 법률 제9416호로 개정되기 전의 것) 제62조에서 상법 제292조와 그 준용규정에 의한 정관의 인증에 관한 사무는 회사본점의 소재지를 관할하는 지방검찰청의 소속공증인이 취급하도록 하고 있어 이와 관련한 등기사무처리 내용을 예규로 정한 것인데, 현행 공증인법에서는 이를 삭제하여 주주총회, 이사회 등의 의사록에 대한 인증과 마찬가지로 정관의 인증에 관해서도 본점 소재지를 관할하는 지방검찰청 소속공증인이 아니어도 이를 취급할 수 있도록 하고 있어 예규로 정할 사항이 없게 되었으므로 이를 폐지함(예규 1509호 개정이유에서 발췌).

27. 상업등기신청서 등에 첨부되는 정관 등의 인증기관 여하
[상업등기선례 제1-24호, 제정 1999. 3. 10.]

~~가. 상법 제292조와 그 준용규정에 의한 정관의 인증이나, 법인의 등기를 할 때에 그 신청서에 첨부되는 법인의 총회 등의 의사록의 인증은 회사 등의 본점(또는 주사무소)소재지를 관할하는 지방검찰청에 소속된 공증인의 인증이어야 하며, 이는 총회의사록 등이 설립등기 이외의 등기신청서에 첨부되는 경우에도 마찬가지이다(다만, 정관은 원시정관을 제외하고는 공증인의 인증을 요하지 않음)~~(주: 상업등기선례 제1-24호 중 가항은 현재 사실상 사문화된 선례 내용임)

나. 변호사법에 의한 법무법인이나 공증인가합동법률사무소는 공증인의 직무에 속하는 업무를 행하므로, 원시정관이나 법인의 등기를 할 때에 그 신청서에 첨부되는 법인의 총회 등의 의사록에 대하여 위 법무법인이나 공증인가합동법률사무소의 인증을 받을 수 있다.
(1999. 3. 10. 등기 3402-243 질의회답)

주) 1. 등기예규 제1025호(2001. 6. 28.)에 의하여 원시정관 이외의 의사록 인증 사무는 관할구역의 제한이 없게 됨.
2. 변호사법 제49조 참조
3. 2005. 1. 27. 변호사법의 개정으로 공증인가합동법률사무소는 폐지되었으나, 부칙 제6조에 의하여 이미 인가를 받은 공증인가합동법률사무소는 종전의 규정에 의하여 공증인의 직무에 속하는 업무를 수행할 수 있음.[1]

◐ **선례 해설:**

1. 현재는 공증인법의 개정으로 주주총회, 이사회 등의 의사록에 대한 인증과 정관에 대한 인증은 회사의 본점 소재지를 관할하는 지방검찰청의 소속공증인의 인증을 받아야 한다는 제한은 모두 폐지되었다(「선례해설」, 81면 참조).

2. 공증인가합동법률사무소에 관한 내용은 위 주석 참조.

---

1) 참고로 법무부 홈페이지상의 공증사무소 현황에 의하면, 2016. 5. 12. 현재 전국에 공증인가 합동법률사무소는 총 26개가 있다.

28. 등기신청서에 첨부하는 호적등본의 유효기간

[상업등기선례 제1-21호, 제정 1997. 11. 5.]

등기신청서에 첨부하는 호적등본의 유효기간에 대한 규정은 없으므로 그 발행일로부터 3월이 경과한 경우에도 이를 등기신청서에 첨부할 수 있을 것이다. 다만 경과일수가 오래되어 그 증명력이 의심스러울 때에는 등기관은 최근에 발행된 호적등본의 제출을 요구할 수 있을 것이다.
(1997. 11. 5. 등기 3402-841 질의회답)

참조 조문 · 규칙 · 예규 · 선례 · 판례

▣ 상업등기규칙[대법원규칙 제2668호, 2016. 6. 27., 타법개정]

제52조(첨부정보) ④ 첨부정보 중 「주민등록법」에 따른 주민등록표등본·초본과 「인감증명법」에 따른 인감증명 및「가족관계의 등록 등에 관한 법률」에 따른 가족관계등록사항별증명서는 발행일부터 3개월 이내의 것이어야 한다.

◐ 선례 해설:

1. 본 선례 제정 당시 상업등기처리규칙(주: 현재는 폐지된 대법원규칙) 제42조에 의하면, 인감증명은 발행일로부터 6개월 이내의 것이어야 하고, 회사의 등기부의 등본이나 초본 기타 회사 대표자의 자격을 증명하는 서면은 작성 후 3월 이내의 것이어야 한다고 규정되어 있었던 점,

2. 현 상업등기규칙 제52조 제4항에도 주민등록법에 따른 주민등록등본·초본과 인감증명법에 따른 인감증명 및 「가족관계의 등록에 관한 법률」에 따른 가족관계등록사항별증명서는 발행일부터 3개월 이내의 것이어야 한다고 규정되어 있는 점 등을 고려하면,

3. 호적등본의 유효기간에 대한 규정이 없으므로 그 발행일로부터 3월이 경과한 경우에도 이를 등기신청서에 첨부정보로 제공할 수 있을 것이라는 본 선례의 입장은 유지된다고 하겠다. 다만, 호적법이 2008. 1. 1.부로 폐지되어 현재는 상업등기와 관련하여 등기신청서에 호적등본을 첨부정보로 제공할 경우는 거의 없을 것으로 보인다.

29. 번역문에 번역자의 기명날인이 있어야 하는지 여부

[상업등기선례 제1-22호, 제정 1997. 11. 5.]

등기신청서에 첨부된 서류가 외국어로 된 경우에 첨부하는 번역문에는 그 번역의 정확성을 보장하기 위하여 번역인의 성명 및 주소를 기재하고 번역인이 서명 또는 기명날인하면 된다. 그러나 등기신청인의 서명 또는 기명날인은 필요 없으며, 또한 번역인의 자격에는 그 제한이 없다.
(1997. 11. 5. 등기 3402-842 질의회답)

참조 조문 · 규칙 · 예규 · 선례 · 판례

▣ 상업등기규칙[대법원규칙 제2668호, 2016. 6. 27., 타법개정]

제52조(첨부정보) ⑤ 첨부정보가 외국어로 작성된 경우에는 그 번역문을 함께 제공하여야 한다.

◐ 선례 해설:

1. 번역문에는 번역의 정확성을 담보할 목적으로 번역인의 성명 및 주소를 기재하고 번역인이 서명 또는 기명날인하여야 하나,
2. 번역문에 번역인 외 등기신청인의 서명 또는 기명날인은 필요가 없고, 공증인의 인증 또한 요구되지 않는다.
3. 번역인의 자격에 관하여서도 제한이 없다.
4. 한편 외국공문서의 제출방법과 등기관의 심사방법에 관한 규정으로서는 「외국공문서에 관한 업무처리지침」(예규 1534호)[1]이 제정되어 있다. 동 예규에 의하면, 외국의 정부나 그 밖의 권한 있는 기관이 발행한 서류 또는 공증인(법률에 따른 공증인의 자격을 가진 자만 해당된다)이 공증한 외국문서는 「재외공관 공증법」 제30조 제1항 본문에 따른 영사관의 확인을 받아 제출하거나 아포스티유(Apostille)를 발급 받아야 하며, 이 경우 그 번역문도 함께 제출하여야 한다.

1) 등기예규 제1534호의 내용은 1068~1069면 참조

30. 자격자대리인이 전자신청하는 경우[1] 첨부서면을 스캐닝하여 송신할 수 있는지 여부

[상업등기선례 제2-4호, 제정 2012. 6. 22.]

변호사나 법무사 등 자격자대리인이 상업등기 및 법인등기를 전자신청할 때 위임인으로부터 받은 첨부서면인 공증인의 인증을 받은 법인 총회 등의 의사록 등을 전자적 이미지 정보로 변환(스캐닝)하여 송신하는 경우에는 위임인의 전자증명서 또는 공인인증서를 함께 송신하여야 하는데, 이 때 전자적 이미지 정보로 변환(스캐닝)된 문서에 「공증인법」 제66조의6(주: 전자화문서의 인증)에 따라 공증인의 인증을 받아야 하는 것은 아니다.
(2012. 6. 22. 사법등기심의관-1759 질의회답)

참조 조문 · 규칙 · 예규 · 선례 · 판례

▣ 공증인법[법률 제11823호, 2013. 5. 28., 일부개정]

제66조의6(전자화문서의 인증) ① 지정공증인은 전자화문서와 전자화대상문서를 대조하여 서로 일치하는 경우에는 전자화문서에 대하여 제57조 제2항의 인증을 부여할 수 있다.
② 전자화문서의 인증에 관하여는 제25조부터 제33조까지의 규정을 준용한다.

▣ 전산정보처리조직에 의한 상업등기 등의 신청에 관한 업무처리지침[등기예규 제1601-5호, 개정 2016. 7. 27.]

제6조(신청정보 및 첨부정보의 송신 등) ① 당사자 또는 자격자대리인은 인터넷등기소(http://www.iros.go.kr/)에 접속하여 "인터넷등기전자신청"을 선택한 후, 등기신청서에 기재하여야 할 정보(이하 "신청정보"라 한다) 및 등기신청서에 첨부하여야 하는 서면(이하 "첨부서면"이라 한다)에 해당하는 정보(이하 "첨부정보"라 한다)를 송신함으로써 전자신청을 한다.
② 신청정보 또는 등기신청에 관한 대리권한을 증명하는 서면(이하 "위임장"이라 한다)에 해당하는 첨부정보는 반드시 제1항의 인터넷등기소에서 전자문서로 작성하여야 한다. 다만, 다음 각 호의 하나에 해당하는 등기신청의 경우 위임장에 해당하는 첨부정보는 별지 제3호 양식의 위임장을 전자적 이미지 정보로 변환[스캐닝]하여 송신할 수 있다.

---

1) 전자신청은 당사자가 직접 하거나 자격자대리인이 당사자를 대리하여 할 수 있으나(규칙 67조 1항), 자격자대리인이 아닌 사람은 당사자를 대리하여 전자신청을 할 수 없다.

1. 대표자 주소 또는 주민등록번호의 변경이나 경정등기
2. 대표자를 제외한 임원(회사, 민법법인 및 특수법인의 사원, 이사, 감사, 감사위원회 위원, 지배인 · 대리인 등을 말한다)의 변경이나 경정등기
3. 본 · 지점 공통등기사항에 관하여 지점 소재지에서 하는 등기

③ 위임장 이외의 첨부정보도 원칙적으로 전자문서로 송신하여야 한다. 다만, 다음 각 호에 해당하는 경우에는 그러하지 아니하다.

1. 자격자대리인이 위임인으로부터 받은 첨부서면(「인감증명법」에 따른 인감증명서와 그 인감을 날인한 서면, 「본인서명사실 확인 등에 관한 법률」에 따른 본인서명사실확인서와 그 서명을 한 서면은 제외)을 전자적 이미지 정보로 변환[스캐닝]하여 송신하는 경우
2. 「공증인법」 제66조의6에 따라 인증받은 전자화문서를 송신하는 경우

◐ **선례 해설:**

1. 당사자 또는 자격자대리인이 전자신청을 하기 위해서는 원칙적으로 신청정보 또는 위임장에 해당하는 첨부정보, 위임장 이외의 첨부정보 등을 전자문서로 송신하여야 한다.

2. 다만 자격자대리인은 위임인으로부터 받은 위임장 이외의 첨부서면을 스캐닝(전자적 이미지로 변환)하여 송신할 수 있으며,[1] 위임장에 해당하는 첨부서면의 경우에도 대표자 주소 또는 주민등록번호의 변경이나 경정등기 등 일정한 경우에 한하여 스캐닝하여 송신할 수 있다(예규 1601-5호 6조 참조).

3. 위 2.의 경우에 본 선례에 의하면, 위임장 이외의 첨부정보(예: 주주총회의사록, 이사회의사록 등)를 스캐닝 하여 송신할 경우에는 ⅰ) 자격자대리인이 위임인으로부터 받은 첨부서면을 스캐닝 하여 송신하는 방법과 ⅱ) 공증인법 제66조의6에 따라 인증받은 전자화문서를 송신하는 방법 중 한 가지를 선택하여 송신할 수 있으므로, 자격자대리인은 공증인의 인증을 받은 총회의 의사록 등을 스캐닝 하여 송신하면 되는 것이지 스캐닝된 문서에 공증인법 제66조의6 전자화문서의 인증의 규정에 따라 다시 공증인의 인증을 받을 필요는 없다.

---

1) 인감증명법에 따라 신고한 인감을 날인하여야 하는 서면과 그 인감증명서, 「본인서명사실 확인 등에 관한 법률」에 따른 본인서명사실확인서와 그 서명을 한 서면은 제외한다(예규 1601-5호 6조 3항).

제4절 인감의 제출

「보 론」

1. 인감신고 또는 개인(改印)신고: 「실무사례(6)」(88면) 및 실무사례(7)」(89면) 참조

ⅰ) 원칙: 등기소에 제출하는 인감신고서 또는 개인(改印)신고서에 인감증명법에 따라 신고한 인감을 날인하고 그 인감증명(발행일로부터 3개월 이내의 것)을 첨부하거나 등기소에 제출한 유효한 종전 인감을 날인(규칙 35조 참조)

ⅱ) 예외: 인감신고서에 상업등기법 제16조 및 제25조에 따라 등기소에 인감을 제출할 사람이 공증인의 인증서면을 첨부하는 것도 가능

ⅲ) 특칙: 지배인이 제출하는 인감신고서 또는 개인(改印)신고서에는 위 ⅰ)과 ⅱ)의 방법 대신 영업주가 등기소에 제출한 인감을 날인하고 지배인의 인감임이 틀림없음을 보증하는 서면을 첨부

2. 임원(청산인 포함)의 취임승낙 또는 사임을 증명하는 서면 등

<table>
<tr><th>내국인
(ⅰ~ⅲ중 택일)</th><th>외국인
(ⅰ~ⅴ중 택일)</th><th>비 고</th></tr>
<tr><td colspan="2">ⅰ) 그 서면에 인감증명법에 따라 신고한 인감을 날인하고 그 인감증명을 첨부

ⅱ) 그 서면에 본인이 기명날인 또는 서명하였다는 공증인의 인증서면(본국과 우리나라 공증인의 인증서면 외에 체류국 공증인의 인증서면도 포함)을 첨부

ⅲ) 다만, 등기소에 인감을 제출한 사람이 중임 또는 사임하는 경우에는 상기 ⅰ)과 ⅱ) 외에 등기소에 제출된 인감이 날인된 중임승낙 또는 사임을 증명하는 서면으로 갈음가능</td><td rowspan="2">* 관련 조문:
규칙 104조(주식회사의 경우에는 154조 2항에서 준용)

* 외국인의 경우:
본국과 체류국의 인증서면과 본국 관청이 발행한 서류에 대해서는 「외국공문서에 관한 업무처리지침」(1068~1069면)이 적용됨.</td></tr>
<tr><td></td><td>ⅳ) 그 서면에 본국 관청에 신고한 인감을 날인하고 그 인감증명을 첨부

ⅴ) 그 서면에 본인이 서명하였다는 본국 관청 증명서면을 첨부</td></tr>
</table>

실무사례(6)

제목: 인감신고 또는 개인(改印)신고 여부

아래 질의 사항은 인감신고 또는 개인(改印)신고와 관련된 것이다.

【1】 본점을 서울에서 수원으로 이전하려고 한다. 이 경우 신소재지 관할 등기소에 인감신고를 다시 하여야 하는지?

【2】 상호가 A에서 B로 변경된 경우에 인감신고를 다시 하여야 하는지?

【3】 대표이사 갑이 임기가 만료되어 이번에 중임되었다. 이 경우에도 인감신고를 다시 하여야 하는지? 이와 달리 대표이사가 갑에서 을로 변경된 경우에는 어떻게 되는지?

1. 종래 종이등기부를 운영할 때 인감대지에 기재되어 있는 사항으로서 등기된 것에 관하여 변경등기 또는 등기의 경정을 신청하는 경우에는 인감을 재제출하도록 하였으나, 전산정보처리조직에 의하여 인감에 관한 사무를 처리하고 있는 현재에는 인감재제출 제도는 폐지되었다. 따라서 현재는 본점이전등기신청이 있을 경우에는 구본점 소재지를 관할하는 등기소는 인감에 관한 기록을 신본점 소재지를 관할하는 등기소에 전산정보처리조직을 이용하여 전송하므로(법 56조 2항), 본점을 서울에서 수원으로 이전하더라도 신본점 소재지 관할 등기소에 인감신고를 다시 할 필요가 없다(『상업등기실무(Ⅰ)』, 204면 참조).

2. 등기소에 제출할 인감의 문자에 관해서는 원칙적으로 특별한 제한이 없다(상업선례 1-29 참조). 따라서 사안과 같이 상호가 A에서 B로 변경된 경우에는 인감을 다시 제출할 필요가 없다. 다만, 변경된 상호로 인감을 사용하고자 하는 경우에는 등기소에 변경된 상호로 된 인감으로 개인(改印) 신고를 하면 되는 것이지 인감신고를 다시 할 것은 아니다.[1)]

3. 임기만료로 인하여 퇴임하였더라도 퇴임과 동시에 시간적 간격 없이 다시 중임한 경우에는 인감을 새로이 신고할 필요가 없다. 다만, 대표이사가 변경된 경우에는 인감을 기존 등기소에 제출한 자가 인감을 제출할 수 있는 자격을 상실한 경우이므로 새로이 대표이사로 취임한 자는 등기소에 제출할 인감을 신고하여야 한다.

참조 예규: 등기예규 제1581호 **참조 선례**: 상업등기선례 제1-29호(92면)

1) 인감을 제출한 자의 변경이 없음에도 인감을 제출한 사람이 자신이 제출한 인감을 다른 인감으로 교체한 후, 그 변경신청을 하는 것을 '개인(改印)신고'라고 한다.

실무사례(7)

제목: 인감신고 여부 및 인감신고를 하여야 할 자

아래 질의 사항은 인감신고와 관련된 것이다. 각 사안의 경우 인감신고를 하여야 하는지 여부 및 인감신고를 하여야 한다면 인감신고를 할 자는 누구인지(각 사안은 별개 사안임)?

【1】 대표이사 A의 사임으로 대표이사가 A에서 B로 변경된 경우

【2】 공동대표이사 C와 D가 있는 상태에서 공동대표이사 중 1인인 C의 임기만료로 인한 퇴임으로 단독대표이사 D로 변경된 경우

【3】 대표이사 겸 사내이사 E와 사내이사 F만이 있는 법인이 사내이사 F의 사임으로 E가 대표권 있는 사내이사가 된 경우

○ 법인의 대표자는 인감을 제출할 수 있는 자이나(예규 1581호 2. 가.), 인감을 제출한 자가 임기만료로 인한 퇴임, 사임, 해임 등으로 인감을 제출할 수 있는 자격을 상실한 경우에는 등기관은 신고한 종전 인감에 관한 기록을 폐쇄하여야 한다(규칙 38조 1항). 위 각 사안에서 인감신고를 하여야 하는지 여부 및 그 인감신고를 하여야 할 자는 다음과 같다.

구분	법인 대표자의 등기기록	신고 여부	인감신고를 하여야 할 자
【1】	대표이사 A < 말소 > 대표이사 B < 취임 >	여 (종전 인감에 관한 기록은 폐쇄)	대표이사 B
【2】	공동대표이사 C < 말소 > 공동대표이사 D -> 대표이사 D		D는 공동대표이사에서 단독대표이사로 변경되었음으로 인감신고를 하여야 함
【3】	대표이사 E -> 사내이사 E		E는 대표이사의 직위에서 대표권이 있는 사내이사로 그 직위가 변경되었음으로 인감신고를 하여야 함

○ 위와 같이 인감을 제출할 수 있는 법인 대표자의 명의인이 변경된 경우(예: A에서 B로 변경된 경우)뿐만 아니라 법인 대표자의 직위가 변경된 경우(예: 공동대표이사에서 단독대표이사로, 혹은 대표이사에서 대표권 있는 사내이사로 변경된 경우)에도 인감신고를 하여야 한다.

31. 인감증명의 유효기간

[상업등기선례 제1-26호, 제정 2000. 11. 3.]

부동산등기를 신청하는 경우에 제출하는 인감증명은 발행일로부터 6월 이내의 것이어야 하고(부동산등기법시행규칙 제55조), 위 유효기간 6월의 기간계산에 있어서는 인감증명서의 발행일인 초일은 산입하지 않는바, 예컨대 인감증명서의 발행일이 2000. 5. 1.인 경우에는 2000. 5. 2.부터 기산하여 6개월이 되는 날인 2000. 11. 1.(24:00)로 위 인감증명의 유효기간이 만료된다.
(2000. 11. 3. 등기 3402-790 질의회답)

주) 부동산등기에 관한 선례이나, 상업등기처리규칙 제42조(주: 현행 상업등기규칙 제35조 제2항 및 제52조 제4항에 인감증명의 유효기간이 명시되어 있음), 민법법인및특수법인등기처리 규칙 제9조에 의하여 상업등기, 민법법인등기 및 특수법인등기에서도 동일함.

참조 조문 · 규칙 · 예규 · 선례 · 판례

▣ 민법[법률 제13710호, 2016. 1. 6., 일부개정]

제157조(기간의 기산점) 기간을 일, 주, 월 또는 연으로 정한 때에는 기간의 초일은 산입하지 아니한다. 그러나 그 기간이 오전 영시로부터 시작하는 때에는 그러하지 아니하다.

제160조(역에 의한 계산) ① 기간을 주, 월 또는 연으로 정한 때에는 역에 의하여 계산한다.

② 주, 월 또는 연의 처음으로부터 기간을 기산하지 아니하는 때에는 최후의 주, 월 또는 연에서 그 기산일에 해당한 날의 전일로 기간이 만료한다.

③ 월 또는 연으로 정한 경우에 최종의 월에 해당일이 없는 때에는 그 월의 말일로 기간이 만료한다.

▣ 상업등기규칙[대법원규칙 제2668호, 2016. 6. 27., 타법개정]

제52조(첨부정보) ④ 첨부정보 중 「주민등록법」에 따른 주민등록표등본·초본과 「인감증명법」에 따른 인감증명 및 「가족관계의 등록 등에 관한 법률」에 따른 가족관계등록사항별증명서는 발행일부터 3개월 이내의 것이어야 한다.

◐ **선례 해설:**

1. 2014. 11. 21.부로 시행된 상업등기법과 상업등기규칙에 의하면, 인감증명 및 인감의 제출과 관련하여 다소 큰 폭의 변화가 있었다. 즉 임원 등이 취임승낙 또는 사임하는 서면에 인감증명을 첨부하는 방법에 갈음하여 공증인의 인증서면을 첨부할 수 있게 되었으며, 여기서 공증인의 인증서면에는 본국과 우리나라 공증인의 인증서면 외에 체류국 공증인의 인증서면도 포함하는 것으로 그 근거를 마련하였다. 또한 인감신고 또는 개인(改印)신고[1]를 하는 경우에 인감증명 외에 공증인의 인증서면을 첨부할 수 있도록 하였다(규칙 35조, 104조, 154조). 「보론」(87면) 참조.

2. 한편 본 선례에 의하면 등기를 신청하는 경우에 제출하는 인감증명은 발행일로부터 6월 이내의 것이어야 한다. 하지만 현행 상업등기규칙에 의하면 첨부정보 중 주민등록법에 따른 주민등록표등본·초본과 인감증명법에 따른 인감증명 및 「가족관계의 등록 등에 관한 법률」에 따른 가족관계등록사항별증명서는 발행일부터 3개월 이내의 것이어야 한다(규칙 52조 4항). 첨부정보로 제공하는 인감증명법에 따른 인감증명뿐만 아니라 등기소에 제출하는 인감신고서 또는 개인(改印)신고서에도 인감증명법에 따라 신고한 인감을 날인하고 그 발행일로부터 3개월 이내의 것인 인감증명을 첨부하거나 등기소에 제출한 유효한 종전 인감을 날인하도록 하고 있다(규칙 35조 2항).

3. 위 2.와 관련하여 본 선례는 기간 계산에 관한 것은 민법의 규정(제155조 내지 제161조)에 따름을 명시하고 있다. 인감증명서 발급은 오전 영시부터 기산하지 않는 것이 명백하므로 민법 제157조에 따라 인감증명서의 발행일인 초일은 산입하지 않는다. 따라서 본 선례의 본문에 나와 있듯이 인감증명서의 발행일이 2000. 5. 1.인 경우에는 2000. 5. 2.(00:00)부터 기산하여 6개월이 되는 날인 2000. 11. 1.(24:00)로 위 인감증명의 유효기간이 만료된다(종전 인감증명의 유효기간 6개월로 계산 시 가정).

4. 실무적으로 등기신청을 할 때 통상 최근 발행된 인감증명을 첨부하기 때문에 큰 문제는 없어 보이나, 기간 계산에 관한 것은 민법의 규정을 따른다는 것은 상업등기 전반에 걸쳐 적용됨을 유의하여야 한다.

---

1) 인감을 제출한 자의 변경이 없음에도 인감을 제출한 사람이 자신이 제출한 인감을 다른 인감으로 교체한 후, 그 변경신청을 하는 것을 '개인(改印)신고'라고 한다.

32. 상업등기의 신청인이 제출하는 인감의 문자

[상업등시선례 제1-29호, 제정 1989. 3. 16.]

상업등기(민법법인·특수법인등기의 경우도 동일함)의 신청서에 날인할 자는 미리 그 인감을 등기소에 제출하여야 하는바, 그 인감의 문자에 관하여는 법령에 특별한 규정이 없으므로 반드시 회사의 상호나 제출자의 자격 등이 기재되어 있을 필요는 없으며, 제출자의 개인성명 또는 성명이 아닌 다른 문자나 형상을 새긴 인감을 제출하는 것도 무방하지만 그 인감은 대조에 적합하고 일정한 크기의 것이어야 한다.
(1989. 3. 16. 등기 제529호)

◐ 선례 해설:

1. 등기신청의 진정성을 담보할 목적으로 상업등기를 신청할 자는 미리 인감을 제출하고, 그 후에 상업등기를 신청할 때 그 인감을 신청서에 날인하게 하기 위해 인감을 미리 제출하게 하는 바, 인감의 제출방법에 대해서는 상업등기규칙 제35조 및 등기예규 제1581호에서 정하고 있다.

2. 위 규정에 의하면, 등기소에 제출하는 인감(개인)신고서에는 (그 신고서에 등기소에 인감을 제출한 사람이 기명날인 또는 서명하였다는 공증인의 인증서면을 첨부한 경우를 제외하고는) 인감증명법에 따라 신고한 인감을 날인하고 발행일로부터 3개월 이내의 인감증명을 첨부하거나 등기소에 제출한 유효한 종전 인감을 날인하여야 한다.

3. 위 1.에 의해 제출하는 인감은 대조에 적당하고 가로·세로 2.4센티미터의 정사각형 안에 들어갈 수 있는 것이어야 하며, 가로·세로 1센티미터의 정사각형 안에 들어가는 것이 아니어야 한다는 규격에 관한 제한은 있으나(규칙 35조 4항 및 예규 1581호 2. 다. 2)), 인감의 문자에 관해서는 특별한 제한이 없다.

4. 따라서 본 선례에 의하면, 등기소에 제출할 인감의 문자에 관해서는 반드시 회사의 상호나 제출자의 자격 등이 기재되어 있을 필요는 없으며, 제출자의 개인성명 또는 성명이 아닌 다른 문자나 형상을 새긴 인감을 제출하는 것도 무방하다.

33. 인감의 크기 등[1)]

[상업등기선례 제1-28호, 제정 1988. 8. 2.]

개정된 상업등기처리규칙에서 인감크기의 하한과 인감대지의 규격을 규정한 것은 인감대조업무의 적정과 인감대지의 보존·관리의 필요에 의한 것인 바, 위 규칙에서 인감은 변의 길이 1센티미터의 정사각형 안에 들어가는 것이 아니어야 한다고 한 것은 인감이 원형인 경우에는 직경, 타원형인 경우에는 긴 축(장축), 직사각형인 경우에는 긴 변이 자 1센티미터 이상이어야 함을 의미하고(그 밖에 그 인감은 대조에 적당한 것이어야 함), 인감대지는 위 규칙에서 정한 규격의 것만을 사용하여야 한다.
(88. 8. 2 등기 제408호)

참조 조문·규칙·예규·선례·판례

▣ 상업등기규칙[대법원규칙 제2668호, 2016. 6. 27., 타법개정]

제35조(인감의 제출) ④ 인감은 대조에 적당하고 가로·세로 2.4센티미터의 정사각형 안에 들어갈 수 있는 것이어야 하며, 가로·세로 1센티미터의 정사각형 안에 들어가는 것이 아니어야 한다.

▣ 인감의 제출·관리 및 인감증명서 발급에 관한 업무처리지침[등기예규 제1581호, 개정 2015. 11. 26.]

2. 인감의 제출 및 관리

다. 인감의 제출방법

2) 인감의 규격 등

인감은 대조에 적당한 것이어야 한다. 인감은 규칙 제35조 제4항 에서 정한 크기(가로·세로 2.4센티미터의 정사각형 안에 들어갈 수 있어야 하고, 가로·세로 1센티미터의 정사각형 안에 들어가는 것이 아니어야 함)로, 선명하지 않거나 너무 복잡한 것이어서는 안 된다.

---

1) 인감의 규격과 관련해서는 현행 상업등기규칙 제35조 제4항과 등기예규 제1581호에서 정하고 있으며, 본 선례에서는 여기서 한걸음 더 나아가 그 규격(1㎝~2.4㎝)에 대해 인감의 모양이 원형, 타원형 및 직사각형인 경우로 각각 나누어 적용될 기준을 설명하고 있다.

34. 미국으로 이민한 자의 인감증명 등

[상업등기선례 제1-17호, 제정 1982. 7. 16.]

미국으로 이민한 자라도 우리나라의 국적을 상실하지 아니하였다면 그 사람의 최종의 주소지(최종의 주소지가 없는 때에는 본적지)의 관할관청에서 인감증명을 발급 받을 수 있을 것이며, 만일 우리나라의 국적을 상실하고 미국의 국적을 취득하였다면 그 사람은 외국인이라 할 것이므로 외국인의 서명날인에 관한 법률의 규정에 의하여 등기신청서 또는 등기신청의 위임장에 서명을 하고 그 서명이 틀림없다는 취지의 미국 관공서(본국 관공서 또는 우리나라에 주재하는 영사)의 인증을 받음으로써 인감증명의 제출과 날인에 갈음할 수 있는 것이다.
(1982. 7. 16. 등기 제296호)

주) 부동산등기에 관한 선례이나, 임원의 취임승낙서·사임서 등에 날인할 인감 및 첨부할 인감증명에도 동일함.

◐ **선례 해설: 현행 상업등기규칙 제35조 및 제104조의 내용을 중심으로 정리**

1. 등기신청서에 기명날인할 사람은 미리 그 인감을 등기소에 제출하여야 하는데, 이는 원칙적으로 인감을 제출하는 신고인 또는 그 대리인이 인감제출자에 관한 사항을 적고 사용할 인감을 날인한 인감신고서를 관할 등기소에 출석하여 제출하는 방법으로 한다(규칙 35조 1항). 등기소에 제출하는 인감신고서에는 인감증명법에 따라 신고한 인감을 날인하고 그 인감증명을 첨부하거나 등기소에 제출한 유효한 종전 인감을 날인하여야 하나, 그 신고서에 등기소에 인감을 제출한 사람이 기명날인 또는 서명하였다는 공증인의 인증서면을 첨부하는 방법도 가능하다. 이 경우의 공증인에는 국내, 본국, 체류국의 공증인을 불문한다(규칙 35조 2항).

2. 한편 임원의 취임승낙 또는 사임을 증명하는 서면에 인감증명법에 따라 신고한 인감을 날인하고 그 인감증명을 첨부하는 방법 외에 그 서면에 본인이 기명날인 또는 서명하였다는 공증인의 인증서면을 첨부하는 방법도 인정된다(규칙 104조 1항). 외국인의 경우에는 그 서면에 본국 관청에 신고한 인감을 날인하고 그 인감증명을 첨부하거나 그 서면에 본인이 서명하였다는 본국 관청의 증명서면을 첨부할 수도 있다(규칙 104조 2항).

35. 외국인의 인감증명등[1]

[상업등기선례 제1-18호, 제정 1982. 12. 31.]

등기의무자가 외국에 귀화하여 국내에서 인감증명을 발급받을 수 없는 경우에는 외국인의 서명날인에 관한 법률의 규정에 따라 그가 서명 날인의 제도를 가진 국가에 속하는 때에는 그 인감증명서를 발급받아 처리하고 그렇지 않은 때에는 그의 서명을 받고 그것이 본인의 것임이 틀림없다는 취지의 공증을 받아 처리하면 될 것이다.
(1982. 12. 31. 등기 제471호 남양주군수 대 법원행정처장 회답)

주) 부동산등기에 관한 선례이나, 임원의 취임승낙서·사임서 등에 날인할 인감 및 첨부할 인감증명에도 동일함.

참조 조문·규칙·예규·선례·판례

▣ 상업등기규칙[대법원규칙 제2668호, 2016. 6. 27., 타법개정]

제104조(취임승낙을 증명하는 서면 등) ① 대표사원, 청산인, 대표청산인의 취임승낙 또는 사임을 증명하는 서면에는 「인감증명법」에 따라 신고한 인감을 날인하고 그 인감증명을 첨부하거나 그 서면에 본인이 기명날인 또는 서명하였다는 공증인의 인증서면을 첨부하여야 한다. 다만, 등기소에 인감을 제출한 사람이 중임 또는 사임하는 경우에는 등기소에 제출된 인감이 날인된 중임승낙 또는 사임을 증명하는 서면으로 갈음할 수 있다.
② 제1항의 서면을 작성한 사람이 외국인인 경우에는 그 서면에 본국 관청에 신고한 인감을 날인하고 그 인감증명을 첨부하거나 그 서면에 본인이 서명하였다는 본국 관청의 증명서면을 첨부할 수 있다.

제154조(합명회사에 관한 규정의 준용) ② 이사, 대표이사, 집행임원, 대표집행임원, 청산인, 대표청산인, 감사 또는 감사위원회 위원의 취임승낙 또는 사임을 증명하는 정보에 관하여는 제104조를 준용한다.

---

1) 본 선례의 내용보다는 개정된 상업등기규칙 제104조 및 제154조 제2항의 내용 및 등기예규 제1534호 「외국공문서에 관한 업무처리지침」을 살펴보는 것이 좀 더 명확할 것으로 생각된다. 관련 내용은 「선례해설」(94면)참조.

제5절 등기의무해태와 과태사항 통지

36. 지배인 등기의 변경등기 등에 대한 지체를 이유로 과태료 부과할 수 있는지의 여부

[상업등기선례 제1-62호, 제정 1996. 6. 21.]

지배인의 선임에 관하여는 그 등기기간이 법정되어 있지 아니하며 등기된 지배인에 관하여는 등기한 사항에 변경이 있을 경우 등기의무자는 지체 없이 그 등기를 하여야 하도록 되어 있으나(상법 제13조 참조), 그 등기를 지체하거나, 하지 않았다고 하여도 등기의 해태에 따른 과태료는 부과할 수 없다.
(1996. 6. 21. 등기 3402-480 질의회답)

참조 조문 · 규칙 · 예규 · 선례 · 판례

■ **상법[법률 제13523호, 2015. 12. 1., 일부개정]**

제13조(지배인의 등기) 상인은 지배인의 선임과 그 대리권의 소멸에 관하여 그 지배인을 둔 본점 또는 지점소재지에서 등기하여야 한다. 전조 제1항에 규정한 사항과 그 변경도 같다.

제40조(변경, 소멸의 등기) 등기한 사항에 변경이 있거나 그 사항이 소멸한 때에는 당사자는 지체 없이 변경 또는 소멸의 등기를 하여야 한다.

제635조(과태료에 처할 행위) ① 회사의 발기인, 설립위원, 업무집행사원, 업무집행자, 이사, 집행임원, 감사, 감사위원회 위원, 외국회사의 대표자, 검사인, 제298조제3항 · 제299조의2 · 제310조제3항 또는 제313조제2항의 공증인, 제299조의2 · 제310조제3항 또는 제422조제1항의 감정인, 지배인, 청산인, 명의개서대리인, 사채모집을 위탁받은 회사와 그 사무승계자 또는 제386조제2항 · 제407조제1항 · 제415조 · 제542조제2항 또는 제567조의 직무대행자가 다음 각 호의 어느 하나에 해당하는 행위를 한 경우에는 500만원 이하의 과태료를 부과한다. 다만, 그 행위에 대하여 형(刑)을 과(科)할 때에는 그러하지 아니하다.

1. 이 편(編)에서 정한 등기를 게을리한 경우(주: 등기소에서 법원에 과태사항 통지)
8. 법률 또는 정관에서 정한 이사 또는 감사의 인원수를 궐(闕)한 경우에 그 선임절차를 게을리한 경우(주: 법무부장관이 과태료 부과 · 징수)

제637조의2(과태료의 부과 · 징수) ① 제635조(제1항 제1호는 제외한다) 또는 제636조에 따른 과태료는 대통령령으로 정하는 바에 따라 법무부장관이 부과 · 징수한다.

◐ **선례 해설:**

1. 2009. 1. 30. 상법 제635조의 개정으로 상법 제635조의 과태료 부과대상 행위 중 제1항 제1호의 등기해태에 대해서만 법원에서 과태료 부과처분을 하고, 제1항 제8호의 이사 등의 선임해태 등 그 밖의 과태 부과대상 행위에 대해서는 법무부장관이 과태료 부과처분을 한다(※ 개정 전에는 상법 제635조의 과태료 전부를 법원이 1차적으로 부과하는 것으로 되어 있었음).

법무부장관의 과태료 처분이 있기도 전에 등기관의 통지에 따라 법원이 직권으로 상법 제635조 제1항 제8호를 적용하여 한 과태료 재판은 위법하다(대법원 2013. 6. 14.자 2013마499 결정).

2. 상법에서는 제2편 중 합자조합과 제3편 회사편에서 정한 등기를 해태한 때에는 500만원 이하의 과태료를 부과한다고 규정하고 있으나,

상업등기 중 과태료 제재에 의하여 등기의무가 강제되는 것은 상법 제3편의 회사에 관한 등기이며, 개인상인에 관한 등기, 즉 상호·무능력자·법정대리인·지배인 등의 등기에 있어서는 그 등기를 할 것인지의 여부를 당사자의 의사에 맡기고 등기기간 및 벌칙에 관한 규정을 두고 있지 않다(『상업등기실무(Ⅰ)』, 246면). 단 합자조합의 경우에는 상법 제86조의9에 별도의 과태료 조항이 있다.

3. 상법 제13조 지배인의 등기사항은 상법의 합자조합이나 회사편이 아닌 개인상인편에 있으므로 지배인 등기를 지체하거나, 하지 않았다고 하여도 등기의 해태에 따른 과태료는 부과할 수 없다.[1)]

4. 또한 지배인은 이사나 감사에 해당하지 않아 상법 제635조 제1항 제8호에 의한 법무부 장관의 과태료 부과처분의 대상도 아니다.

5. 이와 관련된 등기예규로는 「상업등기 및 법인등기에 있어서의 과태사항 통지에 관한 예규」(101~102면)가 있다.

1) 또한 본 선례에서 설명하고 있는 바와 같이, 지배인의 선임과 그 대리권의 소멸, 공동지배인에 관한 사항 및 그 변경 등에 관하여 그 지배인을 둔 본점 또는 지점 소재지에서 등기를 하여야 하지만(상법 13조), 그 등기기간을 정하고 있지 않아 등기해태에 따른 과태료의 문제는 원천적으로 발생하지 않는다. 이와 비슷한 취지의 사례로는 「실무사례(8)」(98~99면)참조.

실무사례(8)

제목: 공인노무사법에 의한 노무법인이 주무관청으로부터 설립인가서가 도달하였으나 설립등기를 한 달 이상 하지 않은 경우의 과태료 문제

공인노무사법에 의한 노무법인을 설립하기 위하여 고용노동부에 설립인가 신청을 하여 2015. 8. 3. 인가서가 도달하였다. 그 후 노무법인은 설립등기를 하지 않은 상태에서 법인 명칭을 ○○노무법인에서 △△노무법인으로 변경하여 2015. 9. 10. 정관변경인가증(명칭을 변경하는 것을 내용으로 하는 정관변경에 관한 인가증)을 받았다.

【1】 2015. 8. 3.에 받은 설립인가증과 2015. 9. 10.에 받은 정관변경인가증을 첨부하여 설립등기를 할 수 있는지? 아니면 설립등기를 먼저 한 후 명칭변경등기를 하여야 하는지?

【2】 설립인가증이 노무법인에 도달한지가 한 달 이상 지난 현 시점에서 설립등기를 할 경우에 과태료는 어떻게 되는지?

1-1. 관청의 허가(인가)가 등기할 사항의 효력요건인 경우에는 등기신청서에 관청의 허가서(인가서) 또는 그 인증이 있는 등본을 첨부하여야 한다(예규 1593호 3조 2항). 노무법인을 설립하려면 사원이 될 공인노무사가 정관을 작성하여 고용노동부장관의 인가를 받아야 하며, 정관을 변경할 때에도 또한 같다(공인노무사법 7조의4 및 동법 시행령 19조의3). 이는 등기의 효력발생요건에 해당하여 노무법인 설립등기 시에 주무관청의 인가서를 첨부정보로 제공하여야 한다.

1-2. 한편 설립등기도 되어 있지 않은 상태에서 명칭변경에 따라 정관이 변경된 경우에 바로 설립등기를 할 수 있는지 아니면 설립등기 후 명칭변경등기를 하여야 하는지 문제되는데, 상업등기선례에 의하면 주무관청의 인가를 받은 변경된 정관을 첨부하여 바로 설립등기를 신청할 수 있다.

> 민법상 사단법인을 설립할 경우, 설립 당시의 이사를 기재한 정관을 설립허가 신청서에 첨부하여 주무관청으로부터 설립허가를 받았으나 설립등기를 경료하기 전에 이사가 될 사람 중 일부 또는 전부에 변동이 있어서 정관에서 정한 이사의 정수에 결원이 발생하였다면, 법령 및 정관이 정한 바에 따라 결원을 충족시킬 수 있는 수의 이사를 새로 선임하여 그 자격을 증명하는 서면(예; 사원총회의사록·취임승낙서 등)을 첨부하거나, 정관변경절차에 따라 정

관을 변경한 뒤 제42조 제2항에 따라 변경된 정관에 대하여 주무관청의 허가를 받아 이를 첨부하여 설립등기신청을 하여야 할 것이다.

(2004. 7. 22. 공탁법인 3402-159 질의회답)

2-1. 노무법인에 관하여는 공인노무사법에 규정되지 아니한 사항은 상법 중 합명회사에 관한 규정을 준용하도록 되어 있다(공인노무사법 7조의10 1항). 등기해태에 따른 과태료를 부과하기 위해서는 관련 법령에 과태료 부과에 관한 근거규정(준용규정을 포함)이 있어야 하다(예규 1574호 2조 1항).

2-2. 노무법인의 설립등기는 설립인가증을 받은 날로부터 14일 이내에 해당 노무법인의 주사무소 소재지에서 하여야 한다(공인노무사법 시행령 19조의5 1항). 한편 공인노무사법 제30조 제1항에 과태료 대상에 관한 규정이 있고, 제2항에서는 그 과태료에 대해서는 고용노동부장관이 부과·징수한다고 규정하고 있으나, 동법 제30조 제1항에는 설립등기의 해태에 따른 과태료 규정이 없다.

2-3. 따라서 노무법인의 설립등기 해태에 따른 과태료 근거규정은 상법 중 합명회사에 관한 규정에서 찾을 수밖에 없는데, 합명회사의 설립등기에 대해서는 상법 제180조에 그 등기기간을 규정하고 있지 않아,[1] 상법 제180조 및 제635조 제1항 제1호에 근거하여 노무법인의 설립등기 해태에 따른 과태료를 부과할 수도 없다.

2-4. 결국 공인노무사법에 의해 설립된 노무법인에 대해서는 공인노무사법 시행령 제19조의5에 설립인가증을 받은 날부터 14일 이내에 해당 노무법인의 주사무소 소재지에서 설립등기를 하여야 한다고 규정하고 있음에도 불구하고, 설립등기를 해태한 경우에 과태료를 부과할 수 있는 근거규정이 없어 설립등기와 관련한 등기해태에 따른 과태료를 부과할 수 없다.

참조 조문: 상법 제180조, 제635조 제1항 제1호, 공인노무사법 제7조의4, 제7조의10, 공인노무사법 시행령 제19조의3, 제19조의5

참조 선례: 상업등기선례 제1-62호(96면)

1) 합명회사와 합자회사 같은 인적회사의 설립등기에 관하여는 주식회사의 경우와는 달리 법의 간섭이 요구되지 않으므로 등기기간에 관하여 정함이 없다(『주석상법(회사편Ⅰ)』, 60면).

37. 대표이사의 주소변경등기 해태에 따른 과태료[1)]

[상업등기선례 제1-150호, 제정 1997. 4. 24.]

상업등기의 등기사항에 변경이 있는 때에는 본점소재지에서는 2주간, 지점소재지에서는 3주간 내에 그 등기를 하도록 규정하고 있고,[2)] 본점과 지점소재지의 관할등기소가 동일하지 아니한 때에는 그 등기도 각각 신청하여야 하므로 그 등기해태에 따른 과태료도 본점소재지와 지점소재지의 등기해태에 따라 각각 부과된다.[3)]

(1997. 4. 24. 등기 3402-295 질의회답)

참조 조문 · 규칙 · 예규 · 선례 · 판례

▣ 상법[법률 제13523호, 2015. 12. 1., 일부개정]

제635조(과태료에 처할 행위) ① 회사의 발기인, 설립위원, 업무집행사원, 업무집행자, 이사, 집행임원, 감사, 감사위원회 위원, 외국회사의 대표자, 검사인, 제298조제3항 · 제299조의2 · 제310조제3항 또는 제313조제2항의 공증인, 제299조의2 · 제310조제3항 또는 제422조제1항의 감정인, 지배인, 청산인, 명의개서대리인, 사채모집을 위탁받은 회사와 그 사무승계자 또는 제386조제2항 · 제407조제1항 · 제415조 · 제542조제2항 또는 제567조의 직무대행자가 다음 각 호의 어느 하나에 해당하는 행위를 한 경우에는 500만원 이하의 과태료를 부과한다. 다만, 그 행위에 대하여 형(刑)을 과(科)할 때에는 그러하지 아니하다.

---

1) 대표이사 퇴임 전 주소변경등기를 하여야 한다는 상업등기선례에 대해서는 제1-140호(571면) 참조. 대표권 있는 임원의 퇴임으로 인한 변경등기를 신청하는 경우 신청서에 주소증명서면을 첨부할 필요가 없다는 것에 대한 상업등기선례에 대해서는 제2-38호(604면) 및 제2-39호(605면) 참조. 이와 관련된 사례로는 「실무사례(10)」(105면) 참조.

2) 조문 상으로는 "2주 또는 3주간 내에 등기하여야 한다."로 되어 있으나, 이는 이 기간 내에 등기를 신청하여야 하는 기한을 의미하는 것이며 등기가 완료되어야 하는 기한을 의미하는 것은 아니다. 또한 기간은 민법의 규정에 따름으로 2주 또는 3주의 등기변경기한에 있어 당해 기간 말일이 토요일 또는 공휴일에 해당하는 때에는 그 익일이 기간의 만료일이 된다(민법 161조 참조). 기간 및 기한에 관한 것은 「실무사례(9)」(103면) 참조.

3) 과태료 부과대상인 위반행위가 여러 번 있더라도 과태료사건에는 형법과 같은 경합범의 개념이 없으므로 위반행위마다 각각 과태료가 부과된다. 따라서 회사의 등기사항에 변경이 있는 때에는 본점 소재지에서는 2주간 내, 지점 소재지에서는 3주간 내에 변경등기를 하여야 하는 바, 본점 소재지와 지점 소재지의 관할 등기소가 다를 때에는 그 등기도 각각 하여야 하므로 그 등기를 게을리 한 데 따른 과태료도 본점 소재지와 지점 소재지의 등기해태에 따라 각각 부과된다(『법원실무제요 비송』, 259면). 「실무사례(14)」(112면) 참조.

1. 이 편(編)에서 정한 등기를 게을리한 경우(주: 등기소에서 법원에 과태사항 통지)
8. 법률 또는 정관에서 정한 이사 또는 감사의 인원수를 궐(闕)한 경우에 그 선임절차를 게을리한 경우(주: 법무부장관이 과태료 부과처분)

▣ 상업등기규칙[대법원규칙 제2668호, 2016. 6. 27., 타법개정]

제176조(과태사항의 통지) 등기관은 그 직무상 과태료 부과대상이 있음을 안 때에는 지체 없이 그 사건을 관할 지방법원 또는 지원에 통지하여야 한다.

▣ 상업등기 및 법인등기에 있어서의 과태사항 통지에 관한 예규[등기예규 제1574호, 개정 2015. 3. 13.]

제1조(목적)

이 예규는 등기관이 직무를 수행함에 있어서 「상법」, 「민법」, 기타 법령에 의하여 과태료에 처하여야 할 자가 있음을 안 경우 관할 지방법원 또는 지원에 하여야 하는 과태사항 통지에 관하여 규정함을 목적으로 한다.

제2조(과태사항통지 요건)

① 등기관은 등기신청을 할 의무 있는 자가 다음 각 호의 등기신청을 게을리 하였음을 직무상 안 때에는 지체 없이 그 사건을 관할하는 지방법원 또는 지원에 과태사항통지를 하여야 한다. 다만, 관련 법령에 과태료 부과에 관한 근거규정(준용규정을 포함한다)이 없는 경우에는 그러하지 아니하다.

1. 「상법」 제4장의2의 등기신청의무(상법 제86조의9)
2. 「상법」 제3편에 정한 등기신청의무(상법 제635조 제1항 제1호)
3. 「민법」 제3장의 등기신청의무(민법 제97조 제1호)[1)]
4. 특별법상 등기신청의무(상법상 회사에 관한 규정 또는 민법상 법인에 관한 규정을 준용하는 경우를 포함한다)

【예시】

㈀ 상법상 지배인의 등기를 해태한 것은 과태료 부과 대상이 아님.

㈁ 주소변경등기신청에서 생략된 주소변동사항의 등기를 게을리한 것에 대해서는 각 변동일자를 기준으로 그 당시 법령에 따라 과태료통지를 하여야 함.

---

1) 상법 제635조에서는 등기해태에 대한 과태료와 선임해태에 대한 과태료를 제1호와 제8호로 구분하여 정하고 있는 반면에, 민법상 법인의 경우에는 민법 제97조 제1호에 등기해태에 대한 과태료에 대해서만 규율하고 있다는 점에 주의할 필요가 있다.

② 제1항의 등기기간은 법령에 정한 기간이 만료된 다음날부터 기산하여야 한다. 다만, 법인(주식회사, 유한회사, 민법법인)의 대표이사, 이사, 감사가 임기만료 또는 사임에 의하여 퇴임함으로 말미암아 법률 또는 정관에 정한 인원수를 채우지 못하게 되는 경우에는 그 사람의 퇴임등기기간은 후임 대표이사, 이사, 감사의 취임일부터 기산하여야 한다.[1)]

대표이사를 포함한 이사가 임기의 만료나 사임에 의하여 퇴임함으로 말미암아 법률 또는 정관에 정한 대표이사나 이사의 원수(최저인원수 또는 특정한 인원수)를 채우지 못하게 되는 결과가 일어나는 경우에, 그 퇴임한 이사는 새로 선임된 이사(후임이사)가 취임할 때까지 이사로서의 권리의무가 있는 것인바(상법 제386조 제1항, 제389조 제3항), 이러한 경우에는 이사의 퇴임등기를 하여야 하는 2주 또는 3주의 기간은 일반의 경우처럼 퇴임한 이사의 퇴임일 부터 기산하는 것이 아니라 후임이사의 취임일부터 기산한다고 보아야 하며, 후임이사가 취임하기 전에는 퇴임한 이사의 퇴임등기만을 따로 신청할 수 없다고 봄이 상당하다(대법원 2005. 3. 8.자 2004마800 전원합의체 결정).

제3조(과태료부과 대상자)[2)]

등기관은 등기해태의 책임이 있는 자가 그 지위를 상실하더라도 그 자를 과태료부과 대상자로 하여 과태사항통지를 하여야 하고, 등기해태의 책임이 없는 등기부상 현재의 대표권(합자조합의 업무집행대리권을 포함한다)이 있는 자를 대상자로 하여 과태사항통지를 하여서는 아니 된다.

제4조(과태사항 통지절차)[3)]

등기관이 과태사항 통지를 하는 경우에는 다른 법령에 특별한 규정이 있는 경우를 제외하고는 별지 양식에 의하여 등기를 게을리 한 법인의 대표자 또는 합자조합의 업무집행대리권이 있는 자의 주소지를 관할하는 지방법원 또는 지원에 전산정보처리조직을 이용하여 통지하여야 한다. 이 경우 과태료에 처할 자가 수인인 경우에는 각각의 주소지 관할 법원에 그 통지를 하여야 한다.

부 칙(2015. 3. 13 제1574호)
이 예규는 2015년 3월 23일부터 시행한다.

---

1) 「실무사례(11)」(106면) 및 「실무사례(12)」(108면) 참조
2) 「실무사례(13)」(110면) 참조
3) 종래 서면에 의한 과태사항 통지절차를 전산정보처리조직을 이용한 과태사항 통지절차로 변경하기 위하여, i) 과태사항 통지를 전산정보처리조직을 이용하여 하도록 하고, ii) 조사표 송부절차를 생략하도록 개정되었다(예규 1574호 개정이유 참조).

실무사례(9)

제목: 등기기간 및 채권자이의제출기간 등에 있어서 기한의 계산[1)]

다음 사례는 기한과 관련한 각 별개 사례이다.

【1】 2015. 9. 1. 임시주주총회에서 사내이사 A와 감사 B를 선임하였다. 이 경우 본점에서의 임원변경등기의 기한은?

【2】 회사에서는 2015. 9. 1.을 납입기일로 하여 주주배정방식에 의한 10억원의 유상증자를 실시하기로 이사회에서 결의하였다. 이 경우 신주발행에 따른 변경등기의 기한은?

【3】 회사는 주주총회 특별결의로 강제소각의 방법으로 자본금을 감소하기로 결의하였다. 이와 관련하여 정관상 공고방법인 ○○신문에 2015. 9. 1. 채권자이의제출 및 주권제출 기간과 관련하여, "이 자본금 감소에 이의가 있는 채권자는 이 공고게재일 다음날부터 1개월 이내에 이의를 제출하여 주시고 주주들은 주권을 본 회사에 제출하여 주시기 바랍니다." 라고 공고를 하였다. 이 경우 채권자이의 제출과 주권제출을 하여야 하는 기한은?

1. 임원이 취임하거나 퇴임한 때에는 그 발생일로부터 본점 소재지에서는 2주간 내에, 지점 소재지에서는 3주간 내에 등기하여야 하며(상법 317조 4항, 183조), 법인을 대표하지 않는 임원에 관하여는 지점 소재지에서는 등기하지 않는다. 임원변경의 효력발생시기는 특별한 사정이 없는 한 주주총회 결의일이므로, 사안의 경우 임시주주총회 결의를 한 시점은 2015. 9. 1. 하루 중에 발생하였으므로 초일불산입하여[2)] 그 기산점은 2015. 9. 2.(오전 0시)이고 2주간의 만료점은 2015. 9. 15.(24:00)이 된다(민법 157조 및 160조 참조).

2. 신주를 발행한 때에는 납입기일의 다음날부터 본점 소재지에서 2주간 내에 신주발행에 따른 변경등기를 하여야 하며(상법 317조 4항, 183조), 신주발행의 효력발생시기는 주금납입기일의 다음날이다(상법 423조 1항). 사안

1) 등기신청을 할 의무가 있는 자가 상법 제3편 회사편 등에 정한 등기신청의무를 게을리 한 경우에는 등기해태에 따른 과태료 문제가 발생하는 바, 이와 관련하여 민법의 기간계산에 관한 규정을 참조하여 정확한 기간 및 기한의 계산이 선행되어야 한다.

2) 기간계산에 관하여는 상법에 특별한 규정이 없으므로, 민법에 의한다(상법 1조). 따라서 이사 등의 취임 및 퇴임의 효력이 발생한 당일은 원칙적으로 등기기간의 계산에 산입하지 않는다(『상업등기실무(II)』, 224면).

의 경우 2015. 9. 1.이 납입기일이므로 2015. 9. 2. 오전 0시부터 그 효력이 발생한다. 따라서 신주발행으로 인한 변경등기의 기산점은 2015. 9. 2.(오전 0시)이고 2주간의 만료점은 2015. 9. 15.(24:00)이 된다.

3. 앞으로 도래하는 장래일을 기준일로 한 경우에는 오전 0시부터 시작한다고 봄이 상당하다. 사안의 경우 공고게재일 다음날인 2015. 9. 2.(오전 0시)부터 기산하므로 기산일의 직전일인 2015. 10. 1.(24:00)이 채권자이의제출과 주권제출을 하여야 하는 기한이 된다.

※ 위 각 사례를 정리하면,

구 분	효력발생일	기간의 기산점	기간의 만료점(기한)
사례1	주주총회 결의일 → 2015. 9. 1. 주총결의 시 → 초일불산입	2015. 9. 2. 00:00	2015. 9. 15. 24:00
사례2	납입기일의 다음날 → 2015. 9. 2. 오전 0시 → 초일산입	2015. 9. 2. 00:00	2015. 9. 15. 24:00
사례3	공고게재일의 다음날 → 2015. 9. 2. 오전 0시 → 초일산입	2015. 9. 2. 00:00	2015. 10. 1. 24:00

참조 조문: 민법 제157조, 제160조, 상법 제183조, 제317조 제4항
참조 예규: 등기예규 제1574호(101~102면)

[관련 사례] 사내이사 갑은 2015. 3. 31.에 임기가 만료되었으나, 사내이사 갑의 임기만료에 따른 퇴임 시 정관에 정한 이사의 인원수를 채우지 못하게 되어 부득이 퇴임등기를 하지 못하고 있었다. 한편 사내이사 을은 사내이사 갑의 후임으로 2015. 9. 1. 임시주주총회에서 선임되어 동일자로 취임승낙을 하였다. 이 경우 사내이사 갑의 임기만료로 인한 퇴임등기의 기한은?
=> 2015. 9. 15. 24:00 이사가 임기만료 또는 사임에 의하여 퇴임함으로 말미암아 법률 또는 정관에 정한 인원수를 채우지 못하게 되는 경우에는 그 사람의 퇴임등기는 후임이사의 취임일부터 기산하여야 한다(예규 1574호 2조 2항). 따라서 사내이사 갑의 임기만료로 인한 퇴임등기는 후임 사내이사 을의 취임일인 2015. 9. 1.부터 기산하므로 초일불산입하여 2015. 9. 2.(오전 0시)이 기간의 기산점이 되고, 그 기간의 만료점은 2주간의 만료점인 2015. 9. 15.(24:00)이다.

실무사례(10)

제목: 대표이사의 주소변경등기를 2년간 해태한 경우의 과태료 수준

이번에 대표이사의 임기가 만료되어 중임을 원인으로 한 임원변경등기를 신청하려고 한다. 다만 회사에서 제시한 해당 대표이사의 주민등록초본을 살펴보니 약 2년 전에 대표이사의 주소가 부천시에서 인천광역시로 변경되었으나, 현재까지 대표이사 주소변경등기를 하지 않은 상태이다. 이번에 대표이사 중임으로 인한 변경등기와 대표이사 주소변경등기를 일괄신청하려고 하는데, 이 경우 과태료는 어느 정도 부과되는지?

1. 회사의 발기인, 이사, 감사 등이 상법 중 회사편에서 정한 등기를 게을리 한 경우와 법률 또는 정관에서 정한 이사 또는 감사의 인원수를 궐한 경우에 그 선임절차를 게을리 한 경우에는 500만원 이하의 과태료가 부과될 수 있는데(상법 635조),

2. 2009. 1. 30. 상법 제635조의 개정으로 상법 제635조의 과태료 부과대상 행위 중 제1항 제1호의 등기해태에 대해서만 법원에서 과태료 부과처분을 하고, 제1항 제8호의 이사 등의 선임해태 등 그 밖의 과태료 부과대상 행위에 대해서는 법무부장관이 과태료 부과처분을 한다(상법 637조의2).

3. 다만 상법 제635조 제1항 제1호의 등기해태에 대한 법원의 과태료 부과 금액은 각급 법원에서 과태료 부과기준표를 갖고 운영하는 경우도 있으나, 이는 원칙적으로 법원의 재량에 맡겨져 있어 일률적으로 정하여진 것이 없는 것이 현실이다.

[참조 판례] 법원이 비송사건절차법에 따라 과태료 재판을 함에 있어서는 관계 법령에서 규정하는 과태료 상한의 범위 내에서 그 동기, 위반의 정도, 결과 등 여러 인자를 고려하여 재량으로 그 액수를 정할 수 있고, 원심이 정한 과태료 액수가 법령이 정한 범위 내에서 이루어진 이상 그것이 현저히 부당하여 재량권 남용에 해당되지 않는 한 그 액수가 많다고 다투는 것은 적법한 재항고이유가 될 수 없다(대법원 2008. 2. 29.자 2005마94 결정).

위 판례에 의하면 과태료 액수의 산정은 상법 제635조 제1항에서 정한 500만원 이하의 범위 내에서 그 동기, 위반의 정도, 결과 등을 고려하여 전적으로 법원의 재량에 의하여 결정되는 것이므로, 특정 사안에 대한 과태료 수준이 어느 정도인지 예단하는 것은 넌센스라 하겠다.

참조 조문: 상법 제635조, 제637조의2 **참조 판례:** 2008. 2. 29.자 2005마94 결정
참조 선례: 상업등기선례 제1-150호(100면)

실무사례(11)

제목: 임원 임기만료 등에 따른 과태료 문제(1)

자본금 총액이 1억원인 소규모 주식회사이다. 다음 각 경우의 사내이사가 임기만료 또는 해임된 지 약 6개월이 지났다고 한다면, 해당 사내이사의 임기만료 또는 해임에 따른 과태료는 어떻게 되는지?(별개 사안임)

【1】 정관상 이사 3인 이상 및 감사 1인 이상으로 되어 있다. 현재 사내이사 3인 및 감사 1인인 상태에서, 사내이사 갑이 임기만료 되었음에도 퇴임등기를 하지 않은 경우

【2】 위【1】과 동일한 상황에서, 사내이사 을이 임시주주총회에서 해임되었음에도 퇴임등기를 하지 않은 경우

【3】 정관상 이사 1인 이상으로 규정된 상태에서, 사내이사 2인 중 1명인 사내이사 병이 임기만료 되었음에도 퇴임등기를 하지 않은 경우

1. 법률 또는 정관에 정한 이사의 원수를 결한 경우에는 임기의 만료 또는 사임으로 인하여 퇴임한 이사는 새로 선임된 이사가 취임할 때까지 이사의 권리의무가 있다(상법 386조 1항). 따라서 사안의 경우 정관상 이사 3인 이상인 상태에서 사내이사 3인 중 1인인 사내이사 갑이 임기만료로 퇴임하게 되어 정관에서 정한 이사의 원수를 결한 경우에 해당되어, 후임이사가 취임할 때까지 이사로서의 권리의무가 있고 그 퇴임등기의 기산점은 후임이사의 취임일로부터 시작되므로 등기해태에 따른 과태료의 대상이 되지 않는다(대법원 2005. 3. 8.자 2004마800 전원합의체 결정 참조). 다만, 정관에서 정한 이사의 인원수를 궐(闕)하였음에도 선임절차를 게을리 하였음으로 선임해태에 따른 과태료의 대상이 된다.

2. 법률 또는 정관에 정한 이사의 원수를 결한 경우에는 퇴임한 이사가 새로 선임된 이사가 취임할 때까지 이사의 권리의무가 있는 것은 임기의 만료 또는 사임으로 인한 경우에 한정되고, 해임, 자격상실, 사망, 파산, 금치산 선고 등으로 퇴임한 경우에는 해당되지 않는다. 따라서 사내이사 을의 해임으로 인한 퇴임등기의 기산점은 임시주주총회에서 해임 결의를 한 날의 다음날부터 시작되므로 사내이사 을의 해임에 따른 퇴임등기에 대한 등기해태에 따른 과태료와 정관의 인원수를 궐(闕)하였음에도 선임절차를 게을리 한 것에 대한 선임해태에 따른 과태료의 대상이 된다.

3. 정관상 이사 1인 이상으로 규정된 상태에서 사내이사 2인 중 1명인 사내이사 병이 임기만료가 된 경우에는 정관상 인원수를 궐(闕)한 경우가 아니므로 선임해태에 따른 과태료는 문제되지 않으나, 임기만료된 사내이사 병은 후임이사 취임할 때까지 이사로서의 권리의무가 있는 것이 아니므로 사내이사 병의 임기만료로 인한 퇴임등기 기산점은 임기만료일의 다음날로부터 시작되어 등기해태에 따른 과태료의 대상이 된다.

※ 각 케이스별 과태료 부과대상 여부

구 분		과태료 유형	
		등기해태 (상법 635① 1호)	선임해태 (상법 635① 8호)
정관상 인원수를 궐한 경우	사례 1	과태료 대상이 아님	과태료 대상
	사례 2	과태료 대상	과태료 대상
정관상 인원수를 궐하지 않은 경우	사례 3	과태료 대상	과태료 대상이 아님

참조 조문: 상법 제386조 제1항, 제635조 제1항
참조 선례: 상업등기선례 제1-160호(553면)
참조 판례: 대법원 2005. 3. 8.자 2004마800 전원합의체 결정

[비교 사례] 민법상 사단법인인 A 사단법인의 정관에는 "이사는 10인 이상 30인 이하로 하며, 임기만료 후라도 정관상 인원수를 결한 경우에는 후임자가 취임할 때까지는 그 직무를 행할 수 있다." 라고 규정되어 있는데, 지난번에 이사 ○○○는 임기만료로 퇴임하였으나 약 6개월이 지난 현재까지 후임이사가 취임하지 않아 그 퇴임등기를 하지 못하고 있는 실정이다. 참고로 이사 ○○○의 임기만료로 퇴임시에는 이사가 총 9명이 되어 정관상 인원수를 채우지 못하게 된다. 이 경우 등기해태 및 선임해태에 따른 과태료는 어떻게 되는지?
=> 정관의 규정에 따라 이사 ○○○는 임기만료로 인한 퇴임으로 정관상 인원수를 채우지 못하게 되어 후임이사가 취임할 때까지 그 직무를 수행할 수 있으므로, 이사 ○○○의 퇴임등기의 기산점은 시작되지 않았음으로 등기해태에 따른 과태료는 발생하지 않는다(대법원 2005. 3. 8.자 2004마800 전원합의체 결정 참조). 또한 민법상 법인의 경우 임원 등의 선임절차를 해태한 경우에는 과태료를 부과할 수 있는 근거규정이 없으므로 선임해태에 따른 과태료 또한 발생하지 않는다(예규 1574호 2조 1항 및 상업선례 2-133 참조).

실무사례(12)

제목: 임원 임기만료 등에 따른 과태료 문제(2)

자본금 총액이 30억원인 주식회사로서 정관에 임원의 원수와 관련하여 이사는 3인 이상, 감사는 1인 이상으로 되어 있다.

【1】 회사는 정관 규정에 따라 이사 5인을 두고 있는데, 이사 모두가 2015. 3. 31.부로 임기가 만료되었으나 6개월 이상이 지난 현재까지 후임이사가 선임되지 않아 아직 퇴임등기를 하고 있지 않다. 이 경우 과태료는 어떻게 되는지?

【2】 또한 회사는 정관 규정에 따라 감사 1인을 두고 있는데, 2015. 3. 31.부로 임기가 만료되었으나 마찬가지로 6개월 이상이 지난 현재까지 후임감사가 선임되지 않아 아직 퇴임등기를 하고 있지 않다. 이사 결원 시 적용되는 상법 제386조를 감사의 경우에도 유추 적용할 수 있는지? 또한 이 경우 과태료는 어떻게 되는지?

【3】 위 【1】과 【2】의 경우에 등기해태에 따른 과태료 대상이 된다고 가정할 경우, 법원에서 부과하는 등기해태에 따른 과태료는 구체적으로 누구에게 부과되는지?

1. 법률 또는 정관에 정한 이사의 원수(최저인원수)를 결한 경우에는 임기의 만료 또는 사임으로 인하여 퇴임한 이사는 새로 선임된 이사가 취임할 때까지 이사의 권리의무가 있고(상법 386조 1항), 이사의 퇴임등기를 하여야 하는 기간은 후임이사의 취임일로부터 기산한다고 보아야 한다(대법원 2005. 3. 8.자 2004마800 전원합의체 결정 참조). 또한 수인의 이사가 동시에 임기의 만료나 사임에 의하여 퇴임함으로 말미암아 법률 또는 정관에 정한 이사의 원수(최저인원수)를 채우지 못하게 되는 결과가 일어나는 경우, 특별한 사정이 없는 한 그 퇴임한 이사 전원은 새로 선임된 이사가 취임할 때까지 이사로서의 권리의무가 있다고 봄이 상당하다(대법원 2007. 3. 29. 선고 2006다83697 판결 참조). 따라서 사안의 경우 이사 5인 모두는 새로 선임된 이사들이 취임할 때까지 이사로서의 권리의무가 있어, 이사 5인의 퇴임등기를 하여야 하는 기간은 후임이사들이 취임한 날로부터 기산한다고 보아야 하므로, 이사 5인 모두 등기해태에 따른 과태료는 없고 단지 선임해태에 따른 과태료만 문제된다.

2. 법률 또는 정관에 정한 이사의 원수를 결한 경우에는 임기의 만료 또는 사임으로 인하여 퇴임한 이사는 새로 선임된 이사가 취임할 때까지 이사의 권리의무가 있다는 상법 제386조 제1항은 감사의 경우에는 동법 제415조에서 준용하고 있어 유추 적용 여부는 문제가 되지 않는다. 따라서 사안의 경우 2015. 3. 31. 감사 1인의 임기만료로 법률 또는 정관에 정한 감사의 원수를 채우지 못하게 되었음으로 후임감사가 선임될 때까지 등기해태에 대한 과태료는 없고 대신에 선임해태에 대한 과태료 대상에 해당된다.

3. 등기해태에 대한 과태료는, 법원의 직권에 의하여 과태료 재판절차가 개시되나 법원에서 등기해태 여부의 사실을 알 수 없는 경우가 보통이므로 실무상으로 등기소에서 법원에 과태사항을 통지하면, 법원에서 부과한다. 회사의 등기는 법령에 다른 규정이 있는 경우를 제외하고는 그 대표자가 신청 의무를 부담하므로, 회사의 등기를 게을리 한 당시의 회사의 대표자가 과태료 부과대상자가 된다. 따라서 등기해태 기간이 지속되는 중에 대표자의 지위를 상실한 경우에는 대표자의 지위에 있으면서 등기를 해태한 기간에 대하여만 과태료 책임을 부담한다(대법원 2009. 4. 23.자 2009마120 결정).

※ 각 케이스별 과태료 부과대상 여부

구 분		과태료 유형	
		등기해태 (상법 635① 1호)	선임해태 (상법 635① 8호)
이사 5인	정관상 최저인원수(3인)	과태료 대상이 아님	과태료 대상
감사 1인	정관상 최저인원수(1인)	과태료 대상이 아님	과태료 대상

참조 조문: 상법 제386조 제1항, 제415호, 제635조 제1항
참조 선례: 상업등기선례 제1-160호(553면)
참조 예규: 등기예규 제1574호(101~102면)
참조 판례: 대법원 2005. 3. 8.자 2004마800 전원합의체 결정, 대법원 2009. 4. 23.자 2009마120 결정, 대법원 2007. 3. 29. 선고 2006다83697 판결
참조 문헌: 『법원실무제요 비송』, 222~280면

실무사례(13)

제목: 과태료 부과대상자

다음은 과태료 부과대상자에 관한 사항으로 각 사안은 별개이다.

【1】 회사는 2015. 7. 1. 임시주주총회에서 사업목적에 목재 도매업을 추가하기로 결의하였다. 그 후 2015 .3. 31.에 취임한 대표이사 갑은 2015. 8. 5.에 사임하였으며, 그 후임으로 현재의 대표이사 을이 2015. 8. 5. 이사회 결의로 선임되어 임원변경등기가 적시에 이루어졌다. 반면 사업목적 추가를 위한 변경등기는 2015. 10. 15.에서야 현재의 대표이사인 을이 신청하려고 하는데, 이 경우 등기해태에 대한 과태료는 갑과 을 중 누구에게 부과되는지?

【2】 기본적인 사항은 위 【1】과 동일하나, 대표이사 갑이 2015. 8. 5.에 사임하였으나 정관에 정한 대표이사의 원수 결여로 퇴임등기를 하지 못하다가 2015. 9. 8.에서야 후임 대표이사 을이 취임하여 퇴임하였다. 이 경우 등기해태에 대한 과태료는 누구에게 부과되는지?

1-1. 회사의 목적을 변경한 경우에는 그 변경이 있은 때로부터 본점 소재지에서는 2주간 내에 변경등기를 하여야 한다(상법 317조 4항, 183조).[1] 비록 회사에 관한 등기의무는 회사에 있지만 그 등기를 해태한 것에 대하여 과태료에 처하여질 자는 상법 제635조 제1항에 열거된 자 중 회사를 대표해서 등기를 신청하였어야 할 자이다.

1-2. 사안의 경우 회사가 목적을 추가하기로 결의한 것은 2015. 7. 1.이며 그 변경등기를 하였어야 할 등기기한은 2주간인 2015. 7. 15.이다. 따라서 i) 전임 대표이사 갑은 2015. 7. 16.부터 퇴임 시인 2015. 8. 5.까지 등기해태에 따른 과태료 부과대상자이다. ii) 한편 새로 대표이사로 취임한 자는 자신이 취임한 때로부터 등기기간을 계산하여 그 기간 내에 등기를 신청하여야 하므로(『2016 상업등기실무』, 69면), 2015. 8. 5. 취임한 대표이사 을은 2015. 8. 5.부터 2주간인 2015. 8. 19.까지 목적추가에 따른 변경등기를 하였어야 하므로, 결국 새로 취임한 대표이사 을은 2015. 8. 20.부터 등기신청일인 2015. 10. 15.의 전일인 2015. 10. 14.까지 등기해태에 따른 과태료 부과대상자이다.

1) 원칙적으로 회사의 목적을 변경한 경우에는 그 변경이 있은 때로부터 지점 소재지에서도 3주간 내에 변경등기를 하여야 하나, 사안의 경우에 지점이 있다는 별도의 언급이 없으므로 지점 소재지에서의 변경등기는 고려하지 않았다.

2-1. 대표이사가 임기만료 또는 사임으로 퇴임하더라도 법률 또는 정관에 정한 대표이사의 원수 결여로 대표이사로서의 권리의무가 인정되는 경우에는(상법 389조 3항, 386조 1항 참조), 그 퇴임한 대표이사는 당해 회사를 대표하여 등기를 신청할 의무가 있고, 그 의무를 해태한 경우에는 등기해태에 따른 과태료 대상이다(『2016 상업등기실무』, 69면).

2-2. 따라서 i) 대표이사 갑이 2015. 8. 5.에 사임하였으나 정관에 정한 대표이사의 원수 결여로 퇴임등기를 하지 못하다가 2015. 9. 8.에서야 후임 대표이사 을이 취임하여 퇴임하였다면, 대표이사 갑은 사업목적 추가를 위한 변경등기의 등기기한인 2015. 7. 15.의 다음날인 2015. 7. 16.부터 후임 대표이사가 취임한 2015. 9. 8.까지 등기해태에 따른 과태료 부과대상자이다. ii) 한편 새로 대표이사로 취임한 자는 자신이 취임한 때로부터 등기기간을 계산하여 그 기간 내에 등기를 신청하여야 하므로(『2016 상업등기실무』, 69면), 2015. 9. 8. 취임한 대표이사 을은 2015. 9. 8.부터 2주간인 2015. 9. 22.까지 목적추가에 따른 변경등기를 하였어야 하므로, 결국 새로 취임한 대표이사 을은 2015. 9. 23.부터 등기신청일인 2015. 10. 15.의 전일인 2015. 10. 14.까지 등기해태에 따른 과태료 부과대상자이다.

※ 위 각 사례를 정리하면,[1)]

구 분	과태료 부과대상자	등기기한	등기해태에 따른 과태료 부과대상 기간
사례【1】	대표이사 갑	2015.07.15.	2015.07.16.~2015.08.05.
	대표이사 을	2015.08.19.	2015.08.20.~2015.10.14.
사례【2】	대표이사 갑	2015.07.15.	2015.07.16.~2015.09.08.
	대표이사 을	2015.09.22.	2015.09.23.~2015.10.14.

참조 조문: 상법 제183조, 제317조 제4항, 제386조 제3항, 제389조 제3항, 제635조 제1항

참조 예규: 등기예규 제1574호(102~102면)

참조 판례: 대법원 2009. 4. 23. 선고 2009마120 판결

1) 회사의 등기는 법령에 다른 규정이 있는 경우를 제외하고는 그 대표자가 신청 의무를 부담하므로, 회사의 등기를 해태한 때에는 등기해태 당시 회사의 대표자가 과태료 부과대상자가 되고, 등기해태 기간이 지속되는 중에 대표자의 지위를 상실한 경우에는 대표자의 지위에 있으면서 등기를 해태한 기간에 대하여만 과태료 책임을 부담한다(대법원 2009. 4. 23. 선고 2009마120 판결).

실무사례(14)

제목: 본 · 지점 공통 등기사항에 대해 지점 등기부에 등기하지 않은 경우의 과태료 등

서울에 본점을 두고 있는 주식회사가 2014. 9. 5.에 서울(지점명칭: 송파지점)과 부산(지점명칭: 해운대지점)에 각각 이사회결의로 지점설치결의를 하였다. 그 후 본점에서 주주총회 특별결의로 2014. 12. 15.에 화공약품 도매업을 목적추가하고, 2014. 12. 23.에 본점이 있는 관할 등기소인 서울중앙지방법원 등기국에 본점만 목적추가에 따른 변경등기를 경료하였다.

【1】 이 경우 화공약품 도매업에 대한 목적추가 사항에 대해 지점인 송파지점과 해운대지점에 각각 지점변경등기를 하여야 하는지?

【2】 2015. 2. 10.에 목적추가에 따른 지점변경등기를 신청한다고 가정할 경우 이와 관련하여 등기해태에 따른 과태료가 있다면, 그 과태료는 본점과 송파지점, 해운대지점에서 각각 어떻게 적용되는 것인지?

1. 본점 등기소의 관할구역 내에 지점을 설치한 경우에는 새로이 설치한 지점의 등기기록을 따로 편성하지 아니하며 당해 관할 등기소 내의 본점 등기기록의 지점에 관한 사항란에 그 지점 소재지와 설치연월일 및 지점의 명칭을 등기한다. 이와 달리 본점의 등기기록이 있는 등기소의 관할구역 외에 지점을 설치한 경우에는 본점 소재지에서는 지점에 관한 사항란에 그 지점 소재지와 설치연월일을 등기하고, 그 지점 소재지에서는 지점의 등기기록을 개설하여 지점의 등기사항을 등기한다. 사안의 경우 송파지점에 대한 지점의 등기기록은 개설되지 않고 본점 등기기록의 지점에 관한 사항란에만 등기되며, 해운대지점은 본점과 별도의 지점 등기기록이 개설된다. 결국 본점의 화공약품 도매업의 목적추가에 따른 변경등기는 본점과 별도의 등기기록이 개설되어 있는 해운대지점에만 하면 된다.

2. 목적변경은 지점의 등기사항이므로(「법인의 등기사항에 관한 특례법」 3조) 본점의 등기기록이 있는 등기소의 관할구역 외에 지점을 설치한 경우에는 그 지점의 등기기록에도 등기하여야 하며, 이 경우 지점 소재지에서 3주간 내에 변경등기를 게을리 한 경우에는 과태료의 대상이 된다(상법 183조 및 635조). 사안의 경우 본점에서 목적추가를 위한 주주총회 특별결의가 있었던 날은 2014. 12. 15.이므로 2015. 2. 10.은 3주간이 도과한 것이 역수상 명백하므로 해운대지점에 대해서만 등기해태에 따른 과태료가 부과된다.

실무사례(15)

제목: 회생절차진행 중의 임원변경등기 및 과태료 결정에 대한 이의신청

인천에 본점을 두고 있는 주식회사 ○○는 2008. 11. 4. 회생절차 개시신청을 관할 지방법원에 제출한 뒤 2008. 11. 26. 회생절차개시결정이 나왔고 법인등기사항증명서상의 기타사항란에 등기되었다. 그 후 2009. 6. 18. 회생계획인가결정이 나왔고, 2013. 11. 20. 회생절차가 종결되어 회사는 그 후 임원변경등기를 하였다.

하지만 2015. 1. 9. 대표이사 겸 사내이사 ○○○에게 "2012. 7. 17. 사내이사 ○○○ 퇴임하였으나 등기해태, 2012. 7. 17. 대표이사 ○○○ 퇴임하였으나 등기해태"의 사유로 대표이사 겸 사내이사 주소지 관할 지방법원으로부터 과태료 결정문이 사내이사 겸 대표이사 주소지에 우편 송달되었다.

【1】 기업회생절차 진행 중에도 임원변경등기의 의무가 회사에 있는지?

【2】 상법 제635조 제1항 제1호 등기해태에 따른 과태료 결정에 대해 이의신청을 하려는 경우 신청서 작성방법은?

1. 「채무자 회생 및 파산에 관한 법률」(이하 '통합도산법'이라 함)에 의한 회생계획 인가 전에는 주주총회의 권한 중 이사·감사의 선임 및 해임권은 여전히 주주총회의 권한이나, 인가 시부터는 회생계획에 의하므로 회생계획인가 이후부터는 법원사무관등이 이사, 대표이사 또는 감사의 선임이나 해임으로 인한 변경등기를 촉탁하도록 되어 있다. 사안의 경우 회생계획인가결정이 난 2009. 6. 18.부터 회생절차가 종결 된 2013. 11. 20.까지는 회사의 신청이 아닌 법원사무관등의 촉탁으로 임원변경등기를 하게 되므로 동 기간 동안에는 회사에 임원변경등기의 의무가 없다고 봄이 상당하다(통합도산법 23조, 203조, 263조 및 예규 1518호 3조, 997면 참조).

2. 따라서 2015. 1. 9. 대표이사 겸 사내이사 ○○○에게 "2012. 7. 17. 사내이사 ○○○ 퇴임하였으나 등기해태, 2012. 7. 17. 대표이사 ○○○ 퇴임하였으나 등기해태" 등의 사유로 한 대표이사 겸 사내이사 주소지 관할 지방법원의 과태료 결정문에 대해서는 이의신청 사유가 있다 하겠다. 과태료 결정에 대한 이의신청은 결정을 받은 날로부터 7일 이내에 이의신청서를 작성하여 과태료 결정을 한 관할 지방법원에 제출하여야 한다(비송법 250조).

과태료 결정에 대한 이의신청서 작성 예는 다음과 같다.

과태료 결정에 대한 이의신청

사건번호 2014과 ○○○○ 상법 위반
위 반 자 (이 름) ○○○ (주민등록번호 -)
(주 소)
(연락처)

위 사건에 관하여 위반자는 귀원의 과태료 처분 결정문을 2015. 1. 9.에 수령하였으나, 신청인[1]은 불복하므로 이의를 신청합니다.

이의신청사유

1. 신청인은 주식회사 ○○ 대표이사 겸 사내이사입니다. 신청인이 대표이사로 있는 주식회사 ○○은 2009년 6월 18일 ○○지방법원으로부터 회생계획인가결정을 받고 2013년 11월 20일 ○○지방법원으로부터 회생절차종결결정을 받았습니다(첨부서류 법인등기사항증명서상의 기타사항란 참조).

2. 관련 법률에 의하면, 회생계획인가 시점인 2009년 6월 18일부터 회생절차종결 시점인 2013년 11월 20일까지는 법원사무관등이 임원의 선임이나 해임으로 인한 변경등기를 촉탁하도록 되어 있으므로 동 기간 동안에는 신청인 및 신청인이 대표이사로 있는 주식회사 ○○에 임원변경등기의 의무는 없는 것으로 사료됩니다. 따라서 2012년 7월 17일 사내이사 겸 대표이사가 퇴임하였으나 등기해태 하였다는 위반사항에 대해 이의신청을 하는 바입니다.

2015. 1. 13.

신청인 ○○○(날인 또는 서명)

***첨부서류: 1. 법인등기사항증명서 1통**

○○지방법원 귀중

1) 「대한민국 법원> 전자민원센터> 양식모음」에는 양식 견본에 "본인"이라고 명기하고 있으나, 이의신청서이므로 "신청인"이 더 적합하다고 생각되어 전부 신청인으로 명기하였다.

제6절 등록면허세, 등기신청수수료 등의 납부

38. 등기관이 등기신청서를 조사할 경우 등록세(주: 현행 등록면허세)액을 심사하여야 하는지 여부(소극)

[상업등기선례 제1-48호, 제정 2003. 10. 16.]

등기관이 등기신청서를 조사할 때에는 등기신청인이 신고납부한 등록세(주: 현행 등록면허세)의 영수필통지서와 영수필확인서가 등기신청서에 첨부되었는지 여부를 확인하고, 그 납세명세가 등기신청서의 기재사항과 부합하는지 여부를 조사하는 것으로 족하고, 그 등록세액이 정확한지 여부는 심사대상이 아니다.
(2003. 10. 16. 부등 3402-569 질의회답)

◐ **선례 해설: 등기관의 심사권한1): 「보론」(117~119면) 및 「실무사례(16)」(120면) 참조**

1. 등기신청이 접수되었을 때에는 등기관은 지체 없이 신청에 관한 모든 사항을 조사하여야 하지만(규칙 54조), 등기관은 등록면허세의 영수필확인서 등이 등기신청서에 첨부되었는지 여부 등만 확인하고 등록면허세의 정확성 여부는 심사대상이 아니다(주: 121면 각주 1번 참조). 선례의 입장은 등기관의 심사권한은 형식적 심사권한에 한한다는 입장이다.

2. 판례의 입장도 동일하다.

[참조 판례1] 등기공무원은 등기신청에 대하여 실체법상의 권리관계와 일치하는 여부를 심사할 실질적 심사권한은 없고 오직 신청서류와 등기부에 의하여 등기요건에 합당하는 여부를 심사할 형식적 심사권한 밖에 없으나, 등기공무원으로서의 통상의 주의를 기울이면 제출된 등기권리증 등이 진정하게 작성된 것이 아님을 식별할 수 있음에도 불구하고 이를 간과하였다면 이는 그 형식적 심사권한을 행사함에 있어서 지켜야 할 주의의무를 위반한 것이다(대법원 1989. 3. 28. 선고 87다카2470 판결).

[참조 판례2] 원칙적으로 등기공무원은 등기신청에 대하여 실체법상의 권리관계와 일치하는지 여부를 심사할 실질적 심사권한은 없고 오직 신청서와 그 첨부서류와 등기부에 의하여 등기요건에 합당하는지 여부를 심사할 형식적 심사권한밖에 없다(대법원 2008. 12. 15.자 2007마1154 결정).

3. 본 선례 외 등기관의 형식적 심사권과 관련된 선례의 입장을 살펴보면,

[참조 선례1] 주주총회의 소집절차 또는 결의방법에 중대한 하자가 있다고 하더라도, 등기신청서에 첨부된 총회의 의사록이 형식적 요건을 갖추고 있고 공증인의 인증을 받았으며, 그 의사록 등의 기재에 의하여 등기할 사항이 유효하게 존재하는 것으로 인정되는 이상, 등기부 및 신청서와 그 첨부서면 만에 의하여 등기신청의 적법 여부를 판단하여야 하는 등기공무원의 입장에서는 당해 등기신청의 수리를 거부할 수 없을 것이다(상업선례 1-72, 288면).

[참조 선례2] 주식회사의 설립시 1주의 액면가액이 금5,000원인 주식의 발행가액을 A발기인에 대해서는 금5,000원, B발기인에 대하여는 금100,000원, C발기인에 대하여는 금200,000원으로 각각 달리한 설립등기신청이 있을 경우, 등기관은 형식적 심사권만 가지고 있으므로 주주평등의 원칙에 반하는지 여부와 관계없이 위와 같은 내용의 설립등기신청을 수리할 수 있다(상업선례 1-87, 326면).

[참조 선례3] 한편 형식적 심사권만이 있는 등기관으로서는 등기신청서와 첨부서면에 기재된 중임일을 등기원인일자로 등기하여야 한다(상업선례 201505-1호, 548면). => 주: 주식회사 사내이사의 중임일은 기간의 기산점 및 만료점에 대해 당사자의 특별한 약정이 있는지 유무와 특별한 약정이 있는 경우에는 그 내용여하에 따라 각각 다르게 계산된다. 따라서 형식적 심사권만이 있는 등기관으로서는 그러한 약정이 있는지 유무와 그 약정의 내용을 알 수가 없으므로 등기신청서와 첨부서면에 기재된 중임일을 등기원인일자로 등기하여야 한다는 선례.

[참조 선례4] 채무초과회사를 소멸회사로 하는 흡수합병 등기신청의 경우, 흡수합병으로 소멸하는 회사가 채무초과회사가 아님을 소명하는 서면(예컨대 소멸회사의 재무상태표 등)은 신청서에 첨부하여야 하는 서면이 아니며, 이러한 서면을 첨부하였다 하더라도 등기관은 소멸회사가 채무초과회사인지 여부를 심사할 수 없다(상업선례 2-78, 890면).

---

1) 형식적 심사권이란 법정의 첨부서류가 구비된 이상 등기관은 그 제출된 법정의 서류 범위 내에서 판단하여야 하고, 등기관의 임의적 판단에 따라 첨부서면을 확장시켜 추가제출을 요구할 수 없고, 신청인이나 이해관계인도 법정의 첨부서면 이외의 자료를 제출하여 이를 판단의 자료로 삼아달라고 주장할 수 없다는 의미에서 이해되어야 한다. 그러므로 형식적 심사권을 가진 등기관도 제출된 첨부서면을 통해 절차적·실체적 무효사유를 판단할 수 있고, 이러한 결과는 하등 형식적 심사권설이 갖는 의미와 모순되지 않는다(박준의, "상업등기관의 '심사권 논쟁' 과 대법원 '2008. 12. 15. 2007마1154' 결정", 법무사저널(2009년 7·8월호), 서울중앙지방법무사회, 57면).

「보 론」 상업등기선례의 이해를 위한 기본적 관점: 등기관의 형식적 심사권[1)]

1. 들어가며

i) 1981. 7. 1.부터 현재까지 발표된 상업등기선례를 이해하기 위한 가장 중요한 개념으로 하나를 택한다면, 저자는 '등기관의 형식적 심사권'이라고 생각한다.

ii) 따라서 개별 상업등기선례의 내용을 살펴보기 전에 등기관의 형식적 심사권에 대한 학설의 태도, 판례 및 선례의 입장 등을 먼저 살펴볼 필요가 있다.

2. 등기관의 심사권에 대한 견해의 대립

i) 등기관의 심사권이란 등기부에 허위의 등기가 행하여지는 것을 막고, 실체관계에 맞는 등기가 이루어지도록 신청의 적법 여부를 심사할 수 있는 등기관의 권한을 말한다(『상업등기실무(Ⅰ)』, 311~312면). 등기신청이 접수되었을 때에는 등기관은 지체 없이 신청에 관한 모든 사항을 조사하여야 하며(규칙 54조 1항), 등기할 사항에 무효 또는 취소의 원인이 있는 경우에는 신청의 잘못된 부분이 보정될 수 있는 경우로서 등기관이 보정을 명한 날의 다음 날까지 신청인이 그 잘못된 부분을 보정하였을 경우 외에는 등기관은 상업등기법 제26조 제10호의 사유로 이유를 적은 결정으로 신청을 각하하여야 한다. 따라서 등기관은 신청 내용의 절차적 사항뿐만 아니라 실체적 사항까지 심사하여야 하는 것은 명백하나, 문제는 등기관이 등기부, 등기신청서 및 첨부서면 만에 의하여 등기할 사항의 존부, 효력의 유무, 무효 내지 취소원인의 유무 등에 관하여 의문점이 있는 경우에 직권으로 사실의 탐지를 할 수 있는지 여부이다.

ii) 이에 대하여 ① 등기관은 신청사항이 법정의 등기사항인지, 그 등기소의 관할 사건인지, 신청인이 적법한 신청인 또는 그 대리인인지, 신청서류가 법정의 형식을 구비하였는지 등 등기신청의 적법성에 관하여만 형식적으로 심사할 권한이 있을 뿐이고 신청사항의 진실성까지 실질적

1) 서유석, "지점의 요건과 관련한 상업등기선례 내용 분석-등기관의 형식적 심사권을 중심으로-", 법무연구(통권 제6권), 대한법무사협회 참조

으로 조사할 권한은 없다고 보는 형식적 심사설 ② 등기관은 등기의 신청사항에 대하여 형식적 적법성뿐만 아니라 실질적 진실성까지도 조사할 의무가 있다는 실질적 심사설 ③ 등기관은 원칙적으로 형식적 적법성만을 심사할 권한과 의무가 있으나 등기사항의 진실성을 의심할 상당한 이유가 있을 때에는 실질심사를 하여야 한다는 수정형식심사설 ④ 실질적 심사설을 원칙으로 하되 진실성에 의문이 없는 경우 심사할 의무가 없고 심사를 이유로 등기절차를 지연시키는 것은 직권남용이라는 수정실질심사설 등의 견해의 대립이 있다.

3. 대법원 판례(2007마1154 결정)의 요지

i) 상업등기에 있어서 등기관의 심사권과 관련한 최초의 명시적인 판례로는 대법원 2008. 12. 15.자 2007마1154 결정이 있으며, 이 판례가 나옴으로써 등기관의 심사권과 관련한 내용이 명확하게 되었다.

ii) 대법원 2007마1154 결정은 등기관의 심사권과 관련하여 심사대상과 심사방법 간의 관계를 명확히 하였다. 즉, 등기공무원이 상업등기법 제26조 제10호에 의하여 등기할 사항에 관하여 무효 또는 취소의 원인이 있는지 여부를 심사할 권한이 있다고 하여도 그 심사방법에 있어서는 등기부 및 신청서와 법령에서 그 등기의 신청에 관하여 요구하는 각종 첨부서류 만에 의하여 그 가운데 나타난 사실관계를 기초로 판단하여야 하고, 그 밖에 다른 서면의 제출을 받거나 그 외의 방법에 의해 사실관계의 진부를 조사할 수는 없다고 판시하였다. 등기관의 심사대상에 비록 절차적 사항뿐만 아니라 실체적 사항이 포함된다고 할지라도, 그 심사방법에 있어서는 등기부 및 신청서와 법령에서 정한 각종 첨부서류 만에 의하여 이루어져야 한다는 것이다.

4. 등기관의 심사대상과 심사방법

i) 대법원 2007마1154 결정으로 등기관의 형식적 심사권은 심사대상에 관한 것이 아니고 심사방법에 관한 것임이 명확해졌다.

ii) 등기신청이 접수되었을 때에는 등기관은 지체 없이 신청에 관한 모든 사항을 조사하여야 하며(규칙 54조 1항), 등기관의 각하 사유에 실체적 각하사유인 등기할 사항에 무효 또는 취소의 원인이 있는 경우가 있는 것을 고려해 볼 때 등기관은 등기신청을 접수하였을 때 절차적 사항뿐만 아니라 실체적 사항도 심사의 대상으로 삼아야 하지만, 그 심사방법에 있어서는 등기부 및 신청서와 법령에서 정한 각종 첨부서류 만에 의하여 이루어져야 한다.

iii) 따라서 등기관은 그 심사방법에 있어서 법령에서 정한 첨부서면 외의 자료를 제출받거나 그 외의 방법에 의하여 사실관계의 진부를 조사할 수는 없으며, 신청인 또한 법령에서 정한 첨부서면 외의 자료를 제출하여 그 등기신청의 당부를 등기관에게 요청할 수도 없다.

iv) 이러한 등기관의 형식적 심사권에 관한 내용은 필연적으로 등기신청 시 첨부할 서면은 상업등기법, 상업등기규칙 그 밖의 법령에서 정한 첨부서면(혹은 첨부정보)에 한한다는 첨부서면의 법정주의(혹은 첨부정보의 법정주의)로 자연스럽게 연결된다.

5. 관련 상업등기선례의 이해

i) 채무초과회사(부채가 자산 보다 많은 회사)를 소멸회사로 하는 흡수합병이 가능한지에 대해서는 견해의 대립이 있으나, 회사가 채무초과회사가 아님을 소명하는 서면은 흡수합병 등기신청서에 첨부할 서면이 아니므로 등기기록과 신청서 및 법령에서 정한 첨부서면 만에 의하여 심사하여야 하는 등기관은 채무초과회사인지 여부를 심사할 수가 없으며(상업선례 2-78, 890면 참조),

ii) 임원의 중임일은 기간의 기산점 및 만료점에 대해 당사자의 특별한 약정이 있는지 유무와 특별한 약정이 있는 경우에는 그 내용에 따라 각각 다르게 계산되므로, 특정일을 중임일로 한 임원변경등기를 접수한 등기관은 그 약정서는 첨부서면이 아닌 관계로 특별한 약정이 있는지 유무와 그 내용을 알 수가 없으므로 신청서와 첨부서면에 기재된 중임일을 등기원인일자로 등기하여야 한다(상업선례 201505-1, 548면 참조).

iii) 그 외에 실체법상의 논거로는 이해가 안 되는 경우라도 등기관의 형식적 심사권과 그에 의해 파생되어 나온 첨부서면의 법정주의에 의해서만 이해될 수 있는 선례가 상당수 있다. 결국 등기는 등기의 논리로 이해되어야 하는데, 그 핵심이 바로 등기관의 형식적 심사권인 것이다.

실무사례(16)

제목: 등록면허세의 과소 납부 여부를 등기관이 심사할 수 있는지 여부

본점이 서울 송파구청에 있는 주식회사가 이번에 같은 관할 등기소 내인 동작구청에 지점을 설치하기 위해 등록면허세 40,200원(지방교육세 8,040원 포함)을 납부한 등록면허세영수필확인서를 첨부하여 지점의 사항란에 관한 본점변경등기를 신청하였다. 등기신청을 접수한 등기관이 등기기록 및 신청서와 그 첨부서면 만에 의해 심사한 결과, 설치하려는 지점이 수도권 과밀억제권역 내이므로 지방세법 제28조 제2항에 의해 3배 중과하여 등록면허세를 120,600원 납부하였어야 함에도 회사는 40,200원을 납부한 등록면허세영수필확인서를 첨부하였음으로, 결국 등록면허세를 과소 납부한 사실이 확인되었다.

【1】 등록면허세를 과소 납부한 사실만으로 등기관은 각하를 할 수 있는지?

【2】 위 【1】과 달리 동작구청 지점설치와 관련한 등기가 본점 등기기록의 지점에 관한 사항란에 마쳐졌으나, 등록면허세를 과소 납부한 사실을 등기소에서 추후에 안 경우, 등기소에서 취할 조치는?

1. 등기신청이 접수되었을 때에는 등기관은 지체 없이 신청에 관한 모든 사항을 조사하여야 하지만(규칙 54조), 그 신청서에 첨부되는 등록면허세에 대해서는 그 납세명세가 등기신청서의 기재사항과 부합하는지 여부를 조사하여야 하지만 그 등록면허세액이 정확한지 여부는 심사대상이 아니라는 것이 선례의 입장이다(상업선례 1-48). 등기관은 실체관계의 효력에 관하여 심사할 수 있고 심사하여야 하지만, 그 심사방법으로 등기부 및 신청서와 그 첨부서면 만에 한하여 그 등기와 관련된 사항의 실체적 사항을 조사할 수 있다고 봄이 타당하다(「보론」, 117~119면 참조). 따라서 등기신청서에 등록면허세영수필확인서를 첨부하지 아니하였거나 등록면허세영수필확인서를 첨부하였더라도 지방세법에 따른 등록면허세의 세율에 부족하게 등록면허세를 납부하였다면, 등기관은 상업등기법 제26조 제17호의 사유로 그 신청을 각하함이 원칙이다(『2016 상업등기실무』, 76면).[1] 다만, 실무적으로는 바로 각하를 명하기보다는 신청인에게 보정을 내릴 것으로 보인다.

---

1) 즉 등기관의 심사권한이 형식적 심사권한밖에 없다고 함은, 그 심사방법은 등기부 및 신청서와 그 첨부서면 만에 의하여야 한다는 의미이지, 그 등기와 관련된 실체적 사항을 심사대상으로 할 수 없다는 것은 아님에 주의를 하여야 한다.

2. 등기소장은 등록면허세가 납부되지 아니하였거나 납부 부족액을 발견하였을 때에는 다음 달 10일까지 납세지 관할 관청에 지방세법 시행규칙 별지 제7호 서식에 의거하여 통지하여야 한다(지방세법 33조, 22조 및 지방세법 시행령 38조, 지방세법 시행규칙 11조).

※ 등기관의 형식적 심사권한 관련 사안의 요약

<table>
<tr><th>심사대상</th><th>심사방법</th></tr>
<tr><td>▷ 등기신청이 접수되었을 때에는 등기관은 지체 없이 신청에 관한 모든 사항을 조사하여야 하므로(규칙 54조), 등기에 관한 절차적 사항뿐만 아니라 실체적 사항에 대해서도 등기관의 심사대상에 포함됨</td><td>▷ 등기관은 등기기록과 신청서 및 그 첨부서류(법령에서 첨부하라고 요구하는 첨부서류) 만에 의하여 등기요건에 합당하는지 여부를 판단하여야 함

▷ 따라서 등기관은 실체적 사항을 확인하기 위한 방편으로 신청인으로 하여금 추가 자료 제출을 요구할 수 없고, 설사 첨부서면으로 법령에서 정하고 있지 않은 서면을 신청인이 제출하였더라도 그에 기해 신청사항을 심사할 수는 없음</td></tr>
<tr><td colspan="2">▷ 등기관의 형식적 심사권한을 위와 같이 심사방법에 관한 논의로 이해하는 한, 등기관은 등기신청서에 등록면허세영수필확인서가 신청서에 첨부되어 있는지, 그 납세명세가 등기신청서의 기재사항과 부합하는지, 납부한 등록면허세가 지방세법에 따른 등록면허세율에 맞게 납부되었는지 등에 대한 절차적 및 실체적 사항 모두에 대해 심사할 수 있다. 다만, 형식적 심사권한으로 인하여 등기관은 그 신청사항을 심사함에 있어서 등기부 및 신청서와 법령에서 첨부하라고 정한 첨부서류 만에 의하여 심사하여야 한다.

▷ 등기관이 신청서에 첨부되어 있는 등록면허세영수필확인서상의 납부 금액이 지방세법에 따른 등록면허세의 세율에 부족하게 납부되었음을 확인하였다면, 그 등기신청에 대해 보정을 내릴 수 있고 경우에 따라서는 각하할 수도 있다.[1)]</td></tr>
</table>

참조 선례: 상업등기선례 제1-48호(115면), **참조 판례:** 대법원 2008. 12. 15.자 2007마1154 결정

---

1) 상업등기선례 제1-48호는 등기관의 형식적 심사권과 관련하여 정확하게 이해할 필요가 있다. 형식적 심사권에 의할지라도 등록면허세액이 정확한지와 같은 실체적 사항 역시 등기관의 심사대상에 포함된다(선례 본문 중 등록면허세액이 정확한지 여부는 심사대상이 아니라고 한 표현은 잘못된 표현임). 다만, 등기관은 그 심사방법에 있어서 등기부 및 신청서와 첨부서류 만에 의하여 해당 등록면허세액이 정확한지 심사할 수 있을 뿐이다.

39. 주식회사 변경등기신청시의 등록세(주: 현행 등록면허세)에 관한 질의

[상업등기선례 제2-7호, 제정 2006. 8. 2.]

1. 주식회사의 대표이사가 사임 후 취임하거나 중임하여 변경등기를 신청하는 경우, 그 변경등기의 신청 전에 주소가 변경되어 주소변경등기도 같은 신청서에 의해 함께 신청한다면 1건의 등록세(및 지방교육세)만을 납부하면 된다(지방세법 제137조 제1항 제6호, 제260조의2, 제260조의4 제1항, 지방세법 시행령 제89조 제1항. 지방세법 운용세칙 131-7 3. 참조). 다만, 주소변경등기신청을 해태한 사실이 있다면, 등기관은 위 등록세의 문제와는 상관없이 과태료 통지를 하여야 한다(상법 제317조 제2항 제9호, 제4항, 제183조, 제635조 제1호).

2. 주식회사의 증자등기를 신청하는 때에, 회사가 발행할 주식의 총수가 부족하여 그 변경등기도 같은 신청서에 의해 함께 신청한다면 증자등기에 필요한 등록세(및 지방교육세)만을 납부하면 된다(등기예규 제1038호 3, 지방세법 제137조 제1항 제1호 (2)목, 제260조의2, 제260조의4 제1항, 지방세법 시행령 제89조 제1항).

(2006. 8. 2. 공탁상업등기과-759 질의회답)

참조 조문 · 규칙 · 예규 · 선례 · 판례

▣ 법인등기 신청시 수 개의 등기사항을 하나의 신청서에 일괄 신청하는 경우의 납부할 등록세산정 기준[등기예규 제1038호, 제정 2001. 10. 19.]

법인등기 신청시 수 개의 등기신청을 하나의 신청서에 일괄 신청하는 경우의 등록세의 산정은 다음에서 정한 기준에 의한다.

1. 법인이 수 개의 등기사항을 하나의 신청서로써 일괄하여 신청하는 경우, 지방세법 제137조 제1항 각 호(주: 현 지방세법 제28조 제1항 제6호 각 목, 이하 같다)[1]의 1에 해당하는 금액을 합산한 금액의 등록세를 납부하여야 한다.

2. 법인의 설립등기 신청시 납부할 등록세는 설립등기사항의 필요적 · 임의적 기재사항과 관계없이 지방세법 제137조 제1항 제1호 내지 제2호의 등록세만 납부한다. 이 경우 지배인등기를 동시에 신청하는 경우 또한 같다.

---

1) 구: 지방세법 제137조 제1항 제1~6호 -> 현: 지방세법 제28조 제1항 제6호 가~바목

3. 자본의 증자에 따른 증자등기 신청시 자본에 관한 사항(1주의 금액·발행할 금액의 총수와 그 종류 등)의 변경등기를 동시에 신청하더라도 증자등기에 필요한 등록세(지방세법 제 137조 제1호 내지 제3호)만 납부한다.

4. 본점 또는 주사무소 이전등기

법인이 본점 또는 주 사무소를 이전하는 경우 구 소재지에서는 지방세법 제137조 제1항 제6호의 등록세를, 신 소재지에서는 지방세법 제137조 제1항 제4호의 등록세를 납부한다. 다만, 신 소재지가 동일 등기소 관할 구역 내인 경우에는 지방세법 제137조 제1항 제4호의 등록세만 납부한다.

5. 지점 또는 분사무소 설치등기

가. 법인이 수개의 지점 또는 분사무소를 설치하고 본점 관할 등기소에 신청하는 경우에는 지점 수와 관계없이 지방세법 제137조 제1항 제6호의 등록세 1건만 납부한다.

나. 법인이 지점 또는 분사무소를 설치하고 지점소재지 관할 등기소에서 등기신청하는 경우에는 지방세법 제137조 제1항 제5호의 등록세를 납부한다. 이 경우 동일 등기소 내에 수개의 지점을 설치하는 경우에도 1건의 등록세만 납부한다.

6. 지점 또는 분사무소 이전등기

법인의 지점 또는 분사무소의 이전에 따라 본점과 지점 소재지 관할 등기소에서 등기신청을 하는 경우에는 지방세법 제137조 제1항 제6호의 등록세를 각 납부한다. 이 경우 동일 등기소에서 수 개의 지점 또는 분사무소의 이전등기를 동시에 신청을 하는 경우에도 1건의 등록세만 납부한다.

7. 법인의 지배인등기의 등록세는 지방세법 제137조 제1항 제6호의 등록세를 납부한다. 이 경우 동일등기소 관내에 수인의 지배인등기를 일괄 신청하는 경우에도 1건의 등록세를 납부한다.

8. 상호·목적·임원 등기 등 각종 변경등기신청을 동시에 신청하는 경우 변경사항 별로 각각의 등록세를 합산하여 납부한다.
다만 동일한 변경사항이 수개인 경우에는 1건의 등록세만 납부한다.

예 : 임원, 목적, 상호 변경등기를 일괄신청하는 경우에는 제137조 제1항 제6호의 등록세 3건을 납부한다. 이 경우 수인의 임원 또는 수개의 목적을 변경하더라도 이는 1건으로 납부한다.

▣ 지방세법 제28조 제1항 제6호(법인등기)에 의한 등록면허세 세율

등기원인별		과세표준	세 율		조문
상사회사, 그 밖의 영리법인의 설립 또는 합병으로 인한 존속법인	설립과 납입	납입한 주식금액이나 출자금액 또는 현금 외의 출자가액	4/1,000	정률세	가목
	자본증가 또는 출자증가	납입한 금액 또는 현금 외의 출자가액			
비영리법인의 설립 또는 합병으로 인한 존속법인	설립과 납입	납입한 출자총액 또는 재산가액	2/1,000		나목
	출자총액・재산총액의 증가	납입한 출자 또는 재산가액			
자산재평가적립금에 의한 자본・출자금액 및 출자총액・자산총액의 증가(자산재평가법에 따른 자본전입은 제외)		증가한 금액	1/1,000		다목
본점 또는 주사무소의 이전		매 1건당	112,500	정액세	라목
지점 또는 분사무소의 설치		〃	40,200		마목
그 밖의 등기		〃	40,200		바목

📖「보 론」 등록면허세 관련 : 「실무사례(17)(18)(19)(20)」(125~130면) 참조

1. 지방세법 제28조 제1항 제6호의 등록면허세를 적용함에 있어서 정률세로 계산한 금액이 112,500원 미만인 때에는 112,500원으로 한다.

2. 지방세법 제28조 제1항 제6호 나목에서 규정한 비영리법인이라 함은 민법 제32조에 의하여 설립된 법인과 특별법에 의하여 설립된 법인으로서 그 운영에 관하여는 민법 제32조의 규정을 준용하도록 되어 있는 사단・재단법인을 말한다(지방세법 기본통칙 28-9).

3. 본점 또는 주사무소 이전 관련 등록면허세(지방세법 기본통칙 28-7).

구 분	구소재지	신소재지
타관 이전	제6호 바목 적용	제6호 라목 적용
관내 이전	제6호 라목 적용	

4. 법인이 지점이나 분사무소를 설치하는 경우, 본점 또는 주사무소 소재지에는 제6호 바목에 따라, 지점 또는 분사무소의 소재지에는 같은 호 마목에 따라 각각 등록면허세를 납부하여야 한다(지방세법 시행령 43조).

실무사례(17)

제목: 법인설립등기 시 등록면허세

2016. 2. 4. 주식회사 ○○(이하 '회사'라 한다)의 설립등기를 신청하려고 한다. 설립 시 회사는 주주들로부터 5억원의 출자를 받되, 등기사항증명서상의 자본금은 1억원으로 하고 나머지는 주식발행초과금으로 회사 장부에 계상할 예정이다. 본점은 서울에 두며, 설립과 동시에 지점을 인천과 대전에 각 설치하려고 한다(참고로 본점과 인천지점 소재지는 수도권 중 과밀억제권역에 해당한다).

【1】 회사 설립등기 시의 등록면허세 과세표준은 무엇인지? 그리고 본점 소재지 관할 구청에 납부할 등록면허세는 어떻게 되는지?

【2】 설립등기와 동시에 신청할 인천지점과 대전지점 설치등기와 관련하여 납부할 등록면허세는?

1-1. 영리법인의 설립등기 시 출자금액의 1,000분의 4(대도시내 과밀억제권역 안에서 법인을 설립하는 경우에는 3배 중과하여 1,000분의 12)에 해당하는 등록면허세를 납부하여야 한다(지방세법 제28조 제1항 제6호 가목 및 동법 동조 제2항). 여기서 출자금액이라 함은 회사 장부상의 금액이 아니라 회사등기 시의 등기기록상 자본금란의 금액을 말한다(지방세법 기본통칙 28-8). 결국 사안의 경우 회사 설립등기 시의 등록면허세 과세표준은 등기기록상 자본금란의 금액인 1억원이 된다(주: 주주들이 출자한 5억원이 아님).

1-2. 본점소재지 관할 구청에 납부할 등록면허세는 설립 당시의 자본금란에 등기될 1억원에 지방세법 제28조 제1항 제6호 가목의 세율인 1,000분의 4를 곱한 금액에 지방세법 제28조 제2항에 의거 3배 중과한 금 1,200,000원(= 100,000,000원 x 4/1,000 x 3배)이 된다.[1]

2. ⅰ) 수도권 중 과밀억제권역에 해당하는 인천지점에 대해서는 지방세법 제28조 제1항 제6호 마목의 세율에 지방세법 제28조 제2항에 의거 3배 중과한 120,600원의 등록면허세를, ⅱ) 대전지점에 대해서는 지방세법 제28조 제1항 제6호 마목의 40,200원의 등록면허세를 각각 해당 지점 소재지 관할 시·군·구청에 납부하여야 한다.

---

1) 회사 설립과 동시에 지점을 설치하는 경우에는 설립등기 관련 등록면허세만 납부하면 되고 지점설치 관련 등록면허세는 별도로 납부할 필요가 없다(예규 1038호 2. 참조).

실무사례(18)

제목: 본 · 지점 공통 등기사항을 지점에 등기 시 등록면허세

본점은 서울이고 지점은 울산인 주식회사○○가 본점 소재지 관할 등기소에서 각 상이한 날짜에 본점 소재지 이전, 목적 추가, 대표이사 중임 등의 등기를 각각 한 바 있는데, 지점 등기부에는 상기 변경사항이 모두 등기되지 않은 상태로 있다. 이 경우 지점에서 등기 시에 등록면허세는 어떻게 되는지?

1. 「법인의 등기사항에 관한 특례법」 제3조에 의하면, 본점 등기사항 중 목적, 상호, 본점 소재지, 공고방법, 대표이사의 성명 · 주소와 주민등록번호, 공동대표이사 등에 관해서는 지점 등기부에도 등기하여야 한다.

2. 그리고 법인이 수 개의 등기사항을 하나의 신청서로써 일괄하여 신청하는 경우, 지방세법 제28조 제1항 제6호의 각 목에 해당하는 금액을 합산한 금액의 등록면허세를 납부하여야 하는 것이 원칙이다. 사안의 경우 본점 등기사항 중 지점에 등기할 사항인 본점 소재지, 목적 추가, 대표이사 중임등기는 각각 별개의 변경등기 사항이므로 각 1건의 등록면허세, 전체적으로 총 3건의 등록면허세(지방세법 제28조 제1항 제6호 바목 적용: 40,200원 x 3 = 120,600원)를 납부하여야 한다.

참조 조문: 「법인의 등기사항에 관한 특례법」 제3조, 지방세법 제28조(124면)
참조 예규: 등기예규 제1038호(122~123면)

8. 상호 · 목적 · 임원 등기 등 각종 변경등기신청을 동시에 신청하는 경우 변경사항 별로 각각의 등록세를 합산하여 납부한다. 다만 동일한 변경사항이 수개인 경우에는 1건의 등록세만 납부한다. (등기예규 제1038호 중에서)

[비교 사례] 2015. 1월 중에 이사 선임에 따른 임원변경등기와 자본증자에 따른 신주발행으로 인한 변경등기를 일괄신청으로 본점(대전)에 등기를 하였는데, 청주지점에는 등기를 하지 않았다. 위 사항을 청주지점에 등기 시 등록면허세는?
=> 「법인의 등기사항에 관한 특례법」 제3조에 의하면, 대표이사 외 이사에 관한 사항과 자본금 관련 사항은 지점에 등기할 사항이 아니다. 따라서 청주지점에 등기할 사항이 없으며 납부할 등록면허세 또한 없다.

실무사례(19)

제목: 지점설치등기와 관련한 등록면허세 및 납세지(1)

수도권 과밀억제권역인 서울 마포구에 본점을 둔 회사가 지점설치 여부 및 그 대상 지역에 대해 검토 중이다. 다음 각 경우에 본점과 지점에서 납부할 등록면허세 및 납세지는 어떻게 되는지?(각 사안은 별개 사안임)

【1】 부산 사상구(수도권 과밀억제권역이 아님)에 지점을 설치하는 경우
【2】 인천 연수구(수도권 과밀억제권역임)에 지점을 설치하는 경우
【3】 서울 송파구(수도권 과밀억제권역임)에 지점을 설치하는 경우

1-1. ⅰ) 수도권 과밀억제권역 내에서 지점을 설치하는 경우에는 원칙적으로 해당 등록면허세 세율의 3배를 중과하며(지방세법 28조 2항), ⅱ) 법인이 지점을 설치하는 경우에는 본점 소재지에는 지방세법 제28조 제1항 제6호 바목(그 밖의 등기)에 따라, 지점 소재지에는 지방세법 제28조 제1항 제6호 마목(지점 또는 분사무소의 설치)에 따라 각각 등록면허세를 납부하여야 한다(지방세법 시행령 43조 3항).

1-2. 따라서 수도권 과밀억제권역이 아닌 부산 사상구에 지점을 설치하는 경우에는, ⅰ) 본점 소재지 관할 구청인 서울 마포구청에 지방세법 제28조 제1항 제6호 바목의 그 밖의 등기에 관한 등록면허세 40,200원을, ⅱ) 지점 소재지 관할 구청인 부산 사상구청에 지방세법 제28조 제1항 제6호 마목의 지점의 설치에 관한 등기에 관한 등록면허세 40,200원을 각각 납부하여야 한다.

2. 수도권 과밀억제권역 내인 인천 연수구에 지점을 설치하는 경우에는, ⅰ) 본점 소재지 관할 구청인 서울 마포구청에 지방세법 제28조 제1항 제6호 바목의 그 밖의 등기에 관한 등록면허세 40,200원을, ⅱ) 지점 소재지 관할 구청인 인천 연수구청에 지방세법 제28조 제1항 제6호 마목의 지점의 설치에 관한 등기에 관한 등록면허세인 40,200원에 지방세법 제28조 제2항에 의거 3배 중과한 120,600원을 각각 납부하여야 한다.

3. 본점 등기소의 관할구역 내에 지점을 설치하는 경우에는 새로이 설치한 지점의 등기기록을 따로 편성하지 아니하며 당해 관할 등기소 내의 본점 등기기록의 지점에 관한 사항란에 그 지점 소재지와 설치연월일 및 지점의 명칭을 등기한다. 따라서 ⅰ) 서울 송파구에 설치하는 지점에 대해서는

따로 지점의 등기기록이 편성되지 않으나, ii) 지점 소재지 관할 구청인 서울 송파구청에는 지방세법 제28조 제1항 제6호 마목의 지점설치에 관한 등기에 관한 등록면허세 40,200원에 지방세법 제28조 제2항에 의거 3배 중과한 120,600원을 납부하여야 한다.[1)]

※ 위 각 사례를 정리하면,

지점설치 지 역	본·지점 등기기록		등록면허세		납세지	
	본점	지점	본점	지점	본점	지점
부산 사상구	지점에 관한 사항란에 변경등기	개설	40,200원	40,200원	마포구청	사상구청
인천 연수구		개설	40,200원	120,600원	마포구청	연수구청
서울 송파구		미개설	-	120,600원	-	송파구청

참조 조문: 지방세법 제28조 제1항 및 제2항, 지방세법 시행령 제43조 제3항
참조 예규: 등기예규 제1038호(122~123면)

[관련 사례] 본점이 서울 중구청에 있는 주식회사가 이번에 강남구청에 있는 지점을 폐지함과 동시에 용산구청에 지점을 새로이 설치하려고 한다. 지점폐지 및 지점설치에 대해 일괄신청 하는 경우에 납부할 등록면허세는?
=> 사안의 경우 본점과 폐지하려는 지점 및 설치하려는 지점의 관할 등기소가 모두 서울중앙지방법원 등기국으로 동일하여, 지점폐지 및 지점설치에 관한 사항은 모두 본점의 지점에 관한 사항란에만 등기된다. 이 경우 납부할 등록면허세는, i) 지점폐지등기와 관련하여 지방세법 제28조 제1항 제6호 바목(그 밖의 등기)의 40,200원, ii) 지점설치등기와 관련하여 지방세법 제28조 제1항 제6호 마목(지점의 설치에 관한 등기)의 40,200원에 지방세법 제28조 제2항에 의거 3배 중과한 120,600원을, 각각 납부하여야 한다(『상업등기실무(II)』, 170면 참조).

1) i) 본점과 지점의 관할 등기소가 동일하여 지점의 등기기록이 편성되지 않은 경우에 지점의 설치에 따른 등록면허세를 본점 소재지와 지점 소재지 중 어느 곳에 납부하여야 하는지가 문제되는데, 법인등기에 관한 등록면허세의 납세지는 등기에 관련되는 본점·지점의 소재지 시·군·구청이므로, 비록 본점과 지점의 관할 등기소가 동일하여 지점의 등기기록은 개설되지 않고 본점 등기기록상의 지점에 관한 사항란에만 기재하는 등기 형식을 취하더라도 등기에 관련되는 소재지 시·군·구청은 지점 소재지가 있는 서울 송파구청으로 보는 것이 타당하다. ii) 또한 등록면허세의 해당 세율의 적용에 있어서도 비록 본점 등기기록상의 지점에 관한 사항란에 등기가 실행될지라도, 본점 등기소의 관할구역 내에 지점을 설치한 경우에는 실질과세의 원칙에 따라 지점설치에 따른 등기에 적용되는 지방세법 제28조 제1항 제6호 마목의 세율(바목의 세율이 아님)을 적용하여야 할 것이다.

실무사례(20)

제목: 지점설치등기와 관련한 등록면허세 및 납세지(2)

본점은 서울 강남구에 있고 이번에 지점을 서울 마포구 및 송파구 2개, 인천 서구 등 3개, 안양시 1개 등 총 6개의 지점을 설치하려고 한다.

【1】 이 경우 지점설치등기신청을 각 지점별로 총 6건을 하면 되는지?
【2】 지점설치등기와 관련하여 등록면허세의 납세지는 어디인지?
【3】 위 지점설치등기와 관련하여 본점 및 지점에서 납부하여야 할 등록면허세는 어떻게 되는지?

1-1. 본점 등기소의 관할구역 내에 지점을 설치한 경우에는 새로이 설치한 지점의 등기기록을 따로 편성하지 아니하고 당해 관할 등기소 내의 본점 등기기록의 지점에 관한 사항란에 그 지점 소재지와 설치연월일 및 지점의 명칭을 등기하므로, 본점 등기소의 관할구역 내에 있는 서울 마포구 및 송파구에 설치할 지점에 대해서는 본점 등기기록의 지점에 관한 사항란에 등기되고 지점 등기기록은 따로 편성되지 않는다. 그리고 인천 및 안양에 설치되는 지점에 대해서도 본점 등기기록의 지점에 관한 사항란에 등기된다.

1-2. 또한 지점의 관할 등기소가 동일한 경우에도 지점별로 지점의 등기기록을 따로 편성하는 것이 아니라, 하나의 지점의 등기기록의 지점에 관한 사항란에 전부 등기를 한다. 따라서 인천에 설치할 예정인 3개의 지점에 대해서는 하나의 지점의 등기기록만이 편성되어, 결국 사안의 경우 본점에 대한 변경등기, 인천 및 안양의 지점설치등기 등 총 3건의 등기를 신청하면 되고 지점별로 총 6건의 지점설치등기를 신청하는 것은 아니다.

2. 상업등기와 관련된 등록면허세의 납세지는 등기에 관련되는 본점·지점 등의 소재지이므로, ⅰ) 본점 등기기록에 하는 지점에 관한 사항란에 대한 변경등기는 본점 관할 구청인 서울 강남구청, ⅱ) 서울 마포구 및 송파구 지점설치에 따른 등기는 서울 마포구청 혹은 송파구청, ⅲ) 인천 서구 등 3개의 지점에 대해서는 그 지점 중 하나의 구청, ⅳ) 안양의 경우에는 자치구가 없으므로 안양시에 소재하는 구청 한 곳 등이 납세지가 된다.[1)]

---

1) 특별시와 광역시의 구는 자치구이나, 인구 50만 명 이상인 시에 두는 구는 자치구가 아니다. 따라서 특별시와 광역시의 구가 아닌 안양시에 소재하는 구는 자치구가 아니므로, 해당 등록면허세는 안양시에 소재하는 아무 구청에서나 납부하여도 된다고 본다.

3. 납부할 등록면허세에 대해 살펴보면, ⅰ) 본점은 본점 등기기록의 지점에 관한 사항란에 대한 지방세법 제28조 제1항 제6호 마목의 지점설치에 관한 등록면허세 40,200원만 납부하면 되므로(예규 1038호 5.),[1] 1건의 등록면허세인 40,200원에 지방세법 제28조 제2항에 의거 3배 중과한 120,600원, ⅱ) 인천의 경우도 동일 등기소 내에 수개의 지점을 설치하는 경우이므로 지방세법 제28조 제1항 제6호 마목의 등록면허세 1건만 납부하면 되므로, 1건의 등록면허세인 40,200원에 지방세법 제28조 제2항에 의거 3배 중과한 120,600원, ⅲ) 안양의 경우에는 지방세법 제28조 제1항 제6호 마목의 40,200원에 지방세법 제28조 제2항에 의거 3배 중과한 120,600원 등을 각 납세지에 납부하여야 한다.

※ 이상의 내용을 요약하면,

<table>
<tr><th colspan="2">구 분</th><th>지점등기기록 개설 여부</th><th>납세지</th><th>등록면허세</th></tr>
<tr><td rowspan="3">본점
등기</td><td>본 점</td><td>-</td><td rowspan="3">강남구청[2]</td><td rowspan="3">120,600원
(3배 중과)</td></tr>
<tr><td>마포지점</td><td rowspan="2">X
(본점과 관할이 동일하므로 별도의 지점등기기록은 개설되지 않음)</td></tr>
<tr><td>송파지점</td></tr>
<tr><td rowspan="3">지 점
등 기
(인천)</td><td>인천지점(1)</td><td rowspan="3">○
(동일 관내로 하나의 지점등기기록만 개설됨)</td><td rowspan="3">지점소재지 중 한 곳의 구청</td><td rowspan="3">120,600원
(3배 중과)</td></tr>
<tr><td>인천지점(2)</td></tr>
<tr><td>인천지점(3)</td></tr>
<tr><td>지 점
등 기
(안양)</td><td>안양지점</td><td>○</td><td>안양시에 소재하는 아무 구청</td><td>120,600원
(3배 중과)</td></tr>
</table>

참조 조문: 지방세법 제28조 제1항 제6호, 제28조 제2항

참조 예규: 등기예규 제1038호(122~123면)

1) 본점의 지점에 관한 사항란에 대한 변경등기는 원칙적으로 지방세법 제28조 제1항 제6호 바목(그 밖의 등기)의 세율이 적용되나, 사안의 경우에는 본점 소재지와 동일 등기소 관내에 마포지점과 송파지점도 설치되는 것이므로 마목(지점의 설치)이 적용되어야 한다.

2) 사안의 경우 본점 등기기록에 하는 지점의 사항란에 하는 변경등기는 동일 등기소 내에 설치되는 마포지점과 송파지점에 관한 등기를 포함하므로, 본점 소재지에서 하는 등기에 관한 납세지는 본점인 강남구청, 지점이 있는 마포구청 혹은 송파구청 중 하나로 일단 생각할 수 있다. 하지만 사안의 본점의 등기기록에는 관할이 다른 등기소에서 하는 지점설치에 관한 사항(인천지점 및 안양지점에 관한 사항)도 함께 등기될 뿐만 아니라 납세지가 분명하지 아니한 경우에는 등기와 관련된 관청 소재지에서 납부하여야 하는 것이 타당하므로(지방세법 25조 1항 16호 및 18호 참조), 본점 소재지인 강남구청에 등록면허세를 납부하는 것으로 보았다.

40. 동일 등기소 관할 내로의 주식회사 본점이전등기시 등록세 [상업등기선례 제1-43호, 제정 1992. 11. 10.]

대도시 내의 주식회사가 동일 등기소 관할 내인 당해 대도시 내로 본점이전등기를 신청하는 경우에는 등록세 중과세에는 해당하지 아니하므로 지방세법 제137조 제1항 제4호(주: 현 지방세법 제28조 제1항 제6호 라목, 건당 112,500원)에 의한 등록세를 납부하면 될 것이다. (1992. 11. 10. 등기 제2342호)

참조 조문 · 규칙 · 예규 · 선례 · 판례

▣ 지방세법[법률 제13636호, 2015. 12. 29., 일부개정]

제28조(세율) ② 다음 각 호의 어느 하나에 해당하는 등기를 할 때에는 그 세율을 제1항 제1호 및 제6호에 규정한 해당 세율의 100분의 300으로 한다. 다만, 「수도권정비계획법」 제6조에 따른 과밀억제권역(「산업집적활성화 및 공장설립에 관한 법률」을 적용받는 산업단지는 제외한다. 이하 이 조에서 "대도시"라 한다)[1][2]에 설치가 불가피하다고 인정되는 업종으로서 대통령령으로 정하는 업종(이하 이 조에서 "대도시 중과 제외 업종"이라 한다)에 대하여는 그러하지 아니하다.

1. 대도시에서 법인을 설립(설립 후 또는 휴면법인을 인수한 후 5년 이내에 자본 또는 출자액을 증가하는 경우를 포함한다)하거나 지점이나 분사무소를 설치함에 따른 등기
2. 대도시 밖에 있는 법인의 본점이나 주사무소를 대도시로 전입(전입 후 5년 이내에 자본 또는 출자액이 증가하는 경우를 포함한다)함에 따른 등기. 이 경우 전입은 법인의 설립으로 보아 세율을 적용한다.

---

1) 2016년 7월말 현재 수도권 과밀억제권역은 다음과 같다(수도권정비계획법 시행령 별표1).
●서울특별시
●인천광역시(강화군, 옹진군, 서구 대곡동·불로동·마전동·금곡동·오류동·왕길동·당하동·원당동, 인천경제자유구역 및 남동 국가산업단지는 제외한다)
●의정부시●구리시
●남양주시(호평동, 평내동, 금곡동, 일패동, 이패동, 삼패동, 가운동, 수석동, 지금동 및 도농동만 해당한다)
●하남시●고양시●수원시●성남시●안양시●부천시●광명시●과천시●의왕시
●군포시
●시흥시[반월특수지역(반월특수지역에서 해제된 지역을 포함한다)은 제외한다]

2) 등록면허세가 중과세되는 대도시에서 제외되는 「산업집적활성화 및 공장설립에 관한 법률」을 적용받는 산업단지에 관한 것과 지방세법 시행령 제26조 제1항에서 정하는 대도시 중과 제외 업종에 관한 내용에 대해서는 「선례해설」(135~136면) 참조

41. 서울특별시 내의 법인의 본점을 인천직할시 내로 이전하는 경우 등록세(주: 현행 등록면허세) 중과

[상업등기선례 제1-44호, 제정 1993. 3. 13.]

서울특별시 내에 있는 법인의 본점을 인천직할시(주: 현 인천광역시) 내로 이전하는 경우에는 당해 대도시 내의 이전으로 보아 등록세(주: 현행 등록면허세)가 중과하지 아니할 것이다. (1993. 3. 13. 등기 제613호)

◐ **선례 해설: 「실무사례(21)」(133면) 및 「실무사례(22)」(134면) 참조**

1. 대도시 내 등록면허세가 중과되는 경우는 i) 대도시에서 법인을 설립하는 경우, ii) 대도시 내에서 법인을 설립한 후 또는 휴면법인을 인수한 후 5년 이내에 자본 또는 출자액을 증가하는 경우, iii) 대도시 내에서 지점이나 분사무소를 설치하는 경우, iv) 대도시 밖에 있는 법인의 본점이나 주사무소를 대도시로 전입하는 경우(전입 후 5년 이내에 자본 또는 출자액이 증가하는 경우를 포함) 등이다(지방세법 28조 2항). 'iv)'의 경우는 설립으로 보아 이전 당시의 자본금에 대하여 중과세율에 의한 등록면허세를 납부하여야 함에 주의를 요한다.

2. 여기서 대도시란 수도권정비계획법 제6조에 따른 과밀억제권역을 말하는데, 2016년 7월말 현재 「수도권정비계획법 시행령 별표1」에 의하면, 서울특별시와 인천광역시(강화군, 옹진군, 서구 대곡동·불로동·마전동·금곡동·오류동·왕길동·당하동·원당동, 인천경제자유구역 및 남동 국가산업단지는 제외한다)는 둘 다 지방세법 제28조 제2항의 대도시에 해당한다. 따라서 서울특별시에서 인천광역시(강화군 등 일부 지역 제외)로 법인의 본점을 이전하는 것은 지방세법 제28조 제2항의 등록면허세 중과세 대상이 되지 못한다.

3. 유형별 중과 여부(출처: 박광현, 『지방세 이해와 실무』, 1211면)

구 분	세율
과밀억제권역 외 → 과밀억제권역 내 진입	중과
과밀억제권역 중 산업단지 → 과밀억제권역 내 진입	"
과밀억제권역 중 서울특별시 외의 지역 → 서울특별시 내로 진입	"
과밀억제권역 → 과밀억제권역 외로 전출 → 다시 과밀억제권역으로 이전	"
과밀억제권역 중 산업단지 외 지역 → 과밀억제권역 중 산업단지 외 지역 전입	일반
과밀억제권역 외 지역 → 과밀억제권역 중 산업단지 전입	"
서울특별시 내 → 과밀억제권역 중 서울특별시 외의 지역	"
과밀억제권역 → 과밀억제권역으로 이전	"

실무사례(21)

제목: 본점이전에 따른 등록면허세 중과 여부

이전 당시 법인등기사항증명서상의 자본금의 총액이 10억원인 주식회사가 다음과 같이 본점을 이전할 경우에 신소재지에서 납부할 등록면허세는 각각 어떻게 되는지?1)

【1】 인천광역시에서 서울특별시로 이전하는 경우
【2】 서울특별시에서 인천광역시로 이전하는 경우
【3】 인천 남동공단에서 산업단지가 아닌 인천지역으로 이전하는 경우
【4】 부천시에서 인천 남동공단으로 이전하는 경우

1. 수도권의 경우 서울특별시 외의 지역에서 서울특별시 내로의 전입은 대도시 내에서의 법인의 설립으로 보므로(지방세법 시행령 27조 3항 참조), 인천광역시에서 서울특별시로 본점을 이전하는 경우에는 대도시 내에서의 법인의 설립으로 보아 자본금 10억에 1,000분의 4를 곱한 금액의 3배를 중과하여 12,000,000원(= 1,000,000,000 × 4/1,000 × 3)의 등록면허세를 납부하여야 한다.

2. 서울특별시에서 인천광역시로 본점을 이전하는 것은 대도시 내에서 대도시 내로의 이전으로 보아(상업선례 1-44, 132면), 지방세법 제28조 제1항 제6호 라목의 정액세인 112,500원을 납부하면 된다.

3. 수도권 과밀억제권역에 해당하지 않는 인천 남동공단에서 산업단지가 아닌 인천지역으로 본점을 이전하는 것은 대도시 내에서의 법인설립에 해당되어, 자본금 10억에 1,000분의 4를 곱한 금액의 3배를 중과하여 12,000,000원(= 1,000,000,000 × 4/1,000 × 3)의 등록면허세를 납부하여야 한다.

4. 대도시에 등기되어 있는 법인이 대도시 외의 지역으로 본점을 이전하는 경우에는 그 이전에 따른 법인등기에 대하여는 등록면허세를 면제한다(지방세특례제한법 79조 2항). 따라서 대도시에 해당하는 부천시에서 대도시 외인 인천남동공단으로 본점을 이전하는 경우에는 납부할 등록면허세는 없다.

참조 조문: 지방세법 제28조 제1항 및 제2항, 지방세법 시행령 제27조 제3항, 지방세특례제한법 제79조 제2항

1) 위 각 경우에 신소재지에서 납부하는 등록면허세 외에 구소재지에서는 지방세법 제28조 제1항 제6호 바목(그 밖의 등기)의 등록면허세 40,200원을 납부하여야 하나, 설문은 신소재지에서 납부하는 등록면허세에 관한 것으로 국한하였다.

실무사례(22)

제목: 중과제외지역에서 중과지역으로 본점이전 시 등록면허세 비교

자본금 총액이 10억원인 회사가 이번에 인천 남동공단(중과제외지역)에서 인천 동구(중과지역)로 본점을 이전함과 거의 동시에 10억원을 추가로 유상증자하려고 한다. 이와 관련하여 회사에서는 본점이전과 유상증자 중 어느 것을 먼저 실행할지에 대해 검토하고 있는 중이다.

【1】 본점을 먼저 이전한 후 유상증자를 할 경우의 등록면허세는?

【2】 유상증자를 먼저 한 후 본점을 이전하는 경우의 등록면허세는?

1-1. 지방세법 제28조 제2항 제2호에 의해 중과제외지역에서 중과지역으로 이전하는 경우는 이전이 아니고 법인의 설립으로 보므로, 법인설립과 같은 등록면허세를 납부하여야 한다. 즉 법인설립과 동일하게 본점 이전 당시의 자본금에 대하여 중과세율에 의하여 등록면허세를 납부하여야 한다.

1-2. 따라서 사안의 경우에는 i) 본점이전 시 등록면허세(본점이전 당시의 자본금 10억원의 1,000분의 4에 3배 중과하여 12,000,000원), ii) 유상증자 시 등록면허세(신주발행액 10억원의 1,000분의 4에 3배 중과하여 12,000,000원)의 합계 24,000,000원의 등록면허세를 납부하여야 한다.

2. 중과제외지역에서 유상증자 10억원을 먼저 한 후 중과지역으로 본점을 이전하는 경우에는 i) 유상증자 시 등록면허세(신주발행액 10억원의 1,000분의 4인 4,000,000원), ii) 본점이전 시 등록면허세(본점이전 당시의 자본금 20억원의 1,000분의 4에 3배 중과하여 24,000,000원)의 합계 28,000,000원의 등록면허세를 납부하여야 한다.

Tip> 결국 중과제외지역에서 중과지역으로 본점을 이전하고 또한 유상증자를 할 경우에는 본점이전과 유상증자 중 어느 것을 먼저 실행하느냐에 따라 납부하는 등록면허세에 차이가 있으므로, 다른 특별한 사정이 없는 한 본점이전 후 유상증자하는 것이 절세 차원에서 유리하다고 하겠다.

참조 조문: 지방세법 제28조 제1항 제6호(124면)

42. 건설부에 등록된 주택건설사업체가 그 법인설립등기를 할 경우 대도시 내 법인중과세의 예외가 적용되는지 여부

[상업등기선례 제1-42호, 제정 1990. 4. 12.]

지방세법 제138조 제1항 단서(주: 현행 지방세법 제28조 제2항 단서) 및 동법 시행령 제101조 제1항 제5호(주: 현행 지방세법 시행령 제26조 제1항 제3호)는 건설부(주: 현행 국토교통부)에 등록된 주택건설사업체가 주택건설용으로 부동산을 취득·등기하는 경우에 대도시 내 법인중과세의 예외에 해당된다는 규정이므로, 위 주택건설사업체가 그 자신의 법인설립등기를 하는 경우에는 위 중과세의 예외에 해당하지 않는다.
(1990. 4. 12. 등기 제721호)

◐ 선례 해설: 대도시 내 등록면허세 중과에 대한 예외

1. 수도권 과밀억제권역 내에서 등록면허세 중과가 제외되는 경우

i) 「산업입지 및 개발에 관한 법률」 제6조부터 제8조까지에 의하여 국토교통부장관 등이 지정한 국가산업단지, 일반산업단지, 도시첨단산업단지 및 농공단지

ii) 지방세법 시행령 제26조 제1항에서 정하는 대도시 중과 제외 업종 중 일부 발췌 내용(※ 세부적인 내용은 해당 조문을 직접 확인 요망)

1. 「사회기반시설에 대한 민간투자법」 제2조 제2호에 따른 사회기반시설사업(같은 법 제2조 제8호에 따른 부대사업을 포함한다)
3. [본 선례 내용] => 이 부분에 대해서는 아래 내용 참조
4. 「전기통신사업법」 제5조에 따른 전기통신사업
5. 「산업발전법」에 따라 산업통상자원부장관이 고시하는 첨단기술산업과 「산업집적활성화 및 공장설립에 관한 법률 시행령」 별표1 제2호 마목에 따른 첨단업종
7. 「여객자동차 운수사업법」에 따른 여객자동차운송사업 및 「화물자동차 운수사업법」에 따른 화물자동차운송사업과 「물류시설의 개발 및 운영에 관한 법률」 제2조 제3호에 따른 물류터미널사업 및 「물류정책기본법 시행령」 제3조 및 별표1에 따른 창고업
10. 개인이 경영하던 제조업(「소득세법」 제19조 제1항 제3호에 따른 제조업을 말한다). 다만, 행정자치부령으로 정하는 바에 따라 법인으로 전환하는

기업만 해당하며, 법인전환에 따라 취득한 부동산의 가액(법 제4조에 따른 시가표준액을 말한다)이 법인 전환 전의 부동산가액을 초과하는 경우에 그 초과부분과 법인으로 전환한 날 이후에 취득한 부동산은 법 제13조 제2항 각 호 외의 부분 본문을 적용한다.

12. 「소프트웨어산업 진흥법」 제2조 제3호에 따른 소프트웨어사업 및 같은 법 제27조에 따라 설립된 소프트웨어공제조합이 소프트웨어산업을 위하여 수행하는 사업

16. 「산업집적활성화 및 공장설립에 관한 법률」 제28조에 따른 도시형공장을 경영하는 사업

2. 주택법 제9조에 따라 국토교통부에 등록된 주택건설사업체가 주택건설용으로 취득한 후 3년 이내에 주택건설에 착공하는 부동산에 대해서는 지방세법 제28조 제2항 단서 및 지방세법 시행령 제26조 제1항 제3호에 의해 법인중과세 대상에서 제외된다.

[참고: 주택법, 법률 제13435호, 2015. 7. 24., 일부개정]

제9조(주택건설사업 등의 등록) ① 연간 대통령령으로 정하는 호수(戶數) 이상의 주택건설사업을 시행하려는 자 또는 연간 대통령령으로 정하는 면적 이상의 대지조성사업을 시행하려는 자는 국토교통부장관에게 등록하여야 한다. 다만, 다음 각 호의 사업주체의 경우에는 그러하지 아니하다.

1. 국가·지방자치단체
2. 한국토지주택공사
3. 지방공사
4. 「공익법인의 설립·운영에 관한 법률」 제4조에 따라 주택건설사업을 목적으로 설립된 공익법인(이하 "공익법인"이라 한다)
5. 제32조에 따라 설립된 주택조합(제10조제2항에 따라 등록사업자와 공동으로 주택건설사업을 하는 주택조합만 해당한다)
6. 근로자를 고용하는 자(제10조제3항에 따라 등록사업자와 공동으로 주택건설사업을 시행하는 고용자만 해당하며, 이하 "고용자"라 한다)

3. 본 선례에 의하면, 상기 2.와 같이 국토교통부에 등록된 주택건설사업체가 지방세법 시행령 제26조 제1항 제3호의 주택건설용으로 부동산을 취득·등기하는 경우에는 대도시 내 법인중과세의 예외에 해당하나, 자신의 법인설립등기를 하는 경우에는 위 중과세의 예외에 해당하지 않는다.

43. 등록세(주: 현행 등록면허세)가 면제되는 경우 등기신청서에 첨부할 서면

[상업등기선례 제1-46호, 제정 1999. 4. 8.]

지방세법에 의하면, 동법 「과세면제 및 경감」에 관한 장의 규정에 의하여 지방세의 감면을 받고자 하는 자는 대통령령이 정하는 바에 따라 지방세감면신청을 하여야 하며, 다만 시장·군수가 감면대상임을 알 수 있을 때에는 직권으로 감면할 수 있고, 지방세법시행규칙에 의하면 위 감면신청에 대하여 감면 여부에 대하여 통지를 하도록 규정하고 있으며, 조세특례제한법시행령에 의하면 동법 제119조 내지 제121조(주: 2015. 1. 1.부로 지방세특례제한법으로 이전됨)의 규정에 의하여 지방세의 감면을 받고자 하는 자는 그 감면 사유를 증명하는 서류를 갖추어 관할 시장·군수 또는 구청장에게 신청을 하여야 한다고 규정하고 있으므로, 등록세를 면제받고자 할 경우에는 소정의 절차에 따라 면제신청을 하여야 하며, 등기신청시에는 등록세 감면통지서 또는 등록세 감면확인서를 첨부하여야 할 것이다.
(1999. 4. 8. 등기 3402-380 질의회답)

참조 조문·규칙·예규·선례·판례

■ **지방세특례제한법[법률 제13854호, 2016. 1. 27., 타법개정]**

제183조(감면신청 등) ① 지방세의 감면을 받으려는 자는 대통령령으로 정하는 바에 따라 지방세 감면 신청을 하여야 한다. 다만, 지방자치단체의 장이 감면대상을 알 수 있을 때에는 직권으로 감면할 수 있다.
② 제1항에 따른 지방세 감면 신청을 받은 지방자치단체의 장은 지방세 감면 여부를 결정하여야 하고, 감면에 따른 의무사항을 위반하는 경우 감면받은 세액이 추징될 수 있다는 내용과 함께 그 결과를 서면으로 통지하여야한다.

■ **지방세법 시행규칙[행정자치부령 제55호, 2015. 12. 31., 일부개정]**

제15조(등록면허세 비과세 등 확인) ① 법, 「지방세특례제한법」 또는 「조세특례제한법」에 따라 등록면허세의 비과세 또는 감면으로 등기 또는 등록하려는 경우에는 법 제25조 제1항에 따른 등록면허세의 납세지를 관할하는 시장·군수의 비과세 또는 감면 확인을 받아야 한다.
② 제1항에 따른 등록면허세 비과세 또는 감면에 대한 시장·군수의 확인은 별지 제8호 서식에 따른다.

44. 등록세(주: 현행 등록면허세) 감면 확인서의 첨부 요부

[상업등기선례 제2-8호, 제정 2006. 8. 2.]

대도시(지방세법 제274조, 지방세법 시행령 제224조) 안에 등기되어 있는 법인이 대도시 외로 본점 또는 주사무소를 이전하는 경우, 그 이전에 따른 법인등기의 신청서에는 등록세 감면통지서 또는 등록세 감면확인서 기타 등록세가 면제됨을 확인하는 소관 지방자치단체의 장의 서면을 첨부하여야 한다. 그 이유는 다음과 같다.

① 등록세의 감면을 받고자 하는 자는 원칙적으로 지방세감면신청을 하여야 하며(지방세법 제292조 => 주: 현행 지방세특례제한법 제183조), 각 지방자치단체의 조례는 등록세를 감면받고자 하는 자가 일정한 서류를 갖추어 시장 등에게 제출하여야 하는 것으로 규정하고 있다(각 시·도세 조례 참조).

② 등록세는 지방세로서 그 부과·징수는 지방자치단체의 권한이며, 등기관의 역할은 등기신청서와 첨부된 등록세 관련 서류를 대조하여 그 부합함을 확인하는 방법으로 조사를 하고 등록세가 누락됨이 없도록 각종 통지·송부를 하는데 그친다(지방세법 제151조의2, 지방세법 시행령 제91조, 제105조, 상업등기선례 1-48 등 참조).

(2006. 8. 2. 공탁상업등기과-762 질의회답)

◐ 선례 해설:

1. 등록면허세 비과세·감면(혹은 면제) 관련 조문으로는 비과세 사유에 대한 지방세법 제26조, 면제 사유에 대한 지방세특례제한법 제11조 제1항·제12조 제2항·제57조 제1항·제79조 제2항 등이 있다.

2. 지방세특례제한법 제11조 제1항 등에 의해 등록면허세를 면제 받고자 하는 자는 지방세 감면신청을 하여야 하고 지방자치단체 장은 그 감면 여부에 대한 결과를 신청인에게 통지하여야 한다.

3. 또한 지방세법 시행규칙에 의하면 감면뿐만 아니라 비과세의 경우에도 등록면허세의 납세지를 관할하는 시장·군수의 확인을 받아야 한다. 결국 등기를 신청하려는 자는 신청서에 지방자치단체의 장으로부터 받은 지방세특례제한법에 의한 감면통지서나 지방세법 시행규칙에 의한 등록면허세비과세(감면)확인서를 첨부정보로 제공하여야 한다.

「보 론」 등록면허세의 비과세(면제) 및 감면

1. 법인등기에 관한 등록면허세는 지방세법 제28조 제1항 제6호에서 규율하고 있지만, 등록면허세의 비과세 등에 대해서는 지방세법, 지방세특례제한법 등에서 각각 규율하고 있다.[1)]

2. 지방세법상 등록면허세의 비과세

> **제26조(비과세)** ① 국가, 지방자치단체, 지방자치단체조합, 외국정부 및 주한국제기구가 자기를 위하여 받는 등록 또는 면허에 대하여는 등록면허세를 부과하지 아니한다. 다만, 대한민국 정부기관의 등록 또는 면허에 대하여 과세하는 외국정부의 등록 또는 면허의 경우에는 등록면허세를 부과한다.
> ② 다음 각 호의 어느 하나에 해당하는 등기·등록 또는 면허에 대하여는 등록면허세를 부과하지 아니한다.
> 1. 회사의 정리 또는 특별청산에 관하여 법원의 촉탁으로 인한 등기 또는 등록. 다만, 법인의 자본금 또는 출자금의 납입, 증자 및 출자전환에 따른 등기 또는 등록은 제외한다.
> 2. 행정구역의 변경, 주민등록번호의 변경, 지적(地籍) 소관청의 지번 변경, 계량단위의 변경, 등기 또는 등록 담당 공무원의 착오 및 이와 유사한 사유로 인한 등기 또는 등록으로서 주소, 성명, 주민등록번호, 지번, 계량단위 등의 단순한 표시변경·회복 또는 경정 등기 또는 등록
> 3. 그 밖에 지목이 묘지인 토지 등 대통령령으로 정하는 등록
> 4. 면허의 단순한 표시변경 등 등록면허세의 과세가 적합하지 아니한 것으로서 대통령령으로 정하는 면허

3. 지방세특례제한법상 등록면허세의 면제 내지 감면 주요 내용

> **제11조(농업법인에 대한 감면)** ① 「농어업경영체 육성 및 지원에 관한 법률」 제16조에 따른 영농조합법인과 같은 법 제19조에 따른 농업회사(이하 이 조에서 "농업법인"이라 한다)이 영농에 사용하기 위하여 법인

1) 과거 조세특례제한법 제119조의 등록면허세 면제 내지 감면에 관한 사항은 2015. 1. 1.부로 지방세특례제한법 제58조의3 등으로 옮겨져 현재 시행되고 있다. 한편 지방세특례제한법상 등록면허세의 면제 내지 감면 사항은 수시로 개정될 뿐만 아니라 일몰기한을 두는 경우가 많으므로, 반드시 해당 조문을 확인하여 감면요건 및 추징요건, 농어촌특별세 과세 여부, 일몰기한 등을 확인하여야 한다.

설립등기일부터 2년 이내에 취득하는 부동산에 대해서는 취득세를, 농업법인의 설립등기에 대해서는 등록면허세를 각각 2017년 12월 31일까지 면제한다.

제12조(어업법인에 대한 감면) ② 어업법인의 설립등기에 대해서는 2016년 12월 31일까지 등록면허세를 면제한다.

제15조(한국농수산식품유통공사 등의 농어업 관련 사업 등에 대한 감면) ② 「지방공기업법」에 따라 농수산물의 원활한 유통 및 적정한 가격의 유지를 목적으로 설립된 지방공사(이하 "농수산물공사"라 한다)에 대해서는 다음 각 호에서 정하는 바에 따라 지방세를 2016년 12월 31일까지 감면한다.

2. 그 법인등기에 대해서는 등록면허세의 100분의 100(100분의 100의 범위에서 조례로 따로 정하는 경우에는 그 율)에 지방자치단체의 주식소유비율을 곱한 금액을 감면한다.

제22조(사회복지법인등에 대한 감면) ⑤ 「사회복지사업법」에 따른 사회복지법인의 설립등기 및 합병등기에 대한 등록면허세와 같은 법에 따른 사회복지시설을 경영하는 자에 대하여 해당 사회복지시설 사업장에 과세되는 주민세 균등분을 각각 2019년 12월 31일까지 각각 면제한다.

제22조의4(사회적기업에 대한 감면) 「사회적기업 육성법」 제2조제1호에 따른 사회적기업(「상법」에 따른 회사인 경우에는 「중소기업기본법」 제2조제1항에 따른 중소기업으로 한정한다)에 대해서는 다음 각 호에서 정하는 바에 따라 지방세를 2018년 12월 31일까지 경감한다.

2. 그 법인등기에 대해서는 등록면허세의 100분의 50을 경감한다.

제25조(근로자 복지를 위한 감면) ② 「근로복지기본법」에 따른 기금법인의 설립등기 및 변경등기에 대하여는 2016년 12월 31일까지 등록면허세를 면제한다.

제41조(학교 및 외국교육기관에 대한 면제) ⑤ 「사립학교법」에 따른 학교법인과 국가가 국립대학법인으로 설립하는 국립학교의 설립등기, 합병등기 및 국립대학법인에 대한 국유재산이나 공유재산의 양도에 따른 변경등기에 대해서는 등록면허세를, 그 학교에 대해서는 주민세 균등분을 각각 면제한다.

제57조의2(기업합병 · 분할 등에 대한 감면) ② 다음 각 호에서 정하는 법인의 합병으로 양수받은 재산의 취득에 대해서는 취득세를 2018년 12월

31일까지 면제하고, 합병한 날부터 3년 이내에 양수받은 재산의 등기에 대해서는 2018년 12월 31일까지 등록면허세의 100분의 75을 경감한다.
1. 「농업협동조합법」, 「수산업협동조합법」 및 「산림조합법」에 따라 설립된 조합 간의 합병
2. 「새마을금고법」에 따라 설립된 새마을금고 간의 합병
3. 「신용협동조합법」에 따라 설립된 신용협동조합 간의 합병
4. 제1호부터 제3호까지와 유사한 합병으로서 대통령령으로 정하는 합병

⑥ 「농업협동조합법」에 따라 설립된 농업협동조합중앙회(이하 이 조에서 "중앙회"라 한다)가 같은 법에 따라 사업구조를 개편하는 경우 다음 각 호의 구분에 따른 등기에 대해서는 2017년 12월 31일까지 등록면허세를 면제한다.
1. 법률 제10522호 농업협동조합법 일부개정법률 부칙 제3조에 따라 자본지원이 이루어지는 경우 그 자본증가에 관한 등기
2. 법률 제10522호 농업협동조합법 일부개정법률 부칙 제6조에 따라 경제사업을 이관하는 경우 다음 각 목의 어느 하나에 해당하는 등기
   가. 중앙회에서 분리되는 경제자회사의 법인설립등기
   나. 「농업협동조합법」 제134조의2에 따라 설립된 농협경제지주회사가 중앙회로부터 경제사업을 이관(「상법」 제360조의2에 따른 주식의 포괄적 교환을 포함한다)받아 자본이 증가하는 경우 그 자본증가에 관한 등기

⑦ 법률 제12663호 한국산업은행법 전부개정법률 부칙 제3조제1항에 따라 한국산업은행이 산은금융지주주식회사 및 「한국정책금융공사법」에 따른 한국정책금융공사와 합병하는 경우 그 자본증가에 관한 등기에 대해서는 2015년 12월 31일까지 등록면허세의 100분의 90을 경감한다.

제58조의3(창업중소기업 등에 대한 감면) ③ 다음 각 호의 어느 하나에 해당하는 등기에 대해서는 등록면허세를 면제한다.
1. 2016년 12월 31일까지 창업하는 창업중소기업의 법인설립 등기(창업일부터 4년 이내에 자본 또는 출자액을 증가하는 경우를 포함한다)
2. 2016년 12월 31일까지 「벤처기업육성에 관한 특별조치법」 제2조의2제1항제2호다목에 따라 창업 중에 벤처기업으로 확인받은 중소기업이 그 확인일부터 1년 이내에 하는 법인설립 등기

제60조(중소기업협동조합 등에 대한 과세특례) ④ 특별시장·광역시장·특별자치시장·도지사 또는 특별자치도지사가 「지역균형개발 및 지방중소기업

육성에 관한 법률」 제2조제5호에 따른 지방중소기업에 대하여 경영·산업기술·무역정보의 제공 등 종합적인 지원을 하게 할 목적으로 설치하는 법인으로서 대통령령으로 정하는 법인에 대해서는 다음 각 호에서 정하는 바에 따라 2016년 12월 31일까지 지방세를 경감한다. 1. 그 고유업무에 직접 사용하기 위하여 취득하는 부동산에 대해서는 취득세의 100분의 50을 경감한다.

2. 그 법인등기에 대해서는 등록면허세의 100분의 50을 경감한다.

3. 과세기준일 현재 그 고유업무에 직접 사용하는 부동산에 대해서는 재산세(「지방세법」 제112조에 따른 부과액을 포함한다)의 100분의 50을 경감한다.

제79조(법인의 지방 이전에 대한 감면) ② 대도시에 등기되어 있는 법인이 대도시 외의 지역으로 본점 또는 주사무소를 이전하는 경우에 그 이전에 따른 법인등기 및 부동산등기에 대해서는 2018년 12월 31일까지 등록면허세를 면제한다.

4. 상기 규정에 의해 등록면허세가 비과세, 면제 내지 감면되는 경우에는 등기신청 시에 감면통지서 또는 등록면허세비과세(감면)확인서를 첨부하여야 한다.[1)]

1) 상업등기선례 제1-46호(137면) 및 제2-8호(138면) 참조

45. 등기가 나중에 말소된 경우, 말소된 당해 등기를 신청할 때 납부한 등록세(주: 현행 등록면허세)를 환불받기 위하여 '등록세 미사용증명서' 를 교부 받을 수 있는지 여부

[상업등기선례 제1-47호, 제정 2000. 4. 18.]

등록세는 당해 등기사항을 등기부에 등기함으로써 이미 사용된 것이므로 (지방세법 제124조 참조 => 주) 현행 지방세법 제24조 및 동 기본통칙 24-1 참조), 비록 그 등기가 나중에 말소되었다고 하더라도 말소된 당해 등기를 신청할 때 납부한 등록세를 환불받기 위하여 '등록세 미사용증명서' 를 교부받을 수 없다.

(2000. 4. 18. 등기 3402-276 질의회답)

◐ 선례 해설: 「실무사례(23)」(144면) 참조

1. 지방세법상 등록면허세는 재산권 기타 권리의 설정·변경 또는 소멸에 관한 사항을 공부에 등기 또는 등록이 이루어지는 때에 납세의무가 성립하며 그 자가 납세의무자이므로(지방세법 24조 및 지방세법 기본통칙 24-1 참조),

2. 설사 그 등기 또는 등록이 나중에 말소되었다 하더라도 이미 도과된 등록면허세의 납세의무가 소급하여 소멸되는 것이 아니다. 따라서 이 경우에 환불이 불가능하므로 환불을 전제로 한 등록면허세 미사용증명서를 교부받을 수 없다는 취지의 선례.

【관련 판례】등기성립 후 원인무효에 의해 말소된 경우 등록면허세의 영향

등록면허세는 재산권 기타 권리의 취득·이전·변경 또는 소멸에 관한 사항을 공부에 등기 또는 등록하는 경우에 등기 또는 등록이라는 단순한 사실의 존재를 과세물건으로 하여 그 등기 또는 등록을 받는 자에게 부과하는 세금으로서 그 등기 또는 등록의 유·무효나 실질적인 권리귀속 여부와는 관계가 없는 것이므로 등기 또는 등록명의자와 실질적인 권리귀속주체가 다르다거나 일단 공부에 등재되었던 등기 또는 등록이 뒤에 원인무효로 말소되었다 하더라도 이와 같은 사유는 그 등기 또는 등록에 따른 등록면허세 부과처분의 효력에 아무런 영향이 없음(대법원 1986. 2. 25. 선고 85누858 판결).

실무사례(23)

제목: 등기가 말소된 경우의 등록면허세 환급 등

2015. 3. 31. 정기주주총회에서 사내이사 A가 새로 선임되어 동일자로 관할 등기소에 임원변경등기가 마쳐졌다. 하지만 주주총회 소집절차의 하자를 이유로 2015. 4. 15. 관할 지방법원 합의부에 주주총회결의취소의 소가 제기되었으며, 재판 진행 중 2015. 3. 31.에 개최된 정기주주총회에 소집절차의 하자가 있음이 밝혀져 그 결의를 취소한다는 판결이 2015. 10. 23. 확정되었다. 이에 제1심 수소법원은 관할 등기소에 2015. 3. 31. 취임한 사내이사 A에 대한 말소를 촉탁하여 그 등기가 적법하게 말소되었다. 사내이사 A의 말소로 정관에 정한 이사의 인원수는 결하지 않았으나 회사는 필요에 의해 2015. 11. 2. 임시주주총회를 개최하여 사내이사 B를 새로이 선임하고 회사 내부 사정으로 한참 후인 2015. 12. 31.에 이르러서야 사내이사 B에 대한 임원변경등기를 관할 등기소에 신청하였다.

【1】 2015. 10. 23. 주주총회결의취소의 소의 판결 확정으로 사내이사 A의 등기가 말소됨에 따라 기 납부한 등록면허세는 돌려받을 수 있는 것인지?

【2】 2015. 12 .31. 사내이사 B에 대한 임원변경등기와 관련하여 과태료 및 등록면허세 가산세가 발생하는지?

1. 임원변경등기에 대해 나중에 주주총회결의취소의 소에 대한 판결이 확정되어 제1심 수소법원의 촉탁으로 사내이사 A에 대한 등기가 말소되었다 하더라도 이미 도과된 등록면허세의 납세의무가 소멸되는 것이 아니므로 (상업선례 1-47 및 대법원 1986. 2. 25. 선고 85누858 판결 참조), 추후 사내이사 A의 취임등기가 판결에 의해 말소되더라도 기 납부한 등록면허세는 돌려받을 수 없다.

2. 사내이사 B가 취임하는 때에는 그 발생일로부터 본점 소재지에 2주간 내에 등기하여야 하므로 이와 관련하여 상법 제635조 제1항 제1호의 등기해태에 따른 과태료 부과대상이나, 등록면허세는 등기하는 때 납세의무가 성립하고 그 등기하기 전까지 신고·납부하면 족하므로 2015. 11. 2. 임시주주총회에 의해 선임된 사내이사 B에 대한 임원변경등기신청을 2015. 12. 31. 에 하였더라도 이에 대한 가산세는 발생하지 않는다.

참조 선례: 상업등기선례 제1-47호, **참조문헌**: 김의효, 『지방세실무해설』, 1419면

※ 등기신청수수료 징수에 관한 예규[등기예규 제1565호, 개정 2014. 12. 24.]

1. 목 적

이 예규는 등기신청(촉탁을 포함한다. 이하 같다)시 등기신청인이 납부하여야 할 등기신청수수료를 신속 · 정확하게 징수할 수 있도록 하기 위하여 그 절차에 관한 세부사항을 정함을 목적으로 한다.

3. 상업등기신청수수료(「등기사항증명서 등 수수료규칙」 제5조의3에 의한 등기신청의 경우)

가. 등기신청수수료가 3만원인 경우

(1) 회사 또는 합자조합의 설립등기의 신청
(2) 합병 · 분할 · 분할합병 및 조직변경으로 인한 설립등기의 신청
(3) 외국회사의 영업소설치등기의 신청
(4) 본점(합자조합의 주된 영업소 및 외국회사의 영업소를 포함한다. 이하 같다)을 다른 등기소 관할구역으로 이전하는 경우의 신소재지에서 하는 본점이전등기의 신청

나. 등기신청수수료가 6천원인 경우

(1) 지점설치 및 이전등기, 동일 등기소 관할구역내의 본점이전등기, 상호(명칭을 포함한다. 이하 같다) · 목적 · 임원(사원, 조합원, 업무집행자, 청산인 등을 포함한다. 이하 같다) 등의 변경등기, 전환사채의 등기, 해산의 등기, 청산인에 관한 등기 등 위 가. 항의 등기를 제외한 나머지 회사등기 및 합자조합등기의 신청
(2) 상호의 등기 · 상호의 가등기 · 무능력자와 법정대리인의 등기 · 지배인의 등기 및 그 등기의 변경, 말소등기 등의 신청

다. 2개 이상의 등기사항을 일괄하여 하나의 신청서로써 하는 등기신청의 경우 등기신청수수료 산정의 기준

2개 이상의 등기사항을 일괄하여 하나의 신청서로써 등기신청을 하는 경우에는 각 등기의 목적에 따른 소정의 신청수수료를 합산한 금액을 등기신청수수료로 납부하여야 한다.

그 구체적인 기준은 다음과 같다.

(1) 변경등기의 경우

회사 또는 합자조합의 상호 · 본점 · 목적 · 임원 등의 변경등기를 일괄하여 하나의 등기신청서로써 신청할 때에는 각각의 등기신청수수료를 합산한 금액을 납부하여야 한다. 다만, 동일한 등기목적에 따른 2개 이상의 변경사항이 있는 경우(예: 2인 이상 임원의 취임 · 퇴임 · 주소변경 등)에는 1건의 수수료만 납부한다.

(2) 지배인선임 또는 지점설치등기의 경우

하나의 신청서로써 2인 이상의 지배인선임등기를 신청하거나 2개 이상의 지점설치등기를 신청하는 경우에는 이를 하나의 지배인선임등기 또는 지점설치등기신청으로 본다.

(3) 변경등기신청과 함께 지배인선임등기 등 변경등기 이외의 등기신청을 하나의 신청서로써 하는 경우에는 각각의 신청수수료를 합산한 금액을 등기신청수수료로 납부하여야 한다.

라. 등기신청수수료 산정의 예시

(1) 회사설립의 등기회사의 설립등기와 동시에 지점의 설치등기를 신청하는 경우에는 설립등기신청수수료만 납부한다. 다만, 지점을 다른 등기소 관할구역내에 설치하고 지점소재지 관할 등기소에서 등기를 신청하는 경우에는 신청수수료 6천원을 납부한다.

(2) 본점이전의 등기

(가) 본점을 동일 등기소 관할구역내로 이전하는 경우의 본점이전등기의 신청수수료는 6천원이다. (다만, 본점소재지 이외에 지점소재지에서도 본점이전등기의 신청을 하여야 하는 경우에는 그 등기신청에 대하여 별도로 신청수수료 6천 원을 납부하여야 한다.)

(나) 본점을 다른 등기소 관할구역으로 이전하는 경우 구본점 소재지에서 하는 등기의 신청에 대한 수수료 6천원 및 신본점 소재지에서 하는 등기의 신청에 대한 수수료 3만원을 각 납부하여야 한다.

(3) 회사 합병의 등기

(가) 신설합병의 경우

신설회사에 관한 설립등기의 신청수수료 3만원 및 소멸회사에 관한 해산등기의 신청수수료 6천원을 각 납부하여야 한다.

(나) 흡수합병의 경우

존속회사에 대한 변경등기의 신청수수료 및 소멸회사에 대한 해산등기의 신청수수료 6천원씩을 각 납부하여야 한다.

(4) 조직변경의 등기
주식회사를 유한회사로 조직변경하는 경우, 조직변경으로 인한 주식회사의 해산등기의 신청수수료 6천원 및 유한회사의 설립등기의 신청수수료 3만원을 각 납부하여야 한다.

마. 등기의 목적별 상업등기 신청수수료액은 [별표2]와 같다.

4의2. 전자신청 등에 의한 등기신청수수료의 특례

나. 위 3.의 상업등기를 전자신청하는 경우 3만 원에 해당하는 등기신청수수료는 2만원, 6천원에 해당하는 등기신청수수료는 2천원을 각각 납부하여야 하고, 전자표준양식에 의하여 신청하는 경우 3만원에 해당하는 등기신청수수료는 2만5천원, 6천원에 해당하는 등기신청수수료는 4천원을 각각 납부하여야 한다.

5. 국가에 대한 수수료 면제

「등기사항증명서 등 수수료규칙」 제7조 제3항의 규정에 의하여 등기신청수수료가 면제되는 국가가 자기를 위하여 하는 등기라 함은 다음 각 호의 1에 해당하는 경우를 말한다.
1. 국가가 등기권리자로서 신청하는 등기
2. 위 1.의 등기 중 국가가 공권력의 주체로서 촉탁한 등기의 말소등기(예: 국세압류등기의 말소)
3. 국유재산을 관리, 보존하기 위한 등기

6. 징수절차

가. 2013. 5. 1.부터 각 등기소에 접수되는 등기신청사건에 대하여는 등기신청서(을지)에 등기신청수수료 금액을 기재하고, 대한민국법원 인터넷등기소(http://www.iros.go.kr/)를 이용하여 전자적인 방법(신용카드, 계좌이체, 선불형지급수단)으로 납부하고 출력한 영수필확인서를 첨부하거나, 법원행정처장이 지정하는 수납금융기관 또는 무인발급기에 현금으로 납부한 후 발급받은 영수필확인서를 첨부하여야 한다.

나. 접수공무원이 부동산등기신청서를 접수한 때에는 그 신청서에 첨부된 등

기신청수수료 영수필확인서의 납부액과 납부번호를 등기전산시스템에 입력하여야 한다. 다만, 여러 건의 신청에 대하여 수납금융기관에 현금으로 일괄납부한 경우에는 영수필확인서가 첨부된 첫 번째 등기신청사건에 해당 등기신청수수료와 일괄납부 건수 및 일괄납부액을 입력하고, 나머지 각 등기신청사건에는 해당 등기신청수수료 납부액을 입력한 다음 납부번호는 원용처리를 선택하여 입력한다.

7. 등기관의 조사의무 등1)

가. 등기관은 등기신청서를 조사함에 있어 그 등기신청수수료에 해당하는 납부액이 기재된 영수필확인서가 첨부되었는지를 확인하여야 한다.

나. 등기신청수수료액에 해당하는 영수필확인서가 첨부되어 있지 아니하거나 영수필확인서가 첨부되었다 하더라도 그 확인서에 기재된 납부번호가 이미 사용된 것으로 밝혀진 경우, 영수필확인서에 기재된 납부액이 부족한 경우 등에는 이를 보정하지 아니하면 등기관은 그 등기신청을 각하하여야 한다.

8. 삭제(2007. 4. 27. 제1181호)

9. 등기관의 직권에 의한 등기

등기관이 직권으로 등기하는 경우에는 등기신청수수료를 받지 아니한다.

10. 등기신청이 취하된 경우

등기신청이 취하된 경우에는 납부된 등기신청수수료를 신청인 또는 그 대리인에게 환급하되, 그 환급방법은 등기신청수수료의 납부 및 환급 등에 따른 사무처리지침의 규정에 의한다.

부 칙(2014. 12. 24. 제1565호)

이 예규는 2015. 1. 1.부터 시행한다.

---

1) 2015. 1. 1.부터 등기신청수수료 및 취득세(등록면허세) 영수필확인서는 등기업무시스템상 전산적으로 중복사용 여부를 확인할 수 있고, 인지는 2015. 1. 1.부로 전자 수입인지 제도의 시행으로 전자적 소인으로 변경됨에 따라 등기관의 소인의무에 관한 규정이 삭제되었다. 따라서 등기예규 제1565호에서도 등기신청수수료 영수필확인서에 대한 소인 규정을 폐지하여 「7. 등기관의 조사의무 등」의 내용이 일부 개정되었다.

[별표 2]

상업등기신청수수료액[1]

(「등기사항증명서 등 수수료규칙」 제5조의3에 의한 등기신청의 경우)

<table>
<tr><th colspan="2">등 기 의 목 적</th><th>수수료</th><th>비 고</th></tr>
<tr><td rowspan="7">1. 합명·합자·유한책임·주식·유한회사·외국회사 및 합자조합의 등기</td><td>가. 회사 또는 합자조합의 설립등기, 외국회사의 영업소설치등기</td><td>30,000원</td><td></td></tr>
<tr><td>나. 본점(합자조합의 주된 영업소 및 외국회사의 영업소를 포함한다)을 다른 등기소 관할구역으로 이전하는 경우의 신소재지에서 하는 본점이전등기</td><td>30,000원</td><td>구소재지에서 하는 본점이전등기의 신청수수료와 본점이전과 동시에 이에 부수하여 다른 등기를 신청하는 경우의 그 등기신청에 따른 수수료는 별도로 납부하여야 함</td></tr>
<tr><td>다. 합병·분할·분할합병으로 인한 설립등기</td><td>30,000원</td><td>소멸회사에 관한 해산등기 또는 존속회사에 관한 변경등기의 신청수수료는 별도로 납부하여야 함</td></tr>
<tr><td>라. 조직변경으로 인한 설립등기</td><td>30,000원</td><td>조직변경으로 인한 해산등기의 신청수수료는 별도로 납부하여야 함</td></tr>
<tr><td>마. 상호(명칭을 포함한다), 본점, 목적, 공고방법, 존립기간, 1주의 금액, 발행할 주식의 총수 등의 변경 등기</td><td>6,000원</td><td>각 등기의 목적마다 신청수수료를 납부하여야 함</td></tr>
<tr><td>바. 경정 및 성명·주민등록번호·주소 등의 변경등기</td><td>6,000원</td><td>위와 같음. 다만, 등기관의 과오로 인한 착오 또는 유루발견 및 행정구역·지번변경, 주민등록번호정정 등을 원인으로 하는 경우에는 신청수수료 없음</td></tr>
<tr><td>사. 지점설치·이전등기, 동일 등기소 관할구역내의 본점이전등기, 전환사채의 등기, 해산의 등기, 청산인에 관한 등기 등 위에서 열거한 등기 이외의 기타 등기</td><td>6,000원</td><td>위와 같음
멸실회복등기의 경우에는 신청수수료 없음</td></tr>
<tr><td colspan="2">2. 상호등기·상호가등기 및 그 등기의 변경, 말소등기 등 일체의 등기</td><td rowspan="3">6,000원</td><td rowspan="3">위와 같음</td></tr>
<tr><td colspan="2">3. 무능력자와 법정대리인등기 및 그 등기의 변경, 말소등기 등 일체의 등기</td></tr>
<tr><td colspan="2">4. 지배인등기 및 그 등기의 변경, 말소 등 일체의 등기</td></tr>
</table>

1) 전자신청 및 전자표준양식에 의한 신청의 경우에는 등기신청수수료가 일정액 감액됨(147면 참조)

제4장 등기실행절차

제4장 등기실행절차[1)]

내 용	관련 조문		관련 선례 · 예규 · 규칙 (실무사례 포함)
	상법	상업등기법	
1. 등기신청서의 접수		규칙 제65조	※ 등기예규 제1370호
2. 등기신청의 각하		제26조, 제27조, 규칙 제54조	46. 상업선례 제1-31호 47. 상업선례 제201511-2호 ☞ 실무사례(24) ※ 등기예규 제1417호
3. 등기신청의 취하		규칙 제56조	※ 등기예규 제1551호

1) 등기신청을 접수하여 그 신청의 적법 여부를 심사한 후에, 신청을 수리하여 등기부에 기록하거나 그 신청을 각하하는 처분을 함으로써 등기절차가 종료될 때까지의 모든 절차를 광의의 등기실행절차라 하고, 이에 대하여 협의의 등기실행절차는 접수된 등기신청을 수리하여 그에 따른 등기사항을 등기부에 기록하는 기입과 교합만을 의미한다(『상업등기실무(Ⅰ)』, 292면).

§ 요약

1. 등기실행절차란 등기관이 등기신청을 접수하여 그 신청의 적법 여부를 심사한 후, 신청을 수리하여 등기부에 기록하거나 그 신청을 각하하는 처분을 함으로써 등기절차가 종료될 때까지의 모든 절차를 말하며, 신청인은 자신의 신청에 따른 등기가 완료되기 전에 등기신청의 의사표시를 철회함으로써 등기신청을 취하할 수 있다.

2. 상업등기의 신청은 등기의 목적과 신청인의 성명 또는 상호에 관한 정보가 전산정보처리조직에 저장된 때 접수된 것으로 보며, 등기관이 등기를 마친 경우에는 그 등기는 접수한 때부터 효력을 갖는다(법 3조 및 규칙 3조).[1] 한편 등기신청서의 제출 및 그 신청서의 접수·보정에 관한 사항과 제출사무원의 출입허가에 관한 세부적인 사항을 정한 것으로 등기예규 제1601호(155~158면)가 있다.

3. 등기신청이 접수되었을 때에는 등기관은 지체 없이 신청에 관한 모든 사항을 조사하여야 한다(규칙 54조). 다만 판례에 의하면, 등기공무원은 원칙적으로 등기신청에 대하여 실체법상의 권리관계와 일치하는지 여부를 심사할 실질적 심사권한은 없고 오직 등기부와 신청서 및 그 첨부서류 만에 의하여 등기요건에 합당하는지 여부를 심사할 형식적 심사권한밖에 없다(「선례해설」, 115~116면 및 「보론」, 117~119면 참조). 한편 신청의 각하 사유와 관련해서는 상업등기법 제26조에서 제1호부터 제17호까지 열거적으로 규정하고 있는데, 제10호 사유인 등기할 사항에 무효 또는 취소의 원인이 있는 경우는 실체상 각하사유에 해당하나, 이 경우에도 등기관은 형식적 심사권한 내에서 등기신청의 각하 여부를 판단하여야 한다. 따라서 법 제26조 제10호의 각하사유와 관련해서는 등기관의 형식적 심사권한과 함께 관련 선례가 나올 때마다 세심한 주의를 요한다.

4. 등기신청의 취하는 등기관이 등기를 마치기 전까지 할 수 있는데, 이와 관련해서는 등기예규 제1551호(168~169면)에서 세부사항을 정하고 있다.

---

1) 개정 상업등기법에서는 전자문서에 의한 신청과 등기소 방문신청의 접수시점을 통일시키기 위해서 대법원규칙으로 정하는 등기신청정보가 전산정보처리조직에 전자적으로 기록된 때에 접수된 것으로 보며, 이 경우 등기관이 등기를 마치면 그 등기는 접수한 때부터 효력을 발생한다. 즉 접수시점이라는 객관적 기준에 따라 등기의 효력이 발생하는 것으로 보는 등기 실무를 반영하여 명문화한 것이다(『개정 상업등기법·규칙 해설』, 25면).

※ 등기신청서의 제출 및 접수 등에 관한 예규[등기예규 제1601호, 개정 2016. 7. 27.][1)]

제1조(목적)

이 예규는 「부동산등기법」 제23조 제1항·제24조 제1항 및 「상업등기법」 제18조의 규정에 의한 등기신청서의 제출 및 그 신청서의 접수·보정에 관한 사항과 「부동산등기규칙」 제58조 및 「상업등기규칙」 제53조의 규정에 의한 변호사 또는 법무사(법무법인 및 법무사법인·법무사법인(유한)을 포함한다. 이하 "법무사 등"이라 한다)의 사무원 출입허가에 관한 사항을 정하는 것을 목적으로 한다.

제2조(등기신청서의 제출)

① 등기신청서는 당사자나 그 대리인 본인 또는 「부동산등기규칙」 제58조의 규정에 의하여 등기소에 출석하여 등기신청서를 제출할 수 있도록 허가받은 법무사 등의 사무원(이하 "허가받은 법무사 등의 사무원"이라 한다)이 직접 등기소에 출석하여 등기과·소장이 지정한 등기신청서 접수담당자(이하 "접수담당자"라 한다)에게 제출하여야 한다.
② 제1항의 경우 중 허가받은 법무사 등의 사무원이 등기신청서를 제출하는 때에는 등기신청서 전면 여백에 [별표 1]양식의 표시인을 찍고 제출자란에 그 사무원의 성명을 기재하여야 한다. 여러 건의 등기신청서를 동시에 제출하는 경우에는 첫 번째 신청서에만 위 표시인을 찍고 총 신청건수를 기재하는 방법으로 할 수 있다.

제3조(본인여부 등의 확인)

① 등기신청서를 제출받은 접수담당자는 당사자나 그 대리인 본인 또는 허가받은 법무사 등의 사무원의 출석 여부를 확인하여야 하며, 허가받은 법무사 등의 사무원이 출석한 경우에는 제2조 제2항의 표시인을 찍고 그 성명을 기재하였는지 여부를 확인하여야 한다.
② 제1항의 경우 당사자 또는 대리인의 본인 여부 확인은 주민등록증 또는

---

1) 법무사합동법인의 명칭이 법무사법인으로 변경되고 법무사법인(유한)의 신설에 따른 법무사법(법률 제13953호, 2016. 2. 3. 공포, 2016. 8. 4. 시행)과 법무사규칙(대법원규칙 제2668호, 2016. 6. 27. 공포, 2016. 8. 4. 시행)의 개정내용을 예규에 반영하기 위해 개정됨.

운전면허증 기타 이에 준하는 신분증에 의하되, 허가받은 법무사 등의 사무원의 본인 여부 확인은 제8조의 등기소출입증 및 법무사 사무원증에 의한다.

제4조(신청서의 접수)

접수담당자는 제3조의 본인 여부를 확인한 후 등기신청서를 접수하여야 하며, 접수된 등기신청서는 지체 없이 등기관에게 인계되어야 한다.

제5조(등기신청서의 보정)

① 등기관이 등기신청에 대하여 보정을 명하는 경우에는 보정할 사항을 구체적으로 적시하고 그 근거법령이나 예규 등을 제시하여야 한다.
② 제1항의 등기신청의 흠결에 대한 보정은 당사자나 그 대리인 본인 또는 「부동산등기규칙」 제58조에 의하여 허가받은 사무원이 등기소에 출석하여 하여야 한다.

제6조(등기신청서를 제출할 수 있는 법무사 등의 사무원 허가 신청)

법무사등은 「부동산등기규칙」 제58조의 규정에 의하여 등기소에 출석하여 등기신청서를 제출할 수 있는 사무원의 허가를 받고자 할 때에는 별지 제1호 양식의 허가신청서를 소속 지방변호사회 또는 지방법무사회(이하 "소속회"라 한다)를 거쳐 소관지방법원장에게 제출하여야 한다.

제7조(허가)

① 지방법원장은 제6조의 허가신청서를 받은 때에는 다음 각 호의 사항을 참작하여 그 허가 여부를 결정하여야 한다.

1. 허가신청을 한 법무사 등의 사무소 운영실태(특히 명의대여 또는 사무원등에 의한 부당한 사건 유치 등을 하고 있는지 여부 등)
2. 허가대상인 사무원의 연령의 적정성, 사무원으로서의 경력의 정도, 등기신청업무에 관한 지식과 경험의 정도, 업무관련 비리를 저지른 전력이 있는지 여부 등

② 지방법원장은 필요한 경우 소속 직원으로 하여금 제1항의 조사를 하게 할 수 있다.

제8조(등기소출입증의 발급)

① 지방법원장이 제7조의 허가를 한 때에는 지체 없이 소속 회를 거쳐 허가신청을 한 법무사 등에게 [별표 2] 양식의 등기소출입증을 발급하고 별지 제2호 양식의 등기소출입증발급대장에 등재하여야 한다.

제9조(등기소출입증의 재발급)

① 등기소출입증의 파손 또는 분실 등의 사유로 이를 재발급 받고자 하는 법무사 등은 별지 제3호 양식의 등기소출입증재발급신청서를 소속 회를 거쳐 소관지방법원장에게 제출하여야 한다. 이때에 당해 법무사 등은 재발급사유에 관한 소명자료를 첨부하여야 한다.
② 지방법원장이 등기소출입증을 재발급한 때에는 제8조의 등기소출입증발급대장에 그 뜻을 기재하여야 한다.

제10조(허가 취소 및 등기소출입증 반납)

① 지방법원장은 다음 각 호의 사유에 해당하는 경우에는 제7조의 허가를 취소할 수 있다.

1. 허가를 받은 법무사 등이 명의대여, 사무원등에 의한 부당한 사건유치 등의 비위사실이 있다고 인정된 경우
2. 허가받은 법무사 등의 사무원이 등기소에 출석하여 등기신청서를 제출하는 업무를 수행함에 부적당하다고 인정되는 행위를 한 경우
3. 기타 허가를 취소할 만한 상당한 이유가 있는 경우

② 허가받은 법무사 등의 사무원이 퇴직한 경우에는 퇴직일에 제7조의 허가가 취소된 것으로 본다.
③ 제1항 및 제2항의 경우 법무사 등은 취소 통지를 받은 날 또는 사무원이 퇴직한 날로부터 15일 이내에 등기소출입증을 소속 회를 거쳐 지방법원장에게 반납하여야 한다. 법무사 등이 위 기간을 경과하여도 등기소출입증을 반납하지 아니할 경우 지방법원장은 상당한 기간 동안 당해 법무사 등에 대한 사무원 허가를 하지 않을 수 있다.
④ 법무법인 또는 법무사법인·법무사법인(유한)은 그 구성원 또는 구성원 아닌 법무사 등의 수가 감소함으로 인하여 허가된 사무원의 수가 「부동산등기규칙」 제58조 소정의 사무원 수를 초과하게 된 경우에는 그 사유가 발생한 날로부터 10일 이내에 소속 회를 거쳐 소관지방법원장에게 그 사유를 보고함과 아울러 허가 취소를 원하는 사무원의 등기소출입증을 반납하여야 하고, 위 등기소출입증이 반납된 때에 그 허가가 취소된 것으로 본다.
⑤ 지방법원장은 법무법인 또는 법무사법인·법무사법인(유한)이 제4항의 사유가 발생한 날로부터 10일 이내에 등기소출입증을 반납하지 아니한 경우에는 당해 법인의 허가된 사무원 중 초과된 수만큼의 사무원을 임의로 선정하여 그 허가를 취소할 수 있다.
⑥ 지방법원장은 제1항 각 호의 사유에 해당함을 이유로 제7조의 허가를 취

소하기 위하여 필요하다고 인정되는 범위 내에서 소속 직원으로 하여금 법무사 등의 사무소의 운영실태 등을 조사하게 할 수 있다.

제11조(허가받은 법무사 등의 사무원의 변경 허가)

① 법무사 등이 기존의 허가된 사무원을 다른 사람으로 변경하고자 할 때에는 별지 제4호 양식의 변경허가신청서를 소속 회를 거쳐 소관지방법원장에게 제출하여야 한다.
② 소관지방법원장은 새로운 사무원에 대하여 제7조 제1항 제2호의 사항을 참작하여 사무원의 변경허가 여부를 결정하여야 한다.
③ 소관지방법원장이 사무원의 변경허가를 한 경우 기존의 사무원에 대한 등기소출입증을 반납 받은 후 변경허가에 따른 새로운 등기소출입증을 제8조의 예에 따라 법무사 등에게 발급하여야 한다. 이 경우 종전의 등기소출입증을 반납할 때까지는 등기소출입허가의 효력은 기존의 사무원에게 있는 것으로 본다.

제12조(반납된 등기소출입증의 폐기)

반납된 등기소출입증은 즉시 폐기하고 별지 제2호 양식의 등기소출입증발급대장에 기재한다.

📖 「보 론」 제출사무원과 관련된 상업등기규칙 조문

제64조(자격자대리인의 사무원) ① 법 제24조 제1항 제1호 단서에 따라 등기소에 출석하여 등기신청서를 제출할 수 있는 자격자대리인의 사무원은 자격자대리인의 사무소 소재지를 관할하는 지방법원장이 허가하는 1명으로 한다. 다만, 법무법인·법무법인(유한)·법무조합 또는 법무사법인·법무사법인(유한)의 경우에는 그 구성원 및 구성원이 아닌 변호사나 법무사 수만큼의 사무원을 허가할 수 있다.
② 자격자대리인이 제1항의 허가를 받으려면 지방법원장에게 허가신청서를 제출하여야 한다.
③ 지방법원장이 제1항의 허가를 하였을 때에는 해당 자격자대리인에게 등기소 출입증을 발급하여야 한다.
④ 제1항의 사무원이 그 업무를 함에 있어 위법행위를 한 경우 등 상당한 이유가 있는 때에는 지방법원장은 제1항의 허가를 취소할 수 있다.

46. 비송사건절차법 제160조(주: 현행 상업등기법 제27조)의 적용이 가능한 경우

[상업등기선례 제1-31호, 제정 2003. 10. 14.]

1. 등기관이 신청서를 접수한 때에는 신청에 관한 모든 사항을 조사하여야 하는바, 등기할 사항에 관하여 무효(부존재 포함) 또는 취소사유가 있다고 인정되면 적법한 공시를 추구하는 등기제도의 취지와 분쟁의 사전 방지라는 관점에서 원칙적으로 비송사건절차법 제159조(주: 현행 상업등기법 제26조) 제10호(등기할 사항에 관하여 무효 또는 취소의 원인이 있는 때)를 적용하여 각하하여야 할 것이다.[1)]

2. 그러나 등기할 사항에 관하여 소로써만 주장할 수 있는 무효 또는 취소의 원인이 있는 경우로서 제소기간이 도과한 때에는 제소기간이 도과한 사실을 증명하는 서면을 첨부하여 그 취지에 따른 등기를 신청할 수 있을 것이다.

3. 한편, 총회의 소집절차 또는 결의방법이 법령 또는 정관에 위반하거나 현저하게 불공정한 때 또는 그 결의내용이 정관에 위반한 때에 제기하는 결의 취소의 소는 제소기간의 제한이 있으나, 총회의 결의내용이 법령에 위반한 것을 이유로 하는 결의무효 확인을 구하는 소와 총회의 소집절차 또는 결의방법에 총회결의가 존재한다고 볼 수 없을 정도의 중대한 하자가 있는 것을 이유로 하는 부존재 확인을 구하는 소는 제소기간의 제한이 없으므로, 취소사유가 있는 경우는 제160조(주: 현행 상업등기법 제27조)를 적용할 수 있으나 무효 또는 부존재 사유가 있는 경우에는 동법 동조항을 적용할 수 없다 할 것이다.

4. 결국 주주총회에서 이사, 대표이사(정관에서 주주총회에서 선임할 것으로 정한 경우) 등을 선임한 경우로서 그 소집절차 또는 결의방법 등에 하자가 있을 때에 그 하자가 취소사유인지 무효 또는 부존재사유인지 여부는 궁극적으로 재판을 통하여 결정될 것이다.

(2003. 10. 14. 공탁법인 3402-241 질의회답)

---

1) 등기할 사항에 관하여 무효 또는 취소의 원인이 있는 때에는 등기신청을 각하하여야 한다(법 26조 10호). 등기관은 등기할 사항의 존부 또는 효력의 유무, 취소원인의 유무에 관하여 심사하여 등기신청을 각하할 수는 있지만, 이 경우에도 등기관은 직권으로 사실을 탐지할 수는 없고 등기부, 신청서, 첨부서류 만을 심사자료로 하여야 한다(대법원 2008. 12. 15.자 2007마1154 결정, 결정요지는 182면 참조).

참조 조문 · 규칙 · 예규 · 선례 · 판례

▣ 상업등기법[법률 제13953호, 2016. 2. 3., 타법개정]

제26조(신청의 각하) 등기관은 다음 각 호의 어느 하나에 해당하는 경우에만 이유를 적은 결정으로 신청을 각하하여야 한다. 다만, 신청의 잘못된 부분이 보정될 수 있는 경우로서 등기관이 보정을 명한 날의 다음 날까지 신청인이 그 잘못된 부분을 보정하였을 때에는 그러하지 아니하다.

10. 등기할 사항에 무효 또는 취소의 원인이 있는 경우

제27조(제소기간이 지난 후의 등기의 신청) 등기할 사항에 소(訴)로써만 주장할 수 있는 무효 또는 취소의 원인이 있는 경우에 그 소가 제기기간 내에 제기되지 아니하였을 때에는 제26조 제10호를 적용하지 아니한다.

◐ 선례 해설: 주주총회결의의 하자를 다투는 방법

소의 종류	소의 성질	소의 원인	기 간
결의취소의 소 (상법 376조 -378조)	형성의 소	▷총회의 소집절차 또는 결의방법이 법령 또는 정관에 위배하거나 현저하게 불공정한 때 ▷그 결의내용이 정관에 위배한 때	결의의 날로부터 2개월
결의무효 또는 부존재확인의 소 (상법 380조)	확인의 소 (판례)	▷총회의 결의의 내용이 법령에 위반되는 경우 ▷총회의 소집절차 또는 결의방법에 총회가 존재하였다고 볼 수 없는 정도의 중대한 하자	기간제한 없음
부당결의 취소의 소 (상법 381조)	형성의 소	▷의결권이 없어 의결권을 행사할 수 없었던 특별이해관계인이 의결권을 행사할 수 없어 그 결의가 현저히 부당한 경우	결의의 날로부터 2개월

※ 결의취소 및 부당결의 취소의 대상이 되는 주주총회결의의 하자에 대해서는 제소기간이 도과 되었을 경우에는 상업등기법 제27조에 의해 신청을 각하할 수는 없고 그 하자 있는 주주총회결의에 기한 사항을 등기할 수 있다(본 선례 문단 2 참조).

반면에 결의무효 또는 부존재확인의 소의 대상은 제소기간의 제한이 없으므로 기간과 상관없이 등기관은 등기부, 신청서, 첨부정보 만을 토대로 상업등기법 제26조 제10호에 해당하는지 심사하여 해당될 경우에는 등기신청을 각하하여야 한다. 관련 문제로 등기관의 형식적 심사권한에 관한 내용은 115~119면 참조.

47. 주주총회결의의 하자와 등기신청

[상업등기선례 제201511-2호, 제정 2015. 11. 24.]

1. 대표이사는 이사의 자격을 전제로 하므로, 대표이사가 이사의 지위를 잃을 경우 자격상실로 인해 대표이사직도 당연히 퇴임한다. 따라서 사내이사가 적법하게 해임되었다면 그 사내이사 자격을 전제로 한 대표이사도 퇴임하게 되므로 대표이사등기를 말소해야 한다.

2. 주주총회의 결의에 상법 제376조 제1항에서 정하는 결의취소의 소의 원인이 되는 하자가 있어도 법원의 취소판결이 확정되기 전까지 그 주주총회결의는 유효한 것으로 취급되고 누구도 그 효력을 다툴 수 없지만, 상업등기법 제26조 제10호는 취소판결의 확정전에도 등기관이 취소사유가 있다고 인정한 경우 그 결의에 따른 등기신청을 각하하도록 규정하고 있다. 다만, 주주총회결의취소의 소가 그 주주총회결의가 있은 날로부터 2월 내에 제기되지 아니한 때에는 비록 그 주주총회결의에 취소사유에 해당하는 하자가 있더라도 등기관은 그 등기신청을 수리하여 등기하여야 한다.

3. 주주총회의 결의에 부존재확인의 소의 원인이 되는 하자가 있는 경우에는 특별히 그 주주총회 결의의 효력을 인정할 만한 실체도 없을 뿐만 아니라 소로써만 그 무효를 주장하게 할 수도 없으므로 등기관은 그 결의에 기초한 등기신청을 각하하여야 한다.

4. 주식회사의 임원등기말소와 관련하여 주주총회의 소집절차 또는 결의방법 등에 하자가 있을 때에 그 하자가 취소사유인지 또는 부존재사유인지 여부는 궁극적으로 재판을 통하여 결정될 것이다.

(2015. 11. 24. 사법등기심의관－4171 질의회답)

◐ 선례 해설: 「실무사례(24)」(163면) 참조

1. 집행임원 설치 이외의 주식회사는 원칙적으로 정관으로 주주총회에서 선정할 것을 정한 경우가 아닌 한 이사회의 결의로 1인 이상의 대표이사를 두어야 하며, 대표이사는 대표권을 가진 이사를 의미하므로 이사회에서 이사 중에서 선정하여야 한다(상법 389조 1항). 대표이사는 이사의 지위를 전제로 하므로 이사의 자격을 상실하면 종임하므로, 사내이사가

적법하게 해임되었다면 대표이사도 퇴임하게 되고(본 선례), 사내이사가 사임함으로써 법률과 정관에서 정한 이사의 원수를 결하지 않았다면 이 경우에도 그 대표이사는 퇴임하게 된다(상업선례 2-35, 515면 참조).

2-1. 총회의 소집절차 또는 결의방법이 법령 또는 정관에 위반하거나 현저하게 불공정한 때 또는 그 결의의 내용이 정관에 위반한 때에는 주주·이사 또는 감사가 원고가 되고 회사를 피고로 하여 결의취소의 소를 제기할 수 있다(상법 376조 1항). 결의취소의 소는 일단 유효한 결의를 판결에 의하여 무효로 하는 것이므로 형성의 소에 해당되어, 주주총회의 결의에 상법 제376조 제1항에서 정하는 결의취소의 소의 원인이 되는 하자가 있어도 법원의 취소판결이 확정되기 전까지 그 주주총회결의는 유효한 것으로 취급되고 누구도 그 효력을 다툴 수 없다.

2-2. 주주총회에 결의취소의 원인이 있더라도 주주총회의 결의일로부터 2개월 이내에 결의취소의 소가 제기되고 법원의 취소판결이 확정되기까지는 관련 등기가 경료되었다 하더라도 그 누구도 다툴 수는 없지만, 등기가 경료되기 전 즉 등기신청을 접수한 시점에서는 등기관은 등기할 사항에 무효 또는 취소의 사유가 있는 경우에는 상업등기법 제26조 제10호의 사유로 이유를 붙인 결정으로 그 등기신청을 각하하여야 하므로, 결의취소의 소의 원인이 있는 주주총회에 기한 등기신청에 대하여는 등기관은 등기기록과 신청서 및 첨부서면 만에 의하여 심사하여 취소의 원인이 있다고 판단될 경우에는 그 등기신청을 각하하여야 한다. 다만, 결의취소의 소는 2월 내(이는 제척기간임)에만 제기할 수 있으므로 그 주주총회결의가 있은 날로부터 2월 내에 제기되지 아니한 때에는 등기관은 그 등기신청을 수리하여 등기하여야 한다(법 27조 참조).

3. 부존재확인의 소의 성질에 대해서는 견해의 대립이 있지만, 확인의 소로 보는 것이 판례의 입장이다(대법원 1992. 9. 22. 선고 91다5365 판결 참조). 등기관은 형식적 심사권에 기해 총회의 소집절차 또는 결의방법에 총회가 존재하였다고 볼 수 없는 정도의 중대한 하자가 있다고 판단될 경우에는 그 결의에 기한 등기신청에 대해 각하하여야 한다.

4. 총회의 소집절차 또는 결의방법의 하자가 있을 때에 그 하자가 취소사유인지 부존재사유인지 여부는 궁극적으로 재판을 통하여 결정된다(「선례해설」, 160면 참조).

실무사례(24)

제목: 주주총회결의의 하자를 다투는 소와 등기관의 조치[1)]

주식회사 ○○의 주주는 A, B, C 3인으로 구성되어 있다. 회사 정관에는 이사는 3인 이상으로 하며, 대표이사는 주주총회에서 선정하기로 규정되어 있다. 또한 회사의 정관에는 대표이사가 주주총회의 의장이 되는 것으로 규정되어 있다. 정관의 규정에 따라 이사는 A, D, E, F가 재임 중이며, 이사 중 A가 대표이사로 주주총회에서 2015. 10. 5. 선임되었다.

주주인 B와 C는 상법 제366조 제2항의 소수주주의 주주총회 소집 허가를 법원에 청구하여 2015. 12. 1. 임시주주총회가 소집되었으며, 그 의안은 대표이사인 A와 이사전원을 해임하고 대표이사에 B를, 이사에 B, C, G, H를 각 선임하는 것이었다.

2015. 12. 1. 법원의 허가에 의해 소집된 임시주주총회에서 당시 대표이사였던 A가 의장이 되어 개회 선언을 한 직후에 B는 본 임시주주총회는 법원의 허가에 의하여 소집된 것으로 A가 의장으로서 의사진행을 하는 것은 인정하지 않는다고 의장의 지위에 대하여 이의를 제기한 후 따로 의장을 선임하는 결의절차를 거치지 않은 채 A를 배제하고 B 자신이 의장이 되어 임시주주총회를 진행하여 대표이사인 A와 이사전원을 해임하고 대표이사에 B를, 이사에 B, C, G, H를 각 선임한다는 의안을 가결하였다.

【1】 2015. 12. 1. 법원에 의해 소집된 임시주주총회에서 전 대표이사인 A를 배제하고 따로 의장을 선임하는 결의절차를 거치지 않은 채 당시 주주에 불과한 B가 의장이 되어 의사진행을 하였는바, 이는 총회의 결의방법에 총회가 존재하였다고 볼 수 없는 정도의 중대한 하자가 있어 무효에 해당한다는 이유로 A가 2016. 2. 28.에 관할 지방법원에 부존재확인의 소를 제소하였다. A의 주장은 타당한지?

【2】 위 【1】과 달리 주주총회의 결의방법이 정관에 위배한다는 이유로 A는 2016. 2. 28.에 관할 지방법원에 결의취소의 소를 제소하였고, 바로 그 날에 B는 2015. 12. 1. 임시주주총회의 결의에 따른 임원변경등기에 대한 등기신청을 관할 등기소에 하였다. 이 경우 등기관은 어떠한 조치를 취하여야 하는지?

---

1) 본 사례는 「대법원 1977. 9. 28. 선고 76다2386 판결」 상의 사실관계를 토대로 작성된 것이다.

1-1. 주주총회 결의방법에 관한 하자와 관련된 소에는 상법 제376조의 결의취소의 소와 동법 제380조의 부존재확인의 소가 있다. 주주총회의 결의방법이 법령 또는 정관에 위배하거나 현저하게 불공정한 때에는 결의취소의 소의 원인이 되는데 반해, 주주총회의 결의방법에 총회가 존재하였다고 볼 수 없는 정도의 중대한 하자가 있는 경우에는 부존재확인의 소의 원인이 된다.

1-2. 주식회사 ○○은 정관의 규정에 따라 대표이사가 주주총회의 의장이 되나, 정관에 정해진 의장을 총회에서 불신임하고 새로 선임할 수는 있다(이철송, 『회사법강의』, 536면). 사안의 경우 2015. 12. 1. 임시주주총회의 의장인 A를 배제하고 따로 의장을 선임하는 결의절차를 거치지 않은 채 주주인 B가 의장이 되어 임시주주총회를 진행한 사실이 인정되는바, 문제는 위 사실관계가 주주총회의 결의방법이 법령 또는 정관에 위배하거나 현저하게 불공정한 때에 해당하여 결의취소의 소의 원인에 해당하는지 아니면 그 결의방법에 총회가 존재하였다고 볼 수 없는 정도의 중대한 하자가 있는 경우에 해당하여 부존재확인의 소의 원인에 해당하는지 여부이다. 이와 관련하여 판례는 “정관상 의장이 될 사람이 아닌 자(사안의 경우 B)가 정당한 사유 없이 주주총회의 의장이 되어 의사에 관여한 사유만으로는 주주총회결의가 부존재한 것으로 볼 수 없고 주주총회의 취소사유에 해당한다.” 라고 판시한 바 있다(대법원 1977. 9. 28. 선고 76다2386 판결). 결국 총회의 부존재확인의 소의 원인이 있다는 A의 주장은 받아들이기 어려울 것이다.

2. 결의취소의 소는 형성의 소로서 주주·이사 또는 감사에 한해 결의의 날로부터 2월 내에 소를 제기하여야 한다. 사안의 경우 임시주주총회의 결의가 있은 날은 2015. 12. 1.이고 그 결의일로부터 2월이 지난 2016. 2. 28.에 이르러서야 A가 결의취소의 소의 원인을 이유로 소를 제기한 것으로, 등기관은 2015. 12. 1. 임시주주총회의 결의에 따른 임원변경등기에 대한 B의 등기신청을 수리하여야 한다.[1] 다만, 등기해태에 따른 과태료는 발생하므로 등기관은 해임 및 취임등기에 대한 과태사항의 통지를 관할 지방법원 또는 지원에 하여야 한다.

참조 조문: 상법 제376조, 제380조, 상업등기법 제26조, 제27조

참조 판례: 대법원 1977. 9. 28. 선고 76다2386 판결, 대법원 1992.8.18. 선고 91다14369 판결

1) 등기할 사항에 소로써만 주장할 수 있는 무효 또는 취소의 원인이 있는 경우에 그 소가 제기기간 내에 제기되지 아니하였을 때에는 상업등기법 제26조 제10호의 사유로 각하하여서는 아니 된다(법 27조).

※ 등기신청의 각하절차에 대한 예규[등기예규 제1417호, 개정 2011. 10. 12.][1)]

1. 등기신청의 각하방식

등기신청(촉탁을 포함한다. 이하 같다)이 「부동산등기법」 제29조 각호에 해당하는 경우에는 [별지1] 또는 [별지2]의 양식에 의하여 이유를 기재한 결정으로 이를 각하한다.

2. 각하취지의 접수장 등에의 기재 및 등기신청서의 편철

등기신청을 각하한 경우에는 접수장의 비고란 및 등기신청서 표지에 각하라고 주서하고, 그 등기신청서는 신청서기타부속서류편철장에 편철한다.

3. 각하결정의 고지 및 첨부서류의 환부 등

가. 각하결정의 고지방법 등기신청을 각하한 경우에는 각하결정등본을 작성하여 신청인 또는 대리인에게 교부하거나 특별우편송달 방법으로 송달하되, 교부의 경우에는 교부받은 자로부터 영수증을 수령하여야 한다.

나. 각하결정시의 편철 등 위 가.항에 의하여 각하결정등본을 교부 또는 송달한 경우에는 지체 없이 아래 양식으로 된 고무인을 결정원본의 등기소표시 우측 여백에 찍고 해당사항을 기재한 후 등기관이 날인한 후 각하결정원본을 결정원본편철장에 편철한다.

<table>
<tr><td rowspan="2">결정의
고지</td><td>방법</td><td>일자</td><td rowspan="2">등기관인</td></tr>
<tr><td></td><td></td></tr>
</table>

다. 첨부서류의 환부각하결정등본을 교부하거나 송달할 때에는 등기신청서 이외의 첨부서류(등록세영수필확인서 및 국민주택채권매입필증 포함)도 함께 교부하거나 송달하여야 한다. 다만, 첨부서류 중 각하사유를 증명할 서류는 이를 복사하여 당해 등기신청서에 편철한다.

라. 각하결정등본의 교부영수증 또는 송달보고서의 편철각하결정등본 및

---

1) 부동산등기에 관한 등기예규이나, 동 예규상의 각하절차에 관해서는 상업등기에도 그대로 적용된다. 본 예규는 각하결정 후의 절차(각하취지의 기재 및 등기신청서의 편철, 각하결정의 고지방법, 각하결정원본 등의 편철, 첨부서면의 환부, 각하결정등본의 교부영수증 또는 송달보고서의 편철 등)에 관한 것이다.

등기신청서이외의 서류를 교부 또는 송달한 경우에는 그 영수증 또는 송달보고서를 당해 등기신청서에 편철한다.

4. 각하결정등본 등이 송달불능된 경우의 처리

송달한 각하결정등본 및 신청서이외의 첨부서류가 소재불명 등의 사유로 송달불능 되어 반송된 경우에는 별도의 조치를 취하지 아니하고 결정등본등 반송서류 일체를 그 송달불능보고서와 함께 당해 등기신청서에 편철한다.

5. 각하통지

가. 삭제(2011. 10. 12. 제1417호)

나. 등기신청이 「부동산등기법」 제37조 제1항 또는 제42조 제1항에 위반함을 이유로 각하한 경우의 경우 등기관은 부동산등기사무의 양식에 관한 예규(등기예규 제1338호) 별지 제4호 양식에 의하여 그 사유를 지체 없이 지적공부소관청 또는 건축물대장소관청에 통지하여야 한다.

부 칙(2011. 10. 12. 제1417호)

이 예규는 2011년 10월 13일부터 시행한다.

「보 론」 신청의 각하와 관련된 상업등기법 조문

제26조(신청의 각하)[1)]

등기관은 다음 각 호의 어느 하나에 해당하는 경우에만 이유를 적은 결정으로 신청을 각하하여야 한다. 다만, 신청의 잘못된 부분이 보정될 수 있는 경우로서 등기관이 보정을 명한 날의 다음 날까지 신청인이 그 잘못된 부분을 보정하였을 때에는 그러하지 아니하다.

1. 사건이 그 등기소의 관할이 아닌 경우

---

1) 상업등기법 제26조 각하 사유 중 제10호는 실체상 각하사유에 해당하는 것이다. 즉 제1호 내지 제9호와 제11호 내지 제17호는 주로 상업등기 절차 내지 상업등기법에서 특별히 정하고 있는 내용과 관련된 각하사유에 관한 것인데 반해, 제10호는 실체상 각하사유를 정하고 있다(『상업등기실무(Ⅰ)』, 326면). 등기관은 등기할 사항의 존부 또는 효력의 유무, 취소원인의 유무에 관하여 심사하여 법 제26조 제10호에 의하여 등기신청을 각하할 수 있다. 다만, 위와 같은 실체적 사항을 심사함에 있어서 등기관의 심사권한은 형식적 심사권한에 한한다(대법원 2008. 12. 15.자 2007마1154 결정 참조).

2. 사건이 등기할 사항이 아닌 경우
3. 사건이 그 등기소에 이미 등기되어 있는 경우
4. 신청할 권한이 없는 사람이 신청한 경우
5. 제24조 제1항 제1호에 따라 등기를 신청할 때에 신청인 또는 그 대리인이 출석하지 아니한 경우
6. 신청정보의 제공이 이 법과 대법원규칙으로 정한 방식에 맞지 아니한 경우
7. 제25조에 따라 인감을 제출하지 아니하거나 등기신청서 등 인감을 날인하여야 하는 서면에 찍힌 인감이 같은 조에 따라 제출된 인감과 다른 경우
8. 등기에 필요한 첨부정보를 제공하지 아니한 경우
9. 신청정보와 첨부정보 및 이와 관련된 등기기록(폐쇄한 등기기록을 포함한다)의 각 내용이 일치하지 아니한 경우
10. 등기할 사항에 무효 또는 취소의 원인이 있는 경우
11. 거쳐야 할 등기소를 거치지 아니하고 신청한 경우
12. 동시에 신청하여야 하는 다른 등기를 동시에 신청하지 아니한 경우
13. 사건이 제29조에 따라 등기할 수 없는 상호의 등기 또는 가등기를 목적으로 하는 경우
14. 사건이 법령의 규정에 따라 사용이 금지된 상호의 등기 또는 가등기를 목적으로 하는 경우
15. 상호등기가 말소된 회사가 상호의 등기에 앞서 다른 등기를 신청한 경우
16. 사건이 제38조제3항·제39조제2항 또는 제40조제1항 단서를 위반한 경우
17. 등록에 대한 등록면허세 또는 제22조제3항에 따른 수수료를 내지 아니하거나 등기신청과 관련하여 다른 법률에 따라 부과된 의무를 이행하지 아니한 경우

제27조(제소기간이 지난 후의 등기의 신청)
등기할 사항에 소(訴)로써만 주장할 수 있는 무효 또는 취소의 원인이 있는 경우에 그 소가 제기기간 내에 제기되지 아니하였을 때에는 제26조 제10호를 적용하지 아니한다.

※ 상업등기 및 법인등기 신청의 취하에 관한 예규[등기예규 제1551호, 개정 2014. 11. 5.][1)]

제1조(목적)

이 예규는 상업등기 및 법인등기(다음부터 "법인등기"라 한다) 신청의 취하 방법 및 절차에 관하여 규정함을 목적으로 한다.

제2조(등기신청의 취하 방법)

① 등기를 신청한 당사자 또는 취하 권한이 있는 대리인은 등기소에 출석하여 별지 양식의 취하서를 제출하는 방법으로 등기신청을 취하할 수 있다.

② 본점 및 지점 소재지에서 등기할 사항에 관하여 지점 소재지에서 한 등기신청의 취하서는 우편으로 제출할 수 있다.

제3조(전자신청의 취하 방법)

① 「상업등기법」 제24조 제1항 제2호 또는 「비송사건절차법」 제66조 제1항, 제67조 제1항에 따라 법인등기를 전산정보처리조직을 이용하여 신청한 경우에는 전자문서로 취하하여야 한다.

② 제1항의 취하 내용을 담은 전자문서에는 등기신청 시 송신한 전자증명서 또는 공인인증서로 전자서명을 하여 등기소에 송신하여야 한다.

제4조(등기신청의 취하 시기)

등기신청의 취하는 등기관이 등기기록에 등기신청정보를 기록하고 「상업등기규칙」 제3조 제3항의 식별부호를 기록하기 전까지 할 수 있다.

제5조(취하서의 접수 방법)

취하서가 제출된 경우 담당 공무원은 취하서의 왼쪽 아래 빈자리에 접수인을 찍고 접수번호를 기재한 다음 기타문서접수장에 등재한다.

제6조(취하에 따른 등기관의 조치)

① 취하서는 등기관이 전산정보처리조직에 취하 조치(다음부터 "취하처리"라 한다)를 한 다음 신청서 기타 부속서류 편철장 중 취하된 신청서를 편철하였

1) 교재에서는 수록하지 않았지만 본 예규 별지에 취하서 양식이 있다.

어야 할 곳에 편철한다.

② 취하된 신청서와 그 부속서류는 접수인을 주말한 후 당사자나 대리인에게 반환한다.

제7조(관할 외 본점이전 등기신청의 취하)

① 관할 외 본점(합자조합의 주된 영업소와 민법법인 및 특수법인의 주사무소를 포함한다. 다음부터 같다)이전 등기신청을 취하하기 위하여는 신본점 관할등기소에 대한 등기신청의 취하서와 구본점 관할등기소에 대한 등기신청의 취하서를 동시에 제출하여야 한다. 이 경우 두 취하서는 하나의 서면으로 작성할 수 있다.

② 구본점 관할등기소에서 관할 외 본점이전 등기신청이 있었다는 뜻을 신본점 관할등기소에 통지(다음부터 "본점이전통지" 라 한다)하기 전에는 구본점 관할등기소에 취하서를 제출하여야 한다.

③ 구본점 관할등기소 등기관이 본점이전통지를 한 후에는 신본점 관할등기소에 취하서를 제출하여야 한다.

④ 본점이전통지가 있은 후 신본점 관할등기소에 취하서가 제출된 경우 신본점 관할등기소 등기관은 취하 권한이 있는지를 확인하고 취하처리를 한 후 전산정보처리조직에 의하여 본점이전취하통지서를 작성한 후 이를 구본점 관할 등기소에 보내야 한다.

⑤ 구본점 관할 등기소 등기관은 통지송부목록 화면에서 본점이전 취하통지서를 확인하고 관할 외 본점이전등기신청을 취하처리한다.

제8조(회사의 분할 또는 분할합병으로 인한 등기신청의 취하)

① 존속회사·신설회사·소멸회사의 본점 관할등기소가 동일한 때에는 회사의 분할 또는 분할합병으로 인한 각 등기신청의 취하서는 동시에 제출하여야 한다.

② 「상업등기법」제71조 제3항에 따라 신청서를 접수한 분할신설회사 또는 흡수분할합병회사의 본점 관할등기소에서 같은 법 72조제2항의 설립 또는 변경등기를 하기 전에는 분할신설회사 또는 흡수분할합병회사의 본점 관할등기소에 각 등기신청의 취하서를 동시에 제출하여야 한다.

③ 제2항의 신청서 등을 받은 본점 관할등기소 등기관은 취하 권한이 있는지 확인하고 취하처리를 하여야 한다.

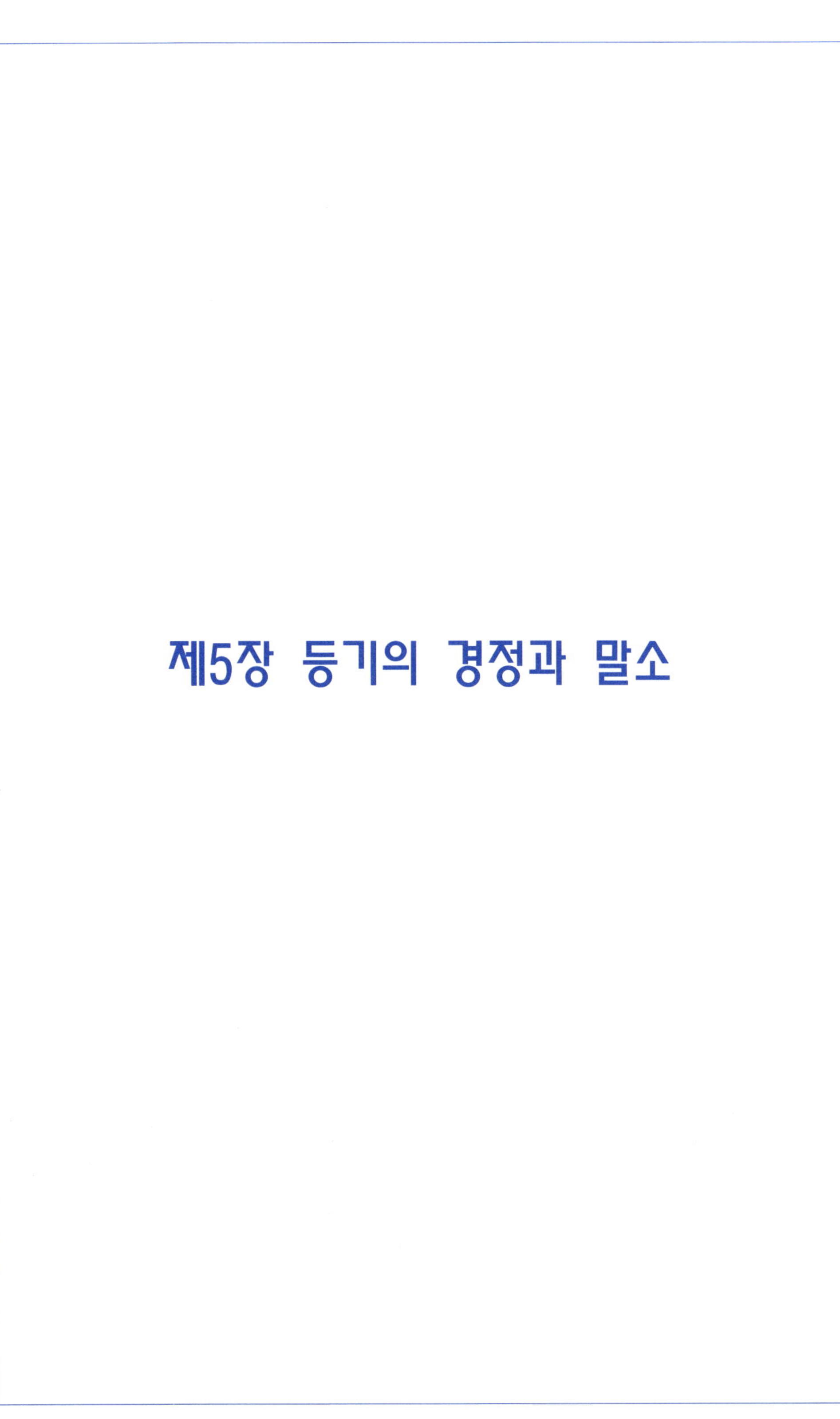

제5장 등기의 경정과 말소

제5장 등기의 경정과 말소[1)]

내 용	관련 조문		관련 선례 · 예규 · 규칙 (실무사례 포함)
	상법	상업등기법	
1. 등기의 경정[2)]		제75조 ~제76조, 규칙 제167조 ~제168조	48. 상업선례 제1-41호 49. 상업선례 제1-129호 ☞ 실무사례(25) 50. 상업선례 제201508-1호 51. 상업선례 제1-37호
2. 등기의 말소		제77조 ~제81조, 규칙 제169조 ~제170조	52. 상업선례 제1-36호

1) 등기의 경정이란 착오로 실제의 법률관계와 다른 등기가 된 경우 또는 등기에 빠진 것이 있어서 불완전한 등기가 된 경우에 그 등기를 진실한 법률관계와 합치시키거나 표시를 완전하게 하기 위하여 하는 등기인데 반해, 등기의 말소란 등기가 무효인 경우 또는 등기된 사항에 부합하는 실체관계가 존재하지 않거나 무효인 경우에 그것을 말소하는 것을 말한다(『2016 상업등기실무』, 103면).

2) 등기 당사자는 등기에 착오나 빠진 부분이 있을 때에는 그 등기의 경정(更正)을 신청할 수 있으며(법 75조), 등기관도 등기의 착오나 빠진 부분이 등기관의 잘못으로 인한 것이었을 때에는 지체 없이 그 등기를 직권으로 경정하고 그 사실을 등기를 한 자에게 통지하여야 한다(법 76조 1항).

경정등기에 있어서 등기원인일자를 당초의 등기의 신청 연월일을 할 것이지 아니면 경정등기신청 당시의 신청 연월일로 할 것인지에 대해 문제가 될 수 있는데("법무현장 Q&A", 법무사(2016년 7월호), 대한법무사협회, 64~65면 참조), 등기의 경정이 착오로 실제의 법률관계와 다른 등기가 된 경우 또는 등기에 빠진 것이 있어서 불완전한 등기가 된 경우에 그 등기를 진실한 법률관계와 합치시키거나 표시를 완전하게 하기 위하여 추후에 하는 등기라는 점에서 경정등기에 있어서 등기원인일자는 경정등기신청 당시의 신청 연월일로 하는 것이 타당하다(『상업등기기재례집』, 285~301면 참조).

§ 요약

1. 등기의 경정은 착오로 실체의 법률관계와 다른 등기가 된 경우 또는 등기에 빠진 것이 있어서 불완전한 등기가 된 경우에 그 등기를 진실한 법률관계와 합치시키거나 표시를 완전하게 하기 위하여 하는 등기로서(『상업등기실무(Ⅰ)』, 362면), 등기 당사자의 신청 혹은 등기관의 직권으로 이루어진다(법 75조 및 76조).

2. 등기의 경정은 원칙적으로 현재 효력 있는 등기에 대해서만 할 수 있으므로, 선례에 의하면 전산등기부에 이기 당시 효력이 있는 부분만을 이기하고 기존의 등기부를 폐쇄한 경우에는 폐쇄등기부에 기재된 이미 효력을 상실한 사항에 대하여는 경정등기를 할 수 없다(상업선례 1-41, 175면).

3. 등기에 착오나 빠진 부분이 있음이 그 등기의 신청정보 또는 첨부정보에 의하여 명백한 경우 외에는 경정등기를 신청하는 경우 착오나 빠진 부분이 있음을 증명하는 정보를 제공하여야 한다(규칙 167조). 이와 관련하여 본점 소재 지번에 관하여 착오를 일으켜 잘못된 지번으로 등기된 경우에 착오로 결의된 본점 소재 지번을 경정하는 내용의 이사회결의록은 등기의 착오에 대한 첨부정보가 된다(상업선례 1-129, 176면). 또한 공고방법 변경등기가 착오에 의한 것으로 그 등기의 경정을 신청할 때, 착오가 있음을 증명하는 정보로 주권상장법인으로서 전자공시시스템에 공시된 정관과 회사가 보관하고 있는 변경등기 직전의 정관 및 직후의 정관, 그리고 현행 정관을 포함한 그 이후의 정관 등도 해당될 수 있다(상업선례 201508-1, 178면).

4. 등기가 상업등기법 제26조 제1호부터 제3호까지에 해당하는 사유가 있는 경우와 등기된 사항에 무효의 원인이 있는 경우(소로써만 그 무효를 주장할 수 있는 경우는 제외)에 해당하는 경우에는 당사자는 그 등기의 말소를 신청할 수 있고, 이 경우 등기관도 직권말소의 통지 등의 절차를 거친 후에 해당 등기를 직권으로 말소할 수 있다(법 77조 내지 80조 참조). 등기된 사항에 무효의 원인이 있는지 여부는 등기관이 형식적 심사권한 범위 내에서 등기부, 신청서, 첨부서류 만을 심사자료로 하여 판단할 사항이다.

5. 한편 등기된 사항에 무효의 원인이 있는 것을 이유로 하는 말소등기를 신청하는 경우에는 무효의 원인이 있음을 증명하는 정보를 제공하여야 한다(규칙 169조).

48. 전산등기부에 이기 당시 효력이 있는 부분만을 이기하고 기존의 등기부를 폐쇄한 경우, 폐쇄등기부에 기재된 이미 효력을 상실한 사항에 대하여 경정 또는 변경등기가 가능한지 여부(소극)

[상업등기선례 제1-41호, 제정 2004. 8. 16.]

민법법인및특수법인등기처리규칙 부칙 제2조(등기용지의 개제) 및 등기예규 제1071호(전산정보처리조직에 의한 상업등기 등 사무처리지침)에 따라 전산등기부에 이기 당시 효력이 있는 부분만을 이기하고 기존의 등기부를 폐쇄한 경우, 폐쇄등기부에 기재된 이미 효력을 상실한 사항에 관하여 경정 또는 변경등기를 할 수는 없을 것이다.
(2004. 8. 16. 공탁법인 3402-178 질의회답)

참조 조문 · 규칙 · 예규 · 선례 · 판례

▣ 전산정보처리조직에 의한 상업등기 등 사무처리지침[등기예규 제1234호, 개정 2007. 12. 24.][1)]

2. 등기용지의 개제

가. 기존 등기용지의 개제

지정등기소는 지정을 받은 후 지체 없이 기존의 등기부를 비송사건절차법 제238조의2 제1항의 규정에 의한 등기부(이하 "전산등기부" 라 한다)로 개제하여야 한다.

나. 개제방법의 원칙

등기용지의 개제는 상업등기처리규칙 부칙 제2조 제2항 또는 민법법인및특수법인등기처리규칙 부칙 제2조 제2항의 규정에 의하여 현재 효력이 있는 부분만을 이기하되 불필요한 부분(장수 표시, 여백 처리방법 등)은 이기하지 아니한다.

다. 이기시의 주의사항

등기용지의 개제는 최종적인 이기시를 기준으로 효력이 있는 부분만을 이기하는 것이므로 이기 전에 등기의 변경사항이 있는지를 확인하여야 한다.

---

1) 본 예규는 등기예규 제1541호로 2014. 11. 5. 개정되어 「2. 등기용지의 개제」 내용은 폐지되었으나, 본 선례 및 종전 등기예규 제1234호 「2. 등기용지의 개제」의 내용은 그대로 유지된다 하겠다.

49. 본점 소재 지번에 관하여 착오를 일으켜 잘못된 지번으로 등기된 경우 이를 바로잡는 방법

[상업등기선례 제1-129호, 제정 1999. 11. 30.]

주식회사를 설립함에 있어 본점을 ○○동 308-1 번지에 둘 의사를 가지고 있었음에도 착오로 본점을 같은 동 308-103 번지에 두기로 하는 내용의 이사회결의를 하고 그에 따른 등기신청을 하여 그 결의내용대로 등기가 경료된 경우에, 등기부상 본점 소재 지번을 위 ○○동 308-1 번지로 경정하고자 한다면, 위와 같이 착오로 결의된 본점 소재 지번을 정정하는 내용의 이사회결의를 하여 그 결의록을 첨부하여 경정등기를 신청할 수 있을 것이나, 본점이 소재한 사무실의 임대차계약서 사본이나 사업자등록증 사본 등을 첨부하여 본점 소재 지번 경정등기를 신청할 수는 없다.
(1999. 11. 30. 등기 3402-1085 질의회답)

◐ 선례 해설: 「실무사례(25)」(177면) 참조

1. 등기 당사자는 등기에 착오나 빠진 부분이 있을 때에는 그 등기의 경정을 신청할 수 있으며(법 75조), 이 경우에는 착오나 빠진 부분이 있음을 증명하는 정보를 제공하여야 한다(규칙 167조 1항). 한편 실무상 착오나 빠진 부분이 있음을 증명하는 정보가 무엇인지 판단함에 있어 다소 애매한 부분이 있을 수 있으나, 본 선례에서는 그 구체적인 기준을 제시하고 있다는 점에서 그 의미가 크다 하겠다.

2. 즉 본점 소재 지번에 관하여 착오를 일으켜 잘못된 지번으로 등기된 경우에는 ⅰ) 착오로 결의된 본점 소재 지번을 정정하는 내용의 이사회결의를 하여 그 결의록을 첨부정보로 제공할 것이지, ⅱ) 본점이 소재한 사무실의 임대차계약서의 사본이나 사업자등록증 등을 첨부정보로 제공할 것은 아니라는 점을 본 선례에서는 밝히고 있다.

3. 주주총회 또는 이사회의 결의를 필요로 하는 등기를 신청하는 경우에는 그 의사록을 첨부정보로 제공하여야 하며(규칙 128조 2항), 임대차계약서 또는 사업자등록증 등으로 의사록을 대체할 수는 없다.[1]

---

1) 위 선례와 달리 주주총회 또는 이사회의사록을 착오를 증명하는 정보로 제공할 수 없는 경우에 대해서는 상업등기선례 제201508-1호(178면) 참조.

실무사례(25)

제목: 본점 소재지가 잘못 등기된 경우의 등기신청방법 등

2015. 7. 1. 주식회사 설립등기를 마쳤으나, 그 후 1개월이나 지나 실제 본점 소재지는 ○○건물 301호이나 등기된 사항의 본점 소재지는 ○○건물 311호임을 발견하였다.

【1】 신청인의 착오가 있음을 입증할 수 있는 경우의 등기신청방법과 납부할 등록면허세는?

【2】 상기 【1】과 달리 신청인의 착오가 있음을 입증할 수 없어 본점이전등기를 하려고 하는 경우의 등록면허세는?

1. 등기 당사자는 등기에 착오나 빠진 부분이 있을 때에는 그 등기의 경정을 신청할 수 있으며(법 75조), 경정등기를 신청할 때에는 착오나 빠진 부분이 있음을 증명하는 정보를 제공하여야 한다(규칙 167조 1항). 선례에 의하면, 주식회사를 설립함에 있어 본점 소재 지번을 신청인의 착오로 잘못 등기된 경우에는 착오로 결의된 본점 소재 지번을 정정하는 내용의 이사회결의를 하여 그 결의록(자본금 10억원 미만으로 사내이사가 2인 이하인 회사의 경우에는 이사결정서 혹은 대표이사결정서)을 첨부하여 경정등기를 신청할 수 있다. 이 경우에는 지방세법 제28조 제1항 제6호 바목(건당 40,200원)의 등록면허세를 납부하면 된다.

2. 위와 달리 신청인이 착오가 있음을 증명할 수 없을 경우에는 본점이전등기를 신청할 수밖에 없다. 즉 비록 실질은 이전이 아니라 변경에 해당하여 현재의 등기기록에 변경등기를 하는 형식으로 진행될지라도, 등기의 형식은 본점이전등기가 되는 것이다. 이 경우 적용될 등록면허세는 실질이 변경등기에 해당할지라도 지방세법 제28조 제1항 제6호 라목(건당 112,500원)이 적용된다(행자부 세정 13430-717, 2000. 6. 8. 참조).[1)]

참조 조문: 상업등기법 제75조, 상업등기규칙 제167조, 지방세법 제28조
참조 선례: 상업등기선례 제1-129호(176면)

1) 아직 이에 관한 판례는 없다. 등록면허세 부과에 관한 판례의 기본 입장은 실질과세의 원칙이므로, 이 경우에도 지방세법 제28조 제1항 제6호 바목(건당 40,200원)의 등록면허세를 납부하면 되는 것으로 볼 여지가 있다. 다만, 아직 이에 관한 판례가 없어 실무적으로는 등기 형식에 따라 본점이전등기에 해당하는 등록면허세를 납부할 수밖에 없다.

50. 경정등기의 가부[1)]

[상업등기선례 제201508-1호, 제정 2015. 8. 6.]

1. 주식회사이자 주권상장회사법인인 A사의 공고방법이 종래 'X신문 게재'로 등기되었다가 20년 전에 'X신문과 Y신문 게재'로 공고방법을 변경등기하여 현재에 이르고 있는 사안에서, 변경등기의 원인이 된 해당 개정 정관이나 해당 정관 개정을 결의한 주주총회의사록 등이 보관되어 있지 아니할지라도 주권상장법인으로서 전자공시시스템(DTRT, 주: DART의 오기로 보임)[2)]에 공시된 정관과 A사가 자체적으로 보관하고 있는 변경등기 직전의 정관 및 직후의 정관, 그리고 현행 정관을 포함한 그 이후의 정관 등을 첨부정보로 제공하여 해당 등기가 착오로 잘못 경료된 것임이 증명되면 등기를 경정할 수 있다.

2. 다만, 경정의 대상이 되는 본래의 등기신청 당시 제출된 서면외의 다른 자료가 착오나 빠진 부분이 있음을 증명하는 정보에 해당하는 지 여부는 구체적인 등기신청사건을 담당하는 등기관이 판단하여야 할 것이다.

(2015. 8. 6. 사법등기심의관-2633 질의회답)

참조 조문 · 규칙 · 예규 · 선례 · 판례

▣ 상업등기법[법률 제13953호, 2016. 2. 3., 타법개정]

제75조(경정등기의 신청) 등기 당사자는 등기에 착오나 빠진 부분이 있을 때에는 그 등기의 경정(更正)을 신청할 수 있다.

▣ 상업등기규칙[대법원규칙 제2668호, 2016. 6. 27., 타법개정]

제167조(경정등기신청) ① 경정등기를 신청하는 경우에는 착오나 빠진 부분이 있음을 증명하는 정보를 제공하여야 한다.

② 등기에 착오나 빠진 부분이 있음이 그 등기의 신청정보 또는 첨부정보에 의하여 명백할 때에는 경정등기의 신청서에 그 뜻을 기재하고 제1항의 첨부정보를 제공하지 아니할 수 있다.

---

1) [비교] 전산등기부에 이기 당시 효력이 있는 부분만을 이기하고 기존의 등기부를 폐쇄한 경우, 폐쇄등기부에 기재된 이미 효력을 상실한 사항에 대하여 경정 또는 변경등기는 불가하다는 것에 대해서는 상업등기선례 제1-41호(175면) 참조

2) 전자공시시스템(DART; Data Analysis, Retrieval and Transfer System)은 상장법인 등이 공시서류를 인터넷으로 제출하고, 투자자 등 이용자는 제출 즉시 인터넷을 통해 조회할 수 있도록 하는 종합적 기업공시 시스템을 말한다(www.dart.fss.or.kr 참조).

◐ 선례 해설:

1-1. 등기 당사자는 등기에 착오나 빠진 부분이 있을 때에는 그 등기의 경정(更正)을 신청할 수 있으며(법 75조), 경정등기를 신청하는 경우에는 등기에 착오나 빠진 부분이 있음이 그 등기의 신청정보 또는 첨부정보에 의하여 명백히 확인될 수 있는 경우 이외에는 착오나 빠진 부분이 있음을 증명하는 정보를 제공하여야 한다(규칙 167조).

1-2. 공고방법을 변경하기 위해서는 정관변경에 관한 주주총회의 특별결의가 필요하므로 그 변경등기신청서에는 주주총회의사록을 첨부하여야 한다. 원칙적으로 공고방법 변경등기에 착오가 있음을 증명하는 정보는 변경등기의 원인이 된 해당 개정 정관이나 해당 정관 개정을 결의한 주주총회의사록 등이 될 것이다. 하지만 본 선례에서는 공고방법 변경등기가 착오에 의한 것으로 그 등기의 경정을 신청할 때, 착오가 있음을 증명하는 정보로 주권상장법인으로서 전자공시시스템(DART)에 공시된 정관과 회사가 자체적으로 보관하고 있는 변경등기 직전의 정관 및 직후의 정관, 그리고 현행 정관을 포함한 그 이후의 정관 등도 해당됨을 밝히고 있다.

1-3. 생각건대, ⅰ) 경정등기를 신청하는 경우에 착오나 빠진 부분이 있음을 증명하는 정보를 제공하여야 하나 그것이 구체적으로 무엇인지 상업등기법, 상업등기규칙 등에서 정한 바가 없는 점, ⅱ) 사안과 같이 그 착오로 인한 변경등기가 20년이 지난 시점에 착오가 있음을 증명하는 정보를 그 변경등기 당시의 첨부정보 등으로 국한한다면, 등기신청 후 상당한 시간이 경과한 경우에는 현실적으로 착오가 있음을 증명하는 정보를 제공하지 못해 결국 경정등기 그 자체가 불가능한 경우가 많을 것으로 충분히 예상되는 점 등을 고려하면, 본 선례가 갖는 의미가 크다 하겠다.

2. 결국 경정등기 신청을 할 때 어떤 서면이 착오나 빠진 부분이 있음을 증명하는 서면인지는 구체적인 사건을 처리하는 등기관이 판단할 수밖에 없다. 등기관은 상사의 지휘·명령에 의하여 등기사무를 처리하는 것이 아니고 자기 판단과 책임 하에 구체적인 등기사무 처리에 관한 독립적인 직무권한을 갖는다는 점에서(『상업등기실무(Ⅰ)』, 38면), 본 선례에서는 경정의 대상이 되는 본래의 등기신청 당시 제출된 서면 외의 다른 자료가 착오나 빠진 부분이 있음을 증명하는 정보에 해당하는지 여부는 구체적인 등기신청사건을 담당하는 등기관이 판단하여야 할 것으로 보았다.

51. 법인의 부동산등기용등록번호 정정 절차

[상업등기선례 제1-37호, 제정 1998. 1. 7.]

갑 회사는 '79. 6. 25.자로 설립되어 현재 영업중이고, 을 회사는 '84. 7. 20. 자로 설립된 후 상법 제520조의2 규정에 의해 해산간주된 상태에 있으나, 위 두 회사의 부동산등기용등록번호가 동일하게 부여됨으로써 갑 회사가 업무수행상 어려움을 겪고 있는 경우에, 갑 회사에게 부여된 부동산등기용등록번호와 동일한 번호가 을 회사에게 부여된 사실을 발견한 을 회사의 법인등기 관할등기소의 등기관은, 법인 및 재외국민의 부동산등기용등록번호부여에 관한 규칙 소정의 절차에 따라 을 회사에 부여할 부동산등기용등록번호를 새로이 정한 후, 법인등록번호부와 법인등기부상 을 회사의 부동산등기용등록번호를 새로이 정한 번호로 정정한 뒤 정정의 뜻을 을 회사의 대표자와 그 회사의 지점소재지 등기소 및 행정자치부장관, 그리고 국세청장에게 통지하여야 할 것이며, 그 통지를 받은 지점소재지 등기소의 등기관은 통지내용에 따라 지점등기부의 등록번호를 정정하여야 할 것이다.

(1998. 1. 7. 등기 3402-10 질의회답)

참조 조문 · 규칙 · 예규 · 선례 · 판례

▣ 법인 및 재외국민의 부동산등기용등록번호의 정정에 관한 사무처리지침[등기예규 제1584호, 개정 2015. 12. 8.]

가. 법인 및 재외국민의 부동산등기용등록번호에 오류가 있는 경우에는 등기관은 등록번호부의 등록번호를 정정하고 그 비고란에 정정일자를 기재한 후 정정 부분 및 비고란에 날인하여야 한다.

나. 법인의 경우에는 법인등기부의 등록번호도 정정한 다음 "기타사항란" 에 "20 . . .등록번호정정" 이라고 기재한 후 등기관이 날인하고 법인의 대표자와 지점소재지 등기소에 정정의 뜻을 통지하여야 하며, 지점소재지 등기소의 등기관은 지점등기부의 등록번호를 정정하여야 한다. 재외국민의 경우에는 그 뜻을 본인에게 통지하여야 한다.

다. 행정안전부장관과 국세청장에게도 정정의 뜻을 통지하여야 한다.

라. 위 정정의 뜻을 통지하는 통지서에는 법인의 명칭(재외국민의 경우에는 성명), 종전 등록번호 및 정정된 등록번호를 기재하여야 한다.

(마. 및 바. 생략)

52. 등기신청서에 첨부된 서류가 위조된 것임을 간과한 채 어떤 등기가 경료된 경우 등기공무원이 그 등기를 직권으로 말소할 수 있는지 여부 등

[상업등기선례 제1-36호, 제정 1990. 1. 10.]

등기공무원이 일단 등기신청을 받아들여 등기부에 기입을 마친 경우에는 그 등기가 부동산등기법 제55조 제1호 및 제2호에 해당하지 않는 한 등기공무원이 직권으로 그 등기를 말소하거나 등기공무원의 처분에 대한 이의의 방법으로 그 등기의 말소를 구할 수 없는 것이고, 동법 제55조 제2호 소정의 "사건이 등기할 것이 아닌 때" 라 함은 주로 그 신청이 취지 자체에 있어서 이미 법률상 허용할 수 없음이 명백한 경우를 의미하는 것이므로(대법원 1984. 4. 6. 선고 84마99 판결 참조), 멸실회복등기신청서에 첨부된 서류가 위조된 것이라 하여도 등기공무원이 이를 간과하고 그 등기신청을 받아들여 기입을 마쳤다면 그 등기는 위 법조 소정의 "사건이 등기할 것이 아닌 때" 에 해당하지 아니하는 것이어서 등기공무원이 이를 직권으로 말소할 수 없는 것이며, 그 등기의 말소는 소송 등을 통하여 해결하여야 한다.
(1990. 1. 10. 등기 제31호)

주) 부동산등기에 관한 선례이나, 비송사건절차법 제159조(주: 현행 상업등기법 제26조) 제2호의 '사건이 등기할 사항이 아닌 때' 의 의미도 위 선례와 동일함.

◐ **선례 해설:**

1. 본 선례는 부동산등기에 관한 선례이나, '사건이 등기할 사항이 아닌 때' 의 의미는 상업등기에서도 동일하게 적용된다.
2. 다만, 결론에 있어서는 본 선례의 내용은 상업등기에는 그대로 적용될 수 없다고 본다. 왜냐하면 부동산등기에서는 사건이 그 등기소의 관할이 아닌 경우와 사건이 등기할 것이 아닌 때 외에는 등기관이 직권말소할 수 없지만, 상업등기에서는 위 사유 외 등기할 사항에 무효의 사유가 있는 경우에는 등기관이 직권말소를 할 수가 있기 때문이다. 이에 대해 다음 페이지에서 좀 더 살펴보고자 한다.

3. 상업등기법에는 그 각하사유 중의 하나로 부동산등기법과 달리 "등기할 사항에 무효 또는 취소의 원인이 있는 경우" 가 있다(법 26조 10호). 이는 부동산등기법 제29조(구: 제55조)의 각하사유에는 없고 상업등기법에만 있는 실체적 각하사유이다.

4. 본 선례에서 말하는 사건이 등기할 것이 아닌 때에 대한 정의는 상업등기에서도 그대로 적용이 되나, 등기신청서에 첨부된 서류가 위조된 것인 경우에는 상업등기법에서는 제26조 제10호의 등기할 사항에 무효의 원인이 있는 경우에 해당하고, 등기신청을 접수한 등기관은 상업등기법 제26조 제10호 및 제27조에 기해 등기신청을 각하할지 여부를 판단하여야 하고, 이와 달리 그 등기가 경료된 경우에는 상업등기법 제78조 내지 제81조에 기해 직권말소할지를 판단해야 한다.

5. 따라서 등기관은 등기신청서에 첨부된 서류가 위조된 것인 경우에는 등기할 사항에 소(訴)로써만 주장할 수 있는 무효 또는 취소의 원인이 있는 경우에 그 소가 제기기간 내에 제기되지 아니하였을 때에 해당하지 않는 한 심사를 통해 그 등기신청을 각하하여야 할지 결정하여야 하고(법 26조 10호 및 27조), 만약 등기가 이미 이루어진 경우에는 소로써만 그 무효를 주장할 수 있는 경우를 제외하고는 상업등기법 제78조 내지 제81조에 기해 직권으로 말소할지를 판단하여야 한다.

6. 다만, 위 5.의 경우에 판례에 의하면 등기관은 형식적 심사권한 범위 내에서 위조된 서류에 기한 등기를 직권말소할지 판단하여야 한다.

> 원칙적으로 등기공무원은 등기신청에 대하여 실체법상의 권리관계와 일치하는지 여부를 심사할 실질적 심사권한은 없고 오직 신청서 및 그 첨부서류와 등기부에 의하여 등기요건에 합당하는지 여부를 심사할 형식적 심사권한 밖에는 없다. 따라서 등기관이 구 비송사건절차법 제159조 제10호(주: 현행 상업등기법 제26조 제10호)에 의하여 등기할 사항에 관하여 무효 또는 취소의 원인이 있는지 여부를 심사할 권한이 있다고 하여도 그 심사방법에 있어서는 등기부 및 신청서와 법령에서 그 등기의 신청에 관하여 요구하는 각종 첨부서류 만에 의하여 그 가운데 나타난 사실관계를 기초로 판단하여야 하고, 그 밖에 다른 서면의 제출을 받거나 그 외의 방법에 의해 사실관계의 진부를 조사할 수는 없다.
> (대법원 2008. 12. 15.자 2007마1154 결정)

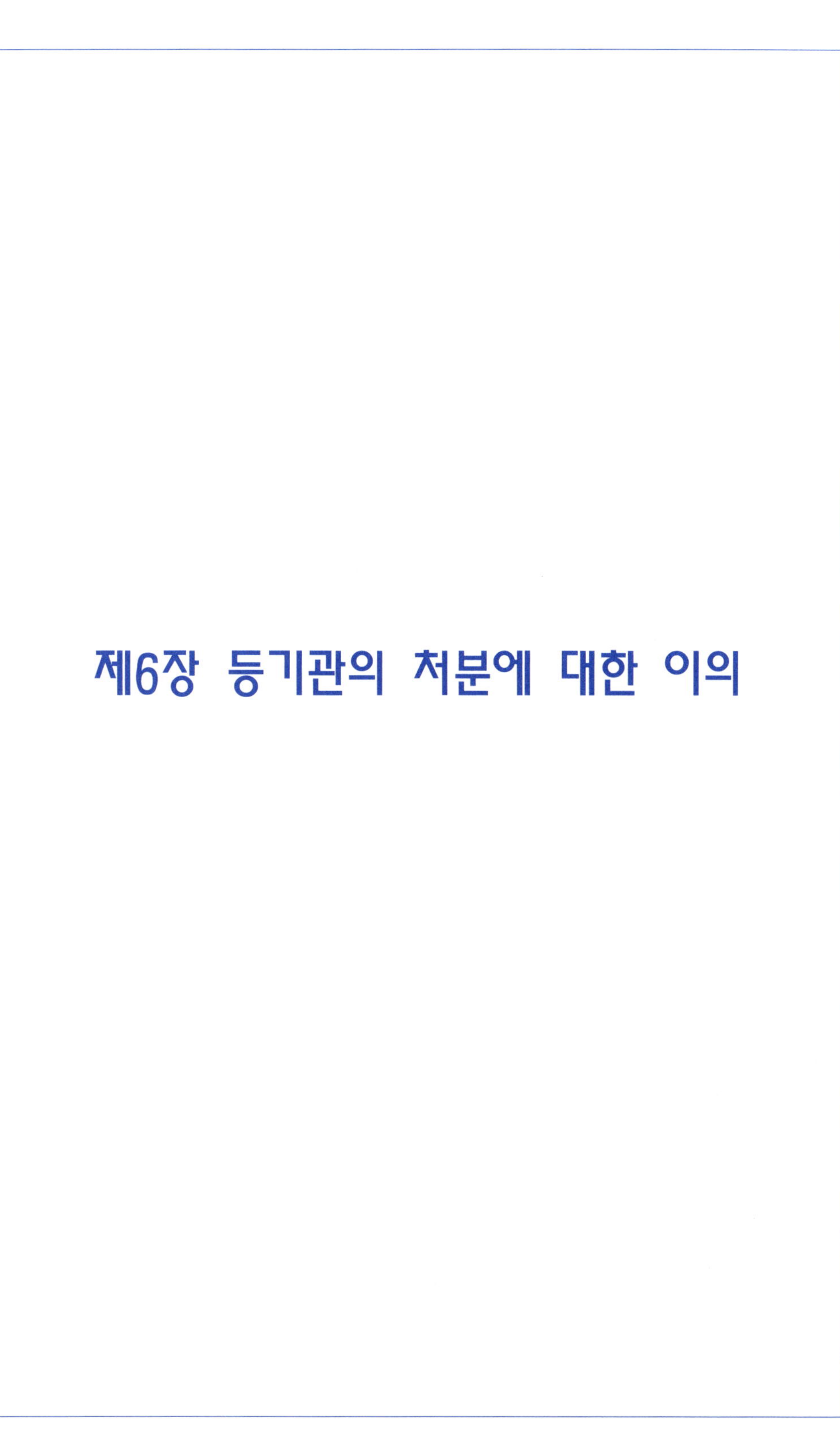

제6장 등기관의 처분에 대한 이의

제6장 등기관의 처분에 대한 이의[1)2)3)]

내 용	관련 조문		관련 선례 · 예규 · 규칙 (실무사례 포함)
	상법	상업등기법	
1. 등기관의 처분에 대한 이의		제82조 ~제90조, 규칙 제171조 ~제174조	53. 상업선례 제201507-3호 54. 상업선례 제1-32호 55. 상업선례 제1-33호 56. 상업선례 제1-34호

1) 등기사무는 그 특수성으로 인해 등기관의 처분이나 결정이 부당한 경우에는 행정심판 또는 행정소송 등에 의한 구제를 배제하고 상업등기법이 정한 이의신청절차에 의하여 구제를 받도록 하고 있다(법 82조). 이의신청을 각하(기각)하는 결정에 대하여는 이의신청인만이 비송사건절차법에 의하여 항고할 수 있다(법 87조 2항). 또한 이의신청인은 항고에 대한 항고법원의 기각결정에 대하여 그것이 헌법, 법률, 규칙의 위반이 있음을 이유로 하는 때에 대법원에 재항고할 수 있다.

2) 이의신청의 사유로는 등기관의 결정 또는 처분이 부당한 것이어야 한다. 여기서 등기관의 결정은 등기신청의 각하결정을 말하고, 처분은 등기신청의 접수, 등기의 실행, 등기부의 열람, 등기부등·초본 또는 등기에 관한 제증명의 교부 등 등기관의 권한에 속하는 모든 처분을 말한다.

3) 2014. 11. 21. 시행된 개정 상업등기법 및 상업등기규칙에서는 ⅰ) 이의신청이 이유 있다고 인정되면 등기관에게 그에 해당하는 처분을 명령하고, 그 뜻을 이의신청인과 등기를 한 자에게 결정서 등본에 의한 통지를 하여야 한다(법 87조 및 규칙 172조)는 점과, ⅱ) 이의신청에 대한 관할 지방법원의 기록명령은 등기관에 대하여 절대적 기속력을 갖지만 등기절차상 기록명령에 따른 등기를 할 수 없는 경우에 관한 근거 규정(규칙 173조)을 마련하였다(『개정 상업등기법 · 규칙 해설』, 126면 참조).

§ 요약[1]

1. 등기신청의 각하결정에 대하여는 등기신청인에 한하여 이의신청을 할 수 있고, 제3자는 이의신청을 할 수 없다(상업선례 201507-3, 187면). 이와 달리 등기를 실행한 처분에 대하여는 등기상 이해관계 있는 제3자가 그 처분에 대한 이의신청을 할 수 있고, 등기신청인은 이의신청을 할 수 없다(예규 1411호 2조).[2]

2. 등기관의 결정(예: 등기신청의 각하결정) 또는 처분(예: 등기신청의 접수, 등기의 실행, 등기사항증명 등 등기관의 권한에 속하는 모든 처분)에 이의가 있는 자는 관할 지방법원에 이의신청을 할 수 있다(법 82조). 선례에 의하면 당사자의 영업소 소재지를 관할하는 지방법원뿐만 아니라 사무국을 둔 지원도 관할법원이 된다(상업선례 1-32, 189면).

3. 등기사무는 그 성질상 신속을 요하므로 이의신청이 있다고 하여 결정 또는 처분의 집행을 정지하는 것은 타당하지 않기 때문에 등기관의 결정 또는 처분에 대한 이의신청에는 집행정지의 효력이 없다(법 86조 및 상업선례 1-33, 190면).

4. 등기관은 이의신청이 이유 있다고 인정하면 그에 해당하는 처분을 하여야 하며, 이의신청이 이유 없다고 인정하면 이의신청일로부터 3일 이내에 의견을 붙여 이의신청서를 관할 지방법원에 보내야 한다(법 85조). 이와 관련된 등기관의 조치에 관한 세부 사항은 등기예규 제1411호 제4조를 참조.

5. 한편 관할 지방법원은 이의가 이유 있다고 인정하여 등기관에게 그에 해당하는 처분을 명하였을 때에는 그 결정등본을 등기관과 이의신청인 및 등기상 이해관계인에게 송달하며, 이의신청을 기각 내지 각하한 경우에는 관할 지방법원은 그 결정등본을 등기관과 이의신청인에게 송달한다(예규 1411호 5조).

---

1) 본 교재에서는 지면관계상 생략하였으나, 실제 이의신청을 할 경우에는 「등기관의 처분에 대한 이의신청절차 등에 관한 업무처리지침」(예규 1411호)의 내용을 자세히 살펴보기 바란다.

2) 등기관의 결정이나 처분의 부당을 주장하는데 아무런 이해관계가 없는 자는 이의신청을 할 수 없다(대법원 1987. 3. 18.자 87마206 결정).

53. 수소법원의 촉탁등기를 등기관이 각하하였을 경우 그 결정에 대한 이의신청인

[상업등기선례 제201507-3호 , 제정 2015. 7. 22.]

1. 이의신청을 할 수 있는 자는 등기관의 결정 또는 처분이 부당하다고 하는 자로 이의신청을 하는 것에 관해 법률상 이익이 있어야 하므로, 등기관의 결정이나 처분의 부당을 주장하는 데 아무런 이해관계가 없는 자는 이의신청을 할 수 없다.

2. 따라서 확정된 주주총회부존재확인판결에 따라 제1심 수소법원이 등기를 촉탁하였는데 등기관이 각하결정을 한 경우 등기신청인에 한하여 이의신청을 할 수 있고 제3자는 이의신청을 할 수 없다.

(2015. 7. 22. 사법등기심의관-2478 질의회답)

참조 조문 · 규칙 · 예규 · 선례 · 판례

▣ 등기관의 처분에 대한 이의신청절차 등에 관한 업무처리지침[등기예규 제1411호, 제정 2011. 10. 12.]

제2조 (이의신청인) ① 등기신청의 각하결정에 대하여는 등기신청인인 등기권리자 및 등기의무자에 한하여 이의신청을 할 수 있고, 제3자는 이의신청을 할 수 없다.

② 등기를 실행한 처분에 대하여는 등기상 이해관계 있는 제3자가 그 처분에 대한 이의신청을 할 수 있다. 그 이의신청을 할 수 있는지의 여부에 대한 구체적 예시는 아래와 같다. (이하 생략)

▣ 비송사건절차법[법률 제13765호, 2016. 1. 19., 일부개정]

제107조(그 밖의 등기촉탁을 할 경우) 다음 각 호의 어느 하나에 해당하는 경우에는 제1심 수소법원은 회사의 본점과 지점 소재지의 등기소에 그 등기를 촉탁하여야 한다.

6. 주식회사의 창립총회 또는 주주총회나 유한회사의 사원총회가 결의한 사항이 등기된 경우에 결의취소·결의무효확인·결의부존재확인(決議不存在確認) 또는 부당결의의 취소나 변경의 판결이 확정된 경우

◐ 선례 해설:

1. 등기관의 결정 또는 처분에 이의가 있는 자는 관할 지방법원에 이의신청을 할 수 있다(법 82조). 이의신청을 할 수 있는 자는 등기관의 결정 또는 처분이 부당하다고 하는 자로 이의신청을 하는 것에 관해 법률상 이익이 있어야 한다. 즉, 등기관의 결정이나 처분의 부당을 주장하는데 아무런 이해관계가 없는 자는 이의신청을 할 수 없다(대법원 1987. 3. 18.자 87마206 결정). 따라서 등기신청의 각하결정에 대하여는 등기신청인에 한하여 이의신청을 할 수 있고, 등기를 실행한 처분에 대하여는 등기상 이해관계 있는 제3자가 그 처분에 이의신청을 할 수 있고 등기신청인은 이의신청을 할 수 없다(예규 1411호 2조 참조).

2. 주주총회부존재확인판결이 확정된 경우에는 제1심 수소법원은 회사의 본점과 지점 소재지의 등기소에 그 등기를 촉탁하여야 하며(비송법 107조 6호 및 예규 1536호 2조 참조), 관할 등기소의 등기관은 그 촉탁등기에 대해 등기여부 및 각하여부[1]를 결정한다. 등기신청의 각하결정에 대하여는 등기신청인만이 이의신청할 수 있고, 제3자는 이의신청을 할 수 없는 것이 원칙이지만, 주주총회부존재의 원인으로 법원이 확정판결에 따른 등기를 촉탁한 경우 따로 등기신청인이 없어[2] 그에 대한 각하결정에 대하여는 누구도 이의신청을 할 수 없다고 볼 것이 아니라 확정판결에 승소한 원고 및 패소한 피고를 등기신청인으로 보아서 이들이 이의신청을 할 수 있다고 봄이 상당하다(서울중앙지방법원 2013. 4. 2.자 2013비단11 결정 참조).

---

1) 예를 들면, 주주총회에서 결의된 사항이 등기되었지만, 그 등기가 후의 등기에 의해 말소되어 등기상 현재 효력이 없는 경우, 그 결의 취소, 부존재 또는 무효 확인의 판결이 확정된 경우에도 등기관은 그 촉탁등기에 대해 결의 취소, 부존재 또는 무효의 등기를 할 것은 아니고 상업등기법 제26조 제3호(사건이 그 등기소에 이미 등기되어 있는 경우)의 사유로 각하하여야 할 것이다. 다만, 등기된 사항이 말소되어 있어도 등기상 현재 효력이 있는 사항이 남아 있는 경우에는 그 결의취소, 부존재 또는 무효의 등기를 하여야 한다(『상업등기실무(II)』, 601면 참조).

2) 통상 부동산등기 혹은 등기말소에 대해 등기촉탁서를 작성할 경우에는 등기권리자 및 등기의무자를 표시하나, 주주총회결의의 하자를 다투는 소에 대해 판결이 확정되어 법원이 등기촉탁서를 작성할 경우에는 등기권리자 및 등기의무자라는 개념은 애시 당초 없어 등기의 목적, 등기의 사유, 등기할 사항 등만 기재한다. 따라서 사안과 같이 주주총회부존재확인판결이 확정되어 법원의 촉탁등기에 대해 등기관이 각하결정을 한 경우, 그 각하결정에 대해 이의신청을 할 수 있는 등기신청인이 구체적으로 누구인지가 문제된다.

54. 등기관의 처분에 대한 이의신청서에 기재할 관할법원의 표시
[상업등기선례 제1-32호, 제정 1998. 6. 29.]

부동산등기법 제178조는 등기관의 결정 또는 처분을 부당하다고 하는 자는 관할지방법원에 이의신청을 할 수 있도록 규정하고 있고, 같은 법 제179조는 이의신청은 당해 등기소에 이의신청서를 제출하는 방식으로 하도록 규정하고 있는바, 사무국을 둔 지원의 관할구역 안에 위치한 등기소의 등기관이 행한 결정이나 처분에 대하여 이의신청을 하는 경우, 그 이의신청서에는 당해 지원을 관할법원으로 기재하여야 한다.
(1998. 6. 29. 등기 3402-591 질의회답)

주) 부동산등기에 관한 선례이나, 상업등기·민법법인 및 특수법인등기에서도 동일함.

◐ 선례 해설:

1. 등기관의 결정 또는 처분에 대한 이의신청은 관할 지방법원에 이의신청을 할 수 있으며(법 82조), 이의신청은 구술로는 할 수 없고 이의신청서를 당해 등기소에 제출하는 방법으로 한다(법 83조, 규칙 171조).
2. 위 1.의 경우에 관할 지방법원이라 함은 법원조직법 및 「등기소의 설치와 관할구역에 관한 규칙」(규칙 2663호)에서 정하고 있는 관할 지방법원을 말한다.
3. 관할 지방법원 내에 지원이 있는 경우에 이의신청을 관할 지방법원에 하여야 하는지 아니면 관할 지방법원 내의 지원에 하여야 하는지 문제되는데, 사무국을 둔 지원의 지원장은 소속 지방법원장의 지휘를 받아 관할구역이 있는 등기소의 사무를 관장하며, 소속 공무원을 지휘·감독하므로(법원조직법 31조 4항), 본 선례에서는 사무국을 둔 지원의 관할구역 안에 위치한 등기소의 등기관이 행한 결정이나 처분에 대하여 이의신청을 하는 경우, 그 이의신청서에는 당해 지원을 관할법원으로 기재하여야 함을 밝히고 있다.[1)]

1) 지방법원장은 그 법원과 소속 지원, 시·군법원 및 등기소의 사법행정사무를 관장하며, 소속 공무원을 지휘·감독하며, 사무국을 둔 지원의 지원장은 소속 지방법원장의 지휘를 받아 관할구역에 있는 등기소의 사무를 관장하며, 소속 공무원을 지휘·감독한다(법원조직법 29조 3항 및 31조 4항).

55. 기재명령에 대하여 항고를 한 경우 집행정지의 효력이 있는지 여부(소극)

[상업등기선례 제1-33호, 제정 2002. 6. 27.]

매매를 원인으로 한 소유권이전등기신청에 대하여 등기관이 각하결정을 하였고, 이에 대하여 등기권리자가 이의신청을 하여 관할지방법원이 이유가 있다고 인정하여 등기관에게 위 등기신청에 따른 등기실행을 명한 경우 이해관계인이 관할지방법원의 기재명령에 대하여 항고를 하더라도 집행정지의 효력은 없으므로 당해 등기관은 기재명령에 따른 등기를 실행하여야 한다.
(2002. 6. 27. 등기 3402-356 질의회답)

주) 부동산등기에 관한 선례이나, 상업등기·민법법인 및 특수법인등기에서도 동일함.

◐ 선례 해설:

1. 등기사무는 그 성질상 신속을 요하므로 이의신청이 있다고 하여 결정 또는 처분의 집행을 정지하는 것은 타당하지 않기 때문에 등기관의 결정 또는 처분에 대한 이의는 집행정지의 효력이 없으며(법 86조), 항고 또한 특별한 규정이 있는 경우를 제외하고는 집행정지의 효력이 없다(비송법 21조).[1)]

2. 등기관의 처분에 대한 이의신청에 대하여 관할 지방법원이 이의신청을 인용하여 일정한 등기를 명한 경우 등기관은 그 명령에 따른 등기를 하여야 하므로(예규 1411호 6조 1항), 본 선례의 내용과 같이 이 경우 이해관계인이 관할 지방법원의 기재명령에 대하여 항고를 하더라도 집행정지의 효력은 없으므로 당해 등기관은 기재명령에 따른 등기를 실행하여야 한다.

3. 본 선례는 부동산등기에 관한 선례이나 주석에서 밝히고 있듯이 상업등기에서도 그대로 적용이 된다.

---

1) 따라서 완료된 등기에 대한 이의신청이 있고 그 이의의 취지가 부기등기된 후에도, 그 법인에 대한 다른 등기신청을 수리하여야 한다(『상업등기실무(Ⅰ)』, 387~388면).

56. 등기관의 결정 또는 처분에 대한 이의신청 등

[상업등기선례 제1-34호, 제정 2003. 5. 3.]

1. 등기관의 결정 또는 처분에 대해 이의신청이 있는 경우 관할지방법원은 이의가 이유있다고 인정한 때에는 등기관에게 상당한 처분을 명하여야 하는데, 여기서 상당한 처분이라 함은 등기관의 처분을 취소하거나 등기신청의 수리를 명하는 것이 아니고 등기관에 대하여 직접 구체적인 등기실행을 명하거나 이미 실행한 등기의 말소를 명하는 것이라 할 것이다. 따라서 원심결정을 취소하고 이의신청을 기각하면서 구체적인 기재명령을 하지 않은 항고심 결정은 등기관을 구속하는 법원의 기재명령으로 볼 수 없으므로, 등기관은 그 취지에 따른 등기를 할 수 없다고 보아야 할 것이다.

2. 가. 1심결정에 의하여 말소된 등기의 회복과 관련하여 법원의 기재명령에 의하여 말소된 등기는 그 회복등기도 법원의 기재명령에 의하여 행하여져야 할 것인바, 실행한 등기를 1심법원의 명령에 의하여 말소한 경우 그 회복등기도 항고심의 구체적인 기재명령에 따르거나, 1심결정이 부당한 것으로 확정되는 결정(대법원 결정)이 있는 경우 1심결정에 따른 등기관의 등기는 부적법한 것이 되므로 말소된 등기는 등기관의 직권에 의하여 회복하여야 할 것이며 항고심 결정을 첨부한 당사자의 신청에 의해서 회복할 수는 없다고 할 것이다.

나. 등기사항에 관하여 무효원인이 있는 경우 적법한 등기신청인이 무효원인이 있음을 증명하는 서면을 첨부하여 말소등기를 신청할 수 있는데, 무효원인 증명서면은 등기관이 실질심사를 할 수가 없기 때문에 무효원인이 있다는 사실을 증명하기에 충분한 형식적인 요건을 갖추어야 할 것이고, 따라서 등기사항의 기초가 된 법률관계가 무효임을 확인하는 확정판결은 무효원인 증명서면이 될 수 있으나, 아직 확정되지 않은 이의신청에 대한 제1심 결정은 무효원인 증명서면이 될 수 없을 것이다.

다. 등기관이 말소사유를 발견한 때에는 일정한 절차를 거쳐 직권으로 등기를 말소할 수 있는데, 이 경우 등기관은 등기부나 신청서 및 첨부서면 이외의 자료로서 말소사유를 판단할 수 없다고 보아야 할 것이다. 따라서 그 밖의 자료 즉 등기관에게 송달된 확정되지 않은 이의신청에 대한 1심, 항고심 결정의 내용을 근거로 직권말소사유를 판단해서는 아니 될 것이다(주: 대법원 94마535 결정 참조).

3. 관할지방법원의 기재명령의 결정등본이 등기관에게 송달되면, 그 결정 등본은 접수연월일과 접수번호를 부여하여 등기사건접수장에 기재하여야 하므로, 이 경우에는 다른 신청사건의 접수와 동일하게 그 처리시(또는 기입시)까지 해당법인의 등기부 등·초본이나 인감증명의 발급이 정지된다고 보아야 할 것이다. 즉 등기부 등·초본의 발급은 해당사건이 교합될 때까지 정지되고, 인감증명의 발급도 우선은 기입시까지 정지하되, 인감자료를 변경하는 내용인 경우에는 더 나아가 교합시까지 정지된다고 보아야 할 것이다.
(2003. 5. 3. 공탁법인 3402-107 질의회답)

◐ **선례 해설:**

1. 관할 지방법원은 이의신청에 대하여 이유를 붙여 결정하여야 하며, 이 경우 이의신청이 이유 있다고 인정되면 등기관에게 그에 해당하는 처분을 명령하고 그 뜻을 이의신청인과 등기를 한 자에게 결정의 등본에 의하여 통지하여야 한다(법 87조, 규칙 172조). 본 선례에 의하면, 이의신청이 이유 있다고 인정되어 관할 지방법원이 등기관에게 처분을 명령할 경우, 등기관의 처분을 취소하거나 등기신청의 수리를 명하는 것이 아니고 등기관에게 직접 구체적인 등기실행을 명하거나 이미 실행한 등기의 말소를 명하는 것이어야 한다.

2. 따라서 본 선례에서는 원심결정을 취소하고 이의신청을 기각하면서 구체적인 기재명령을 하지 않은 항고심 결정은 등기관을 구속하는 법원의 기재명령으로 볼 수 없으므로, 등기관은 그 취지에 따른 등기를 할 수 없다고 보았다.

3. 그 외에 본 선례에서는, ⅰ) 법원의 명령에 의하여 말소된 등기는 그 회복등기도 법원의 기재명령에 의하여 행하여져야 하므로 항고심 결정을 첨부한 당사자의 신청에 의해서 그 회복등기를 할 수 없다는 점, ⅱ) 아직 확정되지 않은 이의신청에 대한 제1심 결정은 무효원인 증명서면이 될 수 없다는 점, ⅲ) 등기관은 등기부나 신청서 및 첨부서면 이외의 자료로 말소사유를 판단할 수 없다는 점 등을 밝히고 있다.[1)]

---

1) 등기관의 형식적 심사권에 관한 것은 「선례해설」(115~116면) 및 「보론」(117~119면) 참조

「보 론」 이의신청의 사유 및 항고의 이익

1. 이의신청의 사유

i) 이의신청의 사유는 등기관의 결정(각하 결정) 또는 처분(등기신청의 접수, 등기의 실행, 등기사항증명 등 등기관의 권한에 속하는 모든 처분)이 부당한 것이어야 한다.

ii) 등기관의 처분은 소극적 부당처분과 적극적 부당처분으로 나눌 수 있으며, 소극적 부당처분이란 신청한 등기를 실행하여야 함에도 불구하고 이를 게을리 한 경우를 말하며, 이에 대해 적극적 부당처분이란 등기신청을 각하하여야 함에도 불구하고 이를 접수하여 등기하거나 직권에 의하여 실행할 수 없는 등기를 직권으로써 실행한 경우를 말한다.

iii) 소극적 부당처분에 대해서는 등기신청인이 이의신청을 할 수 있다.

iv) 적극적 부당처분에 대해서는 ① 사건이 그 등기소의 관할이 아닌 경우, ② 사건이 등기할 사항이 아닌 경우, ③ 사건이 그 등기소에 이미 등기되어 있는 경우, ④ 등기할 사항에 무효의 원인이 있는 경우(소로써만 그 무효를 주장할 수 있는 경우는 제외) 등에 한해서만 등기신청인과 등기상 이해관계인은 이의신청을 할 수 있다.[1)]

2. 항고의 이익

i) 관할 지방법원의 이의신청에 대한 결정에 대해서는 비송사건절차법에 따라 항고할 수 있다(법 87조 2항). 다만, 비송사건절차법에 따라 항고를 하기 위해서는 항고의 이익이 있어야 하는바,

ii) 등기신청을 각하한 등기공무원의 처분에 대하여 이의신청을 한 결과 관할 법원이 이의가 이유 있다고 인정하여 등기공무원에게 그 등기신청에 따른 처분을 명함으로써 등기공무원이 이에 따라 등기부에 기입을 마친 경우, 등기신청에 대한 등기공무원의 각하처분은 이미 존재하지 아니하므로 등기공무원의 등기신청 각하처분의 당부를 판단한 법원의 결정에 대해서는 이를 다툴 항고의 이익이 없다(대법원 1996. 12. 11.자 96마1954 결정).

---

1) 위 각하사유에 대해서는 등기관이 직권으로 잘못된 등기를 말소할 수 있기 때문에 등기관의 처분에 대한 이의신청의 방법으로 그 등기의 말소를 구할 수 있는 것이다(법 27조 참조).

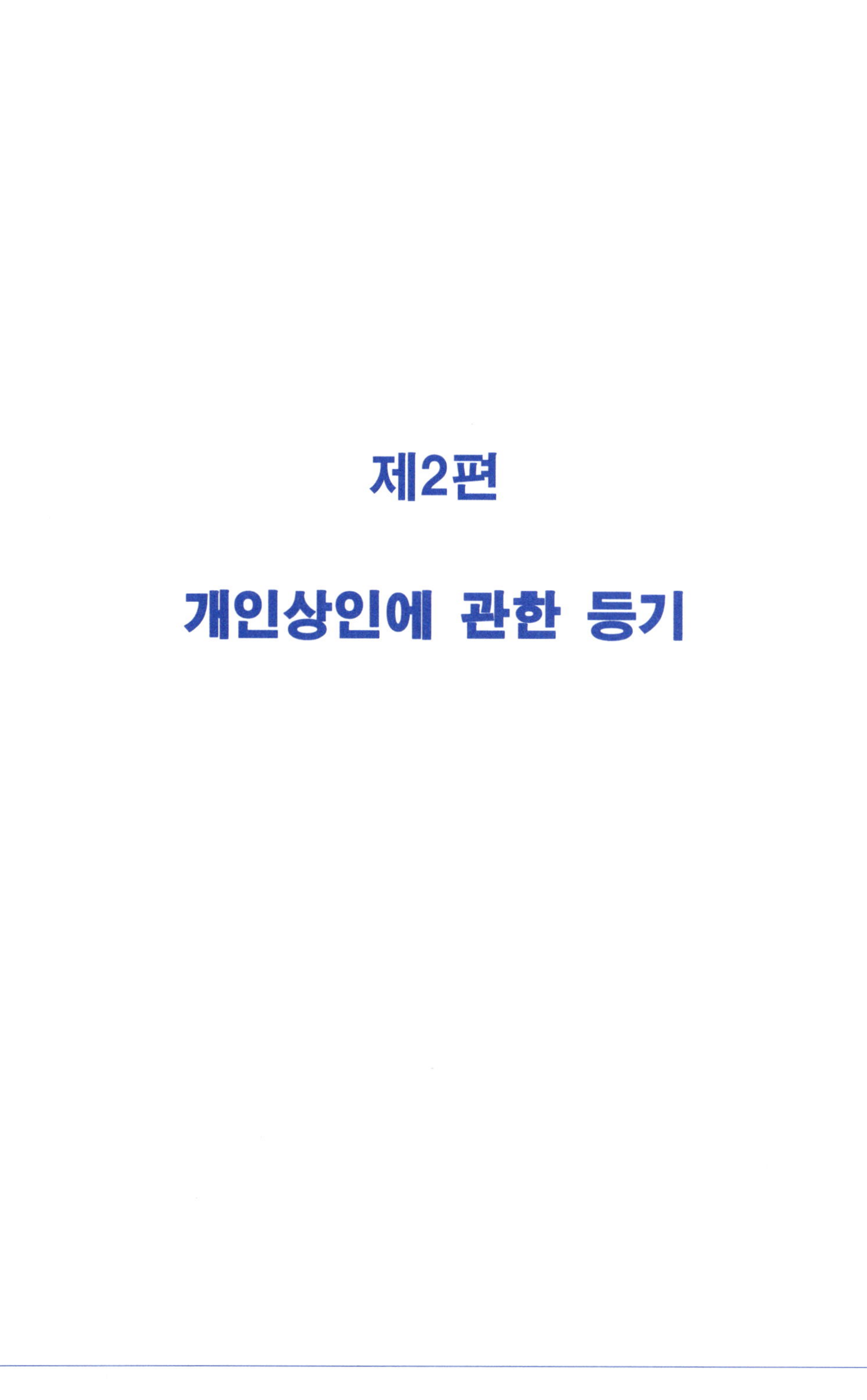

제2편

개인상인에 관한 등기

제2편 개인상인에 관한 등기

제1장 상호등기와 상호가등기[1)2)]

<table>
<tr><th rowspan="2">내 용</th><th colspan="2">관련 조문</th><th rowspan="2">관련 선례 · 예규 · 규칙
(실무사례 포함)</th></tr>
<tr><th>상법</th><th>상업등기법</th></tr>
<tr><td>제1절 상호등기 일반</td><td>제18조
～제22조,
제23조
～제28조</td><td>제29조
～제35조,
제37조,
규칙
제72조
～제75조,
제77조</td><td>57. 상업선례 제1-55호
☞ 실무사례(26)
58. 상업선례 제1-59호
☞ 실무사례(27)
☞ 실무사례(28)
59. 상업선례 제1-56호
60. 상업선례 제1-57호
※ 등기예규 제1547호
☞ 실무사례(29)</td></tr>
<tr><td>제2절 상호등기의 말소</td><td>제27조</td><td>제36조,
규칙
제76조</td><td>61. 상업선례 제1-58호
62. 상업선례 제1-51호
63. 상업선례 제1-52호
64. 상업선례 제1-53호
65. 상업선례 제1-54호
※ 등기예규 제1558호</td></tr>
<tr><td>제3절 상호의 가등기</td><td>제22조의2</td><td>제38조
～제45조,
규칙
제78조
～제83조</td><td>※ 등기예규 제1557호
☞ 실무사례(30)</td></tr>
</table>

1) 상업등기법 제30조(현행 제29조)가 2009. 5. 28. 개정되어 상호 신설 및 변경 시에 등기관은 동일상호 여부만이 심사대상이고 유사상호 여부는 심사대상이 아니다(그 구체적인 내용은 등기예규 제1547호 「동일상호의 판단 기준에 관한 예규」 참조, 208~211면). 따라서 현재 이와 관련된 상업등기선례 중 유사상호에 관한 부분은 개정된 상업등기법을 감안하여 선해하여 해석하여야 한다.

2) 상호등기와 상호가등기에 관한 내용은 원칙적으로 개인상인에 관한 등기뿐만 아니라 회사에 관한 등기에서도 동일하게 적용되나, 다만 편재 순서상 제2편 제1장에 실었을 뿐이다. 실무에서는 오히려 상호등기 및 상호가등기와 관련된 사항은 개인상인 보다는 회사에서 많이 검토되는 사항이다. 따라서 제3편 회사에 관한 등기를 살펴볼 경우에도 상호등기와 상호가등기에 관한 내용은 이 장의 내용을 중심으로 검토하시기 바란다.

§ 요약

1. 동일한 특별시, 광역시, 특별자치시, 시(행정시를 포함) 또는 군(광역시의 군은 제외)에서는 동종의 영업을 위하여 다른 상인이 등기한 상호와 동일한 상호를 등기할 수 없는바(법 29조), 여기서의 행정구역은 지방자치법 제2조에 의한 지방자치단체의 구분에 의한 것이지 관할 지방법원 혹은 관할 등기소의 관할구역과는 무관하다(「실무사례(28)」, 204면 참조). 상호에 관한 등기에 있어 신청인의 상호가 타인이 등기 또는 가등기한 상호에 대하여 동일상호인지 여부의 판단기준에 대해서는 등기예규 제1547호(208~211면)에서 자세히 정하고 있다. 또한 상표법에 의해 등록된 서비스표는 상법상의 상호는 아니지만, 「부정경쟁방지 및 영업비밀보호에 관한 법률」에 의해 금지청구권 등의 방법으로 그 구제를 받을 수 있다(상업선례 1-56, 205면).

2. 상호등기의 말소신청에는 말소판결에 의한 경우와 상법 제27조의 규정에 의한 경우가 있다. 전자가 상호의 말소를 청구하여 그 승소의 확정판결을 받은 자가 그 판결에 의하여 상호등기의 말소등기를 신청하는 경우이고, 후자는 상호를 등기한 자가 상호를 변경 또는 폐지하였음에 불구하고 2주간 내에 그 변경 또는 폐지의 등기를 하지 아니하는 때에 이해관계인이 상호등기의 말소등기를 신청하는 경우이다. 말소판결에 의한 상호등기의 말소신청과 관련된 선례로는 상업등기선례 제1-58호(213면)가 있으며, 상법 제27조의 규정에 의한 상호등기의 말소신청과 관련된 선례로는 상업등기선례 제1-51호(215면), 제1-52호(216면), 제1-53호(217면) 등이 있다. 한편 상호등기의 말소절차에 관한 예규로는 등기예규 제1558호(219~220면)가 있다. 그리고 개인상인의 상호를 말소할 경우에는 기타사항란에 상호를 말소한 뜻과 그 연월일을 기록한 다음 등기기록을 폐쇄하는데 반해, 회사의 상호를 말소할 경우에는 상호란에 상호의 등기를 말소한 뜻과 그 연월일을 기록하되 등기기록은 폐쇄하지 아니한다.

3. 주식회사 또는 유한회사를 설립하고자 할 때, 회사가 상호나 목적 또는 상호와 목적을 변경하고자 할 때, 회사가 본점을 이전하고자 할 때 등의 경우에는 관할 등기소에 상호의 가등기를 신청할 수 있다(상법 22조의2). 상호의 가등기에 관한 등기사무처리에 필요한 사항을 규정한 것으로는 등기예규 제1557호(222~223면)가 있다.

제1절 상호등기 일반

57. 의료업을 위한 상호등기의 가부

[상업등기선례 제1-55호, 제정 1989. 5. 23.]

의료업의 영위를 영업의 종류로 하는 개인의 상호등기의 신청은 이를 수리할 수 없다.
(1989. 5. 23. 등기 제1010호)

◐ 선례 해설:

1. 상인은 그 성명 기타의 명칭으로 상호를 정할 수 있고(상법 18조), 상인만이 상호등기를 할 수 있으므로,

2. 판례에 의하면, 의사・한의사・법무사・변호사・변리사・건축사・작가・예술인・화가・음악가 등 전문직업인 또는 자유직업인으로서, 그 업무는 상행위에 속하지 아니하므로 상호등기를 할 수 없다.[1)]

[참고 판례] 대법원 2008. 6. 26.자 2007마996 결정

법령에 의하여 상당한 정도로 그 영리추구 활동이 제한됨과 아울러 직무의 공공성이 요구되는 법무사의 활동은 상인의 영업활동과는 본질적인 차이가 있고, 법무사의 직무 관련 활동과 그로 인하여 형성된 법률관계에 대하여 상인의 영업활동 및 그로 인하여 형성된 법률관계와 동일하게 상법을 적용하지 않으면 안 될 특별한 사회・경제적 필요 내지 요청이 있다고 볼 수도 없으므로, 법무사를 상법 제5조 제1항이 규정하는 '상인적 방법에 의하여 영업을 하는 자'라고 볼 수는 없다. 따라서 법무사의 상호등기 신청을 각하한 등기관의 처분은 정당하고, 법무사 합동법인의 경우 법무사법 제33조 이하에서 그 명칭의 등기를 허용하고 있다거나, 상호의 등기를 허용하는 다른 일부 전문 직종에서 관계 법령에 공익적 목적의 제한규정을 두고 있는 경우가 있다는 사정만으로 부당한 차별에 해당하여 위법하다고 볼 수는 없다.

주) 2007마996 결정은 법무사의 상호등기의 가부에 관한 판례이나,
상인으로 보지 않는 개인인 의사의 경우에도 동일하게 적용된다.

---

1) 상인에 해당하지 않는 경우에는 지배인등기도 할 수 없다는 것에 대해서는 상업등기선례 제2-10호(233면) 참조

실무사례(26)

제목: 개인상인의 복수 상호신설등기 시 첨부정보

개인상인이 상호신설등기를 하고자 한다. 개인상인(상호사용자)의 사업자등록증에는 'A상호'로 기재되어 있으며, 동일 광역시 내에 업종을 달리하여 'A상호'와 'B상호' 2개를 별건으로 등기하려고 하는 경우, 'B상호'의 상호신설등기에 'A상호'로 기재된 사업자등록증 사본을 첨부하여도 가능한지? 그리고 그 외 개인상인의 상호신설등기 시 첨부정보는 무엇인지?

1. 개인상인이 'A상호'로 기재된 사업자등록증을 동일 광역시 내 업종을 달리하는 'B상호'의 상호신설등기에 상인임을 소명하는 첨부정보로 제공할 수 있는지 여부(소극)

   i) 상호는 영업상 명칭으로 상호로 인정받기 위해서는 영업이 존재하여야 하는 바, 신규로 사업을 개시하는 자는 사업장마다 사업장 관할 세무서장에게 사업자등록을 하도록 되어 있으므로 개인상호 등기를 신청하는 때에는 상인임을 소명하기 위하여 사업자등록증 사본 등을 첨부정보로 제공하여야 한다.

   ii) 따라서 사안의 경우 사업자등록증에 명시된 'A상호'는 그 사업장에서 특정 영업을 영위한다는 상인임을 소명하기 위한 첨부정보는 될 수 있으나, 동일 광역시 내의 다른 지역에서 'A상호'와 업종을 달리하는 'B상호'에 대한 상인임을 소명하는 첨부정보는 될 수 없다.

   iii) 결국 'A상호'와 'B상호'에 대한 상호신설등기를 각각 하기 위해서는, 먼저 'B상호'를 사용하는 사업장 관할 세무서장에게 사업자등록을 신청하여 사업자등록증을 발부받아야 할 것이다.

2. 개인상인의 상호신설등기를 위한 첨부정보로는 ① 위에서 언급한 상인임을 소명하는 서면(사업자등록증 사본 등), ② 상호에 로마자 등을 병기할 경우에는 상호와 그 로마자 등 표기를 함께 사용하고 있다는 소명 자료(상호와 그 로마자 등 표기가 함께 기재된 사업자등록증, 간판의 사진, 광고 전단지 등), ③ 상호사용자의 주민등록번호와 주소를 증명하는 서면으로 주민등록등(초)본, ④ 인감신고서(인감증명서 첨부 요함) 등이 있다.

참조 조문: 상업등기법 제30조, 상업등기규칙 제72조

58. 영업의 종류가 전혀 다른 경우 동일상호 내지 유사상호에 관한 상법 제22조 및 비송사건절차법 제164조(주: 현행 상업등기법 제29조)가 적용되는지 여부(소극)

[상업등기선례 제1-59호, 제정 2005. 2. 18.]

영업의 종류가 전혀 다른 주식회사 간에는 동일한 특별시 · 광역시 · 시 · 군에서 등기할 수 없는 동일상호 내지 유사상호(주: 현행법에서는 유사상호 부분은 빠짐)에 관한 상법 제22조 및 비송사건절차법 제164조(주: 현행 상업등기법 제29조)는 그 적용이 없을 것이다.

(2005. 2. 18. 공탁법인 3402-48 질의회신)

참조 조문 · 규칙 · 예규 · 선례 · 판례

▣ 상업등기법[법률 제13953호, 2016. 2. 3., 타법개정]

제29조(등기할 수 없는 상호) 동일한 특별시, 광역시, 특별자치시, 시(행정시를 포함한다. 이하 같다) 또는 군(광역시의 군은 제외한다. 이하 같다)에서는 동종의 영업을 위하여 다른 상인이 등기한 상호(商號)와 동일한 상호를 등기할 수 없다.

◐ 선례 해설: 「실무사례(27)」(202면) 및 「실무사례(28)」(204면) 참조

1. 2009. 5. 28. 상업등기법이 개정되어 상호 신설 및 변경 시에 등기관은 동일상호 여부만이 심사대상이고 유사상호 여부는 심사대상이 아니므로, 본 선례는 그러한 의미에서 유사상호 부분은 제외하고 선해하여 해석하여야 한다.
2. 또한 등기예규 제1547호 제6조에 의하면, 다음의 요건을 모두 충족할 경우 등기관은 그 신청을 각하하여야 하는 바, 동일상호의 판단 요건으로는 i) 신청인이 타인의 상호의 등기가 있는 특별시 · 광역시 · 시 · 군의 관할 등기소에 상호에 관한 등기를 신청하였을 것, ii) 신청인의 상호가 타인의 상호와 동일할 것, iii) 신청인이 타인과 동일 또는 동종의 영업을 하거나 하려고 할 것 등이다.
3. 따라서 영업의 종류가 전혀 다른 주식회사 간에는 상업등기법 제29조의 적용이 없다 하겠다.

실무사례(27)

제목: 동일상호 판단 시에 배전반 제조업과 자동차부품 제조업 간에 영업의 동종성이 인정되는지 여부(소극)

울산광역시에 "주식회사 ＊＊테크" 라는 회사를 설립하려고 하며, 그 사업 목적은 배전반 제조업이다. 그런데 동일 광역시에 "주식회사 ＊＊테크" 라는 동일상호로 자동차부품 제조업을 목적으로 하는 회사가 등기되어 있다. 이 경우 배전반 제조업을 목적으로 "주식회사 ＊＊테크" 라는 상호로 설립등기가 가능한지?

1. 회사의 설립등기 시 등기관은 동일상호 여부를 조사・판단하여야 하며(예규 1547호 4조 1항), 상호에 관한 등기신청이 ⅰ) 신청인이 타인의 상호의 등기가 있는 특별시・광역시・시・군의 관할 등기소에 상호에 관한 등기를 신청하였을 것, ⅱ) 신청인의 상호가 타인의 상호와 동일할 것, ⅲ) 신청인이 타인과 동일 또는 동종의 영업을 하거나 하려고 할 것 등의 요건을 모두 충족할 경우에는 등기관은 그 신청을 각하하여야 한다(예규 1547호 6조). 사안의 경우 울산광역시에 "주식회사 ＊＊테크" 라는 상호로 회사를 설립하려는 경우로 위 요건 중 ⅰ)과 ⅱ)의 요건을 충족하는 것은 자명하나, 문제는 배전반 제조업과 자동차부품 제조업이 동일 또는 동종의 영업에 해당하는지 여부이다.

2. 목적은 상인이 수행하거나 하려고 하는 영업을 사회 일반인이 쉽게 인식할 수 있도록 명확하고 구체적이어야 하며, 등기관은 통계청장이 작성・고시하는 「한국표준산업분류」[1]중 소분류 이하를 참고하여 목적의 구체성을 판단할 수 있다(예규 1547호 9조).

3. 「한국표준산업분류」 상의 분류구조는 대분류(영문대문자), 중분류(숫자 중 앞의 두 자리 숫자), 소분류(3자리 숫자), 세분류(4자리 숫자), 세세분류(5자리 숫자) 등 5단계로 구성되어 있다. 위 「한국표준산업분류」 상의 분류코드에 의하면, 배전반 제조업의 분류코드는 'C.28122'인데 반해, 자동차부품 제조(플라스틱제)업은 'C.22240'이고 자동차부품 제조(금속압형제품)업은 'C.25913', 자동차용 동력전달장치 제조업은 'C.30391' 등이다.

---

1) 「한국표준산업분류」에 관한 자세한 내용은 「통계청(www.kostat.go.kr)> 통계분류포탈」 참조

4. 통계청장이 작성·고시하는 「한국표준산업분류」 중 소분류 이하를 참고하여 목적의 구체성을 판단하여 볼 때, 배전반 제조업(C.28122)과 자동차부품 제조업(C.22240, C.25913, C.30391 등)은 그 목적이 동일하다고 볼 수 없다.

5. 또한 목적 중 어느 일방의 목적이 상대방의 목적을 포함하는 경우에는 영업의 동종성이 인정되나(예규 1547호 10조 2항), 「한국표준산업분류」 상의 분류코드로 판단해 보건대 자동차부품 제조업이 배전반 제조업을 포함한다고 할 수도 없다.

6. 결국 배전반 제조업을 목적으로 울산광역시에 '주식회사 **테크'의 상호로 회사 설립등기가 가능하다고 본다.

※ 참고로 위 논의를 정리하면 다음과 같다.

구 분	배전반 제조업 (C.28122)	자동차부품 제조업[1] (C.22240, C.25913, C.30391 등)
목적의 구체성	목적은 명확하고 구체적이어야 하는데, 「한국표준산업분류」 상의 분류코드를 살펴보면, 배전반 제조업과 자동차부품 제조업은 그 목적이 동일하다고 볼 수 없다.	
영업의 동종성	어느 일방의 목적이 상대방의 목적을 포함하는 경우에는 영업의 동종성이 인정되나(예규 1547호 10조 1항), 위 「한국표준산업분류」 상의 분류코드를 감안할 때 자동차부품 제조업이 배전반 제조업을 포함한다고 볼 수 없다.	
결 론	배전반 제조업과 자동차부품 제조업은 그 영업의 동종성이 인정되지 않는다.	

참조 예규: 등기예규 제1547호(208~211면)

1) 자동차를 제조하기 위해서는 수많은 부품이 들어가는 것을 감안하면, 단순히 자동차부품 제조업이라고 그 목적을 정한 것은 구체적이지 못하여 문제가 있어 보인다. 즉 최소한 「한국표준산업분류」 상의 분류코드와 같이 자동차부품 제조(플라스틱제)업 혹은 자동차부품 제조(금속압형제품)업 등과 같이 그 목적을 구체적으로 정할 필요가 있다고 본다. 따라서 기존의 회사가 단순히 자동차부품 제조업으로 그 사업 목적을 정하고 등기가 된 것이 문제이지, 등기관은 배전반 제조업을 그 목적으로 한 회사 설립등기에 대해 자동차부품 제조업과 그 목적이 동일하다든지 혹은 자동차부품 제조업이 배전반 제조업을 포함한다는 이유 등으로 그 설립등기를 각하할 수는 없다고 본다.

실무사례(28)

제목: 관할 지방법원이 동일한 경우의 동일상호 판단기준

대법원 인터넷등기소에서 설립하고자 하는 주식회사의 상호인 "원우"를 검색한 결과 수원지방법원 관할 내 동종의 업종에 있는 법인 상호가 다음과 같이 검색되었다.

i) 경기도 수원시를 관할하는 수원지방법원 동수원등기소에 "원우"라는 상호가 등기되어있고,
ii) 경기도 성남시를 관할하는 수원지방법원 성남지원 등기과에 "원우"라는 상호가 등기되어있고,
iii) 경기도 용인시를 관할하는 수원지방법원 용인등기소에 "원우"라는 상호가 등기되어있고,
iv) 경기도 시흥시를 관할하는 수원지방법원 안산지원 시흥등기소에 "원우"라는 상호가 등기되어 있다.

이 경우 경기도 안양시를 관할하는 수원지방법원 안양지원 안양등기소에 "원우"라는 상호로 법인 설립등기가 가능한지?

1. 동일한 특별시, 광역시, 특별자치시, 시 또는 군에서는 동종의 영업을 위하여 다른 상인이 등기한 상호와 동일한 상호를 등기할 수 없다(법 29조). 여기서 행정구역은 지방자치법 제2조에 의한 지방자치단체의 구분에 의한 것이지 관할 지방법원의 관할구역과는 무관하다.

2. 따라서 같은 수원지방법원 관할 내에 "원우"라는 상호가 동수원등기소, 성남지원 등기과, 용인등기소, 안산지원 시흥등기소 등에 각각 등기되어 있더라도, 안양지원 안양등기소에 "원우"라는 상호로 설립등기 하는 데에는 아무 지장이 없다. 다만 상법 제23조 제1항의 부정한 목적으로 타인의 영업으로 오인할 수 있는 상호인지 여부는 별개의 문제이다.

참조 조문: 상법 제22조 및 제23조, 상업등기법 제29조, 지방자치법 제2조
참조 예규: 등기예규 제1547호(208~211면)

[유사 사례] 전주시와 완주군은 둘 다 전주등기소 관할이다. 전주시에 'A'라는 상호가 이미 등기되어 있는 경우, 동종의 영업으로 완주군에 'A' 상호로 회사 설립이 가능한지 여부(적극) => 동일상호 판단 시 등기소의 관할이 같은지는 고려할 바가 아니다.

59. 유사상호에 해당하는지 여부 등

[상업등기선례 제1-56호, 제정 1991. 1. 5.]

상호의 보호는 상호가 상호로서 모용되는 경우에 한정되는 것이며(상법 제23조 참조), 상호가 상표 또는 서어비스표(주: 현행 서비스표)로 모용되는 경우에는 미치지 아니하므로, 유학 알선업을 목적으로 하는 "고려유학정보센타"라는 상호의 등기가 1988. 10. 28.에 경료된 후 동종업종을 지정서어비스업으로 하여 "고려유학원"이라는 서어비스표가 1990. 3. 5.에 등록되었다 하더라도 위 서어비스표 "고려유학원"에 의한 상호권침해의 문제는 원칙적으로 일어날 여지가 없으며, 다만 이 경우 위 서어비스표의 사용행위가 부정경쟁방지법 제2조 각호에 해당하는 것이라면 상호권자는 같은 법 제4조에 의하여 권리구제를 받을 수 있다.
(1991. 1. 5. 등기 제8호)

참조 조문 · 규칙 · 예규 · 선례 · 판례

▣ 상법[법률 제13523호, 2015. 12. 1., 일부개정]

제23조(주체를 오인시킬 상호의 사용금지) ① 누구든지 부정한 목적으로 타인의 영업으로 오인할 수 있는 상호를 사용하지 못한다.
② 제1항의 규정에 위반하여 상호를 사용하는 자가 있는 경우에 이로 인하여 손해를 받을 염려가 있는 자 또는 상호를 등기한 자는 그 폐지를 청구할 수 있다.

▣ 부정경쟁방지 및 영업비밀보호에 관한 법률[법률 제13844호, 2016. 1. 27., 일부개정]

제2조(정의) 이 법에서 사용하는 용어의 뜻은 다음과 같다.
1. "부정경쟁행위"란 다음 각 목의 어느 하나에 해당하는 행위를 말한다.

가. 국내에 널리 인식된 타인의 성명, 상호, 상표, 상품의 용기·포장, 그 밖에 타인의 상품임을 표시한 표지(標識)와 동일하거나 유사한 것을 사용하거나 이러한 것을 사용한 상품을 판매·반포(頒布) 또는 수입·수출하여 타인의 상품과 혼동하게 하는 행위

나. 국내에 널리 인식된 타인의 성명, 상호, 표장(標章), 그 밖에 타인의 영업임을 표시하는 표지와 동일하거나 유사한 것을 사용하여 타인의 영업상의 시설 또는 활동과 혼동하게 하는 행위

다. 가목 또는 나목의 혼동하게 하는 행위 외에 비상업적 사용 등 대통령령으로 정하는 정당한 사유 없이 국내에 널리 인식된 타인의 성명, 상호, 상표, 상품의 용기·포장, 그 밖에 타인의 상품 또는 영업임을 표시한 표지와 동일하거나 유사한 것을 사용하거나 이러한 것을 사용한 상품을 판매·반포 또는 수입·수출하여 타인의 표지의 식별력이나 명성을 손상하는 행위

(라~차 생략)

제4조(부정경쟁행위 등의 금지청구권 등) ① 부정경쟁행위나 제3조의2제1항 또는 제2항을 위반하는 행위로 자신의 영업상의 이익이 침해되거나 침해될 우려가 있는 자는 부정경쟁행위나 제3조의2제1항 또는 제2항을 위반하는 행위를 하거나 하려는 자에 대하여 법원에 그 행위의 금지 또는 예방을 청구할 수 있다.

◐ 선례 해설:

1. 상법 제23조의 주체를 오인시킬 상호의 사용금지에서의 상호에는 상표법에 의한 상표나 서비스표는 포함되지 않으나,

2. 본 선례에서는 상표법에 의해 등록된 서비스표는 상법상의 상호라 할 수 없어 상호권 침해의 문제는 없다고 하더라도, 「부정경쟁방지 및 영업비밀보호에 관한 법률」에 의거 상호 뿐만 아니라 상표법에 의한 상표 또는 서비스표도 동법에서 정의하는 부정경쟁행위의 적용대상이 된다는 점을 밝히고 있다.
   (※ 상표법에 의한 상표 및 서비스표에 대한 정의는 상표법 제2조 제1항 제1호 및 제2호 참조)

3. 참고로 본 선례의 내용과는 직접 관련은 없지만 관련 논점으로 상법 제23조에서 말하는 부정한 목적으로 타인의 영업으로 오인할 수 있는 상호에 관해 살펴보면, 상호등기의 효력은 원칙적으로 동종 영업 및 동일상호를 기준으로 판정하나, 상법 제23조 제1항의 부정한 목적으로 타인의 영업으로 오인할 수 있는 상호인지 여부는 타인의 영업과 동종 영업에 사용되는 상호 만에 국한되는 것이 아니라는 것이 판례의 입장이다.[1)]

1) 대법원 2002. 2. 26. 선고 2001다73879 판결 및 『상법판례 백선』, 42~48면

60. 먼저 상호를 등기한 자의 동의가 있는 경우 동일·유사상호의 등기가부[1)]

[상업등기선례 제1-57호, 제정 1993. 3. 10.]

특정한 상호 등이 유사상호에 해당하는지의 여부는 등기신청을 받은 당해 등기공무원이 판단할 사항이며, 만일 동일 또는 유사상호(주: 현행법은 유사상호 부분은 빠짐)에 해당한다면 먼저 상호를 등기한 자의 동의가 있어도 동일 또는 유사상호의 등기를 할 수 없는 것이다.
(1993. 3. 10. 등기 제570호)

참조 조문·규칙·예규·선례·판례

▣ 동일상호의 판단 기준에 관한 예규[등기예규 제1547호, 개정 2014. 11. 5.]

제5조(타인의 동의가 있는 경우 등) 상호를 등기한 타인이 신청인의 상호에 관한 등기에 동의하거나 신청인이 발행한 주식을 100% 소유한 모회사라 하더라도, 동일상호인 경우에 등기관은 상호에 관한 등기 신청을 수리할 수 없다.

◐ 선례 해설:

1. 상호는 상인이 기업활동상 자기를 표시하는 명칭으로, 상인은 그 성명 기타의 명칭으로 상호를 정할 수 있는 것이 원칙이나(상법 18조),
2. 이러한 상호자유주의의 원칙은 무질서한 상호선정으로 인한 폐단을 막기 위하여 상법상 일정한 제한을 두고 있다(상법 19조, 20조, 23조 등).
3. 한편 상업등기법 제29조에서도 "동일한 특별시, 광역시, 특별자치시, 시(행정시를 포함한다. 이하 같다) 또는 군(광역시의 군은 제외한다. 이하 같다)에서는 동종의 영업을 위하여 다른 상인이 등기한 상호(商號)와 동일한 상호를 등기할 수 없다." 라고 규정하고 있다. 이는 상호가 상호권자의 이익을 위해서도 존재하지만 상호 자체가 상거래에 있어서 타인에게 미치는 영향 등을 고려하면 당연한 제한이라 생각된다. 이러한 취지를 감안할 때, 본 선례의 입장과 같이 이는 먼저 상호를 등기한 자의 동의가 있더라도 마찬가지라 할 것이다.

---

1) 본 선례의 내용은 현재 등기예규 제1547호 제5조에 반영되어 있다.

※ 동일상호의 판단 기준에 관한 예규[등기예규 제1547호, 개정 2014. 11. 5.]

제1장 총 칙

제1조(목적)

이 예규는 상법 제22조, 제22조의2 제4항, 상업등기법 제29조 등 상호에 관한 법령에 근거하여, 상호에 관한 등기에 있어 신청인의 상호가 타인이 등기 또는 가등기(이하 '등기'는 가등기를 포함한다)한 상호에 대하여 동일상호인지 여부의 판단기준을 정함을 목적으로 한다.

제2조(등기관의 판단준칙)[1)]

① 등기관은 상호에 관한 법령과 이 예규로 정한 기준에 따라, 등기부, 등기신청서와 그 첨부서면에 의하여 사회 일반인의 입장에서 신청인의 상호가 타인이 등기한 상호와 동일한 상호인지 여부를 판단하여야 한다.
② 신청인과 상호를 등기한 타인이 동일 또는 동종의 영업을 하는지는 영업의 종류(이하 '업종' 이라고 한다) 또는 목적을 비교하여 판단한다.

제3조(등기할 수 없는 상호)

등기관은 다음 각 호의 어느 하나에 해당하는 경우에는 등기신청을 각하하여야 한다.

1. 상법등기법 제29조에 의해 등기할 수 없는 상호

2. 법령으로 상호에 사용하는 것을 금지한 문자를 사용한 경우[2)]

【예시】회사가 아니면서 상호에 회사임을 표시하는 문자를 사용한 경우(상법 제20조), 금융투자업자가 아니면서 상호에 금융투자라는 문자를 사용한 경우(자본시장과 금융투자업에 관한 법률 제38조제1항), 보험회사

---

1) 제2조에서는 등기관의 동일상호에 관한 판단의 기준을 제시하고 있는 바, 등기관은 형식적 심사권한 내에서 사회 일반인의 입장에서 신청인의 상호가 타인이 등기한 상호와 동일한 상호인지 여부를 판단하여야 한다. 이는 2009. 5. 28.부터 시행된 개정 상법에서 유사상호 사용금지 제도가 폐지되고 대신에 동일상호 사용금지 제도가 채택됨에 따른 것인데, 이로써 등기관도 형식적 심사권한 내에서 동일상호 여부만을 사회 일반인의 입장에서 판단함에 따라 등기관의 자의적인 판단이 개입될 여지가 없게 되었다(염춘필, "개정 「상법」 시행에 따른 실무상 쟁점", 법무사저널(2009년7·8월호), 서울중앙지방법무사회, 104~109면 참조).

2) 이와 관련된 사례로는 「실무사례(29)」(212면) 참조

가 아니면서 상호에 보험회사임을 표시하는 문자를 사용한 경우(보험업법 제8조 제2항) 등. 다만, '보험대리점' 이라는 문자는 보험회사임을 표시하는 문자로 볼 수 없다(보험업법 제2조제1호, 제5호, 제9호 등 참조).

3. 법령으로 상호에 일정한 문자(증권, 신탁 등)를 사용할 것을 규정 하였음에도 불구하고 그러한 문자를 사용하지 아니한 경우

4. 상호에 지점, 지사, 지부, 출장소 등의 문자나 영업부문임을 표시하는 문자(영업부, 판매부 등)를 사용한 경우(상법 제21조 제2항에 따라 지점의 상호에 본점과의 종속관계를 표시하기 위하여 사용하는 경우는 제외한다). 다만, 대리점, 특약점 등의 문자는 상호에 사용할 수 있다.

5. 상호가 국가·공공단체 또는 그 소속기관 및 공법인과 관련성이 있다고 오인될 우려가 있는 경우

【예시】 국가기관으로 오인하게 할 수 있는 문자를 상호에 사용한 경우, 지방공기업법 등 관련 법령에 따라 설립된 것이 아니면서 지방공사, 지방공단, 공사, 공단 등의 문자를 상호에 사용한 경우 등

6. 상호가 선량한 풍속 기타 사회질서에 반하는 경우

【예시】 상호에 외설스러운 문자를 사용한 경우

7. 사회적 유명 인사의 성명권을 침해할 우려가 있는 경우

8. 회사의 종류를 표시하는 부분을 제외하면 신청인의 상호가 업종을 표시하는 문자만으로 구성되어 있는 경우

제4조(동일상호 판단을 요하는 등기사건)

① 등기관이 동일상호 여부를 조사·판단하여야 하는 등기 사건은 다음 각 호와 같다.

1. 회사의 설립 등기
2. 상호의 등기
3. 상호의 변경 등기
4. 목적의 변경 등기
5. 본점 또는 영업소를 다른 등기소의 관할 구역에서 당해 등기소의 관할 구역으로 이전하는 등기(본점을 이전하는 회사의 지점 등기가 당해 등기소의 관할 구역에 이미 있는 경우에도 마찬가지이다)
6. 상호의 가등기

7. 주식회사 또는 유한회사를 설립하고자 할 때, 회사의 상호를 변경하고자 할 때, 회사의 본점을 이전하고자 할 때의 상호 가등기의 등기사항 중 목적을 변경하는 등기

② 회사의 지점 및 외국회사의 영업소를 설치하거나 이전하는 등기, 지점의 등기기록에서 상호 또는 목적을 변경하는 등기신청에서는 동일상호 여부를 조사하지 아니한다.

제5조(타인의 동의가 있는 경우 등)

상호를 등기한 타인이 신청인의 상호에 관한 등기에 동의하거나 신청인이 발행한 주식을 100% 소유한 모회사라 하더라도, 동일상호인 경우에 등기관은 상호에 관한 등기 신청을 수리할 수 없다.

제6조(동일상호의 판단 요건)

상호에 관한 등기 신청이 다음 각 호의 요건을 충족할 경우 등기관은 그 신청을 각하하여야 한다.

1. 신청인이 타인의 상호의 등기가 있는 특별시·광역시·시·군의 관할 등기소에 상호에 관한 등기를 신청하였을 것
2. 신청인의 상호가 타인의 상호와 동일할 것
3. 신청인이 타인과 동일 또는 동종의 영업을 하거나 하려고 할 것

제7조(타인이 등기한 상호의 범위)

① 등기관은 신청인의 상호가 회사의 상호(지점 및 외국회사 영업소의 상호를 포함한다)[1], 가등기된 상호, 자연인인 상인의 등기된 상호에 대하여 동일상호인지를 조사하여야 한다.

② 등기관은 등기신청된 상호가 타인이 등기한 상호와 동일한지를 판단하기 위하여 해산 또는 파산선고된 회사의 상호에 대하여도 조사하여야 한다. 다만, 청산종결, 파산종결 또는 파산폐지의 등기가 되어 그 등기기록이 폐쇄된 회사의 상호는 그러하지 아니하다.

---

1) 지점의 경우에는 「법인의 등기사항에 관한 특례법」 제3조에 따라 회사의 상호 등기가 강제되어 있고, 외국회사는 그 영업소의 설치에 관하여 대한민국에서 설립되는 동종의 회사 또는 가장 유사한 회사의 지점과 동일한 등기를 하여야 하므로(상법 614조 2항) 이 또한 회사의 상호 등기가 강제되어 있다. 따라서 신청인의 상호가 타인의 상호와 동일한지 여부를 판단할 때 지점 및 외국회사 영업소의 상호도 함께 고려하여야 하는 것이다. 이와 반대로 지점 및 외국회사 영업소의 상호의 등기는 강제되어 있어, 지점을 설치·이전 시 및 외국회사의 국내 영업소 설치·이전 시에는 동일상호 여부와 상관없이 그 등기가 가능하다.

제2장 상호 자체의 동일성 판단

제8조(상호 자체의 판단방법)

상호 자체의 동일성을 판단할 때 다음 각 호의 문자가 있는 경우에는 이를 제외한 나머지 부분만으로 동일성을 판단한다.

1. 회사의 종류를 표시하는 문자(합명회사, 합자회사, 주식회사, 유한회사)
2. 「상업등기의 상호 및 외국인의 성명 등기에 관한예규」에 근거하여 상호에 병기된 로마자 등

제3장 영업의 동종성 판단

제9조(목적의 적격성)

① 목적(본 절에서 '업종'을 포함한다)은 적격성이 있어야 하며, 적격성이 없는 목적은 등기할 수 없고, 등기되었어도 동일상호 여부를 판단할 때 고려하지 아니한다.
② 목적은 영리성이 있어야 하고, 강행법규나 선량한 풍속 기타 사회질서에 반하여서는 아니된다.
③ 목적은 상인이 수행하거나 하려고 하는 영업을 사회 일반인이 쉽게 인식할 수 있도록 명확하고 구체적이어야 한다.
④ 등기관은 통계청장이 작성·고시하는「한국표준산업분류」중 소분류 이하를 참고하여 목적의 구체성을 판단할 수 있다.

제10조(영업의 동종성 판단)

① 목적의 전부 또는 주된 부분이 동일하거나 동종인 경우뿐 아니라 일부가 그러한 경우에도 원칙적으로 영업의 동종성은 인정된다.
② 두 상인의 목적 중 어느 일방의 목적이 상대방의 목적을 포함하는 경우에는 영업의 동종성이 인정된다.
③ 목적 중 '전 각 호에 부대하는(또는 관련되는) 일체의 업무'라는 부분은 영업의 동종성을 판단할 때 고려하지 않는다.

부 칙(2014. 11. 5. 제1547호)
이 예규는 2014년 11월 21일부터 시행한다.

실무사례(29)

제목: 부동산매매 및 임대업을 사업목적으로 주식회사 설립 시에 「주식회사 ○○인베스트먼트」라는 상호를 사용할 수 있는지 여부(적극)

부동산매매 및 임대업을 사업목적으로 하여 법인의 상호를 "주식회사 ○○인베스트먼트"로 정하여 주식회사 설립등기를 신청하였는데, ○○지방법원 등기과로부터 "○○인베스트먼트"는 「유사수신행위의 규제에 관한 법률」에 의거 사용이 제한되는 상호로 보이므로 재검토를 요구하는 연락을 받았다. 사안의 경우 주식회사의 상호를 "주식회사 ○○인베스트먼트"로 정하여 주식회사 설립등기를 신청할 수 없는 것인지?

1. 등기예규 제1547호 제3조 제2호에 의하면, 법령으로 상호에 사용하는 것을 금지한 문자를 사용한 경우에는 등기관은 등기신청을 각하하여야 한다.

2. 「유사수신행위의 규제에 관한 법률」 제5조에 의하면, 누구든지 유사수신행위를 하기 위하여 그 상호 중에 금융업으로 인식될 수 있는 명칭으로서 금융 또는 파이낸스, 자본 또는 캐피탈, 신용 또는 크레디트, 투자 또는 인베스트먼트, 자산운용 또는 자산관리, 펀드·보증·팩토링 또는 선물 등의 명칭을 사용하여서는 아니 된다.

3. 또한 동법 제2조에서는 유사수신행위에 대한 정의를 하고 있다. 즉 유사수신행위란 다른 법령에 따른 인가·허가를 받지 아니하거나 등록·신고 등을 하지 아니하고 불특정 다수인으로부터 자금을 조달하는 것을 업으로 하는 행위로서 장래에 출자금의 전액 또는 이를 초과하는 금액을 지급할 것을 약정하고 출자금을 받는 행위 등을 말한다.

4. 사안의 부동산매매 및 임대업은 「유사수신행위의 규제에 관한 법률」 제2조에서 말하는 유사수신행위라 할 수 없어, 부동산매매 및 임대업을 사업목적으로 하여 주식회사의 상호를 "주식회사 ○○인베스트먼트"로 정하여 주식회사 설립등기를 신청하는 것은 무리가 없어 보인다.

참조 조문: 「유사수신행위의 규제에 관한 법률」 제2조 및 제5조
참조 예규: 등기예규 제1547호 제3조(208면)

[비교 사례] 일반 주식회사가 상호에 "농업회사법인"의 상호를 사용하여 등기신청 할 수 있는지 여부(소극) => 「농어업경영체 육성 및 지원에 관한 법률」 제30조에 의하면, 2009. 10. 2.부터는 동법에 의해 설립된 농업회사법인이 아니면 상호에 "농업회사법인"이라는 상호를 사용할 수 없다. 이는 법령으로 상호에 사용하는 것을 금지한 문자를 사용한 경우로서 등기관은 그 등기신청을 각하하여야 한다.

제2절 상호등기의 말소

61. 이미 등기된 상호와 유사·동일한 상호가 사실상 등기가 된 경우 그 처리방안[1)]

[상업등기선례 제1-58호, 제정 2002. 5. 15.]

1. 이미 등기된 상호와 확연히 구별할 수 없는 상호 즉 유사상호(주: 현행법에서는 동일상호)는 동일한 특별시·광역시·시 또는 군내에서는 동일한 영업을 위하여 등기할 수 없고 신청의 각하사유에 해당되므로 사전에 배척되어야 하나,

2. 유사상호(주: 현행법에서는 동일상호)가 사실상 등기된 경우에는 비송사건절차법상 상호권자의 신청 또는 등기관이 직권으로 후에 등기된 상호를 말소하거나 등기부 등본 및 인감증명의 발급을 중단할 수는 없고, 먼저 등기한 상호권자는 상호전용권에 기한 상호사용의 폐지 및 상호등기의 말소를 구하는 판결을 받아 후에 등기된 상호를 말소할 수 있다.
(2002. 5. 15. 등기 3402-281 질의회답)

참조 조문·규칙·예규·선례·판례

▣ 상법[법률 제13523호, 2015. 12. 1., 일부개정]

제22조(상호등기의 효력) 타인이 등기한 상호는 동일한 특별시·광역시·시·군에서 동종영업의 상호로 등기하지 못한다.

제23조(주체를 오인시킬 상호의 사용금지) ① 누구든지 부정한 목적으로 타인의 영업으로 오인할 수 있는 상호를 사용하지 못한다.
② 제1항의 규정에 위반하여 상호를 사용하는 자가 있는 경우에 이로 인하여 손해를 받을 염려가 있는 자 또는 상호를 등기한 자는 그 폐지를 청구할 수 있다.
③ 제2항의 규정은 손해배상의 청구에 영향을 미치지 아니한다.
④ 동일한 특별시·광역시·시·군에서 동종영업으로 타인이 등기한 상호를 사용하는 자는 부정한 목적으로 사용하는 것으로 추정한다.

---

1) 본 선례는 판결에 의한 상호등기의 말소절차에 관한 것이고, 상법 제27조에 기한 상호등기의 말소절차에 관해서는 상업등기선례 제1-51호(215면), 제1-52호(216면) 및 제1-53호(217면) 참조. 그리고 현재는 본문 중 유사상호 부분은 동일상호로 선해하여 해석하여야 한다.

▣ 상업등기법[법률 제13953호, 2016. 2. 3., 타법개정]

제26조(신청의 각하) 등기관은 다음 각 호의 어느 하나에 해당하는 경우에만 이유를 적은 결정으로 신청을 각하하여야 한다. 다만, 신청의 잘못된 부분이 보정될 수 있는 경우로서 등기관이 보정을 명한 날의 다음 날까지 신청인이 그 잘못된 부분을 보정하였을 때에는 그러하지 아니하다.

13. 사건이 제29조에 따라 등기할 수 없는 상호의 등기 또는 가등기를 목적으로 하는 경우

제29조(등기할 수 없는 상호) 동일한 특별시, 광역시, 특별자치시, 시(행정시를 포함한다. 이하 같다) 또는 군(광역시의 군은 제외한다. 이하 같다)에서는 동종의 영업을 위하여 다른 상인이 등기한 상호(商號)와 동일한 상호를 등기할 수 없다.

◐ **선례 해설:**

1. 상호등기의 말소신청에는 말소판결에 의한 경우와 상법 제27조의 규정에 의한 경우가 있다. 전자가 상호의 말소를 청구하여 그 승소의 확정판결을 받은 자가 그 판결에 의하여 상호등기의 말소등기를 신청하는 경우이고, 후자는 상호를 등기한 자가 상호를 변경 또는 폐지하였음에도 불구하고 2주간 내에 그 변경 또는 폐지의 등기를 하지 아니하는 때에 이해관계인이 상호등기의 말소등기를 신청하는 경우이다. 본 선례는 이미 등기한 상호와 동일한 상호가 등기된 경우 말소판결에 기해 그 상호등기의 말소를 구하는 경우에 관한 것이다.

2. 이미 등기된 상호와 동일한 상호로 등기신청을 한 경우에는 등기관은 상업등기법 제26조 제13호의 각하사유로 각하하여야 하나, 이미 동일상호가 등기가 된 경우에는 등기관이 직권말소를 할 수는 없고,

3. 먼저 등기한 상호권자는 상호전용권에 기한 상호사용의 폐지 및 상호등기의 말소를 구하는 판결을 받은 후 등기된 상호의 말소등기를 신청할 수 있다.

> 상호사용권은 자신이 적법하게 선정하거나 양수 또는 승계한 상호를 타인의 방해를 받지 않고 사용할 수 있는 권리인데 반해, 상호전용권은 부정한 목적으로 타인의 영업으로 오인할 수 있는 상호를 사용하는 자가 있는 경우에, 이로 인하여 손해를 받을 염려가 있는 때에는 상호사용의 폐지와 손해배상을 청구할 수 있는 권리를 말한다.

62. 2년간 상호를 사용하지 않는 경우의 상호등기 말소

[상업선례 제1-51호, 제정 1985. 11. 4.]

상호를 등기한 자(갑회사)가 정당한 사유 없이 2년간 상호를 사용하지 아니하는 때에는 이를 폐지한 것으로 보게 되므로, 이러한 경우 그와 동일상호로 상호를 변경하려는 자(을회사)로서는 갑회사 및 을회사의 등기부등본과 상호변경에 관한 주주총회 의사록 등을 소명자료로 하여 비송사건절차법 제219조(주: 현행 상업등기법 제36조)의 규정에 따라 등기공무원에게 상호등기의 말소를 신청할 수 있다(다만 갑회사의 이의신청이 있는 때에는 등기공무원이 이에 대하여 결정하게 됨). 그러나 갑회사의 상호등기가 말소되지 않는 한 을회사는 그와 동일상호로 상호변경등기를 할 수 없다.
(85. 11. 4 등기 제523호)

주 : 양 회사가 동종 영업을 목적으로 함을 전제로 한다.

◐ 선례 해설:

1. 본 선례는 말소판결에 기해 상호의 말소를 구하는 것이 아닌, 상법 제27조에 기해 이해관계인이 등기소에 그 상호의 말소를 청구하는 경우에 관한 것이다.
2. 상호를 등기한 자가 정당한 사유 없이 2년간 상호를 사용하지 아니하는 때에는 이를 폐지한 것으로 보며(상법 26조), 상호를 변경 또는 폐지한 경우에 2주간 내에 그 상호를 등기한 자가 변경 또는 폐지의 등기를 하지 아니하는 때에는 이해관계인은 그 등기의 말소를 등기소에 청구할 수 있다(상법 27조).
3. 신청인은 이해관계인이다. 즉 상호등기의 말소를 신청할 수 있는 자는 상호의 폐지 또는 변경의 등기가 되는 것에 대하여 법률상 이해관계를 가져야 하는데, 주로 상호의 폐지 또는 변경된 상호를 사용하고자 하는 자가 이해관계인이 된다.
4. 상호등기의 말소신청서에는 이해관계가 있음을 증명하는 서면 즉 회사의 경우에는 말소청구의 대상이 되는 상호와 동일한 상호를 사용하기 위하여 정관을 변경한 것을 증명하는 주주총회의사록 등, 개인의 경우에는 말소될 상호로 현재 영업을 하고 있다는 것을 증명하는 관공서의 증명서 등을 첨부하여야 한다(예규 1558호 1. 나.).

63. 상법 제27조에 의한 상호등기말소청구의 대상에 회사의 상호도 포함되는지 여부

[상업등기선례 제1-52호, 제정 1985. 12. 31.]

상법 제27조의 규정은 개인의 상호 뿐만 아니라 회사의 상호에 대하여도 적용된다.
(1985. 12. 31. 등기 제609호)

참조 조문 · 규칙 · 예규 · 선례 · 판례

▣ 상법[법률 제13523호, 2015. 12. 1., 일부개정]

제27조(상호등기의 말소청구) 상호를 변경 또는 폐지한 경우에 2주간내에 그 상호를 등기한 자가 변경 또는 폐지의 등기를 하지 아니하는 때에는 이해관계인은 그 등기의 말소를 청구할 수 있다.

▣ 상업등기법[법률 제13953호, 2016. 2. 3., 타법개정]

제36조(이해관계인의 신청에 따른 상호등기의 말소) ① 상호등기의 말소에 이해관계가 있는 자는「상법」제27조에 따라 그 등기의 말소를 신청할 수 있다.

◐ 선례 해설:

1. 회사의 상호에 대해서도 상법 제27조 및 상업등기법 제36조에 의하여 이해관계인이 말소신청을 할 수 있다.
2. 상호등기가 말소된 회사의 등기 사무[1)]
   i) 상호등기가 말소된 회사는 상호의 등기를 하기 전에는 다른 등기를 신청할 수 없다(예규 1558호 3. 가.).
   ii) 상호등기가 말소된 회사가 상호의 등기를 신청하거나, 상호등기가 말소된 회사에 대한 등기사항증명서 또는 인감증명서의 교부를 신청하는 경우 그 신청서에 회사를 표시할 때는 말소된 상호 앞에 '말소 전 상호' 라고 기재하여야 한다(예규 1558호 3. 나.).

1) 등기예규 제1558호는 219~220면 참조

64. 상법 제27조에 의한 상호등기의 말소신청에 있어서 제출할 소명자료

[상업등기선례 제1-53호, 제정 1985. 12. 31.]

상법 제27조의 규정에 의하여 상호등기의 말소를 신청하는 자는 등기에 이해관계가 있는 것만을 소명하면 된다.
(1985. 12. 31. 등기 제609호)

질의사항 : 상법 제27조의 규정에 의하여 상호등기의 말소신청을 하는 경우에 상법 제26조의 "상호를 등기한 자가 정당한 사유 없이 2년간 상호를 사용하지 아니하는 때"에 관하여 어느 정도의 소명자료가 필요한지 여부.[1]

◐ 선례 해설:

1. 상호를 등기한 자가 상호를 변경 또는 폐지하였음에도 불구하고 2주간 내에 그 변경 또는 폐지의 등기를 하지 아니하는 때에는 이해관계인은 그 등기의 말소를 신청할 수 있다(상법 27조).

2. 상법 제27조의 규정에 의하여 상호등기의 말소신청인은 법률상 이해관계를 가진 이해관계인이며, 주로 그 상호를 사용하고자 하는 자가 이해관계인이 될 것이다. 이 경우 그 첨부정보는 그 말소에 관하여 이해관계가 있음을 증명하는 정보이다.

3. 등기예규 제1558호에 의하면, 회사의 경우에는 말소청구의 대상이 되는 상호와 동일한 상호를 사용하기 위하여 정관을 변경한 것을 증명하는 주주총회의사록 등, 개인의 경우에는 말소될 상호로 현재 영업을 하고 있다는 것을 증명하는 관공서의 증명서 등을 각 상호등기의 말소에 관하여 이해관계가 있음을 증명하는 정보로 그 예를 들고 있다.

4. 즉 등기예규 제1558호에서는 상호등기의 말소에 관하여 이해관계가 있음을 증명하는 정보가 무엇인지에 대해 구체적으로 그 예를 들고 있어, 실무 처리 시 유용하다.

---

1) 상법 제27조 및 상업등기법 제36조에 기한 상호등기의 말소신청을 실무에서 접하기는 참 어렵다. 이와 관련하여 실무에서의 처리 방법에 관한 사례로는, 염춘필, "'상호'에 관한 컨설팅", 법무사(2015년 8월호), 대한법무사협회, 18~25면 참조.

65. 상호말소등기의 기재

[상업등기선례 제1-54호, 제정 1985. 12. 31.]

상호의 말소등기는 등기용지중 변경란에 이를 기재하고 그 등기연월일은 등기공무원이 상호의 말소절차를 완료한 연월일을 기재할 것인바, 상호말소등기는 이의신청이 없는 때에는 이의신청기간이 만료한 다음날에, 이의신청이 있는 때에는 이의신청을 각하한 날에 각 행하여야 할 것이다.
(1985. 12. 31. 등기 제609호)

◐ **선례 해설:**

1. 상호등기의 말소에 이해관계가 있는 자는 그 말소에 관하여 이해관계가 있음을 증명하는 정보를 제공하여 상법 제27조에 따라 그 등기의 말소를 신청할 수 있다(법 36조 1항). 상호말소에 이해관계가 있음을 증명하는 정보는 신청인이 말소될 상호를 사용하고자 하거나 사용하고 있음을 증명하는 정보를 의미하는데, 구체적으로 회사의 경우에는 말소청구의 대상이 되는 상호와 동일한 상호를 사용하기 위하여 정관을 변경한 것을 증명하는 주주총회의사록 등이, 개인의 경우에는 말소될 상호로 현재 영업을 하고 있다는 것을 증명하는 관공서의 증명서 등이 각 이에 해당된다(예규 1558호 1.).
2. 위 1.의 신청이 있는 경우에 등기관은 등기 직권말소 통지, 이의신청에 대한 결정 등의 절차를 거친 후에 해당 상호를 말소하게 되는데,
3. 개인상인의 상호를 말소할 경우에는 기타사항란에 상호를 말소한 뜻과 그 연월일을 기록한 다음 등기기록을 폐쇄하여야 하지만, 이에 반해 회사의 상호를 말소할 경우에는 상호란에 상호의 등기를 말소한 뜻과 그 연월일을 기록하되 등기기록은 폐쇄하지 아니한다(규칙 89조 2호 및 예규 1558호 2.).
4. 본 선례에 의하면, 등기연월일은 이의신청이 없는 때에는 이의신청기간이 만료한 다음날에, 이의신청이 있는 때에는 이의신청을 각하한 날이 된다.[1)]

---

1) 이의신청과 관련해서는 「등기관의 처분에 대한 이의신청 등에 관한 업무처리지침」(예규 1411호) 참조

※ 상호등기의 말소절차에 대한 사무처리지침[등기예규 제1558호, 개정 2014. 11. 5.][1)]

1. 상호등기의 말소신청

가. 말소판결에 의한 경우

상호의 말소를 청구하여 그 승소의 확정판결을 받은 자는 그 판결에 의하여 상호등기의 말소등기를 신청할 수 있다.

나. 「상법」 제27조의 규정에 의한 경우

(1) 상호를 등기한 자가 상호를 변경 또는 폐지하였음에도 불구하고 2주간 내에 그 변경 또는 폐지의 등기를 하지 아니하는 때에는 이해관계인은 그 등기의 말소를 신청할 수 있다(「상법」 제27조).[2)3)]

(2) 위 신청서에는 그 말소에 관하여 이해관계가 있음을 증명하는 서면(회사의 경우에는 말소청구의 대상이 되는 상호와 동일한 상호를 사용하기 위하여 정관을 변경한 것을 증명하는 주주총회 의사록 등, 개인의 경우에는 말소될 상호로 현재 영업을 하고 있다는 것을 증명하는 관공서의 증명서 등)을 첨부하여야 한다.

---

1) 종래 등기예규 제1011호는 제1505호에 의해 개정되었는데, 그 개정 주요내용은 i) 법령의 표시 등을 정비하고, 상호등기의 말소를 신청할 때 그 말소에 관하여 이해관계가 있음을 증명하는 서면을 첨부하여야 하는데, 종전에는 법인에 관해서만 예시하였으나 개인상인의 경우 첨부할 서면을 추가하였고, ii) 등기업무전산화 등으로 인감의 재제출제도가 폐지되었으므로 상호등기가 말소된 회사가 상호등기를 신청할 경우 인감을 재제출하는 규정 등을 삭제하였다. 이러한 개정 내용은 현행 등기예규 제1558호에서도 계속 유지된다.

2) 상호를 등기한 자가 상호를 폐지 또는 변경하였음에도 불구하고 2주간 내에 그 변경 또는 폐지의 등기를 하지 아니하는 때에는 이해관계인은 그 등기의 말소를 신청할 수 있다(상법 27조, 법 36조 1항). 이해관계인이 등기소에 상호등기의 말소를 신청할 수 있는 '상호의 폐지 또는 변경'에는 상호를 폐지하거나 변경한 경우뿐만 아니라, 등기한 시·군 외로 영업소를 이전하거나 영업소를 폐지한 경우도 포함되고, 적극적으로 폐지한 경우뿐만 아니라 상호를 등기한 자가 정당한 사유 없이 2년간 상호를 사용하지 않아서 상호를 폐지한 것으로 간주되는 경우도 포함된다(『상업등기실무(Ⅰ)』, 440면).

3) 상호등기의 말소를 신청할 수 있는 자는, 상호의 폐지 또는 변경의 등기가 되는 것에 대하여 법률상 이해관계를 가져야 하는데, 이해관계는 등기기록상 표시되어 있을 필요가 없다. 주로 폐지 또는 변경된 상호를 사용하고자 하는 자가 이해관계인이 된다. 그리고 설립중의 회사도 이해관계인에 포함될 수 있으나, 설립중의 회사는 법인격이 없으므로 그 설립 중의 회사의 집행기관인 발기인 또는 그 대표가 상호등기의 말소를 신청할 수 있다(『상업등기실무(Ⅰ)』, 441면).

2. 등기소의 처리

가. 말소판결에 의한 경우

판결에 의한 등기신청의 일반절차에 의하여 처리한다.

나. 「상법」 제27조의 규정에 의한 경우

「상업등기법」 제36조 제2항 및 제3항에 따라 처리하며, 관련 절차가 완료될 때까지 등기관은 신청에 따른 등기부 기재를 보류하고 등기신청서를 그대로 보관하여야 한다.

다. 등기의 기록 등[1)]

(1) 개인의 상호인 경우에는 기타사항란에 상호를 말소한 뜻과 그 연월일을 기록한 다음 등기기록을 폐쇄한다(「상업등기규칙」 제89조 제2호).

(2) 회사의 상호인 경우에는 상호란에 상호의 등기를 말소한 뜻과 그 연월일을 기록하여야 한다. 이 경우 등기기록은 폐쇄하지 아니한다.

3. 상호등기가 말소된 회사의 등기

가. 다른 등기의 신청

상호등기가 말소된 회사는 상호의 등기를 하기 전에는 다른 등기를 신청할 수 없다(「상업등기법」 제26조 제15호).

나. 상호등기가 말소된 회사에 의한 상호의 등기신청 등

상호등기가 말소된 회사가 상호의 등기를 신청하는 경우 및 상호등기가 말소된 회사에 대한 등기사항증명서 또는 인감증명의 교부를 신청하는 경우 그 신청서에 회사를 표시함에는 말소된 상호 앞에 "말소 전 상호"라고 기재하여야 한다.

다. 삭제(2013. 12. 24. 제1505호)

---

1) 개인 상호등기의 말소에 관한 등기의 기록례는 「보론」(221면) 참조

「보 론」 개인 상호등기의 말소에 관한 등기의 기록례[1)2)]

1. 말소판결에 의한 신청이 있는 경우[3)]

기타사항
1. 상호말소 2003년 12월 12일 서울중앙지방법원 2003가합 6971 상호말소판결확정[4)] 2003년 12월 15일 등기 동일폐쇄

2. 상법 제27조의 규정에 의한 경우[5)]

기타사항
1. 상호등기말소 2003년 12월 15일 상법 제27조의 규정에 의하여 상호등기말소 2003년 12월 15일 등기 동일폐쇄

1) 「상업등기기재례집」, 8면

2) 개인상인의 상호등기를 말소할 때에는 기타사항란에 상호를 말소한 뜻과 그 연월일을 기록한 후에 그 등기기록을 폐쇄한다(규칙 89조 2호 및 예규 1558호 2. 다. (1)).

3) 누구든지 부정한 목적으로 타인의 영업으로 오인할 수 있는 상호를 사용하지 못하며, 이에 위반하여 상호를 사용하는 자가 있는 경우에 이로 인하여 손해를 받을 염려가 있는 자 또는 상호를 등기한 자는 그 폐지를 법원에 청구할 수 있다. 한편 동일한 특별시·광역시·시·군에서 동종영업으로 타인이 등기한 상호를 사용하는 자는 부정한 목적으로 사용하는 것으로 추정한다(상법 23조 참조).

4) 재판에 따른 등기를 할 때에는 법원의 명칭, 사건번호, 재판의 확정연월일 또는 재판연월일을 기록하여야 한다(예규 1536호 4조).

5) 상호를 변경 또는 폐지한 경우에 2주간 내에 그 상호를 등기한 자가 변경 또는 폐지의 등기를 하지 아니한 때에는 이해관계가 있음을 증명하여 이해관계인의 말소신청에 의하여 그 상호등기를 말소할 수 있다(상법 27조 및 법 36조 참조). 이 경우 상호말소등기의 연월일은 이의신청이 없는 때에는 이의신청기간이 만료한 다음날에, 이의신청이 있는 때에는 이의신청을 각하한 날로 한다(상업선례 1-54, 218면 참조).

제3절 상호의 가등기[1)]

※ 상호의 가등기에 관한 사무처리지침[등기예규 제1557호, 개정 2014. 11. 5.]

제1조(목적) 이 예규는 「상법」, 「상업등기법」(이하 "법"이라 한다), 「상업등기규칙」(이하 "규칙"이라 한다)에 따른 상호의 가등기에 관한 등기사무처리에 필요한 사항을 규정함을 목적으로 한다.

제2조(공탁서 원본과의 대조) 상호의 가등기 또는 예정기간의 연장등기 신청에 대하여 등기관이 규칙 제80조 및 제81조에 따라 신청서에 첨부된 공탁서 사본이 원본과 같은지를 확인할 때에는 공탁금이 지정된 공탁금 보관은행에 납입되었는지 여부를 유의하여 확인하여야 한다.

제3조(본점이전에 관계된 상호의 가등기의 직권말소) 본점이전에 관계된 상호의 가등기를 한 후 예정기간 내에 회사가 본점이전의 등기를 하지 아니하여 등기관이 법 제43조에 따라 상호의 가등기를 직권으로 말소할 경우 등기관은 말소등기에 앞서 본점소재지를 관할하는 등기소에 본점이전등기신청서가 접수되었는지 여부를 전산시스템으로 조회하여야 한다.

제4조(공탁원인 소멸 증명) 규칙 제82조에 따라 공탁의 원인이 소멸하였음을 증명하는 서면의 교부를 청구하기 위하여 회사 또는 발기인 등이 제출하는 청구서 및 등기관이 할 증명의 예시는 별지 제1호 양식과 같다.

제5조(공탁금의 국고귀속 통지) 공탁금을 국고에 귀속하기 위하여 등기관이 규칙 제83조에 따라 해당 공탁법원의 공탁관에게 통지할 때에는 별지 제2호 양식에 따라 통지하여야 한다.

제6조(상호의가등기에 대한 공탁금 등 관리대장의 비치 등) ① 등기소에는 상호의 가등기 또는 예정기간의 연장등기를 위하여 한 공탁과 관련한 업무처리를 위하여 별지 제3호 양식의 "상호의가등기에 대한 공탁금 등 관리대장"(이하 "관리대장"이라 한다)을 비치하여야 한다.
② 제1항의 관리대장은 매년 갱신하여 작성하여야 하며 갱신 후 4년간 이를 보존하여야 한다. 다만, 사건이 적은 등기소에서는 이를 여러 해에 걸쳐 계

---

1) 「실무사례(30)」, 224면 참조

속 사용할 수 있으며, 매년 갱신하여 작성하는 경우에도 이기할 사항이 많은 경우 다음 해까지 계속 기재한 후 그 해가 종료한 때에 이기할 수 있다.
③ 등기소에는 "공탁원인 소멸 증명서 및 국고귀속 통지서철"을 비치하고 규칙 제82조에 따라 공탁원인 소멸 증명을 신청·교부한 경우에는 그 청구서 1통을, 규칙 제83조에 따라 공탁금 국고귀속 통지를 한 경우에는 그 통지서 사본을 각 편철한 다음 이를 1년간 보존하여야 한다.

제7조(상호의가등기에 있어 변경등기 및 말소등기) 상호의가등기에 있어 법 제40조에 따른 변경등기 및 법 제42조에 따른 말소등기가 가능한지 여부에 관한 예시는 별지 제4호와 같다.

부 칙(2014. 11. 5. 제1557호)
이 예규는 2014년 11월 21일부터 시행한다.

▣ 상업등기규칙 [별표 1] 상호의 가등기의 공탁금액

공탁금액 / 상호의 가등기의 종류	상호의 가등기 신청시		예정기간 연장의 등기 신청시
	예정기간이 6월 이하인 경우	예정기간이 6월을 초과하는 경우	
「상법」 제22조의2 제1항[1]의 규정에 의한 상호의 가등기	200만원	200만원에다가 초과되는 예정기간 6월(6월미만의 기간은 6월로 봄)마다 100만원을 추가한 금액	연장기간 6월(6월미만의 연장기간 6월로 봄)마다 100만원을 추가한 금액
「상법」 제22조의2 제2항 및 제3항[2]의 규정에 의한 상호의 가등기	150만원	150만원에다가 초과되는 예정기간 6월(6월미만의 기간은 6월로 봄)마다 70만원을 추가한 금액	연장기간 6월(6월미만의 연장기간 6월로 봄)마다 70만원

1) 주식회사 또는 유한회사를 설립하고자 할 때의 상호의 가등기(1항)
2) 상호나 목적 또는 상호와 목적을 변경하고자 할 때의 상호의 가등기(2항)와 본점을 이전하고자 할 때의 상호의 가등기(3항)

실무사례(30)

제목: 상호변경을 위한 상호의 가등기에 관한 사항

다음은 상호를 변경하고자 할 때의 상호의 가등기에 관한 질의이다.

【1】 상호변경을 위한 상호의 가등기에 있어서 2개의 상호의 가등기 신청이 가능한지?

【2】 위 【1】의 경우 2개의 상호의 가등기 신청이 가능하다면, 추후 2개의 상호의 가등기 모두에 대해 공탁금을 회수할 수 있는지?

1. 상법, 상업등기법, 상업등기규칙에 따른 상호의 가등기 신청이 1개가 아닌 2개 이상의 복수로 가능한지가 문제될 수 있는데, 복수의 상호의 가등기 신청을 허용할 경우 그 제도를 남용할 여지가 있다고 볼 수도 있으나, 현행 관련 법령에서 특별히 그 제한을 두고 있지 않는 것을 감안하면 상호변경을 위한 2개의 상호의 가등기 신청도 가능하다고 본다.[1)]

2-1. ⅰ) 회사의 상호변경을 위한 상호의 가등기 신청이 2개 이상이 가능하더라도 회사의 상호는 한 개의 상호만을 사용할 수 있는 점, ⅱ) 회사가 예정기간 내에 본등기를 하여 공탁금을 회수하기 위해서는 관할 등기소 등기관의 공탁원인 소멸 증명서(예규 1557호 별지 1호 양식)를 교부받아 첨부하여야 하는데, 본등기를 하지 못한 상호의 가등기에 대해서는 그 공탁원인 소멸 증명서의 발급을 받을 수 없는 점 등을 고려할 때,

2-2. 상호변경을 위한 2개의 상호의 가등기 중 예정기간 내에 본등기를 완료한 것에 대해서는 관할 등기소 등기관의 공탁원인 소멸 증명서를 첨부하여 공탁금을 회수할 수 있으나, 본등기를 하지 못한 나머지 1개의 상호의 가등기에 대해서는 공탁금을 회수할 수 없다.

참조 조문: 상법 제22의2조, 상업등기법 제38조 내지 제45조, 상업등기규칙 제79조 내지 제83조

참조 예규: 등기예규 제1557호(222~223면)

---

1) 이와 관련하여 대법원 인터넷등기소 2016. 2. 17. 공개 질의에서도 회사의 상호변경을 위한 상호의 가등기 신청은 2개 이상의 복수도 가능하다고 답변한 바 있다.

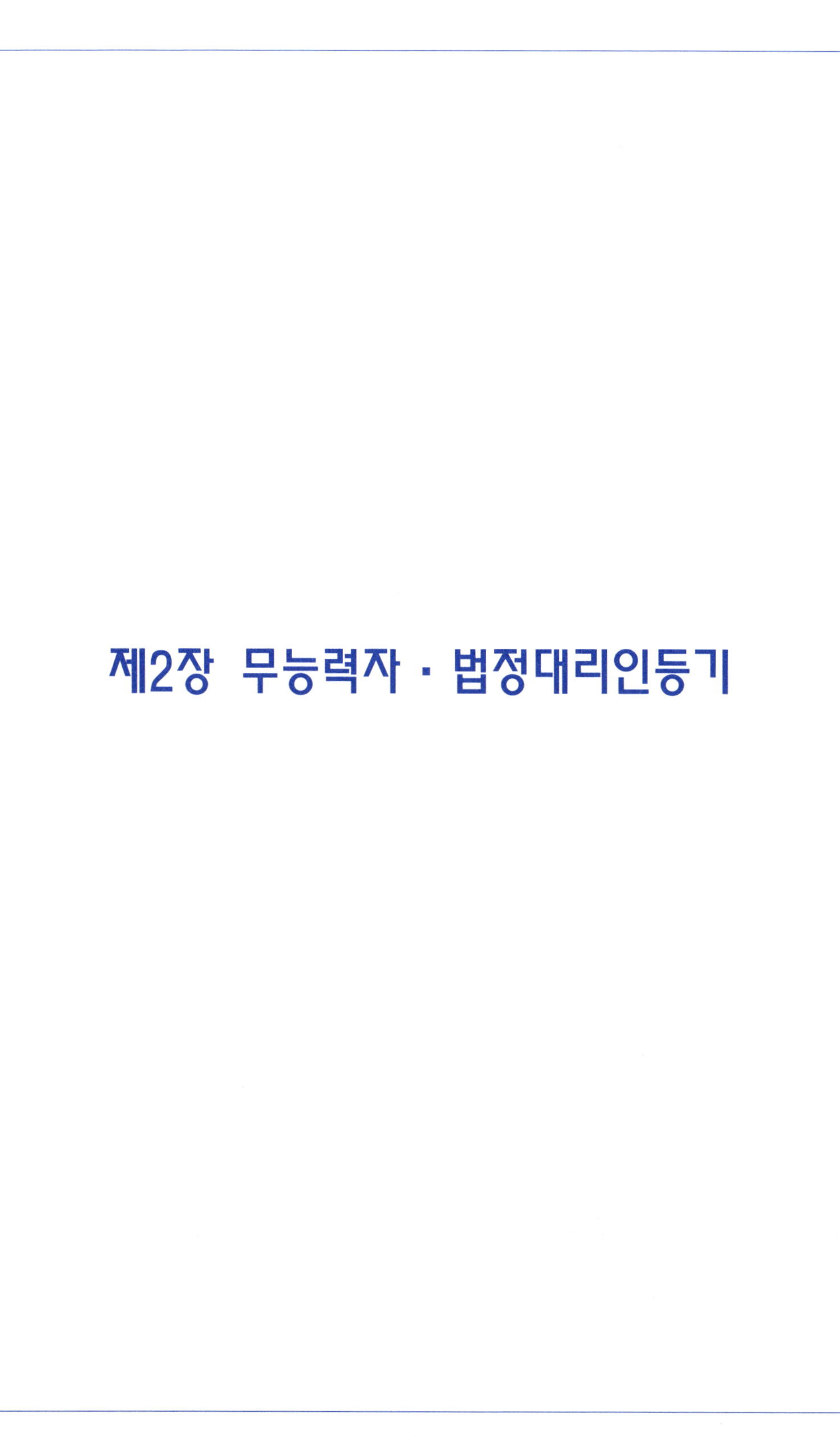

제2장 무능력자 · 법정대리인등기

제2장 무능력자 · 법정대리인등기[1)2)]

내 용	관련 조문		관련 선례 · 예규 · 규칙 (실무사례 포함)
	상법	상업등기법	
1. 무능력자	제6조 ~제7조	제46조 ~제47조, 규칙 제84조	
2. 법정대리인	제8조	제48조 ~제49조, 규칙 제85조	

1) 2016년 7월말 현재 무능력자 및 법정대리인에 관한 직접적인 상업등기선례는 존재하지 않는다.

2) 2011. 3. 17. 개정 민법(법률 제10429호, 2013. 7. 1. 시행)은 ① '무능력자'는 '제한능력자'로, '금치산자'는 '피성년후견인'으로, '한정치산자'는 '피한정후견인'으로 용어를 바꾸었고, ② 피한정후견인은 원칙적으로 행위능력이 있고 예외적으로 가정법원의 한정후견심판에서 한정후견인의 동의를 받아야 하는 행위의 범위를 정할 수 있는 것으로 개정하였으며, ③ 친족회 제도는 폐지하고 후견감독인 제도를 신설하였다. 이와 같이 무능력자제도가 변경되었으나 무능력자 등기의 근거법률인 상법이 개정되지 않아, 상업등기법 및 상업등기규칙에서 상법상 용어인 '무능력자' 용어를 그대로 사용하고 있다(『2016 상업등기실무』, 149면 각주 2번).

제3장 지배인등기

제3장 지배인등기[1)2)3)]

내 용	관련 조문		관련 선례 · 예규 · 규칙 (실무사례 포함)
	상법	상업등기법	
1. 지배인	제10조 ~제14조, 제17조	제50조 ~제51조, 규칙 제86조 ~제88조	66. 상업선례 제2-10호 67. 상업선례 제2-11호 68. 상업선례 제201603-1호 69. 상업선례 제1-60호 ☞ 실무사례(31) 70. 상업선례 제2-9호

1) 지배인에 관한 등기의 신청은 영업주가 하여야 한다(상법 13조). 영업주는 회사인 경우뿐만 아니라 개인인 영업주도 포함한다. 다만, 회사가 영업주인 경우에는 지배인 등기부가 아닌 회사의 등기부 중 지배인에 관한 사항란에 하지만, 개인이 영업주인 경우에는 지배인 등기부에 한다는 점에 그 차이가 있다.

2) 지배인이란 영업주에 갈음하여 그 영업에 관한 재판상 또는 재판 외의 모든 행위를 할 수 있는 상업사용인을 말한다(상법 11조 1항). 지배인은 영업주를 대리하므로 의사능력을 가진 자연인이어야 하지만, 행위능력이 있어야 하는 것은 아니다(민법 117조). 회사는 그 성질상 인적 개성이 중요시되는 지배인과 같은 상업사용인이 되지 못한다(『상업등기실무(I)』, 494~495면).

3) 지배인과 대표이사(이수천, 『상법강의』, 73면)

구 분	지배인	주식회사의 대표이사
권한의 성격	포괄성	포괄성
선임권자*	영업주의 의사표시	이사회의 결의
지위	영업주의 대리인	회사대표권을 가진 경영자
대리권의 행사	비현명주의	비현명주의
대리권의 범위	▷영업에 관한 재판상 · 재판 외의 모든 권한	▷영업에 관한 재판상 · 재판 외의 모든 권한(회사대표권) ▷주주총회, 이사회에서 결의된 사항에 관한 업무집행(업무집행권)

* 지배인의 선임은 영업주의 의사표시로 족하며, 특별한 방식을 요하지 않는다. 다만, 주식회사의 경우에는 단체법상의 특별한 절차 즉 이사회의 결의에 의하여 지배인을 선임하여야 한다(상법 393조 1항).

§ 요약

1. 지배인이란 영업주에 갈음하여 그 영업에 관한 재판상 또는 재판 외의 모든 행위를 할 수 있는 상업사용인을 말하며(상법 11조 1항), 상인에 한하여 지배인을 선임할 수 있다(상법 10조). 판례에 의하면, 법무법인·법무법인(유한)·법무사합동법인[1] 등은 상인이라 할 수 없어 지배인등기를 할 수 없다. 이는 전문자격사가 설립한 회계법인·세무법인·관세법인·노무법인·감정평가법인 등도 마찬가지이다. 또한 재판상 또는 재판 외의 모든 행위를 할 수 있는 대리인의 선임도 당해 특별법령에 규정이 있어야만 가능한데(「민법법인 및 특수법인 등기규칙」 5조 2항), 전문자격사가 설립한 법무법인 등의 설립 근거법률에 그러한 사항이 규정된 바도 없어 대리인 등기도 불가하다.[2]

2. 지배인은 영업주에 갈음하여 그 영업에 관한 재판상 또는 재판 외의 모든 행위를 할 수 있으며, 상인은 수인의 지배인에게 공동으로 대리권을 행사할 수 있도록 할 수도 있다(상업선례 1-60, 237면).

3. 지배인에 관한 등기의 신청은 영업주가 하여야 하며, 회사나 합자조합이 영업주로서 지배인 선임등기를 신청하는 경우와 개인상인이 지배인 선임의 등기를 신청하는 경우에는 그 첨부정보에 있어서 차이가 있다. 또한 회사 및 합자조합이 지배인 선임의 등기를 신청하는 경우에는 임원변경등기와는 달리 그 신청서에 지배인의 취임승낙서를 첨부정보로 제공할 필요가 없는데, 이는 지배인은 임원과 달리 상업사용인에 불과하기 때문이다(상업선례 2-9, 239면 참조).

4. 지배인등기를 한 회사·합자조합 및 개인상인은 지배인에 관한 변경사항이 발생하면 그 변경등기를 하여야 하며, 지배인의 대리권이 소멸한 경우에는 그 소멸의 등기도 하여야 하지만, 그 등기기간이 법정되어 있지 아니하여 지배인등기의 변경등기 등에 대한 지체를 이유로 등기의 해태에 따른 과태료를 부과할 수는 없다(상업선례 1-62, 96면).

---

1) 법무사합동법인은 법무사법 개정으로 2016. 8. 4.부터는 법무사법인 및 법무사법인(유한)으로 변경되었다.

2) 「중소기업진흥에 관한 법률」에 의하여 설립된 중소기업진흥공단 및 「소상공인 보호 및 지원에 관한 법률」에 의하여 설립된 소상공인시장진흥공단에 대해서도 근거법률 등에 대리인 등기를 할 수 있다는 규정이 없으므로 불가하다는 것에 대해서는 상업등기선례 제2-11호(235면) 및 제201603-1호(236면) 참조

66. 법무법인과 법무법인(유한)이 지배인등기를 신청할 수 있는지 여부[1)2)]

[상업등기선례 제2-10호, 제정 2011. 5. 11.]

「변호사법」은 법무법인과 법무법인(유한)에 대해 각각 「상법」중 합명회사와 유한회사에 관한 규정을 준용한다고 규정하고 있으나(「변호사법」제58조, 제58조의17), 법무법인과 법무법인(유한)은 상인에 해당하지 않으므로 지배인등기를 신청할 수 없으며, 법인[법무법인과 법무법인(유한)]의 업무에 관한 재판상 또는 재판외의 모든 행위를 할 수 있는 대리인을 선임할 수 있다는 규정이 없으므로 대리인등기 역시 신청할 수 없다.
(2011. 5. 11. 사법등기심의관-1055 질의응답)

◐ **선례 해설:**

1. 법무법인·법무법인(유한)의 상인성을 인정하여 상법의 지배인등기를 할 수 있는지 여부와 설립근거법령에 의한 대리인등기를 신청할 수 있는지 여부가 쟁점이 된 사안이다.

2. 상인은 지배인을 선임하여 본점 또는 지점에서 영업을 하게 할 수 있으며, 지배인은 상인(영업주)에 갈음하여 그 영업에 관한 재판상 또는 재판 외의 모든 행위를 할 수 있다(상법 10조 및 11조 1항). 따라서 법무법인 또는 법무법인(유한)이 지배인 선임 및 등기를 할 수 있는지 여부는 법무법인 또는 법무법인(유한)이 상인이냐의 문제로 직결된다.

3. 위 2.와 관련하여, ⅰ) 변호사의 영리추구 활동을 엄격히 제한하고 그 직무에 관하여 고도의 공공성과 윤리성을 강조하는 변호사법의 여러 규정에 비추어 변호사의 상인성을 부정한 판례(대법원 2007. 7. 26.자 2006마334 결정), ⅱ) 변호사법이 법무법인을 '상행위 기타 영리를 목적으로' 한 회사의 형태가 아닌, '변호사가 그 직무를 조직적·전문적으로 행하기 위하여' 설립된 사단의 형태로 규정하고 있으므로 법무법인 역시 상인에 해당하지 않는다고 하여 법무법인 및 법무법인(유한)의 상인성을 부정한 판례(서울고법 2008. 7. 2. 선고 2007나118684 판결) 등이 있다.

---

1) 본 선례는 특수법인에 관한 것이나, 변호사 등 전문직업인 모두에 해당되는 사항이여서 여기에 실었다.
2) 본 선례에 관한 자세한 해설은 『상업등기 주요선례 해설』, 344~356면 참조

4. 비록 법무법인과 법무법인(유한)에 대해 상법 중 합명회사와 유한회사에 관한 규정을 준용한다고 하여 법무법인과 법무법인(유한)의 본질이 상인으로 되는 것은 아니다. 따라서 법무법인과 법무법인(유한)이 상인이 아니므로 상법상 지배인에 관한 규정을 준용할 수도 없다. 이와 같은 논리는 비록 판례는 없지만 위 법인뿐만 아니라 전문직업인이 설립한 회계법인 · 세무법인 · 특허법인 · 관세법인 · 노무법인 · 감정평가법인 등에게도 동일하게 적용된다.

5. 그렇다면 법무법인과 법무법인(유한)이 대리인등기는 가능한지가 문제되는데, 본 선례에서는 근거법령인 변호사법에 대리인을 선임하여 등기할 수 있다는 근거규정이 없으므로 특수법인의 대리인등기도 신청할 수 없다고 보았다(「민법법인 및 특수법인 등기규칙」 5조 1항 및 2항 참조).

6. 전문직업인이 설립한 법인의 지배인등기 또는 대리인등기를 할 수 없다고 본다면, 법무법인 · 법무법인(유한) 등 전문직업인이 설립한 법인에 이미 지배인 또는 대리인등기가 마쳐진 경우에는 이는 등기할 사항이 아님에도 등기되어 있는 경우이므로, 그 지배인 또는 대리인에 관한 등기의 말소를 신청할 수 있으며 등기관도 일정한 절차를 거쳐 직권으로 그 등기를 말소할 수 있다는 것이 선례의 입장이다(상업선례 2-146[1] 참조).

※ 전문직업인(전문자격사)의 지배인등기 또는 대리인등기 가부

구 분	상인성 여부	지배인 또는 대리인등기 가부
법무법인 · 법무법인(유한)	부정(판례)	부정(선례)
구 법무사합동법인		부정(학설)
회계법인	부정(통설)	
세무법인		
특허법인		
관세법인		
노무법인		
감정평가법인		

1) 2. 위와 같이 서울올림픽기념국민체육진흥공단(이하 '공단'이라 한다)의 대리인에 관한 사항이 등기할 사항이 아님에도 등기되어 있는 경우, 공단은 그 대리인에 관한 등기의 말소를 신청할 수 있고 등기관도 일정한 절차를 거쳐 그 등기를 말소할 수 있다. 공단의 대리인에 관한 사항이 등기사항이 아님은 관계 법령에 의해 명백하므로 위 말소등기의 신청서에는 등기할 사항이 아님을 증명하는 서면을 첨부할 필요가 없다(2006. 10. 17. 공탁상업등기과-1149 질의회답).

67. 중소기업진흥공단의 지배인 또는 대리인 등기 가부

[상업등기선례 제2-11호, 제정 2012. 4. 5.]

「중소기업진흥에 관한 법률」에 의하여 설립된 중소기업진흥공단에 관하여는 위 법에 규정된 것을 제외하고는 「민법」중 재단법인에 관한 규정을 준용하도록 하고 있고, 「민법」및 「중소기업진흥에 관한 법률」에는 지배인이나 대리인을 선임하여 등기할 수 있도록 하는 규정이 없으므로 이를 등기할 수 없다.

(2012. 4. 5. 사법등기심의관-933 질의회답)

◐ **선례 해설:** [유사 선례] 제201603-1호(236면) 참조

1. 등기사항이란 상법이나 민법 등 법령에 의하여 등기부에 등기하도록 정하여진 사항을 말하며, 법령에 의하여 등기할 수 있는 사항으로 규정된 것만 등기할 수 있다(『상업등기실무(Ⅰ)』, 13면).

2. 특수법인에 관하여는 당해 특별법령이 정하는 사항을 등기하여야 한다(「민법법인 및 특수법인 등기규칙」 5조 1항). 민법 및 상법 외의 법령인 「중소기업진흥에 관한 법률」에 의하여 설립된 특수법인인 중소기업진흥공단은 동법에서 규정된 것 외에는 민법 중 재단법인에 관한 규정을 준용한다는 규정이 있으나(「중소기업진흥에 관한 법률」68조 8항),[1]

3. ⅰ) 「중소기업진흥에 관한 법률」에는 지배인이나 대리인을 등기할 수 있다는 규정이 없으며, ⅱ) 또한 민법 중 재단법인에 관한 규정에도 지배인이나 대리인을 등기할 수 있다는 규정이 없다(민법 49조 내지 52조의2 참조).

4. 결국 「중소기업진흥에 관한 법률」에 의하여 설립된 특수법인인 중소기업진흥공단은 지배인이나 대리인을 선임하여 등기할 수 없다.

1) 한편 민법 및 상법 외의 법령에 의하여 설립된 특수법인의 경우에는 그 법령에 특별한 규정이 있거나 성질상 허용되지 아니하는 경우 이외에는 원칙적으로 상업등기법이 아닌 비송사건절차법의 제5장 법인의 등기에 관한 규정이 적용된다(비송법 67조 1항).

68. 대리인 선임등기

[상업등기선례 제201603-1호, 제정 2016. 3. 9.]

1. 등기사항이란 상법이나 민법 등 법령에 의하여 등기부에 등기하도록 정하여진 사항을 말하므로, 등기사항이 아닌 것은 공시할 필요성이 있더라도 등기할 수 없다. 나아가 어떠한 사항을 등기사항으로 할 것인가는 입법정책상의 문제이므로, 당사자의 의사만으로는 등기사항을 정할 수 없다.

2. 소상공인시장진흥공단의 대리인은 소상공인 보호 및 지원에 관한 법률 및 민법 등의 법령에 의한 등기사항이 아니므로, 대리인 선임등기 및 대리권의 범위를 한정한 대리인 등기도 할 수 없다.

(2016. 3. 9. 사법등기심의관-815 질의회답)

◐ 선례 해설: [유사 선례] 제2-11호(235면) 참조

1. 등기사항이란 상법이나 민법 등 법령에 의하여 등기부에 등기하도록 정하여진 사항을 말하며, 법령에 의하여 등기할 수 있는 사항으로 규정된 것만 등기할 수 있다(『상업등기실무(Ⅰ)』, 13면). 이를 등기사항 법정주의라고 하는데, 어떠한 내용을 등기사항으로 할 것인지는 입법정책상의 문제이다.

2-1. 민법 및 상법 외의 법령인 「소상공인 보호 및 지원에 관한 법률」에 의하여 설립된 특수법인인 소상공인시장진흥공단은 동법에서 규정된 것 외에는 민법 중 재단법인에 관한 규정을 준용한다는 규정이 있으나(「소상공인 보호 및 지원에 관한 법률」 17조 7항),

2-2. ⅰ) 「소상공인 보호 및 지원에 관한 법률」에는 대리인을 등기할 수 있다는 규정이 없으며, ⅱ) 또한 민법 중 재단법인에 관한 규정에도 대리인을 등기할 수 있다는 규정이 없다(민법 49조 내지 52조의2 참조).

2-3. 결국 「소상공인 보호 및 지원에 관한 법률」에 의하여 설립된 특수법인인 소상공인시장진흥공단의 대리인은 법령에 등기할 수 있다는 규정이 없으므로, 대리인 선임등기 및 대리권의 범위를 한정한 대리인 등기도 할 수 없다.

69. 지배인의 대리권

[상업등기선례 제1-60호, 제정 1992. 4. 28.]

상법상 상인이 지배인을 선임할 수 있는 인원수에 관하여는 제한규정이 없으므로 1개 지점에 1인 이상의 지배인을 선임할 수도 있으며, 수인의 지배인이 공동으로 대리권을 행사할 것을 정하거나 대리할 영업의 종류를 정하여 이를 등기하지 않는 한 지배인은 각자 영업주에 갈음하여 그 영업에 관한 모든 행위를 할 수 있는 것이다.
(1992. 4. 28. 등기 제972호)

◐ 선례 해설: 「실무사례(31)」(238면) 참조

1. 본 선례는 지배인의 대리권에 관한 것으로 절차법인 상업등기법의 등기에 관한 사항 보다는 실체법인 상법에 관한 내용을 주로 언급하였지만, 등기와 관련하여 그 내용을 살펴보면,

2. 지배인은 영업주에 갈음하여 그 영업에 관한 재판상 또는 재판 외의 모든 행위를 할 수 있다(상법 11조). 영업에 관한 행위란 영업을 위한 직·간접으로 필요한 모든 행위를 말하며, 영업에 관한 행위인가의 여부는 행위의 객관적 성질에 따라 추상적으로 결정해야 한다는 것이 판례의 태도이다.

   가. 지배인의 행위가 영업주의 영업에 관한 것인가의 여부는 지배인의 행위당시의 주관적 의사와는 관계없이 그 행위의 객관적 성질에 따라 추상적으로 판단되어야 한다.

   나. 지배인의 행위가 그 객관적 성질에 비추어 영업주의 영업에 관한 행위로 판단되는 경우에도 지배인이 자기 또는 제3자의 이익을 위하여 또는 그 대리권에 관한 제한에 위반하여 한 행위에 대하여는 그 상대방이 악의인 경우에 한하여 영업주는 그러한 사유를 들어 상대방에게 대항할 수 있다.

   (대법원 1987. 3. 24. 선고 86다카2073 판결)

3. 상기 2.의 지배인의 대리권은 일정한 제한을 할 수 있는 바, i) 상인은 수인의 지배인에게 공동으로 대리권을 행사하게 할 수 있으며(상법 12조), ii) 상호 또는 영업에 의하여 특정한 영업에 한정하여 대리할 영업의 종류를 정할 수 있다. 다만, i)의 제한은 등기하여야 선의의 제3자에게 대항할 수 있으며(상법 37조 1항), ii)의 제한은 선의의 제3자에게 대항하지 못한다(상법 11조 3항).

실무사례(31)

제목: 지배인의 자격 등

다음은 주식회사의 지배인과 관련된 사항이다.

【1】 주식회사의 임원이 지배인을 겸직하는 것이 가능한지?
【2】 청산 진행 중 혹은 파산선고를 받은 주식회사도 지배인을 선임할 수 있는지?
【3】 지배인을 둔 지점의 경우에 그 지점에 관한 변경등기에 대한 등기 신청인은 누구인지?
【4】 지배인의 인감신고서는 지배인 선임등기신청 시에 반드시 제출하여야 하는지?

1. 주식회사의 감사는 지배인 기타의 사용인의 직무를 겸할 수 없지만(상법 411조), 주식회사의 이사는 지배인 기타의 사용인의 직무를 겸할 수 있다(대법원 1968. 7. 23. 선고 68다442 판결 참조).

2. 지배인은 영업을 전제로 하여 선임된다. 따라서 영업능력이 제한되어 청산의 목적범위 또는 파산의 목적범위 내에서만 존속하는 해산하여 청산중인 회사나 파산선고를 받은 회사는 원칙적으로 지배인을 선임할 수 없다(『상업등기실무(Ⅰ)』, 498면). 다만, 파산선고를 받은 회사의 파산관재인이 법원으로부터 허가를 받아 영업을 계속할 수 있는 때(통합도산법 486조)에는 법원의 허가를 받아 지배인을 선임할 수 있다(통합도산법 492조 16호).

3. 지배인은 영업주에 갈음하여 그 영업에 관한 재판상 또는 재판 외의 모든 행위를 할 수 있지만(상법 11조), 법인의 인격에 관한 법률행위인 상업등기의 신청인은 될 수 없다. 비록 지배인을 둔 지점에 관한 변경등기인 경우에도 마찬가지이다. 원칙적으로 회사를 대표할 자가 등기신청인이 된다.

4. 지배인 인감신고서는 원하는 경우에 한하여 제출하는 것으로 반드시 지배인 선임등기신청 시에 제출하여야 하는 것은 아니다.

참조 조문: 상법 제11조 제411조, 「채무자 회생 및 파산에 관한 법률」 제486조, 제492조
참조 판례: 대법원 1968. 7. 23. 선고 68다442 판결

70. 지배인선임등기의 신청서에 지배인의 취임승낙서를 첨부하여야 하는지 여부

[상업등기선례 제2-9호, 제정 2007. 2. 16.]

회사가 지배인 선임의 등기를 신청하는 경우에는 그 신청서에 지배인의 선임을 증명하는 서면 등을 첨부하여야 하나(주: 규칙 제86조 제1항), 지배인의 취임승낙을 증명하는 서면(취임승낙서 등)은 첨부하지 않아도 된다. (2007. 2. 16. 공탁상업등기과-180 질의회답)

◐ 선례 해설:

1. 지배인 선임의 등기와 관련된 사항의 비교

구 분	회 사	합자조합	합자조합 외 개인상인
지배인 등기	회사의 등기부	합자조합의 등기부	지배인 등기부
첨부정보	i) 지배인의 성명·주소 및 주민등록번호를 증명하는 정보 ii) 지배인 선임을 증명하는 정보(이사회 의사록 혹은 (대표)이사결정서 등) iii) 2인 이상의 지배인이 공동으로 대리권을 행사할 것을 정한 경우에는 그 정함을 증명하는 정보		i) 주민등록등·초본(영업주·지배인) ii) 상인임을 소명하는 정보(사업자등록증 사본 등을 실무상 첨부)

2. 본 선례 및 상업등기규칙 제86조에 의하면, 회사 임원변경등기와는 달리 지배인 선임등기에 있어서는 지배인의 취임승낙서를 첨부할 필요가 없는 바, 이는 지배인은 임원과 달리 상업사용인에 불과하기 때문이다.

[비교] (중략) 감사의 선임에 관한 주주총회의 결의는 피선임자를 회사의 기관인 감사로 한다는 취지의 회사 내부의 결정에 불과한 것이므로, 주주총회에서 감사선임결의가 있었다고 하여 바로 피선임자가 감사의 지위를 취득하게 되는 것은 아니고, 주주총회의 선임결의에 따라 회사의 대표기관이 임용계약의 청약을 하고 피선임자가 이에 승낙을 함으로써 비로소 피선임자가 감사의 지위에 취임하여 감사로서의 직무를 수행할 수 있게 되는 것이므로...(중략)... (대법원 1995. 2 .28. 선고 94다31440 판결)

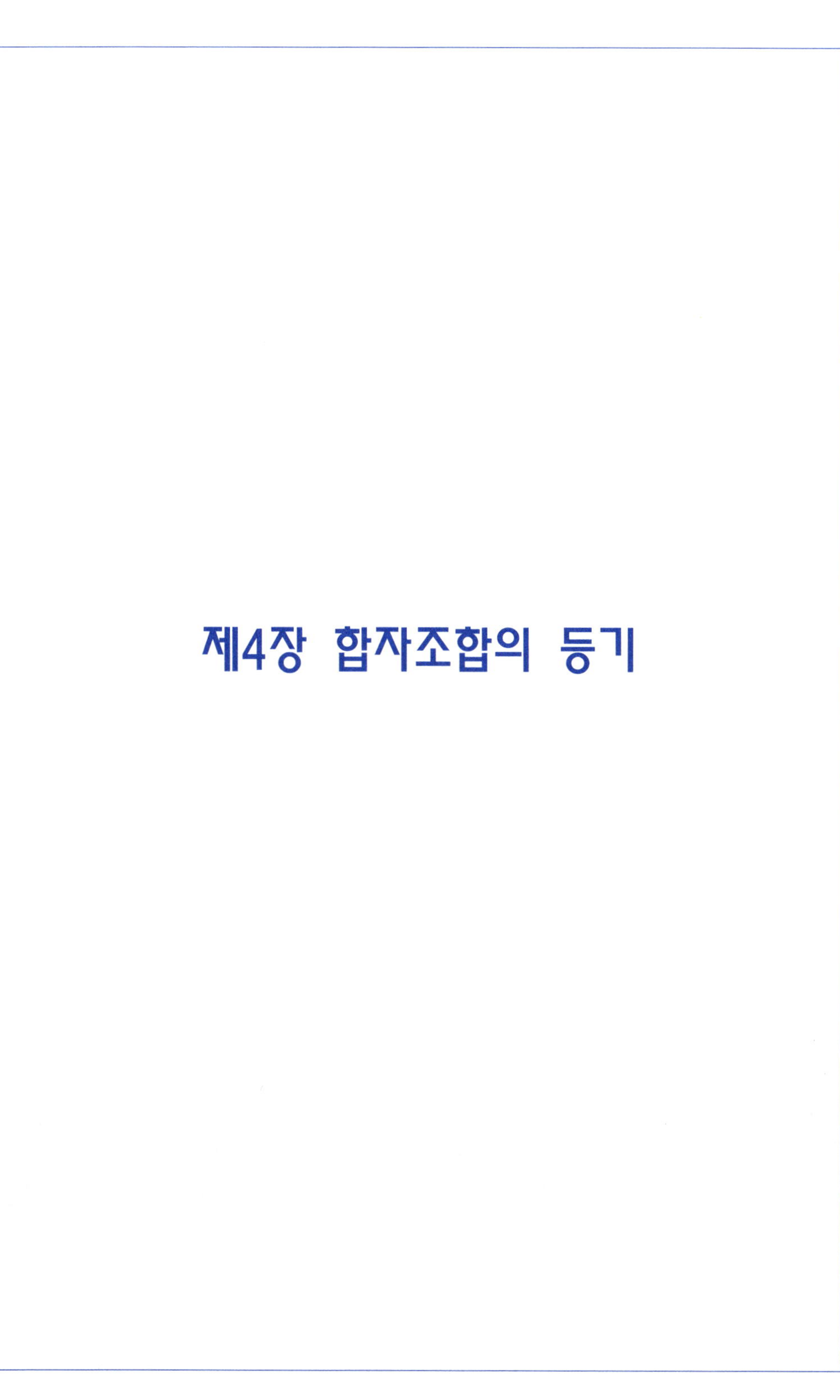

제4장 합자조합의 등기

제4장 합자조합의 등기[1)2)3)]

내 용	관련 조문		관련 선례 · 예규 · 규칙 (실무사례 포함)
	상법	상업등기법	
1. 합자조합	제86조의2 ~제86조의9	제52조 ~제53조, 규칙 제90조 ~제96조	

1) 민법상 조합은 모든 조합원이 조합채무에 대하여 무한책임을 부담하는 단점이 있어 2011. 4. 14. 개정 상법에서는 합자조합을 신설하였다. 합자조합은 조합의 업무집행자로서 조합의 채무에 대하여 무한책임을 지는 조합원과 출자가액을 한도로 하여 유한책임을 지는 조합원이 상호 출자하여 공동사업을 경영할 것을 약정함으로써 그 효력이 생긴다(상법 86조의2). 상법 상행위편에 있는 합자조합과 회사편에 있는 합자회사를 비교하면, 법인격의 유무에만 차이가 있고 구성원의 종류 및 그 책임한도, 내적 자치, 소유와 경영의 미분리, 유한책임사원은 업무집행권이 없다는 점 등 거의 모든 면에서 동일하다.

2) 2011. 4. 14. 상법 개정으로 합자조합 제도가 도입되었다. 이에 2014. 11. 21.부로 시행된 상업등기규칙에서도 합자조합에 대해 첨부정보에 관한 통칙, 설립, 변경, 해산, 청산인등기 등의 순서로 그 등기규정을 마련하였다.

3) 합자조합은 2인 이상이 출자하여 공동사업을 할 것을 약정하는 계약인 점에서 기본적으로는 민법상의 조합이므로 상법에 특별한 규정이 없으면 민법의 조합에 관한 규정이 적용된다(상법 86조의8조 4항). 이와 달리 「중소기업창업 지원법」상의 중소기업창업투자조합, 여신전문금융업법상의 신기술사업투자조합 등 특별법상의 투자조합의 법적 성격에 대해서는 견해의 대립이 있지만 민법상 조합이 아닌 법인격 없는 사단으로 보는 것이 타당해 보인다. 이와 관련하여, i) 구 「중소기업창업 지원법」상 중소기업창업투자조합의 법적 성격과 관련하여 서울고등법원 2003. 8. 20. 선고 2003나23160 판결은, 고유의 목적을 가지고 사단적 성격을 가지는 규약을 만들어 이에 근거하여 의사결정기관인 조합원총회 및 집행기관인 업무집행조합원을 두는 등의 조직을 갖추고 있고, 기관의 의결이나 업무집행방법이 다수결의 원칙에 의하여 행해지며, 조합의 가입 · 탈퇴 등으로 인한 변경에 관계없이 조합 그 자체가 존속되고, 그 조직에 의하여 대표의 방법 · 총회 등의 운영 · 자본의 구성 · 재산의 관리 기타 단체로서의 주요사항이 확정되어 있는 점에 비추어 보면, 법인격 없는 사단으로서의 실체를 가진다고 판단하였으며, ii) 실무에서도 특별법상 투자조합을 조합이 아닌 법인격 없는 사단으로 취급하여, 특별법상 투자조합 명의로 주식을 취득하고 부동산을 취득하고 있는 실정이다. 다만, 특별법상 투자조합은 업무집행조합원을 통해 법률행위가 이루어지고 있다(상업선례 2-64, 819면 참조).

「보 론」 합자조합에 관한 등기[1]

1. 그 본질이 조합으로 독립적 법인격이 인정되지 아니함에도 상법은 기업체로서의 합자조합을 등기하도록 하고 있으며, 합자조합의 등기로는 조합설립에 따른 등기, 변경등기, 해산등기, 청산인등기, 청산종결등기, 조합계속등기 등이 있다(상법 36조의4, 86조의8, 183조의2, 228조, 253조, 264조, 285조).

2. 합자조합의 설립에 따른 등기는 합자조합의 업무를 집행하고 대리할 권한이 있는 자[2]가 합자조합 설립 후(합자조합계약에서 정한 효력발생일 후) 2주간 내에 조합의 주된 영업소 소재지 관할 등기소에 신청한다(법 23조 2항 참조). 설립에 따른 등기를 신청하는 경우에는 상업등기규칙 제92조에서 정한 첨부정보를 제공하여야 한다.

3. 합자조합의 설립에 따른 등기 후 등기된 사항이 변경된 때에는 합자조합의 대리권을 가지는 업무집행조합원이 2주 내에 변경등기를 신청하여야 한다(상법 86조의4 2항).

4. 조합이 해산된 때에는 파산의 경우를 제외하고 그 해산사유가 있은 날로부터 주된 영업소의 소재지에서 2주간 내에 해산등기를 하여야 하며(상법 86조의8, 228조), 청산인이 선임된 때에는 그 선임된 날로부터, 업무집행조합원이 청산인이 된 때에는 해산된 날로부터 주된 영업소의 소재지에서 2주간 내에 청산인의 선임등기를 하여야 한다(상법 86조의8 1항, 253조). 청산인은 조합의 청산이 종결된 때에는 지체 없이 계산서를 작성하여 총조합원의 승인을 얻어야 하고 그 승인이 있은 날로부터 주된 영업소의 소재지에서 2주간 내에 청산종결의 등기를 하여야 한다(상법 86조의8 1항, 263조, 264조).

5. 업무집행조합원 또는 유한책임조합원 전원의 탈퇴로 해산한 경우 잔존한 업무집행조합원 또는 유한책임조합원은 조합원 전원의 동의로 새로 유한책임조합원 또는 업무집행조합원을 가입시켜 조합을 계속할 수 있다(상법 86조의8 1항, 285조 2항).

---

1) 『2016 상업등기실무』, 168~180면

2) 합자조합의 대리는 회사의 대표에 해당한다(상법 86조의5 1항).

제3편

회사에 관한 등기

제3편 회사에 관한 등기[1]

제1장 합명회사의 등기

내 용	관련 조문		관련 선례·예규·규칙 (실무사례 포함)
	상법	상업등기법	
1. 합명회사	제178조 ~제267조	규칙 제97조 ~제116조	71. 상업선례 제1-64호 72. 상업선례 제1-63호

1) 종전에는 2011. 4. 14. 개정 상법에서 인정하고 있는 유한책임회사에 관한 등기사항은 상업등기규칙이 아닌 등기예규 제1445호 제3장에서 정하고 있었으나, 2014. 11. 21.부로 시행된 개정 상업등기규칙에서는 회사에 관한 등기사항으로 합명회사, 합자회사, 유한책임회사, 주식회사, 유한회사, 외국회사 등으로 구분하여 정하고 있어 상법상 회사편의 회사와 동일하게 되었다. 상법상 회사의 간략 비교는 「보론」(249면) 참조.

§ 요약

1. 합명회사는 회사의 재산으로써 회사의 채무를 완제할 수 없는 경우 각 사원이 회사의 채권자에 대하여 직접·무한·연대책임을 부담하는, 2인 이상의 무한책임사원만으로 조직된 회사이다(상법 178조, 212조 참조).

2. 합명회사에서 사원의 출자의 목적과 가격 또는 그 평가의 표준은 정관의 절대적 기재사항이며(상법 179조), 사원은 재산, 노무, 신용 중 어느 하나를 반드시 출자하여야 한다(상업선례 1-64, 250면).

3. 합명회사의 업무집행은 정관 또는 상법에 규정이 없으면 총사원의 과반수로 결정하고, 특히 업무집행사원을 정한 때에는 이들의 과반수로 결정한다(상법 195조, 민법 706조 2항). 반면에 정관변경(상법 204조), 회사대표 및 공동대표에 관한 정함(상법 207조, 208조), 해산(상법 227조), 회사의 계속(상법 229조), 합병(상법 230조), 조직변경(상법 242조) 등 중요한 사항은 총사원의 동의로 결정한다.

4. 첨부서면에 대해 살펴보면, i) 정관에 규정이 없으면 효력이 없는 사항의 등기를 신청하는 경우에 정관을 첨부하여야 한다(규칙 97조 1항). 예를 들면 정관에 별도의 정함이 없으면 원칙적으로 각 사원이 업무를 집행할 권리와 의무가 있기 때문에, 정관으로 업무집행사원을 정하고, 그 과반수의 동의로 등기사항이 발생해서 등기를 신청할 때에는 신청서에 정관을 첨부하여야 한다(『2016 상업등기실무』, 186면). ii) 등기할 사항에 관하여 총사원 또는 어느 사원이나 청산인의 동의를 필요로 하는 등기를 신청하는 경우에는 신청서에 그 동의가 있음을 증명하는 서면을 첨부하여야 한다(규칙 97조 2항). 총사원의 동의가 필요한 사항에서 사원 중 일부가 동의하지 않은 경우에는 동의의 의사표시를 명하는 판결을 받아 그 판결문을 첨부할 수 있다(상업선례 1-69, 260면 참조).

5. 합명회사의 각 사원은 회사 채권자에 대하여 직접·무한·연대책임을 부담하므로 청산절차에서의 사원의 퇴사가 허용되지 않는다는 것이 판례의 입장이다(대법원 2005. 7. 15. 선고 2003다46963 판결). 선례 또한 청산 중인 합명회사는 청산의 목적범위 내에서만 존속하고 그 청산은 회사와 사원의 재산관계의 정리를 중심으로 하는 것이므로, 합명회사의 청산절차에서 사원의 퇴사가 허용되지 않음을 밝히고 있다(상업선례 1-63, 252면).

「보 론」 상법상 회사의 비교[1)]

구 분	합명회사	합자회사	유한책임회사	주식회사	유한회사
성 격	인적회사	인적회사	인적회사에 가까움	물적회사	물적회사
조 직	무한책임사원 (2인 이상)	무한책임사원 유한책임사원	사원 (1인 가능)	주주 (1인 가능)	사원 (1인 가능)
사원책임	직접·무한·연대	무한책임 유한책임(직접·유한·연대)	출자금액을 한도로 간접책임	인수가액을 한도로 간접책임	출자금액을 한도로 간접책임
지분양도	다른 사원의 동의	무한: 다른 사람의 동의 유한: 무한책임사원의 동의	다른 사원의 동의	원칙 자유	사원총회 특별결의
설립절차	정관작성 설립등기	정관작성 설립등기	정관작성 출자이행 설립등기	정관작성 출자이행 검사절차(창립총회) 설립등기	정관작성 출자이행 설립등기
출자대상	현금, 현물출자, 노무, 신용	현금, 현물출자, 노무, 신용	금전, 현물출자	금전, 현물출자	금전, 현물출자
기 관	각 사원이 업무집행기관이고 감사기관은 없음	무한책임사원은 업무집행권을 가짐, 유한책임사원과 업무집행하지 아니하는 무한책임사원은 감사기능(원칙적으로 감사기관 없음)	업무집행자, 사원총회 규정 없음(임의적 기관 가능), 감사기관 없음(사원이 감사권을 가짐)	주주총회, 이사회, 대표이사, 집행임원과 대표집행임원, 감사(감사위원회)	사원총회 (감사는 임의기관) 이사회 없음
정관변경	총사원의 동의	총사원의 동의	총사원의 동의	주주총회 특별결의	사원총회 특별결의
청 산	임의청산, 법정청산	임의청산, 법정청산	법정청산	법정청산	법정청산

1) 권오복, 『상업등기(상)』, 772~773면

71. 합명회사의 사원 또는 대표사원의 출자의무 등[1)]

[상업등기선례 제1-64호, 제정 1997. 11. 21.]

합명회사의 사원은 재산, 노무, 신용 중 어느 하나를 반드시 출자하여야 하고 정관의 규정으로써도 그러한 출자를 하지 않은 사원을 인정할 수 없으므로, 출자가 없는 자를 사원으로 정한 합명회사의 설립등기신청은 수리될 수 없을 것이다.
(1997. 11. 21. 등기 3402-896 질의회답)

참조 조문 · 규칙 · 예규 · 선례 · 판례

▣ 상법[법률 제13523호, 2015. 12. 1., 일부개정]

제179조(정관의 절대적 기재사항) 정관에는 다음의 사항을 기재하고 총사원이 기명날인 또는 서명하여야 한다.

1. 목적
2. 상호
3. 사원의 성명 · 주민등록번호 및 주소
4. 사원의 출자의 목적과 가격 또는 그 평가의 표준
5. 본점의 소재지
6. 정관의 작성년월일

제180조(설립의 등기) 합명회사의 설립등기에 있어서는 다음의 사항을 등기하여야 한다.

1. 제179조 제1호 내지 제3호 및 제5호의 사항과 지점을 둔 때에는 그 소재지. 다만, 회사를 대표할 사원을 정한 때에는 그 외의 사원의 주소를 제외한다.
2. 사원의 출자의 목적, 재산출자에는 그 가격과 이행한 부분
3. 존립기간 기타 해산사유를 정한 때에는 그 기간 또는 사유
4. 회사를 대표할 사원을 정한 경우에는 그 성명 · 주소 및 주민등록번호
5. 수인의 사원이 공동으로 회사를 대표할 것을 정한 때에는 그 규정

---

1) 합명회사는 2인 이상의 무한책임사원만으로 구성되는 회사로서 전사원이 회사 채무에 대하여 직접 · 연대 · 무한의 책임을 지고(상법 212조), 원칙적으로 각 사원이 업무집행권과 대표권을 가지는(상법 207조) 회사이다. 「보론」(249면) 참조.

▣ 상업등기규칙[대법원규칙 제2668호, 2016. 6. 27., 타법개정]

제98조(설립등기)

설립등기를 신청하는 경우에는 다음 각 호의 정보를 제공하여야 한다.

1. 정관
2. 재산출자에 관하여 이행을 한 부분을 증명하는 정보

◐ 선례 해설:

1. 합명회사에서의 출자

i) 사원은 정관에 의해 확정된 출자의무를 이행하여야 하며, 여기서 출자란 사원이 회사의 목적사업을 운영하는 데 필요한 고유의 재산을 구성할 금전 기타 재산, 노무 또는 신용을 제공하는 것을 말한다.

ii) 합명회사에서의 사원은 대외적으로 무한책임을 지므로 회사재산의 충실·유지에 관해 법이 간섭하지 않는다. 따라서 재산출자 외에 노무·신용출자도 인정된다(상법 222조).

iii) 출자의무는 정관에 정해진 바에 따라 이행되어야 하며, 합명회사의 설립등기신청 시에는 사원의 출자의 목적과 가격 또는 그 평가의 표준에 관한 사항이 적혀 있는 정관과 재산출자에 관하여 이행을 한 부분을 증명하는 정보를 첨부정보로 제공하여야 하며(규칙 98조), 등기소에서는 사원의 출자의 목적, 재산출자에는 그 가격과 이행한 부분을 등기하여야 한다(상법 180조 2호). 또한 회사설립 후 입사하는 자에 대해서는 정관으로 그 자의 출자에 관해 새로이 정해야 하며, 기존 사원의 출자액을 변경할 때에도 정관변경의 절차를 거쳐야 한다.

2. 본 선례에서는 1.과 같은 합명회사의 특성을 고려하여 출자가 없는 자를 사원으로 정한 합명회사의 설립등기신청은 수리될 수 없음을 밝히고 있다. 여기서 한걸음 더 나아가 설립뿐만 아니라 설립이후의 경우에도 마찬가지로 합명회사에 있어서 출자 없는 사원이란 있을 수 없다고 본다.

72. 청산중인 합명회사에 있어서의 사원의 입 · 퇴사등기 가부
[상업등기선례 제1-63호, 제정 1988. 4. 29.]

청산중인 합명회사는 청산의 목적범위 내에서만 존속하고 그 청산은 회사와 사원의 재산관계의 정리를 중심으로 하는 것이므로, 사원 상호간이나 제3자에게 지분을 전부 양도함에 따른 사원의 입·퇴사의 등기 신청은 이를 수리할 수 없다.
(1988. 4. 29. 등기 제244호)

◐ **선례 해설:**

1. 해산한 회사는 청산의 목적범위 내로 그 권리능력이 제한되어(상법 245조), 영업을 할 수 없을 뿐만 아니라 영업을 전제로 한 지배인 등의 상업사용인을 둘 수 없다.

2. 청산 중인 합명회사는 청산의 목적범위 내에서만 존속하고 그 청산은 회사와 사원의 재산관계의 정리를 중심으로 하는 것이므로, 합명회사의 청산절차에서는 사원의 퇴사가 허용되지 않는다는 것이 판례와 본 선례의 입장이다(『상업등기실무(Ⅰ)』, 533면).[1)]

[판결이유 중 발췌] 원심판결 이유와 기록에 의하면, 원고 회사의 사원이던 이○○이 1997. 6. 3.경 자신이 원고 회사에 대하여 가지는 지분전부를 양도하고 퇴사하였는데 당시 원고 회사는 정관에서 해산사유로 규정한 20년간의 존립기간 만료로 1995. 3. 10. 해산하여 청산절차가 개시되어 청산의 목적 범위 내에서 존속하고 있었던 사실을 인정할 수 있는바, 합명회사의 청산절차에서는 사원의 퇴사가 허용되지 아니하므로 이○○의 위 퇴사는 효력이 없다 할 것이어서, (중략)(대법원 2005. 7. 15. 선고 2003다46963 판결).

---

1) 이는 합명회사의 사원의 책임과 관련된 사항이다. 즉 합명회사의 실질이 조합에 가까우므로 회사재산을 가지고 회사채무를 완제할 수 없는 때 또는 회사재산에 대한 강제집행이 주효하지 못한 때에는 각 사원은 회사채권자에 대하여 직접·연대·무한의 책임을 진다(『주석상법(회사편Ⅰ)』, 251면). 이러한 이유로 합명회사의 청산절차에서도 사원의 퇴사가 허용되지 않는다고 보는 것이 선례와 판례의 입장이다.

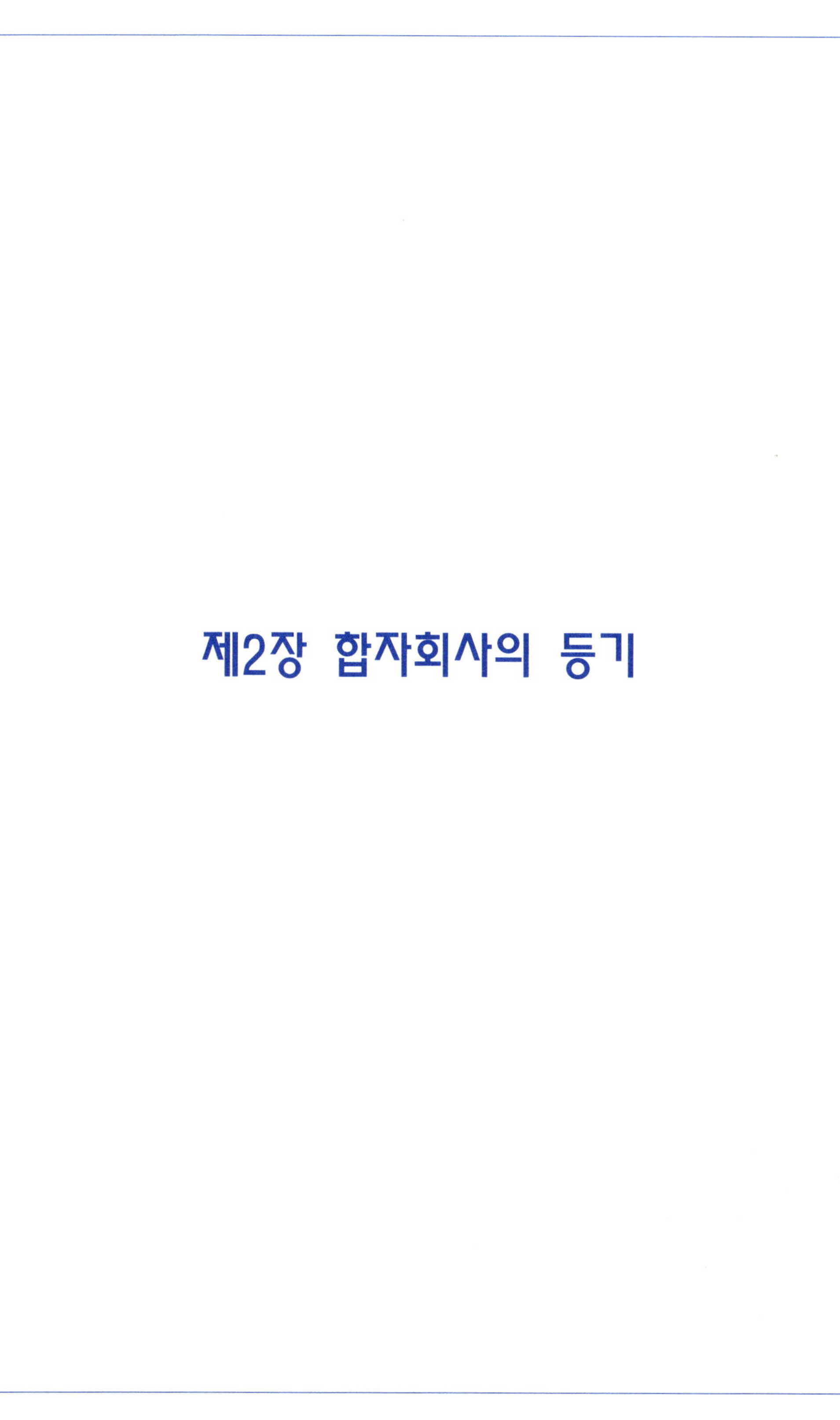

제2장 합자회사의 등기

제2장 합자회사의 등기[1)2)]

내 용	관련 조문		관련 선례 · 예규 · 규칙 (실무사례 포함)
	상법	상업등기법	
1. 합자회사	제268조 ~제287조	규칙 제117조 ~제118조	73. 상업선례 제1-65호 ☞ 실무사례(32) 74. 상업선례 제1-69호 75. 상업선례 제1-70호 76. 상업선례 제1-68호 77. 상업선례 제2-12호 78. 상업선례 제2-13호 79. 상업선례 제1-66호 80. 상업선례 제1-67호

1) 합자회사는 무한책임사원과 유한책임사원 각 1명 이상으로 구성되는 회사로서(상법 268조), 원칙적으로 무한책임사원이 업무집행의 권리의무를 지나, 정관으로 유한책임사원이 업무집행의 권리의무를 가지는 것으로 정하는 것은 가능하다(『상업등기실무(Ⅰ)』, 583면). 이와 관련해 판례는 유한책임사원의 업무집행이나 대표행위를 인정하고 있지 않는 상법 제278조의 규정에도 불구하고 정관 또는 내부 규정으로 유한책임사원에게 업무집행권을 부여할 수 있는 것으로 할지라도, 회사대표권은 어떠한 경우에도 유한책임사원에게 부여할 수 없다는 입장이다(대법원 1977. 4. 26. 선고 75다1341 판결).

2) 또한 합자회사 사원의 책임변경에는 총사원의 동의가 필요하다. 즉 상법 제270조는 합자회사 정관에는 각 사원이 무한책임사원인지 또는 유한책임사원인지를 기재하도록 규정하고 있으므로, 정관에 기재된 합자회사 사원의 책임변경은 정관변경의 절차에 의하여야 하고, 이를 위해서는 정관에 그 의결정족수 내지 동의정족수 등에 관하여 별도로 정하고 있다는 등의 특별한 사정이 없는 한 상법 제269조에 의하여 준용되는 상법 제204조에 따라 총사원의 동의가 필요하다(대법원 2010. 9. 30. 선고 2010다21337 판결).

§ 요약

1. 합자회사의 가장 중요한 특징은 무한책임사원과 유한책임사원으로 구성된다는 점이다. 즉 상법상의 다섯 가지 종류의 회사 중 다른 네 가지 모두가 일원적 조직의 회사로 규정되어 있는데 반하여 합자회사는 이원적 조직으로 규정되어 있다는 점에 그 특징이 있다(『주석상법(회사편 Ⅰ)』, 396면).

2. 그 출자에 있어서도 무한책임사원의 출자는 현금, 현물출자, 노무, 신용 등 그 제한이 없는데 반해, 유한책임사원의 출자는 신용 또는 노무를 출자의 목적으로 하지 못한다(상법 272조). 이는 원칙적으로 무한책임사원과 달리 유한책임사원은 업무집행에 참여하지 않고 출자만 하고 그 출자가액을 한도로 하여 책임을 부담하기 때문이다.

3. 이와 같이 합자회사에서는 무한책임사원과 유한책임사원은 그 출자의 목적물에 차이가 있고 그 책임 부담에서도 차이가 있어, 무한책임사원의 지분의 양도에는 총사원의 동의를 요하지만 유한책임사원의 지분의 양도에는 무한책임사원 전원의 동의만 있으면 되고 유한책임사원의 동의는 요하지 않는다(상업선례 1-65, 257면)

4. 합자회사의 정관에는 각 사원의 출자의 목적과 그 가격 또는 평가의 표준 및 각 사원의 무한책임 또는 유한책임인 것을 기재하여야 한다(상법 270조, 179조). 따라서 합자회사의 무한책임사원의 출자 증가 시에는 정관의 변경이 필요하며, 정관을 변경함에는 총사원의 동의가 필요하여, 합자회사의 무한책임사원의 출자증가로 인한 변경등기신청서에는 그 출자 증가에 대하여 총사원의 동의가 있음을 증명하는 서면을 첨부하여야 한다(상업선례 1-69, 260면).

5. 합자회사는 이원적 조직을 갖는 특성으로 인하여 무한책임사원 또는 유한책임사원의 전원이 퇴사한 때에는 해산하게 되는데, 이 경우에 잔존한 무한책임사원 또는 유한책임사원은 전원의 동의로 새로 유한책임사원 또는 무한책임사원을 가입시켜 회사를 계속할 수 있다(상업선례 2-12, 264면).

6. 합자회사는 사원 전원의 동의로 그 조직을 합명회사로 변경할 수 있는데, 이 경우에는 종전의 유한책임사원도 무한책임을 부담하게 된다.

73. 합자회사의 유한책임사원이 그 지분의 전부 또는 일부를 양도한 경우 등의 등기절차

〔상업등기선례 제1-65호, 제정 1988. 1. 13.〕

합자회사의 유한책임사원이 그 지분의 전부 또는 일부를 양도한 경우 그에 따른 변경등기신청서에는 그 지분의 양도가 있음을 증명하는 서면과 무한책임사원 전원의 동의가 있음을 증명하는 서면을 첨부하여야 하며, 총사원의 동의를 얻어 퇴사한 경우 그에 따른 변경등기신청서에는 퇴사하는 사원을 포함한 전 사원의 동의가 있음을 증명하는 서면을 첨부하여야 할 것이다.
(1988. 1. 13. 등기 제23호)

◐ **선례 해설:** 「보론」(258면) 참조

1. 합자회사에서 무한책임사원의 지분의 양도에는 총사원의 동의를 요하지만(상법 269조 및 197조), 유한책임사원의 지분의 양도에는 무한책임사원 전원의 동의만 있으면 되고 유한책임사원의 동의는 요하지 않는다(상법 276조). 또한 합자회사의 유한책임사원이 한 지분양도가 합자회사의 정관에서 규정하고 있는 요건을 갖추지 못한 경우에는 그 지분양도는 무효로 보는 것이 판례의 입장이다(대법원 2010. 9. 30. 선고 2010다21337 판결).

2. 한편 합자회사의 정관에는 사원의 성명·주민등록번호 및 주소, 사원의 출자의 목적과 그 가격 또는 평가의 표준, 각 사원의 무한책임 또는 유한책임인지 여부 등을 기재하여야 한다(상법 270조, 269조, 179조). 정관변경을 위해서는 총사원의 동의가 필요하다(상법 269조, 204조).

3. 상기 1.과 2.의 내용을 요약하면,

<table>
<tr><th>구 분</th><th>무한책임사원</th><th>유한책임사원</th></tr>
<tr><td rowspan="2">지분 양도</td><td>▷ 총사원의 동의</td><td>▷ 무한책임사원 전원의 동의[1]</td></tr>
<tr><td colspan="2">▷ 첨부정보: 총사원 또는 무한책임사원의 동의가 있음을 증명하는 정보와 지분의 양도가 있음을 증명하는 정보</td></tr>
<tr><td rowspan="2">사원의 입·퇴사</td><td colspan="2">▷ 총사원의 동의에 의한 정관변경이 필요</td></tr>
<tr><td colspan="2">▷ 첨부정보: 정관변경을 위한 사원총회의사록,
총사원의 동의가 있음을 증명하는 정보</td></tr>
</table>

1) 유한책임사원의 지분이 양도됨에 따라 정관을 변경해야 할 경우에도 총사원의 동의가 아닌 무한책임사원 전원의 동의만 있으면 정관이 변경되는 효과가 생긴다(상법 276조 2문 참조).

📖 「보 론」 합자회사에서의 변경등기: 「실무사례(32)」(259면) 참조

1. 사원의 지분의 이전, 사원의 출자의 목적 또는 출자한 가격의 증감, 출자의 이행부분의 증가 등을 원인으로 인한 변경등기 시에는, i) 지분양도의 경우에는 지분양도계약서 및 총사원의 동의서(유한책임사원의 지분양도의 경우에는 무한책임사원의 동의서), ii) 상속의 경우에는 상속을 증명하는 정보, iii) 정관의 변경으로 인한 사원의 출자의 목적 또는 출자한 가격의 증감이 있는 경우에는 총사원의 동의가 있음을 증명하는 정보, iv) 출자의 이행부분의 증가의 경우에는 사원으로부터 이행을 받았다는 뜻을 확인한 대표사원이 작성한 영수증 또는 사원이 이행을 하였음이 나타나 있는 인수를 증명하는 정보 등을 각각 첨부정보로 제공하여야 한다(규칙 118조, 103조 1항 및 『개정 상업등기법 · 규칙 해설』, 264면 참조).

2. 사원의 입사 또는 퇴사로 인한 변경등기 시에는, i) 사원의 입사는 지분의 양수에 의한 입사, 지분의 양수 없이 입사, 상속에 의한 입사 등이 있으며 각 그 사유를 증명하는 정보, ii) 사원의 퇴사는 지분 전부양도에 의한 퇴사, 고지에 의한 임의퇴사,[1] 정관에 정한 사유의 발생에 의한 퇴사, 총사원의 동의에 의한 퇴사, 사망, 파산 · 금치산에 의한 퇴사, 사원의 지분을 압류한 압류채권자에 의한 퇴사[2] 등이 있으며 각 그 사유를 증명하는 정보 등을 각각 첨부정보로 제공하여야 한다(규칙 118조, 103조 2항 및 『개정 상업등기법 · 규칙 해설』, 264면 참조).

3. 합자회사의 경우 주식회사와 같은 자본에 관한 사항은 등기사항이 아니므로(상법 271조, 180조 및 『상업등기기재례집』, 95~96면 참조), 사원의 지분의 이전, 사원의 출자의 목적 또는 출자한 가격의 증감, 출자의 이행부분의 증가, 사원의 입사 또는 퇴사 등의 사유가 발생 시에는 상기 1.과 2.의 변경등기로 족하며, 이와 관련하여 사원의 출자총액에 변동이 있더라도 주식회사와 같은 자본에 관한 사항란에 대한 변경등기를 추가적으로 하여야 하는 것은 아니다.

---

1) 정관으로 회사의 존립기간을 정하지 아니하거나 어느 사원의 종신까지 존속할 것을 정한 때에는 사원은 6월 전에 미리 예고하고 영업연도 말에 한하여 퇴사할 수 있는바(상법 269조, 217조), 이 경우에는 사원의 퇴사예고서를 첨부정보로 제공한다.

2) 사원의 지분을 압류한 채권자는 회사와 그 사원에 대하여 6월 전에 예고를 하고 영업연도 말에 그 사원을 퇴사시킬 수 있는바(상법 269조, 224조), 이 경우에는 압류채권자의 퇴사예고서를 첨부정보로 제공한다.

실무사례(32)

제목: 합자회사의 유한책임사원에 관한 변경등기

다음은 합자회사에 있어서의 사원의 입사·퇴사 및 지분의 양도에 관한 사항이다.

【1】 합자회사의 무한책임사원과 유한책임사원이 사망한 경우에 상속인에게 그 지위가 승계되는지?

【2】 합자회사의 유한책임사원이 사망하여, 그 상속인 중에서 1인이 피상속인의 지분을 승계하고자 할 경우에 그 변경등기로 인한 등기신청 시 첨부정보는?

1. 무한책임사원의 지위는 원칙적으로 상속인에게 그 지위가 승계되지 않으나, 정관으로 무한책임사원이 사망한 경우에 그 상속인이 회사에 대한 피상속인의 권리의무를 승계하여 사원이 될 수 있음을 정한 경우에 한하여 사망으로 인하여 무한책임사원의 지위가 상속인에게 승계된다(상법 269조, 219조). 반면에 유한책임사원이 사망한 때에는 그 상속인이 피상속인의 지분을 승계하여 사원이 된다(상법 283조).

2-1. 위 1.에서 살펴본 바와 같이, 합자회사의 유한책임사원이 사망한 경우에는 그 상속인이 피상속인의 지분을 승계하여 사원이 되며(『상업등기기재례집』, 121면 참조), 이 경우 상속인이 수인인 때에는 사원의 권리를 행사할 자 1인을 정하여야 한다(상법 283조).

2-2. 결국 합자회사의 유한책임사원이 사망하고 상속인이 여러 명인 경우에는 유한책임사원의 지분은 상속인의 공유가 됨이 원칙이다(『상업등기실무(Ⅰ)』, 587면). 상속인은 상속에 의하여 당연히 입사하기 때문에 상속인 간의 협의분할에 의하여 상속인 중 1인이 유한책임사원이 된 경우에는 i) 상속사실을 증명하는 서면(가족관계등록사항별증명서, 상속재산 협의분할서 등), ii) 상속인 간의 지분 양도에 관한 무한책임사원 전원의 승낙서 등을 첨부정보로 제공하여 그 변경등기를 하여야 한다.

참조 조문: 상법 제219조, 제269조, 제283조

참조 선례: 상업등기선례 제1-65호(257면)

74. 합자회사 무한책임사원의 출자증가로 인한 변경등기와 총사원의 동의

[상업등기선례 제1-69호, 제정 1999. 8. 17.]

합자회사의 무한책임사원의 출자증가로 인한 변경등기신청서에는 그 출자증가에 대하여 총사원의 동의가 있음을 증명하는 서면을 첨부하여야 하는 바, 유한책임사원이 동의를 하지 않아 그 동의서를 첨부할 수 없는 경우에 그 동의의 의사표시를 명하는 판결을 받아 그 판결문을 첨부하였다면 위 변경등기 신청은 수리될 수 있을 것이다.
(1999. 8. 17. 등기 3402-818 질의회답)

◐ 선례 해설:

1. 합자회사의 정관에는 사원의 출자의 목적과 가격 또는 그 평가의 표준을 기재하여야 하고 사원의 출자증가로 인해 정관을 변경함에는 총사원의 동의가 필요하며(상법 179조, 204조, 269조), 총사원의 동의를 필요로 하는 등기를 신청하는 경우에는 그 동의가 있음을 증명하는 정보를 첨부정보로 제공하여야 한다(규칙 97조 2항, 118조).

2. 본 선례에 의하면, 합자회사의 무한책임사원의 출자증가로 정관변경의 사유가 발생하였으나, 유한책임사원이 동의를 하지 않아 그 동의가 있음을 증명하는 정보를 제공할 수 없을 경우에는 그 동의의 의사표시를 명하는 판결을 받아 그 판결문을 첨부정보로 제공하는 것도 가능하다.[1)]

---

1) 상업등기에 있어서 등기청구권에 관한 명문의 규정이 없으나, 판례는 당사자 이외의 자에게 등기청구권이 있음을 인정하고 있다(대법원 1995. 2. 28. 선고 94다31440 판결). 즉 등기청구권이 인정되는 자는 등기신청권자를 상대방으로 하여 등기절차를 이행할 뜻의 판결을 구하고 승소 판결(화해권고결정 등을 받은 경우도 포함한다)을 받아서 등기를 신청할 수 있다. 등기절차를 이행할 뜻의 판결은 민사집행법 제263조의 의사의 진술을 명하는 판결이므로 그 판결의 확정에 의하여 등기신청의 의사를 진술한 것으로 간주되어, 이와 같은 의사의 진술이 있는 경우에는 원고는 등기신청권자인 피고를 대신해서 등기를 신청할 수 있다(『상업등기 주요선례 해설』, 217~218면). 따라서 합자회사에서 무한책임사원의 출자증가로 정관변경이 필요하나 유한책임사원이 동의를 하지 않아 그 동의서를 첨부할 수 없는 경우에는 그 동의의 의사표시를 명하는 판결을 받아 그 판결문을 첨부하여 위 변경등기가 가능하다는 것이 본 선례의 내용이다.

75. 합자회사의 공동대표규정에 관한 변경등기

[상업등기선례 제1-70호, 제정 2005. 1. 19.]

합자회사의 정관에 따라 공동대표규정(수인의 사원이 공동으로 회사를 대표할 것)을 등기한 경우, 먼저 그 정관규정을 변경한 후 공동대표규정을 말소하는 변경등기를 신청할 수 있을 것이다.
(2005. 1. 19. 공탁법인 3402-14 질의회답)

참조 조문 · 규칙 · 예규 · 선례 · 판례

▣ 상법[법률 제13523호, 2015. 12. 1., 일부개정]

제208조(공동대표) ① 회사는 정관 또는 총사원의 동의로 수인의 사원이 공동으로 회사를 대표할 것을 정할 수 있다.
② 전항의 경우에도 제삼자의 회사에 대한 의사표시는 공동대표의 권한있는 사원 1인에 대하여 이를 함으로써 그 효력이 생긴다.

제269조(준용규정) 합자회사에는 본장에 다른 규정이 없는 사항은 합명회사에 관한 규정을 준용한다.

◐ 선례 해설: 「보론」(262면) 참조

1. 합자회사가 정관의 규정에 따라 공동대표규정[1]을 둔 경우에 공동대표규정을 폐지하기 위해서는 총사원의 동의가 있어야 하며(상법 204조, 제269조), 그 등기를 신청함에 있어서는 총사원의 동의가 있음을 증명하는 정보를 첨부정보로 제공하여야 한다(규칙 97조 2항, 118조).

2. 상기 1.과 달리 공동대표규정에 대해 정관의 규정이 없다면, 합자회사의 경우 상법 제204조 및 제269조에 의해 총사원의 동의로 정관에 공동대표에 관한 사항을 정할 수 있으며, 그 등기를 신청함에 있어서는 총사원의 동의가 있었음을 증명하는 정보를 첨부정보로 제공하여야 한다(규칙 97조 2항, 118조).

---

1) 공동대표는 대표권 자체의 제한, 즉 대표권의 범위의 제한이 아니라 대표권 행사의 방법에 관한 제한으로, 합자회사는 정관 또는 총사원의 동의로 공동대표 규정을 정할 수 있다.

「보 론」 합자회사에서의 공동대표규정에 관한 등기기재례[1]

1. 설립등기 후에 공동대표규정을 설정한 경우

사원 · 청산인에 관한 사항
무한책임사원 김만중 630820-******* 금 일천만원 전부 이행
무한책임사원 이소림 650221-******* 금 일천만원 중 오백만원 이행
유한책임사원 김부귀 630208-******* 서울 관악 신림6 대333㎡ 가격 금 산천만원 전부 이행
무한책임사원 박신기 610324-******* 노무
~~대표사원 김만중 630820-******* 서울 성북구 종암동 222~~ 공동대표사원 김만중 630820-******* 서울 성북구 종암동 222 2004년 2월 12일 공동대표규정 설정 2004년 2월 15일 등기
공동대표사원 이소림 650221-******* 서울 중구 명동 7 2004년 2월 12일 공동대표규정 설정 2004년 2월 15일 등기

2. 공동대표규정을 폐지하면서 대표사원 1인으로 한 경우

사원 · 청산인에 관한 사항
무한책임사원 김만중 630820-******* 금 일천만원 전부 이행
무한책임사원 이소림 650221-******* 금 일천만원 중 오백만원 이행
유한책임사원 김부귀 630208-******* 서울 관악 신림6 대333㎡ 가격 금 산천만원 전부 이행
무한책임사원 박신기 610324-******* 노무
~~공동대표사원 김만중 630820-******* 서울 성북구 종암동 222~~ 2004년 4월 4일 공동대표규정 폐지 2004년 4월 6일 등기
~~공동대표사원 이소림 650221-******* 서울 중구 명동 7~~ 대표사원 이소림 650221-******* 서울 중구 명동 7 2004년 4월 4일 공동대표규정 폐지 2004년 4월 6일 등기

1) 『상업등기기재례집』, 124~125면

76. 합자회사 존립기간 만료전에 정관을 변경하여 존립기간을 폐지한 경우 변경등기 가부

[상업등기선례 제1-68호, 제정 1994. 6. 3.]

합자회사의 존립기간이 1994. 4. 7.까지로 되어 있으나 그 이전에 총사원의 동의로 정관을 변경하여 위 존립기간을 폐지한 경우에는 비록 위 존립기간이 지난 후라 할지라도 위 존립기간 폐지의 변경등기를 신청할 수 있을 것이며 해산등기후 회사계속등기를 신청하여야 하는 것은 아니다.
(1994. 6. 3. 등기 3402-495 질의회답)

참조 조문 · 규칙 · 예규 · 선례 · 판례

▣ 상법[법률 제13523호, 2015. 12. 1., 일부개정]

제227조(해산원인) 회사는 다음의 사유로 인하여 해산한다.
 1. 존립기간의 만료 기타 정관으로 정한 사유의 발생

제229조(회사의 계속) ① 제227조 제1호와 제2호의 경우에는 사원의 전부 또는 일부의 동의로 회사를 계속할 수 있다. 그러나 동의를 하지 아니한 사원은 퇴사한 것으로 본다.

◐ 선례 해설:

1. 합자회사는 존립기간의 만료로 해산하나(상법 227조 1호, 269조), 존립기간의 만료 전에 총사원의 동의로 정관을 변경하여 존립기간을 폐지하였다면 존립기간이 지난 후에도 위 존립기간 폐지의 변경등기를 신청할 수 있으며,[1] 이 경우에는 존립기간의 만료로 해산한 것이 아니므로 해산등기 후 회사계속등기를 할 필요는 없다.
2. 본 선례와 달리 존립기간의 만료에 의한 정관으로 정한 사유로 합자회사가 해산한 경우에 회사계속을 하기 위해서는, 존립기간 폐지의 변경등기를 신청하여서는 안 되고 상법 제229조 제1항에 의거 해산등기 후 회사계속등기를 하여야 한다.

---

1) 다만, 이 경우에 등기기간을 도과한 경우에는 등기를 게을리 한 것에 대한 과태료는 부과될 수 있다(상법 635조 1항 1호).

77. 합자회사의 무한책임사원 전원이 퇴사한 경우, 잔존한 유한책임사원 일부의 동의로 회사를 계속할 수 있는지 여부

[상업등기선례 제2-12호, 제정 2007. 3. 14.]

1. 합자회사의 유한책임사원은 정관에 다른 정함이 없는 한 총사원의 동의가 있어야 무한책임사원이 될 수 있고, 그로 인한 변경등기의 신청서에는 총사원의 동의가 있음을 증명하는 서면을 첨부하여야 한다(비송사건절차법 제200조, 제182조 => 주: 현행 상업등기규칙 제97조 및 제118조 참조).

2. 합자회사가 무한책임사원 전원이 퇴사하여 해산한 경우 잔존한 유한책임사원은 전원의 동의로 새로 무한책임사원을 가입시켜서 회사를 계속할 수 있고(상법 제285조 제1항, 제2항), 이미 해산 등기를 하였을 때에는 새로 가입한 무한책임사원 또는 회사를 대표할 사원(상법 제268조, 제207조, 제208조제1항, 제278조)이 유한책임사원 전원의 동의가 있음을 증명하는 서면을 첨부하여 회사의 계속 등기를 하여야 한다(상법 제285조, 제229조 제3항, 비송사건절차법 제200조, 제182조 제2항). 이러한 경우, 잔존한 유한책임사원 일부의 동의로는 새로 무한책임사원을 가입시켜서 회사를 계속할 수 없다.

(2007. 3. 14. 공탁상업등기과-273 질의회답)

◐ **선례 해설:**

1. 합자회사의 유한책임사원은 정관에 다른 정함이 없는 한 총사원의 동의로 무한책임사원이 될 수 있다.

2. 합자회사는 무한책임사원 또는 유한책임사원의 전원이 퇴사하여 해산한 경우, 잔존한 무한책임사원 또는 유한책임사원의 전원의 동의로 새로 유한책임사원 또는 무한책임사원을 가입시켜서 회사를 계속할 수 있다(상법 285조 2항). 이 경우 잔존한 무한책임사원 또는 유한책임사원 중 회사계속에 동의하지 않는 사원이 있는 때에, 다른 사원만의 동의로 새로 유한책임사원 또는 무한책임사원을 가입시켜서 회사를 계속할 수 있는지에 관하여 의견이 대립하는데, 본 선례에서는 할 수 없다고 보았다(『2016 상업등기실무』, 232면 참조).

78. 합자회사의 파산관재인이 포기한 재산처분시 첨부하는 인감증명서

[상업등기선례 제2-13호, 제정 2009. 5. 27.]

합자회사의 파산관재인이 포기한 재산을 매도하고 그에 따른 소유권이전등기를 신청하는 경우에 무한책임사원 과반수의 결의로 청산인을 선임하였다면 그 청산인이 그에 따른 등기를 파산자인 위 합자회사를 대표하여 신청할 수 있다. 이때 위 청산인은 등기소에 인감을 신고하고 인감증명을 발급받아 위 등기신청서에 첨부할 수 있다.
(2009. 5. 27. 사법등기심의관-1244 질의회답)

참조 조문 · 규칙 · 예규 · 선례 · 판례

▣ 채무자 회생 및 파산에 관한 법률[법률 제12892호, 2014. 12. 30., 일부개정]

제384조(관리 및 처분권) 파산재단을 관리 및 처분하는 권한은 파산관재인에게 속한다.

◐ 선례 해설:

1. 원칙적으로 파산재단을 관리 및 처분하는 권한은 파산관재인에게 있으나(통합도산법 384조),[1] 합자회사의 파산관재인이 재산을 포기한 경우에는 그에 따른 소유권이전등기는 무한책임사원 과반수의 결의로 선임된 청산인이 회사를 대표하여 신청할 수 있는데(상법 287조), 이 경우에는 청산인이 등기소에 인감을 신고하고 부동산매도용 인감증명(상업선례 1-4, 23면 참조)을 발급받아 부동산 처분에 따른 소유권 이전등기를 신청할 수 있을 것이다.

2. 위와 달리 파산재단의 일부를 이루는 재산을 파산관재인이 아닌 합자회사의 청산인이 포기할 수는 없다.

---

1) 파산관재인은 취임 직후 바로 파산재단 소속 재산의 점유에 착수하는 것을 시작으로, 파산의 목적 달성을 위하여 파산절차상 필요한 일체의 행위를 할 권한을 가진다. 다만 파산관재인에게 속하는 권한은 파산재단에 속하는 것에 한하고, 자유재산에 대한 관리·처분, 조직법적 활동 등 그 밖의 사항에 대하여는 미치지 않는다(『법인파산실무』, 102면).

79. 위조된 서류에 의한 합자회사의 무한책임사원의 지분양도에 따른 입·퇴사 등기와 본점이전등기의 말소절차 등

[상업등기선례 제1-66호, 제정 1990. 2. 16.]

등기된 사항에 관하여 무효의 원인이 있는 경우 당사자는 무효원인이 있음을 증명하는 서면을 첨부하여 그 등기의 말소를 신청할 수 있고(소로써만 그 무효를 주장할 수 있는 경우를 제외한다. 상업등기법 제116조(주: 현행 77조) 등 참조), 이러한 증명서면의 형식에 관하여는 법령에 아무런 규정이 없으므로, 사인이 작성한 서면이라도 무효의 원인이 있음을 증명함에 족한 형식적 요건을 갖추고 있으면 그 증명서면이 될 수 있는바, 합자회사의 무한책임사원의 지분전부양도에 따른 입·퇴사등기와 본점이전등기가 위조된 서류를 첨부한 등기신청에 의하여 이루어진 것이라면, 그 각 등기의 말소등기를 신청함에 있어서는, 위 각 등기의 신청인 및 그 신청서의 첨부서면에 말소사유와 모순된 기재를 한 자 전원(이 사건의 경우 지분전부양도증서와 동의서에 날인한 자)이 위 등기신청시 첨부된 서면들은 위조된 것이라는 뜻을 기재한 서면을 작성하고 이에 각자의 인감증명서를 첨부하여 무효원인에 대한 증명서면으로 제출할 수 있을 것이며(다만, 위 말소등기에 의하여 불이익을 받는 등기부상의 이해관계인이 있는 경우에는 그 자의 동의서와 인감증명서도 첨부하여야 할 것임), 그러한 말소등기는 회사의 실제상의 대표사원(위조된 서면에 의하여 퇴사등기가 된 대표사원)이 먼저 구본점 소재지의 관할등기소에 본점이전등기와 입·퇴사등기의 말소등기를 신청함으로써 등기공무원으로 하여금 그 등기용지를 부활시킨 후 그 말소등기를 함과 동시에 말소할 등기에 의하여 주말된 등기사항을 회복하게 하고, 다시 그 등기부등본을 첨부하여 신본점 소재지의 관할등기소에 본점이전등기의 말소등기를 신청하여 그 등기용지를 폐쇄시켜야 한다.
(1990. 2. 16. 등기 제317호)

◐ **선례 해설: 무효의 원인을 증명하는 서면에 해당하는지 여부**

1. 등기할 사항에 무효 또는 취소의 원인이 있는 경우에는 등기관은 이유를 적은 결정으로 신청을 각하하여야 하며(법 26조 10호), 만약 각하되지 않고 등기가 이루어진 경우에는 당사자는 소로써만 무효를 주장할 수 있는 경우를 제외하고는 그 무효등기의 말소를 신청할 수 있다(법 77조).

2. 이 경우에 '등기된 사항에 관하여 무효의 원인이 있는 때'라 함은 등기신청 당시 제출된 자료만으로도 등기된 사항에 관하여 무효의 원인이 있음이 외형상 명백히 밝혀진 때를 말한다(대법원 2008. 12. 15.자 2007마1154 결정).

3. 상기 2.와 관련하여 무효의 원인이 있느냐에 대한 등기관의 심사권한은 형식적 심사권한밖에 없다는 것이 판례의 입장이다.

원칙적으로 등기공무원은 등기신청에 대하여 실체법상의 권리관계와 일치하는지 여부를 심사할 실질적 심사권한은 없고 오직 신청서 및 그 첨부서류와 등기부에 의하여 등기요건에 합당하는지 여부를 심사할 형식적 심사권한밖에는 없다. 따라서 등기관이 구 비송사건절차법(2007. 7. 27. 법률 제8569호로 개정되기 전의 것) 제159조 제10호에 의하여 등기할 사항에 관하여 무효 또는 취소의 원인이 있는지 여부를 심사할 권한이 있다고 하여도 그 심사방법에 있어서는 등기부 및 신청서와 법령에서 그 등기의 신청에 관하여 요구하는 각종 첨부서류만에 의하여 그 가운데 나타난 사실관계를 기초로 판단하여야 하고, 그 밖에 다른 서면의 제출을 받거나 그 외의 방법에 의해 사실관계의 진부를 조사할 수는 없다(대법원 2008. 12. 15.자 2007마1154 결정).

4. 상업등기법 제77조에 기해 당사자가 말소등기를 신청하는 경우에는 무효의 원인이 있음을 증명하는 정보를 제공하여야 하는데(규칙 169조 1항), 무효의 원인이 있음을 증명하는 정보에 해당하는지 여부에 대한 상업등기선례의 입장은 다음과 같다.[1]

   i) 아직 확정되지 않은 이의신청에 대한 제1심 결정은 무효의 원인을 증명하는 정보에 해당하지 않으나(상업선례 1-34, 191면),

   ii) 등기사항의 기초가 된 법률관계가 무효임을 확인하는 확정판결, 유죄 확정판결의 이유 중에 등기가 부실(不實)기재라는 내용이 설시되어 있는 경우(상업선례 1-67, 268면), 사인이 작성한 서면이라도 무효의 원인이 있음을 증명함에 족한 형식적 요건을 갖추고 있는 경우(본 선례) 등은 무효의 원인을 증명하는 정보에 해당한다.

1) 이와 관련하여 「법원행정처 선례해설 요약(8)」(504~505면) 참조

80. 형사판결등본으로 불법하게 경료된 등기의 말소등기신청을 할 수 있는지 여부[1]

[상업등기선례 제1-67호, 제정 1991. 11. 20.]

합자회사의 유한책임사원인 갑이 불법으로 무한책임사원으로 등기를 하였으나, 갑이 법원의 판결에 의하여 공정증서원본 불실기재죄로 유죄판결을 받고 그 판결이유 중에 갑의 무한책임사원의 등기는 불실기재라는 내용이 설시되어 있다면 위 형사판결등본을 첨부하여 갑의 무한책임사원으로 된 등기의 말소등기신청을 할 수 있을 것이다.
(1991. 11. 20. 등기 제2383호)

◐ **선례 해설:**

1. 등기관은 등기할 사항에 무효 또는 취소의 원인이 있는 경우에는 이유를 적은 결정으로 신청을 각하하여야 하나(법 26조 10호), 만약에 등기가 경료된 경우에는 등기 당사자는 소로써만 무효를 주장할 수 있는 경우를 제외하고는 그 무효등기의 말소를 신청할 수 있다(법 77조 2호). 이 경우에는 등기 당사자는 무효의 원인이 있음을 증명하는 정보를 제공하여야 한다(규칙 169조 1항).

2. 위 1.과 관련하여, 합자회사의 유한책임사원인 갑이 불법으로 무한책임사원으로 등기를 하였으나, 갑이 법원의 판결에 의하여 공정증서원본불실기재죄로 유죄판결을 받고 그 판결이유 중에 갑의 무한책임사원의 등기는 불실기재라는 내용이 설시되어 있다면, 위 형사판결등본은 무효의 원인이 있음을 증명하는 정보에 해당한다.

3. 등기관이 재판에 따른 등기를 하는 경우에는 그 재판의 내용에 따라 기입, 말소, 변경, 회복등기를 하여야 하며, 이와 같이 재판에 따른 등기를 할 때에는 법원의 명칭, 사건번호, 재판의 확정일 또는 재판연월일을 기록하여야 한다(예규 1536호 참조).

---

1) 무효의 원인이 있음을 증명하는 정보와 관련해서는 『상업등기 주요선례 해설』, 318~325면 참조

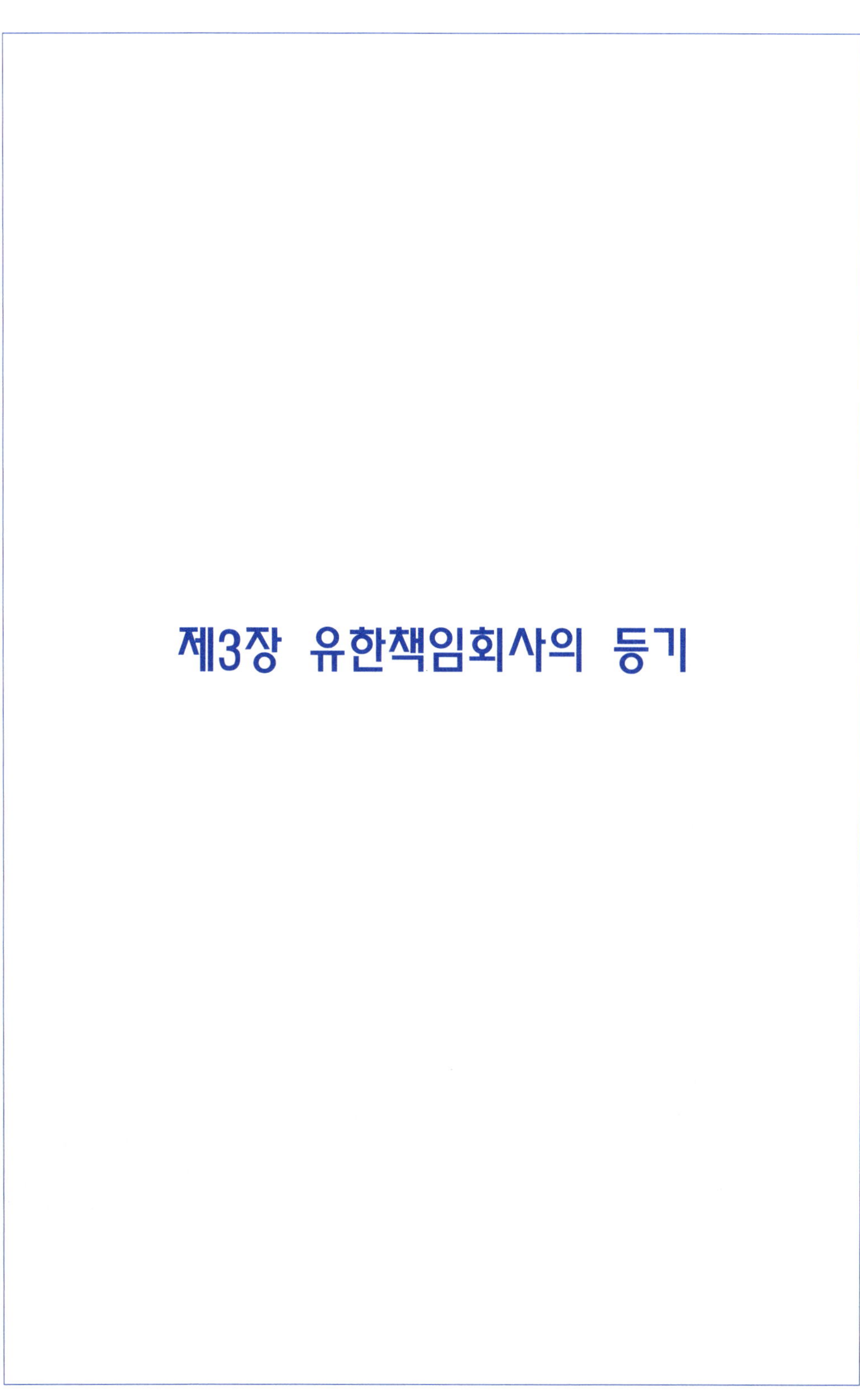

제3장 유한책임회사의 등기

제3장 유한책임회사의 등기[1)]

내 용	관련 조문		관련 선례·예규·규칙 (실무사례 포함)
	상법	상업등기법	
1. 유한책임회사	제287조의2 ~제287조의45	제68조, 규칙 제119조 ~제127조	

1) 2011. 4. 14. 상법 개정에 의해 신설된 유한책임회사는 내부적으로는 조합의 실체를 가진 인적회사이면서 대외적으로는 사원 전원이 유한책임의 이점을 누리는 회사인데, 2016년 7월말 현재 아직 이와 관련된 상업등기선례는 없다.

「보 론」 유한책임회사의 특징

1. 의의

유한책임회사는 내부적으로는 조합의 실체를 가진 인적회사이면서 대외적으로는 사원 전원이 유한책임을 지는 회사이다. 즉 유한책임회사는 개인기업과 다름없이 운영하면서도 유한책임의 이점을 누릴 수 있는 기업조직으로서 합작기업, 기업매수를 위한 특수목적회사 등뿐만 아니라 법무법인, 회계법인 등 전문서비스 업종인 소규모기업에 적합한 회사라 하겠다(『상법 회사편 해설』, 2~4면 참조).

2. 주식회사・유한회사・유한책임회사 제도 비교

구 분	주식회사	유한회사	유한책임회사[1]
성격	물적회사	물적회사	인적회사에 가까움[2]
출자자의 책임	유한책임	유한책임	유한책임
자본금	제한 없음	제한 없음	제한 없음
주주(사원)수	제한 없음	제한 없음	제한 없음 (사원 가입은 정관 변경 시에만 가능)
지분 양도	제한 없음	제한 없음	불가능 (다른 사원 동의 필요)
사채 발행	가능	불가능	불가능
이사의 수	원칙: 3인 이상	1인 이상	업무집행자 1인 이상
이사회 제도	있음	없음	없음
감사	원칙: 필수기관	임의 기관	없음

주) 금융위원회 자료 참조

1) 유한책임회사는 내부관계에서는 정관이나 상법에 다른 규정이 없으면 합명회사에 관한 규정을 준용하고(상법 287조의18), 대외관계에서는 사원이 유한책임을 부담하므로(상법 287조의7), 합명회사를 기본적인 구조로 하고 사원을 유한책임사원으로 교체한 회사라고 비유할 수 있다(『주석상법(회사편 II)』, 36면).

2) 상법상 인적회사는 인적회사로, 물적회사는 물적회사로의 조직변경만이 허용됨이 원칙이다. 다만, 상법에서는 인적회사에 가까운 유한책임회사와 물적회사인 주식회사 간의 조직변경을 명문으로 허용하고 있다(상법 287조의43).

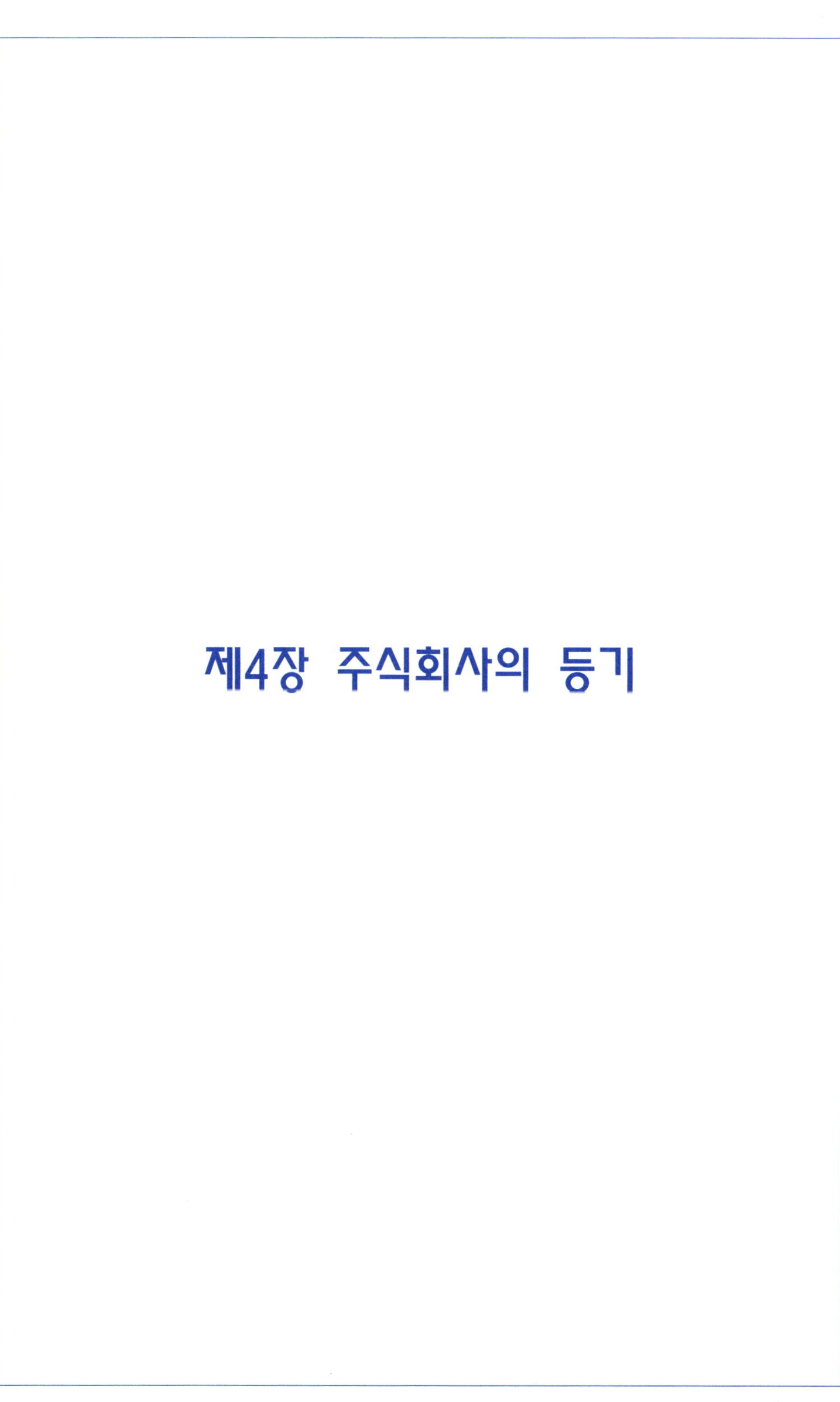

제4장 주식회사의 등기

제4장 주식회사의 등기

제1절 총설

내 용	관련 조문		관련 선례 · 예규 · 규칙 (실무사례 포함)
	상법	상업등기법	
1. 첨부정보에 관한 통칙[1]			
(1) 정관	제289조		제2절 설립의 등기 참조
(2) 주무관청의 허가서 등			81. 상업선례 제1-343호
(3) 총주주의 동의서			82. 상업선례 제1-73호
(4) 주주총회의사록	제373조	규칙 제52조, 제128조	83. 상업선례 제1-79호 ☞ 실무사례(33) ☞ 실무사례(34) 84. 상업선례 제2-14호 ☞ 실무사례(35) ☞ 실무사례(36) 85. 상업선례 제1-72호 86. 상업선례 제1-100호 87. 상업선례 제1-76호 ☞ 실무사례(37) ☞ 실무사례(38) ☞ 실무사례(39) 88. 상업선례 제1-74호 ☞ 실무사례(40)
(5) 이사회의사록	제391조의3		89. 상업선례 제1-75호 ☞ 실무사례(41) ☞ 실무사례(42) ☞ 실무사례(43) ☞ 실무사례(44)

1) 제1절 총설에서는 상업등기규칙 제128조 「주식회사 등기의 첨부정보에 관한 통칙」에 의거 첨부정보에 관한 공통적 사항만을 다루며, 개별 등기신청 시 첨부할 정보는 위 첨부정보에 대한 통칙 규정뿐만 아니라 첨부정보에 대한 개별 규정도 함께 살펴보아야 한다. 또한 모든 등기유형에 공통적으로 적용되는 신청정보 및 첨부정보의 내용에 관하여서는 상업등기규칙 제51조 및 제52조에서 통합적으로 규정하고 있다.

§ 요약

1. 관청의 허가 또는 그 인가가 있음을 증명하는 정보와 법원의 허가가 있음을 증명하는 정보를 첨부정보로 제공할 경우에는 등기신청서에 허가서 등의 도달연월일을 신청정보로 제공하여야 한다(상업선례 1-343, 277면).

2. 총주주의 동의가 없으면 효력이 없거나 취소할 수 있는 사항의 등기에 관하여는 신청서에 총주주의 동의가 있음을 증명하는 정보를 첨부정보로 제공하여야 한다(규칙 128조 1항). 이 경우 주주 전원의 동의를 증명하는 첨부정보로는 원칙적으로 주주 전원이 동의를 분명히 하고 그 전원이 서명 또는 기명날인한 것이지만, 주주총회의사록에 주주 전원의 동의가 있다는 것이 기재되어 있는 때에는 그 의사록도 해당한다(『상업등기실무(Ⅱ)』, 53면).

3. 주주총회 의결정족수 산정과 관련해서는 견해의 대립이 있을 수 있으나, 실무제요의 입장은 자기주식, 무의결권 종류주식과 의결권이 제한되는 종류주식, 상호보유주식 중 자회사가 가지고 있는 주식 등 외에도 특별이해관계인의 주식과 감사선임 시 3% 초과 주식에 대해서도 의결정족수 산정 시의 발행주식총수에서 제외되어야 한다는 입장이다(「선례해설」, 284면 및 「실무사례(35)(36)」, 285~287면 참조).

4. 등기관의 형식적 심사권한과 관련하여 주주총회의 소집절차에 중대한 하자가 있더라도 등기신청서에 첨부된 주주총회의 의사록이 형식적 요건을 갖추고 있고 공증인의 인증을 받았으며, 그 의사록 등의 기재에 의하여 등기할 사항이 유효하게 존재하는 것으로 인정된다면 등기관은 해당 등기신청을 수리하여야 한다(상업선례 1-72, 288면 및 「법원행정처 선례해설 요약(4)」, 290-291면 참조).

5. 하자 있는 주주총회의 결의에 의하여 결의된 사항이 등기된 경우에는 원칙적으로 주주총회결의의 하자에 관한 판결이 확정되어 제1심 수소법원의 촉탁으로 말소하여야 한다(상업선례 1-100, 292면).

6. 상법 및 정관 소정의 소집절차를 흠결하였더라도 주주 전원이 주주총회의 개최에 동의하고 출석한 전원주주총회에서의 결의는 유효하다(상업선례 1-76, 296면). 한편 주주총회의사록에는 의장과 출석한 이사, 이사회의사록에는 출석한 이사 및 감사가 기명날인 또는 서명하여야 한다.

81. 등기신청서에 주무관청의 허가서 도달연월일을 기재할 경우 반드시 주무관청의 명칭을 같이 기재하여야 하는지 여부(소극)

[상업등기선례 제1-343호, 제정 2005. 2. 4.]

주무관청의 허가를 필요로 하는 사항에 대한 등기신청서에는 허가서 도달연월일을 기재하여야 하는바, 이는 등기기간을 계산하여 등기해태 통지여부를 결정하기 위하여 필요한 것으로서 허가서 도달연월일만 기재하면 되고 반드시 허가를 한 주무관청의 명칭을 포함하여 기재할 필요는 없을 것이다.

(2005. 2. 4. 공탁법인 3402-34 질의회답)

참조 조문 · 규칙 · 예규 · 선례 · 판례

▣ 민법[법률 제13710호, 2016. 1. 6., 일부개정]

제53조(등기기간의 기산) 전3조의 규정에 의하여 등기할 사항으로 관청의 허가를 요하는 것은 그 허가서가 도착한 날로부터 등기의 기간을 기산한다.

▣ 상업등기규칙[대법원규칙 제2668호, 2016. 6. 27., 타법개정]

제52조(첨부정보) ① 등기를 신청하는 경우에는 다음 각 호의 정보를 그 신청정보와 함께 첨부정보로서 등기소에 제공하여야 한다.

2. 관청의 허가 또는 인가를 필요로 하는 사항의 등기를 신청하는 경우에는 그 허가 또는 인가가 있음을 증명하는 정보

제128조(첨부정보에 관한 통칙) ① 정관의 규정, 법원의 허가, 총주주 또는 어느 주주나 이사의 동의가 없으면 효력이 없거나 취소할 수 있는 사항의 등기를 신청하는 경우에는 정관, 법원의 허가가 있음을 증명하는 정보, 총주주 또는 그 주주나 이사의 동의가 있음을 증명하는 정보를 제공하여야 한다.

◐ 선례 해설:

1. 관청의 허가 또는 인가를 필요로 하는 사항의 등기를 신청하는 경우에는 그 허가 또는 인가가 있음을 증명하는 정보를 제공하여야 하며(규칙 52조 1항 2호), 또한 법원의 허가가 없으면 효력이 없거나 취소할 수 있는 사항의 등기에 관하여는 신청서에 법원의 허가가 있음을 증명하는 정보를 제공하여야 한다(규칙 128조 1항).

2. 상법의 규정에 의하면 법원의 허가(또는 인가)가 있음을 증명하는 첨부정보를 제공하여야 할 사항을 살펴보면,

 i) 법원의 가처분결정에 의하여 선임된 이사직무대행자는 가처분명령에 다른 정함이 있는 경우 외에는 회사의 상무에 속하지 아니한 행위를 하는 때에는 법원의 허가를 얻어야 한다(상법 408조 1항).

 ii) 모집설립 시 또는 신주발행 시 납입금의 보관자 또는 납입장소를 변경할 때에는 법원의 허가를 얻어야 하므로(상법 306조, 425조), 이 경우에도 설립등기신청서 또는 신주발행에 따른 증자등기신청서에 법원의 허가가 있음을 증명하는 정보를 첨부정보로 제공하여야 한다.

 iii) 유한회사와 주식회사가 합병하는 경우에 합병 후 존속하는 회사 또는 합병으로 인하여 설립되는 회사가 주식회사인 때에는 법원의 인가를 받아야 하므로(상법 600조 1항), 이 경우 합병에 따른 등기신청서에 법원의 인가를 받았음을 증명하는 정보를 첨부정보로 제공하여야 한다.

 iv) 유한회사는 총사원의 일치에 의한 총회의 결의로 주식회사로 조직을 변경할 수 있는데, 이를 위해서는 법원의 인가를 받아야 하므로(상법 607조 1항, 3항), 유한회사가 주식회사로 조직을 변경하여 등기를 신청하는 경우에는 신청서에 법원의 인가서를 첨부정보로 제공하여야 한다.

3. 이와 같이 등기신청서에 관청의 허가 또는 인가가 있음을 증명하는 정보와 법원의 허가 또는 인가가 있음을 증명하는 정보를 첨부정보로 제공할 경우에는 등기신청서에는 허가서 등의 도달연월일을 기재하는 바,[1] 상업등기선례 제1-343호에 의하면 등기신청서에는 허가서의 도달연월일만 기재하면 되고 반드시 허가를 한 주무관청이나 법원의 명칭을 기재할 필요는 없다.

---

1) 행정행위는 원칙적으로 상대방에게 도달된 때 그 효력이 발생하며(대법원 1962. 11. 15. 선고 62누165 판결 등 참조), 주무관청의 허가(법원의 인가 혹은 허가 포함)를 필요로 하는 사항에 대한 등기신청서에는 그 허가서 도달연월일을 기재하는 바, 이는 등기의 기산점을 파악하여 등기해태 여부를 알기 위한 것이다(민법 53조 및 본 선례 참조).

82. 주식회사의 변경등기신청서에 첨부할 서면

[상업등기선례 제1-73호, 제정 1987. 11. 30.]

주식회사의 변경등기신청서에 첨부된 주주총회의사록에 의하여 주주 전원이 총회에 출석한 사실이 인정된다면 별도로 그 주주총회가 적법하게 소집된 사실을 증명하는 서면을 첨부할 필요는 없다.
(1987. 11. 30. 등기 제686호)

◐ **선례 해설: 전원 출석 주주총회에 관한 대법원 2008. 6. 26. 선고 2008도1044 판결 참조**

1. 총주주의 동의가 없으면 효력이 없거나 취소할 수 있는 사항의 등기에 관하여는 신청서에 총주주의 동의가 있음을 증명하는 정보를 첨부정보로 제공하여야 한다(규칙 128조 1항).

2. 주주 전원의 동의를 증명하는 첨부정보로는 주주 전원이 동의를 한 것을 분명히 하고 그 전원이 서명 또는 기명날인한 것이 이에 해당하지만, 주주총회의사록에 주주 전원의 동의가 있다는 것이 기재되어 있는 때에는 그 의사록도 이에 해당한다(『상업등기실무(II)』, 53면).

3. 따라서 본 선례에 의하면 주주총회에서 주주 전원이 출석해서 의결권을 행사하고 이것이 주주총회의사록에 기재되어 있다면, 주주총회의사록 외에 별도로 주주총회의 소집절차의 생략 또는 기간단축에 대하여 동의한 사실을 증명하는 정보를 첨부정보로 제공할 필요는 없다.

4. 위 3.과 달리 주주총회에서 주주 전원이 출석하지 않은 경우는 어떻게 될 것인가? 이와 관련해서는 등기관의 형식적 심사권한으로 판단한 선례가 있다. 즉 주주총회의 소집절차 또는 결의방법에 중대한 하자가 있다고 하더라도, 등기신청서에 첨부된 총회의 의사록이 형식적 요건을 갖추고 있고 공증인의 인증을 받았으며, 그 의사록 등의 기재에 의하여 등기할 사항이 유효하게 존재하는 것으로 인정된다면, 등기공무원은 당해 등기신청을 수리하여야 한다는 것이다(상업선례 1-72, 288면). 따라서 실무상으로는, 주주총회 소집절차는 공증사무실에서 확인하는 것이므로, 공증인법에 의해 인증을 받은 주주총회의사록을 신청서에 첨부하였다면 등기하는데 있어서 별 문제는 없어 보인다.

83. 주식회사의 주주총회 결의에서의 정족수[1]

[상업등기선례 제1-79호, 제정 1999. 10. 5.]

상법의 규정에 의하면 주식회사의 주주총회의 결의방법은 상법 또는 정관에 다른 정함이 있는 경우를 제외하고는 출석한 주주의 의결권의 과반수와 발행주식 총수의 4분의 1 이상의 수로써 하여야 하고 총회성립정족수에 대하여는 규정하지 않고 있으므로, 발행주식 총수의 4분의 1 이상을 가진 주주의 출석으로 주주총회가 성립하고 그 만장일치로 결의가 가능한 것이며, 반드시 발행주식의 총수의 과반수에 해당하는 주식을 가진 주주의 출석을 요하는 것은 아니다. (1999. 10. 5. 등기 3402-926 질의회답)

📖 「보 론」 각종 총회의 결의방법: 「실무사례(33)」(281면), 「실무사례(34)」(282면)

구 분		결의 방법
주주총회	보통결의	출석한 주주의 의결권의 과반수와 발행주식 총수의 4분의 1 이상의 수(상법 368조 1항)
	특별결의	출석한 주주의 의결권의 3분의 2 이상의 수와 발행주식 총수의 3분의 1 이상의 수(상법 434조)
	종류 주주총회	출석한 그 종류주주의 의결권의 3분의 2 이상과 그 종류의 발행주식 총수의 3분의 1 이상(상법 435조 2항)
	특수결의	총주주의 동의 또는 총주주의 일치에 의한 결의 (상법 324조, 400조, 415조, 604조 1항)
발기인총회		i) 임원선임: 의결권의 과반수(상법 296조) ii) 주식발행사항의 결정: 발기인 전원의 동의(상법 291조)
창립총회		출석한 주식인수인의 의결권의 3분의 2 이상이며 인수된 주식의 총수의 과반수에 해당하는 다수(상법 309조)

1) 의사정족수란 총회의 성립에 필요한 최소 주식수를 말한다. 그 수의 주식을 소유한 주주가 출석하여야 총회는 의사활동을 시작할 수 있고, 그런 주주가 계속 재석(在席)하고 있어야 총회는 의사활동을 계속할 수 있다. 이 경우의 총회의 성립에 필요한 최소 주식수를 보유한 주주의 출석 및 재석을 회의의 성립요건 및 계속요건이라고 한다. 반면에 의결정족수란 총회가 어떤 결의를 하는데 필요로 하는 주식의 수를 말한다. 상법은 총회의 성립을 용이하게 하기 위해서 의사정족수는 따로 정하지 아니하고 의결정족수만을 규정하고 있다(『주식회사법대계(II)』, 51~53면 참조).

실무사례(33)

제목: 주주 2명 중 1명만 출석한 주주총회 결의가 유효한지 여부

이사가 2인인 자본금 총액이 10억원 미만인 소규모 주식회사로 주주가 두 명이다. 그 중 한명은 대표이사로 지분 49%를 소유하고 있고 다른 한명은 사내이사로 지분 51%를 소유하고 있다. 이 중 지분 51%를 보유한 주주는 현재 외국에 있어 인감 등을 받을 수 없는 상태이다.

회사에서는 이번에 주주배정방식으로 신주를 발행할 예정이다. 이 경우 지분 49%를 소유한 대표이사 혼자 주주총회에 출석해서 결의하는 것이 가능한가?

1. 신주발행사항의 결정은 원칙적으로 이사회 결의사항이나(상법 416조), 이사가 2인 이하인 소규모 주식회사의 경우에는 주주총회에서 결의함이 원칙이다(상법 383조 4항).

2. 따라서 사안의 경우 정관에 특별한 규정이 없는 한 신주발행사항의 결정은 주주총회의 보통결의로 가능하며, 이 경우 주주총회 보통결의를 위한 의결정족수는 발행주식총수의 4분의 1 이상 및 출석한 주주의 의결권의 과반수이다(상법 368조 1항). 사안의 경우 국내에 있는 대표이사인 주주의 지분율이 49%이므로 주주총회의 보통결의 의결정족수를 충족하므로, 지분율 49%인 대표이사인 주주만이 주주총회에서 출석하여 신주발행을 결의하는 것은 가능하다.

참조 조문: 상법 제368조 제1항, 제383조 제4항, 제416조
참조 선례: 상업등기선례 제1-79호(280면)

[관련 사례] 주주총회 보통결의 요건에 관한 것이다. 회사는 강원도 오지에 있어 주주총회 시 발행주식 총수의 4분의 1 이상의 출석에 엄청난 애로가 있어 이번에 정관을 다음과 같이 변경하려고 하는데, 이것이 가능한지? “총회의 결의는 상법 또는 정관에 다른 정함이 있는 경우를 제외하고는 출석한 주주의 의결권의 과반수와 발행주식총수의 10분의 1 이상(기존: 4분의 1 이상)의 수로써 한다.” => 불가하다. 발행주식총수의 4분의 1 이상은 단체적 의사결정의 조리상 허용될 수 있는 최소한의 요건으로서 완화할 수 없다는 견해가 다수설이다(『주석상법(회사편Ⅲ)』, 102면 및 이철송, 『회사법강의』, 545면).

실무사례(34)

제목: 종류주주총회 결의 필요 여부[1)]

회사는 이번 주주총회에서 무의결권 배당우선 전환주식에 대해 일정기간 경과하면 보통주로 전환되도록 하는 정관의 규정을 삭제하려고 한다. 이 경우 종류주주총회를 반드시 개최하여야 하는지?

1. 회사가 종류주식을 발행한 경우에 정관을 변경함으로써 어느 종류주식의 주주에게 손해를 미치게 될 때에는 주주총회의 결의 외에 그 종류주식의 주주의 총회의 결의가 있어야 한다(상법 435조 1항). 여기서 '손해' 가 구체적으로 무엇인지에 대해 조문에는 설명을 하고 있지 않으나,

2. 판례에 의하면, "여기서의 '어느 종류의 주주에게 손해를 미치게 될 때' 라 함에는, 어느 종류의 주주에게 직접적으로 불이익을 가져오는 경우는 물론이고, 외견상 형식적으로는 평등한 것이라고 하더라도 실질적으로는 불이익한 결과를 가져오는 경우도 포함되며, 나아가 어느 종류의 주주의 지위가 정관의 변경에 따라 유리한 면이 있으면서 불이익한 면을 수반하는 경우도 이에 해당된다고 할 것이다." (대법원 2006. 1. 27. 선고 2004다44575, 44582 판결).

3. 사안의 경우 무의결권 배당우선 전환주식은 의결권을 갖는 보통주로의 전환이 불가능하게 됨에 따라 불리한 측면이 있는 반면에, 보통주 보다 계속적으로 배당을 우선적으로 받을 수 있게 됨에 따라 유리한 측면도 갖고 있다. 따라서 이 경우는 어느 종류의 주주의 지위가 정관의 변경에 따라 유리한 면이 있으면서 불이익한 면을 수반하는 경우로서 정관변경을 위한 주주총회 특별결의 외에 종류주주총회의 결의가 필요하다.[2)]

참조 조문: 상법 제434조, 제435조
참조 판례: 대법원 2006. 1. 27. 선고 2004다44575, 44582 판결

---

1) (사)한국상장회사협의회, 『MONTHLY 실무상담사례』, Vol.24(2015년 1월호), 18~19면

2) 상법상 종류주주총회의 결의를 요하는 경우임에도 불구하고 종류주주총회의 결의 없이 주주총회의 결의만 이루어진 경우에는, 주주총회 결의의 효력에는 영향이 없고 단지 종류주주총회의 결의를 요건으로 하는 회사행위의 법적 효과가 발생하지 않는다는 것이 판례의 입장이다(대법원 2006. 1. 27. 선고 2004다44575, 44582 판결 및 『주식회사법대계(II)』, 19면 참조).

84. 독점규제 및 공정거래에 관한 법률 제11조에 따라 의결권을 행사할 수 없는 주식의 수를 주주총회의 결의요건에 관한 발행주식의 총수에 산입하여야 하는지 여부

[상업등기선례 제2-14호, 제정 2011. 12. 1.]

「독점규제 및 공정거래에 관한 법률」 제11조에 따라 의결권을 행사할 수 없는 주식의 수는 의결정족수에 관한 「상법」 제368조 제1항 또는 제434조의 발행주식의 총수나 출석한 주주의 의결권의 수에 산입하지 아니한다. 다만, 회사의 정관에 상법상의 의결정족수 요건에 추가하여 성립정족수(의사정족수) 요건으로 발행주식의 총수의 일정 수가 출석할 것을 규정한 경우 위 의결권을 행사할 수 없는 주식의 수는 성립정족수에 관한 발행주식의 총수에는 산입한다.
(2011. 12. 1. 사법등기심의관-2947 질의회답)

참조 조문 · 규칙 · 예규 · 선례 · 판례

■ **상법[법률 제13523호, 2015. 12. 1., 일부개정]**

제368조(총회의 결의방법과 의결권의 행사) ① 총회의 결의는 이 법 또는 정관에 다른 정함이 있는 경우를 제외하고는 출석한 주주의 의결권의 과반수와 발행주식총수의 4분의 1 이상의 수로써 하여야 한다.

제371조(정족수, 의결권수의 계산) ① 총회의 결의에 관하여는 제344조의3제1항과 제369조제2항 및 제3항의 의결권 없는 주식의 수는 발행주식총수에 산입하지 아니한다.
② 총회의 결의에 관하여는 제368조 제3항에 따라 행사할 수 없는 주식의 의결권 수와 제409조 제2항 · 제3항 및 제542조의12 제3항 · 제4항에 따라 그 비율을 초과하는 주식으로서 행사할 수 없는 주식의 의결권 수는 출석한 주주의 의결권의 수에 산입하지 아니한다.

제434조(정관변경의 특별결의) 제433조 제1항의 결의는 출석한 주주의 의결권의 3분의 2 이상의 수와 발행주식총수의 3분의 1 이상의 수로써 하여야 한다.

■ **독점규제 및 공정거래에 관한 법률[법률 제14137호, 2016. 3. 29., 일부개정]**

제11조(금융회사 또는 보험회사의 의결권 제한) 상호출자제한기업집단에 속하는 회사로서 금융업 또는 보험업을 영위하는 회사는 취득 또는 소유하고 있는 국내계열회사주식에 대하여 의결권을 행사할 수 없다. 다만, 다음 각 호의 어느 하나에 해당하는 경우에는 그러하지 아니하다.(이하 생략)

◐ **선례 해설: 「실무사례(35)」(285면) 및 「실무사례(36)」(286면) 참조**

1. 주주총회 정족수, 의결권 수의 계산과 관련하여 상법은 주주총회의 결의에 관하여는 의결권 없는 주주가 가진 주식의 수는 발행주식의 총수에 산입하지 아니한다고 규정하고 있다(상법 371조 1항).

2. 이러한 취지에서 본 선례는「독점규제 및 공정거래에 관한 법률」제11조에 따라 의결권을 행사할 수 없는 주식의 수의 경우에도 의결정족수에 관한 상법 제368조 제1항 또는 제434조의 발행주식의 총수나 출석한 주주의 의결권의 수에 산입하지 아니함을 밝히고 있다.

3. 참고로 의결정족수 산정과 관련하여 살펴보면,[1)2)]

발행주식총수(A)	
제외(B)	자기주식(상법 369②)
	무의결권 종류주식과 의결권이 제한되는 종류주식(상법 344의3①)
	상호보유주식 중 자회사가 가지고 있는 주식(상법 369③)
	특별이해관계인의 주식(상법 368④)
	감사 선임 시 3% 초과 주식(상법 409)
= 의결정족수 산정 시의 발행주식총수(C = A-B)	
제외(D)	권리행사금지가처분을 받은 주식[3)]
= 출석한 주주의 의결정족수(E = C-D)	

1) 신천수, 『신천수의 회사법특강』, 앤쌤(2014. 7.), 17~18면을 참조하였으나 법원행정처 실무제요의 입장을 반영하여 일부 수정하였다.

2) 상법은 자기주식, 무의결권 종류주식과 의결권이 제한되는 종류주식, 상호보유주식 중 자회사가 가지고 있는 주식 등에 대해서는 발행주식총수에 산입하지 아니하나(상법 371조 1항), 반면에 특별이해관계인의 주식과 감사 선임 시 3% 초과 주식의 의결권 수는 출석한 주주의 의결권의 수에 산입하지 아니한다(상법 371조 2항)라고 규정하고 있으나, 이러한 상법의 명시적인 규정에도 불구하고 후자의 경우도 발행주식총수에 산입하지 않는 것으로 해석하는 것이 실무제요의 입장이다(『상업등기실무(II)』, 21~22면). 판례의 입장 또한 동일하다(대법원 2007. 7. 12. 선고 2006다3585 판결 참조). 법무부의 2011년 개정 상법의 해설에서도 동일하게 설명하고 있다(『상법 회사편 해설』, 199~201면 참조).

3) 의결권행사금지 가처분을 받은 명의상의 주주는 주주총회에서 의결권을 행사할 수 없으나, 정족수 계산의 기초가 되는 발행주식의 총수에 산입한다(대법원 1998. 4. 10. 선고 97다50619 판결).

실무사례(35)

제목: 감사선임 시 의결정족수

비상장법인인 주식회사 ○○는 2016. 3. 31. 정기주주총회에서 감사 A의 임기가 만료됨에 따라 감사 B를 새로 선임하려고 하며, 회사의 주주 현황 및 보유주식 수는 다음과 같다.

주주명	보유주식 수(ⓐ)	지분율	3% 초과 주식 수(ⓑ)	ⓐ-ⓑ
갑	55,000주	55%	52,000주	3,000주
을	30,000주	30%	27,000주	3,000주
병	10,000주	10%	7,000주	3,000주
정	5,000주	5%	2,000주	3,000주
합계	100,000주	100%	88,000주	12,000주

위와 같이 모든 주주는 3%를 초과하는 주식을 보유하고 있는데, 이 경우 감사 선임을 위한 의결정족수는 어떻게 되는지?

1. 주주총회의 결의는 상법 또는 정관에 다른 정함이 있는 경우를 제외하고는 출석한 주주의 의결권의 과반수와 발행주식총수의 4분의 1 이상의 수로써 하여야 하며(상법 368조 1항), 총회의 결의에 관하여 감사 선임 시 3% 초과한 주식의 의결권 수는 출석한 주주의 의결권의 수에 산입하지 아니한다(상법 371조 2항 및 409조 2항 참조).

2. 위 상법 제371조 제2항의 해석과 관련하여, 법무부는 위 규정에도 불구하고 제371조 제2항의 경우에도 제1항과 같이 발행주식총수에도 산입하지 아니하는 것으로 해석하고 있다(『상법 회사편 해설』, 201면). 왜냐하면 그렇게 해석하지 아니할 경우에는 사안의 경우 감사를 선임할 경우 3%까지만 의결권 행사가 가능하여 이를 모두 합쳐도 12% 밖에 되지 않아 발행주식총수의 4분의 1인 25%를 충족할 수 없기 때문이다.

3. 결국 사안의 경우 감사 선임을 위한 의결정족수 산정을 위한 발행주식총수는 발행주식총수 100,000주에서 3%(3,000주) 초과 주식 88,000주를 제외한 12,000주이며, 의결정족수 산정 시의 발행주식총수(12,000주)의 4분의 1 이상의 출석과 출석한 주주의 의결권의 과반수로 감사 B를 선임하면 된다.

참조 조문: 상법 제368조 제1항, 제371조, 제409조 제2항

실무사례(36)

제목: 의결정족수 산정

비상장법인인 주식회사 ○○의 발행주식총수 및 주주현황은 다음과 같다. 아래의 각 질문은 독립적이다.

주주명	직책	보유주식 수
갑	대표이사	60,000주
을	사내이사	15,000주
병	감사	10,000주
정	-	5,000주
자기주식		10,000주
합 계		100,000주

【1】 감사 병이 임기만료 되어 병을 중임하기 위한 정기주주총회에서의 의결정족수 산정을 위한 발행주식총수는?

【2】 임원보수한도를 정하기 위한 정기주주총회에서의 의결정족수 산정을 위한 발행주식총수는?

【3】 대표이사 갑과 사내이사 을이 임기만료 되어 갑과 을을 각각 중임하기 위한 임시주주총회에서의 의결정족수 산정을 위한 발행주식총수는?

1. 의결권 없는 주식을 제외한 발행주식의 총수의 100분의 3을 초과하는 수의 주식을 가진 주주는 그 초과하는 주식에 관하여 감사 선임에 있어서 의결권을 행사하지 못한다(상법 409조 2항). 사안의 경우 의결권 없는 주식인 자기주식을 제외한 발행주식의 총수의 100분의 3인 2,700주(= [100,000주 -10,000주] X 3/100)을 초과하는 주식의 총수는 감사 병을 중임하는 정기주주총회에서 의결권을 행사하지 못한다. 따라서 감사 병이 임기만료 되어 병을 중임하기 위한 정기주주총회에서의 의결정족수 산정을 위한 발행주식총수는 10,800주이다(갑, 을, 병, 정 각 2,700주).[1]

2. 주주총회의 결의에 관하여 특별한 이해관계가 있는 자는 의결권을 행사하지 못하는바(상법 368조 3항), 임원의 보수를 정할 때의 당해 임원인 주주는

1) 감사 병도 자신의 중임을 위한 정기주주총회에서의 의결정족수 산정을 위한 발행주식총수에 포함되는 것에 관한 논의는 설문 【3】 참조

특별한 이해관계가 있는 자에 해당한다(『상업등기실무(Ⅱ)』, 14면). 사안의 경우 임원보수를 정할 때의 대표이사인 갑, 사내이사인 을, 감사인 병은 특별이해관계인으로, 그들이 보유한 주식 수는 의결정족수 산정을 위한 발행주식총수의 계산에서는 제외하여야 한다. 결국 임원보수한도를 정하기 위한 정기주주총회에서의 의결정족수 산정을 위한 발행주식총수는 발행주식총수 100,000주에서 특별이해관계인의 주식 85,000주와 의결권이 없는 자기주식 10,000주의 합계 95,000주를 제외한 5,000주(정 소유 주식총수)이다.

3. 임원 중임을 위한 임시주주총회에서 당해 임원이 보유한 주식이 특별이해관계인의 주식으로서 의결정족수 산정 시의 발행주식총수에서 제외되는지 문제가 되는데, 이사·감사의 선임 또는 해임결의에 있어서 선임 또는 해임의 당사자인 주주는 의결권의 행사를 통하여 회사의 기관구성이라는 회사의 지배 내지 경영활동에 참가하는 것이므로 특별이해관계인에 해당하지 않는다(『상업등기실무(Ⅱ)』, 14~15면 및 『상법판례 백선』, 342~343면 참조). 따라서 대표이사 갑과 사내이사 을이 임기만료 되어 갑과 을을 각각 중임하기 위한 임시주주총회에서의 의결정족수 산정을 위한 발행주식총수는 자기주식 10,000주를 제외한 90,000주가 되겠다.

※ 이상의 논의를 간략히 도표로 정리하면,

주주명	직책	보유주식 수	의결정족수 산정을 위한 발행주식총수		
			【1】 감사중임	【2】 임원보수	【3】 임원중임
갑	대표이사	60,000주	2,700주	-	60,000주
을	사내이사	15,000주	2,700주	-	15,000주
병	감사	10,000주	2,700주	-	10,000주
정		5,000주	2,700주	5,000주	5,000주
자기주식		10,000주	-	-	-
합 계		100,000주	10,800주	5,000주	90,000주

참조 조문: 상법 제368조 제4항, 제369조 제2항, 제409조 제2항
참조 선례: 상업등기선례 제2-14호(283면)

[관련 사례] 위 사례 【1】에서 감사 중임을 위한 의결정족수는?
=> 감사의 중임은 출석한 주주의 의결권의 과반수와 발행주식 총수의 4분의 1 이상의 수이어야 하므로, 10,800주의 4분의 1인 2,700주 이상의 출석과 출석한 주주의 의결권의 과반수가 감사 중임을 위한 의결정족수가 된다.

85. 주주총회의 소집절차 등에 중대한 하자가 있으나 형식적 요건을 갖춘 의사록을 첨부하여 등기신청을 한 경우 이를 수리할 수 있는지 여부[1)]

[상업등기선례 제1-72호, 제정 1987. 6. 13.]

주주총회의 소집절차 또는 결의방법에 중대한 하자가 있다고 하더라도, 등기신청서에 첨부된 총회의 의사록이 형식적 요건을 갖추고 있고 공증인의 인증을 받았으며, 그 의사록 등의 기재에 의하여 등기할 사항이 유효하게 존재하는 것으로 인정되는 이상, 등기부 및 신청서와 그 첨부서면만에 의하여 등기신청의 적법 여부를 판단하여야 하는 등기공무원의 입장에서는 당해 등기신청의 수리를 거부할 수 없을 것이다.
(1987. 6. 13. 등기 제352호)

참조 조문 · 규칙 · 예규 · 선례 · 판례

▣ 상업등기법[법률 제13953호, 2016. 2. 3., 타법개정]

제26조(신청의 각하) 등기관은 다음 각 호의 어느 하나에 해당하는 경우에만 이유를 적은 결정으로 신청을 각하하여야 한다. 다만, 신청의 잘못된 부분이 보정될 수 있는 경우로서 등기관이 보정을 명한 날의 다음 날까지 신청인이 그 잘못된 부분을 보정하였을 때에는 그러하지 아니하다.

10. 등기할 사항에 무효 또는 취소의 원인이 있는 경우

제27조(제소기간이 지난 후의 등기의 신청) 등기할 사항에 소(소)로써만 주장할 수 있는 무효 또는 취소의 원인이 있는 경우에 그 소가 제기기간 내에 제기되지 아니하였을 때에는 제26조 제10호를 적용하지 아니한다.

▣ 상업등기규칙[대법원규칙 제2668호, 2016. 6. 27., 타법개정]

제54조(등기신청의 조사) ① 등기신청이 접수되었을 때에는 등기관은 지체 없이 신청에 관한 모든 사항을 조사하여야 한다.
② 등기소에 제출되어 있는 인감과 등기기록에 관한 사항은 전산정보처리조직을 이용하여 조사하여야 한다.
③ 법 제26조 단서의 보정 요구는 신청인에게 말로 하거나, 전화, 팩시밀리 또는 인터넷을 이용하여 할 수 있다.

1) 유사한 내용의 선례로는 등기선례 제3-995호 및 상업등기선례 제2-129호 참조

◐ **선례 해설: 「법원행정처 선례해설 요약(4)」(290~291면) 참조**

1. 주주총회의 결의에 상법 제376조 제1항에서 정하는 결의취소의 소의 원인이 되는 하자가 있어도 법원의 취소판결이 확정되기 전까지 그 주주총회 결의는 유효한 것으로 취급되고 누구도 그 효력을 다툴 수 없지만(결의취소의 소는 형성의 소에 해당함), 상업등기법 제26조 제10호는 취소판결의 확정 전에도 등기관이 등기할 사항에 관하여 무효 또는 취소의 원인이 있는 때에는 그 결의에 따른 등기신청을 각하하도록 하고 있어 이에 대해 좀 더 살펴볼 필요가 있다.

2. 제척기간의 적용이 있는 주주총회결의취소의 소가 그 주주총회결의가 있은 날로부터 2월 내에 제기되지 아니한 때에는 비록 그 주주총회결의에 취소사유에 해당하는 하자가 있더라도 등기관은 그 등기신청을 수리하여야 한다(법 27조).

3. 상업등기법 제26조 제10호는 실체적 각하사유에 해당하는 조문이나,

   판례에 의하면, "원칙적으로 등기공무원은 등기신청에 대하여 실체법상의 권리관계와 일치하는지 여부를 심사할 실질적 심사권한은 없고 오직 신청서 및 그 첨부서류와 등기부에 의하여 등기요건에 합당하는지 여부를 심사할 형식적 심사권한밖에 없다. 따라서 등기관이 구 비송사건절차법 제159조 제10호(주: 현행 상업등기법 26조 10호)에 의하여 등기할 사항에 관하여 무효 또는 취소의 원인이 있는지 여부를 심사할 권한이 있다고 하여도 그 심사방법에 있어서는 등기부 및 신청서와 법령에서 그 등기의 신청에 관하여 요구하는 각종 첨부서류 만에 의하여 그 가운데 나타난 사실관계를 기초로 판단하여야 하고, 그 밖에 다른 서면의 제출을 받거나 그 외의 방법에 의해 사실관계의 진부를 조사할 수는 없다." (대법원 2008. 12. 15.자 2007마1154 결정).

4. 결국 본 선례에서는 등기신청서에 첨부된 총회의 의사록이 형식적 요건을 갖추고 있고 공증인의 인증을 받았으며, 그 의사록 등의 기재에 의하여 등기할 사항이 유효하게 존재하는 것으로 인정된다면 등기관은 당해 등기신청을 수리하여야 한다는 입장이다(주: 등기관의 형식적 심사권에 관한 일반 내용으로는 115~119면 참조). 판례의 입장과 동일한 입장을 취한 것으로 평가된다.

법원행정처 선례해설 요약(4)[1)]

【제목】 임시총회가 소집권한 없는 자에 의하여 소집되는 등 소집절차에 중대한 하자가 있는 경우에 등기관이 소집절차의 하자를 심사할 수 있는지 여부(제한적 인정)[2)]

1. 사안의 논점

임시총회가 소집권한 없는 자에 의하여 소집되는 등 소집절차에 중대한 하자가 있는 경우에 등기관이 상업등기법 제26조 제10호를 적용하여 각하할 수 있는지 여부

2. 등기관의 심사권한과 심사방법

i) 등기관의 심사권한에 대해서 판례는 형식적 심사권한밖에 없다는 입장이다. 즉 등기공무원은 등기신청에 대하여 실체법상의 권리관계와 일치하는지 여부를 심사할 실질적 심사권한은 없고 오직 신청서 및 그 첨부서류와 등기부에 의하여 등기요건에 합당하는 여부를 심사할 형식적 심사권한밖에 없고(대법원 1995. 1. 20.자 94마535 결정 등),

ii) 그 심사방법에 있어서도 법률과 정관의 규정에 따라 신청서, 첨부서면 및 등기부 만에 의하여 심사하여야 하므로, 의사록에 적혀 있는 의사의 경과요령과 그 결과 및 출석한 이사의 기명날인 유무 등에 대해 등기관은 심사할 수는 있으나, 의사록에 반드시 기재할 필요가 없는 소집절차 등에 대해서는 원칙적으로 등기관이 심사할 필요가 없다.

3. 대표적인 관련 선례(상업선례 2-129)

i) 총회의사록에는 회의가 의장에 의해 특정 시간과 장소에서 개최되고, 의사 및 의결정족수와 그 안건에 대한 결과 및 의장과 출석한 이사 등의 기명날인이 있어야 하나, 소집절차는 법령상 의사록에 기재할 사항이 아니므로 반드시 기재되어야만 하는 것은 아니며, 별도로 소집절차를 증명하는 서면을 첨부하여야 하는 것도 아니다.

---

1) 『상업등기 주요선례 해설』, 326~331면

2) 본 논의는 등기관의 심사범위에 관한 것이다. 이와 관련된 논의는 「선례해설」(115~116면) 참조.

ii) 따라서, 임시총회가 소집권한 없는 자에 의해 소집되는 등 소집절차에 중대한 하자가 있는 경우에도 총회의사록에 소집절차에 관한 사항이 기재되어 있지 않다면 등기관은 소집절차의 하자를 심사할 수 없으며, 소집절차에 관하여 기재가 되어 있는 경우라 하더라도 그 기재 자체만으로 하자 여부를 알 수 없는 이상 소집절차의 하자를 이유로 등기신청의 수리를 거부하거나 법령에서 요구하는 첨부서류 외에 다른 서류의 제출을 요구하여서는 아니 된다.

(2014. 4. 23. 사법등기심의관－1752 질의회답)

4. 결어

의사록에 소집절차의 하자가 기재되어 있는 경우에는 그 하자를 심사할 수는 있으나, 그 소집절차에 관하여 의사록에 기재되어 있는 경우라 하더라도 그 기재 자체만으로 하자 여부를 알 수 없을 때에는 소집절차의 하자를 이유로 등기관은 등기신청의 수리를 거부할 수 없다.

※ 의사록에 기재된 사항에 관한 등기관의 심사범위[1)]

의사록 기재사항	대 상	심사 가부
필요적 기재사항	① 의장 ② 시간과 장소 ③ 의사 및 의결 정족수 및 안건의 결과 ④ 의장 및 출석한 임원의 기명날인 등	가 능
임의적 기재사항	소집절차 등	기재 자체만으로 하자를 알 수 있는 경우에는 가능

주) 소집절차 증명서면 또는 의장의 유고상태확인서 등은 첨부서면이 아닌 것이 원칙

1) 주주총회의사록에는 의사의 경과요령과 그 결과를 기재하고 의장과 출석한 이사가 기명날인 또는 서명하여야 한다(상법 제373조 2항). 주주총회 소집절차 등에 관해서는 주주총회의사록에 기재하지 않아도 그 효력에는 영향이 없으며, 설사 임의적 기재사항인 소집절차 등에 대해 의사록에 기재되어 있더라도 기재 그 자체만으로 하자를 알 수 있는 경우에 한해서만 등기관은 심사 가능하다.

86. 하자 있는 주주총회의 결의에 의하여 결의된 사항이 등기된 경우 이를 바로 잡는 방법

[상업등기선례 제1-100호, 제정 1985. 8. 21.]

하자 있는 주주총회의 결의에 의하여 결의된 사항이 등기된 경우 그 등기사항을 말소하여 변경 전의 등기사항을 회복하고자 하는 때에는 하자의 내용에 따라 결의취소, 결의무효 또는 결의부존재확인의 소(상법 제376조, 제380조)를 제기하여야 하고 그 승소판결이 확정되면 수소법원은 회사의 본점과 지점소재지의 등기소에 그 등기를 촉탁함으로써 등기를 바로 잡게 한다. (1985. 8. 21. 등기 제387호)

참조 조문 · 규칙 · 예규 · 선례 · 판례

▣ 상법[법률 제13523호, 2015. 12. 1., 일부개정]

제376조(결의취소의 소) ① 총회의 소집절차 또는 결의방법이 법령 또는 정관에 위반하거나 현저하게 불공정한 때 또는 그 결의의 내용이 정관에 위반한 때에는 주주·이사 또는 감사는 결의의 날로부터 2월내에 결의취소의 소를 제기할 수 있다.

제378조(결의취소의 등기) 결의한 사항이 등기된 경우에 결의취소의 판결이 확정된 때에는 본점과 지점의 소재지에서 등기하여야 한다.

제380조(결의무효 및 부존재확인의 소) 제186조 내지 제188조, 제190조 본문, 제191조, 제377조와 제378조의 규정은 총회의 결의의 내용이 법령에 위반한 것을 이유로 하여 결의무효의 확인을 청구하는 소와 총회의 소집절차 또는 결의방법에 총회결의가 존재한다고 볼 수 없을 정도의 중대한 하자가 있는 것을 이유로 하여 결의부존재의 확인을 청구하는 소에 이를 준용한다.

◐ 선례 해설: 「보론」(294-295면) 참조

1. 상업등기선례 제1-72호(288면)가 주주총회결의에 하자가 있는 경우 등기관의 각하 여부에 관한 것이라면, 본 선례는 주주총회결의에 하자가 있음에도 등기신청이 수리되어 등기가 된 경우에 등기관이 직권말소할 수 있는지에 관한 것이다.

2. 주주총회 결의취소, 부당결의 취소의 소 등과 같은 형성의 소에 해당하는 것은 제소기간(2개월) 내에 소가 제기되어 판결이 확정된 때에 제1심 수소법원의 촉탁에 의하여 등기관은 말소할 수 있다.

3. 위 2.와 달리 결의무효의 소와 부존재확인의 소를 형성의 소가 아닌 확인의 소로 보는 판례를 따를 때, 등기관은 소제기 여부와 상관없이 등기할 사항에 무효의 원인이 있는 경우에는 등기관의 형식적 심사권한 내에서 심사하여 제1심 수소법원의 촉탁이 없더라도 그 등기를 직권말소 할 수 있다.[1] 물론 이 경우에도 판결이 확정되어 제1심 수소법원의 촉탁이 있는 경우에는 당연 등기관은 말소할 수 있다.

4. 요약 하면,

구 분		등기신청이 접수된 경우 (상업선례 1-72)	등기가 된 경우 (상업선례 1-100)
공통사항		▷ 등기신청을 각하 ▷ 단, 등기관의 심사권한은 형식석 심사권한에 한함	▷ 주주총회결의의 하자에 관한 판결이 확정되어 제1심 수소법원의 촉탁으로 말소
개별사항	형성의 소 (결의취소, 부당결의 취소)	▷ 제소기간(2개월)이 도과한 경우에는 등기신청을 수리 (상업선례 1-31 문단2, 159면 참조)	
	확인의 소 (결의무효, 부존재확인)		▷ 확인의 소는 소제기가 없더라도 등기관의 형식적 심사권한 내에서 등기된 사항에 무효의 원인이 있는 경우에는 법 제78조 내지 제81조에 기해 등기관이 직권말소 할 수 있음

1) 다만 판례에 의하면, 상업등기법 제77조 제2호 '등기할 사항에 무효의 원인이 있는 경우(소로써만 그 무효를 주장할 수 있는 경우는 제외한다)' 라 함은 등기신청 당시 제출된 자료만으로도 등기된 사항에 관하여 무효의 원인이 있음이 외형상 명백히 밝혀진 때를 말한다(대법원 2008. 3. 17.자 2007마1572 결정 및 대법원 2008. 12. 15.자 2007마1154 결정 참조). 따라서 등기관이 상업등기법 제77조 제2호의 사유로 직권말소를 할지에 대해 판단할 시에는 신중을 기울여야 할 것이다.

「보 론」 주주총회결의 하자와 관련된 주요 판례1)

1. 취소의 원인

주주총회가 적법하게 소집되어 개회된 이상 의결권없는 자가 의결권을 행사하였으며 동인이 의결권을 행사한 주식수를 제외하면 의결정족수에 미달하여 총회결의에 하자가 있다는 주장은 주주총회 결의방법이 법령 또는 정관에 위반하는 경우에 해당하여 결의취소의 사유에 해당한다(대법원 1983. 8. 23. 선고 83도748 판결).

정당한 소집권자에 의하여 소집된 주주총회가 아니라면 그 결의는 당연무효라 할 것이나 그렇지 아니하고 정당한 소집권자에 의하여 소집된 주주총회의 결의라면 설사 주주총회의 소집에 이사회의 결의가 없었고 그 소집통지가 서면에 의하지 아니한 구두소집통지로서 법정소집기간을 준수하지 아니하였으며 또한 극히 일부의 주주에 대하여는 소집통지를 빠뜨렸다 하더라도 그와 같은 주주총회소집절차상의 하자는 주주총회결의의 단순한 취소사유에 불과하다 할 것이고, 취소할 수 있는 결의는 법정기간내에 제기된 소에 의하여 취소되지 않는 한 유효하다(대법원 1987. 4. 28. 선고 86다카553 판결).

주주총회가 소집권자에 의하여 소집되어 개최된 이상 정족수에 미달한 결의가 이루어졌다고 하더라도 그와 같은 하자는 결의취소의 사유에 불과하고, 무효 또는 부존재한 결의라고 할 수 없다(대법원 1996. 12. 23. 선고 36다32768 판결).

주주총회의 개회시각이 부득이한 사정으로 당초 소집통지된 시각보다 지연되는 경우에도 사회통념에 비추어 볼 때 정각에 출석한 주주들의 입장에서 변경된 개회시각까지 기다려 참석하는 것이 곤란하지 않을 정도라면 절차상의 하자가 되지 아니할 것이나, 그 정도를 넘어 개회시각을 사실상 부정확하게 만들고 소집통지된 시각에 출석한 주주들의 참석을 기대하기 어려워 그들의 참석권을 침해하기에 이르렀다면 주주총회의 소집절차가 현저히 불공정하다고 하지 않을 수 없고, 또한 소집통지 및 공고가 적법하게 이루어진 이후에 당초의 소집장소에서 개회를 하여 소집장소를 변경하기로 하는 결의조차 할 수 없는 부득이한 사정이 발생한 경우, 소집권자가 대체 장소를 정한 다음 당초의 소집장소에 출석한 주주들로 하여금 변경된 장소에 모일 수 있도록 상당한 방법으로 알리고 이동에 필요한 조치를 다한 때에 한하여 적법하게 소집장소가 변경되었다고 볼 수 있고, 주주는 다른 주주에 대한 소집절차의 하자를 이유로 주주총회결의의 취소의 소를 제기할 수도 있다(대법원 2003. 7. 11. 선고 2001다45584 판결).

---

1) 사법연수원, 『2012 회사법연구』, 171~192면

2. 무효 또는 부존재의 원인

실제의 소집절차와 회의절차를 거치지 아니한 채 주주총회 의결서가 작성된 것이라면, 그 주주총회 의결서가 비록 절대다수의 주식을 소유하는 대주주로부터 주주권의 위임을 받은 자에 의하여 작성된 것이라고 할지라도 위 주주총회의 결의는 부존재하다고 볼 수밖에 없고 그것이 그 일부 주주에게 소집통지를 하지 아니한 정도의 하자로서 주주총회결의의 취소사유에 불과하다고 할 수는 없다(대법원 1992 .9. 22. 선고 91다5365 판결).

대표이사가 1987.2.26. 10:00 회사 사무실에서 임시주주총회를 개최한다는 통지를 하였으나 주주총회 당일 16:00경 소란으로 인하여 사회자가 주주총회의 산회선언을 하였는데 그 후 주주 3인이 별도의 장소에 모여 결의를 한 것이라면, 위 주주 3인이 과반수를 훨씬 넘는 주식을 가진 주주라고 하더라도 나머지 일부 소수주주들에게는 그 회의의 참석과 토의, 의결권행사의 기회를 전혀 배제하고 나아가 법률상 규정된 주주총회소집절차를 무시한 채 의견을 같이 하는 일부주주들만 모여서 한 결의를 법률상 유효한 주주총회의 결의라고 볼 수는 없고, 제1 주주총회결의가 부존재로 된 이상 이에 기하여 대표이사로 선임된 자들은 적법한 주주총회의 소집권자가 될 수 없어 그들에 의하여 소집된 주주총회에서 이루어진 제2 주주총회결의 역시 법률상 결의부존재라고 볼 것이다(대법원 1993. 10. 12. 선고 92다28235 판결).

3. 주주총회결의하자의 소와 감자무효의 소와의 관계[1)]

상법 제445조는 자본감소의 무효는 주주 등이 자본감소로 인한 변경등기가 있은 날로부터 6월 내에 소만으로 주장할 수 있다고 규정하고 있으므로, 설령 주주총회의 자본감소 결의에 취소 또는 무효의 하자가 있다고 하더라도 그 하자가 극히 중대하여 자본감소가 존재하지 아니하는 정도에 이르는 등의 특별한 사정이 없는 한 자본감소의 효력이 발생한 후에는 자본감소 무효의 소에 의해서만 다툴 수 있다(대법원 2010. 2. 11. 선고 2009다83599 판결).

---

1) 자본금 감소, 합병, 분할 등의 절차에 있어서 주주총회 특별결의가 필요한데, 이 주주총회에 하자가 있는 경우 주주총회결의의 하자를 다투는 소와 특수절차에 대한 특수한 소 중 어느 것을 제기하여야 하는지가 문제된다. 판례의 입장은 원칙적으로 자본금 감소, 합병, 분할 등의 절차의 일환으로 개최된 주주총회 특별결의에 하자가 있더라도 각각 감자무효의 소, 합병무효의 소, 분할무효의 소 등에 의해서만 다툴 수 있는 것이지 주주총회결의하자의 소로 다툴 것은 아니라는 입장이다(『상법판례 백선』, 654~658면 참조).

87. 대표이사가 소집하지 아니한 전원 출석 주주총회의 적법성

[상업등기선례 제1-76호, 제정 1998. 9. 22.]

상법 및 정관 소정의 소집절차를 흠결하였으나 주주명부상의 주주 전원이 주주총회의 개최에 동의하고 출석하여 결의하는 이른바 전원주주총회에서의 결의는 유효하다고 해석되므로, A 주식회사의 임시주주총회에 있어서 상법 및 정관상 요구되는 이사회의 결의, 소집권자의 소집 등 적법한 소집절차가 없었다고 하더라도, 당해 주식회사의 주식을 각각 25%씩 소유하고 있는 4인 주주 전원이 임시주주총회를 열어 주주 전원의 합의로 소집절차와 방법에 아무런 이의 없음을 확인한 다음, 기존의 임원 전원을 해임하고 주주 자신들을 이사 및 감사로 선임하는 내용의 안건을 주식 수의 25% 기권, 75% 찬성으로 결의하여 그 의사록을 공증 받았다면, 그 의사록을 첨부하여 한 임원변경등기신청은 수리될 수 있다.

(1998. 9. 22. 등기 3402-919 질의회답)

◐ **선례 해설:** 「실무사례(37)」(297면), 「실무사례(38)」(298면) 참조

1. 주주총회의 소집절차가 상법 또는 정관에 위반하는 때에는 주주총회 결의취소의 소의 대상이 된다(상법 376조). 즉 주주총회의 소집은 상법에 다른 규정이 있는 경우 외에는 이사회가 이를 결정하는데(상법 362조), 통상 이사회가 주주총회의 일시·장소·의안 등을 정하고 그 소집결정의 집행은 업무집행권을 가진 대표이사가 하게 된다. 다만, 일시와 장소 등에 관해 이사회에서 대강의 범위를 정하고 구체적인 선정은 대표이사에게 위임하는 것도 무방하다(『상업등기실무(II)』, 2~3면).

2. 등기할 사항에 무효 또는 취소의 원인이 있는 경우에는 등기관은 이유를 적은 결정으로 그 신청을 각하하여야 하는 바(법 26조 10호), 주주총회의 소집절차가 상법 또는 정관에 위반하는 때에는 주주총회 결의취소의 대상이 되어 등기할 사항에 취소의 원인이 있는 경우이므로 등기관은 그 등기신청에 대해 각하하여야 하는 것이 원칙이나,

3. 본 선례에 의하면, 상법 및 정관 소정의 소집절차를 흠결하였더라도 주주 전원이 주주총회의 개최에 동의하고 출석한 전원주주총회에서의 결의는 유효하다. 판례의 입장도 동일하다(대법원 2002. 7. 23. 선고 2002다15733 판결).

실무사례(37)

제목: 전원 출석 주주총회 관련[1)]

회사의 주주는 총 4명으로 상법 및 정관 소정의 주주총회 소집절차를 거치지 않은 채 2016. 4. 29. 임시주주총회가 개최되었다. 의안은 사내이사 2인 및 감사 1인을 해임하는 것이었으며, 그 의안은 4명의 주주 전원이 출석하여 전원의 찬성으로 가결되었다.

【1】 2016. 4. 29. 임시주주총회의 임원 해임안에 대한 결의는 유효한지?

【2】 위 임시주주총회의사록에 대해 공증인의 인증을 받는데 문제는 없는지?

1. 상법 및 정관 소정의 소집절차에 하자가 있더라도 주주명부상의 주주 전원이 주주총회의 개최에 동의하고 출석하여 결의하는 전원 출석 주주총회에서의 결의는 유효하다는 것이 선례의 입장이다(상업선례 1-76). 판례 또한 같은 입장이다(대법원 2008. 6. 26. 선고 2008도1044 판결 등).

2-1. 전원 출석 주주총회에서의 결의에 대해 그 의사록을 인증받았다면, 원칙적으로 주주총회 소집절차 증명서면은 등기 시 첨부서면이 아니므로 등기부와 신청서 및 법령에서 첨부하라고 요구하는 서면 만에 의하여 심사하여야 하는 등기관으로서는 주주총회의 소집절차에 중대한 하자가 있더라도 인증받은 의사록이 첨부된 등기신청에 대하여 수리하여야 한다. 문제는 소집절차의 하자가 있는 의사록에 대해 인증받는데 문제가 없는 지이다.

2-2. 주주총회의사록에 대해 인증을 하는 공증인은 그 주주총회 결의의 절차 및 내용이 진실에 부합하는지를 확인하여야 한다(공증인법 66조의2 2항). 원칙적으로 주주총회를 소집하는 권한은 이사회에 있으며(상법 362조), 통상 이사회가 주주총회의 일시, 장소, 의안을 결정하면 대표이사가 업무집행권자로서 소집결정을 집행한다. 주주총회를 소집할 때에는 회일의 2주 전(자본금 총액이 10억원 미만인 주식회사는 주주총회일의 10일 전)에 각 주주에게 소집통지서를 발송하여야 한다(상법 363조 1항). 이러한 주주총회 소집절차를 거치지 않았다면, 원칙적으로 그 의사록에 대하여 공증인의 인증을 받기는 어렵다.[2)]

1) 박상진, "2014년 공증 관련 판례", 공증과신뢰(통권 제8호), 대한공증인협회, 142~149면

2) 결의의 절차 및 내용이 상법 기타 법령이나 정관을 위반한 경우에는 공증인은 주주총회의사록에 인증을 부여하여서는 아니 된다(「법의의사록에 대한 인증사무 처리지침」 8조 1항 2호 참조).

실무사례(38)

제목: 주주총회 소집권자

자본금 3억원인 소규모 주식회사로서 주주는 두 명으로, 주주 A가 지분 60%를 갖고 있고 또 다른 주주 B는 지분 40%를 갖고 있다. 한편 임원으로는 사내이사 겸 대표이사 갑과 사내이사 을, 감사 병이 있다. 사내이사 겸 대표이사 갑과 사내이사 을은 이미 10월 25일에 임기가 만료되었으며, 주주 A는 이번 임시주주총회에서 사내이사 겸 대표이사 갑과 사내이사 을을 임기만료로 퇴임시키고 새로운 외부 사람을 사내이사로 선임하려고 하나, 주주 B는 이에 대해 반대하고 있다. 한편 주주 B의 지지를 받고 있는 대표이사 겸 사내이사 갑은 임시주주총회의 소집을 거부하고 있는 실정이다.

【1】 이 경우 감사 병이 바로 임시주주총회 소집결정을 할 수 있는지?

【2】 질의 【1】과 상관없이 사안의 임시주주총회 소집을 할 수 있는 방법은 없는지?

1. 주주총회의 소집은 원칙적으로 이사회에서 결정하나(상법 362조), 자본금 10억원 미만인 소규모 주식회사가 사내이사 2인 이하일 경우에는 각 이사(대표이사를 정한 경우에는 그 대표이사)가 결정한다(상법 383조 6항). 임시주주총회 소집결정권자가 아닌 감사 병이 소집한 주주총회에서 이루어진 결의는 주주 전원 출석과 같은 특별한 사정이 없는 한 주주총회 결의부존재 사유에 해당한다(대법원 2010. 6. 24. 선고 2010다13541 판결).

2. 발행주식총수의 100분의 3 이상에 해당하는 주식을 가진 자 및 감사는 회의의 목적사항과 소집의 이유를 기재한 서면을 이사회(사안의 경우 대표이사)에 제출하여 임시주주총회의 소집을 청구할 수 있으므로(상법 366조 1항 및 412조의3 1항), 이사회(사안의 경우 대표이사)가 위 청구를 받고 지체 없이 주주총회의 소집을 하지 않을 경우에는 주주 A 혹은 감사 병은 법원의 허가를 얻어 스스로 주주총회를 소집할 수 있다(상법 366조 2항 및 412조의3 2항).

[비교 사례] 이사회 결의에 의해 대표이사가 임시주주총회를 소집하지 않았는데도 불구하고 주주 전원이 출석하여 임원 퇴임 및 선임 결의를 한 임시주주총회가 적법한지 여부(적극) => 상법 및 정관 소정의 소집절차를 흠결하였더라도 주주 전원이 주주총회의 개최에 동의하고 출석하여 한 결의는 유효하다(상업선례 1-76, 296면). 이 경우 공증에 관한 논점은 「실무사례(37)」(297면) 참조.

📖 「보 론」 주주총회와 관련된 부가 논점 -서면투표, 서면결의 · 동의-

1. 서면에 의한 의결권 행사, 일명 서면투표(상법 368조의3)

정관의 규정이 있는 경우에 한하여 주주는 총회에 출석하지 않고 서면에 의하여 의결권을 행사할 수 있다(일종의 부재자투표).

2. 소규모 주식회사의 서면결의 · 서면동의(상법 363조 4항 및 5항)

자본금 총액이 10억원 미만인 회사는 주주 전원의 동의가 있을 경우에는 소집절차 없이 주주총회를 개최할 수 있고, 더 나아가 주주총회를 개최함이 없이 서면에 의한 결의를 할 수 있다. 즉 이 경우에는 정관에 규정이 없어도 가능하다. 서면결의는 현실적인 주주총회를 개최하지 않고 결의사항에 대하여 의결권을 서면으로 하는 것으로, 이는 현실적으로 개최된 주주총회에 특정 주주가 출석하지 않고 정관이 정한 바에 따라 서면에 의하여 의결권을 행사하는 상법 제368조의3 제1항의 서면투표와는 구별된다(『상업등기실무(Ⅱ)』, 26면).

한편 주주총회의 결의의 목적사항에 대하여 주주 전원이 서면으로 동의를 한 때에는 서면에 의한 결의가 있는 것으로 본다.

3. 비교: 「실무사례(39)」(300면) 참조

구 분	서면투표	서면결의, 서면동의
대상 회사	일반 주식회사	자본금 총액이 10억원 미만인 주식회사 및 유한회사
주주총회 개최	개최하되 서면투표	주주총회 자체를 개최하지 않음
정관 규정 여부	정관 규정이 필요함	정관에 규정이 없어도 무방
의사록 공증 요부	공증 요함	공증 불요(관련 논의 72~73면 참조)
첨부정보	공증인의 인증받은 주주총회의사록과 정관	▷ 서면결의를 하는 것에 관한 주주 전원의 동의서 및 서면결의서 혹은 결의의 목적사항에 대한 주주 전원의 서면동의서 + 각 주주가 인감날인하고 그 인감증명을 첨부 ▷ 등기소에 제출한 인감으로 날인된 주주명부 첨부

실무사례(39)

제목: 자본금의 총액이 10억원 미만인 소규모 주식회사의 경우 목적추가를 총주주 동의에 의한 서면결의서로 가능한지 여부 및 미성년자의 법률행위

자본금 총액이 1억원이며 총주주가 6명인 주식회사가 이번에 신규 사업의 진출을 위해 컴퓨터주변기기 제조업을 목적 추가하려고 한다.

【1】 목적변경을 총주주 동의에 의한 서면결의서로 공증 대체 가능한지?
【2】 그리고 주주 중에 미성년자가 있는 경우 그의 날인은 어떻게 하여야 하는지?

1. 주식회사가 목적변경을 하기 위해서는 주주총회 특별결의에 의한 정관변경이 필요하며, 자본금 총액이 10억원 미만인 회사는 주주 전원의 동의가 있을 경우에는 소집절차 없이 주주총회를 개최할 수 있고, 더 나아가 주주총회를 개최함이 없이 정관에 규정이 없어도 서면에 의한 결의를 할 수 있다. 주주의 수에 상관없이 자본금 총액이 10억원 미만인 주식회사는 주주총회를 개최함이 없이 총주주의 서면결의에 의한 회사의 목적변경이 가능하며, 총주주 동의에 의한 서면결의서는 법인 총회 등의 의사록이라 할 수 없어 공증이 필요 없다는 것이 현재 등기실무이다(다른 견해 있음. 72~73면 참조).

2. 주주 중 미성년자가 있는 경우에는 민법의 일반 규정에 따라, 의사능력이 있는 것으로 인정하기 어려운 연령의 미성년자의 경우에는 법정대리인인 그 친권자가 법률행위를 하면 되고, 의사능력이 인정될 수 있는 미성년자의 경우에는 법정대리인인 친권자의 동의를 얻어 미성년자가 서면결의서에 기명날인하거나 법정대리인인 친권자의 대리행위에 의하여 서면결의서에 친권자가 기명날인 하면 된다. 통상 법정대리인인 친권자가 미성년자를 대리하여 서면결의서에 기명날인할 경우에는, 「○○○는 미성년자이므로 법정대리인 친권자 부 ○○○ , 모 ○○○」라고 기재한 후 법정대리인인 친권자가 인감날인하고 친권자의 인감증명서 및 미성년자의 가족관계증명서를 첨부한다(주: 부모가 이혼하여 친권자가 부모 중 일방으로 정해진 경우에는 미성년자의 기본증명서도 필요).

[비교 사례] 자본금 총액이 20억인 회사가 이번에 서면투표를 도입하려고 한다. 그 구체적인 절차는? => 먼저 정관변경을 통해 서면에 의한 의결권 행사에 관한 사항을 정관에 규정한 뒤, 총회의 소집통지서에 주주가 서면투표에 의한 의결권을 행사하는데 필요한 서면과 참고자료를 첨부하여 주주들에게 통지하면 된다.

88. 주주총회, 이사회의 의사록에 기명날인을 할 이사 및 감사
[상업등기선례 제1-74호, 제정 1994. 4. 1.]

1. 주식회사 주주총회의 의사록에는 의장과 출석한 이사(또는 청산인)가 각 기명날인을 하여야 하는바, 여기서의 출석한 이사는 당해 주주총회가 개최되고 있는 동안 이사로서의 자격이 있는 자 중 주주총회에 출석한 자 전원을 말한다. 따라서 주주총회에서 이사 개선의 결의가 있을 경우 전임이사 및 후임이사 중 누가 기명날인을 하는가 하는 것은 그 주주총회가 개최될 당시 누가 이사의 자격이 있는가 하는 문제로서 경우에 따라 다를 것이나, 다만 주주총회가 개최되고 있는 동안 전임이사의 임기가 종료되고 후임이사가 취임승낙을 하여 임기가 개시되었다면 전임이사와 후임이사 모두가 기명날인을 하여야 할 것이며, 후임이사의 임기가 주주총회 종결 이후부터 개시되었다면 그 자는 아직 이사의 자격이 없어 기명날인을 할 수 없을 것이다. 그러나 형식적 심사권 밖에 없는 등기공무원으로서는 주주총회 당시 전임이사가 출석을 하였는가 하는 것은 주주총회의 의사록에 의하여 판단할 수밖에 없는 것이며, 따라서 그 의사록에 전임이사가 출석하였다는 취지가 기재되어 있지 않은 한, 전임이사의 기명날인이 없는 의사록을 첨부하여 등기를 신청한 경우에도 이를 수리할 수밖에 없다.

2. 대표이사, 이사, 감사 등이 선임되었을 때 등기하여야 효력이 발생하는 것은 아니며 다만 그 선임등기는 제3자에게 대항하기 위한 요건이다.
(1994. 4. 1. 등기 3402-305 질의회답)

◐ **선례 해설:** 「실무사례(40)」(302면) 참조

1. 상법 제373조에서 출석한 이사가 기명날인 또는 서명을 하도록 규정하고 있으므로, 주주총회의사록에 기명날인 또는 서명하여야 하는 이사는 총회 진행 중에 이사의 지위에 있으면서 총회에 출석한 이사이다.

2. 주주총회 또는 이사회의사록에 날인할 이사 또는 감사의 인감은 등기소에 제출하였거나 인감증명법에 의하여 신고한 것이 아니어도 무방하다. 다만 실무상 주주총회의 의장이 대표이사인 경우에는 의장은 기명 후 등기소에 제출한 법인인감 도장을 날인하고 있다(「보론」, 63면 참조).

> (중략) 다만 등기신청시에 첨부하여야 할 이사회 의사록에는 의장 및 출석한 이사가 기명날인하여야 할 것이나, 반드시 인감증명법에 의한 인감을 날인할 필요는 없다(상업선례 1-384).

실무사례(40)

제목: 주주총회의사록에 기명날인할 이사[1)]

이번 임시주주총회에서 임원변경을 결의하려고 한다. 다음 각각의 경우에 임시주주총회의사록에 기명날인할 이사는 전임이사인지 아니면 후임이사인지?

【1】 임시주주총회 당일에 전임이사가 임기만료로 퇴임하는 경우
【2】 이사 원수에 정관상 결원이 발생하여 보결 선임하는 경우
【3】 중임하는 경우

1. 상법 제373조에서 주주총회에 출석한 이사가 기명날인 또는 서명을 하도록 규정하고 있으므로, 주주총회의사록에 기명날인 또는 서명하여야 하는 이사는 총회 진행 중에 이사의 지위에 있으면서 총회에 출석한 이사이다. 따라서 주주총회 당일에 임기만료로 퇴임하는 이사는 주주총회 종료일까지 이사의 지위에 있으므로 총회의사록에 기명날인 또는 서명할 이사는 당해 임시주주총회에서 임기만료로 퇴임하는 전임이사이며, 후임이사는 총회 종료 후 취임하는 것이 일반적이므로 의사록에 기명날인 또는 서명하는 이사에 해당하지 않는다. 다만 선례에 의하면, 주주총회가 개최되고 있는 동안 전임이사의 임기가 종료되고 후임이사가 취임승낙을 하여 임기가 개시되었다면 전임이사와 후임이사 모두가 기명날인 또는 서명할 이사에 해당한다(상업선례 1-74, 301면).

2. 법률 또는 정관에 정한 이사의 원수를 결한 경우에는 임기의 만료 또는 사임으로 인하여 퇴임한 이사는 새로 선임된 이사가 취임할 때까지 이사의 권리의무가 있다(상법 386조 1항). 전임이사의 주주총회 개최 전 임기의 만료 등으로 인하여 이사 원수에 결원이 발생하여 주주총회에서 보결로 선임된 이사의 경우에는 총회에 출석하여 선임 후 바로 선임에 대해 승낙하여 이사에 취임하였다면 총회 진행 중에 이사의 지위에 있는 자로 볼 수 있으므로 주주총회의사록에 기명날인 또는 서명하는 이사가 될 수 있다.

3. 이사의 임기가 주주총회일에 만료되고 그 총회에서 다시 이사로 중임된 경우에는, 당연히 중임된 이사가 의사록에 기명날인 또는 서명할 이사이다.

---

1) (사)한국상장회사협의회, 『MONTHLY 실무상담사례』, Vol.7(2013년 8월호), 11~12면

89. 주식회사의 이사회에 감사가 불출석한 경우 이사회의사록 작성 가부(적극)

[상업등기선례 제1-75호, 제정 1997. 11. 24.]

주식회사의 감사는 이사회에 출석하여 의견을 진술할 권리가 있으므로 회일(會日) 1주간 전에 감사에 대하여도 소집통지를 발송하여야 하지만, 주식회사의 이사회는 이사만으로 구성되고 감사는 그 구성원이라고 할 수 없으므로, 감사 2인이 있는 주식회사의 이사회에 감사들이 모두 불출석한 경우에도 출석한 이사들만으로 이사회를 개최하고 이사회의사록을 작성할 수 있다.

(1997. 11. 24. 등기 3402-908 질의회답)

◐ **선례 해설:** 「실무사례(41)(42)(43)」(304~307면) 참조

1. 이사회의사록에는 의사의 안건, 경과 요령, 그 결과, 반대하는 자와 그 반대이유를 기재하고 출석한 이사 및 감사가 기명날인 또는 서명하여야 한다. 이사회에 감사들이 모두 불출석한 경우에도 출석한 이사들만으로 이사회를 개최하고 이사회의사록을 작성하는데 아무런 지장이 없다(상법 390조, 391조의2, 391조의3 참조). 왜냐하면, 주식회사의 이사회는 이사만으로 구성되고 감사는 그 구성원이 아니기 때문이다.

2. 관련 문제로 '출석한 이사 또는 감사가 기명날인 또는 서명을 거부할 경우 어떻게 할 것인가' 이다. 이사회의 의사록에 출석한 이사 또는 감사의 일부가 기명날인 또는 서명을 하지 않은 경우에도 의사록으로서의 효력이 없는 것은 아닌 점을 고려하면, 이 경우에는 이사회의사록 말미에 그러한 사실을 기재한 후 나머지 출석한 이사 및 감사만 기명날인 또는 서명하면 된다. 다만, 최근 인증사무 처리지침에 의하면 의사록에 기명날인하거나 서명하여야 할 사람이 이를 하지 않은 경우에는 의사록에 대한 인증이 불가하다(「법인의사록에 대한 인증사무 처리지침」 8조 1항 참조).

3. 한편 위 2.의 경우에 이사가 이사회 결의에 반대하는 이유로 의사록에 기명날인 또는 서명을 하지 않는 경우에는 오히려 찬성한 것으로 추정되므로, 반드시 당해 이사의 성명과 반대이유를 의사록에 기재하여야 그 책임을 면할 수 있다고 본다(상법 391조의3 2항 참조).

실무사례(41)

제목: 이사회 및 이사회의사록 관련

다음은 이사회 및 이사회의사록 작성과 관련된 사항이다.

【1】 이사는 이사회에 출석할 의무가 있는지?

【2】 감사는 이사회에 출석할 의무가 있는지?

【3】 이사회의 결의에 반대한 이사가 이사회의사록에 기명날인 또는 서명을 거부한 경우에 그 책임은 면책되는지?

【4】 주주총회와 같이 이사회의 결의를 서면결의로 하는 것이 가능한지?

1. 상법상 이사와 회사의 관계는 위임에 관한 민법 제681조가 준용되므로 이사는 회사에 대해 선량한 관리자의 주의로써 사무를 처리할 의무를 지게 된다. 따라서 이사는 이사회에 출석하여 의결권을 행사할 의무를 지며, 판례는 주식회사의 이사가 이사회에 참석하지도 않고 사후적으로 이사회의 결의를 추인하는 등으로 실질적으로 이사의 임무를 전혀 수행하지 않은 이상 그 자체로서 임무해태가 된다고 판시한 바 있다(대법원 2008. 12. 11. 선고 2005다51471 판결).

2. 감사는 이사회에 출석하여 의견을 진술할 수 있고 이사가 법령 또는 정관에 위반한 행위를 하거나 그 행위를 할 염려가 있다고 인정한 때에는 이사회에 보고하여야 하지만(상법 391조의2), 이러한 감사의 이사회 출석 및 의견진술권은 감사의 권리에 해당하므로 감사가 이사회에 반드시 출석해야 할 의무가 있는 것은 아니다(상업선례 1-75, 303면 참조).

3. 이사회의사록에는 의사의 안건, 경과요령, 그 결과, 반대하는 자와 그 반대이유를 기재하여야 하므로(상법 391조의3 2항), 이사회의사록에 그 결의에 반대하는 자와 그 반대이유가 기재되어 있지 않고 단순히 반대한다는 이유로 의사록에 기명날인 또는 서명을 거부하는 것은 오히려 찬성한 것으로 추정되므로 그 책임을 면할 수 없다.

4. 이사회의 결의방법은 이사의 전부 또는 일부가 직접 회의에 출석하거나 다자간 통신회의 방법으로 하여야지(상법 391조 2항), 실제 이사회를 개최하지 않고 이루어진 서면결의와 회람을 돌려 서명하는 방식의 결의는 인정되지 않는다.

참조 조문: 상법 제390조, 제391조, 제391조의2, 제392조

실무사례(42)

제목: 이사회의 소집권자 및 소집절차[1)]

다음은 이사가 5명으로 구성된 이사회가 있는 주식회사의 이사회의 소집권자 및 소집절차에 관한 사항이다.

【1】 정관에 대표이사를 이사회의 의장으로 정하고 그가 이사회를 소집하도록 규정되어 있다. 이 경우 정관상 이사회의 소집권자인 대표이사가 정당한 이유 없이 이사회 소집을 거부하는 상황에서 이사회를 소집할 수 있는 방법은?

【2】 이사회 소집 시에 회의의 목적사항을 함께 통지하여야 하는지?

【3】 정관상 이사회의 소집권자인 대표이사가 3일간 일본에 해외 출장 중이다. 이에 "대표이사의 해외 출장 시 상무이사가 직무를 대행한다."라는 정관의 규정에 따라 상무이사가 이사회를 소집하여 그 이사회에서 해외 출장 중인 대표이사를 해임 결의하였다. 이 이사회의 결의는 유효한지?

1-1. 이사회는 각 이사가 소집함이 원칙이나, 이사회의 결의로 소집할 이사를 정한 때에는 그 이사가 소집한다(상법 390조 1항). 실무에서는 정관에 대표이사를 이사회의 의장으로 정하고 그가 소집하도록 하는 경우가 많다(이철송, 『회사법강의』, 670면).

1-2. 사안과 같이 정관에 이사회의 소집권자로 대표이사를 정한 경우에도, i) 대표이사 이외 다른 이사도 언제든지 소집권자인 대표이사에게 이사회의 소집을 요구할 수 있으며, 소집권자인 대표이사가 정당한 이유 없이 이사회의 소집을 거절할 경우에는 다른 이사도 이사회를 소집할 수 있다(상법 390조 2항). ii) 또한 감사도 필요하면 회의의 목적사항과 소집이유를 서면에 적어 이사회의 소집권자에게 제출하여 이사회 소집을 청구할 수

---

1) 본 실무사례는 상업등기와 직접적으로 관련된 내용이라기보다는 이사회의 소집과 관련된 일반적인 사항을 다루고 있다. 이와 같이 이 주제에 대해 간단한 사례를 소개하는 이유는 주주총회의 소집절차 못지않게 이사회의 소집절차에 관한 사항이 실무에서 중요하게 다루어지고 있기 때문이다. 하지만 이사회의 소집권자 및 소집절차와 관련하여 등기관이 심사할 수 있는지는 별개의 문제이다. 왜냐하면 등기관은 형식적 심사권에 기해 등기부와 신청서 및 첨부서면 만에 의하여 그 등기신청의 수리 내지 각하 여부를 판단하여야 하기 때문이다. 이와 관련해서는 「법원행정처 선례해설 요약(4)」(290~291면)의 내용을 살펴보시기 바란다.

있으며(상법 412조의4 1항), 이 청구에도 불구하고 이사회의 소집권자가 지체 없이 이사회를 소집하지 아니하면 그 청구한 감사가 이사회를 소집할 수 있다(상법 412조의4 2항).

2. 회의의 목적사항을 적어 그 소집을 통지하는 주주총회와는 달리(상법 363조 2항), 이사회 소집통지를 할 때에는 회사의 정관에 이사들에게 회의의 목적사항을 함께 통지하도록 정하고 있거나 회의의 목적사항을 함께 통지하지 아니하면 이사회에서의 심의·의결에 현저한 지장을 초래하는 등의 특별한 사정이 없는 한 회의의 목적사항을 함께 통지할 필요는 없다(대법원 2011. 6. 24. 선고 2009다35033 판결).

3. 이사회는 긴급을 요하지 않는 한 가급적 많은 이사가 출석할 수 있는 시기에 소집해야 한다. 따라서 정관상 이사회의 소집권자인 대표이사가 3일간 해외 출장 중인 사안의 경우에 "대표이사의 해외 출장 시 상무이사가 직무를 대행한다."라는 정관의 규정을 이용하여 상무이사가 소집한 이사회에서 해외 출장 중인 대표이사의 해임을 결의한 것은 긴급을 요한다는 특별한 사정이 없는 한 이사회 소집이 위법하여 무효라 할 것이다(대법원 1988. 3. 22. 선고 85누884 판결 참조).[1)]

참조 조문: 상법 제363조 제2항, 제390조, 제412조의4
참조 판례: 대법원 2011. 6. 24. 선고 2009다35033 판결,
대법원 1988. 3. 22. 선고 85누884 판결
참조 문헌: 이철송, 『회사법강의』, 664~672면
『주석상법(회사편Ⅲ)』, 260~266면

[관련 사례] 이사회 구성원인 이사 5인 중 1인의 이사에 대한 소집통지가 결여된 경우에 해당 이사회의 결의가 유효한지?
=> 일부 이사에 대한 소집통지가 결여되었다면 결의의 성립과정에 중대한 하자가 있는 것이어서 그 이사회 결의는 무효이다(「주석상법(회사법Ⅲ)」, 265면).

1) 재단법인 한국유도원의 이사장이 1주일간 미국에 출장 중인데, 상무이사가 "이사장의 해외 출장 시 상무이사가 직무를 대행한다."라는 정관 규정을 이용하여 이사회를 소집하여 이사장을 포함한 일부 이사를 경질한 사건에서, 법원은 위 이사회 소집이 위법하다고 판시하였는데, 주식회사의 이사회 소집에 관해서도 같이 보아야 한다(이철송, 『회사법강의』, 672면 각주 1번).

실무사례(43)

제목: 이사회의 결의방법

다음은 이사회의 결의방법에 관한 사항으로 각 사안은 별개 사안이다.

【1】 이사들 중 1인이 해외 출장 중으로 이사회에 참석이 불가능한 상황이다. 이 경우 해외 출장 중인 이사를 대신하여 이사가 위임한 대리인에 의한 의결권 행사가 가능한지?

【2】 정관의 규정에 따라 이번에 대표이사를 이사회에서 선임할 예정이다. 이 경우 무기명투표로 이사회에서 대표이사를 선임하는 것이 가능한지?

1. 상법에서 이사회는 회사가 기대하는 이사의 개인적인 능력과 이사에 대한 고도의 신뢰관계를 바탕으로 하여 각자의 지식과 경험을 통한 협의와 의견을 교환하는 것을 예정하고 있으므로 이사들이 직접 모여서 의사결정을 하여야 한다(『주석상법(회사편Ⅲ)』, 269면). 판례 또한 같은 입장이다. 즉 "주식회사 이사회는 주주총회의 경우와는 달리 원칙적으로 소집권이 있는 이사가 다른 이사 전원에 대하여 이사회의 소집통지를 하여야 하고 이사 자신이 이사회에 출석하여 결의에 참가하여야 하며 대리인에 의한 출석은 인정되지 않고 따라서 이사 개인이 타인에게 출석과 의결권을 위임할 수도 없는 것이니 이에 위배된 결의는 무효라고 할 것이다."라고 판시한 바 있다(대법원 1982. 7. 13. 선고 80다2441 판결). 따라서 이사가 해외에 출장 중인 특별한 사정이 있더라도 이사가 위임한 대리인에 의한 이사회의 의결권 행사는 불가하다.[1)]

2. 통설은 이사는 의결권의 결의에 관하여 그 결의에 찬성한 이사는 회사에 대한 책임이 있어(상법 399조 참조), 이사의 의결권은 자기 책임 하에 독립적으로 행사되어야 하며, 그 연장선상으로 이사는 이사회에서 각자의 찬반의사를 밝혀야 하는 것으로 무기명투표는 허용되지 않는다고 본다.

참조 조문: 상법 제391조, 제399조

참조 판례: 대법원 1982. 7. 13. 선고 80다2441 판결

참조 문헌: 『주석상법(회사편Ⅲ)』, 269면

1) 물론 이 경우에 정관에 다른 정함이 없는 한 상법 제391조 제2항에 의한 원격통신회의 방식으로 해외 출장 중인 이사가 이사회 결의에 참가하는 것은 가능하다.

📖 「보 론」 주식회사의 기관[1] : 「실무사례(44)」(309면) 참조

1. 주식회사는 이론적으로 자신의 의사와 행위를 가지나, 실제로는 주식회사의 의사를 결정하고 그에 따라 업무를 집행하고 결정된 의사를 대외적으로 표시하기 위하여 자연인의 현실적 행위를 매개로 하는 일정한 기관이 필요하다(사법연수원, 『2012 회사법연구』, 139면).

2. **기본적 의사결정기관으로서의 주주총회**: 주주총회는 주주로써 구성되는 필요적 상설기관으로서 회사의 기본조직과 경영에 관한 중요사항에 관해 회사 내부의 최고의 의사결정기관이다. 주주총회가 회사의 의사를 결정하여야 하는 것으로 상법에 정해진 사항은 주주총회의 전속적인 권한으로서 정관이나 주주총회의 결의에 의하여 다른 기관이나 제3자에게 위임하지 못한다.

3. **업무집행기관과 감독기관으로서의 이사회**: 이사회는 회사의 업무집행에 관한 의사결정을 위해 이사 전원으로 구성되는 주식회사의 필요적 상설기관이다. 또한 이사회는 회사의 업무집행에 관한 의사결정권 외에 대표이사 선출권 및 대표이사의 업무집행에 대한 감독권 등을 갖는 점에서 경영감독기관으로도 볼 수 있다(사법연수원, 『2012 회사법연구』, 152면).

4. **업무집행기관으로서의 대표이사**: 이사회는 회의체기관으로 구체적인 업무집행을 수행하기에는 적당치 않아 업무집행에 관한 의사결정에 그치고, 그 구체적인 실행은 대표이사가 행한다(이철송, 『회사법강의』, 664면). 즉 대표이사는 회사를 대표하며, 영업에 관한 재판상·재판 외의 모든 행위를 할 권한을 갖는다(상법 389조 3항, 209조).

5. **감사기관으로서의 감사와 감사위원회**: 이사회 및 대표이사의 업무집행을 감사하는 기관으로서 감사와 감사위원회가 있다(상법 409조 및 415조의2). 감사는 주주총회에서 선임하는데 반해, 감사위원회는 이사들로 구성되는 이사회 내부의 회의체기관이라는 점에 그 차이가 있다.

6. 한편 자본금 총액이 10억원 미만인 회사는 이사를 1명 또는 2명으로 할 수 있으며(이사가 2인 이하인 경우에는 이사회의 구성의무가 면제됨), 감사를 두지 않을 수 있다(상법 383조 1항 단서 및 409조 4항).

---

1) 이사, 대표이사 및 감사에 관한 내용은 제7절 참조

실무사례(44)

제목: 정관상 주주총회 권한사항과 이사회의 권한사항

다음은 정관상 주주총회 권한사항에 관한 것으로 각 사안은 별개 사안이다.

【1】 회사의 정관에 "회사가 그 성립 후에 주식을 발행하는 경우에는 주주총회가 신주의 발행사항을 결정한다."라고 규정되어 있다. 위 정관 내용에 따라 주주총회 결의로 신주발행으로 인한 변경등기를 신청할 수 있는지?

【2】 회사의 정관에 주주총회의 결의에 의하여 전환사채를 발행할 수 있다고 규정되어 있다. 위 정관 내용에 따라 주주총회 결의로 전환사채의 등기를 신청할 수 있는지?

1. 주주총회는 상법과 정관에 정하는 사항에 한하여 결의할 수 있고(상법 361조), 다른 사항에 관하여 주주총회의 결의가 있더라도 아무런 효력을 갖지 못한다. 상법에는 본래 이사회의 권한 사항이나 정관에 규정함으로써 주주총회의 권한으로 변경하는 것이 명문으로 허용된 경우가 있다. 그 일례로 회사가 그 성립 후에 주식을 발행하는 경우에는 신주의 종류와 수, 신주의 발행가액과 납입기일 등의 사항에 대해 정관에 별도의 규정이 없으면 이사회가 결정하나, 정관으로 주주총회에서 결정하기로 정할 수 있다(상법 416조). 이는 상법상 본래 이사회의 권한사항이나 정관에 규정함으로써 주주총회의 권한으로 변경하는 것이 명문으로 허용된 경우이다. 이 경우 주주총회 결의에 의한 신주발행으로 인한 변경등기신청서에는 정관과 공증인의 인증을 받은 주주총회의사록을 첨부정보로 제공하여야 한다(규칙 128조).

2. 위 1.과 달리 사채발행은 이사회의 권한사항으로, 정관에 규정함으로써 주주총회의 권한으로 변경할 수 있다는 명문의 규정이 없다(상법 469조 1항). 이 경우 정관에 의하여 상법상 권한배분을 변경한다는 것은 허용되지 않는다는 견해도 있으나(이철송, 『회사법강의』, 481면), 다수설은 주식회사의 본질이나 강행법규에 위반되지 않는 한 상법상 이사회의 권한으로 되어 있는 사항(예: 전환사채의 발행)도 정관으로 주주총회의 권한으로 할 수 있다고 본다. 판례도 다수설과 같은 입장이다(대법원 2007. 5. 10. 선고 2005다4284 판결).

참조 문헌: 『주식회사법대계(Ⅰ)』, 94~98면 및 『주식회사법대계(Ⅱ)』, 11~12면

제2절 설립의 등기

내 용	관련 조문		관련 선례·예규·규칙 (실무사례 포함)
	상법	상업등기법	
1. 설립절차			
(1) 정관의 작성	제289조 ~제290조, 제292조		90. 상업선례 제1-136호 91. 상업선례 제1-137호 ~~92. 상업선례 제2-70호~~[1] ☞ 실무사례(45) 93. 상업선례 제2-71호
(2) 주식발행사항의 결정(공통절차)	제291조		94. 상업선례 제1-87호
(3) 발기설립에 의한 실체형성절차 ① 주식의 인수 ② 출자의 이행 ③ 이사·감사의 선임 ④ 설립경과의 조사	제295조 ~제300조		〈조사보고자 및 변태설립사항 등 관련선례〉[2] 95. 상업선례 제2-17호 ☞ 실무사례(46)
(4) 모집설립에 의한 실체형성절차 ① 주식의 인수 ② 출자의 이행 ③ 창립총회의 소집 ④ 이사·감사의 선임 ⑤ 설립경과의 조사	제301조 ~제316조		96. 상업선례 제1-85호 97. 상업선례 제1-209호 98. 상업선례 제2-15호 99. 상업선례 제1-84호 100. 상업선례 제1-95호
2. 첨부정보[3]			
(1) 정관			
(2) 주식의 인수를 증명하는 정보			
(3) 주식의 청약을 증명하는 정보			
(4) 발기인이 주식발행사항을 정한 때에는 이를 증명하는 정보(발기설립만)	제291조		
(5) 이사와 감사 또는 감사위원회 및 검사인이나 공증인의 조사보고서와 그 부속서류 또는 감정인의 감정서와 그 부속서류		규칙 제129조	101. 상업선례 제1-83호 102. 상업선례 제1-91호 103. 상업선례 제1-88호 104. 상업선례 제1-93호 105. 상업선례 제1-90호 ☞ 실무사례(47) ☞ 실무사례(48) ☞ 실무사례(49)
(6) 검사인 또는 공증인의 조사보고나 감정인의 감정결과에 관한 재판이 있은 때에는 그 재판의 등본(발기설립만)			
(7) 발기인이 이사와 감사 또는 감사위			106. 상업선례 제2-18호

원회 위원을 선임한 때에는 그에 관한 정보(발기인회의사록=>발기설립 만)			☞ 실무사례(50)
(8) 이사회의사록			
(9) 창립총회의 의사록(모집설립만)			
(10) 이사, 대표이사와 감사 또는 감사위원회위원의 취임승낙을 증명하는 정보			※ 임원의 취임과 관련해서는 제7절 이사·대표이사·감사 등에 관한 변경등기 참조
(11) 이사, 감사의 주민등록번호 또는 생년월일을 증명하는 정보			107. 상업선례 제1-94호
(12) 이사, 감사의 인감증명서			
(13) 명의개서대리인과의 계약을 증명하는 정보			제8절 명의개서대리인에 관한 등기 참조
(14) 주금납입보관증 또는 잔고증명서 (잔고증명서는 자본금 10억원 미만으로 발기설립하는 경우에만)	제318조		108. 상업선례 제1-86호 109. 상업선례 제2-44호 110. 상업선례 제2-48호 111. 상업선례 제1-97호 112. 상업선례 제2-45호 113. 상업선례 제1-81호 114. 상업선례 제2-49호 ☞ 실무사례(51) 115. 상업선례 제2-62호 ☞ 실무사례(52)
(15) 관청의 허가(인가)가 있음을 증명하는 정보		규칙 제52조, 제128조	116. 상업선례 제1-92호 117. 상업선례 제2-52호
(16) 총주주동의가 있음을 증명하는 정보			
(17) 창립총회기간단축동의가 있음을 증명하는 정보(모집설립만)			118. 상업선례 제2-16호
(18) 이사결정서에 관한 정보 (이사 2인 이하 소규모주식회사만)			
(19) 기타			119. 상업선례 제1-98호 ☞ 실무사례(53)

1) 상업등기선례 제2-70호는 사실상 폐지되었다(「법원행정처 선례해설 요약(5)」, 324면 참조).

2) 회사설립 시 문제되는 변태설립사항 중 현물출자에 관한 사항은 제11절 신주발행으로 인한 변경등기에 소개된 상업등기선례 제1-187호(661면), 제1-208호(664면), 제2-47호(669면)도 함께 참조. 회사설립 시 변태설립사항 중 현물출자가 주로 문제되는 것은 실무상 현물출자 방식에 의한 개인기업의 법인전환의 경우이다.

3) 회사설립 시 첨부정보와 관련해서는 상업등기규칙 제128조 및 제129조에 규정하고 있으나, 설립의 형태가 발기설립인지 혹은 모집설립인지에 따라 다소간의 차이가 있음으로 주의를 요한다.

§ 요약

1. 주식회사를 설립하는 방법으로는 발기설립과 모집설립의 두 가지 방법이 있는데, 상법 제288조부터 제293조까지는 공통적인 사항을, 제295조부터 제300조까지는 발기설립에 관한 사항을, 제301조부터 제316조까지는 모집설립에 관한 사항을 각 규정하고 있다. 발기설립과 모집설립은 주식회사 설립이라는 공통적인 사항 외에 그 절차적인 측면에서 차이가 있으며, 설립등기 시 첨부정보에 있어서도 다소간의 차이가 있다.

2. 정관은 회사의 조직·활동에 관한 근본규칙 혹은 그 근본규칙을 기재한 서면을 말한다. 정관에 기재할 사항은 절대적 기재사항, 상대적 기재사항, 임의적 기재사항 등으로 나누어진다. 정관의 절대적 기재사항은 정관에 반드시 기재하여야 할 사항으로서 그 기재가 없는 경우에는 정관은 무효가 되며, 정관의 상대적 기재사항은 이를 정관에 기재하지 않더라도 정관의 효력에는 영향이 없으나 그 사항을 실행하기 위해서는 반드시 정관에 기재하여야 한다. 한편 정관의 임의적 기재사항은 정관 자체의 효력에도 영향이 없고, 그 사항의 효력에도 영향이 없다. 현행 상법에서는 정관의 절대적 기재사항으로는 목적, 상호, 회사가 발행할 주식의 총수, 액면주식을 발행하는 경우 1주의 금액, 회사의 설립 시에 발행하는 주식의 총수, 본점의 소재지, 회사가 공고를 하는 방법, 발기인의 성명·주민등록번호 및 주소 등이다(상법 289조 1항). 이 중 본점 소재지는 정관에 최소행정구역만 기재하는 것이 가능하다(상업선례 1-137, 317면).

3. 주주평등의 원칙상 불평등 취급을 당하는 발기인의 동의가 없는 한 설립 시 1주의 발행가액을 발기인별로 차별하여 정하는 것은 허용되지 않으나, 등기관의 형식적 심사권과 관련하여 선례에서는 그와 같은 설립등기신청도 수리할 수 있다는 입장이다(상업선례 1-87, 326면).

4. 변태설립사항의 일종인 현물출자에 대해서는 검사인·공증인 혹은 공인된 감정인의 조사 내지 감정을 받을 뿐만 아니라 법원의 인가를 받아야 하며, 회사 설립 시 법원으로 송달받은 검사인·공증인의 조사보고서나 공인된 감정인의 감정서를 첨부정보로 제공하여야 한다. 실무적으로는 각종 세금 감면 및 설립 자본금의 금전납입의 부담 등의 사유로 개인기업이 법인으로 전환할 경우에 현물출자로 회사를 설립하는 것이 가장 대표적인 예라 하겠다.

5. 주식회사 설립 시 임원의 주민등록번호 또는 주소를 증명하는 서면으로는 주민등록등·초본, 주민등록증 사본, 운전면허증 사본 등은 해당되나, 인감증명서는 해당되지 않는다(상업선례 1-94, 366면).

6. 상법상 주금납입금을 보관할 수 있는 은행 기타의 금융기관에 해당하는지 여부는 주금납입에 관한 업무능력, 공적 신용력이 확보될 수 있는 규모 및 신용도, 예수금에 대한 보장제도 등을 검토하여 판단한다. 여기서 은행은 은행법에 의한 은행을 의미하는 것으로 논란의 여지가 없으나, 문제가 되는 것은 기타 금융기관의 범위이며 이와 관련해 기타 금융기관에 해당하는지 여부에 대해 판단한 상업등기선례가 다수 있다.

7. 자본금 총액이 10억원 미만인 회사를 발기설립하여 설립등기를 신청하는 경우에는 주금의 납입을 맡은 금융기관의 납입금보관에 관한 증명서 대신 금융기관의 잔고증명서를 첨부할 수 있다. 이 경우 잔고증명서의 명의인이 될 수 있는 자는 원칙적으로 발기인(발기인이 수인인 경우에는 발기인 대표)이며, 발기인이 아닌 회사의 임원 내지 대표권을 가진 이사는 해당되지 않는다.

8. 회사의 설립과 관련하여 관청의 허가 또는 인가를 필요로 하는 사항의 등기를 신청하는 경우에는 그 허가 또는 인가가 있음을 증명하는 정보를 제공하여야 하며, 이 경우 회사의 설립과 관련하여 관청의 허가(인가)가 필요한 때라 함은 그 허가(인가)가 회사가 법인격을 취득하기 위한 효력요건인 경우를 말한다. 따라서 법인격 취득을 위한 효력요건이 아닌 단순한 영업에 관한 허가(인가) 사항이나 허가 또는 인가사항이 아닌 단순한 신고사항에 불과한 것은 첨부정보로 제공할 필요가 없다(상업선례 1-92, 387면 및 2-52, 389면 참조).

9. 주주총회 소집통지에 관한 사항은 모집설립의 경우에는 준용되나, 발기설립의 경우에는 준용되지 않는다. 따라서 발기설립의 경우에는 발기인총회 소집기간 생략 내지 기간단축동의서는 설립등기 시 첨부정보로 제공할 것은 아니다(상업선례 2-16, 390면).

10. 상업등기신청 시 첨부정보로 제공할 것에 대해서는 상업등기법, 상업등기규칙 및 그 밖의 법령에 정하여져 있는 경우에 한한다. 따라서 주식회사 설립등기신청 시 본점 소재지에 대한 권리관계를 증명하는 정보는 첨부정보로 제공할 필요가 없다(상업선례 1-98, 391면).

「보 론」 발기설립과 모집설립의 비교

1. 주식회사의 설립방법으로 발기설립과 모집설립이 있다. 발기설립은 주식회사의 설립 시에 발행되는 주식의 전부를 발기인이 인수하는 방법에 의한 주식회사의 설립방법이며, 모집설립은 주식회사의 설립 시에 발행되는 주식의 일부에 대해 발기인 이외의 주식인수인을 모집하는 방법에 의한 주식회사의 설립방법이다.

2. 주식회사의 설립절차 비교(※ 괄호안의 조문은 상법 조문임)

발기설립	모집설립
① 발기인(288) ② 정관의 작성 · 인증(289, 292) ③ 주식발행사항의 결정(291)	
④ 발기인의 주식 전부 인수(293)	④ 발기인의 주식 일부 인수(293)
⑤ 출자의무의 이행(295)	⑤ 주주의 모집(301-304)
⑥ 이사 · 감사 선임(296)	⑥ 주식인수가액의 납입(305), 현물출자의 이행(305)
⑦ 이사 · 감사의 설립경과의 조사(298), 변태설립사항의 조사 · 보고(299 등)	⑦ 변태설립사항의 조사(310) → 창립총회에의 보고(310), 변경(314)
⑧ 변태설립사항의 변경처분(300)	⑧ 창립총회(306 등), 이사 · 감사의 선임(312), 이사 · 감사의 설립경과의 조사(313)
⑨ 설립등기(317)	

3. 발기설립과 모집설립의 차이점 비교

발기설립	모집설립
주식 전부를 발기인이 인수 (주식인수증)	일부를 발기인이 인수하고 나머지는 주주 모집(주식인수증, 주식청약서)
창립총회: X	창립총회: ○
이사 · 감사는 발기인의 의결권의 과반수로 선임	이사 · 감사는 창립총회에서 출석한 주식인수인의 의결권의 ⅔ 이상이며, 인수된 주식 총수의 과반수로 선임
설립경과의 조사는 이사와 감사가 조사하여 발기인에게 보고	설립경과의 조사는 이사와 감사가 조사하여 창립총회에 보고
변태설립사항은 법원이 선임한 검사인 또는 감정인 등이 조사하여 법원에 보고	변태설립사항은 법원이 선임한 검사인 또는 감정인 등이 조사하여 창립총회에 보고

90. 본점소재지의 소재지번 경정 · 변경, 복수의 행정구역 등기가부 등
[상업등기선례 제1-136호, 제정 2004. 2. 6.]

1. 본점소재지는 독립된 행정구역(구획포함)으로서의 지번 · 동 · 호수 등이어야 하므로 당사자가 임의적으로 정한 건물명칭 · 호수 등은 등기사항이 아니다.

2. 본점소재지의 지번 등에 관하여 착오로 인하여 잘못 등기된 경우에는 제232조(주: 현행 상업등기법 제75조)의 규정에 따라 착오가 있었음을 증명하는 서면을 첨부하여 경정등기 신청을 할 수 있을 것이다.

3. 본점소재지의 실질적 장소이전은 없으나 소재지번 등이 변경된 경우에는 제161조(주: 현행 상업등기법 제28조)의 규정에 따라 당연히 변경된 것으로 보게 되나, 법인의 대표자는 그 변경사실을 증명하는 서면을 첨부하여 변경등기신청을 할 수도 있을 것이다.

4. 본점소재지는 독립된 행정구역으로서 등기부상 단일하여야 하므로 동시에 복수의 행정구역을 본점소재지로 등기할 수는 없으며, 추가된 지번 · 동 · 호수 등에 본점을 둔다는 취지라면 본점이전등기신청을 하여야 한다.
(2004. 2. 6. 공탁법인 3402-37 질의회답)

참조 조문 · 규칙 · 예규 · 선례 · 판례

▣ 상법[법률 제13523호, 2015. 12. 1., 일부개정]

제289조(정관의 작성, 절대적 기재사항) ① 발기인은 정관을 작성하여 다음의 사항을 적고 각 발기인이 기명날인 또는 서명하여야 한다.

1. 목적
2. 상호
3. 회사가 발행할 주식의 총수
4. 액면주식을 발행하는 경우 1주의 금액
5. 회사의 설립 시에 발행하는 주식의 총수
6. 본점의 소재지
7. 회사가 공고를 하는 방법
8. 발기인의 성명 · 주민등록번호 및 주소
9. 삭제

▣ 상업등기법[법률 제13953호, 2016. 2. 3., 타법개정]

제28조(행정구역의 변경) 행정구역 또는 그 명칭이 변경되었을 때에는 등기기록에 기록된 행정구역 또는 그 명칭에 대하여 변경등기가 있는 것으로 본다.

제75조(경정등기의 신청) 등기 당사자는 등기에 착오나 빠진 부분이 있을 때에는 그 등기의 경정(更正)을 신청할 수 있다.

◐ 선례 해설: 본 선례의 의미를 차례로 살펴보면,

1. 정관의 절대적 기재사항인 본점의 소재지는 독립한 최소행정구역으로서 표시하면 족하고[1] 그 도로명주소[2](구: 소재지번)까지 표시할 필요는 없다. 다만, 법인등기사항증명서상의 본점의 소재지에는 그 도로명주소까지 등기하여야 한다.

2. 본점 소재지의 도로명주소 등에 관하여 착오로 인하여 잘못 등기된 경우에는 상업등기법 제75조에 의하여 착오가 있었음을 증명하는 정보를 첨부정보로 제공하여 경정등기신청을 할 수 있을 것이다.[3]

3. 행정구역 또는 그 명칭이 변경된 때에는 등기기록에 기록된 행정구역 또는 그 명칭은 당연히 변경된 것으로 보나(법 28조), 법인의 대표자는 그 변경사실을 증명하는 정보를 첨부정보로 제공하여 변경등기신청을 할 수도 있다.

4. 마지막으로 본점 소재지는 독립된 행정구역으로서 등기부상 단일하여야 한다(즉, 본점 소재지는 선택적으로 기재하여서는 안 되고 확정적으로 기재하여야 한다)는 의미를 함축하고 있다.

---

1) 정관에 기재하는 본점의 소재지는 최소행정구역만을 표시하는 정도로 족하므로 특별시, 광역시, 특별자치시, 시, 군 등으로 표시할 수 있다.
2) 도로명주소란 도로명주소법에 따라 부여된 도로명, 건물번호 및 상세주소(상세주소가 있는 경우만 해당한다)에 의하여 표기하는 주소를 말한다(도로명주소법 2조 1호, 2014. 1. 1.시행).
3) 본점 소재 지번에 관하여 착오를 일으켜 잘못된 지번으로 등기된 경우 그 착오가 있었음을 증명하는 정보에 관한 것은 상업등기선례 제1-129호(176면) 참조

91. 정관에 본점소재지로 최소행정구역[1)]만 기재되어 있는 경우 본점의 구체적 장소결정기관

[상업등기선례 제1-137호, 제정 2004. 3. 3.]

자본금이 5억원(주: 현행 자본금 10억원) 미만인 회사로서 이사가 1인인 주식회사 설립시 정관에 본점소재지로 최소행정구역만 기재되어 있는 경우, 1인 이사가 본점소재장소를 결정하지만,[2)] 창립총회 내지 발기인회는 최고 의사결정기관이므로 그 총회에서도 소재장소를 결의할 수 있다.
(2004. 3. 3. 공탁법인 3402-54 질의회답)

◐ **선례 해설:**

1. 정관의 절대적 기재사항인 본점의 소재지는 독립한 최소행정구역(예: 청주시, 영월군 등)으로 표시하면 족하나, 법인등기사항증명서상의 본점 소재지는 그 소재지번(주: 현재는 도로명주소법에 의한 도로명주소)까지 등기하여야 한다. 실무상으로는 도로명주소(구: 소재지번)까지 정관에 기재할 경우에는 같은 행정구역 내에로 본점을 이전하는 경우에도 정관을 변경하여야 하는 불편이 있어 최소행정구역만을 정관에 기재하는 경우가 거의 일반적이다.

2. 본점의 소재장소는 통상 이사회에서 결정하지만[3)](이사회가 구성되지 않은 1인 이사의 경우에는 그 이사, 2인 이사의 경우에는 각 이사 또는 대표권을 가지는 이사를 정한 경우에는 대표권이 있는 그 이사가 결정), 본 선례에서는 주식회사 설립 이전의 경우에는 설립 중의 최고 의사결정기관인 창립총회

---

1) 여기서 최소행정구역이란 특별시・광역시・특별자치시・시・군을 의미한다.

2) 소규모 회사의 특칙에 관한 사항으로 상법 제383조 제6항에 의해 이사회의 업무집행에 관한 상법 제393조 제1항에 관한 사항은 각 이사(대표이사를 정한 경우에는 그 대표이사)가 회사를 대표하여 그 기능을 담당한다.

3) 이사회를 두지 않은 소규모 주식회사를 제외하고는 회사의 업무집행에 관한 의사결정은 이사회에서 이루어진다. 즉 이사회는 법령 또는 정관에 의하여 주주총회의 권한으로 되어 있는 사항을 제외하고는 회사의 모든 업무집행에 관하여 의사결정을 할 권한과 이사의 직무집행을 감독할 권한을 가지고 있다(『주석상법(회사편Ⅲ)』, 282~283면). 경우에 따라서는 본점이전이 정관변경 사유에 해당하여 주주총회 특별결의가 필요한 경우가 있을지라도, 이 경우에도 본점의 소재장소를 정하는 것은 회사의 업무집행에 관한 사항으로서 이사회의 결의로 정함이 원칙이다(상법 393조 참조).

내지 발기인회에서도 그 소재장소를 정할 수 있다고 밝히고 있다. 즉 발기설립의 경우에 있어서의 발기인으로 구성된 발기인(총)회와 모집설립의 경우에 있어서의 발기인과 주식인수인으로 구성된 창립총회는 설립 중의 회사의 최고 의사결정기구이므로 그 총회에서 본점 소재장소를 정하는 것도 가능하다고 보았다.

3. 이 경우 본점의 구체적 장소결정기관에 따른 첨부정보로는,

구 분	첨부정보
이사회	▷ 이사회의사록
사내이사 혹은 대표권이 있는 사내이사인 대표이사	▷ 그 이사의 본점이전결정서
창립총회 또는 발기인회	▷ 창립총회의사록 ▷ 발기인(총)회의사록

「보 론」 정관 기재사항의 구분

구 분	내용(법조문은 모두 상법으로 법명은 생략함)
절 대 적 기재사항	1. 의의: 상법이 정관의 유효요건으로 정한 사항으로서 이를 결하거나 그 내용이 위법하면 정관이 무효가 되고 회사설립의 무효사유가 되는 사항 2. 구체적 예: 목적, 상호, 회사가 발행할 주식의 총수, 회사의 설립 시에 발행하는 주식의 총수, 회사가 공고를 하는 방법, 발기인의 성명·주민등록번호·주소(289조)
상 대 적 기재사항	1. 의의: 정관에 기재하지 않아도 정관의 효력에는 영향이 없으나, 그 사항을 실행하기 위해서는 반드시 정관에 기재해야 하는 사항 2. 구체적 예: 변태설립사항(290조), 주식매수선택권의 부여(340조의2), 종류주식발행(344조), 서면투표의 채택(368조의3), 이사 임기의 총회 종결에 이르기까지의 연장(383조), 대표이사를 주주총회에서 선임 하는 것(389조), 이사회 소집기간의 단축(390조), 신주발행의 결정(416조), 제3자 신주인수권(418조) 등
임 의 적 기재사항	1. 의의: 정관에 기재하지 않아도 정관의 효력에는 영향이 없고, 정관에 기재하지 않더라도 관련 사항을 실행하지 못하는 것은 아닌 사항 2. 구체적 예: 사업연도, 배당금의 지급시기, 청산인의 결정(531조) 등

92. 지하철역 등에서 불특정인을 상대로 하여 무료로 배포되고 있는 'ㅇㅇ신문'이 회사의 공고방법에 관한 상법 제289조 제3항의 '시사에 관한 사항을 게재하는 일간신문'에 해당할 수 있는지 여부(소극)[1)]

[상업등기선례 제2-70호, 제정 2005. 8. 1.]

1. 회사의 공고방법에 관한 상법 제289조 제3항의 규정 중 '시사에 관한 사항을 게재하는 일간신문'에 해당하는지 여부를 판단함에 있어서는, 주주, 회사에 대한 채권자, 기타 이해관계인 등에게 중요한 사항들을 공고하도록 한 상법상 공고제도의 취지에 비추어, 당해 정기간행물이 공고내용을 확인하기 위한 방법으로 일반적으로 적정한지 여부 등을 기준으로 하여야 할 것인바, 당해 간행물의 발간·배포여부, 발간부수, 배포시기, 배포장소 및 발간일이 경과한 후에도 공고내용을 쉽게 확인할 수 있는지 여부 등을 구체적인 판단기준으로 예시할 수 있을 것이다.

2. 이러한 기준에 의하면 'ㅇㅇ신문'은 출근시간을 전·후로 하여 지하철역 등에 불특정인을 상대로 하여 무료로 배포되고 있는 신문이어서 발간·배포여부, 발간부수, 배포시간, 배포장소가 전적으로 'ㅇㅇ신문사'의 자의적 의사에 좌우되고 있어 상법상 공고방법으로는 불충분하므로 상법 제289조 제3항의 '시사에 관한 사항을 게재하는 일간신문'에 해당한다고 볼 수 없을 것이다.

(2005. 8. 1. 공탁법인과-359 질의회답) **사실상 폐지**

참조 조문·규칙·예규·선례·판례

■ 상법[법률 제13523호, 2015. 12. 1., 일부개정]

제289조(정관의 작성, 절대적 기재사항) ① 발기인은 정관을 작성하여 다음의 사항을 적고 각 발기인이 기명날인 또는 서명하여야 한다.

7. 회사가 공고를 하는 방법

③ 회사의 공고는 관보 또는 시사에 관한 사항을 게재하는 일간신문에 하여야 한다. 다만, 회사는 그 공고를 정관으로 정하는 바에 따라 전자적 방법으로 할 수 있다.

---

1) 『상업등기 주요선례 해설』 발표로 본 선례는 사실상 폐지되었다(325면 참조).

「보 론」 전자적 방법에 의한 공고[1) : 「실무사례(45)」 (321면) 참조

1. 2009. 5. 28. 상법 개정(법률 제9746호)에 의하여, 2010. 5. 29.부터 주식회사는 정관으로 정하는 바에 따라 전자적 방법으로 공고할 수 있게 되었다. 회사가 전자적 방법으로 공고를 하는 경우에는 회사의 인터넷 홈페이지에 게재하는 방법으로 하여야 하고, 이 경우 회사의 인터넷 홈페이지의 주소를 등기하여야 한다.

2. 참조 조문

상법	상법 시행령
제289조(정관의 작성, 절대적 기재사항) ③ 회사의 공고는 관보 또는 시사에 관한 사항을 게재하는 일간신문에 하여야 한다. 다만, 회사는 그 공고를 정관으로 정하는 바에 따라 전자적 방법으로 할 수 있다. ④ 회사는 제3항에 따라 전자적 방법으로 공고할 경우 대통령령으로 정하는 기간까지 계속 공고하고, 재무제표를 전자적 방법으로 공고할 경우에는 제450조에서 정한 기간까지 계속 공고하여야 한다. 다만, 공고기간 이후에도 누구나 그 내용을 열람할 수 있도록 하여야 한다. ⑤ 회사가 전자적 방법으로 공고를 할 경우에는 게시 기간과 게시 내용에 대하여 증명하여야 한다. ⑥ 회사의 전자적 방법으로 하는 공고에 관하여 필요한 사항은 대통령령으로 정한다.	**제6조(전자적 방법을 통한 회사의 공고)** ① 법 제289조 제3항 단서에 따라 회사가 전자적 방법으로 공고하려는 경우에는 회사의 인터넷 홈페이지에 게재하는 방법으로 하여야 한다. ② 법 제289조 제3항 단서에 따라 회사가 정관에서 전자적 방법으로 공고할 것을 정한 경우에는 회사의 인터넷 홈페이지 주소를 등기하여야 한다. (3항 생략) ④ 법 제289조 제3항 단서에 따라 회사가 정관에서 전자적 방법으로 공고할 것을 정한 경우라도 전산장애 또는 그 밖의 부득이한 사유로 전자적 방법으로 공고할 수 없는 경우에는 법 제289조 제3항 본문에 따라 미리 정관에서 정하여 둔 관보 또는 시사에 관한 사항을 게재하는 일간신문에 공고하여야 한다. (5항 및 6항은 생략)

1) 정관 기재례: 제○○조(공고방법)
이 회사의 공고는 회사의 인터넷 홈페이지(http://www.…)에 게재한다. 다만, 전산장애 또는 그 밖의 부득이한 사유로 회사의 인터넷 홈페이지에 공고를 할 수 없는 때에는 ○○시에 발행되는 ○○신문에 게재한다.

실무사례(45)

제목: 전자적 방법을 통한 공고 시에 공고를 하였음을 증명하는 서면

회사가 이번에 자본금 감소로 인한 변경등기를 하려고 한다. 회사는 공고방법으로 정관으로 정하는 바에 따라 회사의 인터넷 홈페이지에 주권제출 및 채권자보호절차를 위한 공고를 하였다. 이 경우 공고를 하였음을 증명하는 서면으로 구체적으로 어떠한 것을 첨부하여야 하는지?

1. 2009. 5. 28. 상법 개정으로 2010. 5. 29.부터 주식회사는 정관으로 정하는 바에 따라 전자적 방법으로 공고를 할 수 있게 되었는데, 회사가 전자적 방법으로 공고를 하는 경우에는 회사의 인터넷 홈페이지에 게재하는 방법으로 하여야 한다. 이 경우 회사가 정관에서 전자적 방법으로 공고를 할 것을 정한 경우에는 회사의 인터넷 홈페이지 주소를 등기하여야 한다(상법 시행령 6조 1항 및 2항).

2. 자본금 감소로 인한 변경등기를 신청하는 경우에는 채권자보호절차이행을 증명하는 정보와 주식의 병합 또는 강제소각을 한 경우에는 주권제출공고를 하였음을 증명하는 정보를 첨부정보로 제공하여야 한다(규칙 142조).

3. 회사 정관의 규정에 따라 인터넷 홈페이지에 공고를 할 경우에 공고를 하였음을 증명하는 서면으로는, ⅰ) 공고기간 중 시작일과 종료일의 해당 공고란이 나타나는 회사 홈페이지 초기화면(회사의 해당 공고를 쉽게 열람할 수 있도록 조치한 화면)을 출력한 서면, ⅱ) 공고기간 중 시작일과 종료일의 해당 공고내용을 출력한 서면, ⅲ) 회사 홈페이지에 해당 공고를 ○○○○.○.○.부터 ○○○○.○.○.까지 첨부서류와 같은 내용으로 지속적으로 게시하였음을 확인한 대표이사의 공고확인서(법인인감도장 날인) 등이다.

참조 조문: 상법 제289조, 상법 시행령 제6조

[비교 사례] 회사가 정관으로 정하는 바에 따라 인터넷 홈페이지에 전자적 방법으로 공고를 하는 경우에는 관보 또는 시사에 관한 사항을 게재하는 일간신문에는 공고를 할 필요가 없는지? => 원칙적으로 할 필요가 없으나, 전산장애 또는 그 밖의 부득이한 사유로 회사의 인터넷 홈페이지에 공고를 할 수 없는 때에는 미리 정관에서 정하여 둔 관보 또는 시사에 관한 사항을 게재한 일간신문에 공고하여야 한다(상법 시행령 6조 4항).

93. 회사가 공고를 하는 방법에서 발행지 특정의 의미[1]

[상업등기선례 제2-71호, 제정 2014. 5. 12.]

1. 신문을 발행하려는 자는 「신문 등의 진흥에 관한 법률」 제9조 제1항에 따라 "주된 보급대상 및 보급지역"을 주사무소 소재지를 관할하는 특별시장·광역시장·도지사 또는 특별자치도지사에게 등록하여야 하며, 이 경우 보급지역이란 신문이 발행되어 배포되는 지역을 의미한다.

2. 일반적으로 정관에 발행지를 특정하여 공고할 신문을 정할 필요는 없지만, 『△△에서 발행되는 ○○신문에 게재한다.』라고 발행지를 정한 경우에는 그 신문이 인쇄되어 △△지역에서 독자에게 배포되고 있다는 의미로 볼 수 있다. 따라서, 회사가 정관에 발행지를 특정하지 않은 경우에는 등록된 보급지역 전역을 대상으로 발행되는 신문에 공고하여야 하며, 발행지를 일부 지역으로 특정한 경우라면 그 지역을 대상으로 발행되는 신문에만 공고할 수도 있을 것이다.
(2014. 5. 12. 사법등기심의관－2013 질의회답)

참조 조문 · 규칙 · 예규 · 선례 · 판례

▣ 상법[법률 제13523호, 2015. 12. 1., 일부개정]

제289조(정관의 작성, 절대적 기재사항) ① 발기인은 정관을 작성하여 다음의 사항을 적고 각 발기인이 기명날인 또는 서명하여야 한다.

7. 회사가 공고를 하는 방법

③ 회사의 공고는 관보 또는 시사에 관한 사항을 게재하는 일간신문에 하여야 한다. 다만, 회사는 그 공고를 정관으로 정하는 바에 따라 전자적 방법으로 할 수 있다.

▣ 신문 등의 진흥에 관한 법률[법률 제13305호, 2015. 5. 18., 일부개정]

제9조(등록) ① 신문을 발행하거나 인터넷신문 또는 인터넷뉴스서비스를 전자적으로 발행하려는 자는 대통령령으로 정하는 바에 따라 다음 각 호의 사항을 주사무소 소재지를 관할하는 특별시장·광역시장·도지사 또는 특별자치도지사(이하 "시·도지사"라 한다)에게 등록하여야 한다. 등록된 사항이 변경된 때에도 또한 같다. 다만, 국가 또는 지방자치단체가 발행 또는 관리하

1) 「법원행정처 선례해설 요약(5)」, 324~325면 참조

거나 법인이나 그 밖의 단체 또는 기관이 그 소속원에게 보급할 목적으로 발행하는 경우와 대통령령으로 정하는 경우에는 그러하지 아니하다.

1. 신문 및 인터넷신문의 명칭(신문 및 인터넷신문에 한정한다)
2. 인터넷뉴스서비스의 상호 및 명칭(인터넷뉴스서비스에 한정한다)
3. 종별 및 간별(신문에 한정한다)

4호 내지 7호 생략

8. 발행목적과 발행내용
9. 주된 보급대상 및 보급지역(신문에 한정한다)
10. 발행 구분(무가 또는 유가)
11. 인터넷 홈페이지 주소 등 전자적 발행에 관한 사항

◐ 선례 해설: 「법원행정처 선례해설 요약(5)」(324면) 참조

1. 회사의 공고는 관보 또는 시사에 관한 사항을 게재하는 일간신문에 하여야 하며(상법 289조 3항 본문), 시사에 관한 사항을 게재하는 일간신문을 회사가 공고를 하는 방법으로 정하는 경우에는 1개 또는 수 개의 신문을 특정하여 기재하여야 한다(추상적·선택적 기재는 불허).

2. 또한 본 선례에 의하면 공고할 신문을 정할 때에는 '서울시내에서 발행되는 ○○신문에 공고 한다'와 같이 발행지를 특정하여 정하는 것도 가능하며, 만약 발행지를 특정하지 않았다면 등록된 보급지역 전역을 대상으로 발행되는 신문에 공고하여야 한다.

3. 상법에서 규정하고 있는 주식회사가 공고를 하여야 할 경우로는 주주명부의 폐쇄 또는 기준일의 공고(354조), 회사설립무효의 소제기의 공고(328조, 187조), 주주총회결의에 관한 소제기의 공고(376조, 187조), 신주발행무효의 소제기의 공고(430조, 187조), 감자무효의 소제기의 공고(446조, 187조), 자본금 감소를 위한 구주권 제출의 공고(442조), 대차대조표의 공고(449조), 회사해산의 공고(521조), 합병무효의 소제기의 공고(530조 2항, 240조, 187조) 등이 있다(『주석상법(회사편Ⅱ)』, 137면).[1]

1) 상법에서 공고를 하여야 하는 경우로 규정하고 있는 경우에도 등기신청 시 공고를 하였음을 증명하는 정보를 반드시 첨부정보로 제공하는 것은 아니며, 공고를 하였음을 증명하는 정보를 첨부정보로 제공토록 상업등기법 혹은 상업등기규칙 등에 규정한 경우에 한해서만 공고를 하였음을 증명하는 정보를 첨부정보로 제공하면 된다(첨부정보의 법정주의). 공고를 하였음을 증명하는 정보를 첨부정보로 제공하여야 하는지에 대한 일반적인 사항은 「총괄(8)」(732면) 참조.

법원행정처 선례해설 요약(5)[1]

【제목】 회사의 공고방법은 정관에 관보 또는 시사에 관한 사항을 게재하는 일간신문에 하도록 되어 있는데 정관에 발행지를 특정한 경우에 그 발행지가 일간신문이 발행되어 배포되는 지역을 의미하는지 여부(적극)

1. 사안의 논점

회사의 공고방법은 정관의 절대적 기재사항이며, 회사의 공고는 관보 또는 시사에 관한 사항을 게재하는 일간신문에 하도록 되어 있는데 발행지를 특정한 경우에 그 발행지의 의미가 무엇인지 문제된다.

2. 공고방법

i) 회사의 공고는 관보 또는 시사에 관한 사항을 게재하는 일간신문에 하여야 하나, 회사는 그 공고를 정관으로 정하는 바에 따라 전자적 방법으로 할 수 있다(상법 289조 3항).

ii) 다만, 회사가 상법 제289조 제3항 단서에 따라 정관에서 전자적 방법으로 공고를 할 수 없는 때에는 미리 정관에서 정하여 둔 관보 또는 시사에 관한 사항을 게재하는 일간신문에 공고를 하여야 한다(상법 시행령 6조 4항).

3. 공고방법을 일간신문에 하기로 정한 경우 정관의 기재방법

i) 일간신문은 특정하여 기재하여야 하고 추상적·선택적 기재는 허용되지 아니한다.

ii) 신문을 발행하려는 자는 「신문 등의 진흥에 관한 법률」 제9조 제1항에 따라 "주된 보급대상 및 보급지역"을 주사무소 소재지를 관할하는 특별시장·광역시장·도지사 또는 특별자치도지사에게 등록하여야 하며, 이 경우 보급지역이란 신문이 발행되어 배포되는 지역을 의미한다. 따라서 회사가 정관으로 특정 일간신문을 공고방법으로 선택한 경우에는 발행지를 특정할 수도 있고(예: 서울시내에서 발행되는 ○○신문) 특정하지 아니 할 수도 있다(예: ○○신문).

---

1) 『상업등기 주요선례 해설』, 161~168면

※ 보론 「시사에 관한 사항을 게재하는 일간신문의 의미」[1)]

1. 사안의 논점

출근시간을 전후하여 지하철역 등에서 불특정인을 상대로 무료로 배포되는 '○○신문'을 공고방법으로 정할 수 있는지 여부

2. 기존 선례 및 판례의 입장

i) '○○신문'은 출근시간을 전·후로 하여 지하철역 등에서 불특정인을 상대로 하여 무료로 배포되고 있는 신문이어서 발간·배포여부, 발간부수, 배포시간, 배포장소가 전적으로 '○○신문사'의 자의적 의사에 좌우되고 있어 상법상 공고방법으로는 불충분하므로 상법 제289조 제3항의 '시사에 관한 사항을 게재하는 일간신문'에 해당한다고 볼 수 없을 것이다(상업선례 2-70).

ii) 이에 대하여 판례는, '○○신문'이 이른바 무가지로 출근시간에 지하철 등에서 무료로 배포되고 있는 신문이기는 하지만 「정기간행물 등록 등에 관한 법률」에서 정한 시설을 갖추고 문화관광부장관에 일반 일간신문으로 등록하여 관할관청으로부터 감독을 받고 있으며, 불특정 일반인을 상대로 배포되고 있는 점 등을 이유로 상법상 공고신문에 해당된다고 판시한 바 있다(서울중앙지방법원 2006. 5. 26.자 2005라421 결정 참조).

3. 결어

i) 무가지로 출근시간에 지하철역 등에서 무료로 배포되고 있는 신문이라 할지라도 일간신문으로 등록되어 있고 시사에 관한 사항을 게재하고 있는 경우에는 발간 또는 배포여부 내지 발간부수 및 배포시간이 문제되지 않으며, 회사가 정관으로 특정 일간신문을 공고방법으로 선택한 경우에는 발행지를 특정할 수도 있고 특정하지 아니할 수도 있으므로 배포지역 또한 문제되지 않는다.

ii) 따라서 출근시간에 지하철역 등에서 무료로 배포되는 신문도 시사에 관한 사항을 게재하는 일간신문에 해당한다.

---

1) 본 선례 해설로 기존 상업등기선례 제2-70호(319면)는 사실상 폐지되었다.

94. 주식회사의 설립시 1주의 발행가액을 발기인별로 차별하여 정할 수 있는지 여부(적극)

[상업등기선례 제1-87호, 제정 1999. 1. 7.]

주식회사의 설립시 1주의 액면가액이 금5,000원인 주식의 발행가액을 A발기인에 대해서는 금5,000원, B발기인에 대하여는 금100,000원, C발기인에 대하여는 금200,000원으로 각각 달리한 설립등기신청이 있을 경우, 등기관은 형식적 심사권만 가지고 있으므로 주주평등의 원칙에 반하는지 여부와 관계없이 위와 같은 내용의 설립등기신청을 수리할 수 있다.

(1999. 1. 7. 등기 3402-14 질의회답)

참조 조문 · 규칙 · 예규 · 선례 · 판례

▣ 상법[법률 제13523호, 2015. 12. 1., 일부개정]

제291조(설립 당시의 주식발행사항의 결정) 회사설립 시에 발행하는 주식에 관하여 다음의 사항은 정관으로 달리 정하지 아니하면 발기인 전원의 동의로 이를 정한다.

1. 주식의 종류와 수
2. 액면주식의 경우에 액면 이상의 주식을 발행할 때에는 그 수와 금액
3. 무액면주식을 발행하는 경우에는 주식의 발행가액과 주식의 발행가액 중 자본금으로 계상하는 금액

▣ 제주지법 2008. 6. 12. 선고 2007가합1636 판결

【판결요지】[1] 무릇 주주평등의 원칙은 주주의 법률상의 지위가 균등한 주식으로 단위화되어 있으므로 주주를 그 보유주식의 수에 따라 평등하게 취급하여야 한다는 것으로, 형식적으로는 회사와 주주 간 법률관계에 있어서 주주를 그 지위에 따라 평등하게 취급하여야 한다는 것이고, 실질적으로는 각 주주의 회사에 대한 권리의무가 그 보유주식의 수에 비례하여 정해져야 한다는 것이다. 비록 상법은 주주평등의 원칙에 관한 일반적·원칙적 규정을 두고 있지는 아니하나, 주주의 가장 중요한 권리인 의결권(상법 제369조 제1항)을 비롯하여 이익배당청구권(상법 제464조), 신주인수권(상법 제418조) 등에서 이와 같은 주주평등의 원칙을 구체적으로 구현하고 있다. 이러한 주주평등의 원칙은 주식회사의 기본원칙인 동시에 주주의 권리로서 재산권인 주주

권의 내용을 이루는 것으로서 그에 대한 예외는 헌법 제37조 제2항에 의하여 법률이 정한 경우에 한하여 인정될 뿐이므로, 이 원칙에 반하는 정관의 규정 또는 주주총회나 이사회의 결의는, 불평등한 취급을 당한 주주가 동의한 경우 등의 특별한 사정이 없는 한 무효이다.

주) 주주평등의 원칙: 주식회사의 주주는 그가 가진 주식 수에 따라서 평등한 취급을 받는다는 원칙

◐ **선례 해설:**

1. 회사 설립 시에는 액면주식의 경우에 발기인 전원의 동의로 액면 이상으로 발행하는 주식의 수와 발행가액을 정하여야 하는데(상법 291조 2호), 이 경우에도 주주평등의 원칙이 적용되어 발행가액은 원칙적으로 균일(均一)하여야 한다.

2. 다만 하급심 판례에 의하면(제주지법 2008. 6. 12. 선고 2007가합1636 판결), 불평등 취급을 당하는 주주의 동의가 있는 경우에는 주주평등의 원칙의 예외사유가 될 수 있음을 밝히고 있다.

3. 본 선례에서는 등기관은 형식적 심사권만 가지고 있으므로 주주평등의 원칙에 반하는지 여부와 관계없이 1주의 발행가액을 발기인별로 차별하여 정하더라도 설립등기신청을 수리할 수 있다고 밝힘으로써, 선례의 입장은 등기관의 형식적 심사권한에 기한 것으로 위 2.의 판례와는 다소 뉘앙스가 다름을 알 수 있다.

4. [비교] 주주가 인수하는 주식의 발행가는 주주평등의 원칙상 당해 신주에 대해 균일하게 정하여야 하나(주: 다만 판례의 입장을 고려하면, 불평등 취급을 당하는 주주 전원의 동의가 있다면 신주에 대해 불균등 증자가 가능할 것으로 판단됨), 제3자가 인수하는 주식은 이와 달리 정할 수 있다(『상업등기실무(II)』, 255면). 또한, 발행시기가 다르거나 종류가 다른 주식은 가치가 다르므로 각기 발행가를 달리 정할 수 있음은 당연하다.

5. 하지만 회사설립 시 혹은 증자 시 발기인별 혹은 주주별 1주의 발행가액을 달리 할 경우에 「상속세 및 증여세법」상의 증여세 문제는 없는지에 대한 사전 점검은 필요해 보인다.

95. 발기인이었던 회사의 대표이사가 설립중인 회사의 이사 또는 감사에 취임한 경우 설립경과의 조사보고자에 해당하는지 여부[1)2)]

[상업등기선례 제2-17호, 제정 2012. 6. 25.]

회사가 발기인이었고 그 대표이사가 설립중인 회사의 이사 또는 감사에 취임한 경우, 그 자는 「상법」 제298조 제1항, 제313조 제1항의 조사보고를 하여야 할 자에 해당한다.
(2012. 6. 25. 사법등기심의관-1784 질의회답)

참조 조문 · 규칙 · 예규 · 선례 · 판례

■ **상법[법률 제13523호, 2015. 12. 1., 일부개정]**

제298조(이사 · 감사의 조사 · 보고와 검사인의 선임청구) ① 이사와 감사는 취임후 지체없이 회사의 설립에 관한 모든 사항이 법령 또는 정관의 규정에 위반되지 아니하는지의 여부를 조사하여 발기인에게 보고하여야 한다.
② 이사와 감사중 발기인이었던 자 · 현물출자자 또는 회사성립후 양수할 재산의 계약당사자인 자는 제1항의 조사 · 보고에 참가하지 못한다.
③ 이사와 감사의 전원이 제2항에 해당하는 때에는 이사는 공증인으로 하여금 제1항의 조사 · 보고를 하게 하여야 한다.

제313조(이사, 감사의 조사, 보고) ① 이사와 감사는 취임 후 지체 없이 회사의 설립에 관한 모든 사항이 법령 또는 정관의 규정에 위반되지 아니하는지의 여부를 조사하여 창립총회에 보고하여야 한다.
② 제298조 제2항 및 제3항의 규정은 제1항의 조사와 보고에 관하여 이를 준용한다.

---

1) 발기인이란 실질적으로 회사의 설립을 기획하고 그 설립사무를 집행하는 자를 말하고, 형식적으로는 정관에 발기인으로서 기명날인 또는 서명을 한 자를 말한다. 발기인의 자격에 대해서는 법률상 제한이 없으므로 법인, 외국인 및 무능력자도 될 수 있으며, 법인이 발기인인 된 경우에는 법인의 대표자 또는 대리인이 회사의 설립사무에 종사하게 된다(『주식회사법대계(Ⅰ)』, 318~319면 참조). 본 선례에서도 법인이 발기인이 될 수 있음을 알 수 있다.

2) 설립 중의 회사의 업무집행기관은 발기인이고, 발기인이 선임하거나 창립총회에서 선임된 이사 또는 감사는 설립 중의 회사의 감사기관이지 업무집행기관이 아니다(『상업등기실무(Ⅱ)』, 67~68면). 또한 이사, 감사의 조사 및 보고와 관련하여, 발기설립의 경우에는 상법 제298조가, 모집설립의 경우에는 상법 제313조가 각각 적용된다.

◐ **선례 해설: 「실무사례(46)」(330면) 참조**

1. 회사 설립 시의 설립경과의 조사와 관련하여 상법에서는 일반 설립사항에 대한 이사·감사의 조사·보고(290조)와 변태설립사항에 대한 검사인 등의 조사·보고(299조 내지 300조) 등의 두 가지로 구분하고 있다.

2. 발기설립의 경우 일반 설립사항에 대한 조사와 관련해서 상법에서는 이사와 감사 전원은 취임 후 지체 없이 회사의 설립에 관한 모든 사항이 법령 또는 정관의 규정에 위반되지 아니하였는지의 여부를 조사하여 발기인에게 보고하여야 하는 바(289조 1항), 정관에 절대적 기재사항이 빠짐없이 기재되었는지 여부(298조 제1항), 설립 시에 발행되는 주식에 관한 중요사항이 정관 또는 발기인 전원의 동의로 결정되었는지 여부(291조), 각 발기인이 서면에 의하여 1주 이상의 주식을 인수하였는지 여부(293조), 주금 전액이 납입되었는지 여부(295조 1항 전단), 발기인들에 의한 이사·감사의 선임이 적법한지 여부(296조), 발기인의 의사록이 적법하게 작성되었는지 여부(297조), 정관에 이사 또는 감사의 최저원수를 정한 경우 그 원수에 해당하는 이사 또는 감사를 선임하였는지 여부 등이다.[1)]

3. 이 경우 이사와 감사 중 발기인이었던 자는 회사의 설립에 관한 사항의 조사·보고에 참가하지 못한다(298조 2항). 이는 발기인이었던 자에게서는 공정성과 객관성을 기대하기 어렵기 때문이다.

4. 상법 제298조 제2항과 관련하여 회사가 발기인 이였던 경우 그 회사의 대표이사가 설립 중인 회사의 이사 또는 감사에 취임하여 설립경과의 조사보고자가 될 수 있느냐가 문제될 수 있는데, 본 선례에서는 가능하다고 보았다. 이는 발기인이었던 자는 회사이지 그 회사의 대표이사가 아니기 때문으로 해석된다.

5. 한편 발기설립의 경우 이사·감사 또는 공증인의 보고를 받은 발기인은 필요하면 정관변경, 기타의 조치를 취할 수 있고, 나아가 설립절차를 폐지할 수도 있다. 반면에 모집설립의 경우에는 이사와 감사의 설립경과의 조사결과는 발기인이 아닌 창립총회에 보고하며(상법 313조 1항), 창립총회는 정관변경 또는 설립폐지의 결의를 할 수 있다(상법 316조).

---

1) 『주석상법(회사편Ⅱ)』, 184~185면

실무사례(46)

제목: 사내이사 겸 주주 1인으로 주식회사를 발기설립하려는 경우 설립경과에 관한 조사보고자는 누구인지 여부

사내이사 겸 주주 1인만으로 주식회사를 발기설립하려고 한다. 이 경우 회사 설립경과에 관한 조사보고자는 누가 해야 하는지?

1. 발기설립의 경우 이사와 감사는 취임 후 지체 없이 회사의 설립에 관한 모든 사항이 법령 또는 정관의 규정에 위반되지 아니하는지의 여부를 조사하여 발기인에게 보고하여야 한다(상법 298조 1항).

2. 이 경우 이사와 감사 중 발기인이었던 자, 현물출자자 또는 회사성립 후 양수할 재산의 계약당사자인 자는 조사 및 보고에 참가하지 못하는데, 이사와 감사의 전원이 이에 해당하는 때에는 이사는 공증인으로 하여금 위의 조사 및 보고를 하게 하여야 한다(상법 298조 2항 및 3항, 공증인법 2조 3호).

> **[참고] 공증인법 제2조(공증인의 직무)** 공증인은 당사자나 그 밖의 관계인의 촉탁(囑託)에 따라 다음 각 호의 사무를 처리하는 것을 직무로 한다. 공증인은 위 직무에 관하여 공무원의 지위를 가지는 것으로 본다.
> 3. 이 법과 그 밖의 법령에서 공증인이 취급하도록 정한 사무

3. 사안의 경우 발기인 1인이 사내이사가 되는 경우이므로 원칙상 회사의 설립에 관한 모든 사항이 법령 또는 정관의 규정에 위반되지 아니하는지의 여부를 조사하게 하기 위하여 공증인을 선임하여야 하지만, 실무상 그렇게 하는 경우는 거의 없다시피 하고 발기인이 아닌 자 1인을 사내이사 혹은 감사로 추가 선임하여 그 자로 하여금 조사 및 보고를 하게 하도록 하여 설립등기를 진행하는 경우가 거의 대부분이다.

참조 조문: 상법 제298조, 공증인법 제2조
참조 선례: 상업등기선례 제2-17호(328면)

Tip> 변태설립사항 이외의 일반 설립사항에 관한 조사는 발기인이었던 자 등 상법 제298조 제2항에 해당하지 않는 이사와 감사 전원이 하여야 함에 유의하여야 한다.

총괄(3): 현물출자와 관련된 쟁점

[회사설립 시 현물출자와 관련된 96~105번 상업등기선례와 회사성립 이후 현물출자와 관련된 222~224번 상업등기선례에 대한 총괄 정리표]

1. 현물출자의 대상

법인설립에 따른 출자 및 회사성립 이후 증자 시 현물출자의 대상이 될 수 있는 것은 재무상태표(대차대조표)상 자산(출자받는 회사의 입장에서 성립 이후에는 부채의 감소도 포함)에 기재할 수 있는 것이면 무엇이든지 가능하며(주: 「선례해설」, 335면 참조), 특히 개인기업이 주식회사로 전환할 경우에는 개인기업이 갖고 있던 자산과 부채 일체도 현물출자의 대상이 될 수 있다(아래 박스 두 번째에 있는 상업선례 1-209의 문단1 참조).

> 법인설립에 따른 출자는 대차대조표(주: 혹은 재무상태표)의 자산에 기재할 수 있는 것이면 무엇이든지 가능하므로 사무실 임차보증금채권도 현물출자를 할 수 있을 것이다.
> [상업선례 1-85, 335면]

> 1. 현물출자의 목적물은 경제적 가치를 확정할 수 있고 양도가 가능한 대차대조표(주: 혹은 재무상태표)의 자산으로 계상할 수 있는 재산으로서, 영업의 전부나 일부도 그 적극재산이 소극재산보다 많은 경우에는 현물출자의 목적물이 될 수 있으므로 사채도 영업의 일부로 이전되는 채무에 포함될 수 있을 것이다.
>
> 2. 기존 회사의 영업을 현물출자하여 신설회사를 설립함에 있어 그 영업을 구성하는 채무 중 기존회사가 발행한 사채를 기존회사와 신설회사간 병존적 채무인수의 방법으로 이전하는 것이 불가능한 것으로 보이지는 않지만, 현물출자의 이행의 타당성 여부는 검사인 또는 공증인·감정인의 조사·감정, 법원 또는 창립총회의 심사 등을 통해 구체적으로 판단되어야 할 것이다.
> [상업선례 1-209, 336면]

> 주식회사에서 현물출자의 목적물은 특별한 제한이 없고 대차대조표상 자산으로 계상할 수 있는 재산이면 모두 그 목적물이 될 수 있으므로, 회사설립 후 신주발행시 당해 회사에 대한 채권도 현물출자의 목적물이 될 수 있다.
> [상업선례 1-208, 664면]

2. 현물출자의 유형

현물출자는 크게 회사설립 시에 하는 경우와 회사성립 이후 신주발행의 형태로 하는 경우로 나눌 수 있으며, 회사설립 시에 이루어지는 현물출자의 대표적인 예가 개인기업의 현물출자에 의한 법인전환을 들 수가 있겠다.

개인기업의 현물출자에 의한 법인전환이라 함은 개인사업자가 개인기업을 운영하면서 가지고 있던 동산 및 부동산, 각종의 채권과 채무 등 일체의 자산·부채를 포괄적으로 상법이 정한 설립 절차에 따라 현물출자의 방식으로 법인에 출자하여 회사를 설립하는 것을 말한다(이승한, 『현물출자 등기실무』, 121면). 이에 반하여 회사성립 이후에 유상증자의 일종으로 현물출자를 하는 경우는 상법의 신주발행 절차에 의하되 단지 금전납입이 아닌 현물로 증자를 하는 경우를 말한다.

3. 현물출자의 검사 내지 감정(예외: 상법 299조 2항 및 422조 2항)

회사설립 시에 하는 현물출자는 상법 제290조 제2호의 변태설립사항으로서 원시정관에 기재하여야 그 효력이 있으며, 이에 대해서는 상법 제299조의2에 의해 검사인의 조사 혹은 공인된 감정인의 감정을 받고 법원의 인가를 받아야 한다(인가서 작성 요령은 「실무사례(47)」, 352면 참조).

한편 회사성립 이후에 하는 현물출자로 인한 신주발행의 경우에는 상법 제416조에 의해 현물출자를 하는 자의 성명과 그 목적인 재산의 종류, 수량, 가액과 이에 대하여 부여할 주식의 종류와 수에 대해 이사회가 결정하여야 하며, 이 부분에 대해서도 법원이 선임한 검사인의 조사 혹은 공인된 감정인의 감정을 받고 법원의 인가를 받아야 한다.

1. 상법 제299조의2의 '공인된 감정인'(이하, '공인된 감정인'이라 한다)이란 현물출자된 각 재산의 유형에 따라 법률에 의하여 감정을 할 수 있는 자격이 부여된 감정인을 말하는바, 그 구체적 예로는 부동산가격공시및감정평가에관한법률(이하, '감정평가법'이라 한다)에 의해 토지 등의 감정평가를 할 수 있는 감정평가사 및 공인회계사법에 의해 회계에 관한 감정을 할 수 있는 공인회계사 등을 들 수 있다.
2. (생략)
3. 벤처기업에 대한 현물출자의 경우와 외국투자가가 산업재산권 등을 출자하는 경우 등에는 그 가격에 대해 벤처기업육성에 관한 특별조치법 시행

령 제4조의 기술평가기관(이하, '기술평가기관' 이라고 한다)이 평가한 내용을 상법 제299조의2의 규정에 의하여 공인된 감정인이 감정한 것으로 볼 수 있으나(벤처기업육성에 관한 특별조치법 제6조 제2항, 외국인투자촉진법 제30조 제4항 등), 그러한 법률 규정이 있는 경우 이외의 현물출자의 경우에 기술평가기관을 공인된 감정인으로 볼 수 없다.
[상업선례 2-15, 338면]

4. 법원의 심사

자본 충실의 원칙상 금전납입과 달리 현물출자의 경우에는 검사인 혹은 공인된 감정인의 조사 내지 감정을 받을 뿐만 아니라 법원의 인가를 받아야 하며, 회사설립 시나 신주발행으로 인한 변경등기 시 법원에서 송달받은 검사인의 조사보고서나 공인된 감정인의 감정서의 부본을 첨부정보로 제공하여야 한다(재판예규 제719호 및 등기예규 제979호 참조, 344~346면).

한편 검사인의 조사 혹은 공인된 감정인의 감정의 대상과 관련해 살펴보면, 회사설립 시에는 회사가 영업활동을 한 바 없으므로 주식의 가치는 별 문제가 안 되어 현물출자의 목적물만이 그 조사 내지 감정의 대상이 되지만, 회사성립 후에는 현물출자의 목적물뿐만 아니라 회사의 주식에 대한 가치도 그 조사 내지 감정의 대상이 된다는 점에 그 차이가 있다. 다만, 회사성립 후의 발행주식가액이 적정한지 여부는 법원이 심사할 필요가 없다고 봄이 타당하다(『법원실무제요 비송』, 137면).

5. 여론: 현물출자와 상계에 의한 신주발행과의 경쟁

위에서 살펴본 바와 같이 현물출자의 경우에는 검사인의 조사 내지 공인된 감정인의 감정을 받고 법원의 인가를 받아야 하므로 그 절차가 복잡하고 비용 또한 만만치 않아, 회사성립 후에는 2011. 4. 14. 상법 개정에 따라 허용된 상계에 의한 신주발행을 선호하는 것이 사실이다. 즉 현물출자보다는 현물출자의 목적물을 현물출자자와 회사 간의 매매계약에 의해 매매한 이후 그 미지급금과 주금납입의무와 상계를 통해 신주발행을 하는 경우도 있다. 다만, 현물출자의 목적인 재산의 가액이 자본금의 5분의1을 초과하지 아니하고 5천만원을 초과하지 않는 소액출자, 일정 조건하의 상장증권 및 금전채권 등 상법 제422조 제2항 각 호의 경우에는 검사인의 조사 혹은 공인된 감정인의 감정을 받지 않아도 된다(「보론」, 334면 참조). 또한 회사설립 시에는 상계에 의한 발기인의 주금납입은 불가하다.

📖 「보 론」 현물출자에 대한 검사인의 조사 · 보고(혹은 공인된 감정인의 감정)의 면제

1. 원칙 및 문제점

회사설립 시(상법 299조) 및 신주발행 시(상법 422조)의 현물출자에 대해서는 검사인의 조사 · 보고(혹은 공인된 감정인의 감정)를 받고 법원의 인가를 받음이 원칙이다. 다만, 이는 검사인 등 제3자에 의한 평가를 당사자 간의 정상적인 협상을 통하여 결정된 가격에 대해 우선시키는 결과를 초래하며, 현물출자의 과대평가는 단순히 기존 주주의 이익을 현물출자자에게 이전시키는 효과만을 가질 뿐 자본충실의 원칙에는 영향이 없다는 등의 문제점이 있어, 2011. 4. 14. 개정 상법에서는 현물출자에 대한 검사인의 조사 · 보고를 일부 면제하였다(『상법 회사편 해설』, 67~68면).

2. 회사설립 시(상법 299조)의 현물출자에 대한 검사인의 조사 · 보고의 면제

회사설립 시의 현물출자에 있어서, ⅰ) 현물출자의 대상재산의 총액이 자본금의 5분의 1을 초과하지 아니하고 5천만원을 초과하지 아니하는 경우, ⅱ) 현물출자의 대상재산이 거래소에서 시세가 있는 유가증권이고 정관에 적힌 가격이 대통령령으로 정한 방법으로 산정된 시세를 초과하지 아니하는 경우, ⅲ) 그 밖에 이에 준하는 경우로서 대통령령으로 정하는 경우 등의 경우에는 검사인의 조사 · 보고(혹은 공인된 감정인의 감정)를 면제하도록 하였다.

3. 신주발행 시(상법 422조)의 현물출자에 대한 검사인의 조사 · 보고의 면제

신주발행 시의 현물출자에 있어서, ⅰ) 현물출자의 대상재산의 총액이 자본금의 5분의 1을 초과하지 아니하고 5천만원을 초과하지 아니하는 경우, ⅱ) 현물출자의 대상재산이 거래소에서 시세가 있는 유가증권이고 정관에 적힌 가격이 대통령령으로 정한 방법으로 산정된 시세를 초과하지 아니하는 경우, ⅲ) 변제기가 돌아온 회사에 대한 금전채권을 출자의 목적으로 하는 경우로서 그 가액이 회사장부에 적혀 있는 가액을 초과하지 아니하는 경우, ⅳ) 그 밖에 이에 준하는 경우로서 대통령령으로 정하는 경우 등의 경우에는 검사인의 조사 · 보고(혹은 공인된 감정인의 감정)를 면제하도록 하였다.

96. 법인설립시 사무실 임차보증금 채권으로 현물출자를 할 수 있는지 여부

[상업등기선례 제1-85호, 제정 1997. 4. 4.]

법인설립에 따른 출자는 대차대조표(주: 혹은 재무상태표)의 자산에 기재할 수 있는 것이면 무엇이든지 가능하므로 사무실 임차보증금채권도 현물출자를 할 수 있을 것이다.
(1997. 4. 4. 등기 3402-255 질의회답)

◐ 선례 해설:

1. 현물출자란 금전 이외의 재산으로써 하는 출자를 말하는데, 상법은 금전출자를 원칙으로 하면서도 회사가 특정한 자산을 미리 확보할 수 있다는 점, 현물출자자의 입장에서도 자신의 자산을 바로 출자할 수 있어 편리하다는 점 그리고 기존의 개인기업을 주식회사로 전환하려는 경우 등의 경우에 그 필요성이 상당하다는 점 등의 이유로 출자의 한 방법으로 현물출자 또한 인정하고 있다.

2. 법인설립에 따른 현물출자의 목적물에는 특별한 제한이 없어, 현물출자의 목적물이 될 수 있는 재산은 재무상태표(대차대조표)상 자산으로 계상할 수 있는 것이면 가능하므로,

3. 동산, 부동산, 회사의 영업, 주식, 특허권, 채권, 유가증권, 산업재산권, 컴퓨터소프트웨어 등의 자산뿐만 아니라, 영업의 전부 또는 일부의 순재산액이 0보다 클 경우에는 그것을 일괄하여 현물출자의 목적물로도 할 수 있다(상업선례 1-209, 336면 참조).

4. 다만, 회사설립 시에는 현물출자를 하는 자의 성명과 그 목적인 재산의 종류·수량·가격과 이에 대하여 부여할 주식의 종류와 수는 변태설립사항이므로 원시정관에 기재하여야만 그 효력이 생긴다.

5. 위와 달리 회사성립 이후에는 현물출자의 대상은 재무상태표상 자산으로 계상할 수 있는 것뿐만 아니라, 회사의 입장에서 현물출자로 회사의 부채가 감소되는 것(예: 회사의 차입금, 대표이사 가수금, 미지급금, 외상매입금 등)도 현물출자의 목적물이 될 수 있다(상업선례 1-208, 664면 참조).

97. 병존적 채무인수에 의한 현물출자 가능성

[상업등기선례 제1-209호, 제정 2003. 5. 2.]

1. 현물출자의 목적물은 경제적 가치를 확정할 수 있고 양도가 가능한 대차대조표(주: 혹은 재무상태표)의 자산으로 계상할 수 있는 재산으로서, 영업의 전부나 일부도 그 적극재산이 소극재산보다 많은 경우에는 현물출자의 목적물이 될 수 있으므로 사채도 영업의 일부로 이전되는 채무에 포함될 수 있을 것이다.[1]

2. 기존 회사의 영업을 현물출자하여 신설회사를 설립함에 있어 그 영업을 구성하는 채무 중 기존회사가 발행한 사채를 기존회사와 신설회사간 병존적 채무인수의 방법으로 이전하는 것이 불가능한 것으로 보이지는 않지만, 현물출자의 이행의 타당성 여부는 검사인 또는 공증인·감정인의 조사·감정, 법원 또는 창립총회의 심사 등을 통해 구체적으로 판단되어야 할 것이다.

(2003. 5. 2. 공탁법인 3402-105 질의회답)

참조 조문 · 규칙 · 예규 · 선례 · 판례

■ 상법[법률 제13523호, 2015. 12. 1., 일부개정]

제290조(변태설립사항) 다음의 사항은 정관에 기재함으로써 그 효력이 있다.

1. 발기인이 받을 특별이익과 이를 받을 자의 성명
2. 현물출자를 하는 자의 성명과 그 목적인 재산의 종류, 수량, 가격과 이에 대하여 부여할 주식의 종류와 수
3. 회사성립 후에 양수할 것을 약정한 재산의 종류, 수량, 가격과 그 양도인의 성명
4. 회사가 부담할 설립비용과 발기인이 받을 보수액

제299조의2(현물출자 등의 증명) 제290조제 1호 및 제4호에 기재한 사항에 관하여는 공증인의 조사·보고로, 제290조 제2호 및 제3호의 규정에 의한 사항과 제295조의 규정에 의한 현물출자의 이행에 관하여는 공인된 감정인의 감정으로 제299조 제1항의 규정에 의한 검사인의 조사에 갈음할 수 있다. 이 경우 공증인 또는 감정인은 조사 또는 감정결과를 법원에 보고하여야 한다.

---

1) 회사설립 시의 현물출자는 대차대조표(재무상태표)상 자산항목으로 계상할 수 있는 것(본 선례의 내용처럼 자산항목과 부채항목을 같이 현물출자 하는 경우에는 적극재산인 자산이 소극재산인 부채보다 많을 경우에만)에 한하지만, 이와 달리 회사성립 이후에는 회사의 부채로 계상된 금액(예: 대표이사 가수금, 은행 차입금 등)을 출자전환(현물출자) 하는 것도 가능하다.

◐ 선례 해설:

1. 현물출자의 목적물이 될 수 있는 재산은 재무상태표상 자산(설립 후에는 부채의 감소도 포함)으로 계상될 수 있으면 무엇이든 가능하며, 또한 현물출자의 목적물이 특정 회사의 특정 영업부문과 같이 자산과 부채 일체(주: 다만 자본충실의 원칙상 자산이 부채 보다는 커야 함)를 현물출자하여 신설회사를 설립하는 것도 가능하며, 이 경우 특정 영업부문의 부채 중 일부를 기존회사와 신설회사 간 병존적 채무인수의 방법으로 이전하는 것도 가능하다는 것이 본 선례의 취지이다.

2. 예를 들면, A회사에서 사료 부문의 영업 일체를 현물출자하여 B회사를 설립하기로 한 경우,[1]

i) A회사의 현물출자 기준일 당시의 재무상태표

자산 항목		부채 및 자본 항목	
사료 부문	30억	사료 부문	20억
육가공 부문	20억	육가공 부문	10억
		부채총계	30억
		자본금	15억
		이익잉여금	5억
		자본총계	20억
자산총계	50억	부채 및 자본총계	50억

ii) A회사의 사료 부문에 해당하는 자산 항목 30억과 부채 항목 20억을 현물출자하여 신설법인 B회사를 설립하되, 부채 항목 20억 중 가령 회사채 해당액 10억에 대해 A회사와 B회사 간 계약으로 병존적 채무인수 계약을 체결하는 경우도 현물출자로서 가능하다고 해석된다.[2]

iii) 다만, 본 선례의 입장과 같이 상기 ii)의 방법에 의한 현물출자의 이행의 타당성 여부는 검사인 또는 공인된 감정인의 조사·보고, 법원의 인가 과정 등을 통해 구체적으로 판단되어야 할 것이다.

---

1) 여기서 제29절 분할과 관련된 논의는 논외로 한다.

2) 병존적 채무인수는 사실상 인적 담보의 기능을 가지는 점에서 보증채무의 경우에 준하여 채무자의 의사에 반해서도 가능하지만, '채무자와 인수인'의 계약에 의해서도 가능한데, 이때의 계약은 채권자로 하여금 직접 인수인에 대해 채권을 취득하게 하는 것으로서 일종의 '제3자를 위한 계약'이며, 따라서 채권자의 수익의 의사표시를 필요로 한다(김준호, 『민법강의』(제2전정판), 법문사(2009), 1156~1157면).

98. 현물출자에 의한 주식회사의 설립과 공인된 감정인

[상업등기선례 제2-15호, 제정 2006. 7. 13.]

1. 상법 제299조의2의 '공인된 감정인' (이하, '공인된 감정인' 이라 한다)이란 현물출자된 각 재산의 유형에 따라 법률에 의하여 감정을 할 수 있는 자격이 부여된 감정인을 말하는바, 그 구체적 예로는 부동산가격공시및감정평가에관한법률(이하, '감정평가법' 이라 한다)에 의해 토지 등의 감정평가를 할 수 있는 감정평가사 및 공인회계사법에 의해 회계에 관한 감정을 할 수 있는 공인회계사 등을 들 수 있다.

2. 특허권을 현물출자 하는 경우, 공인된 감정인에는 감정평가업자(감정평가법 제2조 제9호)가 포함된다(동법 제2조 제1호, 동법 시행령 제2조 제1호).

3. 벤처기업에 대한 현물출자의 경우와 외국투자가가 산업재산권 등을 출자하는 경우 등에는 그 가격에 대해 벤처기업육성에 관한 특별조치법 시행령 제4조의 기술평가기관(이하, '기술평가기관' 이라고 한다)이 평가한 내용을 상법 제299조의2의 규정에 의하여 공인된 감정인이 감정한 것으로 볼 수 있으나(벤처기업육성에 관한 특별조치법 제6조 제2항, 외국인투자촉진법 제30조 제4항 등), 그러한 법률 규정이 있는 경우 이외의 현물출자의 경우에 기술평가기관을 공인된 감정인으로 볼 수 없다.

4. 공인된 감정인의 감정서에는 현물출자의 목적인 재산의 가격(평가금액)이 표시되어야 한다. (2006. 7. 13. 공탁상업등기과-640 질의회답)

◐ 선례 해설:

상법 제299조의2의 '공인된 감정인' 이란 현물출자된 각 재산의 유형에 따라 법률에 의하여 감정을 할 수 있는 자격이 부여된 감정인을 말하므로, 그 구체적인 예로 본 선례에서는 다음의 경우를 들고 있다.

┌ 공인회계사법에 의해 회계에 관한 감정을 할 수 있는 공인회계사
├ 「부동산 가격공시 및 감정평가에 관한 법률」에 의해 토지 등의 감정평가를 할 수 있는 감정평가사
└ 벤처기업에 대한 현물출자의 경우와 외국투자가가 산업재산권 등을 출자하는 경우에는 그 가격에 대해 「벤처기업육성에 관한 특별조치법 시행령」 제4조의 기술평가기관

99. 변태설립사항 및 현물출자 이행 등에 관하여 검사인의 조사에 갈음할 수 있는 조사 · 보고자[1)]

[상업등기선례 제1-84호, 제정 1997. 1. 28.]

상법 제299조의2의 규정에 의하여 동법 제290조 제1호 및 제4호의 사항에 관한 공증인의 조사·보고로써 검사인의 조사에 갈음하기 위하여서는, 위 사항을 기재한 정관의 인증(이는 동법 제292조의 규정에 의한 것임) 이외에 위 사항에 대하여 별도로 공증인의 조사·보고가 있어야 하고, 상법 제299조의2의 규정에 의하여 동법 제290조 제2호, 제3호 및 제295조의 현물출자이행사항에 관한 공인된 감정인의 감정으로써 검사인의 조사에 갈음하기 위하여서는 현물출자된 각 재산에 대한 공인된 감정인(출자된 재산의 종류에 따라 부동산감정평가사 또는 공인회계사 등이 있을 수 있음)의 감정으로 족하며, 각 감정인의 감정을 기초로 하여 그 감정에 참여하지 아니한 별도의 공인회계사 등이 검사인으로서 작성한 조사·보고가 있어야 하는 것은 아니다.
(1997. 1. 28. 등기 3402-70 질의회답)

---

1) 현물출자란 금전 이외의 재산으로써 하는 출자를 말한다. 회사설립 후 회사에서 구입해야 할 현물을 출자자가 가지고 있는 경우, 출자자가 그 현물을 회사에 처분하고 취득한 대금을 회사에 출자할 수도 있지만 이러한 과정을 단순화시킬 필요가 있고 회사 입장에서는 특정한 자산을 미리 확보할 수 있는 장점이 있어 상법에서는 현물출자를 인정하고 있다. 그러나 금전과는 달리 현물출자로 출자되는 자산에 대해서는 그 평가과정에서 부당평가가 이루어질 우려가 있으며, 그 결과 출자된 재산보다 더 많은 가치의 주식이 발행되면 자본금에 상응하는 책임재산이 확보되지 못할 뿐만 아니라 금전납입을 한 주주와의 형평성 문제로 주주 간 부의 이전도 발생할 수 있다(『주식회사법대계(Ⅰ)』, 369면 참조).

위와 같은 문제를 해소할 목적으로 상법에서는 현물출자의 경우 ⅰ) 현물출자를 하는 자의 성명과 그 목적인 재산의 종류, 수량, 가격과 이에 대하여 부여할 주식의 종류와 수를 정관에 기재함으로써 그 효력이 있는 것으로 정하고 있으며(상법 290조), ⅱ) 정관에 기재된 현물출자에 관한 사항과 현물출자의 이행에 관하여는 원칙적으로 법원에서 선임한 검사인의 조사 혹은 공인된 감정인의 감정을 받도록 하며, 검사인의 조사 또는 공인된 감정인의 감정결과를 법원에 보고(주: 모집설립의 경우에는 창립총회에 보고)하도록 하고 있다(상법 299조의2).

현물출자에 대한 검사인의 조사 혹은 공인된 감정인의 감정 및 그 결과에 대한 법원의 심사는 현물출자로 출자되는 자산에 관한 공정한 평가를 하기 위함이므로, 상법 제299조의2 공인된 감정인이란 현물출자된 각 재산의 유형에 따라 법률에 의하여 감정을 할 수 있는 자격이 부여된 감정인에 한한다. 다만, 본 선례에 의하면 현물출자된 각 재산에 대한 공인된 감정인의 감정으로 족하며, 각 감정인의 감정을 기초로 하여 그 감정에 참여하지 아니한 별도의 공인회계사 등이 검사인으로서 작성한 조사·보고가 있어야 하는 것은 아니다.

◐ **선례 해설:**

1. 설립경과의 조사에 법원이 지나치게 개입하는 것이 바람직하지도 않을 뿐만 아니라 변태설립사항에 대해 법원이 직접 조사한다고 하더라도 전문성 결여로 실익이 적다는 지적이 있어 1995년 상법 제299조의2를 신설하여, 변태설립사항이 있는 경우 검사인의 조사·보고 대신에 공증인의 조사·보고와 감정인의 감정으로 대체할 수 있도록 하였다. 즉 변태설립사항 중 발기인이 받을 특별이익과 회사가 부담할 설립비용과 발기인이 받을 보수액에 관하여는 공증인의 조사·보고로, 현물출자에 관한 사항과 회사의 성립 후 재산을 양수하기로 한 사항 및 현물출자 이행에 관하여는 공인된 감정인의 감정으로 갈음할 수 있도록 하였는바,

2. 상법 제299조의2의 '공인된 감정인'이란 현물출자 된 각 재산의 유형에 따라 법률에 의하여 감정을 할 수 있는 자격이 부여된 감정인을 말하며, 그 대표적인 예로 ⅰ) 공인회계사법에 의해 회계에 관한 감정을 할 수 있는 공인회계사, ⅱ) 「부동산 가격공시 및 감정평가에 관한 법률」에 의해 토지 등의 감정평가를 할 수 있는 감정평가사, ⅲ) 벤처기업에 대한 현물출자의 경우와 외국투자가가 산업재산권 등을 출자하는 경우에 그 가격에 대해 「벤처기업육성에 관한 특별조치법 시행령」 제4조의 기술평가기관 등을 들 수가 있겠다(상업선례 2-15, 338면 참조).

3. 본 선례에서는 변태설립사항 및 현물출자 이행 등에 관한 위 3.의 공인된 감정인의 조사보고서 외 각 감정인의 감정을 기초로 하여 그 감정에 참여하지 아니한 별도의 공인회계사 등이 검사인으로서 작성한 조사·보고가 있어야 하는 것은 아님을 밝히고 있다.

4. 한편 법원이 선임한 검사인이 악의 또는 중대한 과실로 인하여 그 임무를 해태한 때에는 회사 또는 제3자에 대하여 손해를 배상할 책임이 있는바(상법 325조), 이러한 검사인의 책임은 공증인 및 공인된 감정인에게도 유추 적용된다고 보아야 한다(『주석상법(회사편Ⅱ)』, 198면).

5. 발기설립의 경우 공증인 또는 감정인의 조사 내지 감정으로 검사인의 조사를 대체하더라도 법원의 심사는 생략될 수 없어, 공증인의 조사결과 및 감정인의 감정결과를 법원에 보고해야 하며, 법원은 이를 심사하여 변태설립사항이 부당한 때에는 변경할 수 있다(상법 299조의2 및 300조).

100. 모집설립에 의한 회사설립절차에서 현물출자의 이행이 감정인의 감정대상에 포함되는지 여부[1]

[상업등기선례 제1-95호, 제정 2003. 2. 25.]

현물출자가 있는 모집설립 방식으로 주식회사를 설립하는 경우, 출자의 이행과 관련하여 현물출자자는 납일기일까지 그 목적인 재산의 전부를 인도하고, 등기·등록 기타 권리의 설정·이전을 요할 경우에는 이에 관한 서류를 완비하여 교부하여야 하는바(주: 상법 305조 3항, 295조 2항), 상법 제310조의 규정에 의한 검사인의 조사나 공인된 감정인의 감정의 대상에는 변태설립사항인 현물출자의 내용만이 포함되며, 현물출자의 이행에 관한 것은 같은 법 제313조의 규정에 의하여 이사와 감사가 이를 조사하여 창립총회에 보고하여야 할 사항이다.
(2003. 2. 25. 공탁법인 3402-43 질의회답)

참조 조문·규칙·예규·선례·판례

▣ 상법[법률 제13523호, 2015. 12. 1., 일부개정]

제295조(발기설립의 경우의 납입과 현물출자의 이행 => 주: 발기설립)
② 현물출자를 하는 발기인은 납입기일에 지체없이 출자의 목적인 재산을 인도하고 등기, 등록 기타 권리의 설정 또는 이전을 요할 경우에는 이에 관한 서류를 완비하여 교부하여야 한다.

제299조(검사인의 조사, 보고 => 주: 발기설립) ① 검사인은 제290조 각 호의 사항과 제295조에 따른 현물출자의 이행을 조사하여 법원에 보고하여야 한다.

제305조(주식에 대한 납입 => 주: 모집설립) ③ 제295조제2항의 규정은 제1항의 경우에 준용한다.

제310조(변태설립의 경우의 조사 => 주: 모집설립) ① 정관으로 제290조에 게기한 사항을 정한 때에는 발기인은 이에 관한 조사를 하게 하기 위하여 검사인의 선임을 법원에 청구하여야 한다.

제313조(이사, 감사의 조사, 보고 => 주: 모집설립) ① 이사와 감사는 취임 후 지체 없이 회사의 설립에 관한 모든 사항이 법령 또는 정관의 규정에 위반되지 아니하는지의 여부를 조사하여 창립총회에 보고하여야 한다.

1) 본 선례를 이해하기 위해서는 발기설립에 관한 상법 제295조 및 제299조와, 모집설립에 관한 상법 제305조, 제310조 및 제313조 등 관련 조문을 비교하여 유심히 살펴볼 필요가 있다.

◐ 선례 해설: 회사설립 시 현물출자 이행부분의 조사 · 보고자[1)2)]

1. 회사의 설립방법 및 절차는 발기설립과 모집설립이 상이하며, 변태설립사항에 대해서도 발기설립의 경우에는 검사인 또는 공증인 · 공인된 감정인이 그 조사 · 보고를 법원에 하는데 반해, 모집설립의 경우에는 창립총회에 한다(상법 299조, 310조, 313조).

2. 발기설립의 경우 주식의 전부를 발기인이 인수하므로, 발기인 이외의 사람이 설립에 관여하지 않고 발기인 사이의 담합에 의하여 자본충실 책임 등이 훼손될 우려가 있어,[3)] 상법 제299조에서는 검사인은 변태설립사항과 현물출자의 이행을 조사하여 법원에 보고하도록 하고 있다.

3. 반면에 모집설립의 경우에는 창립총회가 개최되어 거기에서 회사의 설립에 관한 사항이 법령 또는 정관에 위배되는지 여부를 심사하게 되나, 변태설립사항에 한하여 법원이 선임한 검사인으로 하여금 이를 조사한 후 그 결과를 창립총회에 보고하도록 되어 있다(상법 310조).[4)]

4. 즉 발기설립의 경우에는 상법 제299조에 검사인이 변태설립사항과 현물출자의 이행을 조사하여 법원에 보고하여야 한다고 규정되어 있는 반면에, 모집설립의 경우에는 상법 제310조에 검사인은 변태설립사항(주: 현물출자의 이행에 관한 사항은 빠짐)만을 조사하도록 규정되어 있다.

5. 요약표

구 분	이사 · 감사	검사인(또는 감정인)
발기설립	회사 설립에 관한 모든 사항 (상법 298조 1항)	변태설립사항의 조사 및 **현물출자의 이행** (상법 299조)
모집설립	회사 설립에 관한 모든 사항 (**현물출자의 이행부분**도 포함)	변태설립사항의 조사 (상법 310조 1항)

1) 『법원실무제요 비송』, 128~130면
2) 본 선례해설에서 나오는 검사인에 관한 내용은 상법 제299조의2에 의해 공증인 또는 공인된 감정인으로 갈음할 수 있음은 물론이다.
3) 1995년 상법 개정 전에는 발기설립의 경우 납입장소에 대한 제한도 없었다.
4) 물론 모집설립의 경우에도 검사인 · 공증인의 조사보고서 및 감정인의 감정서는 법원에 제출되기는 하나, 법원은 발기설립의 경우와는 달리 그 조사보고서 및 감정서에 대해 심사하지 아니한다(재판예규 719호 7조 1항, 345면 및 이승한, 『현물출자 등기실무』, 289면 참조).

101. 상법 제299조의2 검사인의 조사에 갈음할 수 있는 증명
[상업등기선례 제1-83호, 제정 1997. 1. 28.]

상법 제299조의2에서 규정하고 있는 '공인된 감정인' 이란 현물출자된 각 재산의 유형에 따라 법률에 의하여 감정을 할 수 있는 자격이 부여된 감정인을 말하는바, 그 구체적 예로는 지가공시및토지등의평가에관한법률에 의한 토지 등의 감정평가를 할 수 있는 감정평가사 및 공인회계사법에 의한 회계감정을 할 수 있는 공인회계사 등을 들 수 있고, 한편 상법 제299조의2의 공증인의 조사·보고 또는 공인된 감정인의 감정으로 '검사인의 조사에 갈음할 수 있다' 는 규정은, 동법 제290조 제1호 내지 제4호 및 제295조의 현물출자 이행에 관하여 법원이 선임한 검사인이 조사하여 법원에 보고함을 원칙으로 하되, 선택적으로 공증인의 조사·보고 또는 공인된 감정인의 감정·보고로써 위 검사인의 조사·보고에 대신할 수 있도록 한 것으로서, 변태설립사항이 있는 경우 설립등기 시 검사인의 조사·보고서를 첨부하거나 또는 선택적으로 공증인의 조사·보고서 또는 공인된 감정인의 감정·보고서를 첨부하면 된다.
(1997. 1. 28. 등기 3402-68 질의회답)

◐ 선례 해설:

1. 1995. 12. 29. 상법 제299조의2의 신설 및 1998. 12. 28. 상법 개정으로 회사설립의 경우 상법 제290조 제1항 제1호 및 제4호에 기재한 사항에 관하여는 공증인의 조사·보고로, 제290조 제2호 및 제3호의 규정에 의한 사항과 제295조에 의한 현물출자의 이행에 관하여는 공인된 감정인의 감정으로 검사인의 조사에 갈음할 수 있게 하였다(상법 298조 4항 단서, 299조의2). 아울러 신주발행의 경우에도 상법 제416조 제4호의 사항에 관하여 공인된 감정인의 감정으로 검사인의 조사에 갈음할 수 있게 되었다. 이러한 상법 개정 이후 거의 모든 사건에서 공증인의 조사·보고나 감정인의 감정서 제출이 이루어지고 있어 현재 검사인 선임신청은 실무상 찾아보기 어렵게 되었다(『법원실무제요 비송』, 125면 참조).

2. 위 1.의 상법의 취지에 맞게 본 선례에서도 법원이 선임한 검사인의 조사·보고와 공증인의 조사·보고 또는 공인된 감정인의 감정·보고는 회사가 택일할 수 있는 선택적 사항임을 설명하고 있다.

102. 주식회사 모집설립의 경우 설립등기신청서의 첨부서면

[상업등기선례 제1-91호, 제정 1999. 6. 2.]

주식회사의 모집설립으로 인한 설립등기를 신청함에 있어 변태설립사항이 있는 경우 그 등기신청서에 반드시 법원이 선임한 검사인의 조사보고서와 그 부속서류를 첨부하여야 하는 것은 아니며, 이에 갈음하여 공증인의 조사보고서와 그 부속서류 또는 감정인의 감정서와 그 부속서류를 첨부할 수 있다.
다만, 공증인의 조사보고서 또는 감정인의 감정서는 법원에 보고한 후 법원으로부터 송달받은 부본을 첨부하여야 할 것이다.
(1999. 6. 2. 등기 3402-577 질의회답)

참조 조문 · 규칙 · 예규 · 선례 · 판례

▣ 검사인의 조사보고서 등 처리 요령(재민 99-3)[재판예규 제719호, 제정 1999. 5. 20.]

제1조(목적)
이 예규는 상법의 규정에 의하여 검사인 · 공증인 · 감정인의 조사보고서 · 감정서가 제출된 때의 처리에 관하여 필요한 사항을 정함을 목적으로 한다.

제2조(사건접수)
① 검사인의 조사보고서가 제출된 때에는 독립한 사건으로 접수하지 아니하고 검사인 선임신청 사건 기록에 가철한다.
② 상법 제299조의2 · 제310조 · 제422조의 규정에 의하여 발기설립시의 변태설립사항과 현물출자 · 모집설립시의 변태설립사항 · 신주발행시의 현물출자의 조사에 관하여, 검사인의 조사보고서에 갈음하여 공증인의 조사보고서 또는 감정인의 감정서가 법원에 제출된 때에는 "검사인 선임 신청 사건"에 준하여 비송사건으로 접수한다.

제3조(사건명 및 신청인)
① 상법 제299조의2의 규정에 의하여 공증인의 조사보고서 · 감정인의 감정서가 제출된 때에는 사건명을 "발기설립 조사"로, 제310조의 규정에 의하여 공증인의 조사보고서 · 감정인의 감정서가 제출된 때에는 사건명을 "모

집설립 조사”로, 제422조의 규정에 의하여 감정인의 감정서가 제출된 때에는 사건명을 “신주발행 조사”로 한다.
② 상법 제299조의2·제422조의 규정에 의하여 공증인의 조사보고서·감정인의 감정서가 제출된 때에는 그 조사·감정을 위임한 이사를, 제310조의 규정에 의하여 감정인의 감정서가 제출된 때에는 그 감정을 위임한 발기인을 신청인으로 본다.

제4조(보고방법)
공증인·감정인의 조사·감정결과 보고는 검사인의 조사보고서에 준하여 서면으로 하여야 한다.

제5조(기재사항)
공증인·감정인의 조사보고서·감정서에는 다음 각 호의 사항을 기재하고 공증인·감정인이 기명날인하여야 한다.

1. 조사·감정을 위임한 이사(상법 제299조의2·제422조) 또는 발기인(제310조)의 성명·주소·전화번호
2. 상법 제299조의2의 규정에 의한 조사·감정의 경우 발기인의 성명·주소·전화번호
3. 상법 제422조의 규정에 의한 감정의 경우 현물출자자의 성명·주소·전화번호
4. 조사·감정의 목적
5. 조사·감정 사항
6. 공증인·감정인의 주소·전화번호
7. 작성연월일
8. 법원의 표시

제6조(부본제출 및 송달료 납부의무)
검사인·공증인이 조사보고서를, 감정인이 감정서를 제출함에는 부본 1통을 첨부하고, 신청인의 계산으로 송달료 2회분을 납부하여야 한다.

제7조(심사)
① 상법 제310조의 규정에 의한 검사인·공증인의 조사보고서 및 감정인의 감정서가 제출된 때에는 법원은 이를 심사하지 아니하고 원본 및 부본 표지의 적당한 여백에 “19 . . . 접수”라고 기재하며 재판장이 기명날인한 후 신청인에게 부본을 송달한다.

② 상법 제299조의2 · 제422조의 규정에 의한 검사인 · 공증인의 조사보고서 및 감정인의 감정서가 제출된 때에는 다음 각 호의 예에 의한다.

1. 검사인 · 공증인의 조사보고서 및 감정인의 감정서를 심사한 결과 정당하다고 인정한 때에는 원본 및 부본 표지의 적당한 여백에 "19 . . . 인가" 라고 기재하고 재판장이 기명날인한 후 신청인에게 부본을 송달한다.
2. 검사인 · 공증인의 조사보고서 및 감정인의 감정서를 심사한 결과 부당하다고 인정하여 변경결정을 한 때에는 원본 및 부본 표지의 적당한 여백에 "19 . . . 변경결정" 이라고 기재하고 재판장이 기명날인한 후 신청인 에게 부본과 변경결정 등본을 송달한다.

③ 상법 제299조의2의 규정에 의한 조사보고서 · 감정서를 부당하다고 인정하여 변경결정을 한 때에는 발기인에게도, 상법 제422조의 규정에 의한 감정서를 부당하다고 인정하여 변경결정을 한 때에는 현물출자자에게도, 각 그 변경결정 등본을 송달한다.

▣ 등기신청서에 첨부할 검사인의 조사보고서 등에 관한 예규[등기예규 제979호, 제정 1999. 6. 26.]

1. 주식회사의 발기설립시의 변태설립사항과 현물출자이행, 모집설립시의 변태설립사항, 신주발행시의 현물출자와 관련하여 주식회사의 설립 또는 변경등기신청서에 첨부되는 검사인 · 공증인의 조사보고서 또는 감정인의 감정서는 법원으로부터 송달받은 부본이어야 한다.
2. 발기설립으로 인한 설립등기 및 신주발행으로 인한 변경등기신청서에 첨부된 위 1.항의 부본에 변경결정의 취지가 기재된 경우에는 그 재판의 등본을 함께 첨부하여야 한다.

◐ 선례 해설:

1. 변태설립사항이 있는 경우에는 i) 상법 제299조, 제299조의2 및 제310조에 따른 검사인이나 공증인의 조사보고 또는 감정인의 감정에 관한 정보, ii) 검사인이나 공증인의 조사보고 또는 감정인의 감정결과에 관한 재판이 있은 때에는 그 재판이 있음을 증명하는 정보를 설립등기시에 첨부정보로 제공하여야 한다(규칙 129조 6호 및 7호).

2. 또한 위 1.의 첨부정보 중 검사인·공증인의 조사보고서 또는 감정인의 감정서는 법원으로부터 송달받은 부본이어야 하며, 그 부본에 변경결정의 취지가 기재된 경우에는 그 재판의 등본을 함께 제공하여야 한다.

3. 위 1.과 2.의 첨부정보와 관련해서 좀 더 살펴보면, 발기설립의 경우에는 검사인이나 공증인의 조사보고 또는 감정인의 감정서는 법원에 보고하며 법원의 심리 과정에서 변경결정이 있을 수 있는 반면에, 모집설립의 경우에는 위 조사보고서 또는 감정서는 창립총회에 보고하도록 되어 있으므로 법원의 변경결정에 관한 재판이란 있을 수가 없다. 다만, 모집설립의 경우에는 검사인이나 공증인의 조사보고 또는 감정인의 감정서는 법원에서 제출을 받기는 하지만 이를 심사하지 아니하고 원본 및 부분 표지의 적당한 여백에 "○○○○.○.○. 접수" 라고 기재하여 재판장이 날인한 후 신청인에게 부본을 송달한다(재민 99-3 7조 1항). 따라서 첨부정보와 관련하여 변태설립사항이 있는 모집설립의 경우에는 법원으로부터 송달받은 부본을 제출하면 족하고 그 변경결정의 취지가 기재된 재판의 등본을 첨부정보로 제공할 일은 없다.

4. 회사설립 시 변태설립사항이 있는 경우의 검토할 사항[1]

구 분	내 용
상법 규정	제290조(변태설립사항) 제298조 4항(검사인 선임 청구) 제299조(검사인의 조사·보고) 제299조의2(현물출자등의 증명) 제300조(법원의 변경처분) 제314조(변태설립사항의 변경)
검사인, 공증인, 공인된 감정인의 보고요령 및 법원의 처리	재판예규 제719호(재민 99-3)
등기신청 시 첨부정보	규칙 제129조 6호 및 7호, 등기예규 제979호

1) 변태설립사항이 있는 발기(모집)설립 등기신청서에 첨부할 서면 및 법원의 인가와 관련된 사항에 대한 검토를 위해서는 위 요약표상의 사항과 함께 『법원실무제요 비송』에 나와 있는 검사인 선임에 관한 사건(124~144면)을 읽어보실 것을 권한다.

103. 외국투자자가 현물출자하는 경우 주식회사 설립등기신청서에 첨부할 서면 여하

[상업등기선례 제1-88호, 제정 1999. 3. 10.]

외국투자가가 현물출자 하여 주식회사를 설립하는 경우, 외국인투자촉진법 제30조 제3항의 규정에 의하여 관세청장이 현물출자의 이행과 그 목적물의 종류·수량·가격 등을 확인한 현물출자완료확인서가 비송사건절차법 제203조 제5호(주: 현행 상업등기규칙 제129조 제6호)의 규정에 의한 검사인의 조사보고서로 간주되는 것이므로, 설립등기 신청서에 관세청장 발행의 현물출자완료확인서 외에 별도로 검사인의 조사보고서를 첨부할 필요는 없으며, 관세청장이 발행한 현물출자완료확인서의 내용을 법원에 보고할 필요도 없다.
(1999. 3. 10. 등기 3402-242 질의회답)

참조 조문 · 규칙 · 예규 · 선례 · 판례

▣ 상업등기규칙[대법원규칙 제2668호, 2016. 6. 27., 타법개정]

제129조(설립등기) 설립등기를 신청하는 경우에는 다음 각 호의 정보를 제공하여야 한다.

6. 「상법」 제299조, 제299조의2 및 제310조에 따른 검사인이나 공증인의 조사보고 또는 감정인의 감정에 관한 정보

▣ 외국인투자 촉진법[법률 제13426호, 2015. 7. 24., 타법개정]

제30조(다른 법률 및 국제조약과의 관계) ③ 외국투자가가 제2조 제1항 제8호 나목의 자본재를 현물출자 하는 경우에는 「상법」 제299조(주: 검사인의 조사, 보고)에도 불구하고 관세청장이 현물출자의 이행과 그 목적물의 종류·수량·가격 등을 확인한 현물출자완료 확인서를 같은 조에 따른 검사인의 조사보고서로 본다. 회사설립 후 자본재를 현물출자 하는 경우에도 또한 같다.

◐ **선례 해설:** 「외국인투자 촉진법」 제30조 제3항에 의하면, 외국투자가가 동법 제2조 제1항 제8호 나목의 자본재를 현물출자 하는 경우에는 관세청장의 현물출자완료 확인서로 상법 제299조의 검사인의 조사보고서를 갈음한다. 또한 그 현물출자완료 확인서의 내용을 법원에 보고할 필요도 없다.

104. 외국인투자촉진법 제30조 제3항의 규정에 의하여 설립등기에서 검사인의 조사보고서로 간주되는 관세청장의 현물출자완료확인서의 법원보고의무 등

[상업등기선례 제1-93호, 제정 2003. 1. 27.]

외국인의 현물출자에서 외국인투자촉진법 제30조 제3항의 규정에 의하여 검사인의 조사보고서로 간주되는 관세청장의 현물출자완료확인서는 설립등기절차에서 그 내용을 법원에 보고할 필요가 없으나, 같은 법 제30조 제4항의 규정에 의한 소정의 기술평가기관이 외국인의 현물출자대상인 산업재산권 등에 대하여 작성한 평가서는 그 내용을 법원에 보고하여야 하며, 설립등기신청서 등에는 법원으로부터 송달받은 부본을 첨부하여야 한다.
(2003. 1. 27. 공탁법인 3402-21 질의회답)

참조 조문 · 규칙 · 예규 · 선례 · 판례

▣ 외국인투자 촉진법[법률 제13426호, 2015. 7. 24., 타법개정]

제2조(정의) ① 이 법에서 사용하는 용어의 뜻은 다음과 같다.

8. "출자목적물(出資目的物)" 이란 이 법에 따라 외국투자가가 주식등을 소유하기 위하여 출자하는 것으로서 다음 각 목의 어느 하나에 해당하는 것을 말한다.
   가. 「외국환거래법」에 따른 대외지급수단 또는 이의 교환으로 생기는 내국지급수단
   나. 자본재
   다. 이 법에 따라 취득한 주식등으로부터 생긴 과실(果實)
   라. 산업재산권, 대통령령으로 정하는 지식재산권, 그 밖에 이에 준하는 기술과 이의 사용에 관한 권리
   마. 외국인이 국내에 있는 지점 또는 사무소를 폐쇄하여 다른 내국법인으로 전환하거나 외국인이 주식등을 소유하고 있는 내국법인이 해산하는 경우 해당 지점·사무소 또는 법인의 청산에 따라 해당 외국인에게 분배되는 남은 재산
   바. 제4호 나목에 따른 차관이나 그 밖에 해외로부터의 차입금 상환액
   사. 대통령령으로 정하는 주식

아. 국내에 있는 부동산

자. 그 밖에 대통령령으로 정하는 내국지급수단

제30조(다른 법률 및 국제조약과의 관계) ③ 외국투자가가 제2조 제1항 제8호 나목의 자본재를 현물출자하는 경우에는 「상법」 제299조에도 불구하고 관세청장이 현물출자의 이행과 그 목적물의 종류·수량·가격 등을 확인한 현물출자완료 확인서를 같은 조에 따른 검사인의 조사보고서로 본다. 회사설립 후 자본재를 현물출자하는 경우에도 또한 같다.

④ 대통령령으로 정하는 기술평가기관이 제2조 제1항 제8호 라목에 따른 산업재산권 등의 가격을 평가한 경우 그 평가내용은 「상법」 제299조의2에 따라 공인된 감정인이 감정한 것으로 본다.

▣ 등기신청서에 첨부할 검사인의 조사보고서 등에 관한 예규[등기예규 제979호, 제정 1999. 6. 26.]

1. 주식회사의 발기설립시의 변태설립사항과 현물출자이행, 모집설립시의 변태설립사항, 신주발행시의 현물출자와 관련하여 주식회사의 설립 또는 변경등기신청서에 첨부되는 검사인·공증인의 조사보고서 또는 감정인의 감정서는 법원으로부터 송달받은 부본이어야 한다.
2. 발기설립으로 인한 설립등기 및 신주발행으로 인한 변경등기신청서에 첨부된 위 1.항의 부본에 변경결정의 취지가 기재된 경우에는 그 재판의 등본을 함께 첨부하여야 한다.

◐ 선례 해설: 외국투자가의 현물출자와 등기신청 시 첨부정보 등

대 상	평가 방법	조사보고서 법원보고여부	등기신청 시 첨부정보
자본재[1]	관세청장이 확인 후 현물출자완료 확인서 발급	X	관세청장 발행의 현물출자완료 확인서
산업재산권·지식재산권 등	대통령령이 정하는 기술평가기관에서 평가	○	법원으로 송달받은 평가서 부본

1) 외국투자가가 자본재를 현물출자하는 경우에는 「외국인투자 촉진법」 제30조에 의해 특례가 적용되어, 관세청장이 현물출자의 이행과 그 목적물의 종류·수량·가격 등을 확인한 현물출자완료 확인서를 검사인의 조사보고서로 보며, 이를 법원에 보고할 필요도 없다.

105. 변태설립사항이 있는 경우 주식회사의 설립등기신청서에 첨부 할 서류[1)][2)]

〔상업등기선례 제1-90호, 제정 1999. 4. 22.〕

주식회사를 설립함에 있어 상법 제290조 제2호의 사항에 대하여 공인된 감정인의 감정결과를 법원에 보고한 경우, 설립등기신청서에는 위 감정결과에 대하여 법원이 변경하는 결정을 한 경우에는 감정결과보고서(법원에 제출되었다가 환부 받은 감정결과보고서를 의미함. 이하 같다)와 결정의 등본을, 법원이 변경하는 결정을 하지 않은 경우에는 감정결과보고서를 각 첨부하여야 할 것이다.
(1999. 4. 22. 등기 3402-444 질의회답)

참조 조문 · 규칙 · 예규 · 선례 · 판례

▣ 등기신청서에 첨부할 검사인의 조사보고서 등에 관한 예규[등기예규 제979호, 제정 1999. 6. 26.][3)]

1. 주식회사의 발기설립시의 변태설립사항과 현물출자이행, 모집설립시의 변태설립사항, 신주발행시의 현물출자와 관련하여 주식회사의 설립 또는 변경등기신청서에 첨부되는 검사인 · 공증인의 조사보고서 또는 감정인의 감정서는 법원으로부터 송달받은 부본이어야 한다.
2. 발기설립으로 인한 설립등기 및 신주발행으로 인한 변경등기신청서에 첨부된 위 1.항의 부본에 변경결정의 취지가 기재된 경우에는 그 재판의 등본을 함께 첨부하여야 한다.

---

1) 법원의 인가 및 세제상 혜택을 받기 위한 요건과 관련된 것에 대해서는 「실무사례(47)(48)(49)」(352~362면) 참조
2) 변태설립사항의 변경에 불복하는 발기인이 있는 때에는 그 발기인은 주식의 인수를 취소할 수 있으며(상법 300조 2항 및 314조 2항), 법원의 변경통고가 있은 후 2주간 내에 주식의 인수를 취소한 발기인이 없는 때에는 정관은 법원이 통고한 바에 따라 변경된 것으로 본다(상법 300조 3항, 314조 2항). 법원에 의한 변태설립사항의 변경통고가 있고 그에 따라 발기인 중 일부가 인수를 취소한 때에는, 다른 발기인들은 전원의 동의에 의하여 현물출자자에게 주어지는 주식 수 또는 회사의 설립 시에 발행하는 주식의 총수를 감소하는 등 필요한 정관변경을 하여 설립절차를 속행할 수 있다. 또 취소된 주식을 다른 발기인으로 하여금 인수하게 하거나 또는 새로운 발기인을 영입하여 이를 인수하게 함으로써 설립절차를 속행할 수도 있고, 취소된 주식에 대하여 주식인수인을 모집하여 모집설립의 방법으로 변경하여 설립절차를 속행할 수도 있다(『주식회사법대계(Ⅰ)』, 400면).
3) 등기예규 제979호 1. 및 2.의 내용은 현행 상업등기규칙 제129조 제6호 및 제7호의 내용과 동일하다. 법원의 심사에 관한 재민99-3 제7조 (345~346면)도 함께 참조.

실무사례(47)

제목: 개인기업의 현물출자에 의한 법인전환 시 법원인가신청서 작성방법

이번에 부동산임대업을 영위하던 개인사업자가 현물출자에 의한 방법으로 법인전환을 하려고 한다. 기초적인 사실관계가 다음과 같은 경우 법원인가를 받기 위한 신청서를 구체적으로 어떻게 작성하여야 하는지?

【기초 사실】

1. 개인사업자 김○○이 발기인이 되어 주식회사 송연개발(본점소재지: 인천 ○○구 ○○로 ○○번길 ○○)에 개인사업자가 갖고 있던 자산 및 부채 일체를 현물출자하여 법인전환하고자 함.
2. 개인사업자 김○○의 현물출자 이외 일체의 출자는 없으며, 임원은 사내이사 겸 대표이사 김○○와 사내이사 박△△가 발기인총회에서 선임되었다.
3. 부동산에 대해서는 감정평가사, 부동산 외의 자산 및 부채에 대해서는 공인회계사의 감정을 받았으며, 그 평가 내역은 다음과 같다(단위: 원).

구 분	금 액		비 고
자 산			
Ⅰ. 유동자산		40,000,000	
(1) 당좌자산		40,000,000	
1. 현금및현금성자산	10,000,000		공인회계사 감정
2. 미수금	30,000,000		공인회계사 감정
(2) 재고자산		-	
Ⅱ. 비유동자산		4,000,000,000	
(1) 투자자산		-	
(2) 유형자산		4,000,000,000	
1. 토지	3,000,000,000		감정평가사 감정
2. 건물	1,000,000,000		감정평가사 감정
(3) 무형자산		-	
(4) 기타비유동자산		-	
자산총계		4,040,000,000	
부 채			
Ⅰ. 유동부채		10,000,000	
1. 부가세예수금	10,000,000		공인회계사 감정
Ⅱ. 비유동부채		500,000,000	
1. 임대보증금	500,000,000		공인회계사 감정
부채총계		510,000,000	
현물출자가액		3,530,000,000	

4. 발기인 겸 현물출자자인 김○○에게 부여할 주식의 종류와 수는 다음과 같다.
   (1) 현물출자 재산가액: 금 3,530,000,000원
   (2) 부여할 주식의 종류와 수: 기명식 보통주식 353,000주
   (3) 1주당 발행가액: 금 10,000원(액면가 금 10,000원)

위 기초 사실을 토대로 발기설립조사보고서 작성 예는 다음과 같다.1)

발기설립조사보고서2)

사건본인 설립 중인 회사
주식회사 송연개발
인천 ○○구 ○○로 ○○번길 ○○
대표이사 김○○

신 청 인 사건본인의 대표이사 김○○3)
전화번호 : 010-○○○○-○○○○

감 정 인 1. 감정평가사 ○○○
주식회사 ○○감정평가법인
서울 ○○구 ○○로 ○○번길 ○○

2. 공인회계사 ○○○
인천 ○○구 ○○로 ○○번길 ○○

신청인의 송달 장소 : 인천 ○○구 ○○로 ○○번길 ○○
송달영수인 : 법무사 ○○○

---

1) 이승한, 『현물출자 등기실무』, 155~233면
2) 상법 제299조의2의 규정에 의하여 감정인의 감정서가 제출된 때에는 사건명을 "발기설립조사"로 한다(재판예규 719호 3조 1항).
3) 상법 제299조의2의 규정에 의하여 감정인의 감정서가 제출된 때에는 그 감정을 위임한 이사를 신청인으로 본다(재판예규 719호 3조 2항). 여기에서의 이사란 대표이사를 말하며, 만일 대표이사가 이 청구를 하지 아니 하면 다른 이사가 이를 할 수 있다. 상법 제296조에 의하여 선임된 이사들이 아직 대표이사를 선임하기 이전이라면 당연히 그 중 어느 이사라도 이 청구를 할 수 있다(『주식회사법대계(Ⅰ)』, 392면).

현물출자액 금 3,530,000,000원

현물출자할 재산의 표시
별지1. 기재 부동산과 같음
별지2. 기재 재무상태표와 같음

신 청 취 지

신청인은 사건본인 주식회사 송연개발을 설립함에 있어 상법 제299조의2에 의하여 현물출자하는 유형자산(부동산)과 유형자산 이외의 자산 및 부채에 관한 공인된 감정인의 감정결과를 보고하오니 인가하여 주시기 바랍니다.

신 청 원 인

1. 사건본인 회사 설립을 위하여, 정관을 작성하고 공증인의 인증을 받아 발기인이 회사설립 시에 발행하는 주식총수를 인수한바, 주식인수 방법으로서 사건본인 회사와 발기인이 별지 기재 유형자산(부동산)과 유형자산 이외의 자산 및 부채에 관한 현물출자 계약을 하고 상법 제295조 제2항에 따라 출자 재산의 인도 및 이전등기에 필요한 서류를 교부함으로서 그 출자이행을 하였습니다.
 이에 신청인은 설립 중인 주식회사 송연개발의 설립을 위하여 상법 제290조 제2호, 제295조 제2항, 제299조의 2에 따라, 유형자산(부동산)은 공인된 감정인 주식회사 ○○감정평가법인의 ○○○감정평가사에게, 유형자산 이외의 자산 및 부채는 공인회계사 ○○○에게 그 감정 및 조사를 의뢰하여 현물출자할 재산에 관한 감정 및 그 이행 여부에 대한 조사를 받았으므로, 이의 인가를 위하여 본 신청에 이르게 된 것입니다.
 (본 조사보고서는 재판예규 제719호(처리요령)에 의하여 작성하였습니다.)

2. 감정결과를 위임한 이사의 인적사항, 발기인 겸 현물출자자의 인적 사항, 감정의 목적 및 감정 사항은 다음과 같습니다.[1]

다 음

1. 감정을 위임한 이사의 성명, 주소, 전화번호
 사건본인의 대표이사 김○○
 인천 ○○구 ○○로 ○○번길 ○○
 (전화번호 : 010-○○○○-○○○○)

1) 감정인의 감정서에 기재할 사항에 대해서는 재판예규 제719호 제5조(345면) 참조

2. 발기인 겸 현물출자자의 성명, 주소, 전화번호
사건본인의 대표이사 김○○
인천 ○○구 ○○로 ○○번길 ○○
(전화번호 : 010-○○○○-○○○○)

3. 감정의 목적
주식회사 송연개발을 설립함에 있어, 위 출자자가 현물을 출자하고, 현물출자의 이행을 마쳤기에 상법 제299조의 2조에 따라 공인된 감정인으로서 이에 대한 감정을 행함.

4. 감정사항
현물출자를 하는 자의 성명과 그 목적인 재산의 종류, 수량, 가격과 이에 대하여 부여할 주식의 종류와 수, 현물출자의 이행 여부
1) 현물출자자 : 김○○
2) 재산의 종류, 수량, 가격 :
가. 재산의 종류 : 별지1. 기재 유형자산(부동산)
별지2. 기재 유형자산 이외(재무상태표)
나. 수량 : 토지, 건물, 재무상태표 상의 자산 및 부채
다. 가격 : 금 3,530,000,000원
이 유형자산(부동산)의 (평가)가격 금 4,000,000,000원과 유형자산 이외 (평가)가격 금 40,000,000원 총(평가)가격 금 4,040,000,000원으로부터 부채 금 510,000,000원을 공제한, 순재산가액을 이 재산의 가격으로 함.

3) 이에 대하여 부여할 주식의 종류와 수
가. 현물출자 재산가액 : 금 3,530,000,000원
나. 부여할 주식의 종류와 수 : 기명식 보통주식 353,000주
다. 1주당 발행가액 : 금 10,000원(액면가 금 10,000원)

4) 현물출자의 이행 여부
현물출자자가 출자 부동산을 인도하고, 이에 관한 이전등기 서류를 완비하여 교부하였음.

첨 부 서 류

1. 정관 1부
1. 현물출자계약서 1부

1. 발기인총회의사록 1부
1. 조사보고서 1부
1. 재산인수증[1] 1부
1. 채권양도통지서 각 1부
1. 감정인의 감정결과보고서 및 감정평가서 각 1부
1. 감정인의 감정결과보고서 및 감정평가서 부본[2] 각 1부
1. 감정인 등록증 사본 각 1부
1. 감정인의 법인등기부등본 1부
1. 현물출자 부동산등기사항증명서 각 1부
1. 부동산에 관한 임대차계약서(임차보증금 존재 확인용) 1부
1. 송달영수인 신고서 1부
1. 위임장 1부
1. 인지대 및 송달료 납부영수증 각 1통

2015년 8월 일

사건본인 설립 중인 회사
주식회사 송연개발
인천 ○○구 ○○로 ○○번길 ○○
대표이사 김○○

신 청 인 사건본인의 대표이사 김○○

인천지방법원 귀중[3]

1) 현물출자의 이행이란 그 출자의 목적물을 회사에 물권적으로 이전하는 것을 말한다. 따라서 원칙적으로는 현물출자의 목적이 동산인 때에는 인도, 부동산이면 등기, 특허권·실용신안권·상표권 등에 대해서는 이전등록 등을 하여야 그 효력이 생긴다. 다만, 현물출자에 의한 방법으로 법인을 설립하는 경우에는 이전등기 및 등록까지는 요구하지 아니하고 그에 필요한 서류를 갖추어 현물출자자가 발기인대표에게 교부하면 족하다(상법 295조 2항 및 『주식회사법대계(Ⅰ)』, 373면 참조).

2) 감정인의 감정서를 제출함에는 부본 1부를 첨부하고 주식회사의 설립등기신청서에 첨부되는 감정인의 감정서는 법원으로부터 송달받은 부본이어야 한다(예규 979호). 이와 달리 실무적으로 감정인의 감정서 부본 대신 발기설립조사보고서 부분을 첨부하는 경우도 있다.

3) 회사의 본점 소재지의 지방법원 합의부가 관할하는데(비송법 72조 1항), 설립 중인 회사의 경우에는 등기부상 본점 소재지가 존재하지 아니하므로 정관에 기재된 본점 소재지로 관할을 정하면 된다(『법원실무제요 비송』, 126면).

실무사례(48)

제목: 개인기업의 현물출자에 의한 법인전환 시 법원인가를 위한 관할 법원 등

개인기업의 부동산을 현물출자하여 주식회사를 발기설립하려고 한다. 현물출자 자산으로는 부동산만이 있으며 그 외의 자산 및 부채는 일체 없다. 현물출자 대상인 부동산에 대해서는 감정평가법인이 감정하였으며, 그 감정가액은 금 1,809,199,520원이다. 설립하고자 하는 회사의 1주당 액면가는 금 5,000원으로 할 예정이다.

【1】 정관상 회사의 본점 소재지는 통영시이며, 이 경우 법원인가를 위한 관할 법원은 창원지방법원인지 아니면 창원지방법원 통영지원인지?

【2】 1주당 액면가가 금 5,000원인 관계로 4,520원에 대해서는 단주처리하려고 하는데, 이 경우에도 양도소득세 이월과세 및 취득세 면제를 받을 수 있는지?

1. 개인기업의 현물출자에 의한 법인전환 시에는 아직 등기부상 본점 소재지가 존재하지 않으므로 정관상에 기재된 본점 소재지의 지방법원 합의부가 그 관할이 된다(비송법 72조 1항 참조). 관할과 관련하여 지방법원에 지원을 둔 경우에 그 지원의 합의부도 관할이 될 수 있는지 문제되는데, 비송사건의 제1심 관할 법원은 지방법원 합의부뿐만 아니라 지방법원지원 합의부도 포함된다(『법원실무제요 비송』, 15면). 따라서 사안의 경우 창원지방법원 통영지원 합의부가 관할 법원이다.[1)]

2-1. 조세특례제한법 제32조의 개인기업주의 양도소득세 이월과세[2)]와 지방세특례제한법 제57조의2 제4항에 의한 신설법인의 취득세 면제를 받기 위해서는, 그 출자금액 요건으로 현물출자의 상대방인 신설법인의 자본금은 법인으로 전환하는 사업장의 순자산가액 이상이어야 한다.

---

1) 창원지방법원의 관할구역은 창원시 성산구·의창구·진해구, 김해시이며, 창원지방법원 통영지원의 관할구역은 통영시, 거제시, 고성군이다(「각급 법원의 설치와 관할구역에 관한 법률」 별표3 참조).

2) 개인기업의 현물출자에 의한 법인전환 시 일정 요건을 충족할 경우에 개인기업주가 소유한 양도소득세 과세대상(예: 부동산)에 대한 양도소득세를 과세하지 않고 추후 신설(전환)법인이 해당 부동산을 양도하는 경우에 그 해당 세액을 법인에게 과세하는 제도. 다만, 신설(전환)법인의 설립일로부터 5년 이내에 승계 받은 사업을 폐지하는 등 일정한 사유 발생 시에는 그 이월과세액을 양도인(개인사업주)이 부담한다.

2-2. 사안의 경우 법인으로 전환하는 사업장의 순자산가액은 부동산에 대한 감정평가법인의 감정가액인 금 1,809,199,520원이다. 문제는 신설법인의 정관상 1주당 액면가가 금 5,000원인 관계로 현물출자자에게 361,839주를 배정할 경우에 단주로 4,520원이 남게 되는데, 이 경우에도 양도소득세 이월과세 및 취득세 면제를 받는데 지장이 없는 지이다.

2-3. 위 2-2.와 관련하여 심판결정례에서는 단순한 단주처리로 인해 신설법인의 자본금이 법인전환으로 소멸하는 사업장의 순자산가액에 미달한 것에 불과한 경우에는 취득세 감면을 받을 수 있다고 판단하였다.[1] 약간 특이한 사례로 거주자 3인이 현물출자의 방법으로 1개 법인으로 전환하는 과정에서 거주자별로 인수한 주식의 총액이 현물출자한 순자산가액 보다 1주의 액면금액(5,000원) 미만으로 부족하였지만 거주자 3명을 모두 합산하였을 때에는 총 5,837원 미달한 사안에서는 부정적으로 본 행정예규도 있다.[2]

2-4. 생각건대 개인기업이 법인전환하는 과정에서 단순한 단주처리로 인해 발생한 차이 때문에 세제상 혜택을 받지 못한다는 것은 입법 취지에 맞지 않다고 보지만, 개인기업의 현물출자에 의한 법인전환 시 발생한 1주당 액면가 미달금액에 대해 단주처리하기 보다는 그 금액 이상으로 현금출자를 병행하여 아예 논란의 여지를 없애는 것이 좋을 듯싶다(사견). 실무상으로도 이런 경우 대부분 현물출자 외 현금출자를 병행하고 있다.[3]

---

1) 주식은 액면미달가액으로 발행하지 못한다는 상법 제330조에 따라 실제로 현물출자한 가액 1,036,718,560원 중 청구법인의 주식액면가인 10,000원에 미달하는 8,560원은 주식을 발행할 수 없어 단주처리한 것이므로 청구법인의 경우, 법인전환으로 인하여 소멸하는 사업장의 자산의 합계액에서 충당금을 포함한 부채의 합계액을 공제한 금액이 순자산가액에 미달하는 것으로 보기는 어렵다 할 것이므로 이 건 취득세 등을 부과고지한 것은 잘못이 있는 것으로 판단된다(조심2010지63, 2010. 10. 1.).

2) 거주자 3명이 현물출자의 방법으로 1개 법인으로 전환하는 경우로서 거주자별로 인수한 주식의 총액이 현물출자한 순자산가액 보다 1주의 액면금액 미만으로 부족하여 전체적으로 설립되는 법인의 자본금이 소멸하는 사업장의 순자산가액 보다 1주의 액면금액 이상으로 작은 사안에서, ① 1주의 금액(5,000원)을 초과하여 설립되는 법인의 자본금이 부족한 점, ② 현물출자뿐만 아니라 현금출자도 가능한 점, ③ 거주자의 출자금액의 크기와 상관없이 새로이 설립되는 법인의 자본금이 종전 개인사업장의 순자산가액 이상이면 취득세 면제대상으로 보고 있는 점, ④ 정관에서 1만원 미만은 절사하고 출자재산의 평가액을 확인하는 내용이 없는 점 등을 종합적으로 고려하여 취득세감면요건을 충족하지 못한 것으로 보았다(지방세운영과-713, 2014. 2. 27.).

3) 특히 사안과 같이 현물출자하는 부동산만이 있을 경우에는 회사 운영자금이 전혀 없어, 회사 운영을 위해서도 현금출자를 병행하는 경우가 많다.

실무사례(49)

제목: 개인기업의 법인전환 시 개인사업자의 양도소득세 이월과세 및 신설법인의 취득세 면제를 받기 위한 요건

이번에 제조업을 영위하던 개인사업자 갑은 2015. 12. 31.을 법인전환기준일(현물출자 기준일)로 하여 주식회사로 전환하려고 한다. 그 전환의 방법으로 현물출자 방법과 사업의 포괄적 양수도 방법을 검토 중이다.[1)]

【기초 사실】

1. 개인사업자의 법인전환기준일 현재의 순자산가액은 다음과 같다(단위: 원).

구 분	법인전환기준일 현재 장부가액	감정가액	비 고
현금 및 예금	200,000,000	200,000,000	공인회계사 감정
매출채권	500,000,000	450,000,000	”
재고자산	1,000,000,000	750,000,000	”
토지 및 건물	2,300,000,000	5,500,000,000	감정평가사 감정
자산 총계	4,000,000,000	6,900,000,000	
부채 총계	1,400,000,000	1,400,000,000	공인회계사 감정
순자산가액	2,600,000,000	5,500,000,000	(= 자산총계 - 부채총계)

2. 주식회사로 법인전환 시 상기 개인사업자 갑 외에 을과 병은 각각 5억원씩 금전출자를 할 예정이다.

【1】 감정가액이 아닌 개인사업자의 법인전환기준일 현재의 장부가액을 기준으로 법인전환하는 경우에도 양도소득세 이월과세 및 취득세 면제를 받을 수 있는지?

【2】 설문 【1】과 상관없이 공인된 감정인의 감정가액을 기준으로 법인전환한다고 가정한다. 현물출자 방법 혹은 사업의 포괄적 양수도 방법으로 법인전환 시 양도소득세 이월과세와 취득세 면제를 받기 위한 출자금액의 요건은 각각 어떻게 되는지?

---

1) 그 외 개인기업이 법인으로 전환하면서 양도소득세 이월과세 및 취득세 감면을 받기 위한 방법으로는 중소기업 간의 통합에 의한 현물출자의 방법이 있다. 이는 통합장려업종을 영위하는 중소기업 간의 구조조정을 지원하기 위하여 개인기업이 보유한 부동산 등 사업용 고정자산을 통합법인에 양도하는 것에 대하여 양도소득세를 이월과세하고 또한 통합법인이 취득하는 사업용 재산에 대해 취득세를 면제해주는 방법이다.

1. 법인전환이란 개인사업자가 기업 경영상 권리·의무의 주체가 되어 경영하던 기업을 개인사업자와는 독립된 법인이 기업 경영상 권리·의무의 주체가 되도록 기업의 조직형태를 변경하는 것을 말한다(이철호·정경호, 『개인기업의 법인전환실무』(제15판), 코페하우스(2015), 25면). 개인기업의 법인전환은 기본적으로 해당 사업을 영위하던 개인사업자가 신설법인에 사업장의 모든 자산과 부채(즉 순자산가액)를 양도하고 그 대가로 신설법인의 주식을 취득하거나(현물출자 방법) 신설법인으로부터 사업양수도 대금을 취득하는(사업의 포괄적 양수도 방법) 과정이라 할 수 있다. 따라서 개인사업자의 소멸하는 사업장의 순자산가액은 법인전환기준일 현재의 시가에 의하여야 한다(조세특례제한법 시행령 28조 1항 2호 및 29조 5항 참조). 순자산가액의 시가는 불특정 다수인 사이에 자유로이 거래가 이루어지는 경우에 통상 성립된다고 인정되는 가액, 수용·공매가격 및 감정가액 등 시가로 인정되는 것, 「상속세 및 증여세법」에 의한 보충적 평가방법에 의한 가액 등의 순서대로 적용하여 산정한다(조기통 32-29…2 및 법규과-1253, 2011. 9. 23.). 실무상으로는 불특정 다수인 간의 거래가격을 알 수 없는 경우가 대부분이므로 공인된 감정인의 감정가액으로 주로 평가한다.[1] 결국 개인사업자의 법인전환 시 양도소득세 이월과세 및 취득세 면제를 받기 위해서는 법인전환기준일 현재의 장부가액으로 개인사업자의 소멸하는 사업장의 순자산가액을 평가할 수는 없다.

2-1. 현물출자 방법으로 법인전환하는 경우에는 신설법인의 자본금(대차대조표상 자본금을 의미)은 법인으로 전환하는 사업장의 순자산가액 이상이어야 한다(조세특례제한법 32조 1항 및 2항, 동법 시행령 29조 5항). 사안의 경우 법인으로 전환하는 사업장의 순자산가액은 공인된 감정인이 평가한 55억이므로, 신설법인의 자본금(현물출자자 갑과 금전출자자 을과 병의 합계 금액)이 55억 이상이면 된다.

---

1) 특히 현물출자에 의한 법인전환의 경우에는 공인된 감정인(상업선례 2-15, 338면 참조)의 감정보고서에 대해 법원의 인가를 받아야 하므로, 실무상 공인된 감정인의 감정가액에 따라 개인사업자의 소멸하는 사업장의 순자산가액을 평가한다. 다만, 사업의 포괄적 양수도 방법은 법원의 인가 과정이 필요 없어 토지 및 건물 등 사업용 고정자산은 「상속세 및 증여세법」에 의한 보충적 평가(토지는 개별공시지가, 건물은 국세청 건물 기준시가 등), 기타 자산 및 부채에 대해서는 일반적으로 인정된 기업회계기준에 따라 평가한 가액으로 개인사업자의 순자산가액을 산정하는 경우가 있다. 하지만 후자의 경우에도 양도소득세 이월과세 및 취득세 면제를 받기 위한 전제 조건인 개인사업자의 순자산가액의 정확한 산정을 위해 최소한 사업용 고정자산에 대해서만은 감정평가법인 또는 감정평가사의 감정을 받는 것이 좋을 듯싶다(사견).

2-2. 사업의 포괄적 양수도 방법에 의한 법인전환이란 해당사업을 영위하던 자가 발기인이 되어 순자산가액 이상을 출자하여 법인을 설립하고, 그 법인 설립일로부터 3개월 이내에 신설법인에게 사업에 관한 모든 권리와 의무를 포괄적으로 승계하는 것을 말한다(조세특례제한법 시행령 29조 2항). 개인사업자(사업양도인) 갑은 순자산가액(사안의 경우 55억) 이상을 출자하여야만 세제상 혜택을 볼 수 있다. 현물출자 방법과는 달리 공동출자하는 을과 병의 출자금은 고려하지 않는다는 점에 유의하여야 한다.

※ 현물출자 방법과 사업의 포괄적 양수도 방법의 비교

구 분	현물출자[1]	사업양수도
순자산가액의 평가	공인된 감정인의 감정보고서에 대해 법원의 인가가 필요하므로, 실무상 공인된 감정인의 감정을 받아 순자산가액을 평가함	법원의 인가과정이 필요 없어 공인된 감정인의 감정이 필수 절차는 아니나, 최소한 사업용 고정자산에 대해서는 감정을 받는 것이 바람직함
	개인사업자의 순자산가액에 대한 평가 과정을 거치지 않은 채 기존 개인사업자의 장부상 금액을 순자산가액으로 할 수는 없음	
출자금액 요건	신설법인의 자본금 ≥ 전환하는 사업장의 순자산가액	사업양도인의 출자금 ≥ 전환하는 사업장의 순자산가액
사안의 경우	신설법인의 자본금(현물출자자 갑과 금전출자자 을과 병의 합계 금액)이 55억 이상이면 됨	개인사업자 갑(사업양도인)은 반드시 55억 이상을 출자하여야 함(을과 병의 출자금 10억원은 고려치 않음)

참조 조문: 조세특례제한법 제32조, 조세특례제한법 시행령 제28조 제1항, 제29조, 지방세특례제한법 제57조의2 제4항

참조 문헌: 이철호 · 정경호, 『개인기업의 법인전환실무』(제15판), 코페하우스(2015)
최문진 · 삼정KPMG, 『2015 조세특례제한법 해석과 사례』, (주)광교이택스(2015)
염춘필, "현물출자 방식에 의한 '개인기업의 법인전환'과 실무상 제문제", 법무사(2011년 12월호), 대한법무사협회, 34~40면

1) 조세특례제한법 제32조와 같은 법 시행령 제29조의 규정 내용에 따라 사업용 고정자산을 현물출자하여 법인으로 전환하는 경우에는 개인사업자의 출자금액의 크기(종전 개인사업장의 순자산가액 이상인지 여부)와 상관없이 새로이 설립되는 법인의 자본금이 종전 개인 사업장의 순자산가액 이상이면 취득세의 면제대상으로 보아야 한다(조심2010지0516, 2011. 11. 22. 참조).

[비교 사례] 제조업을 영위하던 개인사업자가 조세특례제한법 제31조 및 조세특례제한법 시행령 제28조에 의한 중소기업 간의 통합에 의한 방법으로 기존 A 주식회사에 사업용 순자산가액을 통합하려고 한다. 개인사업자의 순자산가액에 대해서는 공인된 감정인의 감정을 받았으며 그 가액은 10억원이다. 한편 A 주식회사의 주식가치는 1주당 100,000원(액면가 10,000원)으로 평가되어, 개인사업자에게는 10,000주(= 1,000,000,000원 ÷ 100,000원/주)를 배정하려고 한다. 그럴 경우 통합 후 A 주식회사의 자본금은 1억원(= 10,000주 X 10,000원)이 증가하게 되어 증가하는 자본금이 개인기업자의 순자산가액인 10억원에 미달하게 된다. 이 경우에도 양도소득세 이월과세 및 취득세 면제를 받는데 지장이 없는지?

=> 개인기업이 현물출자 방법이나 사업의 포괄적 양수도 방법에 의해 법인으로 전환하는 경우에는 법인이 신설되는 것으로 신설법인의 주식가치를 평가할 필요가 없으나, 중소기업 간 통합에 의한 방법으로 개인기업이 기존 중소기업에 통합되는 경우에는 기존 중소기업은 신설법인이 아닌 관계로 그 주식가치를 평가하여야 한다. 기존 중소기업에 대한 주식 등의 가액은 발행가액(주: 액면가로 계상되는 자본금이 아님)으로 하며, 이는 「상속세 및 증여세법」상 보충적 평가방법에 의하여 평가한다(세정13407-955, 2002. 10. 9.).

통합으로 인하여 소멸하는 사업장의 개인사업자가 당해 통합으로 인하여 취득하는 주식의 가액(발행가액)이 통합으로 인하여 소멸하는 사업장의 순자산가액 이상이어야 한다.[1)] 사안의 경우에는 통합으로 인하여 소멸하는 사업장의 개인사업자가 당해 통합으로 인하여 취득하는 주식의 가액(발행가액)은 10억원(= 10,000주 X 100,000원/주)으로 통합으로 인하여 소멸하는 사업장의 순자산가액(10억원) 이상이므로 세감면 혜택을 받는데 지장이 없다.

통합 후 기존 A 주식회사는 자본금 1억원이 증가하며, 나머지 9억원은 자본준비금의 일종인 주식발행초과금으로 계상된다.

1) 중소기업 간의 통합에 의한 현물출자의 경우 출자금액 요건
= 취득하는 주식가액(상증법상 보충적 평가방법에 의한 평가, 액면가액이 아닌 발행가액)
≥ 소멸하는 사업장의 순자산가액

106. 자본금 10억 미만의 주식회사를 발기설립하는 경우 설립등기 신청서에 첨부할 서면인 발기인의 의사록에 정관 승인 건, 이사 · 감사 등의 조사 · 보고 건 등이 반드시 포함되어야 하는지 여부

[상업등기선례 제2-18호, 제정 2013. 10. 1.]

1. 설립등기를 하기 위한 설립등기신청서에는 상업등기법 제80조 제1호 내지 11호의 서류를 첨부하여야 하므로, 자본금 총액이 10억 미만의 주식회사를 발기설립 하는 경우(재택창업시스템을 이용한 설립을 포함)에도 발기인의 의사록(상법 제297조 참조)을 첨부하여야 한다.

2. 자본금 총액이 10억 미만인 회사를 상법 제295조 제1항에 따라 발기설립하는 경우에 정관은 각 발기인이 정관에 기명날인 또는 서명함으로써 효력이 발생하므로(상법 제292조 단서 참조), 정관 그 자체 또는 정관의 절대적 기재사항(목적, 상호, 회사가 발행할 주식의 총수 등 상법 제289조 제1항 제1호 내지 제8호 참조)에 대해서는 별도로 발기인이 승인하는 절차가 필요 없으며, 이사 · 감사 등의 조사 · 보고(상법 제298조 제1항 참조)는 발기인이 이사 등을 선임한 이후의 절차이므로, 발기인의 의사록에 정관 승인 건, 이사 · 감사 등의 조사 · 보고 건 등이 반드시 포함되어야 하는 내용은 아니다.
(2013. 10. 1. 사법등기심의관－4031 질의회답)

참조 조문 · 규칙 · 예규 · 선례 · 판례

▣ 상법[법률 제13523호, 2015. 12. 1., 일부개정]

제292조(정관의 효력발생) 정관은 공증인의 인증을 받음으로써 효력이 생긴다. 다만, 자본금 총액이 10억원 미만인 회사를 제295조 제1항에 따라 발기설립(發起設立)하는 경우에는 제289조 제1항에 따라 각 발기인이 정관에 기명날인 또는 서명함으로써 효력이 생긴다.

제296조(발기설립의 경우의 임원선임) ① 전조의 규정에 의한 납입과 현물출자의 이행이 완료된 때에는 발기인은 지체없이 의결권의 과반수로 이사와 감사를 선임하여야 한다.

제298조(이사 · 감사의 조사 · 보고와 검사인의 선임청구) ① 이사와 감사는 취임 후 지체 없이 회사의 설립에 관한 모든 사항이 법령 또는 정관의 규정에 위반되지 아니하는지의 여부를 조사하여 발기인에게 보고하여야 한다.

◐ **선례 해설: 「실무사례(50)」(365면) 참조**

1. 원시정관은 공증인의 인증을 받음으로써 효력이 생기나, 자본금 총액이 10억원 미만인 회사를 상법 제295조 제1항에 따라 발기설립하는 경우에는 정관은 각 발기인이 정관에 기명날인 또는 서명함으로써 효력이 발생하므로(상법 292조 단서 참조), 정관 그 자체 또는 정관의 절대적 기재사항(목적, 상호, 회사가 발행할 주식의 총수 등 상법 제289조 제1항 제1호 내지 제8호 참조)에 대해 별도로 발기인이 승인하는 절차가 필요 없다.

2. 발기인은 주금 납입과 현물출자의 이행이 완료된 때에는 지체 없이 의결권의 과반수로 이사와 감사를 선임하여야 하며(상법 296조 1항), 이사와 감사는 취임 후 지체 없이 회사의 설립에 관한 모든 사항이 법령 또는 정관의 규정에 위반되지 아니하는지의 여부를 조사하여 발기인에게 보고하여야 한다(상법 298조 1항). 따라서 이사 · 감사 등의 조사 · 보고(상법 298조 1항 참조)는 발기인이 발기인회에서 의결권의 과반수로 이사와 감사를 선임한 이후의 절차임을 알 수 있다(※ 2.의 내용은 자본금 10억원 이상인 발기설립의 경우에도 동일하게 적용됨).

3. 따라서 본 선례에서는 자본금 10억원 미만의 소규모 주식회사 발기설립의 경우 발기인의 의사록에 정관 승인의 건, 이사 · 감사의 설립경과의 조사 · 보고 건이 반드시 포함될 필요가 없음을 밝히고 있다.

4. 위에서 논의된 사항에 대한 이해를 돕기 위해 발기설립의 절차를 간략 살펴보면, 「정관의 작성 → (발기인회) 주식발행사항의 결정 → 발기인의 주식인수 → 출자의무의 이행 → (발기인회) 이사 · 감사의 선임 → 이사 · 감사의 설립경과의 조사, 변태설립사항의 조사 · 보고 → 변태설립사항의 변경처분 → 설립등기」 등의 순으로 진행된다. 따라서 절차상으로도 발기인의 의사록에 정관 승인의 건 및 이사 · 감사의 설립경과의 조사 · 보고 건이 반드시 포함될 필요가 없음을 알 수 있다.

※ 다만 실무상으로는 보통 발기인총회의사록에 정관 승인, 이사와 감사 선임 및 상법 제298조 소정 사항의 조사 · 보고의 건을 일괄 처리하고 의사의 경과와 그 결과를 기재하고 발기인이 기명날인 또는 서명을 하는 경우가 많다.

실무사례(50)

제목: 주식회사 설립등기 시 잔고증명서상의 증명일과 발행일이 다른 경우에 발기인총회의사록 일자는 언제로 하여야 하는지 여부

자본금 5,000만원의 주식회사 설립등기를 신청하고자 한다. 그런데 잔고증명서의 기재된 내용을 살펴보니 2015. 1. 13.을 기준으로 ○○은행에서 2015. 1. 14.에 발행하였다. 이 경우 2015. 1. 14.에 발기인총회를 개최하는 것으로 하고, 주금납입일은 2015. 1. 13.로 하여 총회의사록에 기재하면 되는 것인지? 아니면 2015. 1. 13.을 발기인총회일로 하여야 하는지?

1. 주식회사를 발기설립하려는 경우에는 정관을 작성한 후 주식발행사항을 결정하고 회사의 설립 시에 발행하는 주식의 전부를 발기인이 서면에 의하여 인수 및 출자의 이행이 완료된 때에는 지체 없이 발기인총회를 열어 의결권의 과반수로 이사와 감사를 선임하게 된다(상법 289조, 291조, 293조, 295조 및 296조 등).

2. 주식의 인수와 출자의 이행일(잔고증명서상의 기준일인 2015. 1. 13.) 이후라면 '지체 없이'의 개념에 반하지 않는 한 발기인총회는 2015. 1. 14. 이후가 되어도 상관없다. 다만, 이사·감사의 조사보고서에는 발기인총회가 언제 개최되었든 주식의 인수와 출자의 이행일이 2015. 1. 14.이 아닌 2015. 1. 13.로만 기재하면 된다(발기인총회가 2015. 1. 14. 이후에 개최되었다 하더라도 조사보고서에는 '2015. 1. 13. 납입이 완료되었음을 ○○은행 ○○지점이 발행한 잔고증명에 의하여 확인됨'으로 기재). 발기설립 등기신청은 변태설립사항이 없는 한 주금납입일이 아닌 이사·감사의 조사보고일로부터 2주일 내에 등기신청하면 되므로, 회사의 사정상 경우에 따라서는 주금납입 후 수일이나 수주가 지난 뒤에 발기인총회를 개최하는 것도 충분히 예상할 수 있다.

※ 단, 실무 관행은 잔고증명서상의 증명일, 발기인총회 개최일, 이사·감사의 조사보고일 등을 동일자로 하여 진행하는 경우가 많다.

참조 조문: 상법 제289조 내지 제300조 **참조 선례**: 상업등기선례 제2-18호(363면)

[유사 사례] 발기인총회의사록 일자와 이사·감사 등의 조사·보고일자가 반드시 동일하여야 하는지 여부(소극)
=> 발기설립의 경우에는 발기인총회에서 의결권의 과반수로 이사와 감사를 선임하게 되지만, 이사와 감사의 조사·보고는 그 이후의 절차이므로 발기인총회의사록 일자와 이사와 감사의 조사·보고일자가 반드시 일치하여야 하는 것은 아니다.

107. 유한(주식)회사 설립 또는 임원변경등기 신청시 이사, 감사 등 임원의 주민등록번호 또는 주소를 증명하는 서면으로 인감증명서를 제출해서는 안 되는지 여부

[상업등기선례 제1-94호, 제정 2003. 2. 18.]

법인의 설립 또는 변경등기 신청시 임원에 관한 등기에 있어서는 법인등의등기사항에관한특례법시행규칙 제2조 제2항, 비송사건절차법 제154조(주: 현행 상업등기규칙 제52조 제1항 제4호 참조)에 의거하여 주민등록번호 또는 주소를 증명하는 서면을 첨부하도록 하였는바, 주민등록번호 또는 주소를 증명하는 서면은 원칙적으로 주민등록등·초본 또는 주민등록증사본이라고 할 것이나, 자동차운전면허증도 운전면허를 받은 사람의 동일성 및 신분을 증명하기에 충분하고 그 기재내용의 진실성도 담보되어 있으므로 자동차운전면허증사본도 주민등록번호 또는 주소를 증명하는 서면에 해당될 수 있다(1992. 12. 30. 등기 제2662호 통첩 참조). 그러나 인감증명제도는 행정청이 출원자의 현재 사용하고 있는 인감을 증명함으로써 국민의 편의를 도모하기 위한 제도이므로 인감증명서는 주민등록번호 또는 주소를 증명하는 서면으로 보기 어렵다.
(2003. 2. 18. 공탁법인 3402-40 질의회답)

참조 조문 · 규칙 · 예규 · 선례 · 판례

▣ 법인의 등기사항에 관한 특례법[법률 제8894호, 2008. 3. 14., 일부개정]

제2조 (임원의 등기) 법인의 임원을 등기할 때에는 주민등록번호를 적어야 한다. 다만, 대표권이 없는 임원을 등기할 때에는 주소를 적지 아니한다.

▣ 주민등록법[법률 제12844호, 2014. 11. 19., 타법개정]

제25조(주민등록증에 따른 확인) 국가기관, 지방자치단체, 공공단체, 사회단체, 기업체 등에서 해당 업무를 수행할 때에 다음 각 호의 어느 하나에 해당하는 경우로서 17세 이상의 자에 대하여 성명·사진·주민등록번호 또는 주소를 확인할 필요가 있으면 증빙서류를 붙이지 아니하고 주민등록증으로 확인하여야 한다. 다만, 대통령령으로 정한 경우에는 그러하지 아니하다.

1. 민원서류나 그 밖의 서류를 접수할 때
2. 특정인에게 자격을 인정하는 증서를 발급할 때
3. 그 밖에 신분을 확인하기 위하여 필요할 때

▣ 대법원 2001. 4. 19. 선고 2000도1985 전원합의체 판결

[다수의견] 운전면허증은 운전면허를 받은 사람이 운전면허시험에 합격하여 자동차의 운전이 허락된 사람임을 증명하는 공문서로서, 운전면허증에 표시된 사람이 운전면허시험에 합격한 사람이라는 '자격증명'과 이를 지니고 있으면서 내보이는 사람이 바로 그 사람이라는 '동일인증명'의 기능을 동시에 가지고 있다. 운전면허증의 앞면에는 운전면허를 받은 사람의 성명・주민등록번호・주소가 기재되고 사진이 첨부되며 뒷면에는 기재사항의 변경내용이 기재될 뿐만 아니라, 정기적으로 반드시 갱신 교부되도록 하고 있어, 운전면허증은 운전면허를 받은 사람의 동일성 및 신분을 증명하기에 충분하고 그 기재 내용의 진실성도 담보되어 있다. (중략)

◐ 선례 해설: 설립 또는 임원변경 등기신청 시 이사, 감사 등 임원의 주민등록번호 또는 주소를 증명하는 첨부정보1)

구 분	해당 여부	비 고
주민등록등・초본	○	원칙
주민등록증 사본	○	주민등록법 제25조
운전면허증 사본	○	대법원 2001. 4. 19. 선고 2000도1985 전원합의체 판결
인감증명서2)	X	상업등기선례 제1-94호(본 선례)
인사발령공문	X	상업등기선례 제2-30호(603면)

1) 대표이사 변경등기 시에는 등기해태에 따른 과태료 부과대상인지 확인하기 위해 실무상 주소의 변동내역이 나타나는 주민등록초본을 첨부정보로 제공하고 있다.

2) 이에 대해 인감증명서도 주민등록번호 또는 주소를 증명하는 서면으로 인정해주어야 한다는 견해가 있다. 즉 인감증명 발급기관과 주민등록등・초본의 발급기관이 동일하고, 현재 인감사무와 주민등록사무가 전산화되어 상호 자동으로 연계되므로, 인감증명서상의 주민등록번호나 주소는 신청인의 주민등록번호와 주소를 증명하는 서면으로 보아도 무방하다는 견해이다(권오복, 『상업등기(상)』, 1547면). 비록 인감증명제도의 목적이 주민등록번호와 주소를 증명하기 위한 것은 아니지만, 인감사무와 주민등록사무가 전산화로 자동 연동되어 주민등록번호와 주소의 진실성이 담보된 현재 시점에서는, 선례에서는 인정하고 있지 않지만 인감증명서를 주민등록번호 또는 주소를 증명하는 서면으로 인정해주어도 무방하지 않을까 생각한다(사견).

총괄(4): 상법 제295조 제1항, 제302조 제2항 제9호, 제305조 제2항에 규정된 은행 기타 금융기관에 해당하는지 여부[1)]
[108~114번 상업등기선례에 대한 총괄 정리표]

1. 발기인이 작성한 주식청약서(혹은 주식인수증, 이하 같다)에는 납입을 맡을 은행 기타 금융기관과 납입장소를 적어야 하고(상법 295조 1항, 302조 2항 9호 참조), 회사설립 시에 발행되는 주식에 대한 납입은 주식청약서에 기재된 납입장소에 하여야 한다(상법 305조 2항). 여기서 은행은 은행법에 의한 은행을 의미하는 것으로 명확하나, 문제가 되는 것은 기타 금융기관의 범위이며 이것과 관련된 상업등기선례가 다수 있다.

2. 기타 금융기관에 해당하는지 여부에 대한 판단기준

   금융기관의 개념은 규정 법률마다 그 범위가 상이하므로 일률적으로 정의할 수는 없으므로, 상법상 주금납입업무를 담당할 수 있는 금융기관인지 여부는 주금납입에 관한 업무능력, 공적 신용력이 확보될 수 있는 규모 및 신용도, 예수금에 대한 보장제도 등을 고려하여 금융기관의 설치근거 법률로 개별적으로 판단하여야 한다.

3. 기타 금융기관에 해당하다고 본 선례

   ┌ 상호신용금고법에 의한 상호신용금고(1-86)
   ├ 새마을금고법에 의해 설립된 새마을금고(2-44)
   ├ 신용협동조합법에 의해 설립된 신용협동조합(2-48)
   ├ 농업협동조합법에 의하여 설립된 지역농업협동조합과 품목별 협동조합(1-97)
   └ 수산업협동조합법에 의하여 설립된 지구별수산업협동조합 등(2-45)

4. 기타 금융기관에 해당하지 않는다고 본 선례

   ┌ 구 증권투자신탁업법에 의한 위탁회사(1-81)
   └ 구「종합금융회사에 관한 법률」에 의하여 설립된 종합금융회사(2-49)

5. 기존 상업등기선례의 입장을 고려해 볼 때, 향후 구체적으로 은행법에 의한 은행이 아닌 어떤 금융기관이 기타 금융기관의 경우에 해당하는지 여부가 문제될 경우 그에 대한 선례가 나오기 전에는 등기관이나 신청인의 입장에서 선불리 판단키는 어려워 보인다(「실무사례(51)」, 380면 참조).

---

1) 「법원행정처 선례해설 요약(6)」, 369~371면 참조

법원행정처 선례해설 요약(6)[1)2)]

【제목】 주금납입을 맡을 은행 기타 금융기관

1. 사안의 논점

주식회사가 설립 시에 주식의 납입금에 대해 은행법에 의하여 설립된 은행이 아닌 그 밖의 금융기관이 발급한 납입금 보관에 관한 증명서면 내지 잔고증명서를 첨부하여 설립등기신청을 할 수 있는지 여부

2. 주금납입금 보관에 관한 증명서

i) 근거 법령: 원칙적으로 주식회사의 설립등기신청서에는 은행이나 그 밖의 금융기관이 발급한 납입금 보관에 관한 증명서면을 첨부하여야 하나, 2009. 5. 28.부터 자본금 총액이 10억원 미만인 소규모 주식회사를 발기설립하는 경우에는 은행이나 그 밖의 금융기관이 발급한 잔고증명서로 납입금 보관에 관한 증명서면을 대체할 수 있다(규칙 129조 12호).

ii) 은행이란 은행법에 의해 설립된 은행을 의미하여 논란의 여지가 없으나, 그 밖의 금융기관이 무엇인지에 대한 논의가 있다. 상법상의 주금납입기관으로서의 그 밖의 금융기관을 해석함에 있어서는 금융기관의 설치근거 법률로 판단하여야 하고, 주금납입에 관한 업무능력, 공적 신용력이 확보될 수 있는 규모 및 신용도, 예수금에 대한 보장제도 등을 고려하여야 하므로, 이에 관한 상업등기선례가 다수 있다.

3. 그 밖의 금융기관에 해당한다고 본 선례[3)]

i) 상호신용금고: 상호신용금고가 주금납입보관업무를 취급하려면 상호신용금고법 제11조 제1항 제9호에 의하여 재정경제부장관의 승인을 얻어야 되는 바, 재정경제부장관이 전국 상호신용금고연합회에 주식납입금

---

1) 『상업등기 주요선례 해설』, 169~177면
2) 법원행정처의 본 선례해설 부분에 대해 편제를 약간 변경하였으나, 이는 단순히 교재의 편제에 맞추기 위함에 불과하고 이로 인하여 법원행정처의 선례해설의 내용이 변경된 것은 없음을 알린다.
3) 선례의 입장은 상법상의 그 밖의 금융기관에 해당하는지 여부는 금융기관의 설치근거 법률을 근거로 개별적으로 판단하여야 한다는 것이다.

수납대행사무취급규정을 제정·시행토록 지시하고, 전국 상호신용금고연합회가 제정한 위 규정에 대하여 재정경제부장관과 협의가 이루어진 점 등에 비추어 볼 때 재정경제부장관의 승인이 있었다고 보여지므로 상법 제305조 제2항 및 제302조 제2항 제9호에 규정된 은행 기타의 금융기관에 포함된다(상업선례 1-86).

ii) 지역농업협동조합과 품목별 협동조합: 농업협동조합법에 의하여 설립된 지역농업협동조합과 농업협동조합법 부칙 제14조의 경과규정에 따라 종전 법률규정에 의해 신용사업을 실시하고 있는 품목별 협동조합(이하 "조합" 이라 함)은 농업협동조합법에 의하여 그 사무의 범위에 신용사업을 취급할 수 있고, 또한 조합은 국고금 수납업무를 취급할 수 있는 금융기관으로서 조합원과 예금자 등을 보호하기 위한 제도가 마련되어 있을 뿐만 아니라 농림부장관 및 금융감독위원회의 감독을 받으므로 조합은 주금납입사무를 취급할 수 있는 업무능력과 공적 신용력을 갖춘 금융기관에 해당된다(상업선례 1-97).

iii) 지구별 수산업협동조합 등: 수산업협동조합법에 의하여 설립된 지구별수산업협동조합과 1995년 6월 22일 이전에 설립된 업종별수산업협동조합 및 수산물가공수산업협동조합은 수산업협동조합법에 의하여 신용사업을 취급할 수 있고, 조합은 국고금 수납업무를 취급할 수 있는 금융기관으로서 예금자 등을 보호하기 위한 제도가 마련되어 있을 뿐만 아니라 해양수산부장관 및 금융감독위원회의 감독을 받으므로 주금납입사무를 취급할 수 있는 업무능력과 공적 신용력을 갖춘 금융기관에 해당한다(상업선례 2-45).

iv) 새마을금고: 새마을금고법에 의하여 설립된 새마을금고는 새마을금고법에 의하여 그 사무의 범위에 신용사업을 취급할 수 있고(새마을금고법 제28조 제1항 제1호), 국고금 수납업무를 취급할 수 있는 금융기관으로서(국고금관리법시행규칙 제92조 제1항 제2호 라목) 조합원과 예금자 등을 보호하기 위한 제도가 마련되어 있을 뿐만 아니라(새마을금고법 71조 내지 73조) 행정안전부장관의 감독 및 간접적으로 금융위원회의 감독을 받으므로(새마을금고법 74조) 주금납입사무를 취급할 수 있는 업무능력과 공적 신용력을 갖춘 금융기관에 해당된다(상업선례 2-44).

v) 신용협동조합: 신용협동조합법에 의하여 설립된 신용협동조합은 신용협동조합법에 의하여 그 사무의 범위에 신용사업을 취급할 수 있고, 국고금 수납업무를 취급할 수 있는 금융기관으로서 조합원과 예금자 등을 보호하기 위한 제도가 마련되어 있을 뿐만 아니라 금융위원회 및 금융감독원의 감독을 받으므로 주금납입사무를 취급할 수 있는 업무능력과 공적 신용력을 갖춘 금융기관에 해당된다(상업선례 2-48).

4. 그 밖의 금융기관에 해당되지 않는다고 본 선례

i) 구 증권투자신탁업법에 의한 위탁회사(상업선례 1-81)
ii) 구 「종합금융회사에 관한 법률」에 의하여 설립된 종합금융회사(상업선례 2-49)

5. 결어[1]

i) 상법상 주금납입업무를 담당할 수 있는 금융기관인지 여부는 주금납입에 관한 업무능력, 공적 신용력이 확보될 수 있는 규모 및 신용도, 예수금에 대한 보장제도 등을 검토하여 판난하여야 하는데,

ii) 위 i)의 판단을 위해서는 금융기관의 설치근거 법률을 개별적으로 살펴보고 판단할 수밖에 없다.

1) 법원행정처 선례해설의 입장을 고려해볼 때, 현재까지 선례에서 그 밖의 금융기관으로 명시적으로 판단한 바가 없는 경우(예: 증권회사)에 그 금융기관이 주금납입을 맡을 그 밖의 금융기관에 해당하는지는, 설치근거 법률을 근거로 주금납입에 관한 업무능력, 공적 신용력이 확보될 수 있는 규모 및 신용도, 예수금에 대한 보장제도 등을 개별적으로 검토하여 판단할 수밖에 없는데, 등기신청인이나 등기신청을 접수하는 등기관의 입장에서 선례에 없는 특정 금융기관이 주금을 맡을 그 밖의 금융기관인지는 선불리 판단키 어려워 보인다. 따라서 특별한 사정이 없는 한 이미 선례에서 그 밖의 금융기관으로 인정한 범위 내에서 주금납입을 맡을 금융기관으로 정해 업무를 진행하는 것이 좋을 듯싶다(사견).

108. 상호신용금고(주: 현행 상호저축은행)가 주금납입금을 보관할 수 있는 은행 기타의 금융기관에 해당하는지 여부

[상업등기선례 제1-86호, 제정 1997. 11. 27.]

상법 제305조 제2항 및 제302조 제2항 제9호는 주금납입업무를 취급할 수 있는 기관을 은행 기타 금융기관으로 한정하여 규정하고 있고, 여기서 금융기관은 위 각 조문의 입법취지가 납입가장행위의 방지라는 점에 비추어 볼 때 납입금의 수납 및 보관사무를 처리할 수 있는 업무능력과 공적 신용을 갖춘 금융기관이라고 해석되므로, 상호신용금고도 위 각 조문상의 금융기관으로 볼 수 있다. 다만, 상호신용금고가 주금납입보관업무를 취급하려면 상호신용금고법 제11조 제1항 제9호에 의하여 재정경제부장관의 승인을 얻어야 되는바, 재정경제부장관이 전국 상호신용금고연합회에 주식납입금수납대행사무취급규정을 제정·시행토록 지시하고, 전국 상호신용금고연합회가 제정한 위 규정에 대하여 재정경제부장관과 협의가 이루어진 점 등에 비추어 볼 때 재정경제부장관의 승인이 있었다고 보여지므로, 결국 상호신용금고도 상법 제305조 제2항 및 제302조 제2항 제9호에 규정된 은행 기타의 금융기관에 포함된다고 할 것이다.

(1997. 11. 27. 등기 3402-932 질의회답)

◐ **선례 해설:**

1. 주금납입업무를 취급할 수 있는 기관은 은행 기타 금융기관에 한하므로, 상호저축은행법에 의하여 설립된 상호저축은행이 주금납입업무를 취급할 수 있는 기타 금융기관에 해당하는지 문제된 사안이다.

2. 상호저축은행은 신용계 업무, 신용부금 업무, 예금 및 적금의 수입 업무 등과 위 업무에 부대되는 업무로서 금융위원회의 승인을 받은 업무를 할 수 있는데(상호저축은행법 11조 1항 참조),

3. 본 선례에서는 상호저축은행법 제11조 제1항 제9호(주: 현행 제16호)에 의거 주식납입금수납대행사무에 대해 재정경제부장관(주: 현행 금융위원회)의 승인을 얻었음으로, 상호저축은행은 주금납입업무를 취급할 수 있는 기타의 금융기관에 해당한다고 보았다.

109. 새마을금고가 상법상 주금납입을 맡을 '은행 기타 금융기관'에 해당하는지 여부

[상업등기선례 제2-44호, 제정 2008. 5. 2.]

1. 상법 제295조 제1항, 제302조 제2항 제9호에서 주금납입장소를 은행 기타 금융기관으로 규정하고 있는 취지는 주금납입과 관련하여 납입가장행위 등을 방지함으로써 회사의 자본충실을 기하기 위함이다. 금융기관의 개념은 규정 법률마다 그 범위가 상이하므로 일률적으로 정의할 수는 없고, 따라서 상법상 주금납입업무를 담당할 수 있는 금융기관인지 여부는 위 취지에 따라 주금납입에 관한 업무능력, 공적 신용력이 확보될 수 있는 규모 및 신용도, 예수금에 대한 보장제도 등을 검토하여 판단하여야 할 것이다.

2. 새마을금고법에 의하여 설립된 새마을금고는 새마을금고법에 의하여 그 사무의 범위에 신용사업을 취급할 수 있고(새마을금고법 제28조 제1항 제1호), 국고금 수납업무를 취급할 수 있는 금융기관으로서(국고금관리법시행규칙 제92조 제1항 제2호 라목) 조합원과 예금자 등을 보호하기 위한 제도가 마련되어 있을 뿐만 아니라(새마을금고법 제71조 내지 제73조) 행정안전부장관의 감독 및 간접적으로 금융위원회의 감독을 받으므로(새마을금고법 제74조) 주금납입사무를 취급할 수 있는 업무능력과 공적 신용력을 갖춘 금융기관에 해당된다고 볼 수 있을 것이다.

(2008. 5. 2. 공탁상업등기과-500 질의회답)

◐ **선례 해설:**

1. 주금납입업무를 취급할 수 있는 기관은 은행 기타 금융기관에 한하므로, 새마을금고법에 의하여 설립된 새마을금고가 주금납입업무를 취급할 수 있는 기타 금융기관에 해당하는지 문제된 사안이다.

2. 본 선례에서는 새마을금고법에 의하여 설립된 새마을금고는, i) 신용사업과 국고금 수납업무를 취급할 수 있고, ii) 조합원과 예금자 등을 보호하기 위한 제도가 마련되어 있고, iii) 행정안전부장관 및 금융위원회의 감독을 받고 있는 점 등을 고려하여 주금납입업무를 취급할 수 있는 기타의 금융기관에 해당한다고 보았다.

110. 신용협동조합이 상법상 주금납입을 맡을 '은행 기타 금융기관'에 해당하는지 여부

[상업등기선례 제2-48호, 제정 2008. 9. 3.]

「신용협동조합법」에 의하여 설립된 신용협동조합은 「신용협동조합법」에 의하여 그 사무의 범위에 신용사업을 취급할 수 있고(신용협동조합법 제78조 제1항 제5호), 국고금 수납업무를 취급할 수 있는 금융기관으로서(국고금관리법시행규칙 제92조 제1항 제2호 다목) 조합원과 예금자 등을 보호하기 위한 제도가 마련되어 있을 뿐만 아니라(신용협동조합법 제80조의2 내지 제80조의5) 금융위원회 및 금융감독원의 감독을 받으므로(신용협동조합법 제83조) 주금납입사무를 취급할 수 있는 업무능력과 공적 신용력을 갖춘 금융기관에 해당된다고 볼 수 있다.
(2008. 9. 3. 공탁상업등기과-867 질의회답)

◐ **선례 해설:**

1. 주금납입업무를 취급할 수 있는 기관은 은행 기타 금융기관에 한하므로, 신용협동조합법에 의하여 설립된 신용협동조합이 주금납입업무를 취급할 수 있는 기타 금융기관에 해당하는지 문제된 사안이다.

2. 본 선례에서는 신용협동조합법에 의하여 설립된 신용협동조합은, ⅰ) 신용사업과 국고금 수납업무를 취급할 수 있고,[1] ⅱ) 조합원과 예금자 등을 보호하기 위한 제도가 마련되어 있고, ⅲ) 금융위원회 및 금융감독원의 감독을 받고 있는 점 등을 고려하여 주금납입업무를 취급할 수 있는 업무능력과 공적 신용력을 갖춘 기타의 금융기관에 해당한다고 보았다.

3. 본 선례 또한 다른 선례와 같이 신용협동조합의 설치근거 법률인 신용협동조합법의 개별 법률의 검토를 통해 신용협동조합이 주금납입업무를 취급할 수 있는 기타의 금융기관에 해당하는지를 판단하였음을 알 수가 있다.

---

1) 「국고금 관리법 시행규칙」 제92조 제1항 제2호 다목에서 신용협동조합법에 따라 설립된 신용협동조합은 국고대리점으로 국고금출납 및 국가예금에 관한 사무를 취급할 수 있음을 규정하고 있다.

111. 농업협동조합법에 의하여 설립된 지역농업협동조합과 품목별 협동조합이 상법 제295조 제1항 등에서 규정된 납입을 맡을 은행 기타 금융기관에 속하는지 여부(적극)

[상업등기선례 제1-97호, 제정 2003. 5. 20.]

1. 상법 제295조 제1항, 제302조 제2항 제9호, 제305조 제2항 및 제420조에서 주금납입장소를 은행 기타 금융기관으로 규정하고 있는 취지는 주금납입과 관련하여 납입가장행위 등을 방지함으로써 회사의 자본충실을 기하기 위함이나, 금융기관의 개념은 규정 법률마다 그 범위가 상이하므로 일률적으로 정의할 수는 없고, 따라서 상법상 주금납입사무를 담당할 수 있는 금융기관인지 여부는 위 취지에 따라 주금납입에 관한 업무능력, 공적 신용력이 확보될 수 있는 규모 및 신용도, 예수금에 대한 보장제도 등을 검토하여 판단하여야 할 것이다.

2. 농업협동조합법에 의하여 설립된 지역농업협동조합과 농업협동조합법 부칙 제14조의 경과규정에 따라 종전 법률규정에 의해 신용사업을 실시하고 있는 품목별협동조합(이하 조합이라 함)은 농업협동조합법에 의하여 그 사무의 범위에 신용사업을 취급할 수 있고, 또한 조합은 국고금 수납업무를 취급할 수 있는 금융기관으로서(한국은행 국고금취급규칙 제3조) 조합원과 예금자 등을 보호하기 위한 제도가 마련되어 있을 뿐만 아니라 농림부장관 및 금융감독위원회의 감독을 받으므로 조합은 주금납입사무를 취급할 수 있는 업무능력과 공적 신용력을 갖춘 금융기관에 해당된다고 볼 수 있다.

(2003. 5. 20. 공탁법인 3402-118 질의회답)

참조 조문 · 규칙 · 예규 · 선례 · 판례

■ **농업협동조합법[법률 제13448호, 2015. 7. 24., 타법개정]**

제2조(정의) 이 법에서 사용하는 용어의 뜻은 다음과 같다.

1. "조합"이란 지역조합과 품목조합을 말한다.
2. "지역조합"이란 이 법에 따라 설립된 지역농업협동조합과 지역축산업협동조합을 말한다.
3. "품목조합"이란 이 법에 따라 설립된 품목별·업종별 협동조합을 말한다.

4. “중앙회” 란 이 법에 따라 설립된 농업협동조합중앙회를 말한다.

제3조(명칭) ① 지역조합은 지역명을 붙이거나 지역의 특성을 나타내는 농업협동조합 또는 축산업협동조합의 명칭을, 품목조합은 지역명과 품목명 또는 업종명을 붙인 협동조합의 명칭을, 중앙회는 농업협동조합중앙회의 명칭을 각각 사용하여야 한다.

② 이 법에 따라 설립된 조합과 중앙회가 아니면 제1항에 따른 명칭이나 이와 유사한 명칭을 사용하지 못한다. 다만, 다음 각 호의 어느 하나에 해당하는 법인이 조합 또는 중앙회의 정관으로 정하는 바에 따라 승인을 받은 경우에는 사용할 수 있다.

1. 조합 또는 중앙회가 출자하거나 출연한 법인
2. 그 밖에 중앙회가 필요하다고 인정하는 법인

◐ **선례 해설:**

1. 주금납입업무를 취급할 수 있는 기관은 은행 기타 금융기관에 한하므로, 농업협동조합법에 의하여 설립된 지역농업협동조합 및 농업협동조합법 부칙 제14조의 경과규정에 따라 종전 법률규정에 의해 신용사업을 실시하고 있는 품목별 협동조합이 주금납입업무를 취급할 수 있는 기타 금융기관에 해당하는지 문제된 사안이다.

2. 본 선례에서는 농업협동조합법에 의하여 설립된 지역농업협동조합 및 품목별 협동조합은, ⅰ) 신용사업과 국고금 수납업무를 취급할 수 있고,[1] ⅱ) 조합원과 예금자 등을 보호하기 위한 제도가 마련되어 있고, ⅲ) 농림부장관 및 금융감독위원회의 감독을 받고 있는 점 등을 고려하여 주금납입업무를 취급할 수 있는 업무능력과 공적 신용력을 갖춘 기타의 금융기관에 해당한다고 보았다.

3. 본 선례 또한 다른 선례와 같이 지역농업협동조합 및 품목별 협동조합의 설치근거 법률인 농업협동조합법의 개별 법률의 검토를 통해 지역농업협동조합 및 품목별 협동조합이 주금납입업무를 취급할 수 있는 기타의 금융기관에 해당하는지를 판단하였음을 알 수가 있다.

---

1) 「국고금 관리법 시행규칙」 제92조 제1항 제2호 가목에서 농업협동조합법에 따라 설립된 농업협동조합은 국고대리점으로 국고금출납 및 국가예금에 관한 사무를 취급할 수 있음을 규정하고 있다.

112. 수산업협동조합법에 의하여 설립된 지구별수산업협동조합과 1995년 6월 22일 이전에 설립된 업종별수산업협동조합 및 수산물가공수산업협동조합이 비송사건절차법 제203조 제11호 및 제205조 제5호에서 정하고 있는 주금의 납입금 보관에 관한 증명서를 발급할 권한이 있는지 여부[1)]

〔상업등기선례 제2-45호, 제정 2005. 8. 22.〕

1. 비송사건절차법 제203조 제11호 및 제205조 제5호에서 주금의 납입금 보관에 관한 증명서의 발급자로 은행 기타 금융기관으로 규정하고 있는 취지는 주금납입과 관련하여 납입가장행위 등을 방지하기 위함이고, 금융기관의 개념은 규정법률마다 그 범위가 상이하여 일률적으로 정의할 수는 없으므로 상법상 주금납입사무를 담당할 수 있는 금융기관인지는 위 취지에 따라 주금납입에 관한 업무능력, 공적신용력이 확보될 수 있는 규모 및 신용도, 예수금에 대한 보장제도 등을 검토하여 판단하여야 할 것이다.

2. 수산업협동조합법에 의하여 설립된 지구별수산업협동조합과 1995년 6월 22일 이전에 설립된 업종별수산업협동조합 및 수산물가공수산업협동조합은 수산업협동조합법에 의하여 신용사업을 취급할 수 있고, 조합은 국고금 수납업무를 취급할 수 있는 금융기관으로서 예금자 등을 보호하기 위한 제도가 마련되어 있을 뿐만 아니라 해양수산부장관 및 금융감독위원회의 감독을 받으므로 주금납입사무를 취급할 수 있는 업무능력과 공적신용력을 갖춘 금융기관에 해당한다 할 것이다.

(2005. 8. 22. 공탁법인과-401 질의회답)

---

1) 본 선례에서는 수산업협동조합법에 의하여 설립된 지구별수산업협동조합 등은 ⅰ) 수산업협동조합법에 의하여 신용사업을 취급할 수 있고, ⅱ) 국고금 수납업무를 취급할 수 있는 금융기관으로서 예금자 등을 보호하기 위한 제도가 마련되어 있고, ⅲ) 주무관청의 감독을 받으므로, 주금납입사무를 취급할 수 있는 금융기관에 해당한다고 보았다.

즉 수산업협동조합법에 의하여 설립된 지구별수산업협동조합 등이 주금납입장소로서의 그 밖의 금융기관에 해당하는지를 다른 유사한 선례와 같이 그 설치근거 법률을 근거로 주금납입에 관한 업무능력, 공적 신용력이 확보될 수 있는 규모 및 신용도, 예수금에 대한 보장제도 등을 고려하여 판단한 것을 알 수가 있다.

113. 증권투자신탁업에 의한 위탁회사는 주금납입을 맡을 수 있는 금융기관에 포함되는지 여부

[상업등기선례 제1-81호, 제정 1989. 11. 7.]

증권투자신탁업법에의한 위탁회사는 상법 제302조 제2항 제9호 및 제318조에서 규정하고 있는 주금납입을 맡을 은행 기타의 금융기관으로는 볼 수 없다. (1989. 11. 7. 등기 제2091호)

주) 증권투자신탁업법은 2003. 10. 4. 법률 제6987호로 폐지되고 간접투자자산운용업법으로 대체됨.[1)]

참조 조문 · 규칙 · 예규 · 선례 · 판례

▣ 상법[법률 제13523호, 2015. 12. 1., 일부개정]

제302조(주식인수의 청약, 주식청약서의 기재사항) ① 주식인수의 청약을 하고자 하는 자는 주식청약서 2통에 인수할 주식의 종류 및 수와 주소를 기재하고 기명날인 또는 서명하여야 한다.
② 주식청약서는 발기인이 작성하고 다음의 사항을 적어야 한다.
9. 납입을 맡을 은행 기타 금융기관과 납입장소

제305조(주식에 대한 납입) ① 회사설립시에 발행하는 주식의 총수가 인수된 때에는 발기인은 지체 없이 주식인수인에 대하여 각 주식에 대한 인수가액의 전액을 납입시켜야 한다.
② 전항의 납입은 주식청약서에 기재한 납입장소에서 하여야 한다.

제318조(납입금 보관자의 증명과 책임) ① 납입금을 보관한 은행이나 그 밖의 금융기관은 발기인 또는 이사의 청구를 받으면 그 보관금액에 관하여 증명서를 발급하여야 한다.
② 제1항의 은행이나 그 밖의 금융기관은 증명한 보관금액에 대하여는 납입이 부실하거나 그 금액의 반환에 제한이 있다는 것을 이유로 회사에 대항하지 못한다.
③ 자본금 총액이 10억원 미만인 회사를 제295조 제1항에 따라 발기설립하는 경우에는 제1항의 증명서를 은행이나 그 밖의 금융기관의 잔고증명서로 대체할 수 있다.

---

1) 그 이후 2009. 2. 4.부로 간접투자자산운용업법은 「자본시장과 금융투자업에 관한 법률」로 통합되었다(379면 각주 1번 참조).

114. 종합금융회사가 상법상 주금납입을 맡을 '은행 기타 금융기관' 인지 여부

[상업등기선례 제2-49호, 제정 2009. 1. 21.]

상법 제295조 제1항, 제302조 제2항 제9호에서 주금납입장소를 은행 기타 금융기관으로 규정하고 있는 취지는 주금납입과 관련하여 납입가장행위 등을 방지함으로써 회사의 자본충실을 기하기 위함이다. 따라서 상법상 주금납입업무를 담당할 수 있는 금융기관인지 여부는 위 취지에 따라 주금납입에 관한 업무능력, 공적 신용력이 확보될 수 있는 규모 및 신용도, 예수금에 대한 보장제도 등을 검토하여 판단하여야 할 것인바, 종합금융회사에 관한 법률[1]에 의하여 설립된 종합금융회사는 위 주금납입을 맡을 '은행 기타 금융기관' 에 해당하지 않는다.
(2009. 1. 21. 사법등기심의관-169 질의회답)

주) 자본시장 관련 법률 등이 2009년 '자본시장과 금융투자업에 관한 법률' (2009년 2월 4일 시행)로 조정 · 통합돼 시행됨에 따라 '증권거래법' , '간접투자자산운용업법' , '종합금융회사에 관한 법률' 등의 개별 법률이 폐지됐다

1) 「자본시장과 금융투자업에 관한 법률」은 자본시장을 규율해 온 15개 법률 중 증권거래법, 선물거래법, 간접투자자산운용업, 신탁업법, 「종합금융회사에 관한 법률」, 한국증권선물거래소법 등 6개 법률을 통합하고, 나머지 9개 법률은 관련 규정을 일괄 정비하는 등 자본시장 관련 법령·규제를 개혁한 것으로 2009. 2. 4.부터 시행되었다. 따라서 본 선례는 「자본시장과 금융투자업에 관한 법률」이 시행되기 전의 「종합금융회사에 관한 법률」에 의하여 설립된 종합금융회사가 상법상 주금납입을 맡을 '은행 기타 금융기관' 에 해당하는지에 대한 것이다.

실무사례(51)

제목: 자본금 총액이 10억원 미만인 소규모 주식회사를 발기설립하려는 경우 상장주식을 포함한 ○○증권회사의 종합계좌잔액증명서를 잔고증명서로 볼 수 있는지 여부(소극)

자본금 총액이 10억원 미만인 주식회사를 발기설립 하려는 경우 상장주식을 포함한 ○○증권회사의 종합계좌잔액증명서를 잔고증명서로 볼 수 있는지?

1. ○○증권회사가 상법 제295조 제1항에 규정된 은행 기타의 금융기관에 해당하는지 여부

(1) 상업등기선례에 의하면, 상호신용금고(1-86), 새마을금고(2-44), 신용협동조합(2-48), 지역농업협동조합과 품목별 협동조합(1-97), 지구별수산업협동조합(2-45) 등은 상법 제295조 제1항에 규정된 기타의 금융기관에 해당하는 반면에, 구 증권투자신탁업법에 의한 위탁회사(1-81)와 구 「종합금융회사에 관한 법률」에 의하여 설립된 종합금융회사(2-49)는 상법 제295조 제1항에 규정된 기타의 금융기관에 해당하지 않는다.

(2) 상법상 주금납입업무 및 잔고증명서 발급업무를 담당할 수 있는 금융기관인지는 설립근거 법률로 주금납입에 관한 업무능력, 공적 신용력이 확보될 수 있는 규모 및 신용도, 예수금에 대한 보장제도 등을 검토하여 판단하게 되는데(상업선례 2-44 참조), 사안의 ○○증권회사가 상법 제295조 제1항에 규정된 기타의 금융기관에 해당하는지는 직접적인 해당 선례는 없지만 과거의 상업등기선례의 입장을 고려할 때 부정적으로 볼 여지가 많으나, 실무상 증권회사의 CMA(종합자산관리계정) 잔고증명서를 첨부정보로 하여 법인설립 등기신청을 하는 사례가 종종 있어 단정적으로 말하기는 어렵다.

2. 상장주식을 포함한 종합계좌잔액증명서를 잔고증명서로 볼 수 있는지 여부

잔고증명서에서 발급 확인할 것은 인출 가능한 현금에 한하며, 상장주식은 현물출자의 대상은 될지언정 발기설립 시 금전납입으로는 인정될 수 없다.

참조 조문: 상법 제295조 제1항 **참조 선례:** 상업등기선례 제1-86호 등

115. 미결제 타점권이 표시된 잔고증명서가 유효한지 여부[1)]

[상업등기선례 제2-62호, 제정 2013. 10. 25.]

1. 상업등기법에서는 자본금 총액이 10억원 미만인 회사를 발기설립하여 설립등기를 신청하거나 신주발행의 결과 자본금 총액이 10억원 미만인 회사가 신주발행으로 인한 변경등기를 신청할 경우에는 "주금의 납입을 맡은 금융기관의 납입금보관에 관한 증명서" 대신 "금융기관의 잔고증명서"를 첨부할 수 있도록 하고 있다(상업등기법 제80조 제11호 및 제82조 제5호 참조=> 주: 현행 상업등기규칙 제129조 제12호 및 제133조 제4호 참조).

2. 등기신청서에 첨부한 잔고증명서에 "미결제타점금액(Uncleared Checks & Bills)"이 표시되어 있다면 해당 금액이 이상 없이 결제되어 확정적으로 예금이 되었다는 사실을 소명하는 서면(예: 입금한 자기앞수표가 다음날 결제된 경우에는 결제된 날의 잔고증명서와 예금한 날부터 결제된 날까지의 거래내역이 나타나는 통장 사본)도 함께 제출하여야 할 것이다.
(2013. 10. 25. 사법등기심의관－4386 질의회답)

잔액・잔고증명서

예금주・위탁자: ○○○ 발급번호: ○○○

예금・신탁종류	보통예금	계좌번호	000-00-0000
금액/평가금액	KRW50,000,000	금액 중 미결제 타점권 금액	KRW 0
잔고좌수/매출금액		환율	
지급제한내용	해당 없음		

***금액 중 미결제 타점권 금액은 부도 처리될 경우 금액에서 차감됩니다.**

....

금액 합계	50,000,000원 금오천만원정
미결제 타점권 합계	0원

*귀하의 예금・신탁・발행어음・보관어음잔액, 간접투자증권 평가금액이 2015년 1월 30일 현재로 위와 같음을 증명합니다.

발급일자: 2015년 1월 30일

○○은행 ○○ 지점 책임자 서명 ○○○ 지점 과장 ○○○(날인)

***금액 중 미결제 타점권 금액은 입금내역 중 가계수표, 당좌수표, 약속어음 등을 말하며 만일 부도 처리될 경우 금액에서 차감되오니 유의하시기 바랍니다.**

---

1) 「법원행정처 선례해설 요약(7)」, 382~383면 참조

법원행정처 선례해설 요약(7)[1]

【제목】 미결제타점권이 표시된 잔고증명서

1. 사안의 논점

미결제타점권이 표시된 잔고증명서가 유효한 잔고증명서인지 여부

2. 주식발행에 따른 주금납입과 잔고증명서

i) 신주의 인수인이 납입기일까지 납입을 이행하지 아니한 경우에는 그 권리를 상실(상법 423조)

ii) 원칙적으로는 주금의 납입을 맡은 은행 기타 금융기관의 납입보관에 관한 증명서가 주금납입을 증명하는 서면이지만, 자본금 10억원 미만인 경우에는 금융기관의 잔고증명서 제출이 가능

3. 예금의 성립시기

i) 자점권 증권으로 입금하는 경우의 예금 계약은 그 날 안에 결제를 확인하는 즉시 수취인이 그 예금에 대한 소유권을 취득

ii) 타점권인 증권으로 입금한 경우의 예금 계약은 예금계약체결의 권한이 있는 담당직원이 당해 어음, 수표 등을 수령하여 이를 결제확인으로 성립하되, 그 효력은 추심이 완료된 때에 발생(추심위임설의 입장). 다만, 자기앞수표의 경우에는 결제를 확인하였을 때 결제되지 않은 것을 해제조건으로 예금계약이 성립하였다가, 결제되지 않으면 예금계약은 소급하여 해제된 것으로 봄

4. 미결제타점권 표시가 된 잔고증명서만을 첨부한 경우

i) 아직 결제확인이 이루어지지 않은 타점권의 경우(예컨대 당좌수표) 아직 수취인이 소유권을 취득한 것이 아니므로 미결제타점권의 표시가 기재된 잔고증명서는 주금납입증명서에 대체하는 잔고증명서의 기능을 할 수 없음

---

1) 『상업등기 주요선례 해설』, 178-187면

ⅱ) 자기앞수표의 경우[1]에는 결제가능성 또는 결제를 확인하였을 때 결제되지 않은 것을 해제조건으로 예금계약이 성립하였다가, 결제되지 않으면 예금계약은 소급하여 해제되는 것으로 보아야 하므로, 타점권 자기앞수표를 주식인수 대금으로 납입을 하여 아직 결제 확인이 이루어지지 않은 미결제타점권의 경우에는 주금납입증명서에 대체하는 잔고증명서의 기능을 할 수 없음

5. 결어

미결제타점권이 표시된 잔고증명서 외에 해당 금액이 이상 없이 결제되어 확정적으로 예금이 되었다는 사실을 소명할 수 있는 서면(예금한 날로부터 결제된 날까지의 거래내역이 나타나는 통장 사본 등)을 첨부하는 경우에는 상업등기규칙 제129조 제12호 단서가 정한 잔고증명서로서의 기능을 할 수 있다.

※ 주식회사에서 주금납입을 증명하는 서면

구 분	증명 기능	내 용
주금납입금 보관증명서	없음	미달금액이 기재된 경우
	있음	초과금액이 기재된 경우
잔고증명서	없음	① 미결제타점권 표시의 잔고증명서 ② 질권설정 등이 표시된 잔고증명서
	있음	① 잔고증명서 + 결제확인이 되었음을 증명하는 서면 ② 질권설정 채권액을 제외하고 증명 범위 내이면 유효

1) 자기앞수표로서 지급제시기간 안에 사고신고가 없고 결제될 것이 틀림없음을 은행이 확인한 것이면 예금원장에 입금의 기록이 된 때 또는 자기앞수표라도 지급제시기간 이내에 사고신고가 없고 결제될 것이 틀림없음을 은행이 확인한 것이 아니면 이를 교환에 돌려 부도반환 시한이 지나고 결제를 확인한 때에 예금반환채무가 성립된다.

📖 「보 론」 은행이나 그 밖의 금융기관의 잔고증명서에 관한 사항

1. 주금의 납입기관

잔고증명서로 주금납입금 보관증명서를 대체하는 경우에 주금납입기관은 은행 그 밖의 금융기관(「총괄(4)」, 368면 참조)이 아니면 안 된다.

2. 잔고증명서를 활용하는 경우의 이점

은행 그 밖의 금융기관은 상법 제318조 제2항의 책임(은행이나 그 밖의 금융기관은 증명한 보관금액에 대하여는 납입이 부실하거나 그 금액의 반환에 제한이 있다는 것을 이유로 회사에 대항하지 못한다는 이른바 납입금 보관자의 책임)을 지지 않으며, 반면 회사는 기다릴 필요 없이 납입된 주금을 인출해서 회사의 자금으로 바로 사용할 수 있는 이점이 있다.

3. 등기원인일자: 잔고증명서상의 증명일(금융기관의 발급일이 아님)

4. 잔고증명서의 명의인이 될 수 있는 자(「실무사례(52)」, 385면 참조)[1]

등기실무는 발기인(발기인이 수인인 경우에는 발기인 대표) 명의의 잔고증명서를 첨부정보로 제공하고 있으나, 외국법인이 단독 발기인이 되어 발기설립으로 국내 주식회사를 설립하려고 하는데, 국내에 발기인인 당해 외국법인의 금융계좌가 존재하지 않는 등의 특별한 사정이 있는 때에는 특별한 사정이 있음을 소명하는 자료를 첨부하여 대표권을 행사하는 이사 명의의 잔고증명서도 가능하다(『상업등기실무(Ⅱ)』, 125면).

5. 잔고증명서를 첨부정보로 제공할 수 있는 경우

i) 자본금 10억원 미만의 소규모 주식회사를 발기설립 하는 경우(상법 318③)

ii) 회사 성립 후에 신주를 발행하였지만 여전히 자본금의 총액이 10억원 미만인 회사의 자본금 증자로 인한 변경등기를 하는 경우(상법 425)

---

1) 「금융실명거래 및 비밀보장에 관한 법률」상 설립 중인 회사의 명의로는 금융거래가 불가능하며, 이사와 감사는 발기설립의 경우 발기인의 주금 납입이 완료된 이후에 발기인총회에서 선임되므로, 결국 잔고증명서의 명의인은 발기인(또는 발기인 대표)이 되는 것이 논리상 합당하다.

실무사례(52)

제목: 자본금 총액이 10억원 미만인 소규모 주식회사의 발기설립의 경우 주식회사의 대표이사가 잔고증명서상의 명의인이 될 수 있는지 여부(소극)

자본금 총액이 1억원인 주식회사 설립등기신청 시 사내이사 겸 대표이사 명의의 잔고증명서를 첨부하였는데, ○○지원 등기과에서 발기인 명의의 잔고증명서로 다시 제출하라는 보정이 나왔다. 자본금 10억원 미만의 소규모 주식회사를 발기설립하려는 경우에 반드시 발기인 명의로 된 잔고증명서를 첨부하여야 하는지?

1. 소규모 주식회사를 발기설립하려는 경우 「금융실명거래 및 비밀보장에 관한 법률」상 설립 중인 주식회사 명의로는 금융거래가 불가능하여 등기실무상 발기인(발기인이 수인인 경우에는 발기인 대표, 이하 줄여서 '발기인'이라 함) 명의의 잔고증명서를 설립등기신청 시 첨부정보로 제공하고 있다(규칙 129조 12호 단서).

2. 단 외국법인이 단독 발기인이 되어 발기설립으로 국내 주식회사를 설립하는 경우, 국내에 발기인인 당해 외국법인의 금융계좌가 존재하지 않는 등의 특별한 사정이 있는 때에는 특별한 사정이 있음을 소명하는 자료를 첨부하여 대표권을 행사하는 이사 명의의 잔고증명서도 가능하다는 것이 실무제요의 입장이다(『상업등기실무(II)』, 125면 각주 38번).

3. 회사 설립 시에 발행되는 주식에 관하여 정관으로 달리 정하지 아니하면 발기인 전원의 동의로 주식의 종류와 수 등을 정하여야 하고, 발기설립의 경우 발기인의 납입과 현물출자의 이행이 완료된 때에 비로소 의결권의 과반수로 이사와 감사를 선임하는 것을 감안하면, 잔고증명서상의 명의인이 발기인이어야 한다는 등기실무의 관행은 합리적으로 보인다.

4. 따라서 주식회사를 발기설립하려는 경우에 첨부하는 잔고증명서상의 명의인은 특별한 사정이 없는 한 대표이사여서는 안 되고 발기인이어야 한다.

[유사 사례] 자본금 총액이 1억원인 주식회사를 발기설립하려고 한다. 주주는 모회사인 ㈜세계로물류 1인만 있을 경우, ㈜세계로물류의 대표이사 명의의 잔고증명서를 첨부정보로 제공하면 되는지 여부(소극)
=> 발기인인 ㈜세계로물류 명의의 잔고증명서여야 한다(「보론」, 384면 참조).

「보 론」 소규모 주식회사의 특례

1. 2009. 5. 28. 개정 상법에서는 소규모 회사 창업의 원활화를 위하여 자본금 총액이 10억원 미만인 회사를 발기설립하는 경우 정관 및 의사록의 공증 의무를 면제하고, 설립 시 필요한 주금납입금 보관증명서를 잔고증명서로 대체할 수 있도록 하였고, 소규모 주식회사의 주주총회 소집절차를 간소화하고, 감사선임의 자율성을 부여하는 등 창업절차를 대폭 간소화하였다(『주식회사법대계(Ⅰ)』, 45~48면 참조).

2. 소규모 주식회사의 특례의 내용

<table>
<tr><th>구 분</th><th>내 용</th><th>적용 범위</th><th>관련
선례 및 조문</th></tr>
<tr><td>정관ㆍ의사록
공증 의무 면제</td><td>설립등기 시 정관 및 의사록 공증 면제</td><td rowspan="5">자본금 10억 미만 회사
(다만,
○ 정관ㆍ의사록 공증면제는 자본금 10억 미만으로 발기설립하는 경우에만 적용
○ 잔고증명서 제출은 자본금 10억 미만으로 발기설립하는 경우 및 증자 후 그 자본금이 10억 미만인 경우에 적용)</td><td>제2-36호(70면)</td></tr>
<tr><td>잔고증명서
제출 허용</td><td>주금납입보관증 대신 잔고증명서로 대체 가능</td><td>제2-62호(381면)</td></tr>
<tr><td>감사 선임
의무 면제</td><td>감사를 선임하지 않을 수 있음</td><td>상법
409④</td></tr>
<tr><td>주주총회
소집절차 간소화</td><td>▷통지 및 공고기간 단축
주주총회일의 2주 전 통지 → 10일 전 통지
▷주주전원의 서면결의로 주주총회 결의 대체 가능</td><td>상법
363③④⑤</td></tr>
<tr><td>이사 선임기준 완화 및 이사회 구성 의무 면제</td><td>▷2인 이하 가능
▷이사가 2인 이하인 경우에는 이사회 구성 의무 면제</td><td>상법
383①단서
및 ④⑤⑥</td></tr>
</table>

3. 이러한 개정 상법의 내용은 그대로 실무에 적용되어 현재 자본금 10억 미만으로 설립하는 경우에는 발기설립으로 정관 및 의사록의 공증 면제 및 잔고증명서 등으로 간단히 회사를 설립하는 경우가 많으며, 그 조직 면에서도 사내이사 2인 이하로 하여 이사회를 구성하지 않거나 감사를 두지 않은 경우가 많다. 이러한 경향은 당분간 계속되리라 생각된다.

116. 신탁업을 목적으로 한 주식회사 설립등기 신청시 신탁업법상의 요건을 충족하여야 하는지 여부

〔상업등기선례 제1-92호, 제정 2002. 8. 22.〕

1. 상업등기와 관련하여 관청의 허가를 필요로 하는 사항의 등기를 신청할 때에는 신청서에 관청의 허가서 또는 그 인증 있는 등본을 첨부하여야 하는 바(상업등기법 제79조 => 주: 현행 상업등기규칙 제52조 제1항 제2호), 이는 당해 허가(인가도 같음)가 등기할 사항의 효력요건인 경우에 한한다.

2. 신탁업법 제3조의 규정에 의하면 신탁업을 영위하려면 일정규모 이상의 자본금을 갖추고 금융감독위원회의 인가를 받아야 한다고 되어 있는데, 이는 영업에 관한 인가로서 영업수행을 위한 요건이며 회사가 법인격을 취득하기 위하여 필요한 요건이 아니므로 회사설립 등기시에 위 인가서를 첨부하거나 자본금 요건을 충족할 필요는 없다. 그리고 신탁회사는 신탁업법 제7조 제1항의 규정에 의하여 상호 중에 '신탁' 이라는 문자를 사용하여야 하므로 신탁회사의 설립등기시에는 회사의 상호에 '신탁' 이라는 문자가 들어가야 한다.

(2002. 8. 22. 등기 3402-461 질의회답)

참조 조문 · 규칙 · 예규 · 선례 · 판례

▣ 상업등기규칙[대법원규칙 제2668호, 2016. 6. 27., 타법개정]

제52조(첨부정보) ① 등기를 신청하는 경우에는 다음 각 호의 정보를 그 신청정보와 함께 첨부정보로서 등기소에 제공하여야 한다.

2. 관청의 허가 또는 인가를 필요로 하는 사항의 등기를 신청하는 경우에는 그 허가 또는 인가가 있음을 증명하는 정보

▣ 상업등기신청서의 양식에 관한 예규[등기예규 제1593호, 개정 2015. 12. 8.]

제3조(신청서에 기재할 첨부서면) ② 제1항 중 관청의 허가(인가)가 등기할 사항의 효력요건인 경우에는 등기신청서에 관청의 허가서(인가서) 또는 그 인증이 있는 등본을 첨부하였다는 기재를 하여야 한다. 다만, 등기할 사항의 효력요건이 아닌 경우에는 그러하지 아니하다.

◐ **선례 해설:**

1. 회사의 설립과 관련하여 관청의 허가 또는 인가를 필요로 하는 사항의 등기를 신청하는 경우에는 그 허가 또는 인가가 있음을 증명하는 정보를 제공하여야 하며(규칙 52조 1항 2호),

2. 이 경우 회사의 설립과 관련하여 관청의 허가(인가)가 필요한 때라 함은 그 허가(인가)가 회사가 법인격을 취득하기 위한 효력요건, 즉 설립등기의 효력요건인 경우를 말한다(예규 1544호 3조 참조).

3. 즉 법령에 특정 사업을 목적으로 하는 회사를 설립할 때에 관청의 허가를 받아야 한다고 규정되어 있거나, 일정한 내용이 기재된 정관을 작성하여 관청의 인가를 받아야 하는 것으로 규정되어 있는 경우, 예를 들어, 구 주택법 제76조 등에 의한 대한주택보증주식회사,[1] 「부동산 가격공시 및 감정평가에 관한 법률」 제28조 등에 의한 감정평가법인[2]의 경우, 각각 국토교통부장관의 인가가 회사설립등기의 효력발생요건이 되므로, 이때는 설립등기신청서에 국토교통부장관의 인가서를 첨부하여야 한다(『상업등기실무(Ⅰ)』, 184~185면).

4. 본 선례에 의하면, 신탁업법 제3조의 규정에 의하면 신탁업을 영위하려면 일정규모 이상의 자본금을 갖추고 금융감독위원회의 인가를 받아야 한다고 되어 있는데, 이는 영업에 관한 인가로서 영업수행을 위한 요건이며 회사가 법인격을 취득하기 위하여 필요한 요건이 아니므로 회사설립등기 시에 위 인가서를 첨부정보로 제공하거나 자본금 요건을 충족할 필요는 없다.[3][4]

---

1) 주택법 제76조는 2015. 1. 6. 삭제되었으나, 구 주택법 제76조 제3항에는 대한주택보증주식회사는 정관을 제정하거나 변경하려는 경우에는 국토교통부장관의 인가를 받아야 한다고 규정되어 있었다.

2) 감정평가법인을 설립하고자 할 때에는 사원이 될 자 또는 감정평가사인 발기인이 공동으로 다음 각 호의 사항을 기재한 정관을 작성하여 대통령령이 정하는 바에 의하여 국토교통부장관의 인가를 받아야 한다. 정관을 변경할 때에도 또한 같다. 다만, 대통령령이 정하는 경미한 사항의 변경은 신고할 수 있다(「부동산 가격공시 및 감정평가에 관한 법률」 28조 4항).

3) 회사의 목적을 추가하는 경우에 주무관청의 허가서 또는 등록증을 첨부정보로 제공하여야 하는지에 대한 것은 상업등기선례 제1-103호(415면) 및 제1-104호(416면) 참조

4) 신고사항에 불과하여 주무관청의 신고서를 증명하는 정보는 첨부정보로 제공할 것이 아니라는 것에 대해서는 상업등기선례 제2-52호(389면) 및 제1-249호(953면) 참조

117. 외국인투자에 해당하는 등기를 신청하는 경우[1] 외국인투자 신고서를 첨부하여야 하는지 여부[2][3]

[상업등기선례 제2-52호, 제정 2011. 3. 7.]

주식회사의 설립이나 신주발행에 있어서 외국인투자(외국인투자촉진법 제2조 제1항 제4호 가목, 외국인투자촉진법 시행령 제2조 제2항)를 하려는 경우 미리 지식경제부장관(주: 현행 산업통상자원부장관)에게 신고하여야 할 것이지만(외국인투자촉진법 제5조), 당해 신고는 등기할 사항(주식회사의 설립이나 신주발행)의 효력요건에는 해당하지 아니하므로 등기신청서에 외국인투자 신고서를 첨부할 필요가 없다.
(2011. 3. 7. 사법등기심의관-521 질의회답)

참조 조문 · 규칙 · 예규 · 선례 · 판례

▣ 외국인투자 촉진법[법률 제13426호, 2015. 7. 24., 타법개정]

제5조(신주 등의 취득에 의한 외국인투자) ① 외국인은 대한민국법인(설립 중인 법인을 포함한다) 또는 대한민국 국민이 경영하는 기업이 새로 발행하는 주식등의 취득에 의하여 외국인투자를 하려는 경우에는 산업통상자원부령으로 정하는 바에 따라 미리 산업통상자원부장관에게 신고하여야 한다. 신고한 내용 중 외국인투자금액, 외국인투자비율(외국인투자기업의 주식등에 대한 외국투자가 소유 주식등의 비율을 말한다. 이하 같다) 등 대통령령으로 정하는 사항을 변경할 때에도 또한 같다.

② 산업통상자원부장관은 제1항에 따른 신고를 받으면 지체 없이 신고인에게 신고증명서를 발급하여야 한다.

---

1) 「외국인투자 촉진법」 상 외국인투자로 인정되기 위해서는 다음 두 요건을 동시에 충족하여야 하는 바, ⅰ) 투자금액이 1억원 이상이어야 하고, ⅱ) 외국인이 대한민국법인(설립중인 법인을 포함) 또는 대한민국 국민이 경영하는 기업이 발행한 의결권 있는 주식총수 또는 출자총액의 10% 이상을 소유하거나 10% 미만을 소유하는 경우에는 일정 요건을 충족하여야 한다(「외국인투자 촉진법 시행령」 2조 2항).

2) 등기예규 제1593호 제3조 제2항(387면) 및 「선례해설」(388면) 참조

3) 건설업자가 건설업을 양도하려는 경우 건설산업기본법에 의해 국토교통부장관에게 신고하여야 하는데, 이는 신고사항에 불과하여 주무관청의 신고서를 증명하는 정보는 첨부정보로 제공할 것이 아니라는 것에 대해서는 상업등기선례 제1-249호(953면) 참조

118. 주식회사 발기설립의 경우 주주총회의 소집절차가 준용되는지 여부

[상업등기선례 제2-16호, 제정 2011. 9. 8.]

모집설립 시에 준용되는「상법」제363조 제1항(주: 주주총회 소집의 통지,공고)은 발기설립의 경우에는 준용되지 않으므로, 납입기일과 발기인의 임원 선임 결의일 간에 2주 이상의 시간적 간격을 요하는지 및 첨부서면으로 총회소집통지의 기간단축동의서를 요하는지가 문제되지 않는다.
(2011. 9. 8. 사법등기심의관-2127 질의회답)

참조 조문 · 규칙 · 예규 · 선례 · 판례

■ 상법[법률 제13523호, 2015. 12. 1., 일부개정]

제308조(창립총회) ① 제305조의 규정에 의한 납입과 현물출자의 이행을 완료한 때에는 발기인은 지체 없이 창립총회를 소집하여야 한다.
② 제363조제1항 · 제2항, 제364조, 제368조제2항 · 제3항, 제368조의2, 제369조제1항, 제371조제2항, 제372조, 제373조, 제376조 내지 제381조와 제435조의 규정은 창립총회에 준용한다. (**주: 모집설립의 경우에는 주주총회 소집의 통지에 관한 제363조 제1항 및 제2항이 준용되나, 발기설립에는 동 규정은 준용되지 않는다.**)

제363조(소집의 통지) ① 주주총회를 소집할 때에는 주주총회일의 2주 전에 각 주주에게 서면으로 통지를 발송하거나 각 주주의 동의를 받아 전자문서로 통지를 발송하여야 한다. 다만, 그 통지가 주주명부상 주주의 주소에 계속 3년간 도달하지 아니한 경우에는 회사는 해당 주주에게 총회의 소집을 통지하지 아니할 수 있다.
② 제1항의 통지서에는 회의의 목적사항을 적어야 한다.

◐ 선례 해설:

본 선례에 의하면, 발기설립의 경우에는 주주총회의 소집통지에 관한 상법 제363조 제1항 및 제2항의 조문이 준용되지 않음으로, 실무적으로 발기설립 등기신청 시 첨부정보로 많이 제공하는 발기인총회 소집기간 생략 또는 기간단축동의서는 설립등기 시 첨부정보로 제공할 것은 아니다.

119. 주식회사 설립등기 신청시에 첨부서면으로서 본점소재지에 대한 권리관계를 증명하는 서면을 첨부하여야 하는지 여부(소극)

[상업등기선례 제1-98호, 제정 2003. 9. 22.]

주식회사 설립등기 신청서의 첨부서면으로는 본점소재지가 기재된 정관, 창립총회의사록(발기설립의 경우는 발기인회의사록) 또는 이사회의사록 등을 첨부하도록 하고 있으나, 본점소재지에 대한 권리관계를 증명하는 서면을 첨부할 필요는 없다.

(2003. 9. 22. 공탁법인 3402-229 질의회답)

◐ 선례 해설: 첨부정보의 법정주의, 「실무사례(53)」(392면) 참조

1. 등기신청 시 제공하는 첨부정보는 등기신청이 권한 있는 자에 의한 것이고 신청내용이 사실과 부합된다는 것 등을 증명하기 위한 것이다. 신청 시 첨부정보로 제공할 것에 대해서는 상업등기법, 상업등기규칙 및 그 밖의 법령에서 정하여져 있다(『상업등기실무(Ⅰ)』, 181면).

2. 상업등기규칙에서는 첨부정보에 관한 통칙 규정으로 제52조가 있으며, 각종 등기유형별로는 개별 조문에서 규정하고 있는데, 그 첨부정보로 제공할 것은 정관, 주주총회의사록 및 이사회의사록 등 각종 의사록, 관청의 허가 또는 인가가 있음을 증명하는 정보, 대리권한을 증명하는 정보 등이다. 하지만 그 실질을 확인하기 위한 방편으로 본점 소재지의 권리관계를 증명하는 첨부정보, 본점이전의 사실을 확인하기 위한 임대차계약서 등은 첨부정보로 제공할 것이 아니다. 이는 첨부정보의 법정주의에 반하기 때문이다.

3. 이와 관련된 선례로는 ⅰ) 주식회사 설립등기신청 시 첨부정보로 본점 소재지에 대한 권리관계를 증명하는 정보는 첨부할 필요가 없다는 본 선례 외에, ⅱ) 법인 설립 시나 본점 변경등기 시 본점 소재지의 임대차계약서나 부동산 사용승낙서 등은 첨부할 것이 아니라는 제1-120호(438면) 및 제1-125호(439면), ⅲ) 등기 경정 신청 시 착오가 있음을 증명하는 첨부정보로 의사록 외에 본점이 소재한 사무실의 임대차계약서 사본이나 사업자등록증 사본 등은 첨부할 것이 아니라는 제1-129호(176면) 등이 있다. 모두 첨부정보의 법정주의에 기반을 둔 선례라 평가된다.

실무사례(53)

제목: 부동산투자회사법에 의해 설립되는 부동산투자회사 설립등기 시 첨부정보 관련[1)]

부동산투자회사법에 의하여 발기설립되는 위탁관리 부동산투자회사[2)]의 설립등기 시 첨부정보에 관한 사항이다.

【1】 자본금 5억원으로 발기설립하려고 한다. 부동산투자회사법 시행령 제44조 제6호에 '주금납입보관증명서'를 설립등기 시 첨부정보로 규정하고 있는데, 이를 잔고증명서로 대체 가능한지?

【2】 상기 【1】의 경우에 설립등기신청 시 정관 공증이 필요한지?

【3】 부동산투자회사법 제7조 및 제14조에 발기인 및 이사의 결격 사유로 미성년자 · 피성년후견인 또는 피한정후견인, 금고 이상의 형의 집행유예를 선고받고 그 유예기간 중에 있는 자 등을 규정하고 있다. 이 경우 설립등기 시에 발기인 및 이사의 결격 사유가 없음을 증명하는 정보로 가족관계증명서나 범죄경력조회서 등을 첨부정보로 제공하여야 하는지?

1-1. 부동산투자회사법에 의해 설립되는 부동산투자회사는 주식회사로 하며, 부동산투자회사는 부동산투자회사법에서 특별히 정한 경우를 제외하고는 상법의 적용을 받는다(부동산투자회사법 3조).

1-2. 신청 시 첨부정보로 제공할 것에 대해서는 상업등기법, 상업등기규칙 및 그 밖의 법령에서 정하여져진 것에 한한다(첨부정보의 법정주의). 부동산투자회사법 시행령 제44조 제6호에 의하면, 부동산투자회사법에 의해 설립되는 부동산투자회사의 설립등기 시에는 주금의 납입을 맡은 은행 또는 그 밖에 금융기관의 주금납입 보관에 관한 증명서를 첨부정보로 제공할 것을 정하고 있다. 따라서 부동산투자회사법에 의한 위탁관리 부동산투자

1) 부동산투자회사법에 의해 설립되는 부동산투자회사는 비록 특수법인이기는 하지만, 본 사례는 첨부정보(혹은 첨부서면)의 법정주의와 관련하여 살펴볼 몇 가지 쟁점이 있어 여기에 실었다.

2) 부동산투자회사법에서는 부동산투자회사를 자기관리 부동산투자회사, 위탁관리 부동산투자회사, 기업구조조정 부동산투자회사 등으로 구분하고 있으며, 위탁관리 부동산투자회사란 자산의 투자 · 운용을 자산관리회사에 위탁하는 회사를 말한다(부동산투자회사법 2조 1호 참조).

회사의 설립등기신청 시에는 주금납입보관증명서만이 가능하고 잔고증명서는 불가하다. 이와 관련하여 국토해양부 인가매뉴얼에 의하면, 부동산투자회사 인가와 관련하여 상법에는 자본금 총액 10억원 미만 회사를 발기설립하는 경우에는 잔고증명서가 가능하도록 되어 있으나 부동산투자회사의 경우에는 주금납입보관증명서만이 가능하다고 설명하고 있다.[1] 이러한 국토해양부의 부동산투자회사의 인가 시 지침을 고려할 때, 부동산투자회사법 시행령 제44조 제6호에 설립 시 첨부서면으로 주금납입보관증명서만을 언급한 것은 비록 자본금 총액 10억원 미만으로 발기설립하는 경우에도 발기인 명의의 잔고증명서는 불가하다는 입법 취지로 해석된다.

1-3. 위 1-2.와 관련하여, 상법 제318조 제3항에는 자본금 10억원 미만으로 발기설립하는 경우에는 주금납입보관증명서 대신에 잔고증명서로 대체할 수 있다는 특례가 있으므로, 이는 부동산투자회사법에서 정하고 있지 않은 사항을 상법에서 정하고 있는 것으로 해석되어 부동산투자회사법에 의한 위탁관리 부동산투자회사를 자본금 10억원 미만으로 발기설립하는 경우에는 잔고증명서도 가능하다는 견해가 있다.[2]

1-4. 위와 같이 부동산투자회사법에 의한 위탁관리 부동산투자회사를 자본금 10억원 미만으로 발기설립하는 경우에 주금납입보관증명서 대신에 잔고증명서로 대체할 수 있는지에 대해서는 견해의 차이가 있을 수 있으나, 등기관의 입장에서는 부동산투자회사법 시행령 제44조에 의해 첨부정보의 제공여부를 판단할 수밖에 없고, 등기신청인의 입장에서도 견해의 대립이 있는 경우에는 보수적으로 신청하는 것이 바람직하고, 인가 시 첨부서면으로는 주금납입보관증명서만을 첨부하여야 하므로, 부동산투자회사법에 의한 위탁관리 부동산투자회사를 자본금 5억원으로 발기설립하는 경우에도 주금납입보관증명서를 첨부정보로 제공하여야 한다고 본다.

---

1) 국토해양부, 『부동산투자회사 등 인가매뉴얼』(2012. 1. 20 개정), 72면

2) 부동산투자회사법에 의한 부동산투자회사의 설립 자본금은 몇 차례 개정이 있었는바, 2004. 10. 22. 개정 시에는 250억원 이상, 그 후 2007. 7. 13. 개정 시에는 10억원 이상, 2010. 4. 15. 개정 시에는 5억원 이상, 2012. 12. 18. 개정 시에는 자기관리 부동산투자회사는 10억원 이상 그리고 위탁관리 부동산투자회사는 5억원 이상 등으로 개정되었다. 위 견해에 의하면, 자본금 10억원 미만으로 발기설립하는 경우에는 주금납입보관증명서를 대신하여 잔고증명서로 대체할 수 있다는 상법 제318조 제3항이 2009. 5. 28.에 신설되었으나, 이러한 상법 제318조 제3항의 특례 조항이 미처 부동산투자회사법 시행령 제44조 설립등기 시의 첨부서면에 반영되지 않았을 뿐이고 상법 제318조 제3항의 특례를 배제하기 위한 것은 아닌 것으로 해석된다.

2. 부동산투자회사법에는 정관 공증에 대해 특별히 정한 바가 없다. 따라서 부동산투자회사법 제3조 제2항에 따라 상법의 규정을 적용하여, 자본금 10억원 미만으로 발기설립하는 부동산투자회사법에 의해 설립되는 부동산투자회사에 대해서는 정관에 대한 공증인의 인증이 필요 없다(상법 292조 단서 및 공증인법 66조의2 1항). 다만, 인가 시에는 인증받은 정관을 첨부토록 하고 있다.[1)]

3-1. 부동산투자회사법에 의하면, 발기인 및 이사의 결격 사유에 대해 동법 제7조 및 제14조에 열거하고 있다. 상법상 주식회사의 경우에도 이사가 성년후견개시의 심판을 받거나 파산선고를 받은 경우 당연히 그 직을 상실하고(상법 382조 2항, 민법 690조), 피성년후견인 또는 파산선고를 받은 자는 이사가 될 수 없다.

3-2. 한편 등기신청 시에 첨부정보로 제공할 것에 대해서는 상업등기법, 상업등기규칙 및 그 밖의 법령에서 정하여진 것에 한한다(첨부정보의 법정주의). 부동산투자회사법 시행령 제44조 및 상업등기규칙 제129조 등에는 회사 설립 시에 발기인 및 이사의 결격 사유에 해당하지 않음을 증명하는 정보 즉 가족관계증명서나 범죄경력조회서 등을 첨부정보로 제공하라고 규정되어 있지 않다. 따라서 부동산투자회사법에 부동산투자회사의 발기인 및 이사에 대해 결격 사유에 관한 명문의 규정이 있더라도, 그 설립등기신청 시에 발기인 및 이사의 결격 사유에 해당하지 않음을 증명하는 정보는 첨부정보로 제공할 필요가 없다. 다만, 이 경우에도 인가 시에는 발기인 및 임원의 이력서에 결격 사유를 확인하기 위한 목적으로 가족관계증명서를 첨부토록 하고 있다.[2)]

참조 조문: 상법 제292조, 제318조, 제382조 제2항, 민법 제690조, 공증인법 제66조의2, 부동산투자회사법 제3조, 제7조, 제14조, 동법 시행령 제44조
참조 문헌: 국토해양부, 『부동산투자회사 등 인가매뉴얼』(2012. 1. 20 개정)

> **[유사 사례]** 주식회사 설립등기신청 시 본점 소재지를 증명하는 서면으로 임대차계약서나 부동산 등기사항증명서 등을 첨부정보로 제공하여야 하는지 여부(소극)
> => 첨부정보의 법정주의에 의해 주식회사 설립등기신청 시의 첨부정보로 본점 소재지가 기재된 정관 또는 이사회의사록 등을 제공하면 족하지, 본점 소재지에 대한 권리관계를 증명하는 임대차계약서나 부동산 등기사항증명서 등은 첨부정보로 제공할 필요가 없다(상업선례 1-98, 391면 참조).

1) 국토해양부, 『부동산투자회사 등 인가매뉴얼』(2012. 1. 20 개정), 70면
2) 국토해양부, 『부동산투자회사 등 인가매뉴얼』(2012. 1. 20 개정), 67~68면

제3절 상호, 목적, 공고방법, 존립기간 또는 해산사유의 변경등기[1]

내 용	관련 조문		관련 선례·예규·규칙 (실무사례 포함)
	상법	상업등기법	
1. 상호의 변경[2]	제289조, 제433조, 제434조	제29조, 제32조, 제37조	120. 상업선례 제1-102호 121. 상업선례 제1-109호 ~~122. 상업선례 제1-110호~~[3] ~~123. 상업선례 제1-112호~~[4] ※ 등기예규 제1547호 ☞ 실무사례(54) 124. 상업선례 제1-113호 125. 상업선례 제2-19호
2. 목적의 변경			☞ 실무사례(55) ~~126. 상업선례 제1-107호~~[5] ☞ 실무사례(56) 127. 상업선례 제1-103호 128. 상업선례 제1-104호 ☞ 실무사례(57)
3. 공고방법의 변경			129. 상업선례 제1-224호 ☞ 실무사례(58)
4. 존립기간 또는 해산사유의 설정·변경·폐지[6]	제317조 제2항 제4호, 제433조, 제434조		130. 상업선례 제1-332호

1) 정관의 절대적 기재사항인 상호, 목적, 공고방법 등의 변경을 위해서는 주주총회의 특별결의에 의한 정관변경절차를 거쳐야 하는데, 회사설립 시 작성되는 원시정관은 원칙상 공증인의 인증을 받음으로써 효력이 생기지만 회사성립 이후 정관변경의 효력발생요건은 주주총회의 결의뿐이며 정관의 기재변경이나 변경된 정관의 공증인의 인증, 정관변경의 등기도 필요 없다(『주석상법(회사편Ⅳ)』, 207~208면). 판례 또한 같은 입장이다(대법원 2007. 6. 28. 선고 2006다62362 판결).

2) 상호변경을 위해서는 동일상호 해당여부를 검색하여야 하는데, 대법원 인터넷등기소에서 법인상호검색을 이용하면 편리하다. 목적변경을 위한 동일상호 검색도 마찬가지이다.

3) 상업등기선례 제1-110호(400면)는 유사상호에 대한 등기관의 주관적인 판단이 개입될 여지가 없는 현행 법제 하에서는 사실상 사문화되었다.

4) 상업등기선례 제1-112호(401면)는 유사상호에 대한 등기관의 주관적인 판단이 개입될 여지가 없는 현행 법제 하에서는 사실상 사문화되었다.

5) 상업등기선례 제1-107호는 등기예규 제1509호에 의해 2014. 1. 1. 폐지되었으나, 그 폐지사유를 살펴보면 실질은 폐지되지 않았다(「선례해설」(413면) 참조).

6) 존립기간 또는 해산사유의 발생으로 해산한 경우에 회사계속을 하기 위한 요건 등에 관한 것은 상업등기선례 제1-254호(867면) 참조

§ 요약

1. 주식회사 변경등기 시 정관을 첨부할지 여부는 원칙적으로 등기를 신청함에 있어서 정관으로 상법의 규정과 달리 정할 수 있는 사항으로서 정관에 규정이 없으면 무효 또는 취소의 원인이 되는 경우에는 정관을 첨부하나, 그 이외에는 정관을 첨부할 필요가 없다(상업선례 1-102, 397면).

2. 상호 또는 목적을 변경함에는 동일한 특별시, 광역시, 특별자치시, 시 또는 군에서 동종의 영업을 위하여 다른 상인이 등기한 상호와 동일한 상호인지가 문제되는데, 이와 관련하여 등기관의 동일상호인지 여부의 판단기준을 정한 것으로 등기예규 제1547호(402~405면)가 있다.

3. 「농어업경영체 육성 및 지원에 관한 법률」상의 농업회사법인으로 전환하지 않은 일반 상법상의 주식회사는 동법 제30조에 의해 2009. 10. 2.부터는 주식회사의 상호에 농업회사법인의 부가문자를 사용할 수 없으나, 상법상의 주식회사를 「농어업경영체 육성 및 지원에 관한 법률」상의 농업회사법인의 설립요건을 갖추고 정관 등을 변경한 후 변경등기를 함으로써 동법상의 농업회사법인으로 전환하는 것은 가능하며, 이 경우에는 주식회사의 상호에 농업회사법인의 부가문자를 사용할 수 있다(상업선례 1-113, 407면).

4. 회사성립 이후 상호의 변경은 주주총회 특별결의 시에 효력이 발생하나, 상호변경등기는 등기관이 등기를 마친 경우 그 등기신청을 접수한 때로 소급하여 효력이 발생한다. 즉 상호변경등기는 제3자에 대한 대항요건일 뿐 효력요건은 아닌 것이다(상업선례 2-19, 409면).

5. 목적변경의 등기신청 시 주무관청의 허가(인가) 또는 등록이 등기의 효력요건인 경우에는 그 허가(인가)서 또는 등록증 등을 첨부하여야 하나, 이와 달리 그 허가(인가) 또는 등록이 영업을 하기 위한 요건에 불과한 경우에는 그 허가(인가)서 또는 등록증 등을 첨부할 필요가 없다(상업선례 1-103, 415면 및 1-104, 416면).

6. 정관이 어떠한 사실관계나 법령에 기초하고 있는 경우, 그 기초관계가 변경되면 정관도 그에 따라 자동적으로 변경되나, 그것은 상법상의 정관변경에 해당하지 않는다. 따라서 주식회사가 그 공고방법으로 정한 일간신문사의 상호가 변경된 경우에는 정관상의 공고방법은 변경된 것으로 보므로 정관변경을 위한 주주총회의 특별결의를 거칠 필요는 없다(상업선례 1-224, 418면).

120. 주식회사 변경등기시 정관의 첨부 여부

[상업등기선례 제1-102호, 제정 1992. 9. 21.]

등기사항인 정관의 절대적 기재사항을 주주총회 결의로 변경하거나 이사회 결의로 대표이사의 선임 등을 하고 이에 대한 등기를 신청함에 있어서는 정관으로 상법의 규정과 달리 정할 수 있는 사항으로서 정관에 규정이 없으면 무효 또는 취소의 원인이 되는 경우(예, 주주총회의 의결정족수(상법 제368조 제1항) 또는 소집지에 관한 사항(상법 제364조), 이사회의 소집기간에 관한 사항(상법 제390조 제3항) 등) 이외에는 주주총회의사록이나 이사회의사록을 첨부하면 족하고 따로이 정관을 첨부할 필요가 없는 것이다.

(1992. 9. 21. 등기 제2006호 대한법무사협회장 대 질의회답)

◐ 선례 해설:

1. 상호, 목적, 공고방법, 존립기간 또는 해산사유에 관한 내용을 변경하기 위해서는 정관변경을 위한 주주총회 특별결의의 내용이 있는 주주총회의사록을 첨부정보로 제공하여야 하나,
2. 변경 후의 상호, 목적, 공고방법, 존립기간 또는 해산사유 등이 기재된 정관을 첨부정보로 제공할 필요는 없다(『상업등기실무(II)』, 136면).
3. 그 논거로 본 선례에서는, 등기를 신청함에 있어서는 정관으로 상법의 규정과 달리 정할 수 있는 사항으로서 정관에 규정이 없으면 무효 또는 취소의 원인이 되는 경우(예: 상법 규정에, "회사는 정관이 정하는 바에 의하여~", "회사는 정관으로 정하는 바에 따라~", "다음의 사항은 정관으로 달리 정하지 아니하면~", "정관으로 ○○○를 정하여야 한다", "정관이 정한 경우에 한하여~", "정관에 다른 정함이 있는 경우를 제외하고는~" 등) 이외에는 주주총회의사록이나 이사회의사록을 첨부정보로 제공하면 족하고, 별도로 정관을 첨부정보로 제공할 필요가 없다는 점을 들고 있다.
4. 상법에서 규정하고 있는 내용과 달리 정할 경우에 등기신청 시 정관을 첨부정보로 제공하여야 할 주요 내용(≒정관의 상대적 기재사항)[1]

1) 정관의 절대적 기재사항의 변경에 대해서는 정관을 첨부정보로 제공할 필요가 없음이 원칙이다. 다만, 본점이전등기신청 시에는 실무상 정관을 첨부정보로 제공하고 있다.

※ 아래 표에서의 괄호 안의 조문은 모두 상법 조문으로 편의상 법명은 생략함

구 분	내 용
1. 변태설립사항1)	* 변태설립사항(290조)은 정관의 기재 + 주식청약서에 기재 + 검사인에 의한 조사·보고
2. 주식에 관한 것	(1) 명의개서대리인(337조 2항)
	(2) 주식양도제한규정(335조 1항 단서)
	(3) 주식발행사항의 결정(291조)
	(4) 종류주식의 내용과 수(344조 2항)
	(5) 주식의 전환에 관한 종류주식(346조)
	(6) 이익배당의 기준일(423조 1항 단서)
	(7) 주권의 불소지(358조의2 1항)
	(8) 자격주(387조)
	(9) 신주인수권(418조 2항)
3. 주주총회에 관한 것	(1) 주주총회의 권한사항(361조)
	(2) 신주발행사항의 결정(416조 단서)
	(3) 준비금의 자본금 전입(461조 1항 단서)
	(4) 주주총회의 소집지(364조)
	(5) 주주총회 결의방법(368조 1항)
	(6) 주주총회에서 대표이사의 선정(389조 1항)
4. 이사와 이사회 및 감사에 관한 것	(1) 대표이사의 선임(389조 1항)
	(2) 이사회의 결의방법(391조 1항 단서)
	(3) 이사의 임기연장(383조 3항)
	(4) 이사회 소집기간의 단축(390조 3항)
	(5) 감사에 갈음하여 감사위원회의 설치(415조의2)

1) 회사설립 시에는 정관을 첨부하여야 하므로(규칙 129조), 변태설립사항과 관련해서 정관을 첨부하여야 하는지에 관한 논의는 사실상 별 실익은 없다.

121. 상호변경등기의 가부

[상업등기선례 제1-109호, 제정 1995. 12. 7.]

본점이 동일한 시에 있고 사업목적이 유사한[1] "갑" 주식회사와 "을" 주식회사에 있어, "갑" 주식회사는 "을" 주식회사 명의로, "을" 주식회사는 "갑" 주식회사 명의로 각 상호변경등기를 동시에 신청할 수 없다.
(1995. 12. 7. 등기 3402-844 질의회답)

참조 조문 · 규칙 · 예규 · 선례 · 판례

▣ 상법[법률 제13523호, 2015. 12. 1., 일부개정]

제22조(상호등기의 효력) 타인이 등기한 상호는 동일한 특별시 · 광역시 · 시 · 군에서 동종영업의 상호로 등기하지 못한다.

▣ 상업등기법[법률 제13953호, 2016. 2. 3., 타법개정]

제29조(등기할 수 없는 상호) 동일한 특별시, 광역시, 특별자치시, 시(행정시를 포함한다. 이하 같다) 또는 군(광역시의 군은 제외한다. 이하 같다)에서는 동종의 영업을 위하여 다른 상인이 등기한 상호(商號)와 동일한 상호를 등기할 수 없다.

◐ 선례 해설:

1. 동일한 특별시 · 광역시 · 특별자치시 · 시(행정시를 포함) 또는 군(광역시의 군은 제외) 내에서는 동일 또는 동종의 영업을 위하여 다른 사람이 등기한 것과 동일한 상호는 등기할 수 없으므로(법 제29조),
2. 본점이 동일한 시에 있고 동일 또는 동종의 영업을 하는 "갑" 주식회사와 "을" 주식회사가 있는 경우, "갑" 주식회사는 "을" 주식회사로 상호변경이 불가능하며 마찬가지로 "을" 주식회사는 "갑" 주식회사로 상호변경이 불가능하다. 선례의 내용처럼 동시에 신청하여도 역시 마찬가지이다.

---

1) 현행 법제 하에서는 "동일 또는 동종의 영업"으로 선해하여 해석할 필요가 있으며, 영업의 동종성과 관련해서는 등기예규 제1547호 제9조 및 제10조(405면) 참조.

122. 상호변경등기

[상업등기선례 제1-110호, 제정 2003. 6. 27.]

서울특별시 내에 본점을 둔 동ㅇ제과 주식회사를 '주식회사 000' 으로 바꾸는 상호변경등기가 가능한지 여부는, '주식회사 000' 이라는 상호가 이미 서울특별시 내에 등기되어 있는 다른 상호들과 구별되기 어려운 유사상호에 해당하는지 여부로서, 이는 담당등기관이 회사의 목적, 거래계의 실정, 일반인의 혼동가능성 등을 종합적으로 고려하여 구체적으로 판단할 사항이라 할 것이다.
(2003. 6. 27. 공탁법인 3402-157 질의회답) **사실상 폐지**

참조 조문 · 규칙 · 예규 · 선례 · 판례

▣ 상업등기법[법률 제13953호, 2016. 2. 3., 타법개정]

제29조(등기할 수 없는 상호) 동일한 특별시, 광역시, 특별자치시, 시(행정시를 포함한다. 이하 같다) 또는 군(광역시의 군은 제외한다. 이하 같다)에서는 동종의 영업을 위하여 다른 상인이 등기한 상호(商號)와 동일한 상호를 등기할 수 없다.

◐ 선례 해설:

1. 현행법에서는 유사상호에 대한 부분은 삭제되었으므로 동일상호인지 여부만 판단하면 된다. 따라서 현재로서는 등기관은 유사상호에 해당하는지 여부에 대한 심사를 할 필요가 없게 되어, 본 선례가 갖는 원래의 의미 즉 유사상호인지 여부에 대한 판단 기준은 별 의미가 없게 되어 사문화된 선례라 하겠다.

2. 그러한 의미에서 등기예규 제59호(유사상호인 사례), 제157호(유사상호 여부의 판정기준자료), 제266호(유사상호가 아닌 사례) 등은 등기예규 제1509호에 의해 2014. 1. 1.부로 폐지되었다.

3. 따라서 현재는 본 선례 보다는 등기예규 제1547호 제6조(동일상호의 판단 요건)(404면)를 살펴보는 것이 더 유용하다.

123. 상호변경등기신청시 동일 또는 유사상호의 판단

[상업등기선례 제1-112호, 제정 2004. 8. 16.]

주식회사의 상호를 'OO솔루션즈(주)' 로 바꾸는 상호변경등기가 가능한지 여부는, 'OO솔루션즈(주)' 라는 상호가 동일한 특별시·광역시·시 또는 군 내에서 타인이 이미 등기한 상호와 동일 또는 유사한 상호에 해당하는가의 문제로서, 이는 담당 등기관이 회사의 목적, 거래계의 실정, 일반인의 혼동 가능성 등을 종합적으로 고려하여 판단할 사항이라 할 것이며, 등기관의 처분에 이의가 있는 경우 관할지방법원에 이의신청을 할 수 있을 것이다.
(2004. 8. 16. 공탁법인 3402-179 질의회답) **사실상 폐지**

참조 조문·규칙·예규·선례·판례

▣ 상법[법률 제13523호, 2015. 12. 1., 일부개정]

제22조(상호등기의 효력) 타인이 등기한 상호는 동일한 특별시·광역시·시·군에서 동종영업의 상호로 등기하지 못한다.

▣ 상업등기법[법률 제13953호, 2016. 2. 3., 타법개정]

제29조(등기할 수 없는 상호) 동일한 특별시, 광역시, 특별자치시, 시(행정시를 포함한다. 이하 같다) 또는 군(광역시의 군은 제외한다. 이하 같다)에서는 동종의 영업을 위하여 다른 상인이 등기한 상호(商號)와 동일한 상호를 등기할 수 없다.

◐ **선례 해설:**

1. 현행 법제 하에서는 동일상호인지 여부만을 심사하도록 하고 유사상호에 해당하는지 여부는 심사대상이 아니므로, 본 선례는 사실상 사문화되었다고 본다. 즉 이제는 유사상호에 대한 등기관의 주관적인 판단이 개입될 여지가 없게 되어 본 선례가 갖는 의미는 사실상 거의 상실되었다고 본다.

2. 현재 동일상호의 판단 기준에 관한 것은 등기예규 제1547호(402~405면) 참조.

※ 동일상호의 판단 기준에 관한 예규[등기예규 제1547호, 개정 2014. 11. 5.]

제1장 총 칙

제1조(목적)

이 예규는 상법 제22조, 제22조의2 제4항, 상업등기법 제29조 등 상호에 관한 법령에 근거하여, 상호에 관한 등기에 있어 신청인의 상호가 타인이 등기 또는 가등기(이하 '등기'는 가등기를 포함한다)한 상호에 대하여 동일상호인지 여부의 판단기준을 정함을 목적으로 한다.

제2조(등기관의 판단준칙)[1)]

① 등기관은 상호에 관한 법령과 이 예규로 정한 기준에 따라, 등기부, 등기신청서와 그 첨부서면에 의하여 사회 일반인의 입장에서 신청인의 상호가 타인이 등기한 상호와 동일한 상호인지 여부를 판단하여야 한다.
② 신청인과 상호를 등기한 타인이 동일 또는 동종의 영업을 하는지는 영업의 종류(이하 '업종' 이라고 한다) 또는 목적을 비교하여 판단한다.

제3조(등기할 수 없는 상호)

등기관은 다음 각 호의 어느 하나에 해당하는 경우에는 등기신청을 각하하여야 한다.

1. 상법등기법 제29조에 의해 등기할 수 없는 상호
2. 법령으로 상호에 사용하는 것을 금지한 문자를 사용한 경우
   【예시】회사가 아니면서 상호에 회사임을 표시하는 문자를 사용한 경우(상법 제20조), 금융투자업자가 아니면서 상호에 금융투자라는 문자를 사용한 경우(자본시장과 금융투자업에 관한 법률 제38조제1항), 보험회사가 아니면서 상호에 보험회사임을 표시하는 문자를 사용한 경우(보험업

1) 제2조에서는 등기관의 동일상호에 관한 판단의 기준을 제시하고 있는 바, 등기관은 형식적 심사권한 내에서 사회 일반인의 입장에서 신청인의 상호가 타인이 등기한 상호와 동일한 상호인지 여부를 판단하여야 한다. 이는 2009. 5 .28.부터 시행된 개정 상법에서 유사상호 사용금지 제도가 폐지되고 대신에 동일상호 사용금지 제도가 채택됨에 따른 것인데, 이로써 등기관도 형식적 심사권한 내에서 동일상호 여부만을 사회 일반인의 입장에서 판단함에 따라 등기관의 자의적인 판단이 개입될 여지가 없게 되었다(염춘필, "개정 「상법」 시행에 따른 실무상 쟁점", 법무사저널(2009년7・8월호), 서울중앙지방법무사회, 104~109면 참조).

법 제8조 제2항) 등. 다만, '보험대리점' 이라는 문자는 보험회사임을 표시하는 문자로 볼 수 없다(보험업법 제2조제1호, 제5호, 제9호 등 참조).

3. 법령으로 상호에 일정한 문자(증권, 신탁 등)를 사용할 것을 규정 하였음에도 불구하고 그러한 문자를 사용하지 아니한 경우

4. 상호에 지점, 지사, 지부, 출장소 등의 문자나 영업부문임을 표시하는 문자(영업부, 판매부 등)를 사용한 경우(상법 제21조 제2항에 따라 지점의 상호에 본점과의 종속관계를 표시하기 위하여 사용하는 경우는 제외한다). 다만, 대리점, 특약점 등의 문자는 상호에 사용할 수 있다.

5. 상호가 국가·공공단체 또는 그 소속기관 및 공법인과 관련성이 있다고 오인될 우려가 있는 경우

   【예시】 국가기관으로 오인하게 할 수 있는 문자를 상호에 사용한 경우, 지방공기업법 등 관련 법령에 따라 설립된 것이 아니면서 지방공사, 지방공단, 공사, 공단 등의 문자를 상호에 사용한 경우 등

6. 상호가 선량한 풍속 기타 사회질서에 반하는 경우

   【예시】 상호에 외설스러운 문자를 사용한 경우

7. 사회적 유명 인사의 성명권을 침해할 우려가 있는 경우

8. 회사의 종류를 표시하는 부분을 제외하면 신청인의 상호가 업종을 표시하는 문자만으로 구성되어 있는 경우

제4조(동일상호 판단을 요하는 등기사건)

① 등기관이 동일상호 여부를 조사·판단하여야 하는 등기 사건은 다음 각 호와 같다.

1. 회사의 설립 등기
2. 상호의 등기
3. 상호의 변경 등기
4. 목적의 변경 등기
5. 본점 또는 영업소를 다른 등기소의 관할 구역에서 당해 등기소의 관할 구역으로 이전하는 등기(본점을 이전하는 회사의 지점 등기가 당해 등기소의 관할 구역에 이미 있는 경우에도 마찬가지이다)
6. 상호의 가등기
7. 주식회사 또는 유한회사를 설립하고자 할 때, 회사의 상호를 변경하고

자 할 때, 회사의 본점을 이전하고자 할 때의 상호 가등기의 등기사항 중 목적을 변경하는 등기

② 회사의 지점 및 외국회사의 영업소를 설치하거나 이전하는 등기, 지점의 등기기록에서 상호 또는 목적을 변경하는 등기신청에서는 동일상호 여부를 조사하지 아니한다.

제5조(타인의 동의가 있는 경우 등)

상호를 등기한 타인이 신청인의 상호에 관한 등기에 동의하거나 신청인이 발행한 주식을 100% 소유한 모회사라 하더라도, 동일상호인 경우에 등기관은 상호에 관한 등기 신청을 수리할 수 없다.

제6조(동일상호의 판단 요건)[1]

상호에 관한 등기 신청이 다음 각 호의 요건을 충족할 경우 등기관은 그 신청을 각하하여야 한다.

1. 신청인이 타인의 상호의 등기가 있는 특별시·광역시·시·군의 관할 등기소에 상호에 관한 등기를 신청하였을 것
2. 신청인의 상호가 타인의 상호와 동일할 것
3. 신청인이 타인과 동일 또는 동종의 영업을 하거나 하려고 할 것

제7조(타인이 등기한 상호의 범위)

① 등기관은 신청인의 상호가 회사의 상호(지점 및 외국회사 영업소의 상호를 포함한다)[2], 가등기된 상호, 자연인인 상인의 등기된 상호에 대하여 동일상호인지를 조사하여야 한다.

② 등기관은 등기신청된 상호가 타인이 등기한 상호와 동일한지를 판단하기 위하여 해산 또는 파산선고된 회사의 상호에 대하여도 조사하여야 한다. 다만, 청산종결, 파산종결 또는 파산폐지의 등기가 되어 그 등기기록이 폐쇄된 회사의 상호는 그러하지 아니하다.

---

1) 「실무사례(54)」(406면) 참조

2) 지점의 경우에는 「법인의 등기사항에 관한 특례법」 제3조에 따라 회사의 상호 등기가 강제되어 있고, 외국회사는 그 영업소의 설치에 관하여 대한민국에서 설립되는 동종의 회사 또는 가장 유사한 회사의 지점과 동일한 등기를 하여야 하므로(상법 614조 2항) 이 또한 회사의 상호 등기가 강제되어 있다. 따라서 신청인의 상호가 타인의 상호와 동일한지 여부를 판단할 때 지점 및 외국회사 영업소의 상호도 함께 고려하여야 하는 것이다. 이와 반대로 지점 및 외국회사 영업소의 상호의 등기는 강제되어 있어, 지점을 설치·이전 시 및 외국회사의 국내 영업소 설치·이전 시에는 동일상호 여부와 상관없이 그 등기가 가능하다.

제2장 상호 자체의 동일성 판단

제8조(상호 자체의 판단방법)

상호 자체의 동일성을 판단할 때 다음 각 호의 문자가 있는 경우에는 이를 제외한 나머지 부분만으로 동일성을 판단한다.

1. 회사의 종류를 표시하는 문자(합명회사, 합자회사, 주식회사, 유한회사)
2. 「상업등기의 상호 및 외국인의 성명 등기에 관한예규」에 근거하여 상호에 병기된 로마자 등

제3장 영업의 동종성 판단

제9조(목적의 적격성)

① 목적(본 절에서 '업종'을 포함한다)은 적격성이 있어야 하며, 적격성이 없는 목적은 등기할 수 없고, 등기되었어도 동일상호 여부를 판단할 때 고려하지 아니한다.
② 목적은 영리성이 있어야 하고, 강행법규나 선량한 풍속 기타 사회질서에 반하여서는 아니된다.
③ 목적은 상인이 수행하거나 하려고 하는 영업을 사회 일반인이 쉽게 인식할 수 있도록 명확하고 구체적이어야 한다.
④ 등기관은 통계청장이 작성·고시하는「한국표준산업분류」중 소분류 이하를 참고하여 목적의 구체성을 판단할 수 있다.

제10조(영업의 동종성 판단)

① 목적의 전부 또는 주된 부분이 동일하거나 동종인 경우뿐 아니라 일부가 그러한 경우에도 원칙적으로 영업의 동종성은 인정된다.
② 두 상인의 목적 중 어느 일방의 목적이 상대방의 목적을 포함하는 경우에는 영업의 동종성이 인정된다.
③ 목적 중 '전 각 호에 부대하는(또는 관련되는) 일체의 업무'라는 부분은 영업의 동종성을 판단할 때 고려하지 않는다.

부 칙(2014. 11. 5. 제1547호)
이 예규는 2014년 11월 21일부터 시행한다.

실무사례(54)

제목: 상호변경 시 동일상호 여부

평택시에서 금속압형제품 제조업을 사업목적으로 하는 '주식회사 에스엠피'가 이번에 상호를 '주식회사 에스엠피에이스'로 변경하려고 한다. 하지만 같은 평택시에 이미 섬유 무역업을 사업목적으로 하는 '에스엠피에이스 주식회사'가 등기되어 있는 경우, 상호변경등기신청을 하는데 문제는 없는지?

1. 동일한 특별시, 광역시, 특별자치시, 시 또는 군에서 동종의 영업을 위하여 다른 상인이 등기한 상호와 동일한 상호를 등기할 수 없으며(법 29조), 등기신청이 상업등기법 제29조에 따라 등기할 수 없는 상호의 등기를 목적으로 하는 경우에는 등기관은 이유를 적은 결정으로 신청을 각하하여야 한다(법 26조 13호).

2. 상기 1.과 관련하여 등기예규에서는 동일상호의 판단 요건으로 ⅰ) 신청인이 타인의 상호의 등기가 있는 특별시·광역시·시·군의 관할 등기소에 상호에 관한 등기를 신청하였을 것, ⅱ) 신청인의 상호가 타인의 상호와 동일할 것, ⅲ) 신청인이 타인과 동일 또는 동종의 영업을 하거나 하려고 할 것 등을 들고 있다. 이 경우 그 신청이 위 3가지의 요건을 모두 충족할 경우에는 등기관은 그 신청을 각하하여야 한다(예규 1547호 6조).

3. 사안의 경우 ⅰ) 신청인이 타인의 상호의 등기가 있는 평택시의 관할 등기소에 상호에 관한 등기를 신청하려고 하고 있으며, ⅱ) 상호 자체의 동일성과 관련해서는 회사의 종류를 표시하는 문자 즉 '주식회사'를 제외한 나머지 부분만으로 동일성을 판단하므로(예규 1547호 8조), 상호에 회사의 종류를 표시하는 '주식회사'가 앞에 있느냐 뒤에 있느냐는 고려할 바가 아니다. 따라서 회사의 종류를 표시하는 부분을 제외한 나머지 부분은 '에스엠피에이스'로 신청인의 상호가 타인의 상호와 동일한 것은 명백하다. ⅲ) 다만, 상호를 변경하려는 신청인의 사업목적은 금속압형제품 제조업인데 반해, 이미 등기된 타인의 사업목적은 섬유 무역업으로 동일 또는 동종영업이라 할 수 없다. 따라서 '주식회사 에스엠피'에서 '주식회사 에스엠피에이스'로 상호변경을 위한 등기신청은 가능하다고 본다.

참조 조문: 상업등기법 제26조 13호, 제29조 **참조 예규**: 등기예규 제1547호

124. 상법상의 주식회사가 상호에 '농업회사법인' 이라는 부가문자를 추가할 수 있는지 여부(적극) 등

[상업등기선례 제1-113호, 제정 2004. 10. 21.]

상법상의 주식회사는 상호에 '농업회사법인' 이라는 부가문자를 추가하거나, 농업경영 등으로 목적을 변경하는 변경등기신청을 할 수 있을 것이다. 다만, 그 회사가 농업·농촌기본법 등 관계법령에서 정한 정책지원 등을 받기 위한 실질적 요건을 구비하였는가의 여부는 주무관청에서 심사할 문제이고, 등기관이 판단할 사항은 아니라 할 것이다.
(2004. 10. 21. 공탁법인 3402-228 질의회답)

참조 조문·규칙·예규·선례·판례

▣ 농어업경영체 육성 및 지원에 관한 법률[법률 제13931호, 2016. 1. 28., 타법개정]

제19조(농업회사법인 및 어업회사법인의 설립 등) ① 농업의 경영이나 농산물의 유통·가공·판매를 기업적으로 하려는 자나 농업인의 농작업을 대행하려는 자는 대통령령으로 정하는 바에 따라 농업회사법인(農業會社法人)을 설립할 수 있다.

제30조(유사명칭의 사용금지) 이 법에 따른 농업법인 또는 어업법인이 아니면 제16조에 따른 영농조합법인과 영어조합법인 또는 제19조에 따른 농업회사법인과 어업회사법인의 명칭 또는 이와 유사한 명칭을 사용할 수 없다.

◐ 선례 해설:

1. 본 선례는 상법상의 주식회사가 「농어업경영체 육성 및 지원에 관한 법률」상의 농업회사법인으로 전환할 수 있는지에 관한 것이다. 이것이 문제되는 것은 「농어업경영체 육성 및 지원에 관한 법률」에는 상법상 회사의 농업회사법인으로의 전환에 관한 내용이 없고, 또한 「농어업경영체 육성 및 지원에 관한 법률」 제30조의 규정에 의하면 동법에 따른 농업법인 또는 어업법인이 아니면 동법 제16조에 따른 영농조합법인과 영어조합법인 또는 동법 제19조에 따른 농업회사법인과 어업회사법인의 명칭 또는 이와 유사한 명칭을 사용할 수 없다고 규정되어 있기 때문이다(2009. 10. 2.부터 시행).

2. 현재 실무상 상법상 주식회사를 「농어업경영체 육성 및 지원에 관한 법률」상 농업회사법인의 설립요건(명칭변경, 설립목적, 사업범위, 비농업인 출자한도 등)을 갖추고 정관 등을 변경한 후 변경등기를 함으로써 「농어업경영체 육성 및 지원에 관한 법률」상 농업회사법인으로 전환을 하고 있는 실정이다.

3. 한편 상법상의 주식회사가 「농어업경영체 육성 및 지원에 관한 법률」상의 농업회사법인으로 전환하지 않은 일반 주식회사는 동법 제30조에 의해 2009. 10. 2.부터는 주식회사의 상호에 농업회사법인의 부가문자를 사용할 수 없다(본 선례 제정 당시 이후 변경된 사항).

4. 마지막으로 「농어업경영체 육성 및 지원에 관한 법률」제19조에 따른 농업회사법인에 대해서는 국세(법인세, 부가가치세), 지방세(취득세, 등록면허세, 재산세) 등의 세제상 혜택이 있는데, 상법상 주식회사가 농업회사법인으로 전환한 경우에는 감면기산일은 전환 전 법인의 사업개시일로부터 기산한다는 점에 주의하여야 한다(조심 2013부0771).

[참고: 조심2013부0771 결정이유 중에서 발췌] 「상법」상 주식회사가 「농어업경영체 육성 및 지원에 관한 법률」에 의거 농업회사법인을 전환한 경우 당해 법인의 사업은 법인설립등기 등에 상관없이 전환 전 사업이 계속되는 것이며, 그러한 점을 반영하여 창업중소기업에 대한 법인세 감면에 관한 「조세특례제한법」제6조 제6항에서도 사업의 승계, 사업용 자산인수후 동종 사업영위, 법인전환, 폐업 후 재개업 등의 경우는 창업중소기업에 대한 법인세 감면이 적용되는 새로운 창업으로 보지 아니한다고 정하고 있는점 등에 비추어 보면, 「상법」상 주식회사가 농업회사법인으로 전환한 경우 농업회사법인의 농업외 소득에 대한 법인세 감면기산일이 되는 "해당사업에서 최초로 소득이 발생한 과세연도" 또는 "전환전 법인의 사업개시일로부터 5년이 되는 날이 속하는 과세연도"를 말한다고 보아야 할 것이다(법인세과-368, 2012. 6. 8. 참조).

또한 같은 취지로 지방세특례제한법 제11조에 의하면, 「농어업경영체 육성 및 지원에 관한 법률」제19조에 따른 농업회사법인이 영농에 사용하기 위하여 법인 설립등기일로부터 2년 이내에 취득하는 부동산에 대하여는 취득세를 2017년 12월 31일까지 면제해주는바, 여기서의 설립등기일도 전환 전의 주식회사의 설립등기일을 기산점으로 판단하여야 할 것으로 보인다.

125. 상호변경등기의 효력발생시기

[상업등기선례 제2-19호, 제정 2010. 6. 18.]

등기관이 등기를 마친 경우 그 등기는 접수한 때부터 효력을 발생하므로, 2010. 4. 29. 상호변경등기신청을 접수하여 등기관이 2010. 5. 6.에 등기를 마친 경우에 그 등기의 효력은 2010. 4. 29.부터 발생한다.
(2010. 6. 18. 사법등기심의관-1348 질의회답)

◐ 선례 해설: 상호변경과 상호변경등기의 효력발생시기 비교

1. 상호변경의 효력발생시기와 상호변경등기의 효력발생시기는 구별할 필요가 있다.

2. 회사설립 시 작성되는 원시정관은 원칙적으로 공증인의 인증을 받음으로써 효력이 생기지만, 회사성립 이후 정관변경의 효력발생요건은 주주총회의 특별결의뿐이며 서면인 정관의 기재변경이나 변경된 정관의 인증, 정관변경의 등기와는 무관하다(『주석상법(회사편Ⅳ)』, 208면).[1]

3. 위 2.와 달리 상업등기의 신청은 등기의 목적과 신청인의 성명 또는 상호에 관한 정보가 전산정보처리조직에 저장된 때 접수된 것으로 보며, 등기관이 등기를 마친 경우 즉 등기관이 누구인지 알 수 있는 조치를 하였을 때 그 등기는 접수한 때부터 효력을 발생한다(법 3조 및 규칙 3조).

4. 요컨대, 회사성립 이후 상호의 변경은 주주총회의 특별결의 시에 효력이 발생하는 반면에, 상호변경등기는 등기관이 등기를 마친 경우 그 등기신청을 접수한 때로 소급하여 효력이 발생한다.

5. 따라서 본 선례의 내용처럼 2010. 4. 29. 상호변경등기신청을 접수하여 등기관이 2010. 5. 6.에 등기를 마친 경우에 그 등기의 효력은 2010. 4. 29.부터 발생한다.

---

1) 주식회사의 원시정관은 공증인의 인증을 받음으로써 효력이 생기는(상법 292조) 것이지만 일단 유효하게 작성된 정관을 변경할 경우에는 주주총회의 특별결의(상법 433조, 434조)가 있으면 그때 유효하게 정관변경이 이루어지는 것이며 서면인 정관이 고쳐지거나 변경내용이 등기사항인 때의 등기여부 내지는 공증인의 인증여부는 정관변경의 효력발생에는 아무 소장이 없다고 할 것이다(대법원 1978. 12. 26. 선고 78누167 판결).

📖「보 론」 등기사항으로서의 회사의 목적[1]: 「실무사례(55)」(411면) 참조

1. "목적"은 정관의 절대적 기재사항이며(상법 289조 1항 1호) 등기사항이다(상법 317조). 목적은 회사가 그 존재이유로 삼아 수행하고자 하는 사업을 말하며, 이 목적은 주주들이 출자하는 동기이고 이사들의 업무집행의 범위를 정하여 주는 것이므로 구체성을 띠어야 한다. 따라서 상업, 도매업, 무역업 등과 같이 막연하게 규정하는 것은 허용되지 아니하나, 구체적인 목적사업을 기재하고 '기타 이에 부대하는 사업'이라 표현하는 것은 주된 목적에 의해 그 부대사업의 범위가 정해지므로 유효하다(이철송, 『회사법강의』, 228~229면 참조).

2. 목적을 등기하기 위해서는 적격성이 있어야 하는바, i) 영리성이 있어야 하고, ii) 강행법규나 선량한 풍속 기타 사회질서에 반하여서는 아니 되며, iii) 상인이 수행하거나 하려고 하는 영업을 사회 일반인이 쉽게 인식할 수 있도록 명확하고 구체적이어야 한다(예규 1547호 9조).

3. 등기관은 등기신청에 상업등기법 제26조 각 호 등 법령에서 정하는 각하사유 중 어느 하나에 해당하는 각하사유가 있고 그 사유가 보정할 수 없는 사항이거나 신청인이 보정하지 아니할 때에는 등기관은 이유를 적은 결정으로써 각하처분을 하여야 한다.

4. 위 3.과 관련하여, 회사설립 시 혹은 목적변경 시 정한 목적이 영리성이 없는 경우와 같이 그 적격성이 없을 경우에 등기관은 상업등기법 제26조 몇 호의 사유로 각하하여야 하는지 문제된다. 상법 제317조 제1항 제1호 등에 의해 등기사항으로 정하여져 있는 회사의 목적은, 회사가 영리를 위하여 행하는 사업내용을 말하는 것이므로 '선교사업'과 같은 비영리적인 것은 등기사항인 회사의 목적이 될 수 없으므로 상업등기법 제26조 제2호(사건이 등기할 사항이 아닌 때)의 사유로 각하함이 상당하다(『상업등기실무(Ⅰ)』, 328면 참조).[2]

---

1) 조재영, "주식회사의 등기제도에 관한 문제점과 개선방안", 한양법학(통권 제34호), 한양법학회(2011. 5.), 399~416면

2) 일본에서도 등기관의 각하처분의 근거규정에 대하여 사건이 등기할 것이 아닌 경우(제2호)로 보는 견해, 신청서가 방식에 적합하지 아니한 경우(제6호)로 보는 견해, 등기할 사항에 관하여 무효 또는 취소의 원인이 있는 때(제10호)로 보는 견해 등이 대립하고 있으나, 일반적으로 제2호의 경우로 보고 있다(조재영, 앞의 논문, 각주 19번 참조).

실무사례(55)[1)]

제목: 목적변경등기신청 시 목적의 영리성에 대해 등기관이 심사할 수 있는지 여부

의뢰인인 주식회사는 이번에 「사회적기업 육성법」에 따른 사회적기업[2)] 인증을 받기 위해 고용노동부 『2015년도 사회적기업 인증 업무매뉴얼』에 따라[3)] 정관상 목적에 유네스코 문화재, 한국 전통문화 택견을 보존 및 계승하기 위한 연구 등을 추가하고 관할 등기소에 목적변경등기신청을 하였다. 하지만 등기관으로부터 "회사는 영리성의 추구를 본질로 하므로 그 목적 또한 영리성이 있어야 하며, 가사 「사회적기업 육성법」에 따라 공익적 목적을 정관에 정하였다고 하더라도 이를 등기할 수 없는 것이므로, 신청서의 기재사항 중 영리성이 없는 목적을 삭제할 것" 이라는 보정이 내려졌다.

위 등기관의 보정 내용이 타당한지?

1. 등기신청이 접수되었을 때에는 등기관은 지체 없이 신청에 관한 모든 사항을 조사하여야 하고(규칙 54조) 등기관은 등기할 사항에 무효 또는 취소의 원인이 있는 경우에는 원칙적으로 각하하여야 하므로(법 26조 10호), 등기관의 심사대상에 절차적 사항뿐만 아니라 실제적 사항도 포함됨이 명백하다. 다만, 등기관은 그 심사방법에 있어서는 등기기부와 신청서 및 법령에서 정한 첨부서면 만에 의하여 그 등기신청의 수리 여부 및 각하 여부를 결정하여야 한다(대법원 2008. 12. 15.자 2007마1154 결정 참조).

---

1) 본 사례는 목적변경과 관련하여 영리법인의 영리성 문제를 등기관이 심사할 수 있는지에 관한 것이다.

2) "사회적기업" 이란 취약계층에게 사회서비스 또는 일자리를 제공하거나 지역사회에 공헌함으로써 지역주민의 삶의 질을 높이는 등의 사회적 목적을 추구하면서 재화 및 서비스의 생산·판매 등 영업활동을 하는 기업으로 「사회적기업 육성법」 제7조에 따라 인증받은 자를 말한다(「사회적기업 육성법」 2조 1호).

3) 고용노동부에서 발간한 『2015년도 사회적기업 인증 업무매뉴얼』에 의하면, 사회적기업으로 인증받기 위해서는 「사회적기업 육성법」 제9조 및 동법 시행령 제11조에서 정한 사항을 적은 정관을 갖추어야 한다. 또한 정관의 필수사항이 명시되었는지 여부를 확인할 목적으로, 취약계층 일자리 제공이나 사회서비스 제공을 통해 지역주민의 삶의 질 향상에 기여한다는 등의 주된 사회적 목적이 정관에 명시되었는지 여부 및 법인의 경우 해당 사업이 추가될 시에 정관을 변경하고 등기하였는지 여부 등 세부적인 사항을 심사하기 위한 심사 기준을 두고 있다(『2015년도 사회적기업 인증 업무매뉴얼』, 73~75면 참조).

2. 상법상 주식회사와 같은 영리법인의 경우 그 목적은 영리성이 있어야 한다(예규 1547호 9조 2항). 사안의 경우 「사회적기업 육성법」에 따른 사회적기업 인증을 받기 위해 정관상 목적을 추가하는 변경등기를 신청한 경우로서, 등기관은 이와 관련하여 등기부와 신청서 및 법령에서 정한 첨부서면 만에 의하여 추가하려는 목적에 영리성이 있는지 여부를 심사할 수 있고, 추가하려는 목적에 영리성이 인정되지 않는다고 판단될 시에는 보정명령을 내리는 것은 등기관의 형식적 심사권한과 관련하여 하등의 문제는 없어 보인다.[1)]

3. 고용노동부에서 발간한 『2015년도 사회적기업 인증 업무매뉴얼』에 의하면 「사회적기업 육성법」에 따른 사회적기업 인증을 받기 위해서는 취약계층 일자리 제공이나 사회서비스 제공을 통해 지역주민의 삶의 질 향상에 기여한다는 등의 주된 사회적 목적이 별도로 명시되어 있어야 하며, 법인의 경우에는 해당 사업이 추가되면 정관을 변경하고 등기하여야 하는 것으로 규정하고 있다. 하지만 주식회사의 경우 영리성이 인정되지 않을 경우에는 해당 정관상 목적은 등기할 수 없음을 고려하면, 사회적기업의 인증을 받으려는 법인의 경우 위 매뉴얼에 따라 그 등기까지 요구하는 것은 문제가 있다고 본다.

참조 조문: 「사회적기업 육성법」 제2조, 제9조, 「사회적기업 육성법 시행령」 제11조
참조 예규: 등기예규 제1547호 제9조(405면)
참조 판례: 대법원 2008. 12. 15.자 2007마1154 결정(182면)
참조 문헌: 고용노동부, 『2015년도 사회적기업 인증 업무매뉴얼』

[유사 사례] 사회복지법 제16조에 따라 주무관청의 허가를 받아 설립된 사회복지법인이 정관상 목적사업 외 별도의 수익사업을 영위할 목적으로 사회복지법 제17조 제2항에 따라 정관을 변경하여 주무관청의 인가를 받았다. 이 경우 현행 목적사업 외 인가받은 별도의 수익사업을 등기기록의 목적란에 추가할 수 있는지?
=> 사회복지법인이 주무관청의 허가를 받아 목적사업 외에 별도의 수익사업을 영위할 수도 있으나, 수익사업은 법인의 설립목적을 수행하는데 지장이 없는 범위 내에서 하는 부수적·수단적 사업일 뿐, 법인의 본래의 목적을 달성하기 위한 사업이 아니므로 이를 등기기록의 「목적」란에 기록하는 것은 타당하지 않다(상업선례 2-39).

---

1) 영리성의 문제는 등기관의 주관에 따라 다르게 판단될 수 있어, 영리성에 대해 등기관이 과연 심사할 수 있는지와 관련하여 법원에서 판단할 문제라고 볼 여지는 있으나, 현행 법제 하에서 등기관이 등기부와 신청서 및 그 첨부서면 만에 의하여 실체적 사항인 영리성 유무에 대해서도 심사할 수 있다고 본다. 이와 같이 해석하는 것이 등기예규 제1547호 제9조(목적의 적격성)의 내용과도 부합한다고 생각한다.

126. 목적변경을 함으로써 기존상호와 유사상호가 되는 경우 목적변경신청 수리여부

[상업등기선례 제1-107호, 제정 1994. 2. 19.]

타인이 등기한 상호는 동일한 서울특별시·직할시·시·읍·면에서는 동종영업의 상호로 등기하지 못하므로(상법 제22조 참조), 등기 후에 목적(영업의 종류)을 변경하여 동종영업이 되는 때에는 결국 동일한 시내에서 동일한 영업을 위하여 타인이 등기한 상호와 같은 상호로 등기하는 것이 되어, 상호변경등기를 하지 아니하고는 목적변경등기를 할 수 없을 것이다.
(1994. 2. 19. 등기 3402-120 질의회답) **2014. 1. 1. 폐지(실질은 유효)**

주) 상법 제22조의 '동일한 특별시·직할시·시·읍·면'은 '동일한 특별시·광역시·시·군'으로 개정(95. 12. 29.)

◐ **선례 해설:** 「실무사례(56)」(414면) 참조

1. 동 선례는 등기예규 제1509호(2014. 1. 1. 시행)에 의하여 폐지되었으나, 아래 2.의 폐지사유를 살펴보면 실질은 폐지되지 않았음에 주의.

2. 「목적변경을 함으로써 기존상호와 유사상호가 되는 경우 목적변경신청 수리 여부」(등기예규 제598호)는 종전 상업등기법(2009. 5. 28. 법률 제9749호로 개정되기 전의 법률) 제30조(주: 현행 제29조, 이하 같다)에서 "확연히 구별할 수 있는 상호"를 규정하고 있어 이미 등기된 상호와 유사한 상호인지 여부를 등기관이 심사함에 따라 제정된 예규인데, 개정된 상업등기법 제30조에서는 동일상호에 해당하는 경우에만 심사하도록 하고 있고, 목적의 변경등기와 관련하여 동일상호인지를 심사하는 절차는 「동일상호의 판단 기준에 관한 예규」(등기예규 제1295호 => 주: 현행 등기예규 제1547호)에 이미 반영되어 있으므로 이를 폐지함(등기예규 제1509호 제정 이유 중에서 발췌).

3. 따라서 본 선례의 내용 중 유사상호 여부에 관한 것을 제외하고 동일상호 여부에 관한 것으로 축소 해석하는 범위 내에서는 아직 유효하다.

실무사례(56)

제목: 동일한 시에서 기존 상호와 동일한 상호로 상호변경등기를 하면서 목적변경등기를 일괄신청하는 것이 가능한지 여부

이번에 "주식회사 ○○" 에서 "주식회사 △△" 으로 상호변경을 하려고 하는데, 같은 시흥시에 동일상호가 있어 상호변경등기와 함께 기존 회사와 업종이 겹치지 않도록 목적변경등기를 일괄신청하려고 한다. 이것이 가능한지?

1. 동일한 특별시, 광역시, 특별자치시, 시(행정시를 포함한다. 이하 같다) 또는 군(광역시의 군은 제외한다. 이하 같다)에서는 동종의 영업을 위하여 다른 상인이 등기한 상호와 동일한 상호를 등기할 수 없다(법 29조).

2. 따라서 타인이 등기한 상호는 동일한 시(사안의 경우 시흥시)에서는 동종의 상호로 등기하지 못하므로, 등기 후에 목적(영업의 종류)을 변경하여 동종영업이 되는 때에는 결국 동일한 시내에서 동일한 영업을 위하여 타인이 등기한 상호와 같은 상호로 등기하는 것이 되어, 상호변경등기를 하지 아니하고는 목적변경등기를 할 수 없다(상업선례 1-107).

3. 위 2.의 선례 내용 중 "상호변경등기를 하지 아니하고는 목적변경등기를 할 수 없다" 는 부분의 해석과 관련하여, 상호변경등기를 선행하지 않고서는 목적변경등기를 할 수 없다는 것으로 해석할 여지는 있으나,

4. 상업등기에 있어서 타관이전의 경우 외에는 일괄신청이 폭 넓게 인정되고 있는 점을 감안하면(규칙 53조 1항 참조), 상호변경등기와 목적변경등기는 일괄신청이 가능하다고 본다. 따라서 "주식회사○○" 에서 "주식회사 △△" 으로 상호변경을 하려고 하는데 같은 시흥시에 동종의 업종을 영위하는 회사의 상호로 "주식회사 △△" 이 이미 등기되어 있는 사안의 경우에는, "주식회사○○" 에서 "주식회사 △△" 으로의 상호변경등기와 함께 기존 회사와 영업의 종류를 겹치지 않도록 한 목적변경등기를 일괄신청하는 것은 가능하다고 본다.

참조 조문: 상법 제22조, 상업등기법 제29조

참조 선례: 상업등기선례 제1-107호(413면)

참조 예규: 등기예규 제1547호(402~405면)

127. 회사의 목적변경의 등기신청과 주무관청의 허가서 첨부 여부(1)

[상업등기선례 제1-103호, 제정 1984. 12. 31.]

관청의 허가를 필요로 하는 사항의 등기를 신청함에는 신청서에 관청의 허가서(등록증 포함)를 첨부하여야 하나(비송사건절차법 제202조 => 주: 현행 상업등기규칙 제52조 제1항 참조), 이것은 당해 허가(등록)가 등기할 사항의 효력요건인 경우에 한하므로 회사가 주택건설촉진법 제6조(주: 현행 주택법 제9조)의 규정에 의한 주택건설사업 및 대지조성사업을 새로 목적으로 추가하는 변경등기를 신청함에 있어서는 주무관청의 등록증을 첨부할 필요가 없다.

(1984. 12. 31. 등기 제579호)

참조 조문 · 규칙 · 예규 · 선례 · 판례

▣ 주택법[법률 제14093호, 2016. 3. 22., 일부개정]

제9조(주택건설사업 등의 등록) ① 연간 대통령령으로 정하는 호수(戶數) 이상의 주택건설사업을 시행하려는 자 또는 연간 대통령령으로 정하는 면적 이상의 대지조성사업을 시행하려는 자는 국토교통부장관에게 등록하여야 한다. 다만, 다음 각 호의 사업주체의 경우에는 그러하지 아니하다.(이하 생략)

◐ 선례 해설: 「실무사례(57)」(417면) 참조

1. 등기할 사항에 관청의 허가 또는 인가(등록도 포함)가 필요한 경우에는 관청의 허가 또는 인가가 있었음을 증명하는 정보를 첨부정보로 제공하여야 하나(규칙 52조 1항 2호), 이 경우 모든 경우에 첨부정보로 제공할 것은 아니고 등기할 사항이 효력요건인 경우에 한한다(예규 1593호 3조, 56면 참조).

2. 주택법 제9조에 의거 주택건설사업 또는 대지조성사업을 시행하려는 자는 국토교통부장관에게 등록하여야 하나, 이는 목적추가를 위한 변경등기신청에 있어서 등기의 효력요건이 아니라 영업을 하기 위한 요건으로 해석되어 등기신청 시에 국토교통부장관으로부터 발급받은 등록증은 첨부정보로 제공할 필요가 없다(「선례해설」, 388면 참조).

128. 회사의 목적변경의 등기신청과 주무관청의 허가서 첨부 여부(2)[1)2)]

[상업등기선례 제1-104호, 제정 1985. 1. 15.]

관청의 허가를 필요로 하는 사항의 등기를 신청함에는 신청서에 관청의 허가서를 첨부하여야 하나(비송사건절차법 제202조 => 주: 현행 상업등기규칙 제52조 제1항 참조), 이것은 당해 허가가 등기할 사항의 효력요건인 경우에 한하므로, 회사가 토건업을 새로 목적으로 추가하는 변경등기를 신청함에 있어서는 주무관청의 허가서를 첨부할 필요가 없다.

(1985. 1. 15. 등기 제20호)

참조 조문 · 규칙 · 예규 · 선례 · 판례

▣ 상업등기규칙[대법원규칙 제2668호, 2016. 6. 27., 타법개정]

제52조(첨부정보) ① 등기를 신청하는 경우에는 다음 각 호의 정보를 그 신청정보와 함께 첨부정보로서 등기소에 제공하여야 한다.

2. 관청의 허가 또는 인가를 필요로 하는 사항의 등기를 신청하는 경우에는 그 허가 또는 인가가 있음을 증명하는 정보

▣ 건설산업기본법[법률 제13469호, 2015. 8. 11., 일부개정]

제9조(건설업 등록 등) ① 건설업을 하려는 자는 대통령령으로 정하는 업종별로 국토교통부장관에게 등록을 하여야 한다. 다만, 대통령령으로 정하는 경미한 건설공사를 업으로 하려는 경우에는 등록을 하지 아니하고 건설업을 할 수 있다.

---

1) 상업등기선례 제1-103호(415면)와 동일한 취지의 선례임. 이에 관한 구체적인 사항은「선례해설」(388면) 참조.

2) 본 선례와 같이 회사의 목적변경의 등기신청 시 주무관청의 허가(인가) 또는 등록이 등기의 효력요건이 아니라 영업을 하기 위한 요건으로 해석될 경우에는 등기관은 인·허가와 등록 여부에 대한 소명이 없음을 이유로 각하하여서는 안 되며, 만약 각하하였다면 등기관 처분에 대한 이의신청으로 다툴 수 있다(출처: 박준의, "회사설립 또는 상호변경의 각 등기에 있어 상호사용을 금지하는 개별법규 해석을 둘러싼 상업등기소의 실무방향에 대한 고찰", 법무사저널(2009년 1·2월호), 서울중앙지방법무사회, 64면).

실무사례(57)

제목: 위성방송사업을 목적 추가할 경우 등기신청 및 사업자등록 변경신청 시 주무관청의 허가증을 첨부하여야 하는지 여부

이번에 「위성방송사업」을 목적 추가하려고 한다. 이 경우 변경등기 및 사업자등록 변경신청 시 주무관청의 허가증을 첨부하여야 하는지?

1. 관청의 허가를 필요로 하는 사항의 등기를 신청하는 때에는 신청서에 관청의 허가서 또는 그 인가가 있음을 증명하는 정보를 제공하여야 한다(규칙 제52조 제1항). 주무관청에 등록하여야 하는 경우에도 마찬가지이다.

2. 다만, 회사설립 시나 목적추가 시와 관련하여 관청의 허가(인가)가 필요한 때라 함은 그 허가(인가)가 당해 허가(인가)가 등기할 사항의 효력요건인 경우에 한한다는 것이 예규의 입장이다(예규 1593호 3조 2항 참조).

3. 방송법 시행령 제9조의 규정에 의하면, 위성방송사업을 하고자 하는 자는 전파법으로 정하는 바에 따라 미래창조과학부장관의 방송국 허가를 받아야 하는데, 이는 영업에 관한 허가로 영업수행을 위한 요건이며 등기할 사항의 효력요건에 해당하지 않는다(상업선례 1-103 및 1-104 참조).

4. 따라서 위성방송사업의 목적추가를 위한 변경등기신청 시 주무관청으로부터 받은 허가증을 첨부할 필요가 없으며, 일반적인 목적추가를 위한 등기신청 절차에 따르면 된다. 하지만 회사에서 사업자등록 변경신청 시에는 사업목적이 추가된 변경된 법인등기사항증명서 외에 주무관청의 허가증이 첨부되어야 한다.

참조 조문: 상업등기규칙 제52조 제1항, 방송법 시행령 제9조
참조 예규: 등기예규 제1593호 제3조 제2항(56면)
참조 선례: 상업등기선례 제1-103호(415면), 제1-104호(416면)

[유사 사례] 「화장품 제조판매」 목적 추가를 위한 변경등기 시 주무관청의 등록증을 첨부정보로 제공하여야 하는지 여부(소극)
=> 화장품법 제3조에 의한 식품의약품안전처장의 등록은 영업에 관한 등록으로 영업수행을 위한 요건이며 등기할 사항의 효력요건에 해당하지 않는다.

129. 주식회사가 그 공고방법으로 정한 일간신문사의 상호가 변경된 경우 정관변경절차를 밟아야 하는지 여부

[상업등기선례 제1-224호, 제정 1998. 12. 10.]

주식회사가 그 공고방법으로 정한 일간신문사의 상호가 변경된 경우는, 행정구역의 명칭 변경에 따라 본점소재지의 명칭이 변경되는 경우와 마찬가지로, 일간신문사의 상호라는 사실에 기초를 둔 정관의 규정이 상호의 변경이라는 사실의 변경에 의하여 당연히 변경되는 경우에 해당되는 것으로서 이를 위하여 주주총회의 특별결의 절차를 밟을 필요는 없을 것이므로, 정관변경 전에도 그 변경사실을 증명하는 서면(일간신문사의 법인등기부등본 등)을 첨부하여 등기부상의 공고방법 변경등기를 신청할 수 있다.
(1998. 12. 10. 등기 3402-1222 질의회답)

◐ **선례 해설:** 「실무사례(58)」(419면) 참조

1. 정관이 어떠한 사실관계나 법령에 기초하고 있는 경우, 그 기초관계가 변경되면 정관도 그에 따라 자동적으로 변경되나, 그것은 상법상의 정관변경에 해당하지 않는다(이철송, 『회사법강의』, 926면).

2. 본 선례에 의하면, 주식회사가 그 공고방법으로 정한 일간신문사의 상호가 변경된 경우에는 정관상의 공고방법이 변경된 것으로 보므로 정관변경을 위한 주주총회의 특별결의를 거칠 필요는 없다. 이 경우에 신청인이 등기사항증명서상의 공고방법 변경등기를 신청하고자 할 경우에는 주주총회의 특별결의 없이 그 변경사실을 증명하는 서면(일간신문사의 법인등기사항증명서 등)을 첨부정보로 제공하면 족하다.

3. [비교 선례: 법률의 개정에 의해 명의개서인이 변경된 경우의 첨부정보]

i) 법률의 개정에 의해 명의개서대리인인 한국증권대체결제(주)가 소멸하고 대신 증권예탁원이 설립된 경우에는 해당 법조문을 근거로 변경등기를 할 수 있으므로 회사의 이사회결의서는 첨부할 것이 아니라는 선례에 대해서는 상업등기선례 제1-223호(608면) 참조.

ii) 명의개서대리인이 법령의 개정에 의해 법인의 명칭이 변경된 경우에는 명의개서대리인의 변경된 법인등기사항증명서이나 해당 회사의 주주총회 의사록 또는 이사회의사록은 첨부할 필요가 없다는 것에 대해서는 상업등기선례 제1-226호(610면) 참조.

실무사례(58)

제목: 회사의 공고방법으로 정한 신문사의 상호가 변경된 경우의 변경등기 신청방법 및 공고의 효력발생여부 등

회사의 공고방법으로 정관에 "제일경제신문"으로 되어 있다. 하지만 "제일경제신문"은 2006. 12.에 아시아경제신문에 흡수합병되어 "아시아경제신문"으로 그 상호가 변경되었으나 회사는 현재까지 공고방법의 변경등기를 하지 않았다.

【1】 "제일경제신문"에서 "아시아경제신문"으로 그 공고방법을 변경하기 위해서는 주주총회 특별결의에 의한 정관변경절차를 거쳐야 하는지?

【2】 회사의 공고방법에 관한 변경등기를 하지 않은 상태에서 정관에 기재되어 있는 공고방법인 "제일경제신문"이 아닌 "아시아경제신문"에 채권자이의 및 주권제출공고를 하였을 경우, 그 공고가 유효한지?

1. 정관이 어떠한 사실관계나 법령에 기초하고 있는 경우, 그 기초관계가 변경되면 정관도 그에 따라 자동적으로 변경되나, 이는 상법상의 정관변경에 해당하지 않는다(이철송, 『회사법강의』, 926면). 따라서 회사의 공고방법으로 정한 일간신문사의 상호가 변경된 경우에는 상법상의 정관변경에 해당하지 않아, 회사는 정관변경을 위한 주주총회의 특별결의를 거칠 필요 없이 일간신문사의 법인등기사항증명서 등 그 변경사실을 증명하는 서면을 첨부하여 공고방법의 변경등기를 하면 된다(상업선례 1-224 참조).

2. 주식회사가 그 공고방법으로 정한 일간신문사의 상호가 변경된 경우는 일간신문사의 상호라는 사실에 기초를 둔 정관의 규정은 상호의 변경이라는 사실의 변경에 의하여 당연히 변경되는 것으로 본다(상업선례 1-224). 따라서 회사의 현행 정관상 공고방법은 "제일경제신문"에서 "아시아경제신문"으로 변경되었으며, 회사가 "아시아경제신문"에 채권자이의 및 주권제출공고를 한 것은 유효하다.[1]

---

1) 다만, 이 경우 향후 공고방법의 변경등기할 때에 등기해태에 따른 과태료 부과대상인지가 문제되는데, 지번의 변경이나 경정 또는 환지 등으로 인한 지번변경은 등기신청인의 의사와는 관계없이 생긴 것으로 등기기간을 해태한 경우에도 등기해태의 통지를 하지 않는 것이 등기실무의 관행인 점을 고려하면(『상업등기실무(II)』, 172면), 이 경우에도 실무상 등기해태에 따른 과태료 통지는 하지 않을 것으로 사료된다(사견).

130. 사단법인의 정관에 정함이 없는 존립기간이 등기된 경우 그 처리방안

[상업등기선례 제1-332호, 제정 2001. 10. 31.]

사단법인의 존립시기나 해산사유는 정관에 그 정함이 있을 경우에 등기하는 것인바, 정관에서 존립시기에 관한 규정이 없음에도 등기가 된 경우에는 유효한 등기사항이 아니므로 사단법인은 존립시기의 도래여부와는 상관없이 소명자료를 첨부하여 존립시기의 말소를 신청할 수 있으며, 위의 존립시기가 도래한 경우에도 해산등기 없이 다른 등기를 신청할 수 있다. (2001. 10. 31. 등기 3402-737 질의회답)

참조 조문 · 규칙 · 예규 · 선례 · 판례

▣ 민법[법률 제13710호, 2016. 1. 6., 일부개정]

제40조(사단법인의 정관) 사단법인의 설립자는 다음 각 호의 사항을 기재한 정관을 작성하여 기명날인하여야 한다.

7. 존립시기나 해산사유를 정하는 때에는 그 시기 또는 사유

제49조(법인의 등기사항) ① 법인설립의 허가가 있는 때에는 3주간내에 주된 사무소소재지에서 설립등기를 하여야 한다.

② 전항의 등기사항은 다음과 같다.

5. 존립시기나 해산이유를 정한 때에는 그 시기 또는 사유

◐ 선례 해설:

1. 사단법인의 정관에 존립시기나 해산사유를 정하지 않았음에도 불구하고 등기가 된 경우는 유효한 등기사항이 아니므로 사단법인은 소명자료를 첨부하여 그 등기의 말소를 신청할 수 있으며, 이 경우 사단법인은 그 존립시기가 도래한 경우에도 해산등기 없이 다른 등기를 할 수 있음은 당연하다.
2. 사단법인의 경우 존립시기나 해산사유는 정관에 그 정함이 있을 경우에만 효력이 있고 이를 등기할 수 있다는 본 선례의 내용은 법인등기에 관한 선례이나 상업등기에서도 그 적용이 있다 하겠다.[1)]

---

1) 상법 제317조 제2항 제4호 및 제517조 제1호 참조

제4절 본점이전의 등기

<table>
<tr><th rowspan="2">내 용</th><th colspan="2">관련 조문</th><th rowspan="2">관련 선례 · 예규 · 규칙
(실무사례 포함)</th></tr>
<tr><th>상법</th><th>상업등기법</th></tr>
<tr><td>1. 일반론</td><td></td><td rowspan="12">세54조
~제56조,
규칙
제99조,
제100조,
제154조
제1항</td><td>☞ 실무사례(59)
131. 상업선례 제1-111호
132. 상업선례 제1-115호
133. 상업선례 제1-118호
※ 등기예규 제1536호</td></tr>
<tr><td>2. 도로명주소[1]</td><td></td><td>※ 등기예규 제1437호</td></tr>
<tr><td>3. 등기신청인</td><td></td><td>134. 상업선례 제1-134호</td></tr>
<tr><td>4. 첨부정보</td><td></td><td></td></tr>
<tr><td>(1) 주주총회의사록</td><td>제373조</td><td>135. 상업선례 제1-130호</td></tr>
<tr><td>(2) 이사회의사록 또는 이사결정서</td><td>제391의3조</td><td>136. 상업선례 제2-24호
☞ 실무사례(60)</td></tr>
<tr><td>(3) 정관[2]</td><td>제289조</td><td>137. 상업선례 제1-117호</td></tr>
<tr><td>(4) 등록면허세영수필확인서</td><td></td><td></td></tr>
<tr><td>(5) 기타</td><td></td><td>138. 상업선례 제1-120호
139. 상업선례 제1-125호</td></tr>
<tr><td>5. 인감의 제출 또는 변경</td><td></td><td><s>140. 상업선례 제1-122호</s>[3]</td></tr>
<tr><td>6. 본점이전등기신청의 처리</td><td></td><td>※ 등기예규 제943호
☞ 실무사례(61)</td></tr>
<tr><td>7. 관할 외 본점이전 등기신청의 취하</td><td></td><td>※ 등기예규 제1551호</td></tr>
<tr><td>8. 본점이전등기의 말소</td><td></td><td></td><td>141. 상업선례 제2-105호
142. 상업선례 제1-132호
<s>143. 상업선례 제1-119호</s>[4]</td></tr>
</table>

9. 본점이전과 일괄신청			☞ 실무사례(62) ☞ 실무사례(63)

1) 도로명주소법에 의한 도로명주소 등의 등기는 본점이전 등기와는 무관하지만 본점 소재지와 관련이 있어 본절에서 함께 다루었다.

2) 본점 소재지는 정관의 절대적 기재사항이므로(상법 289조 1항 6호 참조) 본점이전 시 관내이전이든 타관이전이든 어떠한 경우에도 정관을 필요적으로 첨부할 것은 아니나(상업선례 1-117, 437면 참조), 「대법원 인터넷등기소> 자료센터> 등기신청양식」에 의하면 실무상 본점에 관한 사항 등을 확인하기 위하여 정관을 첨부하고 있다.

3) 상업등기선례 제1-122호는 본점이전등기 시 인감재제출에 관한 것으로 현재는 사문화되었다.

4) 상업등기선례 제1-119호는 구 비송사건절차법에 기한 것으로 현재는 사문화되었다.

§ 요약

1. 회사의 본점을 이전하는 경우에도 동일상호를 등기할 수 없다는 상법 제22조 및 상업등기법 제29조의 규정이 적용된다(상업선례 1-111, 425면).

2. 파산재단을 관리 및 처분하는 권한은 파산관재인에게 있으나, 본점이전은 비재산적 활동에 속하므로 일반절차에 따라 법인의 대표자가 본점이전등기를 신청하여야 한다(상업선례 1-134, 433면).

3. 정관에서 주주총회의 결의에 의하여 본점을 이전하도록 한 경우 외에는 원칙적으로 이사회가 본점이전절차의 결정기관이다. 다만 이사 2인 이하인 회사에서는 각 이사(2명의 이사를 둔 경우에 정관에 따라 대표이사를 정한 경우에는 그 대표이사), 청산 중인 회사의 경우에는 청산인회 등에서 본점이전절차를 결정한다(「선례해설」, 435면 참조).

4. 회사의 본점이전등기신청 시에 원칙적으로 정관을 첨부할 필요가 없으나, 실무상으로 정관의 본점에 관한 사항 등을 확인하기 위하여 첨부하고 있다(상업선례 1-117, 437면).

5. 인감재제출 제도가 폐지됨에 따라 주식회사의 본점이전등기 시 인감을 다시 제출할 필요는 없다.

6. 관할 외 본점이전등기를 말소하는 방법으로는, ⅰ) 당사자가 본점이전등기에 무효의 원인이 있음을 증명하는 서면을 첨부하여 신등기소에 신·구본점 소재지 관할 등기소에서 할 본점이전 말소의 신청서와 구등기소에 제출할 인감을 동시에 제출하는 방법(상업선례 2-105, 444면)과, ⅱ) 주식회사의 본점이전에 관한 주주총회의 결의에 대하여 취소, 무효, 부존재의 판결 등이 확정된 때에 제1심 수소법원의 등기촉탁으로 하는 방법(상업선례 1-132, 446면)이 있다.

7. 상업등기신청 시에는 원칙적으로 수 개의 등기사항을 하나의 신청서로 신청하는 일괄신청이 폭 넓게 인정된다. 다만, 관할 외 본점이전의 경우에는 종전 등기소와 이전하고자 하는 등기소 등 두 개의 등기기록이 관련되어 있어 일괄신청은 허용되지 않는다.[1]

---

1) 한편 타관이전의 경우 신소재지에서 하는 본점이전등기의 신청은 구소재지 관할 등기소에서 하는 본점이전등기의 신청서에 신관할 등기소에 하는 등기의 신청에 관한 정보를 함께 기록하여 제출하는 방식으로 일괄신청하여야 하며(규칙 154조 1항, 99조), 또한 타관이전 시 상호변경이 필요한 경우에는 일괄신청을 할 수 있는 특칙이 있다(규칙 154조 1항, 100조 1항).

실무사례(59)

제목: 등기사항증명서상의 등기기록의 개설 사유 및 연월일란에 "본점이전" 이라고 적혀 있는 것의 의미

과거 인천광역시에서 김포시로 본점이전을 한 주식회사가 이번에 다시 김포시에서 인천광역시로 본점을 이전하려고 하는데, 등기사항증명서를 발급받아 보니 등기기록의 개설 사유 및 연월일란에 "본점이전" 이라고 적혀 있다. 이것의 의미가 무엇인지?

1. 본점을 다른 등기소의 관할구역 내로 이전한 경우에 신본점 소재지에서 하는 등기의 신청은 구본점 소재지를 관할하는 등기소를 거쳐야 하는데(법 55조 1항), 신본점 소재지에서 본점이전의 등기를 할 때에는 등기기록을 개설하여 상법 제317조 제1항에 열거한 사항, 즉 설립등기사항을 등기하는 외에 회사성립의 연월일과 본점이전의 뜻과 그 연월일을 등기하여야 한다(법 54조). 이 경우 신본점 소재지에서 하는 본점이전의 뜻과 그 연월일의 등기사항은 등기기록 중 등기기록의 개설 사유 및 연월일란에 기록하게 된다(규칙 115조 1항).

2. 사안의 경우 법인등기사항증명서상의 등기기록의 개설 사유 및 연월일란에 기록된 등기사항은 과거 인천광역시에서 김포시로 본점을 이전함에 따라 등기기록이 개설되었다는 것을 의미한다.

참조 조문: 상업등기법 제54조 및 제55조, 상업등기규칙 제115조 제1항

※참고: 등기사항증명서 등기기록 내용[1)]

본 점	경기도 김포시 대곶면 대곶로 ○○○번길 100-15

등기기록의 개설 사유 및 연월일
2014년 08월 14일 인천광역시 서구 원전로○○번길 10(경서동)으로부터 본점이전 2014년 08월 16일 등기

=> 이는 2014년 8월 14일에 인천에서 김포시로 본점을 이전하였다는 의미임

1) 『상업등기기재례집』, 160~161면

131. 회사의 본점을 이전하는 경우에도 동일 또는 유사상호를 등기할 수 없다는 상법 제22조, 비송사건절차법 제164조(주: 현행 상업등기법 제29조)의 규정이 적용되는지 여부(적극)

〔상업등기선례 제1-111호, 제정 2004. 2. 4.〕

회사의 본점을 이전하는 경우에도 동일한 특별시·광역시·시·군내에서 타인이 등기한 상호와 동일 또는 유사한 상호를 등기할 수 없다.
(2004. 2. 4. 공탁법인 3402-30 질의회답)

◐ 선례 해설:1)

1. 동일한 특별시, 광역시, 특별자치시, 시(행정시를 포함한다. 이하 같다) 또는 군(광역시의 군은 제외한다. 이하 같다)에서는 동종의 영업을 위하여 다른 상인이 등기한 상호와 동일한 상호를 등기할 수 없다(법 29조). 따라서 현행 법 아래에서는 본 선례 내용 중 유사상호에 관한 부분은 고려할 필요가 없다.

2. 상기 1.의 내용은 본점을 이전하는 경우에도 동일하게 적용된다. 즉 본점 또는 영업소를 다른 등기소의 관할구역에서 당해 등기소의 관할구역으로 이전하는 등기(본점을 이전하는 회사의 지점등기가 당해 등기소의 관할구역에 이미 있는 경우에도 마찬가지이다)에 대해 관할 등기소의 등기관은 동일상호 여부를 조사·판단하여야 한다(예규 1547호 4조 1항).

3. 이와 관련하여 본점이전 당시의 회사의 상호가 신소재지에 이미 등기한 타인의 상호와 동일한 상호에 해당하여 신소재지에서 하는 본점이전등기신청이 상업등기법 제26조 제13호에 의해 각하될 수밖에 없고, 구소재지 관할 등기소에서도 상업등기법 제29조에 해당하여 상호변경등기를 할 수 없는 경우에는 그 상호변경등기신청은 본점이전등기신청과 동시에 구소재지 관할 등기소를 거쳐 신소재지 관할 등기소에 할 수 있다(규칙 154조 1항, 100조 1항).

---

1) 「동일상호의 판단 기준에 관한 예규」(등기예규 제1547호)는 402~405면 참조

132. 구 본점소재지에서 본점이전등기를 한 경우 구 본점소재지 관할등기소에서 인감증명을 교부할 수 있는지 여부 등

〔상업등기선례 제1-115호, 제정 1986. 2. 15.〕

주식회사의 본점의 소재지는 정관의 절대적 기재사항이므로 정관에 기재된 동일 최소행정구역 이외로 본점을 이전할 경우에는 정관을 변경하는 주주총회의 결의를 요하게 된다(상법 제289조 제1항, 제433조). ~~그리고 주식회사가 본점을 타관할로 이전하여 그 등기용지가 폐쇄되었다면 구 본점소재지 관할등기소에서는 그 인감증명을 교부할 수 없다~~.
(1986. 2. 15. 등기 제70호)

◐ **선례 해설:**

1. 정관에 기재된 최소행정구역 이외로 본점을 이전할 경우에는 정관변경을 위한 주주총회 특별결의를 요하는 바, 이 경우 본점이전등기를 위한 첨부정보로 정관을 제공할지에 관한 것은 422면 각주 2번 참조.

2. 법인 인감증명서는 전국 모든 등기소에서 창구발급 및 무인발급이 가능하므로, 본 선례의 내용 중 인감 발급과 관련된 후문은 전산정보처리 조직에 의한 인감증명서 발급이 시행되기 전의 구 종이 인감증명서 발급을 전제로 한 것이므로 이제는 맞지 않다.

3. 참고로 본점이전등기의 실행 중에는 인감증명서의 발급이 제한된다.

> 라. 인감증명서의 발급 제한
>
> 1) 다음 각 호의 자에 대한 인감증명서는 발급하지 아니한다. 등기관은 전산정보처리조직으로 다음 각 호의 자에 대한 인감증명서가 발급되지 않도록 조치를 하여야 한다.
>
> (ㄱ) 직무집행정지 가처분의 등기가 된 법인의 대표자
>
> (ㄴ)에서 (ㄹ)까지 생략
>
> (ㅁ) 본점이전등기의 신청 등과 같이 인감제출자에 관한 사항에 변경이 발생하는 변경등기 또는 경정등기의 신청이 접수되어 처리 중에 있는 해당 등기기록의 인감제출자
>
> (출처: 등기예규 제1581호 3. 라.)

133. 법원이 회사의 대표이사 등의 직무집행정지가처분 결정에 의한 가처분등기와 동시에 본점이전등기를 촉탁한 경우 그 촉탁등기의 수리 가부 등

[상업등기선례 제1-118호, 제정 1988. 11. 29.]

~~가. 회사가 본점을 다른 등기소의 관할구역내로 이전하고 구본점소재지 관할등기소에 그 본점이전등기신청을 하여 그에 따른 등기가 경료되면서 등기용지가 폐쇄되었으나, 신본점소재지 관할등기소에는 아직 그 본점이전등기신청을 하지 않아 그 회사의 등기용지가 개설되지 않은 경우, 회사의 대표이사 등의 직무집행정지가처분 결정이 있어 법원이 그 가처분등기의 촉탁과 함께 본점이전등기의 촉탁을 하더라도 등기공무원은 그러한 등기촉탁을 수리할 수는 없다. 다만 위 가처분으로 대표이사의 직무대행자가 선임되었다면 그 대행자는 자격을 증명하는 서면(가처분결정의 등본)을 첨부하여 신본점소재지 관할등기소에 본점이전등기를 신청하고 그 등기용지가 개설된 후에 위 가처분등기의 촉탁에따른등기를 실행할 수 있다~~.

나. 회사가 본점을 다른 곳으로 이전하지 못하도록 하는 본점이전금지가처분 결정이 있다 하더라도 그것은 등기할 사항이 아니므로 그 가처분의 촉탁등기는 수리할 수 없다.
(1988. 11. 29 등기 제674호)

◐ 선례 해설:

1. 현행 법제 하에서는 본점을 다른 등기소의 관할구역 내로 이전한 경우에 신소재지에서 하는 등기의 신청은 구소재지를 관할하는 등기소를 거쳐야 하며, 신소재지에서 하는 등기의 신청과 구소재지에서 하는 등기의 신청은 구소재지를 관할하는 등기소에 동시에 하여야 한다(법 55조).

2. 본 선례의 '가.' 는 본점이전등기의 동시신청 이전의 구 비송사건절차법에 기해 구본점 소재지의 등기용지가 폐쇄 되었으나 신본점 소재지의 등기용지는 개설되지 않은 경우에 발생할 수 있는 경우에 관한 내용이어서, 현행 법제 하에서는 큰 의미가 없게 되었다.

3. 본점이전금지가처분은 등기할 사항이 아니므로 상업등기법 제26조 제2호의 각하사유에 해당한다(예규 1536호 3조 1항, 428~429면 참조).

※ 직무집행정지가처분등기 등 재판에 따른 등기에 관한 업무처리지침[등기예규 제1536호, 제정 2014. 11. 5.]

제1조(목적) 이 예규는 법인(합자조합을 포함한다. 이하 같다)과 관련된 등기사항에 관한 직무집행정지가처분등기 등 재판에 따른 등기에 관한 등기관의 업무처리절차를 규정함을 목적으로 한다.

제2조(등기신청인과 첨부서면) ① 재판에 따른 등기는 법령에 촉탁 근거가 있는 경우에는 법원(법원서기관 · 법원사무관 · 법원주사 또는 법원주사보를 포함한다)의 촉탁으로, 법령에 촉탁 근거가 없는 경우에는 법인을 대표하는 자가 그 등기를 신청한다.

【촉탁 또는 신청에 의한 등기의 예시】

(ㄱ) 신소재지로 본점이전등기를 한 후 본점이전결의 무효확인판결이 확정된 경우에 각 신본점 소재지와 지점소재지 등기소에 하는 제1심수소법원의 등기촉탁

(ㄴ) 민법상 법인의 이사회결의 무효확인판결이 확정된 경우에 그 법인의 대표자가 하는 등기신청

② 제1항의 등기를 신청하는 경우에는 그 재판이 있었음을 증명하는 서면을 첨부하여야 한다.

제3조(재판에 따른 등기) ① 등기사항을 기입, 변경, 말소, 회복하는 취지의 재판이 있는 경우에 등기관은 그것이 등기할 수 있는 것이면 재판의 내용에 따라 등기기록에 기입, 변경, 말소, 회복등기를 하여야 한다. 다만, 말소할 대상이 일체로서 등기되어 있는 사항의 일부인 경우에는 그 사항 전부를 말소하고 그 부분을 제외한 사항을 다시 기록하고 괄호 안에 변경의 연월일을 함께 등기하여야 한다.

【등기할 수 있는 경우의 예시】

(ㄱ) 이사선임결의 무효판결이 확정된 경우 이사취임등기의 말소등기

(ㄴ) 신주발행 등기 후 2회에 걸쳐 추가로 신주발행 등기를 한 후 최초의 신주발행결의에 관하여 무효판결이 확정된 경우 그 신주발행에 따른 등기의 말소등기

【등기할 수 없는 경우의 예시】

㈀ 본점이전금지가처분결정이 있는 경우 그 가처분등기

㈁ 이사선임결의 무효판결이 확정되기 전에 그 이사의 사임등기가 된 경우 이사취임등기의 말소등기

② 등기관이 제1항에 따라 등기를 함에 있어서 그 등기로 인하여 말소 또는 회복할 필요가 있는 등기사항이 있는 경우에는 직권으로 그 사항을 말소 또는 회복하여야 한다. 다만, 재판에 따른 해산등기로 등기기록을 폐쇄하는 경우에는 그러하지 아니하다.

【말소 또는 회복할 필요성이 있는 경우의 예시】

㈀ 설립무효의 등기를 할 때에 감사 외에 임원에 관한 기록의 말소

㈁ 판결에 따라 임원등기를 말소할 때에 그 임원등기의 말소로 인하여 종전 임기만료 또는 사임한 임원이 상법 제386조제1항, 제389조제3항, 제415조의 규정에 의하여 권리의무가 있는 경우에 그 사람에 관한 기록의 회복

【말소할 필요성이 없는 경우의 예시】

분할합병의 무효판결에 따라 설립한 회사에 대한 해산등기를 할 때에 임원에 관한 기록의 말소

제4조(재판에 따른 등기기록) 재판에 따른 등기를 할 때에는 법원의 명칭, 사건번호, 재판의 확정연월일 또는 재판연월일을 기록하여야 한다.

제5조(직무집행정지가처분등기 등과 다른 등기신청과의 관계) ① 직무집행정지가처분등기가 말소되기 전이라도 직무집행이 정지된 임원에 대하여 적법한 절차에 의한 해임 등의 사유를 원인으로 한 말소등기 신청이 있는 경우에는 이를 수리하여야 한다. 다만, 직무집행정지가처분등기와 함께 직무대행자선임가처분등기가 마쳐진 경우, 직무대행자선임가처분등기가 말소되기 전에는 직무집행이 정지된 임원에 대한 해임 등에 의한 퇴임등기나 후임자 취임등기를 수리하여서는 아니 된다.

② 직무집행정지된 당해 임원에 대한 말소등기를 한 때에는 직무집행정지가처분등기도 이를 직권으로 말소하여야 한다. 이 경우 등기관은 지체 없이 그 뜻을 [별지1] 양식에 의하여 가처분재판을 한 법원에 통지하여야 한다.

③ 제1항에 의하여 말소한 후 해임무효 등의 판결이 확정되어 촉탁 등을 원

인으로 말소된 임원에 대한 등기를 회복하는 때에는 직무집행정지가처분등기도 직권으로 회복하여야 한다. 다만, 직무집행정지가처분등기가 가처분 취소결정 등을 원인으로 실효되었음이 소명된 때에는 그러하지 아니하다.

부 칙

제1조(시행일) 이 예규는 2014년 11월 21일부터 시행한다.

제2조(다른 예규의 폐지) 다음 각 호의 예규를 각각 폐지한다.

1. 본점이전금지가처분 결정에 의한 가처분촉탁등기의 수리 여부(등기예규 제673호)
2. 주주총회결의부존재확인판결에 의한 이사등 취임등기말소와 종전이사 등의 등기회복(등기예규 제719호)
3. 이사 등의 임원에 대한 직무집행정지 가처분등기 말소에 관한 사무처리지침(등기예규 제1079호)

「보 론」 재판에 따른 등기[1)]

1. 재판에 따른 등기임을 공시하는 범위와 방법

예 규	공시 범위(제2조)	공시 방법(제4조)
시행 전	법원의 촉탁	①법원의 명칭, ②사건번호, ③재판의 확정연월일 또는 재판연월일
시행 후	법원의 촉탁 + 신청	

2. 재판에 따른 등기에 관한 업무처리기준(제3조)

구 분	기 입	변 경	말 소	회 복
재판에 따른 등기	등기사항의 기입	등기사항의 변경	전부 말소 일부 말소⇒전부말소/나머지기입(특정필요)	말소된 등기사항의 회복
등기관의 직권등기	말소 또는 회복등기 다만, 등기기록을 폐쇄하는 경우 예외			

1) 출처: 법원행정처 사법등기국, 「개정 상업등기법 시행에 따른 업무처리절차 등 변경안내」(2014. 11. 11.)

※ 도로명주소법에 따른 상업등기 등 사무처리지침[등기예규 제1437호, 제정 2011. 10. 28.][1)]

1. 목적

이 예규는 도로명주소법에 따른 상업등기 및 법인등기의 절차를 규정함을 목적으로 한다.

2. 적용대상

이 예규는 등기기록의 본점 또는 주된 사무소의 소재지, 지점 또는 분사무소의 소재지, 지배인 또는 대리인을 둔 장소(이하 '본점의 소재지 등'이라 한다) 및 임원, 지배인, 대리인, 상호사용자, 무능력자, 법정대리인, 영업주 등의 주소(이하 '임원 등의 주소'라 한다)를 그 적용대상으로 한다.

3. 본점의 소재지 등의 도로명주소 표기

가. 도로명주소 표기
본점의 소재지 등은 도로명주소를 기재하여야 한다. 다만, 본점의 소재지 등을 건물에 두지 아니한 경우 등 도로명주소가 없는 경우에는 이를 증명하는 정보(임대차계약서 등)를 제공하면 소재지번을 기재할 수 있다.

나. 도로명주소 표기 방법
도로명주소를 기재할 때에는 도로명주소법시행령 제2조 제1항 제7호의 참고항목(법정동, 공동주택 명칭)까지 기재한다.
(예시 1) 공동주택이 아닌 건물의 도로명주소 표기
서울특별시 서초구 서초대로 46길 62(서초동)
(예시 2) 공동주택의 도로명주소 표기
서울특별시 서초구 반포대로 48, 501호(서초동, 가을빌딩)

다. 소재지번을 도로명주소로 변경하는 등기신청의 처리
등기기록에 기록된 소재지번을 도로명주소로 변경하는 등기신청을 하는 경우에 신청인이 제공한 도로명주소 정보[건축물대장등본, 행정안전부 "새주소안내시스템(http://www.juso.go.kr)"의 조회 결과물 등, 이하 "도로명주소 정보"라

1) 행정구역 또는 그 명칭이 변경되었을 때에는 등기기록에 기록된 행정구역 또는 그 명칭에 대하여 변경된 것으로 보는 데 반해(법 28조), 도로명주소법에 의한 도로명주소는 상업등기법 제28조의 적용이 없고 등기신청인이 기존의 지번방식의 주소를 도로명주소로 변경하는 등기를 신청하여야 한다.

함]에 의하여 해당 소재지번의 도로명주소임이 인정되면 등기신청을 수리한다.

라. 등기신청서와 첨부서면이 일치하지 아니한 경우
본점이전 등의 등기신청시 등기신청서와 첨부서면의 본점 소재지 등이 각 도로명주소와 소재지번으로 일치하지 아니한 경우에 제출된 도로명주소 정보에 의하여 해당 소재지번의 도로명주소임이 인정되면 등기신청서에 기재된 도로명주소로 등기한다.

4. 임원 등의 주소의 도로명주소 표기

가. 도로명주소 표기 방법
임원 등의 주소는 주소를 증명하는 정보에 표시된 주소(법정동, 공동주택 명칭의 참고항목 포함)와 동일하게 기재한다.

나. 등기신청서 및 첨부서면
1) 임원 등의 주소를 도로명주소로 변경하는 등기신청을 하는 경우 등기신청서의 등기원인 및 원인일자는 주소를 증명하는 정보에 표시된 변동사유 및 변동일자를 기재한다.
2) 첨부서면에 임원 등의 주소를 지번방식의 주소로 기재한 때에도 신청인이 제공한 도로명주소 정보에 의하여 해당 도로명주소와 같은 주소임이 인정되면 등기사건을 수리한다.

5. 등기기록례

도로명주소법에 따른 등기기록례는 별지와 같다.

6. 등록면허세 등

도로명주소법에 의해 본점의 소재지 등 및 임원 등의 주소를 도로명주소로 변경하는 등기신청을 하는 경우 등록면허세 및 등기신청수수료를 납부하지 아니한다.

부 칙
1. 이 예규는 2011년 10월 31일부터 시행한다.
2. 다른 예규 등에 의한 기존의 등기기록례 중 본점의 소재지 등 및 임원 등의 주소의 표시는 이 예규에 따른 방식에 의하여 기록된 것으로 본다.

134. 파산법인의 본점이전시 파산관재인이 본점이전등기신청을 할 수 있는지 여부(소극)

〔상업등기선례 제1-134호, 제정 2004. 2. 4.〕

파산법인과 파산재단은 법인격상 동일하지 않으므로 파산재단의 사무실이전을 파산법인의 본점이전으로 보아 등기할 수는 없으며, 파산법인의 본점이전은 비재산적 활동범위에 속하므로 일반절차에 따라 법인의 대표자가 본점이전등기신청을 하여야 한다.
(2004. 2. 4. 공탁법인 3402-29 질의회답)

참조 조문 · 규칙 · 예규 · 선례 · 판례

▣ 채무자 회생 및 파산에 관한 법률[법률 제12892호, 2014. 12. 30., 일부개정]

제384조(관리 및 처분권) 파산재단을 관리 및 처분하는 권한은 파산관재인에게 속한다.

◐ 선례 해설:

1. **[선례 전문]** 본점의 이전은 본점의 실질적인 장소의 이전(회사의 영업을 총괄하는 영업소의 이전)을 의미하므로, 파산법인이 아닌 파산재단의 사무실 이전은 회사의 영업소 이전이 아니므로 이에 기하여 본점이전등기를 할 것은 아니다.

2. **[선례 후문]** 또한 파산재단을 관리 및 처분하는 권한은 파산관재인에게 있으나(통합도산법 384조), 파산법인의 본점이전은 비재산적 활동에 속하므로 일반절차에 따라 법인의 대표자가 본점이전등기를 신청하여야 한다(법 23조 1항).[1)]

1) 파산관재인은 취임 직후 바로 파산재단 소속 재산의 점유에 착수하는 것을 시작으로, 파산의 목적 달성을 위하여 파산절차상 필요한 일체의 행위를 할 권한을 가진다. 다만 파산관재인에게 속하는 권한은 파산재단에 속하는 것에 한하고, 자유재산에 대한 관리·처분, 조직법적 활동 등 그 밖의 사항에 대하여는 미치지 않는다(『법인파산실무』, 102면).

135. 주식회사의 본점이전에서 구체적인 이전장소나 이전일자에 관한 결의를 주주총회에서 할 수 있는지 여부(소극)

[상업등기선례 제1-130호, 제정 2001. 11. 1.]

본점의 구체적인 이전장소나 이전일자에 관한 사항은 회사의 업무집행에 관한 사항으로 법률이나 정관에서 주주총회의 결의사항으로 규정되어 있지 않는 한, 이는 이사회의 권한으로 주주총회의 결의로 대신할 수 없다.

(2001. 11. 1. 등기 3402-740 질의회답)

참조 조문 · 규칙 · 예규 · 선례 · 판례

▣ 상법[법률 제13523호, 2015. 12. 1., 일부개정]

제361조(총회의 권한) 주주총회는 본법 또는 정관에 정하는 사항에 한하여 결의할 수 있다.

제393조(이사회의 권한) ① 중요한 자산의 처분 및 양도, 대규모 재산의 차입, 지배인의 선임 또는 해임과 지점의 설치·이전 또는 폐지 등 회사의 업무집행은 이사회의 결의로 한다.

◐ 선례 해설:

1. 일반적으로 본점의 구체적인 이전장소나 이전일자에 관한 사항은 회사의 업무집행에 관한 사항으로 이사회에서 결정한다(상법 393조). 따라서 i) 동일한 독립한 최소행정구역 내에서 본점의 소재장소만을 이전하는 때에는 이사회의 결의로 본점을 이전하나, ii) 회사의 본점을 다른 독립된 최소행정구역 내로 이전하는 경우에는 주주총회의 특별결의로 정관을 변경한 후, 이사회의 결의로 신본점의 구체적인 도로명주소(구: 소재지번), 이전일자 등을 정하게 된다.

2. 위와 달리 정관으로 주주총회의 결의에 의하여 본점의 구체적인 이전장소나 이전일자에 관한 사항을 정하도록 한 경우에는 그에 관한 사항의 정함은 주주총회의 결의에 의하여야 하며, 이 경우에는 본점이전의 등기신청 시에 정관과 주주총회의사록을 첨부하여야 한다.

136. 이사가 1인인 회사의 최소 행정구역 내 본점 이전으로 인한 변경등기 신청시 첨부서면

[상업등기선례 제2-24호, 제정 2007. 7. 24.]

정관에 본점의 소재지(상법 제289조 제1항 제6호)로서 최소 행정구역(특별시·광역시·시·군)이 기재되어 있고 상법 제383조 제1항 단서와 정관 규정에 따라 이사를 1인으로 한 주식회사가 그 최소 행정구역 내에서 본점을 이전한 경우, 그로 인한 변경등기의 신청서에는 1인 이사가 본점을 이전하기로 결정하였음을 증명하는 서면(예를 들어, '결정서' 등)을 첨부하여야 한다. 그러나, 본점 이전에 관한 주주총회 의사록(상업등기법 제79조 제2항 참조 => 주: 현행 상업등기규칙 제128조 제2항)은 첨부하지 않아도 된다.
(2007. 7. 24. 공탁상업등기과-805 질의회답)

◐ **선례 해설:** 「실무사례(60)」(436면) 참조

1. 소규모 주식회사에서 이사가 1명 또는 2명의 이사만을 둔 경우 이사회가 구성되지 않으므로, 정관상 최소행정구역 관할 내로 이전하는 경우에는 각 이사(2명의 이사를 둔 경우에 정관에 따라 대표이사를 정한 경우에는 그 대표이사를 말함)가 본점이전에 관한 구체적인 사항을 결정한 사실이 기재된 결정서(일명 본점이전결정서)를 첨부정보로 제공하여야 한다(이사회의사록 첨부X).

2. [비교] 본점이전절차의 결정기관 및 등기신청권자

구 분	내 용
원칙	정관에서 주주총회의 결의에 의하여 본점을 이전하도록 한 경우 외에는 원칙적으로 이사회결의(상업선례 1-130, 434면)
이사 2인 이하 회사	각 이사 혹은 대표이사의 결정
청산 중인 회사	청산인회의 결의
파산법인	파산관재인이 아닌 법인의 대표자가 신청(상업선례 1-134, 433면)
회생법인	회생계획의 수행에 따른 등기는 법원사무관등의 촉탁으로, 그것이 아닌 경우에는 관리인 또는 관리인으로 간주되는 자의 신청(예규 1518호 3조·4조)

실무사례(60)

제목: 사내이사가 2인인 소규모 주식회사에서의 본점이전 결정기관

사내이사가 2인이고 대표이사가 존재하는 자본금 총액이 10억원 미만인 소규모 주식회사가 이번에 본점을 인천 연수구에서 인천 서구로 관내 이전하려고 한다. 이 경우 등기신청서에 첨부정보로 제공하는 정보로 공증인의 인증이 없는 대표이사 본점이전결정서로 가능한지?

1. 원칙적으로 주식회사의 이사는 3명 이상이어야 하지만, 자본금 총액이 10억원 미만인 주식회사는 이사를 1명 또는 2명으로 할 수 있다(상법 383조 1항). 소규모 주식회사의 특례에 따라 사내이사가 2인 이하인 경우에는 이사회의 구성 의무가 면제되므로 상법 제393조의 이사회의 권한인 본점이전 결정은 각 이사(정관에 따라 대표이사를 정한 경우에는 그 대표이사)의 결정으로 할 수 있다(상법 383조 6항 및 393조).

2. 즉 소규모 주식회사에서 이사가 1명 또는 2명의 이사만을 둔 경우 이사회가 구성되지 않으므로, 정관상 최소행정구역 관할 내로 이전하는 경우에는 각 이사(2명의 이사를 둔 경우에 정관에 따라 대표이사를 정한 경우에는 그 대표이사를 말함)가 본점이전에 관한 구체적인 사항을 결정한 사실이 기재된 결정서(일명 본점이전결정서)를 첨부정보로 제공하여야 한다(상업선례 2-24). 사안과 달리 본점이전이 다른 최소행정구역 내(예: 인천에서 서울로)인 경우에는 정관변경절차가 필요하므로 위 결정서 외 인증받은 주주총회의사록(혹은 인증받지 않은 총주주 동의에 의한 서면결의서)을 첨부정보로 제공하여야 할 것이다(※ 위 모든 경우에 본점이전등기신청 시에는 실무상 정관을 첨부하고 있음).

3. 대표이사 본점이전결정서는 법인 총회 등의 의사록이라 할 수 없어 공증인의 인증을 요하지 않는다(「실무사례(3)」(71면) 참조).

참조 조문: 상법 제383조 제1항 및 제6항, 제393조, 공증인법 제66조의2
참조 선례: 상업등기선례 제2-24호(435면), 제1-117호(437면)

[비교 사례] 설립 중인 회사의 경우에 창립총회 또는 발기인회에서 본점 소재장소를 결정할 수 있는지 여부(적극)
=> 상업등기선례 제1-137호(317면)

137. 회사의 본점이전등기신청과 정관의 첨부 여부 등[1]

[상업등기선례 제1-117호, 제정 1988. 7. 15.]

회사의 본점이전등기신청을 함에 있어 신본점 소재지가 기재된 정관은 그 등기신청서에 첨부하여야 할 서면으로는 볼 수 없으며, 회사가 본점을 타 등기소 관할로 이전하여 그 등기용지가 폐쇄되었다면 구본점 소재지 관할 등기소에서는 그 인감증명을 교부할 수는 없다. 또한 본점이전등기를 한 회사가 구본점 소재지 관할등기소에 본점의 부활(회복)을 목적으로 하는 등기신청은 이를 수리할 수 없고, 회사가 본점을 타등기소 관할로 이전하여 그 등기용지가 폐쇄되고 신본점 소재지 관할등기소에서는 아직 본점이전등기를 경료하지 않았다 하더라도 그 회사가 상법상 해산된 것으로 볼 수는 없다.

(1988. 7. 15. 등기 제389호)

주) 91. 12. 14. 비송사건절차법의 개정으로 본점이전완료통지에 의하여 구 본점소재지의 등기부를 폐쇄함

◐ **선례 해설:**

1. 원칙적으로 정관상 본점 소재지(통상 최소행정구역)는 주주총회의 결의만으로 정관변경의 효력이 발생하므로 변경된 정관을 따로 첨부정보로 제공할 필요는 없고, 단지 정관변경을 위해서는 주주총회의 특별결의가 필요하므로 그 주주총회의사록만을 첨부정보로 제공하면 된다.

2. 다만, 「대법원 인터넷등기소> 자료센터> 등기신청양식」에 의하면, 본점이전등기신청 시 정관은 필요적으로 첨부정보로 제공하여야 하는 정보는 아니나 실무상 정관의 본점에 관한 사항 등을 확인하기 위하여 첨부정보로 제공하고 있다.

---

1) 주식회사 변경등기 시 정관의 첨부정보 제공 여부에 관한 일반적인 사항은 「선례해설」(397~398면) 참조

138. 법인의 본점 소재지로 표시된 지번소재의 부동산이 법인의 소유이어야 하는지 여부 등[1)]

[상업등기선례 제1-120호, 제정 1990. 6. 21.]

법인의 본점(또는 지점)소재지로 표시된 지번소재의 부동산이 당해 법인소유의 부동산이어야 하는 것은 아니므로, 법인의 설립이나 본점(또는 지점) 변경등기신청이 있는 경우 등기공무원이 본점(또는 지점)소재지로 표시된 지번소재 부동산에 관한 소유관계를 조사할 필요는 없다.
(90.6.21. 등기 제1247호)

1) 첨부정보의 법정주의와 관련하여 「선례해설」(391면) 참조

139. 법인의 본점소재지등기의 경우 등기신청서에 당해 부동산소유자의 사용승낙서 첨부 여부(소극)[1)]

[상업등기선례 제1-125호, 제정 1993. 3. 31.]

법인에 있어서는 그 본점의 소재지를 그 주소로 하는 바, 그 소재지의 토지 및 건물이 법인의 소유가 아닌 경우에도 위 소재지를 당해 법인의 소재지로 등기할 수 있으며, 이 때 그 부동산소유자의 사용승낙서 등은 필요하지 아니하다.

(1993. 3. 31. 등기 제753호)

---

1) 첨부정보의 법정주의와 관련하여 「선례해설」(391면) 참조

140. 주식회사의 본점이전등기시 인감의 재제출[1]

[상업등기선례 제1-122호, 제정 1992. 8. 10.]

주식회사의 본점이전(동일관내 여부불문)등기를 신청함에 있어서 등기신청서에 날인할 자인 대표이사의 인감을 재제출하여야 하는 것은 인감대지상 기재된 본점 주소가 변경되기 때문이므로 특히 인감자체를 변경할 필요가 있는 경우가 아니라면 그 인감신고서에는 신고인의 (인)란에 이미 신고된 인감을 찍으면 되고, 따로 인감증명법에 의한 인감을 첨부할 필요는 없다(상업등기처리규칙 제7조 제1항, 제5조 제3항 참조).

(1992. 8. 10. 등기 제1738호) **사실상 폐지**

참조 조문 · 규칙 · 예규 · 선례 · 판례

▣ 인감의 제출 · 관리 및 인감증명서 발급에 관한 업무처리지침[등기예규 제1581호, 개정 2015. 11. 26.]

2.인감의 제출 및 관리

바. 기타

1) 인감제출자에 관한 사항이 변경되는 변경등기 또는 경정등기를 신청하는 경우에도 인감을 재제출할 필요가 없다.

◐ 선례 해설: 본 선례는 아래와 같은 사유로 사문화되었다.

1. 현행 상업등기법 하에서는 동일한 등기소의 관할구역 내에서 본점이전의 등기 시에는 대표이사와 본점에 둔 지배인의 경우 인감제출자에 관한 사항에 변경이 생기지만 인감을 다시 제출할 필요가 없다(예규 1581호 2. 바. 1)).
2. 또한 관할 외로 본점을 이전하는 경우에도 신관할 등기소에서 구관할 등기소에 신고된 인감에 관한 정보를 전산으로 송부받아 인감에 관한 기록을 편성하므로 관할 외 본점이전등기 시 인감을 다시 제출할 필요가 없다(법 56조 2항).

---

1) 종래 종이등기부를 운영할 때, 인감대지에 기재되어 있는 사항으로서 등기된 것에 관하여 변경등기 또는 등기의 경정을 신청하는 경우, 동시에 인감을 재제출하도록 하였으나, 전산정보처리조직에 의하여 인감에 관한 사무를 처리하면서 인감재제출 제도는 폐지되었다(『상업등기실무(Ⅰ)』, 204면).

※ 법인등의등기사항에관한특례법시행규칙에 따른 사무처리지침(등기예규 제666-1항)[등기예규 제943호, 개정 1998. 9. 8.]

6. 주사무소 이전등기시 새로운 주사무소 등기용지의 작성

종전에는 분사무소가 있는 곳으로 주사무소가 이전되는 경우에는 그 분사무소 등기용지의 명칭(상호)에 기재된 분사무소라는 표시를 삭제하여 그 등기용지를 주사무소 등기용지로 전환하여 사용하였으나, 법시행 이후에는 새로운 주사무소(주: 영리법인의 경우 본점) 등기용지를 작성하고(이 경우 분사무소의 등기용지에 기재된 대리인에 관한 사항을 이기한 후) 그 분사무소 (주:영리법인의 경우 지점)등기용지는 이를 폐쇄한다. 한편 종전 주사무소의 등기소 관내에 분사무소가 있는 때에는 새로운 분사무소 등기용지를 작성한 후 그 주사무소 등기용지를 폐쇄한다.

◐ 예규 해설: 본점이전등기신청 시 지점등기기록 등의 처리

1. 본 등기예규의 의미

등기예규 제943호 6. 전문	본점의 등기기록이 있는 등기소의 관할구역 내에는 지점의 등기기록을 따로 편성하지 아니하기 때문에, 신관할 등기소의 관할구역 내에 지점의 등기기록이 개설되어 있는 경우 그 지점의 등기기록은 **직권으로** 폐쇄한다.
등기예규 제943호 6. 후문	구본점의 등기기록을 기준으로 구관할 등기소의 관할구역 내에 지점이 설치되어 있는 경우에는 구본점의 등기기록을 폐쇄할 때 **직권으로** 지점의 등기기록을 개설하고, 그 지점에 둔 지배인에 관한 등기를 지점의 등기기록에 이기하여야 한다.

2. 이러한 등기예규 제943호 6.의 내용은 현행 상업등기규칙 제99조 제2항 및 제3항에 반영되어 있다.

3. 여기서 주의할 것은 지점의 등기기록은 등기관의 직권으로 폐쇄 및 개설되지만, 본점의 등기기록에 있는 지점에 관한 사항은 등기관의 직권이 아닌 회사의 신청에 의하여야 한다는 점이다(「실무사례(61)」, 442면 참조).

실무사례(61)

제목: 본점을 음성지점으로 이전 시 음성지점의 등기기록이 등기관의 직권으로 폐쇄되는지 여부 등

본점은 서울에 있고 지점은 음성에 있는 주식회사가 이번에 본점을 음성지점으로 이전하려고 한다. 이 경우 본점을 음성으로 이전하면 등기관의 직권으로 음성지점 등기기록이 폐쇄되고 또 본점 등기기록상의 지점에 관한 사항란이 삭제되는지? 아니면, 먼저 신청인이 본점 등기기록상의 지점에 관한 사항란의 폐지 등기신청을 한 뒤 본점을 음성으로 이전해야 하는지?

1. 본점을 지점으로 이전하는 경우 신관할 등기소의 관할구역 내에 지점의 등기기록이 개설되어 있는 경우에는 그 지점의 등기기록은 등기관이 직권으로 폐쇄한다(예규 943호 6. 및 규칙 99조 2항, 441면 참조).

2. 따라서 사안의 경우 본점이 서울인 주식회사가 지점이 있는 음성으로 이전할 경우에는 음성 관할 등기소의 등기관은 직권으로 그 음성지점의 등기기록을 폐쇄한다.

3. 이 경우에 기존 본점의 등기기록에 있던 지점에 관한 사항도 등기관이 직권으로 말소하는지 문제가 되는데, 이는 등기관의 직권이 아닌 당사자의 신청에 의하여야 한다고 해석된다. 왜냐하면 상업등기법 제55조 및 상업등기규칙 제99조 제1항에 의하면, 본점을 다른 등기소의 관할구역 내로 이전한 경우에는 신본점 소재지에서 하는 등기의 신청은 구본점 소재지를 관할하는 등기소를 거쳐야 하며, 이 경우의 본점이전등기신청은 구소재지 관할 등기소에서 하는 등기의 신청서에 신소재지 관할 등기소에서 하는 등기의 신청에 관한 정보를 함께 기재하도록 하기 때문이다.

4. 따라서 본점이 서울인 주식회사가 지점이 있는 음성으로 본점을 이전한 경우에는 음성지점의 등기기록은 등기관의 직권으로 폐쇄되지만, 본점의 등기기록에 있는 지점에 관한 사항은 비록 본점을 그 지점으로 이전한다고 하더라도 등기관의 직권으로 그 지점에 관한 사항란이 말소되는 것은 아니므로, 회사는 본점이전결의와 지점폐지결의를 하여 지점폐지등기신청과 연이어 본점이전등기신청을 하여야 할 것으로 보인다.

참조 조문: 상업등기법 제55조, 상업등기규칙 제99조 **참조 예규**: 등기예규 제943호

※ 상업등기 및 법인등기 신청의 취하에 관한 예규[등기예규 제1551호, 개정 2014. 11. 5.]

제7조(관할 외 본점이전 등기신청의 취하)

① 관할 외 본점(합자조합의 주된 영업소와 민법법인 및 특수법인의 주사무소를 포함한다. 다음부터 같다)이전 등기신청을 취하하기 위하여는 신본점 관할등기소에 대한 등기신청의 취하서와 구본점 관할등기소에 대한 등기신청의 취하서를 동시에 제출하여야 한다. 이 경우 두 취하서는 하나의 서면으로 작성할 수 있다.

② 구본점 관할등기소에서 관할 외 본점이전 등기신청이 있었다는 뜻을 신본점 관할등기소에 통지(다음부터 "본점이전통지"라 한다)하기 전에는 구본점 관할등기소에 취하서를 제출하여야 한다.

③ 구본점 관할등기소 등기관이 본점이전통지를 한 후에는 신본점 관할등기소에 취하서를 제출하여야 한다.

④ 본점이전통지가 있은 후 신본점 관할등기소에 취하서가 제출된 경우 신본점 관할등기소 등기관은 취하 권한이 있는지를 확인하고 취하처리를 한 후 구본점 관할등기소에 대한 등기신청의 취하서를 모사전송의 방법으로 구본점 관할등기소에 보내야 한다.

⑤ 제4항의 모사전송 방법으로 받은 취하서가 제5조에 따라 접수된 후 구본점 관할등기소 등기관은 관할 외 본점이전 등기신청을 취하 처리한다.

◐ **예규 해설:**

다른 등기소의 관할구역 내로 본점을 이전하는 등기를 신청한 경우 신관할 등기소에서 본점이전등기를 하기 전까지 그 신청을 취하할 수 있는데, 등기예규 제1551호 제7조는 관할 외 본점이전 등기신청의 취하서의 제출방법과 그에 따른 등기관의 업무처리에 관한 사항을 규정하고 있다.

141. 정관변경이 없이 경료된 주사무소 이전등기의 효력
[상업등기선례 제2-105호, 제정 2006. 11. 17.]

1. 민법상의 사단법인이 정관에 기재된 사무소의 소재지(민법 제40조 제3호) 이외의 장소로 주사무소를 이전할 경우에는 정관을 변경하여야 하는데, 정관 변경은 주무관청의 허가를 얻지 아니하면 그 효력이 없다(민법 제42조). 따라서, 정관 변경에 대해 주무관청의 허가를 얻지 않은 채 변경전 정관에 기재된 사무소의 소재지 이외의 장소로 주사무소를 이전한 것과 그 이전 등기는 정관에 위반되어 효력이 없다. 이 경우, 주사무소를 이전한 후에 주무관청의 허가를 얻는다 해도 이미 이루어진 이전 등기가 유효한 것으로 되지는 않는다.

2. 신·구 소재지를 관할하는 등기소(이하, '신등기소', '구등기소' 라 하는데, 주사무소이전등기시의 신·구 등기소를 말한다)가 다른 경우, 주사무소이전등기 말소 신청의 절차와 방법, 그 처리는 주사무소이전등기의 경우(비송사건절차법 제66조 제2항, 제184조, 제185조 => 주: 현행 비송사건절차법 제66조 제2항, 상업등기법 제55조 및 제56조)에 준한다.

① 신·구 등기소에서 할 주사무소이전등기 말소의 신청서와 구등기소에 제출할 인감은 신등기소에 동시에 제출하여야 한다.
② 신등기소에서 할 주사무소이전등기 말소의 신청서에는 주사무소이전등기에 무효의 원인이 있음을 증명하는 서면을 첨부하여야 한다(비송사건절차법 제66조 제1항, 제234조 제1항 제2호, 제2항 => 주: 현행 비송사건절차법 제66조 제1항, 상업등기법 제77조 및 상업등기규칙 제169조 제1항 참조). 예를 들어, 정관 변경에 대해 주무관청의 허가를 얻지 않은 채 정관을 위반하여 주사무소를 이전하였음을 증명하는 서면이 이에 해당할 것이다.
③ 신등기소의 등기관은 각하사유가 있는 경우를 제외하고는 지체없이 구등기소에서 할 주사무소이전등기 말소의 신청서 및 그 첨부서면과 인감을 구등기소에 송부하여야 한다.
④ 구등기소의 등기관은 등기용지를 부활하여 주사무소이전등기를 말소한 때 또는 신청을 각하한 때에는 지체 없이 그 뜻을 신등기소에 통지하여야 한다. 신등기소의 등기관은 구등기소의 등기관으로부터 주사무소이전등기를 말소한 뜻의 통지를 받을 때까지는 신등기소 등기용지의 주사무소이전등기를 말소하고 그 등기용지를 폐쇄하여서는 안된다.
(2006. 11. 17. 공탁상업등기과-1292 질의회답)

참조 조문 · 규칙 · 예규 · 선례 · 판례

▣ 민법[법률 제13710호, 2016. 1. 6., 일부개정]

제40조(사단법인의 정관) 사단법인의 설립자는 다음 각호의 사항을 기재한 정관을 작성하여 기명날인하여야 한다.

1. 목적
2. 명칭
3. 사무소의 소재지
4. 자산에 관한 규정
5. 이사의 임면에 관한 규정
6. 사원자격의 득실에 관한 규정
7. 존립시기나 해산사유를 정하는 때에는 그 시기 또는 사유

제42조(사단법인의 정관의 변경) ① 사단법인의 정관은 총사원 3분의 2 이상의 동의가 있는 때에 한하여 이를 변경할 수 있다. 그러나 정수에 관하여 정관에 다른 규정이 있는 때에는 그 규정에 의한다.

② 정관의 변경은 주무관청의 허가를 얻지 아니하면 그 효력이 없다.

◐ **선례 해설:**

1. 실질적 의미의 정관변경은 주주총회 결의에 의하여 바로 효력이 발생함이 원칙이나 정관변경에 대해 주무관청의 허가 또는 인가를 받아야 할 경우에는 그 허가 또는 인가 이후에만 정관변경의 효력이 발생하므로, 정관변경에 대해 주무관청의 허가를 얻지 아니한 민법상 사단법인의 주사무소 이전등기는 무효이다(『주석상법(회사편Ⅳ)』, 208~209면).

2. 관할 외 본점이전등기의 말소는 ⅰ) 본점이전에 관한 주주총회의 결의에 대하여 부존재·무효 또는 취소의 판결이 확정된 때에 제1심 수소법원이 신본점 소재지와 지점 소재지의 등기소에 그 등기를 촉탁하는 경우(비송법 107조 6호)와, ⅱ) 당사자가 본점이전등기의 말소를 신청하는 경우로 나눌 수 있다. 본 선례는 당사자가 본점이전등기의 말소를 신청하는 경우로서 본점이전등기 말소신청의 절차와 방법, 그 처리에 대해 자세히 설명하고 있는데, 기본적으로 본점이전등기의 경우에 준하여 처리함을 알 수가 있다(본 선례 본문 문단 2. 참조).

142. 본점이전에 관한 주주총회결의부존재의 판결이 확정된 경우 그 처리절차 등

[상업등기선례 제1-132호, 제정 2003. 4. 2.]

1. 주식회사의 본점이전에 관한 주주총회의 결의에 대하여 취소, 무효, 부존재의 판결이 확정된 때에는 제1심 수소법원은 회사의 본점과 지점소재지의 등기소에 그 등기를 촉탁하여야 한다(비송사건절차법 제107조).

2. 구 비송사건절차법(1991. 12. 14. 법률 제4423호 전문개정전 법률)에 의하면 본점이전등기신청을 구본점과 신본점 소재지 등기소에 각각 신청하도록 되어 있으므로, 이 경우의 등기촉탁은 원칙적으로 신본점 소재지 등기소에는 본점이전등기의 말소촉탁을, 구본점 소재지 등기소에는 폐쇄된 등기부의 회복촉탁을 각각 하여야 하지만, 동시처리를 위하여 제1심 수소법원은 신본점 소재지 등기소에만 그 등기촉탁을 하고, 신본점 소재지 등기소는 그 촉탁에 따라 본점이전등기를 말소함과 동시에 구본점 소재지 등기소에 그 뜻을 통지하며, 구본점 소재지 등기소는 그 통지에 따라 폐쇄된 구본점등기를 회복하고 있다(1992. 1. 15. 제751호).

~~3. 그러나 구본점 소재지 등기소에서만 본점이전등기를 신청하고 신본점 소재지 등기소에서는 본점이전등기를 신청하지 않은 경우에는 신본점 소재지 등기소에 본점이전등기의 말소촉탁을 할 필요가 없으므로, 제1심 수소법원은 구본점 소재지 등기소로 폐쇄된 등기부를 회복하라는 촉탁을 보내야 할 것이고, 구본점 소재지 등기소는 이 촉탁에 따라 폐쇄된 등기부를 회복시켜야 한다.~~

(2003. 4. 2. 공탁법인 3402-82 질의회답)

참조 조문 · 규칙 · 예규 · 선례 · 판례

▣ 비송사건절차법[법률 제13765호, 2016. 1. 19., 일부개정]

제107조(그 밖의 등기촉탁을 할 경우) 다음 각 호의 어느 하나에 해당하는 경우에는 제1심 수소법원은 회사의 본점과 지점 소재지의 등기소에 그 등기를 촉탁하여야 한다.

6. 주식회사의 창립총회 또는 주주총회나 유한회사의 사원총회가 결의한 사항이 등기된 경우에 결의취소 · 결의무효확인 · 결의부존재확인(決議不存在確認) 또는 부당결의의 취소나 변경의 판결이 확정된 경우[1]

◐ 선례 해설:

1. 재판에 따른 등기는 법령에 촉탁 근거가 있는 경우에는 법원(법원서기관 · 법원사무관 · 법원주사 또는 법원주사보를 포함한다)의 촉탁으로, 법령에 촉탁 근거가 없는 경우에는 법인을 대표하는 자가 그 등기를 신청한다(예규 1536호 2조 1항). 따라서 주식회사의 본점이전에 관한 주주총회의 결의에 대하여 취소, 무효, 부존재의 판결 등이 확정된 때에는 제1심 수소법원은 회사의 본점과 지점 소재지의 등기소에 그 등기를 촉탁하여야 한다(비송법 107조 6호).

2-1. 위 1.의 경우 법원의 촉탁과 관련하여 등기관의 조치에 대해서는 등기예규 제751호가 제정되어 있다.

본점이전 무효판결이 확정된 경우(등기예규 제751호, 제정 1992. 1. 15.)

본점이전에 관한 주주총회(유한회사의 경우는 사원총회)의 결의에 대하여 부존재・무효 또는 취소의 판결이 있는 때에는 제1심수소법원은 회사의 신본점소재지와 지점소재지에만 그 등기촉탁을 하지만(비송사건절차법 제107조 제7호 참조=> 주: 현행 제6호 참조), 구본점소재지에서는 그 회사의 등기를 회복할 필요가 있으므로 신본점소재지 등기소가 그 촉탁에 따라 신본점등기를 말소함과 동시에 구본점소재지 등기소에 그 뜻을 통지하고 구본점소재지 등기소는 그 통지에 따라 구본점등기를 회복하여야 한다.

2-2. 상업등기선례 제1-132호 및 등기예규 제751호는 법원이 본점이전등기의 말소를 촉탁하는 경우에 관한 선례 및 예규이고, 당사자의 신청으로 본점이전등기의 말소를 하는 경우에 관한 것은 상업등기선례 제2-105호(444면) 참조.

3. 현행 상업등기법 제55조에 의하면, 본점을 다른 등기소의 관할구역 내로 이전한 경우에는 신소재지에서 하는 등기의 신청은 구소재지를 관할하는 등기소에 동시에 하여야 하므로, 본 선례의 본문 중 문단 3.의 내용은 현재는 맞지 않다.

---

1) [비교] 본점이전을 결의한 이사회 결의에 무효 또는 부존재의 원인이 있음을 확인한 법원의 판결이 확정된 때에는, 법원의 말소촉탁에 관한 근거 규정이 없으므로 원칙적으로 당사자인 회사가 말소신청을 하여야 한다(『상업등기실무(II)』, 160면).

143. 주식회사 본점부활등기의 직권말소 여부1)

[상업등기선례 제1-119호, 제정 1990. 6. 14.]

주식회사가 본점을 이전하고 구본점 소재지 관할등기소에는 그 등기를 신청하였으나 신본점 소재지 관할등기소에는 본점이전등기를 경료하지 아니한 사이에, 구본점 소재지로 다시 본점을 이전한 것으로 신청서를 작성하여 본점부활등기를 신청함으로써 등기공무원이 폐쇄된 종전의 등기용지를 부활시켰으나, 그 후 신본점 소재지 관할등기소에다 본점이전등기를 다시 경료함으로써, 동일한 회사에 대하여 대표이사를 서로 달리하여 두 개의 등기용지가 개설되어 각각 본점이전등기를 거듭하고 있는 경우라면, 형식적 심사권 밖에 없는 등기공무원으로서는 어느 등기용지가 실체관계에 부합하는지의 여부를 알 수 없는 것이므로 어느 일방의 등기용지를 직권으로 말소할 수 없고 이는 소송절차 등을 통하여 해결하여야 한다.
(1990. 6. 14. 등기 제1206호) **사실상 폐지**

주) 91. 12. 14. 비송사건절차법의 개정으로 구 본점소재지 관할등기소에 동시신청 하여야 함(제184조 참조).
=> 현행 상업등기법 제55조 참조

참조 조문 · 규칙 · 예규 · 선례 · 판례

▣ 상업등기법[법률 제13953호, 2016. 2. 3., 타법개정]

제55조(본점이전등기의 신청) ① 본점을 다른 등기소의 관할구역 내로 이전한 경우에 신본점 소재지에서 하는 등기의 신청은 구본점 소재지를 관할하는 등기소를 거쳐야 한다.

② 제1항의 신본점 소재지에서 하는 등기의 신청과 구본점 소재지에서 하는 등기의 신청은 구본점 소재지를 관할하는 등기소에 동시에 하여야 한다.

제56조(본점이전등기신청의 처리) ① 등기관은 제55조제2항에 따른 등기의 신청 중 어느 하나에 관하여 제26조 각 호의 어느 하나에 해당하는 사유가 있을 때에는 이들 신청을 함께 각하하여야 한다.

---

1) 본 선례의 내용은, 타관이전의 경우 신본점 소재지에서 하는 등기의 신청은 구본점 소재지를 관할하는 등기소를 거쳐야 하고 신본점 소재지에서 하는 등기의 신청과 구본점 소재지에서 하는 등기의 신청은 구본점 소재지를 관할하는 등기소에 동시에 하여야 하는 현행 상업등기법 이전의 구 비송사건절차법에 의한 것으로 현재는 사문화되었다.

실무사례(62)

제목: 본점이전등기와 일괄신청

본점이전등기와 대표이사 주소변경등기를 이폼(e-Form)신청서에서 일괄신청이 가능한지? 아니면 2개의 신청서로 작성해야 되는지?

1. 일괄신청은 수 개의 등기사항을 하나의 신청서로 신청하는 것으로, 원칙적으로 동일한 등기기록에 관한 신청이라면 일괄신청이 가능하다. 다만, 관할 외 본점이전등기신청의 경우에는 그러하지 아니하다(규칙 53조 1항).

2. 따라서 사안의 경우 관내 본점이전의 경우에는 이폼(e-Form)으로 본점이전등기와 대표이사의 주소변경등기의 일괄신청이 가능하나, 관할 외 본점이전의 경우는 일괄신청이 불가하고 본점이전등기와 대표이사 주소변경에 따른 변경등기를 각각의 건으로 이폼(e-Form) 신청하여야 한다.

참조 조문: 상업등기규칙 제53조 제1항

제목: 임원변경과 관할 외 본점이전등기의 일괄신청 가능여부

사내이사 1인과 감사 1인만이 있는 주식회사에서 사내이사 1인이 이번에 사임하는 관계로 다른 사람을 선임하고, 본점을 부천시에서 서울특별시로 이전하려고 한다. 그런데 사임하는 사내이사의 주소가 사임 전에 이미 변경되어 있었다. 이 경우에 우선 사내이사의 주소변경등기와 사임등기 그리고 새로운 사내이사의 선임등기를 먼저하고, 그 후에 본점이전등기를 하면 되는 것인지? 그리고 이 등기신청을 동시신청으로 할 수 있는지?

1. 일괄신청은 수 개의 등기사항을 하나의 신청서로 신청하는 것을 말하는데, 동일한 등기기록에 관한 신청이라면 관할 외 본점이전의 경우를 제외하고는 원칙적으로 일괄신청을 할 수 있다(규칙 53조 1항). 사안의 경우 임원변경등기와 관할 외 본점이전등기로서 일괄신청이 불가능하다.

2. 다만 임원변경등기신청과 본점이전등기신청을 별건으로 작성하여 동시신청을 하거나, 혹은 둘 중 하나의 등기신청을 먼저 신청한 후 다른 등기신청을 하는 것은 가능하다.

참조 조문: 상업등기규칙 제53조 제1항

실무사례(63)

제목: 본점이전등기와 지점설치등기

주식회사 ○○는 이번에 인천에서 서울로 본점을 이전함과 동시에 기존 본점 사무실은 폐쇄하지 않고 바로 그 장소에 인천지점을 설치하려고 한다.

【1】 본점이전등기와 지점설치등기는 일괄신청이 가능한지?

【2】 위 【1】에서 일괄신청이 허용되지 않는다면, 본점이전등기와 지점설치등기를 하기 위한 구체적인 등기신청 방법은?

1. 일괄신청은 수 개의 등기사항을 하나의 신청서로 신청하는 것을 말하는데, 관할 외 본점이전의 경우를 제외하고는 원칙적으로 일괄신청을 할 수 있다(규칙 53조 1항). 사안의 경우 인천에서 서울로 본점을 이전하는 것은 관할 외 본점이전에 해당하여 본점이전등기와 지점설치등기는 일괄신청이 불가하다.

2-1. 일괄신청이 허용되지 않을 경우 첫 번째 생각할 수 있는 등기신청 방법은, ⅰ) 인천에서 서울로 본점을 이전한 후에, ⅱ) 새로운 본점인 서울 소재 관할 등기소에 이폼(e-Form)상 본·지점일괄신청으로 인천지점설치등기를 신청하는 것이다.

2-2. 두 번째로 생각할 수 있는 등기신청 방법은 본점이전등기와 지점설치등기를 연건으로 하여 구소재지 관할 등기소에 등기 신청하는 것인데, ⅰ) 관할 외 타관이전의 경우에는 지점 소재지에서 하는 등기의 신청을 본점 소재지 관할 등기소에 하는 것은 허용되지 않으므로(규칙 101조 1항 2호), '2-1 본점이전'과 '2-2 지점설치'의 순으로 등기 신청하는 것은 불가하나, ⅱ) '2-1 지점설치'와 '2-2 본점이전'의 순으로 구소재지 관할 등기소에 등기 신청하는 것은 가능할 것이다. 왜냐하면 구본점의 등기기록을 기준으로 구관할 등기소의 관할구역 내에 지점이 설치되어 있는 경우에는 본점이전으로 구본점의 등기기록을 폐쇄할 때 직권으로 지점의 등기기록인 인천지점 등기기록을 개설하기 때문이다(예규 943호 참조).

참조 조문: 상업등기규칙 제53조, 제101조 | **참조 예규:** 등기예규 제943호(441면)

제5절 지점의 설치 · 이전 · 폐지의 등기[1)2)]

<table>
<tr><th rowspan="2">내 용</th><th colspan="2">관련 조문</th><th rowspan="2">관련 선례 · 예규 · 규칙
(실무사례 포함)</th></tr>
<tr><th>상법</th><th>상업등기법</th></tr>
<tr><td>1. 지점에서의 등기사항</td><td rowspan="5">제181조
~제183조,
제317조
4항</td><td>제57조</td><td>144. 상업선례 제2-26호
☞ 실무사례(64)</td></tr>
<tr><td>2. 지점의 요건</td><td></td><td>145. 상업선례 제1-121호
146. 상업선례 제1-131호
☞ 실무사례(65)</td></tr>
<tr><td>3. 지점설치등기</td><td></td><td>147. 상업선례 제1-116호
148. 상업선례 제2-20호
149. 상업선례 제2-21호</td></tr>
<tr><td>4. 지점폐지등기</td><td>규칙
99조</td><td>150. 상업선례 제201604-2호</td></tr>
<tr><td>5. 등기기간의 기산점</td><td></td><td>151. 상업선례 제1-133호
☞ 실무사례(66)
152. 상업선례 제2-23호</td></tr>
<tr><td>6. 지점등기에서의 특칙</td><td></td><td>제58조,
제59조,
규칙
제101조,
제102조</td><td>153. 상업선례 제1-126호
☞ 실무사례(67)
154. 상업선례 제2-22호
☞ 실무사례(68)
☞ 실무사례(69)
※ 등기예규 제1038호</td></tr>
</table>

1) 지점과 관련한 등기를 하기 전에 판례에서 보는 지점의 요건을 정확히 이해할 필요가 있다(대법원 1999. 5. 11. 선고 99두3188 판결, 455면 및 1993. 6. 11. 선고 92누10029 판결, 456면 참조). 왜냐하면 지점에 해당하는지에 대한 정리가 선행 되어야, 그 후속타로 지점에 관한 등기 의무 여부 및 지점등기와 관련된 지방세 중과세 문제 등에 대한 명확한 해결책이 나올 수 있기 때문이다.

2) 실무상 지점과 관련하여 많이 접하는 문제 중의 하나가 부가가치세 등 세법상 사업자등록을 하기 위해서는 반드시 지점설치등기를 하여야 하는지 여부이다. 이와 관련한 부가가치세법상 예규에 의하면 지점설치등기 없이도 사업자등록이 가능하다. 즉 “(중략) 과세 사업을 영위하는 법인이 지점에 대한 사업자등록신청을 하는 경우에는 당해 지점의 등기 여부와는 관계없이 사업자등록신청서에 당해 법인의 법인등기부등본 및 지점설치에 관한 이사회의사록 등을 첨부하여 등록할 수 있는 것임” (부가46015-794, 1995. 4. 29.) 본 예규의 내용은 현행 부가가치세법 기본통칙 8-11-1【미등기 지점 등의 사업자등록】에 거의 그대로 반영되어 시행되고 있다.

§ 요약

1. 지점에 등기할 사항과 관련해서는 상법에서도 정하고 있지만(상법 181조 내지 183조, 317조 4항), 그 구체적인 사항은 상법의 특례법이라 할 수 있는 「법인의 등기사항에 관한 특례법」 제3조 및 「법인등의 등기사항에 관한 특례규칙」 제3조에서 정하고 있다.

2. 지점의 요건과 관련해서는 ⅰ) 법인세법·부가가치세법 또는 소득세법의 규정에 의하여 등록된 사업장(2014. 1. 1.부터는 등록대상 사업장)이어야 하고, ⅱ) 본점 또는 주사무소와는 별도의 독립된 인적·물적 설비를 갖추고, ⅲ) 계속하여 사무 또는 사업이 행하여지는 장소여야 한다. 따라서 독립적인 지휘명령권을 갖지 못하고 본점의 지휘명령에 따라 단순노무만을 제공하고 있거나 대외적인 거래와 직접적인 관련이 없는 내부적 업무만을 처리하고 있는 경우에는 지점의 요건을 충족하지 못한다(상업선례 1-121, 455면 및 1-131, 456면 참조).

3. 본점과는 달리 지점의 경우에는 지점 소재지와 함께 지점의 명칭으로 특정되는 바, 동일한 소재지에 본점과 지점이 공존하거나 동일 소재지에 수 개의 지점이 공존하더라도 각각 별개의 지점의 명칭을 사용한다면 특정될 수 있어 모두 등기가 가능하다(상업선례 2-20, 462면).

4. 지점설치등기의 기산점은 법령과 정관에 따라 권한 있는 기관이 지점의 설치를 결정하고 실제 지점의 실체를 갖추었을 때가 된다. 따라서 지점설치를 주주총회나 이사회에서 결의하였더라도 아직 실제로 지점을 설치하지 못하였더라면 지점설치등기의 기산점은 여전히 도래하지 않았다 할 것이다(상업선례 1-133, 466면 및 2-23, 468면).

5. 본·지점 공통 등기사항에 대하여 본점 소재지에서 등기를 한 후 지점 소재지에 하는 등기의 경우에는 출석주의의 예외가 적용되어 우편으로도 신청하는 것이 가능하고, 그 신청서 또는 위임에 의한 대리권한을 증명하는 첨부정보에 등기소에 제출한 인감을 날인할 필요도 없다(상업선례 1-126, 469면).

6. 지점의 설치·이전 등과 관련하여 일괄신청 시에 적용되는 등록면허세에 대해서는 등기예규 제1038호(477면)에서 정하고 있다.

144. 주식회사의 대표이사가 변경된 경우, 지점 소재지에서 그 등기를 신청하여야 하는지 여부

〔상업등기선례 제2-26호, 제정 2007. 4. 18.〕

등기는 법령에 다른 규정이 있는 경우를 제외하고는 당사자의 신청 또는 관공서의 촉탁이 있어야 할 수 있다(상법 제34조, 비송사건절차법 제147조 제1항 등). 이것은 지점 소재지에서 등기를 하는 경우에도 마찬가지이므로, 주식회사의 대표이사에 변경이 있을 때에는 지점 소재지에서 3주간 내에 그 변경등기를 신청하여야 한다(상법 제183조, 제317조 제2항 제9호, 제4항).
(2007. 4. 18. 공탁상업등기과-410 질의회답)

◐ 선례 해설: 「실무사례(64)」(454면) 참조

상법상 회사의 지점의 등기사항에 관한 것은 「법인의 등기사항에 관한 특례법」 및 「법인등의 등기사항에 관한 특례규칙」에서 정하고 있으며, 여기에 해당할 경우에는 지점 소재지에서 그 등기를 하여야 한다.

법인의 등기사항에 관한 특례법	법인등의 등기사항에 관한 특례규칙
제3조 (분사무소의 등기사항) 법인의 분사무소(分事務所)나 지점에서는 주사무소(主事務所)나 본점의 등기사항 중 다음의 사항 외에는 등기하지 아니한다. 1. 목적 2. 명칭 또는 상호(商號) 3. 주사무소 또는 본점 소재지 4. 법인이 공고를 하는 방법 5. 법인의 존립기간 또는 해산사유를 정한 경우에는 그 기간 또는 사유 6. 법인을 대표할 임원의 성명·주소와 주민등록번호 7. 여러 명이 공동으로 법인을 대표할 것을 정한 경우에는 그 규정 8. 법인의 이사의 대표권을 제한한 경우에는 그 제한 9. 그 밖에 대법원규칙으로 정하는 사항	**제3조(분사무소 또는 지점의 등기사항)** 법 제3조 제9호의 "기타 대법원규칙으로 정하는 사항"이란 다음 각 호의 사항을 말한다. 1. 대표권 있는 임원의 직무를 일시행할 자에 관한 등기 2. 대표권 있는 임원의 직무의 집행의 정지 또는 그 직무대행자에 관한 등기 3. 대표권 있는 임원의 선임의 결의의 부존재, 무효나 취소에 관한 등기 4. 청산중인 법인을 대표할 자에 관한 등기 5. 당해 분사무소나 지점에 둔 대리인 또는 지배인에 관한 등기 6호 이하 생략

실무사례(64)

제목: 본점과 지점의 관할이 동일한 경우의 변경등기

인천 연수구에 본점이 있는 회사에서 작년에 동일 관할 내인 인천 부평구에 지점을 설치한 바 있다. 이번에 목적변경등기를 하려고 한다.

【1】 위 경우에 본점에서만 목적변경등기를 신청하면 되는지?
【2】 동일한 관할이더라도 목적변경등기에 따른 등록면허세를 본점과 지점에 대해 각각 납부하여야 하는지?

1-1. 본점의 등기사항 모두가 지점에 등기되어야 하는 것은 아니며, 상법상 회사의 지점의 등기사항에 관한 것은 「법인의 등기사항에 관한 특례법」 제3조 및 「법인등의 등기사항에 관한 특례규칙」 제3조에서 정하고 있다. 목적은 지점에서도 등기할 사항에 해당한다.

1-2. 한편 본점과 지점의 관할이 동일한 경우에는 본점의 등기기록 중 지점에 관한 사항란에만 기록되고 별도의 지점등기기록이 개설되는 것은 아니다. 따라서 본점과 지점의 관할 등기소가 동일한 사안의 경우에는 주식회사의 목적변경등기신청은 본점에 대해서만 하면 된다.

2. 위 경우에 등록면허세도 지방세법 제28조 제1항 제6호 바목(건당 40,200원)의 등록면허세 1건만 납부하면 되고, 본점 및 지점에 대해 각각의 등록면허세를 납부하여야 하는 것은 아니다.

참조 조문: 「법인의 등기사항에 관한 특례법」 제3조, 「법인등의 등기사항에 관한 특례규칙」 제3조 및 제4조, 지방세법 제28조 제1항 제6호
참조 예규: 등기예규 제1038호

[비교 사례] 본점과 지점의 관할 등기소가 다를 경우에 목적변경등기 시 납부할 등록면허세는?
=> 본점과 지점의 관할 등기소가 다르더라도 목적변경은 본·지점 공통 등기사항으로 이폼(e-Form)에서 본·지점 일괄신청이 가능하나(법 58조 및 규칙 101조), 지방세법 제28조 제1항 제6호 바목(건당 40,200원)의 등록면허세는 본점과 지점에서 각각 납부하여야 한다(예규 1038호).

145. 주식회사 출장소에 대한 등기 가부 등

[상업등기선례 제1-121호, 제정 1992. 5. 19.]

주식회사가 정관 소정의 절차를 밟아 출장소를 설치하였으나 그 출장소가 지점과 동일한 업무를 집행하거나 지점으로서의 요건을 갖춘 이상 반드시 지점설치등기를 하여야 할 것이며, 이 경우 그 명칭은 ○○출장소라고 등기할 수 있으며 아울러 출장소장을 지배인으로 등기할 수도 있다.
(1992. 5. 19. 등기 제1095호 한국투자신탁주식회사 대 질의회답)

참조 조문 · 규칙 · 예규 · 선례 · 판례

▣ 대법원 1999. 5. 11. 선고 99두3188 판결

...(중략)...등록면허세 중과세요건인 지점 또는 분사무소의 설치에 따른 부동산등기에 있어서 지점 또는 분사무소라 함은 법인세법·부가가치세법 또는 소득세법의 규정에 의하여 등록된 사업장[1]으로서 인적·물적 설비를 갖추고 계속하여 사무 또는 사업이 행하여지는 장소를 말하고, 다만 영업행위가 없는 단순한 제조·가공장소는 제외되는 바, 여기서 「인적·물적 설비를 갖추고 계속하여 사무 또는 사업이 행하여지는 장소」라 함은 당해 법인의 지휘·감독하에 영업활동 내지 대외적인 거래업무를 처리하기 위한 인원을 상주시키고 이에 필요한 물적 설비를 갖추었으며, 실제로 그러한 활동이 행하여지고 있는 장소를 말한다고 해석함이 상당하다.

◐ 선례 해설: 지점 또는 분사무소의 요건에 대한 해석(1)

1. 지점은 영업소이기 때문에 어느 범위에서는 본점으로부터 독립하여 영업활동을 결정하고, 대외적인 거래를 할 수 있는 지위에 있어야 하는데, 명칭 여하에 불구하고 영업소로서의 실질을 갖추었다면 지점으로 등기하여야 한다.

2. 따라서 그 명칭이 비록 출장소로 되어 있더라도 실질적으로 지점에 해당한다면 지점설치등기를 하여야 한다(지점설치등기를 할 수 있다가 아님).

---

1) 1984. 5. 12.부터 2013. 12. 31.까지는 등록된 사업장이어야 지점에 해당되었으나, 2014. 1. 1.부터는 등록대상 사업장을 기준으로 지점 해당 여부를 판단한다. 이에 관한 자세한 설명은 「보론」(457면) 참조. 지점의 요건이 문제 시 되는 것은 등기 여부뿐만 아니라 지점 여부에 따라 지방세법상 중과세의 문제가 발생하기 때문이다(「보론」, 460면 참조).

146. 단순노무만을 제공하는 출장소의 지점설치등기의 가부[1)]

[상업등기선례 제1-131호, 제정 2002. 2. 2.]

출장소가 지점으로서 등기능력이 있기 위해서는, 본점의 지휘를 받으면서도 부분적으로 독립된 결정권을 가지며 인적 및 회계조직에 있어서 유기적인 단위를 이루는 장소적 중심지로서 그 실체가 객관적인 사실에 의해 판명되어야 하는바, 출장소가 독립적인 지휘명령권을 갖지 못하고 본점의 지휘명령에 따라 단순노무만을 제공하고 있다면 이는 영업소의 실질을 갖추었다고 볼 수 없으므로 지점으로서 등기할 수 없다.

(2002. 2. 2. 등기 3402-83 질의회답)

◐ 선례 해설: 지점 또는 분사무소의 요건에 대한 해석(2)

판례에 의하면, 지점 또는 분사무소가 되기 위해서는 ⅰ) 법인세법・부가가치세법 또는 소득세법의 규정에 의하여 등록된 사업장(2014. 1. 1.부터는 등록대상 사업장)[2)]이어야 하고, ⅱ) 본점 또는 주사무소와는 별도의 독립된 인적・물적 설비를 갖추고, ⅲ) 계속하여 사무 또는 사업이 행하여지는 장소여야 한다.

[참조 판례] 대법원 1993. 6. 11. 선고 92누10029 판결

지방세법 제138조 제1항 제3호, 같은법 시행령 제102조 제2항 전단 및 같은 법 시행규칙 제55조의2 각 규정에 의한 등록세 중과세 요건인 지점으로 보기 위하여는 각 세법 규정에 의하여 사업장으로 등록된 사실 및 실질적으로 인적・물적 설비를 갖추고 계속적으로 사무 또는 사업을 행한 장소인 사실이 인정되어야 할 것인바, "인적・물적 설비를 갖추고 계속하여 사무 또는 사업이 행하여지는 장소"라 함은 영업활동 내지 대외적인 거래업무를 처리하기 위한 인원을 상주시키고 이에 필요한 물적 시설을 갖추었으며, 실제로 그러한 활동이 행하여지고 있는 장소를 말한다고 해석함이 상당하므로 본점 이외의 장소에서 경리, 인사, 연구, 연수, 재산관리업무 등 영업활동, 대외적인 거래와 직접적인 관련이 없는 내부적 업무만을 처리하고 있는 경우는 지방세법상 지점 또는 분사무소에 해당하지 않는다.

---

1) 지점에 관한 정의는 실질설에 입각한 위 판례 외 대법원 1999 .5. 11. 선고 99두3188 판결(455면)을 같이 참조. 이와 관련된 사례로는 「실무사례(65)」(458면) 참조.

2) 이와 관련된 설명은 「보론」(457면) 참조

📖 「보 론」 지점이 되기 위해서는 세법의 규정에 의하여 등록된 사업장이어야 하는지 여부[3)][4)]

1. 1984. 5. 12.부터 2013. 12. 31.까지 => 사업자등록일 기준

지방세법 시행규칙이 2014. 1. 1. 개정되기 이전의 판례의 입장은 지점이 되기 위해서는 형식적 요건으로서 세법 규정에 의한 사업자등록을 마친 사업장이어야 한다고 보았다. 즉 판례에 의하면, "지점인 사업소 또는 사업장을 정의하면서 「법인세법·부가가치세법 또는 소득세법의 규정에 의하여 등록된 사업장(법인세법·부가가치세법 또는 소득세법의 규정에 의한 비과세 또는 과세대상 사업장을 포함한다)으로서 인적·물적 설비를 갖추고 계속하여 사무 또는 사업이 행하여지는 장소를 말한다」고 규정하고 있는바, 등록세 중과대상인 지점의 설치 이후의 부동산등기에 있어서의 지점에 해당하기 위하여는 실질적 요건으로서 인적·물적 설비를 갖추고 계속하여 사무 또는 사업이 행하여지는 장소이어야 하는 외에 형식적 요건으로서 위 세법 규정에 의한 사업자등록을 마친 사업장이어야 한다." (대법원 2006. 12. 22. 선고 2005두6546 판결).

2. 2014. 1. 1. 이후 => 사실상 등록대상 지점설치일 기준

2014. 1. 1.부터 지방세법 시행규칙 제6조에서 법인세법 제111조·부가가치세법 제8조 또는 소득세법 제168조에 따른 등록대상 사업장(법인세법·부가가치세법 또는 소득세법에 따른 비과세 또는 과세면제 대상 사업장과 부가가치세법 시행령 제11조 제2항에 따라 등록된 사업자단위 과세 적용 사업장의 종된 사업장 포함)으로서 인적 및 물적 설비를 갖추고 계속하여 사무 또는 사업이 행하여지는 장소를 지점의 요건으로 보도록 개정되었다.

3. 따라서 현재는 세법상 등록된 사업장이 아니더라도 등록대상 사업장으로서 인적 및 물적 설비를 갖추고 계속하여 사무 또는 사업이 행하여지면 지점의 요건에 해당한다.

---

3) 전동흔, 『2014 지방세실무해설』, (주)영화조세통람(2014), 1253~1256면

4) 지점의 요건과 관련한 기존 판례(99두3188 판결, 92누10029 판결 등)의 입장은 기본적으로 실질설의 입장임에도 불구하고 각 세법 규정에 의하여 사업장으로 등록된 사실을 요건으로 하여 일부 형식적 요건을 고려하였다. 하지만 2014. 1. 1. 이후부터는 사실상 등록대상 사업장을 지점의 요건으로 함을 지방세법 시행규칙 제6조에 반영하였기 때문에, 이제는 지점의 요건과 관련해서는 완전히 실질적인 요건의 충족 여부만을 놓고 판단하여야 한다. 이는 실질과세의 원칙을 지점의 요건에 반영한 것이라 판단된다. 과세에 있어서는 형식적 요건을 중시하는 등기의 관점보다는 실질과세의 원칙이 먼저 적용되어야 하기 때문이다.

실무사례(65)

제목: 부동산임대업 사업자등록신청 시 지점설치등기가 필수 요건인지 여부

철강 제조업을 운영하고 있는 법인이 임대할 목적으로 아파트형 공장 혹은 오피스텔 등을 매입해서 세무서에 사업자등록 신청을 하는 경우, 그 부동산 소재지가 법인의 본점 관할이 아닌 경우 부동산 소재지 관할 등기소에 반드시 지점설치등기를 하여야 하는지?

1. 지방세법 시행규칙 제6조에 의하면, 지점이라 함은 법인세법·부가가치세법 또는 소득세법의 규정에 의하여 등록대상 사업장(2013. 12. 31. 이전에는 등록된 사업장)으로서 인적·물적 설비를 갖추고 계속하여 사무 또는 사업이 행하여지는 장소를 말한다. 따라서 일반적으로 부동산 임대만을 목적으로 부동산을 취득하는 경우에는 인적·물적 설비를 갖추고 계속하여 사무 또는 사업이 행하여지는 장소로 볼 수 없어 지점의 요건에 해당되지 않음이 원칙이다 (지점의 요건에 관한 것은 「선례해설」, 455~456면 참조).[1]

---

1) **[관련 예규]** 1. 대도시 외의 법인이 대도시 내의 임대용부동산을 취득·등기한 후 지방세법 시행규칙 제55조의2 규정에 의한 지점을 설치하지 아니하고 본점에서 직접 임대사업을 하는 경우에는 등록세 중과대상이 아님. 대도시 외의 법인 본점에서 직접 임대사업을 하는 대도시 내 부동산에 지점을 설치하는 경우 지점용으로 사용하는 부분에 대하여는 등록세가 중과되나 귀문의 경우 이에 해당하는지 여부는 과세권자가 귀 법인의 임대사업실태, 지점설치 여부, 지점해당 여부 등을 참고하여 사실판단할 사항임(세정 13407-293, 2002. 3. 25.).

2. (중략) 청구인의 이 건 건물 관리사무실이 비록 세법에 의한 사업장으로 등록되어 있음은 사실이라 하더라도, 동 관리사무실에 근무하는 인원 대부분은 용역회사 직원이고, 청구인 소속직원은 과장인 XXX와 다른 1인이 근무하고 있었으나 그 직종이 운전기사였던 점과, 임대차계약업무 및 임대료 수납업무 등을 본사에서 직접 처리한 사실이 인정되는 점 등으로 미루어, 이 건 건물의 관리사무소가 업무적으로 독립된 기능을 수행하는 지점 등으로 볼 수는 없는 것이라 할 것임에도 지점을 신설한 것으로 보아 등록세 등을 중과세한 처분은 잘못이 있음(지방세심사 99-469, 1999. 7. 28.).

3. 지점으로 볼 수 있으려면 각 사업장으로 등록된 것만으로 부족하고 실질적으로 인적·물적설비를 갖추고 계속적으로 사업을 행한 장소인 사실이 인정되어야 할 것이고, 인적설비의 경우 지점 등이 본점의 지휘를 받으면서 부분적으로 독립적인 기능을 지속적으로 수행하고 있는 경우를 말하며, 임대가격의 결정, 계약의 체결 등 본사에서 직접 담당하고 임차인이 법인의 통장에 개별적으로 송금하고 있는 사실이 입증되고 있는바 임대료 고지서 전달업무 및 하자보수신고 접수 등을 수행하였다 하더라도 지점에 해당된다 할 수 없음(내심-493, 1992. 11 .2.).

2. 하지만 단순 임대 목적의 부동산 취득이 지점의 요건에 해당되지 않더라도 부동산 임대를 하는 경우에는 부가가치세법상 용역의 공급에 해당되어 임대 사업개시일로부터 20일 이내에 부동산 소재지 관할 세무서에 사업자 등록을 신청하여야 한다(부가가치세법 4조 및 8조).

3. 위 2.의 경우에 부동산 임대 사업을 위한 사업자등록신청 시 법인의 경우 지점설치등기를 반드시 하여야 하는 것은 아니라는 것이 과세당국의 행정해석이다. 즉 "과세 사업을 영위하는 법인이 지점에 대한 사업자등록 신청을 하는 경우에는 당해 지점의 등기 여부와는 관계없이 사업자등록신청서에 당해 법인의 법인등기부등본 및 지점설치에 관한 이사회의사록 등을 첨부하여 등록할 수 있다." (부가46015-794, 1995. 4. 29. 및 현행 부가가치세법 기본통칙 8-11-1 참조).

4. 결국 본점 관할 외에 단순 임대 목적으로 부동산을 취득하는 경우에는 판례 등에서 요구하는 요건을 충족하지 않는 한 지점설치등기를 할 필요는 없지만, 부동산 임대는 부가가치세법상 용역의 공급에 해당되어 사업자등록을 신청하여야 하는데, 이 경우에 지점설치등기 여부와는 상관없이 당해 법인의 법인등기사항증명서 및 지점설치에 관한 이사회의사록 등을 첨부하여 부동산 소재지 관할 세무서에 사업자등록신청을 하면 된다.

참조 선례: 상업등기선례 제1-121호(455면), 제1-131호(456면)
참조 판례: 대법원 1999. 5. 11. 선고 99두3188 판결(455면),
대법원 1993. 6. 11. 선고 92누10029 판결(456면)
참조 문헌: 박광현, 『지방세 이해와 실무』, 1054~1057면

[유사 사례] 사업축소의 일환으로 회사는 본점에서 사용하고 있는 건물 중 일부를 다른 회사에 임대를 주려고 한다. 이 경우 지점설치등기를 하여야 하는지 여부(소극) => 건물 일부에 본점 사업부서의 일부가 근무하고 나머지는 임대하면서 본사에서 임대관리 및 용역업무를 수행하는 경우 임대업 사업자등록을 필하였다 하더라도 지점을 신설한 것으로 볼 수 없어 지점설치등기를 할 필요는 없다(내심-273, 1996. 7. 25. 참조).[1)]

1) 위 사례와 달리 임대용 건물에서 임대인이 임대용 건물의 임대사업을 위하여 별도의 사무실을 갖고 종업원을 고용하고 있다면 인적·물적시설을 갖추었다고 할 것이나, 임대 건물 내에 임대사업을 위한 사무실 및 사무원을 두지 않고 있으면 사무소·사업장을 설치한 것으로 볼 수 없으며 또한 단순 업무연락 또는 경비나 청소에 전임하는 인원을 인적시설로 볼 수도 없다(박광현, 『지방세 이해와 실무』,1041면).

📖 「보 론」 지방세법상 중과세 및 지점의 요건

1. 지점과 관련한 지방세법상 중과세

지점과 관련한 지방세법상 중과세가 문제되는 것은, ⅰ) 대도시[1]에서의 지점의 설치 및 법인의 지점을 대도시로 전입함에 따라 이전 5년간 및 이후 5년간 대도시의 부동산을 취득하는 경우에는 취득세 중 구 등록세 해당분에 대해 3배 중과(지방세법 13조 2항), ⅱ) 대도시에서 지점을 설치함에 따른 등록면허세 3배 중과(지방세법 28조 2항 1호) 등이다.

2. 지점의 요건

판례에서 정립된 지점의 요건과 관련해서는 현재 지방세법 시행규칙 제6조에서 정의하고 있다. 즉, 지점이란 법인세법 제111조·부가가치세법 제8조 또는 소득세법 제168조에 따른 등록대상 사업장으로서 인적 및 물적 설비를 갖추고 계속하여 사무 또는 사업이 행하여지는 장소를 말한다.

3. 지방세법상 중과세와 지점의 요건과의 관계

지방세법 시행규칙 제6조에서 정의하고 있는 지점의 요건이 지방세법 제13조 제2항의 취득세 중과에 대해서 적용됨은 규정상 명백하나, 위 지점의 요건이 지방세법 제28조 제2항의 등록면허세 중과에도 적용되는지는 불분명하다. 일반적으로 지방세법 제28조 제2항에서의 지점설치등기는 상업등기법에 의한 지점설치등기를 하는 경우를 의미하기 때문에 사실상의 지점을 의미하는 것이 아니라 형식상의 지점등기를 하는 경우를 의미한다고 해석하고 있다(박광현, 『지방세 이해와 실무』, 1212~1213면). 따라서 대도시에서 지점을 설치하는 경우에는 지점의 요건을 따질 필요도 없이 등록면허세가 3배 중과되며, 이와 반면에 대도시에서의 지점의 설치 및 지점을 대도시로 전입함에 따른 부동산 취득 시에 발생하는 취득세 중과에 대해서는 형식상 지점이 아닌 사실상의 지점 즉 지점의 요건에 부합하는 경우에 한해 그 적용이 있다 하겠다.

---

1) 여기서 대도시라 함은 수도권정비계획법 제6조에 따른 과밀억제권역(「산업집적활성화 및 공장설립에 관한 법률」을 적용받는 산업단지는 제외)을 말한다(지방세법 28조 2항 단서 참조).

147. 지점설치의 등기

[상업등기선례 제1-116호, 제정 1986. 6. 5.]

정관에 주주총회의 결의로 지점을 둘 수 있다고 규정하고 있는 이상 현행 법상 지점설치가 이사회의 결의사항으로 되어 있다 하더라도 주주총회에서 이에 관한 정관의 규정을 변경하지 않고서는 이사회의 결의만으로 지점을 설치할 수는 없다.

(1986. 6. 5. 등기 제273호 대한사법서사협회장 대 법원행정처장 회답)

◐ 선례 해설:

1. 주주총회의 권한으로는 주주의 이해에 특히 중대한 관계가 있는 기본적 사항은 주주총회의 권한으로 명시하고 있으며(예: 재무제표의 승인 및 이익의 배당, 정관변경, 이사·감사의 선임과 해임 등), 대표이사의 선임, 신주의 발행, 준비금의 자본금전입, 전환사채의 발행, 신주인수권부사채의 발행 등에 대해서는 정관에서 주주총회의 권한으로 정할 수 있음을 상법 개별 조문에서 유보하고 있다. 여기서 더 나아가 상법에 특별히 유보조항이 없는 경우에도 주식회사의 본질 또는 강행법규에 반하지 않는 한 정관의 규정으로 이사회의 의결사항으로 되어 있는 것을 주주총회의 권한으로 할 수 있다는 것이 통설이다(『주석상법(회사편Ⅲ)』, 69~70면).[1)]

2. 이런 의미에서 보통 지점의 설치·이전 또는 폐지 등의 사항은 이사회의 권한이지만(상법 393조 1항), 정관에 "지점의 설치·이전 또는 폐지에 관한 것은 주주총회에서 정한다." 라고 규정한 경우에는 상법 제361조(주주총회는 상법 또는 정관에 정하는 사항에 한하여 결의할 수 있다)에 의해 지점의 설치는 정관의 규정을 변경하지 않고서는 이사회의 결의만으로는 할 수 없고 반드시 주주총회 결의에 의하여야 한다.

3. 위 2.의 경우에는 지점의 설치·이전 또는 폐지 등의 등기신청 시에는 이사회의사록이 아닌 정관 및 주주총회의사록을 첨부정보로 제공하여야 한다(상업선례 1-102, 397면 참조).

1) 정관상 주주총회 권한사항과 관련된 사례로는 「실무사례(44)」(309면) 참조

148. 각 상이한 지점명칭을 기재하여 동일한 소재, 동일한 지번에 2개의 지점설치등기를 하는 것의 가능여부(선례 일부변경)

[상업등기선례 제2-20호, 제정 2005. 10. 31.]

「상법」 제317조 제2항 제3의4호 및 제4항에 의하여 등기부에 기재되는 각 지점소재지는 특정될 수 있어야 하므로, 각 상이한 지점명칭을 기재하여 지점등기를 신청한다면 동일한 행정구역 내의 동일한 지번에 2개의 지점설치등기를 하는 것이 가능할 것이다.
(2005. 10. 31. 공탁법인과-597 질의회답)

◐ 선례 해설: 지점의 특정 문제

1. 지점설치등기를 하기 위해서는 특정될 수 있어야 하는 바,

2. 선례의 입장은 그 특정 가능 여부를 지점 소재지와 함께 지점의 명칭으로 보는 듯하다(본 선례 및 상업선례 2-22, 472면 참조).

> 지배인은 본점 또는 지점에서 영업을 하고 지점의 명칭은 지점의 소재지와 함께 지점을 특정 하는 역할을 한다는 점, 동일한 장소에 상이한 지점명칭을 사용하여 2개의 지점설치등기를 할 수 있다는 점을 감안하면, (이하 생략) [상업선례 2-22 중에서 발췌]

3. 따라서 동일 지번 내에 있더라도 지점의 명칭이 상이한 경우에는 각각 지점설치등기가 가능하나, 반면에 동일 지번 내에 있는 복수의 지점이 동일한 명칭을 사용한다면 각각의 지점이 특정될 수 없기 때문에 복수의 지점설치등기를 할 수 없다고 본다. 또한 부가 문제로 동일 소재지에 본점과 지점이 있는 경우에도 지점의 명칭을 사용할 경우에는 지점을 특정할 수 있어 본점등기 및 지점등기 모두 가능하다고 본다.

4. 지점의 특정성이 문제가 되는 것은, 본점 소재지의 경우는 독립된 행정구역으로서 단일하여야 하는데 반해(상업선례 1-136, 315면 참조), 지점은 회사의 사정에 따라 얼마든지 설치 가능하고 또한 동일 소재지에서도 복수의 지점이 설치되는 경우가 있기 때문이다.

149. 국내회사가 해외에 지점을 설치한 경우 본점등기부에 해외지점 설치등기를 하는 것의 가능 여부(적극)

〔상업등기선례 제2-21호, 제정 2005. 12. 20.〕

1. 주식회사의 지점소재지는 상법 제317조 제2항 제3의4호에 의거 본점소재지에서 등기하여야 하는바, 국내회사가 외국에 지점을 설치한 경우 그 외국지점소재지도 동조에서 정하는 지점의 소재지에 해당하여 본점소재지에서 등기할 수 있으며,

2. 외국에 지점을 설치한 경우에는 상법 제317조 제4항 및 제181조 제2항에 의하여 본점소재지에서 그 지점소재지를 등기하여야 할 것이다. 다만, 현재의 전산시스템상 해외지점을 등기하기 위한 방법이 마련되어 있지 아니하여, 해외지점의 등기를 위한 전산시스템 개발이 완료되는 2006. 2. 20. 일 이후에 본점등기부에 해외지점의 등기가 가능할 것이며, 전산시스템 미비로 인한 해외지점 등기지연에 대하여는 등기해태에 대한 과태료 통지를 하지 않도록 하여야 할 것이다.

(2005. 12. 20. 공탁법인과-707 질의회답)

참조 조문 · 규칙 · 예규 · 선례 · 판례

■ **상법[법률 제13523호, 2015. 12. 1., 일부개정]**

제181조(지점 설치의 등기) ① 회사의 설립과 동시에 지점을 설치하는 경우에는 설립등기를 한 후 2주 내에 지점소재지에서 제180조 제1호 본문(다른 지점의 소재지는 제외한다) 및 제3호부터 제5호까지의 사항을 등기하여야 한다. 다만, 회사를 대표할 사원을 정한 경우에는 그 외의 사원은 등기하지 아니한다.
② 회사의 성립 후에 지점을 설치하는 경우에는 본점소재지에서는 2주 내에 그 지점소재지와 설치 연월일을 등기하고, 그 지점소재지에서는 3주 내에 제180조 제1호 본문(다른 지점의 소재지는 제외한다) 및 제3호부터 제5호까지의 사항을 등기하여야 한다. 다만, 회사를 대표할 사원을 정한 경우에는 그 밖의 사원은 등기하지 아니한다.

제317조(설립의 등기) ① 주식회사의 설립등기는 발기인이 회사설립시에 발행한 주식의 총수를 인수한 경우에는 제299조와 제300조의 규정에 의한 절차가 종료한 날로부터, 발기인이 주주를 모집한 경우에는 창립총회가 종결한 날 또

는 제314조의 규정에 의한 절차가 종료한 날로부터 2주간내에 이를 하여야 한다.

④ 제181조 내지 제183조의 규정은 주식회사의 등기에 준용한다.

◐ **선례 해설:**

1. 원론적으로 지점의 요건(455~456면 참조)에 해당될 경우에는 회사는 지점 설치등기를 하여야 한다. 다만 국내회사가 해외에 지점을 설치한 경우에는 어떻게 할 것인가가 문제된 사안에서, 선례의 입장은 상법 규정을 근거로 국내 본점 소재지에 해외지점에 대해서도 등기를 하여야 한다는 입장이다.

2. 위 1.과 관련해서 상법 제317조 제4항에서 제181조를 준용함으로써 명문상으로도 지점을 설치할 경우에는 본점의 등기기록 중 지점에 관한 사항란에 등기하여야 한다.

3. 물론 국내에서의 본점과 지점설치와 관련된 규정은 대한민국의 상법의 규정에 따르겠지만, 해외에서의 지점설치는 해당 국가의 법률에 따라야 할 것이다. 다만 국내회사가 외국에 지점을 설치한 경우 그 외국에 둔 지점도 본점에서의 등기사항이므로(상법 181조 참조), 그 지점의 소재지인 외국에서 지점의 등기 또는 등록 등을 하는지 여부와 상관없이 본점 소재지 관할 등기소에 외국에 둔 그 지점을 등기하여야 한다. 이렇게 해석하는 것이 지점의 등기에 대한 현행 상법 규정과도 부합된다.[1)]

---

1) 해외지점에 대해 본점 등기기록의 지점에 관한 사항란에 등기가 되어 있는 대표적인 회사로는 대한항공과 아시아나항공을 들 수가 있겠다. 대한항공 및 아시아나항공 본점 등기기록의 지점에 관한 사항란을 보면 국내지점뿐만 아니라 해외지점에 대해서도 모두 지점명과 지점 소재지가 등기된 것을 확인할 수가 있다. 다만 실무적으로 국내회사가 해외에 지점을 설치한 경우에 상법 규정 및 선례의 입장과는 달리 해외지점에 대해 본점 등기기록의 지점에 관한 사항란에 그 등기를 하고 있지 않는 경우도 많으며, 현재 이에 대해 과태료도 부과하고 있지 않다.

이는 i) 해외지점의 경우 국내지점과는 달리 지점의 등기기록이 개설되지 않는 점, ii) 국내지점의 경우 사업자등록 등의 이유로 지점의 등기기록을 개설할 필요성이 있는데 반해 해외지점의 경우 국내법이 적용되지 않아 그러한 필요성은 없다는 점, iii) 대기업의 경우 해외지점이 상대적으로 많아 본점 등기기록의 지점에 관한 사항란에 모두 등기할 경우 그 관리가 용이하지 않는다는 점 등에 기인하는 것이 아닌가 생각한다.

150. 지점을 폐지하는 등기신청

[상업등기선례 제201604-2호, 제정 2016. 4. 25.]

1. 본점의 등기기록이 있는 등기소의 관할 구역 내에는 지점의 등기기록을 따로 편성하지 않기 때문에, 본점이 이전하는 신관할 등기소의 관할구역 내에 이미 지점의 등기기록이 개설되어 있는 경우 그 지점의 등기기록은 직권으로 폐쇄한다.

2. 그러나 지점의 존재를 전제로 하는 직권폐쇄와 달리, 지점을 폐지하는 경우에는 본점소재지에서는 2주간 내에, 지점소재지에서는 3주간 내에 지점의 폐지에 관한 등기를 신청하여야 한다.

3. 지점을 폐지하는 경우에는 본점소재지 및 지점소재지에서 지점의 폐지에 관한 등기를 하여야 하므로, 구본점 관할 등기소에서 신본점소재지의 지점을 폐지등기한 경우에도 신관할 본점소재지인 지점소재지에서 지점의 폐지등기를 별도로 신청하여야 한다.

(2016. 4. 25 사법등기심의관－1375 질의회답)

◐ **선례 해설:**[1)]

1. 본점이전등기신청 시 신소재지 관할 등기소에 지점등기기록이 개설되어 있는 경우에는 해당 등기소의 등기관은 그 지점등기기록을 직권으로 폐쇄한다(규칙 99조 2항, 예규 943호 해설(441면) 참조).
2. 지점을 폐지하는 경우에는 본점 소재지에서는 2주간 내에, 지점 소재지에서는 3주간 내에 지점폐지등기신청을 하여야 한다(상법 317조, 183조).
3. 본점 관할 등기소 관할구역 내에 있는 지점을 폐지한 경우에는 본점 소재지 관할 등기소에 지점폐지등기신청을 하면 되는데 반해, 본점 관할 등기소 관할구역 외에 있는 지점을 폐지한 경우에는 본점 및 지점 소재지 관할 등기소에 지점폐지등기신청을 각각 하여야 한다(주: 후자의 경우 회사의 선택에 따라 본지점 일괄신청을 할 수도 있다. 규칙 58조 참조.).

1) 문단 1은 지점의 존재를 전제로 본점을 이전하는 관할구역 내에 지점이 존재하는 경우에 등기관이 지점의 등기기록을 직권으로 폐쇄하는 것인데 반해, 문단2와 3은 실제로 지점을 폐지하는 경우의 회사의 등기신청에 관한 것으로 근본적으로 차이가 있다.

151. 주식회사의 본점이전 및 지점설치시 등기기간의 기산점 등

[상업등기선례 제1-133호, 제정 2003. 7. 9.]

1. 주식회사의 본점이전 및 지점설치시 등기기간의 기산점은 주주총회나 이사회에서 결의한 일자가 아니라 실제로 본점을 이전하거나 지점을 설치한 일자가 될 것이나, 사전에 본점이전 및 지점설치를 한 다음에 이사회 결의가 있는 경우에는 그 이사회의 결의가 있는 날로부터 등기기간이 진행된다고 보아야 할 것이다.

2. 주주총회의 결의는 주식회사의 본질에 반하지 아니하고 법령, 정관에 저촉되지 아니한 것이면 조건부나 기한부 결의를 할 수 있으며, 그 기한의 범위는 사적자치에 의하여 자유로이 정할 수 있다.

(2003. 7. 9. 공탁법인 3402-164 질의회답)

◐ 선례 해설: 지점설치등기의 기산점(1)

1. 지점의 설치등기

   i) 회사설립 시: 회사의 설립과 동시에 지점을 설치하는 경우에는 본점 소재지에서는 설립등기 시에 그 지점 소재지를 등기하고, 지점 소재지에서는 회사의 설립등기 후 2주간 내에 지점의 설치등기를 하여야 한다(상법 317조 4항 및 181조 1항).

   ii) 회사성립 후: 회사의 성립 후에 지점을 설치하는 경우에는 본점 소재지에서는 2주 내에 그 지점 소재지와 설치 연월일을 등기하고, 그 지점 소재지에서는 3주 내에 지점의 설치등기를 하여야 한다(상법 317조 4항 및 181조 2항).

2. 위의 경우에 지점의 설치일은 주주총회나 이사회에서 결의한 일자와 실제로 지점을 설치한 날 중 늦은 날이 된다는 것이 본 선례의 입장이다. 지점의 이전 및 폐지의 등기도 마찬가지이다.

3. 이와 관련된 것은 「실무사례(66)」(467면) 및 상업등기선례 제2-23호(468면) 참조.

실무사례(66)

제목: 본점이전등기 시 등기기간의 기산점과 과태료 문제[1)]

거래처에서 약 1개월 전에 임원변경등기와 본점의 타관이전등기를 의뢰하여 이사 선임과 본점을 서울특별시에 둔다는 정관 변경을 안건으로 임시주주총회의사록을 작성하여 공증인의 인증을 받았으나 회사의 사정으로 일단 임원변경등기만을 신청한 적이 있다. 하지만 정관변경을 한 후 1개월이 지난 현재까지도 본점이전등기를 하지 않은 상태이다. 이 경우 본점이전등기 해태에 따른 과태료는 어떻게 되는지?

1. 회사가 본점을 이전하는 경우에는 2주간 내에 신본점 소재지에서 하는 등기의 신청은 구본점 소재지를 관할하는 등기소에 동시에 하여야 하며(법 55조), 주식회사가 등기를 게을리 한 때에는 500만원 이하의 과태료를 법원에서 부과한다(상법 635조 1항 1호). 이와 관련하여 등기관이 그 직무상 과태료 부과대상이 있음을 안 때에는 지체 없이 그 사건을 관할 지방법원 또는 지원에 통지하도록 되어 있다(규칙 176조 및 예규 1545호 2조).

2. 한편 주식회사의 본점이전 시 등기기간의 기산점은 주주총회나 이사회에서 결의한 일자와 실제로 본점을 이전한 일자 중 늦은 날이 된다는 것이 선례의 입장이다(상업선례 1-133).

3. 사안의 경우 정관상의 본점의 최소행정구역이 변경되어 정관변경을 위한 임시주주총회의사록이 1개월 이전에 작성되어 공증인의 인증을 받았다 하더라도, 실제 본점을 이전하지 않은 상태라면 등기해태에 따른 과태료 문제는 없을 것으로 보인다. 이와 달리 실제 본점을 이전하였음에도 불구하고 아직 본점이전등기를 신청하지 않은 경우라면, 회사가 본점을 실제 이전한 시점과 주주총회에서 본점이전 결의를 한 날 중 늦은 날을 기준으로 2주간이 도과한 시점부터 등기해태에 따른 과태료 문제가 발생할 것이다.

참조 조문: 상법 제635조, 상업등기법 제55조, 상업등기규칙 제176조
참조 선례: 상업등기선례 제1-133호(466면) 및 제2-23호(468면)

---

1) 지점설치・이전・폐지 시에도 동일한 논리가 적용된다(상업선례 1-133, 466면 참조).

152. 이사회 결의로 정한 지점설치일 이전의 지점설치등기의 가부 [상업등기선례 제2-23호, 제정 2006. 11. 15.]

지점 또는 분사무소 설치의 등기는 법령과 정관에 따라 권한 있는 기관이 그 설치의 결정을 하고, 지점 또는 분사무소의 실체를 갖추었을 때 신청할 수 있다. 지점 또는 분사무소 설치에 따른 모든 준비가 완료되어 그 실체가 갖추어졌다 하더라도, 이사회 결의로 정한 설치일 이전에 그 등기를 신청할 수는 없다.
(2006. 11. 15. 공탁상업등기과-1287 질의회답)

◐ 선례 해설: 지점설치등기의 기산점(2)[1]

1. 회사의 설립과 동시에 지점을 설치하는 경우에는 설립등기를 한 후 2주 내에, 회사의 성립 후에 지점을 설치한 경우에는 3주 내에 지점 소재지에서 등기를 하여야 한다(상법 181조 1항 및 2항, 317조 4항).

2. 지점설치와 관련하여 아래와 같이 진행 되었다고 가정하면,

   ┌ 지점 설치키로 이사회에서 결의한 일자: 2015. 2. 1.
   └ 지점의 실체를 갖추었다고 판단되는 일자: 2015. 2. 5.

3. 위의 경우에는 통상 2015. 2. 5.부터 지점설치등기의 등기기간이 진행된다고 할 것이나(상업선례 1-133), 만약 2015. 2. 1. 이사회에서 결의 시 2015. 2. 15.에 지점을 설치하기로 정하였다면 지점을 설치하기로 한 날인 2015. 2. 15.부터 그 등기기간이 진행된다(본 선례의 입장).

4. 본 선례가 매우 중요하게 여겨지는 것은 지점설치일을 다음의 두 가지를 모두 갖추었을 때로 본다는 것이다. 즉 ⅰ) 법령과 정관에 따라 권한 있는 기관이 지점의 설치를 결정하였을 것, ⅱ) 지점의 실체를 갖추었을 것 등 두 요건이 모두 충족되었을 때부터 지점설치등기의 등기기간이 진행되므로, 결국 두 가지 요건 중 늦은 날부터 그 등기기간이 진행된다는 점이다. 이는 등기해태에 따른 과태료 문제와도 직결되는 문제인지라, 실무에서 이것과 관련하여 과태료 문제가 발생할 경우 적극적으로 검토해야 할 선례로 보인다.

---

1) 이 논의는 지점의 이전·폐지 등과 본점이전 시에도 동일하게 적용된다.

153. 지점소재지에 지점설치등기를 할 경우 당사자가 출석하여야 하는지 여부[1]

[상업등기선례 제1-126호, 제정 1994. 5. 4.]

주식회사의 이사회가 지점설치 결의를 하고 본점소재지에서 지점설치등기를 한 후 그 지점소재지에 지점설치등기를 신청할 경우에는 비송사건절차법 제148조 제2항(주: 현행 상업등기법 제24조 제2항)에 따라 당사자 또는 그 대리인이 등기소에 출석을 하지 않아도 무방하다.
(1994. 5. 4. 등기 3402-401 질의회답)

참조 조문 · 규칙 · 예규 · 선례 · 판례

▣ 상업등기법[법률 제13953호, 2016. 2. 3., 타법개정]

제24조(등기신청의 방법)

① 등기는 다음 각 호의 어느 하나에 해당하는 방법으로 신청한다.

1. 신청인 또는 그 대리인이 등기소에 출석하여 신청정보 및 첨부정보를 적은 서면을 제출하는 방법. 다만, 대리인이 변호사[법무법인, 법무법인(유한) 및 법무조합을 포함한다]나 법무사[법무사법인, 법무사법인(유한)을 포함한다]인 경우에는 대법원규칙으로 정하는 사무원을 등기소에 출석하게 하여 그 서면을 제출할 수 있다.
2. 대법원규칙으로 정하는 바에 따라 전산정보처리조직을 이용하여 신청정보 및 첨부정보를 등기소에 보내는 방법(법원행정처장이 지정하는 등기유형으로 한정한다)

② 제1항에도 불구하고 다음 각 호의 등기에 관하여는 우편을 이용하여 신청정보 및 첨부정보를 적은 서면을 등기소에 제출하는 방법으로 등기를 신청할 수 있다.

1. 촉탁에 따른 등기
2. 회사의 본점과 지점 소재지에서 공통으로 등기할 사항(이하 "본 · 지점 공통 등기사항" 이라 한다)에 대한 지점 소재지에서의 등기

---

1) 등기신청의 기본원칙으로는 신청주의, 서면(전자문서 포함)주의, 출석주의, 강제주의(등기의무) 등이 있다(『상업등기실무(Ⅰ)』, 136~139면). 본 선례는 출석주의에 관한 것이다. 출석주의는 등기의 진정성을 확보하고, 등기신청에 대한 접수순서 결정의 혼란을 방지하며, 당일 보정이 가능한 경우 당사자로 하여금 즉시 보정의 기회를 갖도록 하는 기능을 수행한다(『상업등기실무(Ⅰ)』, 138면).

◐ **선례 해설: 출석주의와 그 예외**

1. 등기신청의 기본원칙 중 출석주의:[1)]

등기의 신청은 상업등기법 등에 별도의 정함이 있는 경우를 제외하고는 당사자 또는 그 대리인이 등기소에 출석하여 하지 않으면 안 된다. 따라서 등기소에 직접 출석하지 않고 우편이나 팩시밀리 등에 의하여 신청서를 송부하는 방법으로는 등기신청을 할 수 없다. 만약 방문신청으로 등기를 신청할 때 신청인 또는 그 대리인이 출석하지 아니한 경우에는 등기관은 상업등기법 제26조 제5호의 사유로 각하하여야 한다.

2. 출석주의의 예외:

i) 전자신청의 경우에는 신청에 필요한 모든 문서를 전자문서 등으로 작성하여 등기소에 송신하는 방법으로 등기신청을 하는 것이므로 당연히 출석주의가 적용되지 않는다.

ii) 촉탁에 따른 등기, 본·지점 공통 등기사항에 대한 지점 소재지에서의 등기 등에 대해서는 출석주의의 예외가 적용되어, 우편을 이용하여 신청정보 및 첨부정보를 적은 서면을 등기소에 제출하는 방법으로 등기신청을 할 수 있다(법 24조 2항).[2)] 이것은 신청인의 편의를 위한 것이므로 신청인 또는 그 대리인이 우편 제출을 하지 않고 등기소에 출석하여 신청하는 것도 물론 가능하다.

3. 위 2.에서 본 바와 같이 본·지점 공통 등기사항에 대하여 본점 소재지에서 등기를 한 후 지점 소재지에 하는 등기의 경우에는 출석주의의 예외가 적용되어 우편으로도 신청하는 것이 가능할 뿐만 아니라, 그 신청서 또는 위임에 의한 대리권한을 증명하는 서면에 등기소에 제출한 인감을 날인할 필요도 없다(법 25조 3항 2호).[3)]

---

1) 『상업등기실무(Ⅰ)』, 137~138면

2) 본·지점 공통 등기사항에 관한 것은 「실무사례(67)」 (471면) 참조

3) 한편 위와 달리 지점 소재지에서 하는 지점의 설치·이전·폐지의 등기는 회사의 선택에 의하여 본점 소재지 관할 등기소에 위 등기를 신청할 때 지점 소재지에서 하는 등기도 일괄신청 할 수 있다(법 58조). 다만, 지배인의 등기는 본·지점 공통 등기사항이 아니므로 본·지점 일괄신청을 할 수 없고, 그에 따라 상업등기법 제51조 제3항에 의해 지배인에 관한 등기와 동시에 신청하여야 할 지점의 이전·폐지의 등기도 본·지점 일괄신청을 할 수 없다(규칙 154조 1항, 101조 1항 1호 및 『상업등기실무(Ⅱ)』, 165~166면 참조).

실무사례(67)

제목: 목적추가 및 지점설치등기의 본 · 지점 일괄신청 가능 여부 등

본점 소재지가 서울에 있는 법인이 이번에 수도권 과밀억제권역 내인 광명시에 지점을 설치하고 또한 목적을 추가하는 등기를 신청하려고 한다.

【1】 지점설치등기 및 목적추가 변경등기에 대해 본·지점 일괄신청이 가능한지?

【2】 위 【1】의 경우에 납부할 등록면허세는 어떻게 되는지?

1-1. 목적은 본·지점 공통 등기사항이며(「법인의 등기사항에 관한 특례법」 3조 1호), 회사의 본점과 지점 소재지를 관할하는 등기소가 다른 경우 회사의 본점과 지점 소재지에서 공통으로 등기할 사항에 대한 지점 소재지에서의 등기는 본·지점 일괄신청이 가능하다(법 58조).

1-2. 본점 또는 지점의 등기기록이 있는 등기소의 관할구역 외에 지점을 설치한 경우에는 본점 소재지에서는 지점에 관한 사항란에 그 지점 소재지와 설치연월일을 등기하고, 그 지점 소재지에서는 지점의 등기기록을 개설하여 지점의 등기사항을 등기한다. 이 경우 「법인의 등기사항에 관한 특례법」 및 「법인등의 등기사항에 관한 특례규칙」에 따라 지점에 등기할 사항은 지점설치등기를 할 때에 등기하게 된다.

1-3. 따라서 사안의 경우 본점인 서울의 관할 등기소 외인 광명시에 지점을 설치한 경우에도 본·지점 공통 등기사항인 목적에 관한 것과 지점설치등기에 대해 본점 소재지 관할 등기소에 지점 소재지에서 하는 등기도 본·지점 일괄신청이 가능하다.

2. 본·지점 일괄신청은 본점과 일괄신청한 지점에 관한 등기의 신청이므로 이에 대한 등록면허세는 각각 납부하여야 한다. 따라서 본점 소재지를 관할하는 관할관청에 목적추가 및 지점에 관한 사항란에 대한 지방세법 제28조 제1항 제6호 바목 2건(40,200원 * 2건)의 등록면허세 및 지점 소재지를 관할하는 관할 관청에 수도권 과밀억제권역에서의 지점의 설치에 대한 지방세법 제28조 제1항 제6호 마목에 대한 중과세(40,200원 * 3배 중과)의 등록면허세를 각각 납부하여야 한다.

참조 조문: 상업등기법 제58조, 「법인의 등기사항에 관한 특례법」제3조, 「법인등의 등기사항에 관한 특례규칙」제3조, 지방세법 제28조 제1항 및 제2항

154. 지배인을 둔 장소와 지점의 명칭[1)]

[상업등기선례 제2-22호, 제정 2006. 10. 11.]

지배인은 본점 또는 지점에서 영업을 하고 지점의 명칭은 지점의 소재지와 함께 지점을 특정하는 역할을 한다는 점, 동일한 장소에 상이한 지점 명칭을 사용하여 2개의 지점설치등기를 할 수 있다는 점을 감안하면, 비송사건절차법 제179조 제1항 제4호, 제180조(주: 현행 상업등기법 제50조 제1항 제4호, 제51조)의 "지배인을 둔 장소"는 그 지배인을 둔 본점 또는 지점의 소재지와 지점의 명칭(지점의 명칭이 등기되어 있는 경우에 한한다)이라고 해석된다. 따라서, 지점의 명칭이 등기되어 있는 경우에는 지배인을 둔 장소로 지점의 소재지만을 등기하거나 등기되어 있는 지점의 명칭과 다른 명칭을 등기할 수 없다.
(2006. 10. 11. 공탁상업등기과-1122 질의회답)

참조 조문 · 규칙 · 예규 · 선례 · 판례

▣ 상업등기법[법률 제13953호, 2016. 2. 3., 타법개정]

제50조(등기사항 등) ① 지배인의 등기를 할 때에는 다음 각 호의 사항을 등기하여야 한다.

1. 지배인의 성명 · 주민등록번호 및 주소
2. 영업주의 성명 · 주민등록번호 및 주소
3. 영업주가 2개 이상의 상호로 2개 이상 종류의 영업을 하는 경우에는 지배인이 대리할 영업과 그 사용할 상호
4. 지배인을 둔 장소
5. 2명 이상의 지배인이 공동으로 대리권을 행사할 것을 정한 경우에는 그에 관한 규정

제51조(회사 등의 지배인등기) ① 회사의 지배인등기는 회사의 등기부에 하고, 합자조합의 지배인등기는 합자조합의 등기부에 한다.
② 제1항의 등기를 할 때에는 제50조 제1항 제2호 및 제3호의 사항을 등기하지 아니한다.

---

1) 지점 소재지에서 하는 지점의 설치 · 이전 · 폐지의 등기는 회사의 선택에 의하여 본점 소재지 관할 등기소에 등기를 신청할 때 지점 소재지에서 하는 등기도 일괄신청할 수 있다. 다만, 지배인의 등기는 본 · 지점 공통 등기사항이 아니므로 본 · 지점 일괄신청을 할 수 없다.

◐ 선례 해설: 「실무사례(68)」(474면) 및 「실무사례(69)」(476면) 참조

1. 본점에 지배인을 둔 경우의 본점의 지배인에 관한 등기사항으로는,

   ⅰ) 지배인의 성명 · 주소 및 주민등록번호
   ⅱ) 지배인을 둔 장소로서의 본점 소재지
   ⅲ) 2인 이상의 지배인이 공동으로 대리권을 행사할 것을 정한 때에는 그에 관한 규정

2. 지점에 지배인을 둔 경우의 지점의 지배인에 관한 등기사항으로는,

   ⅰ) 지배인의 성명 · 주소 및 주민등록번호
   ⅱ) 지배인을 둔 장소로서의 지점 소재지(단, 지점의 명칭이 등기되어 있는 경우에는 지점의 소재지와 지점의 명칭)
   ⅲ) 2인 이상의 지배인이 공동으로 대리권을 행사할 것을 정한 때에는 그에 관한 규정

<지점등기사항증명서 중 지배인에 관한 사항란 등기기록 예>

지배인에 관한 사항
지배인 홍길동 641010-******* 경기도 평택시 참이슬로 200
지배인을 둔 장소 경기도 평택시 조개터로5번길 100 (평택지점)
2013년 05월 22일 선임 2013년 05월 31일 등기

3. 본 선례는 위 1.과 2.와 같이 본점과 지점의 등기사항증명서에 하는 지배인에 관한 등기사항을 달리 정한 논거로, ⅰ) 지점의 명칭은 지점의 소재지와 함께 지점을 특정하는 역할을 한다는 점, ⅱ) 동일한 장소에 상이한 지점명칭을 사용하여 2개의 지점설치등기를 할 수 있다는 점 등을 들고 있다.

4. 위 3.에서 본 선례가 든 논거를 살펴보면, 본점 소재지의 경우는 독립된 행정구역으로서 단일하여야 하는데 반해, 지점은 본점과 달리 그 장소나 지점의 수에 상관없이 지점의 요건만 충족된다면 얼마든지 설치 가능하여 지점은 그 소재지만으로는 특정을 할 수 없다는 점에서 본 선례가 견지한 논거는 타당하다고 본다.

5. 본 선례는 지점의 특정성과 관련한 상업등기선례 제2-20호(462면)와 함께 살펴보면 그 의미가 더욱 뚜렷해진다고 생각된다.

실무사례(68)

제목: 지점의 이전등기와 지배인을 둔 장소의 이전의 등기

서울에 본점이 있는 주식회사가 나주에 있는 지점(지배인 등기되어 있음)을 광주로 이전하고자 한다. 아래는 지점의 이전등기와 지배인을 둔 장소의 이전의 등기와 관련된 사항이다.

【1】 지점의 이전등기와 지배인을 둔 장소의 이전의 등기에 대해 본·지점 일괄신청이 가능한지?

【2】 위 【1】의 일괄신청이 불가능하다고 할 경우, 본점 및 구지점과 신지점 소재지를 관할하는 등기소에 구체적으로 어떻게 등기신청을 하여야 하는지?

【3】 본점, 구지점과 신지점 등기신청서에 첨부할 서면은?

【4】 위 【2】 및 【3】의 등기와 관련하여, 납부할 등록면허세 및 등기신청수수료는 각각 어떻게 되는지?

---

1. 회사의 본점과 지점 소재지를 관할하는 등기소가 다른 경우 본·지점 공통 등기사항에 관하여 지점 소재지에서 하는 등기의 신청은 본·지점 일괄신청이 가능함이 원칙이다(법 58조 1항). 하지만 지배인의 등기는 본·지점 공통 등기사항이 아니므로 본·지점 일괄신청을 할 수가 없고(규칙 154조 1항, 101조 1항 1호), 그에 따라 지배인에 관한 등기와 지점의 이전등기도 본·지점 일괄신청을 할 수 없다(『상업등기실무(II)』, 165~166면 참조).

2. 사안의 경우 본·지점 일괄신청이 불가하므로, i) 본점 소재지 관할 등기소에 지점에 관한 사항란의 변경등기신청서를, ii) 지점의 관할 외 이전등기에 대하여는 관할 외 본점이전등기에서 인정되고 있는 특칙(법 55조, 56조)이 적용되지 않아, 구지점(나주) 소재지 관할 등기소에 지점의 이전에 관한 사항 및 지배인을 둔 장소의 이전에 관한 사항에 대한 등기신청서를, 신지점(광주) 소재지 관할 등기소에는 지점의 등기사항, 회사성립의 연월일, 지점을 이전한 뜻과 그 연월일 및 지배인을 둔 장소를 이전한 뜻과 연월일을 기재한 등기신청서를, 각각 제출하여야 한다.

3. i) 본점 소재지에서 하는 등기신청서에는 지점의 이전 결의를 한 이사회의사록(사내이사 2인 이하인 경우에는 이사결정서, 사내이사 2인인 경우에

정관의 규정에 따라 대표이사를 둔 경우에는 대표이사결정서) 혹은 정관 규정에 따라 주주총회에서 지점을 이전할 것을 결의한 경우에는 주주총회의사록과 정관, 등록면허세영수필확인서 및 위임장을, ⅱ) 구지점 소재지 관할 등기소와 신지점 소재지 관할 등기소에 하는 등기신청서에는 각각 등록면허세영수필확인서 및 위임장을, 각각 첨부정보로 제공하여야 한다.

4. 지점 소재지 관할 등기소에 등기신청하는 지점의 이전의 등기와 지배인을 둔 장소의 이전의 등기에 대해서는 각각의 등록면허세와 등기신청수수료를 납부하여야 하므로, ⅰ) 본점에 대해서는 지점의 사항란에 대한 변경등기에 대한 지방세법 제28조 제1항 제6호 바목(건당 40,200원)의 등록면허세 1건 및 등기신청수수료 1건(이폼신청 시 4,000원), ⅱ) 반면 구지점 및 신지점에 대해서는 지점의 이전의 등기와 지배인을 둔 장소의 이전의 등기 각각에 대한 지방세법 제28조 제1항 제6호 바목(건당 40,200원)의 등록면허세 총 2건 및 2건을 합산한 등기신청수수료(이폼신청 시 8,000원)를, 각각 납부하여야 한다.

※ 이상의 내용을 요약하면,

구 분	본 점(서울)	구지점(나주)	신지점(광주)
본·지점 일괄신청 여부	본·지점 일괄신청 불가		
등기신청방법	본점은 지점의 사항란에 대한 변경등기, 구지점 및 신지점은 지점의 이전에 관한 등기와 지배인을 둔 장소의 이전에 관한 등기신청(단, 신지점에서는 그 외 지점등기사항 및 회사 성립연월일에 대한 신청도 함께 함)		
등록면허세	지점의 사항란에 대한 변경등기에 관한 등록면허세 1건	지점의 이전 관련 등기와 지배인을 둔 장소의 이전 관련 등기에 대한 등록면허세 2건 (구지점 및 신지점 각각)	
등기신청수수료	지점 이전에 관한 등기신청수수료 1건	지점의 이전 관련 등기와 지배인을 둔 장소의 이전 관련 등기 등 2건을 합산한 등기신청수수료 (구지점 및 신지점 각각)	

참조 조문: 상업등기법 제58조, 상업등기규칙 제101조, 「법인의 등기사항에 관 한 특례법」 제3조, 지방세법 제28조

참조 예규: 등기예규 제1565호(145~149면), 제1038호(477면)

실무사례(69)

제목: 지점의 폐지와 함께 지배인에 관한 사항란의 폐지의 등기

본점은 부산, 지점은 울산에 있는 주식회사가 이번에 본점 관내이전과 함께 지점의 폐지 및 지점의 지배인에 관한 사항란의 폐지의 등기를 신청하려고 한다. 울산 지점의 등기사항증명서에는 지배인에 관한 사항란에 지배인의 성명·주소 및 주민등록번호 및 지배인을 둔 장소로서의 지점 소재지가 등기되어 있다.

【1】 본점의 관내이전 및 지점의 사항란의 폐지의 등기와 지점의 폐지등기 및 지배인에 관한 사항란의 폐지의 등기를 일괄신청하는 것이 가능한지?

【2】 납부할 등록면허세 및 등기신청수수료는 어떻게 되는지?

1. 회사의 본점과 지점 소재지를 관할하는 등기소가 다른 경우 본·지점 공통 등기사항에 관하여 지점 소재지에서 하는 등기의 신청은 본점 소재지를 관할하는 등기소에 일괄신청 하는 것이 가능하나(법 58조 1항), 지배인의 등기는 본·지점 공통 등기사항이 아니므로(「법인의 등기사항에 관한 특례법」 3조 참조) 본·지점 일괄신청을 할 수는 없다(규칙 101조 1항 1호).[1] 사안의 경우 부산 본점에서의 관내이전등기 및 지점에 관한 사항란의 폐지의 등기와 울산 지점에서의 지점 폐지의 등기 및 지배인에 관한 사항란의 폐지의 등기는 각각 본점 및 지점 소재지 관할 등기소에 별건으로 신청하여야 한다.

2. 여러 건의 등기사항을 하나의 신청서로 하더라도 등록면허세 및 등기신청수수료는 각각 납부하여야 하므로(예규 1038호 1. 및 1565호 3. 다. (2)), ⅰ) 본점은 관내이전에 관한 등록면허세 112,500원 및 지점에 관한 사항란의 폐지에 관한 등록면허세 40,200원, 2건을 합산한 등기신청수수료 8,000원(이폼 신청기준), ⅱ) 지점은 지점의 폐지에 관한 등록면허세 40,200원 및 지배인에 관한 사항란의 폐지에 관한 등록면허세 40,200원, 2건을 합산한 등기신청수수료 8,000원(이폼 신청기준)을, 각각 납부하여야 한다.

참조 조문: 상업등기법 제58조, 상업등기규칙 제101조 제1항 제1호
참조 예규: 등기예규 제1038호 1.(122면), 제1565호 3. 다. (2)(146면)

---

1) 또한 지배인에 관한 등기와 동시에 신청하여야 할 지점의 폐지의 등기도 본·지점 일괄신청이 불가하다.

※ 법인등기 신청시 수 개의 등기사항을 하나의 신청서에 일괄 신청하는 경우의 납부할 등록세(주: 현행 등록면허세, 이하 같다.)산정 기준[등기예규 제1038호, 제정 2001. 10. 19.]

법인등기 신청시 수 개의 등기신청을 하나의 신청서에 일괄 신청하는 경우의 등록세의 산정은 다음에서 정한 기준에 의한다.

5. 지점 또는 분사무소 설치등기

가. 법인이 수개의 지점 또는 분사무소를 설치하고 본점 관할 등기소에 신청하는 경우에는 지점 수와 관계없이 지방세법 제137조 제1항 제6호(주: 현행 지방세법 제28조 제1항 제6호 바목, 이하 같다.)의 **등록세 1건만 납부**한다.

나. 법인이 지점 또는 분사무소를 설치하고 지점소재지 관할 등기소에서 등기 신청하는 경우에는 지방세법 제137조 제1항 제5호(주: 현행 지방세법 제28조 제1항 제6호 마목)의 등록세를 납부한다. 이 경우 동일 등기소 내에 수개의 지점을 설치하는 경우에도 1건의 등록세만 납부한다.

6. 지점 또는 분사무소 이전등기

법인의 지점 또는 분사무소의 이전에 따라 본점과 지점 소재지 관할 등기소에서 등기신청을 하는 경우에는 지방세법 제137조 제1항 제6호의 **등록세를 각 납부**한다.[1] 이 경우 동일 등기소에서 수 개의 지점 또는 분사무소의 이전등기를 동시에 신청을 하는 경우에도 1건의 등록세만 납부한다.

부 칙

지점의 설치와 이사의 변경등기를 일괄하여 신청하는 경우의 등록세 납부예규(등기예규 제668호)는 이를 폐지한다.

---

1) 예를 들면, 본점은 인천광역시, 지점은 부천시에 각 있는 주식회사 예인이 회사 사정에 따라 부천지점을 동일 관내인 상동에서 중동으로 2016. 5. 20. 이전한다고 가정할 경우

관할 등기소	등록면허세	지방교육세	등기신청수수료 (e-Form 신청)
[본점] 인천지방법원 등기국	40,200원	8,040원	4,000원
[지점] 인천지방법원 부천지원 등기과	40,200원	8,040원	4,000원

제6절 행정구역 등의 변경에 따른 본점 · 지점의 변경등기[1)]

내 용	관련 조문		관련 선례 · 예규 · 규칙 (실무사례 포함)
	상법	상업등기법	
1. 행정구역 등의 변경에 따른 본점 · 지점의 변경등기		제28조, 규칙 제57조	155. 상업선례 제1-127호 156. 상업선례 제1-128호 ☞ 실무사례(70)

1) 본 절에서 의미하는 등기의무와 관련하여 상업등기법 제28조의 행정구역 또는 그 명칭이 변경된 경우와 기타의 경우, 즉 지번의 변경이나 환지에 의한 지번표시의 변경, 도로명주소법에 의한 도로명주소의 변경 등과 구분하여 정리할 필요가 있다(「선례해설」, 483면 참조).

§ 요약

1. 행정구역[1] 또는 그 명칭이 변경되었을 때에는 등기기록에 기록된 행정구역 또는 그 명칭에 대하여 변경등기가 있는 것으로 보나(법 28조), 법 제28조에 의해 변경된 것으로 간주된 행정구역 또는 그 명칭에 대해 등기관은 직권으로 변경등기를 할 수 있으며(규칙 57조), 회사의 대표자도 그 변경사실을 증명하는 서면(예컨대, 관보 등)을 첨부하여 변경등기를 신청할 수도 있다(상업선례 1-127, 480면 및 1-128, 482면).

2. 위 1.과 달리 도로명주소법에 의한 주소, 지번의 변경이나 경정 또는 환지에 의한 본점 또는 지점의 소재지의 변경은 상업등기법 제28조의 행정구역 또는 그 명칭이 변경된 경우에 해당하지 않으므로 등기기록상 그 표시가 당연히 변경된 것으로 볼 수는 없으며, 이 경우에는 회사의 대표자가 변경등기를 신청하여야 한다.

3. 등기신청 의무 여부와는 상관없이, 행정구역 또는 그 명칭의 변경 및 지적소관청의 지번 변경은 지방세법 제26조 제2항 및 대법원규칙 제2560-8호에 의해 각각 등록면허세와 등기신청수수료가 면제되며, 소재지번을 도로명주소법에 의한 도로명주소로 변경하는 경우에는 등기예규 제1437호에 의해 각각 등록면허세와 등기신청수수료가 면제된다(「선례해설」, 483면 참조).

4. 한편 지번의 변경이나 경정 또는 환지 등으로 인한 지번변경등기의 등기기간은 지번이 변경된 날로부터 진행되나, 지번변경은 등기신청인의 의사와는 관계없이 생긴 것이므로 등기기간을 해태한 경우에도 등기해태의 통지를 하지 않는 것이 등기실무의 관행이다(『상업등기실무(II)』, 172면).

5. 본·지점을 이전하거나 임원·지배인 등의 주소를 이전하여 그 등기를 하는 경우가 아니면, 굳이 지번방식의 주소를 도로명주소로 변경하는 등기를 신청하여야 하는 것은 아니다. 다만, 당사자가 스스로의 선택에 의하여 그 표시 변경등기를 신청하는 것은 가능하다(『상업등기실무(II)』, 141면 각주 45번). 지번방식의 주소를 도로명주소로 변경하는 등기를 신청할 의무가 없으므로, 지번방식의 주소를 도로명주소로 변경하는 것에 대한 등기해태에 따른 과태료도 당연 부과할 수 없다.

---

1) 행정구역에 관한 개념 정리는 480면 각주 1번 참조

155. 행정구역 개편으로 인한 사무소소재지의 변경등기[1)]

[상업등기선례 제1-127호, 제정 1995. 2. 22.]

지방자치법의 개정(법률 제4787호)으로 인한 행정구역 개편으로 사무소소재지 변경등기를 신청함에 있어 위 행정구역이 개편되었다는 사실을 증명하는 서면(예컨대, 관보 등)을 첨부하면 될 것이며, 그 이외에 총회의사록 또는 관할 행정청의 인가증 등을 첨부할 필요는 없다.

(1995. 2. 22. 등기 3402-152 질의회답)

참조 조문 · 규칙 · 예규 · 선례 · 판례

▣ 상업등기법[법률 제13953호, 2016. 2. 3., 타법개정]

제28조(행정구역의 변경) 행정구역 또는 그 명칭이 변경되었을 때에는 등기기록에 기록된 행정구역 또는 그 명칭에 대하여 변경등기가 있는 것으로 본다.

▣ 상업등기규칙[대법원규칙 제2668호, 2016. 6. 27., 타법개정]

제57조(행정구역 등 변경의 직권등기) 등기기록에 기록된 행정구역 또는 그 명칭이 변경된 경우에 등기관은 직권으로 변경사항을 등기할 수 있다.

▣ 지방자치법[법률 제12844호, 2014. 11. 19., 타법개정]

제2조(지방자치단체의 종류) ① 지방자치단체는 다음의 두 가지 종류로 구분한다.

1. 특별시, 광역시, 특별자치시, 도, 특별자치도
2. 시, 군, 구

② 지방자치단체인 구(이하 "자치구"라 한다)는 특별시와 광역시의 관할 구역 안의 구만을 말하며, 자치구의 자치권의 범위는 법령으로 정하는 바에 따라 시·군과 다르게 할 수 있다.

---

1) 행정구역이란 합리적이고 능률적인 국가목표를 추구하고 자치권능을 구현시켜 국민생활의 편익을 도모하기 위하여 설정된 지역적 구역으로서, 지방자치법에서는 법인격이 있는 2종류의 자치단체 즉 특별시, 광역시, 특별자치시, 도, 특별자치도와 시, 군, 구로 구분하고, 그 하부행정기관으로 자치구가 아닌 구와 읍면동을 두고 있다(출처: 국정통계정보시스템의 e나라지표).

◐ 선례 해설:

1. 도로명주소법에 의한 주소, 지번의 변경이나 경정 또는 환지에 의한 본점 또는 지점의 지번표시의 변경은 상업등기법 제28조의 행정구역 등의 변경에 해당하지 않으므로 동조에 의하여 등기기록상 그 표시가 당연히 변경된 것으로 볼 수 없다.

2. 따라서 상기 1.의 경우에는 회사의 대표자가 변경사실을 증명하는 서면을 첨부하여 그 변경등기를 신청하여야 한다(상법 179조, 180조, 183조, 317조 4항 참조).

3. 이와 달리 본 선례는 행정구역의 개편으로 인한 사무소 소재지의 변경등기에 관한 것으로 행정구역 또는 그 명칭이 변경된 때에는 등기부에 기록된 행정구역 또는 그 명칭은 당연히 변경된 것으로 보나(법 28조), 이 경우에도 당사자는 행정구역이 개편되었다는 사실을 증명하는 서면(예컨대, 관보 등)을 첨부하여 신청할 수 있음을 밝히고 있다.

4. 더불어 상업등기규칙에 의하면, 등기부에 기록된 행정구역 또는 그 명칭이 변경된 때에는 등기관도 직권으로 변경사항을 등기할 수 있다(규칙 57조).

5. 참고로 지방자치법에 의한 행정구역의 개념은 상업등기법 제29조의 등기할 수 없는 상호의 규정에서도 거의 그대로 원용되고 있음을 알 수 있다.

지방자치법 제2조(지방자치단체의 종류) ① 지방자치단체는 다음의 두 가지 종류로 구분한다.
1. 특별시, 광역시, 특별자치시, 도, 특별자치도
2. 시, 군, 구

상업등기법 제29조(등기할 수 없는 상호) 동일한 특별시, 광역시, 특별자치시, 시(행정시를 포함한다. 이하 같다) 또는 군(광역시의 군은 제외한다. 이하 같다)에서는 동종의 영업을 위하여 다른 상인이 등기한 상호(商號)와 동일한 상호를 등기할 수 없다.

156. 행정구역변경에 따른 등기명의인 표시변경등기와 등기관련 비용부담자

[상업등기선례 제1-128호, 제정 1997. 11. 12.]

행정구역 또는 그 명칭의 변경이 있을 때에는 등기부에 기재한 행정구역 또는 그 명칭은 당연히 변경된 것으로 보므로, 별도로 등기명의인 표시변경등기를 하지 않고도 다른 등기를 할 수 있다. 이 경우 등기관이 직권으로 그 변경등기를 할 수 있으나 등기명의인이 그 변경등기를 신청할 수도 있다. 후자의 경우에 변경등기에 따른 등록세와 등기신청수수료는 면제되는 것이나, 등기명의인이 법무사에게 등기신청을 위임했다면 위임에 따른 비용(법무사보수 등)은 등기명의인이 부담하여야 한다.

(1997. 11. 12. 등기 3402-868 질의회답)

주) 부동산등기에 관한 선례이나, 법인등기에서도 동일함.

참조 조문 · 규칙 · 예규 · 선례 · 판례

▣ 상업등기법[법률 제13953호, 2016. 2. 3., 타법개정]

제28조(행정구역의 변경) 행정구역 또는 그 명칭이 변경되었을 때에는 등기기록에 기록된 행정구역 또는 그 명칭에 대하여 변경등기가 있는 것으로 본다.

▣ 상업등기규칙[대법원규칙 제2668호, 2016. 6. 27., 타법개정]

제57조(행정구역 등 변경의 직권등기) 등기기록에 기록된 행정구역 또는 그 명칭이 변경된 경우에 등기관은 직권으로 변경사항을 등기할 수 있다.

▣ 지방세법[법률 제13636호, 2015. 12. 29., 일부개정]

제26조(비과세) ② 다음 각 호의 어느 하나에 해당하는 등록 또는 면허에 대하여는 등록면허세를 부과하지 아니한다.

2. 행정구역의 변경, 주민등록번호의 변경, 지적(地籍) 소관청의 지번 변경, 계량단위의 변경, 등록 담당 공무원의 착오 및 이와 유사한 사유로 인한 등록으로서 주소, 성명, 주민등록번호, 지번, 계량단위 등의 단순한 표시 변경 · 회복 또는 경정 등록

▣ 등기사항증명서 등 수수료규칙[대법원규칙 제2560호, 2014. 10. 2., 타법개정]

제5조의3(상업등기 신청수수료) ② 제1항의 경우를 제외한 나머지 상업등기의 신청수수료는 매 등기의 목적마다 6,000원으로 한다. 다만, 다음 각 호의 1에 해당하는 등기는 그 신청수수료를 받지 아니한다.

1. 법원의 촉탁에 의한 등기
2. 멸실회복등기
3. 행정구역 · 지번의 변경, 주민등록번호(또는 부동산등기용등록번호)의 정정, 등기관의 과오로 인한 등기의 착오 또는 유루를 원인으로 하는 경정 및 변경등기

▣ 도로명주소법에 따른 상업등기 등 사무처리지침[등기예규 제1437호, 제정 2011. 10. 28.]

6. 등록면허세 등

도로명주소법에 의해 본점의 소재지 등 및 임원 등의 주소를 도로명주소로 변경하는 등기신청을 하는 경우 등록면허세 및 등기신청수수료를 납부하지 아니한다(주: 또한 등기신청의무가 없으므로 등기해태로 인한 과태료 문제는 발생하지 않는다).

◐ 선례 해설: 「실무사례(70)」(484면) 참조

<table>
<tr><th>구 분</th><th>변경등기의 방법</th><th colspan="2">등록면허세와 등기신청수수료</th></tr>
<tr><td>행정구역 또는 그 명칭의 변경</td><td>1. 변경된 것으로 봄(법 28조)
2. 단, 당사자의 신청도 가능하고 등기관 직권 변경등기도 가능(1-128)</td><td rowspan="3">모두면제</td><td rowspan="2">지방세법 26조 2항, 규칙 제2560호</td></tr>
<tr><td>지적 소관청의 지번 변경</td><td rowspan="2">1. 변경된 것으로 보지 않음
2. 당사자의 신청으로만 변경등기 가능하나, 신청 의무는 사실상 없음[1]</td></tr>
<tr><td>소재지번을 도로명주소법에 의한 도로명주소로 변경</td><td>등기예규 제1437호</td></tr>
</table>

1) 지번의 변경이나 경정 또는 환지 등으로 인한 지번변경등기의 등기기간은 지번이 변경된 날로부터 진행되나, 지번변경은 등기신청인의 의사와는 관계없이 생긴 것이므로 등기기간을 해태한 경우에도 등기해태의 통지를 하지 않는 것이 등기실무의 관행이다(『상업등기실무(II)』, 172면).

실무사례(70)

제목: 지번의 변경에 따라 본점 소재지가 변경된 경우의 등기신청방법 등

주식회사 설립 당시에 본점의 주소가 경기도 여주시 강천면 00리 산100-1이였는데, 이 토지는 그 후 800-1, 800-2, 800-3의 세 필지로 분할되어 등록전환되었다. 최근 회사는 800-2번지 위에 2층 건물을 신축하였으며, 현재 800-2번지 위에 신축된 건물 1층과 2층 전부를 본점으로 사용하고 있다.

【1】 기존의 본점 소재지인 "경기도 여주시 강천면 00리 산100-1"를 현재 도로명주소인 "경기도 여주시 강천면 00길 20"으로 변경하려고 하는 경우, 단순한 지번의 변경에 따른 변경등기만 하면 되는 것인지? 아니면 본점의 관내이전으로 인한 본점이전등기를 하여야 하는 것인지?

【2】 위 【1】의 경우에 등록면허세와 등기신청수수료는 어떻게 되는지?

1. 사안의 경우는 기존 토지의 분할로 그 지번 주소가 변경된 것에 불과하고 본점의 실질적인 장소의 이전이 있었다고 할 수 없어, 본점이전의 등기를 할 것이 아니라 지번 변경에 따른 변경등기를 하여야 한다. 따라서 회사는 변경사실을 증명하는 서면을 첨부하여 그 변경등기를 신청하면 되는 것이지 본점의 관내이전으로 인한 본점이전등기를 할 것은 아니다. 사안의 경우 변경사실을 증명하는 서면으로는 기존의 지번이 세 필지로 분할되어 등록전환된 사실이 나오는 토지대장과 지번주소가 도로명주소와 동일함을 증명하는 서면 등이라 하겠다.

2. 지적 소관청의 지번 변경과 도로명주소로의 변경등기 시에는 등록면허세와 등기신청수수료는 없다(지방세법 26조 2항 2호, 규칙 2560호 5조의3 2항 3호, 예규 1437호 6.).

참조 조문: 상업등기법 제28조, 지방세법 제26조 제2항
참조 예규: 등기예규 제1437호
참조 규칙: 「등기사항증명서 등 수수료규칙」 제5조의3 제2항

[유사 사례] 행정구역 또는 그 명칭이 변경된 경우 당사자의 신청으로 변경등기를 할 수 있는지 여부(적극) => 행정구역 또는 그 명칭이 변경된 경우에는 행정구역 또는 그 명칭은 변경된 것으로 보나(법 제28조), 등기관의 직권 혹은 당사자의 신청에 의한 변경등기도 가능하다(상업선례 1-128 참조).

제7절 이사 · 대표이사 · 집행임원 · 감사 등에 관한 변경등기

<table>
<tr><th rowspan="2">내 용</th><th colspan="2">관련 조문</th><th rowspan="2">관련 선례 · 예규 · 규칙
(실무사례 포함)</th></tr>
<tr><th>상법</th><th>상업등기법</th></tr>
<tr><td>1. 임원변경(1): 이사</td><td>제382조
~제385조,
제387조,
제388조</td><td rowspan="4">규칙
제52조,
제128조,
제130조
~제132조,
제154조</td><td>157. 상업선례 제2-114호
158. 상업선례 제2-115호
159. 상업선례 제1-139호
160. 상업선례 제1-141호
~~161. 상업선례 제1-138호~~[1]
162. 상업선례 제1-144호
163. 상업선례 제1-155호
164. 상업선례 제1-165호
165. 상업선례 제1-149호
166. 상업선례 제1-158호
167. 상업선례 제2-86호
168. 상업선례 제2-88호</td></tr>
<tr><td>2. 임원변경(2): 대표이사</td><td>제389조,
제395조</td><td>169. 상업선례 제2-33호
170. 상업선례 제1-146호
171. 상업선례 제1-154호
~~172. 상업선례 제1-142호~~[2]
☞ 실무사례(71)
173. 상업선례 제2-35호
☞ 실무사례(72)
☞ 실무사례(73)
※ 등기예규 제1538호
☞ 실무사례(74)</td></tr>
<tr><td>3. 임원변경(3): 집행임원</td><td>제408조의2
~제408조의9</td><td></td></tr>
<tr><td>4. 임원변경(4): 감사</td><td>제409조
~제415조의2</td><td>174. 상업선례 제2-25호
☞ 실무사례(75)
175. 상업선례 제1-162호
176. 상업선례 제1-161호
☞ 실무사례(76)</td></tr>
</table>

5. 임원의 중임			177. 상업선례 제1-152호 ☞ 실무사례(77) 178. 상업선례 제1-153호 179. 상업선례 제1-157호 180. 상업선례 제2-27호 ☞ 실무사례(78) 181. 상업선례 제2-32호 182. 상업선례 제201505-1호
6. 임원 결원 시 권리의무 있는 자	제386조, 제389조, 제415조		183. 상업선례 제1-373호 ☞ 실무사례(79) ☞ 실무사례(80) 184. 상업선례 제1-160호 ☞ 실무사례(81) 185. 상업선례 제1-164호 186. 상업선례 제201511-1호 ☞ 실무사례(82) 187. 상업선례 제201510-1호 ~~188. 상업선례 제1-166호~~[3] 189. 상업선례 제1-169호 ☞ 실무사례(83) 190. 상업선례 제2-87호 ☞ 실무사례(84)
7. 임원의 성명, 주소 등의 변경			191. 상업선례 제1-140호 ~~192. 상업선례 제1-143호~~[4] 193. 상업선례 제2-37호 ☞ 실무사례(85) ☞ 실무사례(86)
8. 첨부정보			194. 상업선례 제2-31호 ☞ 실무사례(87) 195. 상업선례 제1-145호 196. 상업선례 제1-147호 197. 상업선례 제1-156호 198. 상업선례 제1-159호[5] 199. 상업선례 제201507-4호 ☞ 실무사례(88)

			200. 상업선례 제1-168호 201. 상업선례 제2-3호 202. 상업선례 제2-28호 203. 상업선례 제201502-1호 204. 상업선례 제2-34호 ☞ 실무사례(89) 205. 상업선례 제2-29호 206. 상업선례 제2-30호 207. 상업선례 제2-38호 208. 상업선례 제2-39호

1) 상업등기선례 제1-138호(495면)는 본 선례의 내용과 동일한 등기예규 제282호가 등기예규 제1538호에 의해 2014. 11. 21.부로 폐지되었으나, 실질은 폐지된 것이 아니다.

2) 상업등기선례 제1-142호(513면)는 본 선례의 내용과 동일한 등기예규 제691호가 등기예규 제1538호에 의해 2014. 11. 21.부로 폐지되었으나, 실질은 폐지된 것이 아니다.

3) 상업등기선례 제1-166호(563면)는 현재 이사를 사내이사, 사외이사, 기타비상무이사로 구분하여 등기하도록 되어 있는 현행 법제 하에서는 맞지 않아 사실상 사문화되었다.

4) 상업등기선례 제1-143호(572면)는 등기예규 제1508호에 의해 2014. 1. 1. 폐지되었으나, 실질은 폐지된 것이 아니다(등기예규 제1508호 개정이유를 주의하여 읽어 볼 필요가 있음).

5) 상업등기선례 제1-159호(582면)의 내용은 상업등기규칙 제104조 및 제154조 제2항의 임원의 취임승낙 또는 사임을 증명하는 서면으로서의 공증인의 인증서면과 관련하여 살펴 볼 필요가 있다.

§ 요약

1. 이사의 임기와 관련해서 살펴보면, i) "이사의 임기는 3년을 초과하지 못한다."라는 상법 제383조 제2항은 임기의 법정기간이 아니라 임기의 최장기를 정한 규정이며(상업선례 1-141, 494면), ii) "이사의 임기는 정관으로 그 임기 중의 최종의 결산기에 관한 정기주주총회의 종결에 이르기까지 연장할 수 있다."라는 상법 제383조 제3항은 이사의 임기가 최종 결산기의 말일과 당해 결산기에 관한 정기주주총회 사이에 만료되는 경우에 정관으로 그 임기를 정기주주총회 종결일까지 연장할 수 있도록 허용하는 규정이고(상업선례 1-138, 495면), iii) 상법 제383조 제3항의 내용과 달리 이사의 임기를 정관에 "이사의 임기는 취임 후 3년 내의 최종의 결산기에 관한 정기주주총회의 종결시까지로 한다."라고 규정하는 것도 가능하다(상업선례 1-144, 497면).

2. 이사가 임기의 도중에 퇴임한 경우, 그 후임으로 보궐 선임된 이사의 임기는 주주총회의 결의로 정할 것이지만 그 결의가 없는 때에는 전임이사의 임기의 잔여기간이 아니라 전 기간으로 보는 것이 타당하다. 다만, 정관에 보궐 선임된 이사의 임기를 전임자의 잔여기간으로 정하는 경우가 많다(상업선례 1-155, 498면 및 1-165, 499면 참조).

3. 한편 감사의 경우에는 감사의 임기를 정한 상법 제410조는 강행규정으로 감사의 임기에 관해서는 정관에서 달리 정할 수 없다.

4. 임원의 임기 계산을 위해서는 민법 제155조 내지 제161조의 기간계산에 관한 규정과 임원의 임기에 관한 상법의 특별 규정인 제383조, 제386조 및 제415조의 내용을 잘 살펴보아야 한다(「총괄(5)」, 526~528면 참조). 한편 법률 또는 정관에 정한 이사의 원수를 결한 경우에는 그 퇴임한 이사는 후임이사가 취임할 때까지 이사로서의 권리의무가 있는 바, 이 경우 퇴임한 이사의 퇴임등기의 기산점은 후임이사의 취임일로부터 기산하나, 이 경우에도 퇴임하는 이사의 임기만료일은 권리의무행사 기간종료일이 아니라 본래의 임기만료일이다(상업선례 1-169, 564면).

5. 중임이란 이사, 대표이사, 감사 또는 감사위원회 위원이 임기만료로 퇴임함과 동시에 동일 직위에 재취임하여 임기만료로 인한 퇴임과 재취임 사이에 시간적 간격이 없는 경우를 말하며, 선례에 의하면 동일 임

원이 중임되는 경우 그 임기만료 전에 주주총회에서 중임 결의를 하는 것도 유효하다(상업선례 1-152, 539면).

6. 대표권 있는 임원의 퇴임으로 인한 변경등기를 신청하는 경우에는 원칙적으로 그 신청서에 주소증명서면을 첨부할 필요가 없으나(상업선례 2-38, 604면 및 2-39, 605면), 대표권 있는 임원이 퇴임 전에 그 주소변경이 있는 경우에는 퇴임등기 전에 선행해서 혹은 퇴임등기와 동시에 주소변경등기를 하여야 한다(상업선례 1-140, 571면). 또한 대표권 있는 임원의 주소를 등기한 후 여러 차례 주소가 변경된 경우에는 중간변동사항을 생략하고 현재의 주소를 기준으로 대표권 있는 임원의 주소변경등기를 신청할 수 있으나, 이 경우 주소변경등기신청에서 생략된 주소변경사항의 등기를 해태한 것에 대해서는 각 변동일자를 기준으로 과태료가 부과된다.

7. 임기만료 또는 사임으로 퇴임하였으나 그 퇴임으로 인하여 법률 또는 정관에 정한 원수를 결한 경우에는 후임자의 취임일이 등기기간의 기산점이 되나, 해임 또는 사망 등의 경우에는 그 사유가 발생한 날로부터 바로 등기기간은 기산된다(상업선례 2-37, 573면).

8. 임원의 취임승낙 또는 사임을 증명하는 서면에 첨부할 인감증명 등에 대해서는 상업등기규칙 제104 및 제154조에서 정하고 있으며, 특히 취임승낙서 또는 사임서를 외국인이 작성한 경우에는 「외국공문서에 관한 업무처리지침」(예규 1534호)에 대한 추가적인 검토가 필요하다. 동예규 및 실무관행에 의하면, ⅰ) 아포스티유(Apostille) 협약 가입국의 경우에는 외국의 정부나 그 밖의 권한 있는 기관이 발행한 서류 또는 공증인이 공증한 외국문서는 아포스티유를 발급받아 제출하여야 하며, ⅱ) 아포스티유 협약 미가입국의 경우에는 외국의 정부나 그 밖의 권한 있는 기관이 발행한 서류 또는 공증인이 공증한 외국문서를 「재외공관 공증법」 제30조 제1항 본문에 따른 영사관의 확인을 받아 제출하여야 한다. 여기서 한걸음 더 나아가 동예규 제3조에서는 외국의 정부나 그 밖의 권한 있는 기관이 발행한 서류 또는 공증인이 공증한 외국문서에 「재외공관 공증법」 제30조에 제1항 본문에 따른 영사관의 확인이나 아포스티유가 없는 경우에는 원칙적으로 보정을 명하여야 한다고 규정하고 있어, 향후 외국인이 취임승낙하거나 사임하는 경우에는 등기예규 제1534호의 적용여부에 대한 검토가 필수적이라 하겠다(상업선례 201502-1, 593면 참조).

157. 당연히 이사가 되는 자에 관한 정관 규정의 의미와 등기할 사항인지 여부

[상업등기선례 제2-114호, 제정 2012. 6. 25.]

법인의 임원에 관한 정관 규정의 의미와 등기할 사항인지 여부는 해당 법인에 관한 등기신청사건에서 등기관이 판단하여야 할 것이다. 다만, 어느 법인의 정관에 특정한 직위에 있는 사람은 별도의 선임절차 없이 당연히 이사가 되도록 하는 규정이 있다면, 이는 그 직위에 있는 동안 이사의 지위도 변함이 없다는 취지에서 이와 같이 정하는 것이 일반적일 것이므로, 특별한 사정이 없는 한 그 직위에 있는 기간이 해당 이사의 임기가 되며 해당 법인의 정관에 규정된 이사의 임기는 적용될 수 없다.
(2012. 6. 25. 사법등기심의관-1765 질의회답)

◐ 선례 해설: 정관의 법적 성질에 관한 논의는 『상법판례 백선』(216~222면) 참조

1. 사단법인의 경우에는 이사의 임면(임명과 해임)에 관한 규정을 기재한 정관이 작성 되어야 하나(민법 40조 5호), 민법에는 이사의 임면에 관한 특별한 규정을 두고 있지 않아 결국 정관으로 이사의 임면에 관한 사항을 정해야 한다.

2. 사단법인의 정관의 법적 성질에 대해서는 계약이 아니라 자치법규로 보는 것이 판례의 입장이다.

   사단법인의 정관은 이를 작성한 사원뿐만 아니라 그 후에 가입한 사원이나 사단법인의 기관 등도 구속하는 점에 비추어 보면 그 법적 성질은 계약이 아니라 자치법규로 보는 것이 타당하므로, 이는 어디까지나 객관적인 기준에 따라 그 규범적인 의미 내용을 확정하는 법규해석의 방법으로 해석되어야 하는 것이지, 작성자의 주관이나 해석 당시의 사원의 다수결에 의한 방법으로 자의적으로 해석될 수는 없다 할 것이어서, (이하 생략)(대법원 2000. 11. 24. 선고 99다12438 판결)

3. 사단법인의 정관의 법적 성질을 자치법규로 보는 판례의 입장을 따를 때, 정관의 내용은 사단법인의 구성원이나 사단법인의 기관 등에게 구속력이 있으므로 정관에 특정한 직위에 있는 사람은 별도의 선임절차 없이 당연히 이사가 되도록 하는 규정이 있다면, 그 이사는 그 직위에 있는 기간이 이사의 임기가 된다는 것이 본 선례의 입장이다.

158. 민법법인 이사의 임기에 상법의 임기제한규정이 적용되는지 여부

[상업등기선례 제2-115호, 제정 2013. 10. 25.]

민법에는 법인의 이사의 임기에 대해 규정이 없고 이사의 임면에 관한 규정처럼 정관에 필요적으로 기재하여야 할 사항으로 규정하고 있지는 않지만, 민법법인은 통상 정관에 이를 정하고 있다(민법 제40조 참조). 민법법인은 영리를 목적으로 하는 법인이 아니므로 상법의 이사의 임기제한규정(상법 제383조 제2항 참조)은 적용되지 않는다.
(2013. 10. 25. 사법등기심의관－4385 질의회답)

◐ 선례 해설:

1. 이사의 임기에 관한 규정 비교

민법(사단법인의 이사)[1]	상법(주식회사의 이사)
제40조(사단법인의 정관) 사단법인의 설립자는 다음 각호의 사항을 기재한 정관을 작성하여 기명날인하여야 한다. 5. 이사의 임면에 관한 규정	제383조(원수, 임기) ② 이사의 임기는 3년을 초과하지 못한다. ③ 제2항의 임기는 정관으로 그 임기 중의 최종의 결산기에 관한 정기주주총회의 종결에 이르기까지 연장할 수 있다.
▷ 사단법인에 적용되는 민법 제40조에는 이사의 임면에 관한 규정을 정관에 기재하도록 하고 있으나, 사단법인의 이사의 임기에 대해서는 상법과 달리 별도의 규정이 없다. ▷ 이에 대해 본 선례에서는, 사단법인은 이사의 임기에 관한 상법 제383조 제2항은 적용되지 않음을 밝히고 있다.	

2. [참조 선례] 사단법인의 경우에는 이사의 임기에 관한 상법 제383조 제2항은 그 적용이 없어, 정관에 "임원의 임기는 3년으로 하고 2회에 한해서 연임할 수 있다"는 규정을 두었다면 그 법인의 임원은 연속하여 최장 9년 동안 재임할 수 있다고 해석된다(상업선례 2-104).

1) 재단법인의 경우에도 마찬가지이다(민법 43조 참조).

159. 이사 선임을 위한 주주총회 소집절차가 상법 제363조에 위반한 경우 이사취임등기의 직권말소 가부[1)]

[상업등기선례 제1-139호, 제정 1985. 7. 29.]

주식회사의 이사 선임을 위한 주주총회를 소집함에 있어서 상법 제363조 소정의 절차에 위반한 때에도 등기공무원이 그 등기신청을 수리하여 등기를 하였다면 이를 직권으로 말소할 수는 없다.
(1985. 7. 29. 등기 제360호)

참조 조문 · 규칙 · 예규 · 선례 · 판례

▣ 상법[법률 제13523호, 2015. 12. 1., 일부개정]

제363조(소집의 통지) ① 주주총회를 소집할 때에는 주주총회일의 2주 전에 각 주주에게 서면으로 통지를 발송하거나 각 주주의 동의를 받아 전자문서로 통지를 발송하여야 한다. 다만, 그 통지가 주주명부상 주주의 주소에 계속 3년간 도달하지 아니한 경우에는 회사는 해당 주주에게 총회의 소집을 통지하지 아니할 수 있다.

② 제1항의 통지서에는 회의의 목적사항을 적어야 한다.

▣ 상업등기법[법률 제13953호, 2016. 2. 3., 타법개정]

제77조(말소등기의 신청) 등기 당사자는 등기가 다음 각 호의 어느 하나에 해당하는 경우에는 그 등기의 말소를 신청할 수 있다.

1. 제26조제1호부터 제3호까지에 해당하는 사유가 있는 경우
2. 등기된 사항에 무효의 원인이 있는 경우(소로써만 그 무효를 주장할 수 있는 경우는 제외한다)

제78조(등기의 직권말소의 통지 등) ① 등기관은 등기를 마친 후 그 등기가 제77조 각 호의 어느 하나에 해당되는 것임을 발견하였을 때에는 등기를 한 자에게 1개월 이내의 기간을 정하여 그 기간 이내에 이의를 진술하지 아니하면 등기를 말소한다는 뜻을 통지하여야 한다.

② 등기관은 제1항에 따른 통지를 받을 자의 주소 또는 거소를 알 수 없으면 제1항에 따른 통지를 갈음하여 제1항에서 정한 기간 동안 등기소 게시장에 이를 게시하거나 대법원규칙으로 정하는 바에 따라 공고하여야 한다.

---

1) 주주총회결의의 하자를 다투는 것에 관한 자세한 내용은 160면, 289면, 292~293면, 493면에 있는 「선례해설」을 참조하여 선례의 입장을 이해할 필요가 있다.

◐ **선례 해설:**

1. 등기된 사항에 관하여 무효의 원인이 있는 경우(소로써만 그 무효를 주장할 수 있는 경우는 제외한다)에는 상업등기법 제78조 내지 제81조에 의해 등기관은 법정 절차를 거친 후 직권으로 말소할 수 있으나,

2. 주주총회 소집절차의 상법 위반에 관한 주주총회결의의 하자와 관련하여 상법 제376조의 결의취소의 소의 대상이 될 경우 등기관이 직권으로 해당 등기를 말소할 수 있는지가 문제될 수 있는데, 상법 제376조의 결의취소의 소는 형성의 소로 소가 제소 기간 내에 제기되고 판결이 확정된 때에는 제1심 수소법원의 촉탁으로 해당 등기를 말소할 것이지 등기관이 직권으로 해당 등기를 말소할 것은 아니다(비송법 107조 참조).

3. 따라서 주주총회 소집절차의 상법 위반의 경우는 상법 제380조의 결의부존재확인의 소의 대상이 된다는 특별한 사정이 없는 한 상업등기법 제77조 각 호의 사유에 해당하지 않아 등기가 마쳐진 때에는 등기관이 직권으로 해당 등기를 말소할 수는 없다고 본다.

4. 이와 관련하여 추가 논점이 등기관의 형식적 심사권한에 관한 것이다. 본 선례의 내용으로 보아 등기관이 등기신청을 수리할 당시에 등기신청서 및 첨부서면 등을 살펴보아 별다른 하자가 없었다면 주주총회의 소집절차 및 소집방법에 대한 실질적 심사권한은 없으므로, 등기관의 등기 수리에 하자가 있다고 할 수는 없다.[1]

> 주주총회의 소집절차 또는 결의방법에 중대한 하자가 있다고 하더라도, 등기신청서에 첨부된 총회의 의사록이 형식적 요건을 갖추고 있고 공증인의 인증을 받았으며, 그 의사록 등의 기재에 의하여 등기할 사항이 유효하게 존재하는 것으로 인정되는 이상, 등기부 및 신청서와 그 첨부서면 만에 의하여 등기신청의 적법 여부를 판단하여야 하는 등기공무원의 입장에서는 당해 등기신청의 수리를 거부할 수 없을 것이다(상업선례 1-72).

1) 등기관의 심사권한에 관한 것은 「선례해설」 및 「보론」(115~119면) 참조

160. 주식회사의 이사의 임기에 관한 상법 제383조 제2항의 해석

[상업등기선례 제1-141호, 제정 1987. 7. 31.]

주식회사의 이사의 임기에 관한 상법규정은 임기의 법정기간이 아니라 임기의 최장기를 정한 규정이므로(상법 제383조 제2항 참조), 회사는 3년 이내에서 그 임기를 단축할 수 있는 바, 기존 정관에 이사의 임기를 2년으로 정한 주식회사에 있어서는 정관을 변경하지 않는 한 개정 상법의 시행 후에도 그 이사의 임기는 2년이 되는 것이다.

(1987. 7. 31. 등기 제453호)

질의요지: 정관에 이사의 임기가 2년으로 되어 있는 회사에 있어서 1984. 9. 1.의 개정 상법 시행 후인 1985. 3. 20.에 이사가 취임하였을 경우 그 이사의 임기는 정관에 규정된 이사의 임기 2년을 변경하는 절차를 거치지 아니하였더라도 당연히 취임 후 3년이 되는 1988. 3. 20.까지로 되는 것인지, 아니면 정관변경절차를 밟지 아니하였으므로 취임 후 2년이 되는 1987. 3. 20.까지로 되는 것인지 여부[1)]

◐ 선례 해설: 이사의 임기(상법 제383조 제2항의 해석)

1. 이사의 임기에 관한 규정인 상법 제383조 제2항(이사의 임기는 3년을 초과하지 못한다)은 그 최장기를 규정한 것이며, 3년을 법정기간으로 한 것이 아님은 조문상 명백하다. 따라서 정관 또는 주주총회의 결의로써 3년 미만으로 단축하는 것은 얼마든지 가능하며, 다만 임기에 대하여 정관에 별다른 단축규정이 없을 때에는 이사의 임기는 3년으로 해석함이 합당하다(『주식회사법대계(II)』, 418~419면 참조).

2. 다만, 상법 제383조 제2항의 규정에도 불구하고 정관으로 이사의 임기는 그 임기 중의 최종의 결산기에 관한 정기주주총회의 종결에 이르기까지 연장하는 것으로 정할 수 있다(상법 383조 3항). 정관에 상법 제383조 제3항의 규정을 정하였을 경우에는 경우에 따라서는 이사의 임기는 3년을 초과하는 경우가 발생할 수 있다.

1) 1984. 9. 1. 개정 상법 시행 전에는 상법 제383조 제2항에 "이사의 임기는 2년을 초과하지 못한다." 라고 규정되어 있었다.

161. 사업년도 중에 임기만료 되는 이사에 대한 상법 제383조 제3항의 적용 여부

[상업등기선례 제1-138호, 제정 1984. 12. 21.]

상법 제383조 제3항의 규정은 임원의 임기가 최종의 결산기 말일로부터 당해 결산기에 관한 정기주주총회의 종결일까지 사이에 만료되는 경우에 한하여 정관으로 그 임기를 당해 정기주주총회 종결일까지 연장할 수 있다는 것이므로, 이사의 임기가 사업년도 중에 만료된 경우에는 위 규정은 적용되지 않는다.

(1984. 12. 21. 등기 제558호) **2014. 11. 21. 폐지(실질은 유효)**

참조 조문 · 규칙 · 예규 · 선례 · 판례

▣ 상법[법률 제13523호, 2015. 12. 1., 일부개정]

제383조(원수, 임기) ② 이사의 임기는 3년을 초과하지 못한다.

③ 제2항의 임기는 정관으로 그 임기 중의 최종의 결산기에 관한 정기주주총회의 종결에 이르기까지 연장할 수 있다.

▣ 이사와 집행임원의 등기신청방법에 관한 예규[등기예규 제1538호, 제정 2014. 11. 5.]

제2조(이사의 취임 · 퇴임등기신청) ③ 제2항의 경우 신청서에 이사의 퇴임연월일은 그 사유가 발생한 날로 기재하여야 한다. 다만, 정관에 최종의 결산기에 관한 정기주주총회의 종결에 이르기까지 임기를 연장할 수 있다는 임기연장 규정이 있고 정기주주총회가 적기에 개최된 경우 퇴임한 이사의 임기가 최종 결산기 말일과 당해 결산기에 관한 정기주주총회 사이에 만료된 때라면 이사의 퇴임(중임을 포함한다)연월일은 정기주주총회의 종결일로 기재하여야 한다(결산기 말일 이전에 임기가 만료된 경우에는 적용되지 아니 한다).

▣ 대법원 2010. 6. 24. 선고 2010다13541 판결

【판결요지】 [1] 상법 제383조 제3항은 이사의 임기는 3년을 초과할 수 없도록 규정한 같은 조 제2항에 불구하고 정관으로 그 임기 중의 최종의 결산기에 관한 정기주주총회의 종결에 이르기까지 이를 연장할 수 있다고 규정하고 있는바, 위 규정은 임기가 만료되는 이사에 대하여는 임기 중의 결산에 대한 책임을 지고 주주총회에서 결산서류에 관한 주주들의 질문에 답변하고 변명할 기회를 주는 한편, 회사에 대하여는 정기주주총회를 앞두고 이사의

임기가 만료될 때마다 임시주주총회를 개최하여 이사를 선임하여야 하는 번거로움을 덜어주기 위한 것에 그 취지가 있다. 위와 같은 입법 취지 및 그 규정 내용에 비추어 보면, 위 규정상의 '임기 중의 최종의 결산기에 관한 정기주주총회'라 함은 임기 중에 도래하는 최종의 결산기에 관한 정기주주총회를 말하고, 임기 만료 후 최초로 도래하는 결산기에 관한 정기주주총회 또는 최초로 소집되는 정기주주총회를 의미하는 것은 아니므로, 위 규정은 결국 이사의 임기가 최종 결산기의 말일과 당해 결산기에 관한 정기주주총회 사이에 만료되는 경우에 정관으로 그 임기를 정기주주총회 종결일까지 연장할 수 있도록 허용하는 규정이라고 보아야 한다.

◐ 선례 해설: 이사 임기의 연장(상법 제383조 제3항 해석)

1. 이사의 임기는 정관으로 그 임기 중의 최종의 결산기에 관한 정기주주총회의 종결에 이르기까지 연장할 수 있는바(상법 383조 3항), 판례에 의하면 동 규정은 이사의 임기가 최종 결산기의 말일 이후 당해 결산기에 관한 정기주주총회 전에 만료되는 경우에 한한다.[1)]

2. 이는 해당 이사로 하여금 임기 중의 결산에 대한 책임을 지도록 하고, 정기주주총회를 목전에 두고 이사선임을 위한 임시주주총회를 개최해야 하는 회사의 번거로움을 덜기 위한 것으로 해석된다.

3. 본 선례와 동일한 내용의 등기예규 제282호는 등기예규 제1538호에 의해 2014. 11. 21.부로 폐지되었으나, 그 폐지사유가 등기예규 제1538호 제2조 제3항에 반영되었기 때문이므로 본 선례의 내용은 그대로 유효하다.

---

1) 이와 달리 이사의 임기가 정기주주총회 후에 만료되는 경우에는 원래의 임기만료일에 종임한다. 예를 들면 2012년 3월 26일에 3년의 임기로 최초 선임된 이사에 대하여 정관에 '이사의 임기를 정기주주총회의 종결에 이르기까지 연장한다.'라고 규정되어 있고, 2015년 3월 20일에 정기주주총회를 개최할 경우, 그 이사의 임기만료일은 원래의 임기만료일인 2015년 3월 26일이 되는 것이지 정기주주총회가 개최된 2015년 3월 20일이 되는 것이 아니다. 왜냐하면 이사의 임기를 정관에서 그 임기 중의 최종의 결산기에 관한 정기주주총회의 종결에 이르기까지 연장할 수 있다고 규정하였더라도, 이는 이사의 임기가 최종 결산기의 말일 이후 당해 결산기에 관한 정기주주총회 전에 만료되는 경우에 한하는 것이지 해당 정기주주총회 후에 임기가 만료되는 경우까지 포함하는 것은 아니기 때문이다.

162. 주식회사 이사의 임기에 관한 정관의 규정 방식 등

[상업등기선례 제1-144호, 제정 1989. 4. 12.]

주식회사 이사의 임기를 정관에 「이사의 임기는 취임 후 3년 내의 최종의 결산기에 관한 정기주주총회의 종결시까지로 한다」로 규정할 수 있는 것이므로, 이사의 취임 후 3년 내의 최종의 결산기에 관한 정기주주총회에서 종전의 이사를 재선하여 그에 따른 이사의 중임등기신청이 있다면 등기공무원은 이를 수리하여야 한다.
(1990. 4. 12. 등기 제725호)

◐ 선례 해설:

1. 이사의 임기를 다음과 같이 정관에서 정하였다고 가정할 경우

(1안) 이사의 임기는 취임 후 3년으로 한다.
(2안) 이사의 임기는 취임 후 3년으로 한다. 그러나 이사의 임기가 재임 중 최종의 결산기에 관한 정기주주총회의 종결 전에 끝날 때는 그 총회 종결에 이르기까지 그 임기를 연장한다.
(3안) 이사의 임기는 취임 후 3년 내의 최종의 결산기에 관한 정기주주총회의 종결시까지로 한다.

2. 위 각 사안의 경우에 이사 갑이 2011. 11. 15.(혹은 2012. 3. 15.) 임시주주총회(혹은 정기주주총회)에서 최초 취임하였고 정기주주총회는 매년 3월 31일에 개최된다고 가정할 경우의 이사 갑의 임기는 다음과 같다.

취임일	구 분	1안	2안	3안
2011. 11. 15.	임기기산점	2011. 11. 16. 오전0시(최초 취임으로 초일불산입)		
	임기만료일	2014. 11. 15.	2014. 11. 15.	2014. 03. 31.
2012. 03. 15.	임기기산점	2012. 03. 16. 오전0시(최초 취임으로 초일불산입)		
	임기만료일	2015. 03. 15.	2015. 03. 31.	2015. 03. 31.
비 고		보통 1안 아니면 2안으로 이사의 임기를 정하고 있으나, 본 선례에 의하면 정관에 감사의 임기에 관한 상법 제410조와 같이 이사의 임기를 3안과 같이 정하는 것도 가능하다.		

163. 이사 전원을 선임한 주주총회결의가 취소된 후 이사 전원이 정기주주총회에서 다시 선임된 경우 새로이 선임된 이사의 임기 여하

[상업등기선례 제1-155호, 제정 1999. 4. 21.]

'보결에 의하여 선임된 이사의 임기는 전임자 또는 현재 임원의 나머지 기간으로 한다.' 는 취지의 정관규정이 있더라도, 이는 이사의 일부에 결원이 생긴 경우에만 적용될 뿐 이사 전원을 선임하는 경우에는 적용되지 않는다고 할 것이므로, 주식회사의 이사 전원을 선임한 주주총회결의에 대한 취소판결이 확정된 후 정기주주총회에서 이사 전원을 다시 선임한 경우에 있어서 새로이 선임된 이사의 임기는 정관에서 이사의 임기로 정하고 있는 3년이 될 것이다.

(1999. 4. 21. 등기 3402-434 질의회답)

◐ **선례 해설:**

1. 견해의 대립이 있으나, 이사가 임기의 도중에 퇴임한 경우, 그 후임으로 보결(補缺) 선임된 이사의 임기는 주주총회의 결의로 정할 것이지만 그 결의가 없는 때에는 전임이사의 임기의 잔여기간이 아니라 전 기간으로 보는 것이 타당하다(『주석상법(회사편Ⅲ)』, 222면).

2. 다만 실무상으로는 선례와 같이 보결 선임된 이사의 임기를 전임자의 잔여기간으로 한다는 규정을 정관에 두고 있는 경우가 대부분인데, 본 선례는 그와 같은 정관의 규정이 있는 경우라도 이사 전원을 보결 선임한 경우에는 전임자의 임기에 관한 잔여기간이 아닌 전 기간임을 밝히고 있다.

3. 회사의 입장에서 보면, 이사가 임기의 도중에 퇴임한 경우, 그 후임으로 보결 선임된 이사의 임기를 전임이사의 임기의 잔여기간이 아닌 정관에서 정한 임기의 전 기간으로 하였을 경우에는 상황에 따라서는 수시로 이사 선임을 위한 임시주주총회를 열어야 하는 불상사가 생길 수 있기 때문에, 보통 정관으로 보결 선임된 이사의 임기를 전임자의 잔여기간으로 하는 경우가 많다. 하지만 이사 전원을 보결 선임한 경우에는 그렇지 않아 선례의 입장이 타당하다.

4. 여기서 주의할 점은 이사와 달리 감사의 경우에는 감사의 임기가 법정되어 있기 때문에 정관에 의하더라도 이를 단축하거나 연장할 수 없다는 점이다.

164. 정관에 보궐 또는 증원에 의하여 선임된 이사의 임기는 다른 이사의 잔여임기와 같이한다는 규정이 있는 회사의 주주총회에서 이사 전원을 보선한 경우 이사의 임기[1)]

[상업등기선례 제1-165호, 제정 2003. 6. 10.]

1. 이사의 임기에 관하여 상법은 최장기한에 관하여만 규정을 두고 있으므로 회사의 정관으로 이사의 임기를 3년을 초과하지 아니하는 범위에서 1년 또는 2년 등으로 정할 수 있다.[2)]

2. 보궐[3)] 또는 증원에 의하여 선임된 이사의 임기는 다른 이사의 잔여임기와 같이 한다는 정관 규정이 있더라도 이는 이사의 일부에 결원이 생긴 경우에만 적용될 뿐 이사전원을 새로 선임하는 경우에는 적용되지 않는다고 할 것이므로, 주주총회에서 이사 전원을 새로 선임한 경우 이사의 임기는 정관이 정한 임기가 될 것이다.
(2003. 6. 10. 공탁법인 3402-138 질의회답)

참조 조문 · 규칙 · 예규 · 선례 · 판례

▣ 상법[법률 제13523호, 2015. 12. 1., 일부개정]

제383조(원수, 임기) ① 이사는 3명 이상이어야 한다. 다만, 자본금 총액이 10억원 미만인 회사는 1명 또는 2명으로 할 수 있다.
② 이사의 임기는 3년을 초과하지 못한다.
③ 제2항의 임기는 정관으로 그 임기 중의 최종의 결산기에 관한 정기주주총회의 종결에 이르기까지 연장할 수 있다.

---

1) 본 선례의 1문과 관련해서는 상업등기선례 제1-141호(494면) 참조. 제2문과 관련해서는 상업등기선례 제1-155호(498면) 참조.

2) 물론 이 경우에도 정관에 '이사의 임기는 3년으로 하되 이사의 임기 중 최종의 결산기에 관한 정기주주총회의 종결에 이르기까지 연장할 수 있다.' 라고 규정되어 있는 경우에는, 이사의 임기가 최종 결산기의 말일 이후 당해 결산기에 관한 정기주주총회 전에 만료되는 경우에는 3년을 초과할 수 있음은 당연하다.

3) 보궐(補闕)이란 '결원이 생겼을 때 그 자리를 채움' 이라는 뜻으로 보결(補缺)과 같은 의미이다.

165. 이사변경등기절차 이행판결을 받은 경우의 등기 절차1)

[상업등기선례 제1-149호, 제정 1996. 10. 23.]

갑 주식회사의 이사 을이 사임하였음에도 불구하고 갑 주식회사가 을에 대한 사임등기를 하지 아니함에 따라 을이 갑 주식회사를 상대로 위 사임을 원인으로 한 이사변경등기 절차의 이행을 구하는 소를 제기하여 승소 확정판결을 받은 경우, 법령에 등기촉탁에 관한 규정이 없으므로 을이 위 판결에 기하여 갑 주식회사를 대위하여 이사변경등기를 신청하여야 한다.
(1996. 10. 23. 등기 3402-818 질의회답)

참조 조문 · 규칙 · 예규 · 선례 · 판례

■ **비송사건절차법[법률 제13765호, 2016. 1. 19., 일부개정]**

제98조(설립 무효판결의 확정과 등기촉탁) 회사 설립을 무효로 하는 판결이 확정되면 제1심 수소법원은 회사의 본점과 지점 소재지의 등기소에 그 등기를 촉탁하여야 한다.

제99조(합병 등의 무효판결의 확정과 등기촉탁) 회사의 합병, 주식회사의 분할 또는 분할합병을 무효로 하는 판결이 확정된 경우에는 제98조를 준용한다.

제107조(그 밖의 등기촉탁을 할 경우) 다음 각 호의 어느 하나에 해당하는 경우에는 제1심 수소법원은 회사의 본점과 지점 소재지의 등기소에 그 등기를 촉탁하여야 한다.

1호 내지 5호 생략

6. 주식회사의 창립총회 또는 주주총회나 유한회사의 사원총회가 결의한 사항이 등기된 경우에 결의취소 · 결의무효확인 · 결의부존재확인(결의부존재확인) 또는 부당결의의 취소나 변경의 판결이 확정된 경우

7호 내지 9호 생략

■ **직무집행정지가처분 등 재판에 따른 등기에 관한 업무처리지침[등기예규 제1536호, 개정 2014. 11. 5.]**

제2조(등기신청인과 첨부서면) ① 재판에 따른 등기는 법령에 촉탁 근거가 있는 경우에는 법원(법원서기관 · 법원사무관 · 법원주사 또는 법원주사보를 포함한다)의 촉탁으로, 법령에 촉탁 근거가 없는 경우에는 법인을 대표하는 자가

---

1) 제1심 수소법원의 촉탁에 의한 등기에 관한 것은 상업등기선례 제1-158호(502면) 참조

그 등기를 신청한다.

【촉탁 또는 신청에 의한 등기의 예시】

(ㄱ) 신소재지로 본점이전등기를 한 후 본점이전결의 무효확인판결이 확정된 경우에 각 신본점 소재지와 지점소재지 등기소에 하는 제1심수소법원의 등기촉탁

(ㄴ) 민법상 법인의 이사회결의 무효확인판결이 확정된 경우에 그 법인의 대표자가 하는 등기신청

◐ 선례 해설:

1. 제1심 수소법원의 촉탁에 의한 등기는 법령에 규정이 있어야만 가능한데(예규 1536호 2조 참조),

2. 이사변경등기절차 이행판결의 경우 촉탁에 관한 규정이 없으므로 제1심 수소법원은 그 사항을 등기소에 촉탁할 수는 없고 당사자가 피고인 회사를 대위하여 등기신청을 하여야 한다.

※ 대위등기신청을 가능케 하는 등기청구권의 인정여부1)

등기청구권이란 당사자가 등기의 신청을 해태하고 있는 경우 또는 당사자가 부실의 등기를 한 경우에, 등기가 되지 아니한 것 또는 부실의 등기가 있는 것에 의하여 이익을 침해받는 자가 당사자에 대하여 등기의 신청 또는 등기의 말소신청을 할 것을 청구할 수 있는 권리를 말한다(『상업등기실무(Ⅰ)』, 151면).

판례도 제1심 수소법원의 등기촉탁의 경우 외에는 상업등기에 있어서 등기청구권을 인정하고 있다(대법원 1995. 2. 28. 선고 94다31440 판결, 2003. 9. 26. 선고 2003다12601 판결, 2004. 3. 26. 선고 2001다72081 판결 등).

본 선례는 등기청구권이 인정됨을 전제로 당사자가 피고인 회사를 대위하여 등기신청을 할 수 있음을 밝히고 있다. 하지만 임원의 원수를 결한 경우에는 이행판결 혹은 화해권고결정에 의하더라도 사임등기절차를 진행할 수 없다(상업선례 1-164, 556면 및 상업선례 2-87, 567면 참조).

1) 등기청구권의 인정여부에 관한 논의는 「법원행정처 선례해설 요약(11)」(568~569면) 참조

166. 비송사건절차법 제184조(주: 현행 상업등기법 제55조)의 규정이 시행되기 전에 구본점소재지에는 본점이전등기를 신청하였으나 신본점소재지에서 그 등기를 신청하지 않은 상태에서 이사해임 및 선임결의의 부존재 확인판결이 확정된 경우의 등기[1)]

[상업등기선례 제1-158호, 제정 1999. 12. 16.]

주주총회에서 기존의 이사와 감사를 해임하고 새로운 이사와 감사를 선임하였고, 그 후 이사회에서 새로이 선임된 대표이사가 구본점소재지 관할 등기소에 본점이전등기를 신청하여 그 등기용지가 폐쇄되었으나 신본점소재지에는 본점이전에 따른 등기를 신청하지 않은 상태에서(비송사건절차법 제184조 의 규정이 시행되기 전임), 해임된 대표이사가 회사를 상대로 위 주주총회결의에 대한 부존재확인의 소를 제기하여 승소의 확정판결을 받은 경우에 위 주주총회결의부존재확인판결에 의한 새로운 이사 취임등기의 말소 및 그 결의에 의하여 말소된 종전 이사등기의 회복등기는 위 판결의 제1심 수소법원이 위 주식회사의 본점과 지점소재지의 등기소에 촉탁하여야 하므로(비송사건절차법 제107조 제6호)[2)], 위 해임된 대표이사가 위 판결에 따른 등기를 신청할 수는 없다.

그리고 위 촉탁에 따른 등기를 실행하기 위하여는 신본점소재지 관할등기소에서의 본점이전등기가 경료되어 있어야 할 것이므로, 종전 대표이사는 먼저 폐쇄된 등기부등본을 첨부하여 신본점소재지 관할등기소에서의 본점이전등기를 신청하여야 할 것이다(1991. 12. 14. 법률 제4423호로 전문개정된 비송사건절차법 부칙 제5조).

이 때 기존이사를 해임하고 새로운 이사를 선임한 위 주주총회결의부존재확인판결의 이유 중에 주주명부가 위조되었다는 사실이 나타난다고 하더라도, 위 판결을 첨부하여 본점이전에 의하여 폐쇄된 등기용지의 부활을 구본점소재지 관할등기소에 신청할 수는 없을 것이다.
(1999. 12. 16. 등기 3402-1145 질의회답)

---

1) 제1심 수소법원의 촉탁이 아닌 당사자의 대위신청에 관한 것은 상업등기선례 제1-149호 (500면) 참조
2) 제1심 수소법원의 등기촉탁과 관련된 비송사건절차법 제98조, 제99조, 제107조 조문은 500면 참조

167. 임원변경등기의 말소 및 회복

[상업등기선례 제2-86호, 제정 2006. 5. 2.]

1. 등기된 사항에 관하여 무효의 원인이 있는 때(소로써만 그 무효를 주장할 수 있는 경우는 제외한다)에는 당사자는 그 등기의 말소를 청구할 수 있는데, 그 신청서에는 무효의 원인이 있음을 증명하는 서면을 첨부하여야 한다(비송사건절차법 제234조 제1항 제2호, 제2항 => 주: 현행 상업등기법 제77조 제1항 제2호 및 상업등기규칙 제169조 제1항). 위조된 이사회 의사록으로 임원 변경등기가 경료된 경우에, 그 등기에 관해 공정증서원본불실기재죄의 유죄 확정판결이 있고 그 판결이유 중에 그 등기가 불실기재라는 내용이 설시되어 있다면 무효의 원인이 있음을 증명하는 서면으로서 위 판결등본을 첨부하여 말소등기를 신청할 수 있다.

2. 위조된 이사회 의사록으로 경료된 임원 변경등기(이하, '부실등기'라 한다) 이후에 수차에 걸쳐 임원 변경등기가 이루어진 경우, 부실등기 이후의 등기가 무효라고 단정할 수 없고 그 무효 여부는 각 등기별로 검토하여야 한다. 따라서, 부실등기에 관한 공정증서원본불실기재죄의 유죄 확정판결만으로는 부실등기와 그 부실등기 이후의 임원 변경등기를 말소하고 부실등기로 말소된 등기를 직권으로 회복하는 등기를 할 수 없고, 각 등기별로 그 등기가 무효의 원인이 있음을 증명하는 서면을 첨부하여야 한다. 다만, 예외적으로 등기부, 등기신청서와 첨부서면 자체에 의하여 부실등기 이후의 등기가 무효임이 명백한 경우가 있을 것이나, 그 판단은 구체적인 등기신청사건을 담당하는 등기관이 하여야 할 것이다.
(2006. 5. 2. 공탁상업등기과-375 질의회답)

◐ **선례 해설: 「법원행정처 선례해설 요약(8)」(504~505면) 참조**

1. 상업등기법 제77조에 기해 당사자가 말소등기를 신청하는 경우에는 무효의 원인이 있음을 증명하는 정보를 제공하여야 하는데(규칙 169조 1항), 본 선례에 의하면 등기에 관해 공정증서원본불실기재죄의 유죄 확정판결이 있고 그 판결이유 중에 그 등기가 불실기재라는 내용이 설시되어 있다면 이는 무효의 원인이 있음을 증명하는 서면에 해당한다.
2. 또한 부실등기 이후에 수차에 걸쳐 임원변경등기가 이루어진 경우에는 그 무효 여부는 각 등기별로 검토하여야 한다.

법원행정처 선례해설 요약(8)[1]

【제목】 형사판결(공정증서원본불실기재죄의 유죄 확정판결)에 따라 등기부상 부실등기를 말소할 수 있는지 여부(적극) 및 부실등기 이후의 후행등기도 당연히 말소할 수 있는지 여부(소극)

1. 사안의 논점

형사판결문을 첨부하여 등기신청인이 말소등기를 신청할 수 있는지 여부와 부실등기가 된 경우에 부실등기에 관한 유죄확정판결로 후행 등기도 말소하고 부실등기 이전으로 회복할 수 있는지 여부

2. 판결(형사)에 따른 말소등기 여부

ⅰ) 관련 법령에 법원 등의 촉탁 규정이 있는 경우에는 법원 등의 촉탁에 의해 등기관이 판결 내용에 따라 등기를 하여야 하나, 그러한 촉탁 규정이 없는 때에는 당사자가 직접 관할 등기소에 무효의 원인을 증명하는 서면을 첨부하여 그 등기를 신청하여야 한다.

ⅱ) 위조된 이사회의사록으로 임원변경등기가 경료된 경우에, 그 등기에 관해 공정증서원본불실기재죄의 유죄 확정판결이 있고 그 판결이유 중에 그 등기가 불실기재라는 내용이 설시되어 있다면 무효의 원인이 있음을 증명하는 서면으로서 위 판결등본을 첨부하여 당사자는 상업등기법 제77조에 기해 말소등기를 신청할 수 있다(상업선례 2-86 문단1의 요지).[2]

ⅲ) 등기관이 판결에 따른 등기를 하는 경우에 그 판결의 내용에 따라 기입, 말소, 변경, 회복등기를 하여야 한다(예규 1536호 3조 참조). 다만, 형식적 심사권만이 있는 등기관이 말소등기를 하기 위해서는 판결의 주문 또는 이유에 해당 등기가 무효임이 명백히 설시되어 있

---

1) 『상업등기 주요선례 해설』, 318~325면

2) 위조된 이사회의사록을 첨부하여 임원변경등기가 이루어진 경우에 공정증서원본불실기재죄의 유죄 확정판결이 있더라도 법령에 촉탁 근거 규정이 없으므로 당사자가 말소등기를 신청할 수밖에 없다.

어야 한다(저자 주: 사안의 경우 위조된 이사회의사록으로 경료된 임원변경등기에 관해 공정증서원본불실기재죄의 유죄 확정판결이 있고 그 판결이유 중에 그 등기가 불실기재라는 내용이 설시되어 있음으로, 이는 해당 등기가 무효임을 등기관이 그 판결등본으로 객관적으로 알 수 있는 경우라 하겠다).

3. 무효등기 이후의 임원변경등기의 말소 여부

i) 등기기록상 임원변경등기가 무효인 경우에는 등기공무원은 그 등기사항을 말소하여야 하는데, 무효의 임원변경등기 후에 주주총회 및 이사회에서 각각 이사, 대표이사, 감사를 선임하여 그 등기가 된 경우에는 부실등기에 관한 유죄 확정판결로 후행 등기도 말소하고 부실등기 이전으로 회복할 수 있는지가 문제된다.

ii) 이에 대해 선례는 위조된 이사회의사록으로 경료된 임원변경등기(이하 '부실등기' 라 한다) 이후에 수차에 걸쳐 임원변경등기가 이루어진 경우, 부실등기 이후의 등기가 무효라고 단정할 수 없고 그 무효 여부는 각 등기별로 검토하여야 함을 밝히고 있다(상업선례 2-86문단 2의 요지).

iii) 따라서 부실등기에 관한 공정증서원본불실기재죄의 유죄 확정판결만으로는 부실등기와 그 부실등기 이후의 임원변경등기를 말소하고 부실등기로 말소된 등기를 직권으로 회복하는 등기를 할 수가 없다.

※ 판결에 따른 임원등기의 말소 및 회복[1]

판결에 따른 등기	내 용
당해 임원등기의 말소등기	판결의 주문 또는 이유에 해당 등기가 무효임이 명백히 설시된 경우에 한정
그 말소등기로 인한 권리의무가 있는 임원의 회복등기	상법 제386조 제1항, 제389조 제3항, 제415조에 따라 회복할 필요성이 있는 임원에 대한 등기관의 직권 회복등기
별도로 선임된 임원의 말소등기	당해 임원등기의 말소등기만으로 별도로 선임된 임원의 말소등기를 할 수 없고 각 등기별로 그 등기가 무효의 원인이 있어야 함

1) 재판에 따른 등기신청 및 등기사항에 관한 자세한 사항은 「직무집행정지가처분등기 등 재판에 따른 등기에 관한 업무처리지침」(예규 1536호) 참조

168. 지위보전가처분이 등기사항인지 여부(소극)

[상업등기선례 제2-88호, 제정 2006. 6. 13.]

1. 이사 등의 직무집행정지 또는 직무대행자선임의 가처분(상법 제183조의 2, 제265조, 제407조, 제415조, 제542조 제2항, 제567조, 제570조, 제613조 제2항, 민법 제52조의2 등)과 달리, '신청인의 피신청인을 상대로 한 이사회결의무효확인등 청구사건의 본안판결 확정시까지 신청인은 피신청인의 공동대표이사의 지위에 있음을 임시로 정한다.' 는 내용의 가처분(이하, '지위보전가처분' 이라 한다)은 그것을 등기할 수 있도록 하는 법령의 규정이 없으므로 등기할 수 없다.

2. 지위보전가처분은 등기할 사항이 아니므로, 등기되었더라도 일정한 절차를 거쳐 등기관에 의해 직권으로 말소되어야 한다(비송사건절차법 제159조 제2호, 제234조 내지 제237조 => 주: 현행 상업등기법 제26조 제2호, 제77조 내지 제80조).
(2006. 6. 13. 공탁상업등기과-547 질의회답)

참조 조문 · 규칙 · 예규 · 선례 · 판례

▣ 상업등기법[법률 제13953호, 2016. 2. 3., 타법개정]

제26조(신청의 각하) 등기관은 다음 각 호의 어느 하나에 해당하는 경우에만 이유를 적은 결정으로 신청을 각하하여야 한다. 다만, 신청의 잘못된 부분이 보정될 수 있는 경우로서 등기관이 보정을 명한 날의 다음 날까지 신청인이 그 잘못된 부분을 보정하였을 때에는 그러하지 아니하다.

1. 사건이 그 등기소의 관할이 아닌 경우
2. 사건이 등기할 사항이 아닌 경우

3호 내지 17호 생략

제77조(말소등기의 신청) 등기 당사자는 등기가 다음 각 호의 어느 하나에 해당하는 경우에는 그 등기의 말소를 신청할 수 있다.

1. 제26조제1호부터 제3호까지에 해당하는 사유가 있는 경우
2. 등기된 사항에 무효의 원인이 있는 경우(소로써만 그 무효를 주장할 수 있는 경우는 제외한다)

제78조(등기의 직권말소의 통지 등) ① 등기관은 등기를 마친 후 그 등기가 제77조 각 호의 어느 하나에 해당되는 것임을 발견하였을 때에는 등기를 한

자에게 1개월 이내의 기간을 정하여 그 기간 이내에 이의를 진술하지 아니하면 등기를 말소한다는 뜻을 통지하여야 한다.
② 등기관은 제1항에 따른 통지를 받을 자의 주소 또는 거소를 알 수 없으면 제1항에 따른 통지를 갈음하여 제1항에서 정한 기간 동안 등기소 게시장에 이를 게시하거나 대법원규칙으로 정하는 바에 따라 공고하여야 한다.
제79조(이의에 대한 결정) 등기관은 제78조 제1항의 말소에 관하여 이의를 진술한 자가 있으면 그 이의에 대한 결정을 하여야 한다.
제80조(등기의 직권말소) 등기관은 제78조 제1항의 기간 이내에 이의를 진술한 자가 없거나 이의를 각하한 경우에는 같은 항의 등기를 직권으로 말소하여야 한다.

◐ **선례 해설:**

1. 법령에 의하여 등기할 수 있는 사항으로 규정된 것만 등기할 수 있으므로, 법령에 등기할 수 있다는 규정이 없는 지위보전가처분은 상업등기법 제26조 제2호의 사건이 등기할 사항이 아닌 때에 해당하므로 등기관은 지위보전가처분 신청에 대해 각하하여야 하며,

2. 만약 등기관의 착오 등으로 등기된 경우에는 상업등기법 제77조에 의한 당사자의 말소신청이 없더라도 상업등기법 제78조 내지 제81조의 규정에 의해 등기관이 직권으로 말소하여야 한다.[1)]

3. 상업등기법 제26조 제2호의 사건이 등기할 사항이 아닌 때에 해당하는 것으로는 ⅰ) 지배인 이외의 상업사용인에 관한 등기신청, ⅱ) 정관에서 정하는 대표이사의 직무대행자에 관한 사항, ⅲ) 전환사채, 신주인수권부사채, 이익참가부사채가 아닌 보통 사채에 관한 등기신청(상업선례 2-69, 828면), ⅳ) 합명・합자회사의 업무집행사원에 관한 직무집행정지 가처분의 등기촉탁, ⅴ) 본점이전금지가처분 결정에 의한 가처분 등기촉탁(상업선례 1-118, 427면), ⅵ) 신주발행효력정지의 가처분 등기촉탁, ⅶ) 법률의 근거 없이 설립등기된 법인등기, ⅷ) 지위보전가처분 등기촉탁(본 선례) 등을 들 수가 있겠다.

1) 상업등기법 제26조 각 호의 각하사유 중 등기관이 직권말소를 할 수 있는 것은, ⅰ) 사건이 그 등기소의 관할이 아닌 경우(1호), ⅱ) 사건이 등기할 사항이 아닌 경우(2호), ⅲ) 사건이 그 등기소에 이미 등기되어 있는 경우(3호) 등의 경우에 한한다(법 26조, 78조 참조).

169. 상근임원을 둘 수 없는 주식회사도 대표이사를 사내이사 중에 선임하여 등기 신청하여야 하는지 여부

[상업등기선례 제2-33호, 제정 2010. 12. 27.]

주식회사의 대표이사는 사내이사이어야 할 것인 바, 상근하는 임원을 둘 수 없는 주식회사도(「법인세법」 제51조의2 참조)1) 사내이사 중에 대표이사를 선임하여 등기신청을 하여야 한다.
(2010. 12. 27. 사법등기심의관-3336 질의회답)

참조 조문 · 규칙 · 예규 · 선례 · 판례

▣ 자본시장과 금융투자업에 관한 법률[법률 제14075호, 2016. 3. 18., 타법개정]

제271조(투자목적회사) ① 투자목적회사는 다음 각 호의 요건을 모두 충족하는 회사를 말한다.

5. 상근임원을 두거나 직원을 고용하지 아니하고, 본점 외에 영업소를 설치하지 아니할 것

▣ 기업구조조정투자회사법[법률 제12260호, 2014. 1. 14., 일부개정]

제7조(조직 등) ① 기업구조조정투자회사는 본점외의 영업소를 설치할 수 없으며 직원을 고용하거나 상근인 임원을 둘 수 없다.

▣ 부동산투자회사법[법률 제13499호, 2015. 8. 28., 타법개정]

제11조의2(위탁관리 부동산투자회사의 지점설치 금지 등) 위탁관리 부동산투자회사는 본점 외의 지점을 설치할 수 없으며, 직원을 고용하거나 상근 임원을 둘 수 없다.

▣ 선박투자회사법[법률 제13448호, 2015. 7. 24., 타법개정]

제3조(선박투자회사) ⑤ 선박투자회사는 본점 외의 영업소를 설치하거나 상근 임원을 두거나 직원을 고용할 수 없다.

▣ 문화산업진흥 기본법[법률 제13448호, 2015. 7. 24., 타법개정]

제47조(겸업 등의 제한) ① 문화산업전문회사는 제49조에 따른 업무 외의 업

1) 「자본시장과 금융투자업에 관한 법률」에 의한 투자목적회사 등은 개별 법률에서 본점 외의 영업소를 설치하지 못하고 직원과 상근하는 임원을 두지 못하도록 규율하고 있다.

무를 할 수 없다.
② 문화산업전문회사는 본점 외의 영업소를 설치할 수 없으며, 직원을 고용하거나 상근하는 임원을 둘 수 없다.

▣ 해외자원개발 사업법[법률 제13448호, 2015. 7. 24., 타법개정]

제13조(해외자원개발투자회사 등의 설립 등) ① 제14조의2에 따른 방법으로 해외자원개발사업 등에 자산을 투자하여 그 수익을 주주에게 배분하는 것을 목적으로 해외자원개발투자회사(이하 "해외자원개발투자회사"라 한다)를 설립할 수 있다.
② 제14조의2에 따른 방법으로 해외자원개발사업 등에 자산을 투자하여 그 수익을 사원에게 배분하는 것을 목적으로 해외자원개발투자전문회사(이하 "해외자원개발투자전문회사"라 한다)를 설립할 수 있다.
③ 해외자원개발투자회사는 「자본시장과 금융투자업에 관한 법률」에 따른 투자회사로 보며, 해외자원개발투자전문회사는 같은 법에 따른 사모투자전문회사로 본다.

◐ 선례 해설:

1. 사외이사는 경영진의 업무집행에 대한 감독 기능을 수행하라는 취지로 상법상 그 결격사유를 두고 있는 점을 감안하면, 사외외사는 대표이사가 될 수 없다. 또한 대표이사는 '회사를 대표하고, 업무를 집행하는 권한'을 가진 이사이므로 회사의 상시적인 업무집행 권한이 없는 기타비상무이사를 대표이사로 선임하는 것도 맞지 않다(출처: 염춘필, "개정 상법 시행과 '임원변경 절차 및 등기'에 관한 실무상 쟁점", 법무사저널(2009년 5·6월호), 서울중앙지방법무사회, 119면).

2. 이와 같은 취지에서 개별 법률에서 본점 이외의 지점을 설치할 수 없고 상근 임원을 둘 수 없다고 규정하고 있는 경우가 많은 유동화전문회사(SPC)[1]의 경우에도 대표이사는 사내이사여야 한다는 점을 본 선례는 밝히고 있다.

3. 2009. 2. 4. 시행된 개정 상법에서 이사를 사내이사, 사외이사 및 기타비상무이사로 구분한 취지를 감안할 때 선례의 입장이 타당하다.

---

1) 유동화전문회사는 자산보유자로부터 자산을 양도받아 유동화증권을 발행할 것을 목적으로 설립하는 특수목적회사이다.

170. 법인의 대표자에 관한 등기신청시 기재할 주소[1)]

[상업등기선례 제1-146호, 제정 1993. 5. 11.]

법인대표자를 등기할 때 주소는 주민등록지 주소로 해야 한다.
(1993. 5. 11. 등기 제1138호 대한주택공사사장 대 질의회답)

참조 조문 · 규칙 · 예규 · 선례 · 판례

■ **민법[법률 제13710호, 2016. 1. 6., 일부개정]**

제49조(법인의 등기사항) ① 법인설립의 허가가 있는 때에는 3주간내에 주된 사무소소재지에서 설립등기를 하여야 한다.

②전항의 등기사항은 다음과 같다.

8. 이사의 성명, 주소

■ **상업등기규칙[대법원규칙 제2668호, 2016. 6. 27., 타법개정]**

제52조(첨부정보) ① 등기를 신청하는 경우에는 다음 각 호의 정보를 그 신청정보와 함께 첨부정보로서 등기소에 제공하여야 한다.

3. 주소, 주민등록번호(또는 생년월일)를 등기하여야 하는 경우에는 이를 증명하는 정보

◐ **선례 해설:**

1. 민법상 법인의 경우 이사의 주소가 등기사항이며, 주식회사의 경우에도 주소, 주민등록번호(또는 생년월일)를 등기하여야 하는 경우에는 이를 증명하는 정보를 첨부정보로 제공하여야 한다. 이와 관련하여 본 선례는 등기사항으로서 주소란 주민등록지의 주소임을 밝히고 있다.

2. 다른 법률에 특별한 규정이 없으면 주민등록법에 따른 주민등록지를 공법(公法) 관계에서의 주소로 보므로(주민등록법 23조 1항), 본 선례의 입장은 타당하다.

---

1) 본 선례는 법인등기에 관한 선례이나 상업등기에서도 동일하게 적용된다.

171. 주식회사의 대표이사가 외국인으로서 외국인등록을 한 경우 등기하여야 할 주소

[상업등기선례 제1-154호, 제정 1999. 4. 8.]

주식회사의 설립등기 또는 새로운 대표이사의 취임으로 인한 변경등기를 신청함에 있어 대표이사 또는 새로이 취임하는 대표이사가 국내에 외국인등록을 한 외국국적자라면, 등기신청서에는 주소를 증명하는 서면으로 외국인등록표등본을 첨부하고 주소는 외국인등록표등본에 나타난 국내 체류지로 하여야 할 것이다.
(1999. 4. 8. 등기 3402-379 질의회답)

참조 조문 · 규칙 · 예규 · 선례 · 판례

▣ 상업등기법[법률 제13953호, 2016. 2. 3., 타법개정]

제52조(첨부정보) ① 등기를 신청하는 경우에는 다음 각 호의 정보를 그 신청정보와 함께 첨부정보로서 등기소에 제공하여야 한다.

3. 주소, 주민등록번호(또는 생년월일)를 등기하여야 하는 경우에는 이를 증명하는 정보

▣ 출입국관리법[법률 제13440호, 2015. 7. 24., 타법개정]

제31조(외국인등록) ① 외국인이 입국한 날부터 90일을 초과하여 대한민국에 체류하려면 대통령령으로 정하는 바에 따라 입국한 날부터 90일 이내에 그의 체류지를 관할하는 지방출입국·외국인관서의 장에게 외국인등록을 하여야 한다. 다만, 다음 각 호의 어느 하나에 해당하는 외국인의 경우에는 그러하지 아니하다.

(1호 내지 3호 생략)

제32조(외국인등록사항) 제31조에 따른 외국인등록사항은 다음과 같다.

1. 성명, 성별, 생년월일 및 국적
2. 여권의 번호·발급일자 및 유효기간
3. 근무처와 직위 또는 담당업무
4. 본국의 주소와 국내 체류지
5. 체류자격과 체류기간
6. 제1호부터 제5호까지에서 규정한 사항 외에 법무부령으로 정하는 사항

제88조의2(외국인등록증 등과 주민등록증 등의 관계) ① 법령에 규정된 각종

절차와 거래관계 등에서 주민등록증이나 주민등록등본 또는 초본이 필요하면 외국인등록증이나 외국인등록 사실증명으로 이를 갈음한다.

◐ **선례 해설:**

1. 외국인이 입국한 날부터 90일을 초과하여 대한민국에 체류하려면 출입국관리법에 따라 입국한 날부터 90일 이내에 그의 체류지를 관할하는 지방출입국·외국인관서의 장에게 외국인등록을 하여야 하며(출입국관리법 31조), 외국인등록 사항 중 주소와 관련하여서는 본국의 주소와 국내 체류지를 등록하여야 한다(출입국관리법 32조).

2. 또한 법령에 규정된 각종 절차와 거래관계 등에서 주민등록증이나 주민등록등본 또는 초본이 필요하면 출입국관리법에 의한 외국인등록증이나 외국인등록 사실증명으로 이를 갈음한다(출입국관리법 88조2).

3. 따라서 상업등기법 제52조 제1항에 의해 주소, 주민등록번호(또는 생년월일)를 등기하여야 하는 경우에는 이를 증명하는 정보를 첨부정보로 제공하여야 하는 바, 출입국관리법에 의해 외국인등록을 한 외국인은 성명, 국적, 주소 및 생년월일을 증명하는 서면으로 출입국관리법에 의한 외국인등록 사실증명을 제출할 수 있을 것이다. 참고로 외국인등록 사실증명에는 등록된 국내체류지 및 체류지 변경사항 등이 나타나 있다(출입국관리법 시행규칙 별지 139호 서식 참조).[1)2)]

---

1) 위와 달리 외국인등록을 하지 않은 외국인의 경우에는 주소를 증명하는 서면으로, i) 본국 관공서의 주소증명서 또는 거주사실증명서, ii) 본국에 주소증명서 또는 거주사실증명서를 발급하는 기관이 없는 경우에는 주소를 공증한 서면 등이 있다. 단, 주소증명서를 대신할 수 있는 증명서(예컨대, 운전면허증 또는 신분증 등)를 본국 관공서에서 발급하는 경우에는 관할 등기소의 등기관에게 그 증명서 및 원본과 동일하다는 취지를 기재한 사본을 제출하여 원본과 동일함을 확인받은 때 또는 그 증명서의 사본에 원본과 동일하다는 취지를 기재하고 그에 대하여 본국 관공서의 증명이나 공증인의 공증 또는 외국주재 한국대사관이나 영사관의 확인을 받은 때에는 그 증명서의 사본으로 주소를 증명하는 서면에 갈음할 수 있다(예규 1568호 참조). 한편 이 경우에 외국의 정부나 그 밖의 권한 있는 기관이 발급한 서류 또는 공증인이 공증한 외국문서에 대해서는 등기예규 제1534호 「외국공문서에 관한 업무처리지침」(1068~1069면)의 적용이 있다 하겠다.

2) 한편 최근 선례에 의하면 외국인은 주소·주민등록번호(또는 생년연월일) 등을 증명하는 서면으로 여권사본을 제출할 수 있다(595면 각주2번 참조). 이 경우 외국인은 공증인의 인증을 받은 여권사본에 아포스티유를 첨부하거나 영사관의 확인을 받아 제출하여야 한다(상업선례 201502-1, 593면).

172. 이사 전원을 대표이사로 선임할 수 있는지 여부

[상업등기선례 제1-142호, 제정 1989. 10. 18.]

주식회사의 이사 전원을 대표이사로 선임하고 그에 따른 등기신청이 있다면 이를 수리하여야 한다.
(1989. 10. 18. 등기 제1958호) **2014. 11. 21. 폐지(실질은 유효)**

참조 조문 · 규칙 · 예규 · 선례 · 판례

▣ 상법[법률 제13523호, 2015. 12. 1., 일부개정]

제389조(대표이사) ① 회사는 이사회의 결의로 회사를 대표할 이사를 선정하여야 한다. 그러나 정관으로 주주총회에서 이를 선정할 것을 정할 수 있다.
② 전항의 경우에는 수인의 대표이사가 공동으로 회사를 대표할 것을 정할 수 있다.

◐ 선례 해설: 「실무사례(71)」(514면) 참조

1. 본 선례와 동일한 내용인 등기예규 제691호가 등기예규 제1538호에 의해 2014. 11. 21.부로 폐지되었으나, 폐지 사유가 그 유효성이 없어서가 아니라 그 내용이 등기예규 제1538호에 반영되었기 때문이다.

   [등기예규 제1538호 제3조 제2항] 4. 이사가 3인 이상인 회사의 경우에는 대표권이 있는 이사를 "사내이사"로 기재하고, 그 성명, 주민등록번호를 기재하며, 그 대표이사(이사 전부를 대표이사 또는 공동대표이사로 선임한 경우를 포함한다)의 성명, 주민등록번호 및 주소를 기재한다.

2. 대표이사의 수에 대해서는 명문상 특별한 제한이 없으므로(물론 소규모 주식회사의 경우 대표이사가 아닌 사내이사로만 등기되는 경우는 있지만), 대표이사 1인, 수인의 대표이사가 있는 경우에는 각자대표이사 혹은 공동대표이사 모두 가능하다. 또한 본 선례의 내용과 같이 이사 전원이 대표이사가 되는 것도 가능하다.[1] 관련 문제로 사내이사가 2인인 소규모 주식회사의 경우 정관의 규정에 따라 그 중 1인을 대표이사로 등기할 수 있으며 또한 사내이사 2인을 공동대표이사로 등기하는 것도 가능하다고 해석된다.

1) 이에 관한 견해의 대립에 대해서는 『주식회사법대계(II)』, 500~501면 참조

실무사례(71)

제목: 공동대표이사

다음의 각 사안은 공동대표이사와 관련한 별개의 사안이다.

【1】 사내이사 2인인 회사에서 대표이사와 관련하여 정관에 "사내이사가 2인인 경우에는 사내이사 모두를 공동대표이사로 한다." 라고 규정되어 있다. 공동대표이사에 관한 회사의 정관 규정에 문제는 없는지?

【2】 이사 4인인 회사에서 공동대표이사 중 1인이 사임함에 따라 추가로 대표이사를 선임하지 않고 기존의 대표이사를 단독대표이사로 하려고 한다. 정관에 공동대표이사에 관한 규정이 없는 경우, 공동대표이사의 폐지를 위한 결의는 어디에서 하여야 하는지?

1. 상법 제383조 제1항 단서의 규정에 의하여 자본금 10억원 미만인 회사가 이사를 2명으로 하고 정관에 따라 대표이사를 정한 경우에는 각 이사를 "사내이사" 로 기재하고, 그 성명, 주민등록번호를 기재하며, 그 대표이사의 성명, 주민등록번호 및 주소를 같이 기재한다(예규 1538호 3조 2항). 즉 자본금 10억원 미만인 소규모회사는 이사의 원수를 2인 이하로 하는 것이 가능한데, 이 경우 각 이사는 사내이사여야 하며, 그 회사가 대표이사를 두고자 할 때에는 정관에 규정이 있어야 한다. 한편 대표이사의 수에는 특별한 제한이 없고 수인의 대표이사가 있는 경우에 각자대표이사 혹은 공동대표이사 모두 가능하므로, 상법 제383조 제1항 단서의 규정에 의하여 자본금 10억원 미만인 회사가 이사를 2명으로 하고 정관에 따라 사내이사 2인 모두를 공동대표이사로 하기로 하는 것도 가능하다.

2. 공동대표이사 규정의 설정·변경·폐지는 원칙적으로 이사회의 권한에 속하나 정관으로 주주총회의 권한으로 정할 수 있다(상법 389조 1항 및 2항). 따라서 주식회사의 정관으로 수인의 대표이사가 공동으로 회사를 대표할 것을 특별히 정하지 않은 이상, 이사회가 공동대표이사 제도를 폐지하면 족하고 주주총회의 결의로 할 것은 아니다(대법원 1993. 1. 26. 선고 92다11008 판결 참조).

참조 조문: 상법 제383조, 제389조 **참조 예규:** 등기예규 제1538호

참조 판례: 대법원 1993. 1. 26. 선고 92다11008 판결

173. 대표이사의 자격이 있는 이사가 사임한 경우, 대표이사의 결원만 있는 경우에도 이사의 권리의무가 있는지 여부

[상업등기선례 제2-35호, 제정 2011. 5. 30.]

주식회사의 대표이사가 이사직을 사임함으로 인하여 법률과 정관에서 정한 대표이사의 원수를 결하게 되었지만 이사의 원수를 결하지는 않는 경우, 당해 퇴임한 이사에 관하여는 이사의 결원에 관한「상법」제386조 제1항이 적용되지 않으므로 그 이사는 이사로서의 권리의무가 없으며, 대표이사직의 전제인 이사 또는 이사로서의 권리의무가 있는 자의 자격이 없으므로 대표이사로서의 권리의무도 없다. 따라서 이러한 경우 이사직을 사임한 대표이사는 후임대표이사를 선임하는 이사회의 재적이사의 수에 포함되지 않는다.

(2011. 5. 30. 사법등기심의관-1239 질의회답)

◐ 선례 해설:1)

1. 대표이사는 언제든지 사임할 수 있다. 이 경우 대표이사직을 사임하더라도 이사직을 상실하지 않으나 이와 달리 이사직을 사임하면 대표이사직도 당연히 상실하게 되는데, 본 선례와 같이 대표이사가 이사직을 사임하고 이사의 원수가 결하지 않은 경우에는 대표이사의 전제인 이사의 지위를 상실하였으므로 대표이사의 권리의무도 없게 된다.

2. 위 1.과 관련하여 부언하면, 대표이사가 이사의 사임에 의하여 대표이사 및 이사의 두 개의 자격을 상실한 경우, 이사에 있어서는 법률 또는 정관 소정의 최저 원수를 결하지 않는 관계로 상법 제386조 제1항(법률 또는 정관에 정한 이사의 원수를 결한 경우에는 임기의 만료 또는 사임으로 인하여 퇴임한 이사는 새로 선임된 이사가 취임할 때까지 이사의 권리의무가 있다)이 적용되지 않는 경우에는 그 자는 상법 제389조 제3항에 의한 대표이사로서의 권리의무도 가지지 못하게 된다(권오복, 『상업등기(상)』, 1486면).

1) 「법원행정처 선례해설 요약(9)」(516면) 및 「실무사례(72)·(73)」(517~518면) 참조

법원행정처 선례해설 요약(9)[1)]

【제목】 주식회사에서 대표이사 자격이 있는 이사가 사임한 경우, 대표이사의 결원만 있는 경우에도 이사로서의 권리의무가 있는지 여부(소극)

1. 사안의 논점

주식회사의 대표이사가 이사직을 사임함으로써 법률과 정관에서 정한 대표이사의 인원수를 결하게 되었지만 이사의 인원수를 결하지 않은 경우, 사임한 이사는 후임대표이사가 취임할 때까지 이사의 권리의무가 있는지 여부

2. 이사 및 대표이사 결원의 경과 조치

i) 이사가 임기만료 또는 사임으로 인하여 퇴임한 결과 법률 또는 정관 소정의 이사의 인원수를 결하게 된 때에는 후임이사가 취임할 때까지 이사의 권리의무가 있다(상법 386조 1항 참조).

ii) 대표이사도 임기만료 또는 사임으로 인하여 퇴임한 결과 법률 또는 정관 소정의 대표이사의 인원수를 결하게 된 때에는 후임대표이사가 취임할 때까지 대표이사의 권리의무가 있다(상법 389조 3항 참조).

3. 결어

i) 대표이사의 자격이 있는 이사가 퇴임함으로써 법률 또는 정관 소정의 대표이사의 원수를 결한 경우에 이사의 원수를 결한 경우가 아니어도 대표이사가 취임할 때까지 이사의 권리의무가 있는지 여부에 대하여, 견해의 대립만 있고 아직 이에 대해 명시적인 대법원 판례는 없다.

ii) 이에 대해 당해 퇴임한 이사는 이사의 원수를 결한 경우가 아니므로 이사로서의 권리의무가 없고, 따라서 대표이사직의 전제인 이사의 자격이 없으므로 대표이사로서의 권리의무도 없고, 그 대표이사는 이사회의 재적이사의 수에도 포함되지 않는다는 것이 선례의 입장이다.

---

1) 『상업등기 주요선례 해설』, 221~226면

실무사례(72)

제목: 대표이사인 이사의 연임과 대표이사의 재선임[1)]

이사 5인으로 구성된 이사회가 존재하는 주식회사이다.

【1】 대표이사이자 이사인 '갑'의 이사 직위가 2015. 3. 19. 임기만료되어 2015. 3. 20. 정기주주총회에서 이사로 선임되었다. 이 경우 대표이사직도 자동 연임되는지?

【2】 위 【1】에서 대표이사직이 자동 연임되지 않는다면, 2015. 3. 20. 정기주주총회에서 '갑'을 이사 및 대표이사 선임하는 것은 가능한지?

1. 대표이사는 이사임을 전제로 하므로 이사직에서 퇴임하면 당연히 대표이사의 지위도 잃는다. 비록 대표이사의 임기가 남았더라도 마찬가지이다(이철송, 『회사법강의』, 688면). 따라서 대표이사인 자의 이사의 임기가 정기주주총회 직전일인 2015. 3. 19.에 만료되었으므로, 대표이사이자 이사인 '갑'은 2015. 3. 19.에 이사의 임기만료로 대표이사의 지위도 상실된 것으로 보아야 한다. 결국 대표이사직은 2015. 3. 19.에 상실되었으므로 자동 연임되지 않는다.

2. 이사는 주주총회에서 선임하지만(상법 382조 1항), 대표이사는 주주총회의 결의로 선정한다는 정관의 규정이 없는 한 이사회에서 선정하여야 한다(상법 389조 1항). 이사의 임기가 만료되어 대표이사직을 상실한 '갑'을 대표이사로 선임하려면, i) 정관의 규정에 따라 이사로 선임하는 주주총회에서 대표이사의 선임을 별도 안건으로 상정하여 선정하거나, ii) '갑'이 이사로 연임된 이후 최초로 개최되는 이사회에서 별도의 결의를 거쳐 대표이사로 선정하여야 할 것이다. 따라서 회사의 정관에 대표이사는 주주총회에서 선정한다는 규정이 없다면 2015. 3. 20. 정기주주총회에서 '갑'을 이사 및 대표이사로 선임하는 것은 불가하며, 회사의 정관에 대표이사는 주주총회에서 선정한다는 규정이 있다고 하더라도 이사의 선임과 대표이사의 선임은 별개의 안건이므로 각각 별개의 안건으로 상정하여 결의하여야 한다.[2)]

---

1) (사)한국상장회사협의회, 『MONTHLY 실무상담사례』, Vol.27(2015년 4월), 6~7면

2) 주주총회는 원칙적으로 2주간 전에 적법하게 통지된 의안에 관하여만 결의할 수 있다(상법 363조). 정관 규정에 따라 대표이사를 주주총회의 결의로 선임할 수 있을지라도, 그 선임을 위한 주주총회에 상정할 의안으로 사전 통지되고 이사의 선임과 별개의 안건으로 다루어져야 한다.

실무사례(73)

제목: 이사의 임기만료로 인한 퇴임과 대표이사의 중임 가능 여부

이사 3인으로 구성된 이사회가 존재하는 주식회사로서 이사 3인 및 감사 1인이 모두 2015. 3. 10.에 임기만료되어, 동일자의 정기주주총회에서 모두 중임되었다. 참고로 이사의 임기는 정관에 "이사의 임기는 3년으로 하되, 그 임기가 임기 내에 도래하는 최종의 결산기에 관한 정기주주총회 종결 전에 만료되는 때에는 이사의 임기는 그 정기주주총회 종결에 이르기까지 연장한다."라고 규정되어 있다.

2015. 3. 10. 정기주주총회의 임원 선임의 내용은 다음과 같다.

구 분	취임일	임기만료일	정기주주총회 결의 내용
사내이사 갑	2012. 3. 7.	2015. 3. 10.	사내이사 3인 및 감사 1인 모두를 중임하기로 결의
사내이사 을			
사내이사 병			
감 사 정			

사내이사이자 대표이사인 갑은 2014. 1. 4. 취임하였다. 이 경우 사내이사 갑이 2015. 3. 10. 정기주주총회에서 중임될 때, 대표이사직도 같이 중임되는지?

1. 대표이사는 이사임을 전제로 하므로 이사직에서 퇴임하면 당연히 대표이사의 지위도 잃는다. 비록 대표이사의 임기가 남았더라도 마찬가지이다(이철송, 『회사법강의』, 688면). 사안의 경우 사내이사 갑의 임기는 2015. 3. 10.에 만료되었으므로, 대표이사 갑은 동일자로 사내이사의 지위를 잃음과 동시에 당연 퇴임하게 된다(『상업등기실무(II)』, 200~201면).
2. 중임이란 임기만료로 인하여 퇴임하게 될 임원이 그 임기 중에 다시 임원으로 재선(예선 포함)되어 임기만료의 퇴임과 재선 취임 사이에 시간적 간격이 없는 경우를 말하는 것이므로, 대표이사의 전제인 이사의 임기가 2015. 3. 10.에 만료되었으므로 대표이사 갑은 임기만료의 퇴임과 재선 취임 사이에 시간적 간격이 없는 경우에 하는 중임등기를 할 수가 없다. 만약 정기주주총회 다음날에 이사회의 결의로 '갑'이 다시 대표이사로 선임되었다면, 대표이사는 '2015. 3. 10. 퇴임, 2015. 3. 11. 취임'으로 등기신청을 하여야 할 것이다(『상업등기기재례집』, 192면 참조).

※ 이사와 집행임원의 등기신청방법에 관한 예규[등기예규 제1538호, 제정 2014. 11. 5.]

제1조(목적)

이 예규는 주식회사(이하 "회사" 라 한다)의 이사와 집행임원에 관한 등기신청방법을 규정함으로써 등기사무처리의 통일성을 도모하고자 함을 목적으로 한다.

제2조(이사의 취임 · 퇴임등기신청)

① 회사의 대표자는 이사의 선임이 있는 경우 다음 각 호의 서면을 첨부하여 이사의 취임등기를 신청하여야 한다.

1. 선임을 증명하는 주주총회의사록
2. 취임승낙을 증명하는 서면과 인감증명 또는 공증인의 인증서면

② 제1항의 대표자는 이사의 임기만료 또는 사임 등의 사유가 발생한 경우 그 이사의 퇴임등기를 신청하여야 한다. 다만, 법률 또는 정관에 정한 이사의 인원수를 결한 경우(임기만료 또는 사임에 한정한다)에는 후임이사의 취임등기를 하기 전 퇴임한 이사의 퇴임등기만을 신청할 수 없다.
③ 제2항의 경우 신청서에 이사의 퇴임연월일은 그 사유가 발생한 날로 기재하여야 한다. 다만, 정관에 최종의 결산기에 관한 정기주주총회의 종결에 이르기까지 임기를 연장할 수 있다는 임기연장 규정이 있고 정기주주총회가 적기에 개최된 경우 퇴임한 이사의 임기가 최종 결산기 말일과 당해 결산기에 관한 정기주주총회 사이에 만료된 때라면 이사의 퇴임(중임을 포함한다)연월일은 정기주주총회의 종결일로 기재하여야 한다(결산기 말일 이전에 임기가 만료된 경우에는 적용되지 아니 한다).

제3조(이사의 인원수 변경에 따른 등기신청방법)

① 이사의 인원수가 변경된 경우에는 다음 각 호의 구분에 따라 등기를 신청하여야 한다. 다만, 종전 이사의 주소를 삭제하는 내용의 변경등기신청이 없는 경우 등기관은 직권으로 이사의 주소를 삭제한다.

1. 이사가 1명 또는 2명(각자 대표하는 경우)인 회사가 이사를 3명 이상으로 변경하거나 이사가 1명인 회사가 이사를 2명(정관에 따라 대표이사를 정한 경우)으로 변경하는 경우에는 새로 선임된 이사의 취임등기와 대표이사의 취임등기 및 종전 이사의 주소를 삭제하는 내용의 변경등기를 동시에 신청하여야 한다.

2. 이사가 2명(정관에 따라 대표이사를 정한 경우) 또는 3명 이상인 회사가 이사를 1명으로 변경하거나 이사가 3명 이상인 회사가 이사를 2명(각자 대표하는 경우)으로 변경하는 경우에는 남아 있는 이사를 제외한 다른 이사의 퇴임등기와 대표이사의 퇴임등기 및 남아 있는 이사의 주소를 추가하는 내용의 변경등기를 동시에 신청하여야 한다.
3. 이사가 3명 이상인 회사가 이사를 2명(정관에 따라 대표이사를 정한 경우)으로 변경하는 경우 대표이사가 남아있는 때에는 남아 있는 이사를 제외한 다른 이사의 퇴임등기만 신청하여야 한다.
4. 이사가 2명(각자 대표하는 경우)인 회사가 이사를 1명으로 변경하는 경우에는 남아 있는 이사를 제외한 다른 이사의 퇴임등기만 신청하여야 한다.
5. 이사가 1명인 회사가 이사를 2명(각자 대표하는 경우)으로 변경하는 경우에는 새로 선임된 이사의 취임등기 및 그 자의 성명, 주민등록번호, 주소를 같이 기재하여 신청하여야 한다.

② 제1항에 따라 등기를 신청하는 경우에 대표권 있는 이사에 관한 등기신청서의 기재방법은 다음 각 호와 같다.

1. 상법 제383조 제1항 단서의 규정에 의하여 자본금 10억 원 미만인 회사가 이사를 1명으로 하는 경우에 그 이사는 "사내이사"로 기재하고, 그 성명, 주민등록번호 및 주소를 같이 기재한다.
2. 제1호의 회사가 이사를 2명으로 하고 각 이사가 회사를 각자 대표하는 경우에는 각 이사를 "사내이사"로 기재하고, 그 성명, 주민등록번호 및 주소를 같이 기재한다.
3. 제1호의 회사가 이사를 2명으로 하고 정관에 따라 대표이사를 정한 경우에는 각 이사를 "사내이사"로 기재하고, 그 성명, 주민등록번호를 기재하며, 그 대표이사의 성명, 주민등록번호 및 주소를 같이 기재한다.
4. 이사가 3인 이상인 회사의 경우에는 대표권이 있는 이사를 "사내이사 "로 기재하고, 그 성명, 주민등록번호를 기재하며, 그 대표이사(이사 전부를 대표이사 또는 공동대표이사로 선임한 경우를 포함한다)의 성명, 주민등록번호 및 주소를 기재한다.

제4조(집행임원의 취임 · 퇴임등기신청)

① 집행임원을 둔 회사의 대표자는 다음 각 호의 서면을 첨부하여 집행임원의 취임등기를 신청하여야 한다. 다만, 대표이사가 있는 회사의 경우에는 대표이사의 퇴임등기도 동시에 신청하여야 한다.

1. 정관
2. 선임을 증명하는 이사회의사록
3. 취임승낙을 증명하는 서면 및 인감증명 또는 공증인의 인증서면

② 제1항의 대표자는 집행임원의 임기만료 또는 사임 등의 사유가 발생한 경우에는 그 임원의 퇴임등기를 신청하여야 한다. 다만, 정관에 집행임원의 임기를 그의 임기 중의 최종 결산기에 관한 정기주주총회가 종결한 후 가장 먼저 소집하는 이사회의 종결 시까지로 정한 경우 집행임원의 퇴임연월일에 관하여는 제2조 제3항을 준용한다.

③ 집행임원이 이사를 겸한 경우에는 다음 각 호의 구분에 따라 집행임원의 취임등기와 퇴임등기를 신청하여야 한다.

1. 동일인을 이사 및 집행임원으로 선임한 경우에는 이사의 취임등기와 집행임원의 취임등기를 각각 신청하여야 한다. 다만, 이사의 취임등기가 된 집행임원을 선임하는 경우에는 집행임원의 취임등기만 신청한다.
2. 이사를 겸한 집행임원에 대해 동일한 퇴임사유가 있는 경우에는 이사의 퇴임등기와 집행임원의 퇴임등기를 동시에 신청하여야 한다. 다만, 이사와 집행임원에 대해 각 퇴임사유가 있는 경우에는 이사의 퇴임등기 또는 집행임원의 퇴임등기를 각각 신청하여야 한다.

제5조(집행임원의 인원수 변경에 따른 등기신청방법)

① 집행임원의 인원수가 변경된 경우에는 다음 각 호의 구분에 따라 등기를 신청하여야 한다. 다만, 종전 집행임원의 주소를 삭제하는 내용의 변경등기 신청이 없는 경우에는 등기관은 직권으로 집행임원의 주소를 삭제한다.

1. 집행임원이 1명인 회사가 집행임원을 2명 이상으로 변경하는 경우에는 새로 선임된 집행임원의 취임등기와 대표집행임원(2인 이상의 집행임원이 선임된 경우에는 이사회 결의로 대표집행임원을 선임하여야 함)의 취임등기 및 종전 집행임원의 주소를 삭제하는 내용의 변경등기를 동시에 신청하여야 한다.
2. 집행임원이 2명 이상인 회사가 집행임원을 1명으로 변경하는 경우에는 남아 있는 집행임원을 제외한 다른 집행임원의 퇴임등기와 대표집행임원의 퇴임등기 및 남아 있는 집행임원의 주소를 추가하는 내용의 변경등기를 동시에 신청하여야 한다.

② 제1항에 따라 등기를 신청하는 경우에는 집행임원의 성명, 주민등록번호 및 주소를 기재하여야 한다. 다만, 집행임원 중 대표집행임원을 정한 때에는 그 대표집행임원에 대해서만 주소를 기재한다.

부 칙

제1조(시행일) 이 예규는 2014년 11월 21일부터 시행한다.

제2조(다른 예규의 폐지) 다음 각 호의 예규를 각각 폐지한다.

1. 상법 제383조 제3항의 적용범위(등기예규 제282호)
2. 정기주주총회 종결일까지 임기가 연장된 이사의 퇴임 및 중임일자(등기예규 제360호)
3. 3인의 대표이사 중 1인은 단독, 2인은 공동대표이사로 할 수 있는지 여부(등기예규 제532호)
4. 이사 전원을 대표이사로 선임할 수 있는지 여부(등기예규 제691호)
5. 주식회사의 이사가 2명 이하인 경우의 이사에 관한 등기사무처리지침(등기예규 제1297호)

「보 론」 이사회가 존재하지 않는 경우 주주총회 권한사항과 이사 혹은 대표이사의 권한사항으로 변경되는 사항[1)2)]

구 분	내 용(조문은 모두 상법 조문임)
주주총회 권한사항 (상법 383④)	(1) 주식의 양도에 관한 이사회의 승인(302조 2항 5호의2)
	(2) 이사의 경업금지 승인(397조 1.2항)
	(3) 이사의 자기거래 승인(398조)
	(4) 신주발행(416조)
	(5) 준비금의 자본금 전입(461조 1항 본문 및 3항)
	(6) 중간배당(462조의3 1항)
	(7) 사채 · 전환사채 · 신주인수권부사채의 발행(469조, 513조 2항, 516조의2 2항)
각 이사 (대표이사를 정한 경우에는 그 대표이사) 권한사항 (상법 383⑥)	(1) 주주총회 소집결정(362조)
	(2) 주주제안권(363조의2 3항)
	(3) 소수주주에 의한 임시총회 소집청구(366조 1항)
	(4) 전자적 방법에 의한 주총의결권 행사방법(368조의4 1항)
	(5) 이사회 권한사항(393조 1항)
	(6) 감사의 임시총회 소집청구(412조의3 1항)

1) 상법 제383조 제4항 및 제6항 참조. 이사가 2인 이하일 때에는 상법 제383조 제4항 및 제6항의 취지를 볼 때, 이사회를 폐지한다는 명문의 규정이 없음에도 사실상 폐지되었다(『상법 회사편 해설』, 209~213면 참조). 즉 1인 이사만 두는 경우에는 이사회의 구성이 원천적으로 불가능하고, 2인의 이사로 협의체를 구성하더라도 명칭에 불구하고 이는 상법상의 이사회가 아니므로 상법상 이사회에 관한 규정이 적용되지 않는다(『주식회사법대계(II)』, 495면).

2) 「실무사례(74)」, 525면 참조

【참고】 집행임원 등기신청방법[1)]

□ 집행임원의 취임·퇴임등기 신청방법

사유	등기 유형	첨부서면
취임 · 퇴임	취임등기	① 정관, ② 선임을 증명하는 이사회의사록, ③ 취임승낙을 증명하는 서면 및 인감증명 또는 공증인의 인증서면
	퇴임등기	퇴임을 증명하는 서면
이사를 겸한 경우	취임등기	이사와 집행임원의 취임등기를 각각 신청. 다만, 이사의 취임등기가 된 집행임원을 선임한 경우 집행임원의 취임등기만 신청
	퇴임등기	동일한 퇴임사유가 있는 경우 퇴임등기 동시에 신청. 다만, 각 퇴임사유가 있는 경우 각 퇴임등기 신청

□ 집행임원의 인원수 변경에 따른 등기신청방법

인원수 변경	신청방법
1명에서 2명 이상으로 변경	새로 선임된 집행임원의 취임등기와 대표집행임원의 취임등기 및 종전 집행임원의 주소를 삭제하는 내용의 변경등기
2명 이상에서 1명으로 변경	남아 있는 집행임원을 제외한 다른 집행임원의 퇴임등기 및 대표집행임원의 퇴임등기 및 남아 있는 집행임원의 주소를 추가하는 내용의 변경등기

※ 집행임원을 둔 회사는 대표이사를 두지 못하고, 2인 이상의 집행임원이 선임된 경우에는 대표집행임원을 반드시 두어야 함

1) 법원행정처 사법등기국, 「개정 상업등기법 시행에 따른 업무처리지침 등 변경 안내」(2014. 11. 11.)에서 발췌

「보 론」 집행임원[1]

1. 도입배경

대규모 상장회사의 경우 실무상 정관이나 내규로 집행임원을 두고 있으나 이를 뒷받침할 법적 근거가 없어 많은 문제가 발생하고 있어, 2011. 4. 14. 상법 개정 시에 이사회의 감독 하에 회사의 업무 집행을 전담하는 기관인 집행임원에 대한 근거 규정을 마련하되(상법 408조의2 내지 408조의9 신설), 제도의 도입 여부는 개별 회사가 자율적으로 선택할 수 있도록 하였다.

2. 집행임원의 의의

상법에서는 집행임원의 개념에 대해서 명시적으로 규정하고 있지는 않지만, '이사회에서 위임한 직무범위 내에서 해당 직무집행에 필요한 의사결정과 업무집행을 담당하는 자'라고 정의할 수 있다.

3. 집행임원의 내용

(1) 집행임원의 설치여부: 주식회사는 회사의 선택에 의하여 집행임원을 둘 수 있으며, 집행임원을 설치한 회사는 대표이사를 두지 못한다(상법 408조의2 1항). 다만 집행임원 설치회사는 회사를 대표할 자를 선임해야 하며, 2인 이상의 집행임원이 선임된 경우에는 이사회의 결의로 대표집행임원을 선임한다(상법 408조의5 1항).

(2) 집행임원의 선임 및 해임: 집행임원 설치회사의 이사회의 권한

(3) 집행임원의 권한: 집행임원 설치회사의 업무집행 및 정관이나 이사회의 결의에 의하여 위임받은 업무집행에 관한 의사결정에 관한 사항[2]

---

1) 『상법 회사편 해설』, 249~270면

2) 이사회만을 둔 회사의 경우에는 업무집행기관의 지위와 업무감독기관의 지위를 이사회에 동시에 부여하여 이사회 본래 기능을 다하지 못하는 문제점이 있었다(상법 393조 참조). 이에 대하여 집행임원을 설치한 회사에서는, 이사회는 업무집행에 관한 전략과 정책을 결정하고 집행임원은 이에 따라 업무를 집행하며, 이사회에서는 집행임원과 대표집행임원의 선임 및 해임, 집행임원의 업무집행 감독 권한 등을 통하여 집행임원을 객관적이고 공정한 감독을 할 수 있게 되었다. 즉 기존 이사회의 업무집행기능과 업무감독기능을 분리하여, 집행임원을 설치한 회사에서는 업무집행기능은 집행임원이 담당하고 업무감독기능은 이사회가 담당하게 된 것이다. 다만, 이러한 집행임원 제도의 도입 여부는 강제 사항이 아니라 회사의 선택에 의하도록 하였다.

실무사례(74)

제목: 사내이사 2인인 회사에서의 대표이사 선임기관

자본금 10억원 미만인 소규모 주식회사로서 사내이사 2명(A, B)만이 있는 회사이다. 이번에 사내이사 A가 사임하고 C가 신규로 사내이사로 취임함과 동시에 기존 사내이사 B가 대표이사로 취임하려고 한다. 회사의 정관 제29조에는 "대표이사는 이사회에서 선임한다." 라고만 규정되어 있다. 이 경우 대표이사의 선임기관은?

1. 상법 제383조 제1항 단서의 규정에 의하여 자본금 10억원 미만인 회사가 이사를 2인으로 한 경우에는 각 이사가 회사를 대표하지만, 정관의 규정에 따라 대표이사를 정하도록 한 경우에는 그 대표이사가 회사를 대표한다(상법 383조 6항). 즉 이사 2인 중 1인이 회사의 대표권을 갖기 위해서는 정관에 대표이사를 둔다는 규정이 있어야 하고, 정관의 규정에 따라 대표이사를 선임하여야 한다.

2. 이사가 2인인 관계로 이사회가 구성되지 않은 경우에는 이사회의 기능은 ⅰ) 주주총회의 권한으로 된 경우(상법 383조 4항), ⅱ) 각 이사(정관에 따라 대표이사를 정한 경우에는 그 대표이사)의 권한으로 된 경우(상법 383조 6항), ⅲ) 이사회 규정이 적용이 배제되는 경우(상법 383조 5항) 등으로 대체된다.

3. 이사가 2인인 회사에서 대표이사의 선임은 주주총회의 권한으로 되어 있지 않다(상법 제383조 제4항 및 제389조 제1항). 따라서 이사회가 구성되지 않은 이사 2인인 회사에서 대표이사를 정할 경우에는 이사회의 결의로 선임할 수 없을 뿐만 아니라, 정관에 대표이사는 주주총회의 결의로 선임한다는 규정이 없으면 주주총회의 결의로도 선임할 수가 없다.

4. 이에 대해 실무제요에서는, 2명의 이사를 선임한 소규모 주식회사의 정관에 "대표이사는 이사회에서 선임한다." 는 내용의 규정을 두고 있는 경우, 당해 회사의 정관상 '이사회' 라는 표현은 2명으로 구성된 회의체를 의미하는 것으로 해석하여 이사 2명의 합의로 대표이사를 정할 수 있는 것으로 해석하고 있다(『상업등기실무(Ⅱ)』, 41~42면). 결국 이사 2인의 회사에서 정관에 대표이사는 주주총회에서 선임한다는 규정 대신에 이사회에서 선임한다는 규정만이 있는 경우에는 이사 2인의 합의로 대표이사를 정할 수밖에 없다.

참조 조문: 상법 제383조, 제389조

참조 문헌: 『상업등기실무(Ⅱ)』, 41~42면

▦ 총괄(5): 임원의 임기 [174~190번 상업등기선례의 이해를 위한 기초]

1. 임원의 임기 계산을 위한 대전제

i) 기간 계산에 있어서는 민법 제155조 내지 제161조의 규정을 적용

제155조(본장의 적용범위) 기간의 계산은 법령, 재판상의 처분 또는 법률행위에 다른 정한 바가 없으면 본장의 규정에 의한다.
제157조(기간의 기산점) 기간을 일, 주, 월 또는 연으로 정한 때에는 기간의 초일은 산입하지 아니한다. 그러나 그 기간이 오전 영시로부터 시작하는 때에는 그러하지 아니하다.
제159조(기간의 만료점) 기간을 일, 주, 월 또는 연으로 정한 때에는 기간말일의 종료로 기간이 만료한다.
제160조(역에 의한 계산) ① 기간을 주, 월 또는 연으로 정한 때에는 역에 의하여 계산한다.
② 주, 월 또는 연의 처음으로부터 기간을 기산하지 아니하는 때에는 최후의 주, 월 또는 연에서 그 기산일에 해당한 날의 전일로 기간이 만료한다.
③ 월 또는 연으로 정한 경우에 최종의 월에 해당일이 없는 때에는 그 월의 말일로 기간이 만료한다.

[민법 제157조의 임원의 임기 계산에의 적용]

*** 회사설립 시 취임한 임원의 경우에는 임기 계산 시 초일불산입**
=> 회사 설립등기는 오전 영시부터 시작하지 않는 것이 명백함
=> (예) 회사설립 시 취임한 이사의 임기가 3년인 경우의 임기계산
2012. 4. 15. 회사설립 시 사내이사 갑(甲) 취임
사내이사 갑의 임기 기간은 2012. 4. 15. ~ 2015. 4. 15.이고 중임일은 임기 만료일의 다음날인 2015. 4. 16.임(날짜가 하루 바뀐다는 것에 주의)

*** 주주총회에서 처음 선임된 임원의 경우에도 임기 계산 시 초일불산입**
=> 주주총회의 개최는 오전 영시부터 시작하지 않는 것이 명백함
=> 이 경우의 임기 계산은 위에서 살펴본 회사설립 시 취임한 임원과 동일한 논리가 적용됨

*** 임기만료일의 다음날로 중임한 임원의 경우에는 임기 계산 시 초일산입**
=> 중임한 임원의 경우에는 임기가 중임일의 오전 영시부터 기산되었음으로 초일이 산입되어 추후 재차 중임할 경우에도 중임일이 동일함

ii) 임원의 임기에 관한 상법의 특별 규정

제383조(원수, 임기) ② 이사의 임기는 3년을 초과하지 못한다.
③ 제2항의 임기는 정관으로 그 임기 중의 최종의 결산기에 관한 정기주주총회의 종결에 이르기까지 연장할 수 있다.
제386조(결원의 경우) ① 법률 또는 정관에 정한 이사의 원수를 결한 경우에는 임기의 만료 또는 사임으로 인하여 퇴임한 이사는 새로 선임된 이사가 취임할 때까지 이사의 권리의무가 있다.

제410조(임기) 감사의 임기는 취임후 3년내의 최종의 결산기에 관한 정기총회의 종결시까지로 한다.

[상법 제383조 제3항의 의미]

상법 제383조 제3항은 이사의 임기는 3년을 초과할 수 없도록 규정한 같은 조 제2항에 불구하고 정관으로 그 임기 중의 최종의 결산기에 관한 정기주주총회의 종결에 이르기까지 이를 연장할 수 있다고 규정하고 있는바, (이하 중략), 위 규정은 결국 이사의 임기가 최종 결산기의 말일과 당해 결산기에 관한 정기주주총회 사이에 만료되는 경우에 정관으로 그 임기를 정기주주총회 종결일까지 연장할 수 있도록 허용하는 규정이라고 보아야 한다(대법원 2010. 6. 24. 선고 2010다13541 판결).

[상법 제386조 제1항의 의미] => 다음 페이지 iii)으로 연결되는 조문

임기만료로 인한 주식회사 임원의 등기부상 퇴임일은 상법 제386조 제1항, 제389조 제3항, 제415조의 규정에 의하여 새로 선임된 임원이 취임할 때까지 임원으로서의 권리의무를 행사하고 있었다 하더라도 권리의무행사기간 종료일이 아니라 본래의 임기만료일이 될 것이다(상업선례 1-169, 564면).

[상법 제410조의 의미]

상법 제410조는 강행규정이므로 감사의 임기 계산에서는 민법의 기간계산에 관한 규정 보다는 상법 제410조가 직접 적용된다고 본다. 따라서 감사의 경우에는 주주총회에서 동일인이 중임될 경우에는 임기만료일과 중임일이 동일자가 된다. 왜냐하면 감사의 임기는 "취임후 3년내의 최종의 결산기에 관한 정기총회의 **종결시**까지" 이기 때문이다(상업선례 2-27, 544면).

결국 감사의 임기에 관한 상법 제410조 조문의 특성으로 인해 감사의 경우에는 이사와 달리 임기의 기산점이 초일산입 되는지 여부는 큰 의미가 없으며, 또한 동일인이 중임되는 경우에는 해당 정기주주총회일이 중임일이 된다.

iii) 임원 결원 시 퇴임하는 임원의 임기만료일 및 퇴임등기의 기산점

법률 또는 정관에 정한 이사의 원수를 결한 경우에는 임기의 만료 또는 사임으로 인하여 퇴임한 이사는 새로 선임된 이사가 취임할 때까지 이사의 권리의무가 있었다 하더라도 퇴임하는 임원의 임기만료일은 권리의무행사기간 종료일이 아니라 본래의 임기만료일이다(상업선례 1-169, 564면).

대표이사를 포함한 이사가 임기의 만료나 사임에 의하여 퇴임함으로 말미암아 법률 또는 정관에 정한 대표이사나 이사의 원수(최저인원수 또는 특정한 인원수)를 채우지 못하게 되는 결과가 일어나는 경우에, 그 퇴임한 이사는 새로 선임된 이사(후임이사)가 취임할 때까지 이사로서의 권리의무가 있는 것인바(상법 제386조 제1항, 제389조 제3항), 이러한 경우에는 이사의 퇴임등기를 하여야 하는 2주 또는 3주의 기간은 일반의 경우처럼 퇴임한 이사의 퇴임일부터 기산하는 것이 아니라 후임이사의 취임일부터 기산한다고 보아야 하며, 후임이사가 취임하기 전에는 퇴임한 이사의 퇴임등기만을 따로 신청할 수 없다고 봄이 상당하다(대법원 2005. 3. 8.자 2004마800 전원합의체 결정).

2. 여론[1)]

ⅰ) 임원의 임기 계산(임기 기산점, 임기만료일, 중임일 등)을 위해서는 민법의 기간계산에 관한 일반 규정과 상법의 임원 임기에 관한 규정에 대한 정확한 이해가 필수이다. 왜냐하면 이 두 원리가 초지일관 임원의 임기에 관한 상업등기선례 전반에 적용되고 있기 때문이다.

ⅱ) 위 ⅰ)에 대한 이해 없이 임원의 임기에 관한 상업등기선례를 개별적으로만 바라보면 다소 혼란스러울 때가 있으며, 실제 실무상 임원의 임기 계산과 관련하여 실수가 일어나는 경우가 종종 있다.

1) 상법 제383조 제3항 및 제410조에 따라 정기주주총회에서 종전 이사와 감사를 중임한 경우의 중임일이 언제인지에 대한 논의가 있다. 즉 이사의 경우 "정관으로 그 임기 중의 최종의 결산기에 관한 정기주주총회의 종결에 이르기까지 연장할 수 있다." 라고 상법 제383조 제3항에서 규정한 반면에 감사의 경우에는 "감사의 임기는 취임후 3년내의 최종의 결산기에 관한 정기총회의 종결시까지로 한다." 라고 상법 제410조에서 그 표현을 달리한 점을 근거로, 이사의 중임일은 정기주주총회의 다음날로 감사의 중임일은 정기주주총회일로 해야 하지 않는가 하는 점이다. 하지만 실무관행은 퇴임하는 시각과 재취임하는 시각이 어느 날의 중간에 해당한다면 그 어느 날을 중임일로 하여 등기하므로, 이 경우에는 이사와 감사의 중임일은 당해 정기주주총회일이 된다는 것이 법원행정처의 선례해설의 입장이다(「법원행정처 선례해설 요약(10)」, 532~533면 참조).

174. 이사 및 감사의 임기만료일[1)]

[상업등기선례 제2-25호, 제정 2005. 8. 29.]

2001년 12월 21일 설립등기를 하고 그 영업연도를 1월 1일부터 12월 31일까지로 하는 갑 주식회사의 정관에, 이사 및 감사의 임기에 관하여 이사의 임기는 3년으로 하면서 상법 제383조 제3항의 임기연장규정을 두고 있고, 감사의 임기에 대하여는 상법 제410조와 동일한 내용의 규정을 두고 있는 경우, 설립등기일에 취임한 이사는 2004년 12월 21일에, 같은 날에 취임한 감사는 임기중의 최종의 결산기인 2003년의 결산기에 관한 정기주주총회의 종결일(2004년 3월 31일까지 주주총회가 개최되지 아니하였다면 2004년 3월 31일)에 임기가 만료된다고 할 것이다.
(2005. 8. 29. 공탁법인과-429 질의회답)

참조 조문 · 규칙 · 예규 · 선례 · 판례

▣ 상법[법률 제13523호, 2015. 12. 1., 일부개정]

제383조(원수, 임기) ① 이사는 3명 이상이어야 한다. 다만, 자본금 총액이 10억원 미만인 회사는 1명 또는 2명으로 할 수 있다.
② 이사의 임기는 3년을 초과하지 못한다.
③ 제2항의 임기는 정관으로 그 임기 중의 최종의 결산기에 관한 정기주주총회의 종결에 이르기까지 연장할 수 있다.

제410조(임기) 감사의 임기는 취임후 3년내의 최종의 결산기에 관한 정기총회의 종결시까지로 한다.

1) 본 선례는 임원의 임기 계산을 위한 가장 기본적인 내용을 담고 있어 정확한 이해가 필요하다. 이와 관련해 「총괄(5): 임원의 임기」(526~528면)에 관한 부분을 먼저 살펴본 뒤, 「선례해설」(530~531면) 및 「법원행정처 주요선례 해설(10)」(532~533면), 「실무사례(75)」(534면) 등을 참조 바람.

◐ 선례 해설: 상업등기선례 제2-25호의 이해

1. 임원 임기를 계산하기 위한 대전제: 기간 계산에 관해서는 상법에 특별한 규정이 없으면 민법 제155조 내지 제161조의 규정이 그대로 적용됨.

2. 본 선례의 사례에서 회사의 정기주주총회는 매년 3월 25일 오전 10시에 개회하여 오전 11시에 종회되었다고 가정하면,

3. 임원의 최초 임기 취임일은 회사 설립등기일인 2001. 12. 21.

> 설립등기는 통상 오전 9시부터 오후 6시까지 이루어지므로, 그 기간이 오전 0시로부터 시작하는 것이 아님은 명백하므로 임원 임기 기간계산 시 초일불산입. 논의의 편의상 회사설립등기는 2001. 12. 21. 15:00에 이루어진 것으로 함.

4. 첫 회 임원의 임기만료일

(1) 이사: 2004. 12. 21.

> 민법 제160조 제2항에 의하면, 주, 월 또는 연의 처음부터 기간을 기산하지 아니하는 때에는 최후의 주, 월 또는 연에서 그 기산일에 해당한 날의 전일로 기간이 만료한다.
>
> 따라서 이사 임기의 기산점은 초일불산입하여 2001. 12. 22. 오전 0시이고 그 만료점은 기산일인 12.22.의 전일인 2004. 12. 21. 24:00이 된다.

(2) 감사: 2003년 결산기에 정기주주총회 종결 시인 2004. 3. 25. 오전 11:00

> 상법 제410조에 의하면, 감사의 임기는 취임 후 3년 내의 최종의 결산기에 관한 정기총회의 종결 시까지로 한다. 따라서 이 사례에서는 감사의 임기 만료시점은 정기주주총회 종결 시인 2004. 3. 25. 오전 11:00이다.

主) 감사의 중임일은 임기만료일과 동일자로 되는 것이 원칙이다. 왜냐하면 주주총회는 하루 24시간의 중도에 개회되고 종회되기 때문이다. 결국 감사의 임기에 관한 상법 제410조가 강행규정임을 감안하면, 동일인이 감사로 중임될 경우에는 감사의 임기만료일과 중임일은 동일자가 된다.

5. 만약 동일 임원이 중임 시 그 임원의 차기 임기 만료일 및 중임일

(1) 이사: 임기만료일 2007. 12. 21., 중임일 2007. 12. 22.

> 왜냐하면 전기 이사의 임기가 2004. 12. 21. 24:00에 만료되어, 그 이후의 임기기산점은 2004. 12. 22. 오전 0시이므로 초일을 산입하고 그 기산일의 직전일로 임기는 만료되므로 결국 이사의 차기 임기만료일은 2007. 12. 21. 24:00임. 따라서 이사의 차기 중임일은 임기만료일의 다음날인 2007. 12. 22.이다.

(2) 감사: 임기만료일은 2006년 결산기에 대한 정기주주총회 종결 시인 2007. 3. 25. 오전 11:00, 중임일은 2007. 3. 25. 오전 11:00

6. 이상의 과정을 요약하면,

구 분	이사 △△△	감사 □□□	비 고
회사설립등기: 2001. 12. 21. 15:00	**2001. 12. 21. 15:00** 이사 취임	**2001. 12. 21. 15:00** 감사 취임	
이사 임기만료 및 중임(1차)	2004. 12. 21. 24:00 이사 임기만료 **2004. 12. 22. 00:00** 이사 중임		기산점:초일불산입 (민법 157조), 만료점:민법 160조 2항
감사 임기만료 및 중임(1차)		2004. 03. 25. 11:00 감사 임기만료 **2004. 03. 25. 11:00** 감사 중임	상법 410조 (취임 후 3년 내 최종의 결산기에 관한 정기총회 종결 시까지)
감사 임기만료 및 중임(2차)		2007. 03. 25. 11:00 감사 임기만료 **2007. 03. 25. 11:00** 감사 중임(2차)	상 동
이사 임기만료 및 중임(2차)	2007. 12. 21. 24:00 이사 임기만료 **2007. 12. 22. 00:00** 이사 중임(2차)		기산점: 오전 0시부터 기산되었음으로 초일 산입, 만료점:민법 160조 2항

주) 이사 △△△의 최초 중임일의 일자가 바뀜(12. 21. -> 12. 22.)에 주의

(※ 첫 중임일자가 바뀌는 것은 최초로 임시주총에서 선임된 이사도 동일)

법원행정처 선례해설 요약(10)[1]

【제목】 이사의 임기기간 문제

1. 사안의 논점

주식회사의 설립등기 시의 최초 이사의 임기기산일이 언제인지 여부와 취임등기 후 그 이사가 다시 선임되어 중임등기를 신청할 경우의 중임등기의 일자가 언제인지 여부

2. 주식회사 이사의 최초 임기 기산일

i) 등기실무는 설립등기 시의 최초 이사의 경우에는 설립등기일로부터 임기가 시작하며 주주총회의 선임결의, 취임승낙 또는 회사의 성립 시점은 보통 1일의 도중이므로 초일은 산입하지 않고 임기의 계산은 그 취임의 다음 날부터 기산한다고 보았다.

ii) 초일불산입 원칙에 대한 예외 약정의 가부에 관한 판례에서, 민법 제157조는 "기간을 일, 주, 월 또는 년으로 정한 때에는 기간의 초일은 산입하지 아니한다." 라고 규정하여 초일불산입을 원칙으로 정하고 있으나, 민법 제155조에 의하면 법령이나 법률행위 등에 의하여 위 원칙과 달리 정하는 것도 가능하다고 판시한 바 있다(대법원 2007. 8. 23. 선고 2006다62942 판결).

iii) 결국 주식회사 이사의 최초 임기 기산일은 초일불산입하여 회사 설립등기일의 다음날부터 기산하나, 법률행위 등에 의하여 달리 정할 수가 있다(예: 초일을 산입하기로 약정하는 경우).

3. 이사의 중임일

i) 이사, 대표이사, 감사 또는 감사위원회 위원이 임기만료로 퇴임함과 동시에 동일 직위에 재취임하여 임기만료로 인한 퇴임과 재취임 사이에 시간적 간격이 없는 경우를 등기실무상 중임이라고 하며, 중임의 경우에는 퇴임 및 취임의 등기를 하지 않고 중임의 등기만 함으로써 등기사무의 능률에 도움이 된다.

1) 『상업등기 주요선례 해설』, 205~213면

ii) 임기만료로 퇴임하는 시각과 재취임하는 시각이 어느 날의 24:00시라면 그 다음 날 오전 0시부터 재취임하는 것으로 보아 그 다음 날을 중임일로 등기하고,

iii) 퇴임하는 시각과 재취임하는 시각이 어느 날의 중간에 해당한다면(예: 정기주주총회일) 그 어느 날을 중임일로 하여 등기하는 것이 등기실무이나,1)

iv) 판례에 의하면, 중임일 계산 시 약정에 의하여 최초 취임일을 포함하여 중임일자를 기산하여 임원변경등기를 신청하는 것도 가능하다.

---

1) 본 선례해설이 나오기 전에는 감사의 임기에 대해서는 "감사의 임기는 취임후 3년 내의 최종의 결산기에 관한 정기총회의 종결시로 한다." 라고 상법 제410조에 명문의 규정이 있어, 동일 감사가 중임되는 경우에는 임기가 만료됨과 동시에 중임되는 것으로 해석되어 논란의 여지가 없었으나, 이사의 중임일과 관련하여 이사의 임기를 상법 제383조 제3항에 의하여, "이사의 임기는 3년으로 하되, 이사의 임기가 재임 중 최종의 결산기에 관한 정기주주총회의 종결 전에 끝날 때에는 그 총회 종결에 이르기까지 그 임기를 연장한다." 라고 정관에 규정한 경우에는 이사의 중임일을 언제로 볼 것인지에 대해 해석이 양분되어 있었다.

제1설은 이사의 임기는 감사와 달리 "종결시" 가 아닌 "종결에 이르기까지" 라고 정한 경우에는 그 정기주주총회일에 임기가 만료되고 그 다음날에 중임된다는 견해였고, 제2설은 이 경우에도 감사와 같이 정기주주총회일에 임기가 만료됨과 동시에 중임된다는 견해였다. 상법 조문이 "종결시" 와 "종결에 이르기까지" 로 각기 달리 정한 것을 감안하면, 논리상 제1설이 설득력이 있으나, 이 경우에는 같은 날의 정기주주총회에서 중임되었더라도 이사의 중임일은 정기주주총회일의 다음날이 되고 감사의 중임일는 정기주주총회일이 되어, 실무에서는 제2설과 같이 이사의 경우도 감사와 같이 임기만료일과 중임일을 동일자인 정기주주총회일로 하여 등기신청을 하고 또한 등기소에서도 그와 같이 등기를 처리한 것이 실무관행이었다.

이제는 본 선례해설로 이와 같은 견해의 대립은 무용하고 향후 이와 다른 견해의 선례가 나오지 않는 한 상법 제383조 제3항에 의거 이사의 임기를 정한 경우에는 이사도 감사와 같이 정기주주총회일에 임기가 만료되고 또한 동일자로 중임되는 것으로 정리되었다.

실무사례(75)

제목: 이사와 감사의 임기만료일

당시 3월말 결산법인인 주식회사 ○○에서 2011. 4. 1. ~ 2012. 3. 31. 사업연도에 대한 정기주주총회일인 2012. 6. 29.에 이사 '갑' 과 감사 '을' 이 최초 취임하였다. 그 후 2013. 6. 27. 정기주주총회에서 결산기를 12월 결산법인으로 변경하는 정관변경 결의를 하면서, 결산기 조항에 관한 단서 규정으로 "단, 2013년도는 4. 1.부터 12. 31.까지로 한다." 라는 내용의 경과규정을 두었다.

회사의 정관에 "이사의 임기는 3년으로 하며, 감사의 임기는 취임 후 3년 내의 최종 결산기에 관한 정기주주총회의 종결시까지로 한다." 라고 규정되어 있다. 오는 2015. 3. 31.이 정기주주총회일이라고 할 때, 이사 '갑' 과 감사 '을' 의 임기만료일은 각각 언제인지?

1. 먼저 이사 '갑' 의 임기에 대해 살펴보면, 이사 '갑' 은 2012. 6. 29.에 최초 취임하였으므로 민법 제157조에 의해 초일불산입하여 임기기산일은 2012. 6. 30.(오전0시)이 되며, 임기만료일은 민법 제160조 제2항에 의해 임기기산일에 해당한 날의 전일인 2015. 6. 29.(24:00)이 된다(상업선례 2-25 참조).
2. 다음으로 감사 '을' 의 임기에 대해 살펴보면, "감사의 임기는 취임 후 3년 내의 최종 결산기에 관한 정기주주총회의 종결시까지로 한다." 는 정관의 규정은 강행규정인 상법 제410조의 내용과 동일하여 별 문제가 없다. 감사 '을' 의 취임 후 3년 내(2012. 6. 29. ~ 2015. 6. 29.)내의 최종 결산기는 2014. 1. 1.부터 2014. 12. 31.까지이며, 이에 관한 정기주주총회일은 2015. 3. 31.이므로, 감사 '을' 의 임기만료일은 2015. 3. 31.이 된다.

참조 조문: 민법 제157조, 제160조, 상법 제383조, 제410조
참조 문헌: 상업선례 제2-25호(529면)

[유사 사례] 2012 .3. 10.에 최초 취임한 감사가 2015. 3. 26. 정기주주총회에서 재취임하여 중임등기를 하려고 한다. 이 경우 감사의 임기가 3년을 초과하게 되는데 문제가 없는지? => 감사의 임기는 취임 후 3년 내의 최종의 결산기에 관한 정기주주총회의 종결시까지로 한다는 상법 제410조의 조문 특성으로 인해, 감사 취임시의 정기주주총회일보다 감사 임기만료 시의 정기주주총회일이 역수상 늦은 날일 경우에는 3년을 초과할 수 있다. 실제 3년을 초과하는 경우가 많이 있다.

175. 감사의 임기가 만료된 경우 상법 제410조에서 규정하는 최종의 결산기에 관한 정기주주총회에서 새로운 감사를 선임하지 않고 그 이후에 정기총회 또는 임시총회를 개최하여 감사를 선임한 경우, 그 선임행위가 유효한지 그리고 유효하다면 전임 감사의 임기만료일을 언제로 볼 것인지 여부

[상업등기선례 제1-162호, 제정 2001. 11. 1.]

제410조는 감사의 임기에 관한 규정으로 반드시 새로운 감사를 그 정기주주총회에서 선임하여야 하는 것은 아니며, 적기에 정기주주총회가 개최되지 못하여 그 이후의 정기주주총회나 임시주주총회에서 새로운 감사가 선임된 경우 전임 감사의 임기종료일은 제410조에서 규정하는 결산기에 관한 정기주주총회를 개최할 수 있는 시기(결산기가 12월 31일이면 익년 3월 31일)까지이다.
(2001. 11. 1. 등기 3402-740 질의회답)

참조 조문 · 규칙 · 예규 · 선례 · 판례

■ 상법[법률 제13523호, 2015. 12. 1., 일부개정]

제386조(결원의 경우) ① 법률 또는 정관에 정한 이사의 원수를 결한 경우에는 임기의 만료 또는 사임으로 인하여 퇴임한 이사는 새로 선임된 이사가 취임할 때까지 이사의 권리의무가 있다.

제410조(임기) 감사의 임기는 취임후 3년내의 최종의 결산기에 관한 정기총회의 종결시까지로 한다.

◐ 선례 해설:

1. 감사의 임기에 관한 상법 제410조는 강행규정이므로 적시에 정기주주총회가 개최되지 않은 관계로 기존 감사가 임기만료 되었음에도 새로운 감사를 선임하지 않았을 경우, 기존 감사의 임기만료일은 상법 제410조에서 규정하는 결산기에 관한 정기주주총회를 개최할 수 있는 시기(결산기가 12월 31일이면 익년 3월 31일)까지이다.
2. 다만 이 경우에 정관상 감사의 원수를 결하게 되는 경우에는 후임감사가 선임될 때까지 감사로서의 권리의무가 있으므로 등기해태에 따른 과태료는 문제가 안 되나, 선임해태에 따른 과태료의 문제는 남게 된다.

176. 보험업법 부칙 제7조의 간주규정에 따른 임원변경등기[1)]

[상업등기선례 제1-161호, 제정 2001. 8. 1.]

보험업법 부칙 제7조 간주규정에 따라 종전의 감사가 일정한 요건하에 감사위원회 위원겸 이사로 되는 경우의 공시방법으로는 종래의 감사가 이사 및 감사위원이 되는 변경등기를 동시에 하여야 한다.
(2001. 8. 1. 등기 3402-525 질의회답)

참조 조문 · 규칙 · 예규 · 선례 · 판례

▣ 구 보험업법[법률 제6175호, 2000. 1. 21., 일부개정]

부칙

제6조 (감사위원회 설치에 관한 경과조치) 보험사업자는 이 법 시행후에 최초로 소집되는 정기주주총회등에서 제12조의3의 개정규정에 의한 감사위원회를 설치하여야 한다.

제7조 (감사위원회 설치에 따른 상근감사에 관한 경과조치) 이 법 시행당시 감사위원회를 설치하여야 하는 보험사업자의 상근감사로 재임하고 있는 자(상근감사가 2인이상인 경우에는 당해 보험사업자의 이사회에서 지명한 상근감사를 말한다)는 부칙 제6조의 규정에 의하여 감사위원회를 설치하여야 하는 정기주주총회일까지 그 임기가 만료되지 아니하고 당해 주주총회에서 해임되지 아니하는 경우 그 임기가 만료될 때까지 당해 보험사업자의 감사위원회 위원중 사외이사가 아닌 위원으로 본다. 이 경우 당해 상근감사는 그 임기의 종료시까지 상법 제382조제1항의 규정에 따라 주주총회에서 선임된 이사로 본다.

---

1) 2000. 1. 21. 보험업법 일부 개정에 따른 부칙 제7조에 의해 종전의 감사가 감사위원회 위원 겸 이사로 간주되는 경우에도 그에 대한 변경등기를 하여야 한다는 취지의 선례

📖 「보 론」 감사위원회 위원(감사위원): 「실무사례(76)」(538면) 참조

1. 감사위원회의 설치와 구성

ⅰ) 비상장회사의 경우 감사와 감사위원회제도 중 회사가 자율적으로 선택할 수 있으나, 자산총액 2조원 이상인 대규모 상장회사에 대해서는 반드시 감사위원회를 설치하여야 한다(상법 542조의11 1항). 한편 자산총액 1천억 이상 2조원 미만인 상장회사도 상근감사를 1인 이상 두지 않는 한 감사위원회를 두어야 한다(상법 542조의10 1항).

ⅱ) 이사회 내의 위원회는 2인 이상의 수로 구성되나, 감사위원회는 3인 이상의 이사로 구성된다(상법 415조의2 2항).

2. 감사위원의 자격

ⅰ) 감사위원회 위원 중 사외이사가 위원의 3분의 2 이상이어야 한다(상법 415조의2 2항). 이는 감사위원회의 독립성과 감사업무의 공정성·객관성을 확보하기 위함이다.

ⅱ) 한편 대규모 상장회사의 경우에는 감사위원의 자격요건에 대해 더 엄격한 요건을 요구하고 있다(상법 542조의11 2항).

3. 감사위원의 선임과 해임

ⅰ) 비상장회사와 자산총액 1천억 미만인 상장회사에서는 감사위원회는 이사회 내에 설치되기 때문에 그 위원은 원칙적으로 이사회에서 선임권이 있으며, 감사위원의 해임에 관한 이사회의 결의는 이사 총수의 3분의 2 이상의 결의로 하도록 규정하고 있다(상법 415조의2 3항).

ⅱ) 감사위원회를 둔 자산총액 1천억원 이상 2조원 미만의 상장회사 및 자산총액 2조원 이상의 대규모 상장회사에서는 주주총회에서 감사위원을 선임 및 해임한다(상법 542조의12 1항 및 540조의10 1항 단서).

4. 감사위원의 임기

상법은 감사위원의 임기에 관하여 아무런 규정을 두고 있지 않아 정관이나 선임기관에서 정하여야 하는 것으로 해석된다. 감사위원의 임기에 대해 정관이나 선임기관에서 정하지 않았다면 감사위원은 이사의 자격을 전제로 하므로 이사의 임기에 따른다.

실무사례(76)

제목: 감사위원회 위원의 임원변경등기

회사는 정관이 정하는 바에 따라 감사에 갈음하여 이사회 내 위원회로서 감사위원회가 설치되어 있으며, 사내이사 갑과 사외이사로서 을과 병이 감사위원회 위원(이하 '감사위원'이라 한다)으로 선임되어 있다. 한편 갑은 2016. 3. 31.부로 사내이사의 임기가 만료되어 같은 날 사내이사로 중임되었다.

【1】 감사위원의 임기는?

【2】 주주총회에서 사내이사 갑이 중임된 경우에도 별도로 선임기관에서 감사위원 선임결의가 필요한지? 그리고 사내이사 중임등기 외에 감사위원 임원변경등기도 신청하여야 하는지?

1-1. 정관이 정하는 바에 따라 감사에 갈음하여 이사회 내 위원회로서 감사위원회를 설치하는 경우, 이사회에서 감사위원을 선임한다(상법 393조의2 1항, 415조의2). 다만, 감사위원회를 둔 일정 규모 이상의 상장회사는 주주총회에서 감사위원을 선임한다(「보론」, 537면 3. ii) 참조).

1-2. 상법에는 감사위원의 임기에 관한 규정이 없다. 따라서 임기에 관하여 정관에 규정이 있으면 그에 따르고, 정관에 규정이 없으면 선임기관인 이사회 또는 주주총회의 결의로 이를 정할 수 있다. 감사위원의 임기에 대해 정관에 규정이 없고 선임기관의 결의로도 이를 정하지 않았다면 감사위원은 이사의 자격을 전제로 하므로 이사의 임기에 따른다(『상업등기실무(II)』, 214면 및 『주석상법(회사편III)』, 682~683면 참조).[1)]

2. 감사위원은 이사의 자격을 전제로 하므로, 사안의 경우 감사위원의 임기에 관해 정관에서 정하였다거나 선임기관의 결의로 정하였다는 사정이 보이지 않으므로 갑은 2016. 3. 31.부로 사내이사의 임기가 만료됨에 따라 감사위원의 임기도 만료되었다. 따라서 사내이사로서의 갑의 중임과 상관없이 별도로 선임기관의 감사위원 선임결의가 필요하며, 사내이사 중임등기 외에 감사위원 임원변경등기도 신청하여야 한다(실무적으로 보통 일괄신청 함).[2)]

---

1) 이사와 감사위원의 임기가 동일한 경우, 이사로 재직 중에 감사위원으로 선임된 경우에는 감사위원의 임기는 이사로서의 잔여기간에 한한다(『주석상법(회사편III)』, 683면).

2) 물론 감사위원의 임기만료와 재취임 사이에 시간적 간격이 없다면, 사내이사 중임등기신청 시에 감사위원 중임등기신청을 일괄신청하면 될 것이다.

177. 주식회사 이사변경등기의 등기기간 기산점[1)]

[상업등기선례 제1-152호, 제정 1998. 10. 8.]

주식회사 이사의 취임등기기간은 그 취임의 효력이 발생한 날로부터 진행된다고 할 것이므로, 이사 홍길동의 임기만료 전에 개최된 정기주주총회에서 미리 이사 홍길동을 중임하기로 하는 결의가 이루어진 경우, 상법 제317조 제4항 및 제183조의 규정에 의한 등기기간은 그 취임의 효력이 발생한 날, 즉 이사 홍길동이 임기만료로 퇴임함과 동시에 주주총회의 결의에 의하여 중임되어 새로이 임기를 개시하게 된 날로부터 진행된다고 할 것이다.

(1998. 10. 8. 등기 3402-985 질의회답)

◐ **선례 해설: 「실무사례(77)」(540면) 참조**

1. 재임 중인 이사의 임기만료 전에 후임이사를 선임하는 결의를 하고, 재임 중인 이사의 임기만료 시에 그 결의의 효력을 발생하도록 하는 것을 예선(豫選)이라 하는데, 등기실무는 전임자의 퇴임 시까지의 기간이 비교적 단기이고 예선에 관하여 합리적인 이유가 있는 경우라면 이를 인정하고 있다(『상업등기실무(Ⅱ)』, 183~184면).

2. 위 1.의 경우는 동일 임원이 중임되는 경우도 마찬가지이다. 비슷한 일례로, 이사의 임기가 2012. 3. 20. 00:00 시작되어 임기 중인 2015. 3. 15. 정기주주총회에서 다시 그 이사를 중임하기로 결의하였다면, 그 이사의 임기는 2015. 3. 19. 24:00로 만료 되었으므로 중임일은 임기만료일의 다음날인 2015. 3. 20.이 된다. 이 경우 해당 이사에 대한 등기기간의 기산점은 중임일이 2015. 3. 20.이므로 그 때로부터 본점 소재지에 2주 이내에 등기하여야 한다(상법 317조 4항, 183조).

---

1) 이사의 취임은 이사변경등기와 상관없이 선임기관의 선임결의와 이사의 취임승낙으로 그 효력이 발생하며(대법원 1995. 2. 28. 선고 94다31440 판결 참조), 또한 이사의 사임 의사표시는 이사변경등기와 상관없이 민법상 단독행위로서 회사에 대한 일방적인 의사표시에 의해 사임의 효력이 발생한다(대법원 2011. 9. 8. 선고 2009다31260 판결 참조). 따라서 이사의 취임 및 사임에 따른 변경등기의 등기기간은 해당 이사의 취임 및 사임의 효력이 발생한 그 때로부터 진행된다.

실무사례(77)

제목: 임기만료 전 사내이사에 대해 임시주주총회 결의로 중임결의를 한 경우의 등기신청방법

이번에 2014년 9월 30일 임기가 만료되는 사내이사 겸 대표이사 1명과 사내이사 1명에 대한 중임등기를 하려고 한다. 2014년 9월 26일자로 임시주주총회에서 임원중임을 결의하고 같은 날 중임 승낙한 후 2014년 10월 1일을 중임일로 하여 2014년 10월 1일 등기소에 신청서 제출하면 되는지?

1. 재임 중인 이사의 임기만료 전에 후임이사를 선임하는 결의를 하고, 재임 중인 이사의 임기만료 시에 그 결의의 효력을 발생하도록 하는 것을 예선(豫選)이라 하는데, 등기실무는 전임자의 퇴임 시까지의 기간이 비교적 단기이고 예선에 관하여 합리적인 이유가 있는 경우라면 이를 인정하고 있다 (『상업등기실무(II)』, 183~184면).

2. 동일 임원이 중임된 사안에서 선례도 같은 입장을 보였다. 즉 임원의 임기만료 전에 개최된 정기주주총회에서 미리 동일 임원을 중임하기로 하는 결의가 이루어진 경우, 그 등기기간은 해당 임원이 임기만료로 퇴임함과 동시에 주주총회의 결의에 의하여 중임되어 새로이 임기를 개시하게 된 날로부터 진행된다고 보았다(상업선례 1-152).

3. 따라서 사안의 경우 임기만료 전인 2014년 9월 26일에 임시주주총회가 개최되어 동일 임원을 중임하기로 결의하였다면 임기만료 다음날인 2014년 10월 1일을 중임일로 한 임원변경등기는 타당하며, 그 등기의 기산점은 임시주주총회 개최일인 2014년 9월 26일이 아니라 중임일인 2014년 10월 1일이 될 것이다.

참조 선례: 상업등기선례 제1-152호(539면), 제2-27호(544면)
참조 문헌: 『상업등기실무(II)』, 183~184면

[비교 사례] 사내이사 갑의 임기만료일이 2015. 3. 15.인데 회사 사정상 정기주주총회를 2015. 3. 22. 개최하여 그 날에 사내이사 갑을 중임시키기로 결의하였다면, 사내이사 갑의 중임등기신청이 가능한지 여부(소극)
=> 동일인이 다시 선임된 경우에도 임기만료로 인한 퇴임과 새로운 취임 사이에 시간적 간격이 있다면 중임등기는 할 수 없다(상업선례 1-373, 550면).

178. 대표이사의 임기만료로 인한 퇴임과 재선에 의한 취임 사이에 시간적 간격이 있는 경우 중임등기 가부

[상업등기선례 제1-153호, 제정 1998. 11. 11.]

주식회사 대표이사 홍길동의 임기가 1994. 6. 25.자로 이미 만료되었고 임시주주총회에서 1996. 3. 25.자로 다시 홍길동을 대표이사로 선임한 경우에는, 홍길동이 임기만료로 인한 퇴임과 새로운 취임 사이에 사실상 대표이사직을 수행하였는지 여부에 관계없이 임기만료로 인한 퇴임등기 및 새로운 취임등기를 하여야 하고, 임기만료로 인한 퇴임과 재선에 의한 취임 사이에 시간적 간격이 없는 경우에 하는 중임등기를 할 수는 없다.

(1998. 11. 11. 등기 3402-1127 질의회답)

◐ **선례 해설:**

1. 중임(重任)이란 이사, 대표이사, 감사 또는 감사위원회 위원이 임기만료로 퇴임함과 동시에 동일 직위에 재취임하여 임기만료로 인한 퇴임과 재취임 사이에 시간적 간격이 없는 경우를 말하며, 등기실무상 중임의 경우에는 퇴임 및 취임의 등기를 하지 않고 중임의 등기만 한다.

2. 본 사안에서는 임기만료로 인한 퇴임일이 1994. 6. 25.자인 반면에 재취임일이 1996. 3. 25.자이므로 중임등기를 할 수 없다.

3. 추가 논점: 대표이사 퇴임과 인감의 제출 등

   대표권 있는 이사가 중임하는 경우에는 인감을 다시 제출하지 않고 종전에 제출한 인감을 계속하여 사용할 수 있으나, 중임이 아닌 경우 또는 대표이사가 변경된 경우에는 (신임) 대표이사는 인감을 다시 제출하여야 한다(「실무사례(6)」(88면) 및 「실무사례(7)」(89면) 참조).

   한편, 인감을 제출하고 인감카드를 발급받은 대표권 있는 이사의 퇴임등기를 한 경우, 등기관은 중임의 경우를 제외하고는 발급된 인감카드를 전산정보처리조직에 의하여 폐기하여야 한다. 다만, 후임자가 인감카드 계속사용신청서를 등기소에 제출하여 해당 인감카드를 계속하여 사용하는 경우에는 그러하지 아니하다(예규 1581호 4. 라. 1)).

179. 주식회사 이사의 중임등기[1)]

[상업등기선례 제1-157호, 제정 1999. 5. 11.]

"이사의 임기는 3년으로 하되 그 임기가 임기 내에 도래하는 최종의 결산기에 관한 정기주주총회 종결 전에 만료되는 때에는 이사의 임기는 그 총회 종결시까지 연장한다." 는 취지의 정관 규정에 의하여 1996. 1. 12.자로 임기가 만료되는 이사의 임기가 정기주주총회종결일인 1996. 3. 25.까지 연장되었고, 그 총회에서 동일인이 다시 이사로 선임되어 '1996. 3. 25.' 을 중임일로 하는 중임등기가 경료된 후, 임기 중인 1999. 3. 10.자 정기주주총회에서 동일인이 다시 이사로 선임되었다면 특별한 사정이 없는 한 중임등기를 신청할 수 있을 것이고, 이 경우 중임일은 먼저 중임된 이사의 임기만료일의 다음날인 '1999. 3. 26.' 로 하여야 할 것이다.
(1999. 5. 11. 등기 3402-506 질의회답)

참조 조문 · 규칙 · 예규 · 선례 · 판례

▣ 상법[법률 제13523호, 2015. 12. 1., 일부개정]

제383조(원수, 임기) ① 이사는 3명 이상이어야 한다. 다만, 자본금 총액이 10억원 미만인 회사는 1명 또는 2명으로 할 수 있다.
②이사의 임기는 3년을 초과하지 못한다.
③제2항의 임기는 정관으로 그 임기 중의 최종의 결산기에 관한 정기주주총회의 종결에 이르기까지 연장할 수 있다.

▣ 민법[법률 제13710호, 2016. 1. 6., 일부개정]

제157조(기간의 기산점) 기간을 일, 주, 월 또는 연으로 정한 때에는 기간의 초일은 산입하지 아니한다. 그러나 그 기간이 오전 영시로부터 시작하는 때에는 그러하지 아니하다.

---

1) 본 선례에서 시사하는 바는, i) 퇴임하는 시각과 재취임하는 시각이 어느 날의 중간에 해당한다면 그 어느 날을 중임일로 하되, ii) "이사의 임기는 그 총회 종결시까지 연장한다." 라고 정관에 규정된 경우에는 중임일이 오전 0시에 시작되지 않았기 때문에 초일은 산입하지 않은 것으로 본다는 점이다.

하지만 다른 선례(상업선례 201505-1, 548면) 및 실무관행은 중임일의 경우에는 초일을 산입하는 것으로 보고 있어, 이것과 관련해서는 추가적인 논의가 필요한 것 같다(참고로 위와 같이 정관 규정에 의해 임기가 연장되는 것이 아닌 경우에는 중임일이 어느 날의 중간에 해당하는 것이 아니므로, 이 경우에는 중임일에 대해서는 초일을 산입한다는 것에 대해서는 의견이 일치한다).

◐ 선례 해설:

1. **1번째 임기만료일**: 원래의 임기만료일은 1996. 1. 12.이나, 사안의 경우 정관의 규정에 따라 정기주주총회 종결 시인 1996. 3. 25.이 임기만료일임.

> 여기서 주의할 점은 주주총회 종결 시까지 임기가 연장되었으므로 다음번의 임기 기산점은 초일불산입하여 1996. 3. 26. 오전 0시라는 점이다. 왜냐하면 주주총회 종결시점이 오전 0시가 아닌 통상 낮에 이루어지기 때문이다.

2. **2번째 임기만료일**: 1996. 3. 26. 오전 0시에 임기가 기산되어 정기주주총회일인 1999. 3. 10.이후 3년이 되는 날인 1999. 3. 25. 24:00시로 임기가 만료되므로(이 경우에는 정관의 임기 연장에 관한 규정이 적용될 여지가 없다), 중임일은 임기만료일의 다음날인 1999. 3. 26.이다.

3. **요약하면,**

구　분	취임일(중임일)	임기만료일	비　고
1st	1993. 1. 12.	1996. 3. 25.	초일불산입(최초취임), 회사 정관의 단서 규정 적용
2nd	(1996. 3. 25.)	1999. 3. 25.	초일불산입[1] (정기주총에서 선임)
3rd	(1999. 3. 26.)		초일산입 (오전 0시부터 기산)

※ 기타 임원의 임기 취임일(중임일)과 만료일에 관한 내용에 대해 더 구체적으로 알고 싶으면 「총괄(5)」(526~528면), 「선례해설」 부분(530~531면) 및 「법원행정처 주요선례 해설(10)」(532~533면)을 참조.

※ 사안이 특이한 것은 정관에 "(중략) 이사의 임기는 그 총회 종결시까지 연장한다." 라고 규정되어 있기 때문이다. 이 경우 즉 퇴임하는 시각과 재취임하는 시각이 어느 날의 중간에 해당한다면 그 어느 날을 중임일로 하여 등기하는 것이 등기실무이다.

---

1) 위와 달리 중임일은 초일을 산입하여야 한다고 본 선례도 있다(상업선례 201505-1 문단2 단서, 548면). 이와 관련하여 실무에서 어느 견해에 따라 처리할지에 대한 논의는 「보론」(546면) 참조.

180. 이사의 중임일 등에 관한 질의

[상업등기선례 제2-27호, 제정 2007. 5. 3.]

1. 주식회사의 감사가 그 취임 후 3년 내의 최종 결산기에 관한 정기총회에서 다시 감사로 선임되고 그 정기총회가 종결되기 전에 취임을 승낙한 경우에는, 공증인의 인증을 받은 그 정기총회 의사록과 취임 승낙을 증명하는 서면을 첨부하고 정기총회의 종결일을 중임일로 하여(상법 제410조) 감사의 중임으로 인한 변경등기를 신청할 수 있고, 이는 등기를 해태하다가 신청한 것인지 여부와는 관계가 없다.

2. 이사가 임기만료 직전의 주주총회에서 다시 이사로 선임되고 그 임기만료 전에 취임을 승낙한 경우에는, 임기만료일의 다음날이 중임일이 되며 그 날부터 2주 이내에 이사의 중임으로 인한 변경등기를 신청하여야 한다.
(2007. 5. 3. 공탁상업등기과-467 질의회답)

◐ **선례 해설: 「실무사례(78)」(545면) 참조**

1-1. 감사에 관한 임기에 관한 상법 제410조는 강행규정이므로 회사에서 정관으로 달리 정할 수 있는 것은 아니다. 따라서 감사가 그 취임 후 3년 내의 최종 결산기에 관한 정기주주총회에서 다시 감사로 선임된 경우에는 그 정기주주총회 종결 시에 감사의 임기는 만료됨과 동시에 중임이 되는 것이다.

1-2. 따라서 본 선례에서 설명하고 있는 바와 같이, 중임되는 감사에 대해 공증인의 인증을 받은 정기주주총회의사록과 취임승낙을 증명하는 정보를 첨부정보로 제공하여 그 정기주주총회 종결일을 중임일로 한 등기신청은 유효하다.[1] 이 경우 중임되는 감사에 대한 등기기간의 기산점은 해당 정기주주총회 종결일로부터 2주간 내가 될 것이다. 결국 상법 제410조에 의해 중임되는 감사는 종전 임기의 임기만료일과 중임일이 같은 일자에 이루어지게 된다.

2. 본 선례 2문은 이사의 예선에 관한 내용으로 상업등기선례 제1-152호(539면) 참조.

1) 2014. 11. 21.부로 시행된 개정 상업등기규칙에 의한 취임승낙을 증명하는 정보에 관한 것은 상업등기선례 제201507-4호(585면) 참조

실무사례(78)

제목: 이사 · 감사의 중임일에 관한 사항

사내이사 갑(甲)과 을(乙)은 2012. 3. 15. 정기주주총회 때 중임되어 2012. 3. 15.을 중임일로 등기되었으나, 당시 정기주주총회 폐회 후 얼마 지나지 않아 유상증자로 자본금의 총액이 10억원 이상이 됨에 따라 2012. 3. 28. 임시주주총회에서 이사를 3인 이상으로 하는 정관변경 후 사내이사 병(丙)이 선임되어 등기를 마쳤다.

현재 이사의 인원 및 임기와 관련하여 정관에는 "이사는 3인 이상으로 하며, 이사의 임기는 취임 후 3년으로 한다. 다만 이사의 임기가 재임 중 최종의 결산기에 관한 정기주주총회의 종결 전에 끝날 때에는 그 총회 종결에 이르기까지 그 임기를 연장한다."라고 규정되어 있다.

【1】 오는 2015. 3. 20. 정기주주총회에서 사내이사 갑, 을, 병 모두를 중임시키는 안건을 결의하려고 하는데, 이 경우 사내이사 갑, 을, 병 각 임원의 중임일은 언제로 보아야 하는지?

【2】 또한 2012. 3. 15.에 선임된 감사 정(丁)도 이번에 중임된 경우의 그 중임일은 언제로 보아야 하는지?

1-1. 이사의 임기는 3년을 초과하지 못하지만, 정관으로 그 임기 중의 최종의 결산기에 관한 정기주주총회의 종결에 이르기까지 연장할 수 있다(상법 383조 2항 및 3항).

1-2. 판례에 의하면, 상법 제383조 제3항은 이사의 임기가 최종 결산기의 말일과 당해 결산기에 관한 정기주주총회 사이에 만료되는 경우에 정관으로 그 임기를 정기주주총회 종결일까지 연장할 수 있도록 허용하는 규정으로 해석된다(대법원 2010. 6. 24. 선고 2010다13541 판결). 사안의 경우 사내이사 갑과 을의 임기는 2015. 3. 14.로 만료되었으나(주: 사내이사 갑과 을은 정기주주총회일인 2012. 3. 15.에 중임되었으므로 오전 0시부터 시작하지 않았음이 명백하므로 초일불산입한다고 본 선례도 있으나, 최근 상업선례 201505-1의 견해 및 실무관행에 따라 중임일은 초일산입하는 것으로 봄), 그 임기만료일이 최종 결산기의 말일과 당해 결산기에 관한 정기주주총회 종결일인 2015. 3. 20. 사이에 있으므로 정관의 규정에 따라 2015. 3. 20.까지 그 임기가 연장되어 사내이사 갑과 을의 중임일은 2015. 3. 20.이 된다.

1-3. 반면에 사내이사 병의 임기만료일은 정기주주총회 종결일 이후인 2015. 3. 28.(주: 사내이사 병은 2012. 3. 28. 최초 임시주주총회에서 선임되었으므로 오전 0시부터 그 임기가 기산되지 않았음이 명백하므로 초일불산입함)이므로 그 중임일은 임기만료일의 다음날인 2015. 3. 29.이 된다.

2. 감사의 임기에 관한 상법 제410조는 강행규정이므로 감사 정의 임기는 정기주주총회의 종결 시인 2015. 3. 20.에 임기가 만료되고, 그 정기주주총회가 종결되기 전에 취임을 승낙한 경우에는 같은 날인 2015. 3. 20.이 중임일이 된다(상법 410조 및 상업선례 2-27 참조).

〈 이상의 논의를 도표로 표시하면 다음과 같다(정기주총일: 2015. 3. 20.). 〉

구 분	사내이사			감사
	갑	을	병	정
취임(중임)일	2012. 3. 15. 초일산입(제201501-1호 견해)		2012. 3. 28. 초일불산입	2012. 3. 15.
임기만료일	2015. 3. 20.(상법 383③ 적용)		2015. 3. 28.	2015. 3. 20. (상법 410 적용)
중임일	2015. 3. 20.		2015. 3. 29.	

주) 실무관행상 사내이사 갑과 을 및 감사 정은 정기주주총회일에 임기가 만료되고 재취임하는 것으로 보아, 해당 정기주주총회일을 중임일로 하여 등기신청을 한다.

참조 조문: 상법 제383조, 제410조
참조 선례: 상업등기선례 제2-25호(529면), 제2-27호(544면), 제201501-1호(548면)
참조 판례: 대법원 2010. 6. 24. 선고 2010다13541 판결

「보 론」 이사 중임일의 초일산입 여부에 대한 견해

선례 번호	이사의 임기에 관한 정관의 규정	
	이사의 임기는 3년으로 규정한 경우	이사의 임기는 3년으로 하되, 총회 종결 시까지 등 임기를 연장한다는 규정을 두고 있는 경우
1-157	중임일은 초일산입 (이견 없음)	정관 규정에 따라 임기가 연장된 경우에는, 정기주주총회는 오전 0시에 시작하지 않는 것이 명백하므로 초일불산입(논리적임)
201505-1		중임일은 초일산입(간단 명료함)
실무적 의견 (중임일은 초일산입)	* 이사의 임기가 연(年)으로 정해져 있을 때에는 중임일은 초일산입 * 상법 제383조 제3항이 적용될 경우에는 견해의 대립이 있을 수 있으나, 실무관행상 대부분 이 경우에도 초일산입하고 있음	

181. 이사 임기만료일 및 중임일

[상업등기선례 제2-32호, 제정 2009. 9. 9.]

정관에 이사의 임기를 3년으로 정한 경우 2006년 7월 30일에 설립등기를 한 회사의 이사의 임기만료일은 2009년 7월 30일이며, 이사가 임기만료 직전의 주주총회에서 다시 이사로 선임되고 그 임기만료 전에 취임을 승낙한 경우에는 임기만료일의 다음날인 2009년 7월 31일이 중임일이 된다. (2009. 9. 9. 사법등기심의관-2031 질의회답)

참조 조문 · 규칙 · 예규 · 선례 · 판례

▣ 상법[법률 제13523호, 2015. 12. 1., 일부개정]

제383조(원수, 임기) ① 이사는 3명 이상이어야 한다. 다만, 자본금 총액이 10억원 미만인 회사는 1명 또는 2명으로 할 수 있다.
②이사의 임기는 3년을 초과하지 못한다.
③제2항의 임기는 정관으로 그 임기 중의 최종의 결산기에 관한 정기주주총회의 종결에 이르기까지 연장할 수 있다.

▣ 민법[법률 제13710호, 2016. 1. 6., 일부개정]

제155조(본장의 적용범위) 기간의 계산은 법령, 재판상의 처분 또는 법률행위에 다른 정한 바가 없으면 본장의 규정에 의한다.
제157조(기간의 기산점) 기간을 일, 주, 월 또는 연으로 정한 때에는 기간의 초일은 산입하지 아니한다. 그러나 그 기간이 오전 영시로부터 시작하는 때에는 그러하지 아니하다.

◐ 선례 해설:

1. 이사 임기만료일 및 중임일 계산

구 분	일 자	비 고
이사 취임일	2006. 7. 30.	설립등기일이 취임일이므로 초일불산입
임기만료일	2009. 7. 30. 24:00	임기기산점의 직전일 24:00로 임기만료
중임일	2009. 7. 31.	이 경우에는 임기기산점이 오전 0시부터 시작되었음으로 차기 임기계산 시에는 초일산입

2. 예선(豫選)과 관련된 논의는 상업등기선례 제1-152호(539면) 참조.

182. 주식회사 사내이사의 중임일[1)]

[상업등기선례 제201505-1호, 제정 2015. 5. 18.]

1. 임기가 2년인 사내이사가 2013년 3월 29일 취임하였고, 2015년 3월 29일이 일요일인 경우, 중임일자가 2015년 3월 29일인지 아니면 2015년 3월 31일인지 여부를 결정하기 위해서는 먼저 기간의 기산점 및 만료점에 대해 당사자의 특별한 약정이 없는 경우와 약정이 있는 경우를 구분하여야 한다(민법 제155조 및 대판 2007. 8. 23. 2006다62942, 대판 2009. 11. 26. 2009두12907 참조).

2. 취임일과 관련하여 특별한 약정이 없는 경우에는 초일 불산입 원칙이 적용되어 2013년 3월 30일 0시에 임기가 기산되므로 2015년 3월 29일 24시에 임기가 만료 되지만(민법 제157조 참조), 민법 제161조가 적용되어 기간의 말일이 토요일 또는 공휴일에 해당하는 때에는 기간은 그 익일로 만료하므로 일요일 다음날인 2015년 3월 30일(월요일) 24시에 임기가 만료된다. 따라서 중임일은 민법 제157조 단서에 의해 2015년 3월 31일 0시이다. 다만, 2013년 3월 29일이 취임일이 아니고 중임일이라면 2013년 3월 29일 0시가 임기의 기산점이므로 민법 제157조 단서에 의해 초일 불산입 원칙은 적용되지 않는다.

3. 초일을 산입하는 특별한 약정과 민법 제161조(기간의 말일이 토요일 또는 공휴일에 해당한 때에는 기간은 그 익일로 만료한다)를 배제하는 특약이 있는 경우에는 2013년 3월 29일에 임기가 기산되어 2015년 3월 28일 24시에 임기가 만료되므로 중임일은 2015년 3월 29일 0시가 된다. 따라서 특약이 있는 경우에는 등기신청의 중임일을 최초의 취임일이나 그 이전(2년전)의 중임일자와 동일한 날짜로 일치시킬 수 있다.

4. 한편 형식적 심사권만이 있는 등기관으로서는 등기신청서와 첨부서면에 기재된 중임일을 등기원인일자로 등기하여야 한다.

(2015. 5. 18. 사법등기심의관－787 질의회답)

---

1) 본 선례의 특징은 임원 중임일을 계산하기 위한 출발점은 민법의 기간계산에 관한 규정(민법 155조 내지 161조)임을 명백히 보여주고 있다는 점과 등기관의 형식적 심사권을 함께 고려하였다는 점이다. 임원 중임일과 관련된 등기신청에 있어서 매우 유용한 선례로 평가된다.

◐ **선례 해설:**

1. 사내이사의 임기만료일과 중임일을 계산하기 위해서는 먼저 기간의 기산점 및 만료점에 대해 당사자의 특별한 약정이 없는 경우(민법 156조 내지 161조 적용)와 약정이 있는 경우(민법 155조 적용)를 구분하여야 한다.

2. 기간의 기산점 및 만료점에 대해 당사자의 특별한 약정이 없는 경우에는 민법 제156조 내지 제161조가 적용되어, i) 2013. 3. 29. 임기 2년으로 최초 취임한 사내이사의 경우에는 초일불산입되어 임기 기산점은 2013. 3. 30. 0시이므로 2015. 3. 29. 24시로 임기가 만료되지만, 만일 2015. 3. 29.이 일요일이라면 민법 제161조[1]가 적용되어 2015. 3. 30. 24시로 임기가 만료되고 2015. 3. 31. 0시가 중임일이 된다. ii) 만일 2013. 3. 29.이 최초 취임이 아닌 중임이었다면, 기간의 기산점이 2013. 3. 29. 0시가 되므로 초일산입되어 2015. 3. 28. 24시로 임기가 만료되고 2015. 3. 29. 0시가 중임일이 된다.

3. 위 2.와 달리 기간의 기산점 및 만료점에 대해 당사자의 특별한 약정이 있는 경우에는 민법 제156조 내지 제161조가 적용되지 않고 민법 제155조[2]가 적용된다. 즉 초일을 산입하는 특별한 약정과 민법 제161조를 배제하는 특약이 있는 경우에는 그 특약에 따라 기간계산을 하여야 하므로, 2013년 3월 29일에 임기가 기산되어 2015년 3월 28일 24시에 임기가 만료되므로 중임일은 2015년 3월 29일 0시가 된다.[3]

4. 위 2.와 3.의 내용과 같이 기간의 기간점 및 만료점에 대해 당사자의 특별한 약정이 있는지 유무 및 특별한 약정의 내용에 따라 사내이사의 중임일은 다르므로, 형식적 심사권만이 있는 등기관으로서는 특별한 약정이 있는지 유무와 그 내용에 대해 알 수가 없으므로 등기신청서와 첨부서면에 기재된 중임일을 등기원인일자로 등기하여야 한다.

---

1) 민법 제161조【공휴일 등과 기간의 만료점】 기간의 말일이 토요일 또는 공휴일에 해당한 때에는 기간은 그 익일로 만료한다.

2) 민법 제155조 【본장의 적용범위】 기간의 계산은 법령, 재판상의 처분 또는 법률행위에 다른 정한 바가 없으면 본장의 규정에 의한다. => 주) 법률행위에 다른 정한 바가 있으면 민법의 기간계산에 관한 규정(민법 156조 내지 161조)은 그 적용이 없고 법률행위에 따라 정한 바대로 계산한다.

3) 【관련 판례】민법 제157조는 "기간을 일, 주, 월 또는 년으로 정한 때에는 기간의 초일은 산입하지 아니한다"고 규정하여 초일불산입을 원칙으로 정하고 있으나, 민법 제155조에 의하면 법령이나 법률행위 등에 의하여 위 원칙과 달리 정하는 것도 가능하다(대법원 2007. 8. 23. 선고 2006다 62942 판결).

183. 임기만료로 인한 퇴임과 새로운 취임 사이에 시간적 간격이 있는 경우의 등기방법, 임원이 임기만료로 인하여 퇴임하게 되어 정관에 정한 임원의 정수에 결원이 발생한 경우의 등기방법

[상업등기선례 제1-373호, 제정 2003. 11. 14.]

1. 동일한 조합원 총회에서 재선된 임원들이라도 등기요건(예컨대, 취임승낙서·인감증명서 등)을 일부 임원만 구비하였다면 등기요건이 갖추어진 임원만을 먼저 등기하는 것은 가능할 것이다(주: 비교 선례 1-160, 553면 참조).

2. 정관에 '임기가 만료된 임원은 그 후임자가 선임될 때까지 그 직무를 행한다.' 는 규정이 있다하더라도 임기만료일은 권리의무행사기간 종료일이 아니라 본래의 임기만료일이므로 동일인이 다시 선임된 경우에도 임기만료로 인한 퇴임과 새로운 취임 사이에 시간적 간격이 있다면 시간적 간격이 없는 경우에 하는 중임등기를 할 수는 없고 임기만료로 인한 퇴임등기 및 새로운 취임등기를 하여야 한다.

3. 임원이 임기만료로 인하여 퇴임하게 되어 정관에 정한 임원의 정수에 결원이 발생하였다면 임원의 퇴임으로 인한 변경등기는 후임임원의 선임등기와 동시에 하여야 한다.

(2003. 11. 14. 공탁법인 3402-269 질의회답)

◐ **선례 해설:** 「실무사례(79)(80)」(551~552면) 참조

1. 선임기관의 선임결의와 취임승낙이 있은 임원 중 일부 임원만이 등기요건(취임승낙서, 인감증명서 등)을 갖추었다면 등기요건이 갖추어진 일부 임원만의 임원변경등기신청을 먼저 하는 것도 가능하나,
2. 임기의 만료 또는 사임에 의하여 퇴임한 임원은 새로 선임된 임원이 취임할 때까지 임원으로서 권리·의무를 가지므로(상법 386조 1항, 389조 3항 및 415조 참조), 임원이 임기만료 또는 사임으로 인하여 퇴임하게 되어 정관에 정한 임원의 정수에 결원이 발생하였다면 후임임원이 취임하기 전에는 퇴임한 임원의 퇴임등기만을 따로 신청할 수는 없고, 임원의 퇴임으로 인한 변경등기는 후임임원의 선임등기와 동시에 하여야 한다. 단, 이 경우 퇴임한 임원의 임기만료일은 후임임원의 취임일이 아닌 본래의 임기만료일이 된다.

실무사례(79)

제목: 법률 또는 정관에 정한 이사나 대표이사의 원수를 결한 경우의 종전 임원의 임기만료일

자본금 총액 2억원인 회사로서 정관의 규정에 의하면 사내이사 2인만을 두고 그 중 1인을 대표이사로 정하기로 되어 있다. 사내이사 겸 대표이사 갑과 사내이사 을의 임기만료일이 2014. 3. 31.인데, 회사에서는 2014. 6. 5. 후임임원 취임등기와 종전 임원 퇴임등기를 동시에 신청하려고 한다. 이 경우 종전 임원인 사내이사 겸 대표이사 갑 및 사내이사 을의 퇴임일을 언제로 보아 임원변경등기를 신청하여야 하는지?

1. 법률 또는 정관에 정한 이사나 대표이사의 원수를 결한 경우에는 임기의 만료 또는 사임으로 인하여 퇴임한 이사 또는 대표이사는 새로 선임된 이사 또는 대표이사가 취임할 때까지 이사 또는 대표이사의 권리의무가 있다(상법 386조 1항 및 389조 3항).

2. 이 경우 임원이 임기만료로 인하여 퇴임하게 되어 정관에 정한 임원의 정수에 결원이 발생하였다면 임원의 퇴임으로 인한 변경등기는 후임임원의 선임등기와 동시에 하여야 하지만, 임기만료로 인한 임원의 등기부상 퇴임일은 상법 제386조 제1항, 제389조 제3항, 제415조의 규정에 의하여 새로 선임된 임원이 취임할 때까지 임원으로서의 권리의무를 행사하고 있었다 하더라도 권리의무행사기간 종료일이 아니라 본래의 임기만료일이 된다.

3. 따라서 사안의 경우 임원이 임기만료로 인하여 퇴임하게 되어 정관에 정한 임원의 정수에 결원이 발생한 경우로서 퇴임한 임원의 권리의무는 후임임원이 취임할 때까지 계속적으로 있다고 하더라도 전임 사내이사 겸 대표이사 갑과 사내이사 을의 퇴임일은 본래의 임기만료일인 2014. 3. 31.이 된다.

참조 조문: 상법 제386조, 제389조, 제415조
참조 선례: 상업등기선례 제1-373호(550면)
참조 판례: 대법원 2005. 3. 8.자 2004마800 전원합의체결정(553면)

[비교 사례] 사내이사 A가 2014. 12. 31.에 사망하여 정관상 이사의 원수를 결한 경우 사내이사 A의 퇴임등기 기산점은 후임이사 취임등기 시로 보아야 하는지 여부(소극) => 사내이사 A의 사망일로부터 그 등기기간은 진행됨 (553면 각주 1번 참조).

실무사례(80)

제목: 임기가 만료된 이사들의 이사회 결의로 지점설치를 할 수 있는지 여부

회사는 이사 3인으로 구성되어 있으며, 정관 제26조에는 “본 회사의 이사는 3인 이상으로 한다.” 라고 규정되어 있다. 이사 3인은 이미 2015. 7. 31. 부로 임기만료 되었으나, 그 당시 임시주주총회를 개최하지 못하여 아직 후임이사를 선임하지 않았으며 전임이사의 임기만료로 인한 임원변경등기도 이루어지지 않은 상태이다. 수원에 본점을 두고 있는 회사에서 사업확장에 따라 이번에 부산과 광주에 각 지점을 설치하기로 하였다. 2015. 7. 31.에 이미 임기가 만료된 이사 3인들이 모여 이사회 결의로 부산과 광주에 지점설치 결의를 할 수 있는지?

1. 지점의 설치・이전 또는 폐지는 원칙적으로 이사회 결의사항이다(상법 393조 1항). 사안의 경우 이미 임기가 만료된 이사들로 구성된 이사회 결의 사항이 유효한지가 문제될 수 있는데, 법률 또는 정관에 정한 이사의 원수를 결한 경우에는 임기의 만료 또는 사임으로 인하여 퇴임한 이사는 새로 선임된 이사가 취임할 때까지 이사의 권리의무가 있으므로(상법 386조 1항), 이사 3인의 임기가 만료되었으나 후임이사가 선임되지 않은 사안의 경우에는 비록 임기가 만료된 이사 3인으로 구성된 이사회에서 부산과 광주에 각 지점설치 결의한 것은 유효하다.

2. 위 1.과 관련하여 판례는, “민법상 법인과 그 기관인 이사와의 관계는 위임자와 수임자의 법률관계와 같은 것으로서 이사의 임기가 만료되면 일단 그 위임관계는 종료되는 것이 원칙이고, 다만 그 후임이사 선임 시까지 이사가 존재하지 않는다면 기관에 의하여 행위를 할 수밖에 없는 법인으로서 당장 정상적인 활동을 중단하지 않을 수 없는 상태에 처하게 되므로 민법 제691조의 규정을 유추하여 구이사로 하여금 법인의 업무를 수행케 함이 부적당하다고 인정할 만한 특별한 사정이 없고 종전의 직무를 구이사로 하여금 처리하게 할 필요가 있는 경우에는 후임이사가 선임될 때까지 임기만료된 구이사에게 이사의 직무를 수행할 수 있는 업무수행권이 인정된다.” 라고 판시한 바 있다(대법원 1996. 12. 10. 선고 96다37206 판결).

참조 조문: 상법 제386조, 제393조 **참조 선례**: 상업등기선례 제1-373호(550면)
참조 판례: 대법원 1996. 12. 10. 선고 96다37206 판결

184. 이사 전원의 임기가 만료된 경우에 그 중 1인만에 대하여 사임으로 인한 퇴임등기를 할 수 있는지 여부(소극)[1)]

[상업등기선례 제1-160호, 제정 2000. 4. 19.]

이사 전원의 임기가 모두 만료되었으나 퇴임등기가 되어 있지 않은 경우에는 그 이사들 사이에 순위 등의 구별을 하는 것이 불가능하여, 임기가 만료된 이사 전원이 이사의 권리의무를 갖는 자로 되므로(상법 제386조 제1항 참조), 후임이사의 취임등기를 동시에 신청하지 않는 한, 이사들 중 일부에 대한 퇴임등기는 신청할 수 없을 것이다.

(2000. 4. 19. 등기 3402-282 질의회답)

참조 조문 · 규칙 · 예규 · 선례 · 판례

▣ 상법[법률 제13523호, 2015. 12. 1., 일부개정]

제386조(결원의 경우) ① 법률 또는 정관에 정한 이사의 원수를 결한 경우에는 임기의 만료 또는 사임으로 인하여 퇴임한 이사는 새로 선임된 이사가 취임할 때까지 이사의 권리의무가 있다.

▣ 대법원 2005. 3. 8.자 2004마800 전원합의체 결정

【결정요지】 대표이사를 포함한 이사가 임기의 만료나 사임에 의하여 퇴임함으로 말미암아 법률 또는 정관에 정한 대표이사나 이사의 원수(최저인원수 또는 특정한 인원수)를 채우지 못하게 되는 결과가 일어나는 경우에, 그 퇴임한 이사는 새로 선임된 이사(후임이사)가 취임할 때까지 이사로서의 권리의무가 있는 것인바(상법 제386조 제1항, 제389조 제3항), 이러한 경우에는 이사의 퇴임등기를 하여야 하는 2주 또는 3주의 기간은 일반의 경우처럼 퇴임한 이사의 퇴임일부터 기산하는 것이 아니라 후임이사의 취임일부터 기산한다고 보아야 하며, 후임이사가 취임하기 전에는 퇴임한 이사의 퇴임등기만을 따로 신청할 수 없다고 봄이 상당하다.

---

1) 주의할 것은 이사가 임기만료 또는 사임에 의하여 퇴임한 것이 아니라, 해임, 자격상실, 사망, 파산, 금치산선고 등으로 퇴임한 경우에는 그로 인하여 법률 또는 정관에 정한 이사의 원수를 결하는 결과가 발생하더라도 해임 등에 의하여 퇴임한 이사가 후임이사가 취임할 때까지 이사의 권리의무를 행사하는 것은 아니라는 점이다(『상업등기실무(II)』, 194면). 이와 관련된 것에 대해서는 「실무사례(81)」(554면) 참조.

실무사례(81)

제목: 이사의 해임으로 법률 또는 정관에 정한 이사의 원수를 결한 경우의 해임으로 인한 등기신청방법

정관에 "이사는 3인 이상이어야 한다." 라고 규정되어 있는 회사가 이번에 이사를 해임하였다. 아래 질문은 이와 관련된 등기신청과 관련된 사항이다(각 질문은 별개의 사안임).

【1】 이사 3인 중 1명을 임시주주총회의 특별결의로 해임하였다. 이사 중 1명의 해임으로 정관에서 정한 이사의 원수를 결하게 되었는데, 이 경우 후임이사의 취임등기 없이 해임한 이사의 해임으로 인한 퇴임등기만을 신청할 수 있는지?

【2】 이사 3명 전부를 임시주주총회의 특별결의로 해임한 경우, 이 경우에도 후임이사의 취임등기 없이 해임한 이사 전부에 대한 해임으로 인한 퇴임등기가 가능한지? 가능하다면 등기신청권자는 누가 되는지?

---

1. 법률 또는 정관에 정한 이사의 인원수를 결한 경우에는 후임이사의 취임등기를 하기 전 퇴임한 이사의 퇴임등기만을 신청할 수 없으나, 이는 임기만료 또는 사임으로 법률 또는 정관에 정한 이사의 인원수를 결한 경우에만 해당하고 이사 해임의 경우에는 해당되지 않는다(상법 386조 및 예규 1538호 2조 2항 참조). 따라서 이사 3인 중 1명을 임시주주총회의 특별결의로 해임한 사안의 경우에는 비록 법률 또는 정관에 정한 이사의 인원수를 결하더라도 후임이사의 취임등기 없이 해임한 이사의 해임으로 인한 퇴임등기만을 신청할 수 있다.

2-1. 이사 3명 전부를 임시주주총회의 특별결의로 해임한 경우에도 상기 1.과 동일하며,

2-2. 이 경우 이사 전원이 해임되어 이사가 전무한 상태에서 누가 이사 3명의 해임으로 인한 퇴임등기를 신청할 수 있는지 문제가 되는데, 법률 또는 정관에 정한 이사의 원수를 결한 경우에 필요하다고 인정할 때에는 법원은 이사, 감사 기타의 이해관계인의 청구에 의하여 일시이사·일시대표이사의 직무를 행할 자를 선임할 수 있다(상법 386조 2항 및 389조). 따라서 사안의 경우 이사, 감사 기타의 이해관계인이 일시이사·일시대표이사의

선임의 필요성을 소명하여 회사의 본점 소재지 지방법원 합의부에 일시이사·일시대표이사의 선임을 청구하여야 할 것이다(비송법 72조 및 84조). 이 경우 법원은 이사와 감사의 진술을 듣고 이유를 붙인 결정으로 재판을 하며, 법원에서 이사·대표이사의 직무를 일시적으로 맡아 할 사람을 선임한 경우에는 제1심 수소법원은 회사의 본점 소재지의 등기소에 그 등기를 촉탁하도록 되어 있다(상법 386조 2항 및 389조, 비송법 107조 4호). 결국 이사 3명 전원이 임시주주총회의 특별결의에 의해 해임된 경우에는 법원으로부터 선임된 일시대표이사 혹은 법원으로부터 선임된 일시이사들이 이사회를 개최하여 선임된 대표이사가 등기소에 인감을 제출한 후 이사 3명의 해임으로 인한 퇴임등기를 신청할 수 있을 것이다(예규 1559호 2. 가.)

※ 사안과 달리 이사 3명 전부를 해임한 임시주주총회에서 후임이사 3명을 동시에 선임하였다면, 후임이사 중 대표이사로 이사회에서 선임된 자가 전임이사 전원에 대한 해임으로 인한 퇴임등기 및 후임이사 등 취임등기를 동시에 신청하면 될 것이다.

[참조 판례] [1] 상법 제386조는 이사의 퇴임으로 말미암아 법률 또는 정관에 정한 원수를 결한 경우에 임기의 만료 또는 사임으로 인하여 퇴임한 이사로 하여금 새로 선임된 이사가 취임할 때까지 이사의 권리의무를 행하도록 하는 한편 필요하다고 인정할 때에는 법원은 이사, 감사, 기타의 이해관계인의 청구에 의하여 일시이사의 직무를 행할 자를 선임할 수 있도록 규정하고, 같은 법 제389조에 의하여 이를 대표이사의 경우에 준용하고 있는바, 여기에서 필요한 때라 함은 이사의 사망으로 결원이 생기거나 종전의 이사가 해임된 경우, 이사가 중병으로 사임하거나 장기간 부재중인 경우 등과 같이 퇴임이사로 하여금 이사로서의 권리의무를 가지게 하는 것이 불가능하거나 부적당한 경우를 의미한다고 할 것이나, (이하 생략)(대법원 2000. 11. 17.자 2000마5632 결정).

참조 조문: 상법 제386조 및 제389조, 비송사건절차법 제72조, 제84조, 제107조
참조 예규: 등기예규 제1538호 및 제1559호
참조 판례: 대법원 2000. 11. 17.자 2000마5632 결정

[비교 사례] 회사 정관에 이사를 3명 두기로 한 회사가 이번에 이사 3명 중 1명이 임기만료 되었다. 이 경우 후임이사의 취임등기를 하기 전에 임기가 만료된 이사 1명의 퇴임등기만을 할 수 있는지 여부(소극)
=> 임기만료 또는 사임으로 법률 또는 정관에 정한 이사의 인원수를 결한 경우에는 후임이사의 취임등기를 하기 전 퇴임한 이사의 퇴임등기만을 신청할 수 없다(예규 1538호 2조 3항 단서 및 상업선례 1-160 참조).

185. 임원변경등기절차 등[1)]

[상업등기선례 제1-164호, 제정 2003. 4. 23.]

주식회사의 이사나 대표이사가 회사에 사임의 의사표시를 했음에도 불구하고 회사가 사임등기를 신청하지 아니할 경우[2)]에는 법원으로부터 이사나 대표이사의 사임등기절차 이행판결을 받아 주식회사를 대위하여 등기를 신청할 수 있으나, 이 사임등기에 의하여 법률 또는 정관에서 정한 이사나 대표이사의 원수를 결하게 된 경우 사임이사나 사임대표이사는 후임이사나 후임대표이사가 취임할 때까지 이사나 대표이사의 권리의무가 있으므로, 그 사임등기는 후임이사나 후임대표이사의 취임등기와 동시에 하거나 또는 일시이사나 일시대표이사 취임등기를 한 후에 할 수 있다.
(2003. 4. 23. 공탁법인 3402-95 질의회답)

◐ 선례 해설: 임원 결원 시 관련 논점 -등기 기산점과 과태료-

1. 법률 또는 정관에 정한 이사의 원수를 결한 경우에는 임기의 만료 또는 사임으로 인하여 퇴임한 이사는 새로 선임된 이사가 취임할 때까지 이사의 권리의무가 있으므로(상법 386조 1항), 그 사임등기는 후임이사의 취임등기와 동시에 하거나 또는 일시이사 취임등기를 한 후에 할 수 있다.

2. 대표이사를 포함한 이사가 임기의 만료나 사임에 의하여 퇴임함으로 말미암아 법률 또는 정관에 정한 대표이사나 이사의 원수(최저인원수 또는 특정한 인원수)를 채우지 못하게 되는 결과가 일어나는 경우에는 대표이사 또는 이사의 퇴임등기의 기산일은 퇴임한 대표이사 또는 이사의 퇴임일부터 기산하는 것이 아니라 후임대표이사 또는 후임이사의 취임일부터 기산한다고 보아야 한다.

---

1) 이사 등이 임기만료 또는 사임으로 인하여 퇴임하였으나 법률 또는 정관이 정한 원수를 결한 경우에는 후임자가 취임등기 하기 전에는 퇴임한 이사 등의 퇴임등기만을 신청할 수 없는 바, 본 선례는 여기서 한 걸음 더 나아가 이러한 경우에 법원의 대표이사 사임등기 절차 이행판결을 받은 경우도 마찬가지임을 밝히고 있다. 화해권고결정도 마찬가지라는 것에 대한 것은 상업등기선례 제2-87호(567면) 참조.

2) 이사와 대표이사는 언제든지 사임할 수 있다(민법 689조 1항). 이사와 대표이사의 사임은 일방적인 의사표시에 의하여 효력이 발생하는 상대방 있는 단독행위이므로, 회사의 승낙을 요하지 않고 또 변경등기를 하지 않더라도 즉시 그 자격을 상실한다. 이사의 사임 의사표시는 대표이사 또는 대표집행임원에게 하면 되고, 대표이사의 사임 의사표시는 대표이사의 사임으로 그 권한을 대행하게 될 자에게 하면 된다(『주식회사법대계(II)』, 420면 및 502면 참조).

3-1. 이 경우 주의할 점은 법률 또는 정관에 규정된 이사의 정원에 결원이 생겼는데도 후임이사를 선출하지 아니하고 있는 것은 상법 제635조 제1항 제1호에 규정된 등기의 해태가 아니라 동조 동항 제8호에 규정된 선임절차의 해태에 해당한다는 것이다.

3-2. 다만 판례에 의하면, 이사가 아닌 대표이사의 경우에는 상법 제635조 제1항 제8호의 선임해태에 따른 과태료에 대해서는 그 적용이 없다. 이는 조문이 "법률 또는 정관에서 이사 또는 감사의 인원수를 궐(闕)한 경우에 그 선임절차를 게을리한 경우" 라고 되어 있는 것을 보더라도 대표이사는 빠져 있음을 알 수 있다.

【결정요지】

[1] 대표이사를 포함한 이사가 임기의 만료나 사임에 의하여 퇴임함으로 말미암아 법률 또는 정관에 정한 대표이사나 이사의 원수(최저 인원수 또는 특정한 인원수)를 채우지 못하게 되는 결과가 일어나는 경우에, 그 퇴임한 이사는 새로 선임된 이사(후임이사)가 취임할 때까지 이사로서의 권리의무가 있는 것인바(상법 제386조 제1항, 제389조 제3항), 이러한 경우에는 이사의 퇴임등기를 하여야 하는 2주 또는 3주의 기간은 일반의 경우처럼 퇴임한 이사의 퇴임일부터 기산하는 것이 아니라 후임이사의 취임일부터 기산한다고 보아야 하며, 후임이사가 취임하기 전에는 퇴임한 이사의 퇴임등기만을 따로 신청할 수 없다고 봄이 상당하다.

[2] 상법 제635조 제1항 제8호는 '법률 또는 정관에 정한 이사 또는 감사의 원수를 궐한 경우에 그 선임절차를 해태한 때' 에 그 선임을 위한 총회소집절차를 밟아야 할 지위에 있는 자에 대하여 과태료의 제재를 가하고 있지만, 여기서 선임의 대상이 되는 '이사' 에 '대표이사' 는 포함되지 아니하므로, 대표이사가 퇴임하여 법률 또는 정관에 정한 대표이사의 수를 채우지 못하여 퇴임한 대표이사에게 후임 대표이사가 취임할 때까지 대표이사로서의 권리의무가 있는 기간 동안에 후임 대표이사의 선임절차를 해태하였다고 하여 퇴임한 대표이사를 과태료에 처할 수는 없다.

(대법원 2007. 6. 19.자 2007마311 결정)

186. 상업등기규칙 제131조의 '선임의 등기'의 의미
[상업등기선례 제201511-1호, 제정 2015. 11. 24.]

1. 법률 또는 정관에 정한 이사의 원수를 결한 경우에 필요하다고 인정하는 때에는 법원은 이사, 감사, 기타의 이해관계인의 청구에 의하여 일시 이사의 직무를 행할 자를 선임할 수 있다. 다만, 일시이사는 정식의 신임이사가 선임될 때까지의 일시적인 기관이므로 정식의 신임이사가 선임된 경우에는 그 권한이 소멸된다.

2. 상업등기규칙 제131조는 "이사, 대표이사, 청산인, 대표청산인 또는 감사의 선임의 등기를 할 때에는 상법 제386조 제2항 등에 의하여 선임된 이사 등의 직무를 일시 행할 자에 관한 등기를 말소하여야 한다"고 규정하고 있다. 여기서 '선임의 등기'는 '취임 및 취임등기'를 의미하지, '취임'을 제외한 '취임등기'만을 의미하지는 않기 때문에, 정식의 신임이사 선임은 반드시 일시이사 선임 이후에 이뤄져야 한다.

(2015. 11. 24. 사법등기심의관－4163 질의회답)

참조 조문 · 규칙 · 예규 · 선례 · 판례

▣ 상법[법률 제13523호, 2015. 12. 1., 일부개정]

제386조(결원의 경우) ① 법률 또는 정관에 정한 이사의 원수를 결한 경우에는 임기의 만료 또는 사임으로 인하여 퇴임한 이사는 새로 선임된 이사가 취임할 때까지 이사의 권리의무가 있다.

② 제1항의 경우에 필요하다고 인정할 때에는 법원은 이사, 감사 기타의 이해관계인의 청구에 의하여 일시 이사의 직무를 행할 자를 선임할 수 있다. 이 경우에는 본점의 소재지에서 그 등기를 하여야 한다.

▣ 상업등기법[법률 제13953호, 2016. 2. 3., 타법개정]

제131조(일시이사 등의 등기) ① 이사, 대표이사, 청산인, 대표청산인 또는 감사의 선임의 등기를 할 때에는 「상법」 제386조제2항 등에 의하여 선임된 이사 등의 직무를 행할 자에 관한 등기를 말소하여야 한다.

▣ 비송사건절차법[법률 제13765호, 2016. 1. 19., 일부개정] 다음 각 호의 어느 하나에 해당하는 경우에는 제1심 수소법원은 회사의 본점과 지점 소재지의 등기소에 그 등기를 촉탁하여야 한다.

4. 주식회사의 이사 · 감사 · 대표이사 또는 청산인이나 유한회사의 이사 · 감사 또는 청산인의 직무를 일시적으로 맡아 할 사람을 선임한 경우

◐ 선례 해설: 「실무사례(82)」(560면) 참조

1. 법률 또는 정관의 규정에 정한 이사의 원수를 결한 경우에 필요하다고 인정할 때[1)]에는 법원은 이사, 감사 기타의 이해관계인의 청구에 의하여 일시이사의 직무를 행할 자를 선임할 수 있는데(상법 386조 2항), 법원에 의하여 선임되는 일시적으로 이사의 직무를 행할 자를 일시이사(一時理事), 가이사(假理事) 또는 임시이사(臨時理事)라고 한다. 일시이사는 이사로서의 모든 권한을 행사할 수 있으므로 가처분명령에 다른 정함이 있거나 법원의 허가를 얻은 경우 외에는 상무에 속하지 않는 행위를 할 수 없는 상법 제407조 제1항에 의하여 가처분으로서 선임된 이사의 직무대행자와는 구별된다(상법 408조 1항 참조).[2)] 비록 일시이사가 이사로서의 모든 권한을 행사할 수 있다고 하더라도 일시이사는 정식의 신임이사가 선임될 때까지의 일시적인 기관에 불과하므로 정식의 신임이사가 선임된 경우에는 그 권한은 당연히 소멸된다.

2-1. 통상 임원의 선임 과정을 살펴보면, 임원의 선임에 관한 주주총회의 결의 및 주주총회의 선임결의에 따라 회사의 대표기관이 임용계약을 청약을 하고 피선임자가 이에 승낙을 함으로써 비로소 피선임자가 임원의 지위에 취임하게 된다(대법원 1995. 2. 28. 선고 94다31440 판결). 따라서 선임의 등기는 당연히 그 등기 이전에 선임기관의 선임결의와 회사의 임용계약의 청약 및 피선임자의 승낙 등 취임을 전제로 한 것임이 자명하다.

2-2. 일시이사의 취임등기는 정식 신임이사의 취임등기 보다 먼저 이루어지며, 일시이사의 등기는 정식 신임이사의 선임의 등기를 할 때 말소하게 된다. 그 정식 신임이사의 취임등기의 전제로서의 선임 또한 당연히 (선례 문구는 "반드시") 일시이사의 선임 이후에 이루어져야 한다.

---

1) 여기에서 필요한 때라 함은 이사의 사망으로 결원이 생기거나 종전의 이사가 해임된 경우, 이사가 중병으로 사임하거나 장기간 부재중인 경우 등과 같이 퇴임이사로 하여금 이사로서의 권리의무를 가지게 하는 것이 불가능하거나 부적당한 경우를 의미한다고 할 것이나, 구체적으로 어떠한 경우가 이에 해당할 것인지에 관하여는 일시이사 및 직무대행자 제도의 취지와 관련하여 사안에 따라 개별적으로 판단하여야 한다(대법원 2000. 11. 17.자 2000마5632 결정).

2) 상법 제407조 제1항에 의하여 가처분으로서 선임된 이사의 직무대행자의 권한에 관한 논의에 대해서는 『상법판례 백선』, 608~612면 참조

실무사례(82)

제목: 일시이사 등에 관한 사항

다음은 일시이사 등에 관한 사항으로서 각 사안은 별개 사안이다.

【1】 회사의 정관에는 "이사는 3인 이상으로 한다." 라고 규정되어 있으며, 현재 회사의 이사는 갑, 을, 병 3명이다. 2015. 11. 20. 이사 갑은 사임서를 제출하고 가족 모두와 함께 미국으로 이민을 간 관계로 연락불능 상태에 있고 당분간 임시주주총회에서 신임이사를 선임하는 것도 여의치 않은 상황이다. 이 경우 상법 제386조 제2항에 따른 일시이사의 선임을 법원에 청구할 수 있는지?

【2】 이사 ○○○는 2015. 12. 31. 사임하였으나, 회사 측에서 그 사임으로 인하여 정관상 이사의 결원이 발생하지 않았음에도 불구하고 그 사임등기를 하여주고 있지 않다. 이에 이사 ○○○는 2016. 1. 25. 자신과 회사와의 위임관계의 종료를 원하는 사유로 법원에 상법 제386조 제2항에 따른 일시이사의 선임을 법원에 청구하였다. 이 방법이 자신과 회사와의 위임관계의 종료를 원하는 이사 ○○○의 유효적절한 수단이 될 수 있는지?

【3】 대표이사 △△△이 2016. 1. 25. 사망하여 회사에 대표이사가 결원이 발생하였다. 대표이사 △△△의 사망으로 회사의 이사는 7명에서 6명이 되었으나 정관상 이사의 원수인 3인 이상을 충족하고 있는 상태이다. 이 경우 일시대표이사의 선임을 법원에 청구할 실익이 있는지?

【4】 회사는 기존 이사의 해임으로 정관상 이사의 원수에 결원이 발생하여 이사의 청구로 2015. 12. 29. 일시이사의 선임을 법원에 청구하였다. 법원은 2016. 1. 25. 일시이사로 ◎◎◎를 선임하는 결정을 하였으며 즉후 그 등기는 마쳐졌다. 한편 그 즈음에 임시주주총회의 결의로 정식의 신임이사가 선임되었다. 이 경우 정식의 신임이사의 선임을 일시이사의 선임일인 2016. 1. 25. 이전으로 하는 것이 가능한지?

---

1. 법률 또는 정관에 정한 이사의 원수를 결한 경우에는 임기의 만료 또는 사임으로 인하여 퇴임한 이사는 새로 선임된 이사가 취임할 때까지 이사의 권리의무가 있다(상법 386조 1항). 다만, 법률 또는 정관의 규정에 정한 이사의 원수를 결한 경우에 필요하다고 인정할 때에는 법원은 이사, 감사

기타의 이해관계인의 청구에 의하여 일시이사의 직무를 행할 자를 선임할 수 있다(상법 386조 2항). 사안의 경우 이사 갑의 사임으로 정관에 정한 이사의 원수를 결하였으므로 새로 선임된 이사가 취임할 때까지 이사의 권리의무가 있음이 원칙이나, 이사 갑은 사임서를 제출하고 가족 모두와 함께 미국으로 이민을 간 관계로 회사와 연락불능 상태임을 감안하면 이는 상법 제386조 제2항의 일시이사의 선임이 필요하다고 인정되는 경우라 볼 수 있다. 따라서 상법 제386조 제2항에 따른 일시이사의 선임을 법원에 청구할 수 있다고 본다.[1)]

2. 사안의 경우 이사는 이사의 권리의무를 계속 수행할 의사가 없음을 분명히 한 때에 해당하여 일시이사의 선임의 필요성은 인정되나, 문제는 일시이사를 법원에서 선임하더라도 이사의 등기는 말소되는 것이 아니어서 여전히 법률관계의 불안을 갖게 된다는 것이다. 종국적인 해결을 위해서는 이사는 위임관계의 종료를 이유로 회사를 상대로 이사선임등기말소 내지 변경등기의 이행을 구하는 소를 제기하는 것이 필요해 보인다(『법원실무제요 비송』, 159면 참조).[2)]

3. 사안의 경우 비록 대표이사의 사망으로 대표이사의 결원이 발생하였지만, 원칙적으로 대표이사는 이사회에서 선임하므로(상법 389조 1항) 회사는 이사회를 개최하여 대표이사를 선임하면 족하다. 즉 특별한 사정이 없는 한 법원으로 하여금 그 필요성을 인정받기는 어려울 것으로 보인다.

4. 정식의 신임이사 선임은 반드시 일시이사 선임 이후에 이루어져야 한다. 따라서 법원의 일시이사 선임 이후 임시주주총회의 결의에 의한 정식의 신임이사의 선임을 일시이사의 선임일인 2016. 1. 25. 이전으로 하는 것은 불가하다(상업선례 201511-1 참조).

참조 조문: 상법 제386조, 제389조, 상업등기법 제131조

참조 선례: 상업등기선례 제201511-1호

참조 판례: 대법원 2000. 11. 17.자 2000마5632 결정, 대법원 1995. 2. 28. 선고 94다31440 판결

---

1) 판례의 기본 입장은 상법 제386조 제2항의 일시이사 선임 청구를 위한 필요하다고 인정할 때의 의미를 개별적으로 판단하여야 한다는 입장이다(대법원 2000. 11. 17.자 2000마5632 결정). 이사 갑이 사임서를 제출하고 가족 모두와 함께 미국으로 이민을 가 회사와 연락이 불능인 점을 고려하면, 이는 이사 갑으로 하여금 이사로서의 권리의무를 가지게 하는 것이 불가능하거나 부적당한 경우라 생각된다.

2) 이사변경등기절차 이행판결을 받은 경우의 등기절차에 관한 것은 상업등기선례 제1-149호(500면) 참조

187. 일시대표이사 겸 일시이사 선임결정등기의 직권말소등기와 직권회복등기

[상업등기선례 제201510-1호, 제정 2015. 10. 5.]

1. 적법한 정식의 신임이사 겸 대표이사가 선임되지 않은 상태에서 직권말소된 일시대표이사 겸 일시이사의 선임결정등기는 등기관이 직권으로 회복할 수 있으나, 등기관이 직권으로 회복하지 않는 경우에는 상업등기법 제82조에 따라 이의신청할 수 있다.

2. 적법한 정식의 신임이사 겸 대표이사가 선임되지 않은 상태에서, 일시대표이사 겸 일시이사의 선임결정등기가 직권말소되었더라도, 그 말소등기에는 공신력이 없으므로 일시대표이사 겸 일시이사의 권한에는 영향을 주지 않는다.

(2015. 10. 5. 사법등기심의관-3490 질의회답)

◐ 선례 해설:

1. 이사, 대표이사의 선임의 등기를 할 때에는 상법 제386조 제2항 및 제389조 제3항에 의하여 선임된 이사 및 대표이사의 직무를 일시 행할 자에 관한 등기를 등기관의 직권으로 말소하여야 한다(규칙 131조 1항 참조). 반대로 적법한 정식의 신임이사 겸 대표이사가 선임되지 않은 상태에서는 일시이사 및 일시대표이사의 등기를 등기관의 직권으로 말소하여서는 아니 되며, 만약 그 등기가 말소되었다면 i) 등기관은 직권으로 말소된 일시이사 및 일시대표이사의 등기를 회복할 수 있으며, ii) 등기관이 직권으로 회복하지 않는 경우에는 상업등기법 제82조에 따라 이의신청할 수 있다.

2. 상업등기에는 공신력이 인정되지 않으므로(대법원 1996. 10. 29. 선고 96다19321 판결 참조) 객관적 사실과 상위한 사항을 등기하더라도 원칙적으로 아무런 효력이 생기지 않는다. 따라서 적법한 정식의 신임이사 겸 대표이사가 선임되지 않은 상태에서, 일시대표이사 겸 일시이사의 선임결정등기가 직권 말소되었더라도 일시대표이사 겸 일시이사의 권한에는 아무런 영향이 없다.

188. 사외이사의 퇴임등기를 후임사외이사의 취임등기와 상관없이 할 수 있는지 여부

[상업등기선례 제1-166호, 제정 2003. 7. 8.]

현재 사외이사는 사내이사와 구별하여 등기되어 있지 않으므로 상호저축은행 사외이사의 사임이 법률 또는 정관에서 정한 사외이사의 수를 충족시키지 못하는 결과가 된다 하더라도 전체 잔여 이사의 수가 법률 또는 정관에서 정한 이사의 수를 충족시킨다면 그 사외이사의 퇴임등기는 후임사외이사의 취임등기와 상관없이 할 수 있다.
(2003. 7. 8. 공탁법인 3402-163 질의회답) **사실상 폐지**

◐ 선례 해설:

1. 2009. 2. 4. 개정 상법에서는 제317조 제2항 제8호에서 이사를 사내이사·사외이사·기타비상무이사로 구분하여 등기하도록 규정하고 있으므로, 이사의 정원을 정하는 경우에도 구분하여 정할 필요가 있다. 따라서 본 선례의 내용은 현행 법제 하에서는 맞지 않아 사실상 사문화되었다.[1)]

2. 한편 상장회사의 경우 사외이사가 이사 총수의 일정분 이상일 것을 요하는데 그 구성비율이 미달하게 된 경우 그 사유 발생 후 처음으로 소집되는 주주총회에서 그 구성비율에 합치되도록 사외이사를 선임할 수 있는 특칙이 있다(상법 528조의8 3항).

1) 현행 상법에서는 이사를 사내이사·사외이사·기타비상무이사로 구분하여 등기하도록 규정하고 있으므로(상법 317조 2항 8호), 이사의 정원을 정하는 경우에는 구분하여 정할 필요가 있다(권오복, 『상업등기(상)』, 1420면). 다만, 실무적으로 정관상 이사의 원수를 사내이사·사외이사·기타비상무이사로 구분하지 않고 전체적으로 정하고 있는 경우가 많다(예: 이사는 3인 이상으로 한다). 한편 사내이사와 기타비상무이사는 원칙적으로 주주총회에서 구분하여 선임하여야 한다는 것에 대해서는 577면 각주 1번 참조.

189. 주식회사 임원의 등기부상 퇴임일과 취임일[1)]

[상업등기선례 제1-169호, 제정 2005. 3. 15.]

1. 임기만료로 인한 주식회사 임원의 등기부상 퇴임일은 상법 제386조 제1항, 제389조 제3항, 제415조의 규정에 의하여 새로 선임된 임원이 취임할 때까지 임원으로서의 권리의무를 행사하고 있었다 하더라도 권리의무행사기간종료일이 아니라 본래의 임기만료일이 될 것이다.

2. 주식회사 임원의 등기부상 취임일은 임기개시일을 별도로 정하지 않는 한 선임결의와 해당 임원의 취임승낙이 있는 때가 될 것이나(주: 대법원 1995. 2. 28. 선고 94다31440 판결 참조), 실제에 있어서는 대부분 미리 해당 임원의 의사를 확인할 것이므로 특별한 소명이 없는 경우 선임결의일로 등기될 것이다.
(2005. 3. 15. 공탁법인 3402-71 질의회답)

참조 조문 · 규칙 · 예규 · 선례 · 판례

▣ 상법[법률 제13523호, 2015. 12. 1., 일부개정]

제386조(결원의 경우) ① 법률 또는 정관에 정한 이사의 원수를 결한 경우에는 임기의 만료 또는 사임으로 인하여 퇴임한 이사는 새로 선임된 이사가 취임할 때까지 이사의 권리의무가 있다.

제389조(대표이사) ③ 제208조제2항, 제209조, 제210조와 제386조의 규정은 대표이사에 준용한다.

제415조(준용규정) 제382조제2항, 제382조의4, 제385조, 제386조, 제388조, 제400조, 제401조와 제403조 내지 제407조의 규정은 감사에 준용한다.

▣ 민법[법률 제13710호, 2016. 1. 6., 일부개정]

제680조(위임의 의의) 위임은 당사자 일방이 상대방에 대하여 사무의 처리를 위탁하고 상대방이 이를 승낙함으로써 그 효력이 생긴다.

---

1) 본 선례의 내용에 있는 제1문과 제2문은 모두 등기기간의 기산점과 관련된 논점을 안고 있다. 이는 등기기간의 기산점에 따른 등기신청 기간과 연결되고, 더 나아가서는 등기해태에 따른 과태료의 문제와도 관련이 있어 실무상 중요한 사항이라 하겠다.

◐ **선례 해설:**

1. 본 선례 중 제1문과 관련된 논점에 관한 것은 상업등기선례 제1-373호 (550면) 및 「실무사례(79)」(551면) 참조.

2. 본 선례 중 제2문과 관련된 사항을 살펴보면,

임원의 임기개시일은 취임효력이 발생한 날 즉 주주총회의 선임결의와 해당 임원의 취임승낙이 있는 때로부터 기산한다고 보아야 하나(아래 판례 참조), 등기실무는 주주총회에서의 임원 선임결의가 있는 때에 해당 임원의 임기가 개시되는 것으로 처리하고 있다. 즉 등기신청서 및 첨부정보상의 임원 선임결의를 한 주주총회일자와 임원의 취임승낙서 일자를 통상 일치시켜 임원변경등기를 신청하고 있는 실정이다.

> (중략) 감사의 선임에 관한 주주총회의 결의는 피선임자를 회사의 기관인 감사로 한다는 취지의 회사 내부의 결정에 불과한 것이므로, 주주총회에서 감사선임결의가 있었다고 하여 바로 피선임자가 감사의 지위를 취득하게 되는 것은 아니고, 주주총회의 선임결의에 따라 회사의 대표기관이 임용계약의 청약을 하고 피선임자가 이에 승낙을 함으로써 비로소 피선임자가 감사의 지위에 취임하여 감사로서의 직무를 수행할 수 있게 되는 것이므로, 주주총회에서 감사선임의 결의만 있었을 뿐 회사와 임용계약을 체결하지 아니한 자는 아직 감사로서의 지위를 취득하였다고 할 수 없고, 따라서 감사로서의 지위에서 회사와의 임용계약에 기하여 회사에 대하여 감사선임등기가 지연됨을 이유로 감사변경의 등기절차의 이행을 구할 수 없다(대법원 1995. 2. 28. 선고 94다31440 판결).

3. 추가 논점: 대표이사 변경 시 임원변경의 등기신청인

임원변경등기는 회사의 대표이사 등 회사를 대표할 자가 신청한다. 이때의 대표자는 등기부를 기준으로 하지 않은 실체상의 대표자를 말한다. 즉, 대표이사가 사임의 의사표시를 하여 회사에 의하여 받아들여진 경우, 아직 등기부에 대표자로 등기되어 있다고 하더라도 더 이상 회사의 대표자가 아니므로 자신의 사임 등에 따른 퇴임등기를 신청할 수는 없다. 이에 반하여 아직 등기가 되어 있지 않지만 새로 대표이사로 취임한 자는 회사의 대표자로 자신의 대표이사 취임등기를 할 수 있다(『상업등기실무(Ⅱ)』, 224면). => 「실무사례(83)」(566면) 참조

실무사례(83)

제목: 주주총회 결의에 의해 사내이사 겸 대표이사가 변경된 경우 주주총회 의사록에 기명날인할 의장 및 임원변경등기의 신청인

사내이사 겸 대표이사가 사임하여 주주총회 결의로 보선하려고 한다.

【1】 이 경우 주주총회 의장과 그 주주총회의사록에 기명날인할 의장은 사임하려는 대표이사인지 아니면 신임 대표이사인지?

【2】 기존 사내이사 겸 대표이사의 사임등기와 신임 사내이사 겸 대표이사에 대한 임원변경등기의 신청인은 누가되는 것인지?

1. 주주총회 의장은 정관에 특별한 규정이 없는 한 대표이사가 주주총회의 의장이 된다. 따라서 비록 사내이사 겸 대표이사가 사임하여 보선하려고 주주총회를 개최한 경우에도 그 대표이사가 의장이 되고 주주총회의사록에도 의장으로서 기명날인을 하여야 한다(상법 373조 2항).[1]

2. 하지만 이사 등에 관한 변경등기는 회사의 대표이사 등 회사를 대표할 자가 신청하는데(법 23조), 이때의 대표자는 등기사항증명서를 기준으로 하지 않고 실체상의 대표자를 기준으로 한다는 것이 실무제요의 입장이다(『상업등기실무(II)』, 224면). 따라서 대표이사가 사임의 의사표시를 하여 회사에 의하여 받아들여진 경우, 아직 등기사항증명서에 대표자로 등기되어 있다고 하더라도 그 사람은 더 이상 회사의 대표자가 아니므로 자신의 사임 등에 따른 퇴임등기를 신청할 수는 없다. 즉 기존 대표이사의 사임으로 인한 임원변경등기는 신임 대표이사가 자신의 취임등기와 함께 하여야 한다. 비록 신임 대표이사는 등기사항증명서에 아직 등기되어 있지 않지만 회사의 대표자로 자신의 대표이사 취임등기 및 전임 대표이사의 사임등기를 할 수 있다는 것이 실무제요의 입장이다.

3. 요컨대, 사내이사 겸 대표이사의 보선을 위한 주주총회를 개최할 경우에는 정관에 특별한 규정이 없는 한 전임 대표이사가 그 주주총회의 의장이 되어 해당 주주총회의사록에도 기명날인하지만(통상 법인인감도장 날인), 해당 임원변경등기신청을 하는 자는 전임 대표이사가 아닌 신임 대표이사이다.

---

1) 대표이사가 의장직을 담당하여 개회한 후 총회로 하여금 다른 사람을 의장으로 선출하도록 하는 것은 가능하며, 회사 중에는 정관에 총회의 의장을 대표이사 이외에 별도로 정하고 있는 회사도 있기는 하다(『주식회사법대계(II)』, 50면).

190. 감사의 원수를 결하게 되는 경우, 화해권고결정에 의해 주식회사 감사의 사임등기를 할 수 있는지 여부(소극)

〔상업등기선례 제2-87호, 제정 2006. 5. 29.〕

1. 감사는 주식회사의 필수적 상설기관으로서, 법률 또는 정관에 정한 감사의 원수를 결한 경우에는 임기만료 또는 사임으로 인해 퇴임한 감사는 후임 감사가 취임할 때까지 감사의 권리의무가 있다(상법 제415조, 제386조 제1항). 이 경우 후임 감사가 취임하기 전에는 퇴임한 감사의 퇴임등기만을 따로 신청할 수 없고, 퇴임한 감사가 회사를 상대로 감사 사임에 따른 사임등기절차 이행청구의 소를 제기하여 감사 사임에 따른 사임등기절차를 이행하라는 취지의 확정판결 또는 화해권고결정(재판상 화해와 같은 효력을 가지게 된 것을 말한다)을 받은 경우에도 다르지 않다(주: 상업선례1-164호, 556면 참조).

2. 퇴임한 감사는 법원에 일시 감사의 직무를 행할 자(이하, '일시감사'라 한다)의 선임 청구를 할 수 있다(상법 제415조, 제386조). 그에 대해 법원의 선임결정(비송사건절차법 제84조, 제81조)이 있고 그 촉탁에 의해 일시감사의 등기가 경료 된다면(농법 제107조 제4호), 퇴임한 감사는 그 후에 위 화해권고결정으로 주식회사를 대위하여 사임등기의 신청을 할 수 있다(주: 대위에 의한 등기청구권과 관련한 논점은 501면 참조).
(2006. 5. 29. 공탁상업등기과-477 질의회답)

◐ **선례 해설:** 「법원행정처 선례해설 요약(11)」(568면) 및 「실무사례(84)」(570면) 참조

1. 이사 결원의 경우에 적용되는 상법 제386조 제1항은 감사의 경우에는 제415조에서 준용하고 있다. 따라서 법률 또는 정관에 정한 감사의 원수를 결한 경우에는 임기의 만료 또는 사임으로 인하여 퇴임한 감사는 새로 선임된 감사가 취임할 때까지 감사의 권리의무가 있게 되는데,

2. 본 선례에 의하면 감사 사임에 따른 사임등기절차를 이행하라는 취지의 확정판결 또는 이행권고결정을 받은 경우에도 마찬가지이다.

3. 위 1.과 2.는 임기의 만료나 사임으로 결원이 발생한 경우에만 적용되고, 해임, 사망, 파산, 금치산선고 등으로 퇴임한 경우에는 그 적용이 없음에 주의를 하여야 한다.

법원행정처 선례해설 요약(11)[1]

【제목】 감사가 사임하였으나 법인이 사임등기를 신청하지 않아 그 법인을 상대로 소송을 제기하여 승소한 후에도 그 법인의 대표자가 등기신청을 거부한 경우에 그 등기절차를 이행시키는 방법과 그 감사의 사임으로 인하여 회사의 정관에 규정한 감사의 인원수를 결하게 된 경우에 사임을 원인으로 임원변경등기신청이 가능한지 여부(소극)

1. 사안의 논점

감사의 사임등기 절차를 이행하지 않고 있는 법인을 상대로 소송을 제기하여 승소하였으나 그 법인의 대표자가 감사의 사임에 따른 임원변경등기를 신청하지 않는 경우의 등기신청 방법 및 그 감사의 사임으로 인하여 회사의 정관에 규정한 감사의 인원수를 결하게 된 경우에 사임을 원인으로 임원변경등기신청을 할 수 있는지 여부

2. 등기청구권의 인정 여부

i) 실무제요의 입장: 등기가 되지 않는 것에 의해 당사자 이외의 자가 불이익을 받는 경우에도, 그 자가 당사자에 대하여 등기절차의 이행을 청구할 수 없다고 한다면, 이는 현저하게 불공평한 것이 되므로 일정한 경우 상업등기에 있어서도 당사자 이외의 자에게 등기청구권이 인정된다고 할 것이다(『상업등기실무(Ⅰ)』, 152면).

ii) 판례의 입장: 대법원도 감사 취임등기와 관련하여 "주식회사와 임용계약을 체결하고 새로이 회사의 감사의 지위에 취임하여 감사로서의 직무를 수행할 권리와 의무를 가지게 된 자로서는, 아직 감사로서 회사등기부에 등재되지 아니한 상태라면 등기에 의하여 선의의 제3자에 대항할 수 없어 완전한 감사로서의 직무를 수행할 수 없으므로, 회사에 대하여 회사와의 임용계약에 기하여 회사등기부상 감사변경의 등기절차의 이행을 구할 수 있다고 할 것이다." 라고 설시하여 상업등기에 있어서 등기청구권이 인정됨을 밝힌 바 있다(대법원 1995. 2. 28. 선고 94다31440 판결).

1) 『상업등기 주요선례 해설』, 214~220면

3. 판결에 의한 등기의 신청

i) 판결에 따른 등기는 법령에 촉탁 근거 규정이 있으면 제1심 수소법원 등의 촉탁으로, 법령에 촉탁 근거 규정이 없으면 당사자가 신청을 하여야 한다(예규 1536호 2조 1항 참조).

ii) 등기청구권이 인정되는 자는 등기신청권자를 상대로 하여 등기절차를 이행할 뜻의 판결을 구하고 승소 판결(화해권고결정 등을 받은 경우도 포함)을 받아서 등기를 신청할 수 있다. 등기절차를 이행할 뜻의 판결은 민사집행법 제263조의 의사의 진술을 명하는 판결이므로 그 판결의 확정에 의하여 등기신청의 의사를 진술한 것으로 간주되며, 이와 같은 의사의 진술이 있는 경우 원고는 피고를 대신하여 등기를 신청할 수 있다.

iii) 등기실무도 등기신청권자를 대신하여 등기청구권에 기한 당사자의 판결에 따른 등기의 신청을 인정하고 있다.

4. 정관에 규정한 감사의 인원수를 결하게 되는 경우에 사임등기의 가부

i) 판례: 대표이사를 포함한 이사가 임기의 만료나 사임에 의하여 퇴임으로 말미암아 법률 또는 정관에 정한 대표이사나 이사의 인원수를 채우지 못하게 되는 결과가 일어나는 경우에, 그 퇴임한 이사는 새로 선임된 이사가 취임할 때까지 이사로서의 권리의무가 있는 것인바 - (중략) - 후임이사가 취임하기 전에는 퇴임한 이사의 퇴임등기만을 따로 신청할 수 없다고 봄이 타당하다(대법원 2005. 3. 8.자 2004마800 전원합의체 결정).

ii) 선례의 입장도 판례와 동일하다(상업선례 1-160, 1-164 등).

※ 임원(감사)의 사임을 원인으로 한 변경등기

감사 (인)원수	등기신청 방법	법인의 등기신청 거부
결하지 않은 경우	사임한 감사의 사임등기	의사진술을 명한 판결을 받아 대위 신청할 수 있음
결한 경우	사임한 감사의 사임등기 + 새로 취임한 감사의 취임등기(동시신청)	

실무사례(84)

제목: 감사의 원수를 결한 경우 감사 사임등기가 가능한지 여부

정관에 "감사 1인 이상 둔다." 라고 규정 있는데 임기만료 전 감사가 사임한 경우 일시감사 선임 전에 감사 사임으로 인한 등기신청을 할 수 있는지?

1. 법률 또는 정관에 정한 감사의 원수를 결한 경우에는 임기의 만료 또는 사임으로 인하여 퇴임한 감사는 새로 선임된 감사가 취임할 때까지 감사의 권리의무가 있다(상법 386조 1항 및 415조).

2. 이 경우 감사가 임기만료 또는 사임으로 인하여 퇴임하게 되어 정관에 정한 감사의 정수에 결원이 발생하였다면 감사의 퇴임으로 인한 변경등기는 후임감사의 취임등기와 동시에 하거나 일시감사 취임등기를 한 후에 하여야 하므로(상업선례 1-164 참조), 사안의 경우 일시감사 또는 후임감사를 선임하지 않은 채 전임감사의 사임등기만을 할 수는 없다. 다만 주주총회의 특별결의로 "자본금 총액이 10억원 미만의 경우에는 감사를 두지 않을 수 있다." 라는 조항을 넣어 정관을 변경한 후 감사를 사임시키는 것은 가능하다고 본다.

참조 조문: 상법 제386조 제1항, 제415조, 제434조
참조 선례: 상업등기선례 제1-164호(556면)

제목: 정관상 감사가 2인으로 규정되어 있는 경우, 감사 2인 중 1인만의 사임등기가 가능한지 여부

정관상 감사가 "1인 이상" 이 아닌 "2인" 으로 규정되어 있는데, 새로운 감사 선임등기를 신청함이 없이 2인 중 1인의 감사 사임등기만을 할 수 있는 방법은 없는지?

1. 이사와 달리 감사의 인원수에는 제한이 없으므로 1명의 감사만 두어도 상관없으나(상법 383조 1항 참조), 정관에 "감사를 2인으로 한다." 라고 규정되어 있는 경우에는 정관의 규정에 따라 감사는 2인을 두어야 한다.

2. 정관상 "감사를 2인으로 한다." 라고 규정한 것을 "감사는 1인 이상으로 한다." 라고 변경하기 위해서는 주주총회의 특별결의로 정관을 먼저 변경하여야 한다(상법 434조). 따라서 정관상 감사가 2인인 상태에서 후임감사를 선임함이 없이 감사 2인 중 1인 감사의 사임등기를 하기 위해서는 상법 제434조에 의한 주주총회의 특별결의로 정관변경을 먼저 선행하여야 할 것이다.

191. 주식회사의 이사가 퇴임 전에 그 주소변경이 있는 경우 그 변경등기를 하여야 하는지 여부[1)]

[상업등기선례 제1-140호, 제정 1987. 6. 13.]

주식회사의 이사가 퇴임 전에 전거함으로 인하여 그 주소가 변경되었다면 주소변경등기를 하여야 한다.
(1987. 6. 13. 등기 제351호)

질의요지 : 주식회사의 이사가 임기만료로 퇴임하였으나 법정원수 결원으로 계속하여 이사로서의 권리의무를 행사하여 오다가 주주총회에서 다시 이사로 선임되었는바, 그 이사가 퇴임 전에 전거함으로 인하여 등기부상 주소가 현재와 다를 경우 퇴임등기에 앞서 그 주소변경등기를 하여야 하는지 여부.

주) 법인의등기사항에관한특례법(93. 1. 1. 시행) 제2조에 의하여 대표권이 없는 임원의 등기에 있어서는 주소를 기재하지 아니하므로 대표이사, 이사가 1인인 회사에 있어서 타당한 선례임.

참조 조문 · 규칙 · 예규 · 선례 · 판례

▣ 법인의 등기사항에 관한 특례법[법률 제8894호, 2008. 3. 14., 일부개정]

제2조 (임원의 등기) 법인의 임원을 등기할 때에는 주민등록번호를 적어야 한다. 다만, 대표권이 없는 임원을 등기할 때에는 주소를 적지 아니한다.

▣ 상업등기규칙[대법원규칙 제2668호, 2016. 6. 27., 타법개정]

제52조(첨부정보) ① 등기를 신청하는 경우에는 다음 각 호의 정보를 그 신청정보와 함께 첨부정보로서 등기소에 제공하여야 한다.

3. 주소, 주민등록번호(또는 생년월일)를 등기하여야 하는 경우에는 이를 증명하는 정보
4. 성명 또는 주소의 변경에 관한 등기를 신청하는 경우에는 그 사실을 증명하는 정보

---

1) 상업등기선례 제2-38호(604면) 및 제2-39호(605면)에 의하면, 주식회사의 대표이사가 퇴임으로 인한 변경등기신청 시에는 주소를 증명하는 서면을 첨부정보로 제공할 필요가 없으나, 본 선례에 의해 퇴임 전에 주소가 변경된 경우에는 퇴임등기 전에 혹은 퇴임등기와 동시에 주소변경등기를 하여야 한다. 대표이사의 퇴임등기와 주소변경등기를 일괄신청할 경우에는 과태료 통지와 상관없이 1건의 등록면허세만 납부하면 된다(예규 1038호 8. 참조).

192. 주식회사 이사의 주소변경등기에 있어 중간변경사항의 등기 생략 가부

[상업등기선례 제1-143호, 제정 1989. 11. 9.]

주식회사 이사 '갑'이 그 임기 중 주소를 A장소에서 B장소로 전거했으나 그 변경등기를 하지 않고 있던 중 다시 C장소로 전거한 경우, 이사 '갑'의 주소변경등기는 A장소에서 B장소로의 변경등기를 생략하고 곧바로 C장소로 신청할 수 있다. 다만, C장소로 전거한 후 등기신청을 14일 이내에 하였다 하더라도 B장소로의 변경등기를 해태한데 대하여 등기공무원은 상법 소정의 과태료통지를 하여야 한다.

(1989. 11. 9 등기 제2111호) **2014. 1. 1. 폐지(실질은 유효)**

◐ 선례 해설:

1. 상업등기선례 제1-143호(등기선례 제2-693호, 등기예규 제692호)는 등기예규 제1508호(등기예규 제1545호 개정 전 등기예규) 4. 라.에 반영되었음으로 2014. 1. 1.부로 폐지되었다(등기예규 제1508호 개정이유 중에서 발췌). 그 이후 등기예규 제1545호 제2조 제1항에도 과태료 통지와 관련하여 반영되어 현재 시행되고 있다.

> 4. 유의사항
> 라. 법인 대표자의 주소를 등기한 후 여러 차례 주소가 변경된 경우 중간변동사항을 생략하고 현재의 주소를 기준으로 대표자의 주소변경등기를 신청할 수는 있으나, 이 경우 주소변경등기신청에서 생략된 주소변동사항의 등기를 게을리한 데 대해서는 각 변동일자를 기준으로 과태료통지를 하여야 한다.[등기예규 제1508호]
>
> 제2조(과태사항통지 요건) ㈁ 주소변경등기신청에서 생략된 주소변동사항의 등기를 게을리한 것에 대해서는 각 변동일자를 기준으로 그 당시 법령에 따라 과태료통지를 하여야 함.[등기예규 제1545호]

2. 따라서 본 선례의 내용은 폐지되었음에도 불구하고 그대로 유효하다.

193. 개명으로 인한 등기기간 기산점[1]

[상업등기선례 제2-37호, 제정 2012. 10. 19.]

개명은 가정법원의 허가를 필요로 하는 것으로서 그 재판은 「비송사건절차법」 제18조 제1항에 의하여 이를 받은 자에게 고지함으로써 효력이 생기는 것이므로, 주식회사의 대표이사가 개명을 하여 그에 따른 변경등기를 하는 경우 그 등기기간은 재판을 받은 자가 개명허가결정의 고지를 받은 날로부터 기산한다(주: 「가족관계의 등록 등에 관한 법률」 제99조에 기한 개명신고한 날부터 기산하는 것이 아님).
(2012. 10. 19. 사법등기심의관-3259 질의회답)

참조 조문 · 규칙 · 예규 · 선례 · 판례

▣ 비송사건절차법[법률 제13765호, 2016. 1. 19., 일부개정]

제18조(재판의 고지) ① 재판은 이를 받은 자에게 고지함으로써 효력이 생긴다.

◐ 선례 해실: 임원변경등기에 있어서 등기기간의 기산점

1. 이사 등이 취임하거나 퇴임한 때: 그 사유 발생일

> 구체적으로는 취임의 경우에는 선임결의의 효력이 발생한 날과 취임승낙의 효력이 발생한 날 중 늦은 날, 임기만료로 인한 퇴임의 경우에는 임기만료일, 사임으로 인한 퇴임의 경우에는 사임의 의사표시가 회사의 대표자에게 도달한 날, 법원의 해임판결에 의한 해임의 경우에는 재판 확정연월일, 선임기관의 결의에 의한 해임의 경우에는 해임결의일 등이다.

2. 임기만료 또는 사임으로 퇴임하였으나 그 퇴임으로 인하여 법률 또는 정관에 정한 원수를 결한 경우: 후임자의 취임일

3. 사망 또는 개명 시: 사망일 또는 개명허가결정의 고지를 받은 날

---

1) 사망 또는 개명과 관련하여 상업등기에 있어서 등기기간의 기산점에 관하여 따로 규정을 두고 있지 아니하므로 형식적 심사권밖에 없는 등기관으로서는 그 등기의 효력발생일(사망일 혹은 개명허가결정의 고지를 받은 날)로부터 등기기간을 기산할 수밖에 없고, 이와 관련하여 불합리한 점이 있다면 이는 법원의 과태료 재판절차를 통하여 해결할 수밖에 없다(『상업등기실무(Ⅰ)』, 250면 각주 48번). 이와 관련한 것은 「실무사례(85)」(574면) 및 「실무사례(86)」(575면) 참조.

실무사례(85)

제목: 사내이사의 사망으로 인한 임원변경등기의 기산점

사내이사인 갑은 임기 중인 2014. 12. 15.에 불의의 교통사고로 사망하였다. 회사의 정관에는 이사는 3인 이상이어야 한다고 규정되어 있어 사내이사 갑의 사망으로 이사의 결원이 발생하였다. 이 경우 사내이사 갑의 사망에 의하여 퇴임하는 경우의 임원변경등기의 기산점은?

1. 임원이 임기의 만료나 사임에 의하여 퇴임함으로써 정관에 정한 임원의 원수에 결원이 생긴 경우에는 그 퇴임한 임원은 새로 선임된 임원이 취임할 때까지 임원으로서의 권리의무가 있으므로, 이 경우 임원의 퇴임등기를 하여야 하는 기간은 퇴임한 임원의 퇴임일로부터 기산하는 것이 아니라 후임임원의 취임일로부터 기산한다고 보아야 한다(대법원 2005. 3. 8.자 2004마800 전원합의체 결정, 553면 참조).

2. 하지만 임원이 사망, 해임 등에 의하여 퇴임하는 경우에는 상법 제386조 제1항 또는 제389조 제3항에 의하여 임원으로서의 권리의무가 인정되는 경우가 아니므로 그러한 퇴임사유가 발생하면 그 사유가 발생한 때로부터 소정의 등기기간 내에 등기를 하여야 하고 후임자의 취임까지 기다릴 것은 아니다(상업선례 2-37, 573면 참조).

3. 사망 또는 개명과 관련하여 상업등기에 있어서 등기기간의 기산점에 관하여 따로 규정을 두고 있지 아니하므로 형식적 심사권밖에 없는 등기관으로서는 그 등기사항의 효력발생일로부터 등기기간을 기산할 수밖에 없고, 이때 발생할 수 있는 불합리한 점이 있다면 이는 법원의 과태료 재판절차를 통하여 해결하여야 한다는 것이 실무제요의 입장이다(『상업등기실무(Ⅰ)』, 250면 각주 48번). 결국 사내이사 갑의 사망에 의하여 퇴임하는 경우의 임원변경등기는 사망한 날(2014. 12. 15.)로부터 2주간 내에 신청하여야 한다.

[비교 사례] 사내이사 갑의 임기만료로 정관에서 정한 이사의 원수에 결원이 생긴 경우에도 사내이사 갑의 퇴임으로 인한 등기기간의 기산점은 원래의 임기만료일인지 여부(소극)
=> 사내이사 갑의 퇴임으로 인한 등기기간의 기산점은 후임이사 취임일이며, 이 경우 임기만료일은 후임이사의 취임일이 아닌 원래의 임기만료일임.

실무사례(86)

제목: 대표이사 사망으로 신임 대표이사 선임 시 첨부서류 등

자본금 총액이 50억원인 회사에서 사내이사이자 대표이사의 사망으로 정관 규정에 따라 주주총회에서 신임 대표이사를 선임하려고 한다.

【1】 전임 대표이사 사망에 따른 퇴임등기 및 신임 대표이사 취임등기 시 첨부서류는?

【2】 의사록 공증을 직접할 경우 공증진술서에 진술한 자는 누구인지?

1-1. 전임 대표이사 사망에 따른 퇴임등기 시에 첨부할 서면으로는 사망진단서 또는 가족관계등록사항별 증명서 중 기본증명서를 첨부하여야 한다(『상업등기실무(Ⅱ)』, 232면).

1-2. ⅰ) 공증받은 이사회의사록(정관의 규정에 따라 주주총회에서 대표이사를 선임한 경우에는 정관과 공증받은 주주총회의사록), ⅱ) 통상 취임승낙을 증명하는 서면에는 취임승낙을 하는 자가 그 뜻을 기재하고 인감증명법에 따라 신고한 인감도장을 날인하고 그 인감증명을 첨부(자세한 것은 상업등기규칙 제104조 참조), ⅲ) 신임 대표이사의 성명, 주민등록번호(생년월일), 주소 등을 증명하는 서면으로 주민등록등(초)본, ⅳ) 신임 대표이사의 인감신고서 등을 신임 대표이사 취임등기 시 첨부서면으로 등기소에 제출하여야 한다.

2. 사망한 전임 대표이사가 공증진술서에 진술을 할 수 없는 것은 명백하므로 의사록 공증 시 공증진술서에 진술할 자는 신임 대표이사이다. 다만 신임 대표이사는 등기소에 인감신고를 하기 전의 상태이므로 공증진술서상의 진술인 란에 등기소에 신고한 법인인감 도장을 날인하거나 법인인감증명서를 첨부할 수는 없으므로, 공증진술서에는 신임 대표이사의 개인인감 및 등기소에 신고할 법인인감을 날인하고 인감증명법에 의한 개인인감증명서와 등기소에 신고할 인감신고서 사본을 각 첨부하여야 할 것으로 생각된다(이 부분에 대해서는 공증사무실 마다 요구하는 서류가 다를 수 있어 공증사무실과 사전 협의가 필요하다고 본다).[1)]

---

1) 위와 달리 공증진술서상의 진술인은 기계적으로 법인등기사항증명서와 법인인감증명서상에 나와 있는 전임 대표이사여야 하고 신임 대표이사는 할 수 없다고 주장하는 경우도 있으나, 이는 너무 형식적으로 판단한 것에 기인한 잘못으로 생각된다. 한편 2015. 8. 1.부터 대리인이 공증사무실에 출석할 경우에는 진술서 작성 방법이 변경되었는바, 이에 관한 것은 67면 각주 2번 참조.

194. 사내이사와 기타비상무이사 등기신청시 첨부서면[1)2)]

[상업등기선례 제2-31호, 제정 2009. 7. 2.]

주식회사의 정관에 이사와 사외이사는 주주총회에서 구분하여 선임하되, 주주총회에서 선임된 이사 중 사내이사와 기타비상무이사를 이사회에서 선임하도록 규정하고 있는 경우, 정관과 이사로 선임한 주주총회의사록 및 사내이사와 기타비상무이사를 구분하여 선임한 이사회의사록을 첨부하여 위 사내이사와 기타비상무이사의 선임에 따른 등기를 신청할 수 있다. (2009. 7. 2. 사법등기심의관-1538 질의회답)

참조 조문 · 규칙 · 예규 · 선례 · 판례

▣ 상법[법률 제13523호, 2015. 12. 1., 일부개정]

제317조(설립의 등기)

②제1항의 설립등기에 있어서는 다음의 사항을 등기하여야 한다.

8. 사내이사, 사외이사, 그 밖에 상무에 종사하지 아니하는 이사, 감사 및 집행임원의 성명과 주민등록번호

제382조(이사의 선임, 회사와의 관계 및 사외이사) ① 이사는 주주총회에서 선임한다.

---

1) 2009. 2. 4. 개정 상법 시행일부터는 상법상 주식회사의 이사변경등기 시 사내이사, 사외이사, 기타비상무이사로 구분하여 등기하여야 하고 단순히 '이사'로 등기할 수는 없다. 따라서 신청서에 첨부된 주주총회의사록 등에 '사내이사', '사외이사', '기타비상무이사'로 구분하여 선임한 사실이 기재되어 있어야 하며, 특히 사외이사, 기타비상무이사는 명확히 의사록에 나타나 있어야 한다.

등기신청서에 첨부된 이사선임 등의 의사록에 이사의 종류를 구분하지 않고 단순히 '이사'로 선임된 사실이 기재된 경우에는, i) "사내이사"로 등기를 신청하는 경우에는 첨부서면인 의사록을 "사내이사" 선임한 것으로 다시 작성하게 할 필요는 없으나 ii) "사외이사"나 "기타비상무이사"로 등기를 신청하는 경우에는 첨부된 의사록에도 "사외이사"나 "기타비상무이사"를 선임하는 내용이 기재되어 있어야 한다(출처: 법원행정처 사법등기국, 「상법개정(2009. 2 .4 시행)에 따른 이사 등기 방법 등 안내」)

2) 사외이사의 자격요건에 관하여는 상법 제382조 제3항에서 규율하고 있다. 하지만 사내이사와 기타비상무이사의 경우는 이를 구분하여 등기하여야 함에도, 상법상 자격요건의 구분이 없고 선임절차에서도 그 차이가 없다. 또한 사내이사와 기타비상무이사는 회사의 상무에 종사하는지 여부의 차이만 있을 뿐 이사회에서의 역할과 기능에서 차이가 없음을 감안하여 본 선례의 취지를 음미해볼 필요가 있다.

◐ 선례 해설: 이사의 선임

1. 선임기관

이사는 주주총회에서 선임하는데(상법 382조 1항), 이는 주주총회의 전속적 권한사항에 해당하므로 정관이나 주주총회의 결의로도 이를 이사회 등 다른 기관에 위임할 수 없다(『주식회사법대계(Ⅱ)』, 412면 참조).

2. 이사의 인원수에 따른 선임방법

이사가 3인 이상인 경우(상법 383①본문)	이사 선임을 위한 주주총회에서는 상법 제317조 제2항 제8호에 의거 이사를 사내이사, 사외이사, 기타비상무이사로 구분하여 선임하여야 하고, 또한 회사의 대표자는 이사를 구분하여 등기를 신청하여야 한다.
소규모 주식회사로서 이사가 2인 이하인 경우(상법 383①단서)	주주총회에서 선임된 이사는 모두 사내이사여야 한다(예규 1538호 참조). 따라서 이사가 2명 이하인 소규모 주식회사에서는 이사의 구분 선임은 별 의미가 없다.

3. 본 선례에 의하면,

ⅰ) 정관에 이사와 사외이사는 주주총회에서 구분하여 선임하고, 주주총회에서 선임된 이사 중 사내이사와 기타비상무이사를 이사회에서 선임하도록 규정하고 있는 경우에는, 그 회사 정관에 규정하고 있는 바에 따라 이사 선임을 하는 것도 유효하며(576면 각주2번 참조),[1]

ⅱ) 이 경우에는 상법이 정하는 절차와 다른 절차를 따를 것을 정관으로 정한 것으로 해석되기 때문에 첨부정보로 정관이 필요하며, 그 밖에 이사를 선임한 주주총회의사록 및 사내이사와 기타비상무이사를 구분하여 선임한 이사회의사록 등이 첨부정보가 된다.[2][3]

---

1) 사내이사와 기타비상무이사는 회사의 상무에 종사하는지 여부의 차이일 뿐 이사회에서 기대하는 역할과 기능에 있어서 별다른 차이가 없기 때문에 주주총회에서 구분하지 않아도 된다고 볼 여지도 있지만, 등기실무에서는 원칙적으로 주주총회에서 구분하여 선임할 것을 요구하고 있다(『주식회사법대계(Ⅱ)』, 413면). 다만, 본 선례에서는 이사와 사외이사는 주주총회에서 구분하여 선임하고, 주주총회에서 선임된 이사 중 사내이사와 기타비상무이사를 이사회에서 선임하도록 정관에서 정한 경우도 유효하다고 보았다.
2) 첨부정보로서 정관이 필요한 지에 대한 일반적인 논의는 「선례해설」(397~398면) 참조
3) 「실무사례(87)」(578면) 참조

실무사례(87)

자본금 총액이 10억원 미만인 소규모 주식회사가 이사 2인만 있고 감사가 없는 상태에서 이사 3인 이상으로 하고 감사를 두기로 한 경우 임원변경등기신청 시 정관을 첨부정보로 제공하여야 하는지 여부(소극)

자본금 총액이 3억원인 소규모 주식회사로서 정관의 규정(제35조 "이사의 수는 3인 이상으로 하되, 자본금 총액이 10억원 미만일 경우에는 2인 이하로 할 수 있다.", 제37조 "감사는 1인 이상으로 하되, 자본금 총액이 10억원 미만일 경우에는 두지 않을 수 있다.")에 따라 사내이사 2인만을 두고 감사를 두지 않았다. 하지만 이번에 임시주주총회에서 이사 및 감사 각 1인을 추가로 선임하였다. 이 경우에 임원변경등기신청 시 정관을 첨부정보로 제공하여야 하는지?

1. 회사의 정관을 살펴보면, 원칙은 상법의 규정에 의한 이사와 감사의 정원을 정하되 그 단서로 자본금 총액이 10억원 미만인 소규모 주식회사에 적용 가능한 특례의 형태로 규정되어 있으므로, 이사 2인에서 이사의 원수를 3인으로 하고 감사를 두지 않기로 한 상태에서 감사 1인을 두기로 하는 것은 이미 정관의 내용에 포함되어 있으므로 임원변경에 따른 정관을 변경할 필요는 없다.

2. 정관으로 상법의 규정과 달리 정할 수 있는 사항으로서 정관에 규정이 없으면 무효 또는 취소의 원인이 되는 경우 이외에는 주주총회의사록이나 이사회의사록을 첨부정보로 제공하면 족하고 별도로 정관을 첨부정보로 제공하여야 하는 것은 아니며(상업선례 1-102), 소규모 주식회사의 경우에 이사의 수를 2명 이하인 상태에서 3인 이상으로 변경하거나, 감사를 두지 않기로 한 상태에서 감사를 두기로 한 경우에는 상법에서 허용하는 것으로 정관에서 상법의 규정과 달리 정한 경우가 아니기 때문에 임원변경등기신청 시 정관을 첨부정보로 제공할 것은 아니다.

참조 조문: 상법 제383조, 제409조 제4항

참조 선례: 상업등기선례 제1-102호(397면)

[비교 사례] 정관에서 이사와 사외이사는 주주총회에서 구분하여 선임하고, 주주총회에서 선임된 이사 중 사내이사와 기타비상무이사를 이사회에서 선임하도록 규정하고 있는 경우에 임원변경등기신청 시 정관을 첨부해야 하는지 여부(적극)
=> 상업등기선례: 제2-31호(576면)

195. 주식회사 등의 이사 또는 감사의 취임승낙 등을 증명하는 서면에 날인할 자가 외국인인 경우

[상업등기선례 제1-145호, 제정 1992. 12. 26.]

주식회사나 유한회사에 관한 등기신청서에 이사 또는 감사의 취임승낙 또는 사임을 증명하는 서면을 첨부하는 경우 그 이사 또는 감사가 우리나라에 거주(체류 포함)하는 외국인인 때에는 그 서면상의 서명이 본인의 것임을 확인하는 우리나라 공증인의 증명서를 첨부하여도 무방할 것이다.

(1992. 12. 26. 등기 제2632호)

참조 조문 · 규칙 · 예규 · 선례 · 판례

▣ 상업등기규칙[대법원규칙 제2668호, 2016. 6. 27., 타법개정]

제104조(취임승낙을 증명하는 서면 등) ① 대표사원, 청산인, 대표청산인의 취임승낙 또는 사임을 증명하는 서면에는 「인감증명법」에 따라 신고한 인감을 날인하고 그 인감증명을 첨부하거나 그 서면에 본인이 기명날인 또는 서명하였다는 공증인의 인증서면을 첨부하여야 한다. 다만, 등기소에 인감을 제출한 사람이 중임 또는 사임하는 경우에는 등기소에 제출된 인감이 날인된 중임승낙 또는 사임을 증명하는 서면으로 갈음할 수 있다.

② 제1항의 서면을 작성한 사람이 외국인인 경우에는 그 서면에 본국 관청에 신고한 인감을 날인하고 그 인감증명을 첨부하거나 그 서면에 본인이 서명하였다는 본국 관청의 증명서면을 첨부할 수 있다.

◐ 선례 해설:

1. 상업등기규칙 제104조에 의하면, 외국인도 취임승낙 서면에 본인의 기명날인 또는 서명하였다는 공증인의 인증서면을 첨부하여도 되며, 이 경우 공증인은 우리나라 공증인이든 외국인의 본국 공증인 혹은 체류국의 공증인이든 상관없으며, 또한 그 서면에 본국 관청에 신고한 인감을 날인하고 그 인감증명을 첨부하거나 본인이 서명하였다는 본국 관청의 증명서면을 첨부할 수도 있다. 상업등기규칙 제104조의 내용은 주식회사의 경우 동 규칙 제154조 제2항에서 준용하도록 하고 있다.
2. 임원의 취임승낙 또는 사임을 증명하는 서면에 첨부할 인감증명 등에 대해서는 「보론」(87면) 참조.

196. 재외국민이 주식회사의 감사로 취임할 때 취임승낙서에 첨부할 인감증명

[상업등기선례 제1-147호, 제정 1993. 9. 16.]

재외국민(일본거주)이 국내에 있는 주식회사의 감사로 취임할 때 그 취임승낙을 증명하는 서면에는 인감증명법에 의하여 작성된 인감증명을 제출하여야 하나, 인감증명의 날인제도가 있는 외국(일본)의 관공서가 발행한 인감증명으로 갈음할 수 있다.

(1993. 9. 16. 등기 제2341호 질의회답)

◐ **선례 해설:**

1. 통상 임원 등의 취임 또는 사임을 증명하는 서면에는 그 서면에 인감증명 등을 첨부하는데(규칙 104조 및 154조 2항 참조), 그 첨부서면으로 첨부하는 인감증명에 국한하여 살펴보면, 대한민국 국적의 임원의 경우 인감증명법에 따라 신고한 개인인감을 날인하고 그 인감증명을 첨부하면 되고, 외국인의 경우에는 우리나라에 외국인등록을 하고 우리나라 인감증명을 첨부하거나 인감증명제도가 있는 외국인의 경우에는 본국의 인감증명을 첨부하는 것도 가능하다.

2. 상기 1.과 관련하여, 재외국민의 경우 우리나라 인감증명이 아닌 인감증명제도가 있는 나라(예: 일본)의 인감증명을 제출할 수 있는지가 문제된 사안에서 본 선례에서는 그도 가능하다고 보았다.

3. 결국 일본에 거주하는 재외국민의 경우 취임 또는 사임의 경우 이를 증명하는 서면으로 첨부하는 인감증명에 국한해서 살펴보면, 외국인인 일본인과 같이, ⅰ) 인감증명법 제3조에 의한 대한민국 인감증명, ⅱ) 일본 관공서가 발행한 인감증명 등 모두 가능하다고 해석된다.[1]

1) "취임을 승낙하는 대표이사·감사 등이 재외국민이거나 외국인의 경우에 그 승낙을 증명하는 서면인 인감증명 등은 동사무소에서 발행한 인감증명이 가능함은 당연하고, 외국관공서가 발행한 인감증명 등도 가능하다고 해석하여야 할 것이다(예: 재일동포의 경우 일본 인감증명서)." (권오복, 『상업등기(상)』, 1546면).

197. 수용자(감사)가 우무인을 찍고 참여 교도관이 당해 수용자의 우무인임을 확인한 후 서명 또는 날인한 사임서를 첨부하여 감사의 퇴임등기를 신청하는 경우 당해 감사의 인감증명의 첨부 요부

[상업등기선례 제1-156호, 제정 1999. 5. 10.]

수용중인 주식회사의 감사가 사임서를 작성한 후 교도관집무규칙 제13조(주: 현행 교도관 집무규칙 제14조)[1)]의 규정에 의하여 오른손 엄지손가락으로 손도장을 찍고, 사임서의 작성시 참여한 교도관이 서명 또는 날인하여 당해 감사의 손도장임을 증명한 경우에도 당해 감사의 퇴임등기신청서에는 위 사임서의 인감에 관하여 인감증명법에 의하여 작성된 인감증명을 첨부하여야 한다.

(1999. 5. 10. 등기 3402-490 질의회답)

◐ 선례 해설:

1. 현행 상업등기규칙에 의하면, 외국인이 아닌 임원의 취임승낙 또는 사임을 증명하는 서면으로는 i) 취임승낙서 또는 사임서에 인감증명법에 따라 신고한 인감을 날인하고 그 인감증명을 첨부하는 방법, ii) 그 서면에 본인이 기명날인 내지 서명하였다는 공증인의 인증서면을 첨부하는 방법, iii) 등기소에 인감을 제출한 사람이 중임 또는 사임하는 경우에 등기소에 제출한 인감이 날인된 중임승낙 또는 사임을 증명하는 서면으로 갈음하여 제출하는 방법 등이 있다(규칙 104조 1항 및 154조 2항).
2. 따라서 비록 주식회사 감사가 수용 중에 있을지라도 상기 1.의 예외가 될 수 없음을 본 선례를 통해 확인할 수 있다.

---

1) 교도관 직무규칙 제14조【수용자의 손도장 증명】① 수용자가 작성한 문서로서 해당 수용자의 날인이 필요한 것은 오른손 엄지손가락으로 손도장을 찍게 한다. 다만, 수용자가 오른손 엄지손가락으로 손도장을 찍을 수 없는 경우에는 다른 손가락으로 손도장을 찍게 하고, 그 손도장 옆에 어느 손가락인지를 기록하게 한다.
② 제1항의 경우에는 문서 작성 시 참여한 교도관이 서명 또는 날인하여 해당 수용자의 손도장임을 증명하여야 한다.

198. 주식회사의 대표권 없는 이사의 취임 또는 사임으로 인한 변경등기와 취임승낙 또는 사임을 증명하는 서면[1)2)]

[상업등기선례 제1-159호, 제정 2000. 1. 14.]

주식회사의 대표권 없는 이사의 취임 또는 사임으로 인한 변경등기의 신청서에는 그 취임승낙 또는 사임을 증명하는 서면을 첨부하여야 하나(비송사건절차법 제204조 => 주: 현행 상업등기규칙 제130조), 위 등기신청서에 첨부된 공증받은 의사록에 위 이사의 취임승낙 또는 사임의 뜻이 기재되고 당해 이사의 날인이 있는 때에는 이와 별도로 취임승낙서 또는 사임서를 첨부하여야 하는 것은 아니다.
(2000. 1. 14. 등기 3402-32 질의회답)

참조 조문 · 규칙 · 예규 · 선례 · 판례

▣ 상업등기규칙[대법원규칙 제2668호, 2016. 6. 27., 타법개정]

제104조(취임승낙을 증명하는 서면 등) ① 대표사원, 청산인, 대표청산인의 취임승낙 또는 사임을 증명하는 서면에는 「인감증명법」에 따라 신고한 인감을 날인하고 그 인감증명을 첨부하거나 그 서면에 본인이 기명날인 또는 서명하였다는 공증인의 인증서면을 첨부하여야 한다. 다만, 등기소에 인감을 제출한 사람이 중임 또는 사임하는 경우에는 등기소에 제출된 인감이 날인된 중임승낙 또는 사임을 증명하는 서면으로 갈음할 수 있다.
② 제1항의 서면을 작성한 사람이 외국인인 경우에는 그 서면에 본국 관청에 신고한 인감을 날인하고 그 인감증명을 첨부하거나 그 서면에 본인이 서명하였다는 본국 관청의 증명서면을 첨부할 수 있다.

제154조(합명회사에 관한 규정의 준용) ② 이사, 대표이사, 집행임원, 대표집행임원, 청산인, 대표청산인, 감사 또는 감사위원회 위원의 취임승낙 또는 사임을 증명하는 정보에 관하여는 제104조를 준용한다.

---

1) 본 선례는 주식회사 대표권 없는 이사의 취임 또는 사임으로 인한 변경등기의 신청서에 첨부할 취임승낙 또는 사임을 증명하는 서면으로 위 이사의 취임승낙 또는 사임의 뜻이 기재되고 당해 이사의 날인이 있는 때에는 그 공증받은 의사록도 포함된다는 입장이다. 본 선례의 내용이 2014. 11. 21.부로 시행된 임원의 취임승낙 또는 사임을 증명하는 서면으로서 공증인의 인증서면과 관련하여 어떤 의미를 갖는지 좀 더 살펴볼 필요가 있다.

2) 최근 본 선례의 내용과 동일한 취지의 선례를 발표한 바 있다(상업선례 201507-4, 585면 참조).

◐ **선례 해설: 임원의 취임승낙 또는 사임을 증명하는 서면**

1. 임원의 취임승낙 또는 사임을 증명하는 서면에는 인감증명법에 따라 신고한 인감을 날인하고 그 인감증명을 첨부하거나 그 서면에 본인이 기명날인 또는 서명하였다는 공증인의 인증서면을 첨부하여야 한다. 다만, 등기소에 인감을 제출한 사람이 중임 또는 사임하는 경우에는 등기소에 제출된 인감이 날인된 중임승낙 또는 사임을 증명하는 서면으로 갈음할 수 있다(규칙 104조 1항, 154조 2항).

2. 2014. 11. 21.부로 시행된 상업등기법 및 상업등기규칙에서는 임원의 취임 또는 사임으로 인한 변경등기신청서에 첨부정보로서 취임승낙 또는 사임을 증명하는 서면에 인감증명법에 따라 신고한 인감을 날인하고 그 인감증명을 첨부하는 방법 외에 공증인의 인증서면을 첨부하는 방법을 전면적으로 도입하였다.

3. 최근 법원행정처는 선례 해설을 통해 선임과 취임승낙을 증명하는 서면의 작성 방법과 관련하여, "이사의 취임등기의 신청서에는 선임을 증명하는 서면으로 주주총회의사록과 이사의 취임승낙을 증명하는 서면을 첨부하여야 하는데, 이사의 취임승낙을 증명하는 서면은 선임을 증명하는 서면과 별도의 서면으로 작성할 수도 있고 하나의 서면으로 작성할 수도 있다. 양 서면을 하나의 서면으로 작성할 경우에는 선임을 증명하는 서면에 그 이사의 취임승낙의 의사표시와 기명날인 또는 서명이 기재되어 있어야 한다."라고 밝힌 바 있다(「법원행정처 선례해설 요약(12)」, 598면 참조). 즉 임원에 대한 선임을 증명하는 서면인 주주총회의사록 등과 취임승낙을 증명하는 서면을, 선임기관의 선임결의와 피선임자의 취임승낙의 의사표시와 기명날인 또는 서명이 모두 기재되어 있는 경우에는 하나의 서면으로 작성 가능하다.

4. 위 3.과 관련하여 최근 임원의 취임(또는 중임)을 증명하는 서면으로서의 공증인의 인증서면과 관련하여 주목할 만한 내용의 해석이 나왔다.

5. 즉 「대법원 인터넷등기소> 전자민원센터> 공개된 Q&A」에서 임원 취임과 중임의 경우에 등기신청서에 첨부하는 공증인의 인증서면과 관련하여, "민법상의 계약은 원칙적으로 방식을 요하지 않는 불요식계약이다. 상법상 위임의 경우에도 특별한 규정이나 당사자의 합의에 의하

여 방식을 정한 경우 등의 외에는 불요식계약으로 보아야 한다. 취임승낙(또는 중임승낙, 이하 같다)을 증명하는 서면에는 인감증명법에 따라 신고한 인감을 날인하고 그 인감증명을 첨부하거나 그 서면에 본인이 기명날인 또는 서명하였다는 공증인의 인증서면을 첨부하여야 한다고 규정하고 있을 뿐, 취임승낙을 증명하는 서면을 특별한 양식이나 형식으로 제한하고 있지 않다(규칙 104조 참조). 따라서 상법상 위임계약이 원칙적으로 불요식계약임을 고려하면 의사록에 대한 공증인의 인증서면도 취임승낙서가 될 수 있다. 다만 선임기관의 결의에 따라 회사의 청약과 피선임자의 승낙으로 임용계약(위임계약)이 성립하기 때문에(민법 60조, 대법원 1995. 2. 28. 선고 94다31440 판결 등 참조), 공증인의 인증서면에는 선임기관의 선임결의와 피선임자인 이사의 취임을 승낙하는 의사표시가 모두 기재되어 있어야 한다." [1]

6. 위 내용에 의하면, ① 임원의 취임으로 인한 변경등기의 신청서에 첨부된 공증받은 의사록에 임원의 취임승낙의 뜻이 기재되고 당해 임원의 기명날인 또는 서명이 있는 때에는 그 서면은 임원의 취임을 증명하는 서면인 공증인의 인증서면으로 인정되어 별도의 취임승낙서는 필요 없으며, ② 그 서면에 인감증명법에 따라 신고한 인감증명을 첨부하여야 하는 것도 아니다.[2] ③ 위 ①과 ②의 내용은 대표권이 있는지 여부와 상관없이 모두 적용된다. ④ 공증인의 인증서면에는 선임기관의 선임결의와 피선임자인 임원의 취임을 승낙하는 의사표시와 기명날인 또는 서명이 모두 기재되어 있어야 하며, 또한 공증인의 인증을 받은 의사록의 인증문구 말미에도 취임하는 이사 등의 본인이 기명날인 또는 서명하였다는 사실을 확인하는 내용이 기재되어 있어야 한다(『2016 상업등기실무』, 321면 각주 21번).

---

1) 「대법원 인터넷등기소> 전자민원센터> 공개된 Q&A」 2015 .8 .31. 및 2015. 12. 7.자 답변 내용 참조

2) 2014. 1. 1. 등기예규 제752호의 폐지로 임원의 취임 또는 사임으로 인한 변경등기의 신청서에는 첨부된 공증인의 인증받은 의사록에 임원의 취임승낙 또는 사임의 뜻이 기재되고 당해 임원의 날인이 있는 경우에도 인감증명을 첨부토록 하였으나, 위 해석으로 이제는 임원의 선임결의와 피선임자인 임원의 취임을 승낙하는 의사표시와 기명날인 또는 서명이 모두 기재되어 있는 공증인의 인증받은 의사록은 임원의 취임승낙을 증명하는 서면인 공증인의 인증서면에 해당하여, 위 공증인의 인증받은 의사록 외에 별도의 취임승낙서뿐만 아니라 인감증명 또한 첨부할 필요가 없게 되었다. 이는 임원의 사임을 증명하는 서면에게도 동일하게 적용된다.

199. 공증받은 의사록에 선임기관의 선임결의와 피선임자인 이사의 취임승낙의 의사표시가 모두 있는 경우 별도의 취임승낙서가 첨부되어야 하는지 여부[1)]

[상업등기선례 제201507-4호 , 제정 2015. 7. 22.]

1. 이사와 회사의 관계에는 민법의 위임에 관한 규정이 준용된다. 민법상 위임은 무상임을 원칙으로 하며, 그 법적성질은 편무 · 낙성계약이다. 그러나 특약으로 유상으로 할 수 있는데 이러한 경우에는 쌍무 · 낙성계약이다. 상법상의 위임은 상법 제61조에 의해 원칙적으로 유상이므로 쌍무 · 낙성계약에 해당한다.

2. 한편, 민법상의 계약은 원칙적으로 방식을 요하지 않는 불요식계약이다. 상법상 위임의 경우에도 특별한 규정이나 당사자의 합의에 의하여 방식을 정한 경우 등의 외에는 불요식계약으로 보아야 한다. 상업등기규칙 제104조는 취임승낙을 증명하는 서면에는 「인감증명법」에 따라 신고한 인감을 날인하고 그 인감증명을 첨부하거나 그 서면에 본인이 기명날인 또는 서명하였다는 공증인의 인증서면을 첨부하여야 한다고 규정하고 있을 뿐, 취임승낙을 증명하는 서면을 특별한 양식이나 형식으로 제한하고 있지 않다. 따라서 상법상 위임계약이 원칙적으로 불요식계약임을 고려하면 의사록에 대한 공증인의 인증서면도 취임승낙서가 될 수 있다.

3. 다만 선임기관의 결의에 따라 회사의 청약과 피선임자의 승낙으로 임용계약(위임계약)이 성립하기 때문에, 공증인의 인증서면에는 선임기관의 선임결의와 피선임자인 이사의 취임을 승낙하는 의사표시가 모두 기재되어야 한다.

(2015. 7. 22. 사법등기심의관－2471 질의회답)

---

1) 본 선례는 임원의 취임승낙을 증명하는 서면으로서의 공증인의 인증서면에 관한 내용이다. 임원의 취임승낙을 증명하는 서면으로서의 공증인의 인증서면이 무엇인지에 대해 구체적으로 밝히고 있어 주목할 만하다.

◐ **선례 해설: 「실무사례(88)」(587면) 참조**

1. 회사와 이사의 관계는 민법의 위임에 관한 규정을 준용한다(상법 382조 2항). 회사와 이사 간의 위임관계는 계약에 의하여 성립되는 관계이며, 그 내용은 회사법과 회사의 정관 등에 의하여 결정된다. 상법상 위임의 경우에는 원칙적으로 유상이므로(상법 61조) 쌍무 · 낙성계약에 해당한다.

2-1. 민법상의 계약은 원칙적으로 방식을 요하지 않는 불요식계약이며, 상법상의 위임계약도 특별한 규정이나 당사자의 합의에 의하여 방식을 정한 경우 등의 외에는 불요식계약으로 보아야 한다.

2-2. 내국인인 임원의 취임 또는 사임으로 인한 변경등기를 신청하는 경우에는 그 취임승낙 또는 사임을 증명하는 정보를 제공하여야 하는바, i) 취임승낙 또는 사임을 증명하는 서면에 인감증명법에 따라 신고한 인감을 날인하고 그 인감증명을 첨부하거나, ii) 그 서면에 본인이 기명날인 또는 서명하였다는 공증인의 인증서면을 첨부하여야 한다. iii) 다만, 등기소에 인감을 제출한 사람이 중임 또는 사임하는 경우에는 등기소에 제출된 인감이 날인된 중임승낙 또는 사임을 증명하는 서면으로 갈음할 수 있다(규칙 154조 2항, 104조 1항). 본 선례에서는 상법상의 위임계약이 불요식계약임을 감안하면 ii)의 공증인의 인증서면도 일정한 방식을 요하지 않으므로, 의사록에 대한 공증인의 인증서면도 취임승낙을 증명하는 서면이 될 수 있음을 밝히고 있다.

3-1. 다만 선임기관의 결의에 따라 회사의 청약과 피선임자의 승낙으로 임용계약(위임계약)이 성립하기 때문에, 공증인의 인증서면에는 선임기관의 선임결의와 피선임자인 이사의 취임을 승낙하는 의사표시가 모두 기재되어야 한다(주: 그 서면에는 취임승낙의 의사표시와 함께 기명날인 또는 서명이 기재되어 있어야 한다. 「법원행정처 선례해설 요약(12)」, 598~599면 참조).

3-2. 취임승낙을 증명하는 서면으로서 공증인의 인증서면에는, i) 임원 본인이 기명날인 또는 서명하였음을 공증인이 인증한, 별도로 작성된 취임승낙서 또는 사임을 증명하는 서면과, ii) 선임기관의 선임결의와 피선임자인 임원의 취임을 승낙하는 의사표시와 함께 기명날인 또는 서명이 기재되어 있는 공증인의 인증받은 의사록 등이 있겠다. 다만, ii)의 경우에는 인증문구 말미에, 취임하는 임원 본인이 기명날인 또는 서명하였다는 사실을 확인하는 내용이 기재되어 있어야 한다(『2016 상업등기실무』, 321면 각주 21번).

실무사례(88)

제목: 취임승낙을 증명하는 서면으로서의 공증인의 인증서면

이사 중 갑과 을이 이번 정기주주총회로 임기가 만료됨에 따라 2016. 3. 31. 정기주주총회에서 병과 정이 새로이 선임되었다. 회사는 임원변경등기를 위해 2016. 3. 31. 정기주주총회의사록에 대해 공증인법 제66조의2에 의한 법인의사록 인증방식에 따라 인증을 받았다. 위 주주총회의사록에는 주주총회의 선임결의와 피선임자인 이사 병과 정의 취임을 승낙하는 의사표시가 모두 기재되어 있다.

【1】 이번에 새로이 선임된 이사 병과 정의 선임을 증명하는 서면 및 취임승낙을 증명하는 서면은?

【2】 위 【1】과 상관없이 취임승낙 증명서면을 공증인의 인증서면으로 공증받은 정기주주총회의사록을 제출하려고 한다. 이 경우에도 인감증명법에 따른 인감증명을 첨부하여야 하는지?

【3】 위 【2】의 경우에 공증받은 정기주주총회의사록에 피선임자의 취임을 승낙하는 의사표시로 하는 기명날인 또는 서명과 관련하여, 그 기명날인 또는 서명에는 어떠한 제한이 있는지?

【4】 위 【2】와 관련하여 이번에 취임하는 이사 병과 정이 정기주주총회의사록을 공증 받을 때 공증사무실에 별도로 출석하여야 하는지?

1-1. 새로이 선임된 이사의 취임승낙을 증명하는 서면에는, 그 서면에 인감증명법에 따라 신고한 인감을 날인하고 그 인감증명을 첨부하는 방법과 그 서면에 본인이 기명날인 또는 서명하였다는 공증인의 인증서면을 첨부하여야 한다(규칙 154조 2항, 104조 1항).

1-2. 위 두 방법 중 공증인의 인증서면과 관련하여 살펴보면, 새로 선임된 이사가 공증사무실에 가서 취임승낙서에 본인이 기명날인 또는 서명하였다는 공증인의 인증서면뿐만 아니라 선임기관의 선임결의와 피선임자인 이사의 취임을 승낙하는 의사표시가 모두 기재되어 있는 인증받은 정기주주총회의사록도 공증인의 인증서면으로서 인정된다(상업선례 201507-4).

1-3. 결국 이번에 새로이 선임된 이사 병과 정의 임원변경등기신청서에, ⅰ) 선임 증명서면으로 인증받은 정기주주총회의사록 및 취임승낙을 증명하는

서면으로 인감증명법에 따라 신고한 인감이 날인된 취임승낙서에 인감증명법에 따라 신고한 인감증명을 첨부하는 방법, ii) 선임 증명서면과 취임승낙을 증명하는 서면으로 선임기관인 주주총회의 선임결의와 피선임자인 이사의 취임을 승낙하는 의사표시가 모두 기재되어 있는 인증받은 정기주주총회의사록 하나만을 첨부하는 방법[1] 등 두 방법 모두 가능하다.

2. 새로이 선임된 이사의 취임승낙을 증명하는 서면으로 공증인의 인증서면을 첨부하는 것은 그 서면에 인감증명법에 따라 신고한 인감을 날인하고 그 인감증명을 첨부하는 방법을 갈음하는 것이므로, 공증인의 인증서면 외에 인감증명법에 따른 인감증명을 첨부할 필요는 없다.[2]

3. 취임승낙을 증명하는 서면으로 공증인의 인증서면으로서 공증받은 정기주주총회의사록을 첨부하는 경우에, 그 의사록에 피선임자의 취임을 승낙하는 의사표시로 하는 기명날인 또는 서명에는 아무런 제한이 없다. 따라서 주주총회의사록에 피선임자의 취임을 승낙하는 의사표시로 하는 기명날인 또는 서명은 인감증명법에 의한 인감을 날인하거나 「본인서명사실 확인 등에 관한 법률」에 따른 서명일 필요가 없다. 왜냐하면 공증인의 인증서면은 인감을 날인하고 그 인감증명을 첨부하는 것을 갈음하는 것이며, 또한 상법상 위임계약은 특별한 규정이나 당사자의 합의에 의하여 방식을 정한 경우 등의 외에는 불요식계약으로 보아야 하기 때문이다.

4. 이사의 임용계약은 선임기관의 결의에 따라 회사의 청약과 피선임자의 승낙으로 성립하는데(대법원 1995. 2. 28. 선고 94다31440 판결 참조), 취임승낙을 하는 피선임자에 대한 공증인의 의사의 진정성 확인 방법은 직접 확인 방법 외에 대리인의 진술 등에 의한 간접 확인 방법도 포함된다(『상업등기 주요선례 해설』, 201면 각주 27번). 따라서 취임승낙을 증명하는 서면으로 공증인의 인증서면인 정기주주총회의사록을 첨부 시에는 신임이사인 병과 정이 그 취임승낙의 진정성을 확인받기 위하여 공증사무실에 별도로 출석하지 않아도 된다.

참조 조문: 상법 제382조 제2항, 상업등기규칙 제104조, 제154조

참조 선례: 상업등기선례 제1-159호(582면), 제201507-4호(585면)

---

1) 선임 증명서면과 취임승낙 증명서면은 하나의 서면 또는 별개의 서면으로 작성될 수 있다. 하나의 서면으로 작성된 경우 그 의사록에는 취임승낙의 의사표시와 취임승낙한 사람의 기명날인 또는 서면이 있어야 하며(『상업등기 주요선례 해설』, 203면), 또한 인증받은 의사록 인증문구 말미에 취임하는 이사 본인이 기명날인 또는 서명하였다는 사실을 확인하는 내용이 기재되어 있어야 한다(『2016 상업등기실무』, 321면).

2) 물론 이 경우에는 별도의 취임승낙서도 제출할 필요가 없다.

200. 주식회사나 유한회사에 관한 등기신청서에 이사 또는 감사의 취임승낙 또는 사임을 증명하는 서면을 첨부하는 경우 그 이사 또는 감사가 우리나라에 거주 또는 체류하는 외국인인 때 그 서면상의 서명이 본인의 것임을 확인하는 우리나라 공증인의 인증서 첨부가능 여부 및 '체류' 의 의미

[상업등기선례 제1-168호, 제정 2005. 2. 18.]

주식회사나 유한회사에 관한 등기신청서에 이사 또는 감사의 취임승낙 또는 사임을 증명하는 서면을 첨부하는 경우 그 이사 또는 감사가 우리나라에 거주 또는 체류하는 외국인인 때에는 그 서면상의 서명이 본인의 것임을 확인하는 우리나라 공증인의 인증서를 첨부하여 본국 관공서의 증명이나 본국 공증인의 인증을 갈음할 수 있을 것이며, 이 때 체류는 출입국관리법 제31조에 의한 외국인등록을 한 경우에 제한되지 아니하고 출입국관리법 제10조, 같은 법 시행령 제12조에서 정한 체류자격을 갖추고 있는 경우라면 무방하다 할 것이다.
(2005. 2. 18. 공탁법인 3402-49 질의회답)

◐ 선례 해설:

1. 상업등기규칙 제104조 제1항에 의하면, 외국인도 취임승낙 또는 사임을 증명하는 서면에 본인의 기명날인 또는 서명하였다는 공증인의 인증서면을 첨부하여도 되며, 이 경우 공증인은 우리나라 공증인이든 외국인의 본국 공증인 혹은 체류국의 공증인이든 상관없다. 또한 외국인은 동 규칙 제2항에 의해 취임승낙 또는 사임을 증명하는 서면에 본국 관청에 신고한 인감을 날인하고 그 인감증명을 첨부하거나 본인이 서명하였다는 본국 관청의 증명서면을 첨부할 수도 있다.

2. 상기 1.과 관련하여, 입국한 날로부터 90일을 초과하여 대한민국에 체류하므로 출입국관리법 제31조에 따라 외국인등록을 한 외국인뿐만 아니라 출입국관리법 제10조 및 동법 시행령 제12조에 의해 체류자격을 갖추고 있는 외국인도, 취임승낙서 또는 사임서 및 그에 첨부하는 인감증명 등을 취임승낙 또는 사임을 증명하는 서면에 본인이 기명날인 또는 서명하였다는 우리나라 공증인의 인증서면으로 갈음하여 제출할 수 있다.

201. 임원 변경등기에서 체류국 공증인의 공증 허용 여부

[상업등기선례 제2-3호, 제정 2006. 7. 10.]

주식회사나 유한회사에 관한 등기신청서에 대표권 없는 이사 또는 감사 등의 취임승낙 또는 사임을 증명하는 서면을 첨부하는 경우 그 이사 또는 감사 등이 본국 또는 우리나라가 아닌 다른 나라에 거주 또는 체류하는 외국인인 때에는, 그 서면상의 서명이 본인의 것임을 확인하는 거주 또는 체류하는 국가의 공증인의 인증서를 첨부하여 본국 관공서의 증명이나 본국 공증인의 인증에 갈음할 수 있다. ~~그러나, 대표권 있는 이사·청산인 등의 취임승낙 또는 사임을 증명하는 서면에는 본국 관공서의 증명이나 본국 공증인 또는 우리나라 공증인의 인증서를 첨부하여야 하며, 거주 또는 체류하는 국가의 공증인의 인증서는 허용될 수 없을 것이다~~.
(2006. 7. 10. 공탁상업등기과-627 질의회답)

참조 조문 · 규칙 · 예규 · 선례 · 판례

▣ 상업등기규칙[대법원규칙 제2668호, 2016. 6. 27., 타법개정]

제104조(취임승낙을 증명하는 서면 등) ① 대표사원, 청산인, 대표청산인의 취임승낙 또는 사임을 증명하는 서면에는 「인감증명법」에 따라 신고한 인감을 날인하고 그 인감증명을 첨부하거나 그 서면에 본인이 기명날인 또는 서명하였다는 공증인의 인증서면을 첨부하여야 한다. 다만, 등기소에 인감을 제출한 사람이 중임 또는 사임하는 경우에는 등기소에 제출된 인감이 날인된 중임승낙 또는 사임을 증명하는 서면으로 갈음할 수 있다.
② 제1항의 서면을 작성한 사람이 외국인인 경우에는 그 서면에 본국 관청에 신고한 인감을 날인하고 그 인감증명을 첨부하거나 그 서면에 본인이 서명하였다는 본국 관청의 증명서면을 첨부할 수 있다.

◐ **선례 해설:** 개정된 상업등기규칙 제104조 제1항에 의하면, 본국과 우리나라 공증인의 인증서면 외에 체류국 공증인의 인증서면도 포함하고 있어 상기 선례 중 후단의 내용은 현재는 맞지 않다.

> 임원 등의 취임승낙 또는 사임하는 경우에 첨부되는 인감증명을 갈음하여 공증인의 공증서면을 첨부할 수 있는 근거를 마련하고, 또한 본국과 우리나라 공증인의 공증서면 외에 체류국의 공증인의 공증서면도 포함하도록 근거를 마련함(상업등기규칙 개정이유 중에서 발췌).

202. 주주가 1인인 주식회사가 그 이사를 해임하고 그로 인한 변경등기를 신청하는 경우, 신청서에 첨부할 서면

[상업등기선례 제2-28호, 제정 2007. 5. 25.]

주주가 1인인 주식회사의 1인 주주가 주주총회의 소집 절차(상법 제362조, 제363조 등)를 거치지 않고 이사들이 참석하지도 아니한 상태에서 주주총회를 개최하여 어느 이사를 해임하는 결의를 한 경우, 그로 인한 변경등기의 신청서에는 1인 주주만이 기명날인 또는 서명한 주주총회 의사록을 인증받아(공증인법 제66조의2) 첨부할 수 있다.
(2007. 5. 25. 공탁상업등기과-533 질의회답)

◐ **선례 해설:** 「보론」(592면) 참조

1. 1인 주식회사의 소집절차 위배의 주주총회 결의의 효력(예규 92호)은 등기예규 제1509호에 의해 2014. 1. 1.부로 폐지되었으나,

2. 그 폐지사유가 등기예규 제92호가 등기업무처리절차에 관한 것이 아니기 때문이므로, 대법원 1966. 9. 20. 선고 66다1187,1188 판결 및 동 판결을 기초로 한 본 선례 역시 아직 유효하다고 하겠다.[1)]

> 주주총회의 소집절차가 위법하다 하더라도 1인 주주회사에서 그 주주가 참석하여 총회개최에 동의하고 아무 이의 없이 결의한 것이라면 그 결의 자체를 위법한 것이라고 할 수 없다(대법원 1966. 9. 20. 선고 66다1187,1188 판결).

3. 또한 주주총회의 의사(議事)에 대해서는 의사록을 작성하여 의사의 경과요령과 그 결과를 기재하고 의장과 출석한 이사가 기명날인 또는 서명하여야 하는데(상법 373조), 1인 주주만이 출석하고 그 외 출석한 이사가 없는 경우에는 1인 주주만이 기명날인 또는 서명한 주주총회의사록에는 하자가 없다(위 판례 참조). 다만 2015. 8. 1.부터 시행된 공증실무에 의하면, 결의의 절차 및 내용이 상법 기타 법령이나 정관을 위반한 경우에는 그 의사록에 대해 공증을 받기가 어렵다는 점에서(297면 각주 2번 참조), 본 선례 내용대로 현재 등기신청이 가능한지는 부정적이다.

---

1) 소규모 주식회사의 경우 주주 전원의 동의가 있을 경우에는 소집절차 없이 주주총회를 개최할 수 있다는 명문의 규정이 있지만(상법 363조 5항), 종래에도 주주 전원의 출석이 있는 경우에는 소집절차의 흠이 치유된다는 판례가 있었고, 본 선례는 이러한 판례의 입장과 동일한 입장을 보인 것으로 평가된다.

「보 론」 1인회사와 주주총회 관련 규정의 배제

1. 1인회사의 법인성

일반적으로 회사는 복수인의 결합에 의한 사단으로 설명되나, 2001년도에 상법 개정을 통하여 1인에 의한 주식회사의 설립이 가능하게 됨에 따라 사단성이 많이 퇴색되었다. 하지만 비록 주주가 1인이라 하더라도 회사의 재산과 그 주주 개인의 재산은 형식상 별개의 것이므로, 1인회사라고 하더라도 주식회사로서의 독립된 법인성은 그대로 유지된다.

2. 1인회사의 주주총회 관련 판례(주: 『상법판례 백선』, 175~181면 참조)

> 주식회사에 있어서 회사가 설립된 이후 총주식을 한 사람이 소유하게 된 이른바 1인회사의 경우에는 그 주주가 유일한 주주로서 주주총회에 출석하면 전원 총회로서 성립하고 그 주주의 의사대로 결의가 될 것임이 명백하므로 따로이 총회소집절차가 필요 없고 실제로 총회를 개최한 사실이 없었다 하더라도 그 1인 주주에 의하여 의결이 있었던 것으로 주주총회 의사록이 작성되었다면 특별한 사정이 없는 한 그 내용의 결의가 있었던 것으로 볼 수 있다(대법원 1976. 4. 13. 선고 74다1755 판결).

> 주식회사에 있어서 회사가 설립된 이후 총 주식을 한 사람이 소유하게 된 이른바 1인회사의 경우에는 그 주주가 유일한 주주로서 주주총회에 출석하면 전원 총회로서 성립하고 그 주주의 의사대로 결의가 될 것임이 명백하므로 따로 총회소집절차가 필요 없고, 실제로 총회를 개최한 사실이 없었다 하더라도 그 1인 주주에 의하여 의결이 있었던 것으로 주주총회의사록이 작성되었다면 특별한 사정이 없는 한 그 내용의 결의가 있었던 것으로 볼 수 있고, 이는 실질적으로 1인회사인 주식회사의 주주총회의 경우도 마찬가지이며, 그 주주총회의사록이 작성되지 아니한 경우라도 증거에 의하여 주주총회 결의가 있었던 것으로 볼 수 있다(대법원 2004. 12. 10. 선고 2004다25123 판결).

3. 판례는 1인 주주가 총회에 출석하였다면 주주총회의 소집절차도 필요 없고 실제로 총회를 개최한 사실이 없었다 하더라도 주주총회 결의가 있었던 것으로 볼 수 있다는 입장이나, 2015. 8. 1. 이후에는 주총 결의의 절차 및 내용이 상법 기타 법령이나 정관을 위반한 경우에는 그 의사록에 대한 인증은 불가하다는 점에 유의하여야 한다. 따라서 이 경우에는 소규모 주식회사라면 총주주동의에 의한 서면결의로 등기신청을 진행하는 것이 좋을 듯싶다.

203. 외국인의 취임승낙서 또는 사임서 등에 영사관의 확인을 받거나 아포스티유를 첨부하여야 하는지 여부[1)2)]

[상업등기선례 제201502-1호, 제정 2015. 2. 10.]

1. 법인의 임원변경등기 신청시 취임승낙 또는 사임을 증명하는 서면을 작성한 사람이 외국인인 경우 ① 「인감증명법」에 따라 신고한 인감을 날인하고 그 인감증명을 첨부하거나 그 서면에 본인이 기명날인 또는 서명하였다는 공증인의 인증서면을 첨부하여야 한다. 다만, 등기소에 인감을 제출한 사람이 중임 또는 사임하는 경우에는 등기소에 제출된 인감이 날인된 중임승낙 또는 사임을 증명하는 서면으로 갈음할 수 있다(상업등기규칙 제104조 제1항 및 제154조 참조) ② 취임승낙 또는 사임을 증명하는 서면에 본국 관청에 신고한 인감을 날인하고 그 인감증명을 첨부하거나 그 서면에 본인이 서명하였다는 본국 관청의 증명서면을 첨부할 수도 있다(상업등기규칙 제104조 제2항 및 제154조 참조).

2. 외국 공증인의 인증서면이 첨부된 경우, 영사관의 확인을 받거나 아포스티유를 첨부하여 등기소에 제출하여야 한다(외국공문서에 관한 업무처리지침. 등기예규 제1534호제2조 내지 제3조 참조).

3. 다만, 법인의 임원변경등기 신청시 주소 · 주민등록번호 등을 증명하는 서면이 필요한 경우에 외국인은 주소 · 주민등록번호 등을 증명하는 서면으로 여권사본을 제출할 수 있다. 이 경우 외국인은 공증인의 인증을 받은 여권사본에 아포스티유를 첨부하거나 영사관의 확인을 받아 제출(외국공문서에 관한 업무처리지침. 등기예규 제1534호 제2조 내지 제3조 참조)하여야 한다.

(2015. 2. 10. 사법등기심의관－548 질의회답)

---

1) 본 선례의 내용은 임원의 취임승낙 또는 사임을 증명하는 서면에 관한 개정 상업등기규칙 제104조 및 제154조 제2항에 관한 것과 「외국공문서에 관한 업무처리지침」(예규 1534호)에 의한 외국공문서(외국의 정부나 그 밖의 권한 있는 기관이 발행한 서류 또는 공증인이 공증한 외국문서)의 「재외공관 공증법」에 따른 영사관의 확인 혹은 아포스티유(Apostille) 발급과 관련한 것으로, 이는 개정 상업등기규칙 및 등기예규 제1534호의 시행일인 2014. 11. 21. 이후 외국인이 임원인 경우에 그 취임승낙 또는 사임 시에 제출하는 서면과 관련하여 필히 검토해야 할 사항이다.

2) 상업등기선례 제2-34호(596면), 「법원행정처 선례해설 요약(12)」(598~599면), 「실무사례(89)」(600~601면) 등 참조

참조 조문 · 규칙 · 예규 · 선례 · 판례

▣ 상업등기규칙[대법원규칙 제2668호, 2016. 6. 27., 타법개정]

제104조(취임승낙을 증명하는 서면 등) ① 대표사원, 청산인, 대표청산인의 취임승낙 또는 사임을 증명하는 서면에는 「인감증명법」에 따라 신고한 인감을 날인하고 그 인감증명을 첨부하거나 그 서면에 본인이 기명날인 또는 서명하였다는 공증인의 인증서면을 첨부하여야 한다. 다만, 등기소에 인감을 제출한 사람이 중임 또는 사임하는 경우에는 등기소에 제출된 인감이 날인된 중임승낙 또는 사임을 증명하는 서면으로 갈음할 수 있다.

② 제1항의 서면을 작성한 사람이 외국인인 경우에는 그 서면에 본국 관청에 신고한 인감을 날인하고 그 인감증명을 첨부하거나 그 서면에 본인이 서명하였다는 본국 관청의 증명서면을 첨부할 수 있다.

제154조(합명회사에 관한 규정의 준용) ② 이사, 대표이사, 집행임원, 대표집행임원, 청산인, 대표청산인, 감사 또는 감사위원회 위원의 취임승낙 또는 사임을 증명하는 정보에 관하여는 제104조를 준용한다.

▣ 외국공문서에 관한 업무처리지침[등기예규 제1534호, 제정 2014. 11. 5.]

제1조(목적)

이 예규는 법인(합자조합을 포함한다)이 등기를 신청하는 경우에 첨부되는 외국공문서의 심사방법을 규정함을 목적으로 한다.

제2조(외국공문서의 제출방법)

외국의 정부나 그 밖의 권한 있는 기관이 발행한 서류 또는 공증인(법률에 따른 공증인의 자격을 가진 자만 해당된다)이 공증한 외국문서는 「재외공관공증법」 제30조제1항 본문에 따른 영사관의 확인을 받아 제출하여야 한다. 다만, 「외국공문서에 대한 인증의 요구를 폐지하는 협약」에 가입한 국가인 경우에는 그 협약에서 정한 바에 따라 아포스티유(Apostille)를 발급받아 제출할 수 있다.

제3조(등기관의 심사)

등기관은 외국의 정부나 그 밖의 권한 있는 기관이 발행한 서류 또는 공증인이 공증한 외국문서에 제2조에 따른 영사관의 확인이나 아포스티유가 없는 경우에는 보정을 명하여야 한다[협약 가입국 현황(www.hcch.net), (www.mofa.go.kr) 참조]. 다만, 영사관의 확인이나 아포스티유를 제출할 수 없는 특별한 사정이 있고, 그 외국공문서가 적법하게 발급되었다고 인정할 만한 충분한 자료가 있는 경우에는 그러하지 아니하다.

◐ 선례 해설:

1. 이사, 대표이사, 감사 등 임원의 취임승낙 또는 사임의 경우에는 인감증명법에 따라 신고한 개인인감을 날인하고 그 인감증명을 첨부하거나, 그 서면에 본인이 기명날인 또는 서명하였다는 우리나라, 본국, 체류국의 공증인의 인증서면을 첨부하여야 한다. 다만, 등기소에 인감을 제출한 사람이 중임 또는 사임하는 경우에는 등기소에 제출된 인감이 날인된 중임승낙 또는 사임을 증명하는 서면으로 갈음할 수 있다(규칙 154조 2항, 104조 1항). 외국인의 경우에는 위 규칙 제104조 제1항의 서면뿐만 아니라, 인감증명제도가 있는 외국인의 경우에는 그 인감증명을, 인감증명제도가 없는 외국인의 경우에는 본국 관청의 증명서면을 제출할 수도 있다(규칙 154조 2항, 104조 2항). 즉 내국인은 규칙 제104조의 제1항만 적용되지만, 외국인의 경우에는 규칙 제104조 제1항 및 제2항 모두의 적용이 있다(『개정 상업등기법 · 규칙 해설』, 264~267면 참조).

2. 다만, 위 1.의 경우에 우리나라 공증인이 아닌 본국이나 체류국 공증인의 인증서면 및 외국의 정부나 그 밖의 권한 있는 기관이 발행한 서류에 대해서는 「재외공관 공증법」 제30조 제1항 본문에 따른 영사관의 확인 또는 아포스티유(Apostille) 협약 가입국의 경우에는 아포스티유를 발급받아 제출하여야 한다.[1)]

3. 임원변경등기신청 시 주소 · 주민등록번호 등을 증명하는 서면으로 내국인의 경우에는 주민등록등 · 초본, 주민등록증 사본, 운전면허증 사본 등을 들 수가 있는데(상업선례 2-30, 603면), 본 선례에 의하면 외국인의 경우에는 여권사본을 제출할 수 있다고 보았다.[2)] 다만 이 경우에도 「외국공문서에 관한 업무처리지침」(예규 1534호)이 적용되어, 외국인은 공증인의 인증을 받은 여권사본에 아포스티유를 첨부하거나 영사관의 확인을 받아 제출하여야 한다.

---

1) 본 선례에서는 외국 공증인의 인증서면만을 언급하였지만, 본국 관청에 신고한 인감을 날인하고 그 인감증명을 첨부하거나 그 서면에 본인이 서명하였다는 본국 관청의 증명서면에 대해서도 당연히 「외국공문서에 관한 업무처리지침」(예규 1534호)이 적용된다.

2) 다만 여권에 주소지가 나와 있는 경우(예: 프랑스)에는 여권사본이 주소증명서면이 될 수 있으나, 보통의 경우 여권에는 주소가 나와 있지 않아 대표권 있는 임원의 경우에는 별도로 주소증명서면을 제출하여야 할 경우가 많다(512면 각주1번 참조). 물론 어느 경우이든 여권이 성명, 국적 및 생년연월일을 증명하는 서면이 될 수 있음은 당연하다.

204. 회사의 임원의 취임 또는 사임으로 인한 변경등기 신청시 본국에 인감증명제도가 없는 외국인의 취임승낙 또는 사임을 증명하는 서면에 대한민국 재외공관의 영사관의 인증을 받은 서면을 첨부할 수 있는지 여부

[상업등기선례 제2-34호, 제정 2011. 1. 3.]

대한민국 영토 밖에서의 공증에 관한 사무는 대한민국 재외공관의 영사관이 담당하는 바, 영사관의 인증도 우리나라 공증인이 한 인증과 다를 바 없으므로(「재외공관공증법」 제1조, 제2조, 제13조, 제27조, 제33조 참조), 회사의 임원의 취임 또는 사임으로 인한 변경등기 신청시 본국에 인감증명제도가 없는 외국인의 취임승낙 또는 사임을 증명하는 서면에 본인이 서명을 하였다는 대한민국 재외공관의 영사관의 인증을 받아 첨부할 수 있다.
(2011. 1. 3. 사법등기심의관-4 질의회답)

참조 조문 · 규칙 · 예규 · 선례 · 판례

▣ 재외공관 공증법[법률 제11690호, 2013. 3. 23., 타법개정]

제1조(적용) 대한민국 영토 밖에서의 공증(公證)에 관한 사무는 이 법에서 정하는 바에 따른다.

제2조(공증사무의 담당) ① 제1조에 따른 공증에 관한 사무(이하 "공증사무"라 한다)는 대한민국 재외공관(이하 "공관"이라 한다)에서 근무하는 총영사, 영사 및 부영사(이하 "영사관"이라 한다)가 담당한다.
② 외교부장관은 영사관을 임명하였을 때에는 그 성명을 법무부장관에게 통보하여야 한다. 영사관의 이동이 있을 때에도 또한 같다.

제25조(인증방법) ① 사서증서의 인증은 당사자가 영사관 앞에서 그 사서증서에 서명 또는 날인한 후 그 사실을 사서증서에 적거나 문서인증증서를 작성하는 방법으로 한다.

② 사서증서의 등본에 대한 인증은 사서증서와 대조하여 그와 일치함을 인정한 후 그 사실을 적는 방법으로 한다.

③ 사서증서에 글자의 삽입 · 삭제 · 변경이 있거나, 칸 밖에 적힌 글자 또는 정정된 부분이 있는 때 또는 파손이나 그 밖에 겉보기에 현저하게 의심할 만한 사유가 있을 때에는 그 상황을 인증문에 적어야 한다.

◐ **선례 해설:**[1] **외국인의 취임 또는 사임을 증명하는 서면에 인감증명법에 의한 인감의 날인을 대체하는 방법**

1. 취임승낙 또는 사임을 증명하는 서면에 본인이 기명날인 또는 서명하였다는 공증인의 인증서면을 첨부하는 방법(규칙 104조 1항) 및 그 서면에 본국 관청에 신고한 날인을 하고 그 인감증명서를 첨부하거나 그 서면에 본인이 서명하였다는 본국 관청의 증명서면을 첨부하는 방법(규칙 제104조 제2항).

2. 다만 위 1.의 경우에 우리나라 공증인이 아닌 본국이나 체류국 공증인의 인증서면 및 외국의 정부나 그 밖의 권한 있는 기관이 발행한 서류에 대해서는 「재외공관 공증법」 제30조 제1항 본문에 따른 영사관의 확인 또는 아포스티유(Apostille) 협약 가입국의 경우에는 아포스티유를 발급받아 제출하여야 한다.

3. 위와 달리 그 서면에 본인이 서명을 하였다는 대한민국 재외공관의 영사관의 **인증**(주: 확인이 아님)을 받는 방법(상업선례 2-34)도 가능하다. 이 경우는 외국공문서에 해당하지 않으므로 「외국공문서에 관한 업무처리지침」(예규 1534호)(주: 관련 내용은 594면 참조)의 적용이 없다는 점에서 주목할 만하다.[2]

---

1) 「법원행정처 선례해설 요약(12)」(598~599면) 및 「실무사례(89)」(600면) 참조
2) 다만, 본국에 공증인 제도가 있는 경우에도 대한민국 재외공관의 영사관의 인증을 받을 수 있는지는 현지 대한민국 재외공관의 영사관에 직접 문의해보는 것이 좋을 듯싶다.

법원행정처 선례해설 요약(12)[1)]

【제목】 본국에 인감증명제도가 없는 외국인의 취임승낙을 증명하는 서면에 본인이 서명을 하였다는 대한민국 재외공관의 영사관의 인증을 받아 첨부할 수 있는지 여부(적극)

1. 사안의 논점

본국에 인감증명제도가 없는 외국인의 취임승낙을 증명하는 서면에 대한민국 재외공관의 영사관의 인증을 받은 서면을 첨부할 수 있는지 여부

2. 선임과 취임승낙을 증명하는 서면

i) **이사의 임용계약**: 선임기관의 선임결의인 주주총회의 결의는 회사 내부의 의사결정에 지나지 않기 때문에 그 선임결의만으로 피선임자가 이사의 지위를 취득하는 것은 아니다. 즉 선임기관의 결의에 따라 회사의 청약과 피선임자의 승낙으로 임용계약(위임계약)이 성립하여야 피선임자는 비로소 이사의 지위를 취득하게 된다(민법 680조, 상법 382조 2항, 대법원 1995. 2. 28. 선고 94다31440 판결 참조).

ii) **선임과 취임승낙을 증명하는 서면의 작성 방법**: 이사의 취임등기의 신청서에는 선임을 증명하는 서면으로 주주총회의사록과 이사의 취임승낙을 증명하는 서면을 첨부하여야 하는데, 이사의 취임승낙을 증명하는 서면은 선임을 증명하는 서면과 별도의 서면으로 작성할 수도 있고 하나의 서면으로 작성할 수도 있다. 양 서면을 하나의 서면으로 작성할 경우에는 선임을 증명하는 서면에 그 이사의 취임승낙의 의사표시와 기명날인 또는 서명이 기재되어 있어야 한다.

3. 의사의 진정성 확인 방법

i) **내국인인 경우**: 취임승낙을 증명하는 서면에는 취임승낙을 하는 자가 그 뜻을 기재하고 기명날인(인감증명법에 따른 날인을 말한다) 또는 서명(우리나라 국민인 경우 「본인서명사실 확인 등에 관한 법률」에 따른

1) 『상업등기 주요선례 해설』, 198~204면

서명을 말한다)하여야 하는데, 위 서면에는 인감증명법에 따라 신고한 인감을 날인하고(또는 「본인서명사실 확인 등에 관한 법률」에 따른 서명을 하고) 그 인감증명서(「본인서명사실 확인 등에 관한 법률」에 따른 인감증명서를 포함한다)를 첨부하거나,[1] 혹은 그 취임승낙을 증명하는 서면에 인감증명서를 첨부하지 않고 해당 임원이 기명날인 또는 서명하였다는 공증인의 인증서면을 첨부할 수 있다.[2] 이 경우의 공증인은 우리나라, 본국 외에 체류국의 공증인을 포함한다(규칙 104조 1항).

ii) **외국인인 경우**: 위 i)의 방법 외에 인감증명 제도가 있는 외국인은 취임승낙을 증명하는 서면에 본국 관청에 신고한 인감을 날인하고 그 인감증명을 첨부할 수 있고, 인감증명 제도가 없는 외국인은 그 서면에 본인이 서명하였다는 본국 관청의 증명서면을 첨부할 수도 있다(규칙 104조 2항).

4. 결어

i) 본 선례의 의미는 본국에 인감증명제도가 없고, 취임승낙을 증명하는 서면에 본인이 서명하였다는 본국 관청의 증명제도가 없는 외국인인 경우에 의미를 가지나, 현행 상업등기규칙 제104조 등의 공증인은 우리나라, 본국, 체류국의 공증인을 포함하므로, 현행 법제 하에서는 본 선례는 본국 공증인의 인증을 받지 못하는 경우에 그 의미를 가진다고 볼 수 있다.

ii) 또한 대한민국 재외공관의 영사관의 인증을 받은 서면은 외국공문서가 아니므로 「재외공관 공증법」 제30조 제1항 본문에 따른 영사관의 확인 내지 아포스티유(Apostille)를 발급받아 제출할 필요가 없다.[3]

---

1) 상업등기규칙 제104조 제1항에서는 "인감증명법에 따라 신고한 인감을 날인하고 그 인감증명을 첨부하거나"로 규정되어 있으나, 본 선례해설에 의하면 이 경우에는 「본인서명사실 확인 등에 관한 법률」에 따라 신고한 서명을 하고 그 인감증명서를 첨부하는 것도 포함함을 명확히 하였다.

2) 공증인의 본인 확인방법은 직접 확인 외에 간접 확인도 포함된다.

3) 외국의 정부나 그 밖의 권한 있는 기관이 발행한 서류 또는 공증인(법률에 따른 공증인의 자격을 가진 자만 해당된다)이 공증한 외국문서는 「재외공관 공증법」 제30조 제1항 본문에 따른 영사관의 확인을 받거나 아포스티유(Apostille)를 발급받아 제출하여야 한다(예규 1534호 참조).

실무사례(89)

제목: 외국에 거주하는 외국인이 국내 회사의 사내이사로 취임할 경우의 취임승낙서 및 국적 · 생년연월일을 증명하는 서면의 제출방법

외국에 거주하는 외국인이 이번에 회사의 사내이사로 취임하려고 한다. 아래 각각의 경우에 등기신청 시 첨부하는 취임승낙을 증명하는 서면 및 국적 · 생년연월일을 증명하는 서면은 구체적으로 무엇인지?

【1】 중국인이 사내이사로 취임하는 경우
【2】 미국인이 사내이사로 취임하는 경우
【3】 일본인이 사내이사로 취임하는 경우

1-1. 외국에 거주하는 외국인이 사내이사로 취임할 경우에 취임승낙을 증명하는 서면에는 본인이 기명날인 또는 서명하였다는 공증인의 인증서면을 첨부하거나, 그 서면에 본국 관청에 신고한 인감을 날인하고 그 인감증명을 첨부 혹은 그 서면에 본인이 서명하였다는 본국 관청의 증명서면을 첨부하여야 한다(규칙 154조, 104조). 그리고 외국인의 경우 여권사본을 국적 및 생년연월일을 증명하는 서면으로 제출할 수 있으며(595면 각주2번 참조), 이 경우 여권에 대해서는 트루카피(true copy) 즉 원본과 같다는 것에 대한 공증을 의미한다. 또한 외국의 정부나 그 밖의 권한 있는 기관이 발행한 서류 또는 공증인이 공증한 외국문서는 「재외공관 공증법」 제30조 제1항 본문에 따른 영사관의 확인을 받거나 아포스티유 협약 가입국[1]인 경우에는 아포스티유(Apostille)를 발급받아 제출하여야 한다(예규 1534호).

1-2. 따라서 아포스티유(Apostille) 미가입국에 거주하는 중국인이 대한민국 회사의 사내이사로 취임할 경우에는 i) 취임승낙서 및 여권사본에 대해 중국 내 공증인으로부터 공증을 받은 후 그 공증서면에 대해 대한민국 현지의 영사관의 확인을 받아야 하고, ii) 이에 대해 번역문을 함께 첨부하여야 한다.

2. 아포스티유(Apostille) 가입국에 거주하는 미국인이 대한민국 회사의 사내이사로 취임할 경우에는 i) 취임승낙서 및 여권사본에 대해 미국 내 공증인으로부터 공증을 받은 후 그 공증서면에 대해 아포스티유를 발급받아야 하며, ii) 이에 대해 번역문을 함께 첨부하여야 한다.

---

1) 아포스티유 협약 가입국 현황은 외교부 해외안전여행 사이트(www.0404.go.kr)에서 확인할 수 있다. 참고로 2013.11.7. 현재 총105개 국가가 아포스티유 협약에 가입하고 있다.

3. 아포스티유(Apostille) 가입국이자 본국에 인감증명제도가 있는 일본에 거주하는 일본인이 대한민국 회사의 사내이사로 취임할 경우에는 ⅰ) 취임승낙서에 대해 본국 관청에 신고한 인감을 날인하고 그 인감증명서를 첨부한 후 그 인감증명서에 대해 아포스티유를 발급받아야 하며, ⅱ) 여권사본에 대해서도 일본 내 공증인으로부터 공증을 받은 후 그 공증서면에 대해 아포스티유를 발급받아야 하며, ⅲ) ⅰ)과 ⅱ)에 대해 번역문을 함께 첨부하여야 한다.

※ 각 케이스별 비교

<table>
<tr><th colspan="2" rowspan="2">구 분</th><th colspan="2">아포스티유(Apostille) 협약 가입국 여부</th></tr>
<tr><th>가입국</th><th>미가입국</th></tr>
<tr><td rowspan="2">인감증명제도</td><td>있음</td><td>* 취임승낙서: 본국 인감 날인 후 인감증명서 첨부 & 그 인감증명서에 아포스티유 발급
* 여권사본: 투루카피임에 대해 공증인의 공증을 받은 후 그 공증서면에 아포스티유 발급
CASE3 : 일본</td><td></td></tr>
<tr><td>없음</td><td>* 취임승낙서 및 여권사본에 공증을 받은 후 그 공증서면에 아포스티유 발급
CASE2: 미국</td><td>* 취임승낙서 및 여권사본에 공증을 받은 후 대한민국 현지 영사관(예:주상하이총영사관)의 확인
CASE1: 중국</td></tr>
</table>

주1) 어느 경우든 번역문을 제출하는 것은 공통 사항임.

주2) 만약 위 모든 경우에 「재외공관 공증법」 제25조에 의해 취임승낙서를 해외주재 대한민국 영사관의 인증을 받았다면, 이 경우에는 취임승낙서에 아포스티유 발급이나 재외공관장의 확인 등은 필요가 없게 된다. 다만, 해외 현지국에 공증인제도가 있는 경우에도 해외주재 영사관의 인증을 받을 수 있는지에 대해서는 사전에 해당 영사관에 확인한 후 진행하는 것이 좋을 것 같다.

참조 조문: 상업등기규칙 제104조, 제154조, 「재외공관 공증법」 제25조, 제30조

참조 예규: 등기예규 제1534호

205. 사외이사직 상실로 인한 변경등기의 신청서에 첨부하여야 할 서면

[상업등기선례 제2-29호, 제정 2007. 6. 20.]

사외이사가 일정 수 이상이 되도록 하여야 하는 주권상장법인(증권거래법 제191조의16 제1항, 제2항)의 사외이사가 당해 법인과 법률자문계약을 체결하여 그 직을 상실한 경우(증권거래법 제54조의5 제4항 제9호, 제191조의16제3항, 증권거래법 시행령 제37조의6 제3항 제2호), 퇴임을 증명하는 서면(비송사건절차법 제204조제2항 => 주: 현행 상업등기규칙 제104조, 제130조, 제154조 제2항 참조)으로서 '사외이사가 당해 법인과 법률자문계약을 체결하였음을 증명하는 서면'을 첨부하여 퇴임으로 인한 변경등기를 신청할 수 있고, 그 신청서에 등기의 사유로서 이사가 퇴임한 뜻을 기재하면 된다.
(2007. 6. 20. 공탁상업등기과-685 질의회답)

◐ **선례 해설:**

1. 이사, 대표이사, 집행임원, 대표집행임원, 감사 또는 감사위원회 위원(이하 '임원'이라 함)의 취임 또는 퇴임으로 인한 변경등기를 신청하는 경우에는 그 취임승낙 또는 퇴임을 증명하는 정보를 제공하여야 하며(규칙 130조), 이 경우 임원의 취임승낙 또는 사임을 증명하는 서면에는 인감증명법에 따라 신고한 인감을 날인하고 그 인감증명을 첨부하거나 그 서면에 본인이 기명날인 또는 서명하였다는 공증인의 인증서면을 첨부함이 원칙이다(규칙 104조 1항 및 154조 2항).

2. 상장회사의 사외이사의 자격은 법률에서 정하고 있는데, 본 선례에 의하면 구 증권거래법에 의해 주권상장법인의 사외이사가 주식회사와 법률자문계약을 체결함으로써 그 자격을 상실한 경우의 퇴임으로 인한 변경등기를 신청하는 경우에는, 통상의 경우와는 달리 '사외이사가 당해 법인과 법률자문계약을 체결하였음을 증명하는 서면'을 첨부정보로 제공할 수 있음을 밝히고 있다. 본 선례의 내용은 임원의 퇴임으로 인한 변경등기 중 그 첨부정보에 있어서 보기 드문 특이한 경우라 하겠다.

206. 비상임당연직이사 임원변경 등기신청시 주민등록등본 첨부 면제 여부

[상업등기선례 제2-30호, 제정 2009. 1. 21.]

법인의 설립 또는 변경등기 신청시 임원에 관한 등기에 있어서는 상업등기법 제23조, 상업등기규칙 제59조(주: 현행 규칙 52조 1항 참조)에 의거하여 주민등록번호를 증명하는 서면을 첨부하여야 하는바, 주민등록번호를 증명하는 서면은 원칙적으로 주민등록등·초본 또는 주민등록증사본이고 자동차운전면허증사본도 이러한 서면에 해당될 수 있으나 비상임당연직이사 인사발령공문은 이러한 서면으로 볼 수 없다.
(2009. 1. 21. 사법등기심의관-171 질의회답)

참조 조문 · 규칙 · 예규 · 선례 · 판례

▣ 상업등기규칙[대법원규칙 제2668호, 2016. 6. 27., 타법개정]

제52조(첨부정보) ① 등기를 신청하는 경우에는 다음 각 호의 정보를 그 신청정보와 함께 첨부정보로서 등기소에 제공하여야 한다.

3. 주소, 주민등록번호(또는 생년월일)를 등기하여야 하는 경우에는 이를 증명하는 정보
4. 성명 또는 주소의 변경에 관한 등기를 신청하는 경우에는 그 사실을 증명하는 정보

◐ 선례 해설: 설립 또는 임원변경 등기신청 시 이사, 감사 등 임원의 주민등록번호 또는 주소를 증명하는 첨부정보1)

구 분	해당 여부	비 고
주민등록등·초본	○	원칙
주민등록증 사본	○	주민등록법 제25조
운전면허증 사본	○	대법원 2001. 4. 19. 선고 2000도1985 전원합의체 판결
인감증명서	X	상업등기선례 제1-94호(366면)
인사발령공문	X	상업등기선례 제2-30호(본 선례)

1) 대표이사 변경등기 시에는 등기해태에 따른 과태료 부과대상인지 확인하기 위해 실무상 주소의 변동내역이 나타나는 주민등록초본을 첨부정보로 제공하고 있다.

207. 대표권 있는 임원의 퇴임으로 인한 변경등기를 신청하는 경우 신청서에 주소증명서면을 첨부하여야 하는지 여부[1]

[상업등기선례 제2-38호, 제정 2013. 5. 14.]

대표권 있는 임원의 퇴임으로 인한 변경등기를 신청하는 경우 신청서에 그 퇴임을 증명하는 서면을 첨부하여야 하는데, 주소를 증명하는 서면은 특별한 사정이 있는 경우가 아니면 첨부하여야 하는 서면이 아니다.
(2013. 5. 14. 사법등기심의관-1781 질의회답)

◐ **선례 해설:**

1. 대표권 있는 임원의 주소변경이 있을 경우에는 주소변경등기를 생략하고 바로 해당 임원의 퇴임으로 인한 등기를 신청할 수는 없다.

2. 대표권 있는 임원의 퇴임으로 인한 변경등기를 신청하는 경우 주소를 증명하는 서면은 특별한 사정이 있는 경우가 아니면 첨부하여야 하는 서면이 아니다(상업선례 2-38 및 2-39).

3. 상기 1.과 2.의 내용을 종합하면, 대표권 있는 임원의 퇴임으로 인한 변경등기 시 주소변경이 없었던 경우에는 주소를 증명하는 서면을 첨부정보로 제공할 필요가 없으나, 퇴임 전 대표권 있는 임원의 주소변경이 있었던 경우에는 주소를 증명하는 서면을 첨부정보로 제공하여 퇴임으로 인한 임원변경등기와 동시에 또는 퇴임등기 이전에 주소변경등기를 하여야 한다고 본다.

4. 다만 실무 관행상 등기관은 대표이사의 주소변경 등기의무 해태에 따른 과태료 부과대상인지 여부를 파악하기 위한 목적으로, 신청인 혹은 대리인으로 하여금 대표이사 퇴임으로 인한 변경등기신청 시 대표이사의 주소 변동 여부와 상관없이 대표이사의 주소변동 내역이 나타나는 주민등록초본을 제출 하게끔 하는 경우가 많다.

---

1) 대표권 있는 임원의 주소변경 등기의무에 관한 것은 상업등기선례 제1-140호(571면) 참조

208. 임기만료를 원인으로 대표자 퇴임등기를 할 경우 주소증명 서면을 첨부하여야 하는지 여부[1]

[상업등기선례 제2-39호, 제정 2014. 5. 16.]

대표자의 임기만료를 원인으로 퇴임등기를 신청할 경우에는 그 자가 다시 대표자로 선임되어 취임등기를 동시에 신청하지 않는 이상 대표자의 주소 변경 사실을 증명하는 서면을 첨부하여야 하는 것은 아니다.
(2014. 5. 16. 사법등기심의관－2055 질의회답)

참조 조문 · 규칙 · 예규 · 선례 · 판례

▣ 상업등기규칙[대법원규칙 제2668호, 2016. 6. 27., 타법개정]

제52조(첨부정보) ① 등기를 신청하는 경우에는 다음 각 호의 정보를 그 신청정보와 함께 첨부정보로서 등기소에 제공하여야 한다.

3. 주소, 주민등록번호(또는 생년월일)를 등기하여야 하는 경우에는 이를 증명하는 정보
4. 성명 또는 주소의 변경에 관한 등기를 신청하는 경우에는 그 사실을 증명하는 정보

◐ 선례 해설:

1. 주식회사 대표이사의 퇴임으로 인한 변경등기신청 시에는 주소를 증명하는 서면은 첨부정보가 아니나, 퇴임 전에 주소가 변경된 경우에는 선례에 의하면 퇴임등기 전에 혹은 동시에 주소변경등기를 하여야 한다.

2. 물론 본 선례에서 언급하고 있듯이 대표자의 임기만료를 원인으로 퇴임등기를 신청할 경우에 그 자가 다시 대표자로 선임되어 취임등기를 동시에 신청하는 경우에는, 취임으로 주소를 등기하여야 하는 경우로서 이를 증명하는 주소증명서면을 첨부정보로 제공하여야 하지만, 이는 대표자의 임기만료를 원인으로 퇴임등기를 신청하는 경우의 첨부정보는 아니다.

---

1) 대표권 있는 임원의 주소변경 등기의무에 관한 것은 상업등기선례 제1-140호(571면) 참조

제8절 명의개서대리인에 관한 등기[1)2)]

내 용	관련 조문		관련 선례·예규·규칙 (실무사례 포함)
	상법	상업등기법	
1. 명의개서대리인	제317조, 제337조	규칙 제143조	209. 상업선례 제1-223호 210. 상업선례 제1-226호

1) 상법상 회사의 경우 원칙적으로 명의개서대리인을 둘 것인지 여부는 회사가 선택할 임의적인 사항이지만(상법 337조 2항 참조), 주식의 이전을 회사에 대항하기 위해서는 반드시 명의개서를 하여야 한다(상법 337조 1항 참조).

명의개서에는 이러한 대항력 외에 추정력(주주명부에 명의개서가 되어 있는 경우에는 일단 적법한 주주로 추정)과 면책력(회사가 주주명부의 기재대로 권리행사를 인정 또는 권리행사의 내용을 정하는 경우, 비록 그것이 실제에 부합하지 않아도 회사는 원칙적으로 면책) 등의 효력이 있다. 다만 판례에 의하면, 주주명부의 기재에 창설적 효력을 인정되는 것은 아니므로 반증에 의하여 실질상 주식을 취득하지 못하였다고 인정 되는 자가 명의개서를 받았다 하여 주주의 권리를 행사할 수 있는 것은 아니다(대법원 1989. 7. 11. 선고 89다카5345 판결).

2) 상법 제337 제1항은 '대항'이라는 표현을 사용하는 바, 이 의미를 명의개서를 하지 않은 자가 회사에 대하여 주주임을 주장할 수 없는데 그치고 회사로서는 명의개서를 하지 않은 실질상 주주를 주주로서 인정할 수 있는지 문제된다. 이에 대하여 판례는 "구 상법(1984 .4. 10. 법률 제3274호로 개정되기 전의 것) 제337조의 규정은 주주권이전의 효력요건을 정한 것이 아니고 회사에 대한 관계에서 누가 주주로 인정되느냐 하는 주주의 자격을 정한 것으로서 기명주식의 취득자가 주주명부상의 주주명의를 개서하지 아니하면 스스로 회사에 대하여 주주권을 주장할 수 없다는 의미이고, 명의개서를 하지 아니한 실질상의 주주를 회사측에서 주주로 인정하는 것은 무방하다고 해석할 것이다." 라고 판시한 바 있다(대법원 1989. 10. 24. 선고 89다카14714 판결). 사실관계를 보면, 1975. 2. 28. 원고의 기명주식 12,000주를 취득한 A가 1983. 12. 31.까지 주주명부상의 주주명의를 개서하지 아니하였다고 하더라도 피고 회사가 그 주식취득자인 A를 위 주식취득 당시부터 주주로 인정하여 왔음이 기록상 명백한 이상 피고 회사에 대한 관계에서 이 사건 주식 12,000주의 주주는 A라고 보았다(『상법판례 백선』, 303면~307면).

§ 요약

1. 주식의 이전은 주식양수인(주식취득자)의 성명과 주소를 주주명부에 기재하지 아니하면 회사에 대항하지 못하는바(상법 337조 1항), 주식양수인의 성명과 주소를 주주명부에 기재하는 것을 명의개서라 하며, 명의개서대리인이란 회사를 위하여 위와 같은 명의개서업무를 대행하는 자를 말한다. 명의개서대리인을 둔 때에는 주주명부를 본점에 비치하는 대신 주주명부 또는 그 복본을 명의개서대리인의 영업소에 비치할 수 있으며(상법 396조 1항), 명의개서대리인이 주식양수인의 성명과 주소를 주주명부의 복본에 기재한 때에는 주주명부에의 명의개서가 있는 것으로 본다(상법 337조 2항).

2. 회사는 정관이 정하는 바에 의하여 명의개서대리인을 둘 수 있다(상법 337조 2항). 이 경우 정관으로 명의개서대리인을 바로 특정하는 것도 가능하지만, 정관에는 명의개서대리인을 두는 것만을 정하고 구체적으로 누구를 명의개서대리인으로 선임할 지는 이사회에서 정하는 것으로 할 수 있다(상법 393조 1항 참조).

3. 위 2.와 같이 명의개서대리인을 두느냐는 회사의 자유이지만,[1] 두기로 한 경우에는 정관변경을 하여야 한다. 회사가 종전 명의개서대리인과의 계약을 해지하고 새로운 명의개서대리인과 계약을 체결하기 위해서는 이사회의 결의를 필요로 하나, 이와 달리 명의개서대리인이 위임계약을 해지할 때에는 위임 회사의 이사회결의는 필요 없다(『2016 상업등기실무』, 386면).

4. 한편 법률의 개정에 의하여 명의개서대리인의 주체나 그 명칭이 변경된 때에 그 명의개서대리인에 관한 변경등기를 하기 위해서는 명의개서대리인의 등기사항증명서나 명의개서대리인을 둔 회사의 주주총회의사록 또는 이사회의사록 등은 첨부서면으로 제출할 필요가 없다(상업선례 1-223, 608면 및 1-226, 610면 참조). 이 경우 변경등기기간의 기산점은 개정 법률의 시행일이 된다.

---

1) 유가증권시장에 주권을 상장한 회사의 경우에는 몇 가지 예외적인 경우를 제외하고는 상장이 계속되는 한 명의개서대행회사와 명의개서대행계약을 체결하는 것이 강제되어 있다(「유가증권시장 상장규정」 81조).

209. 명의개서대리인의 변경등기신청 등

[상업등기선례 제1-223호, 제정 1994. 6. 20.]

증권거래법이 개정(법률 제4701호 94. 1. 5.시행)됨에 따라 한국증권대체결제주식회사(이하 갑이라 함)가 소멸하고 대신 개정 후 같은법 제173조에 의하여 증권예탁원(이하 을이라고 함)이 설립된 경우, 같은법 부칙 제5조 제4항에 의하여 을은 갑의 권리의무를 포괄승계 하였으므로 갑을 명의개서대리인으로 선임하여 등기를 마친 주식회사는 위 법조항을 근거로 명의개서대리인을 갑에서 을로 하는 변경등기를 신청할 수 있을 것이나, 이미 갑을 명의개서대리인으로 한 등기를 위 같은법 부칙 제5조 제4항 후단의 규정에 의하여 말소하였다면 종전 갑과 체결하였던 계약서(또는 계약서를 재작성한 경우에는 그 계약서)를 첨부하여 을을 명의개서대리인으로 하는 선임등기를 신청할 수 있을 것이다. 아울러 위 주식회사의 명의개서대리인이 변경된 것은 그 주식회사의 이사회의 결의에 의한 것이 아니라 위 법률에 의한 것이므로 위 변경등기나 선임등기 신청시 이사회의 결의서를 첨부할 필요가 없다.
(1994. 6. 20. 등기 3402-536 질의회답)

참조 조문 · 규칙 · 예규 · 선례 · 판례

▣ 상법[법률 제13523호, 2015. 12. 1., 일부개정]

제317조(설립의 등기) ② 제1항의 설립등기에 있어서는 다음의 사항을 등기하여야 한다.

11. 명의개서대리인을 둔 때에는 그 상호 및 본점소재지

제337조(주식의 이전의 대항요건) ① 주식의 이전은 취득자의 성명과 주소를 주주명부에 기재하지 아니하면 회사에 대항하지 못한다.
② 회사는 정관이 정하는 바에 의하여 명의개서대리인을 둘 수 있다. 이 경우 명의개서대리인이 취득자의 성명과 주소를 주주명부의 복본에 기재한 때에는 제1항의 명의개서가 있는 것으로 본다.

▣ 상업등기규칙[대법원규칙 제2668호, 2016. 6. 27., 타법개정]

제143조(명의개서대리인을 둠으로 인한 변경등기) 명의개서대리인을 둠으로 인한 변경등기를 신청하는 경우에는 명의개서대리인과의 계약을 증명하는 정보를 제공하여야 한다.

◐ 선례 해설:

1. 무기명주식의 양수인은 그 주권의 소지만으로 주주로서의 자격이 인정되나, 기명주식의 경우에는 명의개서가 없으면 회사에 대항하지 못한다(상법 337조 1항).[1)]

2. 회사는 정관이 정하는 바에 따라 명의개서대리인을 둘 수 있다(상법 337조 2항). 즉, 명의개서대리인을 두느냐는 회사의 자유이지만, 두는 경우에는 정관변경을 하여야 한다.

3. 이 경우 정관으로 명의개서대리인을 바로 특정하는 것도 가능하지만, 정관에는 명의개서대리인을 두는 것만을 정하고 구체적으로 누구를 명의개서대리인으로 선임할 지는 이사회에서 정하는 것으로도 할 수 있다(상법 393조 1항 참조).

4. 명의개서대리인을 변경하는 경우에는 새로운 명의개서대리인과의 계약을 증명하는 정보(규칙 143조)와 명의개서대리인의 경질에 관한 이사회의사록 등을 첨부정보로 제공하여야 하지만, 본 선례에 의하면 법률의 개정에 의해 명의개서대리인이 변경된 경우에는 주식회사의 이사회의 결의에 의한 것이 아니라 법률에 의한 것이므로 위 변경등기나 선임등기 신청시 이사회의 결의서를 첨부할 필요가 없다.

5. 참고로 상기 2.와 관련하여 명의개서대리인을 두는 것이 강제 사항인지와 관련하여 살펴보면, 상법상 회사의 경우에는 명의개서대리인을 둘 것인지 여부는 임의적인 사항이지만(상법 337조 2항), 유가증권시장에 주권을 상장한 회사의 경우에는 몇 가지 예외적인 경우를 제외하고는 상장이 계속되는 한 명의개서대행회사와 명의개서대행계약을 체결하는 것이 강제되어 있다(「유가증권시장 상장규정」 81조).

---

1) 2014. 5. 20. 상법 개정으로 무기명주식은 없어졌으나, 부칙 제2조에 의해 2014. 5. 20. 이전에 발행된 무기명주식의 주권에 관하여는 종전의 규정에 따른다. 따라서 2014. 5. 20. 이전에 발행된 무기명주식에 대해서는 그 양수인은 명의개서 없이 주권의 소지만으로 주주로서의 자격이 인정된다는 내용은 아직 유효하다고 본다.

210. 증권예탁원이 개정 증권거래법 제173조 제1항의 규정에 따라 증권예탁결제원으로 법인의 명칭이 변경된 경우, 종래의 증권예탁원을 명의개서대리인으로 둔 주식회사의 명의개서대리인 변경등기의 등기기간 기산점 등[1)]

[상업등기선례 제1-226호, 제정 2005. 1. 26.]

증권예탁원이 개정 증권거래법 제173조 제1항의 규정에 따라 증권예탁결제원으로 법인의 명칭이 변경된 경우, 종래의 증권예탁원을 명의개서대리인으로 둔 주식회사는 상법 제183조, 제317조 제4항의 규정에 따라 명의개서대리인 변경등기를 신청하여야 하고, 변경등기기간의 기산점은 개정 증권거래법의 시행일이 될 것이며, 주식회사의 명의개서대리인의 명칭이 변경된 것은 위 증권거래법의 개정에 의한 것이므로 변경등기신청시 법인의 명칭을 변경한 증권예탁원의 등기부등본이나 해당회사의 주주총회의사록 또는 이사회의사록을 첨부할 필요는 없을 것이다.
(2005. 1. 26. 공탁법인 3402-22 질의회답)

◐ 선례 해설:

1. 본 선례의 내용과 같이 법률의 개정에 의하여 명의개서대리인의 주체나 그 명칭이 변경 때에는 명의개서대리인 변경등기를 하기 위해서는 명의개서대리인의 등기사항증명서나 명의개서대리인을 둔 회사의 주주총회의사록 또는 이사회의사록 등은 첨부정보로 제공할 필요가 없다. 이 경우 변경등기의 기산점은 개정 법률의 시행일이 된다.

2. 반면에 명의개서대리인의 회사 정관변경 등에 의해 상호 또는 명칭이 변경되거나 본점 또는 주사무소 소재지가 변경된 때에는 명의개서대리인의 등기사항증명서 등 그 변경사실을 증명하는 서면을 첨부정보로 제공하여 명의개서대리인 변경등기를 신청하여야 한다. 다만 이 경우에도 명의개서대리인 표시의 변경을 위한 이사회 결의 등은 거칠 필요가 없다(상업선례 1-224, 418면 참조).

1) 유사한 취지의 선례로는 상업등기선례 제1-223호(608면) 참조

제9절 발행할 주식의 총수[1)2)3)]의 변경등기

내 용	관련 조문		관련 선례 · 예규 · 규칙 (실무사례 포함)
	상법	상업등기법	
1. 발행할 주식의 총수의 변경	제289조		211. 상업선례 제1-170호 212. 상업선례 제2-55호[4)] ☞ 실무사례(90) 213. 상업선례 제2-41호 214. 상업선례 제1-173호

1) 발행할 주식의 총수란 정관을 변경하지 않고 이사회의 결의 등에 의하여 회사가 발행할 수 있는 주식의 총수를 말하며, 발행예정주식총수 또는 수권주식총수라고도 한다.

2) 주의할 것은 회사가 종류주식을 발행할 경우에는 정관에 각 종류주식의 내용과 수를 정하여야 하나, 회사가 발행할 주식의 총수는 등기사항이지만 여러 종류주식 각각의 발행할 주식의 총수는 등기사항이 아니라는 점이다(예규 1535호 4조, 632~633면 참조). 참고로 등기사항증명서상에 등기된 실 사례 하나를 소개하면 다음과 같다.

발행할 주식의 총수 5,000,000주	
발행주식의 총수와 그 종류 및 각각의 수	자본금의 액
발행주식의 총수 400,000주 보통주식 140,000주 배당우선 전환주식 260,000주	금 200,000,000 원

3) 회사가 수권주식총수에서 기발행 주식수를 제외한 발행가능 주식수를 계산하기 위해서는 장래에 발행할 것으로 예정된 주식수도 고려해야 한다. 예를 들면 주식매수선택권의 행사, 전환사채의 전환청구, 신주인수권부사채의 신주인수권 행사, 보통주로의 전환이 가능한 우선주의 전환권 행사 등으로 장래에 발행할 것으로 예정된 주식수를 고려하여 발행가능 주식수를 계산하여야 한다(출처: 염춘필, "신주발행등기 절차와 실무상 쟁점에 대한 소고", 법무사(2012년 1월호), 대한법무사협회, 27~28면).

4) 이익에 의한 주식소각 등에 의하여 발행주식수가 감소하는 경우 그 감소한 주식 수만큼 발행할 주식의 총수도 감소하는지에 관한 논의로는 상업등기선례 제2-55호(615면), 「법원행정처 선례해설 요약(13)」(617~618면), 「실무사례(90)」(619면) 등을 참조. 한편 상업등기선례 제2-55호에 의하여 상업등기선례 제2-41호는 일부 변경되었다.

§ 요약

1. 발행할 주식의 총수란 정관을 변경하지 않고 이사회의 결의 등에 의하여 회사가 발행할 수 있는 주식의 총수를 말하며, 발행예정주식총수 또는 수권주식총수라고도 한다. 즉 상법은 수권자본제도를 채택하여 정관의 절대적 기재사항인 발행할 주식의 총수의 범위 내에서 원칙적으로 이사회의 결의로 발행한 주식의 총수 변경을 할 수가 있다. 한편 회사가 발행할 주식의 총수는 등기사항이지만, 회사가 여러 종류주식를 발행할 경우 종류주식 각각의 발행할 주식의 총수는 등기사항이 아니다.

2. 신주발행으로 회사가 발행할 주식의 총수가 부족한 경우에는 정관변경을 통해 발행할 주식의 총수에 대한 증가변경을 하여야만 신주를 발행할 수 있다. 이 경우 회사가 발행할 주식의 총수가 부족하여 그 변경등기를 증자등기와 같은 신청서에 의해 일괄신청 하는 것은 가능하며, 이 경우 등록면허세는 증자등기에 필요한 등록면허세만을 납부하면 된다 (상업선례 2-7, 122면).

3. 주식의 상환에 관한 종류주식을 상환하는 경우, 이사회의 결의에 의하여 회사가 보유한 자기주식을 소각하는 경우, 주식을 병합하거나 소각하는 방법으로 자본금을 감소하는 경우 등의 경우에는 회사가 발행한 주식의 총수는 감소하나, 발행할 주식의 총수에 대한 정관변경절차 없이는 발행할 주식의 총수는 당연히 감소하는 것은 아니다(상업선례 2-55, 615면). 이와 관련된 부가 논점으로 주식의 상환에 관한 종류주식을 상환하는 경우, 이사회의 결의에 의하여 회사가 보유한 자기주식을 소각하는 경우 등과 같은 이익에 의한 소각의 경우에는 주식이 감소함에도 자본금이 변동되지 않으므로 발행한 주식의 총수와 1주당 액면가를 곱한 금액이 자본금의 액과 일치하지 않게 된다(「선례해설」, 616면 참조).

4. 회사가 발행할 주식의 총수 및 회사의 설립 시에 발행하는 주식의 총수는 정관의 절대적 기재사항이나, 회사가 발행한 주식의 총수는 정관 기재사항이 아니고 단지 등기사항에 불과하여, 발행한 주식의 총수 변경을 위해서는 정관변경을 위한 주주총회 특별결의를 거칠 필요는 없으므로, 원칙적으로 첨부정보로서 주주총회의사록은 제공할 필요가 없다(상업선례 1-173, 622면).

211. 현물출자나 재평가적립금 또는 준비금의 자본전입에 따른 신주발행의 경우 회사가 발행할 주식의 총수의 변경등기

[상업등기선례 제1-170호, 제정 1982. 6. 18.]

회사가 신주의 발행을 조건으로 하여 발행예정주식총수 증가의 변경 결의를 하고 그 조건이 된 신주를 발행한 후 발행예정주식총수의 변경등기와 신주발행의 등기신청을 할 경우, 그 조건이 된 신주가 증가변경 결의 당시의 발행예정주식총수의 범위내에 속하는 것인 때에는 그 등기신청을 수리할 수 있으나, 그 조건이 된 신주가 증가변경결의 당시의 발행예정주식총수중 미발행 주식의 범위를 초과하는 것인 때에는 그 등기신청을 수리할 수 없다. 그리고 이 점은 현물출자에 인한 신주를 발행하는 경우나 자산재평가법 제30조 제3항의 규정에 의한 재평가적립금 또는 상법 제461조 제1항의 규정에 의한 준비금의 자본전입에 따라 신주를 발행하는 경우에도 마찬가지이다.

(1982. 6. 18. 등기 제250호 대한사법서사협회장 대 법원행정처장 회답)

◐ **선례 해설: 발행예정주식의 총수의 변경등기와 신주발행으로 인한 변경등기의 일괄신청 가부**

1. 상기 선례는 얼핏 보면 상업등기선례 제2-7호의 입장과 다른 것으로 해석되어 그 구체적인 적용을 어떻게 할지가 문제된다.

2. 일단 상업등기선례 제2-7호(122면)의 입장을 살펴보면,

   "주식회사의 증자등기를 신청하는 때에, 회사가 발행할 주식의 총수가 부족하여 그 변경등기도 같은 신청서에 의해 함께 신청한다면 증자등기에 필요한 등록세(및 지방교육세)만을 납부하면 된다."

   위 선례에 의하면, 발행할 주식의 총수와 신주발행으로 인한 변경등기를 신청서 1건으로 처리(일명 일괄신청)하는 것이 가능한 것으로 해석되며, 더 나아가 상기 선례는 이 경우의 등록면허세 등의 납부에 대한 세부내용을 밝히고 있다(예규 1038호 3. 참조).

(소론) 발행예정주식의 총수의 변경등기와 신주발행으로 인한 변경등기는 일괄신청이 가능하다.

3. 그리고 위 상업등기선례 제1-170호(등기선례 제1-867호)의 입장을 살펴보면,

"회사가 신주의 발행을 조건으로 하여 발행예정주식총수 증가의 변경결의를 하고 그 조건이 된 신주를 발행한 후 발행예정주식총수의 변경등기와 신주발행의 등기신청을 할 경우, 그 조건이 된 신주가 증가변경결의 당시의 발행예정주식총수의 범위 내에 속하는 것인 때에는 그 등기신청을 수리할 수 있으나, 그 조건이 된 신주가 증가변경결의 당시의 발행예정주식총수 중 미발행 주식의 범위를 초과하는 것인 때에는 그 등기신청을 수리할 수 없다."

위 선례의 입장은 신주발행으로 인한 변경등기는 발행예정주식총수의 범위를 초과하는 경우에는 일괄신청이 허용되지 않고 먼저 발행예정주식총수의 변경등기를 선행하여야 하는 것으로 해석될 수 있어, 상업등기선례 제2-7호와 상반되는 것이 아닌가 하는 의문점이 든다.

(소론) 하지만 위 선례는 회사가 신주의 발행을 조건으로 한 발행예정주식총수의 변경을 결의한 경우, 그 조건이 된 신주발행 당시 발행예정주식총수의 범위를 초과하는 경우에는 그 등기신청을 수리할 수 없는 것으로 제한적으로 해석하는 것이 합당하다.

4. 결론

발행예정주식총수의 변경등기와 신주발행으로 인한 변경등기는 증자결의 시 신주발행을 조건으로 한 발행예정주식총수의 변경을 결의하고 그 조건이 된 신주발행을 하였는데(즉, 신주발행이 되면 발행예정주식총수의 정관변경 효력이 있다는 조건으로 결의하고 그 조건이 된 신주발행 이후 발행예정주식총수의 변경과 신주발행으로 인한 변경등기를 신청하였다면), 그것이 발행예정주식총수의 범위를 초과한 경우에는 일괄신청이 허용되지 않으나, 그런 특별한 경우가 아닌 한 일괄신청이 허용된다고 해석하는 것이 합당하다.

212. 주식의 상환에 관한 종류주식의 상환과 회사가 발행할 주식의 총수 및 재발행 가부(선례변경)[1)]

[상업등기선례 제2-55호, 제정 2012. 7. 9.]

1. 주식의 상환에 관한 종류주식을 상환하는 경우, 주식을 병합하거나 소각하는 방법으로 자본금을 감소하는 경우 및 이사회의 결의에 의하여 회사가 보유하는 자기 주식을 소각하는 경우에 소각된 주식 수만큼 회사가 발행할 주식의 총수는 당연히 감소하지 아니하므로 정관의 변경 없이는 회사가 발행할 주식의 총수에 관한 변경등기를 할 수가 없다.

2. 회사가 발행할 주식의 총수 범위 안에서 주식의 상환에 관한 종류주식의 상환으로 소각된 주식 수만큼 새로운 주식의 상환에 관한 종류주식을 다시 발행하여 변경등기를 신청하는 경우 등기관은 특별한 사정이 없는 한 수리하여야 한다.
(2012. 7. 9. 사법등기심의관-1989 질의회답)

주) 이 선례에 의하여 상업등기선례 제2-41호는 그 내용이 변경됨

참조 조문 · 규칙 · 예규 · 선례 · 판례

▣ 상법[법률 제13523호, 2015. 12. 1., 일부개정]

제343조(주식의 소각) ① 주식은 자본금 감소에 관한 규정에 따라서만 소각(消却)할 수 있다. 다만, 이사회의 결의에 의하여 회사가 보유하는 자기주식을 소각하는 경우에는 그러하지 아니하다.
② 자본금감소에 관한 규정에 따라 주식을 소각하는 경우에는 제440조 및 제441조를 준용한다.

제345조(주식의 상환에 관한 종류주식) ① 회사는 정관으로 정하는 바에 따라 회사의 이익으로써 소각할 수 있는 종류주식을 발행할 수 있다. 이 경우 회사는 정관에 상환가액, 상환기간, 상환의 방법과 상환할 주식의 수를 정하여야 한다.

제440조(주식병합의 절차) 주식을 병합할 경우에는 회사는 1월 이상의 기간을 정하여 그 뜻과 그 기간 내에 주권을 회사에 제출할 것을 공고하고 주주명부에 기재된 주주와 질권자에 대하여는 각별로 그 통지를 하여야 한다.

---

1) 「법원행정처 선례해설 요약(13)」(617~618면) 참조

◐ 선례 해설: 「실무사례(90)」(619면) 참조

본 선례의 결론을 한마디로 하면, 주식의 상환에 관한 종류주식을 상환하는 경우에는 발행할 주식의 총수에는 아무런 변동이 없다는 것이다.

<table>
<tr><th>구 분</th><th>기존 입장
(제2-41호, 620면)</th><th>변경된 선례
(제2-55호, 615면)</th></tr>
<tr><td>기본적 상황</td><td colspan="2">▷ 주식의 상환에 관한 종류주식을 상환하는 경우
▷ 주식병합 혹은 주식소각으로 자본금을 감소하는 경우
▷ 이사회결의에 의한 자기주식을 소각하는 경우</td></tr>
<tr><td>선례의 입장</td><td>감소하는 주식 수만큼 발행할 주식의 총수도 감소</td><td>주식의 감소에도 불구하고 정관의 변경 없이는 발행할 주식의 총수가 당연히 감소하는 것은 아님</td></tr>
<tr><td>등 기 신 청
내 용</td><td>① 발행한 주식의 총수에 대한 변경등기
② 발행할 주식의 총수에 대한 변경등기
①과 ②는 동시신청</td><td>발행한 주식의 총수에 대한 변경등기만 신청
(※ 자본금을 감소하는 경우에는 자본금 변경등기도 함께 신청)</td></tr>
<tr><td>등 기 사 항</td><td>발행한 주식의 총수와 발행할 주식의 총수가 감소</td><td>발행한 주식의 총수만 감소
(※ 자본금을 감소하는 경우에는 자본금 감소)</td></tr>
<tr><td>비 고</td><td colspan="2">< 변경된 선례를 반영한 정리표 >
<table>
<tr><th rowspan="2">구 분</th><th colspan="2">이익에 의한 소각</th><th colspan="2">자본금 감소에 의한 방법</th></tr>
<tr><th>상 환
종류주식</th><th>자기주식
의 소각</th><th>주식병합</th><th>주식소각</th></tr>
<tr><td>발행할 주식의 총수</td><td colspan="4">변동 없음</td></tr>
<tr><td>발행한 주식의 총수</td><td colspan="4">감 소</td></tr>
<tr><td>자본금</td><td colspan="2">변동 없음</td><td colspan="2">감 소</td></tr>
</table>
주) 이익에 의한 소각의 경우에는 주식이 감소함에도 자본금이 변동되지 않으므로 발행한 주식의 총수와 1주당 액면가를 곱한 금액이 자본금의 액과 일치하지 않게 된다 (「실무사례(131)」(801~802면) 참조).</td></tr>
</table>

법원행정처 선례해설 요약(13)[1)]

【제목】 회사가 상환에 관한 종류주식을 상환함에 따라 회사가 발행할 주식의 총수가 당연히 변경되는지 여부(소극) 및 재발행 가부(적극)

1. 사안의 논점

상환주식의 상환에 의해 발행주식의 총수가 감소하는 경우에 감소한 주식 수만큼 발행할 주식의 총수도 정관의 변경 없이 당연히 감소하고 그에 따라 변경등기를 하여야 하는지 여부와 발행할 주식의 총수가 감소되지 않는다면 발행할 주식의 총수를 초과하지 아니하는 범위에서 상환주식의 상환으로 소각된 주식 수만큼 새로운 상환주식을 발행하고 변경등기를 할 수 있는지 여부

2. 발행주식수가 감소하지만 자본금이 감소하지 않는 경우

i) 상환주식의 상환으로 인한 주식을 소각하는 경우
ii) 이사회의 결의에 의한 자기주식을 소각하는 경우

3. 발행할 주식의 총수 변경 여부 및 신주 재발행 문제

i) **발행할 주식의 총수 변경 여부**: 종전 선례에서는 상환주식을 상환하는 경우, 주식을 병합하거나 소각하는 방법으로 자본금이 감소하는 경우 및 이사회의 결의에 의하여 회사가 보유하는 자기주식을 소각하는 경우에는 감소된 주식의 수만큼 회사가 발행할 주식의 총수(이하, '발행예정주식총수' 라 함)도 감소한다고 보았으나(상업선례 2-41), 최근 선례에서는 감소된 주식의 수만큼 당연히 감소하지 아니하므로 정관의 변경 없이는 발행예정주식총수에 관한 변경등기를 할 수 없다는 내용으로 변경되었다(상업선례 2-55).

ii) **신주 재발행 문제**: 변경된 선례의 입장과 같이 발행예정주식총수가 감소하지 않는다면 감소된 주식 부분에 대하여 이사회가 수권을 행사하여 다시 새로운 주식을 발행할 수 있는지가 문제되는데, 이와 관련하여 상법 기타 관련 규정에서는 규정한 바가 없어 이에 대한 논의

1) 『상업등기 주요선례 해설』, 249~254면

가 있다.[1] 발행예정주식총수는 감소하지 않고, 감소된 부분만큼 재발행할 수 없다는 설(다수설)과 발행예정주식총수는 감소하지 않고, 감소된 부분만큼 재발행할 수 있다고 보는 설 및 발행예정주식총수는 감소하므로 신주를 재발행하지 못한다고 보는 설 등으로 견해의 대립이 있다.

4. 변경된 선례의 입장

i) 주식의 상환에 관한 종류주식을 상환하는 경우, 주식을 병합하거나 소각하는 방법으로 자본금을 감소하는 경우 및 이사회의 결의에 의하여 회사가 보유하는 자기주식을 소각하는 경우에 소각된 주식 수만큼 회사가 발행할 주식의 총수는 당연히 감소하지 아니하므로 정관의 변경 없이는 회사가 발행할 주식의 총수에 관한 변경등기를 할 수가 없다.

ii) 회사가 발행할 주식의 총수 범위 안에서 주식의 상환에 관한 종류주식의 상환으로 소각된 주식 수만큼 새로운 주식의 상환에 관한 종류주식을 다시 발행하여 변경등기를 신청하는 경우 등기관은 특별한 사정이 없는 한 수리하여야 한다.[2]

※ 상환주식의 상환에 따른 발행할 주식의 총수의 변경 등(선례)

구 분	등기유형	내용의 등기	발행예정주식 총 수	재발행 여부
일부상환	변경등기	-	불변	가능
전부상환	말소등기	말소	불변	가능

---

1) 이에 대하여 「미국 모범회사법」, 「델라웨어주 회사법」, 「캘리포니아주 회사법」, 「뉴욕주 회사법」, 「영국 회사법」 등에는 상환주식의 상환에 의하여 소각한 주식 수만큼 미발행주식으로 복귀하여 다시 발행할 수 있다는 명시적 규정이 있는 입법례도 있다.

2) 견해의 대립에도 불구하고 선례에서는 상환주식을 상환하여 그 감소된 주식 수만큼 재발행할 수 있다는 논거는 구체적으로 밝히고 있지는 않지만, 상법 기타 관련 규정에 상환한 만큼의 주식을 재발행할 수 있는지 여부에 대한 명문의 규정이 없으므로 등기관은 특별한 사정이 없는 한 그 등기를 수리하여야 한다는 입장으로 보인다.

실무사례(90)

제목: 주식의 병합에 의한 자본금 감소의 경우 발행예정주식의 변경등기를 하여야 하는지 여부(소극)

주식회사에서 감자 후 거액의 증자를 하려고 한다. 대부분의 서류는 의뢰인인 회사에서 작성해서 줄 것 같고, 법무사 사무실에서는 공증 및 등기에 필요한 한도에서 서류 검토만 하면 될 것 같다. 지금 문제가 되는 것은 감자 후 변경등기 할 경우 발행할 주식의 총수도 변경등기를 해야 하는지에 관한 것이다. 결손보전을 위하여 감자(주식 5,000주를 1주로 병합)후 증자하려고 한다. 발행할 주식의 총수가 48,000,000주, 발행한 주식의 수가 18,000,000주인 상태에서 17,996,400주 감자로 인한 변경등기를 할 경우, 발행할 주식의 총수(48,000,000 - 17,996,400 = 30,003,600주)에 대한 변경등기도 함께 신청해주어야 하는 것인지?

1. 기존 상업등기선례 제2-41호에 의하면, 주식을 병합하는 방법으로 자본금을 감소하는 경우에는 감소된 주식 수만큼 회사가 발행할 주식의 총수도 감소한다고 보아 회사는 발행한 주식총수의 변경등기뿐만 아니라 발행예정주식총수의 변경등기도 신청하여야 한다고 보았다. 하지만 이는 상업등기선례 제2-55호에 의해 선례가 변경되었다.

2. 변경된 상업등기선례 제2-55호에 의하면, 주식을 병합하는 방법으로 자본금을 감소하는 경우에는 병합된 주식 수만큼 회사가 발행할 주식의 총수는 정관의 변경 없이는 당연히 감소하지 아니하므로 회사가 발행할 주식의 총수에 관한 변경등기를 할 수가 없다.

3. 따라서 사안의 경우 주식병합에 의한 자본금 감소의 방법으로 발행한 주식의 총수가 18,000,000주에서 3,600주로 감소하더라도, 정관의 변경 없이는 발행할 주식의 총수는 종전 그대로 48,000,000주로 동일하여 그 변경등기를 같이 신청할 필요가 없다.

참조 선례: 상업등기선례 제2-55호(615면), 제2-41호(620면)

[유사 사례] 회사가 보유한 자기주식을 이사회의 결의에 의하여 소각하는 경우 발행한 주식의 총수 이외 발행할 주식의 총수에 대한 변경등기도 같이 신청하여야 하는지 여부(소극) => 상업등기선례 제2-55호(615면) 참조.

213. 자본감소와 발행예정주식총수의 변경등기 외(선례 일부 변경)[1)]

[상업등기선례 제2-41호, 제정 2006. 11. 23.]

1. 상법 제340조의2의 규정에 의한 주식매수선택권을 행사하여 신주를 인수한 자는 행사 가액의 전액을 납입한 때에 주주가 된다(상법 제340조의5, 제516조의9 전단).

~~2. 주식을 소각하거나 병합하는 방법으로 자본을 감소(상법 제343조 제1항 본문, 제440조, 제441조)하는 경우, 상환주식을 상환하는 경우(상법 제345조), 정관의 정한 바에 의하여 주주에게 배당할 이익으로써 주식을 소각하는 경우(상법 제343조 제1항 단서), 정기총회에서 특별결의에 의하여 주식을 매수하여 소각하는 경우(상법 제343조의2) 등에는 감소된 주식 수만큼 회사가 발행할 주식의 총수(상법 제317조 제2항 제1호. 이하 '발행예정주식총수'라 한다)도 감소한다. 따라서, 회사는 발행한 주식의 총수(이하, '발행주식총수'라 한다)의 변경등기뿐 아니라 발행예정주식총수의 변경등기도 신청하여야 한다(상법 제317조 제2항, 제4항, 제183조).~~

~~① 위의 경우에 발행예정주식총수의 변경등기는 발행주식총수의 변경등기와 동시에 신청하는 것이 바람직하나, 동시에 신청할 것을 강제하는 규정(비송사건절차법 제184조 제2항, 제159조 제12호, 상업등기처리규칙 제66조 등)이 없으므로 발행주식총수의 변경등기가 경료된 후에 신청하더라도 등기관은 수리하여야 한다.~~

~~② 자본감소 등에 의해 발행예정주식총수가 감소하였음이 발행주식총수 변경등기신청서의 첨부서면이나(동시에 신청하는 경우) 등기부에 의해(발행주식총수의 변경등기가 경료된 후에 신청하는 경우) 명백하게 나타나는 경우에는, 그 변경을 증명하는 서면을 따로 첨부할 필요가 없다. 다만, 발행예정주식총수에 관하여 다른 정함이 있는지 여부를 등기관이 확인할 수 있도록 하기 위해 정관을 첨부하여야 한다.~~

~~③ 등기예규 제1038호 3.의 취지에 비추어 볼 때, 발행주식총수의 변경등기와 발행예정주식총수의 변경등기를 같은 신청서에 의해 함께 신청한다면 발행주식총수의 변경등기에 필요한 등록세(지방세법 제137조 제1항 제6호)만을 납부하면 될 것이다.~~

---

1) 상업등기선례 제2-55호(615면)에 의하여 상기 선례 내용 중 2번 내용은 선례 변경되었다. 따라서 본 선례 내용 중 2번과 관련해서는 「선례해설」(616면), 「법원행정처 선례해설 요약(13)」(617~618면), 「실무사례(90)」(619면) 등의 내용으로 대체하시기 바람.

3. 상법 제520조의2(휴면회사의 해산) 제4항의 규정에 의하여 청산이 종결된 것으로 보는 주식회사(이하, '청산종결 간주된 회사' 라 합니다)도 청산사무가 종결되지 않았음을 소명하여 청산종결등기의 말소를 신청할 수 있다(비송사건절차법 제234조 제1항 제2호 => 주: 현행 상업등기법 제77조 제2호). 청산종결등기의 말소 신청이 있으면 등기관은 그 등기용지를 부활하고 청산종결등기를 말소한다(상업등기처리규칙 제53조 => 주: 현행 상업등기규칙 제116조 참조). 또한, 청산종결 간주된 회사라도 어떤 권리관계가 남아 있어 현실적으로 정리할 필요가 있으면 그 범위 내에서는 아직 완전히 소멸하지 아니하고 청산의 목적범위 내에서 여전히 존속하는데, 이러한 경우 그 회사의 해산 당시의 이사는 정관에 다른 규정이 있거나 주주총회에서 따로 청산인을 선임하지 아니한 경우에 청산인이 되는 것이므로(대법원 1994. 5. 27. 선고 94다7607 판결 등 참조), 주주총회에서 청산인을 선임할 수 있다.[1)]
(2006. 11. 23. 공탁상업등기과-1315 질의회답)

주) 주식의 상환에 관한 종류주식의 상환과 발행할 주식의 총수 및 재발행 가부에 관한 선례(상업등기선례 제201207-1호, 현 제2-55호)에 의해 상업등기선례 제200611-3호(현 제2-41호)는 그 내용이 일부 변경됨

참조 조문 · 규칙 · 예규 · 선례 · 판례

▣ 상법[법률 제13523호, 2015. 12. 1., 일부개정]

제520조의2(휴면회사의 해산) ④ 제1항의 규정에 의하여 해산한 것으로 본 회사가 제3항의 규정에 의하여 회사를 계속하지 아니한 경우에는 그 회사는 그 3년이 경과한 때에 청산이 종결된 것으로 본다.

▣ 대법원 1994. 5. 27. 선고 94다7607 판결

상법 제520조의2의 규정에 의하여 주식회사가 해산되고 그 청산이 종결된 것으로 보게 되는 회사라도 어떤 권리관계가 남아 있어 현실적으로 정리할 필요가 있으면 그 범위 내에서는 아직 완전히 소멸하지 아니하고, 이러한 경우 그 회사의 해산 당시의 이사는 정관에 다른 규정이 있거나 주주총회에서 따로 청산인을 선임하지 아니한 경우에 당연히 청산인이 되고, 그러한 청산인이 없는 때에는 이해관계인의 청구에 의하여 법원이 선임한 자가 청산인이 되므로, 이러한 청산인만이 청산중인 회사의 청산사무를 집행하고 대표하는 기관이 된다.

---

1) 상업등기선례 제1-281호(851면) 참조

214. 발행주식총수의 변경등기신청과 주주총회 의사록의 첨부 여부
[상업등기선례 제1-173호, 제정 1986. 1. 27.]

개정상법 부칙 (84. 4. 10.) 제5조 제2항의 규정에 의하여 주식의 액면 금액을 5,000원 이상으로 하기 위하여는 상법 제434조의 규정에 의한 결의로 정관을 변경하여야 하나, 회사가 발행한 주식의 총수는 정관기재사항이 아니므로 발행주식총수의 변경등기신청서에는 주주총회의 결의가 있었음을 증명하는 서면을 첨부할 필요가 없다.
(86. 1. 27 등기 제25호 사단법인 한국상장회사협의회 회장 대 법원행정처장 회답)

참조 조문 · 규칙 · 예규 · 선례 · 판례

▣ 상법[법률 제13523호, 2015. 12. 1., 일부개정]

제289조(정관의 작성, 절대적 기재사항) ① 발기인은 정관을 작성하여 다음의 사항을 적고 각 발기인이 기명날인 또는 서명하여야 한다.

3. 회사가 발행할 주식의 총수(주: 회사가 발행한 주식의 총수가 아님)
5. 회사의 설립 시에 발행하는 주식의 총수

◐ 선례 해설:

1. 회사가 발행할 주식의 총수 및 회사의 설립 시에 발행하는 주식의 총수는 정관의 절대적 기재사항이나, 회사가 발행한 주식의 총수는 정관기재사항이 아니고 단지 등기사항에 불과하여, 발행한 주식의 총수 변경을 위해서는 정관변경을 위한 주주총회 특별결의를 거칠 필요가 없으므로 첨부정보로서 주주총회의사록은 제공할 필요가 없다.

2. 다만 정관의 규정에 의하여 신주발행을 이사회가 아닌 주주총회 결의로 하기로 되어 있다면(상법 416조 참조), 그 신주발행으로 인한 변경등기(자본금 및 발행한 주식의 총수 변경등기) 시에는 정관 및 주주총회의사록을 첨부정보로 제공하여야 할 것이다.[1]

1) 상업등기선례 제1-102호(397면) 참조

제10절 주식의 양도제한에 관한 등기[1)2)3)4)]

내 용	관련 조문		관련 선례 · 예규 · 규칙 (실무사례 포함)
	상법	상업등기법	
1. 주식의 양도제한	제335조 ~제335조의7		☞ 실무사례(91)

1) 주식은 자유롭게 양도할 수 있음이 원칙이지만, 회사는 정관에 규정을 두어 주식의 양도시에 이사회의 승인을 받도록 할 수 있다(상법 335조). 이 경우 사내이사 2명 이하인 소규모 회사의 경우에는 이사회에 갈음하여 주주총회의 승인을 얻어야 한다(상법 383조 4항).

2) **대법원 2000. 9. 26. 선고 99다48429 판결**
[1] 상법 제335조 제1항 단서는 주식의 양도를 전제로 하고, 다만 이를 제한하는 방법으로서 이사회의 승인을 요하도록 정관에 정할 수 있다는 취지이지 주식의 양도 그 자체를 금지할 수 있음을 정할 수 있다는 뜻은 아니기 때문에, 정관의 규정으로 주식의 양도를 제한하는 경우에도 주식양도를 전면적으로 금지하는 규정을 둘 수는 없다.
[2] 회사와 주주들 사이에서, 혹은 주주들 사이에서 회사의 설립일로부터 5년 동안 주식의 전부 또는 일부를 다른 당사자 또는 제3자에게 매각 · 양도할 수 없다는 내용의 약정을 한 경우, 그 약정은 주식양도에 이사회의 승인을 얻도록 하는 등 그 양도를 제한하는 것이 아니라 설립 후 5년간 일체 주식의 양도를 금지하는 내용으로 이를 정관으로 규정하였다고 하더라도 주주의 투하자본회수의 가능성을 전면적으로 부정하는 것으로서 무효라는 이유로 정관으로 규정하여도 무효가 되는 내용을 나아가 회사와 주주들 사이에서, 혹은 주주들 사이에서 약정하였다고 하더라도 이 또한 무효라고 한 사례.

위 판례에 의하면, 상법 제335조 제1항 단서의 취지는 주식의 양도를 전제로 이를 제한하는 방법으로서 이사회의 승인을 요하도록 정관에 정할 수 있다는 취지이지 주식의 양도 자체를 금지할 수 있음을 정한 것은 아니라는 것이다. 즉 정관의 규정으로 주식의 양도를 제한하는 경우에도 주식의 양도를 전면적으로 금지하는 규정은 둘 수 없음을 적시하고 있다(『상법판례 백선』, 255면).

3) 정관에 의한 주식의 양도제한의 취지는 주식 양도 상대방의 선택권이 주식을 양도하려는 주주가 아니라 회사에게 부여된다는 것으로, 주식의 양도를 제한하는 것이라기보다는 그 양수의 제한으로서 양수인의 회사에 대한 자격설정의 제한이라고 할 수 있다. 따라서 상법 제335조의 정관에 의한 주식의 양도제한이 있음에도 불구하고 이사회의 승인 없이 이루어진 주식의 양수도에 대해서는 당사자 간에는 유효하나 회사에 대한 관계에서는 효력이 없다(사법연수원, 『2012 회사법연구』, 103~107면 및 『주식회사법대계(Ⅰ)』, 886~887면 참조. 이에 관한 판례로는 대법원 2008. 7. 10. 선고 2007다14193 판결이 있음).

4) 주식의 양도제한에 관한 규정을 정관에 두고 있는 회사는 그 규정을 변경 · 폐지할 수 있는데, 이를 위해서는 주주총회의 특별결의에 의한 정관을 변경하는 절차를 거쳐야 한다.

실무사례(91)

제목: 주식의 양도제한에 관한 등기

회사는 이번에 주식의 양도에 대해 제한을 하려고 한다(각 사안의 별개 사안임).

【1】 주식의 양도에 대해 주주총회의 승인을 받도록 할 수 있는지?

【2】 자본금 총액이 3억원인 소규모 주식회사로 사내이사가 1인만 있어 이사회가 없는 회사의 경우에 주식의 양도에 대해 주주총회의 승인을 받도록 할 수 있는지?

【3】 자본금 총액이 10억원 미만인 소규모 주식회사에서 2명의 이사를 두고 있으며, 정관에 "본 회사의 주식을 주주 이외의 자에게 양도함에는 주주총회의 승인을 얻어야 한다." 라고 규정되어 있다. 현재 회사의 등기기록 중 기타사항란에 위 정관규정에 의한 주식양도의 제한에 관한 내용이 등기되어 있다. 최근 주주총회에서 이사가 2명 추가 선임되어 이사가 총 4명이 되었다. 이 경우 주식의 양도제한에 관한 변경등기를 하여야 하는지?

1. 주식의 양도는 자유가 원칙이지만, 회사는 정관으로 정하는 바에 따라 그 발행하는 주식의 양도에 관하여 이사회의 승인을 받도록 할 수 있다(상법 335조 1항). 이를 '정관규정에 의한 주식양도의 제한' 이라고 한다. 통설은 상법에서 정하는 방법 이외의 양도제한방법을 정하는 규정은 무효라고 보아, 주식의 양도승인 기관을 이사회가 아닌 특정주주, 주주총회 또는 대표이사로 정하는 것은 무효로 해석한다(『주석상법(회사편Ⅱ)』, 376면). 따라서 상법상 제한방법이 아닌 주주총회의 승인방법으로 주식의 양도를 제한하는 정관의 규정은 원칙적으로 무효로 봄이 상당하다(주: 예외에 관한 것은 설문 【2】 참조).[1)]

2-1. 위 1.의 내용에도 불구하고 자본금 총액이 10억원 미만인 소규모 주식회사로서 사내이사가 2인 이하인 관계로 이사회가 없는 경우에는 어떻게

1) 주식양도의 자유는 주주의 유한책임 및 법인격 제도와 결합하여 대규모의 자본조달이 가능하도록 하는 전제조건이므로 주식회사 제도의 기본 속성 중의 하나이다. 상법은 정관에 발행주식의 양도에 관하여 이사회의 승인을 얻도록 하는 규정을 둠으로써 주식의 양도를 제한할 수 있도록 하고 있는데, 상법이 정한 방법 이외의 양도제한방법을 정하는 정관 규정, 예를 들면 주주총회 승인이나 특정주주의 승인을 얻도록 하는 규정 등은 주식양도제한의 요건을 가중하는 것으로 무효로 본다(『주식회사법대계(Ⅰ)』, 866~869면 참조).

할 것인가? 이 경우에는 이사회의 승인을 주주총회의 승인으로 갈음할 수 있음을 상법 제383조 제4항에 명문으로 정하고 있다. 실무제요도 같은 입장이다(『상업등기실무(II)』, 247면).

2-2. 따라서 자본금 총액이 10억원 미만으로 이사가 2인 이하인 관계로 이사회가 없는 회사의 경우에는, 정관으로 "본 회사의 주식을 주주 이외의 자에게 양도함에는 이사회의 승인을 얻어야 한다. 다만, 이사가 2인 이하일 경우에는 주주총회의 승인을 얻어 주식을 양도할 수 있다."라는 규정을 신설하여 주식의 양도를 제한하는 것은 가능하다.[1)]

3. 소규모 주식회사에서 2명 이하의 이사를 둔 경우 주식양도의 승인기관은 주주총회이다(상법 383조 4항). 위 회사에서 주식의 양도제한에 관한 내용을 유지하면서 이사를 추가 선임하여 이사가 3명 이상이 되는 때에는, 주식양도의 승인기관을 '주주총회'에서 '이사회'로 변경하는 등기를 하여야 한다(『상업등기실무(II)』, 248면).[2)] 주식의 양도제한에 관한 내용의 변경등기를 신청할 때에는 정관변경을 위한 주주총회의사록을 첨부정보로 제공하여야 한다.

참조 조문: 상법 제335조, 제383조 제1항 및 제4항

참조 문헌: 『상업등기실무(II)』(247~248면), 『주석상법(회사편II)』(376면), 『주식회사법대계(I)』(866~887면)

[관련 사례] 회사의 주주로는 주주 겸 임원 5인(지분율 약 70%)과 소액주주 수백 명(지분율 약 30%)으로 구성되어 있다. 회사는 정관에 "회사의 임원이 아닌 주주가 주식을 양도함에는 이사회의 승인을 얻어야 한다."라는 규정을 신설하려고 한다. 이러한 주식의 양도제한이 가능한지?

=> 정관으로 정할 수 있는 주식의 양도제한의 내용은 주주평등의 원칙에 반하지 않아야 한다. 특정주주(사안의 경우 회사의 임원이 아닌 주주)에게만 주식을 양도함에 이사회의 승인을 얻도록 하는 것은 주주평등의 원칙에 반하여 허용되지 않는다(『상업등기실무(II)』, 247면 및 이철송, 『회사법강의』, 363면 참조).

1) 정관규정에 의한 주식양도의 제한에 관한 내용을 신설한 경우에는 본점 소재지에서는 2주간 내에 회사 대표자가 변경등기를 신청하여야 한다. 다만, 주식의 양도제한에 관한 규정은 지점 소재지에서는 등기하지 않는다(「법인등의 등기사항에 관한 특례법」 3조 참조).

2) 사안과 달리 주식의 양도제한에 관한 정관의 규정이 "본 회사의 주식을 주주 이외의 자에게 양도함에는 이사회의 승인을 얻어야 한다. 다만, 이사가 2인 이하일 경우에는 주주총회의 승인을 얻어 주식을 양도할 수 있다."라고 되어 있다면, 이사가 2명에서 4명으로 되었더라도 정관변경 및 주식의 양도제한에 관한 내용의 변경등기는 하지 않아도 된다.

제11절 신주발행으로 인한 변경등기

<table>
<tr><th rowspan="2">내 용</th><th colspan="2">관련 조문</th><th rowspan="2">관련 선례 · 예규 · 규칙
(실무사례 포함)</th></tr>
<tr><th>상법</th><th>상업등기법</th></tr>
<tr><td>1. 신주발행절차[1]</td><td></td><td></td><td></td></tr>
<tr><td>(1) 신주발행사항의 결정</td><td>제416조
~제417조</td><td></td><td>215. 상업선례 제2-53호
※ 등기예규 제1535호
☞ 실무사례(92)
☞ 실무사례(93)
☞ 실무사례(94)</td></tr>
<tr><td>(2) 신주배정기준일 지정 · 공고 및 주주에 대한 통지 · 공고</td><td>제418조</td><td></td><td rowspan="2">☞ 실무사례(95)
☞ 실무사례(96)
216. 상업선례 제1-171호
217. 상업선례 제1-207호
218. 상업선례 제2-63호
219. 상업선례 제2-54호
☞ 실무사례(97)
220. 상업선례 제2-57호
☞ 실무사례(98)
221. 상업선례 제2-60호</td></tr>
<tr><td>(3) 실권예고부 청약최고</td><td>제419조</td><td></td></tr>
<tr><td>(4) 주식인수의 청약</td><td>제420조</td><td></td><td></td></tr>
<tr><td>(5) 신주의 배정</td><td></td><td></td><td></td></tr>
<tr><td>(6) 인수가액의 납입:
현물출자, 상계 포함</td><td>제421조
~제422조</td><td></td><td>〈현물출자〉[2]
222. 상업선례 제1-187호
☞ 실무사례(99)
223. 상업선례 제1-208호
☞ 실무사례(100)
224. 상업선례 제2-47호

〈채권의 출자전환〉[3]
☞ 실무사례(101)
☞ 실무사례(102)
☞ 실무사례(103)</td></tr>
</table>

			☞ 실무사례(104) ☞ 실무사례(105) ☞ 실무사례(106) 225. 상업선례 제1-186호 ~~226. 상업선례 제1-201호~~ 227. 상업선례 제1-190호 ~~228. 상업선례 제1-193호~~ ~~229. 상업선례 제1-194호~~ ~~230. 상업선례 제1-200호~~ ~~231. 상업선례 제1-204호~~ ~~232. 상업선례 제1-206호~~ ~~233. 상업선례 제1-211호~~ ~~234. 상업선례 제2-46호~~
(7) 실권주의 처리	제423조		~~235. 상업선례 제1-179호~~[4] ☞ 실무사례(107)
2. 신주발행 효력발생시기	제423조		236. 상업선례 제1-172호 237. 상업선례 제1-198호 ☞ 실무사례(108) ☞ 실무사례(109)
3. 신주발행과 이사의 책임	제428조		238. 상업선례 제1-205호
4. 첨부정보		규칙 제133조	239. 상업선례 제2-42호 240. 상업선례 제1-192호 241. 상업선례 제2-43호 ☞ 실무사례(110) ☞ 실무사례(111) 242. 상업선례 제1-183호 ~~243. 상업선례 제1-177호~~[5]

1) 상법 및 특별법이 예정하고 있지 아니한 방법과 절차에 의한 신주발행은 무효라는 것이 판례의 입장이다. 즉 주식회사가 타인으로부터 돈을 빌리는 소비대차계약을 체결하면서 "채권자는 만기까지 대여금액의 일부 또는 전부를 회사 주식으로 액면가에 따라 언제든지 전환할 수 있는 권리를 갖는다" 는 내용의 계약조항을 둔 경우, 달리 특별한 사정이 없는 한 이는 전환의 청구를 한 때에 그 효력이 생기는 형성권으로서의 전환권을 부여하는 조항이라고 보아야 하는 바, 신주의 발행과 관련하여 특별법에서 달리 정한 경우를 제외하고는 신주의 발행은 상법이 정하는 방법 및 절차에 의하여만 가능하다는 점에 비추어 볼 때, 위와 같은 전환권 부여조항은 상법이 정한 방법과 절차에 의하지 아니한 신주발행 내지는 주식으로의 전환을 예정하는 것이어서 효력이 없다(대법원 2007. 2. 22. 선고 2005다73020 판결).

2) 현물출자에 관한 전반적인 설명은 「총괄(3)」(331~333면) 참조

3) 2011. 4. 14. 상법 제421조의 개정, 등기예규 제1450호의 제정 및 등기예규 제960호의 폐지 등으로 일반기업에 대해서는 채권의 출자전환을 불허하고 기업 구조조정의 일환으로 등기예규 제960호 및 「기업구조조정 촉진법」에 의거 금융기관에 대해서는 채권의 출자전환을 인정한 기존의 상업등기선례는 사문화되었다.

4) 상업등기선례 제1-179호는 등기예규 제1539호에 의해 2014. 11. 21.부로 폐지되었으나, 본 선례의 내용은 상법 제419조 제3항에 의해 그대로 유효하다.

5) 신주발행에 의한 외국인투자는 현행 「외국인투자 촉진법」에서는 신고사항으로 되어 있어 상업등기선례 제1-177호는 사실상 사문화되었다.

§ 요약

1. 주권상장법인이 아닌 일반법인의 경우에는 주식의 액면미달발행은 원칙적으로 허용되지 않으나, 예외적으로 회사성립 후 2년이 경과한 회사가 주주총회 특별결의와 법원의 인가를 받았을 경우에는 가능하다(상업선례 2-53, 630면).

2. 상법 제344조 제1항에 따라 2가지 이상의 주식을 발행한 경우에는 그 하나는 보통주식으로 나머지 주식은 정관에 기재되어 있는 명칭으로 등기하게 되는데, 이와 관련하여 회사가 발행한 종류주식에 대한 등기 신청방법과 이에 대한 등기관의 심사방법에 대해 등기예규 제1535호(632~633면)에서 규율하고 있다.

3. 신주 등의 발행에서 주주배정방식과 제3자배정방식을 구별하는 기준은 회사가 신주 등을 발행하는 때에 주주들에게 그들의 지분비율에 따라 신주 등을 우선적으로 인수할 기회를 부여하였는지 여부에 따라 객관적으로 결정되어야 한다. 따라서 신주 등을 발행할 때 기존 주주들의 지분비율에 따라 신주 등을 우선적으로 인수할 기회를 부여하였다면 그것은 바로 주주배정방식에 속하는 것이며, 비록 기존 주주들이 신주 등을 실제로 자신들의 지분비율에 따라 신주 등을 배정받았는지 여부는 고려할 바가 아니다(신주인수권에 관한 것은 「보론」(643면) 참조).

4. 상법은 주주배정방식과 제3자배정방식을 구분하여 동법 제418조 및 제419조에서 그 절차를 달리 규율하고 있으며, 선례에서도 양자의 차이점에 주목하여 첨부정보로 제공할 것에 대해 구분하여 달리 설명하고 있다(「총괄(6)」, 642면 참조).

5. 신주를 발행하는 대표적인 예로 금전납입 외에 현물출자와 납입상계에 의한 방법이 있다. 그 중 납입상계에 의한 신주발행이 실무에서 최근 활용도가 커지고 있는데, 이는 상법 제421조의 개정으로 일반기업도 주금납입의 상계에 의한 신주발행이 가능함에 따라 현물출자에 의한 신주발행은 상대적으로 그 활용도가 줄어들고 있는 추세이기 때문이다. 한편 주금납입의 상계에 의한 신주발행으로 변경등기 시 첨부할 서면에 관해서는 등기예규 제1450호(672~673면)에서 정하고 있다.

6. 신주발행의 유형에 따른 첨부정보의 차이점에 대해서는 701면 참조.

215. 주권상장법인의 액면미달발행에 관한 질의1)

[상업등기선례 제2-53호, 제정 2011. 7. 18.]

1. 주권상장법인이 주식을 액면미달의 가액으로 발행함에 있어서, 주식의 액면미달발행 여부를 결정하는 주주총회 결의일 이전에 종전에 실행된 액면미달발행으로 인한 미상각액이 있는 경우에는 상각을 완료하여야만 신주를 발행할 수 있다(「자본시장과 금융투자업에 관한 법률」 제165조의8 제1항).

2. 그러나 주권상장법인이 주식을 액면미달의 가액으로 발행하기로 결정한 후, 주주총회에서 결정한 최저발행가액 및 주식발행시기의 범위 내에서 2회로 분할하여 신주를 발행한 경우, 제2회 신주발행을 하기에 앞서 제1회 신주발행에 따른 미상각액의 상각을 완료하여야 하는 것은 아니다.
(2011. 7. 18. 사법등기심의관-1664 질의회답)

참조 조문 · 규칙 · 예규 · 선례 · 판례

▣ 상법[법률 제13523호, 2015. 12. 1., 일부개정]

제330조(액면미달발행의 제한) 주식은 액면미달의 가액으로 발행하지 못한다. 그러나 제417조의 경우에는 그러하지 아니하다.

제417조(액면미달의 발행) ① 회사가 성립한 날로부터 2년을 경과한 후에 주식을 발행하는 경우에는 회사는 제434조의 규정에 의한 주주총회의 결의와 법원의 인가를 얻어서 주식을 액면미달의 가액으로 발행할 수 있다.
② 전항의 주주총회의 결의에서는 주식의 최저발행가액을 정하여야 한다.
③ 법원은 회사의 현황과 제반사정을 참작하여 최저발행가액을 변경하여 인가할 수 있다. 이 경우에 법원은 회사의 재산상태 기타 필요한 사항을 조사하게 하기 위하여 검사인을 선임할 수 있다.
④ 제1항의 주식은 법원의 인가를 얻은 날로부터 1월내에 발행하여야 한다. 법원은 이 기간을 연장하여 인가할 수 있다.

▣ 자본시장과 금융투자업에 관한 법률[법률 제14075호, 2016. 3. 18., 타법개정]

제165조의8(액면미달발행의 특례) ① 주권상장법인은 「상법」 제417조에도

1) 주권상장법인이 아닌 일반법인의 경우도 법원의 인가에 의한 액면미달발행을 하기 보다는 2011. 4. 14. 상법 개정에 따라 허용된 무액면주식을 활용하여 사실상 액면미달발행의 효과를 거둘 수 있다(염춘필, "개정 「상법」의 주요내용과 실무 활용방법", 법무사(2012년 4월호), 대한법무사협회, 32면).

불구하고 법원의 인가 없이 같은 법 제434조에 따른 주주총회의 결의만으로 주식을 액면미달의 가액으로 발행할 수 있다. 다만, 그 액면미달금액의 총액에 대하여 상각(償却)을 완료하지 아니한 경우에는 그러하지 아니하다.
② 제1항에 따른 주주총회의 결의에서는 주식의 최저발행가액을 정하여야 한다. 이 경우 최저발행가액은 대통령령으로 정하는 방법에 따라 산정한 가격 이상이어야 한다.

◐ 선례 해설: 주권의 액면미달발행1)

1. 일반법인

원 칙	주식의 액면미달발행 불허(상법 417조)
예 외	회사성립 후 2년 경과 + 주주총회 특별결의 + 법원의 인가
절 차	회사(이사)의 신청에 의해 본점 소재지의 지방법원합의부의 관할로 서면에 의해 심리 및 재판을 진행
법원인가 신청 시 첨부서류	i) 회사의 성립 연월일을 알기 위한 법인등기사항증명서 ii) 주주총회 특별결의가 있었다는 사정을 소명하는 주주총회의사록 iii) 신청인이 적당한 평가방법을 선택하여 공인회계사 등이 작성한 주식가치평가서 iv) 조달할 금액의 사용처 등에 관한 소명자료 등

2. 주권상장법인

원 칙	주식의 액면미달발행 허용(「자본시장과 금융투자업에 관한 법률」 165조의8)
절 차	주주총회의 특별결의로 주식의 최저발행가액을 정한 후 주주총회의 특별결의일로부터 1개월 이내에 주권의 액면미달발행을 하되, 주식의 액면미달발행 여부를 결정하는 주주총회 결의일 이전에 종전에 실행된 액면미달발행으로 인한 미상각액이 있는 경우에는 상각을 완료하여야만 신주를 발행할 수 있음(법원의 인가는 불요).

1) 법원 인가 관련내용은 『법원실무제요 비송』, 169~172면 참조

※ 종류주식의 등기에 관한 예규[등기예규 제1535호, 제정 2014. 11. 5.][1)]

제1조(목적)

이 예규는 주식회사가 상법에 따라 발행한 종류주식에 대한 등기신청방법과 이에 대한 등기관의 심사방법을 규정함을 목적으로 한다.

제2조(발행주식의 종류)[2)]

주식회사가 한 종류의 주식만을 발행한 경우에는 보통주식으로 등기하고, 상법 제344조 제1항에 따라 2가지 이상의 주식을 발행한 경우에는 그 하나는 보통주식으로 나머지 주식은 정관에 기재되어 있는 명칭으로 등기한다.

【정관에 기재되어 있는 종류주식의 예시】 우선주식, 상환전환우선주식, 제1종 종류주식, 제2종 종류주식, 갑 종류주식, 을 종류주식, 무의결권 배당우선(존속기한부) 전환주식

제3조(종류주식에 대한 등기신청)

① 종류주식의 발행에 따른 등기를 신청하는 경우에는 정관에 기재되어 있는 종류주식의 내용(주주총회 또는 이사회가 정관의 범위 내에서 그 주식의 내용을 세부적으로 정한 경우에는 그 내용을 말한다)에 관한 등기도 함께 신청하여야 한다. 다만, 보통주식의 경우에는 그러하지 아니하다.

② 종류주식의 말소등기를 신청하는 경우에는 그 주식의 내용에 관한 말소등기도 함께 신청하여야 한다. 종류주식의 상환 또는 전환에 따른 말소등기를 신청하는 경우에도 같다.

제4조(등기관의 심사방법)

등기관은 종류주식의 명칭이 정관에 기재되어 있는 명칭과 일치하는지 여부

---

1) 이와 관련하여 「보론2」 종류주식 발행 및 이기신청에 따른 등기절차 유형별 검토(636~637면), 「보론3」 종류주식 발행에 따른 신청서 작성 예시(638면), 「실무사례(92)」(639면), 「실무사례(93)」(640면), 「실무사례(94)」(641면) 등 참조

2) 종전에는 주식 종류를 보통주식, 우선주식, 후배주식으로 구분하여 등기하였으나, 이 예규 시행 후에는 그 종류를 보통주식과 종류주식(우선주식, 상환전환우선주, 제1종 종류주식 등)으로 구분하여 등기할 수 있게 되었으며, 기존의 주식에 대해서도 회사의 신청으로 동 예규 제5조 및 상업등기규칙 부칙 제2조에 의해 이기신청할 수 있게 되었다.

및 주주총회 또는 이사회가 정하여 발행한 종류주식의 수와 내용이 정관의 범위 내인지 여부를 조사하여야 한다. 이 때 정관에 종류주식의 발행가능 총수가 기재되어 있다 하더라도 등기사항이 아님을 유의하여야 한다.

제5조(「상업등기규칙」 부칙 제2조[1]에 따른 이기신청)

① 이 예규 시행 전에 등기된 종류주식이 「상업등기규칙」(대법원규칙 제2560호)에 따른 방식과 달리 기록된 경우에는 종류주식을 발행할 당시의 정관과 주주총회의사록 또는 이사회의사록을 첨부하여 이기신청을 할 수 있다. 다만, 등기기록상 명확한 경우에는 대표자의 확인서로 갈음한다.

② 제1항에 따른 이기신청의 등기원인은 「상업등기규칙」 부칙 제2조에 따른 이기로 한다.

③ 제1항의 경우 등기신청수수료와 등록면허세는 부과의 대상이 되지 않는다.

부 칙

제1조(시행일) 이 예규는 2014년 11월 21일부터 시행한다.

제2조(과태료) 이 예규에 근거한 이기신청은 과태료 부과통지의 대상에 해당되지 아니 한다.

---

1) 부칙 <제2560호, 2014. 10. 2.>
제2조(경과조치) 이 규칙 시행 당시 종전의 규정에 따라 한 등기는 이 규칙 시행 후에도 그대로 사용한다. 다만, 종류주식과 합자조합의 조합원에 관한 종전의 기록은 이 규칙에 따른 기록 방식으로 이기 신청할 수 있다.

📖 「보 론 1」 종류주식의 내용

1. 의의

(1) 종류주식이란 소정의 권리에 관하여 특수한 내용을 부여한 주식을 말하는데, 회사는 이익의 배당, 잔여재산의 분배, 주주총회에서의 의결권의 행사, 상환 및 전환 등에 관하여 내용이 다른 주식 즉 종류주식을 발행할 수 있다(상법 341조 1항).

(2) 회사가 종류주식을 발행하기 위해서는 정관에 각 종류주식의 내용과 수를 정하여야 하며(상법 341조 2항), 종류주식을 발행할 때에는 등기하여야 한다(상법 317조 2항 3호).

(3) 2011년 개정 상법은 종류주식을 다양하게 인정하므로 종류주식을 중복적으로 조합하여 발행할 수 있다.

2. 이익배당, 잔여재산분배에 관한 종류주식(상법 344조의2)

(1) 회사가 이익의 배당에 관하여 내용이 다른 종류주식을 발행하는 경우에는 정관에 그 종류주식의 주주에게 교부하는 배당재산의 종류, 배당재산의 가액의 결정방법, 이익을 배당하는 조건 등 이익배당에 관한 내용을 정관으로 정하여야 한다(상법 344조의2 1항). 이익배당은 금전배당, 주식배당, 현물배당 등이 가능하므로, 배당재산의 종류를 정관에서 정하라는 의미는 이익배당을 어떠한 것으로 할 것인지에 대해 정하라는 의미이다. 또한 현물배당의 경우에는 배당재산의 가액의 결정방법도 정관에서 정하여야 한다.

(2) 회사가 잔여재산의 분배에 관하여 내용이 다른 종류주식을 발행하는 경우에는 잔여재산의 종류, 잔여재산의 가액의 결정방법, 그 밖에 잔여재산분배에 관한 내용을 정관으로 정하여야 한다(상법 344조의2 2항).[2] 잔여재산분배에 관하여는 종류주식에 대한 분배의 순위와 내용에 관해 정관에서 정하여야 한다.

---

2) 잔여재산의 분배에 있어서는 주식으로 분배하는 일이 있을 수 없고, 현물분배를 할 수 있는 근거가 없으므로 잔여재산의 종류와 가액의 결정방법을 정관으로 정하라는 규정은 무의미한 규정으로 보는 견해가 있다(이철송, 『회사법강의』, 279~280면).

3. 의결권의 배제 · 제한에 관한 종류주식(상법 344조의3)

(1) 의결권이 전혀 부여되지 않는 주식을 의결권배제주식 또는 무의결권주식이라 하며, 정관이 정하는 일부 사항에 관하여만 의결권이 없는 종류의 주식을 의결권제한주식이라 한다.

(2) 회사가 의결권이 없는 종류주식이나 의결권이 제한되는 종류주식을 발행하는 경우에는 정관에 의결권을 행사할 수 없는 사항과 의결권 행사 또는 부활의 조건을 정한 경우에는 그 조건 등을 정하여야 하며, 그 종류주식의 총수는 발행주식총수의 4분의 1을 초과하지 못한다(상법 344조의3).

4. 주식의 상환에 관한 종류주식(상법 345조)

(1) 상환주식이란 주식의 발행 시부터 정관으로 정하는 바에 따라 회사의 이익으로써 일정한 기간 후에 소각하도록 예정되어 있는 주식(회사측에 상환권이 있는 경우) 또는 일정한 기간 이후에 주주가 회사에 대하여 상환을 청구할 수 있는 주식(주주에게 상환청구권이 있는 경우)을 말한다.

(2) 회사는 정관으로 정하는 바에 따라 회사의 이익으로써 소각할 수 있는 종류주식을 발행할 수 있으며, 이 경우 회사는 정관에 상환가액, 상환기간, 상환의 방법과 상환할 주식의 수를 정하여야 한다. 한편 주주에게 상환청구권이 있는 경우에는 주주가 회사에 대하여 상환을 청구할 수 있다는 뜻, 상환가액, 상환청구기간, 상환의 방법을 정하여야 한다.

5. 주식의 전환에 관한 종류주식(상법 346조): 「보론」(714면) 참조

(1) 전환주식이란 주주가 다른 종류의 주식으로 전환할 수 있는 권리가 부여된 주식 또는 회사가 다른 종류의 주식으로 전환할 수 있는 권리가 부여된 주식을 말한다.

(2) 주주의 청구에 의하여 전환이 이루어지는 종류주식을 발행한 경우에는 전환의 조건, 전환의 청구기간, 전환으로 인하여 발행할 주식의 수와 내용을, 회사가 전환권을 갖는 종류주식을 발행한 경우에는 전환의 사유, 전환의 조건, 전환의 기간, 전환으로 인하여 발행할 주식의 수와 내용을 정관으로 정하여야 한다.

📖 「보 론 2」 종류주식 발행 및 이기신청에 따른 등기절차 유형별 검토[1)]

1. 종류주식의 등기 일반

구 분	내 용
종류주식과 정관의 관계	▷ 종류주식을 발행하기 위해서는 정관에 그 명칭, 수, 내용을 정하여야 함 ▷ 다만, 구체적인 수와 내용은 주주총회 또는 이사회에서 결정할 수 있고 이를 등기해야 함
등기기록과 정관의 관계	▷ 종류주식에 관한 등기기록은 정관의 범위 내이어야 함 ▷ 현행 등기기록과 정관이 불일치하는 경우: 이기 - 이기신청은 정관의 범위 내에서 종류주식을 발행하였지만 종전 기록방식에 따라 그 명칭과 수가 다르게 기록되거나 종류주식의 내용란이 아닌 기타사항란에 그 내용을 기록한 것에 대해 현행 상업등기규칙의 기록방식에 따라 이기하여 줄 것을 신청하는 것임

2-1. 이기신청 방법

<table>
<tr><th>유형</th><th>신청 대상</th><th>첨부서면</th><th>수수료 등</th></tr>
<tr><td>1</td><td>종류주식의 내용</td><td>법인인감이 날인된 대표자의 확인서</td><td rowspan="3">대상 아님</td></tr>
<tr><td>2</td><td>종류주식의 명칭과 내용</td><td rowspan="2">종류주식 발행 당시의 정관 및 의사록 또는 대표자의 확인서</td></tr>
<tr><td>3</td><td>종류주식의 명칭과 수 및 내용</td></tr>
</table>

2-2. 종류주식의 내용만을 이기신청하는 경우에는 기타사항란에 기록된 종류주식의 수와 관계없이 법인인감이 날인된 대표자의 확인서만으로 이기신청할 수 있으며, 종류주식의 명칭 또는 명칭과 수 및 내용에 대한 이기신청을 동시에 하는 경우에는 종류주식 발행 당시의 정관 및 의사록 또는 대표자의 확인서를 첨부하여야 한다.

---

1) 이는 법원행정처 사법등기국에서 2014. 11. 27.에 공지하고 그 후 2015. 3. 27.에 일부 수정한 내용을 토대로 작성된 것이다. 법원행정처 사법등기국, 「종류주식 발행 및 이기신청에 따른 등기절차 유형별 검토」(2015. 3. 27.) 참조.

3. i) 새로운 종류주식을 발행한 경우에는 현행 상업등기규칙에 의해 등기신청을 하면 된다.

 ii) 다만, 종전에 종류주식을 발행하고 기타사항란에 그 내용이 등기된 상황에서 회사가 새로운 종류주식을 발행한 경우에는 대표자 확인서를 첨부하여 종전의 기타사항란에 등기된 등기기록에 대해서 이기신청을 할 수 있으며, 이 경우에는 종전의 등기기록을 현행 상업등기규칙에 맞게 이기신청 하는 것이 바람직하다(이기신청을 하지 않을 경우에는 기존의 방식과 현행 방식이 등기기록에 공존하여 불합리함).

 iii) 기존의 종류주식에 대해 추가 발행한 경우에도 종전의 등기기록을 현행 상업등기규칙에 맞게 이기신청 할 수 있으며, 이 또한 이기신청 하는 것이 바람직하다. 예를 들면 종전 등기기록에 보통주와 우선주가 기재되어 있고 기타사항란에 등기된 주식의 내용이 단순한 우선주의 내용이 아닌 상환전환우선주식인 상태에서, 다시 상환전환우선주식을 추가 발행한 경우에는 종류주식의 발행 당시 정관 및 의사록 또는 대표자의 확인서를 첨부하여, 종전의 기타사항란에 있는 내용을 종류주식의 내용란으로 이기신청 하고 발행주식의 명칭도 기존 “우선주식”에서 “상환전환우선주식”으로 변경하여 이기신청 할 수 있다.

4. 생각건대, 과거의 방식에 의해 등기된 종류주식의 등기기록은 현행 상업등기규칙에 맞지 않아 기존의 등기기록과 현행의 등기기록 방식이 공존한다면, 등기의 공시 목적을 달성하는데 비효율적이다. 이기신청을 할 것인지 여부는 비록 회사의 자유이나, 가능한 한 현행 상업등기규칙에 부합되게 등기기록이 공시되도록 종류주식의 명칭 또는 수 및 내용에 대한 이기신청을 하는 것이 바람직하다. 특히 기존의 방식에 의해 종류주식이 등기된 상황에서 새로운 종류주식을 발행하는 경우에는 적극적으로 기존의 방식에 의해 등기된 종류주식의 명칭과 수 및 내용에 대해서는 현행 상업등기규칙에 맞게 이기신청을 하여 통일적으로 공시할 필요가 있다.[1)]

1) 기존 우선주 등을 종류주식의 내용란으로 이기신청을 하는 방법에 관한 것은 「실무사례(94)」(641면) 참조

「보 론 3」 종류주식 발행에 따른 신청서 작성 예시[1)2)]

1. 발행주식내역/자본금의 액[3)]

발행주식내역/ 자본금의 액	발행주식의 총수: 1,000,000주 보통주식: 800,000주 상환전환우선주식: 200,000주 자본금의 액: 금 500,000,000원

2. 종류주식의 내용[4)]

종류주식의 내용	주식의 종류: 상환전환우선주식 발행주식의 내용: 1. 상환에 관한 내용 1) 상환가액: 상환가액은 권면액으로 한다. 2) 상환기간: 발행 후 3년 경과 후 10년 이내 3) 상환방법: 상환요구가 있는 날로부터 1개월 이내에 현금으로 상환 4) 상환할 주식의 수: 종류주식의 전부 또는 일부 2. 전환에 관한 내용 1) 전환기간: 발행일 익일로부터 10년 경과한 전일까지 2) 전환으로 인하여 발행할 주식: 기명식 보통주식 3) 전환의 조건: 종류주식 1주당 보통주식 1주로 전환하되, 유상증자, 무상증자, 주식의 분할 또는 병합 등의 사유로 조정이 필요할 경우에는 이사회 결의로 추후 별도로 정한다.

1) 실무상 최근 발행되는 상환전환우선주식의 투자계약서를 살펴보면 의결권에 관한 사항, 배당에 관한 사항, 잔여재산분배에 관한 사항, 상환에 관한 사항, 전환에 관한 사항 등을 모두 포괄하고 있어, 그 내용이 상당히 복잡하게 되어 있는 경우가 많다. 위 예시는 이해를 돕기 위한 작성 예에 불과하여 아주 간단하게 작성하였다.

2) 종류주식을 발행하기 위해서는 정관에 그 명칭, 수, 내용 등이 정해져 있어야 한다.

3) 상법 제344조 제1항에 따라 2가지 이상의 주식을 발행한 경우에는 그 하나는 보통주식으로 나머지 주식은 정관에 기재되어 있는 명칭으로 등기한다(예규 1535호 2조).

4) 종류주식별로 정관에서 정하여야 하는 내용에 관해서는 상법 제344조 내지 제346조 참조

실무사례(92)

제목: 회사설립 시 우선주에 대하여 할증발행이 가능한지 여부(적극) 및 우선주가 발행되지 않은 경우에도 정관상의 우선주에 관한 규정을 종류주식의 내용란에 등기할 수 있는지 여부(소극)

정관상 회사가 발행할 주식의 종류로 보통주식과 우선주식을 정하고 있고, 보통주는 50,000주(주당10,000원)가 발행되었으며, 우선주는 정관상 20,000,000주 이내에서 발행할 수 있고 의결권이 있음을 정하고 있다.

【1】 회사설립 시 우선주식을 발행하면서 보통주식과 마찬가지로 할증발행할 수 있는지?

【2】 설립 시 우선주식을 발행하지 않더라도 정관상 우선주식 발행 범위, 배당률 등이 정해져 있다면 종류주식의 내용란에 기재하여 등기신청하여야 하는지, 아니면 정관범위 내에서 우선주식을 발행할 때 우선주에 관한 사항을 등기신청을 하면 되는 것인지?

1. 회사설립 시에는 발기인 전원의 동의로 액면 이상으로 발행하는 수식의 수와 발행가액을 정하여야 하므로(상법 291조 2호), 발기인 전원의 동의로 보통주식 뿐만 아니라 우선주식에 대해서도 할증발행이 가능하다.

2-1. 회사가 종류주식을 발행할 경우에 종류주식의 내용과 수가 기재되어 있는 정관과 구체적 발행내용이 기재된 이사회의사록(설립 시에는 발기인총회의사록 등)을 첨부정보로 하여 종류주식 발행주식의 총수 및 금액은 자본의 란에 그 구체적 내용은 종류주식의 내용란(종전에는 기타사항란)에 기재하여 등기신청을 하는 것이다(상법 371조 2항 및 344조, 예규 1535호).

2-2. 결국 사안의 경우와 같이 회사설립 시 우선주가 발행되지 않은 경우에는 자본의 란 및 종류주식의 내용란(종전에는 기타사항란)에 등기신청을 할 수는 없고, 추후 실제 우선주 발행 시 자본의 란 및 종류주식의 내용란에 정관 및 이사회의사록 등을 첨부하여 등기신청을 하는 것이다.

참조 조문: 상법 제291조 제2호, 제371조 제2항, 제344조

참조 예규: 등기예규 제1535호(632~633면)

실무사례(93)

제목: 종류주식의 내용과 관련한 사항

다음은 종류주식의 내용과 관련한 사항이다.

【1】 보통주식에도 상환조건을 붙일 수 있는지?

【2】 이익배당을 일시적 혹은 영구적으로 제한하는 종류주식을 발행할 수 있는지?

【3】 상법 제346조 제1항과 제2항은 "다른 종류주식으로 전환할 수 있는 주식"을 전환주식으로 하고 있는 바, 제344조 제1항에서는 종류주식의 개념에 보통주식을 포함하고 있지 않는데, 그렇다면 보통주식으로의 전환은 허용되지 않는 것인지?

1. 회사는 이익의 배당, 잔여재산의 분배, 주주총회에서의 의결권의 행사, 상환 및 전환 등에 관하여 내용이 다른 종류주식을 발행할 수 있다(상법 344조 1항). 상환주식은 상법 제344조에서 규정한 종류주식에 한하여 발행할 수 있으므로(상법 345조 5항), 보통주식에 상환조건을 붙여 상환주식으로 발행할 수는 없다.

2. 회사는 이익의 배당에 관하여 내용이 다른 종류주식을 발행할 수 있는데, 이는 이익의 배당에 관하여 배당재산의 종류, 배당재산의 가액의 결정방법, 이익을 배당하는 조건 등에 관한 내용을 달리 할 수 있다는 취지이다(상법 344조의2 1항 참조). 따라서 이익배당을 일시적 혹은 영구적으로 제한하는 주식은 회사법상 인정되는 주주의 기본적 권리를 박탈하는 것으로 상법상 허용되는 종류주식으로 보기 어렵다.

3. 전환주식은 보통주식으로의 전환이 가능하다. 상법 제346조 제1항과 제2항의 "다른 종류주식으로 전환할 수 있다."의 문구 중 "다른 종류주식"이라는 문구 때문에 종류주식이 아닌 보통주식으로의 전환은 불가능한 것이 아닌가 하는 의문점이 생길 수 있는데, 이는 상법 개정 과정에서 그 표현을 정확하게 하지 않은 것이지 보통주식으로의 전환이 불가하다는 취지는 아니다(『상법 회사편 해설』, 156면).

참조 조문: 상법 제344조, 제344조의2, 제345조, 제346조

참조 문헌: 『상법 회사편 해설』, 124~156면

실무사례(94)

제목: 종류주식의 등기신청 시 첨부정보 등과 기존의 상환우선주식을 종류주식의 내용란으로 이기신청하는 방법

회사는 2012년에 보통주식 외 상환우선주식을 발행한 바 있으며, 법인등기사항증명서에는 자본의 란에 우선주식 100,000주, 기타사항란에 상환에 관한 내용이 등기되어 있다. 또한 회사에서는 2015년 3월 10일에 발행할 주식의 총수 범위 내에서 전환우선주식 200,000주를 발행할 예정이다.

【1】 전환우선주식에 대한 등기신청 시 특별히 첨부할 서면은 무엇인지?

【2】 2012년에 발행된 상환우선주식이 현재 법인등기사항증명서에는 "우선주식"으로 등기되어 있어 이를 이번에 "상환우선주식"으로 그 명칭을 변경하고, 기타사항란에 있는 종류주식의 내용을 종류주식의 내용란으로 이기신청을 하려면 첨부할 서면은 무엇인지?

1. 회사가 종류주식을 발행할 경우에 종류주식의 내용과 수가 기재되어 있는 정관과 구체적 발행내용이 기재된 이사회의사록(정관의 규정에 따라 주주총회에서 정하기로 되어 있다면 주주총회의사록 및 정관)을 첨부정보로 하여, 종류주식 발행주식의 총수 및 금액은 자본의 란에 기재하고 그 구체적인 내용은 종류주식의 내용란에 기재하여 등기를 신청하면 된다. 따라서 일반 신주발행으로 인한 변경등기를 신청하는 것과 비교하면, 회사에서 전환우선주식에 대한 등기신청 시에는 전환의 조건, 전환의 청구기간, 전환으로 인하여 발행할 주식의 수와 내용 등이 정해져 있는 정관과 정관의 범위 내에서 그 전환우선주식의 내용을 세부적으로 정한 이사회의사록 등을 첨부정보로 제공한다는 점에 차이점이 있다(상법 344조 및 346조, 예규 1535호 3조).

2. 등기예규 제1535호 시행되기 전에 발행되어 등기된 상환우선주식에 대해서는 상업등기규칙 부칙 제2조와 등기예규 제1535호에 의하여 그 종류주식의 명칭과 내용을 확인할 수 있는 종류주식 발행 당시의 정관 및 의사록 또는 대표자의 확인서를 첨부하여 이기신청을 할 수 있으며, 이 경우에는 등기신청수수료와 등록면허세는 납부할 필요가 없다(예규 1535호 5조).

참조 조문: 상법 제344조, 제346조

참조 예규: 등기예규 제1535호(632~633면)

▦ 총괄(6): 신주배정기준일의 지정·공고(혹은 주주에게 통지하거나 공고) 및 신주인수권자에 대한 실권예고부 청약최고와 관련된 상업등기선례 정리[1)] [216~221번 상업등기선례에 대한 총괄 정리표]

구 분		주주배정방식	제3자배정방식
신주배정기준일 지정·공고 등 (상법 418조)	신주배정기준일의 지정·공고	총주주 동의로 **기간단축 가능(생략은 불가능)** (제1-207호, 제2-63호)	-
	주주에게 통지하거나 공고	-	총주주 동의로 **생략 또는 기간단축 가능** (제2-54호)
공고(제3자배정방식의 경우에는 통지 또는 공고)를 증명하는 서면의 첨부 여부[2)]		첨부 X (제1-171호, 제2-57호, 제2-63호)	상업등기규칙 제133조 제3호 의거 첨부함. 단 총주주 동의로 **통지 혹은 공고 생략 시 첨부 X** (제2-54호)
실권예고부 청약최고 (상법 419조): 신주발행결의일과 청약일 사이의 기간이 2주 이내인 경우의 생략 혹은 기간단축 가능여부		총주주 동의 혹은 신주인수권을 행사치 않은 주주의 기간단축동의서로 **생략 혹은 기간단축가능** (제1-207호, 제2-63호)	실권예고부 최고기간 **단축동의서 첨부 불요** (제2-60호)[3)]
실권주의 처리		실권주의 배정을 결정한 이사회의사록만 첨부하면 되고 신주인수권포기서는 첨부할 필요 없음 (제1-207호, 제2-63호)	해당없음 (주주배정 및 주주배정후실권주 일반공모방식의 경우에만 이사회결의로 실권주 배정이 가능함 : 금융감독원 2009. 2. 18. 답변)

1) 주권상장법인의 경우에는 2013. 5. 28. 기존 주주에게도 제3자 배정을 통한 신주인수가 가능하도록 관련 법률을 개정하여 해당 조문에 반영하였다(자본시장법 165조의6 1항 2호 참조).
2) 공고를 하였음을 증명하는 서면의 첨부 여부에 관한 것에 대해서는 「총괄(8)」(732면) 참조
3) 상업등기선례 제2-60호에 의해 제3자배정방식의 경우에는 실권예고부 청약최고에 관한 상법 제419조의 규정은 그 의미가 상당히 퇴색되었다.

📖 「보 론」 신주인수권,[1)]「실무사례(95)(96)」 (644~646면) 참조

1. 신주인수권이란 회사가 신주를 발행하는 경우 다른 자에 우선하여 신주를 인수할 수 있는 권리를 말한다. 원칙적으로 주주는 각 주주가 보유하고 있는 주식 수에 비례하여 신주인수권을 갖는다(상법 418조 1항). 이는 주주평등의 원칙이 신주인수권에 반영된 것이라 하겠다.

2. 기존 주주에게 신주인수권이 있는 경우가 주주배정방식에 의한 신주발행이다. 기존 주주의 신주인수권이 배제되는 경우로는, i) 제3자배정방식과 일반공모증자방식에 의한 신주발행의 경우 ii) 전환주식 또는 전환사채의 전환, 신주인수권부사채의 신주인수권 행사, 주식매수선택권의 행사 등과 같이 법률에서 신주인수권자를 구체적으로 미리 특정한 경우 등이 있다. 본 절에서는 이 중 주주배정방식과 제3자배정방식에 주안점을 두고 관련 선례 및 사례를 살펴보기로 한다.

3. 신주 등의 발행에서 주주배정방식과 제3자배정방식을 구별하는 기준은 회사가 신주 등을 발행하는 때에 주주들에게 그들의 지분비율에 따라 신주 등을 우선적으로 인수할 기회를 부여하였는지 여부에 따라 객관적으로 결정된다(대법원 2009. 5. 29. 선고 2007도4949 전원합의체 판결).

4. 각 법률에서 규정한 신주인수권의 내용에 따른 주식배정방식

구 분	상법	자본시장과 금융투자업에 관한 법률
근거 법령	제418조	제165조의6
적용 대상	일반 주식회사	주권상장법인
주 식 배정 방식	i) 주주배정방식	i) 주주배정방식
	ii) 제3자배정방식	ii) 제3자배정방식
		iii) 일반공모증자방식
비 고	* 제3자배정방식으로 신주를 발행하기 위해서는 정관의 근거규정, 경영상 목적, 주주에 대한 공시 등을 충족하여야 한다.	
	* 일반공모증자방식의 경우에는 경영상 목적을 요구하지 않는다.	

5. 「총괄(6)」의 요약표(642면)와 같이, 신주발행에 있어서의 신주인수권이 기존 주주 혹은 기존 주주 이외의 제3자 중 누구에게 있는지에 따라 신주발행절차 및 등기신청에 있어서의 첨부정보가 상이하다.

---

1) 신주발행을 위해서는 먼저 신주인수권이 누구에게 있는지 확정되어야 하고, 확정된 신주인수권의 내용에 따라 그에 부합한 신주발행절차를 진행하여야 한다.

실무사례(95)

제목: 정관에 제3자에 대한 신주인수권의 내용이 없는 경우에 제3자로부터 신주발행에 의한 자금을 유치하는 방법

주주가 1인인 비상장회사가 이번에 재무구조 개선의 목적으로 제3자로부터 자금을 유치하려고 하는데 정관에 제3자에 대한 신주인수권의 내용이 규정되어 있지 않다. 하지만 기존 주주는 자금 사정이 여의치 않아 이번 증자에 불입할 자금이 전혀 없으므로 제3자로부터 100% 증자 자금을 받으려고 한다. 이 경우 어떠한 절차를 밟아야 하는지?

1. 제3자로부터 자금을 유치하는 방법으로는 주주배정방식과 제3자배정방식 모두 가능하다. 먼저 기존 주주에게 신주의 인수기회를 부여하였으나 그 인수를 하지 않아 발생한 실권주를 제3자에게 재배정하여 신주를 발행하는 방법으로 이것은 주주배정방식에 의한 유상증자에 의한 것이다(상업선례 2-57). 따라서 사안의 경우 주주배정방식으로 1인 주주에게 신주인수권을 부여한 후 그 1인 주주가 실권할 경우, 해당되는 실권주를 제3자에게 재배정하는 주주배정방식에 의한 신주발행이 가능하다.

2. 한편 제3자배정방식에 의해 신주를 발행하기 위해서는 정관에 제3자에 대한 신주인수권의 내용이 규정되어 있어야 한다(상법 418조 2항). 사안의 경우 정관의 규정에 제3자에 대한 신주인수권에 관한 내용이 없으므로 아무리 회사의 재무구조가 취약하더라도 바로 제3배정방식에 의한 신주발행은 불가능하고, 제3자배정방식에 의한 신주를 발행하기 위해서는 먼저 정관에 제3자에 대한 신주인수권의 내용을 추가하는 정관변경절차를 거친 후 유상증자 절차를 진행하여야 한다. 정관변경은 주주총회 특별결의사항이나 자본금 총액이 10억원 미만인 회사는 총주주 동의에 의한 서면결의로 정관변경이 가능하다(상법 363조 4항 및 5항).

3. 결국 사안의 경우 신주발행의 방법으로 주주배정방식과 제3자배정방식 모두 가능하나, 제3자배정방식을 택할 경우에는 주주총회 특별결의(자본금 총액이 10억원 미만인 소규모 주식회사의 경우 총주주 동의에 의한 서면결의도 가능)로 정관변경 절차를 선행하여야 한다.

참조 조문: 상법 제363조, 제418조

참조 선례: 상업등기선례 제2-57호(658면)

실무사례(96)

제목: 주주배정방식에 의한 신주발행 시 신주의 발행가액

이번에 회사에서 주주배정방식으로 신주를 발행할 예정이다.

【1】 총 주주 10명 중 갑과 을에 대해서는 1주당 신주 발행가액을 액면가인 금 10,000원으로, 나머지 주주들에 대해서는 금 30,000원으로 하는 신주발행이 가능한지?

【2】 위 【1】과 달리 총 주주 10명 중 주식 청약을 한 주주 6명에게는 1주당 신주 발행가액을 액면가인 금 10,000원으로 하고, 실권주에 대해서는 이사회의 결의로 제3자에게 금 30,000원으로 하는 신주발행이 가능한지?

---

1. 신주의 발행가액은 액면미달발행이 아닌 한 이사회에서 결정하며(상법 416조), 신주의 발행가액 기타의 조건은 주주평등의 원칙상 신주의 발행 시마다 균등하게 정하여야 한다(『주석상법(회사편Ⅳ)』, 45~46면). 다만 선례에 의하면, 등기관의 형식적 심사권으로 인해 주주평등의 원칙에 반하는지 여부와 관계없이 주주별 발행가액을 달리 한 신주발행으로 인한 변경등기도 가능하다(상업선례 1-87 참조).[1]

2-1. 신주의 발행가액과 관련하여, 주주배정에 의한 신주발행에 있어서 발행가액은 시가로 하던 그 이하로 하던 상관이 없으나, 공모증자나 제3자배정방식에 의한 신주발행에 있어서는 액면가액 이상의 범위에서 시가를 기준으로 공정한 가액을 정하여야 함이 원칙이다(『주석상법(회사편Ⅳ)』, 46면).

2-2. 신주 등의 발행에서 주주배정방식과 제3자배정방식을 구별하는 기준은 회사가 신주 등을 발행하는 때에 주주들에게 그들의 지분비율에 따라 신

---

1) 주주평등의 원칙에 반하는 정관의 규정이나 이사회의 결의는 무효이다. 비록 등기관의 형식적 심사권으로 인해 주주배정방식에 있어서 주주들 간에 신주의 발행가액을 달리 한 변경등기는 수리될 수는 있으나, 주주평등의 원칙에 반하여 신주를 발행하는 것은 신주발행무효의 소의 원인이 된다(상법 429조). 다만, 하급심 판례에 의하면 신주발행 시 불이익을 받는 주주 전원의 동의가 있다면 그러한 신주발행도 유효하다고 해석된다(326~327면 판례 참조). 생각건대, 신주발행에 있어서 주주별 발행가액을 달리한 경우에는 등기관의 형식적 심사권으로 인해 그 등기는 가능할지라도, 신주발행 시 불이익을 받는 주주 전원의 동의가 있다는 특별한 사정이 없는 한 그와 같은 신주발행은 주주평등의 원칙에 반하여 삼가는 것이 좋을 듯싶다.

주 등을 우선적으로 인수할 기회를 부여하였는지 여부에 따라 객관적으로 결정되어야 하며, 주주배정방식에 의해 기존 주주들에게 신주를 인수할 기회를 부여하였으나 기존 주주들이 실권함으로써 발생한 실권주를 제3자에게 배정할 경우의 신주의 발행가액은 당초의 발행가액에 미달하지 않으면 문제가 없다는 것이 판례의 태도이다(대법원 2009. 5. 29. 선고 2007도4949 판결).[1] 또한 제3자가 인수하는 주식에 대해서는 그 발행가액을 달리 정할 수 있다(『상업등기실무(II)』, 255면 및 이철송, 『회사법강의』, 863면).

2-3. 사안의 경우 주주배정방식에 의한 신주발행이며, 기존 주주들에게 신주를 인수할 기회를 부여하였으나 실권한 주식에 대해서 제3자에게 재배정하더라도 그 신주의 발행가액(1주당 금 30,000원)이 당초의 발행가액인 1주당 금 10,000원에 미달되지 않으므로 가능하다고 본다.

참조 조문: 상법 제416조
참조 선례: 상업등기선례 제1-87호(326면), 제2-57호(658면)
참조 판례: 대법원 2009. 5. 29. 선고 2007도4949 판결
참조 문헌: 『주석상법(회사편Ⅳ)』, 44~49면 및 87~89면

[유사 사례] 주식회사의 설립 시 1주의 액면가액이 금 5,000원인 주식의 발행가액을 A발기인에 대해서는 금 5,000원, B발기인에 대하여는 금 100,000원, C발기인에 대하여는 금 200,000원으로 각각 달리한 설립등기신청이 가능한지 여부(적극)
=> 이러한 설립등기신청이 있는 경우에 등기관은 형식적 심사권만 가지고 있으므로 주주평등의 원칙에 반하는지 여부와 관계없이 그 설립등기신청을 수리할 수 있다(상업선례 1-87, 326면 참조).

[비교 사례] 대주주에게는 배당을 하지 않고 소액주주에게만 배당하기로 한 차등배당이 주주평등의 원칙에 반하는지? => 차등배당으로 인해 불이익을 받는 대주주의 동의가 있었다면, 그러한 차등배당은 대주주 스스로 그 배당받을 권리를 포기 내지 양도한 것으로 볼 수 있어 주주평등의 원칙에 반하지 않는다(「보론」, 754면 참조).

---

1) 판례의 입장은 실권주(실권전환사채)의 제3자 배정가액이 당초의 신주발행가액 보다 낮지 않는 한 적법하여 유효하다는 입장인데, 같은 판결에서 판례는 실권주를 제3자에게 처분하는 방법이 아니고 신주 또는 전환사채나 신주인수권부사채를 제3자에게 발행하는 경우에 그 발행가액은 '공정한 신주인수권 행사가격' 이어야 한다고 설시하여 실권주 처리기준과 신주발행기준을 구별하고 있다. 이에 대하여 실권주의 처리도 신주발행에 있어서의 제3자배정방식에 준하여 취급하여야 할 것이므로 처분가액 역시 공정한 발행가액으로 정하는 것이 법리상 타당하다는 비판이 있다(『주석상법(회사편Ⅳ)』, 88~89면).

216. 신주발행으로 인한 변경등기신청과 신주배정일 공고문의 첨부 여부

[상업등기선례 제1-171호, 제정 1984. 10. 22.]

회사가 신주를 발행하는 경우에는 신주인수권의 내용 및 배정일을 지정하여 공고하도록 규정하고 있으나(상법 제418조 제3항), 비송사건절차법(주: 현행 상업등기법)이 그 공고문을 등기신청에 필요한 서면으로 규정하고 있지 아니하므로, 신주발행으로 인한 변경등기신청서에 그 공고문을 첨부할 필요는 없다. (1984. 10. 22. 등기 제446호 대한사법서사협회장 대 법원행정처장 회답)

참조 조문 · 규칙 · 예규 · 선례 · 판례

▣ **상법[법률 제13523호, 2015. 12. 1., 일부개정]**

제418조(신주인수권의 내용 및 배정일의 지정 · 공고) ① 주주는 그가 가진 주식 수에 따라서 신주의 배정을 받을 권리가 있다.
③ 회사는 일정한 날을 정하여 그 날에 주주명부에 기재된 주주가 제1항의 권리를 가진다는 뜻과 신주인수권을 양도할 수 있을 경우에는 그 뜻을 그 날의 2주간 전에 공고하여야 한다. 그러나 그 날이 제354조제1항의 기간 중인 때에는 그 기간의 초일의 2주간 전에 이를 공고하여야 한다.

◐ **선례 해설:**

1. 주주배정방식에 의한 신주발행의 경우에는 신주인수권의 내용 및 신주배정기준일의 지정에 관한 사항을 신주배정기준일 2주간 전에 공고하여야 하나(상법 419조 1항의 실권예고부 청약최고와는 달리 신주배정기준일의 공고는 총주주 동의로도 생략할 수 있는 것은 아님, 648면 각주2번 참조), 상업등기규칙에 그 공고문을 첨부정보로 제공하도록 규정되어 있지 않으므로 그 공고문을 첨부정보로 제공할 필요는 없다(규칙 133조 참조).
2. [비교] 제3자배정방식의 경우에는 상법 제418조 제4항에 따른 통지 또는 공고를 하였음을 첨부정보로 제공하여야 하나, 총주주 동의로 생략 가능하다(상업선례 2-54).
3. 공고문의 첨부정보 제공 여부에 관한 일반적인 사항은 「총괄(8)」(732면) 참조.

217. 주식회사의 신주발행시 신주인수권을 가진 주주가 신주인수권을 포기한 경우 변경등기신청서에 신주인수포기서를 첨부하여야 하는지 여부[1][2]

[상업등기선례 제1-207호, 제정 2002. 6. 24.]

1. 주식회사의 신주발행에 있어서 신주인수권을 가진 주주의 일부가 신주인수권을 포기하여 발생한 실권주를 이사회의 결의로 다른 주주나 제3자에게 배정하여 납입이 이루어진 경우, 이에 따른 변경등기의 신청서의 첨부서면으로 실권주의 배정을 결정한 이사회의 의사록 외에 주주의 신주인수권포기서는 현행법상 첨부서면으로 하고 있지 않다.[3]

2. 신주발행절차에서 상법 제418조 및 제419조의 규정에 의한 신주인수권의 내용 및 배정일 지정공고와 신주인수권자에 대한 실권예고부 최고기간을 단축한 경우에, 이를 증명하는 서면으로서 실무상 신주인수권포기서를 첨부하게 하는 경우도 있으나 이는 현행법상 첨부서면은 아니며, 위 사항이 총주주의 동의가 없으면 효력이 없거나 취소할 수 있는 사항에 해당될 경우에는 총주주가 동의하였음을 증명하는 서면(총주주의 동의서 또는 신주인수권을 행사하지 않은 주주의 기간단축동의서 등)을 첨부하여 변경등기를 신청하여야 한다.

(2002. 6. 24. 등기 3402-344 질의회답)

---

1) 상업등기선례 제1-207호에 의해 신주발행에 있어서 주주배정방식의 경우에는, 총주주의 동의로 상법 제418조의 신주배정기준일의 지정 및 공고의 기간단축이 가능하며(생략은 불가능), 상법 제419조의 실권예고부 청약최고는 총주주의 동의서 혹은 신주인수권을 행사하지 않은 주주의 기간단축동의서 등으로 기간을 생략하거나 단축할 수 있다.

2) 신주배정기준일의 공고는 주식을 양수하고도 명의개서를 하지 아니한 자로 하여금 명의개서를 하여 신주인수권을 행사할 수 있도록 하기 위한 것으로 상법 제419조 제1항의 실권예고부 청약최고와는 달리 주주명부상의 주주의 동의를 받아 생략할 수 있는 것이 아니다(『상업등기실무(II)』, 263면). 이를 뒤집어서 생각해 보면, 주주배정방식의 경우 상법 제419조의 실권예고부 청약최고의 통지·공고는 총주주의 동의로 생략 가능하다고 해석된다(이 부분에 대한 명확한 규정은 없으나, 이렇게 해석하는 것이 실무제요의 입장과 일치하는 것으로 판단됨).

3) 현행 상업등기규칙 제133조(신주발행으로 인한 변경등기)에서도 신주인수권포기서를 첨부정보로 정하고 있지 않다.

218. 주주에게 신주발행하는 경우 법이 정한 첨부서면1)

[상업등기선례 제2-63호, 제정 2013. 10. 25.]

1. 상법의 규정에 따라 주식회사가 주주에게 신주를 발행하는 경우에, 통상 발행사항의 결정, 배정일의 지정 공고, 신주인수권자에 대한 최고, 인수(청약 및 배정), 납입 및 등기절차를 거치게 된다. 이 경우, 신주발행으로 인한 변경등기신청서에는 주식의 청약을 증명하는 서면, 주식의 인수를 증명하는 서면 등 상업등기법 제82조 제1호 내지 제5호(주: 현행 상업등기규칙 제133조 제1호 내지 제7호)에서 정한 서류만을 첨부하면 되고 별도의 서류(신주배정일공고문이나 주주에게 한 청약 및 실권통지문 등)를 첨부할 필요는 없다.

2. 주식회사의 신주발행절차에서 상법 제418조 및 제419조의 규정에 의한 신주인수권의 내용 및 배정일의 지정공고와 신주인수권자에 대한 실권예고부 최고기간을 단축하는 경우에, 이를 증명하는 서면으로서 실무상 신주인수권포기서를 첨부하게 하는 경우도 있으나 이는 현행법상 첨부서면은 아니며, 위 사항이 총주주의 동의가 없으면 효력이 없거나 취소할 수 있는 사항에 해당될 경우에는 총주주가 동의하였음을 증명하는 서면(총주주의 동의서 또는 신주인수권을 행사하지 않는 주주의 기간단축동의서 등)을 첨부하여 변경등기를 신청하여야 한다(상업선례 1-207 참조).
(2013. 10. 25. 사법등기심의관－4409 질의회답)

참조 조문 · 규칙 · 예규 · 선례 · 판례

▣ 상법[법률 제13523호, 2015. 12. 1., 일부개정]

제418조(신주인수권의 내용 및 배정일의 지정 · 공고) ① 주주는 그가 가진 주식 수에 따라서 신주의 배정을 받을 권리가 있다.
② 회사는 제1항의 규정에 불구하고 정관에 정하는 바에 따라 주주 외의 자에게 신주를 배정할 수 있다. 다만, 이 경우에는 신기술의 도입, 재무구조의

1) 주주배정방식의 경우 신주배정일 공고문은 첨부정보가 아니므로 그 공고문을 첨부정보로 제공할 것은 아니며, 대신에 실무상 규모가 크지 않은 소규모 회사의 경우에는 신주발행의 절차를 신속하게 진행시키기 위해 신주배정기준일에 대한 지정(상법 418조 3항) 및 실권예고부 청약최고의 통지(상법 419조)는 기간단축에 관한 총주주의 동의서를 받고 진행하는 경우가 많다.

개선 등 회사의 경영상 목적을 달성하기 위하여 필요한 경우에 한한다.
③ 회사는 일정한 날을 정하여 그 날에 주주명부에 기재된 주주가 제1항의 권리를 가진다는 뜻과 신주인수권을 양도할 수 있을 경우에는 그 뜻을 그 날의 2주간 전에 공고하여야 한다. 그러나 그 날이 제354조제1항의 기간 중인 때에는 그 기간의 초일의 2주간 전에 이를 공고하여야 한다.
④ 제2항에 따라 주주 외의 자에게 신주를 배정하는 경우 회사는 제416조제1호, 제2호, 제2호의2, 제3호 및 제4호에서 정하는 사항을 그 납입기일의 2주 전까지 주주에게 통지하거나 공고하여야 한다.

제419조(신주인수권자에 대한 최고) ① 회사는 신주의 인수권을 가진 자에 대하여 그 인수권을 가지는 주식의 종류 및 수와 일정한 기일까지 주식인수의 청약을 하지 아니하면 그 권리를 잃는다는 뜻을 통지하여야 한다. 이 경우 제416조제5호 및 제6호에 규정한 사항의 정함이 있는 때에는 그 내용도 통지하여야 한다.
② 제1항의 통지는 제1항의 기일의 2주간 전에 이를 하여야 한다.
③ 제1항의 통지에도 불구하고 그 기일까지 주식인수의 청약을 하지 아니한 때에는 신주의 인수권을 가진 자는 그 권리를 잃는다.

▣ 상업등기규칙[대법원규칙 제2668호, 2016. 6. 27., 타법개정]

제52조(첨부정보) ① 등기를 신청하는 경우에는 다음 각 호의 정보를 그 신청정보와 함께 첨부정보로서 등기소에 제공하여야 한다.

1. 대리인에 의하여 등기를 신청하는 경우에는 그 권한을 증명하는 정보
2. 관청의 허가 또는 인가를 필요로 하는 사항의 등기를 신청하는 경우에는 그 허가 또는 인가가 있음을 증명하는 정보
3. 주소, 주민등록번호(또는 생년월일)를 등기하여야 하는 경우에는 이를 증명하는 정보
4. 성명 또는 주소의 변경에 관한 등기를 신청하는 경우에는 그 사실을 증명하는 정보

제128조(첨부정보에 관한 통칙) ① 정관의 규정, 법원의 허가, 총주주 또는 어느 주주나 이사의 동의가 없으면 효력이 없거나 취소할 수 있는 사항의 등기를 신청하는 경우에는 정관, 법원의 허가가 있음을 증명하는 정보, 총주주 또는 그 주주나 이사의 동의가 있음을 증명하는 정보를 제공하여야 한다.
② 주주총회, 종류주주총회, 이사회 또는 청산인회의 결의를 필요로 하는 등기를 신청하는 경우에는 그 의사록을 제공하여야 한다.

◐ 선례 해설: 신주발행과 관련한 첨부정보

1. 등기신청 시 첨부정보로 제공할 것에 대해서는 상업등기법, 상업등기규칙 및 그 밖의 법령에서 정하여져 있다. 따라서 신주발행을 위한 절차를 진행하는 과정에서 많은 서류가 작성되었다고 하더라도, 신주발행으로 인한 변경등기를 신청함에 있어서는 상업등기법과 상업등기규칙 등에서 정하고 있는 첨부정보만을 제공하면 되는 것이다(첨부정보의 법정주의와 관련한 일반적인 사항에 관해서는 「선례해설」, 391면 참조).

2. 첨부정보의 법정주의와 관련해서 본 선례의 내용을 살펴보면, i) 주주배정방식의 경우 신주배정일 공고문은 첨부정보가 아니므로 그 공고문을 첨부정보로 제공할 필요가 없으며, ii) 그 외 상업등기규칙 제133조에서 첨부정보로 정하고 있지 않은 주주에게 한 청약 및 실권통지문, 신주인수권포기서 등도 첨부정보로 제공할 필요가 없다.

3. 따라서 신주발행으로 인한 변경등기 시 첨부정보로 제공할 것은 첨부정보에 관한 통칙 규정인 상업등기규칙 제52조 및 제128조, 신주발행으로 인한 변경등기 시 첨부정보에 관해 규정한 상업등기규칙 제133조 등에 규정된 것에 한하는 것이 원칙이다. 이 중 신주발행과 직접적으로 관련되는 규칙 제133조에서 정하고 있는 첨부정보의 내용은 다음과 같다.

1호	주식의 인수를 증명하는 정보
2호	주식의 청약을 증명하는 정보
3호	상법 제418조 제2항에 따라 주주 외의 자에게 신주를 배정하는 경우에는 같은 조 제4항에 따른 통지 또는 공고를 하였음을 증명하는 정보
4호	주금의 납입을 맡은 은행, 그 밖의 금융기관의 납입금 보관을 증명하는 정보. 다만, 신주발행의 결과 자본금 총액이 10억원 미만인 회사에 대해서는 은행이나 그 밖의 금융기관의 잔고를 증명하는 정보로 대체할 수 있다.
5호	상법 제421조 제2항에 따른 상계가 있는 경우에는 이를 증명하는 정보
6호	상법 제422조에 따른 검사인의 조사보고 또는 감정인의 감정에 관한 정보
7호	제6호의 검사인의 조사보고 또는 감정인의 감정결과에 관한 재판이 있은 때에는 그 재판이 있음을 증명하는 정보

219. 주주 외의 자에게 신주를 배정하는 경우 총주주의 동의로 「상법」 제418조 제4항에 따른 통지 또는 공고를 생략하고 등기신청할 수 있는지 여부[1][2]

[상업등기선례 제2-54호, 제정 2012. 4. 23.]

주주 외의 자에게 신주를 배정하는 경우 회사는 신주발행사항을 납입기일의 2주 전까지 주주에게 통지하거나 공고하여야 하는 바, 총주주의 동의가 있는 때에는 그 기간을 단축하거나 통지 또는 공고를 생략할 수 있을 것이다. 신주발행을 결정한 이사회결의일과 납입기일과의 시간적 간격이 2주가 되지 않아 통지 또는 공고 기간을 단축한 경우에는 그 변경등기신청서에 당해기간의 단축에 관한 총주주의 동의가 있음을 증명하는 서면을 첨부하여야 한다. 또한 통지 또는 공고를 생략한 경우에는 통지 또는 공고를 하였음을 증명하는 서면에 갈음하여 통지 또는 공고 생략에 관하여 총주주의 동의가 있음을 증명하는 서면을 첨부하여 변경등기를 신청할 수 있다.

(2012. 4. 23. 사법등기심의관-1144 질의회답)

참조 조문 · 규칙 · 예규 · 선례 · 판례

▣ 상법[법률 제13523호, 2015. 12. 1., 일부개정]

제418조(신주인수권의 내용 및 배정일의 지정 · 공고) ② 회사는 제1항의 규정에 불구하고 정관에 정하는 바에 따라 주주 외의 자에게 신주를 배정할 수 있다. 다만, 이 경우에는 신기술의 도입, 재무구조의 개선 등 회사의 경영상 목적을 달성하기 위하여 필요한 경우에 한한다.

④ 제2항에 따라 주주 외의 자에게 신주를 배정하는 경우 회사는 제416조제1호, 제2호, 제2호의2, 제3호 및 제4호에서 정하는 사항을 그 납입기일의 2주 전까지 주주에게 통지하거나 공고하여야 한다.

---

1) 2011. 4. 14. 상법 개정 시 주주 이외의 자에 대한 신주발행 시 기존 주주의 신주인수권을 제한하는 경우에는 기존 주주에게 불리한 신주발행을 유지(留止)할 수 있는 기회를 제공하기 위하여, 제418조 제4항을 신설하여 주주 이외의 자에게 신주를 배정하는 경우에는 신주발행 사실을 그 납입기일의 2주 전까지 주주에게 통지하거나 공고하도록 하였다(『상법 회사편 해설』, 280면).

2) 「실무사례(97)」, 656면 참조

▣ 개정 상법(법률 제10600호, 2011. 4. 14. 공포, 2012. 4. 15. 시행)에 따른 등기 사무처리지침[등기예규 제1445호, 제정 2012. 4. 3.]

제21조(신주발행으로 인한 변경등기신청서의 첨부서면) 신주발행으로 인한 변경등기의 신청서에는 법 제82조 각 호의 서면 외에 다음 각 호에 해당하는 서면을 첨부하여야 한다.

1. 「상법」 제418조 제2항에 따라 주주 외의 자에게 신주를 배정하는 경우에는 같은 조 제4항에 따른 통지 또는 공고를 하였음을 증명하는 서면
2. 「상법」 제421조 제2항에 따른 상계가 있는 경우에는 이를 증명하는 서면

◐ 선례 해설: 「법원행정처 선례해설 요약(14)」(654~655면) 참조

1. 상업등기규칙 제133조 제3호 및 등기예규 제1445호 제21조에 의하면 제3자배정방식의 경우에는 주주에 대한 통지 또는 공고를 하였음을 증명하는 정보를 첨부정보로 제공하여야 하는 것으로 되어 있으나,
2. 상업등기선례 제2-54호에서는 총주주의 동의로 상법 제418조 제4항에 따른 통지 또는 공고의 기간을 단축할 수 있으며, 더 나아가 주주에 대한 통지 또는 공고를 생략하기로 총주주가 동의하여 그 동의가 있음을 증명하는 정보를 첨부정보로 제공한 경우에는 주주에게 통지 또는 공고를 하였음을 증명하는 정보를 첨부정보로 제공할 필요가 없음을 밝히고 있다.
3. 일반적으로 주주의 수가 적은 비상장법인의 경우에는 본 선례에 의하여 총주주의 동의로 기간단축 또는 생략이 가능하나, 상장회사의 경우에는 총주주의 동의로 이 기간을 단축 또는 생략하는 것은 사실상 불가능함을 주의하여야 한다(출처: 염춘필, "개정 상법의 주요내용과 실무 활용 방법", 법무사(2012년 4월호), 대한법무사협회, 33~34면).
4. 한편 주권상장법인이 제3자배정방식으로 신주를 배정할 때 자본의 변동에 관한 이사회 등의 결정이 있은 때에 금융위원회에 제출한 주요사항보고서가 금융위원회와 거래소에 공시된 경우에는 상법 제418조 제4항을 적용하지 아니한다. 즉 이 경우에는 회사는 상법 제416조 제1호, 제2호, 제2호의2, 제3호 및 제4호에서 정하는 사항을 그 납입기일의 2주 전에 주주에게 통지하거나 공고할 필요가 없다(자본시장법 165조의9 「주주에 대한 통지 또는 공고의 특례」).

법원행정처 선례해설 요약(14)[1)]

【제목】 주식회사가 신주를 주주 외의 자에게 발행하는 경우에 상법 제418조 제4항에 따라 납입기일의 2주 전까지 주주에게 통지하거나 공고하여야 하나, 그 기간을 단축하거나 통지 또는 공고를 생략한 때에 총주주의 동의가 있음을 증명하는 서면을 첨부하여 자본금 변경등기를 신청할 수 있는지 여부(적극)

1. 사안의 논점

제3자배정방식의 신주발행의 경우에 상법 제418조 제4항에 따라 납입기일의 2주 전까지 주주에게 통지하거나 공고하여야 하는데, 총주주의 동의로 그 기간을 단축하거나 생략 가능한지 여부

2. 제3자 배정에 따른 주주의 신주인수권과 주주에 대한 사전공시의무

i) 주주의 신주인수권은 정관에 다른 정함이 없는 한 주주가 가지고 있는 주식의 수에 비례하여 우선적으로 주식을 인수받을 수 있는 권리로서 주주의 자격에 기하여 법률상 당연히 인정되는 것이다. 다만, 예외적으로 신기술의 도입이나 재무구조개선 등 회사의 경영상 목적을 달성하기 위하여 필요한 경우에 정관의 규정으로 제3자에게 신주인수권을 부여할 수 있다.

ii) 위와 같은 취지로 개정 상법은 주주 외의 자에게 신주를 배정하는 경우 신주발행 사항에 대하여 사전공시의무를 부과하는 규정을 두어, 납입기일의 2주 전까지 신주의 종류와 수, 발행가액과 납입기일, 인수방법 등 상법 제416조 제1호 내지 제4호에서 정하는 사항을 주주에게 통지하거나 공고하도록 규정함으로써 제3자 배정이 위법하거나 불공정할 경우 기존 주주들이 신주발행의 유지를 청구할 수 있도록 하였다.

3. 등기관의 형식적 심사범위

i) 제3자배정방식에 의한 신주발행의 경우에는 주주에게 통지하거나 공고하였음을 증명하는 정보를 제공하여야 한다(규칙 133조 3호).

---

1) 『상업등기 주요선례 해설』, 234~240면

ⅱ) 따라서 상법 제418조 제4항에 따른 통지 또는 공고를 하였는지 여부는 당연히 등기관의 심사 대상으로 볼 수 있고, 그 기간 준수여부도 이사회의사록 등 신청서 기타 첨부서면에 의하여 등기관이 알 수 있으므로 이 또한 등기관의 형식적 심사권한의 범위 내에서 당연히 판단할 수 있는 사항으로 볼 수 있다.

4. 상법 제418조 제4항에 따른 통지 또는 공고 절차의 생략 여부

ⅰ) 판례는 주주총회에 있어 적법한 소집절차 없이도 주주 전원의 동의가 있으면 그 하자가 치유되고(대법원 1987. 5. 12. 선고 86다카2705 판결), 이사회의 소집결의 없이도 주주 전원이 출석한 주주총회는 적법하다고(대법원 1993. 2. 26. 선고 92다48727 판결) 판시하고 있다.

ⅱ) 상법은 자본금 총액이 10억원 미만인 회사는 주주 전원의 동의가 있을 경우에는 소집절차 없이 주주총회를 개최할 수 있고, 서면에 의한 결의로써 주주총회의 결의를 갈음할 수 있다고 규정하고 있다(상법 363조 4항 및 5항 참조).

ⅲ) 이러한 판례 및 상법 규정은 주주 전원의 동의가 있는 경우 상법상 규정된 절차에 명백히 위배된다 하더라도 주주 전원의 의사에 합치된다는 점이 중요하다는 입장을 취한 것으로 볼 수 있다.

5. 결어[1]

ⅰ) 상법 제418조 제4항에 따른 통지 또는 공고 절차는 기존 주주의 신주인수권을 위한 제도이므로,

ⅱ) 주주 전원의 동의가 있는 경우에는 그 기간을 단축하거나 통지나 공고를 생략하더라도 기존 주주들의 신주발행 유지청구의 기회를 보장하려는 상법 제418조 제4항의 입법 취지에 위반된다고 볼 수 없어,

ⅲ) 상법 제418조 제4항의 기간을 단축하거나 통지 또는 공고를 생략한 때에는 그에 관한 주주 전원의 동의가 있음을 증명하는 서면을 첨부하여 자본금 변경등기를 신청할 수 있다.

---

1) 제3자배정방식에 의한 신주발행에 있어서, 상법 제418조 제4항에 따라 납입기일의 2주 전까지 주주에게 통지하거나 공고하는 것에 대해서는 총주주 동의로 생략 내지 기간단축이 가능하다. 이와 반면에 제3자배정방식에 있어서 상법 제419조의 실권예고부 청약최고 생략 내지 기간단축에 대한 총주주 동의서 혹은 기간단축동의서 등은 일절 첨부할 필요가 없다는 것에 대해서는 상업선례 제2-60호(660면) 참조.

실무사례(97)

제목: 제3자배정방식에 의한 신주발행 시 기존 주주에 대한 통지 또는 공고

제3자배정방식에 의한 신주발행 시 기존 주주들에 대한 통지 또는 공고와 관련된 사항이다.

【1】 상법 제418조 제4항에 제3자에게 신주를 배정하는 경우에는 회사는 신주의 종류와 수, 신주의 발행가액과 납입기일, 신주의 인수방법 등의 사항을 그 납입기일의 2주 전까지 주주에게 통지하거나 공고하여야 한다고 규정되어 있는 바, 이러한 기존 주주들에 대한 통지 또는 공고를 하는 취지는?

【2】 위 【1】의 경우, 기존 주주들에 대한 통지를 증명하는 서면으로 내용증명 우편물을 제출하면 되는지?

【3】 위 【1】의 경우, 총주주의 동의로 그 기간을 단축하거나 혹은 통지를 생략할 수 있는지?

1-1. 신주발행에 있어서 주주평등의 원칙에 따라 주주는 그가 가진 주식 수에 따라서 신주의 배정을 받을 권리가 있음이 원칙이다(상법 418조 1항). 다만 제3자에게 신주의 배정을 받을 권리를 부여할 수 있는 바, 이 경우에는 정관에 그 근거 규정이 있어야 하고, 제3자가 정관에서 특정되어야 하며, 상법 제416조 제1호 내지 제4호에서 정하는 사항을 기존 주주에게 통지하거나 공고하여야 한다(상법 418조 2항 및 4항).

1-2. 제3자배정방식에 의한 신주발행 시에 회사로 하여금 상법 제416조 제1호 내지 제4호에서 정하는 사항을 기존 주주에게 통지하거나 공고하도록 하는 것은 제3자 배정이 법률 또는 정관에 위반하여 위법하거나 불공정하게 이루어져 주주에게 손해를 야기할 우려가 있어, 주주에게 위법하거나 불공정한 제3자 배정에 의한 신주발행의 유지(留止)를 청구[1]할 수 있도록 하기 위함이다(『상법 회사편 해설』, 280~281면 참조).

1) 회사가 법령 또는 정관에 위반하거나 현저하게 불공정한 방법에 의하여 주식을 발행함으로써 주주가 불이익을 받을 염려가 있는 경우에는 그 주주는 회사에 대하여 그 발행을 유지할 것을 청구할 수 있다(상법 424조).

2. 상법 제418조 제2항에 따라 주주 외의 자에게 신주를 배정하는 경우에는 같은 조 제4항에 따른 통지 또는 공고를 하였음을 증명하는 정보를 신주발행으로 인한 변경등기신청 시에 첨부정보로 제공하여야 한다(규칙 133조 3호). 공고를 하였음을 증명하는 서면은 정관에서 정한 공고방법에 따라 공고한 사실을 증명하는 서면으로 명확하나, 통지를 하였음을 증명하는 서면은 그 구체적인 방법이 무엇인지에 대해서는 좀 더 살펴볼 필요가 있다. 제3자배정방식에 의한 신주발행 시에 주주에게 통지하였음을 증명하는 서면이 무엇인지에 대해 법령에 구체적으로 명시하지는 않았지만, 회사가 기존 주주들에게 발송한 (내용증명) 우편물의 제출로 족하다고 본다. 다만, 통지 대상인 기존 주주들이 많을 경우에는 기존 주주에 대한 통지를 하였음을 확인하는 대표자의 확인서면과 그 확인서면 뒤에 각각의 (내용증명) 우편물을 첨부의 형태로 제출하는 것이 일목요연하지 않을까 싶다.[1)]

3. 상법 제418조 제4항에 따른 통지 또는 공고 절차는, 주주에게 위법하거나 불공정한 제3자 배정에 의한 신주발행의 유지를 청구하기 위함이므로, 주주 전원의 동의가 있는 경우에는 그 기간을 단축하거나 생략하는 것이 가능하다(상업선례 2-54, 「법원행정처 선례해설 요약(14)」 참조).

참조 조문: 상법 제416조, 제418조, 제424조, 상업등기규칙 제133조
참조 선례: 상업등기선례 제2-54호(652면)
참조 문헌: 『상법 회사편 해설』, 280~281면
『상업등기 주요선례 해설』, 234~240면[2)]

[비교 사례] 주주배정방식에 의한 신주발행 시에 신주배정기준일의 지정·공고절차를 총주주의 동의로 생략 가능한지?
=> 주주배정방식에 의한 신주발행 시에 상법 제418조 제3항의 신주배정기준일의 지정·공고는 명의개서를 하지 아니한 자로 하여금 명의개서를 하여 신주인수권을 행사할 수 있도록 하기 위한 것으로 총주주의 동의로 그 기간을 단축할 수는 있으나 생략할 수는 없다(648면에 있는 각주 2번 참조).

1) 또한 기존 주주가 수백 명에 달하는 등 그 수가 너무 많을 경우에는 기존 주주에 대한 통지를 증명하는 서면으로 대표자의 확인서면 한 장으로 대체 가능한지에 대해 담당 등기관과 사전 상의해 보는 것도 하나의 방법이라 생각된다.

2) 본 내용의 요약은 「법원행정처 선례해설 요약(14)」, 654~655면 참조

220. 실권주를 제3자에게 재배정하여 신주를 발행한 경우 그 변경등기신청서에 「상법」 제418조 제4항에 따른 통지 또는 공고하였음을 증명하는 서면을 첨부해야 하는지 여부

[상업등기선례 제2-57호, 제정 2012. 8. 20.]

주주에게 신주의 인수기회를 부여하였으나 그 인수를 하지 않아 발생한 실권주를 제3자에게 재배정하여 신주를 발행한 것은 「상법」 제418조 제2항에 따라 주주 외의 자에게 신주를 배정한 경우가 아니므로 그 변경등기신청서에 「상법」 제418조 제4항에 따른 통지 또는 공고하였음을 증명하는 서면을 첨부할 것은 아니다.
(2012. 8. 20. 사법등기심의관-2458 질의회답)

◐ **선례 해설:** 「실무사례(98)」(659면) 참조

1. 신주 등의 발행에서 주주배정방식과 제3자배정방식을 구별하는 기준은 회사가 신주 등을 발행하는 때에 주주들에게 그들의 지분비율에 따라 신주 등을 우선적으로 인수할 기회를 부여하였는지 여부에 따라 객관적으로 결정되어야 할 성질의 것이지, 신주 등의 인수권을 부여받은 주주들이 실제로 인수권을 행사함으로써 신주 등을 배정받았는지 여부에 좌우되는 것은 아니다(대법원 2009. 5. 29. 선고 2007도4949 전원합의체 판결).[1]

2. 따라서 주주에게 신주의 인수기회를 부여하였으나 그 인수를 하지 않아 발생한 실권주를 제3자에게 재배정하여 신주를 발행한 것은 제3자배정방식이 아닌 주주배정방식에 의한 신주발행절차이므로,[2] 본 선례의 내용과 같이 이 경우에는 제3자배정방식에 의한 신주발행의 경우에 첨부하는 상법 제418조 제4항에 따른 통지 또는 공고하였음을 증명하는 정보를 첨부정보로 제공할 것은 아니다.

---

1) 이에 관한 판례 평석으로는 『상법판례 백선』, 635~641면 참조

2) 주주의 신주인수권은 주주가 종래 가지고 있던 주식의 수에 비례하여 우선적으로 신주의 배정을 받을 권리를 말하는데, 이 권리는 주주의 자격에 기하여 법률상 당연히 주주에게 인정되는 것이며, 정관이나 이사회의 결의에 의하여 비로소 발생하는 것이 아니다(『주석상법(회사편Ⅳ)』, 64면). 따라서 이러한 주주의 신주인수권에 기해 기존 주주에게 신주 배정받을 권리를 우선적으로 부여하였다면, 이는 당연히 주주배정방식에 의한 신주발행이다.

실무사례(98)

제목: 주주배정방식에 의한 유상증자 시 첨부정보

주주가 1인이고 이사가 3인 이상인 비상장회사에서 유상증자를 하는데 이사회에서 각 주주에게 각 주주가 소유한 주식 비율대로 배정하고 주주가 포기한 실권주는 일반인으로부터 공모 또는 인수를 받는 형식으로 절차를 진행하였다. 이 과정에서 1인 주주가 신주인수권을 전액 포기하여 공모 형식으로 일반인에게 배정을 하려고 한다. 이 경우에도 증자 시 일반적인 서류와 주주의 신주인수권포기서 및 일반인의 청약서 및 인수증 등을 첨부하면 되는지? 아니면 추가로 더 필요한 첨부정보가 있는지?

1. 기존 주주에게 신주의 인수기회를 부여하였으나 그 인수를 하지 않아 발생한 실권주를 제3자에게 재배정하여 신주를 발행한 것은 제3자배정방식이 아닌 주주배정방식에 의한 신주발행절차에 해당한다(상업선례 2-57 참조).
2. 현물출자가 아닌 일반적인 주주배정방식에 의한 신주발행 시에 첨부정보로 제공할 정보로는 ⅰ) 주식의 인수를 증명하는 정보, ⅱ) 주식의 청약을 증명하는 정보, ⅲ) 주금납입금 보관증명서 또는 잔고증명서, ⅳ) 이사회의사록, ⅴ) 기타 해당될 경우에는 총주주동의서 또는 기간단축동의서, 액면미달의 가액으로 신주를 발행할 때에는 법원의 인가서, 정관에서 신주발행을 주주총회에서 정하기로 한 때에는 정관 및 주주총회의사록 등이 있다(규칙 52조 및 133조).
3. 상업등기선례에 의하면, 주주배정방식의 신주발행 시에는 상법 제418조에 의한 신주인수권의 내용 및 배정일에 대한 공고문 및 신주인수권포기서는 첨부정보로 제공할 필요가 없다(상업선례 1-207 및 2-63).

참조 조문: 상법 제418조, 제419조, 상업등기규칙 제52조, 제133조
참조 선례: 상업등기선례 제2-57호(658면), 제1-207호(648면), 제2-63호(649면), 제1-171호(647면)

[비교 사례] 제3자배정방식에 의한 신주발행 시 주주배정방식과 비교하여 특별히 첨부정보로 제공하여야 하는 정보로 무엇이 있는지?
=> 주주에게 통지 또는 공고를 하였음을 증명하는 정보(규칙 133조 3호) 혹은 그 기간을 단축하거나 생략하기로 한 총주주 동의서(상업선례 2-54)

221. 제3자배정 신주발행 등기신청시 실권예고부 최고기간 단축 동의서 첨부여부[1)]

[상업등기선례 제2-60호, 제정 2013. 4. 17.]

「상법」 제418조 제2항에 의하여 정관에 정하는 바에 따라 이사회에서 주주 외의 자에게 신주를 발행하는 결의를 하고 그에 따른 변경등기를 신청하는 경우, 신주발행을 결의한 이사회 결의일과 청약기일 사이의 시간적 간격이 2주간이 되지 아니하여 상법 제419조 제2항의 최고기간을 준수하지 못하는 경우에도 그에 관한 신주인수권자 전원의 동의서는 첨부할 서면이 아니다.
(2013. 4. 17. 사법등기심의관－1388 질의회답)

참조 조문 · 규칙 · 예규 · 선례 · 판례

상법[법률 제13523호, 2015. 12. 1., 일부개정] => 제418조 및 제419조의 조문 내용은 649~650면 참조

◐ 선례 해설:

1. 주주배정방식과는 달리 제3자배정방식의 경우에는 i) 주주의 신주인수권은 신주발행을 위한 이사회결의 시 구체적인 신주인수권을 가지나, 제3자의 신주인수권은 이사회결의 시가 아닌 회사와 제3자의 계약으로 발생한다는 점, ii) 제3자배정방식에 의한 신주발행은 증자에 참여할 자가 사전에 특정되어 있어 그 제3자에게 실권예고부 청약최고를 하지 않아도 불이익이 발생할 여지가 없다는 점, iii) 현실적으로 제3자배정방식에 의한 신주발행 시에는 실권이 거의 없다는 점 등을 고려할 때 본 선례는 합리적인 입장을 취한 것으로 평가된다.

2. 결국 제3자배정방식에 의한 신주발행 시 상법 제419조의 실권예고부 청약최고의 조문은 본 선례의 발표로 큰 의미가 없게 되었다.

---

1) [비교] 주주배정방식의 경우에는 실권예고부 청약최고 기간의 생략 내지 단축을 위해서는 총주주의 동의서 혹은 신주인수권을 행사하지 않은 주주의 기간단축동의서가 필요

222. 주식회사의 증자시 현물출자를 하는 방법 등[1)2)]

[상업등기선례 제1-187호, 제정 1998. 9. 7.]

가. 주식회사의 신주발행시 부동산을 현물출자하기 위해서는, 주식 발행사항의 하나로써 정관에 규정이 없는 한 이사회의 결의에 의하여 현물출자를 하는 자의 성명과 그 목적인 부동산의 종류, 수량, 가격과 이에 대하여 부여할 주식의 종류와 수를 결정하여야 하고, 이러한 결정사항은 상법 제422조의 규정에 의하여 이사의 신청으로 법원이 선임한 검사인의 조사를 받아야 하며, 현물출자자인 신주의 인수인은 납입기일[3)]까지 목적인 부동산을 인도하고 소유권이전등기신청에 필요한 서류를 완비하여 회사에 교부하여야 할 것이고, 위와 같은 신주발행으로 인한 변경등기를 신청하는 경우에는 일반적인 첨부서면 외에 위 검사인이 한 조사보고서와 그 부속서류를 첨부하여야 한다.

나. 수목도 현물출자의 목적물이 될 수 있다.
(1998. 9. 7. 등기 3402-861 질의회답)

참조 조문 · 규칙 · 예규 · 선례 · 판례

▣ 상법[법률 제13523호, 2015. 12. 1., 일부개정]

제416조(발행사항의 결정) 회사가 그 성립 후에 주식을 발행하는 경우에는 다

1) 현물출자에 의한 신주발행 시 현물출자의 이행 여부는 법원의 심사대상이 아니다. 또한 현물출자의 평가액이 적정하다고 판단되는 이상, 그 대가로 발행할 주식의 종류 및 수와 관련하여 발행주식가액이 액면가액 이상이어서 자본충실을 해하지 않는다면 그 가액이 적정한지 여부도 법원이 심사할 필요가 없다는 것이 실무제요의 입장이다(『법원실무제요 비송』, 136~137면). 다만, 현물출자에 의한 신주의 발행주식가액이 주식의 실질가치에 비교하여 고가 내지 저가일 경우에는 세무상 증여세의 문제가 발생할 수 있으므로 주의를 요한다.

2) 현물출자와 관련된 전반적인 사항에 대해서는 「총괄정리(3)」(331~333면) 참조. 그리고 부동산 현물출자와 관련된 사례로는 「실무사례(99)」(663면) 참조.

3) 회사설립 시에 현물출자가 있는 경우에는 현물출자의 이행이 먼저 이루어지고 검사인 또는 공인된 감정인의 조사·감정 및 법원의 인가를 받은 후에 관련 서류를 첨부하여 설립등기를 신청한다. 반면에 회사성립 후의 현물출자의 경우에는 현물출자의 이행 여부가 심사대상이 아니며(상법 416조 4호·422조 및 『법원실무제요 비송』, 136면 참조), 현물출자에 대한 검사인 또는 공인된 감정인의 조사·감정 및 법원의 인가 후에 현물출자의 이행이 이루어진다. 이와 같이 절차상 차이가 나는 근본적인 이유는 회사설립 시에는 설립등기를 함으로써 그 효력이 발생하는데 반해, 회사성립 후의 신주발행 시에는 현물출자자가 출자를 이행하고 납입기일(이행기일)이 지나면 그 다음날 바로 주주로서의 자격을 취득하기 때문이다(『주석상법(회사편Ⅳ)』, 120면). 이와 관련하여 「실무사례(108)」(698면) 참조.

음의 사항으로서 정관에 규정이 없는 것은 이사회가 결정한다. 다만, 이 법에 다른 규정이 있거나 정관으로 주주총회에서 결정하기로 정한 경우에는 그러하지 아니하다.

1 호 내지 3 호(생략)

4. 현물출자를 하는 자의 성명과 그 목적인 재산의 종류, 수량, 가액과 이에 대하여 부여할 주식의 종류와 수[1)2)]

5호 내지 6 호(생략)

제422조(현물출자의 검사) ① 현물출자를 하는 자가 있는 경우에는 이사는 제416조제4호의 사항을 조사하게 하기 위하여 검사인의 선임을 법원에 청구하여야 한다. 이 경우 공인된 감정인의 감정으로 검사인의 조사에 갈음할 수 있다.
② 다음 각 호의 어느 하나에 해당할 경우에는 제1항을 적용하지 아니한다.

1. 제416조제4호의 현물출자의 목적인 재산의 가액이 자본금의 5분의 1을 초과하지 아니하고 대통령령으로 정한 금액을 초과하지 아니하는 경우
2. 제416조제4호의 현물출자의 목적인 재산이 거래소의 시세 있는 유가증권인 경우 제416조 본문에 따라 결정된 가격이 대통령령으로 정한 방법으로 산정된 시세를 초과하지 아니하는 경우
3. 변제기가 돌아온 회사에 대한 금전채권을 출자의 목적으로 하는 경우로서 그 가액이 회사장부에 적혀 있는 가액을 초과하지 아니하는 경우
4. 그 밖에 제1호부터 제3호까지의 규정에 준하는 경우로서 대통령령으로 정하는 경우

---

1) 상법 제416조는 회사가 신주를 발행한 경우 정관에 다른 규정이 없는 한 이사회가 현물출자에 관한 사항을 정하도록 되어 있으나, 현물출자 시에 주주의 신주인수권이 배제되는지에 대해서는 명시하고 있지 않다. 다수설은 현물출자의 경우에는 회사가 출자된 재산을 평가하여 그 가액에 해당하는 주식을 배정하기 때문에 다른 주주에게 배정해야 할 주식 수를 계산하는 것이 쉽지 않고, 회사로서는 특정 재산의 보유가 목적이므로 다른 주주에게 굳이 출자를 강요할 이유가 없다는 점에서 주주의 신주인수권이 적용되지 않는다고 해석하고 있다(『주식회사법대계(Ⅲ)』, 17면). 대법원은 주주의 신주인수권은 주주가 종래 가지고 있던 주식의 수에 비례하여 우선적으로 신주의 배정을 받을 수 있는 권리로서 주주의 자격에 기하여 법률상 당연히 인정되는 것이지만 현물출자자에 대하여 발행하는 신주에 대하여는 일반주주의 신주인수권이 미치지 않는다고 판시한 바 있으나(대법원 1989. 3. 14. 선고 88누889 판결), 이에 대해 최근 하급심 판례에서는 현물출자에 의한 신주발행의 경우에도 상법 제418조 제2항의 요건을 갖추어야 한다고 판시한 바 있다(서울남부지방법원 2010. 11. 26. 선고, 2010가합3538 판결). 실무적으로는 현물출자를 하는 일부 주주 또는 주주 외의 제3자에 대해 신주를 발행할 경우에는 제3자배정방식에 준해 등기신청을 하는 경우가 많다.

2) 현물출자와 신주인수권에 관한 논의에 대해서는 이수천, 『상법강의』, 604~605면 및 『상법판례 백선』, 621~627면 참조

실무사례(99)

제목: 부동산 현물출자 가능성

A법인의 주주인 갑은 자기 소유의 부동산을 A법인에 현물출자하여 유상증자 하려고 한다. 다만, 부동산의 감정가액이 20억원이고, 부동산상에는 근저당권(채권최고액 15억원, 채무자 A법인)이 설정되어 있다. 이 경우에 부동산 감정가액만 감안하여 20억원 유상증자 할 수 있는지?

1. 법인설립에 따른 출자 및 회사설립 이후 증자 시 현물출자의 대상이 될 수 있는 것은 재무상태표상 자산에 기재할 수 있는 것(주: 엄밀한 의미에서 회사의 순자산을 증가시킬 수 있는 것)이면 무엇이든 가능하다(상업선례 1-85 및 1-208). 따라서 사안의 A법인의 주주 갑이 소유한 부동산도 현물출자의 대상이 된다.

2. 사안과 같이 회사설립 이후에 하는 현물출자로 인한 신주발행의 경우에는 상법 제416조에 의해 현물출자를 하는 자의 성명과 그 목적인 재산의 종류, 수량, 가액과 이에 대하여 부여할 주식의 종류와 수에 대해 이사회가 결정하여야 하며, 이 부분에 대해 법원이 선임한 검사인의 조사 혹은 공인된 감정인의 감정을 받고 법원의 인가를 받아야 한다(상법 416조 및 422조). 여기서 공인된 감정인이란 현물출자된 각 재산의 유형에 따라 법률에 의하여 감정을 할 수 있는 자격이 부여된 감정인을 말하는데(상업선례 2-15), 사안의 경우 부동산에 대해서는 「부동산 가격공시 및 감정평가에 관한 법률」에 의한 감정평가사, 회사의 주식평가에 대해서는 공인회계사법에 의한 공인회계사가 각각 공인된 감정인이라 하겠다.

3. 일반적으로 근저당권이 설정된 부동산을 현물출자 하는 경우에는 근저당권의 피담보채무액(또는 채권최고액)을 출자액에서 감액하고 있으며, 만약 이를 출자액에서 감액하지 않은 경우에는 법원의 인가과정에서 변경결정을 하는 것이 현재 추세이다. 다만 사안의 경우는 부동산상에 설정된 근저당권의 채무자가 A법인이므로 주주인 갑이 A법인에 부동산을 현물출자 하는 경우에는 근저당권의 피담보채무액을 공제할 필요가 없다고 본다. 왜냐하면 A법인의 입장에서 보면, 주주 갑의 현물출자로 금융기관에 대한 자신의 부채는 동일한 상태에서 해당 부동산을 현물출자로 취득하게 됨으로 그 부동산 감정가액 전액만큼 자신의 자산이 증가하게 되는데, 이 경우 부동산의 현물출자 가액에서 근저당권의 피담보채무액을 공제하는 것은 오히려 경제적 실질에 부합되지 않기 때문이다. 혹 법원의 인가과정에서 통상의 경우처럼 부동산 가액에서 근저당권의 피담보채무액을 왜 공제하지 않았는지에 대한 보정이 나오더라도 이 점을 잘 소명하면 문제없을 것으로 판단된다.

223. 주식회사의 신주발행시에 당해 회사에 대한 채권을 현물출자의 목적물로 할 수 있는지 여부(적극)

[상업등기선례 제1-208호, 제정 2002. 8. 26.]

주식회사에서 현물출자의 목적물은 특별한 제한이 없고 대차대조표상 자산으로 계상할 수 있는 재산이면 모두 그 목적물이 될 수 있으므로, 회사 설립 후 신주발행시 당해 회사에 대한 채권도 현물출자의 목적물이 될 수 있다. (2002. 8. 26. 등기 3402-463 질의회답)

「보 론」 신주발행의 유형

<table>
<tr><th>구 분</th><th>대표적 유형</th><th colspan="2">회사순자산에 미치는 영향</th></tr>
<tr><td rowspan="6">유상증자</td><td>금전납입</td><td>자산 증가</td><td rowspan="6">순자산 증가</td></tr>
<tr><td>현물출자: 일반 현물출자</td><td>자산 증가</td></tr>
<tr><td>채권(채무)의 출자전환(1): 현물출자</td><td>부채 감소</td></tr>
<tr><td>채권(채무)의 출자전환(2): 납입상계</td><td>부채 감소</td></tr>
<tr><td>전환사채의 전환권행사</td><td>부채 감소</td></tr>
<tr><td>신주인수권부사채의 신주인수권행사</td><td>자산 증가
(부채 감소)</td></tr>
<tr><td rowspan="2">무상증자</td><td>준비금의 자본금 전입</td><td rowspan="2">-</td><td rowspan="2">-</td></tr>
<tr><td>자산재평가적립금의 자본금 전입</td></tr>
</table>

주1) 회사의 순자산 = 회사의 자산 - 회사의 부채

주2) 채권(채무)의 출자전환은 회사에 대한 채권자의 입장에서는 채권의 출자전환이나, 회사의 입장에서 보면 회사가 채권자에게 부담하는 채무의 출자전환이다. 하지만 통상 채권의 출자전환이라 칭한다.

주3) 채권(채무)의 출자전환의 방법으로는 현물출자에 의한 방법과 회사에 대한 채권과 회사에 대한 주금납입의무를 상계하는 방법 모두 인정된다.

주4) 신주인수권부사채의 신주인수권행사로 신주발행 시에는 회사의 자산이 증가하나, 신주인수권을 행사하는 자가 사채의 발행가액으로 주금을 대용납입할 경우에는 자산은 증가하지 않고 부채만 감소한다.

주5) 2000. 12. 31.까지 시행된 자산재평가법에 의한 재평가적립금의 자본금 전입은 2000. 12. 31.까지 납세지 관할 세무서장에게 재평가신고를 한 부분에 대해서만 적용되어, 현재 이 법에 따라 자본금 전입하는 경우는 거의 없다고 본다.

법원행정처 선례해설 요약(15)[1]

【제목】 상법상 주식회사의 신주발행 시 당해 회사에 대한 변제기가 도래하지 않은 채권을 현물출자의 목적물로 할 수 있는지 여부(적극) 및 검사절차가 면제되는 일정한 요건은 무엇인지 여부

1. 사안의 논점

주식회사의 신주발행 시 당해 회사에 대한 변제기가 도래하지 않은 채권을 현물출자로 할 수 있는지 여부 및 현물출자 시 검사인의 조사 또는 감정인의 감정절차가 면제되는 요건

2. 주식회사의 신주발생 시 당해 회사에 대한 채권을 현물출자로 할 수 있는지 여부

i) 주식회사에서 현물출자의 목적물은 특별한 제한이 없고 대차대조표(혹은 재무상태표)상 자산으로 계상할 수 있는 재산이면 모두 그 목적물이 될 수 있으므로,

ii) 회사설립 후 신주발행 시 당해 회사에 대한 변제기가 도래하지 않은 채권도 현물출자의 목적물이 될 수 있다.

3. 현물출자에 대한 조사절차

i) 원칙적으로 현물출자를 하는 자가 있는 경우에는 이사는 상법 제416조 제4호의 조사를 하기 위하여 검사인의 선임을 법원에 청구하거나 공인된 감정인의 감정을 받아야 한다. 여기서 공인된 감정인이란 현물출자된 각 재산의 유형에 따라 법률에 의하여 감정을 할 수 있는 자격이 부여된 감정인을 말한다. 검사인의 보고서 혹은 감정인의 감정서는 법원에 제출하여 그 부본 표지여백에 법원의 심사결과('인가' 또는 '변경결정')가 기재되고 재판장이 기명날인한 것으로서 법원으로부터 송달받은 부본이어야 하고(재판예규 7조 2항), 현물출자에 의한 신주발행으로 인한 변경등기를 신청하는 경우에는 일반적 첨부서면 외에 상법 제422조에 따른 검사인의 조사보고 또는 감정인의 감정에 관한 서면, 검사인의 조사보고 또는 감정인의 감정결과에

1) 『상업등기 주요선례 해설』, 188~197면

관한 재판이 있은 때에는 그 재판이 있음을 증명하는 서면을 첨부정보로 제공하여야 한다(규칙 133조 6호 및 7호).

ii) 위 i)의 내용에도 불구하고 상법 제422조 제2항 제1호에 의해 현물출자의 목적인 재산의 가액이 자본금의 5분의 1을 초과하지 아니하고 대통령령으로 정한 금액(5천만원)을 초과하지 아니하는 경우 및 일정 요건하의 상장증권 및 금전채권 등에 대하여, 현물출자의 목적인 재산에 그 사용, 수익, 담보제공, 소유권 이전 등에 대한 물권적 또는 채권적 제한이나 부담이 설정되어 있지 않으면, 검사인의 조사 또는 감정인의 감정 절차의 이행을 면제한다(상법 422조 2항 및 상법시행령 14조).[1)2)]

iii) 상법 외에 「외국인투자 촉진법」 제2조 제1항 제8호 나목의 관세청장의 현물출자완료 확인서를 제출하는 경우 등 다른 법령에서 달리 규정을 하고 있는 경우에는 검사인의 조사 혹은 감정인의 감정을 받을 필요가 없다(「외국인투자 촉진법」 30조 3항 참조).

4. 결어

i) 상법상 주식회사의 신주발행 시 당해 회사에 대한 변제기가 도래하지 않은 채권을 현물출자의 목적물로 할 수 있으며, 이 경우에는 상법에서 정한 바에 따라 검사인의 조사 혹은 공인된 감정인의 감정절차 및 법원의 심사 과정을 거쳐야 하지만,

ii) 상법 제422조 제2항 또는 다른 법령(예: 「외국인투자 촉진법」)에 특별한 규정이 있는 경우에는 검사인의 조사 또는 감정인의 감정절차가 면제된다.

---

1) 변제기가 돌아온 회사에 대한 금전채권을 출자의 목적으로 하는 경우로서 그 가액이 회사장부에 적혀 있는 가액을 초과하지 아니하는 경우(상법 422조 2항 3호)에 검사절차가 면제된다. 즉 이는 변제기가 도래한 회사에 대한 금전채권의 출자전환을 허용한 것으로서, 이를 위해서는 검사절차가 면제되더라도 상법 제421조 제2항의 납입상계에 관한 회사의 동의가 있어야 한다(『주석상법(회사편Ⅳ)』, 126~127면).

2) 상법 시행령 제14조 제3항에서는 상장증권에 대해서만 현물출자의 목적인 재산에 그 사용, 수익, 담보제공, 소유권이전 등에 대한 물권적 또는 채권적 제한이나 부담이 설정되지 않아야 한다고 정하고 있으나, 동 조문의 내용이 상법 제422조 제2항 제2호(상장증권)에 국한하여 적용되지 않고 상법 제422조 제2항 전체에 적용되는 것으로 해석하는 것이 일반적이다(『주석상법(회사편Ⅳ)』, 127면). 상법 시행령 제14조 제3항은 입법의 오류로 보인다.

「보 론」 채권의 출자전환: 현물출자 vs. 납입상계[1)]

- 「실무사례(100)」 (668면) 참조 -

1. 회사에 대하여 채권을 보유한 기존의 투자자(혹은 채권자)가 그에 갈음하여 주식을 취득하는 것 혹은 그의 청구권이 부채에서 자본으로 전환되는 것을 출자전환이라 한다.

2. 출자전환의 방식으로는 채권자가 신주를 인수한 후 그 발행가액을 납입하고 회사가 그 자금으로 기존 채무를 변제하는 방법(현실 납입 및 변제 방법), 현물출자에 의한 방법, 납입상계에 의한 방법 등이 있다. ⅰ) 현실 납입 및 변제 방법은 일시적인 자금조달의 문제, 납입금에 대한 다른 채권자의 강제집행이나 보전처분 등으로 인한 위험 등의 사유로, ⅱ) 현물출자의 방법은 원칙적으로 법원이 선임한 검사인의 조사 또는 공인된 감정인의 감정을 받아야 하는 절차적·경제적 사유로, ⅲ) 실무에서는 2011. 4. 24. 상법 제424조의 개정으로 금융기관뿐만 아니라 일반기업에도 허용된 납입상계에 의한 방법으로 대부분 출자전환을 하고 있다.

3. 위 방법 중 채권을 출자전환 하기 위한 현물출자에 의한 방법과 납입상계에 의한 방법의 차이점을 간략 비교하면 다음과 같다.

구　분	현물출자	납입상계
대상 채권	* 변제기 도래 여부와 상관없이 회사의 자산으로 계상할 수 있는 채권이면 모두 가능 (상업선례 1-208, 664면 참조)	* 채권자는 변제기에 이르지 않은 채권으로 상계를 할 수 없으나, 회사는 기한의 이익을 포기하고 상계하는 것이 가능하므로 이행기에 이르지 아니한 회사의 채무를 수동채무로 하여 상계를 하는 것은 가능
법원 인가	* 원칙적으로 필요. 단, 변제기가 돌아온 회사에 대한 금전채권을 출자의 목적으로 하는 경우로서 그 가액이 회사장부에 적혀 있는 가액을 초과하지 않는 경우에는 불요	* 불요
특이한 첨부정보	* 법원으로부터 송달받은 감정인의 감정보고서 부본	* 상계증명서면(예규 1450호 3조)

1) 『주식회사법대계(Ⅲ)』, 192~222면

실무사례(100)

제목: 회사에 대한 채권으로 현물출자가 가능한지 여부(적극)

갑은 A회사에 대하여 6억원의 대여금 채권을 가지고 있다. 갑의 A회사에 대한 대여금 채권을 가지고 현물출자에 의한 방법으로 A회사의 유상증자에 참여할 수 있는지? 가능하다면 그 구체적인 절차는 어떻게 되는지?

1. 회사에 대한 대여금, 대출금 등 채권을 출자전환하는 방법으로는 현물출자에 의한 방법과 회사에 대한 주금납입채무와 상계하는 방법이 있다. 최근의 추세는 현물출자에 의한 방법 보다는 납입상계에 의하는 방법으로 회사에 대한 채권을 출자전환을 하는 경우가 많다. 즉 2011. 4. 14. 상법 제421조의 개정으로 금융기관이 아닌 일반 회사의 경우에도 납입상계에 의한 출자전환이 가능하게 됨으로써 현재는 절차가 비교적 간단하고 시간이 상대적으로 많이 소요되지 않는 납입상계에 의한 방법으로 채권의 출자전환이 이루어지고 있는 실정이다. 그럼에도 불구하고 회사에 대한 채권자는 신주를 발행하는 회사에 대한 채권으로 현물출자를 할 수 있음은 당연하다(상업선례 1-208).

2. 주식회사의 신주발행 시 대여금 등 채권(회사 입장에서는 채무)을 현물출자하기 위해서는, 주식 발행사항의 하나로써 정관에 규정이 없는 한 이사회의 결의에 의하여 현물출자를 하는 자의 성명과 그 목적인 채권의 종류, 금액과 이에 대하여 부여할 주식의 종류와 수를 결정하여야 하고, 이러한 결정은 상법 제422조의 규정에 의하여 이사의 신청으로 법원이 선임한 검사인의 조사 또는 공인된 감정인의 감정을 받아야 하며, 이와 같은 방법으로 신주발행으로 인한 변경등기를 신청하는 경우에는 일반적인 첨부정보 외에 법원으로부터 송달받은 위 검사인의 조사보고서의 부본 또는 공인된 감정인의 감정보고서와 그 부속서류의 부본을 첨부정보로 제공하여야 한다(상업선례 1-187 및 재판예규 719호 참조).[1)]

참조 예규: 등기예규 제979호, 제1450호, 재판예규 제719호(재민99-3)
참조 선례: 상업등기선례 제1-187호(661면), 제1-208호(664면)
참조 문헌: 『상업등기 주요선례 해설』, 188~197면(665~666면 요약 참조)

1) 다만, 변제기가 돌아온 회사에 대한 금전채권을 출자의 목적물로 하는 경우로서 그 가액이 회사장부에 적혀 있는 가액을 초과하지 아니하는 경우에는 검사인의 조사나 감정인의 감정이 요구되지 않으며(상법 422조 2항 3호 참조), 이 경우에는 상법 제421조 제2항의 납입상계에 관한 회사의 동의가 있어야 한다(「『주석상법(회사편Ⅳ)』, 126~127면).

224. 「증권거래법」 제191조의20에 따라 현물출자 대상 주식을 평가할 경우, 「상업등기법」 제82조 제3호 및 제4호(주: 현행 상업등기규칙 제133조 제6호 및 제7호)의 서류제출 면제여부 및 이를 대체 할 첨부서면

[상업등기선례 제2-47호, 제정 2008. 8. 28.]

1. 주권상장법인 또는 코스닥상장법인인 "갑"이 주권상장법인 또는 코스닥상장법인인 "을"의 주주들로부터 그 보유의 "을"의 주식을 현물로 출자받고 그 대가로 "갑"의 신주를 발행하는 경우 현물출자의 목적물인 "을"의 주식의 가액을 평가함에 있어서 「증권거래법」(주: 현행 「자본시장과 금융투자업에 관한 법률」)제191조의20 및 동시행령 제84조의7, 제84조의25에 규정된 방법에 의하여 주식의 가격을 평가한 때에는 「상업등기법」 제82조 제3호 및 제4호(주: 현행 상업등기규칙 제133조 제6호 및 제7호)의 검사인의 조사보고서 또는 감정인의 감정서와 그 재판의 등본 등은 제출할 필요가 없다.

2. 이 경우 주권상장법인 또는 코스닥상장법인임을 증명하는 서면과 「증권거래법시행규칙」 제36조의13에 규정된 외부평가기관(회계법인 등)이 주식가격을 평가한 서면을 첨부하여야 한다.
(2008. 8. 28. 공탁상업등기과-848 질의회답)

참조 조문 · 규칙 · 예규 · 선례 · 판례

▣ 상법[법률 제13523호, 2015. 12. 1., 일부개정]

제422조(현물출자의 검사) ① 현물출자를 하는 자가 있는 경우에는 이사는 제416조제4호의 사항을 조사하게 하기 위하여 검사인의 선임을 법원에 청구하여야 한다. 이 경우 공인된 감정인의 감정으로 검사인의 조사에 갈음할 수 있다.
③ 법원은 검사인의 조사보고서 또는 감정인 감정결과를 심사하여 제1항의 사항을 부당하다고 인정한 때에는 이를 변경하여 이사와 현물출자를 한 자에게 통고할 수 있다.
④ 전항의 변경에 불복하는 현물출자를 한 자는 그 주식의 인수를 취소할 수 있다.
⑤ 법원의 통고가 있은 후 2주내에 주식의 인수를 취소한 현물출자를 한 자가 없는 때에는 제1항의 사항은 통고에 따라 변경된 것으로 본다.

◐ 선례 해설:[1]

1. 현물출자를 하는 자가 있는 경우에는 이사는 상법 제416조 제4호(현물출자를 하는 자의 성명과 그 목적인 재산의 종류, 수량, 가액과 이에 대하여 부여할 주식의 종류와 수)의 사항을 조사하게 하기 위하여 검사인의 선임을 법원에 청구하거나 공인된 감정인의 감정을 받아야 한다(상법 422조 1항).

2. 한편 현물출자에 의한 신주발행으로 인한 변경등기를 신청하는 경우에는 i) 상법 제422조에 따른 검사인의 조사보고 또는 감정인의 감정에 관한 정보, ii) 검사인의 조사보고 또는 감정인의 감정결과에 관한 재판이 있은 때에는 그 재판이 있음을 증명하는 정보 등을 첨부정보로 제공하여야 하는데(규칙 133조 6호 및 7호),

3. 구 증권거래법에는 현물출자의 검사에 관한 특례를 두어, 주권상장법인 또는 코스닥상장법인이 자기주식 또는 신주를 다른 주권상장법인 또는 코스닥상장법인의 주식과 교환하는 방식으로 현물출자하는 경우에 대통령령으로 정하는 바에 따라 그 출자 주식의 가격을 평가한 경우에는 상법 제422조 제1항에 따른 검사인의 조사 또는 공인된 감정인의 감정이 있은 것으로 보도록 하였다(구 증권거래법 191조의20).[2][3]

4. 본 선례에 의하면, 구 증권거래법 제191조의20의 특례에 따른 현물출자가 이루어진 경우에는 상업등기규칙 제133조 제6호 및 제7호의 정보를 첨부정보로 제공할 필요는 없고, 주권상장법인 또는 코스닥상장법인임을 증명하는 서면과 증권거래법 시행규칙 제36조의13에 규정된 외부평가기관(회계법인 등)이 주식가격을 평가한 서면을 첨부정보로 제공하여야 한다.

---

1) 본 선례는 주권상장법인이나 코스닥상장법인에만 적용되고 상법상 주식회사의 경우에는 해당되지 않아, 상법상 주식회사의 경우에는 상법에 의거 현물출자로 인한 신주발행절차를 진행하고 상업등기규칙에 의거 현물출자로 인한 변경등기에 필요한 첨부정보를 제공하여야 한다.
2) 현행 「자본시장과 금융투자업에 관한 법률」 제165조의4 참조
3) 현재는 유가증권시장, 코스닥시장 및 코넥스시장에 상장된 주권을 발행한 회사 전부를 주권상장법인이라 한다.

총괄(7): 채권(채무)의 출자전환 관련 선례 · 예규 정리[1)]
[225~234번 상업등기선례에 대한 총괄 정리표]

1. 회사에 대한 대출금 등 채권을 출자전환하는 방법으로는 현물출자에 의한 방법과 회사에 대한 채권과 회사에 대한 주금납입의무를 상계하는 방법이 있다.

2. 상법 제421조가 개정되기 전에는 등기예규 제960호 「기업구조조정을 위한 금융기관 대출금의 출자전환에 따른 변경등기신청서에 첨부할 서면에 관한 예규」에 의거 금융기관은 기업에 대해 가지는 대출금을 주금납입 상계의 방법으로 출자전환하는 것이 가능했던 반면, 금융기관이 아닌 자에 대해서는 주금납입 상계에 의한 방법으로 출자전환이 허용되지 않았다.

3. 하지만 상법 제421조가 2011. 4. 14.에 개정되면서 금융기관이 아닌 자도 현물출자에 비해 상대적으로 간편한 상계 방법으로 채권을 출자전환하는 방법이 가능하게 되었다.

> **개정 후 제421조(주식에 대한 납입)** ① 이사는 신주의 인수인으로 하여금 그 배정한 주수(株數)에 따라 납입기일에 그 인수한 주식에 대한 인수가액의 전액을 납입시켜야 한다.
> ② 신주의 인수인은 회사의 동의 없이 제1항의 납입채무와 주식회사에 대한 채권을 상계할 수 없다.(주: 2011. 4. 14. 상법 개정 시 신설된 조항)

4. 이러한 상법 개정에 맞추어 등기예규 제960호는 2012. 4. 24. 등기예규 제1450호에 의해 폐지되었다. 하지만 아직 관련 상업등기선례가 재정비되어 있지 않은 실정으로 관련 선례를 검토 시 이점을 유의하여야 한다.

---

1) 신주의 인수가액의 납입방법으로는 금전납입, 현물출자, 납입상계에 의한 채권의 출자전환 등으로 구분할 수 있는데, 2011. 4. 14. 상법 제421조의 전면 개정으로 금융기관이 아닌 일반 회사도 납입상계에 의한 채권의 출자전환이 가능하게 되었으며, 신주발행으로 인한 변경등기 시 첨부정보와 관련해서도 개정된 상업등기규칙 제133조 제5호에 반영되었다.

따라서 2011. 4. 14. 상법 개정 이전의 상업등기선례는 그 실효성이 없게 되어 개정 상법에 맞추어 폐지되어야 할 것으로 생각되며, 현재는 2012. 4. 24. 제정된 등기예규 제1450호를 실무절차의 가이드라인으로 보고 납입상계에 의한 신주발행절차를 진행하면 된다. 단 이 경우 저가 및 고가 발행에 따른 「상속세 및 증여세법」상 리스크 및 과점주주의 간주취득세 리스크가 상존하므로 주의를 요한다.

▣ 주금납입의 상계가 있는 경우 신주발행으로 인한 변경등기신청서에 첨부할 서면에 관한 예규[등기예규 제1450호, 제정 2012. 4. 24.]

제1조(목적)

이 예규는 「상법」제421조 제2항, 제596조에 따라 신주인수인의 주금납입채무(유한회사의 경우에는 출자인수인의 출자금납입채무를 말한다. 이하 같다)와 회사에 대한 채권의 상계가 있는 경우 신주발행(유한회사의 경우에는 자본금 증가를 말한다. 이하 같다)으로 인한 변경등기신청서에 첨부할 서면에 관하여 규정함을 목적으로 한다.

제2조(적용범위)

이 예규는 통상의 신주발행으로 인한 변경등기 외에 주식매수선택권의 행사로 인한 변경등기 및 신주인수권부사채에 부여된 신주인수권의 행사로 인한 변경등기에 적용된다.

제3조(상계를 증명하는 서면)[1)]

주금납입채무의 상계가 있는 경우 신주발행으로 인한 변경등기의 신청서에는 「상업등기법」제82조 제5호(유한회사의 경우에는 제105조 제2호를 말한다. 이하 같다)의 서면을 갈음하여 다음 각 호의 서류를 첨부하여야 한다 (주: 현행 규칙 133조 4호 및 5호 참조).

1. 회사가 신주인수인에 대하여 채무를 부담하고 있다는 사실을 증명하는 서면(소비대차계약서 등)
2. 회사가 상계를 한 경우에는 회사가 신주인수인에 대하여 상계의 의사표시를 하였음을 증명하는 서면
3. 신주인수인이 상계를 한 경우에는 신주인수인이 회사에 대하여 상계의 의사표시를 하였음을 증명하는 서면과 회사가 그 의사표시에 대하여 동의를 하였음을 증명하는 서면

---

1) 현행 상법의 입법 취지는 구 상법에서와 같이 채권자에 의한 상계는 허용하지 않지만, 구 상법에서와는 달리 회사에 의한 상계와 상계합의는 허용하려는 데에 있다(『상법 회사편 해설』, 71면). 이러한 측면에서 회사가 상계를 한 경우와 신주인수인이 상계를 한 경우로 구분하여 상계를 증명하는 서면을 달리 정한 이유를 살펴볼 필요가 있다.

제4조(납입채무 일부에 대한 상계의 경우)

주금납입채무의 일부에 대하여만 상계가 있는 경우(2인 이상의 신주인수인 중 일부 신주인수인의 주금납입채무에 대하여만 상계가 있는 경우를 포함한다)에는 신청서에 제3조 각 호의 서면과 상계로 소멸하는 납입채무 외의 부분에 관한 납입을 증명하는 서면 (「상업등기법」 제82조 제5호 => 주: 현행 상업등기규칙 제133조 제4호)을 함께 첨부하여야 한다.

부 칙

제1조(시행일) 이 예규는 즉시 시행한다.

제2조(다른 예규의 폐지) 이 예규에 의하여 기업구조조정을 위한 금융기관대출금의 출자전환에 따른 변경등기신청서에 첨부할 서면에 관한 예규(등기예규 제960호)는 폐지한다.

<정리표> 등기예규 제1450호에 의한 기존 상업등기선례 정리[1)]

구 분	관련 상업등기선례	비 고
일반기업의 채권의 출자전환	제1-186호, 제정 1998. 06. 23.	* 상법 제421조의 개정(2011. 4. 14), 등기예규 제960호의 폐지 및 등기예규 제1450호 제정 등으로 기존 상업등기선례는 그 실효성이 없게 되었다.
	제1-201호, 제정 2001. 04. 12.	
금융기관의 대출금의 출자전환	제1-190호, 제정 1999. 08. 24.	
	제1-193호, 제정 1999. 10. 28.	
	제1-194호, 제정 1999. 11. 23.	
	제1-200호, 제정 2001. 02. 13.	
	제1-204호, 제정 2002. 01. 02.	
	제1-206호, 제정 2002. 06. 14.	
	제1-211호, 제정 2003. 07. 16.	
	제2-46호, 제정 2007. 02. 28.	

1) 본 교재에서는 상업등기선례 전부를 소개한다는 원칙에 따라 납입상계에 의한 신주발행과 관련한 기존 상업등기선례 전부를 책에 소개하였으나, 금융기관뿐만 아니라 일반기업도 상계에 의한 신주발행이 가능한 현재로서는 등기예규 제1450호의 내용을 기준으로 업무를 진행하면 되고 과거 선례는 참조용으로 살펴보면 좋을 것 같다.

실무사례(101)

제목: 주금납입의 상계가 있는 경우 첨부할 서면

이번에 주주배정방식에 의한 신주발행으로 1억원을 유상증자하려고 하며, 주주는 갑, 을, 병 3명으로 구성되어 있다. 이번 유상증자 시 갑과 을은 자신들에게 배정된 2천5백만원에 대해 각 금전 납입할 예정이며, 병은 회사에 대한 자신의 채권 2억 3천만원 중 5천만원을 주금납입채무와 상계할 예정이다. 이 경우 주주 병이 상계를 요청한 경우 첨부할 서면이 무엇인지?

1. 금전납입과 납입상계에 의한 신주발행 시의 첨부서면을 비교하면, 금전납입의 경우에 첨부하는 주금납입보관증 또는 잔고증명서 대신에 납입상계의 경우에는 상계증명서면을 첨부하는 것 외에는 모두 동일하다(「신주발행의 유형에 따른 첨부정보의 비교」, 701면 참조). 또한 신주인수인의 주금납입채무와 회사에 대한 채권의 상계가 있는 경우에 신주발행으로 인한 변경등기신청서에 첨부할 상계를 증명하는 서면에 관해서는 등기예규 제1450호(672~673면)에 정해져 있다.

2. 「주금납입의 상계가 있는 경우 신주발행으로 인한 변경등기신청서에 첨부할 서면에 관한 예규」(예규 1450호) 제3조에 의하면, 주금납입채무의 상계가 있는 경우 신주발행으로 인한 변경등기의 신청서에는 ⅰ) 회사가 신주인수인에 대하여 채무를 부담하고 있다는 사실을 증명하는 서면(소비대차계약서 등), ⅱ) 회사가 상계를 한 경우에는 회사가 신주인수인에 대하여 상계의 의사표시를 하였음을 증명하는 서면, ⅲ) 신주인수인이 상계를 한 경우에는 신주인수인이 회사에 대하여 상계의 의사표시를 하였음을 증명하는 서면과 회사가 그 의사표시에 대하여 동의를 하였음을 증명하는 서면 등을 첨부하여야 한다.

3. 사안의 경우 주주 병이 회사에 대한 채권 2억 3천만원 중 5천만원을 주금납입채무와 상계할 것을 회사에 요청하였으므로, 상계와 관련하여 상기 2.의 내용 중 ⅰ)과 ⅲ)의 첨부서면을 신주발행으로 인한 변경등기신청서에 첨부하여야 한다.

※ 참고로 사안의 첨부서면 중 2. ⅲ)의 작성 예는 다음 페이지 참조.

주금납입에 관한 상계
의사표시 통지 및 그 동의요청서

주식회사 ○○ 귀하

경기도 남양주시 ○○○
대표이사 ○○○

본인은 귀사에게 아래의 금원에 대하여 채권이 존재합니다.

채 권 액
금 230,000,000원

위 채권 중 금 50,000,000원에 대하여, 귀사의 2015년 ○월 ○일 유상증자와 관련하여 그 주금납입은 상계하는 것으로 의사표시를 표하는 바이며, 이에 대하여 동의 또한 청하는 바입니다.

2015. . .

△△△ (600101-1111111) (도장)
서울특별시 양천구 ○○○

상계의사표시 수령 및 그 동의서

금번 당사의 증자에 있어서 신주인수에 따른 그 대금을 귀하의 당사에 대한 대출금(혹은 대여금, 미수금 등) 채권 금 230,000,000원 중 금 50,000,000원과 상계함에 동의하는 바입니다.

2015. . .

상계수령 및 동의자
주식회사 ○○
경기도 남양주시 ○○○
대표이사 ○○○ (법인 도장)

△△△ 귀중

실무사례(102)

제목: 대표이사 가수금의 출자전환

대표이사의 가수금을 납입상계에 의한 방식으로 유상증자하려고 한다.

【1】 납입상계에 의한 유상증자의 경우에도 할증발행이 가능한지?

【2】 상기 【1】의 할증발행이 가능하다고 가정하고, 이번에 10억원의 대표이사 가수금을 출자전환할 때 2억원은 자본금으로 나머지 8억원은 주식발행초과금으로 하려는데 가능한지?

【3】 상기 【2】의 방식으로 유상증자를 할 때, 등록면허세는 무엇을 기준으로 납부하여야 하는지?

【4】 상기 【2】의 유상증자 방식으로 발생한 주식발행초과금 8억원은 자본금의 전입 및 결손보전 외에 다른 용도로 사용할 수는 없는지?

1. 대표이사 가수금을 납입상계에 의한 유상증자를 할 경우에도 일반 신주발행과 동일하게 액면가발행, 할증발행, 할인발행 모두 가능하다. 다만, 액면미달발행을 하려면 법원의 인가가 필요하다(상업선례 2-53 참조).

2. 신주발행 시 액면가를 초과하는 금액은 자본준비금의 일종인 주식발행초과금으로 계상되므로, 사안의 경우 2억원은 자본금으로 나머지 8억원은 주식발행초과금으로 회계상 계상된다.

3. 유상증자 시 등록면허세의 과세표준은 회사 장부상의 금액이 아니라 법인등기사항증명서상 자본금란의 금액을 말하므로(행자부 세정-3320, 2004. 10. 5. 참조), 사안의 경우 등록면허세의 과세표준은 자본금으로 계상되는 2억원이다(유상증자로 회사에 유입되는 10억원이 아님).

4. 자본준비금의 일종인 주식발행초과금의 용도는 원칙적으로 자본금의 전입 또는 결손보전 이외의 목적으로 사용할 수 없지만, 2011년 4월 개정 상법에서는 자본준비금과 이익준비금의 총액이 자본금의 1.5배를 초과하는 경우에는 주주총회의 결의로 그 초과한 부분을 감액할 수 있어, 결과적으로 이에 해당될 경우에는 주식발행초과금도 감액하여 주주에 대한 이익배당 등의 재원으로 사용할 수 있다(상법 460조, 461조, 461조의2 참조).

실무사례(103)

제목: 대표이사 가수금의 출자전환과 주주평등원칙

대표이사인 주주의 회사에 대한 채권(회사 장부에는 가수금 계정으로 부채에 계상되어 있음)을 출자전환의 방법으로 증자하면 주주평등의 원칙에 위배되는지? 또한 이는 주주배정방식인지 아니면 제3자배정방식인지?

1. 신주인수권이란 회사가 신주를 발행할 경우 그 전부 또는 일부를 타인에 우선하여 인수할 수 있는 권리를 말하며, 그 우선권이 누구에게 있느냐에 따라 신주발행의 유형을 주주배정방식과 제3자배정방식으로 구분한다. 한편 주주평등의 원칙이란 주주가 그가 가진 주식의 수에 따라서 평등한 취급을 받는다는 원칙을 말한다.

2. 통상 주주인 대표이사의 가수금을 출자전환하여 신주를 발행하는 과정을 살펴보면, 주주배정방식에 의해 신주를 발행하되 주주인 대표이사 이외 다른 주주는 실권하고 대표이사의 가수금을 주금납입채무와 상계에 의해 신주를 발행하게 된다. 이는 보통의 주주배정방식에 의한 신주발행과 동일하다(상업선례 2-57).

3. 따라서 주주배정방식에 의한 신주발행의 과정을 거치게 되는 주주인 대표이사의 가수금의 납입상계에 의한 신주발행 방법은 기존 주주에게도 신주인수권을 부여하였으나 특정 주주 이외 다른 주주 모두가 실권한 경우로서 주주평등의 원칙에 반하지 않는다. 결국 주주인 대표이사의 가수금을 납입상계에 의한 출자전환의 방법으로 신주를 발행하는 경우는 주주배정방식에 해당하며, 이는 주주평등의 원칙에 반하지 않는다.

참조 조문: 상법 제421조, 상업등기규칙 제133조

참조 예규: 등기예규 제1450호(672~673면)

참조 선례: 상업등기선례 제2-57호(658면)

[비교 사례] 주주인 대표이사에 대해 3억원의 대여금을 가지고 있는 채권자가 납입상계에 의한 방법으로 회사의 유상증자에 참여할 수 있는지 여부(소극)
=> 납입상계에 의한 유상증자가 가능하기 위해서는 주금납입채무와 상계적상에 있는 금전채권이어야 하는데, 채권자의 주주인 대표이사에 대한 대여금과 채권자의 회사에 대한 주금납입채무는 상계적상에 있지 않아, 채권자의 회사에 대한 납입상계에 의한 유상증자 참여는 불가능하다.

실무사례(104)

제목: 제3자배정방식에 의한 신주발행 가능 여부 및 채권(채무)의 출자전환에 따른 신주발행 시 유의할 점

정관에 "상법 제418조 제2항의 규정에 따라 신기술의 도입, 재무구조의 개선 등 회사의 경영상 목적 달성을 위하여 필요한 경우 이사회의 결의로 기존 주주의 신주인수권을 인정하지 않고 제3자에게 신주를 배정 할 수 있다."라고 규정되어 있다. 회사는 자본잠식 상태로 자금 사정이 여의치 않아 채권자들로부터 거의 매일 외상대금 상환의 독촉을 받을 지경에 이르러 정상적인 영업이 힘든 상태이다.

【1】 제3자 배정 사유인 재무구조개선 등의 사유가 이 회사의 경우에 해당되는 것인지?

【2】 이사회의 결의를 거쳐 바로 제3자에게 신주를 배정할 수 있는지?

【3】 이 회사가 자본잠식 상태에 있고 이를 개선하기 위해 회사의 채권자들 중 1인에게 회사에 대한 채권자의 채권과 신주인수대금의 상계방식으로 신주를 인수시키려 하는데 유의해야 할 부분이 무엇인지?

1. 사안의 경우 회사가 자본잠식 상태에 있고 상당한 재무 압박을 받고 있는 현실 등을 고려하면, 정관에 제3자배정방식에 의한 신주발행의 요건인 재무구조 개선 등 회사의 경영상 목적 달성을 위해 필요한 경우에 해당한다고 본다(상법 418조 2항 참조).

2. 정관에 제3자배정방식에 대한 근거가 있고 정관에서 규정하고 있는 제3자배정방식에 의한 신주발행의 요건을 충족하므로 정관에 특별한 규정이 없는 한 신주발행의 결정기관인 이사회의 결의를 거쳐 제3자에게 신주를 배정할 수 있다(상법 416조). 다만 회사가 주주 외의 자에게 신주를 배정하는 경우에는 신주의 종류와 수, 신주의 발행가액과 납입기일, 무액면주식의 경우에는 신주의 발행가액 중 자본금으로 계상하는 금액, 신주의 인수방법, 현물출자를 하는 자의 성명과 그 목적인 재산의 종류, 수량, 가액과 이에 대하여 부여할 주식의 종류와 수 등의 사항을 그 납입기일 2주 전까지 주주에게 통지하거나 공고하여야 한다(상법 418조 4항). 한편 주주 외의 자에게 신주를 배정하는 경우 총주주의 동의로 상법 제418조 제4항에 따

른 통지 또는 공고를 생략할 수 있으며, 이 경우에는 통지 또는 공고 생략에 관하여 총주주의 동의가 있음을 증명하는 서면을 첨부하여야 한다(상업선례 2-54).

3. 상법 제421조가 2011. 4. 14.에 개정되면서 금융기관이 아닌 일반 채권자도 현물출자에 비해 상대적으로 간편한 상계 방법으로 채권을 출자전환하는 방법이 가능하게 되었다. 채권자의 채권과 주금납입의무를 상계하는 방법으로 신주를 발행하는 경우에는 ⅰ) 채권자의 회사에 대한 채권과 채권자의 회사에 대한 주금납입의무는 동종의 금전채권이어야 하고 변제기가 도래하는 등 상계의 일반적인 요건을 충족하여야 하고, ⅱ) 신주발행으로 인한 변경등기 시 첨부정보로 제공하는 일반적인 사항 외에 특별히 주금의 납입을 맡은 은행, 그 밖의 금융기관의 납입금보관에 관한 증명이나 잔고증명서에 갈음하여 상계를 증명하는 서면을 첨부하여야 한다(규칙 133조 5호). 상계를 증명하는 서면으로 회사가 신주인수인에 대하여 채무를 부담하고 있다는 사실을 증명하는 서면(소비대차계약서 등), 회사가 상계를 한 경우에는 회사가 신주인수인에 대하여 상계의 의사표시를 하였음을 증명하는 서면, 신주인수인이 상계를 한 경우에는 신주인수인이 회사에 대하여 상계의 의사표시를 하였음을 증명하는 서면과 회사가 그 의사표시에 대하여 동의를 하였음을 증명하는 서면 등을 들 수 있다(예규 1450호 3조). 단 상계 방법에 의한 채권의 출자전환 시에는 저가 및 고가 발행에 따른 「상속세 및 증여세법」상 세무상 리스크와 과점주주의 간주취득세와 관련된 세무상 리스크가 상존하므로 주의를 요한다.

참조 조문: 상법 제416조, 제418조, 제421조, 상업등기규칙 제133조 제5호

참조 예규: 등기예규 제1450호(672~673면)

참조 선례: 상업등기선례 제2-54호(652면)

[비교 사례] 회사의 정관에 제3자에 대한 신주인수권의 내용이 없는데도 회사에 대한 채권자가 회사에 대한 채권을 가지고 납입상계에 의한 신주발행에 참여할 수 있는지 여부 => 기존의 주주들에게 신주인수권을 부여한 후 실권주가 발생할 경우에는 정관에 제3자에 대한 신주인수권의 내용이 없더라도 회사의 동의가 있다면 납입상계의 방식으로 신주발행에 참여할 수 있다(상업선례 2-57 참조).

실무사례(105)

제목: 납입상계에 의한 유상증자 및 우선주의 신주인수권

회사의 주식은 보통주식과 배당우선주식으로 이루어졌다. 이번에 납입상계에 의한 방법으로 보통주식에 대한 신주발행을 진행하려고 한다.

【1】 종업원의 회사에 대한 급여채권을 가지고 상계방식으로 유상증자가 가능한지?

【2】 회사의 주주 구성을 보면, 보통주식에 대해서는 모회사가 100%를 소유하고 있으며 배당우선주식에 대해서는 기술신용보증기금이 100%를 소유하고 있다. 회사의 정관에 우선주식을 보유한 주주는 유상증자 시 발행하는 주식에 대해 신주를 배정받을 권리가 있다고 규정되어 있는 경우, 배당우선주식을 소유하고 있는 기술신용보증기금에게도 이번에 발행할 보통주식에 대해 신주인수권을 부여할 수 있는지?

【3】 상계방식으로 유상증자 시 액면가 이하 금액이 증자 후에 남을 것으로 예상되는데, 이를 전부 없애는 방법은 없는지?

1. 납입상계에 의한 방법으로 신주발행 시에는 상계의 요건을 충족시켜야 하는 바, 종업원의 회사에 대한 급여채권은 원칙적으로 압류가 금지되는 채권으로 그 채권을 수동채권으로 하여서는 상계가 허용되지 않는다(민법 497조 및 민사집행법 246조 참조).[1)2)] 따라서 회사가 수동채권인 종업원의 급여채권과 자동채권인 주금납입금에 대해 상계를 주장하는 것은 불가하나, 종업원이 자동채권인 자신의 회사에 대한 급여채권과 수동채권인 주금납입의무에 대해 상계를 주장하는 것은 가능하며, 이 경우에는 회사의 동의를 필요로 한다(예규 1450호 3조 3호).

---

1) 민법 제497조(압류금지채권을 수동채권으로 하는 상계의 금지) 채권이 압류하지 못할 것인 때에는 그 채무자는 상계로 채권자에게 대항하지 못한다.

2) 민사집행법 제246조(압류금지채권) ① 다음 각호의 채권은 압류하지 못한다.

4. 급료·연금·봉급·상여금·퇴직연금, 그 밖에 이와 비슷한 성질을 가진 급여채권의 2분의 1에 해당하는 금액. 다만, 그 금액이 국민기초생활보장법에 의한 최저생계비를 감안하여 대통령령이 정하는 금액에 미치지 못하는 경우 또는 표준적인 가구의 생계비를 감안하여 대통령령이 정하는 금액을 초과하는 경우에는 각각 당해 대통령령이 정하는 금액으로 한다.

5. 퇴직금 그 밖에 이와 비슷한 성질을 가진 급여채권의 2분의 1에 해당하는 금액

2-1. 회사가 보통주식뿐만 아니라 종류주식을 함께 발행한 경우에는 그 종류주식을 보유한 주주들에게 이번에 발행하는 보통주식에 대해 신주인수권이 있는지는 원칙적으로 정관에 정한 바에 의한다고 본다. 사안의 경우 정관에 우선주식을 보유한 주주는 유상증자 시 발행하는 주식에 대해 신주를 배정받을 권리가 있다고 규정되어 있어, 배당우선주식을 소유하고 있는 기술신용보증기금에게도 이번에 발행할 보통주식에 대해 신주인수권을 부여할 수 있다고 본다.

2-2. 한편 회사가 종류주식을 발행한 경우에는 정관에 다른 정함이 없는 때에도 주식의 종류에 따라 신주의 인수, 주식의 병합·분할·소각 또는 회사의 합병·분할로 인한 신주의 배정에 관하여 특수하게 정할 수 있다(상법 344조 3항).[1]

2-3. 사안의 경우 정관의 규정에 따라 배당우선주식을 소유하고 있는 기술신용보증기금에게도 이번에 발행할 보통주식에 대해 신주인수권을 갖는다고 해석되나, 사안과 달리 정관에 종류주식의 신주인수권과 관련하여 특별한 규정이 없더라도 상법 제344조 제3항에 따라 이사회의 결의에 의해 배당우선주식을 소유하고 있는 기술신용보증기금에게도 이번에 발행할 보통주식에 대해 신주인수권을 부여할 수 있다고 본다. 결국 배당우선주식을 보유하고 있는 기술신용보증기금에게 이번에 발행할 보통주식에 대해 신주인수권을 부여하는 데에는 문제가 없어 보인다.

3. 납입상계에 의한 유상증자 시 잔액이 남는 금액에 대해서는 증자 전후를 불문하고 회사에서 상환을 하면 간단히 회사의 장부에서 없앨 수 있다.

참조 조문: 민법 제497조, 민사집행법 제246조, 상법 제344조 제3항
참조 예규: 등기예규 제1450호(672~673면)

1) 주주평등의 원칙에 반하는 정관의 규정이나 주주총회의 결의 또는 이사회의 결의는 무효이나(『주석 상법(회사편Ⅳ)』, 73면), 상법 제344조 제3항은 주주평등의 원칙에 대한 예외로 새겨야 할 것이다. 따라서 사안과 달리 배당우선주식에 대해 발행하는 보통주식의 신주인수권에 관한 정관의 규정이 없는 경우라도, 상법 제344조 제3항에 따라 이사회에서 발행하는 보통주식에 대해 배당우선주식을 보유한 주주에 대해서도 신주인수권을 인정하는 것으로 결의하는 것은 가능하다고 해석된다.

실무사례(106)

제목: 미지급금의 납입상계에 의한 출자전환 가능 여부

A 주식회사(이하 'A' 라 함)는 B 주식회사(이하 'B' 라 함)의 대주주 '갑' 과의 사이에 '갑' 이 보유하고 있는 B의 주식을 양수함과 동시에 제3자 배정방식으로 유상증자하여 A의 주식을 '갑' 에게 배정하려고 한다(갑의 주식 1주당 A의 주식 몇 주를 교부할 것인지는 회계법인의 감정을 거친 상황임).

1) A와 '갑' 사이에 주식양도양수계약서를 작성
2) A가 '갑' 으로 부터 인수한 주식의 대금을 가수금으로 대차대조표에 계상함
3) A가 제3자 배정의 방식으로 '갑' 에게 신주를 발행하고 갑의 주금납입은 위 2)의 가수금으로 상계함

이러한 방식의 신주발행이 가능한지?

1. 거래의 단계별로 살펴보면, A 주식회사(이하 'A' 라 함)와 갑 사이의 주식양도양수계약에 따른 주식의 이전은 별 문제가 없어 보인다. 다만, 주식양수도 대금의 경우 그 미지급 대금은 A의 대차대조표(혹은 재무상태표)상 가수금이 아닌 미지급금이라는 계정과목으로 계상되어야 할 것이다.

2. 다음으로 A의 제3자배정방식에 의한 신주발행 과정을 살펴보면, 제3자배정방식에 대한 제3자에 대한 신주인수권 부여의 근거가 정관에 규정되어 있고 상법 제418조 및 제419조에 규정되어 있는 주주에 대한 통지 또는 공고절차와 실권예고부 청약최고절차 등이 적법하게 이루어진다면, 사안의 A의 갑에 대한 제3자배정방식에 의한 증자절차도 문제없어 보인다.

3. 위 1.과 2.의 과정을 거치면서, 갑의 A에 대한 주식 양도대금 채권(A의 입장에서는 대차대조표에 계상된 미지급금)과 갑의 A에 대한 제3자배정방식에 의한 주금납입의무는 동종의 금전채권이고 양 채권 모두 변제기가 도래하여 상계요건을 충족하였으므로 납입상계에 의한 신주발행절차 또한 적법해 보인다.

4. 결국 상법 및 상업등기법 등의 관련 법령에서 정하고 있는 절차를 준수한다면, 사안의 방식에 의한 신주발행이 가능하다.

참조 조문: 상법 제418조, 제419조, 제421조, 상업등기규칙 제133조
참조 예규: 등기예규 제1450호(672~673면)

225. 신주발행시 회사에 대한 채권과 주금납입의무를 상계할 수 있는지 여부 등

[상업등기선례 제1-186호, 제정 1998. 6. 23.]

~~주식회사의 신주발행시에 '은행 기타 금융기관의 납입금보관증명서' 에 갈음하여 대주주가 회사에 대하여 가지고 있는 채권을 주금납입의무와 상계하였다는 뜻을 기재한 서면과 채권증서를 첨부하여 변경등기를 신청한 경우, 형식적 심사권만 가지고 있는 등기관으로서는 주금납입의무와 채권을 상계할 수 있는지 여부 등에 관한 실질적 심사를 할 수 없는 관계로 비송사건절차법 제205조 제5호 및 같은 법 제159조 제8호의 규정에 의하여 그 등기신청을 각하 할 수밖에 없을 것이다.~~ 다만, 채권도 현물출자의 목적물이 되는 것이므로 대주주의 회사에 대한 채권을 현물출자하고 그에 관한 검사인의 검사보고서와 그 부속서류를 첨부하여 한 변경등기신청은 수리될 수 있을 것이다.

(1998. 6. 23. 등기 3402-559 질의회답)

◐ **선례 해설:**

1. 본 선례에서는 형식적 심사권만 가지고 있는 등기관으로서는 주금납입의무와 채권을 상계할 수 있는지 여부 등에 관한 실질적 심사를 할 수 없다는 이유로 주식회사의 신주발행 시에 '은행 기타 금융기관의 납입금보관증명서' 에 갈음하여 대주주가 회사에 대하여 가지고 있는 채권을 주금납입의무와 상계하였다는 뜻을 기재한 서면과 채권증서를 첨부하여 변경등기를 신청한 경우에 그 등기신청을 각하하여야 한다고 보았다. 하지만 상법 제421조가 2011. 4. 14. 개정되면서 금융기관이 아닌 일반기업도 납입상계에 의한 채권(채무)의 출자전환이 가능하게 되어, 선례 내용 중 단서를 제외한 본문 내용은 사문화되었다.

2. 한편 채권도 현물출자의 목적물이 될 수 있다.[1]

---

1) 이에 관한 논의는 상업등기선례 제1-208호(664면) 및 「법원행정처 선례해설 요약(15)」(665~666면) 참조

226. 금융기관 아닌 자가 기업에 대한 대출금을 출자전환하여 변경등기를 신청할 수 있는지 여부(소극)1)

[상업등기선례 제1-201호, 제정 2001. 4. 12.]

금융기관이 아닌 자가 당해 기업에 가지는 대출금을 출자전환하여 그에 따른 변경등기신청을 할 수는 없다.
(2001. 4. 12. 등기 3402-264 질의회답) **사실상 폐지**

참조 조문 · 규칙 · 예규 · 선례 · 판례

■ **상법[법률 제13523호, 2015. 12. 1., 일부개정]**

개정후 제421조(주식에 대한 납입) ① 이사는 신주의 인수인으로 하여금 그 배정한 주수(株數)에 따라 납입기일에 그 인수한 주식에 대한 인수가액의 전액을 납입시켜야 한다.
② 신주의 인수인은 회사의 동의 없이 제1항의 납입채무와 주식회사에 대한 채권을 상계할 수 없다. [전문개정 2011. 4. 14.]

개정전 제421조(주식에 대한 납입) 이사는 신주의 인수인으로 하여금 그 배정한 주수에 따라 납입기일에 그 인수한 각 주에 대한 인수가액의 전액을 납입시켜야 한다.

1) 상법 제421조가 2011. 4. 14. 개정되면서 일반기업도 납입상계에 의한 채권(채무)의 출자전환이 가능하게 되어 본 선례는 사문화되었다.

227. 대출금의 출자전환에 따른 변경등기

[상업등기선례 제1-190호, 제정 1999. 8. 24.]

~~1. 기업구조조정을 위한 금융기관대출금의 출자전환에 따른 변경등기신청에 첨부할 서면에 관한 등기예규 제960호는 금융기관이 당해 기업에 대하여 가지는 대출금을 출자전환하는 경우에 관한 것으로서, 금융기관이 아닌 자가 당해 기업에 대하여 가지는 대출금을 출자전환하여 그에 따른 변경등기를 신청하는 경우에 대하여는 적용되지 않는다~~.

2. 전환사채 발행의 등기를 신청하는 경우에는 상법 제476조의 규정에 의한 납입이 있음을 증명하는 서면을 첨부하여야 하나, 사채의 납입은 반드시 금융기관에 할 필요가 없는 것이므로 사채의 납입이 있었음을 증명하는 서면은 발행회사가 작성한 것이어도 무방하며, 사채의 납입은 상계로도 가능하다.

(1999. 8. 24. 등기 3402-844 질의회답)

◐ **선례 해설:**

1-1. 「기업구조조정 촉진법」이 시행되기 이전 경제회복을 위하여 진행되는 기업구조조정에 있어서는 기업의 재무구조개선을 위하여 금융기관의 대출금을 출자전환할 필요가 있고 그 경우의 첨부정보에 대하여는 아무런 규정이 없으므로 원활한 기업구조조정을 위하여 대출금의 출자전환에 따른 변경등기 시 주금납입증명서에 갈음할 수 있는 첨부정보를 규정하고자 1999. 1. 25. 등기예규 제960호가 제정되었으나,

1-2. 그 후 2011. 4. 14. 상법 제421조가 개정되면서 상계에 의한 신주발행이 가능하게 되어 2012. 4. 24. 등기예규 제1450호가 제정됨과 동시에 등기예규 제960호는 폐지되었다. 따라서 현재는 본 선례 중 문단1의 내용은 그 실효성이 없게 되었다.

2. 한편 채권의 출자전환과는 달리 사채의 경우에는 종전부터 상계에 의한 납입이 허용되었다(상업선례 1-217, 814면 참조).

228. 중소기업창업투자회사 대출금의 출자전환에 따른 변경등기 신청에 첨부할 서면[1)]

〔상업등기선례 제1-193호, 제정 1999. 10. 28.〕

기업구조조정을 위하여 금융기관이 당해 기업에 대한 대출금을 출자전환하여 신주를 발행하고 그에 따른 변경등기를 신청하는 경우, 비송사건절차법 제205조 제5호(주: 현행 상업등기규칙 제133조 제4호)에 규정된 '주금을 납입한 은행 기타 금융기관의 납입금보관에 관한 증명서'에 갈음하여 (1) 회사가 주식인수인(금융기관)에 대하여 채무를 부담하고 있다는 사실을 증명하는 서면, (2) 그 채무에 대하여 회사로부터 상계의 의사표시가 있음을 증명하는 서면 또는 주식인수인의 상계의사표시에 대하여 회사가 이를 승인하였음을 증명하는 서면, (3) 위와 같은 출자전환이 있었음을 증명하는 금융감독원장의 확인서를 제출할 수 있는바, 중소기업창업지원법에 의하여 중소기업청에 등록된 중소기업창업투자회사(금융기관부실자산등의효율적처리및성업공사의설립에관한법률 제2조 및 같은법 시행령 제2조는 이를 동법상의 금융기관으로 보고 있음)가 중소기업에 대한 대출금을 출자전환하는 경우에는 위 금융감독원장의 확인서에 갈음하여 위와 같은 출자전환이 있었음을 증명하는 중소기업청장의 확인서를 첨부할 수 있을 것이다.

(1999. 10. 28. 등기 3402-1003 질의회답) **사실상 폐지**

참조 조문 · 규칙 · 예규 · 선례 · 판례

▣ 상업등기규칙[대법원규칙 제2668호, 2016. 6. 27., 타법개정]

제133조(신주발행으로 인한 변경등기) 신주발행으로 인한 변경등기를 신청하는 경우에는 다음 각 호의 정보를 제공하여야 한다.

4. 주금의 납입을 맡은 은행, 그 밖의 금융기관의 납입금 보관을 증명하는 정보. 다만, 신주발행의 결과 자본금 총액이 10억 원 미만인 회사에 대해서는 은행이나 그 밖의 금융기관의 잔고를 증명하는 정보로 대체할 수 있다.
5. 「상법」 제421조 제2항에 따른 상계가 있는 경우에는 이를 증명하는 정보

---

1) 본 선례는 등기예규 제960호에 기초한 것이나, 2011. 4. 14. 상법 제421조의 개정 및 2012. 4. 24. 등기예규 제960호의 폐지 및 등기예규 제1450호의 제정으로 그 실효성이 없게 되었다. 따라서 현재는 첨부정보에 관한 것은 등기예규 제1450호(672~673면)에 의거해 진행하면 될 것이다.

229. 대출금의 출자전환에 따른 변경등기신청서에 첨부할 서면[1)]

[상업등기선례 제1-194호, 제정 1999. 11. 23.]

금융기관이 보유하고 있는 부실자산을 신속하게 정리하기 위하여, 금융기관부실자산등의효율적처리및성업공사의설립에관한법률에 의하여 설립된 성업공사(주: 현재 캠코, 한국자산관리공사)가 위 법의 규정에 따라 금융기관이 보유하고 있는 당해 기업에 대한 대출금채권을 인수하고 이를 출자전환하여 신주를 발행하고 그에 따른 변경등기를 신청하는 경우에, 기업구조조정을 위한 금융기관대출금의 출자전환에 따른 변경등기신청에 첨부할 서면에 관한 예규(주: 등기예규 제960호)가 적용될 수 있을 것이다. 또한 종합금융회사에관한법률에 의한 종합금융회사가 파산선고를 받은 때에도 그 종합금융회사가 당해 기업에 대하여 가지는 대출금을 출자전환하여 신주를 발행하고 그에 따른 변경등기를 신청하는 경우에도 마찬가지이다.
(1999. 11. 23. 등기 3402-1067 질의회답) **사실상 폐지**

---

1) 본 선례에 의하면 대출금의 출자전환과 관련하여 성업공사(주: 현재 캠코, 한국자산관리공사) 또한 등기예규 제960호가 적용될 수 있음을 밝히고 있으나, 2011. 4. 14. 상법 제421조의 개정 및 2012 .4. 24. 등기예규 제960호의 폐지 및 등기예규 제1450호의 제정으로 그 실효성이 없게 되었다. 따라서 현재는 첨부정보에 관한 것은 등기예규 제1450호(672~673면)에 의거해 진행하면 될 것이다.

230. 화의인가기업에 대하여 금융기관이 대출금을 출자전환하여 신주를 발행한 경우, 금융감독원장이 출자전환이 있었음을 증명하는 확인서를 발급할 수 있는지 여부(적극)[1)]

[상업등기선례 제1-200호, 제정 2001. 2. 13.]

기업구조조정을 위하여 금융기관이 당해 기업에 대한 대출금을 출자전환하여 신주를 발행하고 그에 따른 변경등기를 신청하는 경우, 비송사건절차법 제205조 제5호(주: 현행 상업등기규칙 제133조 제4호)에 규정된 '주금을 납입한 은행 기타 금융기관의 납입금보관에 관한 증명서'에 갈음하여 ① 회사가 주식인수인(금융기관)에 대하여 채무를 부담하고 있다는 사실을 증명하는 서면, ② 그 채무에 대하여 회사로부터 상계의 의사표시가 있음을 증명하는 서면 또는 주식인수인의 상계의사표시에 대하여 회사가 이를 승인하였음을 증명하는 서면, ③ 위와 같은 출자전환이 있었음을 증명하는 금융감독원장의 확인서(은행법 제37조 제2항에 해당하는 경우에는 금융감독위원회의 승인서)를 제출할 수 있는바, 이는 당해 기업이 화의법원의 화의인가결정이 확정된 기업인 경우에도 마찬가지이므로, 위 화의인가기업에 대하여 위와 같은 출자전환이 있었던 사실이 인정된다면 금융감독원장은 그러한 출자전환이 있었음을 증명하는 확인서를 발급할 수 있으며, 이는 그 출자전환내용이 화의의 내용과 다른 경우에도 마찬가지이다.
(2001. 2. 13. 등기 3402-103, 104 질의회답) **사실상 폐지**

---

1) 본 선례는 등기예규 제960호에 기초한 것이나, 2011. 4. 14. 상법 제421조의 개정 및 2012. 4. 24. 등기예규 제960호의 폐지 및 등기예규 제1450호의 제정으로 그 실효성이 없게 되었다. 따라서 현재는 첨부정보에 관한 것은 등기예규 제1450호(672~673면)에 의거해 진행하면 될 것이다.

231. 기업구조조정촉진법 제24조 제5항에 근거하여 채권금융기관 협의회에 확약서를 제출한 금융기관이 아닌 채권자가 부실징후기업에 대한 대출금에 대하여 출자전환을 할 경우 등기예규 제960호의 적용을 받는지 여부

[상업등기선례 제1-204호, 제정 2002. 1. 2.]

1. 기업구조조정촉진법 제24조 제5항에 의하여 채권금융기관협의회에 이 법의 규정에 따른다는 확약서를 제출한 채권금융기관 이외의 채권자는 이 법에 의한 채권금융기관으로 간주되므로 이러한 확약서를 제출한 채권금융기관 이외의 채권자가 동법 제17조의 규정에 의한 출자전환을 한 경우에는 등기예규 제960호에서 규정한 금융기관에 해당되어 비송사건절차법 제205조 제5호의 '주금의 납입을 맡은 은행 기타 금융기관의 납입금보관에 관한 증명서'에 갈음하여 위 예규에서 정한 첨부서면을 제출하여 변경등기할 수 있다고 보며,

2. 금융기관이 아닌 채권자의 대출금에 대한 출자전환을 위하여는 채권금융기관협의회에 확약서가 제출되었음을 소명하여 출자전환에 관한 금융감독원장의 확인서를 발급받아야 하며, 변경등기신청서의 첨부서면으로는 위 예규에서 정한 서면만 제출하면 되고 확약서는 첨부할 필요가 없다.
(2002. 1. 2. 등기 3402-3 질의회답) **사실상 폐지**

참조 조문 · 규칙 · 예규 · 선례 · 판례

▣ 기업구조조정 촉진법[법률 제14075호, 2016. 3. 18., 제정]<2018. 6. 30.까지 유효>

제1조(목적) 이 법은 부실징후기업의 기업개선이 신속하고 원활하게 추진될 수 있도록 필요한 사항을 규정함으로써 상시적 기업구조조정을 촉진하고 금융시장의 안정과 국민경제의 발전에 이바지하는 것을 목적으로 한다.

제3조(다른 법률과의 관계) 이 법은 기업구조조정 등에 관하여 다른 법률(「채무자 회생 및 파산에 관한 법률」은 제외한다)에 우선하여 적용한다.

제33조(출자 및 재산운용제한 등에 대한 특례) ① 채권금융기관이 이 법에 따른 기업구조조정을 위하여 채권을 출자전환하거나 협의회 의결에 따라 채무조정을 하는 경우에는 다음 각 호의 규정을 적용하지 아니한다.

1. 「은행법」 제37조 및 제38조 제1호

2. 「보험업법」 제106조 · 제108조 및 제109조
3. 「자본시장과 금융투자업에 관한 법률」 제81조 제1항 제1호 가목부터 다목까지 및 제344조
4. 「금융산업의 구조개선에 관한 법률」 제24조
5. 「금융지주회사법」 제19조
6. 「상호저축은행법」 제18조의2 제1항 제1호에 따라 금융위원회가 정하여 고시하는 동일회사 주식의 취득 제한 규정
7. 그 밖에 출자 및 재산운용제한 등에 관한 법령 중 대통령령으로 정하는 법령의 규정

◐ **선례 해설:**

1. 2011. 4. 14. 상법 제421조의 개정 이전에는 「기업구조조정을 위한 금융기관 대출금의 출자전환에 따른 변경등기신청서에 첨부할 서면에 관한 예규」(예규 960호)에 의거 금융기관은 기업에 대해 가지는 대출금을 주금납입 상계의 방법으로 출자전환하는 것이 허용된 반면에, 금융기관이 아닌 자에 대해서는 주금납입 상계에 의한 방법으로 출자전환하는 것이 허용되지 않았다.

2. 다만, 구 기업구조조정촉진법(2001. 8. 14. 법률 제6504호 제정되었던 것) 제24조 제5항은 "주채권은행은 대상기업으로 하여금 채권금융기관 이외의 채권자로부터 이 법의 규정을 따른다는 확약서를 받아서 협의회에 제출하도록 요청할 수 있으며, 확약서를 제출한 채권금융기관 이외의 채권자는 이 법에 의한 채권금융기관으로 본다."라고 규정하고 있었는데, 이러한 확약서를 제출한 채권금융기관 이외의 채권자가 동법의 규정에 의한 출자전환을 한 경우에는 위 등기예규 제960호가 적용되었다.

3. 하지만 2011. 4. 14. 상법 제421조의 개정, 2012. 4. 24. 등기예규 제960호의 폐지 및 등기예규 제1450호의 제정 등으로 금융기관 이외의 일반채권자도 주금납입 상계에 의한 방법으로 출자전환이 허용되었음으로 현재 시점에서는 본 선례의 내용은 사문화되었다.

232. 기업구조조정전문회사의 대출금의 출자전환에 따른 변경등기절차에 등기예규 제960호를 적용할 수 있는지 여부[1)2)]

[상업등기선례 제1-206호, 제정 2002. 6. 14.]

산업발전법에 의하여 산업자원부에 등록된 기업구조조정전문회사가 기업구조조정촉진법의 적용을 받는 기업에 대하여 동법 절차에 의한 출자전환을 하는 경우에는 채권금융기관협의회를 통하여 금융감독원장의 확인서를 받아 등기예규 제960호에 따른 변경등기를 신청할 수 있으나, 기업구조조정전문회사가 기업구조조정촉진법의 적용을 받지 않는 기업에 대한 채권을 출자전환할 경우에는 위 예규의 적용을 받을 수 없다.

(2002. 6. 14. 등기 3402-325 질의회답) **사실상 폐지**

---

1) 본 선례는 2001. 8. 14. 제정된 기업구조조정촉진법과 1999. 1. 25. 제정된 등기예규 제960호에 기초한 것이나, 2011. 4. 14. 상법 제421조의 개정 및 2012. 4. 24. 등기예규 제960호의 폐지, 등기예규 제1450호의 제정으로 대출금의 출자전환과 관련한 첨부정보에 대한 것은 등기예규 제1450호(672~673면)에 의거해 진행하면 되므로 그 실효성이 없게 되었다.

2) 현행 「기업구조조정 촉진법」 관련 조문은 689~690면 참조

233. 기업구조조정촉진법상 채권금융기관이 기업의 구조조정을 위하여 부채를 출자전환할 경우 등기신청시 납입금 보관증명서 등을 대신하여 등기예규 제960호에서 정한 서면으로 갈음할 수 있는지 여부 등1)2)

[상업등기선례 제1-211호, 제정 2003. 7. 16.]

1. 신주발행으로 인한 변경등기의 신청서에는 납입금 보관증명서나 검사보고서 또는 감정서(현물출자의 경우)를 첨부하여야 하나 기업구조조정촉진법은 채권금융기관이 기업의 구조조정을 위하여 부채를 출자전환할 수 있는 것을 전제로 하고 있으므로 이 경우에는 위 첨부서면 대신 제960호(1999.1.25.자)에서 정한 서면으로 갈음할 수 있다.

2. 그러나 위 경우 이외에 일반적으로 주식회사의 주주에 대한 채무를 자본으로 전환하는 주식회사와 주주 사이의 "공증받은 출자전환 합의서"는 위 납입금 보관증명서나 검사보고서 또는 감정서에 갈음할 수 없다.
(2003. 7. 16. 공탁법인 3402-169 질의회답) **사실상 폐지**

1) 본 선례는 2001. 8. 14. 제정된 기업구조조정촉진법과 1999. 1. 25. 제정된 등기예규 제960호에 기초한 것이나, 2011. 4. 14. 상법 제421조의 개정 및 2012. 4. 24. 등기예규 제960호의 폐지, 등기예규 제1450호의 제정으로 대출금의 출자전환과 관련한 첨부정보에 대한 것은 등기예규 제1450호(672~673면)에 의거해 진행하면 되므로 그 실효성이 없게 되었다.

2) 현행 「기업구조조정 촉진법」 관련 조문은 689-690면 참조

234. 채권금융기관의 공동관리절차가 종료된 후 대출금채권의 출자전환이 이루어진 경우, 그로 인한 변경등기의 신청서의 첨부서면1)

[상업등기선례 제2-46호, 제정 2007. 2. 28.]

갑 회사에 대한 채권금융기관의 공동관리절차가 진행되던 중에 갑 회사에 대한 채권금융기관의 대출금채권을 갑 회사의 주식으로 전환(이하, '출자전환'이라 한다)하기로 하는 채권금융기관협의회(이하, '협의회'라 한다)의 결의가 있었는데, 협의회를 구성하는 채권금융기관 중 일부 기관의 대출금채권이 출자전환 되지 않은 상태에서 공동관리절차가 종료된 후 위 결의에 따라 출자전환을 하는 경우에는, 등기예규 제960호에서 정한 서면을 첨부하여 신주발행으로 인한 변경등기를 신청할 수 있다.
(2007. 2. 28. 공탁상업등기과-222 질의회답) **사실상 폐지**

1) 본 선례는 2001. 8. 14. 제정된 기업구조조정촉진법과 1999. 1. 25. 제정된 등기예규 제960호에 기초한 것이나, 2011. 4. 14. 상법 제421조의 개정 및 2012. 4. 24. 등기예규 제960호의 폐지, 등기예규 제1450호의 제정으로 대출금의 출자전환과 관련한 첨부정보에 대한 것은 등기예규 제1450호(672~673면)에 의거해 진행하면 되므로 그 실효성이 없게 되었다.

235. 신주를 발행함에 있어 주주 일부가 신주인수권을 포기한 경우 주식청약인을 모집하지 아니하고 주금납입이 완료된 주식에 대하여만 신주를 발행한 후 그에 따른 변경등기를 신청할 수 있는지 여부(적극)

[상업등기선례 제1-179호, 제정 1990. 10. 31.]

주식회사에서 신주식을 발행하여 자본을 증가함에 있어 주식을 배정받은 일부 주주가 자기에게 배정된 신주인수권을 포기한 경우 미 인수주식에 대하여 별도의 주식청약인을 모집하지 아니하고 납입완료된 신주의 주식금액의 총액만을 자본의 총액으로 하여 변경등기를 신청할 수 있다.

(1990. 10. 31. 등기 제2141호) **2014. 11. 21. 폐지(실질은 유효)**

◐ 선례 해설: 「실무사례(107)」(695면) 참조

1. 동 선례는 등기예규 제1539호에 의해 2014. 11. 21.부로 폐지되었으나 아래 2.의 폐지사유를 살펴보면 실질은 폐지되지 않았음에 주의.

2. 「신주를 발행함에 있어 주주일부가 신주인수권을 포기한 경우 주식청약인을 모집하지 아니하고 주금납입이 완료된 주식에 대해서만 신주를 발행한 후 그에 따른 변경등기를 신청할 수 있는지 여부」(대법원등기예규 제710호)는 회사설립 후 신주발행 시에는 자본확정을 요하지 않는다는 상법 규정(상법 419조 3항)의 해석 내용을 예규화한 것으로 위 예규에 따라 처리할 등기업무처리절차가 존재하지 않으므로 이를 폐지함(등기예규 제1539호 제정 이유 중에서 발췌).

> 제419조(신주인수권자에 대한 최고)
>
> ③ 제1항의 통지(실권주 청약최고)에도 불구하고 그 기일까지 주식인수의 청약을 하지 아니한 때에는 신주의 인수권을 가진 자는 그 권리를 잃는다.

3. 따라서 본 선례의 내용은 상법 제419조 제3항에 의해 처리될 수 있다는 이유로 폐지되었으므로 실질은 폐지되지 않아 유효하다.

실무사례(107)

제목: 주주배정방식에 의한 유상증자 시 단주와 실권주의 처리방법

이번에 주주배정방식으로 55,000주를 유상증자하려고 한다. 기존 주주지분율에 의한 신주배정 주식수와 청약 및 인수주식수는 다음과 같다.

구 분		기 존 주식비율	지분율에 따른 신주배정 현황	최 종 신주배정수	청약 및 인수주식수
기존 주주	갑	50.00%	27,500.0주	27,500주	27,500주
	을	33.45%	18,397.5주	18,397주	18,397주
	병	16.55%	9,102.5주	9,102주	실권
제3자	정	-	-	-	-
계		100.00%	55,000.0주	54,999주	45,897주

【1】 실권주(주주 병에게 배정된 9,102주)는 어떻게 처리해야 하는지?

【2】 기존 주주 지분비율에 따른 신주배정 시 발생한 단주(을: 0.5주 및 병: 0.5주)는 어떻게 처리해야 하는지?

1. 실권주는 신주인수권자가 청약을 하지 않거나(상법 419조 3항), 신주인수인이 납입기일에 납입하지 않음으로써 생긴다(상법 423조 2항). 회사설립 후 신주를 발행하는 경우에는 자본확정을 요하지 않으므로 이사회 결의로 실권주를 미발행 부분으로 유보하거나 기존 주주 혹은 제3자에게 배정할 수도 있다. 사안의 경우 이사회 결의로 실권주(주주 병에게 배정된 9,102주)를 제외하고 45,897주로 신주를 발행할 수 있음은 물론이고, 실권주 9,102주를 기존 주주인 갑·을 혹은 제3자인 정에게 배정할 수도 있다(상업선례 1-179, 694면 참조).

2. 단주는 신주발행 시에 신주인수권자의 지분율에 비례하여 배정하는 과정에서 발생한 1주 미만의 주식을 말한다. 실무상으로는 보통의 신주발행의 경우에 발생하는 단주는 이사회에서 이를 임의로 처리하는 것이 보통이다(『주석상법(회사편Ⅳ)』, 53면).[1] 따라서 단주에 대해 이사회에서 ⅰ) 미발행 부분으로 유보하거나, ⅱ) 기존 주주 또는 제3자에게 배정하거나, ⅲ) 단주를 시가로 처분하여 시가와 발행가액과의 차액을 단주의 주주에게 분배하는 방법 등으로 결의하여 처리하면 될 것이다.

1) 유상증자로 신주발행 시에 발생한 단주에 대해서는 자본금의 감소에서의 단주처리에 관한 상법 제443조를 준용한다는 규정이 없으므로, 일반론으로 돌아가 신주발행 시에 발생한 단주에 대해서는 이사회에서 임의로 정할 수 있다.

236. 신주발행으로 인한 변경등기의 원인일자 및 그 등기기간의 기산일[1)2)3)]

[상업등기선례 제1-172호, 제정 1984. 12. 13.]

신주인수인이 신주의 주금납입 또는 현물출자의 이행을 한 때에는 그 납입기일의 다음날부터 신주발행의 효력이 발생하여 그날부터 주주로서의 권리, 의무가 생기므로(상법 제423조 제1항), 신주발행으로 인한 변경등기의 원인일자 및 그 등기기간의 기산일은 주금납입기일의 다음날이다.

(1984. 12. 13. 등기 제540호 대한사법서사협회장 대 법원행정처장 회답)

참조 조문 · 규칙 · 예규 · 선례 · 판례

▣ **상법[법률 제13523호, 2015. 12. 1., 일부개정]**

제423조(주주가 되는 시기, 납입해태의 효과) ① 신주의 인수인은 납입 또는 현물출자의 이행을 한 때에는 납입기일의 다음 날로부터 주주의 권리의무가 있다. 이 경우 제350조 제3항 후단의 규정을 준용한다.

② 신주의 인수인이 납입기일에 납입 또는 현물출자의 이행을 하지 아니한 때에는 그 권리를 잃는다.

③ 제2항의 규정은 신주의 인수인에 대한 손해배상의 청구에 영향을 미치지 아니한다.

---

1) 납입기일의 다음날부터 신주발행의 효력이 생기므로(상법 제423조 제1항), 신주발행에 따른 발행주식의 총수와 자본의 총액의 변경등기는 신주발행의 효력요건이 아니며, 단지 이미 효력이 발생한 신주발행과 자본의 증가를 공시하는 의미만을 가질 뿐이다. 또한 납입기일 전에 신주인수금액 전부에 대한 납입이 완료되었다 하더라도 신주발행의 효력은 원칙적으로 납입기일의 다음날에 발생하므로 납입기일의 다음날 이전에는 등기를 신청할 수 없다(이와 관련해서는 「실무사례(108)」, 698면 참조).

2) 납입기일은 기간이 아니므로 설사 그 날이 공휴일이라 하더라도 그 익일로 연장되지 않는다(대법원 1982. 2. 23. 선고 81누204 판결).

3) 신주발행의 효력발생시기는 주금납입기일의 다음날이므로, 자본금 10억원 미만인 소규모 주식회사이여서 사내이사가 2인 이하인 주식회사가 신주발행으로 자본금이 10억원 이상이 될 경우에는, 신주발행으로 인한 변경등기를 하기 위해서는 상법상 최소한의 이사의 수인 3인 이상 및 감사 1인 이상으로 증원하는 임원변경등기를 선행하거나 신주발행으로 인한 변경등기와 임원변경등기를 일괄신청하여야만 한다. 그렇지 않을 경우에는 신주발행의 효력발생시기인 주금납입기일의 다음날(자본금이 10억원 이상이 된 날)에 상법상 최소한의 임원 원수에 결원이 생기기 때문이다(이와 관련해서는 「실무사례(109)」, 699면 참조).

237. 기업구조조정을 위한 금융기관대출금의 출자전환에 따른 변경등기 절차

[상업등기선례 제1-198호, 제정 2000. 11. 8.]

기업구조조정을 위하여 금융기관이 당해 기업에 대한 대출금을 출자전환하여 신주를 발행하고 그에 따른 변경등기를 신청하는 경우, '발행주식의 총수' (상법 제317조 제2항 제3호)와 '자본의 총액' (같은 항 제2호)에 대한 변경연월일은 신주발행절차에서 정한 '납입기일의 다음날' (상법 제423조)이다.
(2000. 11. 8. 등기 3402-799 질의회답)

◐ **선례 해설:**

1. 본 선례는 신주발행의 효력발생시기는 납입기일의 다음날이라는 상법 제423조 제1항에 관한 선례로서,
2. 변경등기의 원인일자은 "납입기일의 다음날" 이 되며, 등기의 기산점 또한 "납입기일의 다음날" 이 된다.

「보 론」 자본금 변동 관련 효력발생시기(등기기간의 기산점)

구 분	효력발생시기(조문은 모두 상법 조문임)
신주발행	▷ 납입기일의 다음날(423조 1항)
준비금의 자본금 전입	▷ 이사회에서 자본금 전입을 결의한 때: 신주배정일(461조 3항) ▷ 주주총회에서 자본금 전입을 결의한 때: 주총결의일(461조 4항)
주식,사채의 전환청구	▷ 전환을 청구한 때(350조 1항)
주식매수 선택권 행사	▷ 주식매수선택권을 행사하고 행사가액 전액을 납입한 때 (상업선례 2-41, 620면 참조)
주식분할	▷ 주권제출기간이 만료한 때(329조의2 3항, 441조 본문)
자본금 감소	▷ 원칙적으로 감자의 모든 절차, 즉 주주총회의 결의, 채권자 보호절차, 주식의 병합·소각 절차(주식의 액면금액을 인하한 경우에는 인하절차)가 모두 완료한 때(441조)
주식배당	▷ 주식배당의 결의가 있는 주주총회가 종결한 때(462조의2 4항)

실무사례(108)

제목: 신주발행에 있어서의 납입기일과 신주발행 효력발생시기

신주발행에 있어서의 납입기일과 신주발행 효력발생시기에 관한 질의이다(다음 각 사안은 별개의 사안임).

【1】 신주발행의 납입기일을 2015. 7. 15.으로 하였으나, 그 주금납입이 2015. 7. 13. 전부 완료되었다. 이 경우 주금납입 완료일의 다음날인 2015. 7. 14.에 신주발행으로 인한 변경등기신청을 할 수 있는지?

【2】 대표이사가 소유한 부동산을 현물출자하기 위해 2015. 8. 7. 법원에 인가서를 제출한 상태이다. 이 경우 법원인가 신청 전에 회사와 현물출자자인 대표이사 간 작성한 현물출자계약서 작성일인 2015. 8. 1.을 납입기일로 하면 되는지?

1. 신주의 인수인은 납입 또는 현물출자의 이행을 한 때에는 납입기일의 다음날로부터 주주의 권리의무가 있다(상법 423조 1항). 따라서 납입기일이 도래하기 전에 주금납입이 모두 완료된 경우에도 신주발행의 효력발생시기에는 영향이 없어, 사안의 경우 납입기일인 2015. 7. 15.의 다음날인 2015. 7. 16.에 신주발행의 효력이 발생한다. 결국 납입기일 전에 주금 전액의 납입이 있어도 신주발행으로 인한 변경등기는 납입기일의 다음날인 2015. 7. 16.부터 가능하다(상업선례 1-172, 696면).

2. 현물출자를 하는 자가 있는 경우에는 이사는 상법 제416조 제4호의 사항을 조사하게 하기 위하여 검사인의 선임을 법원에 청구하거나 공인된 감정인의 감정을 받아야 한다(상법 422조 1항). 즉 현물출자에 의한 신주발행을 하기 위해서는 원칙적으로 검사인 혹은 공인된 감정인의 조사·감정에 대해 법원으로부터 인가를 받아야 하는 것이다. 따라서 회사성립 후 현물출자에 의한 신주발행에 있어서 납입기일(이행기일)은 법원인가일 혹은 법원인가 후의 일이 되어야 하며, 최근 그 이전에 납입기일을 정해 등기신청을 하면 납입기일을 법원인가일 혹은 법원인가 후의 일로 정할 것을 보정하는 경우가 늘어나고 있다.[1])

---

1) 회사성립 후의 신주발행 시에는 현물출자자가 출자를 이행하고 납입기일(이행기일)이 지나면 그 다음날 바로 주주로서의 자격을 취득하기 때문이다(『주석상법(회사편Ⅳ)』, 120면). 따라서 법원에 인가 신청하는 신주발행조사보고서나 이사회의사록에도 "납입기일(이행기일): 법원인가일이나 법원인가 후 그 다음날" 등으로 기재하는 것이 무난해 보인다.

실무사례(109)

제목: 자본금 10억원 미만인 소규모 주식회사에서 증자로 10억원 이상이 될 경우의 등기신청방법

자본금 총액이 10억원 미만인 소규모 주식회사로서 사내이사가 1인인 회사가 이번에 유상증자를 한 결과 자본금 총액이 10억원 이상이 되었다. 이 경우 주주총회에서 유상증자를 결의하여 신주발행으로 인한 변경등기를 할 수 있는지? 아니면 먼저 이사 3인 이상 및 감사 1인 이상으로 임원변경등기를 선행하여 이사회를 구성한 뒤 이사회에서 결의하여야 하는지?

1. 자본금 총액이 10억원 미만인 소규모 주식회사여서 사내이사가 2인 이하인 경우에는 신주발행기관은 이사회가 아닌 주주총회이다(상법 383조 4항). 따라서 사안의 경우 신주발행 결의 당시에 자본금 총액이 10억원 미만이므로 주주총회 결의로 신주발행을 하는 것은 타당하다.

2. 한편 신주발행의 효력발생시기는 납입기일의 다음날이므로(상법 423조 1항) 신주발행으로 인한 변경등기는 납입기일의 다음날로부터 기산하여 2주간 내에 이루어져야 하는데, 문제는 납입기일의 다음날에는 이미 자본금 총액이 10억원 이상이 된 상태이므로 이를 증자하기 위해서는 상법상 최소한의 이사의 수인 3인 이상 및 감사 1인 이상으로 임원변경등기를 하여야 한다는 점이다.

3. ⅰ) 결국 자본금 총액이 10억원 미만인 소규모 주식회사가 증자로 자본금 총액이 10억원 이상이 될 경우에는 신주발행 결의 당시에는 사내이사가 2인 이하이므로 주주총회 결의로 가능하나, 신주발행의 효력발생시기인 납입기일의 다음날에는 이미 자본금 총액이 10억원 이상이 되었음으로 임원 증원을 위한 임원변경등기를 선행하거나 증자등기와 동시에 진행시켜 일괄신청하는 방법을 택하여야 한다(증자결의 시기가 신주발행기관을 결정하고, 신주발행 효력발생시기가 임원 결원 여부를 판단하는 기준점으로 작용). ⅱ) 이와 달리 주주총회에서의 이사 및 감사 추가 선임 및 이사회에서의 대표이사 선임 등에 관한 임원변경등기를 선행한 후에, 이사회에서 신주발행 결의를 하여 신주발행으로 인한 변경등기를 신청하는 것도 물론 가능하다.

참조 조문: 상법 제383조 제4항, 제423조 제1항

참조 선례: 상업등기선례 제1-172호(696면)

238. 신주발행으로 인한 변경등기가 경료되었으나 인수된 신주 중에 상법상 무효인 자기주식의 취득이 있는 경우, 상법 제428조 제1항에 의한 이사의 인수담보책임의 이행으로 이미 경료된 변경등기의 하자가 치유되는지 여부

[상업등기선례 제1-205호, 제정 2002. 4. 9.]

신주발행시 신주인수권자가 청약을 하지 않거나 신주인수인이 납입기일에 납입하지 않음으로써 발생한 실권주를 당해 회사가 인수·납입하여 자기주식인수 부분을 포함한 신주발행에 관하여 변경등기를 경료한 경우, 상법에 위반된 위의 자기주식 취득행위는 자본충실의 원칙상 무효이나, 상법 제428조 제1항의 규정에 의하여 이사들이 인수담보책임을 지게 되므로 이미 경료한 변경등기의 효력은 유지된다.
(2002. 4. 9. 등기 3402-218 질의회답)

◐ **선례 해설:**

1. 상법 제341조 및 제341조의2의 규정에 의하지 않은 회사의 자기주식 취득은 무효이다. 따라서 신주발행 시 신주인수권자가 청약을 하지 않거나 신주인수인이 납입기일에 납입하지 않음으로써 발생한 실권주를 당해 회사가 인수·납입하여 취득한 자기주식 취득은 무효이다. 판례 또한 같은 입장이다(대법원 2003. 5. 16. 선고 2001다44109 판결 참조).

2. 한편 본 선례에 의하면, 신주의 발행으로 인한 변경등기가 있은 후에 아직 인수하지 아니한 주식이 있거나 주식인수의 청약이 취소된 때에는 이사가 이를 공동으로 인수한 것으로 보므로(상법 428조 1항),[1] 이미 경료된 신주발행으로 인한 변경등기는 유지된다. 이와 관련해서는 상법 제428조 제2항에 의해 이사들에 대한 손해배상 청구는 가능해 보인다.

---

1) 발기인은 회사설립 시에 설립등기 후에도 불구하고 주식이 인수되지 않았거나 주식인수가 취소된 경우에는 인수담보책임을 부담하고, 납입이 완료되지 않은 주식에 대해서는 납입담보책임을 진다(상법 295조). 반면에 회사성립 후 이사는 인수담보책임만을 부담한다는 점에서 그 차이가 있다. 그 이유는 신주발행 시에 납입기일에 납입이 되지 않으면 실권되므로 이 부분은 인수가 되지 않은 것으로 취급되기 때문이다(상법 423조 2항). 이사의 인수담보책임은 인수를 위한 의사표시가 필요하지 않고 바로 납입의무가 발생한다는 점에서 무과실책임이고 총주주의 동의로도 면제가 불가능하다(이수천, 『상법강의』, 613~614면).

「보 론」 신주발행의 유형에 따른 첨부정보의 비교

1. 신주발행의 유형 중 대표적인 금전납입, 현물출자, 납입상계에 의한 채권(채무)의 출자전환의 첨부정보를 비교하면 다음과 같다.

2.

<table>
<tr><th rowspan="2">구 분</th><th>금 전</th><th>금전채권</th><th>현 물</th></tr>
<tr><th>금전납입</th><th>납입상계</th><th>현물출자</th></tr>
<tr><td>핵심 포인트</td><td>금전 납입</td><td>상계요건 충족</td><td>현물에 대한 평가</td></tr>
<tr><td>공통적인
첨부정보</td><td colspan="3">1. 이사회의사록(혹은 정관과 주주총회의사록)
1. 주식인수증
1. 제3자배정방식의 경우에는 주주에게 통지 또는 공고문(혹은 통지·공고 생략에 대한 총주주동의서) &정관
1. 기간단축동의서
1. 등록면허세영수필확인서
1. 위임장</td></tr>
<tr><td rowspan="2">유형별
특이한
첨부정보</td><td colspan="2">1. 주식청약서</td><td rowspan="2">1. 감정인의 감정보고서 부본
1. 현물출자증서
1. 재산인도증</td></tr>
<tr><td>1. 주금납입보관증 또는 잔고증명서</td><td>1. 상계증명서면</td></tr>
</table>

주) 금전채권에 대한 현물출자는 제외하였음(아래 '4.' 참조).

3. 위와 같이 첨부정보에 차이가 나는 것은 증자의 목적물이 갖는 특성에 기인한 것이다.

   i) 금전납입: 주식청약 → 금전납입 → 신주발행
   ii) 납입상계: 주식청약 → 상계의 의사표시 → 신주발행
   iii) 현물출자: 현물출자계약 → 현물출자 평가 및 이행 → 신주발행

4. 위 신주발행 유형과 관련하여 최근 추세는, i) 2012. 4. 14. 이후 일반회사도 납입상계가 가능하게 되어 금전채권을 현물출자 하는 사례는 거의 찾아보기 힘들고, ii) 현물의 경우에도 거래과정을 통해 금전채권화 한 뒤 납입상계에 의한 신주발행을 선택하는 경우가 점점 늘어가고 있다.

239. 신주발행으로 인한 변경등기의 신청서에 신주의 인수인별로 반드시 주식인수증을 첨부하여야 하는지 여부

[상업등기선례 제2-42호, 제정 2007. 1. 10.]

신주발행으로 인한 변경등기의 신청서(상업등기법 제82조 => 주: 현행 상업등기규칙 제133조)에는 주식의 청약을 증명하는 서면뿐만 아니라 주식의 인수를 증명하는 서면도 첨부하여야 한다. 다만, 그 주식의 인수를 증명하는 서면이 신주의 인수인이 작성한 주식인수증에 한정되는 것은 아니다. 현물출자를 하는 자와 회사 간의 신주인수계약서, 주주명부 기타 주식의 배정 상황(각 인수인에게 배정한 주식의 수)에 관하여 대표이사가 작성한 서면도 주식의 인수를 증명하는 서면에 해당한다.
(2007. 1. 10. 공탁상업등기과-45 질의회답)

참조 조문 · 규칙 · 예규 · 선례 · 판례

■ **상업등기규칙[대법원규칙 제2668호, 2016. 6. 27., 타법개정]**

제133조(신주발행으로 인한 변경등기) 신주발행으로 인한 변경등기를 신청하는 경우에는 다음 각 호의 정보를 제공하여야 한다.

1. 주식의 인수를 증명하는 정보
2. 주식의 청약을 증명하는 정보
3. 「상법」 제418조 제2항에 따라 주주 외의 자에게 신주를 배정하는 경우에는 같은 조 제4항에 따른 통지 또는 공고를 하였음을 증명하는 정보
4. 주금의 납입을 맡은 은행, 그 밖의 금융기관의 납입금 보관을 증명하는 정보. 다만, 신주발행의 결과 자본금 총액이 10억 원 미만인 회사에 대해서는 은행이나 그 밖의 금융기관의 잔고를 증명하는 정보로 대체할 수 있다.

제5호 내지 제7호 생략

◐ **선례 해설: 본 선례에서 주식의 인수를 증명하는 정보로 예시한 예**[1]

1. 신주의 인수인이 작성한 주식인수증
2. 현물출자를 하는 자와 회사 간의 신주인수계약서
3. 주주명부 기타 주식의 배정 상황(각 인수인에게 배정한 주식의 수)에 관하여 대표이사가 작성한 서면 => 주주가 많을 경우에는 이 방법이 현실적

1) 주식인수란 회사의 설립 또는 신주발행 때에 회사에 출자할 것을 약속함으로써 주주가 될 지위를 취득하는 것을 말한다.

240. 신주발행으로 인한 변경등기신청시 첨부하여야 하는 주식의 청약을 증명하는 서면은 지배인이 작성한 것도 가능한지 여부(적극)

[상업등기선례 제1-192호, 제정 1999. 10. 21.]

지점의 지배인은 그 지점의 영업에 관하여 영업주에 갈음하여 재판상 또는 재판외의 모든 행위를 할 수 있는바, 신기술사업자에 대한 투자 등을 목적으로 하는 갑 주식회사의 지점의 지배인은 신기술사업자인 을 주식회사가 발행하는 신주에 대한 청약이 그 지점의 영업에 속하는 경우에는 영업주에 갈음하여 청약을 할 수 있다. 따라서 위 을 주식회사의 신주발행으로 인한 변경등기신청서에 첨부되는 주식의 청약을 증명하는 서면은 갑 주식회사의 지점의 지배인이 날인한 것을 첨부할 수 있다.
(1999. 10. 21. 등기 3402-976 질의회답)

참조 조문 · 규칙 · 예규 · 선례 · 판례

▣ 상법[법률 제13523호, 2015. 12. 1., 일부개정]

제10조(지배인의 선임) 상인은 지배인을 선임하여 본점 또는 지점에서 영업을 하게 할 수 있다.

제11조(지배인의 대리권) ① 지배인은 영업주에 갈음하여 그 영업에 관한 재판상 또는 재판외의 모든 행위를 할 수 있다.
② 지배인은 지배인이 아닌 점원 기타 사용인을 선임 또는 해임할 수 있다.
③ 지배인의 대리권에 대한 제한은 선의의 제3자에게 대항하지 못한다.

◐ 선례 해설:

1. 지점의 지배인은 그 지점의 영업에 관하여 영업주에 갈음하여 재판상 또는 재판 외의 모든 행위를 할 수 있지만, 일반적으로 주식의 청약을 증명하는 서면의 작성은 해당 지점의 영업에 관한 것이라고 볼 수 없기 때문에 지배인은 주식의 청약을 증명하는 서면의 작성을 할 수 없다.
2. 다만, 그 행위가 해당 지점의 영업에 속한 것이라는 특별한 사정이 있는 경우에는 지점의 지배인은 주식의 청약을 증명하는 서면을 작성할 수 있다.

241. 주식예탁증서(DR)[1]를 발행하는 경우의 주식 청약을 증명하는 서면

[상업등기선례 제2-43호, 제정 2007. 6. 21.]

1. 기업이 해외에서 주식을 발행하여 자금을 조달하기 위한 목적으로 주권(株券)에 대체하여 주식예탁증서(Depository Receipt)를 발행하는 경우, 그 신주발행으로 인한 변경등기의 신청서에는 주식을 발행하는 회사(이하 '발행회사'라 한다)와 예탁기관(발행회사와 예탁계약을 체결하고 이에 의거하여 외국인 투자자에 대한 주식예탁증서 발행 및 그에 따른 권리 행사 업무를 주로 수행하는 자를 말한다) 간의 예탁계약서를 첨부할 수 있으며, 반드시 주식청약서(상법 제420조)를 첨부할 필요는 없다.

2. 이 경우, 주간사(주식예탁증서 발행의 사실상의 주역으로서 발행회사와의 협의하에 발행 전체의 기획을 담당하는 자인데, 주식예탁증서의 조건, 금액, 모집방법 등에 대하여 해외 시장의 동향을 참작해 발행회사에 제안하고 최종적으로 발행회사와 발행 및 인수 조건을 합의한다)와 발행회사 간의 주식예탁증서 발행에 관한 계약서를 첨부할 수도 있다. 다만, 위의 계약서들에는 반드시 발행 주식의 종류와 수가 나타나 있어야 하고, 주간사의 자격 내지 지위에 대하여는 예탁기관의 증명이 있어야 한다.
(2007. 6. 21. 공탁상업등기과-696 질의회답)

◐ 선례 해설: 「법원행정처 선례해설 요약(16)」(705~706면) 참조

신주발행으로 변경등기신청 시에는 주식의 청약을 증명하는 정보를 첨부정보로 제공하여야 하는바, 본 선례에 의하면 주식을 발행하는 회사와 예탁기관 간의 예탁계약서나 주간사와 발행회사 간의 주식예탁증서 발행에 관한 계약서 등도 주식의 청약을 증명하는 정보로 제공할 수 있다.

---

1) 주식예탁증서(DR)란 해당 기업이 상장돼 있는 주식시장이 아닌 해외에서 주식을 발행하고자 할 경우 외국의 예탁기관으로 하여금 해외 현지에서 증권을 발행·유통하게 함으로써 원주와 상호 전환이 가능하도록 한 주식대체증서이다. 즉 외국주식을 자국 시장에서 유통시키는 경우 원주식은 유가증권의 국외 수송·언어·관습의 차이 등으로 문제가 발생할 소지가 있다. 이를 해결하기 위해 수탁기관이 투자자를 대신해서 원주식의 보관에서부터 주주권에 이르기까지 모든 것을 대행해 주고, 이러한 예탁계약을 표시하는 증서를 발행·유통시키는데 이를 주식예탁증서(DR)라 한다.

법원행정처 선례해설 요약(16)[1]

【제목】 신주발행 시 주식예탁증서(DR)를 발행하는 경우 회사와 예탁기관 간의 예탁계약서가 상업등기규칙 제133조 제2호의 주식의 청약을 증명하는 서면으로 볼 수 있는지 여부(적극)

1. 사안의 논점

기업이 해외에서 주식을 발행하여 자금을 조달하면서 주권에 대체하여 주식예탁증서(Depository Receipt, 이라 'DR'이라고 함)를 발행하는 경우에도 그 신주발행으로 인한 변경등기의 신청서에 반드시 주식청약서를 첨부하여야 하는지 여부

2. 주식청약을 증명하는 서면의 인정여부

i) 상법은 주식청약서 또는 신주인수권증서에 의해서만 주식의 청약을 할 수 있다고 규정하고 있는 반면에(상법 420조, 420조의5), 상업등기규칙은 제133조 제2호에 주식의 청약을 증명하는 정보를 제공하도록 규정하고 있어, 주식의 청약을 증명하는 정보를 주식청약서 또는 신주인수권증서로 한정하여 해석할 것인지 문제된다.

ii) 이에 대하여 상법 규정을 근거로 주식청약을 증명하는 서면은 주식청약서 또는 신주인수권증서에 한한다고 해석하는 견해와 상업등기규칙의 주식의 청약을 증명하는 정보에 주식청약서나 신주인수권증서로 한정한다는 것으로 해석할 것은 아니라는 견해 등이 있다.

iii) 원칙적으로 신주발행의 청약을 증명하는 정보로서 주식청약서 또는 신주인수권증서를 첨부하여야 하나, 주식의 청약이 있는 것을 증명하는데 확실한 서면으로 실체관계에 부합한 경우라면 이를 인정할 수 있다고 본다.

3. 결어

i) DR을 발행한 경우에는 해외에서 청약이 이루어지기 때문에 상법상 주식청약서에 의하여 청약이 이루어질 수 없는 특수성이 있음을 감안하여,

1) 『상업등기 주요선례 해설』, 227~233면

ii) "발행회사와 예탁기관의 예탁계약서" 또는 형식적 주주인 예탁기관이 주간사의 자격 내지 지위를 증명한 "발행회사와 주간사의 DR발행에 관한 계약서" 등은 주식의 청약이 있는 것을 증명하는 확실한 서면에 해당된다 하겠다. 다만, 위의 계약서에는 발행되는 주식의 종류와 수가 반드시 기재되어 있어야 한다.

※ 주식의 청약 또는 인수를 증명하는 정보[1]

구 분	구체적 증명서면
주식청약을 증명하는 정보	① 주식청약서 또는 신주인수권증서
	② 주식청약 취급증명서(견본용지 포함)[2]
	③ DR: 주식예탁증서 또는 예탁계약서
주식인수를 증명하는 정보	① 주식인수증
	② 신주인수계약서
	③ 주주명부 기타 주식의 배정 상황표

1) 「실무사례(110)」, 707면 및 「실무사례(111)」, 709면 참조

2) 일반 공모증자 방식은 통상 주식청약서에 의하지 않고 금융기관 등의 증명서(통상 주식청약 취급증명서 등)로 이를 갈음하고 있는데, 일반 공모증자 방식에 의한 경우에는 주식청약 사무를 위탁받은 금융기관 등의 증명서도 주식의 청약을 증명하는 확실한 서면에 해당되는 것으로 볼 수 있다. 이 때 금융기관 등의 증명서에 주식청약인의 수, 청약주식의 종류와 수 등이 기재되고 주식청약서로 사용한 견본용지가 첨부되어야 한다.

실무사례(110)[1]

제목: 주권상장법인의 주식의 인수 및 주식의 청약을 증명하는 서면

주권상장법인인 A 주식회사는 이번에 일반 공모증자 방식으로 유상증자를 진행하려고 한다(각 사안은 별개이다).

【1】 주권상장법인인 A 주식회사가 일반 공모증자 방식으로 유상증자를 할 수 있는 근거가 무엇인지?

【2】 일반 공모증자 방식으로 신주를 배정하다 보니 신주의 인수인이 수백 명에 달한다. 이 경우에도 첨부정보로 신주의 인수인별로 작성된 주식인수증을 반드시 제공하여야 하는지?

【3】 주식의 청약을 증명하는 정보로 주식청약서 외에 은행에서 증명해 준 주식청약 취급증명서도 가능한지?

【4】 주권상장법인이 일반 공모증자 방식으로 유상증자를 하는 경우에도 상법 제418조 제4항에 따른 통지 또는 공고를 하였음을 증명하는 정보를 제공하여야 하는지?

1. 통상 신주인수권은 기존 주주(주주배정방식) 혹은 정관의 규정에 따라 신기술의 도입, 재무구조의 개선 등 회사의 경영상 목적을 달성하기 위하여 필요한 경우에 한하여 주주 외의 자(제3자배정방식)에게 인정되나(상법 418조 1항 및 2항), 주권상장법인의 경우에는 신주의 배정방식으로 주주배정방식, 제3자배정방식 외에 일반 공모증자 방식이 인정되는 특례를 「자본시장과 금융투자업에 관한 법률」에서 정하고 있다. 즉 주권상장법인의 경우는 주주배정방식 외의 방법으로 불특정 다수인(해당 주권상장법인의 주식을 소유한 자를 포함한다)에게 신주인수의 청약을 할 기회를 부여하고 이에 따라 청약을 한 자에 대하여 신주를 배정하는 일반 공모증자 방식의 특례를 적용받을 수 있다(자본시장법 165조의6 1항 3호).

2. 신주발행으로 인한 변경등기 시에 주식의 인수를 증명하는 정보를 제공하여야 하는데(규칙 133조 1호), 선례에 의하면 그 첨부정보는 신주의 인수인별로 작성된 주식인수증뿐만 아니라 주주명부 기타 주식의 배정 상황(각 인수인에게 배정한 주식의 수)에 관하여 대표이사가 작성한 서면도 해당된

1) 본 사례는 주식의 청약 및 인수인이 많을 경우의 유상증자 시에 검토할 실익이 상당하다.

다(상업선례 2-42). 사안의 경우와 같이 일반 공모증자 방식으로 주식의 인수인이 수백 명에 달하는 때에는 신주의 인수인별로 작성된 주식인수증보다는 주주명부 기타 주식의 배정 상황(각 인수인에게 배정한 주식의 수)에 관하여 대표이사가 작성한 서면을 그 첨부정보로 제공하는 것이 현실적이라 하겠다.

3. 신주발행으로 인한 변경등기 시에 제공하는 주식의 청약을 증명하는 정보는 일반적으로 주식청약서 또는 신주인수권증서이라 하겠다(상법 420조, 420조의5 및 규칙 133조 2호). 하지만 일반 공모증자 방식의 경우에 금융기관 등의 증명서(통상 주식청약 취급증명서 등)로 갈음할 수 있다. 다만, 이 경우에는 주식청약 취급증명서 등에 주식청약인의 수, 청약주식의 종류와 수 등이 기재되고 주식청약서로 사용한 견본용지가 첨부되어야 한다(『상업등기 주요선례 해설』, 232~233면 참조).

4. 주주 외의 자에게 신주를 배정할 경우에는 원칙적으로 상법 제418조 제4항에 따른 통지 또는 공고를 하였음을 증명하는 정보를 신주발행으로 인한 변경등기 시에 제공하여야 한다. 다만, 주권상장법인의 경우에는 제3자배정방식 또는 일반 공모증자 방식으로 신주를 배정할 때에 금융위원회에 제출한 주요사항보고서가 「자본시장과 금융투자업에 관한 법률」 제163조에 따라 금융위원회와 거래소에 공시된 경우에는 상법 제418조 제4항의 적용을 배제하는 특칙이 적용된다(자본시장법 165조의9). 따라서 사안의 경우 그 특례를 적용하여 금융위원회에 제출한 주요사항보고서가 금융위원회와 거래소에 공시된 경우에는 상법 제418조 제4항에 따른 주주에 대한 통지 또는 공고를 생략할 수 있다.

참조 조문: 상법 제418조, 제420조, 제420조의5, 상업등기규칙 제133조, 「자본시장과 금융투자업에 관한 법률」 제165조의6, 제165조의9
참조 선례: 상업등기선례 제2-57호(658면), 제2-42호(702면)
참조 문헌: 『상업등기 주요선례 해설』, 227~233면

[유사 사례] 주식예탁증서(DR)를 해외에 발행하는 경우에 주식의 청약을 증명하는 정보는? => 주식청약서 또는 신주인수권증서 외에 주식을 발행하는 회사와 예탁기관 간의 예탁계약서나 주간사와 발행회사 간의 주식예탁증서 발행에 관한 계약서도 가능(상업선례 2-43, 704면).

실무사례(111)

제목: 현물출자 시 주식의 청약 및 주식의 인수를 증명하는 정보

이번에 현물출자에 의한 신주발행을 하려고 한다(각 사안은 별개이다).

【1】 현물출자에 의한 신주발행 시에도 반드시 주식의 청약을 증명하는 정보를 제공하여야 하는지?

【2】 현물출자에 의한 신주발행 시 그 첨부정보로서 주식의 인수를 증명하는 정보는 무엇인지?

1. 주식을 청약하고자 하는 자는 이사가 작성한 주식청약서 양식에 인수할 주식의 종류 및 수와 주소를 기재하고 기명날인 또는 서명하여야 하며(상법 425조 1항, 302조 1항), 신주인수권증서를 발행한 경우에는 신주인수권증서에 의하여 청약을 하여야 한다(상법 420조의5 1항). 하지만 현물출자를 하는 경우에는 이사회 또는 정관의 규정에 따라 주주총회에서 현물출자를 하는 자와 그에 대하여 부여할 주식의 수를 정하기 때문에 주식청약서 혹은 신주인수권증서에 의한 주식청약을 하여야 하는 것은 아니나(『상업등기실무(II)』, 265면).[1)]

2. 원칙적으로 신주발행 시 첨부정보로서 주식의 인수를 증명하는 정보는 신주의 인수인별로 작성된 주식인수증을 들 수가 있지만, 현물출자를 하는 자와 회사 간의 신주인수계약서도 주식의 인수를 증명하는 정보가 될 수 있다(상업선례 2-42). 따라서 현물출자로 인한 신주발행 시 주식의 인수를 증명하는 정보로는 인수인의 기명날인이 있는 주식인수증뿐만 아니라 현물출자를 하는 자와 회사 간의 신주인수계약서도 가능하다. 다만, 실무적으로 현물출자로 인한 신주발행 시 주식의 인수를 증명하는 정보로 주식인수증과 현물출자를 하는 자와 회사 간의 신주인수계약서를 함께 제공하는 경우도 많다.

참조 조문: 상법 제302조, 제420조의5, 제425, 상업등기규칙 제133조
참조 선례: 상업등기선례 제2-42호(702면)

---

1) 대신에 금전납입에 의한 신주발행 때와는 달리 현물출자의 경우에는 검사인의 조사보고 또는 감정인의 감정에 관한 정보 및 검사인의 조사보고 또는 감정인의 감정결과에 관한 재판이 있은 때에는 그 재판이 있음을 증명하는 정보를 제공하여야 한다(규칙 133조 6호 및 7호).

242. 신주발행에 따른 변경등기신청서에 첨부하는 서면 및 인감신고서에 날인한 인장

[상업등기선례 제1-183호, 제정 1997. 1. 31.]

가. 주식회사의 신주발행으로 인한 변경등기의 신청서에는 비송사건절차법 제205조(주: 현행 상업등기규칙 제133조)의 규정에 의하여 주식의 청약을 증명하는 서면 및 주식의 인수를 증명하는 서면을 첨부하여야 하는바, 발행된 신주를 기존 주주가 그 소유주식의 비율에 따라 전부 인수하고 그 변경등기를 신청하는 경우에도 마찬가지이다.

나. 등기소에 인감을 제출하고자 할 때의 인감신고서 또는 신고된 인감을 개인하고자 할 때의 개인신고서의 신고인 성명 다음에는 인감증명법에 의하여 신고된 인감만을 날인하고 그 인감증명서를 첨부하면 되므로, 그 이외에 신고하는 인감을 함께 날인할 필요는 없으며, 개인신고서의 경우 등기소에 제출되어 있는 종전의 인감을 날인하면 인감증명법에 의하여 신고된 인감의 날인 및 그 인감증명서의 첨부가 필요 없다.[1]
(1997. 1. 31. 등기 3402-81 질의회답)

◐ **선례 해설:**

1. 신주발행으로 인한 변경등기를 신청하는 경우에는 주식의 인수를 증명하는 정보, 주식의 청약을 증명하는 정보, 제3자배정방식의 경우에는 주주에게 통지 또는 공고를 하였음을 증명하는 정보, 주금납입금 보관증명 또는 잔고증명서 등의 정보를 제공하여야 한다(규칙 133조).

2. 본 선례에 의하면, 위 1.과 관련하여 발행된 신주를 기존 주주가 그 소유주식의 비율에 따라 전부 인수하고 그 변경등기를 신청하는 경우에도 주식의 청약을 증명하는 정보, 주식의 인수를 증명하는 정보는 생략할 수 없다.

1) 인감의 제출 등과 관련해서는 「보론」(87면) 참조

243. 외국에 영주하는 대한민국인이 내국 주식회사의 주식을 인수함에 있어서 외자도입법이 정한 외국인에 대한 특례규정의 적용을 받기 위한 절차

[상업등기선례 제1-177호, 제정 1987. 12. 23.]

대한민국의 국적을 보유하는 개인으로서 외국에 영주하고 있는 자(예: 재일교포)가 대한민국법인(설립 중인 법인을 포함한다)인 주식회사의 주식을 인수함에 있어서 외자도입법(주: 현행 「외국인투자 촉진법」)이 정한 외국인에 대한 특례규정의 적용을 받고자 할 때에는 재무부장관(주: 현행 산업통상자원부장관)의 인가(외자도입법 제8조가 규정하는 경우 제외)를 받아야 하고 그 인가서를 등기신청서에 첨부하여야 할 것이다.
(1987. 12. 23. 등기 제737호) **사실상 폐지**

◐ 선례 해설:

1. 구 외자도입법(주: 현행 「외국인투자 촉진법」) 제2조에 의하면, 대한민국의 국적을 가지고 외국에 영주하고 있는 개인에 대해서는 외국인에 대한 규정을 함께 적용하는 것으로 되어 있다.

2. 본 선례에 의하면, 위 1.의 대한민국의 국적을 보유하는 개인으로서 외국에 영주하는 자가 대한민국 법인인 주식회사의 주식을 인수함에 있어서 외자도입법이 정한 외국인에 대한 특례 규정을 적용받고자 할 때에는 주무부장관의 인가를 받아야 하고 그 인가서를 등기신청서에 첨부하여야 한다(주: 현행 「외국인투자 촉진법」에서는 인가가 아닌 신고사항임).

3. 하지만 구 외자도입법이 「외국인투자 촉진법」으로 바뀐 뒤 나온 최근 선례에 의하면, 주식회사의 설립이나 신주발행에 있어서 외국인투자가 이루어진 경우에 주무부장관에게 신고하여야 하지만, 이는 등기할 사항의 효력요건이 아닌 단순한 신고사항에 불과하여 등기신청서에 외국인투자신고서를 첨부할 필요가 없다(상업선례 2-52, 389면).

4. 따라서 「외국인투자 촉진법」이 제정되기 전의 법률인 외자도입법에 기초해 나온 본 선례는 현재로서는 실익이 없어, 이제는 현행 「외국인투자 촉진법」을 기초로 나온 상업등기선례 제2-52호를 판단기준으로 삼아 외국인투자신고서는 등기신청 시 첨부할 필요가 없다는 것으로 정리하면 될 것 같다.

제12절 주식의 전환으로 인한 변경등기[1][2][3]

내 용	관련 조문		관련 선례 · 예규 · 규칙 (실무사례 포함)
	상법	상업등기법	
1. 주식의 전환	제346조 ~제351조	규칙 제136조	244. 상업선례 제1-197호 ☞ 실무사례(112) ~~245. 상업선례 제1-181호~~[4] 246. 상업선례 제1-212호 247. 상업선례 제2-40호

1) 주식의 전환에 관한 종류주식이라 함은 회사가 종류주식을 발행하는 경우에 정관으로 정하는 바에 따라 주주가 인수한 주식을 다른 종류주식으로 전환을 청구하거나, 정관에서 정한 일정한 사유가 발생하는 경우 회사가 주주의 인수주식을 다른 종류주식으로 전환할 수 있는 주식을 말한다(상법 346조 1항 및 2항).

전환주식은 상법 제344조에서 말하는 수종의 주식(2011. 4. 14. 상법 개정 후로는 '종류주식' 으로 바뀜)의 일종이 아니라, 특정 종류의 주식에 대하여 부가적으로 전환권이 부여된 것에 불과하다고 보는 것이 실무제요의 입장이다(『상업등기실무(II)』, 282면). 하지만 2011. 4. 14. 상법 제344조의 개정으로 수종의 주식을 종류주식으로 명하고, 제344조 제1항에서 "회사는 이익의 배당, 잔여재산의 분배, 주주총회에서의 의결권의 행사, 상환 및 전환 등에 관하여 내용이 다른 종류의 주식(종류주식)을 발행할 수 있다." 라고 규정되어 있는 점, 상법 제346조에서 「주식의 전환에 관한 종류주식」으로 전환주식을 종류주식의 일종으로 인정하고 있는 점 등을 고려하면, 개정 상법에서는 전환주식을 종류주식으로 보는 것이 타당하다(『2016 상업등기실무』, 411면 참조). 향후 실무제요의 입장이 개정 상법에 맞추어 변경될 것으로 생각된다.

2) 2011년 개정 전 상법상 전환주식의 전환권은 주주에게만 있었으나, 2011년 개정 상법은 회사에 대하여도 이를 허용하였다(「보론」, 714면 참조). 다만, 전환의 대가를 다른 종류주식에 한하도록 하면서 현금 등의 자산을 제외하였다(상법 346조 1항 및 2항 참조).

3) 주식의 전환은 주주가 전환을 청구한 경우에는 그 청구한 때에, 회사가 전환을 한 경우에는 제346조 제3항 제2호(2주 이상의 일정한 기간 내에 그 주권을 회사에 제출하여야 한다는 뜻)의 기간이 끝난 때에 그 효력이 발생한다(상법 350조 1항). 전환에 의하여 발행된 주식의 이익배당에 관하여는 주주가 전환을 청구한 때 또는 제346조 제3항 제2호의 기간이 끝난 때가 속하는 영업연도 말에 전환된 것으로 본다. 다만, 신주에 대한 이익배당에 관하여는 정관으로 정하는 바에 따라 그 청구한 때 또는 제346조 제3항 제2호의 기간이 끝난 때가 속하는 영업연도의 직전 영업연도 말에 전환된 것으로 할 수 있다(상법 350조 3항).

4) 본 선례는 상업등기선례 제1-189호에 의해 그 내용이 변경되었으며, 변경된 상업등기선례 제1-189호도 2003. 10. 17. 상업등기선례 제1-212호에 의해 그 내용이 변경되었다. 따라서 상업등기선례 제1-181호는 사실상 사문화되었다(「선례해설」, 718면 참조).

§ 요약

1. 선례에 의하면, 이미 발행한 보통주식을 우선주식으로 변경하기 위해서는 회사와 우선주식으로 변경을 희망하는 주주와의 합의, 보통주식으로 남는 주주 전원의 동의, 우선주식에 관한 규정이 있는 정관 및 그러한 합의 및 동의가 있음을 증명하는 서면의 첨부 등의 요건을 갖추었을 때에는 가능하다(상업선례 1-197, 715면). 하지만 위 선례는 상법 제346조의 주식의 전환에 관한 종류주식에 관한 내용은 아니며, 단지 보통주식을 소유한 일부의 주주가 우선주식으로 변경하고자 하는 경우의 요건에 관한 것으로 해석하여야 할 것이다. 왜냐하면 회사가 종류주식을 발행하는 경우 정관으로 주주는 인수한 주식을 다른 종류의 주식으로 전환을 청구할 수 있음을 정할 수 있고, 이 경우 전환의 조건, 전환의 청구기간, 전환으로 인하여 발행할 주식의 수와 내용을 정하여야 하는데(상법 346조 1항), 위 선례는 정관의 규정에 의한 주식의 전환이 아니라 회사와 주주와의 합의 및 보통주식으로 남는 주주 전원의 동의 등을 요건으로 보통주식이 우선주식으로 변경가능하다고 판단한 것에 불과하기 때문이다.

2. 주식의 전환은 주주가 전환을 청구한 경우에는 그 청구한 때에, 회사가 전환을 한 경우에는 상법 제346조 제3항 제2호의 기간이 끝난 때에 그 효력이 발생한다(상법 350조 1항). 이 경우 i) 전환주식의 전환에 따른 등기는 그 효력발생일마다 각각 별개의 등기를 하여야 하고, 효력발생일이 속하는 달의 말일로 합산하여 등기할 수는 없으며, ii) 단지 그 변경등기의 종기는 전환을 청구한 날 또는 상법 제346조 제3항 제2호의 기간이 끝난 날이 속하는 달의 말일로부터 2주간 내이다(상법 351조 및 상업선례 1-212, 718면 참조). 이는 전환사채의 전환으로 인한 변경등기와 신주인수권부사채의 신주인수권의 행사로 인한 변경등기 시에도 동일하게 적용된다.

3. 선례에 의하면 전환권 행사에 의하여 1:1 미만이 되는 주식전환은 허용되지 않는 바(상업선례 2-40, 719면), 그 논거로 1:1 미만이 되는 주식전환은 자본금 감소의 효과가 발생하는데 자본금 감소절차에서의 채권자보호절차 등의 절차를 이행하지 않았다는 점을 들고 있다. 따라서 주주총회 특별결의에 의한 자본금 감소 결의를 하고 상법 제232조에 의한 채권자보호절차 등의 자본금 감소의 절차를 준수한다면, 전환비율이 1:1 미만이더라도 가능하다고 본다.

「보 론」 주식의 전환에 관한 종류주식[1]

1. 2011. 4. 14. 개정 상법의 내용

2011. 4. 14. 상법 개정 시 전환주식과 관련하여 큰 폭의 변화가 있었다. 즉, i) 기존의 상법은 전환주식을 종류주식에 부가할 수 있는 속성의 하나로 보았으나, 개정 상법은 전환주식을 종류주식의 하나로 인정하고 있으며, ii) 개정 전에는 전환주식의 전환권은 주주에게만 인정되고 회사 측에는 인정되지 않았으나, 개정 상법은 전환주식을 주주 측에 전환청구권이 있는 것(상법 346조 1항)과 회사 측에 전환청구권이 있는 것(상법 346조 2항)으로 이원화하였다.

2. 주주 측 전환청구권 vs. 회사 측 전환청구권

구 분	주주 측에 전환청구권이 있는 경우	회사 측에 전환청구권이 있는 경우
내 용 (상법 346조 1항 및 2항)	○ 회사가 종류주식을 발행하는 경우에는 정관에서 정하는 바에 따라 주주는 인수한 주식을 다른 종류주식으로 전환할 것을 청구할 수 있다. 이 경우 전환의 조건, 전환의 청구기간, 전환으로 인하여 발행할 주식의 수와 내용을 정하여야 한다.	○ 회사가 종류주식을 발행하는 경우에는 정관에 일정한 사유가 발생할 때 회사가 주주의 인수 주식을 다른 종류주식으로 전환할 수 있음을 정할 수 있다. 이 경우 회사는 전환의 사유, 전환의 조건, 전환의 기간, 전환으로 인하여 발행할 주식의 수와 내용을 정하여야 한다.
전 환 의 효력발생시기 (상법 350조 1항)	○ 주주가 전환을 청구한 때 → 주주의 전환청구권의 법적 성질은 형성권임	○ 회사가 전환을 한 경우에는 제346조 제3항 제2호의 기간(2주 이상의 일정한 기간 내에 그 주권을 회사에 제출하여야 한다는 뜻)이 끝난 때
전환의 등기 (상법 351조)	○ 전환을 청구한 날이 끝난 날이 속하는 달의 마지막 날로부터 2주간 내	○ 제346조 제3항 제2호의 기간이 끝난 날이 속하는 달의 마지막 날로부터 2주간 내

1) 『상법 회사편 해설』, 152~160면

244. 이미 발행한 보통주식을 우선주식으로 변경할 수 있는지 여부 등
[상업등기선례 제1-197호, 제정 2000. 7. 13.]

이미 발행한 보통주식을 우선주식으로 변경함에는 회사와 우선주식으로 변경을 희망하는 주주와의 합의 및 보통주식으로 남는 주주 전원의 동의가 있으면 가능할 것이며, 그 변경등기신청서에는 그러한 합의 및 동의가 있음을 증명하는 서면과 정관을 첨부하여야 할 것이고, 이때 정관에 우선주식에 관한 규정이 없다면 이에 관한 정관의 규정을 신설하기 위한 정관변경절차가 선행되어야 할 것이다.
(2000. 7. 13. 등기 3402-490 질의회답)

◐ **선례 해설:**[1] 「실무사례(112)」(716면) 참조

1. 이미 발행한 보통주식을 우선주식으로 변경하기 위한 요건

구 분	내 용
실체적 요건	i) 회사와 우선주식으로 변경을 희망하는 주주와의 합의
	ii) 보통주식으로 남는 주주 전원의 동의
절차적 요건	i) 우선주식에 관한 규정이 있는 정관의 첨부
	ii) 등기신청서에는 그러한 합의 및 동의가 있음을 증명하는 서면의 첨부

2. 위 선례는 엄밀한 의미에서 상법 제346조의 주식의 전환에 관한 종류주식에 관한 내용은 아니며, 보통주식을 소유한 일부의 주주가 우선주식으로 변경하고자 하는 경우의 요건에 관한 것이다.

1) 전환청구권은 일종의 형성권이며, 회사의 동의를 요하지 않는 것이 원칙이다. 다만 상법 제349조에서는 전환권의 행사에 있어서 일정한 사항의 기재를 한 전환청구서에 주권을 첨부함으로써 하도록 하는 요식주의를 규정하고 있다. 따라서 전환청구권이 형성권이더라도, 상법에서 정한 법정서면에 의하지 않고 단순한 의사표시만으로 하는 전환청구는 적법한 것이 못되며, 전환의 효력이 생기지 않는다(『주석상법(회사편Ⅱ)』, 538~539면). 전환청구권의 본질을 형성권으로 본다면, 본 선례에서와 같이 회사와 우선주식으로 변경을 희망하는 주주와의 합의와 보통주식으로 남는 주주 전원의 동의 등을 요하는 것은 형성권으로서 전환청구권에 관한 것이 아님이 명백하다. 따라서 본 선례의 내용과 주식의 전환에 관한 종류주식은 구별할 필요가 있다.

실무사례(112)

제목: 보통주의 무의결권 종류주식으로의 전환 가능 여부

발행되어 있는 보통주식 100주 중 2주를 의결권 없는 주식으로 하려고 한다. 이는 정관 변경사항인지? 주주총회에서 보통주식 100주 중 2주는 의결권 없다는 결의를 하는 정관변경으로 하면 되는지? 그리고 의결권 없는 보통 주식 2주를 어떻게 특정하면 되는지? 예를 들어 갑(甲)주주가 소지한 주식 중 2주는 의결권 없다는 식으로 특정하면 되는 것인지?

1. 2011. 4. 14. 개정 상법 전에 ⅰ) 회사와 우선주식으로 변경을 희망하는 보통주식 주주와의 합의, ⅱ) 보통주식으로 남는 주주 전원의 동의, ⅲ) 우선주식에 관한 규정이 있는 정관의 첨부, ⅳ) 그러한 합의 및 동의가 있음을 증명하는 서면의 첨부 등의 요건을 갖춘 경우에는 이미 발행한 보통주식을 우선주식으로 변경할 수 있다는 선례가 있었다(상업선례 1-197, 715면 참조). 이는 보통주식을 보유한 주주 중 일부가 자신의 보통주식을 우선주식으로 변경하고자 하는 경우에 적용되는 선례로 보여, 이미 발행되어 있는 보통주식 중 일부를 무의결권 종류주식으로 하려고 하는 사안의 경우와는 사실관계가 달라 위 선례가 사안의 경우에 적용되기는 어려워 보인다.

2. 한편 2011. 4. 14. 개정 상법 하에서는 정관에 의결권을 행사할 수 없는 사항과 의결권 행사 또는 부활의 조건을 정한 경우에 무의결권 종류주식이나 의결권이 제한되는 종류주식을 발행할 수 있으며(상법 344조의3 1항), 그리고 회사가 종류주식을 발행하는 경우에는 정관으로 정하는 바에 따라 주주는 인수한 주식을 다른 종류주식(주: 다른 종류의 주식이라는 의미로 보통주를 포함하는 의미임. 『상법 회사편 해설』, 156면 참조)으로 전환할 것을 청구하거나, 정관에 일정한 사유가 발생한 때에 회사는 주주의 인수 주식을 다른 종류주식으로 전환할 수 있음을 정할 수 있다(상법 346조 1항 및 2항).

3. 사안과 같이 전환에 관한 종류주식이 정관으로 정해진 바도 없고 발행된 바도 없으며 단지 보통주만이 발행되어 있는 상태에서는, 보통주의 무의결권 종류주식으로의 전환은 불가하다.

참조 조문: 상법 제344조, 제344조의3, 제346조 **참조 선례**: 상업등기선례 제1-197호
참조 문헌: 『상법 회사편 해설』, 152~156면

245. 상법 제351조의 주식전환으로 인한 변경등기 방법[1)]

[상업등기선례 제1-181호, 제정 1996. 10. 7.]

상법 제351조는 "주식의 전환으로 인한 변경등기는 전환을 청구한 날이 속하는 달의 말일로부터 2주간 내에 본점소재지에서 이를 하여야 한다" 라고 규정(주: 2011.4.14. 개정됨)하고 있는바, 이에 따른 등기기간은 말일부터 기산하되 전환청구를 함으로서 전환의 효력이 발생할 때마다 하나의 등기사항이 발생하므로, 그 등기사항마다 별개의 변경등기를 하여야 한다. (1996. 10. 7. 등기 3402-797 질의회답) **1999. 7. 12. 폐지**

참조 조문 · 규칙 · 예규 · 선례 · 판례

▣ 상법[법률 제13523호, 2015. 12. 1., 일부개정]

제346조(주식의 전환에 관한 종류주식) ③ 제2항의 경우에 이사회는 다음 각 호의 사항을 그 주식의 주주 및 주주명부에 적힌 권리자에게 따로 통지하여야 한다. 다만, 통지는 공고로 갈음할 수 있다.

1. 전환할 주식
2. 2주 이상의 일정한 기간 내에 그 주권을 회사에 제출하여야 한다는 뜻
3. 그 기간 내에 주권을 제출하지 아니할 때에는 그 주권이 무효로 된다는 뜻

제350조(전환의 효력발생) ① 주식의 전환은 주주가 전환을 청구한 경우에는 그 청구한 때에, 회사가 전환을 한 경우에는 제346조 제3항 제2호의 기간이 끝난 때에 그 효력이 발생한다.

제351조(전환의 등기) 주식의 전환으로 인한 변경등기는 전환을 청구한 날 또는 제346조 제3항 제2호의 기간이 끝난 날이 속하는 달의 마지막 날부터 2주 내에 본점소재지에서 하여야 한다.

※ 개정전 상법 제351조: 주식의 전환으로 인한 변경등기는 전환을 청구한 날이 속하는 달의 말일로부터 2주간내에 본점소재지에서 이를 하여야 한다.

---

1) 본 선례는 상업등기선례 제1-189호(등기선례 제6-629호)에 의해 그 내용이 변경되었으며, 변경된 상업등기선례 제1-189호도 2003. 10. 17. 상업등기선례 제1-212호(718면)에 의해 그 내용이 변경되었다.

246. 전환주식 등의 등기기간(선례변경)

[상업등기선례 제1-212호, 제정 2003. 10. 17.]

주식의 전환은 그 청구를 한 때에 효력이 생기므로 그 변경등기는 전환청구를 한 날로부터 할 수 있을 것이나, 그 변경등기의 종기는 전환을 청구한 날이 속하는 달의 말일부터 2주간 내라고 할 것이다.
(2003. 10. 17. 공탁법인 3402-248 질의회답)

◐ 선례 해설:

1. 선례변경으로 ⅰ) 전환주식의 전환에 따른 등기는 그 효력발생일마다 각각 별개의 등기를 하여야 하고, 효력발생일이 속하는 달의 말일로 합산하여 등기할 수는 없으며, ⅱ) 단지 그 변경등기의 종기는 전환을 청구한 날(회사가 전환을 한 경우에는 제346조 제3항 제2호의 기간이 끝난 날, 각주2번 참조)이 속하는 달의 말일로부터 2주간 내이다.

2. 본 선례의 내용은 전환사채의 전환으로 인한 변경등기 및 신주인수권부사채의 신주인수권의 행사로 인한 변경등기에도 동일하게 적용된다.

3. 주식의 전환으로 인한 변경등기와 관련된 선례변경 과정[1]

구 분	변 경 등 기	비 고
제1-181호	전환의 효력이 발생한 때마다 각각 별개의 등기를 하여야 하나, 그 변경등기는 전환을 청구한 달의 말일로부터 2주간 내	1999. 07. 12. 폐지
제1-189호	전환을 청구한 날이 속하는 달의 말일부터 2주간 내에 그 달에 전환 청구된 전부에 대한 변경등기를 일괄하여 1건으로 신청	2003. 10. 17. 폐지
제1-212호	전환의 효력발생일마다 각각 별개의 등기를 할 수 있으나, 그 변경등기의 종기는 전환을 청구한 날[2]이 속하는 달의 말일로부터 2주간 내	현재 유효

1) 선례변경으로 현재는 상업등기선례 제1-212호만이 유효하다.
2) 현행 법제 하에서는 전환을 청구한 날(주주 측에 전환청구권이 있는 경우)뿐만 아니라 상법 제346조 제3항 제2호의 기간이 끝난 날(회사 측에 전환청구권이 있는 경우)도 포함된다(상법 351조 참조).

247. 전환권 행사에 의하여 1:1 미만이 되는 주식전환의 인정여부(소극) [상업등기선례 제2-40호, 제정 2005. 10. 6.]

자본감소절차에 있어서 엄격한 채권자보호 등의 절차를 이행할 것을 규정하고 있는 상법의 취지에 비추어, 전환권의 행사에 의하여 자본감소의 효과가 발생하는 전환, 즉 전환주식과 전환권의 행사에 의하여 새로이 발행되는 주식의 비율이 1:1미만이 되는 주식의 전환은 인정되지 아니할 것이다. (2005. 10. 6. 공탁법인과-520 질의회답)

◐ 선례 해설:

1. 전환으로 인한 비율에 따른 그 허용여부에 대한 선례의 입장

전환비율	허용여부	비 고
1:1인 경우	○	* 총발행주식수에 변화가 없어 허용됨
1:1을 초과하는 경우	○	* 전환주식 1주가 1주를 초과하는 신주로 전환하는 경우로서 총발행주식수가 증가하게 되어 허용됨
1:1 미만인 경우	X	* 전환주식 1주가 1주 미만의 신주로 전환하는 경우로서 총발행주식수가 감소하게 되어 허용되지 않음

2. 채권자보호절차 등의 자본금 감소의 절차를 준수한다면, 전환비율이 1:1 미만이어도 무방하다는 견해가 있다.[1] 또한 무액면주식의 경우에는 주식수와 자본금의 상관관계가 없으므로 1:1 미만의 전환비율도 허용된다.

3. 전환주식의 전환으로 인하여 신주식을 발행하는 경우에는 전환 전의 주식의 발행가액을 신주식의 발행가액으로 하여야 하는데(상법 348조), 전환 전의 주식의 발행가액이 전환으로 인하여 발행하는 신주식의 발행가액보다 저가인 경우에는 전환조건이 1:1에 미달하게 된다. 이 경우에는 발행주식수 및 자본금이 감소하게 되므로 자본금 감소를 위한 주주총회 특별결의와 채권자보호절차 등을 거쳐야 한다(이수천, 『상법강의』, 390면).

1) 이철송, 『회사법강의』, 301면 및 임재연, 『회사법(Ⅰ)』, 384~385면

제13절 전환사채의 전환으로 인한 변경등기[1)2)]

내 용	관련 조문		관련 선례 · 예규 · 규칙 (실무사례 포함)
	상법	상업등기법	
1. 전환사채의 전환	제515조, 제516조	규칙 제136조	~~248. 상업선례 제1-189호~~[3)] 249. 상업선례 제2-66호

1) 전환사채의 전환의 청구로 사채는 소멸하고 전환을 청구한 사채총액을 전환가액으로 나눈 수 또는 전환비율에 따라 산정되는 주식 수만큼 발행주식의 총수는 증가하고 그 액면총액에 해당하는 만큼의 자본금이 증가한다. 이 경우 전환사채의 발행가액총액을 전환에 의하여 발행하는 주식의 발행가액의 총액으로 하고 있다(상법 516조 2항, 348조). 전환사채의 전환권행사로 인한 신주발행의 효과와 관련해서는 「보론」 신주발행의 유형(664면) 참조.

2) 전환사채권자가 전환 청구를 하면 회사는 주식을 발행해 주어야 하는데, 전환권은 형성권이므로 전환을 청구한 때에 당연히 전환의 효력이 발생하여 전환사채권자는 그 때부터 주주가 되고 사채권자로서의 지위를 상실하게 된다(대법원 2004. 8. 16. 선고 2003다9636 판결). 다만, 신주에 대한 이익이나 이자의 배당에 관하여는 그 청구를 한 때가 속하는 영업연도 말에 전환된 것으로 본다. 이 경우 신주에 대한 이익이나 이자의 배당에 관하여는 정관이 정하는 바에 따라 그 청구를 한 때가 속하는 영업연도의 직전 영업연도 말에 전환된 것으로 할 수 있다(상법 350조 3항).

3) 상업등기선례 제1-189호는 상업등기선례 제1-212호(718면)에 의해 선례 변경되어 폐기되었다.

§ 요약

1. 전환사채의 전환의 청구로 사채는 소멸하고 전환을 청구한 사채총액을 전환가액으로 나눈 수 또는 전환비율에 따라 산정되는 주식 수만큼 발행주식의 총수는 증가하고 그 액면총액에 해당하는 만큼의 자본금이 증가한다. 이 경우 전환사채의 발행가액의 총액을 전환에 의하여 발행하는 주식의 발행가액의 총액으로 한다(상법 516조 2항, 348조).

2. 전환권은 형성권이므로 전환을 청구한 때에 전환의 효력이 생기며, 전환사채권자는 그 때부터 주주가 되고 사채권자로서의 지위를 상실한다(대법원 2004. 8. 16. 선고 2003다9636 판결).[1)]

3. 전환사채가 주식으로 전환된 경우에는 발행주식의 총수, 그 종류 및 각종 종류주식의 내용과 수, 자본금의 총액이 증가하고 전환사채의 총액이 감소하거나 소멸하므로 신주발행의 변경등기와 함께 전환사채의 변경등기를 하여야 한다. 전환사채의 변경과 관련해서는 당해 전환사채에 관한 그 밖의 사항은 그대로 둔 채 전환사채의 총액에 관해서만 변경등기를 하면 되나, 만약에 전부 전환된 경우에는 전부 전환의 취지 및 전환연월일을 등기하고 당해 전환사채의 등기사항 전부를 말소하여야 한다(『2016 상업등기실무』, 458면).

4. 전환사채의 주식전환에 따른 등기는 그 효력발생일마다 각각 별개의 등기를 하여야 하나, 그 변경등기의 종기는 전환을 청구한 날이 속하는 달의 말일로부터 2주간 내이다(「선례해설」, 718면 참조).

5. 전환사채의 전환으로 인한 변경등기의 신청서에는 전환청구가 있음을 증명하는 서면을 첨부하여 하는바(규칙 136조 1항 1호), 선례에 의하면 한국예탁결제원에 예탁된 전환사채를 주식으로 전환하고 그로 인한 변경등기를 신청하는 경우에는 전환사채를 발행한 회사가 공인인증서에 의한 인증을 거쳐 한국예탁결제원으로부터 온라인(on-line)상 발급받은 전환청구서를 첨부할 수 있다(상업선례 2-66, 723면).[2)]

---

1) 전환권이 형성권의 성질을 갖고 있더라도, 전환을 청구하고자 하는 자는 청구서 2통에 사채권을 첨부하여 회사에 제출하여야 한다. 그리고 이 청구서에는 전환하고자 하는 사채를 표시하고, 청구의 연월일을 기재하고, 청구자가 기명날인 또는 서명을 하여야 한다(상법 515조). 즉 전환권이 형성권의 성질을 갖더라도, 전환의 청구는 요식행위이다(『주식회사법대계(III)』, 109면).

2) 이와 관련해서는 「법원행정처 선례해설 요약(17)」, 724면 참조

248. 전환사채의 주식전환으로 인한 변경등기절차(변경)[1)]

[상업등기선례 제1-189호, 제정 1999. 7. 12.]

전환사채의 주식전환으로 인한 변경등기는 전환을 청구한 날이 속하는 달의 말일부터 2주간 내에 그 달에 전환청구된 전부에 대한 변경등기를 일괄하여 1건으로 신청하여야 할 것이고, 이 경우 등기사항 중 변경의 연월일은 전환을 청구한 날이 속하는 달의 말일을 기재하여야 할 것이다.
(1999. 7. 12. 등기 3402-720 질의회답) **2003. 10. 17. 폐지**

참조 조문 · 규칙 · 예규 · 선례 · 판례

▣ 상법[법률 제13523호, 2015. 12. 1., 일부개정]

제350조(전환의 효력발생) ① 주식의 전환은 주주가 전환을 청구한 경우에는 그 청구한 때에, 회사가 전환을 한 경우에는 제346조 제3항 제2호의 기간이 끝난 때에 그 효력이 발생한다.

제351조(전환의 등기) 주식의 전환으로 인한 변경등기는 전환을 청구한 날 또는 제346조 제3항 제2호의 기간이 끝난 날이 속하는 달의 마지막 날부터 2주 내에 본점소재지에서 하여야 한다.

제516조(준용규정) ② 제339조, 제348조, 제350조 및 제351조의 규정은 사채의 전환의 경우에 이를 준용한다.

◐ 선례 해설:

1. 선례변경으로 전환사채의 주식전환에 따른 등기는 그 효력발생일마다 각각 별개의 등기를 하여야 하고, 효력발생일이 속하는 달의 말일로 합산하여 등기할 수는 없다. 단지 그 변경등기의 종기는 전환을 청구한 날이 속하는 달의 말일로부터 2주간 내이다. 따라서 본 선례는 상업등기 선례 제1-212호(718면)에 의해 선례변경 되어 폐지되었다.
2. 위 1.의 내용은 전환주식의 전환으로 인한 변경등기 및 신주인수권부사채의 신주인수권의 행사로 인한 변경등기 시에도 동일하게 적용된다.

---

1) 전환의 효력발생 및 전환으로 인한 변경등기의 종기와 관련된 선례의 변경: 제1-181호(717면) -> 제1-189호(본 선례) -> 제1-212호(718면)

249. 전환사채의 전환으로 인한 변경등기 신청서의 첨부서면

[상업등기선례 제2-66호, 제정 2007. 9. 11.]

증권예탁결제원(이하 '예탁원'이라 한다)[1]에 예탁된 전환사채를 주식으로 전환하고 그로 인한 변경등기를 신청하는 경우, 그 신청서에는 전환사채를 발행한 회사가 공인인증서에 의한 인증을 거쳐 예탁원으로부터 온라인(on-line)상 발급받은 전환청구서(발급번호에 의하여 그 진위를 확인할 수 있다)를 첨부할 수 있다.

(2007. 9. 11. 공탁상업등기과-1048 질의회답)

참조 조문 · 규칙 · 예규 · 선례 · 판례

■ **상업등기규칙[대법원규칙 제2668호, 2016. 6. 27., 타법개정]**

제136조(주식 또는 사채 등의 전환으로 인한 변경등기) ① 「상법」 제351조(같은 법 제516조에서 준용하는 경우를 포함한다)에 따라 주식 또는 사채의 전환으로 인한 변경등기를 신청하는 경우에는 다음 각 호의 구분에 따른 정보를 제공하여야 한다.

1. 주주가 주식의 전환을 청구하거나 사채권자가 사채의 전환을 청구함으로 인한 변경등기의 경우에는 주식 또는 사채의 전환 청구가 있음을 증명하는 정보
2. 회사가 주식을 전환함으로 인한 변경등기의 경우에는 「상법」 제346조 제3항에 따른 통지 또는 공고를 하였음을 증명하는 정보

◐ **선례 해설:** 「법원행정처 선례해설 요약(17)」(724면) 참조

사채권자가 사채의 전환을 청구할 때에는 전환사채의 전환으로 인한 변경등기의 신청서에는 전환청구서를 첨부정보로 제공하여야 하는데, 본 선례는 한국예탁결제원에 예탁된 전환사채를 주식으로 전환하고 그로 인한 변경등기를 신청하는 경우, 그 신청서에 전환사채를 발행한 회사가 공인인증서에 의한 인증을 거쳐 한국예탁결제원으로부터 온라인(on-line)상 발급받은 전환청구서를 첨부정보로 제공할 수 있음을 밝히고 있다.

---

1) 현행 한국예탁결제원

법원행정처 선례해설 요약(17)[1)2)]

【제목】 한국예탁결제원에 예탁된 전환사채를 주식으로 전환하고 그로 인한 변경등기를 신청하는 경우 그 예탁원이 전환을 청구할 수 있는 자인지 여부(적극) 및 그 전환청구서에 기명날인 또는 서명이 있는 것으로 볼 수 있는지 여부(적극)

1. 사안의 논점

한국예탁결제원이 전환사채를 주식으로 전환 청구할 수 있는지 여부 및 전환청구서에 기명날인 또는 서명이 있는 것으로 볼 수 있는지 여부

2. 전환사채의 전환청구절차

i) 전환청구권은 형성권으로 전환사채의 사채권자는 전환청구기간 내에는 언제라도 전환을 청구할 수 있다.

ii) 전환을 청구하는 자는 청구서 2통에 사채권을 첨부하여 회사에 제출하여야 하며, 전환청구서에는 전환하고자 하는 사채와 청구의 연월일을 기재하고 기명날인 또는 서명하여야 한다(상법 515조).

3. 예탁원으로부터 발급받은 청구서가 전환청구서 적격성이 있는지 여부

i) 예탁원은 예탁 유가증권에 대하여 자기 명의로 명의개서 또는 등록을 청구할 수 있고 예탁자 또는 고객의 신청에 의하여 예탁 유가증권에 관한 권리를 행사할 수 있다(자본시장법 314조). 즉 예탁원으로부터 발급받은 전환청구서의 작성명의인은 예탁원이고, 그 명의로 전환을 청구한 점을 비추어 볼 때 예탁원 명의로 전환을 청구할 수 있다고 봄이 타당하다.

ii) 발행회사가 공인인증서에 의한 인증을 거쳐 예탁원으로부터 발급받은 전환청구서는 예탁원의 대표자인 사장의 인영이 있으므로 전환청구서에는 예탁원의 기명날인이 있다고 볼 수 있다.

---

1) 『상업등기 주요선례 해설』, 274~279면

2) 전환사채의 전환으로 인한 변경등기 시에는 전환 청구가 있음을 증명하는 정보를 제공하여야 하는데, 한국예탁결제원의 전환청구서도 포함된다는 선례

제14절 신주인수권부사채의 신주인수권 행사로 인한 변경등기[1)2)3)4)]

내 용	관련 조문		관련 선례·예규·규칙 (실무사례 포함)
	상법	상업등기법	
1. 신주인수권부사채의 신주인수권 행사	제516조의 9 내지 11	규칙 제135조	

1) 각 신주인수권부사채에 부여된 신주인수권의 행사로 인하여 발행할 주식의 발행가액의 합계액은 각 신주인수권부사채의 금액을 초과할 수 없는데(상법 516조의2 3항), 이러한 신주발행가액의 제한은 신주인수권의 대상이 되는 신주의 수를 임의로 정하여 사채총액에 비하여 지나치게 많은 신주인수권을 부여할 경우에는 사채라기보다 실질적으로 신주를 매출하는 효과가 되어 주주의 이익을 침해할 우려가 있으므로 이를 방지하기 위한 것이다(대법원 2006. 6. 16. 선고 2004다27457 판결).

2) 신주인수권을 행사한 경우, 발행주식의 총수, 그 종류 및 각종 주식의 내용과 수, 자본금의 총액이 변경되고, 신주인수권부사채에 관한 등기사항 중 신주인수권의 행사로 발행할 주식의 발행가액의 총액과 신주인수권부사채의 총액(대용납입의 경우)이 감소하므로, 신주발행의 등기와 함께 신주인수권부사채의 변경등기를 하여야 한다(『상업등기실무(II)』, 297면).

3) 신주인수권을 행사함에는 행사자는 인수한 신주의 발행가액 전액을 납입하여야 한다. 다만, 사채발행 시에 "신주인수권을 행사하려는 자의 청구가 있는 때에는 신주인수권부사채의 상환에 갈음하여 그 발행가액으로 납입이 있은 것으로 본다는 뜻"을 정할 수 있으며(상법 516조의2 2항 5호), 이에 따라 신주인수권부사채권자는 금전으로 납입을 하는 대신에 사채의 발행가로 대용납입할 수 있다.

4) 신주인수권부사채의 신주인수권을 행사하여 주주가 되는 시기는 신주의 발행가액 전액을 납입한 때(대용납입의 경우에는 대용납입의 청구를 회사가 수령한 때)이다(상법 516조의10). 보통의 신주발행의 경우에는 납입기일의 다음날인 점과 비교하면 차이가 있다.

제15절 주식매수선택권에 관한 등기1)2)3)4)

<table>
<tr><th rowspan="2">내 용</th><th colspan="2">관련 조문</th><th rowspan="2">관련 선례 · 예규 · 규칙
(실무사례 포함)</th></tr>
<tr><th>상법</th><th>상업등기법</th></tr>
<tr><td>1. 주식매수선택권</td><td>제340조의
2내지5</td><td>제69조,
규칙
제134조</td><td></td></tr>
</table>

1) 주식매수선택권을 부여하기 위해서는 ⅰ) 우선 정관에 근거규정이 있어야 하며(상법 340조의2 1항 및 340조의3 1항), ⅱ) 주주총회의 특별결의로 주식매수선택권을 부여받을 자의 성명, 부여방법, 행사가액과 그 조정에 관한 사항, 행사기간, 부여받을 자 각각에 대하여 행사로 발행하거나 양도할 주식의 종류와 수 등을 결정하여야 하며(상법 340조의3 2항), ⅲ) 회사는 주주총회의 결의에 의하여 주식매수선택권을 부여받은 자와 계약을 체결하고 상당한 기간 내에 계약서를 작성하여야 한다(상법 340조의3 3항).

2) 주식매수선택권의 부여방식 => 하기 유형 중 등기와 관련된 것은 "신주발행형" 만 해당

구 분	내 용
신주발행형	주식매수선택권을 행사하여 행사가격을 회사에 납입하면 회사는 그에게 신주를 발행하여 교부하는 방식
자기주식 양도형	주식매수선택권을 행사하여 행사가격을 회사에 납입하면 회사는 이미 보유한 자기주식을 교부하는 방식
차액정산형 또는 주가차액교부방식	주식매수선택권의 행사가격이 주식의 실질가격보다 낮은 경우에 회사에서 그 차액을 금전으로 지급하거나 그 차액에 상당하는 자기주식을 양도(무상이전을 의미)하는 방식

3) 주식매수선택권과 관련한 등기로는 주식매수선택권 부여에 관한 정관 내용의 등기와 주식매수선택권의 행사에 따른 등기로 나뉠 수 있다. ⅰ) 회사설립 시의 원시정관에 주식매수선택권에 관한 내용을 정관에 정한 때에는 설립등기를 할 때에, 기왕에 정한 주식매수선택권 부여에 관한 정관 내용을 변경하거나 회사설립 후에 주식매수선택권 부여에 관한 내용을 새로이 정관에 정한 경우에는 그 효력발생일로부터 2주간 내에 본점 소재지 관할 등기소에 등기하여야 하며, ⅱ) 주식매수선택권의 행사로 신주가 발행되는 경우 그 효력발생 시부터 등기를 신청할 수 있지만 등기기간은 주식매수선택권을 행사한 날이 속하는 달의 말일로부터 2주간 내이다(『2016 상업등기실무』, 415~420면 참조).

4) 주식매수선택권의 행사에 따른 효력발생시기는 행사가격의 납입이 필요한지 여부에 따라 차이가 있다. ⅰ) 신주발행형이나 자기주식 양도형의 경우에는 선택권의 행사 시에 선택권자의 행사가격의 납입이 필요하므로 행가가액을 납입한 때에 그 효력이 발생하며(상법 340조의5, 516조의10), ⅱ) 차액정산형 또는 주가차액교부방식의 경우에는 선택권의 행사 시에 선택권자의 행사가격의 납입이 필요 없으므로 선택권을 행사한 때에 그 효력이 발생한다(이수천, 『상법강의』, 438면).

제16절 주식분할로 인한 변경등기[1)2)]

내 용	관련 조문		관련 선례・예규・규칙 (실무사례 포함)
	상법	상업등기법	
1. 주식분할	제329조의2, 제440조 ~제444조	규칙 제139조	☞ 실무사례(113) 250. 상업선례 제1-196호 251. 상업선례 제1-199호

1) 주식분할이란 주식 1주를 2주 이상으로 만들면서 발행주식의 총수를 증가시키는 것을 말하는 데, 일반적으로 주식분할은 단위 주식의 시가가 너무 높아 유동성에 문제가 있을 때에 주식 수를 증가시키면서 단위 주식의 시가를 낮추고자 할 때에 행하여진다. 상법상으로는 분할 전후의 발행주식의 액면가의 총액이 같은, 즉 자본의 변경이 없는 주식분할만 인정되는 것으로 해석되고 있다. 따라서 주식분할 시에는 채권자보호절차를 거칠 필요가 없다(『상업등기실무(II)』, 310면).

2) 주식분할의 경우 일정한 제한이 있다. 즉, i) 주식분할 시 분할 후의 액면주식 1주의 금액은 최저액면금액인 100원 미만으로 할 수 없으며(상법 329조의2 3항), ii) 종류주식을 발행한 회사가 주식분할을 하여 신주를 발행하는 경우에는 같은 종류의 주식을 발행하여야 하며, iii) 주식분할로 인하여 발행주식의 총수가 증가하나 그 한계는 정관상의 발행예정주식총수의 범위 내로 제한되며, iv) 회사가 종류주식을 발행한 경우에는 부분적 주식분할은 허용되지 않으므로, 주식분할은 보통주식과 종류주식의 주식분할을 동시에 하여야 한다. 즉 보통주식과 종류주식 중 그 일방만의 주식분할은 허용되지 않는다(『주석상법(회사편II)』, 347~348면).

§ 요약

1. 주식의 분할이란 주식 1주를 2주 이상으로 만들면서 발행주식의 총수를 증가시키는 것을 말하는데, 일반적으로 주식분할은 단위 주식의 시가가 너무 높아 유동성에 문제가 있을 때에 주식 수를 증가시키면서 단위 주식의 시가를 낮추고자 할 때에 행하여진다. 그 밖에 합병절차에 있어서 합병비율의 결정의 편리 등을 위해서도 이루어진다.

2. 주식분할을 하기 위한 절차로서는, ⅰ) 상법 제434조의 주주총회 특별결의가 있어야 하며(상법 329조의2 1항), ⅱ) 액면주식의 액면가 변경에 따른 정관을 변경하여야 하며, 주식의 분할로 회사가 발행할 주식의 총수 중 미발행주식이 부족하면 회사가 발행할 주식의 총수를 늘리기 위한 정관변경도 이루어져야 한다. ⅲ) 주식을 분할할 경우에는 회사는 1월 이상의 기간을 정하여 그 뜻과 그 기간 내에 주권을 회사에 제출할 것을 공고하고 주주명부에 기재된 주주와 질권자에 대하여 각별로 그 통지를 하여야 한다(상법 329조의2 3항, 440조). → 「실무사례(113)」(729면) 참조

3. 주식분할에 따른 변경등기를 위해서는, ⅰ) 1주의 금액의 변경과 주식분할을 결의한 공증인의 인증받은 주주총회의사록(발행할 주식의 총수를 변경한 때에는 그 결의내용도 포함), ⅱ) 주권제출공고를 하였음을 증명하는 정보(규칙 139조 2항) 등을 첨부정보로 제공하여야 한다.

4. 위 3. ⅱ)와 관련하여, 주식분할에 있어서 주권제출공고는 절차적 본질적인 요소로서, 선례에 의하면 주식회사가 주권을 발행하지 아니한 경우나 주주 전원이 이의가 없다는 서면을 첨부하더라도 주권제출공고를 하였음을 증명하는 서면의 첨부 없이 주식분할로 인한 변경등기를 신청할 수는 없다(상업선례 1-196, 730면 및 1-199, 731면 참조).[1)]

5. 상법상으로 분할 전후의 발행주식의 액면가의 총액이 같은, 즉 자본의 변경이 없는 주식분할만 인정되므로 주식분할 시 채권자보호절차를 거칠 필요는 없다. 주식분할은 주권제출기간이 만료한 때에 그 효력이 발생하므로(상법 329조의2 3항, 441조 본문), 그 때로부터 2주간 내에 본점 소재지 관할 등기소에 주식분할에 따른 변경등기를 하여야 한다.

1) 공고를 하였음을 증명하는 정보를 제공하여야 하는지에 관한 일반적인 사항은 「총괄(8)」, 732면 참조

실무사례(113)

제목: 주식분할로 인한 변경등기

회사는 이번에 발행한 주식의 총수 10,000주를 100,000주로 늘리고, 1주당 액면가를 5,000원에서 500원으로 변경하는 주식분할을 하려고 한다. 참고로 현재 회사의 발행할 주식의 총수는 정관상 50,000주로 되어 있다.

【1】 주식분할을 위한 주주총회의 특별결의 시 특별히 주의할 점은?

【2】 위와 같이 주식분할을 할 경우 납부할 등록면허세는?

1. 주식을 분할하기 위해서는 i) 주주총회의 특별결의가 필요하며(상법 329조의2 1항), ii) 1주의 금액은 정관의 절대적 기재사항이므로 주식분할을 위한 주주총회 특별결의 시 주식분할뿐만 아니라 1주 금액의 변경을 위한 결의도 같이 하여야 한다. iii) 또한 주식분할로 회사가 발행할 주식의 총수 중 미발행주식이 부족하면 회사의 발행할 주식의 총수를 늘리는 정관변경을 위한 결의도 같이 하여야 한다. 사안의 경우 주식분할로 회사의 발행한 주식은 10,000주에서 100,000주로 변경되어 회사의 발행할 주식의 총수 50,000주를 초과하게 되므로, 회사의 발행할 주식의 총수를 늘리는 정관변경도 함께 이루어져야 한다.

2-1. 주식의 분할로 인한 1주의 금액(5,000원 -> 500원)과 발행주식총수(10,000주 -> 100,000주)의 변경등기에 대하여 지방세법 제28조 제1항 제6호 바목(그 밖의 등기)의 등록면허세 40,200원을 각각 납부하여야 한다(총 2건).

2-2. 주식분할로 인하여 회사의 발행할 주식의 총수가 부족하여 그에 대한 변경등기를 발행주식총수에 대한 변경등기와 함께 하는 경우, 발행주식총수의 변경등기에 대한 등록면허세를 납부하는 이외 회사의 발행할 주식의 총수에 대한 변경등기에 대해서도 별도의 등록면허세를 납부하여야 하는지 문제된다. 이에 대해 주식을 분할하면서 회사가 발행할 주식의 총수 중 미발행주식이 부족하여 발행할 주식의 총수를 변경하고 그 등기도 같이 신청할 경우, 이에 관하여 별도의 등록면허세를 납부할 필요는 없다(『상업등기실무(II)』, 314면).[1)]

참조 조문: 상법 제329조의2, 지방세법 제28조 제1항 제6호

1) 같은 취지로 상업등기선례 제2-7호 문단2(122면) 및 등기예규 제1038호 3.(123면) 참조

250. 주식회사가 주권을 발행하지 아니하였다는 이유로 주권제출기간을 명시하지 않은 주식액면분할공고절차만을 거친 채 주식분할로 인한 변경등기를 신청할 수 있는지 여부(소극)1)

[상업등기선례 제1-196호, 제정 2000. 7. 3.]

주식분할로 인한 변경등기신청서에는 회사가 1개월 이상의 기간을 정하여 주식분할의 뜻과 그 기간 내에 주권을 회사에 제출할 것을 공고하였음을 증명하는 서면을 첨부하여야 하는바(비송사건절차법 제209조 => 주: 현행 상업등기규칙 제139조, 상법 제329조의2, 제440조 참조), 이러한 주권제출의 공고는 주식회사가 사실상 주권을 발행하지 아니하였다는 이유로 이를 생략할 수 없다고 할 것이므로, 주식회사가 주권을 발행하지 아니하였다는 이유로 주권제출기간을 명시하지 않은 주식액면분할공고절차만을 거친 채 주식분할로 인한 변경등기를 신청할 수는 없다.
(2000. 7. 3. 등기 3402-471 질의회답)

참조 조문 · 규칙 · 예규 · 선례 · 판례

▣ 상법[법률 제13523호, 2015. 12. 1., 일부개정]

제329조의2(주식의 분할) ① 회사는 제434조의 규정에 의한 주주총회의 결의로 주식을 분할할 수 있다.
② 제1항의 경우에 분할 후의 액면주식 1주의 금액은 제329조제3항에 따른 금액(주: 1주당 100원) 미만으로 하지 못한다.

제440조(주식병합의 절차) 주식을 병합할 경우에는 회사는 1월 이상의 기간을 정하여 그 뜻과 그 기간 내에 주권을 회사에 제출할 것을 공고하고 주주명부에 기재된 주주와 질권자에 대하여는 각별로 그 통지를 하여야 한다.

▣ 상업등기규칙[대법원규칙 제2668호, 2016. 6. 27., 타법개정]

제139조(주식의 병합 또는 분할로 인한 변경등기) ① 주식의 병합(자본금 감소의 경우는 제외한다)으로 인한 변경등기를 신청하는 경우에는 「상법」 제440조에 따른 공고를 하였음을 증명하는 정보를 제공하여야 한다.
② 주식의 분할로 인한 변경등기의 신청에 관하여는 제1항을 준용한다.

---

1) 주식분할에 있어서 주권제출공고는 절차상 본질적인 요소이다. 「선례해설」(731면) 참조

251. 주권제출공고증명서에 갈음하여 주주 전원의 이의가 없다는 서면을 첨부하여 주식분할로 인한 변경등기를 신청할 수 있는지 여부(소극)

[상업등기선례 제1-199호, 제정 2000. 11. 8.]

주식분할로 인한 변경등기신청서에는 회사가 1개월 이상의 기간을 정하여 주식분할의 뜻과 그 기간 내에 주권을 회사에 제출할 것을 공고하였음을 증명하는 서면을 첨부하여야 하는바(비송사건절차법 제209조 => 주: 현행 상업등기규칙 제139조, 상법 제329조의2, 제440조), 이러한 주권제출공고절차는 주주 전원의 이의가 없다는 이유로 이를 생략할 수 없다고 할 것이므로, 주권제출공고증명서에 갈음하여 주주 전원의 이의가 없다는 서면을 첨부하여 주식분할로 인한 변경등기를 신청할 수는 없다.
(2000. 11. 8. 등기 3402-800 질의회답)

◐ 선례 해설: 주식분할에 있어서 주권제출공고는 절차상 본질적인 요소임

1. 주식분할의 절차

주식분할을 하기 위해서는 주주총회의 특별결의(상법 392조의2 1항)와, 액면가 변경을 위한 정관의 변경, 주권제출공고(상법 392조의2 3항, 440조)가 절차적으로 필요하다.

2. 주식분할의 효력발생시기

상법상 자본감소가 일어나는 주식분할이란 있을 수가 없으므로 주식분할 시 채권자보호절차는 필요 없으며, 주식분할은 주권제출기간이 만료한 때에 그 효력이 발생한다(상법 329조의2 3항, 441조).

3. 첨부정보

주식분할을 하기 위해서는 주주총회의사록, 주권제출공고증명서, 등록세영수필확인서, 위임장 등을 첨부정보로 제공하여야 한다. 이 중 주권제출공고증명서와 관련해서는 ⅰ) 주권이 발행되지 않았다는 이유로 주권제출기간을 명시하지 않은 주식액면분할공고만 한 경우에는 부적법하며(상업선례 1-196, 730면), ⅱ) 주주 전원의 이의가 없다는 사유로 주권제출공고를 생략할 수는 없다(본 선례). 왜냐하면 주식병합과 마찬가지로 주식분할에 있어서 주권제출공고는 절차상 본질적인 요소이기 때문이다.

▦ 총괄(8): 공고를 하였음을 증명하는 정보의 첨부정보 제공여부
→ 첨부정보의 법정주의를 극명하게 보여주는 예

구 분		상법	첨부 여부	관련 선례·규칙
신주배정기준일의 지정·공고(제3자배정의 경우에는 통지 또는 공고)	주주배정방식	418③	첨부 X	상업선례 1-171 상업선례 2-57 상업선례 2-63
	제3자배정방식	418④	**원칙: 첨부 ○ (단, 총주주동의서 첨부 시: X)**	**규칙 133조** (상업선례 2-54)
주식분할		329조의2③	**첨부 ○**	**규칙 139조** (상업선례 1-199)
회사가 주식을 전환		346③	**첨부 ○**	**규칙 136조**
회사가 주식을 상환		345②	**첨부 ○**	**규칙 141조**
액면주식·무액면주식의 전환		329⑤	**첨부 ○**	**규칙 140조**
무상증자		461③	첨부 X	
자본금 감소 (채권자이의제출공고는 결손보전 외에는 첨부, 주권제출공고는 좌측 참조)	주식병합 또는 강제소각	440	**첨부 ○**	**규칙 142조**
	주식의 액면금액 인하 또는 임의소각	343②	첨부 X	상업선례 1-188
합병		527조의5①	**첨부 ○**	**규칙 148조** (상업선례 1-233)
조직변경		608	**첨부 ○**	**규칙 152조**
청산종결		535	첨부 X	상업선례 1-280

1. 상법에서는 상기 사항의 경우에 대해 통지 또는 공고하도록 규정하고 있으나, 등기신청 시 상업등기규칙에서 통지 또는 공고를 하였음을 증명하는 정보를 첨부정보로 제공하도록 규정하고 있는 경우에 한하여 첨부정보로 제공하고 그 이외에는 제공하지 않아도 되는 것이 원칙이다.

2. 위 1.의 유일한 예외로, 제3자배정방식에 의한 신주발행으로 인한 변경등기 시에는 상업등기규칙 제133조에서 통지 또는 공고를 하였음을 증명하는 정보를 첨부정보로 제공토록 하고 있음에도 불구하고, 상업등기선례 제2-54호(652면)에서는 총주주의 동의로 주주에 대한 통지 또는 공고를 하였음을 증명하는 정보를 생략 가능함을 밝히고 있다.

제17절 준비금의 자본금 전입으로 인한 변경등기[1)2)3)4)5)]

내 용	관련 조문		관련 선례·예규·규칙 (실무사례 포함)
	상법	상업등기법	
1. 자본금 전입의 대상	제458조 ~제461조의2		252. 상업선례 제1-202호 253. 상업선례 제1-191호 ☞ 실무사례(114)
2. 첨부정보		규칙 제137조	254. 상업선례 제1-175호 255. 상업선례 제1-180호 ☞ 실무사례(115) 256. 상업선례 제1-195호 257. 상업선례 제2-58호 ☞ 실무사례(116)

1) 법정준비금을 자본금 전입하는 경우 발행하는 신주에 대해 기존의 주주들은 별도의 납입 없이 그가 가진 주식 수에 비례하여 신주를 취득하므로 실제 회사에 유입되는 자산이 없어 자산재평가법상의 재평가적립금의 자본금 전입과 함께 통상 '무상증자' 라 한다.

2) 자본금 전입의 대상이 되는 것은 법정준비금에 한하는 바, 법정준비금이란 법률의 규정에 의하여 적립이 강제되는 계수상의 금액으로 이익준비금과 자본준비금이 있다.

3) 금전납입에 의한 신주발행으로 인한 변경등기와 비교하면 준비금의 자본금 전입으로 인한 변경등기 시에는 원칙적으로 주식의 인수를 증명하는 정보, 주식의 청약을 증명하는 정보, 주금납입 보관을 증명하는 정보(혹은 잔고를 증명하는 정보) 등은 첨부정보로 제공할 것이 아니다. 단, 준비금의 자본금 전입으로 인한 변경등기 시에도 주금납입 보관을 증명하는 정보(혹은 잔고를 증명하는 정보)를 첨부정보로 제공하여야 하는 특별한 경우가 있다. 이와 관련하여 특별한 경우에 해당되는 것에 관한 설명은 「선례해설」(745~746면) 참조. 결국 준비금의 자본금 전입으로 인한 변경등기 시에 준비금의 존재를 증명하는 정보를 제공하여야 하는데(규칙 137조), 준비금의 존재를 증명하는 정보가 구체적으로 무엇인지에 대한 논의가 본절에서 가장 중요한 주제라 하겠다.

4) 무상증자 시에 회사가 보유한 자기주식에 대해서도 주식을 배정하여야 하는지에 대한 관한 논의는 「실무사례(130)」(797면) 참조

5) 자본금 전입으로 인해 발행되는 신주의 효력발생시기는 이사회 결의에 의한 경우에는 배정기준일, 주주총회 결의에 의한 경우에는 주주총회 결의일이다(상법 461조 3항 및 4항). 구주식과 신주식 간의 관계에 있어서는, 신주식은 구주식의 과실이나 종물이 아니므로 구주식이 양도되더라도 신주식은 그에 수반하여 양도되는 것은 아니다(대법원 2010. 2. 25. 선고 2008다96963 판결).

§ 요약

1. 준비금의 자본금 전입은 이사회의 결의로 법정준비금의 일부 또는 전부를 자본금에 전입하여 무상으로 신주를 교부하는 절차로서, 자본금 전입이 가능한 준비금은 법정준비금 즉 이익준비금과 자본준비금에 한한다(상업선례 1-202, 735면). 회사는 자본금의 2분의 1에 달할 때까지 매 결산기의 이익배당(금전배당+현물배당)의 10분의 1 이상의 금액을 이익준비금으로 적립하여야 하는데, 이는 회사의 영업활동에서 얻은 이익을 재원으로 적립되는 준비금이다. 반면에 자본준비금은 자본거래에서 발생한 자본잉여금을 재원으로 하여 적립되는 준비금이다.

2. 법정준비금의 자본금 전입으로 인한 변경등기에 있어서 상업등기규칙 제137조에서 제공토록 하고 있는 준비금의 존재를 증명하는 정보로는 정기주주총회에서 승인된 재무제표만을 의미하므로, 원칙적으로 첨부정보로는 정기주주총회의사록과 그 의사록에 별첨한 결산 재무제표를 함께 인증받은 서면이어야 할 것이다(『개정 상업등기법 · 규칙 해설』, 317면 참조). 선례에 의하면, 소관 세무서장의 대차대조표에 대한 확인서나 공인회계사나 감사의 확인서는 준비금의 존재를 증명하는 정보에 해당하지 않는다(상업선례 1-175, 740면 및 1-180, 741면).

3. 상기 2.의 첨부정보와 관련하여, 이익준비금은 정기주주총회의 결산 재무제표 승인 과정을 통해 발생하는 것이므로 정기주주총회에서 승인된 재무제표가 준비금의 존재를 증명하는 정보인 점은 타당하나, 정기주주총회의 결산 재무제표 승인 과정을 통해 발생하는 것이 아닌 경우 즉 신주발행 시 발생하는 주식발행초과금, 합병 • 분할 • 감자 등의 경우에 발생하는 합병차익, 회사분할차익, 감자차익 등 자본준비금에 대해서도 반드시 정기주주총회에서 승인된 재무제표만을 첨부정보로 한다면 다소 문제가 있다. 왜냐하면 당기 중에 신주발행, 합병, 분할, 감자 등의 사유로 발생한 주식발행초과금, 합병차익, 회사분할차익, 감자차익 등 자본준비금은 정기주주총회에서 승인한 전년도 재무제표에서는 나타나지 않기 때문이다. 이에 대해 선례에 의하면, 직전연도 재무제표에는 존재하지 않다가 기중에 처음 발생한 주식발행초과금의 경우에는 준비금의 존재를 증명하는 첨부정보로 은행 기타 금융기관의 납입금보관에 관한 증명서(준비금의 자본금 전입 후에도 자본금 총액이 10억 원 미만인 경우에는 잔고증명서도 가능)를 제공할 수 있다(상업선례 1-195, 743면 및 2-58, 745면).

252. 준비금의 자본전입

[상업등기선례 제1-202호, 제정 2001. 8. 4.]

1. 준비금의 자본전입은 이사회의 결의로 법정준비금의 일부 또는 전부를 자본에 전입하여 무상으로 신주를 교부하는 절차인바, 자본전입이 가능한 준비금은 법정준비금 즉 자본준비금과 이익준비금에 한한다.

2. 상장법인의 경우 증권거래법에서 재무구조개선적립금의 적립이 의무화되어 있고 이를 이월결손금의 보전이나 자본전입에만 사용할 수 있도록 한 규정에 의하여 재무구조개선적립금을 이사회의 결의로 자본전입할 수 있는데 반하여, 비상장법인의 경우 주주총회의 결의나 정관의 규정에 의하여 위와 유사한 적립금을 조성할 수는 있지만 이는 임의준비금의 성격을 가지므로 이를 주주총회의 결의나 이사회의 결의로써 자본전입할 수 없다.

(2001. 8. 4. 등기 3402-534 질의회답)

참조 조문 · 규칙 · 예규 · 선례 · 판례

▣ 상법[법률 제13523호, 2015. 12. 1., 일부개정]

제461조(준비금의 자본금 전입) ① 회사는 이사회의 결의에 의하여 준비금의 전부 또는 일부를 자본금에 전입할 수 있다. 그러나 정관으로 주주총회에서 결정하기로 정한 경우에는 그러하지 아니하다.

② 제1항의 경우에는 주주에 대하여 그가 가진 주식의 수에 따라 주식을 발행하여야 한다. 이 경우 1주에 미달하는 단수에 대하여는 제443조 제1항의 규정을 준용한다.

③ 제1항의 이사회의 결의가 있은 때에는 회사는 일정한 날을 정하여 그 날에 주주명부에 기재된 주주가 제2항의 신주의 주주가 된다는 뜻을 그 날의 2주간전에 공고하여야 한다. 그러나 그 날이 제354조 제1항의 기간 중인 때에는 그 기간의 초일의 2주간전에 이를 공고하여야 한다.

④ 제1항 단서의 경우에 주주는 주주총회의 결의가 있은 때로부터 제2항의 신주의 주주가 된다.

⑤ 제3항 또는 제4항의 규정에 의하여 신주의 주주가 된 때에는 이사는 지체없이 신주를 받은 주주와 주주명부에 기재된 질권자에 대하여 그 주주가 받은 주식의 종류와 수를 통지하여야 한다.

⑥ 제350조 제3항 후단의 규정은 제1항의 경우에 이를 준용한다.

⑦ 제339조의 규정은 제2항의 규정에 의하여 주식의 발행이 있는 경우에 이를 준용한다.

◐ **선례 해설:** 「실무사례(114)」(739면) 참조

1. 법정준비금의 종류[1)]

이익준비금[2)]	회사는 자본금의 2분의 1에 달할 때까지 매 결산기의 이익배당액(금전배당+현물배당)의 10분의 1 이상의 금액을 이익준비금으로 적립하여야 하는데, 이는 회사의 영업활동에서 얻은 이익을 재원으로 적립되는 준비금이다(상법 458조).
자본준비금	자본거래에서 발생한 자본잉여금을 재원으로 하여 적립되는 준비금으로서 주식발행초과금, 합병차익, 회사분할차익, 감자차익 등을 들 수 있다(상법 459조).

2. 법정준비금의 사용

i) 자본금의 결손 보전에 충당(상법 460조)
ii) 자본금에 전입(상법 461조)

3. 법정준비금의 감액(상법 461조의2 , 2011. 4. 14. 신설): 「보론」(737면) 참조

회사는 적립된 자본준비금 및 이익준비금의 총액이 자본금의 1.5배를 초과하는 경우에 주주총회의 결의에 따라 그 초과한 금액 범위 내에서 자본준비금과 이익준비금을 감액할 수 있다. 이와 같이 감액된 법정준비금은 주주에 대한 이익배당 등의 재원으로 사용될 수 있다.

4. 상장법인이 과거 「유가증권의 발행 및 공시 등에 관한 규정」 제56조에 의해 2006년 말까지 적립하였던 재무구조개선적립금은 법정적립금으로 자본금 전입이 가능하나, 그 당시에도 비상장법인의 경우 그 적용이 없었음으로 설사 과거에 비상장법인이 재무구조개선적립금을 적립하였더라도 이는 임의적립금에 불과하여 자본금 전입은 불가하다.

---

1) 준비금의 종류에 관한 설명은 『2016 상업등기실무』(424~426면) 참조
2) 상법 제458조는 적립할 이익준비금의 최소한의 적립액을 규정한 것이므로 이익배당이 전혀 없는 경우에도 이익준비금을 적립하는 것은 허용된다(『주석상법(회사편Ⅳ)』, 324면).

「보 론」 법정준비금의 감액[1]

1. 법정준비금의 사용 용도의 제한에 관한 개정의 필요성

2011. 4. 14. 상법 개정 전에는 법정준비금은 자본금의 결손 보전에 충당하거나 자본금에로의 전입만이 가능하였다. 하지만 이는, i) 준비금의 용도를 결손 보전과 자본금 전입에 한정하고 있어 준비금제도가 매우 경직되게 운영되었으며, ii) 기존의 준비금이 회계상의 수치에 불과하여 회사에 준비금으로 유보되는 재산이 특정되는 것도 아니고 별도로 예치되는 것도 아니어서 법정준비금의 취지인 자본충실 및 채권자 보호기능의 실효성에 대한 근본적 의문이 제기되었고, iii) 이익준비금의 적립한도인 자본금의 2분의 1은 주요 선진국에 비해 대단히 높은 수준으로 설정되어 있으며, 자본준비금은 한도 없이 계속 적립하도록 하고 있어 과도하게 적립될 수밖에 없는 점 등의 문제가 있었다.

2. 2011. 4. 14. 개정 상법의 내용

자본금의 150%를 초과하는 법정준비금에 대해서는 주주총회 보통결의를 통해 배당 등 자본금의 결손 보전 충당 및 자본금 전입 이외의 용도로 사용할 수 있도록 상법 제461조의2를 신설하였다.

3. 관련 사례

(질의) 자본금의 1.5배를 초과하는 자본준비금을 이익잉여금 항목인 대손준비금으로 전환할 수 있는지?
(해설) 회사는 적립된 자본준비금 및 이익준비금의 총액이 자본금의 1.5배를 초과하는 경우에 주주총회의 보통결의에 따라 그 초과한 금액 범위에서 자본준비금과 이익준비금을 감액할 수 있는바(상법 461조의2), 이 때 감소된 준비금은 통상 배당 재원으로 활용되겠지만,[2] 그 사용처에 대해 법에서 특별한 제한을 두고 있지 않으므로 회사가 주주총회 보통결의를 통하여 준비금을 감소하기로 결의하고 그 사용처를 이익잉여금 항목인 대손준비금으로 전환하는 것도 가능하다.

1) 『상법 회사편 해설』, 328~334면
2) 상법 제461조의2에 따라 주식발행초과금을 감액하여 개인 주주에게 금전배당을 실시하는 경우에는 납입자본의 반환성격으로 보아 배당소득으로 보지 않는다(서면법규-980, 2013. 9. 11.).

253. 자본의 2분의 1을 초과하는 이익준비금의 자본전입 가능 여부(소극)

〔상업등기선례 제1-191호, 제정 1999. 9. 27.〕

상법 제461조 제1항의 규정에 의하여 자본에 전입할 수 있는 준비금은 법정준비금에 한한다고 해석되므로 임의준비금은 자본에 전입할 수 없으며, 자본의 2분의 1을 초과하여 이익준비금이 적립된 경우에 그 초과액은 임의준비금으로 보아야 할 것이므로 그 초과액은 자본에 전입할 수 없다.
(1999. 9. 27. 등기 3402-914 질의회답)

참조 조문 · 규칙 · 예규 · 선례 · 판례

▣ **상법[법률 제13523호, 2015. 12. 1., 일부개정]**

제458조(이익준비금) 회사는 그 자본금의 2분의 1이 될 때까지 매 결산기 이익배당액의 10분의 1 이상을 이익준비금으로 적립하여야 한다. 다만, 주식배당의 경우에는 그러하지 아니하다.

제461조(준비금의 자본금 전입) ① 회사는 이사회의 결의에 의하여 준비금의 전부 또는 일부를 자본금에 전입할 수 있다. 그러나 정관으로 주주총회에서 결정하기로 정한 경우에는 그러하지 아니하다.

◐ **선례 해설: 이익준비금의 자본금 전입 가능 금액에 대한 예시(「실무사례(114)」, 739면 참조)**

구 분	금 액	자본금 전입 가능액
Ⅰ. 자본금	**100,000,000**	
Ⅱ. 자본잉여금	**-**	
Ⅲ. 자본조정	**-**	
Ⅳ. 이익잉여금	**1,000,000,000**	
1. 이익준비금	80,000,000	50,000,000
2. 미처분이익잉여금	920,000,000	
자본총계	**1,100,000,000**	

▷ 이익준비금 80,000,000원 중 자본금 100,000,000원의 2분의 1을 초과하는 30,000,000원은 회계상 이익준비금으로 계상되어 있더라도 이는 임의준비금으로 보아 자본금 전입의 대상이 되지 못한다.

실무사례(114)

제목: 자본금 전입이 가능한 준비금 및 준비금의 자본금 전입 시 첨부정보

아래 각 질의는 준비금의 자본금 전입에 관한 것으로 별개의 사안이다.

【1】 회사의 자본금은 1억원이며, 정기주주총회에서 승인받은 전년도 대차대조표(혹은 재무상태표)상에는 이익준비금 6천만원, 주식발행초과금 5천만원, 임의적립금 4천만원이 각 나타나 있다. 이 경우 자본금 전입이 가능한 법정준비금의 금액은 얼마인지?

【2】 상법 제461조에서는 준비금의 전부 또는 일부를 자본금에 전입하기로 이사회의 결의가 있은 때에는 공고하도록 되어 있는데, 이 공고문은 등기신청 시 첨부정보로 제공되어야 하는지?

【3】 일반적인 신주발행으로 인한 변경등기와 같이 준비금의 자본금 전입의 경우에도 주식인수증, 주식청약서, 주금납입관련 서류 등을 첨부정보로 제공되어야 하는지?

1. 자본금 전입을 할 수 있는 법정준비금은 이익준비금과 자본준비금에 한하며, 사안의 경우 이익준비금과 주식발행초과금이 이에 해당된다. 이익준비금의 경우 자본금의 2분의 1의 한도 내에서만 자본금 전입이 가능하다. 결국 사안의 경우 자본금 전입이 가능한 법정준비금의 금액은 자본금 1억원의 2분의 1인 5천만원 이내의 이익준비금과 주식발행초과금 5천만원의 합계인 1억원이 되겠다.

2. 공고를 하였음을 증명하는 정보를 첨부정보로 제공하여야 하는지에 대해서는 첨부정보의 법정주의에 의하여 상업등기법, 상업등기규칙, 그 밖의 법령에서 첨부정보로 정한 경우에 한하는데(「총괄(8)」, 732면), 준비금의 자본금 전입의 경우에는 상업등기규칙 제137조에서 공고를 하였음을 증명하는 정보를 첨부정보로 규정하고 있지 않아 공고문을 첨부정보로 제공할 필요가 없다.

3. 준비금의 자본금 전입은 원칙적으로 이사회에서 자본금 전입을 결의한 때에는 신주배정일에 그 효력이 발생하므로, 보통의 신주발행에 있어서 요구되는 청약, 배정, 납입과 같은 절차는 필요 없다(『상업등기실무(Ⅱ)』, 321면). 따라서 준비금의 자본금 전입의 경우에는 원칙적으로 주식인수증, 주식청약서, 주금납입관련 서류 일체는 첨부정보가 아니다.

참조 조문: 상법 제461조, 상업등기규칙 제137조

참조 선례: 상업등기선례 제1-202호(735면) 및 제1-191호(738면)

254. 임의준비금의 자본전입 가부

[상업등기선례 제1-175호, 제정 1987. 5. 21.]

대차대조표(소관 세무서장이 인정한 것)에 기재된 이익준비금에 한하여[1] 자본전입이 가능하다.
(1987. 5. 21. 등기 제297호)

질의요지 : 회사의 자본금이 금 5,000만원이고, 당기말 대차대조표상의 이익준비금이 2,419,410원, 미처분이익잉여금(임의준비금)이 금63,992,573원인 경우 임시주주 총회 결의로 이익잉여금 중 일부를 이익준비금으로 항목이체하여 이익준비금이 2,500만원이 된 때에 이사회 결의로 이를 자본에 전입하여 증자등기를 할 수 있는지 여부.

◐ 선례 해설: 준비금의 존재를 증명하는 첨부정보(1), 「실무사례(115)」(742면) 참조

1. 상업등기선례 제1-180호(741면)의 주석 부분에서 세무서장이 확인한 대차대조표(혹은 재무상태표, 이하 같다)는 준비금의 존재를 증명하는 서면에 해당하지 않고 오로지 정기주주총회에서 승인한 재무제표만이 준비금의 존재를 증명하는 서면에 해당함을 밝히고 있다.

2. 따라서 법정준비금의 자본금 전입으로 인한 변경등기에 있어서 상업등기규칙 제137조에서 첨부토록 하고 있는 준비금의 존재를 증명하는 정보로는 정기주주총회에서 승인된 재무제표만을 의미하므로(상업선례 1-195, 743면 문단2 참조), 원칙적으로 첨부정보로는 정기주주총회의사록과 그 의사록에 별첨한 결산 재무제표를 함께 인증받은 서면이어야 할 것으로 생각된다(이사회결의에 의한 재무제표 등의 승인에 관한 특칙은 상법 제449조의2 참조).

---

1) 예전의 회계처리는 전년도 결산기에 관한 이익처분을 당해연도 정기주주총회에서 결의하면 그 이익처분 현황이 전년도 결산기말 대차대조표에 반영되었으나, 현행 회계처리에 의하면 전년도 결산기에 관한 당해연도 정기주주총회에서의 이익처분 사항은 전년도 대차대조표에 반영되지 않고 정기주주총회 결의일의 대차대조표에 반영되므로, 직전연도 대차대조표에 기재된 이익준비금에 한한다는 것은 과거 회계처리에서는 타당하였으나 현행은 맞지 않다. 따라서 현재는 법원공무원교육원 교재에서 설명하고 있는 것과 같이 자본금 전입의 대상이 되는 이익준비금은 이익잉여금처분계산서를 승인하는 주주총회에서 그 적립을 결정한 것에 한정된다는 표현이 적절하다(『2016 상업등기실무』, 427면 참조).

255. 임의준비금의 자본전입 가부 등

[상업등기선례 제1-180호, 제정 1994. 3. 22.]

상법 제461조 제1항의 규정에 의하여 자본에 전입할 수 있는 준비금은 법정준비금에 한한다고 해석되므로 임의준비금은 자본에 전입할 수 없으며, 임시주주총회의 결의로 임의준비금을 자본금의 2분의 1의 범위내에서 이익준비금으로 처분한 후 이를 자본전입할 수도 없다고 생각되나 또한 준비금의 자본전입으로 인한 변경등기시 첨부되는 준비금의 존재를 증명하는 서면은 주주총회에서 승인하였거나, 소관 세무서장이 인정한 대차대조표를 의미하며 감사인(공인회계사, 감사)의 확인서는 이에 해당하지 않는다.

(1994. 3. 22. 등기 3402-233 질의회답)

注) 소관 세무서장의 대차대조표에 대한 확인서는 법적 근거 없이 사실상 발급된 듯하나, 현재는 폐지됨.

◐ **선례 해설:**

1. 자본금에 전입할 수 있는 준비금은 법정준비금인 이익준비금과 자본준비금에 한하고, 이익준비금과 자본준비금은 각각 법률의 규정에 의해 적립되는 것으로서 회사가 임의로 적립할 수 있는 것은 아니다(「선례해설」 법정준비금의 종류, 736면 참조).
2. 따라서 정기주주총회의 결산 재무제표 승인 과정을 통해 발생하는 이익준비금을 임시주주총회의 결의에 의해 임의로 적립할 수는 없으며, 설사 회사의 재무제표에 임시주주총회의 결의로 처분한 이익준비금을 계상하였다 하더라도 이는 상법상의 이익준비금에 해당하지 않아 자본금에의 전입 대상이 되지 못한다.
3. 다만, 임의준비금을 배당가능한 이익으로 환원시켜서 정기주주총회의 결의에 의하여 상법 제462조의2에 의한 주식배당을 함으로써 간접적으로 자본금에 전입시키는 효과를 거둘 수는 있다.
4. 준비금의 존재를 증명하는 첨부정보에 관한 것은 「선례해설」(740면) 참조.

실무사례(115)

제목: 준비금의 자본금 전입으로 인한 변경등기 시 첨부정보

준비금의 자본금 전입으로 인한 변경등기에 있어서 첨부정보 중 준비금의 존재를 증명하는 정보를 제공하여야 하는 바, 준비금의 존재를 증명하는 정보로 회사에서 제시한 재무상태표에 원본대조필 및 법인인감 날인하여 제출하면 되는지? 아니면 구체적으로 어떠한 서면을 제출하여야 하는지?

1. 상업등기선례 제1-180호에 의하면, 준비금의 자본금 전입으로 인한 변경등기 시 첨부되는 준비금의 존재를 증명하는 정보는 정기주주총회에서 승인한 재무제표만을 의미하고 감사인의 확인서는 이에 해당하지 않으며, 현재는 소관 세무서장의 재무제표에 대한 확인서도 이에 해당하지 않는다.

2. 따라서 원칙적으로 준비금의 자본금 전입으로 인한 변경등기에 있어서 준비금의 존재를 증명하는 정보는 정기주주총회의사록과 그 의사록에 별첨된 결산 재무제표를 함께 인증받은 정보여야 한다. 그렇게 하여야만 변경등기 시 첨부정보로 제공되는 정기주주총회의사록에 관한 정보에서 준비금의 존재를 확인할 수 있는 정보도 함께 확인 가능하기 때문이다.

3. 실무상 정기주주총회의사록과 함께 합철하여 인증받지 않고 정기주주총회에서 승인받은 재무제표를 회사의 원본대조필 및 간인을 할 경우에는 위 2.에서 설명한 바와 같이 정기주주총회의사록과 재무제표를 합철하여 인증받을 것을 보정하는 경우가 있으므로 주의를 요한다.

4. 한편 상기 2.의 방법 외에 상업등기선례는 아직 없지만, 국세청 홈택스서비스에서 출력한 전년도 표준재무제표도 준비금의 존재를 증명하는 첨부정보로 실무상 제공하는 경우도 있다.

참조 조문: 상업등기규칙 제137조

참조 선례: 상업등기선례 제1-175호(740면) 및 제1-180호(741면)

[비교 사례] 준비금의 존재를 증명하는 정보로 반드시 정기주주총회에서 승인된 재무제표만을 제공하여야 하는지 여부(소극)
=> 자본준비금이 당기 중에 발생하여 전년도 재무상태표에는 자본준비금이 표시되지 않은 특별한 경우에는 주금납입 보관증이나 잔고증명서를 준비금의 존재를 증명하는 첨부정보로 제공 가능(상업선례 1-195 및 2-58).

256. 주식발행초과금의 자본전입에 의한 변경등기신청시의 준비금의 존재를 증명하는 서면 및 임시주주총회에서 대차대조표를 승인할 수 있는지 여부 등[1)]

[상업등기선례 제1-195호, 제정 2000. 1. 13.]

1. 주식회사가 액면 이상의 가액으로 신주를 발행한 후 그 액면을 초과한 금액의 전부 또는 일부를 자본에 전입하여 그로 인한 변경등기를 신청하는 경우에, 위 주금의 납입을 맡은 은행 기타 금융기관의 납입금보관에 관한 증명서(비송사건절차법 제205조 제5호 => 주: 현행 상업등기규칙 제133조 제4호)에 의하여 주식발행초과금의 존재가 증명되는 때에는, 위 납입금보관에 관한 증명서도 준비금의 존재를 증명하는 서면(같은 법 제208조 => 주: 현행 상업등기규칙 제137조)에 해당된다.

2. 상법의 규정에 의하면 이사는 매결산기에 대차대조표 등과 그 부속명세서를 작성하여 이사회의 승인을 얻어야 하고(상법 제447조), 위 서류를 정기총회에 제출하여 그 승인을 요구하여야 하는 것이므로(상법 제449조 제1항), 결산기중에 임시주주총회를 개최하여 당해 영업연도의 대차대조표를 승인할 수는 없다.

3. 회사는 이사회의 결의에 의하여 준비금의 전부 또는 일부를 자본에 전입할 수 있으나, 회사가 정관으로 이를 주주총회에서 결정하기로 정한 경우에는, 정관에서 이를 정기주주총회로 한정하였다는 등의 특별할 사정이 없는 한 위 주식발행초과금의 전부 또는 일부를 자본에 전입하는 결의는 반드시 정기주주총회에서 결정하여야 하는 것은 아니다.[2)]
(2000. 1. 13. 등기 3402-26 질의회답)

---

1) 일반적으로 준비금의 존재를 증명하는 서면으로는 정기주주총회의 승인을 받은 재무제표를 의미하나, 본 선례에 의하면 주금의 납입을 맡은 은행 기타 금융기관의 납입금보관에 관한 증명서에 의하여 주식발행초과금의 존재가 증명되는 때에는, 위 납입금보관에 관한 증명서도 준비금의 존재를 증명하는 서면에 해당한다. 한편 상업등기선례 제2-58호(745면)에서는 여기서 한걸음 더 나아가, 기중 발생한 주식발행초과금을 자본금 전입하는 경우에도 준비금의 자본금 전입결과 자본금의 총액이 10억원 미만일 경우에는 은행 기타 금융기관의 잔고증명서도 준비금의 존재를 증명하는 서면이 될 수 있음을 밝히고 있다.

2) 회사는 이사회의 결의에 의하여 준비금의 전부 또는 일부를 자본금에 전입할 수 있다. 그러나 정관으로 주주총회에서 결정하기로 정한 경우에는 그러하지 아니하다(상법 461조 1항). 여기서의 주주총회는 정기주주총회뿐만 아니라 임시주주총회도 포함한다.

참조 조문 · 규칙 · 예규 · 선례 · 판례

▣ 상법[법률 제13523호, 2015.12.1., 일부개정]

제447조(재무제표의 작성) ① 이사는 결산기마다 다음 각 호의 서류와 그 부속명세서를 작성하여 이사회의 승인을 받아야 한다.

1. 대차대조표
2. 손익계산서
3. 그 밖에 회사의 재무상태와 경영성과를 표시하는 것으로서 대통령령으로 정하는 서류

② 대통령령으로 정하는 회사의 이사는 연결재무제표(聯結財務諸表)를 작성하여 이사회의 승인을 받아야 한다.

제449조(재무제표 등의 승인 · 공고) ① 이사는 제447조의 각 서류를 정기총회에 제출하여 그 승인을 요구하여야 한다.
② 이사는 제447조의2의 서류를 정기총회에 제출하여 그 내용을 보고하여야 한다.
③ 이사는 제1항의 서류에 대한 총회의 승인을 얻은 때에는 지체없이 대차대조표를 공고하여야 한다.

제449조의2(재무제표 등의 승인에 대한 특칙) ① 제449조에도 불구하고 회사는 정관으로 정하는 바에 따라 제447조의 각 서류를 이사회의 결의로 승인할 수 있다. 다만, 이 경우에는 다음 각 호의 요건을 모두 충족하여야 한다.

1. 제447조의 각 서류가 법령 및 정관에 따라 회사의 재무상태 및 경영성과를 적정하게 표시하고 있다는 외부감사인의 의견이 있을 것
2. 감사(감사위원회 설치회사의 경우에는 감사위원을 말한다) 전원의 동의가 있을 것

▣ 상업등기규칙[대법원규칙 제2668호, 2016. 6. 27., 타법개정]

제133조(신주발행으로 인한 변경등기) 신주발행으로 인한 변경등기를 신청하는 경우에는 다음 각 호의 정보를 제공하여야 한다.

4. 주금의 납입을 맡은 은행, 그 밖의 금융기관의 납입금 보관을 증명하는 정보. 다만, 신주발행의 결과 자본금 총액이 10억 원 미만인 회사에 대해서는 은행이나 그 밖의 금융기관의 잔고를 증명하는 정보로 대체할 수 있다.

제137조(준비금의 자본금 전입으로 인한 변경등기) 준비금의 자본금 전입으로 인한 변경등기를 신청하는 경우에는 준비금의 존재를 증명하는 정보를 제공하여야 한다.

257. 주식발행초과금의 자본금전입으로 인한 변경등기신청서에 첨부하는 준비금의 존재를 증명하는 서면에 잔고증명서도 해당하는지 여부

[상업등기선례 제2-58호, 제정 2012. 8. 20.]

주식회사가 영업연도 중간에 액면금액을 초과한 가액으로 주식을 발행한 후 그 초과금을 준비금으로 자본금에 전입하고 그에 따른 변경등기를 신청하는 경우 은행 기타 금융기관의 잔고증명서는 원칙적으로 준비금의 존재를 증명하는 서면이 될 수 없지만, 준비금의 자본금전입결과 자본금의 총액이 10억 원 미만이고, 액면금액을 초과한 가액으로 주식을 발행한 사실(액면을 초과한 금액으로 주식발행을 결정하고 신주인수의 청약과 신주배정 등이 있었다는 사실)을 알 수 있는 자료를 첨부하여 그 주식발행초과금이 얼마인지 확정할 수 있다면 은행 및 기타 금융기관의 잔고증명서도 준비금의 존재를 증명하는 서면이 될 수 있다.
(2012. 8. 20. 사법등기심의관-2456 질의회답)

◐ **선례 해설: 준비금의 존재를 증명하는 첨부정보(2), 「실무사례(116)」(747면) 참조**

1. 원칙적으로 준비금의 자본금 전입은 무상으로 이루어지기 때문에 주식의 인수를 증명하는 정보, 주식의 청약을 증명하는 정보, 주금납입 보관을 증명하는 정보 등은 금전납입에 의한 신주발행으로 인한 변경등기와는 달리 준비금의 자본금 전입으로 변경등기 시에는 첨부정보가 아니며, 준비금의 존재를 증명하는 정보를 첨부정보로 제공하여야 한다.
2. 단 이 경우에도 자본금 전입의 대상인 법정준비금이 직전연도 까지는 존재하지 않다가 기중에 처음 발생한 경우에는 준비금의 존재를 증명하는 정보로 정기주주총회의사록에 별첨된 직전연도 결산 재무제표를 첨부정보로 제공할 수는 없으므로(특히 주식발행초과금과 같은 자본준비금의 경우), 이러한 특별한 사정이 있는 경우에는 준비금의 존재를 증명하는 첨부정보로 은행 기타 금융기관의 납입금보관에 관한 증명서(상업선례 1-195, 743면) 혹은 잔고증명서(본 선례)를 제공할 수 있다.
3. 위 2.와 관련하여 실무에서는 기중에 할증발행으로 유상증자를 실시한 후에 할증발행으로 인한 유상증자 시 발생한 주식발행초과금을 재원으로 자본금 전입을 실시하는 예가 많다(『주식회사법대계(Ⅲ)』, 303면 참조).

[신문기사 예] 대성산업이 유무상증자를 통해 타법인지분을 취득키로 결정한 뒤 상한가로 치솟았다. (중략) 전일 대성산업은 타법인 증권 취득자금 조달을 위해 573억원 규모의 주주배정 후 실권주 일반공모 유상증자를 실시한다고 밝혔다. 증자 전 발행주식 총수는 578만여주이며 신주발행 규모는 이보다 많은 752만주로 구주주 보유주식 1주당 1.0408528주가 배정됐다. 아울러 대성산업은 이번 유상증자가 마무리된 직후인 오는 6월 28일을 기준으로 1주당 0.5000773주를 배정하는 내용의 무상증자도 추진한다. 대성산업은 "이번 주주배정 후 실권주 일반공모에 참여해 신주를 배정받게 되는 주주들은 당사의 구주주들과 함께 무상증자에 따른 신주를 지급받게 된다." 라고 밝혔다(머니투데이, 2013. 4. 19.).

4. 이에 대하여 자본금에 전입할 수 있는 준비금은 직전 결산기의 대차대조표에 의해 확정된 준비금에 한하므로, 영업연도 중간에 준비금이 발생하더라도 자본금 전입의 대상이 될 수 없다는 주장이 있다(이철송, 『회사법강의』, 952면).

5. 위 4.의 주장에 대하여, i) 이익준비금은 정기주주총회에서 이익처분안의 의결이 확정되는 시점에서 그 의결내용에 따라 발생하는데 반해, 주식발행초과금과 같은 자본준비금은 그 사유 발생 시마다 한도 없이 계속 적립하여야 하며, ii) 자본준비금의 용도는 원칙적으로 자본금의 전입 및 결손 보전에만 제한되어 있어 굳이 정기주주총회의 결의로 확정되지 않더라도 달리 사용할 수 있는 방법이 없는 점, iii) 오래 전부터 기중에 발생한 주식발행초과금을 재원으로 무상증자를 실시하는 것이 실무관행으로 굳어져, 할증발행 시 유상증자에 참여한 주주들은 유상증자 과정에서 발생한 주식발행초과금을 재원으로 기중에 무상증자를 할 수 있다는 사실을 기대하고 있는 점(위 신문기사 참조) 등을 고려할 때, 기중에 발생한 주식발행초과금과 같은 자본준비금도 자본금 전입의 대상이 된다고 본다.

6. 위 5.에 대하여 법원공무원교육원 교재에서도 "자본금 전입의 대상이 되는 이익준비금은 반드시 결산기의 이익잉여금처분계산서를 승인하는 주주총회에서 그 적립을 결정한 것에 한정되는 반면에, 자본준비금은 원칙적으로 법률에서 정하는 사유가 있으면 바로 발생하고 주주총회에서 이를 승인하여야 발생하는 것은 아니므로 영업연도 중에도 주식발행초과금 등의 자본준비금은 자본금 전입의 대상이 될 수 있다." 라고 설명하고 있다(『2016 상업등기실무』, 427면).

실무사례(116)

제목: 당기 중 발행한 주식발행초과금의 자본금 전입 시 첨부정보

2015. 5. 1. 자본금 3억원으로 회사를 설립한 후, 2015. 10.에 제3자배정방식으로 5배 할증발행하여 5억원을 유상증자하려고 한다(증자 후 회사의 자본금 및 주식발행초과금은 각각 4억원이 됨). 정관에 제3자배정방식에 관한 내용은 정해져 있으며, 이번 유상증자는 정관에서 정한 제3자배정방식에 부합하는 것으로 결론이 난 상태이다. 또한 증자 후 연이어 유상증자 시 발생한 주식발행초과금 4억원을 재원으로 하여 기존 주주 및 이번에 증자에 참여한 제3자를 포함하여 지분비율에 맞춰 무상증자를 위한 절차를 진행할 예정이다.

【1】 2015. 5. 1. 회사가 설립된 관계로 정기주주총회에서 승인한 결산 재무제표가 존재하는 않은 경우, 준비금의 존재를 증명하는 정보는 무엇인지?

【2】 유상증자로 인한 변경등기와 무상증자로 인한 변경등기를 일괄신청할 수 있는지(단, 무상증자 결의는 이사회에서 할 경우)?

1. 원칙적으로 준비금의 자본금 전입으로 인한 변경등기 시 첨부되는 준비금의 존재를 증명하는 정보는 정기주주총회에서 승인한 재무제표를 의미하지만(상업선례 1-180), 예외적으로 기중에 발생한 주식발행초과금을 재원으로 한 자본금 전입으로 인한 변경등기 시에는 주금의 납입을 맡은 은행 기타 금융기관의 납입금보관에 관한 증명서(준비금의 자본금 전입결과 자본금의 총액이 10억원 미만인 경우에는 은행 및 기타 금융기관의 잔고증명서도 가능)가 준비금의 존재를 증명하는 정보가 될 수 있다(상업선례 1-195 및 2-58). 따라서 사안과 같이 신규 설립으로 정기주주총회에서 승인받은 재무제표가 없고 기중에 발생한 주식발행초과금을 재원으로 하는 준비금의 자본금 전입결과 자본금의 총액이 10억원 미만인 경우의 변경등기 시에는 은행 기타 금융기관의 주금납입보관에 관한 증명서 혹은 잔고증명서를 준비금의 존재를 증명하는 정보로 제공할 수 있다.

2. 자본금 변동의 효력발생시기가 유상증자는 납입기일의 다음날, 무상증자는 신주배정일이므로, 사안과 같이 기중에 발생한 주식발행초과금을 무상증자의 재원으로 하고 기존주주와 이번에 증자에 참여한 제3자를 포함해서 무상증자를 실시하는 경우에는 유상증자와 무상증자로 인한 변경등기를 일괄신청을 할 수는 없고, 먼저 유상증자에 따른 변경등기를 한 후 무상증자에 대한 신주배정기준일의 지정・공고 절차를 거쳐 무상증자로 인한 변경등기를 하여야 할 것이다(상법 461조 참조).

제18절 주식배당으로 인한 변경등기1)2)3)4)5)

내 용	관련 조문		관련 선례 · 예규 · 규칙 (실무사례 포함)
	상법	상업등기법	
1. 주식배당	제462조의2, 제462조의3	규칙 제138조	☞ 실무사례(117) ☞ 실무사례(118)

---

1) 주식배당으로 인한 변경등기를 신청할 때에는 주식배당을 결의한 주주총회의사록을 첨부하여야 한다. 이 때 주의할 점은 주주총회의사록에는 재무상태표(혹은 대차대조표) 등의 재무제표가 주주총회의 결의의 내용으로서 당연히 첨부되어 있어야 한다는 점이다. 왜냐하면 이익배당은 배당가능이익이 있어야만 가능하며(상법 462조 참조), 이익배당의 일종인 주식배당 역시 마찬가지이기 때문에 배당가능이익의 존재를 확인하기 위해 주주총회의사록의 본문 내지 별지의 재무상태표(혹은 대차대조표) 등의 재무제표에 의해 입증되어야 하기 때문이다(『상업등기실무(II)』, 327면).

2) 주식배당 시 발행주식의 총수 및 그 종류와 각종 주식의 내용과 수 및 자본금의 총액이 변경하므로 주식배당의 효력이 발행하는 주주총회결의일로부터 2주간 내에 본점 소재지에서 그 변경등기를 하여야 한다.

3) 2011. 4. 14. 상법 개정으로 중간배당 시 금전배당 외 현물배당도 가능하게 되었다(상법 462조의3 1항 참조). 다만 중간배당 시 주식배당도 가능한지가 문제될 수 있는데, 주식배당은 주주총회의 결의를 요하는 점에 비추어 이사회의 결의로 족한 중간배당 시 주식배당으로 하는 것은 적합하지 않으므로 중간배당은 금전 또는 현물배당만 가능하고 주식배당은 허용되지 않는다는 입장이 있는데 반해(출처: 이철송, 『회사법강의』, 965면), 실무제요에서는 중간배당의 경우에도 금전 또는 현물 외에 주식배당을 할 수 있다는 입장이다(『상업등기실무(II)』, 325면). 주식배당은 주주총회의 결의가 필요한 점을 감안하면, 실무제요의 입장은 잘못된 것으로 추후 변경될 것으로 생각한다. 이와 관련하여 「보론」, 749면 참조.

4) 주식에 의한 이익배당은 이익배당총액의 2분의 1에 상당하는 금액을 초과하지 못한다(상법 462조의2 1항). 다만, 상법이 주식배당의 총액을 제한하는 것은 주주를 보호하기 위한 것이므로 주주 전원의 동의가 있으면 이익배당액 전액을 주식으로 배당할 수 있다고 보는 것이 실무제요의 입장이나(『상업등기실무(II)』, 325면), 개정 상업등기규칙 제138조에서는 주식배당이 이익배당 총액의 2분의 1에 상당하는 금액을 초과하지 아니함을 증명하는 정보를 제공하여야 한다고 규정되어 있어 현재도 실무제요의 입장이 유효한지는 다소 논란의 여지가 있으나, 이익배당총액의 2분의 1을 초과하여 주식배당을 한 경우에는 주주전원의 동의서가 첨부되면 가능하다고 본다(『2016 상업등기실무』, 432면 참조).

5) 주식배당은 새로이 발행하는 신주로써 하는 것이므로 항상 신주의 발행을 수반하기 때문에 발행되는 주식은 발행예정주식의 범위 내이어야 한다. 주식배당은 주식의 권면액으로 하며, 주식배당 시 모든 주식에 대해 보통주로 배당하는 것이 원칙이지만 배당하는 회사가 종류주식을 발행한 때에는 각각 그와 같은 종류의 주식으로 할 수 있다(상법 462조의2 2항). 다만, 정관의 정함에 따라 자기주식을 배당의 재원으로 하는 것은 주식배당이 아닌 현물배당(금전 외의 재산을 배당재산으로 하는 배당방식)의 일종으로 본다.

📖 「보 론」배당과 관련된 논의

1. 중간배당 시 주식배당이 가능한지 여부: 「실무사례(117)」(751면) 참조

(1) 종전에는 중간배당은 금전배당만을 인정하였으나, 2011. 4. 14. 상법 개정으로 금전 외 현물배당도 가능하게 되었다(상법 462조의3 1항). 중간배당 시에 주식배당도 가능한지에 대한 논의가 있다. 실무제요는 중간배당의 경우에도 금전 또는 현물 외에 주식배당도 가능하다는 입장이나(『상업등기실무(II)』, 326면 각주 83번), 이는 잘못된 해석이다.

(2) 왜냐하면 주식배당은 주주총회의 결의를 요하는 것으로 명문으로 규정하고 있어(상법 462조의2 1항), 이사회의 결의로 실시되는 중간배당으로는 주식배당을 실시하는 것이 불가능하다고 해석하는 것이 합리적이기 때문이다(이철송, 『회사법강의』, 965면 참조).

2. 차등배당: 「실무사례(118)」(752면) 및 「보론」(754면) 참조

(1) 차등배당이란 회사가 이익을 배당함에 있어 주주들의 지분비율에 따라 균등하게 배당하지 않고 주주 간 배당금 또는 배당률을 달리하는 경우를 말하는데, 일반적으로 대주주의 배당률을 소액주주의 배당률보다 낮게 하거나 소액주주에게만 배당하고 대주주에게는 배당하지 않는 형태로 나타난다.

(2) 이러한 차등배당은 주주총회 등에서 이익배당의 결정에 영향력이 있는 대주주가 자신의 이익배당청구권의 전부 또는 일부를 포기한 것으로 해석하여 주주평등의 원칙에 위반되지 않는 것으로 해석되며, 판례 또한 같은 입장이다. 즉 판례에 의하면, 주식회사에 있어서 모든 대주주가 참석하여 당해 사업연도 잉여이익 중 자기들이 배당 받을 몫의 일부를 스스로 떼 내어 소액주주들에게 고루 나눠주기로 한 주주총회 결의는 주주가 스스로 그 배당받을 권리를 포기하거나 양도하는 것과 마찬가지로서 이익배당에 있어서의 주주평등 원칙을 규정한 상법 제464조의 규정에 위반된다고 할 수 없다(대법원 1980. 8. 26. 선고 80다1263 판결). 하지만 2016. 1. 1.부터는「상속세 및 증여세법」 제41조의2가 신설되어 차등배당으로 인한 초과배당금액에 대한 증여세가 소득세 상당액 보다 많을 경우에는 해당 법인의 최대주주와 특수관계에 있는 자에게는 증여세가 발생할 수 있다.

3. 배당수단으로서 자기주식의 활용[1]

(1) 상법 제341조 및 제341조의2에 의하여 취득한 자기주식을 배당의 재원으로 활용할 수 있느냐에 대해 살펴보면, 주식배당은 주주총회의 결의에 의해 새로이 발행하는 주식을 배당재원으로 하는 배당방식임을 감안하면(상법 462조의2 1항), 회사가 취득한 자기주식으로 주식배당을 하는 것은 불가하다.

(2) 다만, 자기주식을 현물배당의 재원으로 활용하는 것은 무방하다. 이 경우에는 현물배당을 할 수 있다는 정관의 규정이 있어야만 가능하다(상법 462조의4).

4. 자기주식에 대한 이익배당이 가능한지 여부[2]

회사가 가진 자기주식은 의결권이 없고 총회의 결의에 있어 발행주식총수에 산입하지 아니한다는 명문의 규정이 있으나, 자기주식에 대하여 이익배당이 가능한지에 대해서는 상법에 명문의 규정이 없다. 하지만 자기주식의 법적지위에 대하여 이익배당청구권과 같은 자익권은 인정되지 않기에 자기주식에 대해서는 이익배당을 할 수 없다.

5. 준비금의 감소와 이익배당[3]

(1) 법정준비금은 원칙적으로 자본금의 결손 보전이나 자본금으로 전입하는 경우 외에는 이를 사용할 수 없다(상법 460조, 461조). 다만, 회사는 적립된 자본준비금 및 이익준비금의 총액이 자본금의 1.5배를 초과하는 경우에 주주총회의 결의에 따라 그 초과한 금액 범위에서 자본준비금과 이익준비금을 감액할 수 있다(상법 461조의2).

(2) 하지만 정기주주총회에서 법정준비금을 감소하고 감소된 금액을 재원으로 바로 이익배당을 할 수는 없다. 왜냐하면 배당가능이익은 직전 결산기말의 순자산액을 기초로 결산기말의 법정준비금을 공제하여야 하기 때문이다(상법 462조 1항 2호). 결국 결산기말 이후 정기주주총회에서 법정준비금을 감액하였다고 하여 그 내용이 직전 결산기말의 배당가능이익에 바로 반영되지 않기 때문에, 감액된 준비금을 재원으로 곧바로 배당할 수 있는 것은 아니다.

---

1) (사)한국상장회사협의회, 『MONTHLY 실무상담사례』, Vol.10(2013년 11월), 8~9면
2) (사)한국상장회사협의회, 『MONTHLY 실무상담사례』, Vol.30(2015년 07월), 4~5면
3) (사)한국상장회사협의회, 『MONTHLY 실무상담사례』, Vol.3 (2013년 04월), 5~6면

실무사례(117)

제목: 이익배당총액 전부를 주식배당으로 할 수 있는지 여부

2016. 3. 18. 정기주주총회에서 총주주 25명(발행주식총수 100,000주) 중 15명(출석주식총수 85,000주)이 출석하여 출석 주주 전원의 찬성으로 배당가능이익 중 3억원 전부를 주식배당 하는 것으로 이익잉여금처분 결의를 하였다. 이것이 가능한지?

1. 주식배당은 이익배당총액의 2분의 1에 상당하는 금액을 초과하지 못하며(상법 462조의2 1항 단서),[1] 주식의 배당으로 인한 변경등기를 신청하는 경우에는 이익이 존재하고 그 배당이 이익배당총액의 2분의 1에 상당하는 금액을 초과하지 아니함을 증명하는 정보를 첨부정보로 제공하여야 한다(규칙 138조).

2. 상기 1.과 같이 주식배당의 총액을 제한하는 취지는 주주의 이익배당청구권을 보호하기 위한 것으로(『주석상법(회사편Ⅳ)』, 363면), 만약 총주주가 동의한다면 전액 주식배당을 할 수 있다고 봄이 상당하다(이철송, 『회사법강의』, 976면 및 『상업등기실무(Ⅱ)』, 325면 참조).[2]

3. 사안의 경우 2016. 3. 18. 정기주총에 출석한 15명 전원의 찬성으로 이익배당총액 3억원 전부를 주식배당 하는 것으로 결의하였지만, 해당 정기주총에 출석하지 않은 주주들도 이에 대해 동의하였다고는 볼 수 없다. 따라서 정기주총에 출석한 주주뿐만 아니라 출석하지 않은 주주 모두의 동의가 있었다는 특단의 사정이 없는 한 이익배당총액 전부에 대해 주식배당을 할 수는 없다.

4. 2016. 3. 18. 정기주총에 출석한 주주 15명뿐만 아니라 출석하지 않은 주주 10명 모두가 이익배당총액 3억원 전부를 주식배당 하는 것에 대해 동의하였다면, 주주전원의 동의서, 이익잉여금처분계산서를 포함한 재무제표가 첨부된 공증인의 인증받은 주주총회의사록 등을 첨부정보로 제공하여 주식배당으로 인한 변경등기를 신청할 수 있다.

참조 조문: 상법 제462조의2, 상업등기규칙 제138조

참조 문헌: 이철송, 『회사법강의』, 976면 및 『상업등기실무(Ⅱ)』, 325면

---

1) 주권상장법인의 경우에는 주식의 시가가 액면가 이상인 한 이익배당 전액을 주식배당으로 할 수 있다는 특칙이 있다(자본시장법 165조의13 1항).

2) 이익배당총액의 1/2을 초과하여 주식배당을 하는 것은 법률 및 정관을 위반하여 이뤄진 위법배당에 해당한다는 견해도 있다(『주식회사법대계(Ⅲ)』, 343~344면 참조).

실무사례(118)

제목: 차등배당 가능 여부 및 증여세 문제

주식회사 ○○는 2016. 3. 31. 정기주주총회에서 최대주주 갑에게는 현금배당을 하지 않는 대신에 최대주주 이외 을과 병에게는 1주당 100,000원씩 현금배당을 실시하기로 결의하였다. 주주 및 각 주주에게 배당할 금액은 다음과 같다.

주주명	지분율 현황		1주당 현금배당액	각 주주에게 배당할 금액	비 고
	주식 수	지분율			
갑	80,000	80%	미배당	-	
을	12,000	12%	100,000	1,200,000,000	갑의 배우자
병	8,000	8%	100,000	800,000,000	갑의 장남
계	100,000	100%		2,000,000,000	

【1】 위와 같은 차등배당이 가능한지?

【2】 상기 【1】의 차등배당이 가능하다고 한다면, 증여세 문제는 없는지?

1. 대주주에게는 배당하지 않고 소액주주에게만 배당하는 차등배당은 주주총회 등에서 이익배당의 결정에 영향력이 있는 대주주가 자신의 이익배당청구권의 전부를 포기한 것으로 해석되므로 주주평등의 원칙에 반하지 않는다(이 논점에 대해서는 「보론」(754면) 참조). 따라서 대주주인 갑은 전혀 배당받지 않고 을과 병만 현금배당을 받는 차등배당도 가능하나, 배당을 받지 않는 대주주 갑의 차등배당에 대해 명시적으로 동의하였음이 인정되어야 한다(『주식회사법대계(Ⅲ)』, 318면 참조).

2-1. 2015. 12. 31.까지는 상기와 같은 차등배당에 대하여 소득세법상 배당소득으로 보아 소득세가 과세되는 경우에는 증여세를 과세하지 않았으나,

2-2. 일정 요건 충족 시에는 「상속세 및 증여세법」 제41조의2(초과배당에 따른 이익의 증여)가 신설되어 2016. 1. 1. 이후 증여받는 경우부터 증여세가 발생할 수 있는 것으로 변경되었다. 즉 법인의 최대주주 등이 배당을 받지 아니하거나 보유지분에 비하여 과소배당을 받음으로써 그 최대주주 등의 특수관계인[1]이 본인의 보유지분에 비하여 과다하게 배당을 받은 경우에는 증여로 보아 그 초과배당금액에 증여세를 부과하되, 초과배당금액에 대한 증여세가 소득세 상당액보다 적은 경우에는 증여세를 부과하지 아니하도록 하였다.

---

1) 특수관계인이란 본인과 친족관계, 경제적 연관관계 또는 경영지배관계 등의 관계에 있는 자를 말한다(「상속세 및 증여세법」 2조 10호 및 동법 시행령 2조의2 참조).

2-3. 사안의 경우 ⅰ) 갑의 배우자인 을이 지분율에 따라 균등하게 배당받았다면 금 240,000,000원(= 2,000,000,000원 X 12%)의 현금배당을 받았을 것이므로, 을은 최대주주인 갑이 배당금을 전부 포기함에 따라 금 960,000,000원(= 1,200,000,000원 - 240,000,000원)의 초과배당을 받게 되었으며, ⅱ) 갑의 장남인 병은 지분율에 따라 균등하게 배당받았다면 금 160,000,000원(= 2,000,000,000원 X 8%)의 현금배당을 받았을 것이므로, 병도 최대주주인 갑이 배당금을 전부 포기함에 따라 금 640,000,000원(= 800,000,000원 - 160,000,000원)의 초과배당을 받게 되었다.

2-4. 결국 차등배당으로 인하여 갑의 배우자인 을은 금 960,000,000원의 초과배당금액(증여재산가액)에 대한 증여세, 갑의 장남인 병은 금 640,000,000원의 초과배당금액(증여재산가액)에 대한 증여세를 각각 납부하여야 한다. 다만, 그 초과배당금액에 대한 증여세가 소득세 상당액보다 적은 경우에는 증여세를 부과하지 아니하므로, 결과적으로 을과 병이 배당소득에 대한 소득세 외에 추가로 납부할 증여세는 없다.[1)]

※ 이상의 논의를 표로 정리하면,

주주명	지분율	ⓐ실제배당금액	ⓑ균등배당금액	초과배당금액 (ⓐ-ⓑ)	증여세
갑	80%	-	1,600,000,000	-	을과 병 모두 초과배당금액에 대한 증여세가 소득세 상당액보다 적어 증여세는 없음 (각주 1번 참조)
을	12%	1,200,000,000	240,000,000	960,000,000	
병	8%	800,000,000	160,000,000	640,000,000	
계	100%	2,000,000,000	2,000,000,000	1,600,000,000	

주) ⓑ균등배당금액 = 총 배당금액 X 각 주주가 보유한 지분율

참조 조문: 「상속세 및 증여세법」 제41조의2, 「상속세 및 증여세법 시행령」 제31조의2, 「상속세 및 증여세법 시행규칙」 제10조의3

참조 판례: 대법원 1980. 8. 26. 선고 80다1263 판결

참조 문헌: 박풍우·김두복, 『상속세·증여세실무』(2016개정8판), 세연T&A, 654~658면

1) 통상 배우자의 경우에는 초과배당금액이 금 6,171,666,670원 이상일 경우에만 소득세 외에 증여세가 추가로 발생하며, 직계존비속(성년)의 경우에는 초과배당금액이 금 3,880,000,000원 이상일 경우에만 소득세 외에 증여세가 추가로 발생한다(「상속세 및 증여세법 시행령」 제31조의2 제3항 및 「상속세 및 증여세법 시행규칙」 제10조의3 참조).

「보 론」 주주평등의 원칙과 차등배당[1][2]

1. 주주평등의 원칙

(1) 주주는 그가 가지는 주식의 수에 따라 평등한 취급을 받는다(상법 369조 1항). 이는 주주는 소유 주식의 수에 따라 비례적으로 평등한 취급을 받는다는 뜻으로, 이러한 주주평등의 원칙은 상법상 주식회사에 있어서 기본원칙으로 강행법규적 성질을 가지며, 정관의 규정이나 주주총회 또는 이사회의 결의, 대표이사의 업무집행 등이 이 원칙에 위반하는 경우에는 상법에서 특별히 정한 사항 이외에는 무효이다.

(2) 주주평등의 원칙은 개별 상법 조문에 널리 반영되어 있다. 즉 의결권, 신주인수권, 이익배당청구권, 잔여재산분배 등에 있어서 주주는 보유하고 있는 주식의 수에 비례하여 그 권리를 가진다(상법 369조 1항, 418조, 464조, 538조). 이 중 이익배당의 경우에도 주주평등의 원칙에 따라 원칙적으로 각 주주가 가진 주식의 수에 따라 이루어져야 하므로(상법 464조), 차등배당이 주주평등의 원칙에 반하는지 문제된다.

2. 차등배당

(1) 통상 차등배당은 대주주의 동의 아래 대주주의 배당률을 소액주주의 배당률보다 낮게 하거나 소액주주에게만 배당하고 대주주에게는 무배당하기로 결의하여 이루어진다. 이러한 차등배당에 대해, 대법원은 이는 대주주가 스스로 그 배당받을 권리를 포기하거나 양도하는 것과 마찬가지로서 상법 제464조의 규정에 반하지 않는다고 판시한 바 있다(대법원 1980. 8. 26. 선고 80다1263 판결).

(2) 위 판례의 입장을 살펴볼 때, ⅰ) 불이익을 받는 대주주가 스스로 자신의 권리를 포기하고 차등배당에 동의한다면 차등배당도 가능하며, ⅱ) 차등배당은 대주주에 대한 차등배당이 대주주 스스로의 배당포기로 해석할 수 있는 경우에 한하여 유효하다. ⅲ) 통상의 차등배당과 달리 일반 주주에게 배당을 하지 않으면서 특정 대주주에게 증여의 형식으로 일정한 금액을 지급하기로 하는 약정은 주주평등의 원칙에 반하여 무효이다.

---

1) 『주식회사법대계(Ⅰ)』, 443~493면
2) 주주평등의 원칙과 신주발행가액에 관한 논점은 「실무사례(96)」(645~646면) 참조

제19절 자본금 감소로 인한 변경등기[1][2]

<table>
<tr><th rowspan="2">내 용</th><th colspan="2">관련 조문</th><th rowspan="2">관련 선례 · 예규 · 규칙
(실무사례 포함)</th></tr>
<tr><th>상법</th><th>상업등기법</th></tr>
<tr><td>1. 일반론</td><td rowspan="5">제438조
～제446조</td><td></td><td>☞ 실무사례(119)
258. 상업선례 제1-203호
☞ 실무사례(120)
☞ 실무사례(121)</td></tr>
<tr><td>2. 자본금 감소 방법(1):
주금액의 인하</td><td></td><td>259. 상업선례 제1-188호
☞ 실무사례(122)
☞ 실무사례(123)</td></tr>
<tr><td>3. 자본금 감소 방법(2):
주식병합</td><td>규칙
제139조</td><td>260. 상업선례 제1-174호
☞ 실무사례(124)</td></tr>
<tr><td>4. 자본금 감소 방법(3):
주식의 소각</td><td></td><td></td></tr>
<tr><td>5. 첨부정보</td><td>규칙
제142조</td><td>~~261. 상업선례 제1-176호~~[3]
☞ 실무사례(125)
262. 상업선례 제2-59호</td></tr>
</table>

1) 자본금 감소의 방법(i)과 ii)의 두 방법을 병용하는 것도 가능)
   i) 주식의 액면금액을 인하하고 인하된 부분만큼 주주들에게 환급하는 방법
   ii) 발행주식수를 감소하는 방법
      ㉠ 주식의 병합
      ㉡ 주식의 소각: 주주의 승낙을 요하는지 여부에 따라 강제소각과 임의소각으로 분류
      대가의 지급여부에 따라 유상소각과 무상소각으로 분류

   주식병합은 발행주식수를 감소시킨다는 점에서 특정한 주식을 소멸시키는 주식의 소각과 실질적으로 차이가 없다. 특히 회사가 주주의 의사와 관계없이 특정한 주식을 무상으로 취득하여 이를 소멸시키는 경우(주: 강제소각)에는 주식의 병합과 주식의 소각 간에는 거의 차이가 없다(『상법판례 백선』, 668면).

2) 자본금 감소와 관련된 주요 쟁점중 하나가 차등감자가 가능한지 여부인데 이에 대해 살펴보면, i) 감자는 주주평등의 원칙에 따라 이루어져야 하나 소액주주에 비해 대주주에게 불리한 비율로 하는 차등감자는 해당 대주주의 동의를 전제로 가능하며, ii) 회사가 종류주식을 발행하였을 때에는 종류별로 차등감자가 가능하다. 단 이 경우에는 차등감자로 불이익을 받는 종류주식 주주들의 종류주주총회의 결의가 추가로 필요하나, iii) 하지만 현재 실무는 비록 주주 전원의 동의가 있더라도 단순한 주주별 차등감자는 인정하고 있지 않다(염춘필, "자본감소절차 및 등기실무에서 발생하는 제문제", 법무사저널(2008년 11 · 12월호), 서울중앙지방법무사회, 96면).

3) 주식병합의 경우 상업등기규칙 제139조 및 제142조에서 주권제출공고 증명서면을 첨부정보로 제공하는 것으로 규정되어 있어, 현행법 하에서는 상업등기선례 제1-176호(772면)의 내용은 부합하지 않아 폐기되어야 할 것으로 생각된다.

§ 요약

1. 자본금을 감소하는 방법에는 주식의 액면금액을 인하하고 인하된 부분만큼 주주들에게 환급하는 방법과 주식의 병합 혹은 주식의 소각 등을 통하여 발행주식수를 감소하는 방법이 있다. 이 중 주식의 소각은 주주의 승낙을 요하는지 여부에 따라 강제소각과 임의소각으로 분류되며, 대가의 지급여부에 따라 유상소각과 무상소각으로 분류된다(「실무사례(119)」, 757면 참조).

2. 자본금 총액이 전혀 없는 완전감자등기는 불가능하다(상업선례 1-203 참조).

3. 자본금 감소로 인한 변경등기 시에는 채권자보호절차의 이행사실을 증명하는 정보와 주권제출공고를 하였음을 증명하는 정보를 첨부정보로 제공하여야 한다(규칙 142조).[1] 채권자 및 주주총회에 임하는 주주들의 보호를 위하여 필요한 사항(예: 자본금 감소의 방법, 감소하는 주식의 종류와 수, 변경되는 자본금의 총액 등 자본금 감소에 관한 주주총회 결의사항)이 나타날 경우에는 채권자이의제출공고와 주권제출공고를 동시에 하나의 공고로 하는 것이 가능하며(상업선례 2-59, 775면), 실무에서는 거의 대부분 양 공고를 하나의 공고로 하고 있다.

4. 결손의 보전을 위하여 자본금을 감소하는 경우에는 주주총회의 보통결의에 의하고 채권자보호절차가 필요 없다(상법 439조 2항 단서).

5. 주식의 병합 또는 강제소각의 방법으로 자본금을 감소하는 경우에는 정관으로 정하는 방법에 따라 주권제출의 공고를 하였음을 증명하는 정보를 첨부정보로 제공하여야 하나, 주식의 액면금액을 인하하거나 주식을 임의소각하는 경우에는 첨부정보로 제공할 필요가 없다(『상업등기실무(Ⅱ)』, 334~335면 및 338면).

6. 자본금 감소절차에 의한 주식소각은 자본금이 감소된다는 의미에서 자본금이 감소되지 않는 상환주식의 상환, 이사회 결의에 의한 자기주식의 소각과는 구별된다(「선례해설」, 616면 참조).[2]

---

1) 엄밀한 의미에서 자본금 감소로 인한 변경등기 시에 주권제출공고를 하였음을 증명하는 정보를 첨부정보로 제공하는 것은 주식병합과 강제소각의 경우에만 해당된다(위 '5.' 참조).

2) 참고로 주식의 소각과 관련하여 기존의 정관 규정에 의한 이익소각제도와 주주총회의 결의에 의한 이익소각제도는 2011. 4. 14. 상법 개정 시 폐지되었다(778면 각주 1번 참조).

실무사례(119)

제목: 자본금 감소의 방법으로 임의 · 무상소각이 가능한지 여부

회사는 자본금 감소의 방법으로 임의·무상소각으로 진행하려고 한다. 이와 관련해 주주들의 임의·무상소각에 대한 의사를 확인한 결과 다음과 같다.

구 분	보유 주식 수	무상소각 의사	비 고
주주 갑	50,000주	○	주주 겸 대표이사
주주 을	40,000주	×	주주 갑의 장남
주주 병	10,000주	×	주주 갑과 특수관계 없음
계	100,000주		

【1】 자본금 감소의 방법으로 임의·무상소각이 가능한지?

【2】 상기【1】의 임의·무상소각이 가능하다고 가정할 경우, 위 표와 같이 임의·무상소각의 방법으로 주주 갑이 보유한 주식 수 50,000주 전부를 소각할 경우에 특별히 유의할 점이 있는지?

1-1. 자본금 감소를 위한 주식소각은 i) 그 대가 지급 여부에 따라 유상·무상소각으로, ii) 주주의 승낙을 요하는지 여부에 따라 강제·임의소각으로 분류한다.

1-2. 이론적으로는 임의·강제와 유상·무상이 서로 조합을 이루게 되나, 상식적으로 임의·무상소각이란 생각하기 어렵고 임의·유상, 강제·유상, 강제·무상의 세 가지 조합이 보통이다(이철송, 『회사법강의』, 916~917면 참조). 그 중 임의·유상소각과 강제·무상소각의 조합이 주로 실무에서 사용되고 있다.

1-3. 비록 실무에서는 잘 사용되지 않고 또한 자신의 주식을 무상으로 소각한다는 것의 의사를 확인하는 것이 상식적으로 받아들이기는 어렵지만, 그렇더라도 주주평등의 원칙상 모든 주주들에게 무상으로 주식을 소각할 의사를 묻고 원하는 주주에 한해서 주식을 소각하는 임의·무상소각이 불가능한 것은 아니다.[1)]

1) 자본금의 감소 방법이 주주평등의 원칙에 반하는 경우에는 감자의 무효원인이 되나(상법 445조 참조), 불이익한 당사자가 주주로서의 권리를 포기하거나 불이익을 감수함이 등기신청서상 명백할 경우에는 주주평등의 원칙에 반한다고 볼 수 없어 그 등기신청은 수리하여도 될 것으로 사료된다(비교: 「보론」 주주평등의 원칙과 차등배당, 754면 참조).

2-1. 통상 임의·무상소각은 잘 일어나지 않겠지만, 그럼에도 임의·무상소각을 하는 경우는 주식소각을 이용하여 회사의 경영권을 편법적으로 넘겨주거나 타인에게 상당한 이익을 주려고 하는 경우를 상정할 수 있다.

2-2. 사안의 경우 주주 겸 대표이사 갑이 임의·무상소각에 참여하고 주주 을과 병은 참여하지 않아 갑의 특수관계인인 을에게 회사의 경영권과 상당한 이익을 넘겨주고 또한 비록 갑의 특수관계인은 아니지만 주주 병에게도 상당한 이익을 넘겨주는 결과를 초래한다.

2-3. 「상속세 및 증여세법」 제39조의2 제1항의 규정에 의하여 법인이 자본을 감소시키기 위하여 주식 또는 지분을 소각함에 있어서 일부 주주의 주식 또는 지분을 소각함으로 인하여 그와 특수관계에 있는 대주주[1]가 이익을 얻은 경우에 그 이익에 상당하는 금액은 증여세 과세대상이 되는 것이며, 특수관계에 없는 경우에도 같은 법 제42조 제1항 제3호 및 같은 조 제3항의 규정에 의하여 거래의 관행상 정당한 사유가 있다고 인정되는 경우를 제외하고는 증여세의 과세대상이 되는 것이다(서면4팀-700, 2004. 5. 19.).[2]

2-4. 결국 상식을 뛰어넘어 임의·무상소각을 하는 것은 주식소각을 통하여 타인에게 이익을 얻는 결과를 초래하여 증여세의 과세대상으로 볼 여지가 많으므로, 반드시 임의·무상소각을 하여야 할 상황이라면 그 주식소각으로 인하여 증여세의 과세대상이 되는지에 대한 사전 검토가 필요하다.

참조 조문: 상법 제343조, 제445조 「상속세 및 증여세법」 제39조의2 및 제42조
참조 예규: 서면4팀-700, 2004. 5. 19.
참조 문헌: 이철송, 『회사법강의』, 916~917면

1) 여기서 대주주란 해당 주주 등의 지분 및 그의 특수관계인의 지분을 포함하여 해당 법인의 발행주식총수 등의 100분의 1 이상을 소유하고 있거나 소유하고 있는 주식 등의 액면가액이 3억원 이상인 주주를 말한다(「상속세 및 증여세법 시행령」 28조 2항).

2) 「상속세 및 증여세법」에서 "증여"란 그 행위 또는 거래의 명칭·형식·목적 등과 관계없이 경제적 가치를 계산할 수 있는 유형·무형의 재산을 직접 또는 간접적인 방법으로 타인에게 무상으로 이전(현저히 저렴한 대가를 받고 이전하는 경우를 포함)하는 것 또는 기여에 의하여 타인의 재산가치를 증가시키는 것을 말하며(「상속세 및 증여세법」 2조 3항), 「상속세 및 증여세법」에서의 증여는 증여자의 의사나 증여계약이 증여세 부과를 위한 과세요건이 아니다. 따라서 사안의 경우 대표이사 겸 주주 갑의 증여 의사나 직접적인 방법으로 타인에게 증여하였는지는 증여세 과세대상인지를 판단할 시에 전혀 문제가 되지 않는다.

258. 주식회사의 완전감자등기의 가부

[상업등기선례 제1-203호, 제정 2001. 12. 7.]

주식회사는 최저자본제도를 도입하고 있으므로 실질상의 자본감소이든 명의상의 자본감소이든 5,000만원 미만으로 자본감소할 수 없지만, 최저자본 미만으로의 자본감소등기와 최저자본 이상으로의 자본증가등기가 순차로 동시에 접수되고 감자와 증자사이에 효력의 공백이 없을 경우에는 위 등기신청은 허용된다고 보며, 완전감자의 등기도 5,000만원 이상으로의 증자의 등기와 동시에 신청되고 완전감자와 최저자본이상으로의 증자사이에 효력의 공백이 없을 경우에는 허용된다.
(2001. 12. 7. 등기 3402-795 질의회답)

◐ **선례 해설:** 「실무사례(120)」(760~761면) 참조

1. 본 선례의 내용은 2009. 5. 28. 상법 개정 전의 최저자본금 제도가 있을 때에 관한 것이다. 따라서 현재는 이론상 자본금이 100원 이상의 주식회사가 있을 수 있으나, 이 경우에도 완전감자등기는 불가능하다.

2. 다만, 본 선례의 취지를 살펴볼 때, 기존 주주에 대한 완전감자등기와 신규 주주에 대한 증자등기를 동시에 신청(즉, 감자와 증자 사이에 효력의 공백이 없을 경우)하는 것은 가능하다고 본다.

3. 간단한 예를 들자면,

   (1) 자본금 총액 1억원(액면가 10,000원, 발행주식수 10,000주)
   (2) 기존 주주 갑(6,000주)과 을(4,000주)이 갖고 있던 주식 전부를 강제소각으로 완전감자함과 동시에 병(5,000주)과 정(5,000주)이 액면가로 유상증자에 참여하는 경우

구 분	종전 주식수	완전감자 및 유상증자후 주식수	비 고
갑	6,000주	-	완전감자 및 유상증자 사이에 시간적 간격이 없는 경우에는 가능
을	4,000주	-	
병	-	5,000주	
정	-	5,000주	
계	10,000주	10,000주	

실무사례(120)

제목: 결손의 보전을 위한 완전감자등기와 유상증자 등기

비상장법인이 이번에 결손의 보전을 위하여 자본금 3억원을 완전감자 후 3억원의 유상증자를 실시하려고 한다. 감자 전 갑, 을, 병이 각 1/3의 지분을 보유하고 있으며, 유상증자는 대표이사 겸 주주 '갑'의 회사에 대한 대여금(회사측 장부에는 주임종 단기차입금으로 계상되어 있음)을 재원으로 할증 없이 액면가로 '갑'만이 참여할 예정이다.

【1】 완전감자등기와 유상증자를 동시에 신청하는 것이 가능한지?

【2】 위【1】이 가능하다면, 대표이사 겸 주주 갑의 유상증자는 주주배정방식에 의한 유상증자인지? 아니면 제3자배정방식에 의한 유상증자인지?

1-1. 액면주식·무액면주식 모두 발행주식 전부를 소각하면 자본금이 완전히 감소하여 0원으로 되는데, 이를 완전감자라 한다. 완전감자는 물적회사인 주식회사의 개념상 회사의 존립의 기초가 없어지는 것이므로 원칙적으로 불가하다. 다만, i) 완전감자의 등기와 유상증자의 등기가 순차로 동시에 접수되고, ii) 완전감자와 유상증자 사이에 효력의 공백이 없을 경우 등의 조건을 모두 충족하였을 경우에는 허용된다(상업선례 1-203).

1-2. 자본금 감소의 효력발생시기는 감자의 모든 절차, 즉 주주총회의 결의, 주식의 병합 혹은 소각 절차(주식의 액면금액을 인하한 경우에는 인하 절차) 등이 완료된 때이며(상법 441조), 유상증자의 효력발생시기는 납입기일의 다음날이다(상법 423조 1항). 따라서 시기적으로 유상증자의 효력발생시기인 납입기일의 다음날(오전 0시)에 결손 보전을 위한 자본금 감소의 모든 절차의 완료 시점을 맞추어 완전감자와 유상증자 사이에 효력의 공백이 없을 경우에는 가능하다고 본다.[1)]

2-1. 먼저 주주배정방식에 의한 신주발행인지 여부와 관련해서 살펴보면, 사안의 경우 유상증자를 위한 신주발행 결의 시를 기준으로 보면 기존 주주는 갑, 을, 병이다. 따라서 대표이사 겸 주주 갑의 대여금(회사 입장에서는 주임종 단기차입금, 이하 같다)을 재원으로 한 유상증자의 과정은, i) 기존 주주 갑,

1) 위와 달리 3억원의 유상증자를 먼저 실시하여 갑만 증자에 참여한 뒤에, 바로 갑이 보유한 주식 일부(4억원 중 1억원)와 을과 병이 보유한 주식 전부(각각 1억원)에 대하여 임의·무상소각으로 자본금 감소절차를 진행하더라도 최종 갑의 지분현황은 결과적으로 동일하나, 이는 임의·무상소각으로 자본금 감소절차를 진행하는 것이기 때문에 주주총회 특별결의 및 채권자보호절차가 필요하고 결손을 보전하기 위한 목적은 달성하지 못하며 또한 임의·무상소각에 따른 증여세에 대한 추가 검토가 필요하게 된다(「실무사례(119)」, 757~758면 참조).

을, 병에게 신주의 인수기회를 부여하였으나 그 인수를 대표이사 겸 주주 갑만이 하고 나머지 주주인 을과 병은 실권을 하며, ii) 대표이사 겸 주주 갑의 회사에 대한 대여금 채권과 주금납입의무를 상계하는 방식으로 진행되는 바,

2-2. 이와 같이 신주를 발행할 때 기존 주주들에게 그들의 지분비율에 따라 신주를 우선적으로 인수할 기회를 부여하였다면, 이는 주주배정방식에 의한 신주발행이다(상업선례 2-57). 따라서 기존 주주 갑, 을, 병에게 신주를 인수할 기회를 부여하였으나 기존 주주 을과 병은 실권하고 대표이사 겸 주주 갑만이 상계에 의한 방식으로 유상증자에 참여하는 것은 주주배정방식에 의한 신주발행으로서 가능하다.

2-3. 다음으로 제3자배정방식에 의한 신주발행이 가능한지에 대해 살펴보면, 기존 주주도 제3자배정방식에 있어서 제3자에 해당하는지에 대해서는 견해의 대립이 있으나 일반적으로 기존 주주도 자신이 기존에 갖고 있던 주식에 기한 신주인수권이 아니라면 제3자의 신주인수권을 갖는다고 본다.[1] 다만 기존 주주가 제3자배정방식으로 유상증자에 참여하려면, i) 제3자배정방식에 대해 정관에 규정되어 있어야 하고, ii) 신기술의 도입, 재무구조의 개선 등 회사의 경영상 필요한 경우에 한하여야 하고, iii) 제3자의 범위에 대해 정관에 구체적으로 특정되어 있어야 한다.[2] 따라서 i)·ii)·iii)의 요건을 모두 충족시킨 경우에 한하여 대표이사 겸 주주인 갑의 제3자배정방식에 의한 신주발행이 가능하다.

2-4. 결국 사안의 경우 주주배정방식에 의한 신주발행으로 진행하는 것이 일반적이라 하겠으나, 제3자배정방식에 의한 신주발행의 요건을 모두 충족시킨 경우에 한하여 제3자배정방식의 신주발행도 가능하다.

※ 참고로 완전감자 및 유상증자 후 주주 현황은 다음과 같다.

구 분	종 전 출자현황	완전감자 및 유상증자후 출자현황	비 고
갑	1억(1/3)	3억(3/3)	완전감자 및 유상증자 사이에 시간적 간격이 없는 경우에는 가능
을	1억(1/3)	-	
병	1억(1/3)	-	
계	3억	3억	

1) 임재연, 『회사법(Ⅰ)』, 574면, 『주석상법(회사편Ⅳ)』, 78면 및 이철송, 『회사법강의』, 873면
2) 사안의 경우에는 기존 주주도 제3자배정방식에서의 제3자에 해당된다는 것이 정관에 명확히 특정되어 있어야 한다. 이 점을 각별히 유의하여 정관을 살펴볼 필요가 있다.

실무사례(121)

제목: 무상증자 후 유상감자 시 세부담 검토

서울에 본점 소재지를 두고 있는 갑회사의 자본금 및 주식발행초과금의 변동 내역은 다음과 같다.

일 자	내 용	금 액	자본 계상액	
			자본금	주식발행초과금
2014. 09. 01.	국내법인 A 단독 출자로 회사 설립	20,000,000	20,000,000	-
2014. 12. 01.	기관투자자 B 출자 (250배 할증발행)	5,000,000,000	20,000,000	4,980,000,000
2015. 06. 30.	무상증자(주식발행초과금의 자본금 전입)	-	80,000,000	-80,000,000
2015. 10. 15. 현재 (지분율: A법인, B법인 각각 50%)			120,000,000	4,900,000,000

2015. 10. 15. 현재 갑회사는 다음과 같은 방법으로 무상증자 후 유상감자를 실시할 예정이다.

i) 갑회사는 을에 대한 매출채권 30억원을 갖고 있으며, 갑회사의 을에 대한 매출채권을 주주인 국내법인 A와 기관투자자 B에게 각각 15억원씩 채권양도를 한다.

ii) 2015. 10. 15. 현재 주식발행초과금 49억원 중 30억원을 자본금 전입한다(전입후 국내법인 A의 지분액과 기관투자자 B의 지분액은 각각 15억 6천만원이 됨).

iii) 그 후 30억원의 액면가 유상감자를 실시하되, 유상감자로 국내법인 A와 기관투자자 B에게 환급하여야 할 금액 각 15억원은 상기 i)의 채권양도액과 각각 상계처리 한다.

【1】 상기와 같이 갑회사의 계획대로 진행할 경우 예상되는 문제점은 무엇인지(채권양도는 적법한 것으로 가정하여 그 논의는 제외)?

【2】 갑회사는 수도권 소재에서 설립이 5년 미만인 법인으로 무상증자 시 등록면허세가 3배 중과되는데, 등록면허세를 줄일 수 있는 방법은 없는지?

1-1. 자본금으로 전입할 수 있는 준비금은 법정준비금 즉 이익준비금과 자본준비금에 한한다(상업선례 1-202, 735면). 주식발행초과금은 자본준비금으로서 자본금 전입이 가능한 준비금에 해당하며, 사안의 경우 2015. 10. 15. 현재 주식발행초과금 계상액 49억원 중 30억원을 자본금으로 전입하는 것은 문제가 없어 보인다.

1-2. 유상감자와 관련해서 살펴보면, 자본의 감소로 인하여 주주가 취득하는 금전과 그 밖의 재산가액의 합계액이 주주가 해당 주식을 취득하기 위하여 사용한 금액을 초과하는 금액은 배당으로 의제하여 법인세 과세표준 계산 시에 가산하여야 한다(법인세법 16조 1항 1호). 사안의 경우 국내법인 A와 기관투자자 B에게 배당으로 의제되는 금액은 다음과 같다.

구 분	① 자본감소로 주주가 취득하는 금전 등	② 주주가 해당 주식을 취득하기 위하여 사용한 금액[1]	③ 의제배당액 (①-②)
국내법인 A	1,500,000,000	0	1,500,000,000
기관투자자 B	1,500,000,000	0	1,500,000,000

1-3. 결국 무상증자 후 유상감자 시 국내법인 A와 기관투자자 B의 법인세 계산 시에 각각 15억원 만큼 과세표준이 증가하여 그에 해당하는 법인세와 주민세를 납부하여야 한다(총 부담세율을 22%로 가정할 경우, 국내법인 A와 기관투자자 B는 각각 3억 3천만원의 세부담이 예상된다).

2-1. 대도시에서 설립 후 5년 이내에 자본을 증가하는 경우에는 지방세법 제28조 제1항 제6호 가목의 세율(1,000분의 4)의 3배 중과한다(지방세법 28조). 따라서 사안과 같이 무상증자 후 유상감자를 할 경우에는 무상증자 시에 금 36,000,000원(= 3,000,000,000원 X 4/1,000 X 3)의 등록면허세와 등록면허세의 20%인 금 7,200,000원의 지방교육세를 각각 납부하여야 한다.

1) 자본의 감소일로부터 과거 2년 이내에 의제배당으로 과세되지 않은 무상주를 취득한 경우에는 그 주식 등이 먼저 감소된 것으로 보며, 그 주식 등의 취득가액은 영으로 한다(법인세법 시행령 14조 3항 참조). 사안의 경우 무상증자 후 국내법인 A와 기관투자자 B가 2015. 10. 15. 현재 주식을 취득하기 위하여 투자한 총액은 각각 2천만원 및 50억원이나, 유상감자일로부터 2년 이내에 주식발행초과금이 자본금으로 전입한 것이 각각 15억원 4천만원(2015. 6. 30. 각각 4천만원, 2015. 10. 15. 각각 15억원)이 있으므로, 국내법인 A와 기관투자자 B의 각각 15억원 유상감자 시 주식발행초과금의 자본금 전입한 부분 각각 15억원 4천만원부터 먼저 감소한 것으로 보며, 그 취득가액은 영으로 계산한다.

2-2. 등록면허세와 지방교육세를 줄이기 위해서는 무상증자를 하지 않고 현 상태에서 바로 유상감자를 할 것을 검토할 필요가 있다.[1] 만약 무상증자를 실시함이 없이 바로 유상감자를 하여도 갑회사에서 추진하려고 하는 소기의 목적을 달성할 수 있다면, 해당 등록면허세와 지방교육세는 납부할 필요가 없어 그 만큼 세부담은 줄어들 것으로 판단된다.[2]

참조 조문: 지방세법 제28조, 법인세법 제16조, 법인세법 시행령 제14조
참조 선례: 상업선례 제1-202호(735면)

「보 론」 의제배당

1. 법인세법은 순자산증가설 및 권리·의무확정주의 등에 의하여 소득금액을 산정하므로, 법인이 다른 법인에 출자한 후 이익배당을 받는 경우에는 그 피출자법인의 잉여금처분결의일이 속하는 사업연도의 소득으로 과세한다.

2. 한편 상법 또는 기타 법령상의 이익배당절차에 의한 것은 아니지만 법인의 잉여금이 특정 사건에 의하여 주주에게 귀속됨에 따라 이익배당과 동일한 경제적 효과를 가지는 경우, 법인세법에서는 그 경제적 효과가 주주에게 사실상 배당 또는 분배된 것으로 의제하여 각 사업연도 소득으로 과세하고 있는 바, 이를 "배당금 또는 분배금 의제"(실무상 "의제배당"이라 함)라 한다.

3. 의제배당의 일례로 주식의 소각, 자본의 감소, 사원의 퇴사·탈퇴 또는 출자의 감소 등으로 인하여 주주·사원 또는 출자자가 취득하는 금전과 그 밖의 재산가액의 합계액이 주주 등이 해당 주식 또는 출자지분을 취득하기 위하여 사용한 금액을 초과하는 금액은 배당으로 의제하여 각 사업연도 소득(주: 주주가 개인인 경우에는 배당소득)으로 과세한다.

---

1) 이것이 가능한지 알기 위해서는 현재 상태에서의 1주당 주식가치를 평가하여야 할 것이다. 사안의 경우 2014. 12. 1. 기관투자자 B가 투자한 50억원이 회사의 자산에 대부분 남아 있을 경우에는 무상증자 없이 바로 30억원의 유상감자가 가능하다고 판단되나, 그것이 가능한지는 1주당 주식가치를 평가한 후에 최종 결론이 날 것으로 보인다.

2) 물론 이 경우에도 설문 【1】에서 살펴본 감자 등에 따른 의제배당 해당액에 대한 법인세 및 주민세의 세부담은 부담하여야 한다.

259. 자본감소(주금액의 감소에 의한 환급의 방법에 의함)로 인한 변경등기신청서의 첨부서면 여하

[상업등기선례 제1-188호, 제정 1999. 4. 8.]

주식회사가 주금액의 감소에 의한 환급의 방법으로 자본을 감소하는 경우에는 자본감소로 인한 변경등기신청서에 비송사건절차법 제209조 제1항(주: 현행 상업등기규칙 제139조 제1항)의 서면을 첨부할 필요가 없다.
(1999. 4. 8. 등기 3402-377 질의회답)

참조 조문 · 규칙 · 예규 · 선례 · 판례

▣ **상업등기규칙[대법원규칙 제2668호, 2016. 6. 27., 타법개정]**

제139조(주식의 병합 또는 분할로 인한 변경등기) ① 주식의 병합(자본금 감소의 경우는 제외한다)으로 인한 변경등기를 신청하는 경우에는 「상법」 제440조에 따른 공고를 하였음을 증명하는 정보를 제공하여야 한다.
② 주식의 분할로 인한 변경등기의 신청에 관하여는 제1항을 준용한다.

제142조(자본금 감소로 인한 변경등기) 자본금 감소로 인한 변경등기를 신청하는 경우에는 다음 각 호의 정보를 제공하여야 한다.

1. 제111조 제2호의 정보(결손의 보전을 위한 자본금 감소임을 증명하는 정보를 제공하는 경우는 제외한다)
2. 주식의 병합 또는 소각을 한 경우에는 제139조 제1항의 정보

◐ 선례 해설:

1. 자본금 감소의 방법으로는 주식의 액면금액을 인하하는 방법, 주식을 병합하는 방법, 주식을 소각하는 방법 등이 있다.

2. 주식의 병합 또는 강제소각의 방법으로 자본금을 감소하는 경우에는 정관으로 정하는 방법에 따라 주권제출의 공고를 하였음을 증명하는 정보를 첨부정보로 제공하나, 주식의 액면금액을 인하하거나 주식을 임의소각 하는 경우에는 첨부정보로 제공할 필요가 없다. 임의소각의 경우에 대해 부언하면, 주주총회에서 정한 방법에 따라 회사와 주주와의 계약에 의하여 주주로부터 임의로 주권을 제공받아 주식의 실효절차를 마치므로 주권제출공고가 필요 없다는 것이 판례의 입장이자 실무제요의 입장이다(『상업등기실무(II)』, 334~335면).

「보 론」 결손의 보전을 위한 자본금 감소절차와 채권자보호절차[1)2)]

1. 주주는 주주 자격으로 회사재산을 가져갈 수 있고, 직접 회사의 채권자가 되어 채권자로서 회사재산을 가져갈 수 있지만, 아무런 제한 없이 회사재산의 유출이 이루어진다면 회사채권자에게 손해를 입히게 되기 때문에 상법은 여러 제도를 통하여 주주에 의한 회사재산의 유출을 통제하고 있다.

2. 주주에 의한 회사재산의 유출을 통제하기 위한 방법으로는 ⅰ) 자본금과 준비금 제도, 배당가능이익 관련 제도, 채권자보호절차 등을 통해 주주가 주주 자격으로 회사재산을 가져가는 것에 대해 일정한 제한을 가하는 방법, ⅱ) 주요 주주 등과 회사 간의 거래 제한(상법 398조, 542조의9)을 통해 주주가 채권자의 자격으로서 회사재산을 가져가는 것을 규율하는 방법 등이 있다.

3. 위 2.의 방법 중 주주가 주주 자격으로 회사재산을 가져가는 것에 대해 일정한 제한을 가하는 방법은 다시 회사채권자에게 우선변제권을 주는 방법과 배당가능이익을 제한하는 두 가지 방식을 통해 이루어진다.

4. 통상적인 자본금 감소는 채권자를 위한 최소한도의 책임재산인 담보재산이 감소되는 결과를 초래하여 회사채권자에게 중대한 영향을 미치므로 채권자보호절차를 밟아야 한다. 즉 회사는 자본금 감소의 결의일로부터 2주간 내에 채권자에 대하여 자본금 감소에 이의가 있으면 1월 이상의 기간 내에 이를 제출할 것을 공고하고 알고 있는 채권자에 대하여는 따로따로 이를 최고하여야 하며(상법 439조 2항 본문), 이의를 제출한 채권자가 있는 때에는 회사는 그 채권자에 대하여 변제 또는 상당한 담보를 제공하거나 이를 목적으로 하여 상당한 재산을 신탁회사에 신탁하여야 한다. 자본금 감소에 있어서 채권자보호절차는 회사채권자로 하여금 주주에 앞서 회사로부터 채권을 우선적으로 변제받을 수 있는 기회를 제공하게 된다.

5. 반면에 통상적인 자본금 감소와는 달리 결손의 보전을 위한 자본금 감소는 회사재산의 유출을 수반하지 않은 관계로 채권자의 이해와는 직접적인 관련이 없어 별도의 채권자보호절차를 요하지 않는다(상법 439조 2항 단서).

---

1) 『주식회사법대계(Ⅲ)』, 245면 및 284~285면
2) 「실무사례(122)」(767면) 및 「실무사례(123)」(768~769면) 참조

실무사례(122)

제목: 결손의 보전을 위한 자본금 감소절차(1)

발행예정주식총수 1,000,000주, 발행한 주식의 총수 300,000주, 1주당 액면금액 5,000원인 회사에서 그 동안 결손 누적이 약 10억원에 이르러 이번에 결손의 보전을 위한 자본금 감소절차를 진행하려고 한다.

【1】 결손의 보전을 위한 자본금 감소의 방법으로 1주당 주식의 액면금액을 인하하는 방법으로 진행하는 것이 가능한지?

【2】 위【1】이 가능하다고 할 때, 주식의 액면금액을 인하할 경우에 채권자보호절차와 주권제출공고절차가 필요한지?

【3】 결손의 보전을 위한 자본금 감소의 경우에 임시주주총회의사록 외에 재무상태표(혹은 대차대조표)를 첨부정보로 제공하여야 하는지?

1. 자본금 감소의 방법으로는 주식의 액면금액을 인하하는 방법과 발행주식수를 감소하는 방법이 있으며, 발행주식수를 감소하는 방법에는 주식의 병합과 주식의 소각이 있다. 결손의 보전을 위한 자본금 감소의 방법도 동일하여 1주당 주식의 액면금액을 인하하는 방법으로 진행하는 것이 가능하다.

2. 2011. 4. 14. 개정 상법에서는 결손의 보전을 위한 자본금 감소의 경우에는 주주총회의 보통결의에 의하도록 하고 채권자보호절차를 면제하였다(상법 439조 2항 단서). 또한 선례에 의하면, 회사가 주식의 액면금액을 인하하는 방법으로 자본금 감소로 인한 변경등기 시에는 주권제출공고문을 첨부정보로 제공할 필요가 없다.

3. 결손의 보전을 위한 자본금 감소의 경우에는 결손의 보전을 위한 자본금 감소임을 증명하는 정보를 제공하도록 하고 있으므로(규칙 142조 1호), 자본금 감소 결의를 위한 주주총회의사록에 재무상태표(혹은 대차대조표)를 첨부하여 함께 인증받은 원본을 자본금 감소로 인한 변경등기 신청 시 첨부정보로 제공하여야 할 것이다.

참조 조문: 상업등기규칙 제139조 제1항, 제142조 제1호

참조 선례: 상업등기선례 제1-188호(765면)

[비교 사례] 결손의 보전을 위한 자본금 감소가 아닌 단순히 주식의 액면금액을 인하하고 인하된 부분만큼 주주들에게 환급할 경우, 채권자보호절차 및 주권제출공고를 하였음을 증명하는 정보를 등기신청 시 제공하여야 하는지 여부

=> 이 경우에는 채권자보호절차를 이행하였음을 증명하는 정보는 첨부정보로 제공하여야 하나, 주권제출공고를 하였음을 증명하는 정보는 첨부정보로 제공할 필요가 없다(규칙 제142조, 상업선례 1-188호 참조).

실무사례(123)

제목: 결손의 보전을 위한 자본금 감소절차(2)

회사는 그 동안 영업실적 부진 등으로 결손이 상당히 누적된 상태로 회사의 운영자금이 추가 필요하여 증자를 하여야 하는 상황이다. 기존 주주는 추가 증자에 참여할 여력이 되지 못하여 제3자로부터 증자를 유치할 예정인데, 제3자는 증자에 참여하는 조건으로 기존 주주에 대한 감자를 선행할 것을 요구하고 있다. 이에 회사에서는 증자 전단계로 결손보전을 위한 자본금 감소를 검토 중이다. 아래 각 사안의 경우 상법 제439조 제2항 단서에 의한 주주총회의 보통결의와 채권자보호절차가 필요 없는 자본금 감소가 가능한지? (각 사안은 별개 사안임).

【1】 회사의 자본금은 10억원이며 결손 누적금 또한 10억원이다. 이 경우 자본금 10억원 전액에 대해 결손보전을 위한 자본금 감소가 가능한지?

【2】 회사의 자본금은 10억원이며 결손 누적금이 8억원인 상태에서, 주주총회 보통결의와 채권자보호절차 없이 결손 누적금 8억원 전액에 자본금 감소가 가능한지?

【3】 회사의 자본금은 10억원이며 결손 누적금이 8억원인 상태에서, 주주총회 보통결의와 채권자보호절차 없이 결손 누적금 8억원 전액 및 추가 1억원을 합하여 총 9억원의 자본금 감소가 가능한지?

1. 완전감자는 물적회사인 주식회사의 개념상 회사의 존립의 기초가 없어지는 것이므로 원칙적으로 불가하다. 다만 완전감자의 등기와 유상증자의 등기가 순차로 동시에 접수되고, 완전감자와 유상증자 사이에 효력의 공백이 없다는 특별한 사정이 있을 경우에는 가능하다(상업선례 1-203, 759면). 사안의 경우 자본금 10억원 전액에 대해 결손보전을 위한 자본금 감소를 위한 것이라고 할지라도 선례에서 인정하는 특별한 사정이 없는 한 완전감자가 되어 원칙적으로 불가하다.

2. 결손 누적금 8억원 전액에 대한 자본금 감소가 가능하다. 이 경우에는 상법 제439조 제2항 단서에 따라 주주총회의 보통결의로 족하고 채권자보호절차도 면제된다. 결손보전을 위한 자본금 감소절차를 거친 후 회사의 자본금은 10억원

에서 2억원으로 감소하고 결손 누적금 8억원 전액은 회사의 장부에서 없어지게 된다.

3. 결손의 보전을 위한 감자의 경우에는 보전되는 결손액과 일치하는 금액의 자본금을 무상으로 감소시키는 것이어야 한다. 보전되는 결손액보다 감소되는 자본금이 더 클 경우에는 감자차익이 발생하는데, 이 경우에는 결손의 보전을 위한 감자가 아니므로 상법 제439조 제2항 단서의 결손보전 감자를 위한 특칙(주주총회의 보통결의, 채권자보호절차 불요)이 적용되지 않는다는 견해가 유력하다.[1] 사안의 경우 감소되는 자본금(9억원)이 보전되는 결손금(8억원) 보다 크므로 상법 제439조 제2항 단서의 결손보전 감자를 위한 특칙이 적용되지 않아 주주총회의 특별결의 및 채권자보호절차가 필요하다.

※ 이상의 논의를 정리하면,

구 분		【1】	【2】	【3】
자본금	결손보전 전	10억원	10억원	10억원
	결손보전 후	-	2억원	1억원
결손금	결손보전 전	10억원	8억원	8억원
	결손보전 후	-	-	-
비 고		완전감자가 되어 원칙적으로 불가 (가능한 특별한 경우에 관한 것은 상업선례 1-203 참조)	통상적인 결손보전을 위한 자본금 감소절차로 특례가 적용됨	감소되는 자본금(9억원)이 보전되는 결손금(8억원) 보다 크므로 특례의 적용은 없고 통상적인 자본금 감소절차를 따라야 함

참조 조문: 상법 제439조 제2항
참조 선례: 상업등기선례 제1-203호(759면)
참조 문헌: 이철송, 『회사법강의』, 914면 및 『주식회사법대계(Ⅲ)』, 231~232면

1) 이철송, 『회사법강의』, 914면 및 『주식회사법대계(Ⅲ)』, 231~232면

260. 주식 6.25주를 1주로 하는 주식병합의 가부

[상업등기선례 제1-174호, 제정 1987. 5. 19.]

액면 800원의 주식 6.25주를 1주로 병합하여 액면 5,000원의 주식으로 할 수 있다.
(1987. 5. 19. 등기 제261호)

질의요지 : 상법 중 개정법률(1984. 4. 10. 법률 제3724호)의 시행에 따라 그 시행 전에 성립한 주식회사가 액면가액 1주당 800원인 주식을 액면가액 1주당 5,000원인 주식으로 변경하기 위하여 기발행주식 6.25주를 병합하여 1주로 할 수 있는지 여부.

◐ **선례 해설:** 「실무사례(124)」(771면) 참조

1. 1984. 4. 10. 법률 제3724호에 의해 상법이 일부 개정되면서 제392조에서 1주의 금액은 5천원 이상으로 하여야 한다고 규정하고, 부칙 제5조에서는 주식의 금액에 관한 경과조치로서 ⅰ) 이 법 시행 전에 성립한 주식회사가 발행하는 주식의 금액에 관하여는 제329조 제4항의 개정규정에 불구하고 이 법 시행일로부터 3년까지는 종전의 규정에 의한다고 하였고, ⅱ) 이 법 시행 전에 성립한 주식회사는 이 법 시행일로부터 3년 이내에 액면 5천원 미만의 주식을 액면 5천원 이상의 주식으로 하기 위하여 제434조의 규정에 의한 결의에 의하여 주식을 병합하며, 이 경우 제440조 내지 제444조의 규정을 준용한다고 규정하였다.

2. 따라서 본 선례의 내용의 기초가 된 1주의 금액에 관한 규정이 개정된 현재로서는 아래의 표와 같이 주식병합이 가능하며, 이 경우에는 이로 인해 자본금 감소가 일어나지 않는다는 의미로 축소 해석하여야 할 것이다(정관으로 1주당 액면금액을 변경한 후 주식병합).

구 분	주식병합 전	주식병합 후
1주당의 액면금액	800원	5,000원
발행한 주식 수	100,000주	16,000주
자본금	80,000,000원	80,000,000원

실무사례(124)

제목: 1주당 액면가를 500원에서 5,000원으로 변경 시 등기절차

주식회사의 1주의 금액을 500원에서 5,000원으로 변경하고자 한다. 이 경우 1주의 금액에 관한 정관 규정만을 변경하고 발행주식의 총수만 10분의 1로 변경등기하면 되는지? 아니면 발행예정주식의 수도 동시에 변경등기를 하여야 하는지? 또한 주식병합 시 특별히 첨부할 서면은 무엇인지?

1. 주식의 병합이란 기존의 수개의 주식을 합하여 그 보다 적은 수의 주식으로 하는 것을 말하며, 1개의 주식을 수개의 주식으로 나누는 주식분할의 반대 개념이라 하겠다. 사안의 경우 1주당 액면가를 500원에서 5,000원으로 변경하면서 주식 수를 10분의 1로 줄이는 것으로 주식의 병합에 해당한다.

2. 자본금의 감소가 없는 주식의 병합의 경우에는 등기사항 중 1주의 금액란과 발행주식의 총수와 그 종류 및 각각의 수의 란에 변경등기를 하여야 한다. 이 경우에 발행예정주식의 총수란도 변경등기를 하여야 하는지 문제되는데, 변경된 상업등기선례에 의하면 주식병합의 경우에는 회사가 발행할 주식의 총수는 당연히 감소하지 아니하므로 정관의 변경 없이는 회사가 발행할 주식의 총수에 관한 변경등기를 할 수가 없다(상업선례 2-55, 615면).

3. 주식 병합에 관한 변경등기를 신청하는 경우에는 상법 제440조에 따른 공고를 하였음을 증명하는 정보를 제공하여야 한다(규칙 139조). 즉 주식을 병합하는 경우에는 회사가 1개월 이상의 기간을 정하여 그 뜻과 그 기간 내에 주권을 회사가 제출할 것을 공고하고 주주명부에 기재된 주주와 질권자에 대하여는 각별로 그 통지를 하여야 하고, 주식의 병합은 이 기간이 만료한 때에 효력이 생긴다(상법 440조). 만약 주식의 병합이 병합 과정에서 단주의 처리 문제로 자본금 감소를 초래할 경우에는 주권제출공고 절차 외에 채권자보호절차를 밟아야 하며, 이 경우에는 주식의 병합은 주권제출기간이 만료한 때(채권자보호절차가 종료하지 아니한 때에는 그 종료한 때)에 그 효력이 생긴다(상법 441조 및 규칙 142조). 마지막으로 사안의 경우 주식병합으로 정관 규정 중 1주의 금액에 대한 사항이 변경되므로 주주총회 특별결의에 의한 정관변경 절차가 필요하여 변경등기 시에는 인증받은 주주총회의사록을 첨부하여야 한다. 다만, 자본금 총액이 10억원 미만인 회사는 총주주 동의에 의한 서면결의서를 첨부할 수 있다(상법 363조 4항 및 5항).

[비교 사례] 주식분할의 경우 채권자보호절차를 이행하였음을 증명하는 정보의 첨부정보 제공여부(소극) 및 주권제출공고를 하였음을 증명하는 정보의 첨부정보 제공여부(적극) => 상업등기규칙 제139조 참조

261. 주식을 병합하는 경우의 공고절차와 주식병합에 따른 변경등기신청서에 공고문을 첨부하여야 하는지 여부

[상업등기선례 제1-176호, 제정 1987. 7. 7.]

주식을 병합하는 경우의 공고는 정관에 정한 공고방법에 따라야 하며, 다만 비송사건절차법(주: 현행 상업등기법)이 그 공고문을 등기신청에 필요한 서면으로 규정하고 있지 아니하므로 주식의 병합에 따른 변경등기신청서에 이를 첨부할 필요는 없다.

(1987. 7. 7. 등기 제406호) **사실상 폐지**

◐ 선례 해설: 「실무사례(125)」(773~774면) 참조

1. 본 선례에서 밝히고 있듯이 공고를 하였음을 증명하는 정보를 첨부정보로 제공할지 여부는 상법 기타 법률의 규정과 상관없이 상업등기법 및 상업등기규칙 등에서 첨부정보로 제공하여야 한다고 규정된 것에 한한다(첨부정보의 법정주의에 관한 일반적인 사항은 391면 참조).

2. 현행 상업등기규칙에 의하면, 주식의 병합으로 인한 변경등기 시에는 주권제출공고를 하였음을 증명하는 정보를 제공하여야 하고, 주식병합에 의한 자본금 감소로 인한 변경등기를 신청하는 경우(주식병합 과정에서 단주 처리의 문제로 자본금이 감소하는 경우도 동일하다)에는 채권자보호절차 이행을 증명하는 정보와 주권제출공고를 하였음을 증명하는 정보를 제공하여야 한다(규칙 139조 및 142조).[1]

3. 따라서 주식병합으로 인한 변경등기 시에는 어떠한 경우든 주권제출공고를 하였음을 증명하는 정보를 첨부정보로 제공하여야 하는 것으로 규정되어 있는 현행 상업등기법 및 상업등기규칙 체제 하에서는 본 선례의 내용은 부합하지 않아 사실상 사문화되었다.

4. 상업등기에 있어서 공고를 하였음을 증명하는 정보를 첨부정보로 제공하여야 하는지 여부에 관한 전반적인 내용은 「총괄(8)」(732면) 참조.

---

1) 주식병합의 경우와 마찬가지로 주식의 강제소각 경우에도 주권제출공고를 하였음을 증명하는 정보를 제공하여야 하나, 이와 달리 액면주식을 발행한 회사에서 주식의 액면금액을 인하하거나, 주식을 임의소각하는 방식으로 자본금을 줄이는 경우에는 주권제출공고를 하였음을 증명하는 정보를 제공할 필요가 없다.

실무사례(125)

제목: 자본금의 감소방법에 따른 첨부정보 및 효력발생시기

자본금 10억원인 회사가 이번에 자본금을 5억원 감소하려고 한다. 회사는 자본금의 감소방법 중 어느 것을 선택할지에 대해 검토 중이다.

【1】 자본금의 감소방법에는 어떠한 것이 있는지?

【2】 자본금 감소에 있어서 채권자이의제출공고 및 주권제출공고를 하였음을 증명하는 서면은 반드시 첨부하여야 하는지?

【3】 자본금 감소의 효력발생시기는 언제인지?

1. 자본금의 감소방법으로는 주식의 액면금액을 인하하는 방법과 발행주식수를 감소하는 방법이 있으며, 발행주식수를 감소하는 방법은 다시 주식을 병합하는 방법과 주식을 소각하는 방법이 있다.

2-1. 회사는 감자의 결의가 있은 날로부터 2주 내에 회사채권자에 대하여 감자에 이의가 있으면 1월 이상으로 정한 기간 내에 이의를 제출할 것을 공고하고, 알고 있는 채권자에 대하여는 따로따로 이를 최고하여야 한다(상법 439조 2항, 232조 1항). 다만, 결손의 보전을 위한 자본금 감소의 경우에는 채권자보호절차가 면제된다(상법 439조 2항 단서).

2-2. i) 주식의 액면금액을 인하하는 방법으로 자본금을 감소하는 경우에는 주권제출공고를 하였음을 증명하는 서면을 첨부할 필요가 없으나, ii) 주식을 병합하는 방법으로 자본금을 감소하는 경우에는 주권제출공고를 하였음을 증명하는 서면을 반드시 첨부하여야 한다. iii) 반면에 자본금 감소의 방법으로 주식을 소각하는 경우에는 강제소각이냐 임의소각이냐에 따라서 달리 취급한다. 즉 강제소각의 경우에는 주식병합의 절차가 준용되므로(상법 343조 2항, 440조, 441조 참조) 주권제출공고를 하였음을 증명하는 서면을 첨부하여야 하나, 임의소각의 경우에는 주주총회에서 정한 방법에 따라 회사와 주주와의 계약에 의하여 주주로부터 임의로 주권을 제공받아 주식의 실효절차를 마치기 때문에 주권제출공고를 하였음을 증명하는 서면을 첨부할 필요가 없다(「상업등기실무(II)」, 334~335면 및 대법원 2008. 7. 10. 선고 2005다24981 판결).

3. 자본금 감소의 효력은 원칙적으로 감자의 모든 절차, 즉 주주총회의 결의,

채권자보호절차, 주식의 병합·소각절차(주식의 액면금액을 인하한 경우에는 인하절차)가 모두 완료한 때에 생기지만, 이는 자본금 감소의 방법에 따라 다소간의 차이가 있는바, i) 주식의 액면금액을 인하하는 방법으로 자본금 감소를 하는 경우에는 회사의 자본금 감소의 의사표시가 모든 주주에게 도달한 때와 채권자보호절차를 완료한 때 중 늦은 때에, ii) 주식병합과 강제소각으로 자본금 감소를 하는 경우에는 주권제출기간이 만료한 때에 그 효력이 발생하나, 채권자보호절차가 종료하지 아니한 때에는 그 종료한 때, iii) 임의소각으로 자본금 감소를 하는 경우에는 회사에서 소각할 주식을 취득하여 상법 제342조에서 정한 주식실효절차를 마친 때(주: 주권제출기간이 만료한 때가 아님)와 채권자보호절차를 완료한 때 중 늦은 때에 각각 자본금 감소의 효력이 발생한다(『상업등기실무(II)』, 335면).

※ 이상의 내용을 표로 간략 정리하면,

<table>
<tr><th rowspan="2" colspan="2">구 분</th><th colspan="2">공고문 첨부 여부</th><th rowspan="2">효력발생시기</th></tr>
<tr><th>채권자이의제출</th><th>주권제출</th></tr>
<tr><td colspan="2">주금액의 인하</td><td rowspan="4">원칙: 첨부
(단, 결손보전을 위한 자본금 감소의 경우에는 미첨부)</td><td>×</td><td>회사의 자본금 감소의 의사표시가 모든 주주에게 도달한 때와 채권자보호절차를 완료한 때 중 늦은 때</td></tr>
<tr><td rowspan="3">주식수 감 소</td><td>주식병합</td><td>○</td><td rowspan="2">주권제출기간이 만료한 때.
단, 채권자보호절차가 종료하지 아니한 때에는 그 종료한 때</td></tr>
<tr><td>강제소각</td><td>○</td></tr>
<tr><td>임의소각</td><td>×</td><td>주식실효절차를 마친 때와 채권자보호절차를 완료한 때 중 늦은 때</td></tr>
</table>

참조 조문: 상법 제232조, 제343조, 제439조, 제440조, 제441조
참조 판례: 대법원 2008. 7. 10. 선고 2005다24981 판결
참조 문헌: 『상업등기실무(II)』, 328~339면

[비교 사례] 주식병합의 방법으로 자본금 감소를 하는 경우에 총주주 동의로 주권제출공고를 하였음을 증명하는 서면의 첨부를 생략할 수 있는지 여부(소극)
=> 주식병합으로 자본금 감소를 하는 경우에 주주 전원의 이의가 없다는 이유로 주권제출공고를 생략할 수는 없다(상업선례 1-199, 731면 참조).

262. 자본금감소절차에서의 채권자이의제출 및 주권제출공고의 내용

[상업등기선례 제2-59호, 제정 2012. 11. 29.]

주식의 강제소각방법으로 하는 자본금 감소절차에서 주권제출공고와 채권자이의제출공고를 동시에 하나의 공고로 하는 경우, 그 공고에는 채권자 보호를 위하여 회사채권자가 자본금 감소 내용을 알 수 있도록 하는데 필요한 사항(예: 자본금 감소의 방법, 소각하는 주식의 종류와 수, 변경되는 자본금의 총액 등 자본금 감소에 관한 주주총회 결의사항)이 나타나야 할 것이다. 다만, 구체적인 사건에서 공고내용이 적정한지 여부는 등기신청서를 기초로 등기관이 판단하여야 할 것이다.
(2012. 11. 29. 사법등기심의관-3682 질의회답)

◐ **선례 해설:** 「법원행정처 선례해설 요약(18)」(776~777면) 참조

1. 주식의 강제소각으로 자본금 감소로 인한 변경등기 시에는 ⅰ) 채권자보호절차이행을 증명하는 정보, ⅱ) 주권제출공고를 하였음을 증명하는 정보를 첨부정보로 제공하여야 한다(규칙 142조).

2. 본 선례에 의하면, 상기 1.의 ⅰ)과 ⅱ)의 첨부정보를 하나의 공고로 하는 경우에는 그 공고에 채권자보호를 위하여 회사 채권자가 자본금 감소 내용을 알 수 있도록 필요한 사항이 나타나야 한다.

자본감소공고(ⅰ과 ⅱ를 하나의 공고로 한 예시)

주식회사 ○○는 2015년 1월 5일 임시주주총회의 결의로 자본금 총액 금 1,000,000,000원을 금 250,000,000원으로 금 750,000,000원을 감소하기로 하여, 그 방법으로는 주식 150,000주를 임시주주총회결의일 현재 각 주주가 가진 주식 수에 비례하여 무상으로 양도 받아 강제소각하여 총 발행주식 200,000주를 50,000주로 감소하는 방법으로 할 것을 결의하였습니다.
이 자본감소에 이의가 있는 채권자는 이 공고게재일 다음날부터 1개월 이내에 이의를 제출하여 주시고 주주들은 주권을 본 회사에 제출하여 주시기 바랍니다.

3. 한편 2011. 4. 14. 상법이 개정되면서 현재는 결손의 보전을 위한 자본금 감소의 경우에는 주주총회의 보통결의에 의하도록 하고 채권자보호절차를 면제하였다(상법 439조 2항 단서).

법원행정처 선례해설 요약(18)[1)]

【제목】 액면주식의 강제소각방법으로 하는 자본금 감소의 경우 채권자 이의절차 및 주권제출공고절차에서 그 공고문에 소각되는 주식 수와 그에 따라 변경되는 발행주식의 총수 및 자본금의 총액을 구체적으로 특정하여 기재하여야 하는지 여부(적극)

1. 사안의 논점

액면주식의 강제소각에 의한 자본금감소절차에서 하는 채권자이의절차 및 주권제출공고 시 그 공고문에 소각되는 주식 수와 그에 따라 변경되는 발행주식의 총수 및 자본금의 총액을 구체적으로 특정하여 기재하여야 하는지 여부

2. 자본금 감소절차 의의 및 방법

i) 자본금을 감소하기 위해서는 원칙적으로 주주총회의 특별결의와 엄격한 채권자보호절차를 거쳐야 한다.

ii) 자본금의 감소 방법으로는 주식의 액면금액을 감액하거나 주식의 병합 또는 소각에 의하여 발행주식수를 줄이는 방법이 있는데, 강제소각에 의한 자본금 감소의 경우에는 채권자이의절차 및 주권제출공고절차를 거쳐야 한다.

3. 자본금 감소절차에서의 공고절차

i) 회사의 자본금을 감소하는 것은 주주의 권리를 감소시키거나 회사채권자의 유일한 담보가 되는 회사의 재산이 감소되어 이해관계인에게 불이익을 줄 수 있으므로 주주총회의 특별결의와 회사채권자보호절차를 거치도록 하고 있다.

ii) 따라서 주주총회에 임하는 주주들에게 충분한 판단의 기초를 제공하기 위하여 자본감소의 의안요령, 즉 자본감소의 방법, 감소액 등을 소집통지서나 공고문에 기재하여야 하며(상법 438조 3항), 주주총회에서 자본감소의 방법까지 정하도록 하고 있다(상법 439조 1항).

---

1) 『상업등기 주요선례 해설』, 255~261면

iii) 마찬가지로 채권자에게도 자본금 감소결의에 대하여 이의를 제출할 수 있는 기회를 보장하기 위하여 채권자이의제출 공고문에는 자본금 감소에 관한 결정사항을 구체적으로 적어야 한다.

iv) 실무상 대부분 주식의 강제소각에 의한 자본금 감소절차에서 하는 채권자이의제출공고와 주권제출공고는 동시에 일괄적으로 회사의 공고방법에 따라 하고 있으나, 별개로 공고하여도 무방하다.

4. 결어

i) 주식의 강제소각의 방법으로 하는 자본금 감소절차에서 채권자이의 제출공고와 주권제출공고를 별개로 공고하거나 동시에 하나의 공고로 할 수 있다.

ii) 동시에 하나의 공고로 하는 경우에는 자본금 감소의 방법, 소각하는 주식의 종류와 수 및 이에 따라 변경되는 자본금의 총액 등 자본금 감소에 관한 주주총회 결의사항을 구체적으로 적어야 한다.

※ 자본금의 감소절차에서 채권자이의공고와 주권제출공고의 내용과 방법[1)]

구 분	필요 내용	비 고
채권자이의 제출공고	자본금 감소의 내용을 알 수 있는 필요한 사항 + 주식소각에 이의가 있으면 이를 제출할 것과 제출기간	양자는 별개 또는 하나의 공고로 할 수 있음
주권제출 공고	자본금 감소의 내용을 알 수 있는 필요한 사항 + 주권을 제출할 것과 주식소각의 뜻, 제출기간	

1) 채권자이의제출공고 및 주권제출공고는 별개 또는 하나의 공고로 할 수 있으나, 별개로 할 경우에는 양 공고 모두 그리고 하나로 공고할 경우에는 그 공고에 자본금 감소의 방법, 소각하는 주식의 종류와 수 및 이에 따라 변경되는 자본금의 총액 등 자본금 감소의 내용을 알 수 있는 사항이 들어가야 한다.

제20절 상환주식의 상환[1]에 따른 변경등기

내 용	관련 조문		관련 선례 · 예규 · 규칙 (실무사례 포함)
	상법	상업등기법	
1. 정관규정에 의한 이익소각		규칙 제141조	~~263. 상업선례 제2-51호~~[2]
2. 상환주식의 상환[3]	제345조		264. 상업선례 제2-50호 265. 상업선례 제2-61호

---

1) 2011. 4. 14. 개정 상법은 일정한 요건 하에 회사의 자기주식 취득을 허용하고 회사가 보유하는 자기주식은 이사회의 결의로 소각할 수 있도록 하면서(상법 343조), 정관 규정에 의한 이익소각제도와 주주총회의 결의에 의한 이익소각제도를 폐지하였다. 그리고 개정 상법은 현 상법상 인정되는, 회사가 배당가능이익으로 상환할 수 있는 상환주식 외에(상법 345조 1항), 주주가 회사에 대하여 상환을 청구할 수 있는 종류주식을 발행할 수 있도록 하였다(상법 345조 3항)(『상업등기실무(II)』, 340면). 즉 현재 주식소각의 유형으로는 상환주식의 상환, 자본금 감소절차에 의한 주식소각(제19절 자본금 감소로 인한 변경등기 참조), 이사회 결의에 의한 자기주식의 소각(제21절 자기주식의 취득 및 처분 · 소각 참조) 등이 있다.

2) 2011. 4. 14. 상법 개정으로 정관규정 및 주주총회 결의에 의한 임의소각방식은 폐지되었음으로 현재로서는 상업등기선례 제2-51호(781면)의 내용은 사문화되었다.

3) 회사는 정관으로 정하는 바에 따라 회사의 이익으로 소각할 수 있는 종류주식을 발행할 수 있다. 이 경우 회사는 정관에 상환가액, 상환(청구)기간, 상환의 방법과 상환할 주식의 수 등을 정하여야 한다(상법 345조 1항 및 3항). 상환주식의 상환은 정관의 규정에 따르는 한 다른 절차 없이 이사회의 결의만으로 할 수 있으나, 상환주식을 상환하기 위해서는 배당가능이익이 존재하여야 한다. 따라서 이익을 상환주식의 상환에 사용하기 위해서는 주주총회의 결의가 필요하며, 이 때 상환할 상환주식의 수도 원칙적으로 주주총회에서 결정하게 된다. 이렇게 정관의 규정에 따라 주주총회에서 상환할 주식의 수가 결정되면, 상환시기는 정관으로 정하고 있는 것이 아니라면 이사회의 결의로 정할 수 있는 것으로 해석된다(『상업등기실무(II)』, 345~346면). 기타 상환주식에 관한 보충 설명은 「보론」(782면) 참조.

§ 요약

1. 2011 .4. 14. 상법의 개정으로 정관 규정에 의한 이익소각제도와 주주총회의 결의에 의한 이익소각제도는 폐지되었다. 따라서 현행 상법에서는 주식을 소각하는 방법으로 자본금 감소의 절차에 의한 방법, 상환주식의 상환으로 소각하는 방법, 이사회 결의에 의해 자기주식을 소각하는 방법 등이 있다. 이 중 상환주식의 상환으로 소각하는 방법과 이사회 결의에 의해 자기주식(배당가능이익 범위 내에서 취득한 자기주식)을 소각하는 방법은 주주에게 배당할 재원으로 주식을 소각하기 때문에 자본금은 감소하지 않는다는 점에서 자본금 감소의 절차에 의한 방법에 의한 주식소각과는 구별된다.

2. 상환주식이란 주식의 발행 시부터 장차 회사가 스스로 또는 주주의 청구에 의해 이익으로써 상환하여 소멸시킬 것이 예정되어진 주식을 말하며(상법 345조), 개정 전에는 상환주식은 우선주식에 상환조항이 부가된 것에 불과하다고 하여 종류주식으로 보지 않았으나, 2011. 4. 14. 개정 상법에서는 상환주식이 종류주식에 해당함을 명백히 함과 동시에 보통주에 대하여는 상환조건을 붙이는 것을 허용하지 않는 것으로 하였다(상법 345조 5항 및 『상법 회사편 해설』, 148면 참조).

3. 상환주식에는 정관에서 정하는 바에 따라 회사가 이익으로써 소각할 수 있는 종류주식(회사상환주식 혹은 강제상환주식)과 정관에서 정하는 바에 따라 주주가 회사에 대하여 상환을 청구할 수 있는 종류주식(주주상환주식 혹은 의무상환주식)이 있다.

4. 그 첨부정보와 관련해서는, i) 이익의 존재를 증명하는 정보(상업선례 2-50호, 783면 및 2-61, 786면 참조), ii) 주주가 주식의 상환을 청구함으로 인한 변경등기의 경우에는 주식의 상환 청구가 있음을 증명하는 정보(규칙 141조 1항 1호), iii) 회사가 주식을 상환함으로 인한 변경등기의 경우에는 회사가 상환대상인 주식의 취득일로부터 2주 전에 그 사실을 그 주식의 주주 및 주주명부에 적힌 권리자에게 따로 통지 또는 공고를 하였음을 증명하는 정보 등이다(규칙 141조 1항 2호).[4]

4) 이익소각으로 인한 변경등기 시에는 주권제출공고를 하였음을 증명하는 정보는 필요 없다(『개정 상업등기법・규칙 해설』, 322면 및 「보론」, 780면 참조).

📖 「보 론」 자본금 감소와 이익에 의한 주식소각의 비교[1]

구 분		자본금 감소절차 (자본금이 감소함)	이익에 의한 주식소각 (자본금이 감소하지 않음)
주금액 인하		1주당 액면가를 인하	-
주식수의 감소	주식병합	주식을 병합	-
	주식소각	* 강제소각/임의소각 * 유상소각/무상소각	* 이사회 결의에 의한 자기주식 소각(특정목적에 의하여 취득한 자기주식 소각 시에는 자본금감소의 절차에 따라야 함)[2] * 상환주식의 상환
채권자보호절차		* 원칙: 필요 * 예외: 결손보전을 위한 자본금 감소는 불요	불요
주권제출공고		* 주식병합과 강제소각의 경우: 필요 * 주금액 인하 및 임의소각의 경우: 불요	* 원칙적으로 불요. 회사상환주식[3]을 강제상환의 방식으로 주식을 소각하는 경우에는 상환대상인 주식의 주주 및 주주명부에 적힌 권리자에게 상환 사실을 통지하거나 공고(규칙 141조 1항 2호)

1) 양자의 가장 큰 차이점은, ⅰ) 자본금 감소의 방법으로는 1주당 액면가액을 인하하는 방법과 주식 수를 감소시키는 방법으로 주식병합과 주식소각의 방법이 있지만, 이익에 의한 주식소각의 경우에는 오직 주식소각의 방법만을 사용할 수 있으며, ⅱ) 근본적으로 자본금 감소의 방법에 의할 경우에는 회사의 자본금이 감소하지만, 이익에 의한 주식소각의 경우에는 주주에게 배당할 재원으로 주식을 소각하기 때문에 회사의 자본금이 감소하지 않는다는 점이다.

2) 이사회 결의에 의한 소각 가능한 자기주식의 범위에 관하여 견해의 대립이 있으나, 배당가능이익 범위 내에서 취득한 자기주식은 소각할 수 있는데 반해 특정목적에 의하여 취득한 자기주식에 대해서는 상법 제341조 제1항 단서에 의해 소각할 수는 없고 자본금 감소의 절차에 따라야 한다는 견해가 유력하다(『2016 상업등기실무』, 444~445면 참조).

3) 상환의 선택이 회사에 있는 주식을 회사상환주식(또는 강제상환주식)이라 하고, 반면에 상환의 선택권이 주주에게 있는 주식을 주주상환주식(또는 의무상환주식)이라고 한다.

263. 정관규정에 의한 임의소각방식의 이익소각에 따른 등기 가부
[상업등기선례 제2-51호, 제정 2010. 12. 7.]

주식회사는 정관의 정한 바에 의하여 주주에게 배당할 이익으로써 주식을 소각할 수 있는 바(「상법」 제343조 제1항 => 주: 2011. 4. 14. 개정됨), 그 방법으로는 주식을 매수하여 소각하는 임의소각도 가능할 것이므로, 당해 정관의 정한 바에 따라 주주에게 배당할 이익으로써 주식을 매수하여 소각한 주식회사는 그 주식소각에 따른 변경등기를 할 수 있다.
(2010. 12. 7. 사법등기심의관-3113 질의회답) **사실상 폐지**

◐ 선례 해설:

1. 2011. 4. 14. 상법의 개정으로 정관 규정에 의한 이익소각제도(개정 전 상법 제343조 제1항 단서)와 주주총회의 결의에 의한 이익소각제도(개정 전 상법 제343조의2)는 폐지되었다. 따라서 현행 법제 하에서 주식을 소각하는 방법으로는 자본금 감소의 절차에 의한 방법, 상환주식의 상환으로 소각하는 방법, 이사회 결의에 의해 자기주식을 소각하는 방법 등만 인정되고 정관 규정 혹은 주주총회의 결의에 의한 이익소각은 허용되지 않는다.1)

> **[참고: 2011. 4. 14. 개정 상법 이전 조문]**
>
> **제343조 (주식의 소각)** ① 주식은 자본감소에 관한 규정에 의하여서만 소각할 수 있다. 그러나 정관의 정한 바에 의하여 주주에게 배당할 이익으로써 주식을 소각하는 경우에는 그러하지 아니하다.
>
> **제343조의2 (총회의 결의에 의한 주식소각)** ① 회사는 제343조의 규정에 의하는 경우 외에 정기총회에서 제434조의 규정에 의한 결의에 의하여 주식을 매수하여 이를 소각할 수 있다.

2. 따라서 본 선례의 내용은 현행법에서는 사문화되었다.

---

1) 또한 과거 주권상장법인에 인정되었던 이사회결의에 의한 이익소각의 특례제도도 폐지되어, 현재는 주권상장법인의 경우에도 자기주식 취득 및 처분의 특례 규정으로 개정되어 시행되고 있다(자본시장법 165조의3 참조).

「보 론」 주식의 상환에 관한 종류주식

1. 2011년 개정 상법은 상환주식을 종류주식의 한 유형으로 규정하고 정관이 정하는 바에 따라 이익으로 소각할 수 있도록 규정하고 있다(상법 344조 1항). 주식의 상환에 관한 종류주식이라 함은 정관의 정함에 따라 장차 회사 스스로 또는 주주의 청구에 의해 이익으로써 소각할 수 있는 주식을 말한다(상법 345조 1항 및 3항).

2. 상환주식을 발행하려면 정관에 규정이 있어야 한다. 정관에서 정해야 할 사항은 ⅰ) 회사상환주식(혹은 강제상환주식)의 경우에는 회사가 이익으로 소각할 수 있다는 뜻, 상환가액, 상환기간, 상환방법과 상환할 주식의 수를 정하여야 하고(상법 345조 1항), ⅱ) 주주상환주식(혹은 의무상환주식)의 경우에는 주주가 회사에 대하여 상환을 청구할 수 있다는 뜻, 상환가액, 상환청구기간, 상환의 방법을 정하여야 한다(상법 345조 3항).

3. 회사상환주식의 경우 회사의 이익이 상환재원이다(상법 345조 1항). 주주상환주식에는 회사의 이익으로써 상환한다는 명문의 규정이 없지만 이 경우도 회사의 이익이 상환재원으로 봄이 타당하다(『주식회사법대계(Ⅰ)』, 561~562면 참조). 따라서 상환 또는 소각으로 인한 변경등기신청서에는 ⅰ) 이익의 존재를 증명하는 서면을 첨부하여야 한다. 이익의 존재를 증명하는 서면으로는 주주총회의 승인을 받은 대차대조표가 있다. ⅱ) 또한 주주상환주식의 상환에 따른 변경등기신청서에는 주식의 상환청구가 있음을 증명하는 서면을 첨부하여야 하며, ⅲ) 회사상환주식을 강제상환의 방식으로 주식을 소각하는 경우에는 상환대상인 주식의 주주 및 주주명부에 적힌 권리자에게 상환 사실을 통지하거나 공고하였음을 증명하는 서면을 첨부하여야 한다(규칙 141조 1항). ⅳ) 다만, 자본금 감소에 관한 규정에 따라 주식을 소각하는 경우에만 주식병합의 절차에 관한 규정을 준용하므로(상법 343조 2항), 이익으로써 주식을 소각하는 경우에는 종전에 첨부했던 주권제출공고를 하였음을 증명하는 서면은 첨부할 필요가 없다(『개정 상업등기법·규칙 해설』, 322면).

4. 상환주식은 회사의 이익으로써 상환하는 것이므로 상환주식을 상환하더라도 회사의 자본금은 감소하지 않는다. 또한 상환주식을 상환하면 그 주식 수는 감소하므로 발행주식의 총수는 그 수만큼 감소하지만, 회사가 발행할 주식의 총수는 영향이 없다(「선례해설」, 616면 참조).

264. 상환주식의 상환에 따른 등기와 이익의 존재를 증명하는 서면 [상업등기선례 제2-50호, 제정 2009. 6. 10.]

상환주식의 상환에 따른 등기신청서에 첨부하는 이익의 존재를 증명하는 서면으로는 주주총회에서 승인받은 대차대조표상에 배당가능이익이 존재하면 되고 따로이 이익잉여금처분계산서에 상환예정금액이 명시되어 있어야 하는 것은 아니다.
(2009. 6. 10. 사법등기심의관-1370 질의회답)

◐ **선례 해설:** 「법원행정처 선례해설 요약(19)」(784~785면) 참조

1. 회사는 정관으로 정하는 바에 따라 회사의 이익으로써 소각할 수 있는 종류주식을 발행할 수 있는데, 이 경우 회사는 정관에 상환가액, 상환기간, 상환의 방법과 상환할 주식의 수 등을 정하여야 한다(상법 345조). 상환을 청구하는 방법으로는 회사가 주주에게 상환을 청구하는 것과 정관으로 정하는 바에 따라 주주가 회사에 대하여 상환을 청구할 수 있는 것이 있다.

2. 주주에게 배당할 이익으로써 주식을 소각함으로 인한 변경등기를 신청하는 경우에는 i) 이익의 존재를 증명하는 정보, ii) 주주가 주식의 상환을 청구함으로 인한 변경등기의 경우에는 주식의 상환 청구가 있음을 증명하는 정보, iii) 회사가 주식을 상환함으로 인한 변경등기의 경우에는 상환대상인 주식의 취득일로부터 2주 전에 그 사실을 그 주식의 주주 및 주주명부에 적힌 권리자에게 통지 또는 공고를 하였음을 증명하는 정보 등을 첨부정보로 제공하여야 한다(규칙 141조 1항).

3. 본 선례에 의하면, 이익의 존재를 증명하는 정보로는 주주총회에서 승인받은 대차대조표상에 배당가능이익이 존재하면 되고 따로이 이익잉여금처분계산서에 상환예정금액이 명시되어 있어야 하는 것은 아니다. 다만 실무제요에 의하면, 배당가능이익을 주식의 상환에 사용한다는 이익잉여금의 처분에 관한 주주총회의 결의가 있는 주주총회의사록을 첨부정보로 제공하여야 한다는 점에 주의할 필요가 있다(『상업등기실무(II)』, 347~348면). 또한 정관 또는 주주총회에서 정한 범위 내에서 구체적인 상환시기, 상환방법 등을 이사회에서 결정한 경우에는 이에 관한 이사회의사록을 첨부정보로 제공하여야 한다(규칙 128조 2항).

법원행정처 선례해설 요약(19)[1)]

【제목】 상환주식을 발행한 회사가 정관에 정한 바에 따라 회사의 이익으로 그 종류주식을 소각하는 경우에 정기주주총회 시 확정된 이익잉여금 처분계산서에 이익잉여금의 존재만 나타나고 상환예정금액이 명시되지 않은 경우에 상환주식의 상환이 가능한지 여부(적극)

1. 사안의 논점

상환주식을 발행한 회사가 정관에 정한 바에 따라 회사의 이익으로 그 종류주식을 소각하는 경우에 정기주주총회 시 확정된 이익잉여금 처분계산서에 이익잉여금의 존재만 나타나고 상환예정금액이 명시되지 않은 때에도 상환주식의 상환이 가능한지 여부

2. 종류주식으로서 상환주식

i) **주식의 상환에 관한 종류주식의 유형**: 상법은 제345조 제1항에 회사가 자기의 이익으로 소각할 수 있는 종류주식으로서 상환주식(이하 "강제상환주식"이라 한다) 외에 상법 제345조 제3항에 따라 주주가 회사에 대하여 상환을 청구할 수 있는 종류주식(이하 "의무상환주식"이라 한다)을 발행할 수 있다. 강제상환주식인 경우에는 정관에 상환가액, 상환기간, 상환의 방법과 상환할 주식의 수를, 의무상환주식인 경우에는 정관에 그 뜻, 상환가액, 상환청구기간, 상환의 방법을 정하여야 한다.

ii) **주식의 상환에 관한 종류주식의 성격**: 상환주식은 발행 당시부터 일정기간 후에 회사의 이익으로써 소각될 것이 예정되어 있는 특별한 종류의 주식으로서 일시적인 자금조달수단이 된다는 점에서 사채와 같은 기능을 한다고 볼 수도 있지만, 상환주식은 자기자본으로서 타인자본인 사채와는 본질적으로 다르고, 상환주식의 상환은 이익을 가지고만 할 수 있으므로 이익이 없으면 상환은 언제까지나 지연될 수 있는 반면에, 사채는 이익의 유무에도 불구하고 상환을 해야 한다는 차이가 있다.

---

1) 『상업등기 주요선례 해설』, 241~248면

3. 주식의 소각으로 인한 변경등기의 첨부서면

i) **강제상환주식의 상환의 경우**: ① 배당가능이익이 있음을 증명하는 서면, ② 이익잉여금의 처분에 대하여 주주총회 또는 이사회의 재무제표의 승인이 있음을 증명하는 서면, ③ 회사의 구체적 상환결정이 있는 경우에는 이에 관한 이사회의사록, ④ 상법 제345조 제2항에 따른 통지 또는 공고를 하였음을 증명하는 서면

ii) **의무상환주식의 상환의 경우**: ① 배당가능이익이 있음을 증명하는 서면, ② 주식의 상환 청구가 있음을 증명하는 서면

4. 상환 요건으로서 배당가능이익의 존재

i) 강제상환주식이든 의무상환주식이든 모두 배당가능이익이 있어야 하며, 특히 강제상환주식의 경우에는 배당가능이익을 주식의 상환에 사용한다는 이익잉여금의 처분에 관한 주주총회의 결의(정관에 따라 이사회에서 재무제표를 승인하는 경우에는 이사회의 결의)가 있어야 한다.

ii) 선례의 입장도 동일하다(상업선례 2-61).

5. 결어

상환주식의 상환에 따른 등기신청서에 첨부하는 이익의 존재를 증명하는 서면으로는 주주총회에서 승인받은 대차대조표상에 배당가능이익이 존재하면 되고 따로이 이익잉여금처분계산서에 상환예정금액이 명시되어 있어야 하는 것은 아니다.

※ 상환주식의 전부 상환에 따른 말소등기와 그 내용의 말소등기

구 분	강제상환주식	의무상환주식
발행에 따른 등기	말소	
종류주식 내용의 등기사항	말소	
이익의 존재를 증명하는 서면	통상 주주총회의 승인을 얻은 대차대조표 (이 경우 배당가능이익이 있음이 명확히 나타나야 함)	

주) 일부 상환의 경우에는 종류주식의 내용의 등기사항은 말소하지 않음.

265. 상환주식 상환에 대한 변경등기

[상업등기선례 제2-61호, 제정 2013. 6. 24.]

주주총회에서 법정준비금 감소 결의로 배당가능이익이 증가되고 이 증가된 배당가능이익을 재원으로 하여 곧바로 상환주식을 소각하기로 주주총회에서 결의한 경우, 상환주식 소각에 따른 변경등기신청서에 첨부하는 이익의 존재를 증명하는 서면은 법정준비금 감소 및 상환주식을 소각하기로 결의한 주주총회의 승인을 얻은 대차대조표이며, 이 대차대조표에는 배당가능이익이 있다는 내용이 명확히 나타나야 할 것이다.
(2013. 6. 24. 사법등기심의관－2252 질의회답)

참조 조문 · 규칙 · 예규 · 선례 · 판례

▣ 상업등기규칙[대법원규칙 제2668호, 2016. 6. 27., 타법개정]

제141조(주식의 소각으로 인한 변경등기) ① 주주에게 배당할 이익으로써 주식을 소각함으로 인한 변경등기를 신청하는 경우에는 이익의 존재를 증명하는 정보 외에 다음 각 호의 구분에 따른 정보를 제공하여야 한다.

1. 주주가 주식의 상환을 청구함으로 인한 변경등기의 경우에는 주식의 상환 청구가 있음을 증명하는 정보
2. 회사가 주식을 상환함으로 인한 변경등기의 경우에는 「상법」 제345조 제2항에 따른 통지 또는 공고를 하였음을 증명하는 정보

◐ 선례 해설:

1. 상환주식의 상환에 따른 주식소각으로 인한 변경등기를 신청할 경우에는 배당가능이익이 있음을 증명하는 서면을 첨부하여야 한다(규칙 141조 1항).
2. 따라서 회사가 주주총회에서 법정준비금 감소 결의로 배당가능이익이 증가되고 이 증가된 배당가능이익을 재원으로 하여 곧바로 상환주식을 소각하기로 주주총회에서 결의한 경우라도, 배당가능이익이 있음을 증명하는 서면으로는 주주총회의 승인을 받은 대차대조표이며, 등기관은 주주총회의 승인을 받은 대차대조표상에 배당가능이익이 있다는 내용이 명확히 나타나 있는지 여부로 등기신청의 수리 여부를 판단하면 되는 것이다.

제21절 자기주식의 취득 및 처분 · 소각에 따른 등기[1)2)3)]

내 용	관련 조문		관련 선례 · 예규 · 규칙 (실무사례 포함)
	상법	상업등기법	
1. 자기주식의 취득	제341조, 제341조의2 내지 3		☞ 실무사례(126) ☞ 실무사례(127) ☞ 실무사례(128) ☞ 실무사례(129) ☞ 실무사례(130)
2. 자기주식의 처분	제342조		
3. 자기주식의 소각	제343조 제1항	규칙 제141조 제2항	266. 상업선례 제2-56호 ☞ 실무사례(131) ☞ 실무사례(132)

1) 자기주식이란 회사가 주식을 발행한 이후에 스스로 발행주식을 취득하는 것을 말한다. 2011. 4. 14. 개정 전 상법은 원칙적으로 주식회사가 특정의 경우를 제외하고는 '자기의 계산'으로 자기주식을 취득하는 것을 금지하였지만, 2011. 4. 14. 개정 상법은 자기주식의 원칙적 금지를 크게 완화하여 ⅰ) 배당가능이익을 한도로 법이 정하는 일정한 방법에 따른 자기주식의 취득(상법 341조 1항), ⅱ) 배당재원의 규제 없이 특정목적에 의한 자기주식의 취득(상법 341조의2)의 2가지 형태로 자기주식을 취득할 수 있도록 하였다(홍복기외, 『회사법-사례와 이론』, 박영사(2014), 194면). 또한 회사가 보유한 자기주식은 이사회결의에 의하여 제3자에게 처분하거나 소각할 수 있게 되었다(단 자기주식의 소각과 관련하여 상법 제341조의2에 의해 특정목적으로 자기주식을 취득한 것에 대해서는 자본금 감소절차를 통해서만 소각할 수 있다는 견해가 유력하다). 자기주식의 소각 외에 자기주식의 취득 및 처분과 관련한 사항은 등기사항이 아니어서 상업등기선례가 본격적으로 나오지는 않고 있지만(현재 자기주식과 관련한 선례로는 합병과 관련하여 몇 개 정도 있는 실정이다), 자기주식의 취득 및 처분의 주체는 회사에서 상담을 요청하는 경우가 많은 것이 사실이다. 한편 상법 제341조, 제341조의2 등에서 명시적으로 자기주식의 취득을 허용하는 경우 외에, 설령 회사 또는 주주나 회사채권자 등에게 생길지도 모르는 중대한 손해를 회피하기 위하여 부득이 한 사정이 있다고 하더라도 자기주식의 취득은 허용되지 아니하는 것이고 이와 같은 금지규정에 위반하여 회사가 자기주식을 취득하는 것은 당연 무효라는 것이 판례의 입장이다(대법원 2003. 5. 16. 선고 2001다44109 판결).

2) 회사가 취득한 자기주식은 의결권이 없으며(상법 369조 2항), 의결권이 없는 자기주식은 발행주식총수에 산입되지 아니한다(상법 371조 1항 및 「선례해설」, 284면 참조). 또한 주주총회의 소집, 공고에 관한 규정이 적용되지 않는다(상법 363조 8항).

3) 자기주식과 관련해 실무상 쟁점이 되는 부분에 대한 설명은 신천수, 『신천수의 회사법특강』, 앤쌤(2014. 7.), 49~66면 참조

§ 요약

1. 2011 .4. 14. 개정 상법에서는 자기주식의 취득을 원칙적으로 허용하되, 종래 예외적으로 허용한 자기주식 취득 사유에 대해서도 종전의 내용을 거의 수용하는 것으로 개정하였다. 즉 상법 제341조에 의한 자기주식 취득은 배당가능이익의 범위 내에서의 자기주식 취득인데 반해, 상법 제341조의2에 의한 특정목적에 의한 자기주식 취득은 일정한 사유, 즉 회사의 합병 또는 다른 회사의 영업 전부의 양수로 인한 경우, 회사의 권리를 실행함에 있어 그 목적을 달성하기 위하여 필요한 경우, 단주의 처리를 위하여 필요한 경우, 주주가 주식매수청구권을 행사한 경우 등의 경우에는 배당가능이익의 존재 여부와 관계없이 자기주식을 취득할 수 있도록 하였다. 배당가능이익의 범위 내에서의 자기주식의 취득에 관한 절차와 관련해서는 상법 제341조 및 상법 시행령 제9조·제10조 등에서 정하고 있다.

2. 회사가 보유하는 자기주식을 처분하는 경우에는 정관에 특별한 규정이 없는 한 처분할 주식의 종류와 수, 처분할 주식의 처분가액과 납입기일, 주식을 처분할 상대방 및 처분방법 등에 대해 이사회가 결정한다(상법 342조).

3. 주식은 자본금 감소에 관한 규정에 따라서만 소각할 수 있으나, 회사가 보유하는 자기주식을 소각하는 경우에는 원칙적으로 이사회의 결의만으로 소각할 수 있다(상법 343조). 이사회의 결의로 자기주식을 소각하는 경우에는 자본금 감소는 없으며, 결과적으로 자기주식 소각 시에는 회사가 발행한 주식의 총수와 1주당 금액을 곱한 금액은 법인등기사항증명서상의 자본금 총액과 일치하지 않게 된다. 이는 이사회의 결의에 의한 자기주식의 소각은 주주에게 배당할 이익을 재원으로 하기 때문이다.

4. 위 3.과 관련하여 상법 제341조에 기한 일반적인 자기주식의 취득은 배당가능이익 범위 내에서 취득하는 것이므로 이사회의 결의에 의한 자기주식의 소각이라는 점에서 별다른 문제가 없으나, 상법 제341조의2에 의한 특정목적에 의해 취득한 자기주식은 배당가능이익 범위 내에서 취득하는 것이 아니므로 이사회 결의에 의한 자기주식의 소각은 불가하고 자본금 감소절차를 통해서만 소각할 수 있다는 견해가 유력하다.[1)]

---

1) 이철송, 『회사법강의』, 426~432면 및 임재연, 『회사법(Ⅰ)』, 530~534면

「보 론」 자기주식의 취득에 관한 개정 상법의 내용과 자기주식의 법적 지위

1. 자기주식의 취득에 관한 개정 상법의 내용

: 「실무사례(126-129)」(790~796면) 참조

i) 개정 전 상법은 원칙적으로 자기주식 취득을 금지하고 입법취지에 위배되지 않거나 불가피한 경우에 예외적으로 취득을 허용하였으며, 허용하는 경우에도 지체 없이 혹은 상당한 시기에 자기주식을 처분하도록 하여 자기주식의 취득을 엄격히 제한하였다(개정 전 상법 341조 및 342조). ii) 이에 반하여 주권상장법인 및 코스닥상장법인에 대해서는 관련 법률에서 배당가능이익 한도 내에서 원칙적으로 자기주식을 자유롭게 취득할 수 있도록 하고 있어서(자본시장법 165조의2), iii) 이미 「자본시장과 금융투자업에 관한 법률」에서 공개회사에 대한 자기주식취득의 제한을 철폐하였으므로 비공개회사의 경우에만 자기주식의 취득을 엄격히 제한할 근거가 없어져, iv) 2011. 4. 14. 개정 상법에서는 자기주식취득을 배당가능이익의 한도 내에서 전면적으로 허용함과 동시에(상법 341조), 기존 상법 규정과 마찬가지로 특별한 목적이 있는 경우에는 재무적인 제한 및 절차적인 제한 없이 자기주식의 취득을 허용하였다(상법 341조의2).

2. 자기주식의 법적 지위[1]: 「실무사례(130)」(797면) 참조

i) 자기주식의 법적 지위와 관련된 논의는 회사가 유효하게 자기주식을 취득한 경우 이에 기하여 주주권을 행사할 수 있는가의 문제와 관련되어 있다. 상법은 회사가 가진 자기주식은 의결권이 없다(상법 369조 2항)는 규정만 두고 있을 뿐 그 밖의 주주권에 대해서는 명문의 규정을 두고 있지 않아 이에 대한 논의가 있다. ii) 의결권 이외의 공익권(소수주주권, 소제기권 등)의 경우에는 그 성질상 인정될 수 없다는 것에 대해 이견이 없다. iii) 또한 이익배당청구권 또는 잔여재산분배청구권과 같은 자익권도 일체 인정하여서는 안 된다는 것이 통설의 입장이다. iv) 마지막으로 신주발행 시 신주인수권을 갖는지에 관하여 이를 인정하는 견해도 있으나, 신주인수를 위해 자기자본을 납입하게 되면 자본충실의 원칙을 해치게 되므로 자기주식에 대하여 신주인수권 또한 인정하지 않는 것이 다수설의 입장이다.

---

1) 사법연수원, 『2012 회사법연구』, 133면 및 『주석상법(회사편 II)』, 465~466면

실무사례(126)

제목: 비상장법인이 자기주식을 배당가능이익의 범위 내에서 취득하는 경우에 위 거래가 이사와 회사 간의 자기거래에 해당하여 이사회의 승인을 얻어야 하는지 여부(소극) 및 기타 주의할 점[1]

【1】 대표이사 겸 주주가 주식의 100%를 보유하고 있는 회사가 자기주식을 배당가능이익의 범위 내에서 취득하고자 한다. 이 경우 대표이사가 주주이므로 자기주식 취득이 이사와 회사 간의 자기거래에 해당하는지?

【2】 그 외 자기주식 취득과 관련하여 주의할 것이 있는지?

1. 비상장법인의 자기주식 취득이 상법 제398조의 자기거래에 해당하는지에 대해 살펴보면, 자기거래가 회사와 이사 등의 이익이 충돌할 우려가 없는 경우나 법령이나 주주총회의 결의를 집행하기 위한 것으로서 이사 등의 재량의 여지가 없는 거래는 이사 등에게 새로운 이득을 가져 올 수 없으므로 이사회의 승인을 요하지 않는다(대법원 2010. 3. 11. 선고 2007다71271 판결 참조). 자기주식을 취득하려는 회사는 취득할 수 있는 주식의 종류와 수, 취득가액의 총액의 한도, 1년을 초과하지 아니하는 범위에서 자기주식을 취득할 수 있는 기간 등의 사항을 주주총회의 결의로 결정하여야 하는데, 이 경우 이사회의 결의로 이익배당을 할 수 있다고 정관으로 정하고 있는 경우에는 이사회의 결의로써 주주총회의 결의를 갈음할 수 있다(상법 341조 제2항). 자기주식의 취득에 관한 상법의 규정을 고려할 때, 비상장법인의 배당가능이익의 범위 내 자기주식 취득은 이사 등의 재량의 여지가 없는 거래로서 상법 제398조의 자기거래에 해당하지 않고 자기주식의 취득과 관련하여 명시적으로 규정하고 있는 상법 제341 및 상법 시행령 제9조·제10조 등이 직접 적용된다고 생각한다(다른 견해 있음).[2]

---

1) 2011. 4. 14. 상법 개정으로 자기주식의 취득 및 처분·소각과 관련하여 큰 변화가 있었으나 아직 이와 관련된 상업등기선례는 본격적으로 나오고 있지 않다(추측컨대, 이는 자기주식의 취득·처분 등은 등기사항이 아닌 순수 상법의 영역이기 때문이 아닌가 싶다). 하지만 실무에서 자기주식과 관련된 문제는 의뢰인으로부터 자주 문의가 들어오는 중요한 주제임에는 틀림없다. 따라서 여기에서는 개정 상법 이후 이에 대한 실무에서의 높은 관심도를 반영하여 「법무사지식공유센터(Q&A, 토론)」 밴드에 올라온 실제 사례를 위주로 몇 가지 소개하고자 한다.

2) 주식발행, 합병, 자기주식 등의 자본거래에 대해서도 각각에 대한 상법의 별도 규정 외에 상법 제398조의 규정이 중첩적으로 적용된다는 견해가 있으나, 상법에서 신주발행 등의 자본거래에 대해서 별도로 규정하고 있는 취지를 고려할 때 자본거래에 대해서는 상법 제398조의 적용이 없다고 봄이 상당하다(『주석상법(회사편Ⅲ)』, 338~339면 참조).

2-1. 자기주식의 취득방법과 관련한 세부사항은 상법 시행령 제9조 및 제10조에서 정하고 있다. 즉 상법 제341조 제2항에 의한 결정을 한 회사가 자기주식을 취득하고자 하는 경우에는 이사회의 결의로써 자기주식 취득의 목적과 취득할 주식의 종류 및 수, 주식 1주를 취득하는 대가로 교부할 금전이나 그 밖의 재산의 내용 및 그 산정방법, 주식 취득의 대가로 교부할 금전 등의 총액, 주식양도를 신청할 수 있는 기간 등의 사항을 정하여야 하며, 이 경우 주식 취득의 조건은 이사회가 결의할 때마다 균등하게 정하여야 한다.

2-2. 상법 제341조에 의한 자기주식의 취득에는 재무적인 제한 및 절차적인 제한이 있지만, 상법 제341조의2에 의한 특정목적에 의한 자기주식의 취득의 경우에는 그 제한이 없다는 점에 그 차이가 있다.

2-3. 자기주식 취득과 관련해서는 이사들의 책임 문제가 있어(상법 341조 3항 및 4항), 관련 의사록은 공증을 받아 진행할 것을 권한다. 그리고 주의할 점은 회사가 자기주식을 취득하거나 처분하는 경우에는 액면가로 할 수는 없고, 그 당시의 주식가치를 평가하여 그 평가한 가액으로 거래하지 않으면 세무상 복잡한 세금 문제가 발생할 수 있으므로 주의를 요한다.

참조 조문: 상법 제341조, 제341조의2, 제398조, 제399조, 상법 시행령 제9조, 제10조
참조 판례: 대법원 2010. 3. 11. 선고 2007다71271 판결[1)]
참조 문헌: 이철송, 『회사법강의』, 747~748면 및 『주석상법(회사편Ⅲ)』, 338~339면

[비교 사례] 부득이한 사정으로 주주 겸 대표이사로부터 회사가 자기주식을 취득하는 것이 유효하지 여부(소극)
=> 상법 제341조, 제341조의2 등에서 명시적으로 자기주식의 취득을 허용하는 경우 외에, 부득이한 사정으로 회사가 자기주식을 취득하였다 하더라도 이는 금지규정에 위반하여 자기주식을 취득한 것으로 당연 무효이다(대법원 2003. 5. 16. 선고 2001다44109 판결).

---

1) 이사와 회사 사이의 거래라고 하더라도 양자 사이의 이해가 상반되지 않고 회사에 불이익을 초래할 우려가 없는 때에는 이사회의 승인을 얻을 필요가 없는 것이다. (중략) 텔슨전자가 피고를 피보험자로 하여 퇴직보험계약을 체결한 것은 주주총회의 결의에 의하여 결정된 임원퇴직금지급규정상 임원의 보수를 지급하기 위한 수단에 불과하고, (중략) 이에 관하여 이사회의 승인을 얻을 필요가 없다고 봄이 상당하다(대법원 2010. 3. 11. 선고 2007다71271 판결).

실무사례(127)

제목: 배당가능이익 범위 내 자기주식의 취득(1)

회사는 배당가능이익 범위 내에서 자기주식을 취득하려고 한다. 이와 관련된 기초적인 사실관계는 다음과 같다.

【기초 사실】

(1) 자본금: 금 10억원(1주당 액면가: 1만원, 발행한 주식 수: 100,000주)
(2) 주주의 주식 보유현황: 갑 40,000주, 을 30,000주, 병 30,000주
(3) 배당가능이익: 금 5억원
(4) 공인회계사가 상증법상 평가한 회사의 1주당 주식가치: 5만원

【1】 배당가능이익 범위 내 취득할 수 있는 자기주식의 수는?

【2】 배당가능이익 범위 내 자기주식을 취득하기 위한 절차는?

【3】 갑과 을은 보유한 주식을 처분할 의도는 없고 병만이 회사에 주식을 처분할 의사가 있다. 주주 중 병이 소유한 주식만을 회사가 자기주식으로 취득하는 것이 가능한지?

【4】 배당가능이익 범위 내 자기주식을 취득하기 위한 주주총회의사록 및 이사회의사록의 작성방법은?

1. 회사는 직전 결산기의 대차대조표상의 순자산액에서 상법 제461조 제1항 각 호의 금액을 뺀 금액, 즉 배당가능이익의 범위 내에서 자기주식을 취득할 수 있다(상법 341조 1항 단서). 이 경우 그 취득가액은 거래소에서 시세가 있는 주식을 취득하는 경우에는 거래소에서 형성된 시세대로 취득하면 족하겠지만, 거래소에 시세가 없는 주식의 경우에 그 취득가액을 어떻게 정할지 문제이다. 비상장법인의 경우에는 통상 「상속세 및 증여세법」상 평가방법으로 평가한 가액으로 회사에서 자기주식을 취득한다. 사안의 경우 공인회계사가 상증법상 평가한 가액이 1주당 금 50,000원이므로 회사가 배당가능이익 범위 내에서 취득할 수 있는 자기주식의 수는 10,000주(= 500,000,000원 ÷ 50,000원)이다.

2. 상법 제341조의 배당가능이익 범위 내 자기주식을 취득하기 위한 개략적인 절차는 다음과 같다.

① 「상속세 및 증여세법」 상 평가방법에 의한 비상장주식의 평가
② 주주총회를 소집하기 위해 각 주주에게 서면으로 목적사항을 기재하여 통보
③ 주주총회 보통결의로 상법 제341조 제2항 규정(취득할 수 있는 주식의 종류 및 수, 취득가액의 총액의 한도, 1년을 초과하지 아니하는 범위에서 자기주식을 취득할 수 있는 기간)을 결의
④ 이사회 결의로 상법 시행령 제10조 사항(자기주식 취득의 목적, 취득할 주식의 종류 및 수, 주식 1주를 취득하는 대가로 교부할 금전이나 그 밖의 재산의 내용 및 그 산정방법, 주식 취득의 대가로 교부할 금전 등의 총액, 20일 이상 60일 내의 범위에서 주식양도를 신청할 수 있는 기간 등)을 결의
⑤ 주식 양도신청기간이 시작하는 날의 2주 전까지 각 주주에게 재무현황, 자기주식 보유현황 및 상법 시행령 제10조 사항을 서면으로 통지
⑥ 회사에 주식을 양도하고자 하는 주주는 양도신청기간이 종료하는 날까지 양도하고자 하는 주식의 종류와 수를 기재한 서면으로 주식양도를 신청
⑦ 주식을 양도하려는 주주와 회사 간 주식양수도 계약서를 작성하고, 회사는 주식양도신청기간이 끝나는 날로부터 1개월 내 자기주식 취득대금을 주식을 양도한 주주에게 지급

3. 회사가 주주들이 보유한 주식을 그 주식 수에 따라 균등한 조건으로 양도할 기회를 제공하였고 상기 2.의 절차로 진행하였다면, 자신이 보유한 주식을 처분할 의사가 있는 병이 보유한 주식만을 회사가 자기주식으로 취득하는 것은 절차상 하자가 없어 가능하다.[1] 사안과 달리 회사가 특정주주를 대상으로 자기주식을 취득한다든지(기회의 불평등) 또는 자기주식의 취득가격을 임의로 정하여 취득(이윤분배의 차별)하였다면, 그러한 자기주식의 취득은 주주평등원칙의 훼손으로 무효로 봄이 상당하다(『주석상법(회사편Ⅱ)』, 461면 참조).[2]

---

1) 통지를 받은 주주는 양도신청기간 내에 양도신청을 하여야 하지만, 양도신청을 원하지 않는 주주는 당연히 주식 양도신청을 하지 않을 수 있을 뿐만 아니라 주식양도를 원하는 주주도 자신이 양도하려고 원하는 주식 수만 양도신청하면 된다. 특정 주주만이 양도신청을 하고 다른 주주는 양도신청을 하지 않는 경우도 실무상 자주 일어난다.

2) 상법은 자기주식을 취득하는 방법에 대해 엄격히 제한하여, ⅰ) 거래소에서 시세가 있는 주식의 경우에는 거래소에서 취득하는 방법, ⅱ) 상환주식을 제외하고 각 주주가 가진 주식 수에 따라 균등한 조건으로 취득하는 방법 등 상법 시행령 제9조 제1항에서 정하는 방법만을 인정하고 있다(상법 341조 1항 및 동법 시행령 9조 1항 참조).

4. 의사록 작성 예시는 다음과 같다.[1)]

i) 주주총회의사록

제1호 의안: 자기주식취득의 결의에 관한 건

의장은 회사의 지배구조의 개선 및 주주의 주식취득의 요청 등에 따라 자기주식을 취득하고자 함을 설명하고, 이에 대한 주주들의 의견을 묻고자 주주총회를 소집하였음을 설명하였다. 이에 의장은 다음과 같은 내용으로 자기주식 취득을 승인하여 줄 것을 물은 바, 출석한 주주들의 전원 찬성으로 승인가결하다.

1. 취득할 수 있는 주식의 종류 및 수: 보통주 10,000주
2. 취득가액 총액의 한도: 금 500,000,000원
3. 자기주식을 취득할 수 있는 기간: 2016년 7월 1일부터 2016년 7월 31일까지

ii) 이사회의사록

제1호 의안: 자기주식 취득결의

의장은 상법 제341조 제1항 제2호 및 상법 시행령 제9조 제1항 제1호에 의해 자기주식을 취득하고자 하므로, 상법 시행령 제10조에서 규정한 방법대로 취득하고자 함을 설명하고 취득의 범위는 상법이 요구하는 회사의 배당가능이익 범위내이고, 또한 금년의 영업환경상 이와 같은 취득 범위에 문제가 발생하지 않을 것으로 판단되므로 이를 승인하여 줄 것을 구한 바, 출석한 이사 전원의 찬성으로 승인가결하다.

1. 자기주식 취득의 목적 및 방법: 취득 후 보유 목적. 주주균등 취득하고, 양도신청기간 내에 양도신청하지 않는 주식은 회사가 취득하지 아니하고, 취득할 주식수를 초과하여 승인신청이 있는 경우 양도신청된 주식 수에 비례하여 취득
2. 취득할 주식의 종류 및 수: 보통주 10,000주
3. 주식 1주를 취득하는 대가로 교부할 금전: 1주당 금 50,000원(평가방법: 상증법)
4. 주식 취득의 대가로 교부할 금전 총액: 금 500,000,000원 범위
5. 주식양도를 신청할 수 있는 기간: 2016년 7월 1일부터 2016년 7월 31일까지
6. 주식양도 대금의 지급시기: 2016년 8월 10일

---

1) 신천수, 『신천수의 회사법특강』, 앤쌤(2014. 7.), 57~58면

실무사례(128)

제목: 배당가능이익 범위 내 자기주식의 취득(2)[1]

자기주식을 취득할 수 있는 한도는 배당가능이익으로서 '직전 결산기의 대차대조표상의 순자산액에서 제462조 제1항 각 호의 금액을 뺀 금액'으로 규정하고 있는바, 이때 제462조 제1항 각 호의 금액은 직전 결산기말의 금액을 기준으로 하는지 혹은 자기주식 취득 당시의 금액을 기준으로 하는지?

1. 개정 전에는 원칙적으로 자기주식 취득을 금지하고 입법취지에 위배되지 않거나 취득이 불가피한 경우에 예외적으로 취득을 허용한다는 입장이었으나, 2011년 개정 상법에서는 자기주식 취득을 전면적으로 허용하되 이를 재원 규제로 전환하여 배당가능이익을 한도로 자기주식 취득을 허용하는 한편 회사의 합병 또는 다른 회사의 영업 전부의 양수로 인한 경우 등 특별한 목적이 있는 경우에는 종전과 같이 재원 규제 없이 허용하는 것으로 전면 개정하였다(『상법 회사편 해설』, 103~105면 참조).

2. 회사는 자기의 명의와 계산으로 자기주식을 취득할 수 있는바, 그 취득가액의 총액은 직전 결산기의 대차대조표상의 순자산액에서 상법 제462조 제1항 각 호의 금액(1. 자본금의 액, 2. 그 결산기까지 적립된 자본준비금과 이익준비금의 합계액, 3. 그 결산기에 적립하여야 할 이익준비금의 액, 4. 대통령령으로 정하는 미실현이익[2])을 뺀 금액을 초과하지 못한다(상법 341조 1항 단서). 따라서 원칙적으로 상법 제341조 제1항 단서의 규정에 따라 직전 결산기말의 금액 기준으로 자기주식을 취득할 수 한도를 계산한다.

3. 다만, 회사가 해당 영업연도의 결산기에 대차대조표상의 순자산액이 상법 제462조 제1항 각 호의 금액의 합계액에 미치지 못할 우려가 있는 경우에는 위 2.에 따라 자기주식의 취득을 하여서는 아니 되며, 만약 이를 위반한 경우에는 이사는 원칙적으로 회사에 대하여 연대하여 그 미치지 못한 금액을 배상할 책임이 있다(상법 341조 3항 및 4항).

참조 조문: 상법 제341조, 제462조 제1항

참조 문헌: 『상법 회사편 해설』, 102~111면

---

1) 『상법 회사편 해설』, 110~111면에 소개된 사례
2) 미실현이익이란 회계원칙에 따른 자산 및 부채에 대한 평가로 인해 증가한 대차대조표상의 순자산액을 의미한다(상법 시행령 제19조).

실무사례(129)

제목: 상법 제341조의2 특정목적에 의한 자기주식의 취득

다음은 상법 제341조의2 특정목적에 의한 자기주식의 취득과 관련한 사항으로 각 별개 사안이다.

【1】 A회사는 결손 누적으로 배당가능이익이 없는 상태이다. 이번에 재무구조개선의 일환으로 A회사를 존속회사로 하고 B회사를 소멸회사로 하는 흡수합병을 하려고 하는데, A회사의 주식 중 25%를 B회사가 보유하고 있어 부득이 합병으로 A회사가 자기주식을 취득하게 된다. 이 경우 배당가능이익이 없는 A회사가 주주총회 특별결의 없이 자기주식을 취득할 수 있는지?

【2】 대주주이자 대표이사 갑이 이번에 사임하게 되었다. 갑은 자신이 갖고 있는 회사 주식 60%를 사임과 동시에 처분하려고 하였으나 매수인이 없어 부득이 회사에서 위 주식 60%를 취득하려고 한다. 가능한지?

1. 상법 제341조의2에 의한 자기주식의 취득의 경우에는 상법 제341조에 의한 자기주식의 취득과는 달리 재무적인 제한이나 절차적인 제한이 없다. 회사의 합병으로 자기주식을 취득하는 것은 상법 제341조의2 특정목적에 의한 자기주식의 취득 사유에 해당하므로 배당가능이익이 없더라도 가능하며, 자기주식 취득과 관련한 별도의 주주총회 특별결의가 없더라도 가능하다.

2. 위법한 자기주식 취득은 무효이다. 판례에 의하면, 설령 회사 또는 주주나 회사채권자 등에게 생길지도 모르는 중대한 손해를 회피하기 위하여 부득이한 사정이 있다고 하더라도 자기주식의 취득은 허용되지 아니하는 것이고 위와 같은 금지규정에 위반하여 회사가 자기주식을 취득하는 것은 당연히 무효이다(대법원 2003. 5. 16. 선고 2001다44109 판결). 사안의 대주주이자 대표이사 갑이 소유한 주식에 대한 매수인이 없어 부득이 하게 회사가 자기주식을 취득하더라도, 이는 상법 제341조의2에서 정하고 있는 특정목적을 위한 자기주식의 취득 사유에 해당하지 않는 것으로서 그 취득행위는 무효이다.

참조 조문: 상법 제341조, 제341조의2

참조 판례: 대법원 2003. 5. 16. 선고 2001다44109 판결

실무사례(130)

제목: 자기주식과 무상증자

주식회사 ○○의 발행한 주식의 총수는 100,000주(자기주식 20,000주 포함)이며, 1주당 액면가는 금 5,000원이다. 현 주주 구성은 다음과 같다.

주주구성	주식수	지분율	비 고
개인주주: 갑	30,000주	30%	
법인주주: 을 주식회사	50,000주	50%	
자기주식	20,000주	20%	
합 계	100,000주	100%	

【1】 주식회사 ○○의 대차대조표에는 자본준비금의 일종인 주식발행초과금이 금 50,000,000원이 계상되어 있다. 이번에 주식발행초과금 전부를 자본금 전입하려고 하는데, 이 경우 자기주식에 대해서도 무상증자가 가능한지?

【2】 위 【1】의 경우에 자기주식에 대해 무상증자 시에 주식배정을 제외한다고 가정할 경우, 특별히 유의할 점은 무엇인지?

1. 자기주식에 대해 신주발행 시 신주인수권을 갖는지에 대해 명문의 규정이 없어 이에 대한 논의가 있다. 통설은 회사가 신주인수를 하는 것은 법인이 그 구성원으로 되는 것으로 이론상 부당하고, 신주인수를 위해 자기자본을 납입하게 되면 자본충실의 원칙을 해치게 되므로 자기주식에 대하여 신주인수권을 인정하지 않는다는 입장이다(사법연수원, 『2012 회사법연구』, 133면 및 『주식회사법대계(Ⅰ)』, 1020면). 자기주식의 신주인수권에 관한 통설의 입장을 따를 때, 주식발행초과금을 재원으로 자본금 전입하는 무상증자 시에 자기주식에 대해서는 주식의 배정을 제외하여야 한다.

2-1. 법인이 자기주식을 보유한 상태에서 법인의 잉여금의 전부 또는 일부를 자본금에 전입함에 따라 그 법인 외의 주주 등의 지분비율이 증가한 경우 증가한 지분비율에 상당하는 주식의 가액에 대해서는 의제배당으로 보고, 이를 해당 주주에게 배당한 것으로 본다(소득세법 17조 2항 5호 및 법인세법 16조 1항 3호).

2-2. 위 2-1.의 세법 규정의 취지와 관련하여 살펴보면, 위 규정은 신주를 발행하는 경우에 상법상 자기주식취득이 제한되어 법인이 보유한 자기주식

에 대하여 신주를 무상교부하지 아니하여 다른 주주들이 자기주식 지분에 대하여 무상으로 교부될 신주에 해당하는 만큼의 주식을 초과 배정받아 무상으로 교부받게 되는 때에는 결국 법인이 다른 주주에게 무상교부한 주식 상당액을 신규로 배당한 것과 마찬가지의 결과가 되므로 그 초과로 무상 교부된 주식의 가액을 의제배당으로 보아 과세하기 위한 것이다(국심2005서1234, 2006. 4. 25.).

2-3. 주식발행초과금은 자본거래로 발생한 자본준비금으로, 이를 자본금 전입하는 경우에는 원칙적으로 의제배당 과세대상이 아니다. 다만, ⅰ) 주식발행법인이 자기주식을 보유하고 있는 상황에서, ⅱ) 의제배당으로 과세되지 않는 잉여금을 자본금에 전입하면서, ⅲ) 자기주식에 배정할 무상주 상당액을 다른 주주에게 배정하거나, 자기주식에게 무상주를 배정하지 않음에 따라 다른 주주의 지분율이 증가한 경우 등의 요건을 모두 충족하는 때에는 그 증가한 지분율에 상당하는 주식의 가액을 의제배당으로 과세한다.

2-4. 주식발행초과금의 자본금 전입 시에 자기주식에는 무상주를 배정하지 않기로 한 경우, 주주별 의제배당액은 다음과 같다.

주주구성	자본금 전입 전		자본금 전입				의제배당 (ⓐ-ⓑ)
			자기주식에 미배정		자기주식에 배정		
	주식수	지분율	주식수	ⓐ 금액	주식수	ⓑ금액	
개인주주 갑	30,000	30%	3,750	18,750,000	3,000	15,000,000	3,750,000
법인주주 을	50,000	50%	6,250	31,250,000	5,000	25,000,000	6,250,000
자기주식	20,000	20%	-	-	2,000	10,000,000	-
합 계	100,000	100%	10,000	50,000,000	10,000	50,000,000	10,000,000

주) 위 주주별 의제배당 해당액에 대해 개인주주(갑)에 대해서는 배당소득, 법인주주(을 주식회사)에 대해서는 법인의 각사업연도 소득금액으로 보아 각각 소득세 및 법인세의 과세대상이 된다.

참조 조문: 상법 제461조, 소득세법 제17조 제2항, 법인세법 제16조 제1항

참조 예규: 국심2005서2134, 2006. 4. 25.

참조 문헌: 사법연수원, 『2012 회사법연구』, 133면

『주식회사법대계(Ⅰ)』, 1020~1021면

한국세정신문사, 『2016년 법인세 조정과 신고 실무』, 1038~1039면

266. 주권상장법인이 주주의 주식매수청구권 행사로 취득한 자기주식을 소각하는 경우 그 변경등기신청서에 첨부할 이익의 존재를 증명하는 서면[1]

[상업등기선례 제2-56호, 제정 2012. 7. 18.]

주권상장법인이 직전 결산기 이전에 합병반대주주의 주식매수청구권행사로 인하여 취득한 자기주식을 그 결산기 이후에 「자본시장과 금융투자업에 관한 법률」 제165조의5 제4항 단서(주: 2013. 4. 5. 개정됨)에 의하여 주주에게 배당할 이익으로 소각함으로 인한 변경등기신청서에 첨부해야 하는 이익의 존재를 증명하는 서면은 정기총회(또는 「상법」 제449조의2의 요건을 갖출 경우 이사회)의 승인을 얻은 직전 결산기의 대차대조표상에 「상법」 제462조 제1항에 따른 이익배당을 할 수 있는 한도가 0 또는 그 이상의 금액이 남아있는 것을 의미한다.
(2012. 7. 18. 사법등기심의관-2142 질의회답) **사실상 폐지**

참조 조문 · 규칙 · 예규 · 선례 · 판례

▣ **상업등기규칙[대법원규칙 제2668호, 2016. 6. 27., 타법개정]**

제141조(주식의 소각으로 인한 변경등기) ① 주주에게 배당할 이익으로써 주식을 소각함으로 인한 변경등기를 신청하는 경우에는 이익의 존재를 증명하는 정보 외에 다음 각 호의 구분에 따른 정보를 제공하여야 한다.

1. 주주가 주식의 상환을 청구함으로 인한 변경등기의 경우에는 주식의 상환 청구가 있음을 증명하는 정보
2. 회사가 주식을 상환함으로 인한 변경등기의 경우에는 「상법」 제345조 제2항에 따른 통지 또는 공고를 하였음을 증명하는 정보

② 자기 주식의 소각으로 인한 변경등기를 신청하는 경우에는 그 주식이 회사가 보유한 자기 주식이었음을 증명하는 정보를 제공하여야 한다.

---

1) 본 선례는 구 「자본시장과 금융투자업에 관한 법률」 제165조의5 제4항 단서에 기한 배당할 이익으로 자기주식을 소각하는 것과 관련된 선례이나 현재는 그 조항 단서가 삭제되어 주주의 주식매수청구권 행사로 회사가 취득한 자기주식을 배당할 이익으로 소각할 수는 없으며, 또한 특정목적에 의하여 취득한 자기주식은 상법 제343조 제1항 단서에 의하여 소각할 수 없다고 보는 것이 실무제요의 입장인지라(『2016 상업등기실무』, 444~445면 참조), 본 선례의 내용은 현재 기준으로 사문화되었다. 다만, 이익의 존재를 증명하는 정보가 구체적으로 무엇인지에 대한 내용은 현재도 유효하다.

◐ 선례 해설: 「실무사례(131)」(801면) 및 「실무사례(132)」(803면) 참조

1. 주권상장법인의 경우에는 상법 제360조의3(주식교환)·제360조의9(간이주식교환)·제360조의16(주식이전)·제374조(영업양도 등)·제522조(합병)·제530조의3(분할) 등에 관한 주식매수청구권에 대해서는 특별법에 그 특례의 규정을 두고 있다(자본시장법 165조의5).

2. 개정 전 「자본시장과 금융투자업에 관한 법률」(이하 '자본시장법'이라 함) 제165조의5 제4항에 의하면, 주권상장법인은 주주의 주식매수청구권의 행사로 취득한 자기주식은 대통령령으로 정하는 기간 이내에 처분하여야 하나, 주주에게 배당할 이익으로 주식을 소각하려는 경우에는 동법 제165조의3의 규정에 따라야 한다고 규정되어 있었다(현재 개정된 조문에 의하면 주주에게 배당할 이익으로 주식을 소각하는 경우는 삭제됨).

3. 위 2.와 관련한 주식매수청구권에 의해 주권상장법인이 취득한 자기주식을 소각할 경우의 첨부정보에 대해 본 선례는, ⅰ) 주주에게 배당할 이익으로써 주식을 소각함으로 인한 변경등기를 신청하는 경우에는 이익의 존재를 증명하는 정보(예를 들면, 정기주주총회의 승인을 받은 재무상태표 등)를 첨부정보로 제공하여야 하며(규칙 141조 1항), ⅱ) 자기주식의 소각으로 인한 변경등기를 신청하는 경우에는 그 주식이 회사가 보유한 자기주식이었음을 증명하는 정보를 첨부정보로 제공하여야 한다는 입장이다(규칙 141조 2항).

4. 하지만 위 3.의 첨부정보와 관련하여 자기주식을 소각함에 따른 변경등기신청 시에는 그 주식이 회사가 보유한 자기주식이었음을 증명하는 정보를 제공하는 것은 차치하더라도, ⅰ) 주주의 주식매수청구권 행사로 취득한 자기주식의 소각에 대해서는 상법 제343조 제1항 단서에 의한 이사회 결의에 의한 방법으로는 할 수 없고 자본금 감소절차를 따라야 한다는 견해가 유력하며(『2016 상업등기실무』, 444~445면 참조), ⅱ) 본 선례의 기초가 되었던 구 자본시장법 제165조의5 제4항 단서에 의한 배당할 이익으로 주식을 소각하는 것은 현재 삭제된 점 등을 생각해보면, 현재 기준으로 본 선례의 내용은 사문화되었다. 다만, 이익의 존재를 증명하는 정보가 구체적으로 무엇인지에 대한 내용은 현재도 유효하다.[1]

---

1) 상법 제343조 제1항 단서의 법문에도 불구하고 특정목적에 의하여 취득한 자기주식은 상법 제343조 제1항 단서에 의하여 소각할 수 없다고 본다(『2016 상업등기실무』, 445면 참조).

실무사례(131)

제목: 이사회 결의로 자기주식 소각 시 발행한 주식총수와 1주당 주식의 액면가액을 곱한 금액이 법인등기사항증명서상의 자본금의 총액과 일치하지 않더라도 상관이 없는지 여부(적극)1)

1주 5,000원, 발행한 주식총수 410,000주, 자본금 총액이 2,050,000,000원인 회사가 발행한 주식총수 중 400,000주의 의결권 없는 자기주식을 가지고 있으며, 이번에 회사가 이사회 결의로 자기주식을 소각하려고 한다. 만약 회사가 자기주식 전부를 소각할 경우 발행한 주식총수는 10,000주가 되고 자본금의 총액은 2,050,000,000원으로 변동이 없어, 「1주 금액 × 발행한 주식총수 = 자본금의 총액」의 공식이 깨지는데 그래도 무방한 것인지?

1. 회사가 보유한 자기주식은 이사회 결의에 의하여 제3자에게 처분하거나 소각할 수 있다(상법 342조 및 343조). 회사가 이사회 결의로 자기주식을 소각하는 경우에는 자본금 감소에 관한 일반적인 절차인 주권제출공고 및 채권자보호절차는 적용되지 않는다(상법 343조 1항 단서). 또한 자기주식의 취득이 회사의 자본금의 총액에 영향이 없는 것과 마찬가지로 소각 시에도 자본금 감소의 효과가 발생하지는 않는다.

2. 자기주식을 소각하는 경우에는 자본금 감소의 효과가 발생하지 않으므로, 결과적으로 발행한 주식총수 410,000주에서 자기주식으로 취득한 400,000주를 소각할 경우 1주당 금액(5,000원)과 발행한 주식총수(10,000주)를 곱한 금액(50,000,000원)이 법인등기사항증명서상의 자본금 총액(2,050,000,000원)과 일치하지 않더라도 이는 어쩔 수 없는 것이다. 이와 같은 결과가 나오는 것은 자기주식의 소각 역시 주주에게 배당할 이익을 재원으로 소각이 이루어지기 때문이다(상법 341조 1항 및 3항, 421조 1항 참조).2)

3. 한편 자기주식을 주주에게 배당할 이익으로써 주식을 소각할 경우의 첨부정보로는, ⅰ) 소각한 주식이 배당가능이익으로 취득한 자기주식임을 증명하는 정보(규칙 141조 2항),3) ⅱ) 이사회 결의가 있었음을 증명하는 정보(규칙 128조 2항) 등이 있다.

---

1) 본 사례는 이사회 결의로 자기주식을 소각하는 사례이며, 상법 제341조의2의 특정목적에 의한 자기주식을 소각할 경우에는 자본금 감소절차에 따라 주식을 소각하므로 본 사례의 결론과 달리 「1주 금액 X 발행한 주식총수 = 자본금의 총액」의 공식이 깨지지 않는다.
2) 이와 관련해서는 「선례해설」(616면) 참조
3) 예를 들면, 주주총회의 승인을 받은 대차대조표

참조 조문: 상법 제341조, 제341조의2, 제343조, 제421조 제1항, 상법 시행령 제9조 및 제10조, 상업등기규칙 제141조

○ **자기주식의 취득 전, 취득 후, 소각 후의 재무상태표의 변경**

1. 자기주식 취득 전 자본금: 410,000주 x 5,000원 = 2,050,000,000원
   (자기주식 취득 전 이익잉여금은 3,000,000,000원으로 가정함)
2. 자기주식 400,000주를 주당 5,000원으로 총 2,000,000,000원에 매입
3. 그 후 취득한 자기주식 400,000주를 이사회 결의로 소각한 경우
4. 논의의 편의상 기타 자본 항목과 관련된 사항은 변동이 없었다고 가정

구 분	자기주식 취 득 전	자기주식 취 득 후	취득한 자기주식 소각 후
Ⅰ. 자본금	2,050,000,000	2,050,000,000	2,050,000,000
Ⅱ. 자기주식	-	-2,000,000,000	-
Ⅲ. 이익잉여금	3,000,000,000	3,000,000,000	1,000,000,000
자본 총계	5,050,000,000	3,050,000,000	3,050,000,000

주1) 자기주식을 취득하였거나 혹은 그 취득한 자기주식을 소각한 경우에도 자본금(사안의 경우 2,050,000,000원)에는 아무런 변동이 없다.

주2) 자기주식을 취득한 경우에는 재무상태표상 자본 항목의 자본조정 중 자기주식으로 표기하며, 그 금액은 마이너스(-)를 표시하여 결과적으로 자본 총계를 감소하는 형식으로 표기한다.

주3) 자기주식은 주주에게 배당할 재원으로 소각되는 것이므로 이익잉여금이 그 만큼 감소하게 되나 자본금에는 영향이 없어, 사안과 같이 이사회 결의로 자기주식을 소각할 경우에는 법인등기사항증명서상의 자본금 총액(2,050,000,000원)과 1주당 금액(5,000원)에 발행한 주식총수(10,000주)를 곱한 금액(50,000,000원)과 일치하지 않게 된다.

[유사 사례] 회사가 보유 중인 자기주식을 소각할 경우 자본금의 변동이 없으므로 발행할 주식의 총수 및 발행한 주식의 총수에 대한 변경등기는 할 필요가 없는지?
=> 회사가 보유 중인 자기주식을 소각하는 경우에는 발행한 주식총수는 감소하게 되어 그 변경등기를 하여야 하나, 발행할 주식총수에는 변함이 없어 그 변경등기를 할 필요가 없다(「선례해설」, 616면 참조).

실무사례(132)

제목: 자기주식의 소각이 자본금 총액에 미치는 영향

자본금 1억원(1주당 액면가 5,000원, 발행한 주식수 20,000주, 발행할 주식의 총수 100,000주)인 A 주식회사는 2015. 4. 15. 상법 제341조의 배당가능이익을 재원으로 자기주식 10,000주를 취득하였고, 그 후 2015. 9. 30. B 주식회사와 합병하는 과정에서 주주의 주식매수청구권 행사로 자기주식 2,000주를 취득하였다.

【1】 2015. 4. 15. 및 2015. 9. 30. 취득한 자기주식을 상법 제343조 제1항 단서에 의해 이사회의 결의로 소각할 수 있는지?

【2】 2015 .4. 15. 및 2015. 9. 30. 취득한 자기주식을 2015. 6. 30. 및 2015. 1 2. 31.에 순차로 소각 시 회사가 발행할 주식의 총수, 발행한 주식의 총수, 자본금의 액은 각각 어떻게 되는지?

1-1. 자기주식을 취득하는 방법으로는 상법 제341조의 배당가능이익을 재원으로 하는 취득과 상법 제341조의2의 특정목적에 의한 취득으로 구분된다. 사안의 경우 2015. 4. 15. 취득한 자기주식 10,000주는 상법 제341조의 배당가능이익을 재원으로 취득한 것이고, 2015. 9. 30. B 주식회사와 합병하는 과정에서 주주의 주식매수청구권 행사로 취득한 자기주식 2,000주는 상법 제341조의2 특정목적에 의해 취득한 것이다.

1-2. 상법 제343조 제1항에는 "주식은 자본금 감소에 관한 규정에 따라서만 소각할 수 있다. 다만, 이사회의 결의에 의하여 회사가 보유하는 자기주식을 소각하는 경우에는 그러하지 아니하다." 라고 규정하고 있어, 자기주식은 자본금 감소절차가 아닌 이사회의 결의만으로 소각할 수 있는 것으로 해석될 여지가 있다. 이와 관련해 법무부는 해설서를 통해 상법 제343조 제1항 단서의 입법취지는 당연히 배당가능이익으로 자기주식을 취득한 경우에만 해당하는 것이며, 특정목적으로 자기주식을 취득한 경우에는 해당하지 않는다고 밝힌 바 있다(『상법 회사편 해설』, 120면). 따라서 2015. 4. 1 5. 배당가능이익을 재원으로 취득한 자기주식 10,000주는 상법 제343조 제1항 단서에 의해 이사회의 결의로 소각할 수 있지만, 2015. 9. 30. B 주식회사와의 합병과정에서 주주의 주식매수청구권 행사로 취득한 자기주식 2,000주는 상법 제343조 제1항 단서에 의한 이사회의 결의로 소각할 수는 없고 자본금 감소절차에 의해서만 소각할 수 있다.

2-1. 주식을 소각하는 방법으로 자본금을 감소하는 경우 및 이사회의 결의에 의하여 회사가 보유하는 자기주식을 소각하는 경우에 소각된 주식 수만큼 회사가 발행할 주식의 총수는 당연히 감소하지 아니하므로 정관의 변경 없이는 회사가 발행할 주식의 총수에 관한 변경등기를 할 수가 없다(상업선례 2-55, 615면). 따라서 사안의 경우 2015. 4. 15. 취득한 자기주식을 상법 제343조 제1항 단서에 의한 이사회의 결의로 소각하는 경우 및 2015. 9. 30. 취득한 자기주식을 자본금 감소절차에 따라 소각하는 경우 모두 회사가 발행할 주식의 총수 100,000주는 정관의 변경 없이는 변경되지 않는다.

2-2. i) 2015. 4. 15. 취득한 자기주식 10,000주는 배당가능이익을 재원으로 취득하였기에 상법 제343조 제1항 단서에 의해 이사회 결의로 2015. 6. 30. 소각 시에 회사가 발행한 주식의 총수는 20,000주에서 10,000주로 변경되나 자본금의 총액에는 변동이 없다(「실무사례(131)」, 801면 참조). ii) 반면에 2015. 9. 30. 취득한 자기주식 2,000주는 배당가능이익을 재원으로 취득한 것이 아니므로 자본금 감소절차에 따라 2015. 12. 31. 소각 시에 회사가 발행한 주식의 총수는 10,000주에서 8,000주로 변경됨과 동시에 자본금도 10,000,000원(= 1주당 액면가 5,000원 x 감소된 발행주식수 2,000주)이 감소하게 된다.

※ 이상의 내용을 표로 간략 정리하면,

구 분	발행할 주식의 총수	발행한 주식의 총수	1주당 액면가	자본금의 총액
자기주식 소각 전	100,000주	20,000주	5,000원	100,000,000
2015. 06. 30. 소각 시		10,000주		100,000,000
2015. 12. 31. 소각 시		8,000주		90,000,000

주1) 2015. 6. 30. 자기주식 소각 시 배당가능이익을 재원으로 이사회의 결의로 소각하므로 발행한 주식의 총수는 20,000주에서 10,000주로 감소되나 자본금은 100,000,000원으로 변동이 없어, 1주당 액면가 5,000원에 발행한 주식의 총수 10,000주를 곱한 금액 50,000,000원과 자본금 100,000,000원은 일치하지 않게 된다. 이는 자본금 감소절차가 아닌 배당가능이익을 재원으로 소각이 이루어지기 때문이다.

주2) 그 이후 2015. 12. 31. 자본금 감소절차에 따라 주식을 소각할 경우에도 2015. 6. 30. 자기주식 소각 시 발생한 50,000,000원의 차이는 해소되지 않고 계속 남게 된다.

참조 조문: 상법 제341조 내지 제343조, 상업등기규칙 제141조, 제142조
참조 선례: 상업등기선례 제2-55호(615면)

제22절 전환사채의 등기[1)2)3)]

내 용	관련 조문		관련 선례 · 예규 · 규칙 (실무사례 포함)
	상법	상업등기법	
1. 전환사채의 발행[4)]	제513조 ~제516조	규칙 제144조	~~267. 상업선례 제1-218호~~ ~~268. 상업선례 제1-220호~~ ~~269. 상업선례 제2-65호~~ 270. 상업선례 제1-213호 271. 상업선례 제1-215호 272. 상업선례 제1-217호
2. 전환사채의 변경			273. 상업선례 제1-214호 274. 상업선례 제2-67호 ☞ 실무사례(133)
3. 전환사채의 상환 등에 따른 말소[5)]			275. 상업선례 제2-64호

---

1) 전환사채의 전환으로 인한 변경등기는 720-724면 참조

2) 2011. 4. 14. 상법 개정 시 사채의 총액은 회사에 현존하는 순자산액의 4배를 초과하지 못한다는 제한은 폐지되었다. 그럼에도 불구하고 개정 전 상업등기법 제91조 제1항에서는 전환사채의 모집으로 인한 등기의 신청서에는 최종의 대차대조표(혹은 재무상태표)를 첨부토록 하였으나, 2014. 11. 21.부로 시행된 개정 상업등기규칙에서는 기존의 최종의 대차대조표에 대한 첨부정보를 제공하도록 한 것을 삭제함으로써 상업등기선례 제1-218호(808면), 제1-220호(809면), 제2-65호(810면) 등은 사문화되었다.

3) 전환사채의 발행에는 미발행주식의 유보에 관한 상법 제346조 제4항의 규정이 준용된다(상법 제516조 1항). 전환으로 인하여 발행되는 주식은 회사가 발행할 주식의 총수의 범위 내이어야 한다. 따라서 회사가 전환사채를 발행할 경우에는 전환을 청구할 수 있는 기간 내에는 회사의 발행예정주식총수 중 장차 전환으로 인하여 발행할 주식의 수를 미발행주식으로 남겨두어야 한다. 이와 같이 미발행주식을 남겨두지 않으면, 전환의 청구를 받은 때에 회사가 주식을 발행해 줄 수 없는 사태가 발생하기 때문이다(『주식회사법대계(Ⅲ)』, 110면).

4) 전환사채의 발행에 관한 사항은 정관에 규정이 없는 것은 이사회가 이를 결정한다(상법 513조 2항). 다만, 주주 외의 자에게 전환사채를 발행하는 경우에는 전환사채의 액, 전환의 조건, 전환으로 인하여 발행할 주식의 내용과 전환을 청구할 수 있는 기간에 관하여 정관에 규정이 없으면 주주총회의 특별결의로 이를 정하여야 한다(상법 513조 3항).

5) 전환사채의 사채금이 모두 변제된 경우, 전환사채가 모두 주식으로 전환된 경우, 전환청구기간이 경과한 경우 등에는 전환사채의 말소등기를 하여야 한다. 전환청구기간이 경과하지 않았더라도 사채권자가 전환권 포기의사를 밝혔다면 전환사채는 전환권이 인정되지 않는 일반사채와 동일한 성격의 사채로 확정되므로(『주식회사법대계(Ⅲ)』, 107면), 이 경우에도 전환사채의 말소등기를 할 수 있다고 본다.

§ 요약

1. 전환사채란 사채로 발행되나 일정한 기간이 지나면 채권 보유자의 청구가 있을 때 미리 결정된 조건대로 발행회사의 주식으로 전환할 수 있는 특약이 있는 사채를 말한다. 종전에는 전환사채를 포함한 사채의 총액은 회사에 현존하는 순자산액의 4배를 초과하지 못한다는 제한이 있었으나, 2011. 4. 14. 개정 상법에서는 이러한 제한을 폐지하였으며, 2014. 11. 21.부로 시행된 개정 상업등기규칙에서도 기존의 최종의 대차대조표에 대한 첨부정보를 제공하도록 한 규정을 개정 상법에 맞추어 삭제하였다.

2. 전환사채의 발행등기를 신청하는 경우에는 사채의 인수를 증명하는 정보, 사채의 청약을 증명하는 정보, 상법 제476조에 따른 납입이 있음을 증명하는 정보 등을 첨부정보로 제공하여야 한다(규칙 144조). 사채의 납입에 관하여는 신주발행의 경우와 달리 납입장소에 관한 것에 특별한 제한이 없으므로, 사채를 발행하는 회사 자신이 납입기관으로서 작성한 서면도 납입을 증명하는 정보가 될 수 있고, 수탁회사의 증명이나 우체국의 납입증명도 가능하다(상업선례 1-213, 811면).

3. 또한 상법 제476조에 따른 납입이 있음을 증명하는 정보와 관련하여 사채의 인수인이 납입에 갈음하여 회사에 대한 채권으로 상계하는 것도 가능하다. 즉 선례에 의하면, 금융기관의 대출금을 전환사채의 납입금과 상계하는 것은 채권(채무)의 출자전환과는 그 성질을 달리하여 과거 금융기관 대출금의 출자전환 시 첨부할 서면에 관한 등기예규 제960호는 적용되지 아니하고, 주식회사가 발행하는 전환사채를 인수한 금융기관이 당해 주식회사에 대하여 가지고 있는 대출금 채권으로써 사채의 납입에 갈음하는 경우에는, ⅰ) 회사가 위 금융기관에 대하여 채무를 부담하고 있다는 사실을 증명하는 서면과 ⅱ) 당해 금융기관으로부터 상계의 의사표시가 있음을 증명하는 서면을 첨부정보로 제공하면 된다(상업선례 1-215, 813면). 금융기관이 아닌 자도 마찬가지이다(상업선례 1-217, 814면).

4. 전환사채의 등기사항 중 전환조건(전환사채와 전환에 의하여 발행되는 주식의 비율)이나 전환청구기간이 변경된 경우에는 변경등기를 하여야 한다(상업선례 1-214, 815면 및 2-67, 816면 참조).

「보 론」 전환사채에 관한 등기[1]

구 분	내 용
발 행	▷ 전환사채의 총액, 각 전환사채의 금액, 각 전환사채의 납입금액, 사채를 주식으로 전환할 수 있다는 뜻, 전환의 조건, 전환으로 인하여 발행할 주식의 내용, 전환을 청구할 수 있는 기간, 전환가액 또는 전환율을 조정할 수 있는 조정산식을 둔 때에는 그 내용 등을 등기
변 경	▷ 전환사채 납입금액의 변경등기: 전환사채를 발행하면서 사채를 수회에 걸쳐 분납할 것을 정한 경우, 제2회 이후의 납입이 있는 때에는 납입 후의 각 전환사채에 관하여 납입된 금액, 변경된 뜻과 변경연월일을 등기
	▷ 전환사채의 총액의 변경등기: 전환사채의 주식으로의 일부 전환, 전환사채의 일부매입소각 또는 일부상환으로 '전환사채의 총액'이 감소한 경우, 감소 후의 전환사채의 총액, 변경의 뜻과 변경연월일을 등기
	▷ 전환조건의 변경등기: 전환사채에 전환율 또는 전환가격을 수정하는 조항(조정산식)을 둔 경우, 후에 신주발행, 주식분할, 준비금의 자본금 전입 등으로 전환가액이 위 조정산식에 의하여 수정된 경우에 그 수정된 전환가액 및 전환율에 의한 변경등기
	▷ 전환청구기간의 변경등기: 전환사채를 발행한 회사와 전환사채권자의 합의로 전환청구기간을 변경하는 경우의 변경등기
전환사채의 주식으로 전환	▷ 전환사채가 주식으로 전환된 경우에는 발행주식의 총수, 그 종류 및 각종 주식의 내용과 수, 자본금의 총액이 증가하고 전환사채의 총액이 감소하거나 소멸하므로 신주발행의 변경등기와 함께 전환사채의 변경등기를 함
말 소	▷ 전환청구기간이 지나도록 전환권을 행사하지 아니한 경우
	▷ 전환사채를 전부상환하거나 사채발행회사가 전환사채를 전부매입하여 소각한 경우

1) 『2016 상업등기실무』, 446~459면

267. 설립 후 최초의 결산기가 도래하지 아니한 회사가 전환사채 발행으로 인한 변경등기를 신청하는 방법

[상업등기선례 제1-218호, 제정 2002. 12. 21.]

전환사채의 발행으로 인한 등기신청서에는 최종의 대차대조표를 첨부하여야 하는바(비송사건절차법 제213조제1항 제1호), 회사설립 후 최초의 결산기가 도래하지 않아 정기주주총회에서 대차대조표를 승인하지 못한 회사는 개시(개업)대차대조표를 첨부하여 전환사채등기를 신청할 수 있다. 또한 회사가 정관변경절차를 통해 결산기를 변경하고 이에 따라 정기주주총회를 개최하여 대차대조표를 승인한 경우, 이를 첨부한 등기신청도 수리될 수 있다. (2002. 12. 21. 등기 3402-720 질의회답) **사실상 폐지**

◐ 선례 해설:

1. 2011. 4. 14. 개정 상법에서는 사채의 총액은 회사에 현존하는 순자산액의 4배를 초과하지 못한다는 제한을 폐지하였다.[1)]
2. 그럼에도 불구하고 개정 전 상업등기법 제91조 제1항에서는 전환사채의 모집으로 인한 등기의 신청서에는 최종의 대차대조표를 첨부토록 하여 실무에서는 다소 혼란이 있었던 것이 사실이나, 2014. 11. 21.부로 시행된 개정 상업등기규칙에서는 기존의 최종의 대차대조표에 대한 첨부정보를 제공하도록 한 규정을 개정 상법에 맞추어 삭제함으로써 이제 본 선례의 내용은 사문화되었다.

제144조(전환사채 등의 등기) ① 전환사채, 신주인수권부사채, 이익참가부사채의 모집으로 인한 발행등기를 신청하는 경우에는 다음 각 호의 정보를 제공하여야 한다.

1. 사채의 인수를 증명하는 정보
2. 사채의 청약을 증명하는 정보
3. 「상법」 제476조에 따른 납입이 있음을 증명하는 정보

주) 최종의 대차대조표(혹은 재무상태표)을 첨부하라는 내용이 삭제됨.

---

1) 개정 상법에서는 그 외에 회사는 전에 모집한 사채의 총액의 납입이 완료된 후가 아니면 다시 사채를 모집하지 못한다는 제한 등도 폐지하였다(「보론」, 810면 참조).

268. 전환사채 · 신주인수권부사채 · 이익참가부사채 발행등기 신청시 등기신청서에 첨부할 서면으로서의 '최종의 대차대조표'를 공인회계사의 '순자산액에 관한 확인서'로 갈음할 수 있는지 여부(소극)[1)]

[상업등기선례 제1-220호, 제정 2004. 6. 3.]

주식회사가 전환사채·신주인수권부사채·이익참가부사채 발행의 등기를 신청할 때에는 상법 제470조 제1항(주: 2011. 4. 14. 삭제됨), 비송사건절차법 제213조 제1항 제1호(주: 2014. 10. 2. 개정 상업등기규칙에서 삭제됨)에 따라 '최종의 대차대조표'를 제출하여야 하는바, '최종의 대차대조표'란 사채모집 직전 영업연도의 결산기에 관한 주주총회에서 승인한 대차대조표를 의미하며, 공인회계사의 '순자산액에 관한 확인서'는 이에 해당하지 않을 것이다.

(2004. 6. 3. 공탁법인 3402-124 질의회답) **사실상 폐지**

참조 조문 · 규칙 · 예규 · 선례 · 판례

▣ 상업등기규칙[대법원규칙 제2668호, 2016. 6. 27., 타법개정]

제144조(전환사채 등의 등기) ① 전환사채, 신주인수권부사채, 이익참가부사채의 모집으로 인한 발행등기를 신청하는 경우에는 다음 각 호의 정보를 제공하여야 한다.

1. 사채의 인수를 증명하는 정보
2. 사채의 청약을 증명하는 정보
3. 「상법」 제476조에 따른 납입이 있음을 증명하는 정보

② 전환사채, 신주인수권부사채, 이익참가부사채의 제2회 이후의 납입 등으로 인한 변경등기 또는 사채의 전부 상환 등으로 인한 말소등기를 신청하는 경우에는 그 사실을 증명하는 정보를 제공하여야 한다.

③ 제136조제2항의 사채의 발행, 변경, 말소등기에 관하여는 성질에 반하지 아니하는 한 제1항 및 제2항을 준용한다.

---

1) 2014. 11. 21.부로 시행된 개정 상업등기규칙에서는 기존의 최종 대차대조표에 대한 첨부정보를 제공하도록 한 규정을 개정 상법에 맞추어 삭제함으로써 본 선례는 사문화되었다.

269. 전환사채 또는 신주인수권부사채의 등기신청서에 첨부하여야 하는 최종의 대차대조표[1)]

[상업등기선례 제2-65호, 제정 2007. 4. 18.]

매년 1월 1일부터 12월 31일까지를 영업년도로 하는 주식회사가 1/4분기에 전환사채 또는 신주인수권부사채를 발행하고 등기를 신청하는 경우, 사채발행일 현재까지 직전 영업년도의 결산기에 관한 정기총회가 소집되지 않았다면 그 등기신청서에 전전 영업년도의 결산기에 관한 정기총회에서 승인된 대차대조표를 첨부할 수 있다. 다만, 이러한 대차대조표를 첨부할 수 있다는 것과 이사의 책임(상법 제399조, 제401조 등) 또는 과태료(상법 제635조제1항제23호)의 문제 등은 관련이 없다.

(2007. 4. 18. 공탁상업등기과-411 질의회답) **사실상 폐지**

「보 론」 사채발행의 제한 및 규제의 폐지[2)]

1. 2011. 4. 14. 개정 상법은 사채 발행과 관련한 상법 제470조 내지 제473조의 제한을 폐지하였다.

2. 개정 상법에서 폐지한 사채발행의 제한에 관한 규정

   i) 사채총액은 최종의 대차대조표에 의하여 회사에 현존하는 순자산액의 4배를 초과하지 못한다(개정 전 상법 470조 1항).

   ii) 회사는 전에 모집한 사채의 총액의 납입이 완료된 후가 아니면 다시 사채를 모집하지 못한다(개정 전 상법 471조).

   iii) 각 사채의 금액은 1만원 이상이어야 하고, 동일 종류의 사채에서 각 사채의 금액은 균일하거나 최저액으로 정제할 수 있는 것이어야 한다(개정 전 상법 472조).

   iv) 사채권자에게 상환할 금액이 권면액을 초과할 것을 정한 때에는 그 초과액은 각 사채에 대하여 동률이어야 한다(개정 전 상법 473조).

---

1) 2014. 11 .21.부로 시행된 개정 상업등기규칙에서는 기존의 최종 대차대조표에 대한 첨부정보를 제공하도록 한 규정을 개정 상법에 맞추어 삭제함으로써 본 선례는 사문화되었다.

2) 개정 상법에서는 금융기관으로부터의 차입금에 관한 제한은 없는데 반해 사채에 대해서만 총액의 제한을 하는 것은 불합리하며, 채권자에게 지급불능위험을 증가시킴으로써 손해가 될 우려가 있는 것은 부채총액이지 사채발행 총액만이 아니라는 점 등의 이유로 사채의 총액 등의 제한을 모두 폐지하였다(『상법 회사편 해설』, 361~362면 참조).

270. 사채의 등기신청서에 첨부할 "각 사채에 대하여 상법 제476조의 납입이 있는 것을 증명하는 서면"

[상업등기선례 제1-213호, 제정 1981. 11. 25.]

사채의 등기신청서의 첨부서면 중 "각 사채에 대하여 상법 제476조의 납입이 있는 것을 증명하는 서면"에는 우체국의 납입증명도 포함된다.

(1981. 11. 25. 등기 제536호 체신부장관 대 법원행정처장 회답)

주) 1. 현재는 전환사채 및 신주인수권부사채, 이익참가부사채만이 등기할 사항임(상법 제514조의2, 제516조의8, 증권거래법 제191조의4 참조).

참조 조문 · 규칙 · 예규 · 선례 · 판례

▣ 상법[법률 제13523호, 2015. 12. 1., 일부개정]

제476조(납입) ① 사채의 모집이 완료한 때에는 이사는 지체 없이 인수인에 대하여 각 사채의 전액 또는 제1회의 납입을 시켜야 한다.

제514조의2(전환사채의 등기) ① 회사가 전환사채를 발행한 때에는 제476조의 규정에 의한 납입이 완료된 날로부터 2주간 내에 본점의 소재지에서 전환사채의 등기를 하여야 한다.

제516조의8(신주인수권부사채의 등기) ① 회사가 신주인수권부사채를 발행한 때에는 다음의 사항을 등기하여야 한다.

1. 신주인수권부사채라는 뜻
2. 신주인수권의 행사로 인하여 발행할 주식의 발행가액의 총액
3. 각 신주인수권부사채의 금액
4. 각 신주인수권부사채의 납입금액
5. 제516조의2 제2항 제1호 내지 제3호에 정한 사항

▣ 상업등기규칙[대법원규칙 제2668호, 2016. 6. 27., 타법개정]

제144조(전환사채 등의 등기) ① 전환사채, 신주인수권부사채, 이익참가부사채의 모집으로 인한 발행등기를 신청하는 경우에는 다음 각 호의 정보를 제공하여야 한다.

1. 사채의 인수를 증명하는 정보
2. 사채의 청약을 증명하는 정보
3. 「상법」 제476조에 따른 납입이 있음을 증명하는 정보

◐ 선례 해설:

1. 전환사채, 신주인수권부사채, 이익참가부사채의 모집으로 인한 발행등기를 신청하는 경우에는 상법 제476조에 따른 납입이 있음을 증명하는 정보를 제공하여야 한다(규칙 144조 1항). 사채의 납입에 관하여는 신주발행의 경우와 달리 납입장소에 관한 것과 원칙적 상계금지에 관한 규정의 적용이 없으므로, 반드시 은행 등 금융기관에 납입할 필요가 없고 사채의 인수인이 납입에 갈음하여 회사에 대한 채권으로 상계하는 것도 가능하다(『상업등기실무(II)』, 384면).

> [5] 전환사채의 인수에 관하여 상계금지에 관한 상법 제334조가 적용되는지 여부(소극)
> 상법 제334조에 의하면 주주는 납입에 관하여 상계로써 회사에 대항하지 못한다고 규정되어 있다. 그런데 전환사채는 발행 당시에는 사채이며, 사채권자가 전환권을 행사한 때 비로소 주식으로 전환되어 회사의 자본을 구성하게 되므로, 전환사채의 인수에 관해서는 상계금지에 관한 상법 제334조의 규정이 적용되지 않는다고 보아야 할 것이다.
> (대법원 2004. 8. 20. 선고 2003다20060 판결)

2. 따라서 사채를 발행하는 회사 자신이 납입기관으로서 작성한 서면도 납입을 증명하는 정보가 될 수 있고, 수탁회사의 증명이나 우체국의 납입증명도 가능하다.

3. 단 사채 실물을 발행하지 않고, 한국예탁결제원에 등록을 하는 '등록사채'의 경우에는 한국예탁결제원에서 사채를 등록하면서 사채의 납입증명은 회사의 자기증명을 인정하지 않고, 반드시 은행 기타 금융기관의 사채금 납입보관증명서를 요구한다(염춘필, "전환사채와 신주인수권부사채 등기에 관한 실무상 쟁점", 법무사(2012년 5월호), 대한법무사협회, 23면).

271. 금융기관 대출금의 일부를 전환사채로 전환하여 그에 따른 등기를 신청하는 경우 등기신청서에 첨부할 서면 여하

[상업등기선례 제1-215호, 제정 1999. 5. 19.]

주식회사가 발행하는 전환사채를 인수한 금융기관이 당해 주식회사에 대하여 가지고 있는 대출금채권으로써 사채의 납입에 갈음하기로 한 경우, 그에 따른 변경등기신청에는 등기예규 제960호가 적용되지 아니하므로, 이 경우 첨부서면의 하나로 비송사건절차법 제213조 제4호(주: 현행 상업등기규칙 제144조 제1항 제3호)에 규정된 '상법 제476조의 규정에 의한 납입이 있음을 증명하는 서면'으로는, (1)회사가 위 금융기관에 대하여 채무를 부담하고 있다는 사실을 증명하는 서면과 (2)당해 금융기관으로부터 상계의 의사표시가 있음을 증명하는 서면을 첨부하면 될 것이다.
(1999. 5. 19. 등기 3402-528 질의회답)

◐ 선례 해설:

1. 과거 신주발행 시 상계를 허용하지 않던 때에도 금융기관의 대출금이나 금융기관이 아닌 자의 대출금 채권을 전환사채의 납입금과 상계하는 것은 판례나 선례에서 인정하여 왔다.
2. 전환사채의 발행으로 인한 등기신청 시에는 사채의 인수를 증명하는 정보, 사채의 청약을 증명하는 정보, 상법 제476조에 따른 납입이 있음을 증명하는 정보 등을 첨부정보로 제공하여야 한다(규칙 제144조).
3. 위 2.의 경우에 상법 제476조에 따른 납입이 있음을 증명하는 정보가 무엇인지가 문제되는데, 금융기관의 대출금을 전환사채의 납입금과 상계하는 것은 채권(채무)의 출자전환과는 그 성질을 달리하여 과거 금융기관 대출금의 출자전환 시 첨부할 서면에 관한 등기예규 제960호는 적용되지 아니하고, 주식회사가 발행하는 전환사채를 인수한 금융기관이 당해 주식회사에 대하여 가지고 있는 대출금 채권으로써 사채의 납입에 갈음하는 경우에는, i) 회사가 위 금융기관에 대하여 채무를 부담하고 있다는 사실을 증명하는 서면과 ii) 당해 금융기관으로부터 상계의 의사표시가 있음을 증명하는 서면을 첨부정보로 제공하면 된다는 것이 본 선례의 입장이다. 또한 금융기관이 아닌 일반 채권자에 대해서는 상업등기선례 제1-217호(814면)에서 그 첨부정보를 정하고 있는데, 본 선례의 내용과 동일하다.

272. 금융기관이 아닌 전환사채의 인수인이 발행회사에 대한 대출금채권으로써 사채의 납입에 갈음하기로 한 경우, 그에 따른 변경등기 신청서에 첨부하는 '상법 제476조의 규정에 의한 납입을 증명하는 서면'[1)]

[상업등기선례 제1-217호, 제정 2000. 2. 16.]

주식회사가 발행하는 전환사채를 인수한 자가 당해 주식회사에 대하여 가지고 있는 대출금채권으로써 사채의 납입에 갈음하기로 한 경우, 그에 따른 변경등기를 신청할 때 비송사건절차법 제213조 제4호(주: 현행 상업등기규칙 제144조 제1항 제3호)에 따라 첨부하는 '상법 제476조의 규정에 의한 납입이 있음을 증명하는 서면'으로는, (1)회사가 전환사채의 인수인에 대하여 채무를 부담하고 있다는 사실을 증명하는 서면과 (2)위 전환사채의 인수인으로부터 상계의 의사표시가 있음을 증명하는 서면을 첨부하면 될 것이며, 이는 전환사채의 인수인이 금융기관이 아닌 경우에도 마찬가지이다.

(2000. 2. 16. 등기 3402-113 질의회답)

◐ 선례 해설: 채권(채무)의 출자전환과의 비교

1. 채권(채무)의 출자전환(구체적인 내용은 671~673면 참조)

i) 회사에 대한 대출금 등 채권을 출자전환하는 방법으로는 현물출자에 의한 방법과 채권과 회사에 대한 주금납입의무를 상계하는 방법이 있다.

ii) 이 중 납입상계에 의한 신주발행은 상법 제421조의 개정으로 금융기관 외 일반기업도 가능하게 되었으며, 그 첨부정보와 관련하여 등기예규 제1450호가 2012. 4. 24. 제정되었다.

2. 채권(채무)의 전환사채로의 전환

i) 회사가 발행하는 전환사채를 인수한 자가 당해 회사에 대하여 가지고 있는 대출금 채권으로써 전환사채의 납입에 갈음하는 방법은 상법 제421조의 개정 전부터 선례에서 인정하고 있는 방법이다. 왜냐하면 이는 자본의 변동이 없어 채권(채무)의 출자전환과는 전혀 상관없는 별개의 개념이기 때문이다.

ii) 관련선례: 상업등기선례 제1-215호(813면) 및 제1-217호(본 선례)

1) [비교 선례] 일반기업이 아닌 금융기관의 대출금을 전환사채로 전환하는 경우의 첨부정보에 관한 것은 상업등기선례 제1-215호(813면) 참조

273. 전환사채의 등기사항 중 전환조건의 전환가격 변경등기[1)]
[상업등기선례 제1-214호, 제정 1997. 6. 20.]

주식회사가 전환사채를 발행함에 있어 전환조건으로서 전환가액 및 전환가액을 조정할 수 있는 조정산식을 설정하여 이를 등기한 후 유상증자 등의 사유로 전환가액이 위 조정산식에 의하여 수정된 경우에는 그 수정된 전환가액으로의 변경등기를 하여야 할 것이다.
(1997. 6. 20. 등기 3402-441 질의회답)

참조 조문 · 규칙 · 예규 · 선례 · 판례

▣ 상법[법률 제13523호, 2015. 12. 1., 일부개정]

제514조(전환사채발행의 절차) ① 전환사채에 관하여는 사채청약서, 채권과 사채원부에 다음의 사항을 기재하여야 한다.
1. 사채를 주식으로 전환할 수 있다는 뜻
2. 전환의 조건
3. 전환으로 인하여 발행할 주식의 내용
4. 전환을 청구할 수 있는 기간
5. 주식의 양도에 관하여 이사회의 승인을 얻도록 정한 때에는 그 규정

② 삭제

제514조의2(전환사채의 등기) ① 회사가 전환사채를 발행한 때에는 제476조의 규정에 의한 납입이 완료된 날로부터 2주간내에 본점의 소재지에서 전환사채의 등기를 하여야 한다.
② 제1항의 규정에 의하여 등기할 사항은 다음 각호와 같다.
1. 전환사채의 총액
2. 각 전환사채의 금액
3. 각 전환사채의 납입금액
4. 제514조 제1호 내지 제4호에 정한 사항

---

1) 전환의 조건은 전환가액(전환에 의하여 발행되는 주식 1주에 대하여 요구되는 사채 금액) 또는 전환율(전환될 사채와 이에 대하여 줄 주식의 비례)로 표시하여 등기하고, 전환조건으로서 전환가액 또는 전환율을 조정할 수 있는 조정산식을 둔 때에는 이를 등기하여야 한다. 조정산식에 따라 전환가액 또는 전환율이 변경되어 그 변경등기를 신청하는 경우 실무에서는 변경등기신청서에 전환가액 조정산정표를 첨부하도록 하고 있다(『상업등기실무(II)』, 387면).

274. 전환청구기간의 변경등기 여부 등

[상업등기선례 제2-67호, 제정 2009. 6. 3.]

주식회사가 전환사채를 발행한 후 청구기간의 변경등기를 신청하는 경우에는 그 기간이 적법하게 변경되었음을 증명하는 서면을 첨부해야 할 것이나 구체적으로 그 서면이 무엇인가는 정관의 규정이나 발행 방법에 따라 다르며, 반드시 주주총회특별결의가 필요한 것은 아니다.
(2009. 6. 3. 사법등기심의관-1309 질의회답)

◐ **선례 해설:** 「실무사례(133)」(817면) 참조

1. 전환사채에 관하여는 사채청약서, 채권과 사채원부에 전환을 청구할 수 있는 기간을 기재하여야 하고, 전환청구기간이 변경된 때에는 전환청구기간에 대한 변경등기를 하여야 한다(상법 514조 및 514조의2 2항 4호).
2. 전환청구기간을 변경하기 위해서는 원칙적으로 이사회결의(정관에 의하여 주주총회에서 전환사채의 발행결의를 한 때에는 주주총회 결의를 의미)와 사채권자집회의 결의가 있어야 한다. 전환청구기간의 변경은 상법에서 규정하고 있는 사채권자집회의 결의사항은 아니지만 사채권자의 이해에 중대한 관계가 있는 사항이기 때문에 사채권자집회의 결의를 거쳐야 하는 것이다. 또한 전환청구기간의 변경을 위한 사채권자집회에 대해서는 법원의 사전·사후의 인가를 얻어야 한다(『상업등기실무(Ⅱ)』, 387면).

> **상법 제498조(결의의 효력)** ① 사채권자집회의 결의는 법원의 인가를 받음으로써 그 효력이 생긴다. 다만, 그 종류의 사채권자 전원이 동의한 결의는 법원의 인가가 필요하지 아니하다.
> ② 사채권자집회의 결의는 그 종류의 사채를 가진 모든 사채권자에게 그 효력이 있다.

3. 따라서 전환청구기간의 변경등기를 신청할 때에는 그 변경을 결의한 이사회의사록(정관의 정함에 따라 주주총회에 전환사채의 발행권한이 있는 때에는 이사회의사록 대신 정관과 그 변경결의를 한 주주총회의사록), 사채권자집회의사록 및 법원의 인가서를 첨부정보로 제공하여야 한다(『상업등기실무(Ⅱ)』, 388면). 다만, 사채권자 전원이 동의한 때에는 법원의 인가서는 필요 없다(상법 498조 1항).

실무사례(133)

제목: 전환사채에 관한 변경등기

다음은 전환사채에 관한 변경등기에 관한 질의이다(각 설문은 별개 사안임).

【1】 전환사채 발행 당시 전환비율은 각 사채 권면금액을 전환가격으로 나눈 주식수의 100%를 전환주식수로 한다는 내용과 전환청구기간 중에 유상증자, 주식배당, 준비금의 자본금 전입 등이 있을 경우에는 전환가액을 조정할 수 있는 조정산식에 관한 내용 등이 전환사채란에 등기가 되었다. 최근 유상증자를 실시한 바 있는데, 위 등기사항에 대한 변경등기를 하여야 하는지?

【2】 2012. 8. 25.에 만기 2015. 8. 25.로 하여 전환사채가 발행되었다. 그 후 전환사채 발행회사와 전환사채권자의 합의에 의하여 사채의 상환기간을 3년 후로 연장함과 동시에 전환청구기간도 3년 더 연장하기로 합의를 하였는데, 이 경우 전환청구기간의 변경등기가 가능한지? 가능하다면 어떠한 서면을 첨부서류로 제출하여야 하는지?

【3】 2014. 9. 10.에 제1회 무기명식 무보증 전환사채를 다음과 같이 발행하고 등기도 완료하였다.

i) 전환사채의 총액: 금 30억원
ii) 각 전환사채의 금액: 금 10억원권 3매
iii) 각 전환사채의 납입금액: 액면금 전액

그 후 전환사채권자 중 1인과 발행회사는 금 10억원권 1매를 금 1억원권 10매로 변경하기로 합의를 하였다. 이러한 각 전환사채의 금액의 변경사항도 등기를 하여야 하는지? 등기를 하여야 한다면 그 첨부서류는 무엇인지?

1. 전환의 조건이란 전환사채와 전환에 의하여 발행되는 주식의 비율을 말하는데, 이는 전환사채를 발행할 때 등기사항이다(상법 514조의2). 일반적으로 당초에 정한 전환조건이 유상증자, 주식배당, 준비금의 자본금 전입 등 발행회사의 주식구성의 변화로 인해 영향을 받지 않도록, 전환사채를 발행할 때 전환가액 또는 전환율을 조정할 수 있는 조정산식을 두는 경우가 많다. 사안의 경우 유상증자로 인하여 전환가액이 조정산식에 의하여 수정되는데, 이 경우에는 조정산식에 의하여 수정된 전환가액으로의 변경등기를 하여야 할 것이다.

조정산식에 따라 전환가액의 변경등기를 신청하는 경우에는 전환가액 조정산정표를 실무상 첨부하고 있다.

2-1. 전환사채를 발행하는 경우에는 전환을 청구할 수 있는 기간을 등기하여야 하는데(상법 514조 및 514조의2 참조), 선례에 의하면 전환청구기간의 변경등기도 가능하다(상업선례 2-67).

2-2. 전환사채에 있어서 전환청구기간을 변경하기 위해서는 원칙적으로 이사회결의(정관에 의하여 주주총회에서 전환사채의 발행결의를 한 때에는 주주총회결의를 의미)와 사채권자집회의 결의가 있어야 한다. 전환청구기간의 변경은 상법에서 규정하고 있는 사채권자집회의 결의사항은 아니지만 사채권자의 이해에 중대한 관계가 있는 사항이기 때문에 사채권자집회의 결의를 거쳐야 하는 것이다(상법 490조 참조). 또한 전환청구기간의 변경을 위한 사채권자집회에 대해서는 법원의 사전·사후의 인가를 얻어야 한다(『상업등기실무(Ⅱ)』, 387면). 다만, 사채권자 전원의 동의가 있으면 법원의 인가는 필요 없다(상법 498조 1항 단서).

2-3. 따라서 전환청구기간의 변경등기를 하기 위한 첨부서류로는, ⅰ) 전환청구기간 변경을 결의한 이사회의사록(정관의 규정에 따라 주주총회에서 결의하기로 한 때에는 정관 및 주주총회의사록), ⅱ) 사채권자집회의사록과 법원의 인가서(상법 498조 및 규칙 128조 참조), ⅲ) 사채권자 전원의 동의로 법원의 인가가 필요 없는 경우에는 사채권자 전원의 동의서 등이 있다.

3. 회사가 전환사채를 발행한 때에는 전환사채의 총액, 각 전환사채의 금액, 각 전환사채의 납입금액, 사채를 주식으로 전환할 수 있다는 뜻, 전환의 조건, 전환으로 인하여 발행할 주식의 내용, 전환을 청구할 수 있는 기간 등에 대해서는 납입이 완료된 날로부터 2주간 내에 본점의 소재지에 등기하여야 하며(상법 514조 1항 및 514조의2 2항), 그 등기사항에 대해 변경사항이 발생하면 또한 변경등기를 하여야 한다. 사안의 경우 각 전환사채의 금액을 금 10억원권 3매로 하여 등기를 완료한 이후에 그 중 1매를 금 1억원권 10매로 변경하기로 한 때에는 그 변경등기 또한 하여야 하며, 이 경우 첨부서류로는 회사와 전환사채권자와의 변경계약서, 전환사채 내용 변경에 대해 결의한 이사회의사록 등이다.

참조 조문: 상법 제490조, 제498조, 제514조, 제514조의2

참조 선례: 상업등기선례 제1-214호(815면), 제2-67호(816면)

275. 특허투자조합[1]의 사채상환완료증명서에 업무집행조합원의 인감을 날인하고 그 인감증명을 첨부하여야 하는지 여부

[상업등기선례 제2-64호, 제정 2007. 1. 10.]

1. 전환사채를 발행한 회사가 그 사채를 전부 상환한 후 전환사채가 전부 상환되었음을 증명하는 서면으로서 사채권자의 확인서(이하, '사채상환완료증명서'라 한다)를 첨부하여 전환사채 등기의 말소를 신청하는 경우, 사채상환완료증명서에는 사채권자의 기명날인 또는 서명이 있어야 하지만 인감이 날인되거나 인감증명이 첨부되어야 하는 것은 아니다. 또, 사채상환완료증명서를 작성한 자가 사채권자임을 소명하기 위해 사채인수계약서 사본 등을 첨부하여야 하나 세무서장이 교부하는 고유번호증은 원칙적으로 첨부할 필요가 없다.

2. 위의 경우에 사채권자가 특허투자조합 1호(여신전문금융업법 제41조제3항, 제44조 참조)라면 그 업무집행조합원인 '주식회사 ○○○'이 업무집행조합원임을 표시하여 조합 명의로 사채상환완료증명서를 작성할 수 있다. 이 때, '주식회사 ○○○'의 대표이사가 기명날인 또는 서명을 하게 되는데, 날인하는 인영에 대하여 특별한 제한은 없으므로 특허투자조합 1호의 도장이 있다면 그것으로 날인하여도 된다.
(2007. 1. 10. 공탁상업등기과-44 질의회답)

◐ 선례 해설:

1. 본 선례에 의하면, 전환사채를 전부 상환한 후 전환사채등기의 말소를 신청할 때에는 전환사채가 전부 상환되었음을 증명하는 서면으로 사채권자의 확인서를 첨부할 수 있는데, 이 때 사채상환완료증명서를 작성한 자가 사채권자임을 소명하기 위해 사채인수계약서 사본 등을 첨부하여야 하며(규칙 144조 2항 참조),

2. 이 경우 사채상환완료증명서에는 사채권자의 기명날인 또는 서명이 있어야 하지만 인감이 날인되거나 인감증명이 첨부되어야 하는 것은 아니다.

---

1) 신기술사업자에 투자하기 위하여 설립된 여신전문금융업법상 신기술사업투자조합과 같은 특별법상 투자조합은 민법상 조합과는 달리 비법인 사단으로서 성격이 강해 권리능력이 인정되며, 그 법률행위는 업무집행조합원을 통해 이루어진다(243면 각주 3번 참조).

제23절 신주인수권부사채의 등기[1)2)3)4)]

내 용	관련 조문		관련 선례·예규·규칙 (실무사례 포함)
	상법	상업등기법	
1. 신주인수권부사채	제516조의 2 내지 11	규칙 제144조	276. 상업선례 제2-68호

1) 신주인수권부사채의 신주인수권 행사로 인한 변경등기는 725면 참조

2) 신주인수권부사채란 사채권자에게 사채발행회사에 대한 신주인수권이 부여되어 있는 사채를 말하며, 여기서의 신주인수권이란 어느 시기에 발행되는 신주를 다른 사람보다 우선적으로 배정받을 수 있는 권리가 아니라, 사채발행 시에 정한 바에 따라 사채발행회사에 대하여 신주발행을 청구하고, 이에 따라 회사가 신주를 발행하면 그 신주에 대하여 당연히 주주가 되는 권리를 말한다(『상업등기실무(II)』, 389면). 따라서 신주발행에서의 신주인수권과는 그 개념을 달리함에 유의하여야 한다(「보론」, 643면 참조).

3) 신주인수권부사채에는 신주인수권이 사채로부터 분리되지 않는 비분리형(혹은 결합형)과 신주인수권이 사채로부터 분리·양도될 수 있는 분리형이 있으며, 비분리형은 사채권과 신주인수권이 하나의 사채권에 표창된 것이고, 분리형은 사채권에는 사채권만을 표창하고 신주인수권은 신주인수권증권에 표창하여 양자를 분리하여 양도할 수 있게 한 것이다(이철송, 『회사법강의』, 1030면 참조).

4) 신주인수권부사채는 원칙적으로 이사회 결의로 발행한다. 다만, 주주 이외의 자에 대하여 신주인수권부사채를 발행하는 경우에는 ⅰ) 그 발행할 수 있는 신주인수권부사채의 액, 신주인수권의 내용과 신주인수권을 행사할 수 있는 시기에 관하여 정관에 규정이 있거나 주주총회 특별결의로 이를 정하여야 하고, ⅱ) 신기술의 도입, 재무구조의 개선 등 회사의 경영상 목적달성을 위해 필요한 경우여야 한다(상법 516조의2 2항 및 4항).

§ 요약

1. 신주인수권부사채란 사채권자에게 사채발행회사의 신주인수권이 부여된 사채를 말하며, 신주인수권부사채권자는 일반 사채와 같이 일정한 이자를 받으면서 만기에 사채금액을 상환 받을 수 있는 동시에 자신에게 부여된 신주인수권[1]을 가지고 필요에 따라 회사 측에 신주의 발행을 청구할 수 있다. 신주인수권부사채는 발행형태에 따라 분리형(사채권을 표창하는 채권과 신주인수권을 표창하는 신주인수권증권이 각각 분리되어 있는 형태)과 비분리형(채권 자체에 사채권과 신주인수권이 함께 표창되어 있어 양자의 분리양도가 인정되지 않는 것)으로 구분할 수 있다.

2. 신주인수권부사채와 관련된 등기사항으로는 신주인수권부사채 발행의 등기, 신주인수권부사채에 관한 변경등기, 신주인수권의 행사로 인한 변경등기, 신주인수권부사채의 말소등기 등으로 구분할 수 있다.[2]

3. 신주인수권부사채를 발행한 때에는 신주인수권부사채라는 뜻, 신주인수권의 행사로 인하여 발행할 주식의 발행가액의 총액, 각 신주인수권부사채의 금액, 각 신주인수권부사채의 납입금액, 신주인수권부사채의 총액, 각 신주인수권부사채에 부여된 신주인수권의 내용, 신주인수권을 행사할 수 있는 기간 등을 등기한다(상법 516조의8 1항).

4. 위 3.과 관련하여, 회사가 신주인수권부사채를 발행한 때에는 신주인수권의 행사로 인하여 발행할 주식의 발행가액의 총액을 등기하도록 되어 있는바, 그 액면가액의 총액을 등기하여야 하는 것은 아니다(상업선례 2-68, 823면). 각 신주인수권에 부여된 신주인수권의 행사로 인하여 발행할 주식의 발행가액의 합계액은 각 신주인수권부사채의 금액을 초과할 수 없으며, 신주인수권부사채의 행사가격이 조정 변경이 된 경우에는 그 변경내용을 등기하여야 하지만 이 경우에도 신주인수권의 행사로 인하여 발행할 주식의 발행가액의 총액이 변경되는 것은 아니다(「법원행정처 선례해설 요약(20)」, 824면 참조).

---

1) 신주인수권부사채에서의 신주인수권이란 회사의 자본증가를 위한 신주발행 시 신주배정을 받을 권리와는 구별되며, 사채권자가 필요에 따라 신주발행을 청구할 수 있다는 점에서 일종의 형성권으로 볼 수 있다(『주석상법(회사편Ⅴ)』, 222면 각주 1번).

2) 「보론」 신주인수권부사채에 관한 등기(822면) 참조

「보 론」 신주인수권부사채에 관한 등기[1]

구 분	내 용
발 행	▷ 신주인수권부사채라는 뜻, 신주인수권의 행사로 인하여 발행할 주식의 발행가액의 총액, 각 신주인수권부사채의 금액, 각 신주인수권부사채의 납입금액, 신주인수권부사채의 총액, 각 신주인수권부사채에 부여된 신주인수권의 내용, 신주인수권을 행사할 수 있는 기간 등을 등기
변 경	▷ 신주인수권의 행사로 인하여 발행할 주식의 발행가액의 총액의 변경등기: 신주인수권의 일부행사 또는 일부매입소각 시 신주인수권의 행사로 인하여 발행할 주식의 발행가액의 총액의 감소에 따른 변경등기
	▷ 신주인수권부사채의 납입금액의 변경등기: 신주인수권부사채가 분할납입으로 발행되고 제2회 이후의 납입이 이루어진 경우의 변경등기
	▷ 신주인수권부사채의 총액의 변경등기: 신주인수권부사채의 일부상환, 일부매입소각, 신주인수권을 행사하면서 사채로 대용납입 등의 사유로 신주인수권부사채의 총액이 감소됨에 따른 변경등기
	▷ 각 신주인수권부사채에 부여된 신주인수권의 내용의 변경등기: 신주인수권부사채의 발행 당시에 신주인수권의 내용으로 신주의 발행가액의 조정산식을 정한 경우, 조정산식에 따른 신주의 발행가액의 변경이 발생한 경우의 변경등기
	▷ 신주인수권을 행사할 수 있는 기간의 변경등기
신주인수권의 행사	▷ 신주인수권을 행사한 경우, 발행주식의 총수, 그 종류 및 각종 주식의 내용과 수, 자본금의 총액이 변경되고, 신주인수권부사채의 총액(대용납입의 경우)이 감소되므로, 신주발행의 등기와 함께 신주인수권부사채의 변경등기를 하여야 함
말 소	▷ 신주인수권의 행사기간이 만료된 경우
	▷ 비분리형 신주인수권부사채의 경우에 사채가 전부상환 또는 전부매입 소각된 경우

1) 『2016 상업등기실무』, 459~468면

276. 신주인수권부사채의 등기사항 중 신주인수권의 행사로 인하여 발행할 주식의 발행가액의 총액에 관한 등기

[상업등기선례 제2-68호, 제정 2013. 1. 10.]

1. 「상법」 제516조의8 제1항 제2호는 회사가 신주인수권부사채를 발행한 때에 신주인수권의 행사로 인하여 발행할 주식의 "발행가액의 총액"을 등기하도록 하고 있으므로 액면가액의 총액은 등기할 것이 아니다.

2. 신주인수권부사채에 부여된 신주인수권의 내용으로 발행가액 및 발행가액을 조정할 수 있는 조정산식을 정하여 이를 등기한 경우, 위 발행가액 또는 조정산식을 변경한 때에는 그 변경내용을 등기하여야 하지만 이 경우에도 신주인수권의 행사로 인하여 발행할 주식의 발행가액 총액이 변경되는 것은 아니므로 그에 따른 변경등기를 할 수 없을 것이다.
(2013. 1. 10. 사법등기심의관-123 질의회답)

참조 조문 · 규칙 · 예규 · 선례 · 판례

▣ 상법[법률 제13523호, 2015. 12. 1., 일부개정]

제516조의8(신주인수권부사채의 등기) ① 회사가 신주인수권부사채를 발행한 때에는 다음의 사항을 등기하여야 한다.

1. 신주인수권부사채라는 뜻
2. 신주인수권의 행사로 인하여 발행할 주식의 발행가액의 총액
3. 각 신주인수권부사채의 금액
4. 각 신주인수권부사채의 납입금액
5. 제516조의2 제2항 제1호 내지 제3호에 정한 사항

◐ 선례 해설: 「법원행정처 선례해설 요약(20)」(824-825면) 참조

1. 신주인수권부사채를 발행한 때에는 신주인수권의 행사로 인하여 발행할 주식의 발행가액의 총액(액면가액의 총액이 아님)을 등기하여야 하는데, 신주인수권의 내용으로 신주의 발행가액에 대해 조정산식을 둔 경우에는 그 조정산식도 신주인수권의 내용의 일부로 보아 등기한다.

2. [참조 비교] 전환사채의 경우에는 전환조건으로서의 전환가액 및 전환가액을 조정할 수 있는 조정산식을 등기하여야 한다(상업선례 1-214, 815면).

법원행정처 선례해설 요약(20)[1]

【제목】 신주인수권부사채의 신주인수권 행사로 인하여 "발행할 주식의 발행가액의 총액" 외에 "액면가액의 총액"이 등기사항인지 여부(소극) 및 신주인수권부사채의 행사가격이 조정 변경된 경우 (주: 원제목에는 '등기된 전환가액이 수정된 경우'라고 되어 있음) 에 발행가액의 총액의 변경등기를 신청하여야 하는지 여부(소극)

1. 사안의 논점

i) 신주인수권부사채의 신주인수권 행사로 인하여 "발행할 주식의 발행가액의 총액" 외에 "액면가액의 총액"이 등기사항인지 여부

ii) 신주인수권부사채의 행사가격이 조정 변경된 경우 등기사항이 무엇인지 여부(변경된 내용만 등기하면 되는지, 신주인수권의 행사로 인하여 발행할 주식의 발행가액의 총액의 변경등기도 해야 하는지 여부)

2. 신주인수권부사채의 성질과 등기사항

i) 신주인수권부사채란 사채권자에게 사채발행회사에 대한 신주인수권이 부여되어 있는 사채를 말하여, 여기서의 신주인수권이란 사채 발행 시에 정한 바에 따라 사채발행회사에 대하여 신주발행을 청구하고, 이에 따라 회사가 신주를 발행하면 그 신주에 대하여 당연히 주주가 되는 형성권적 성질을 가지는 권리를 말한다.

ii) 회사가 신주인수권부사채를 발행한 때에는 신주인수권부사채라는 뜻, 신주인수권의 행사로 인하여 발행할 주식의 발행가액의 총액 등 상법 제516조의8 제1항에 규정된 사항을 등기하여야 한다.

3. 신주인수권의 행사로 인하여 발행할 주식의 발행가액의 총액의 등기

각 신주인수권에 부여된 신주인수권의 행사로 인하여 발행할 주식의 발행가액의 합계액은 각 신주인수권부사채의 금액을 초과할 수 없으며 (상법 516조의2 3항), 신주인수권부사채의 행사가격이 조정 변경이 된 경우에는 그 변경내용을 등기하여야 하지만 이 경우에도 신주인수권의 행사로 인하여 발행할 주식의 발행가액의 총액이 변경되는 것은 아니다.

1) 『상업등기 주요선례 해설』, 262~266면

※ 전부 신주인수권을 행사한 경우에 주식의 총수 및 자본금 변경 사례

사채발행내용

신주인수권부사채의 총액: 금 20억원
각 신주인수권부사채의 금액: 금 1억원권 20매
각 신주인수권부사채에 부여된 신주인수권의 내용
-. 행사비율: 신주인수권부사채 권면금액을 신주인수권 행사가격으로 나눈 주식수의 100%를 행사주식수로 함
-. 행사가격을 금 2,000원으로 함(※ 액면가액: 금 500원)

위 경우, 신주인수권의 행사로 인하여 발행할 주식의 발행가액의 총액은 금 20억원임(신주인수권부사채의 총액을 초과하지 아니함).

☞

각 신주인수권부사채에 부여된 신주인수권행사 주식 수:
1억원 ÷ 2,000원 = 50,000주
신주인수권행사주식의 총수: 50,000주 × 20매 = 1,000,000주
발행할 주식의 발행가액의 총액: 2,000원 × 1,000,000주 = 20억원
※ [액면가액 500원 × 1,000,000주 = 5억원(이것은 발행가액의 총액이 아님, 증가할 자본금의 총액임)]

구 분	내 용
신주인수권행사 주식의 총수	총액÷행사가격(20억원÷2,000원) = 1,000,000주
자본금의 변경	주식의 총수×액면가액(1,000,000주×500원) = 5억원

제24절 이익참가부사채의 등기[1)2)3)]

내 용	관련 조문		관련 선례 · 예규 · 규칙 (실무사례 포함)
	상법	상업등기법	
1. 이익참가부사채	제469조 제2항	규칙 제144조	277. 상업선례 제2-69호

1) 이익참가부사채란 사채권자가 사채의 이율에 따른 이자를 받는 외에 이익배당에도 참가할 수 있는 권리가 인정된 사채로서 2011. 4. 14. 개정 상법에서 도입되었다(상법 469조 2항 1호 참조). 특수사채로서의 이익참가부사채는 이익배당의 참가에 있어서 처음부터 일정부분 주식으로서의 성질을 갖는 사채로서 장래에 주식으로 변할 가능성이 있는 사채인 전환사채나 주식을 발행받을 수 있는 권리가 부여된 신주인수권부사채와는 구별된다.

2) 종전에 이익참가부사채는 주권상장법인에 한하여 발행할 수 있었는데, 2011. 4. 14. 개정 상법에서는 이를 일반법인도 발행할 수 있도록 하였다(상법 69조 2항 및 3항 신설).

3) 사채 중 등기할 수 있는 사채로는 전환사채, 신주인수권부사채, 이익참가부사채 외에 전환형 조건부자본증권이 있다. 즉 주권상장법인은 정관으로 정하는 바에 따라 이사회의 결의로 해당 사채의 발행 당시 객관적이고 합리적인 기준에 따라 미리 정하는 사유가 발생하는 경우 주식으로 전환되는 조건이 붙은 사채, 즉 전환형 조건부자본증권을 발행할 수 있으며(자본시장법 165조의11조), 전환형 조건부자본증권은 '그 밖의 법령에 정한 사채란'에 등기한다(규칙 13조 2항).

§ 요약

1. 등기사항이란 상법 등 법령에 의하여 상업등기부에 등기하도록 정하여진 사항을 의미하므로 법령에 의하여 등기할 수 있는 사항으로 규정된 것만 등기할 수 있다(등기사항 법정주의).

2. 사채 중 법령에 등기할 수 있는 사항으로 규정된 것으로는 전환사채(상법 514조의2), 신주인수권부사채(상법 516조의8), 이익참가부사채(상법 시행령 21조 10항), 전환형 조건부자본증권(자본시장법 시행령 176조의12 6항) 등이 있다. 이와 반면에 일반 사채, 이익참가부전환사채, 교환사채, 상환사채, 파생결합사채, 기타 사채 등에 대해서는 법령에 등기할 수 있는 사항으로 규정된 바가 없으므로 등기할 수 없다(「선례해설」, 829면 참조).

3. 이익참가부사채는 사채권자가 그 사채발행회사의 이익배당에 참가할 수 있는 사채로서 주식과 사채의 양 성질을 겸하고 있는 사채를 말한다(상법 시행령 21조 1항). 이익참가부사채의 인수권을 가진 주주는 그가 가진 주식의 수에 따라 이익참가부사채의 배정을 받을 권리가 있다. 다만, 각 이익챰가부사채의 금액 중 최저액에 미달하는 끝수에 대해서는 그러하지 아니하다(상법 시행령 21조 4항).

4. 회사가 이익참가부사채를 발행하였을 때에는 상법 제476조에 따른 납입이 완료된 날로부터 2주일 내에 본점 소재지에서 이익참가부사채의 총액, 각 이익참가부사채의 금액, 각 이익참가부사채의 납입금액 등을 등기하여야 한다(상법 시행령 21조 10항). 이익참가부사채의 등기사항에 변경이 있는 때에는 본점 소재지에서는 2주일 내에 변경등기를 하여야 한다(상법 시행령 21조 11항).[1] 그리고 외국에서 이익참가부사채를 모집한 경우에 등기할 사항이 외국에서 생겼을 때에는 그 등기기간은 그 통지가 도달한 날부터 기산한다(상법 시행령 21조 12항).

5. 위 4.와 같이 이익참가부사채는 상법 시행령 제21조 제10항에 등기하여야 한다는 규정이 있어 등기할 수 있으나, 이익참가부전환사채는 발행은 가능할지라도 등기할 수 있다는 근거가 법령에 없어 등기할 수 없다(상업선례 2-69, 828면).

---

1) 상법 시행령 제21조 제11항에는 이익참가부사채의 변경사항에 대해 지점에서도 등기하여야 한다고 규정하고 있으나, 「법인의 등기사항에 관한 특례법」 제3조에 의해 이익참가부사채의 변경사항에 대해서 지점에서는 등기할 필요가 없다.

277. 이익참가부전환사채가 등기능력이 있는지 여부

[상업등기선례 제2-69호, 제정 2014. 7. 8.]

1. 회사는 이사회의 결의에 의하여 다양한 종류의 사채를 발행할 수 있지만, 등기할 수 있는 사채는 법률에 그 근거가 있어야 한다.

2. 전환사채와 이익참가부사채의 성질을 함께 가진 이익참가부전환사채의 발행이 가능한지 여부는 별론으로 하더라도, 발행될 경우에 그 등기를 하기 위하여는 법률에 근거가 있어야 한다. 또한, 이익참가부전환사채가 전혀 새로운 사채의 유형이 아닌 단순히 전환사채 또는 이익참가부사채의 한 종류로써 발행된다 하여도 올바른 공시를 목적으로 하는 현행 상업등기 제도 하에서는 결합사채에 대한 공시방법이 없으므로 등기할 수 없을 것이다.
(2014. 7. 8. 사법등기심의관－2730 질의회답)

참조 조문 · 규칙 · 예규 · 선례 · 판례

▣ 상법[법률 제13523호, 2015. 12. 1., 일부개정]

제469조(사채의 발행) ① 회사는 이사회의 결의에 의하여 사채(社債)를 발행할 수 있다.

② 제1항의 사채에는 다음 각 호의 사채를 포함한다.

1. 이익배당에 참가할 수 있는 사채
2. 주식이나 그 밖의 다른 유가증권으로 교환 또는 상환할 수 있는 사채
3. 유가증권이나 통화 또는 그 밖에 대통령령으로 정하는 자산이나 지표 등의 변동과 연계하여 미리 정하여진 방법에 따라 상환 또는 지급금액이 결정되는 사채

③ 제2항에 따라 발행하는 사채의 내용 및 발행 방법 등 발행에 필요한 구체적인 사항은 대통령령으로 정한다.

④ 제1항에도 불구하고 정관으로 정하는 바에 따라 이사회는 대표이사에게 사채의 금액 및 종류를 정하여 1년을 초과하지 아니하는 기간 내에 사채를 발행할 것을 위임할 수 있다.

▣ 상법 시행령[대통령령 제25214호, 2014. 2. 24., 일부개정]

제21조(이익참가부사채의 발행) ⑩ 회사가 이익참가부사채를 발행하였을 때에는 법 제476조에 따른 납입이 완료된 날부터 2주일 내에 본점 소재지에서 다음 각 호의 사항을 등기하여야 한다.

1. 이익참가부사채의 총액
2. 각 이익참가부사채의 금액
3. 각 이익참가부사채의 납입금액
4. 이익배당에 참가할 수 있다는 뜻과 이익배당 참가의 조건 및 내용

◐ 선례 해설: 「법원행정처 선례해설 요약(21)」(830면) 참조

1. 등기사항 법정주의에 의해 상법 등 법령에서 등기사항으로 규정한 것이 아닌 사항은 등기할 수 없다. 따라서 등기할 수 있는 사채는 법령에 등기하여야 한다는 근거가 있어야 하는데, 현행 법령에서 등기하여야 한다는 명문의 규정이 있는지 여부는 다음과 같다.

구 분	"등기하여야 한다"는 법령의 근거	등기 가능 여부
전환사채	상법 514조의2	○
신주인수권부사채	상법 516조의8	
이익참가부사채	상법 시행령 21조 10항	
전환형 조건부자본증권	자본시장법 시행령 176조의12 6항	
일반 사채	"등기하여야 한다"는 법령의 근거가 없음	X
이익참가부전환사채		
교환사채, 상환사채		
파생결합사채		
기타 사채		

2. 따라서 본 선례의 이익참가부전환사채는 등기하여야 한다는 법령의 근거가 없으므로 등기할 수 없다.

3. 한편 개정 상업등기규칙에서는 제13조 제2항에 상법 외에 그 밖의 다른 법령에 따라 등기능력이 있는 사채(예: 자본시장법에 의한 전환형 조건부자본증권)를 공시할 필요성이 있어 그 근거를 마련하였다.

법원행정처 선례해설 요약(21)[1]

【제목】 주식회사가 이익참가부전환사채를 발행할 수 있는지 여부(적극) 및 이익참가부전환사채의 발행에 따른 등기를 할 수 있는지 여부(소극)

1. 사안의 논점

상법상 인정되는 전환사채, 이익참가부사채, 신주인수권부사채 외에 주식회사가 이익참가부전환사채를 발행한 경우에 그 사채의 발행에 따른 등기를 할 수 있는지 여부

2. 이익참가부전환사채의 발행가능성

i) 이익참가부전환사채는 상법이 예정하고 있지 않은 새로운 형태의 사채가 아니라 상법이 각각 명시적으로 인정하고 있는 이익참가부사채와 전환사채를 결합한 것에 불과하며, 개정 상법에서는 이익참가부사채, 교환사채, 상환사채, 파생결합사채의 발행을 허용하고 있는데(상법 469조 2항), 이는 사채의 종류를 예시한 규정으로 해석되어, 상법에서 규정하고 있지 않은 다양한 사채도 발행할 수 있다고 본다.

ii) 법무부의 유권해석도 동일하다.

3. 이익참가부전환사채의 등기 여부

i) 회사는 이사회의 결의에 의하여 다양한 종류의 사채를 발행할 수 있지만, 등기할 수 있는 사채는 법률에 그 근거가 있어야 한다.

ii) 전환사채와 이익참가부사채는 각각 상법 제514조의2와 상법 시행령 제21조 제10항에 등기할 수 있는 근거가 있지만, 이익참가부전환사채는 등기할 수 있다는 법률적 근거가 없어 등기할 수 없다.[2]

---

1) 『상업등기 주요선례 해설』, 267~273면

2) 이는 상법 등 법령에서 등기사항으로 규정한 것이 아닌 사항은 등기할 수 없다는 등기사항 법정주의 측면에서 보더라도 타당한 결론이다.

제25절 해산[1] 및 청산인[2)3)]에 관한 등기[4]

내 용	관련 조문		관련 선례 · 예규 · 규칙 (실무사례 포함)
	상법	상업등기법	
1. 해산	제517조 ~제518조, 제520조, 제521조, 제521조의2	제60조, 규칙 제106조, 제145조, 제154조	278. 상업선례 제1-273호 279. 상업선례 제1-276호 280. 상업선례 제2-101호
2. 청산인	제531조 ~제542조	규칙 제107조, 제131조, 제154조	281. 상업선례 제1-271호 282. 상업선례 제1-272호 283. 상업선례 제1-275호 284. 상업선례 제2-94호 ☞ 실무사례(134) 285. 상업선례 제1-274호 ☞ 실무사례(135)

1) 회사가 해산한 경우 그 목적인 영업을 수행할 수는 없고 그 목적이 청산의 범위 내로 축소되지만, 해산 전의 회사와 동일한 회사로서 법인격 자체가 해산 즉시 소멸하는 것은 아니다.

2) 청산인은 '청산 중인 회사의 청산사무를 담당하는 자' 로서 해산 전의 회사의 이사에 대응하는 자를 말하며, 청산인회와 대표청산인은 해산 전의 이사회와 대표이사에 대응한다.

3) 등기예규 제634호(「상법 부칙 제4조 제2항 및 제24조 제2항의 규정에 의하여 해산간주된 회사에 대한 등기사무처리지침」)가 2014. 1. 1.부로 등기예규 제1509호에 의해 폐지되었으나(15~16면 참조), 상업등기선례 제1-272호(840면) 및 제1-274호(847면)의 내용은 그대로 유효하다고 본다.

4) 2014. 11. 21.부로 시행된 개정 상업등기법에 의하면, 해산등기의 신청과 해산으로 인한 청산인 취임등기의 신청은 동시에 하여야 한다(법 60조 2항). 해산한 회사의 업무를 집행하는 기관은 청산인이며 청산인이 회사를 대표하여 해산등기를 신청하여야 하므로, 개정 상업등기법에서는 상호 밀접한 관련성이 있는 해산등기와 청산인의 취임등기의 동시신청을 강제하는 규정을 신설한 것이다(『개정 상업등기법 · 규칙 해설』, 86~87면 참조).

§ 요약

1. 회사의 해산이란 '회사의 법인격을 소멸시키는 원인이 되는 법률요건'을 말하는데, 회사가 해산한 경우에는 그 목적인 영업을 수행할 수는 없고 그 목적이 청산의 범위 내로 축소된다.

2. 회사가 해산원인이 발생한 경우[1]에는 해산등기를 하여야 하는데, 판례 및 선례에 의하면 주주총회의 해산결의 등의 해산사유가 발생하면 해산의 효과는 발생하고 해산등기 없이도 청산절차를 진행할 수 있다(상업선례 1-273, 834면).

3. ⅰ) 회사가 해산하는 때에는 법원 또는 주무관청의 촉탁에 의하거나 등기관이 직권으로 해산등기를 하는 경우를 제외하고는 해산한 회사를 대표하는 청산인이 해산등기를 신청하여야 하며, ⅱ) 법원의 해산명령 또는 해산판결에 의하여 해산한 때에는 법원의 촉탁, ⅲ) 상법 제520조의2 제1항 본문에 의하여 해산 간주된 휴면회사의 해산등기는 등기관의 직권, ⅳ) 회생절차가 진행 중인 회사가 합병·분할합병에 의하지 아니하고 해산할 것을 회생계획에 정한 때에는 법원사무관등의 촉탁 등 등기신청권자가 해산등기를 신청할 수 있다. 따라서 위와 같은 등기신청권자가 아닌 채권자, 이해관계인, 연고권자 등은 해산등기를 신청할 수 없다(상업선례 1-276, 836면 및 2-101, 838면).

4. 청산인은 '청산 중인 회사의 청산사무를 담당하는 자'로서 해산 전의 회사의 이사에 대응하는 자를 말한다. 따라서 청산회사 명의의 등기신청은 이사가 아닌 청산인이 하여야 한다(상업선례 1-271, 839면).

5. 회사가 해산하는 때에는 합병·분할합병 또는 파산의 경우 외에는 이사가 청산인이 된다. 다만, 정관에 다른 정함이 있거나 주주총회에서 타인을 선임한 때에는 그러하지 아니하다. 따라서 정관 규정에 의하거나, 주주총회에서 다른 사람을 선임하지 아니하는 한 해산 당시의 이사가 청산인이 되는데, 이를 법정청산인이라고 한다(상업선례 2-94, 843면 참조).

6. 상법 제520조의2 제1항의 규정에 의하여 해산간주된 휴면회사의 경우에는 청산종결의 등기가 이루어지기 전이라면 회사는 청산인을 선임하여 청산절차를 진행할 수 있다(상업선례 1-274, 847면 참조).

---

1) 해산사유에 관한 것은 「보론」(833면) 참조

📖 「보 론」 해산사유와 해산의 효과[1)]

1. 해산사유

i) 존립기간의 만료 기타 정관으로 정한 사유의 발생: 회사는 존립기간이 만료하거나 기타 정관으로 정한 해산사유가 발생한 때에는 해산하며, 이러한 존립기간의 만료 기타 정관으로 정한 사유는 등기하여야 한다.

ii) 주주총회의 결의: 회사는 주주총회 특별결의로 언제든지 해산할 수 있다. 즉 주식회사는 출석한 주주 의결권의 ⅔ 이상 및 발행주식총수의 ⅓ 이상의 주주총회 특별결의로 해산할 수 있는데, 이러한 해산결의의 요건을 완화하는 것은 무효이나 강화하는 것은 허용된다는 것이 통설이다.

iii) 합병: 다른 회사와 합병하는 경우 소멸회사는 해산하는데(상법 528조 1항), 흡수합병의 경우에는 흡수되는 회사가, 신설합병의 경우에는 합병당사회사가 해산한다.

iv) 분할 또는 분할합병: 회사가 분할 또는 분할합병으로 소멸회사가 된 때에는 해산한다(상법 530조의11, 528조 1항).

v) 파산: 법원의 파산선고의 결정이 있는 때에는 해산하나(통합도산법 305조 및 311조), 파산선고로 즉시 법인격이 소멸하는 것은 아니고 파산의 목적 범위 안에서는 법인격이 존속한다(통합도산법 328조).

vi) 법원의 해산명령 또는 해산판결: 회사는 상법 제176조의 해산명령 또는 제520조의 해산판결이 확정된 때에 해산한다.

vii) 그 밖에 상법 제520조의2에 의한 휴면회사의 경우에는 일정한 절차를 거친 후에 해산한 것으로 간주한다. 또한 은행, 보험회사, 상호저축은행 등의 경우에는 주무관청인 금융위원회에서 인가 또는 허가를 취소한 때에는 해산한다.

2. 해산의 효과: 해산한 때에는 합병・분할・분할합병 또는 파산의 경우를 제외하고는 청산절차가 개시되며, 회사의 권리능력은 청산의 목적범위 내로 축소되어 더 이상 영업을 수행할 수 없다.

---

1) 『2016 상업등기실무』, 472~476면 및 『법인파산실무』, 537~549면

278. 미수복지역 내에 본점을 두고 있는 주식회사의 해산등기절차 등

[상업등기선례 제1-273호, 제정 1990. 12. 18.]

서선합동전기주식회사가 미수복지역 내에 본점을 두고 있다면, 그 회사에 대한 해산등기·청산인선임등기 등은 할 수 없다 하더라도 그러한 등기는 모두 대항요건에 불과한 것이므로 위 회사에 대한 청산이 불가능한 것은 아니며, 그러한 경우의 청산절차는 위 회사의 대표이사, 이사가 결원상태에 있다면 우선 상법 제386조, 제389조에 의하여 일시대표이사·일시이사를 선임한 다음 이사회의 소집결정에 따른 주주총회에서 동법 제518조의 규정에 의한 해산의 특별결의를 하면, 국유재산법 제55조, 동법시행령 제60조, 제60조의 규정에 의거하여 연합청산위원회가 귀속법인인 위 회사의 청산업무를 담당하여 종결하는 방식에 의할 수 있을 것이며, 만약 국가가 위 회사 총주식의 69.9%를 소유하고 있다면 상법 제366조의 규정에 의하여 주주총회의 소집을 청구할 수 있으며, 그 소집청구권을 타인에게 위임하여 대리행사할 수도 있을 것이다.
(1990. 12. 18. 등기 제2451호 재무부장관 대 질의회답)

질의요지 : 서선합동전기(주)는 휴면법인으로서 본점의 소재지가 평양시 선교리 46번지인 관계로 법인등기부등본의 발급이 불가능한 상태이며, 국세청의 법인주식대장(국유재산)에 의하면 총 주식 600,000주로서 국가귀속주식 419,265주(69.9%), 한국인주 37,867주(6.3%), 법인주 142,868주(23.8%)로 구성되어 있으나, 휴면법인의 본점소재지가 이북인 관계상 동법인의 청산인 등에 대한 변경등기가 현재로서는 불가능한 상태인 바 이에 대한 청산이 가능한지 여부 및 위 휴면법인의 해산을 위한 주주총회 소집권을 국가가 행사할 수 있는지 여부, 그 소집권이 국가에 있다고 할 경우에 주식지분이 6.3%인 한국인 주주에게 대리권을 부여할 수 있는지 여부.

참조 조문·규칙·예규·선례·판례

▣ 국유재산법[법률 제14041호, 2016. 3. 2., 일부개정]

제55조(양여) ① 일반재산은 다음 각 호의 어느 하나에 해당하는 경우에는 양여[1)]할 수 있다.

---

1) '양여(讓與)' 란 국유의 일반재산을 국가 이외의 자에게 무상으로 양도하는 것을 말한다.

1. 대통령령으로 정하는 일반재산을 직접 공용이나 공공용으로 사용하려는 지방자치단체에 양여하는 경우
2. 지방자치단체나 대통령령으로 정하는 공공단체가 유지·보존비용을 부담한 공공용재산이 용도폐지 됨으로써 일반재산이 되는 경우에 해당 재산을 그 부담한 비용의 범위에서 해당 지방자치단체나 공공단체에 양여하는 경우
3. 대통령령으로 정하는 행정재산을 용도폐지 하는 경우 그 용도에 사용될 대체시설을 제공한 자 또는 그 상속인, 그 밖의 포괄승계인에게 그 부담한 비용의 범위에서 용도폐지 된 재산을 양여하는 경우
4. 국가가 보존·활용할 필요가 없고 대부·매각이나 교환이 곤란하여 대통령령으로 정하는 재산을 양여하는 경우

◐ **선례 해설:**

1. 본 선례에 의하면, 미수복지역 내에 본점을 두고 있는 주식회사가 휴면법인으로 해산등기 및 청산인 선임등기가 불가능하다고 하더라도, 그러한 등기는 대항요건에 불과하여 해산등기 및 청산인 선임등기 없이도 청산절차를 진행할 수 있다.

2. 판례의 입장도 동일하다. 즉 판례에 의하면, "주식회사의 해산등기 및 청산인등기는 제3자에 대한 대항요건에 불과하므로 상법시행법 제15조 제3항에 의한 해산간주에 따른 해산등기 및 상법 제531조 제1항에 의한 당연 청산인 취임등기가 없다 하여도 동 해산 및 대표청산인의 자격에 아무런 소장이 없다." (대법원 1981. 9. 8. 선고 80다2511 판결).

3. 해산등기를 대항요건에 불과하다고 보는 판례 및 본 선례에 의하면, 주주총회의 해산결의 등의 해산사유가 발생하면 해산의 효과가 발생하고 해산등기 없이도 당해 회사는 청산절차를 진행할 수 있다고 본다.

4. 또한 본 선례는 해산 및 청산절차를 구체적으로 명시하고 있는 바, ⅰ) 회사의 대표이사, 이사가 결원상태인 경우에는 일시대표이사·일시이사를 선임, ⅱ) 'ⅰ)'에서 선임된 일시대표이사·일시이사의 주주총회 소집결정을 위한 이사회 개최(필요한 경우 상법 제366조에 의한 소수주주에 의한 주주총회 소집청구도 가능), ⅲ) 이사회의 소집결정에 따른 주주총회에서 해산 결의, ⅳ) 국유재산법의 규정에 의한 청산업무 진행 등의 순서로 해산 및 청산절차를 진행하게 된다.

279. 재산은 모두 처분되고 상호만 남은 주식회사에 대하여 채권자 등이 해산등기신청이나 직권폐쇄신청을 할 수 있는지 여부

[상업등기선례 제1-276호, 제정 1998. 10. 2.]

주식회사가 경영부실로 부도되어 회사재산은 모두 경매 등으로 처분되고 상호만 남아 있는 경우라 할지라도, 상법이 정하고 있는 주주총회의 결의 및 권한 있는 자의 신청 등 적법한 절차를 밟지 아니하고서는, 신청권자가 아닌 채권자, 이해관계인 또는 연고권자(종전 대표이사 직무대행자 등)가 위 주식회사의 해산등기신청 또는 직권폐쇄신청을 할 수는 없다.
(1998. 10. 2. 등기 3402-957 질의회답)

참조 조문 · 규칙 · 예규 · 선례 · 판례

▣ 상업등기법[법률 제13953호, 2016. 2. 3., 타법개정]
제73조(휴면회사의 해산등기) ① 「상법」 제520조의2제1항에 따른 해산등기는 등기관이 직권으로 하여야 한다.

▣ 상업등기규칙[대법원규칙 제2668호, 2016. 6. 27., 타법개정]
제106조(해산등기) ① 회사를 대표할 청산인이 해산등기를 신청하는 경우에는 그 자격을 증명하는 정보를 제공하여야 한다. 다만, 「상법」 제251조 제2항에 따른 청산인에 관하여는 그러하지 아니하다.
② 정관에 정한 사유의 발생으로 인한 해산등기를 신청하는 경우에는 그 사유의 발생을 증명하는 정보를 제공하여야 한다.
제154조(합명회사에 관한 규정의 준용) ① 주식회사의 등기에 관하여는 제99조부터 제102조까지, 제106조, 제107조, 제109조제1항, 제110조제2항, 제113조, 제115조 및 제116조를 준용한다.

▣ 비송사건절차법[법률 제13765호, 2016. 1. 19., 일부개정]
제93조(해산재판의 확정과 등기촉탁) 회사의 해산을 명한 재판이 확정되면 법원은 회사의 본점과 지점 소재지의 등기소에 그 등기를 촉탁하여야 한다.

▣ 채무자 회생 및 파산에 관한 규칙[대법원규칙 제2603호, 2015. 6. 2., 일부개정]
제9조(법인에 관한 등기의 촉탁) ① 법 제23조제1항제4호에서 규정하는 사항

이외에도 회생계획의 수행이나 법의 규정에 의하여 회생절차의 종료 전에 법인인 채무자나 신회사에 관하여 등기할 사항이 생긴 때에는 법원사무관등은 직권으로 지체없이 촉탁서에 결정서의 등본 또는 초본 등 관련서류를 첨부하여 채무자의 각 사무소 및 영업소(외국에 주된 사무소 또는 영업소가 있는 때에는 대한민국에 있는 사무소 또는 영업소를 말한다)의 소재지의 등기소에 그 등기를 촉탁하여야 한다.

◐ 선례 해설: 해산등기의 등기신청권자

1. 대표 청산인: 회사가 해산하는 때에는 법원 또는 주무관청의 촉탁에 의하거나 등기관이 직권으로 해산등기를 하는 경우를 제외하고는 해산한 회사를 대표하는 청산인이 해산등기를 신청하여야 한다(규칙 154조 1항, 106조 1항).
2. 법원의 해산명령 또는 해산판결에 의하여 해산한 때에는 법원이 해산등기를 촉탁한다(비송법 93조).
3. 상법 제520조의2 제1항 본문에 의하여 해산 간주된 휴면회사의 해산등기는 등기관이 직권으로 한다(법 73조 1항).
4. 회생절차가 진행 중인 회사가 합병·분할합병에 의하지 아니하고 해산할 것을 회생계획에 정한 때에는 회생계획에서 정한 시기에 해산하는데, 이 경우에는 법원사무관등이 해산등기를 촉탁한다(「채무자 회생 및 파산에 관한 규칙」 9조 1항).
5. 보험회사가 금융위원회의 보험업의 허가 취소로 해산한 때에는 금융위원회가 해산등기를 촉탁하고(보험업법 137조 2항), 투자회사가 금융위원회의 투자회사 등록의 취소로 해산한 때에도 금융위원회가 해산등기를 촉탁한다(자본시장법 202조 9항).
6. 본 선례는 상기와 같은 등기신청권자가 아닌 자, 즉 채권자, 이해관계인, 연고권자 등은 해산등기를 신청할 수 없음을 밝히고 있다.[1]

1) 동일한 취지의 선례로 상업등기선례 제2-101호(838면)가 있다.

280. 존립시기 만료로 인한 해산등기를 당해 법인에 대한 채권자가 신청할 수 있는지 여부 등[1)2)]

[상업등기선례 제2-101호, 제정 2005. 7. 25.]

1. 사단법인의 존립시기가 설립 당시부터 정하여지지 아니하였거나 설립 이후 존립시기가 적법하게 폐지되었다면, 당해 법인은 존립시기를 정하지 않은 사단법인으로서 별도의 해산사유가 발생하지 않는 한 유효하게 존속하는 법인이다.

2. 존립시기 만료로 인한 해산등기는 사단법인을 대표할 자가 신청하여야 하므로 당해 법인에 대한 채권자가 해산등기를 신청할 수는 없을 것이다. (2005. 7. 25. 공탁법인과-329 질의회답)

◐ 선례 해설: 해산등기의 등기신청권자

1. 민법상 법인은 존립기간의 만료, 법인의 목적의 달성 또는 달성의 불능 기타 정관에 정한 해산사유가 발생하면 해산한다(민법 77조 1항). 따라서 사단법인의 존립시기가 설립 당시부터 정하여지지 아니하였거나 설립 이후 존립시기가 적법하게 폐지되었다면, 당해 법인은 별도의 해산사유가 발생하지 않는 한 유효하게 존속하게 된다.

2. 상업등기법 제60조 제2항에 의하면, 해산등기의 신청과 해산으로 인한 청산인의 취임등기의 신청은 회사를 대표하는 청산인이 동시에 신청하여야 하며, 이는 민법상 법인의 경우에는 비송사건절차법 제66조 제2항에 의해 준용된다. 따라서 사단법인이 존립시기 만료로 해산할 때에는 해산등기의 신청과 해산으로 인한 청산인의 취임등기의 신청은 사단법인을 대표하는 청산인이 동시에 신청하여야 하는 것이지, 당해 법인에 대한 채권자가 해산등기를 신청할 수는 없다.

---

1) 상업등기선례 제1-276호(836면) 참조
2) 본 선례는 민법상 사단법인에 관한 내용이나 상업등기에 있어서도 동일하게 적용된다.

281. 청산회사의 대표

[상업등기선례 제1-271호, 제정 1987. 9. 29.]

회사가 해산되면 청산의 목적범위 내에서만 존속하게 되어 영업의 담당자인 이사는 그 지위를 잃고 청산인(상법 제531조 참조)이 청산사무의 집행과 청산회사를 대표하게 되므로, 청산회사 명의로 하는 등기신청은 청산인이 하여야 할 것이다.
(1987. 9. 29. 등기 제574호)

◐ 선례 해설:

1. 회사가 합병, 분할·분할합병에 의하여 해산되는 경우에는 그 회사는 즉시 소멸하지만, 합병, 분할·분할합병 이외의 사유에 의하여 해산되는 경우에는 곧바로 소멸하는 것이 아니라 청산에 필요한 범위 내에서 그 동일성을 유지한 채 존속하게 된다. 따라서 해산한 회사는 청산의 목적에 반하는 영업의 활동을 전제로 하는 지배인의 선임, 이익배당, 사채발행 등을 할 수 없음이 원칙이다.[1)]

2. 회사가 해산한 때에는 법원 또는 주무관청의 촉탁에 의하거나 등기관이 직권으로 해산등기를 하는 경우를 제외하고는 해산한 회사를 대표하는 청산인이 해산등기를 신청하여야 하며(법 23조 1항), 개정 상업등기법에서는 해산등기의 신청과 해산으로 인한 청산인의 취임등기의 신청은 회사를 대표하는 청산인이 동시에 신청하도록 명문화하였다(법 60조 2항). 한편 해산등기를 할 때에는 (대표)이사, (대표)집행임원 및 지배인에 관한 등기를 등기관이 직권으로 말소한다(규칙 88조 및 145조).

3. 해산등기신청 외 청산절차 진행 중에 발생하는 등기에 대해서도 청산 중인 회사의 청산사무를 담당하는 자인 청산인(수인의 청산인을 둔 때에는 대표청산인)이 등기를 신청하여야 할 것이다.

1) 『법인파산실무』, 549~550면

282. 청산회사의 대표자

[상업등기선례 제1-272호, 제정 1988. 4. 25.]

상법 부칙 제4조 제2항의 규정에 의한 해산간주[1]는 법률의 규정에 의한 것이므로 해산을 위하여 별도로 주주총회의 결의를 거칠 필요는 없는 것이며, 회사가 해산한 때에 그 청산인은 원칙적으로 이사가 당연히 되는 것이지만 정관에서 따로 지정하거나 주주총회의 결의로 이사 이외의 자를 선임할 수 있다.
(1988. 4. 25. 등기 제234호)

◐ 선례 해설: 청산인의 선임

1. 상법 부칙(법률 제3724호 1984. 4. 10.) 제4조 제2항에 의해 주식회사의 자본금액이 5천만원 미만인 회사가 3년 이내 5천만원 이상으로 자본을 증가하거나 유한회사로 조직변경의 절차를 밟지 아니한 경우에는 해산간주 되었는데, 이는 현행 상법 제520조의2 휴면회사의 해산간주와는 달리 등기관의 직권이 아닌 청산회사 대표자의 신청에 의해 해산등기를 하도록 되어 있었다. 위와 같은 법률의 규정에 의한 해산간주는 해산을 위하여 별도의 주주총회 결의를 요하지 않음은 당연하다.

2-1. 주식회사가 해산한 때에는 합병・분할・분할합병 또는 파산의 경우 외에는 정관에 다른 정함이 있거나 주주총회에서 다른 사람을 선임하지 아니하는 한 해산 당시의 이사가 청산인이 된다(상법 531조 1항).

2-2. 하지만 ⅰ) 당연히 청산인이 될 이사가 없고 정관에 다른 정함도 없으며, 주주총회에서 다른 사람을 선임하지 않은 때, ⅱ) 해산을 명하는 재판이 있었을 때, ⅲ) 설립무효・취소의 판결이 확정된 때에는 법원에서 청산인을 선임한다.

2-3. 위 2-1.과 2-2.에서 선임된 청산인은 해산 혹은 해산간주된 회사를 대표하며, 청산회사 명의로 하는 등기신청도 청산인이 하게 된다.

---

1) 상법 부칙(법률 제3724호 1984. 4. 10.) 제4조 (주식회사의 최저자본액에 관한 경과조치) ① 이 법 시행전에 성립한 주식회사로서 이 법 시행 당시 자본금액이 5천만원 미만인 회사는 이 법 시행일로부터 3년이내에 5천만원 이상으로 자본을 증가하거나 유한회사로 조직을 변경하여야 한다. ② 제1항의 기간내에 동항의 절차를 밟지 아니한 회사는 해산된 것으로 본다.

283. 법원의 해산명령에 의한 해산등기 전에 임의로 해산등기와 청산인선임등기가 경료된 경우의 등기 처리

[상업등기선례 제1-275호, 제정 1998. 3. 17.]

주식회사에 대하여 상법 제176조의 규정에 의한 해산명령이 확정되면 그에 따른 등기가 경료되지 아니하더라도 동 회사는 당연히 해산되고, 해산 전의 대표이사는 그 권한을 상실하며 법원의 해산명령에 의한 해산등기는 법원의 촉탁에 의하도록 되어 있으므로(주: 비송사건절차법 93조), 주식회사에 대한 해산명령이 확정된 후에는 같은 회사가 임의로 주주총회의 결의에 의하여 해산하고 그에 따른 해산등기를 신청할 수는 없으나, 해산명령 확정 후 등기촉탁(주: 법원의 등기촉탁) 전에 그러한 신청에 의한 해산등기와 청산인선임등기가 이미 경료되었다면, 그 등기는 비송사건절차법 제234조 제1항 제2호(주: 현행 상업등기법 제77조 제2호)에 해당되는 무효의 등기라고 할 것이므로, 해산명령을 한 법원의 촉탁이 있으면, 등기관은 먼저 비송사건절차법 제235조 내지 비송사건절차법 제237조(주: 현행 상업등기법 제78조 내지 제80조)의 규정에 의하여 임의해산등기와 청산인선임등기를 직권말소한 후, 해산명령에 따른 해산등기를 경료하여야 할 것이다.
(1998. 3. 17. 등기 3402-223 질의회답)

참조 조문 · 규칙 · 예규 · 선례 · 판례

▣ 상법[법률 제13523호, 2015. 12. 1., 일부개정]

제176조(회사의 해산명령) ① 법원은 다음의 사유가 있는 경우에는 이해관계인이나 검사의 청구에 의하여 또는 직권으로 회사의 해산을 명할 수 있다.

1. 회사의 설립목적이 불법한 것인 때
2. 회사가 정당한 사유없이 설립후 1년내에 영업을 개시하지 아니하거나 1년 이상 영업을 휴지하는 때
3. 이사 또는 회사의 업무를 집행하는 사원이 법령 또는 정관에 위반하여 회사의 존속을 허용할 수 없는 행위를 한 때

▣ 비송사건절차법[법률 제13765호, 2016. 1. 19., 일부개정]

제93조(해산재판의 확정과 등기촉탁) 회사의 해산을 명한 재판이 확정되면 법원은 회사의 본점과 지점 소재지의 등기소에 그 등기를 촉탁하여야 한다.

◐ 선례 해설:

1. 법원은 회사의 설립목적이 불법한 것인 때, 회사가 정당한 사유 없이 설립 후 1년 내에 영업을 개시하지 아니하거나 1년 이상 영업을 휴지하는 때, 이사 또는 회사의 업무를 집행하는 사원이 법령 또는 정관에 위반하여 회사의 존속을 허용할 수 없는 행위를 한 때 등의 사유가 있는 경우에는 이해관계인이나 검사의 청구에 의하여 또는 직권으로 해산명령을 명할 수 있다(상법 176조).[1)]

2. 해산명령에 따른 해산의 효력은 등기 여부와 상관없이 해산을 명한 재판이 확정된 때에 발생한다(상법 217조 6호 및 517조 1호).[2)]

3. 위 2.의 경우에는 비송사건절차법 제93조에 의해 법원은 촉탁서에 재판의 등본을 첨부하여 해산한 회사의 본점과 지점 소재지의 등기소에 그 등기를 촉탁하여야 하며, 해산명령이 확정된 후에는 회사가 임의로 주주총회의 결의에 의하여 해산하고 그에 따라 해산등기를 신청할 수 없다.

[등기예규 제1536호] 제2조(등기신청인과 첨부서면) ① 재판에 따른 등기는 법령에 촉탁 근거가 있는 경우에는 법원(법원서기관 · 법원사무관 · 법원주사 또는 법원주사보를 포함한다)의 촉탁으로, 법령에 촉탁 근거가 없는 경우에는 법인을 대표하는 자가 그 등기를 신청한다.

4. 따라서 회사의 해산을 명한 재판이 확정되면 법원이 그 등기를 촉탁하게 되는데, 회사의 신청으로 해산등기와 청산인선임등기가 이미 이루어졌다면 이는 무효의 등기로서 등기관은 상업등기법 제78조 내지 제80조에 기해 직권말소하고 법원의 등기촉탁에 의한 해산명령에 따른 해산등기를 하여야 한다.

---

1) 이러한 회사해산명령제도는 회사설립에 관한 준칙주의로 인하여 자유롭게 회사를 설립하고 영업을 할 수 있게 됨으로써 그로 인해 발생하는 '회사제도의 남용' 이라는 폐해를 사후에 시정하기 위한 공익적인 제도이다(『법인파산실무』, 544면).

2) 상법 제176조 제1항에서는 "회사의 해산을 명할 수 있다." 라고 규정되어 있으나, 해산명령은 회사에 대하여 해산을 명하는 것이 아니라 그 재판이 확정된 때 당연히 회사는 해산한 것으로 본다(형성적 효력)(『법인파산실무』, 547면).

284. 법정청산인의 등기에 필요한 서면과 대표청산인 변경등기 방법

[상업등기선례 제2-94호, 제정 2014. 4. 21.]

1. 주식회사의 법정청산인은 법률에 의하여 당연히 청산인 또는 대표청산인의 지위를 취득하는 것이므로 청산인등기를 하기 위해 별도의 주주총회 의사록이나 취임승낙을 증명하는 서면 등은 필요하지 않으나, 정관에 청산인에 관하여 정함이 없다는 것을 증명하기 위하여 정관을 첨부하여야 한다.

2. 해산간주 상태인 회사가 청산인회 결의로 대표청산인을 해임한 경우, 새로 선임된 대표청산인의 변경등기(취임등기 및 해임등기)를 신청하기 위해서는 그 전제로서 종전의 법정청산인의 등기를 선행하거나 동시에 하여야 한다.

(2014. 4. 21. 사법등기심의관－1715 질의회답)

참조 조문 · 규칙 · 예규 · 선례 · 판례

▣ 상업등기규칙[대법원규칙 제2668호, 2016. 6. 27., 타법개정]

제106조(해산등기) ① 회사를 대표할 청산인이 해산등기를 신청하는 경우에는 그 자격을 증명하는 정보를 제공하여야 한다. 다만, 「상법」 제251조 제2항에 따른 청산인(주: 법정청산인)에 관하여는 그러하지 아니하다.

제107조(청산인등기) ① 업무집행사원을 청산인으로 하는 청산인등기를 신청하는 경우에는 정관을 제공하여야 한다.

② 사원이 선임한 청산인의 취임등기를 신청하는 경우에는 그 취임승낙을 증명하는 정보를, 법원이 선임한 청산인의 취임등기를 신청하는 경우에는 그 선임과 「상법」 제253조 제1항 제2호 및 제3호에 열거한 사항을 증명하는 정보를 각각 제공하여야 한다.

③ 법원이 선임한 청산인에 관한 「상법」 제253조 제1항 제2호 및 제3호에 열거한 사항의 변경등기를 신청하는 경우에는 그 변경의 사유를 증명하는 정보를 제공하여야 한다.

④ 청산인의 퇴임등기를 신청하는 경우에는 그 퇴임을 증명하는 정보를 제공하여야 한다.

第154조(합명회사에 관한 규정의 준용) ① 주식회사의 등기에 관하여는 제99조부터 제102조까지, 제106조, 제107조, 제109조제1항, 제110조제2항, 제113조, 제115조 및 제116조를 준용한다.

◐ 선례 해설: 「실무사례(134)」(846면) 참조

1-1. 회사가 해산한 때에는 합병·분할합병 또는 파산의 경우 외에는 이사가 청산인이 된다. 다만, 정관에 다른 정함이 있거나 주주총회에서 타인을 선임한 때에는 그러하지 아니하다(상법 531조 1항). 따라서 정관에 다른 규정이 있거나 주주총회에서 따로 청산인을 선임하지 아니한 경우에는, 해산 당시의 이사가 당연히 청산인이 되는데, 그 청산인을 보통 '법정청산인' 이라고 한다(『상업등기실무(Ⅱ)』, 522면).

> [1] 상법 제520조의2의 규정에 의하여 해산된 주식회사의 경우 정관에 다른 규정이 있거나 주주총회에서 따로 청산인을 선임하지 아니한 이상 그 해산 당시의 이사는 당연히 청산인이 되고, 그러한 청산인이 없는 때에는 이해관계인의 청구에 의하여 법원이 선임한 자가 청산인이 되며, 이러한 청산인만이 회사의 청산사무를 집행하고 대표하는 기관이 된다.
> (대법원 2000. 10. 12.자 2000마287 결정)

1-2. 법정청산인을 등기하기 위해서는 정관에 청산인에 관하여 정함이 없다는 것을 증명하기 위해 정관을 첨부하여야 한다(규칙 154조 1항, 107조 1항). 다만, 회사를 대표할 법정청산인이 하는 해산등기의 신청서에 그 자격을 증명하는 서면은 첨부할 필요가 없다(규칙 154조 1항, 106조 1항).

2. 해산간주된 회사가 회사계속의 등기신청을 할 경우에는 실무상 청산인 선임등기와 회사계속의 등기 및 계속되는 회사의 신임 임원에 대한 취임등기 등을 별건으로 동시에 신청하거나 혹은 하나의 신청서로 일괄 신청하며(「선례해설」, 870면 참조), 또한 해산간주된 회사가 청산절차 진행하려고 할 경우에도 선행해서 청산인 선임등기를 하고 있다. 이 경우에 본 선례의 내용과 같이 해산간주된 회사가 청산절차 진행 중인 경우에 대표청산인의 변경등기를 하기 위해서는, 그 전에 법정청산인에 대한 등기가 되어 있지 않다면 그 전제로서 종전의 법정청산인의 등기를 선행하거나 동시에 하여야 한다.

실무사례(134)

제목: 청산인 선임 및 선임등기 시 첨부정보

다음 각 경우의 청산인 선임등기 시 제공하여야 할 첨부정보는?

【1】 해산 당시의 이사가 청산인이 된 경우
【2】 정관으로 정한 자가 청산인이 된 경우
【3】 주주총회에서 선임한 자가 청산인이 된 경우

1. 회사가 해산한 때에는 합병·분할합병 또는 파산의 경우 외에는 이사가 청산인이 된다. 다만, 정관에 다른 정함이 있거나 주주총회에서 타인을 선임한 때에는 그러하지 아니하다(상법 531조 1항). 이를 법정청산인이라고 하는데, 해산 당시의 이사가 청산인이 된 때에는 취임승낙을 증명하는 서면은 필요 없으나 정관에 청산인에 관한 정함이 없다는 것을 증명하기 위하여 정관을 첨부정보로 제공하여야 한다(상업선례 2-94, 843면).

2. 정관으로 정한 자가 청산인을 선임한 경우에는 정관과 그 취임승낙을 증명하는 정보를 첨부정보로 제공하여야 한다.

3. 주주총회에서 청산인을 선임한 경우에는 주주총회의사록과 그 취임승낙을 증명하는 정보를 첨부정보로 제공하여야 한다.

※ 청산인 선임등기 시 첨부정보 비교

구 분	첨부 정보
법정청산인	▷ 정관
정관 소정의 청산인	▷ 정관 ▷ 취임승낙을 증명하는 정보
주주총회에서 선임한 청산인	▷ 주주총회의사록 ▷ 취임승낙을 증명하는 정보

[관련 사례] 정관에 "회사가 해산한 때에는 해산 당시의 이사가 청산인이 된다."라고 규정되어 있으며, 해산 당시의 이사가 총 6명인 경우 6명 전부에 대해 반드시 청산인 선임등기를 하여야 하는지 여부(소극) => 정관에 특히 청산인에 관한 정함이 있는 경우에도 주주총회는 언제든지 청산인을 선임할 수 있으므로(「보론」, 846면 참조), 해산 당시의 이사 6명 전부에 대해 청산인 선임등기를 하지 않고 주주총회에서 청산인으로 선임된 자에 한해서만 청산인 선임등기를 하면 된다.

「보 론」 청산인의 결정

1. **법정청산인**: 주식회사가 회사한 때에는 합병·분할·분할합병 또는 파산의 경우 외에는 해산 당시의 이사가 청산인이 된다. 이러한 청산인을 '법정청산인'이라고 한다. 다만, 정관에 다른 정함이 있거나 주주총회에서 타인을 선임한 때에는 해산 당시의 이사가 당연히 청산인이 되지 못한다(상법 531조 1항).

2. **정관의 규정 또는 주주총회의 선임결의에 의한 청산인**: 정관에 청산인에 관한 다른 정함이 있거나, 주주총회에서 타인을 청산인으로 선임한 때에는 해산 당시의 이사가 당연히 청산인이 되지 못하고, 정관의 규정에 따라 정해진 자 또는 주주총회의 보통결의로 선임된 자가 청산인이 된다.[1)]

3. **법원의 선임에 의한 청산인**: 법정청산인 및 정관의 규정 또는 주주총회의 선임결의에 의한 청산이 없는 때에는 법원은 이해관계인의 청구에 의하여 청산인을 선임하여야 한다(상법 531조 1항).

4. 상기 사항을 정리하면, 주식회사가 해산한 때 청산인의 결정은, ① 주주총회의 선임결의에 의한 청산인(각주 1번 참조) → ② 정관의 규정에 의한 청산인 → ③ 법정청산인(해산 당시의 이사) → ④ 법원의 선임에 의한 청산인 등의 순으로 정해진다.

5. 따라서 주식회사가 해산하는 때에 정관에 청산인에 관한 사항이 정해져 있거나 해산 당시의 이사가 존재하고 있는 경우에도 회사는 주주총회의 결의로 청산인을 선임할 수 있다. 주주총회의 선임결의로 수인의 청산인을 선임한 경우에는 원칙적으로 청산인회에서 대표청산인을 선정하여야 하나, 정관으로 주주총회에서 대표청산인을 선정할 것을 정할 수도 있다(상법 542조 2항, 389조 1항).

---

1) 정관에 청산인에 관한 정함이 있는 경우와 주주총회의 결의에 의한 청산인 선임이 있는 경우 간에 어느 것이 우선하는지 문제될 수 있는데, 주주총회의 결의에 의한 청산인 선임이 우선한다. 즉 정관에 특히 청산인에 관한 정함이 있는 경우에도 주주총회는 언제든지 청산인을 선임할 수 있다. 왜냐하면 법원이 선임한 경우를 제외하고는 언제든지 주주총회의 결의로 청산인을 해임할 수 있도록 하였기 때문이다(상법 539조 1항). 따라서 정관에 청산인에 관한 정함이 있는 경우에도 주주총회는 청산인을 선임할 수 있다(『주식회사법대계(III)』, 803면 참조).

285. 해산간주된 회사의 해산 및 청산 절차

[상업등기선례 제1-274호, 제정 1993. 5. 24.]

회사가 상법 부칙 제4조 제2항의 규정에 의하여 해산간주된 경우에는 정관에 다른 정함이 없거나 주주총회에서 타인을 선임한 외에는 이사가 청산인이 되고 그 대표청산인이 상법 및 비송사건절차법(주: 현행 상업등기법)의 규정에 따라 해산등기를 한 후(해산을 위하여 별도로 주주총회 결의를 거칠 필요는 없음), 그 청산이 종결되면 청산종결의 등기를 하게 되는 것이다.

(1993. 5. 24. 등기 제1234호)

◐ **선례 해설:**

1. 상법 부칙(법률 제3724호 1984. 4. 10.) 제4조 (주식회사의 최저자본액에 관한 경과조치) ① 이 법 시행전에 성립한 주식회사로서 이 법 시행 당시 자본금액이 5천만원 미만인 회사는 이 법 시행일로부터 3년 이내에 5천만원 이상으로 자본을 증가하거나 유한회사로 조직을 변경하여야 한다. ② 제1항의 기간 내에 동항의 절차를 밟지 아니한 회사는 해산된 것으로 본다.

2. 2014. 1. 1.부로 등기예규 제1509호에 의해 폐지된 등기예규 제634호(15~16면 참조)에 의하면, 상법 부칙 제4조 제2항의 규정에 의하여 해산간주된 회사의 해산등기는 등기관의 직권이 아닌 회사의 신청에 의하도록 되어 있다.

3. 따라서 회사가 상법 부칙 제4조 제2항의 규정에 의하여 해산간주된 경우에는 정관에 다른 정함이 없거나 주주총회에서 타인을 선임한 외에는 이사가 청산인이 되고 그 대표청산인이 법률의 규정에 따라 해산등기를 한 후(해산을 위하여 별도로 주주총회 결의를 거칠 필요는 없음), 그 청산이 종결되면 청산종결의 등기를 하게 되는 것이다.[1)]

1) 법정청산인은 해산간주된 회사라도 청산종결등기가 되기 전에는, 상법 부칙 제4조 제2항에 의하여 해산간주된 회사는 해산등기와 청산인 취임등기를 한 후, 그리고 상법 제520조의2에 의하여 해산간주된 회사는 청산인 취임등기를 한 후 청산절차를 진행할 수 있다.

실무사례(135)

제목: 해산 및 청산인 관련 사항

회사는 주주총회 특별결의에 의해 해산 및 청산절차를 진행하려고 한다. 다음은 청산인과 관련한 사항으로 각 질의는 별개의 사안이다.

【1】 해산등기 및 청산인 취임등기를 함께 하여야 하는지?

【2】 주주총회 결의에 의해 청산인을 선임하였으나, 청산절차가 매우 더디게 진행되고 있다. 청산인 취임등기를 한지가 5년이 경과하였으나 여태 청산인에 대한 임원변경등기를 한 적이 없다. 이 경우 청산인의 임기만료에 대한 등기해태에 따른 과태료가 부과되는지?

【3】 해산등기가 된 상태에서 청산종결등기가 상당한 기간 동안 이루어지지 않을 경우에 상법 제520조의2에 의한 휴면회사의 청산종결간주와 같이 해산등기가 된 후 3년이 경과하면 청산종결등기를 등기관이 직권으로 할 수 있는지?

1. 해산등기의 신청과 해산으로 인한 청산인의 취임등기의 신청은 동시에 하여야 한다(법 60조 2항).

2-1. 이사 및 감사와 달리 청산인의 임기에 관해서는 상법상 아무런 규정이 없으므로, 원칙적으로 법정청산인은 회사의 해산일로부터, 그 외의 청산인은 취임일로부터 청산이 종결될 때까지를 그 임기로 보아야 한다(대법원 1998. 9. 3.자 97마1429 결정 참조). 다만, 정관의 규정이나 주주총회의 선임결의로 청산인을 정하는 때에는 정관 또는 주주총회의 결의로 그 임기를 정할 수는 있다(『상업등기실무(II)』, 525면).

2-2. 사안의 경우 주주총회 결의로 청산인의 임기를 정하였다는 특별한 사정이 보이지 않으므로 청산인의 임기는 취임일로부터 청산이 종결될 때까지이다. 따라서 해산등기 후 청산절차가 진행 중인 경우에는 청산인의 임기만료에 따른 임원변경 등기해태에 따른 과태료는 발생하지 않는다.

3. 해산등기가 된 때에는 상법 제520조의2에 의한 해산간주 및 청산종결간주는 그 적용이 없다. 다만, 회사가 해산의 등기를 한 후 10년이 지난 경우에는 그 등기기록을 등기관이 직권으로 폐쇄할 수는 있다(법 19조).

제26절 휴면회사의 정리[1)2)]

내 용	관련 조문		관련 선례 · 예규 · 규칙 (실무사례 포함)
	상법	상업등기법	
1. 휴면회사	제520조의2	제73조	286. 상업선례 제1-281호 ☞ 실무사례(136) ☞ 실무사례(137) ☞ 실무사례(138) ※ 등기예규 제1556호

1) 상법은 장기간 등기를 신청하지 않고 있는 회사의 경우 일정한 절차를 거쳐 해산된 것으로 보고, 그 이후에도 청산 또는 회사계속 등의 절차를 밟지 않으면 청산이 종결된 것으로 간주하여 등기기록을 폐쇄한다. 이는 등기기록 관리의 편의를 도모하고 방치된 회사의 등기기록이 제3자에 의해 악용되는 것을 방지하기 위함이다(『상업등기실무(II)』, 423면).

2) 상법 제520조의2에 의한 해산간주된 휴면회사와 관련한 실무상 주요 쟁점은 i) 해산간주된 회사가 청산종결등기가 되기 전에 회사의 신청으로 청산종결절차를 진행할 수 있느냐의 문제(이와 관련해서는 「실무사례(138)」, 857면 참조)와 ii) 해산간주된 회사가 회사계속을 하기 위해서는 어떠한 절차를 밟아야 하느냐의 문제(이와 관련해서는 상업등기선례 제201607-1호, 870면 참조) 등이다. 실무상 매우 중요한 주제라 하겠다.

§ 요약

1. 휴면회사의 해산간주란 법원행정처장이 최후의 등기 후 5년을 경과한 주식회사에 대하여 공고 및 통지를 하여 이들에게 영업계속의 사실을 신고할 기회를 준 후, 공고한 날로부터 2월 이내에 대통령령이 정하는 바에 따른 신고를 하지 아니하는 경우에는 그 신고기간의 만료 시에 해산한 것으로 보는 것이다(상법 520조의2 1항 및 『주석상법(회사편Ⅴ)』, 278면 참조). 또한 해산간주된 휴면회사에 대해서는 등기관의 직권으로 해산등기를 하고, 회사가 계속결의를 하지 아니한 경우에는 그 회사는 그 날로부터 3년이 경과한 때에 청산이 종결된 것으로 본다(상법 520조의2 3항 및 4항). 이는 등기기록 관리의 편의를 도모하고 방치된 회사의 등기기록이 제3자에 의해 악용되는 것을 방지하기 위함이다.

2. 해산간주된 휴면회사의 경우에도 청산종결된 것으로 간주되기 전에는, 회사의 신청으로 청산인을 선임한 후 청산절차를 진행하거나 주주총회의 특별결의에 의하여 회사를 계속할 수 있다(「실무사례(138)」, 857면 및 「실무사례(139)」, 871면 참조).[1)]

3. 상법 제520조의2(휴면회사의 해산)의 규정에 의하여 직권에 의한 해산 및 청산종결등기가 경료된 주식회사의 경우에도 잔여재산이 남아 있는 경우에는, ⅰ) 청산종결등기의 말소등기를 신청하여 청산종결등기를 말소시키고 폐쇄된 등기기록을 부활시킨 후, ⅱ) 청산인 선임등기를 신청하여 청산절차를 진행할 수 있다. ⅲ) 실무적으로는 ⅰ)과 ⅱ)를 일괄신청 하는 경우가 많다. 이와 같이 청산절차 진행이 가능한 이유는 상법 제520조의2의 규정에 의하여 청산종결 간주된 주식회사의 경우에도 잔여재산이 존재하는 등 청산사무가 잔존하는 경우에는 그 법인격이 소멸하지 않고 청산의 목적범위 내에서 여전히 존속하는 것으로 보기 때문이다(대법원 2001. 7. 13. 선고 2000두5333 판결 참조).

4. 휴면회사의 해산 등에 관한 사무처리절차를 정하기 위한 목적으로 등기예규 제1556호(858~863면)가 제정되어 있다.

---

1) 상법 제520조의2의 규정에 의한 휴면회사와 관련하여, 해산간주된 휴면회사의 청산절차 진행 혹은 회사계속을 위한 등기신청 방법은 실무상 매우 중요한 주제이다.

286. 상법 제520조의2(휴면회사의 해산)의 규정에 의하여 직권에 의한 해산 및 청산종결등기가 경료된 주식회사에 있어서 잔여재산이 남아있는 경우 그 처리방법 등

[상업등기선례 제1-281호, 제정 2004. 6. 9.]

상법 제520조의2(휴면회사의 해산)의 규정에 의하여 직권에 의한 해산 및 청산종결등기가 경료된 주식회사의 경우, 회사계속등기를 할 수는 없으나, 잔여재산이 남아 있는 경우에는 등기용지 폐쇄일로부터 20년이 경과하지 아니하였다면, 청산사무가 종결되지 않았음을 증명하여 청산종결등기의 말소등기를 신청함으로써 폐쇄된 등기용지를 부활시키고 청산종결등기를 말소한 다음, 청산인 등기를 하는 등 청산절차를 진행할 수 있을 것이다. (2004. 6. 9. 공탁법인 3402-131 질의회답)

◐ **선례 해설:** 「보론(1)(2)」 등기신청서 작성 예 (852~853면) 참조

1. 상법 제520조의2(휴면회사의 해산)의 규정에 의해 등기관의 직권에 의한 해산 및 청산종결등기가 경료된 회사는 회사계속을 할 수는 없지만, 잔여재산이 존재하는 등 청산사무가 잔존하는 경우에는 그 법인격이 소멸하지 않고 청산의 목적범위 내에서 여전히 존속한다(대법원 2001. 7. 13. 선고 2000두5333 판결).[1]

2. 따라서 본 선례의 내용과 같이 청산사무가 종결되지 않았음을 증명하여 청산종결등기의 말소를 신청할 수 있고, 등기관은 등기예규 제1546호에 의해 그 신청에 대한 조사를 통해 신청에 관한 모든 사항이 적법·유효하면 폐쇄된 등기용지를 부활하여 청산종결등기의 말소등기 등을 한 후 지체 없이 등기용지를 전산등기부로 개제하여야 한다.[2]

---

1) 「실무사례(136)(137)(138)」(854~857면) 참조

2) 전산접수할 수 없는 등기신청서의 접수 방법 등에 관한 예규(등기예규 제1546호)
제3조(신청서의 조사) 등기관이 폐쇄된 등기용지상 청산종결등기의 말소등기 등의 신청서를 받은 때에는 다음 각 호의 요건을 충족하는지 여부 및 신청에 관한 모든 사항이 적법·유효한지를 조사하여야 한다.
  1. 청산사무가 남아 있을 것
  2. 권한 있는 사람에 의하여 등기신청이 이루어졌을 것
  3. 등기용지가 폐쇄된 날로부터 20년이 지나지 않았을 것(다만, 등기용지가 폐쇄된 날로부터 20년이 지난 경우에도 등기소에서 그 용지를 보관하고 있는 경우에는 예외로 함)

「보 론(1)」 청산종결등기 말소등기신청서 작성 예 → 「보론(2)」(853면)와 비교

주식회사 청산종결등기 말소등기신청서1)

상 호: 주식회사 ○○○○ (등기번호: XXXXXX)
본점 소재지: 인천 남동구 논현로○○길 100(논현동)
등기의 목적: 청산종결등기말소
등기의 사유: 20○○년 ○월 ○일 휴면회사로 인한 청산종결등기가 되었으나, 아직 청산이 종결되지 아니하였으므로 다음 사항의 등기를 구합니다.

등기할 사항: 20○○년 ○월 ○일 청산종결등기 말소
등록교육세 및 지방교육세: 금48,240원2)
첨부 서류:
1. 청산종결되지 아니한 소명자료 1부
2. 위임장 1부

위와 같이 등기신청합니다.

2016년 4월 21일

신청인 주식회사 ○○○○
인천 남동구 논현로○○길 100(논현동)
대표이사 홍 길 동3)

인천지방법원 등기국 귀중

1) 청산을 종결하지 아니하였다는 뜻의 신고는 원칙적으로 서면으로 하여야 한다(『2016 상업등기실무』, 12면). 이와 달리 실무적으로 청산종결등기 말소등기 및 청산인 선임등기를 임시주주총회에서 선임된 청산인(혹은 대표청산인)이 이폼(e-Form)으로 일괄신청 하는 경우도 많다(「보론(2)」, 853면 및 「실무사례(136)」, 854면 참조).

2) 지방세법 제28조 제1항 제6호 바목(그 밖의 등기)의 등록면허세 40,200원 및 지방교육세 8,040원의 합계 금48,240원. 단, 청산종결등기 말소등기 및 청산인 선임등기를 일괄신청할 경우에는 지방세법 제28조 제1항 제6호 바목의 등록면허세 2건 80,400원 및 지방교육세 16,080원의 합계 금96,480원(「보론(2)」, 853면 참조).

3) 상법 제520조의2 제1항의 규정에 의한 휴면회사가 청산종결등기가 된 경우에는 청산인 선임등기가 되어 있지 않으므로 신청인을 기존의 대표이사로 하였다(단, 청산종결등기 말소등기 및 청산인 선임등기를 일괄신청 시에는 청산인 혹은 대표청산인이 신청인이 된다).

「보 론(2)」 청산종결등기 말소 및 청산인 선임등기를 일괄신청한 예

등기의 목적	청산종결등기 말소 및 청산인 선임	
등기의 사유	1. 2015년 10월 30일 상법 제520조의2 제4항의 규정에 따라 청산종결등기가 되었으나, 아직 청산이 종결되지 아니하였으므로 청산을 위하여 등기기록의 부활 등기를 구함. 2. 2016년 4월 21일 임시주주총회의 결의로 다음 사람이 청산인에 선임되어 같은 날 취임하였으므로 다음 사항의 등기를 구함.	
등기할 사항		
임원에 관한 사항	청산인 홍길동(710101-1******) 인천 연수구 해송로 ○○○ 2016년 4월 21일 취임	
기타사항 (※ 854면 각주 1번 참조)	1. 등기기록 부활 2016년 4월 21일 상업등기규칙 제58조 제2항의 규정에 의거 등기기록 부활 2016년 4월 21일 회복	
첨부서면	1. 미청산신고서[1] 1. 총회의사록 1. 취임승낙서 1. 인감증명서 1. 주민등록초본	1. 청산인의 인감신고서 1. 부동산등기사항증명서 1. 등록면허세영수필확인서[2] 1. 위임장

2016년 4월 21일

신청인 상호 주식회사 ○○○○
본점 인천 남동구 논현역로 ○○(논현동)
성명 청산인 홍길동[3] (인) (전화:)
주소 인천 연수구 해송로 ○○○
대리인 성명 법무사 서유석 (인) (전화:)
주소 인천 남동구 논현로○○길 23(논현동)

인천지방법원 등기국 귀중

---

1) 회사가 아직 일부 재산의 청산을 완료하지 않았음으로 회사 등기기록의 부활을 위하여 신고한다는 내용인 (대표)청산인이 작성한 '미청산신고서'에는 회사 재산이 남아 있음을 소명하는 자료로 부동산등기사항증명서, 자동차등록원부 등을 첨부한다.
2) 청산종결등기 말소 및 청산인 선임에 관한 2건의 등록면허세 및 지방교육세를 납부한 등록면허세영수필확인서
3) 이 경우에는 청산인 선임등기를 동시에 신청하는 것이므로 신청인은 (대표)청산인이어야 한다.

실무사례(136)

제목: 청산종결간주된 회사의 잔여재산분배를 하기 위한 방법

2015. 12.경 상법 제520조의2의 규정에 의하여 등기관의 직권으로 청산종결간주 되었으나, 그 후 회사 소유의 부동산이 있음이 밝혀져 청산종결등기를 말소한 후 청산절차를 다시 진행하려고 한다.

【1】 이 경우 등기기록을 부활하는 방법은?

【2】 청산인이 재산의 환가처분 및 잔여재산분배를 위하여 제3자와 부동산 매매계약을 체결하는 것이 가능한지?

【3】 상기 【2】와 달리 부동산을 제3자에게 처분하여 환가하지 않고 바로 부동산을 주주들에게 잔여재산분배하려면, 그 구체적인 방법은?

1. 상법 제520조의2의 규정에 의해 등기관의 직권에 의한 해산간주 및 청산종결간주등기가 경료된 회사의 경우에도 잔여재산이 남아 있음이 밝혀진 경우에는 ⅰ) 청산종결등기의 말소등기를 신청함으로써 폐쇄된 등기기록을 부활시키고 청산종결등기를 말소한 다음, ⅱ) 청산인 선임등기를 한 후 청산절차를 진행할 수 있다. 이 경우 ⅰ)과 ⅱ)의 절차를 일괄신청 하는 것도 가능하고 ⅰ)의 절차를 진행한 후에 ⅱ)의 절차를 연이어 진행하는 것도 가능하다.[1)]

2. 재산의 환가처분이란 회사 재산을 청산의 목적에 적합하도록 금전으로 바꾸는 처분행위를 말하며, 재산의 환가처분의 방법으로 제3자와 부동산 매매계약을 체결하는 것은 당연 가능하다(상법 542조, 254조 참조).

3. 잔여재산의 분배는 금전으로써 하는 것이 원칙이지만, 정관 또는 총주주의 동의로써 주주들에게 소유 주식 수에 비례하여 현물로써 분배할 수 있다고 본다(『주석상법(회사편Ⅰ)』, 361면). 이와 관련하여 그 구체적인 방법은 해당 부동산을 주주들의 소유 주식 수에 비례하여 지분으로 나누는 방법과 주주들의 소유 주식 수에 비례하여 면적으로 분할하는 방법 등이 있겠다.

---

1) 등기신청서 작성방법에 대해서는 「보론(1)」(852면) 및 「보론(2)」(853면) 참조. 청산종결간주된 회사의 등기기록을 부활 시 등기관은 청산종결등기에 대한 말소를 직권으로 하게 되어있으나(규칙 58조 2항 참조), 실무에서는 청산종결등기에 대한 말소 및 청산인 선임등기를 이폼(e-Form)으로 일괄신청 시 등기할 사항 중 기타사항란에 "1. 등기기록 부활"에 관한 사항뿐만 아니라 "1. 청산종결간주 ○○○○년 ○월 ○일 말소"에 관한 사항도 함께 기재하여 신청하는 경우도 많다(실무관행에 대해서는 871면 각주 1번 및 2번 함께 참조).

실무사례(137)

제목: 청산종결간주된 회사가 공탁금 출급청구를 하기 위한 방법

상법 제520조의2(휴면회사)의 규정에 의하여 청산종결간주된 주식회사를 피공탁자로 한 토지수용보상금이 공탁되어 있는 상태이다.

【1】 토지수용보상금의 공탁물출급청구권을 취득하기 위해서는 청산종결등기의 말소등기신청 후 등기기록을 부활시켜야 하는지?

【2】 상기 【1】의 경우, 청산종결등기의 말소등기 신청 후 등기기록을 부활시켜야 한다면, 그 구체적인 방법은?

【3】 만약에 청산종결간주된 회사가 자신을 피공탁자로 한 토지수용보상금에 대한 공탁물 출급청구를 하였다면, 그 이후의 절차는?

1-1. 상법 제520조의2의 제4항에 의하여 청산이 종결된 것으로 보는 휴면회사도 잔여재산이 존재하는 등 청산사무가 잔존하는 경우에는 그 법인격이 소멸하지 않고 청산의 목적범위 내에서 여전히 존속한다(대법원 2001. 7. 13. 선고 2000두5333 판결). 사안의 경우 상법 제520조의2의 규정에 의하여 청산종결간주된 회사를 피공탁자로 하여 토지수용보상금이 공탁된 경우로서, 이는 잔여재산이 존재하는 등 청산사무가 잔존하는 경우에 해당하여 그 법인은 청산의 목적범위 내에서 여전히 존속하여 그 법인을 피공탁자로 한 공탁신청절차는 유효하다(법원행정처, 『2009 공탁실무편람』, 33면 참조).

1-2. 위 1-1.에서 살펴본 바와 같이 비록 주식회사가 해산되고 청산종결등기가 경료된 경우에도 잔존사무가 있다면 그 범위 내에서는 법인격이 존속하므로 그 법인이 공탁당사자능력을 가진다고 할지라도, 공탁물의 출급을 청구하는 법인은 공탁물출급청구서에 상업등기법 제16조에 따라 발행한 인감증명서를 제출하여야 하며(공탁규칙 37조 1항), 공탁물의 출급청구인이 법인인 경우에는 대표자 또는 관리인의 자격을 증명하는 서면을 공탁물출급청구서에 첨부하여야 한다(공탁규칙 38조, 21조 1항).[1] 결국 상법 제520조의2의 규정에 의하여 등기관의 직권에 의한 해산간주 및 청산종결간주 등기가 마쳐

1) 공탁당사자능력이란 공탁절차에 있어서 공탁의 주체가 될 수 있는 지위 또는 자격, 즉 공탁자·피공탁자가 될 수 있는 자격을 의미한다. 상법 제520조의2의 규정에 의하여 등기관에 의한 해산 및 청산종결등기가 경료된 주식회사가 공탁당사자능력이 있더라도 이는 공탁자·피공탁자가 될 수 있는 자격에 불과하여, 그 법인이 공탁물출급을 청구하기 위해서는 공탁규칙에서 정한 서면을 첨부서면으로 제출하여야 한다.

진 주식회사가 그 법인을 피공탁자로 한 토지수용보상금의 공탁물출급청구권을 행사하기 위해서는, 청산종결등기의 말소등기 신청 후 등기기록을 부활한 뒤(혹은 부활과 동시에) 정관에서 정한 방법이나 주주총회의 결의에 의하여 청산인 선임등기를 신청하여, 청산인 선임등기가 마쳐진 법인등기사항증명서와 등기소에 신고한 청산인 인감증명서를 첨부서면으로 제출하여야 한다.

2. 상법 제520조의2의 규정에 의하여 등기관의 직권에 의한 해산 및 청산종결등기가 경료된 주식회사의 등기기록을 부활시키는 방법은, ⅰ) 청산종결등기의 말소등기를 말소 당시의 대표이사가 신청하여 폐쇄된 등기기록을 부활시킨 후에 정관에서 정한 방법 혹은 주주총회의 결의에 의해 선임된 청산인(혹은 대표청산인)이 청산인 선임등기를 신청하는 방법과, ⅱ) 정관 혹은 주주총회 결의에 의해 선임된 청산인(혹은 대표청산인)이 청산종결등기의 말소등기 신청과 청산인 선임등기를 일괄신청하는 방법 등이 있다.

3. 상법 제520조의2의 규정에 의하여 등기관의 직권에 의한 해산간주 및 청산종결간주등기가 경료된 주식회사를 피공탁자로 한 토지수용보상금에 대해 공탁물을 출급청구한 이후에는 청산인은 상법의 규정에 따른 청산절차를 진행하면 되며, 청산이 완료된 때에는 청산인은 결산보고서에 대한 주주총회의 승인이 있은 날로부터 본점 소재지에서는 2주 내에, 지점 소재지에서는 3주 내에 청산종결의 등기를 신청하면 된다(상법 542조 1항, 264조).

참조 조문: 상법 제264조, 제520조의2, 제542조, 공탁규칙 제21조 제1항, 제37조 제1항, 제38조

참조 선례: 상업등기선례 제1-281호(851면)

참조 판례: 대법원 2001. 7. 13. 선고 2000두5333 판결

[유사 사례] 상법 제520조의2의 규정에 의하여 등기관의 직권으로 해산간주 및 청산종결간주 등기가 마쳐진 회사를 피공탁자로 한 공탁은 유효한지? => 상법 제520조의2의 규정에 의하여 등기관의 직권으로 해산간주 및 청산종결간주 등기가 마쳐진 회사일지라도 공탁당사자능력이 인정되어 그 법인을 피공탁자로 한 공탁은 유효하다. 다만 피공탁자인 그 법인이 공탁물을 출급하기 위해서는, 청산종결등기의 말소신청을 하여 폐쇄된 등기기록의 부활 및 정관에서 정한 방법 혹은 주주총회 결의에 의한 청산인 선임등기를 한 후, 공탁물출급청구서에 부활된 법인등기사항증명서와 청산인이 등기소에 신고한 인감증명서를 첨부하여야 한다.

실무사례(138)

제목: 해산간주된 회사가 신청으로 청산종결절차를 진행할 수 있는지 여부

해산간주된 법인이 청산절차를 진행하려고 한다.

【1】 청산을 빨리하기 위한 방편으로 해산등기, 회사계속등기, 청산종결등기 등의 순으로 진행하면 되는지?

【2】 혹 1문과 관련하여 등기를 진행할 경우 등기해태에 따른 과태료가 부과되는지?

1-1. 상법 제520조의2의 규정에 의한 휴면회사의 해산등기는 등기관이 직권으로 하나, 청산인 선임에 대한 등기는 등기관의 직권이 아닌 회사의 신청에 의하여야 한다. 따라서 해산간주된 회사도 상법 제520조의2 제4항에 의하여 청산종결된 것으로 간주되기 전에 상법 제531조에 따라 청산인을 결정한 후 청산절차를 종결함으로써 스스로 회사의 법인격을 소멸시킬 수도 있다.

1-2. 따라서 사안의 경우 해산간주된 회사라도 상법 제520조의2 제4항에 의한 청산종결된 것으로 간주되기 전이라면 회사계속의 등기를 할 필요 없이 회사의 신청으로 청산인 선임등기 후 청산절차를 진행하면 된다.

2. 상법 제520조의2의 규정에 의한 휴면회사의 경우 감사 이외 임원에 대해서는 직권말소된 상태로(예규 1556호 7조 1항) 감사에 대한 과태료가 문제이다. 휴면회사의 경우 최후의 등기를 한 때로부터 5년이 경과한 회사로서 감사의 임기를 감안하면 통상 상법 제635조 제1항 제1호의 등기해태에 따른 과태료 대상이나, 실무적으로 등기관은 청산인 선임등기신청을 접수할 때에는 법원에 과태사항을 통지하지 않고, 추후 해당 감사에 대한 임원변경등기신청을 접수할 때 법원에 등기해태에 따른 과태사항을 통지하는 경우가 많다. 물론 감사의 임기만료 또는 사임으로 법률이나 정관에 정한 원수를 채우지 못한 경우에 해당될 때에는 등기해태에 따른 과태료는 문제되지 않는다(예규 1574호 2조 2항).

참조 조문: 상법 제520조의2, 제531조, 제635조, 상업등기법 제25조, 제73조
참조 예규: 등기예규 제1556호, 제1574호

[비교 사례] 상법 제520조의2 제1항 규정에 의하여 해산한 것으로 보는 회사(휴면회사)도 회사계속을 할 수 있는지 여부(적극) => 휴면회사의 경우에도 청산종결등기가 되기 전에는 회사계속을 할 수도 있고 청산절차를 진행할 수도 있다.

※ 휴면회사의 해산 등에 관한 사무처리지침[등기예규 제1556호, 개정 2014. 11. 5.]

제1조(목적)

이 예규는 「상법」제520조의2 제1항의 규정에 의하여 해산한 것으로 보는 회사(이하 "휴면회사"라 한다)의 해산 등과 관련하여 「상법」제520조의2, 「상업등기법」제73조, 「상법 시행령」제28조 및 「상업등기규칙」제109조 제1항, 제154조 제1항에 따른 사무처리절차를 정함을 목적으로 한다.

제2조(등기기록의 선별)

① 등기관은 전산정보처리조직에 의하여 「상법」제520조의2 제1항의 공고일(매년 공휴일이 아닌 10월의 첫째 날 관보에 게재한다)을 기준으로 하여 최후의 등기(신청 또는 촉탁에 의한 등기를 말하며 등기관이 직권에 의하여 하는 경정 또는 말소등기는 포함하지 않는다) 후 5년이 경과된 주식회사의 등기기록(이하 "해당 등기기록"이라 한다)을 선별하여야 한다.
② 제1항의 해당 등기기록의 선별은 회사를 단위로 하여야 하고, 본점 또는 지점 등기기록 중에서 어느 하나라도 최후 등기일로부터 5년이 경과하지 아니하였다면, 그 회사의 본점과 지점의 등기기록은 선별대상인 등기기록에 해당하지 아니 한다.
③ 등기관은 선별된 해당 등기기록에 "휴면"이라고 표시하여야 한다.

제3조(공고통지서 및 휴면회사 목록의 작성)

① 등기관은 선별된 해당 등기기록에 의하여 「상법」제520조의2 제2항 의 규정에 의한 통지서(별지 제1호 양식) 및 휴면회사 목록(별지 제2호 양식)을 작성하여야 한다.
② 휴면회사 목록은 전산정보처리조직에 의하여 작성하며 연번은 등기번호 순으로 붙인다.
③ 제1항의 통지서 및 휴면회사 목록의 최후등기 연월일란과 통지서의 최후 등기사항란에는 신청 또는 촉탁에 의한 최후의 등기연월일과 등기사항을 기록한다.

제4조(공고통지 등)

① 「상법」제520조의2 제2항 규정에 의한 통지는 해당 등기기록상의 본점 소재지로 하여야 한다.
② 등기관은 제1항의 통지 외에 대표자의 등기기록상 국내주소지(주민등록정보 연계를 통하여 최근 주민등록지를 알게 된 경우에는 그 주소지)로도 통지할 수 있다.
③ 제1항 및 제2항의 통지는 제2조 제1항의 공고일로부터 3일 이내에 통지서를 보통우편으로 발송하는 방법으로 한다.
④ 제3항에 따라 발송한 통지서가 반송된 경우에는 접수인을 날인하고 별도로 보관한다.

제5조(영업을 폐지하지 아니하였다는 뜻의 신고 등)

① 「상법 시행령」제28조 제1항 의 규정에 의하여 영업을 폐지하지 아니하였다는 뜻의 신고(이하 "신고"라 한다)가 있는 때에는 등기관은 그 신고서에 접수인을 날인하고 지체 없이 적법한 신고인지 여부를 조사하여야 한다(신고서 예시 : 별지 제3호 양식).
② 신고가 다음 각 호의 어느 하나에 해당하는 경우에는 적법한 신고라고 할 수 없다. 이 경우 등기관은 신고서에 그 취지를 기재하여야 한다.

1. 신고서가 「상법 시행령」 제28조제2항에 정한 방식에 적합하지 아니한 경우(다만, 신고서에 등기소의 표시나 신고연월일의 기재가 없는 등 그 흠결이 경미한 경우는 제외한다)
2. 신고서의 기재내용이 등기기록의 내용과 다른 경우(다만, 회사 대표자의 주소가 상이한 경우는 제외한다)
3. 대리인이 제출한 신고서에 그 권한을 증명하는 서면이 첨부되지 아니한 경우
4. 신고서 또는 대리인의 권한을 증명하는 서면에 날인된 회사 대표자의 법인인감이 등기소에 제출된 인감과 다른 경우(다만, 제4조에 따라 발송한 통지서를 첨부하여 신고하는 경우는 제외한다)
5. 신고서가 「상법」 제520조의2제1항 의 규정에 따른 신고기간이 지난 후에 도달된 경우

③ 제2항 각 호의 어느 하나에 해당하는 신고가 있을 때에는 등기관은 지체 없이 신고인에게 그 취지를 보통우편으로 통지(별지 제4호 양식)하여야 한다.

이 경우에 통지는 신고인의 신고서상 주소지로 한다.
④ 신고기간 내에 적법한 신고가 있거나(신고기간 내에 그 흠결을 보정한 경우를 포함한다) 등기의 신청 또는 촉탁이 있는 때에는 등기관은 휴면회사 목록의 비고란에 그 취지를 기록하고 해당 등기기록의 "휴면" 이라는 표시를 삭제하여야 한다.
⑤ 제출된 신고서는 신고서철에 편철하고, 제3항에 따라 발송한 통지서가 반송된 경우에는 접수인을 날인하고 별도로 보관한다.

제6조(과태료사건의 통지)

신고기간 내에 등기를 한 회사에 관하여 「상법」제635조 제1항 제1호의 사유가 있는 경우에는 등기관은 「상업등기규칙」제176조 에 따라 관할법원에 통지하여야 한다.

제7조(해산등기 등)

① 휴면회사의 해산등기를 할 때에는 대표이사, 이사, 대표집행임원, 집행임원에 관한 등기 및 지배인에 관한 등기를 말소하는 표시를 하여야 한다.
② 신고기간 만료 후 해산등기를 하기 전에 청산인의 취임등기신청이 있는 때에는 등기관은 해산등기를 한 후에 청산인의 취임등기를 한다.
③ 신고기간 만료 후 해산등기를 하기 전에 등기기록의 열람 또는 등기사항증명서 교부 청구가 있는 때에는 등기관은 해산등기를 한 후 열람하게 하거나 등기사항증명서를 교부한다.
④ 해산등기를 한 때에는 등기관은 휴면회사 목록의 비고란에 "휴면해산" 이라고 기록하여야 한다.

제8조(인감부의 정리)

해산등기를 한 때에는 등기관은 해당 등기기록의 대표자의 인감 및 지배인의 인감에 관한 기록을 폐쇄하여야 한다.

제9조(회사계속의 등기를 한 경우 휴면회사 목록의 정리)

신고기간 만료일로부터 3년 이내에 회사계속의 등기를 한 때에는 등기관은 휴면회사 목록의 비고란에 "회사계속"이라고 기록하여야 한다.

제10조(청산종결등기 등)

① 해산등기를 한 후 회사계속의 등기를 함이 없이 신고기간 만료일로부터 3년을 경과한 때에는 등기관은 청산종결의 등기를 하고 그 등기기록을 폐쇄하여야 한다. 이 경우, 휴면회사 목록의 비고란에 "청산종결"이라고 기록하여야 한다.
② 「상법」제520조의2 제4항 에 따라 청산이 종결된 것으로 보는 날부터 청산종결등기를 하기 전에 등기기록의 열람 또는 등기사항증명서 교부 청구가 있는 때에는 등기관은 청산종결등기를 한 후 열람하게 하거나 등기사항증명서를 교부한다.

제11조(지점등기기록의 정리 등)

① 지점소재지 등기소에 대한 「상업등기법」제73조 제2항 및 제4항에 따른 통지(별지 제5호 양식)는 전산정보처리조직을 이용하여 한다.
② 지점소재지 등기소의 등기관이 제1항의 통지를 받은 경우 또는 해산등기를 한 후 회사계속의 등기를 한 경우에는 위 제7조, 제8조 및 제10조에 따라 처리하여야 한다.
③ 제1항의 통지를 받은 지점소재지 등기소의 등기관이 해당 지점 등기기록을 발견할 수 없는 경우에는 본점 등기기록을 직접 열람하여 확인하여야 한다.
④ 해산등기를 한 후 회사계속의 등기를 함이 없이 신고기간 만료일로부터 3년이 경과하였음에도 불구하고 청산종결의 통지가 없는 때에는 지점소재지 등기소의 등기관은 본점 등기기록을 직접 열람하여 본점 등기기록에 회사계속의 등기를 하였는지 여부를 확인하여야 한다. 이 경우 본점 등기기록에 제10조의 청산종결등기가 마쳐져 있는 것을 확인한 때에는 지점소재지 등기소의 등기관은 본점 관할 등기소에 전화로 제1항의 통지를 하여 줄 것을 요청하고 그 통지를 받아 청산종결의 등기를 하여야 한다.
⑤ 제1항의 통지서는 전산정보처리조직에 의하여 보존한다.

제12조(보존기간)

휴면회사 목록, 제4조 제4항 및 제5조 제5항의 반송된 통지서, 제5조 제5항의 신고서철 및 제11조 제5항의 통지서는 신고기간 만료일로부터 5년간 보존한다.

제13조(보고)

지방법원장은 관내 휴면회사에 대하여 「상법」제520조의2 제2항의 규정에 의한 공고통지를 완료한 때와 「상업등기법」제73조의 규정에 의한 해산등기 또는 청산종결등기를 완료한 때에는 지체 없이 법원행정처장에게 이를 보고(별지 제6-1호 양식 및 제6-2호 양식)하여야 한다.

제14조(기록례)

이 예규에 따른 등기의 기록례는 별지 기록례와 같다.

[별지 기록례]

1. 상법 제520조의2에 의한 해산의 등기

임원에 관한 사항
~~이사 이시일 630201-1******~~ 2001년 6월 10일 취임 2001년 6월 14일 등기 2006년 12월 3일 상법 제520조의2 제1항에 의한 해산 2006년 12월 3일 등기
감사 박감독 610512-1****** 2001년 6월 10일 취임 2001년 6월 14일 등기
~~대표이사 이시일 630201-1****** 서울 강남구 OO동 1 OO아파트 101-101~~ 2001년 6월 10일 취임 2001년 6월 14일 등기 2006년 12월 3일 상법 제520조의2 제1항에 의한 해산 2006년 12월 3일 등기

<table>
<tr><td>

기타사항
1. 해산간주
2006년 12월 3일 상법 제520조의2 제1항에 의한 해산
2006년 12월 3일 등기

</td></tr>
</table>

<table>
<tr><td>

지배인에 관한 사항
~~지배인 한상동 631210-1****** 서울 종로구 ○○동 15~~
지배인을 둔 장소 ~~서울 종로구 ○○동 20 (종로지점)~~
2001년 5월 10일 선임 2001년 5월 14일 등기
2006년 12월 3일 상법 제520조의2 제1항에 의한 해산
2006년 12월 3일 등기

</td></tr>
</table>

2. 상법 제520조의2에 의한 청산종결의 등기

<table>
<tr><td>

기타사항
1. 해산간주
2006년 12월 3일 상법 제520조의2 제1항에 의한 해산
2006년 12월 3일 등기
1. 청산종결간주
2009년 12월 3일 상법 제520조의2 제4항에 의한 청산종결
2009년 12월 3일 등기 동일폐쇄

</td></tr>
</table>

제27절 회사계속의 등기[1)]

내 용	관련 조문		관련 선례 · 예규 · 규칙 (실무사례 포함)
	상법	상업등기법	
1. 회사계속	第519조	제61조, 규칙 제109조 제1항, 제154조 제1항	287. 상업선례 제1-253호 288. 상업선례 제1-254호 289. 상업선례 제1-255호 290. 상업선례 제201607-1호 ☞ 실무사례(139) 291. 상업선례 제1-256호 292. 상업선례 제1-257호 293. 상업선례 제1-258호

1) 회사가 존립기간의 만료 기타 정관에 정한 사유의 발생 또는 주주총회의 결의에 의하여 해산한 경우, 상법 제520조의2 제1항에 의하여 휴면회사가 해산한 것으로 간주된 경우 등의 경우에는 주주총회의 특별결의로 회사를 계속할 수 있는바(상법 519조), 회사의 계속이란 위와 같은 해산 원인에 의하여 해산한 경우 회사가 해산 전의 상태로 복귀하여 기업을 계속 유지하는 것을 말한다. 따라서 해산에 의하여 청산의 목적범위 내로 축소되었던 권리능력은 해산 전의 상태로 회복된다(『상업등기실무(Ⅱ)』, 437면).

§ 요약

1. 회사의 계속이란 존립기간의 만료 기타 정관에 정한 사유의 발생, 주주총회의 결의 등의 해산 원인에 의하여 해산한 경우 해산 전의 상태로 복귀하여 기업을 계속 유지하는 것을 말한다.

2. i) 존립기간의 만료 기타 정관에 정한 사유의 발생으로 해산한 경우, 주주총회의 결의로 해산한 경우, 상법 제520조의2 제1항에 의하여 휴면회사가 해산한 것으로 간주된 경우 등의 경우에는 회사를 계속할 수 있지만, ii) 법원의 해산명령 또는 해산판결에 의하여 해산한 경우, 합병 또는 분할·분할합병으로 인하여 해산한 경우, 청산절차의 종료에 의하여 회사의 법인격이 소멸한 경우, 상법 제520조의2 제4항에 의하여 청산이 종결된 것으로 간주된 휴면회사 등의 경우에는 회사를 계속할 수 없다(상업선례 1-253, 866면 및 1-254, 867면).

3. 회사계속을 하려면, i) 주주총회의 특별결의가 있어야 하고, ii) 청산이 종결되지 않았어야 한다.

4. 상법 제520조의2에 의해 해산간주된 휴면회사에 대해서는 등기관이 직권으로 해산의 등기를 하나(예규 1556호 7조 1항) 청산인 선임등기는 회사의 신청에 의하여야 하므로, 상법 제520조의2에 의해 해산간주된 휴면회사가 회사계속을 하기 위해서는 i) ① 청산인 취임등기와 ② 회사계속의 등기 및 ③ 계속되는 회사의 새로운 대표이사 및 이사의 취임등기 등을 ① 및 ②③ 별건으로 작성된 두 개의 등기신청서를 동시에(혹은 연이어) 신청하거나, ii) i)의 ①②③ 등기 모두를 하나의 신청서로 일괄신청하는 것도 가능하다. iii) 실무상으로는 회사가 계속등기신청 시 ①②③ 등기와 함께 해산간주에 관한 것의 말소등기 및 청산인 말소등기도 모두 일괄신청 신청하고 있다(상업선례 201607-1, 870면).[1]

5. 해산등기를 한 후 10년이 경과한 경우라도 청산절차의 종료에 의하여 회사가 소멸한 경우가 아닌 한 회사를 계속할 수 있다(상업선례 1-257, 875면).

---

1) 회사가 계속등기신청을 하면 해산 및 청산인에 관한 등기를 등기관이 직권으로 말소하도록 되어 있으나(규칙 154조 1항, 109조 1항), 실무상 회사가 계속등기신청 시 ① 청산인 취임등기 ② 회사계속의 등기 ③ 계속되는 회사의 새로운 대표이사 및 이사의 취임등기 등과 함께 해산간주에 관한 것의 말소등기 및 청산인 말소등기도 같이 신청하고 있다(871면 각주 1번 및 2번, 872면 신청서 작성례 참조).

287. 회사해산명령에 의하여 해산된 회사의 계속등기 가부[1)]

[상업등기선례 제1-253호, 제정 1982. 11. 20.]

회사의 해산명령에 의하여 해산등기를 경료하였으나 아직 청산종결을 하지 아니한 회사는 회사계속의 등기를 할 수 없다.
(82. 11. 20 등기 제429호)

◐ 선례 해설:

1. 회사를 계속할 수 있는 경우

존립기간의 만료 기타 정관에 정한 사유의 발생으로 해산한 경우, 주주총회의 결의로 해산한 경우, 상법 제520조의2 제1항에 의하여 휴면회사가 해산한 것으로 간주된 경우(상법 519조 및 520조의2 3항)
파산선고로 회사가 해산하여 파산절차가 진행 중인 회사의 경우에는 주주총회 특별결의로 회사계속을 결의한 후, 법원으로부터 동의에 의한 파산폐지의 결정을 받은 경우(통합도산법 540조)
청산 중이거나 파산선고를 받은 회사가 통합도산법에 의하여 회생절차개시의 신청을 하고 주주총회의 회사계속 결의와 회생절차에 의한 경우(통합도산법 35조 2항, 55조 1항 6호)

2. 회사를 계속할 수 없는 경우

법원의 해산명령 또는 해산판결에 의하여 해산한 경우(본 선례)
합병 또는 분할·분할합병으로 인하여 해산한 경우
청산절차의 종료에 의하여 회사의 법인격이 소멸한 경우(상업선례 1-257, 875면)
상법 제520조의2 제4항에 의하여 청산이 종결된 것으로 간주된 휴면회사(상업선례 1-258, 876면)

1) 회사해산명령제도는 '회사제도의 남용' 이라는 폐해를 사후에 시정하기 위한 공익적 제도임을 감안할 때, 법원의 해산명령에 의하여 해산한 경우에 회사계속을 할 수 없음은 당연하다(『법인파산실무』, 543~544면 참조).

288. 주식회사의 존립기간 만료 후의 회사계속

[상업등기선례 제1-254호, 제정 1985. 5. 25.]

주식회사는 존립기간의 만료로 해산되나(상법 제517조 제1호, 제227조 제1호), 상법 제434조의 규정에 의한 주주총회의 특별결의로써 회사를 계속할 수 있고(상법 제519조), 그 결의에 따라 존립기간 등에 관한 변경등기신청을 할 수 있다. 그러나 존립기간 만료일로부터 본점소재지에서는 2주간내, 지점소재지에서는 3주간내에 해산등기를 하여야 하는 것이므로(상법 제530조 제1항, 제228조), 이 등기를 해태한 경우에는 과태료의 처분을 받게 된다(상법 제635조 제1항 제1호).
(1985. 5. 25. 등기 제275호)

주) 1998. 12. 28. 상법 제530조 제1항 삭제, 제521조의2 신설.

◐ 선례 해설:

1. 회사계속의 의의

회사의 계속이라 함은 일단 해산된 회사가 그 청산이 종결되기 전에 다시 해산 전의 상태로 복귀하는 것을 의미하는데, 특별히 법이 금지하는 경우를 제외하고는 주주총회의 특별결의로 해산 전의 상태로 돌아가 다시 영업활동을 하는 것을 막을 이유가 없어 원칙적으로 상법에서는 회사계속을 폭넓게 인정하고 있다(『주석상법(회사편Ⅴ)』, 271면). 다만 파산절차가 진행 중인 회사의 경우에는 주주총회의 특별결의 후 법원으로부터 동의에 의한 파산폐지의 결정을 받아야 한다(통합도산법 538조, 540조).

2. 회사계속의 요건

i) 주주총회의 특별결의가 있어야 한다. 이 결의는 청산을 중단하고 회사를 해산 전의 상태로 복귀하는 것을 주된 목적으로 하면서도, 동시에 당초의 해산사유를 해소시킨다는 의미도 갖고 있다.

ii) 청산이 종결되지 않았어야 한다.

3. 회사계속의 효과

해산한 회사는 회사의 계속에 의하여 장래에 향하여 해산 전의 회사로 복귀하여 다시 영업능력을 회복한다. 따라서 해산에 의하여 청산의 목적범위 내로 축소되었던 권리능력은 해산 전의 상태로 회복된다(『상업등기실무(Ⅱ)』, 437면).

4. 해산 사유에 따른 회사계속 가능 여부(「선례해설」, 866면 참조)

<table>
<tr><th>해산 사유</th><th colspan="2">회사계속 가능 여부</th><th>비 고</th></tr>
<tr><td>존립기간의 만료 기타 정관으로 정한 사유의 발생</td><td rowspan="4">○</td><td rowspan="2">상법
제519조</td><td rowspan="6">ⅰ) 회사계속이 가능한 경우에 대해서는 상법 등에서 명문으로 규정하고 있다.

ⅱ) 회사계속이 가능한 경우에도 이미 청산절차가 종료된 경우에는 회사계속을 할 수 없다.</td></tr>
<tr><td>주주총회의 특별결의</td></tr>
<tr><td>휴면회사의 해산간주</td><td>상법
제520조의2</td></tr>
<tr><td>파산</td><td>통합도산법
제540조 등</td></tr>
<tr><td>법원의 명령 또는 판결</td><td colspan="2" rowspan="2">X</td></tr>
<tr><td>합병, 분할 또는 분할합병</td></tr>
</table>

5. 회사계속을 할 수 있는 시기

ⅰ) 잔여재산의 분배가 개시되면 할 수 없다는 견해와 청산이 종결될 때까지는 할 수 있다는 견해의 대립이 있다.

ⅱ) 하지만 형식적 심사권밖에 없는 등기관으로서는 회사계속의 등기신청서에 첨부된 서류만으로는 해산 후에 잔여재산의 분배를 개시하였는지 여부를 알기 어렵기 때문에 실제 잔여재산의 분배를 개시했는지 또는 청산이 종결되었는지에 관계없이 회사계속의 등기신청을 수리할 수밖에 없을 것으로 본다(『2016 상업등기실무』, 485면).

6. 등기신청

ⅰ) 해산의 등기를 하기 전에 회사계속의 결의를 한 때에는 해산등기 및 청산인의 등기와 동시에 또는 그 후에 회사계속의 등기 및 임원취임의 등기를 하여야 한다(『상업등기실무(Ⅱ)』, 438면).

ⅱ) 해산간주된 회사의 회사계속의 등기신청에 대해서는 870~872면 참조.

289. 해산간주된 휴면회사의 회사의 계속 가부

[상업등기선례 제1-255호, 제정 1988. 12. 12.]

휴면회사(상법 제520의2 제1항 참조)로서 자본금액이 5천만원 이상인 회사는 해산간주된 날로부터 3년 이내에는 주주총회의 특별결의(상법 제434조)에 의하여 회사를 계속 할 수 있다.
(1988. 12. 12. 등기 제693호)

참조 조문 · 규칙 · 예규 · 선례 · 판례

▣ 상법[법률 제13523호, 2015. 12. 1., 일부개정]

제520조의2(휴면회사의 해산) ① 법원행정처장이 최후의 등기후 5년을 경과한 회사는 본점의 소재지를 관할하는 법원에 아직 영업을 폐지하지 아니하였다는 뜻의 신고를 할 것을 관보로써 공고한 경우에, 그 공고한 날에 이미 최후의 등기후 5년을 경과한 회사로써 공고한 날로부터 2월 이내에 대통령령이 정하는 바에 의하여 신고를 하지 아니한 때에는 그 회사는 그 신고기간이 만료된 때에 해산한 것으로 본다. 그러나 그 기간내에 등기를 한 회사에 대하여는 그러하지 아니하다.

③ 제1항의 규정에 의하여 해산한 것으로 본 회사는 그 후 3년 이내에는 제434조의 결의에 의하여 회사를 계속할 수 있다.

④ 제1항의 규정에 의하여 해산한 것으로 본 회사가 제3항의 규정에 의하여 회사를 계속하지 아니한 경우에는 그 회사는 그 3년이 경과한 때에 청산이 종결된 것으로 본다.

◐ 선례 해설:

1. 상법 제520조의2에 의해 해산한 것으로 의제되면 등기관의 직권으로 해산등기를 하고, 회사가 계속결의를 하지 않는 한 그 날로부터 3년이 경과한 때에 청산이 종결된 것으로 본다(상법 520조의2 4항 및 예규 1556호).
2. 다만, 상법 제520조의2에 의해 해산한 것으로 의제되더라도 해산간주된 때로부터 3년 이내에 주주총회의 특별결의에 의하여 회사를 계속할 수 있다(상법 520조의2 3항).

290. 해산간주된 주식회사의 계속등기 신청

[상업등기선례 제201607-1호, 제정 2016. 7. 5.]

상업등기규칙 제53조 제1항에 의하면 원칙적으로 다른 등기소의 관할 구역으로 본점 또는 주된 영업소를 이전하는 등기를 신청하는 경우 외에는 동일한 등기기록에 대한 여러 개의 등기신청은 일괄하여 1건의 신청서로 일괄신청할 수 있기 때문에, 해산간주된 주식회사의 청산임 취임등기와 회사의 계속등기 및 계속되는 회사의 새로운 대표이사 및 이사의 취임등기는 1건의 신청서에 일괄신청할 수 있다.

(2016. 7. 5. 사법등기심의관－2312 질의회답)

◐ 선례 해설: 「실무사례(139)」(871면) 참조

1. 관할 외 본점이전등기신청 이외에는 원칙적으로 동일한 등기기록에 대한 여러 개의 등기신청은 일괄하여 1건의 신청서로 할 수 있다.

2. 상법 제520조의2에 의해 해산간주된 휴면회사에 대해서는 등기관이 직권으로 해산의 등기를 하나(예규 1556호 7조 1항) 청산인 선임등기는 회사의 신청에 의하여야 하므로, 상법 제520조의2에 의해 해산간주된 휴면회사가 회사계속을 하기 위해서는 ⅰ) ① 청산인 취임등기와 ② 회사계속의 등기 및 ③ 계속되는 회사의 새로운 대표이사 및 이사의 취임등기 등을 ① 및 ②③ 별건으로 작성된 두 개의 등기신청서를 동시에(혹은 연이어) 신청하거나, ⅱ) ⅰ)의 ①②③ 등기 모두를 하나의 신청서로 일괄신청하는 것도 가능하다.[1)]

3. 본 선례가 발표되기 이전에도 실무상 위 2.의 ①②③ 등기 모두를 하나의 신청서로 일괄신청하는 경우가 많았는데, 본 선례는 종전의 실무상 등기신청방법이 규칙 제53조 제1항에 의거 타당함을 확인시켜 주었다는 점에서 그 의의가 있다.

1) 회사가 계속등기신청을 하면 해산 및 청산인에 관한 등기를 등기관이 직권으로 말소하도록 되어 있으나(규칙 154조 1항, 109조 1항), 실무상 회사가 계속등기신청 시 ① 청산인 취임등기 ② 회사계속의 등기 ③ 계속되는 회사의 새로운 대표이사 및 이사의 취임등기 등과 함께 해산간주에 관한 것의 말소등기 및 청산인 말소등기도 같이 신청하고 있다(872면 신청서 작성례 참조).

실무사례(139)

제목: 해산간주된 회사의 회사계속등기신청

상법 제520조의2에 의해 2014. 12. 1. 해산간주된 휴면회사가 2015. 1. 26. 주주총회 특별결의에 의해 회사계속등기를 1건으로 신청하려고 한다. 해산간주된 휴면회사의 등기사항증명서상에는 기존 사내이사 민용국은 주말되어 있고 감사 김예리(2012. 3. 31. 임기만료)만 주말되어 있지 않은 상태이다.

【1】 회사계속을 위한 임시주주총회에서 기존 감사 김예리는 퇴임하고 박갑주를 청산인으로 선임하였으며, 또한 동일 임시주주총회에서 새로운 사내이사로 박갑주와 이병정 2인을 선임하였다. 그리고 정관의 규정에 따라 사내이사 박갑주를 대표이사로 선임하였다. 이 경우 등기신청 시 임원에 관한 사항란에 기재할 사항은 무엇인지?

【2】 회사계속의 등기 시 기타사항란에 등기할 사항은 무엇인지?

1-1 상법 제520조의2에 의해 해산간주된 회사의 해산간주된 내용은 기타사항란에 등기관이 직권으로 등기기록에 기록하며, 임원에 관한 사항란에는 감사 외 임원에 대해서는 직권으로 말소한다(예규 1556호 별지 기록례 참조, 862~863면). 하지만 청산인 선임에 관한 내용은 등기관의 직권이 아닌 회사의 신청에 의한다.

1-2. 청산인 취임등기, 회사계속의 등기 및 신임 임원의 취임등기 모두를 1건으로 일괄신청할 경우에는 임원에 관한 사항란에 ⅰ) 감사 1인 퇴임, ⅱ) 청산인 취임, ⅲ) 청산인 말소, ⅳ) 사내이사 2인 취임, ⅴ) 대표이사 취임 등의 모든 사항을 등기할 사항으로 신청하여야 한다.[1)]

2. 상법 제520조의2에 의해 해산간주된 회사가 회사계속의 등기를 신청할 때에는 기타사항란에 등기관의 직권으로 등기된 해산간주에 관한 것에 대한 말소 및 회사계속에 관한 내용에 대해 등기할 사항으로 신청하여야 한다.[2)]

---

1) 회사 해산 후 회사의 계속등기를 할 때에는 청산인에 관한 등기를 등기관이 직권으로 말소하게 되어 있으나(규칙 154조 1항, 109조 1항), 실무상 회사가 회사계속등기신청 시 청산인 말소등기도 함께 신청하고 있다.

2) 마찬가지로 회사 해산 후 회사계속등기를 할 때에는 상법 제520조의2에 의한 해산의 등기를 등기관이 직권으로 말소하게 되어 있으나(규칙 154조 1항, 109조 1항), 실무상 회사가 회사계속등기신청 시 해산간주에 관한 것에 대한 말소등기도 함께 신청하고 있다.

이상 회사계속등기신청 시 신청서에 기재할 사항에 대한 작성 예를 사안에 맞게 주요 사항만 작성해보면 다음과 같다(청산인 취임, 회사계속의 등기 및 계속되는 회사의 새로운 임원의 취임등기 등을 1건으로 작성한 예).

등기의 목적	주식회사 계속등기
등기의 사유	2014년 12월 1일 상법 제520조의2의 규정에 의하여 휴면회사로 해산간주 되었으나, 해산간주등기 후 3년 이내인 2015년 1월 26일 청산인 선임 및 회사계속결의를 하였으므로, 다음 사항의 등기를 구함.
등기할 사항	
임원에 관한 사항	감사 김예리(-) 2012년 3월 31일 퇴임 청산인 박갑주(-) 주소 기재 2015년 1월 26일 취임 청산인 박갑주(-) 주소 기재 2015년 1월 26일 말소 사내이사 박갑주(-) 2015년 1월 26일 취임 사내이사 이병정(-) 2015년 1월 26일 취임 대표이사 박갑주(-) 주소 기재 2015년 1월 26일 취임
기타사항	1. 해산간주 2014년 12월 1일 상법 제520조의2 제1항에 의한 해산 2015년 1월 26일 말소 1. 회사계속 2015년 1월 26일 회사계속 2015년 1월 26일 변경

참조 조문: 상법 제520조의2, 상업등기규칙 제109조 제1항, 제154조 제1항
참조 예규: 등기예규 제1556호(858-863면)

291. 주주총회의 특별결의로 존립기간을 폐지한 회사의 계속등기 방법 등[1)]

[상업등기선례 제1-256호, 제정 1993. 11. 18.]

등기부상 주식회사 ○○상호신용금고의 존립기간만료일은 회사성립일(1969. 6. 13.)로부터 만 20년이 되는 1989. 6. 13.이라 할 것인데 존립기간 만료이전인 1989.6.13. 적법한 주주총회의 특별결의로 존립기간을 폐지하였다면 그 기간이 지났다 하더라도 해산된 것이 아니므로 회사를 계속하기 위하여는 존립기간변경등기만 하면 되고 해산등기 후 회사계속의 등기를 하여야 하는 것은 아니며, 주주총회가 적법한 것이 아니라면 존립기간만료로 해산된 것이므로 회사를 계속하기 위하여는 해산등기 후 회사계속의 등기를 하여야 한다.

(1993. 11. 18. 등기 제2855호 질의회답)

참조 조문 · 규칙 · 예규 · 선례 · 판례

▣ 상법[법률 제13523호, 2015. 12. 1., 일부개정]

제227조(해산원인) 회사는 다음의 사유로 인하여 해산한다.

1. 존립기간의 만료 기타 정관으로 정한 사유의 발생

2호 이하 생략

제517조(해산사유) 주식회사는 다음의 사유로 인하여 해산한다.

1. 제227조제1호, 제4호 내지 제6호에 정한 사유

1의2. 제530조의2의 규정에 의한 회사의 분할 또는 분할합병

2. 주주총회의 결의

제434조(정관변경의 특별결의) 제433조제1항의 결의는 출석한 주주의 의결권의 3분의 2 이상의 수와 발행주식총수의 3분의 1 이상의 수로써 하여야 한다.

제519조(회사의 계속) 회사가 존립기간의 만료 기타 정관에 정한 사유의 발생 또는 주주총회의 결의에 의하여 해산한 경우에는 제434조의 규정에 의한 결의로 회사를 계속할 수 있다.

---

1) 주주총회의 특별결의로 존립기간을 폐지한 회사는 계속등기를 할 수 있다는 것에 대해서는 「선례해설」, 867~868면 참조

◐ **선례 해설:**

1. 회사가 존립기간을 정한 경우에는 존립기간 만료 전에 주주총회의 특별결의로 존립기간 폐지를 위한 변경등기를 할 수 있는 바,
2. 사안의 경우 회사성립일인 1969. 6. 13.로부터 만 20년이 되는 시점이 존립기간의 만료일이 되는 것이므로 1989. 6. 13.이 만료일이 된다.

이 경우 기간계산은 민법의 규정에 따라 회사성립일이 오전 0시부터 시작되지 않은 것은 명확하므로 초일불산입하여 기산점이 1969. 6. 14.이 되고, 종료점은 기산일의 직전일인 1989. 6. 13. 24:00이 된다.

3. 따라서 회사가 존립기간 만료일인 1989. 6. 13. 24:00 이전에 적법한 주주총회에서 특별결의로 존립기간을 폐지하였다면, 회사는 해산 후 회사계속등기를 할 필요 없이 존립기간 변경등기만 하면 된다.
4. 위와 달리 주주총회가 적법한 것이 아니라면 존립기간 만료로 회사는 해산된 것이므로 회사를 계속하기 위해서는 해산등기와 청산인 선임등기를 동시에 한 후 회사계속의 등기를 하여야 한다(회사계속의 등기신청방법에 관한 것은 상업등기선례 제201607-1호, 870면 및 「실무사례(139)」, 871-872면 참조).
5. 이상의 과정을 간략 도표로 표시하면,

<table>
<tr><th colspan="2">존립기간 ↓ 만료일</th></tr>
<tr><td>존립기간 만료일 전으로 해산사유 불발생</td><td>존립기간 만료일 도과로 해산사유 발생</td></tr>
<tr><td rowspan="2">▷ 주주총회 특별결의로 존립기간 폐지를 위한 변경등기</td><td>▷ 해산 및 청산인 선임등기
→ 회사계속의 등기(주총 특별결의)
→ 해산과 청산인에 관한 말소등기</td></tr>
<tr><td>▷ 해산 및 청산인 선임등기
→ 청산절차 진행</td></tr>
<tr><td colspan="2">* 회사는 존립기간의 만료 기타 정관으로 정한 사유의 발생으로 해산하나(상법 517조 1호, 227조),
* 존립기간 만료 전에는 주주총회 특별결의로 해산 사유를 제거할 수 있으며, 존립기간 만료일 도과로 해산사유가 발생한 경우에는 회사의 선택에 따라 회사계속을 할 수도 있고 아니면 청산절차를 진행할 수도 있다.</td></tr>
</table>

292. 해산의 등기를 한 후 10년이 경과한 주식회사의 회사계속 등기 가부

〔상업등기선례 제1-257호, 제정 1994. 9. 12.〕

주식회사가 주주총회의 결의에 의하여 해산을 한 경우 주주총회의 특별결의에 의하여 회사를 계속할 수 있는바(상법 제519조 참조), 이 경우 해산등기를 한 후 10년이 경과한 경우라도 가능하다고 생각되나, 청산절차의 종료에 의하여 회사가 소멸한 경우에는 회사를 계속할 수 없다.
(1994. 9. 12. 등기 3402-1115 질의회답)

참조 조문 · 규칙 · 예규 · 선례 · 판례

■ **상법[법률 제13523호, 2015. 12. 1., 일부개정]**

제434조(정관변경의 특별결의) 제433조제1항의 결의는 출석한 주주의 의결권의 3분의 2 이상의 수와 발행주식총수의 3분의 1 이상의 수로써 하여야 한다.

제519조(회사의 계속) 회사가 존립기간의 만료 기타 정관에 정한 사유의 발생 또는 주주총회의 결의에 의하여 해산한 경우에는 제434조의 규정에 의한 결의로 회사를 계속할 수 있다.

◐ **선례 해설:**

1. 통상 회사가 주주총회의 결의에 의하여 해산한 경우에는 해산등기와 청산인 선임등기를 동시에 신청한 후 청산절차를 진행하게 되지만(법 60조 2항 참조), 이 경우에도 상법 제519조에 의해 주주총회의 특별결의에 의하여 회사를 계속할 수 있는데,

2. 상법 제519조에서 그 기한을 정하고 있지 않아 본 선례의 내용과 같이 해산등기를 한 후 10년이 경과한 경우라도 청산절차의 종료에 의하여 회사가 소멸한 경우가 아니라면 회사를 계속할 수 있다고 본다.

3. 단, 본 선례의 단서에 나와 있듯이 청산절차가 종료된 경우에는 회사계속의 요건(867면 참조)을 충족시키지 못하여 회사계속을 할 수는 없다.

293. 상법 제520조의2 제4항에 의하여 청산이 종결된 것으로 간주된 휴면회사가 회사를 계속할 수 있는지 여부(소극)

[상업등기선례 제1-258호, 제정 2000. 6. 21.]

상법 제520조의2 제1항에 의하여 해산한 것으로 간주된 휴면회사는 해산한 것으로 간주된 후 3년 이내에는 상법 제434조의 결의에 의하여 회사를 계속할 수 있으나(상법 제520조의2 제3항), 그 기간 동안 회사계속의 결의를 하지 않아 상법 제520조의2조 제4항에 의하여 청산이 종결된 것으로 간주된 경우에는 회사를 계속할 수 없다.

(2000. 6. 21. 등기 3402-438 질의회답)

◐ **선례 해설:**

1. 상법 제520조의2 제1항에 의하여 해산한 것으로 간주된 휴면회사는 신고기간 만료일로부터 3년이 경과한 때에는 청산이 종결된 것으로 간주되어 회사계속을 할 수가 없다(상법 520조의2조 1항 및 4항). 따라서 해산등기를 한 후 회사계속의 등기를 함이 없이 신고기간 만료일로부터 3년이 경과한 때에는 등기관은 청산종결의 등기를 하고 그 등기기록을 폐쇄하게 된다(예규 1556호 10조 1항). 이와 같이 청산이 종결된 것으로 간주된 경우에는 회사계속을 할 수가 없으나,

2. 위 1.의 휴면회사라도 해산간주된 날로부터 3년 이내에 주주총회의 특별결의에 의하여 회사계속을 할 수가 있다.

3. [비교] 위에서 살펴본 바와 같이 상법 제520조의2 제4항에 의하여 청산이 종결된 것으로 간주된 휴면회사는 회사를 계속할 수는 없지만, 청산사무가 남아 있고 등기용지가 폐쇄된 날로부터 20년이 지나지 않았을 경우(다만, 등기용지가 폐쇄된 날로부터 20년이 지난 경우에도 등기소에서 그 용지를 보관하고 있는 경우에는 예외로 함)에는 청산사무가 종결되지 않았음을 증명하여 청산종결등기의 말소를 신청한 후 청산절차를 진행할 수는 있다. 이와 관련된 선례에 대해서는 상업등기선례 제1-281호(851면) 참조.

제28절 합병의 등기

<table>
<tr><th rowspan="2">내 용</th><th colspan="2">관련 조문</th><th rowspan="2">관련 선례 · 예규 · 규칙
(실무사례 포함)</th></tr>
<tr><th>상법</th><th>상업등기법</th></tr>
<tr><td>1. 합병 일반론</td><td rowspan="5">제174조,
제175조,
제522조
~제530조</td><td rowspan="5">제62조
~제64조,
규칙
제148조,
제149조</td><td>☞ 실무사례(140)
☞ 실무사례(141)
☞ 실무사례(142)</td></tr>
<tr><td>2. 합병 가능 여부</td><td>294. 상업선례 제2-77호
295. 상업선례 제2-78호[1]
<s>296. 상업선례 제1-230호</s>
<s>297. 상업선례 제1-231호</s>
<s>298. 상업선례 제1-237호</s>
299. 상업선례 제2-76호
☞ 실무사례(143)
300. 상업선례 제2-73호[2]</td></tr>
<tr><td>3. 합병으로 취득한 자기주식 (혹은 포합주식)의 처리</td><td>301. 상업선례 제1-235호
302. 상업선례 제1-239호
303. 상업선례 제2-72호
304. 상업선례 제2-75호</td></tr>
<tr><td>4. 첨부정보</td><td>305. 상업선례 제2-74호
306. 상업선례 제1-225호
307. 상업선례 제1-228호
308. 상업선례 제1-234호
☞ 실무사례(144)
☞ 실무사례(145)
309. 상업선례 제1-232호
310. 상업선례 제1-227호
311. 상업선례 제1-233호
312. 상업선례 제1-236호</td></tr>
<tr><td>5. 지점소재지에서 하는 등기</td><td>313. 상업선례 제1-229호
314. 상업선례 제1-238호</td></tr>
</table>

1) 상업등기선례 제2-78호에 의해 상업등기선례 제1-230호, 제1-231호, 제1-237호는 폐지되었다. 하지만 무증자 흡수합병을 제한적으로 인정하는 현 선례의 입장을 고려할 때, 상업등기선례 제1-237호 중 제2문은 아직 유효하다고 본다(선례상 아직 유효하다는 것이고, 2015년 상법 개정으로 무증자 흡수합병이 명시적으로 인정되는 것으로 평가되어 향후 선례의 입장 변화가 예상된다. 이에 관한 논의는 898~901면 참조).

2) 2011. 4. 14. 개정 상법 제523조 제4호에서는 합병교부금만을 주는 합병이 가능하게 됨에 따라 상업등기선례 제2-73호 중 2문은 그 실효성이 없게 되었다.

§ 요약

1. 합병이 가능한지에 대해 개별적으로 살펴보면, i) 해산 후의 회사는 존립 중의 회사를 존속회사로 하는 경우에 한하여 합병할 수 있으며(상업선례 제2-77, 889면), ii) 채무초과회사를 소멸회사로 하는 흡수합병이 가능한지 대해서는 견해의 대립이 있음에도 불구하고 형식적 심사권한만을 가진 등기관은 그 등기를 수리하여야 하며(상업선례 2-78, 890면), iii) 2011. 4. 14. 개정 상법에서는 합병교부금만을 지급하는 합병을 허용하고 있다.

2. 흡수합병에 의하여 존속회사가 취득한 자기주식과 관련한 선례의 입장을 살펴보면, i) 흡수합병의 경우에 합병계약서에 합병으로 취득하는 자기주식을 소각하는 뜻과 그 주식의 수 및 소각으로 인한 자본액의 변동이 없다는 사실을 기재한 경우에는 합병절차 외에 별도의 절차 없이도 자본의 감소가 없는 자기주식의 소각이 가능하며(상업선례 1-235, 908면), ii) 흡수합병절차에서 해산회사가 존속회사의 발행주식 전부를 소유하고 있고 존속회사는 합병으로 승계할 자기주식을 자본금의 감소 없이 자기주식의 전부를 소각하고 해산회사의 주주에게는 합병신주를 발행하여 교부하는 것으로 합병계약에 정한 때에는, 자본의 총액은 소각으로 인하여 변동이 없으며 합병신주의 발행으로 인하여 증가하는 자본액만큼의 변경등기를 하여야 한다(상업선례 1-239 2문 중 후문, 909면).

3. 합병계약서는 주주총회의 특별결의에 의한 승인을 받아야 하며, 회사는 합병계약서에 대한 주주총회의 특별결의에 의한 승인결의가 있은 날로부터 2주간 내에 채권자에 대하여 합병에 이의가 있으면 1월 이상의 기간 내에 이를 제출할 것을 공고하고 알고 있는 채권자에 대하여는 따로따로 이를 최고하여야 하는바, 정관에서 정한 회사의 공고방법과 다른 공고를 하였을 경우에는 공고로서의 효력이 발생하지 않는다(상업선례 2-74, 913면 및 1-225, 914면).

4. 회사가 합병을 하는 경우에는 채권자보호절차를 반드시 밟아야 하며(상업선례 1-228, 915면 및 1-234, 916면), 합병비율이 1:1이 아니어서 소멸회사의 주식에 대해 주식의 병합 또는 분할을 하는 경우 합병으로 인한 변경등기신청서에는 반드시 주권제출의 공고를 하였음을 증명하는 정보를 첨부정보로 제공하여야 한다(상업선례 1-233, 923면).

실무사례(140)

제목: 해산회사와 존속회사의 대표이사가 동일한 경우에도 합병이 가능한지 여부(적극) 및 합병기일, 보고총회일, 합병등기일을 모두 동일한 일자로 하여 합병을 진행하는 것이 가능한지 여부(소극)

【1】 해산회사와 존속회사의 대표이사가 동일인인 경우 합병계약을 체결하고 합병절차를 진행하는데 있어서 그것이 장애사유가 되는지?

【2】 회계상 편의를 위하여 합병기일, 보고총회일, 합병등기일을 모두 같은 날짜로 해서 진행하려고 하는데 문제는 없는지?

1. 흡수합병이란 2개 이상의 회사가 계약에 의하여 한 회사가 다른 회사를 흡수하고, 흡수되는 소멸회사의 자산과 부채가 존속회사에 법정 절차에 따라 이전·수용되는 효과를 가져 오는 것을 말하며, 원칙적으로 소멸되는 회사의 주주는 합병에 의하여 존속회사의 주주가 되는 것이다. 합병을 위한 절차를 별도로 규정하고 있는 점을 고려할 때, 해산회사와 존속회사의 대표이사가 동일하더라도 상법 제398조의 자기거래에 해당하지 않는다고 봄이 타당하다(다른 견해 있음. 『주석상법(회사편Ⅲ)』, 338~339면). 혹 자기거래에 해당하는 것으로 볼지라도 상법상의 합병절차 이외 이사회의 승인만 추가될 뿐이므로 해산회사와 존속회사의 대표이사가 동일인이더라도 합병하는데 문제될 것은 없다.

2. 통상 보고총회 소집 시기는 상법 조문에 나와 있듯이 실질적으로 합병절차를 종료한 시점, 다시 말해 합병기일부터 합병등기 전까지이다. 따라서 합병기일 전에 보고총회를 개최하는 것은 허용되지 않으나 채권자이의절차 및 주식의 병합절차가 합병기일에 종료하는 때에는 합병기일 당일에 보고총회를 개최하더라도 지장은 없다고 본다(『주석상법(회사편Ⅴ)』, 373면). 또한 합병기일 이후 보고총회와 등기신청일을 같은 일자에 진행하더라도 무방하다고 본다. 다만, 합병기일은 합병등기일 보다 앞서야 한다는 것이 실무제요의 입장이다(『상업등기실무(Ⅱ)』, 448면). 합병의 효력발생시기는 합병등기를 한 때이나(상법 530조 2항, 234조), 합병기일의 의미를 해산회사의 재산·장부 기타 일체의 영업이 존속회사에 인도되어 당사 회사가 실질적으로 합쳐지는 날로 볼 때, 개념상 합병기일은 합병등기일 보다는 앞서야 하는 것으로 보는 것이 합리적이라 생각된다. 다만, 앞선다는 개념이 일자를 앞서야 한다는 것인지 아니면 같은 일자라도 시간적으로만 앞서면 된다는 것인지에 대해서는 견해의 대립이 있을 수 있으나, 두 개념이 모두 일(日)

을 포함하고 있어 합병기일이 합병등기일 보다 일자상 앞서야 한다는 것이 좀 더 설득력이 있다. 결국 사안의 경우 합병등기일 보다는 합병기일이 앞서야 한다고 생각된다. 등기실무상으로도 견해의 대립이 있을 경우에는 좀 더 보수적으로 접근하여 합병기일, 보고총회일, 합병등기일이 모두 같은 일자일 경우에는 보정을 요구할 수 있다고 본다.

참조 조문: 상법 제234조, 제398조, 제522조 내지 제523조의2, 제526조, 제527조의4 내지 제530조, 상업등기법 제62조, 제63조, 상업등기규칙 제128조, 제148조, 제149조

참조 문헌: 『상업등기실무(Ⅱ)』(448면), 『주석상법(회사편Ⅲ)』(338~339면), 『주석상법(회사편Ⅴ)』(356면 및 372~375면)

※ **[참 고]** 아래 도표는 실제 진행된 흡수합병 일정표에 관한 것임.

구 분		존속회사	소멸회사
합병계약서 작성		2014. 11. 13.	2014. 11. 13.
합병승인을 위한 임시주주총회		2014. 11. 14.	2014. 11. 14.
합병공고 및 주권제출공고		2014. 11. 17.	2014. 11. 17.
합병기일		**2014. 12. 24.**	
합병보고총회	합병보고의 건, 정관일부변경의 건, 임원 선임의 건	**2014. 12. 24.**	-
이사회 결의	대표이사 선임의 건	2014. 12. 24.	-
변경등기 및 해산등기 => **합병등기일** (존속회사의 대표이사가 모두 신청)		**2014. 12. 26.**	

주) 위 합병일정에서 합병기일(2014. 12 .24.)이 합병등기일(2014. 12. 26.) 보다 일자상 앞선다는 것을 확인할 수 있다.

합병기일	합병 시 존속회사 또는 신설회사가 소멸회사의 자산·부채 등을 승계한 날
보고총회일	존속회사의 이사는 채권자보호절차의 종료 후, 주식병합이 있는 때에는 그 효력이 발생한 후 그리고 주식병합으로 인하여 단주가 발생하는 때에는 그 처분을 한 후 지체 없이 보고총회를 소집하여야 하는데, 이와 같이 보고총회는 모든 합병절차가 법령과 정관 및 합병계약이 정하는 대로 진행되었는지에 대하여 내부적으로 마무리하는 의미를 가짐(『주석상법(회사편Ⅴ)』, 372면)
합병등기일	합병의 효력이 발생하는 날

실무사례(141)

제목: 합병계약서 작성

A 기업은 인천 남동동단에 소재한 자동차부품 제조(플라스틱제)업을 영위하는 회사이며, B 기업은 A 기업의 자회사로서 시흥에서 A 기업으로부터 발주를 받아 외주 임가공 하는 회사이다. 이번에 경영합리화를 위해 A 기업을 존속회사로, B 기업을 소멸회사로 하는 흡수합병을 하기로 계획 중이다. 다음은 이와 관련한 질의이다.

【1】 소멸회사인 B 기업의 순자산가액을 초과하여 존속회사가 합병신주를 발행할 수 있는지?

【2】 흡수합병으로 인하여 A 기업의 정관상 목적을 추가하려고 한다. 이 경우 정관변경을 위한 별도의 주주총회 결의가 필요한지?

1. 흡수합병의 합병계약서에는 존속하는 회사의 자본금 또는 준비금이 증가하는 경우에는 증가할 자본금 또는 준비금에 관한 사항을 기재하여야 한다(상법 523조 2호). 여기서 문제가 되는 것은 존속회사의 증가할 자본금이 소멸회사의 순자산가액을 초과할 수 있는지 여부이다. 이에 대하여 합병당사자의 전부 또는 일방이 주권상장법인인 경우에 허용된다는 판례가 있지만(대법원 2008. 1. 10. 선고 2007다 64136 판결 참조), 주권비상장법인 간의 경우에도 허용됨이 상당하다(「법원행정처 주요선례 해설(22)」, 891~893면 참조). 사안의 경우 소멸회사인 B 기업의 순자산가액을 초과하여 존속회사인 A 기업이 합병신주를 발행할 수 있으며, 회계처리에 있어서는 그 초과분을 영업권으로 계상한다.

2. 흡수합병의 합병계약서에는 존속하는 회사가 합병으로 인하여 정관을 변경하기로 하는 때에는 그 규정을 적어야 한다(상법 523조 7호). 따라서 합병계약서에 추가하려는 목적사항을 기재하고, 그러한 사항이 적혀 있는 합병계약서를 작성하여 주주총회의 승인을 얻어야 하며(상법 522조 1항), 합병과 관련하여 정관을 변경하기로 한 것에 대해 작성된 합병계약서는 주주총회의 승인을 받으면 효력이 발생하는 것이므로, 합병 승인을 위한 주주총회 외 별도의 주주총회에서 정관변경을 위한 결의가 필요한 것은 아니다.

참조조문: 상법 제522조, 제523조 **참조 판례**: 대법원 2008. 1. 10. 선고 2007다64136 판결
참조문헌: 염춘필, "합병절차·등기실무에서 발생하는 제문제", 법무사저널(2008년 7·8월호), 서울중앙지방법무사회, 98~103면

실무사례(142)

제목: 합병보고총회

A 주식회사와 B 주식회사는 A 주식회사를 존속회사로 하고 B 주식회사를 소멸회사로 하는 흡수합병을 하기로 하고, 합병계약서에 기재되어 있는 “합병을 할 날” 인 2015. 12. 21. 아래의 합병비율에 따라 소멸회사인 B 주식회사의 주주들에게 주권을 교부하였다.

구 분	합병 전 주식 수	합병비율	2015. 12. 21. 현재 주식 교부 현황
A 주식회사 (존속회사)	100,000주	B 주식회사 주주들에게 보유주식 1주당 A 주식회사 0.2주 교부	110,000주 (기존 존속회사 주주들 보유주식 및 소멸회사 주주들에게 교부한 주식의 합계)
B 주식회사 (소멸회사)	50,000주		
계	150,000주		110,000주

【1】 합병계약서에 기재되어 있는 “합병을 할 날” 인 2015. 12. 21.에 존속회사의 합병보고총회를 개최할 예정이다. 가능한지?

【2】 위 【1】이 가능하다고 가정할 경우, 존속회사의 합병보고총회에서 보고해야 할 사항은 무엇인지?

【3】 존속회사의 합병보고총회에는 A 주식회사(존속회사)의 기존 주주들만 참석하면 되는지?

1. 흡수합병계약서에 기재되는 “합병의 할 날” 즉 합병기일이란 소멸회사의 재산을 존속회사에 인도하고 소멸회사의 주주에게 주권을 발행하는 등 실질적으로 양 회사를 합체하기 위한 실무적인 절차를 완료하기로 예정한 날로 보아야 한다(이철송, 『회사법강의』, 1062면). 이에 대해 존속회사의 합병보고총회는 모든 합병절차가 법령과 정관 및 합병계약이 정하는 대로 진행되었는지에 대하여 내부적으로 마무리하는 의미를 갖는 것으로, 그 소집 시기는 합병기일부터 합병등기 전까지이다. 따라서 합병기일 전에 보고총회를 개최하는 것은 허용되지 않으나, 채권자이의절차와 주식병합(혹은 분할)절차가 합병기일에 종료하는 때에는 합병기일 당일에 보고총회를 개최하더라도 무방하다. 사안의 경우 합병기일인 2015. 12. 21.에 채권자이의절차와 주식병합절차가 종료하는 때에는 2015. 12. 21.에 합병보고총회

를 개최할 수 있다(「실무사례(140)」, 879-880면 참조).

2. 존속회사의 이사(주: 실무적으로는 존속회사의 대표이사)[1]는 합병보고총회에서 합병에 관한 사항을 보고하여야 한다(상법 526조 1항). 여기에서 합병에 관한 사항이란 합병 사실의 경과뿐만 아니라, 해산회사의 재산이 제대로 승계되었는지 여부, 합병절차가 적법하게 진행되었는지 여부, 채권자이의 절차와 주권병합(혹은 분할)절차의 실시 경과, 합병계약서의 기재대로 이행되었는지 여부 등을 의미한다(『주석상법(회사편Ⅴ)』, 374면).[2]

3. 합병기일에 소멸회사의 주주들은 주권을 교부받지만, 합병의 효력은 합병등기를 한 날에 발생하므로(상법 530조 2항, 234조) 합병등기 전 소멸회사의 기존 주주들이 존속회사의 주주가 아님은 명백하다. 그럼에도 불구하고 합병 당시에 발행하는 신주의 인수인은 합병보고총회에서 주주와 동일한 권리가 있다(상법 526조 2항).[3] 엄밀히 보면 합병신주의 인수인(즉 사안의 소멸회사인 B 주식회사의 주주로서 합병비율에 따라 존속회사의 주권을 교부받은 자)은 합병등기 전에는 존속회사의 주주가 아님에도 불구하고 합병보고총회 제도의 취지상 상법은 예외를 허용한 것이다(『주석상법(회사편Ⅴ)』, 374면 참조). 사안의 경우 존속회사인 A 주식회사의 주주들뿐만 아니라 소멸회사인 B 주식회사의 주주들로서 합병비율에 따라 존속회사의 주식을 교부받은 자들도 합병보고총회의 참석권자가 되어, 합병보고총회 참석권자의 보유주식수는 존속회사의 기존 주주들이 보유한 주식 100,000주에 소멸회사의 주주들이 합병비율에 따라 교부받은 10,000주의 합계인 총 110,000주라 하겠다.[4]

※ 합병보고총회의사록 출석 현황 작성 예(이한휴 법무사님 자료 제공)

1. 발행한 주식총수	100,000주(주주 ○명)
2. 합병신주	10,000주(주식인수인 ○명, 이하 주주, 상법 526조 2항에 의함)
3. 의결권있는 주식수	110,000주(1+2-무의결권주)(주주 ○명)
4. 참석주식수	80,000주(주주 ○명)

1) 상법 조문은 "이사"라고 규정하고 있으나 대표이사가 없는 소규모회사가 아닌 한 대표이사를 의미한다(임재연, 『회사법Ⅱ』, 590면).
2) 한편 합병보고총회는 합병에 관한 사항을 보고하기 위한 총회이지만, 흡수합병의 합병보고총회는 존속회사의 임시총회에 해당하므로 이 보고총회에서 합병과 무관한 존속회사의 다른 의제를 다룰 수는 있다고 본다(『주석상법(회사편Ⅴ)』, 375면).
3) 한편 2015년 개정 상법이 합병대가로서 존속회사의 자기주식을 이전하는 것을 명문화한 점에 비추어 존속회사의 자기주식을 합병대가로서 교부받게 되는 소멸회사의 주주들도 합병보고총회에서 존속회사의 주주와 동일한 권리가 있다고 볼 수 있다(『주식회사법대계(Ⅲ)』, 474~475면).
4) 존속회사의 주주들이 보유한 100,000주가 아님에 주의

「보 론」 적격합병의 요건[1)]

1. 합병의 개념

i) 합병의 개념은 규율하고 있는 법률 또는 합병의 본질을 보는 학설에 따라 여러 가지로 설명될 수가 있겠지만,

ii) 일반적으로 합병이란 "법정의 절차에 따라 둘 이상의 당사회사의 전부(신설합병) 또는 일부(흡수합병)가 해산하여 그 재산이 포괄적으로 청산절차 없이 신설 또는 존속회사에 승계되고, 동시에 해산회사 사원에게 신설 또는 존속회사의 사원권을 부여함으로써 원칙적으로 사원을 수용하는 회사법상의 제도 또는 행위" 라고 정리할 수 있다 (『주석상법(회사편Ⅴ)』, 283면).

2. 합병시 세무 문제

i) 내국법인이 합병을 원인으로 해산하는 경우에는 합병으로 소멸하는 법인, 즉 피합병법인은 상법상 청산절차를 거치지 않지만, 법인세법에서는 피합병법인의 자산을 합병법인에 양도한 것으로 보아, 그 양도에 따라 발생하는 양도손익을 피합병법인이 합병등기일이 속하는 사업연도의 소득금액을 계산할 때 반영토록 하고 있다(법인세법 44조 1항).

ii) 한편 내국법인이 합병함에 있어 일정한 요건(적격합병의 요건)을 모두 갖추거나 내국법인이 완전자법인[2)]을 합병하거나 완전자법인에 합병되는 경우에는 피합병법인이 합병법인으로부터 받은 양도가액은 피합병법인의 합병등기일 현재의 순자산 장부가액으로 보아 양도손익이 없는 것으로 할 수 있다. 또한 피합병법인의 합병등기일 현재의 결손금을 승계할 수 있고 피합병법인의 모든 세무조정사항 및 일정요건을 충족하는 세액감면과 세액공제를 승계할 수 있다.

iii) 따라서 실무상 합병에 있어서 검토할 사항 중 가장 중요하게 여기는 것은 합병비율의 산정과 함께 적격합병의 요건을 충족하는지 여부이다.

---

1) 삼일회계법인, 『2016년 신고대비 법인세 조정과 신고 실무』, 한국세정신문사(2016), 1148~1187면

2) 완전자법인이란 내국법인이 발행주식총수 또는 출자총액을 소유하고 있는 다른 법인을 말한다(법인세법 44조 3항).

3. 적격합병의 요건: ⅰ~ⅲ의 요건을 모두 충족하는 경우[1]

ⅰ) 합병등기일 현재 1년 이상 사업을 계속하던 내국법인 간의 합병일 것(사업영위기간 요건). 여기서 합병등기일 현재 1년 이상 계속하여 사업을 영위한 내국법인이란, 합병등기일로부터 소급하여 1년 이상 휴업 등 사업을 중단한 바 없이 법인등기부상 목적사업을 영위한 경우를 말한다(법인-666, 2012. 10. 26.).

ⅱ) 피합병법인의 주주 등이 합병으로 인하여 받은 합병대가의 총합계액 중 합병법인의 주식 등의 가액이 80% 이상이거나 합병법인의 모회사의 주식 등의 가액이 80% 이상인 경우로서 그 주식 등이 피합병법인의 일정 지배주주 등에 일정가액 이상 배정되고, 그 일정 지배주주 등이 합병등기일이 속하는 사업연도의 종료일까지 그 주식 등을 보유할 것(지분의 연속성 요건)

ⅲ) 합병법인이 합병등기일이 속하는 사업연도의 종료일까지 피합병법인으로부터 승계받은 사업을 계속할 것(사업의 계속성 요건)

4. 기타

ⅰ) 합병과 관련된 세무 문제로는 위에서 설명한 합병법인 및 피합병법인의 세무 문제뿐만 아니라 합병법인 및 피합병법인의 주주에 대한 세무 문제가 있어,

ⅱ) 실무는 합병법인, 피합병법인, 합병법인의 주주, 피합병법인의 주주 등에서 발생할 수 있는 세무 문제 등을 미리 점검한 이후에 구체적인 합병절차를 진행하는 것이 일반적이다.[2]

---

1) 법인세법 제44조 제2항 및 법인세법 시행령 제80조의2 참조

2) 세무 문제는 회사 혹은 공인회계사 등 타 전문직업인이 검토할 사항으로 보이나, 상업등기를 진행하는 법무사 사무실에서도 합병과 관련하여 가장 중요한 이슈 중 하나인 적격합병에 관한 기본 개념의 이해는 필요할 것 같아 여기에 실었다.

총괄(9): 합병의 제한과 합병 허용 여부와 관련된 사항 [294~300번 상업등기선례에 대한 총괄 정리표]

1. **상법상 회사는 자유로이 합병할 수 있는 것이 원칙**이므로(상법 174조 1항) 종류가 다른 회사 사이에서도 합병이 가능하다. 즉 물적회사와 물적회사 간, 인적회사와 인적회사 간은 물론, 물적회사와 인적회사 간의 합병도 인정된다(『주석상법(회사편 I)』, 148면).

2. **합병의 제한**

i) 상법에 의한 제한

① 합병을 하는 회사의 일방 또는 쌍방이 주식회사, 유한회사 또는 유한책임회사인 때에는 합병 후 존속하는 회사 또는 합병으로 설립되는 회사는 주식회사, 유한회사 또는 유한책임회사이어야 한다(상법 174조 2항).

② 해산 후의 회사는 존립 중의 회사를 존속회사로 하는 경우에 합병을 할 수 있다(상법 174조 3항). → 이와 관련된 상업등기선례로는 제2-77호(889면) 참조.

③ 유한회사가 주식회사와 합병하는 경우에 합병 후 존속하는 회사 또는 합병으로 설립되는 회사가 주식회사인 때에는 법원의 인가를 얻지 아니하면 합병의 효력이 없다(상법 600조 1항).

④ 합병을 하는 회사의 일방이 사채의 상환을 완료하지 아니한 주식회사인 때에는 합병 후 존속하는 회사 또는 합병으로 인하여 설립되는 회사는 유한회사로 하지 못한다(상법 600조 2항).

⑤ 설립 중의 회사는 회사가 아니기 때문에 합병의 당사자가 될 수 없다.

⑥ 상법상의 합병에 관한 규정은 상법상의 회사에 대해서만 적용되기 때문에 상법상 회사와 민법법인 간, 상법상 회사와 특수법인 간에는 다른 법률에 특별한 규정이 없는 한 합병이 이루어질 수 없다.

ii) 그 외 「자본시장과 금융투자업에 관한 법률」, 「채무자 회생 및 파산에 관한 법률」, 「독점규제 및 공정거래에 관한 법률」 등에 합병의 제한 규정이 있다.

3. 합병의 허용 여부가 문제되는 경우

i) 채무초과회사를 소멸회사로 하는 합병의 가부

① 종래의 선례는 채무초과회사를 해산회사로 하는 합병은 자본충실의 원칙 그리고 합병의 공정성을 유지하여 존속회사의 주주와 채권자를 보호해야 하는 점 및 합병차익을 전제로 한 상법 규정을 종합하여 보면 인정하기 어렵다고 보았다(상업선례 1-237, 896면).

② 하지만 최근 선례에서는 등기관의 형식적 심사권에 기해 허용하는 것으로 그 입장을 바꾸었다. 즉 "채무초과회사를 소멸회사로 하는 흡수합병 등기신청의 경우, 흡수합병으로 소멸하는 회사가 채무초과회사가 아님을 소명하는 서면(예컨대 소멸회사의 재무상태표 등)은 신청서에 첨부하여야 하는 서면이 아니며, 이러한 서면을 첨부하였다 하더라도 등기관은 소멸회사가 채무초과회사인지 여부를 심사할 수 없다." 라고 하여 채무초과회사를 소멸회사로 하는 합병이 가능하다는 입장으로 변경한 것이다(상업선례 2-78, 890면). 변경된 선례의 입장은 채무초과회사를 소멸회사로 하는 합병은 불가하다고 본 종래의 선례에서 언급한 논거에 대한 입장 변화라기보다는 등기관의 형식적 심사권에 기해 허용한다는 입장이다. 따라서 현재는 선례변경으로 채무초과회사를 소멸회사로 하는 합병의 경우에 등기 측면에서 장애는 없게 되었다.

ii) 무증자(흡수)합병(합병에도 불구하고 존속회사의 자본금이 증가하지 않는 합병)의 가부

① 존속회사가 해산회사의 주식을 전부 소유한 경우, 존속회사가 해산회사 주주에게 배정함에 충분한 자기주식을 소유하고 있는 경우 등과 같이 관련회사 주주나 채권자의 지위에 영향을 미치지 아니할 때에 가능하다는 선례(상업선례 1-237, 896면)와 1인주주인 주식회사와 1인사원인 유한회사의 주주와 사원이 동일한 경우에 유한회사가 주식회사에 흡수합병하여 해산하고 주식회사가 존속하기로 하는 흡수합병을 하는 경우에 무증자합병등기는 채권자보호절차를 거쳐 법원의 인가를 받은 때에는 가능하다는 선례(상업선례 2-76, 897면)가 있다.

② 즉 현재까지 선례의 입장은 무증자 흡수합병은 일정한 요건 하에 제한적으로 인정된다는 입장이다.

③ 하지만 무증자 흡수합병도 채권자에 대한 보호절차와 주주총회 특별결의 및 합병반대주주들에 대한 주식매수청구권 등을 통한 기존 주주에 대한 보호절차가 합병 과정에서 제도적으로 보장되어 있는 점, 2015년 상법 개정으로 무증자 흡수합병이 명시적으로 허용되는 것으로 평가되는 점 등을 고려할 때, 무증자 흡수합병에 관한 종래의 선례 입장이 계속 유지될지는 좀 더 지켜보아야 할 것 같다(「법원행정처 주요선례 해설(23)」, 898~901면 참조).

iii) 합병교부금만을 주는 합병의 가부[1]

① 소멸회사의 사원(주주) 전원이 동의하더라도, 합병대가로 존속회사 또는 신설회사의 사원권(주주권)을 주지 아니하고 합병교부금만을 지급하는 교부금합병은 허용되지 않는다고 본 종래 선례가 있었으나(상업선례 2-73, 905면),

② 2011. 4. 14. 개정 상법은 합병 시 소멸회사의 주주에게 그 대가의 전부 또는 일부를 금전이나 그 밖의 재산을 제공할 수 있도록 하고(상법 523조 4호), 특히 소멸회사의 주주에게 제공하는 재산이 존속하는 회사의 모회사의 주식인 경우에는 그 지급을 위하여 모회사의 주식취득을 허용하였다(상법 523조의2).

③ 따라서 지금 현재는 개정 상법의 내용에 따라 교부금합병은 전면적으로 허용되어, 종래 선례의 내용은 사실상 사문화되었다.

4. 합병의 허용여부에 대한 관련 선례 입장 요약

구 분	선례 입장	관련 선례	면수
청산 중의 회사를 소멸회사로 하는 합병	허용	제2-77호	889
채무초과회사를 소멸회사로 하는 흡수합병	허용	제2-78호	890
무증자(흡수)합병[2]	제한적 허용	제1-237호	896
		제2-76호	897
교부금합병	불허(사문화)	제2-73호	905

1) 이 주제는 합병대가의 유연화와 관련하여 살펴볼 필요가 있다. 「보론」(907면) 참조.
2) 무증자 흡수합병의 허용 여부에 대한 종전 선례의 입장이 계속 유효하지는 좀 더 지켜볼 필요가 있겠다.

294. 청산중의 회사를 소멸하는 회사로 하는 합병을 할 수 있는지 여부

[상업등기선례 제2-77호, 제정 2012. 9. 18.]

「상법」 제520조의2의 규정에 의하여 주식회사가 해산되고 청산이 종결된 것으로 보게 되는 회사에 대하여 「상업등기법」 제100조(주: 현행 상업등기법 제73조)에 의하여 등기관의 직권으로 해산등기와 청산종결등기가 이루어지고, 그 후 청산사무가 남아있어 청산종결등기가 말소되고 등기기록이 부활된 주식회사의 경우도 해산된 후 청산중인 회사인 것이고, 이와 같이 해산후의 회사가 합병을 하는 경우 존속하는 회사는 존립중의 회사이어야 하므로 해산후의 회사를 소멸하는 회사로 하는 경우에는 합병을 할 수 있다.
(2012. 9. 18. 사법등기심의관-2896 질의회답)

◐ 선례 해설:

1. 해산 후의 회사는 존립 중의 회사를 존속하는 회사로 하는 경우에 한하여 합병할 수 있으므로(상법 174조 3항),

2. 상법 제520조의2의 규정에 의하여 해산 및 청산종결 간주된 회사가 청산사무가 남아 있어 청산종결등기가 말소되고 등기기록이 부활되었더라도 회사계속을 할 수는 없고 오로지 청산의 목적범위 내에서만 활동할 수 있으므로(상업선례 1-281, 851면 및 1-258, 876면 참조), 그 본질은 어디까지나 해산된 후 청산 중인 회사이다.

   > 상법 제520조의2의 규정에 의하여 주식회사가 해산되고 그 청산이 종결된 것으로 보게 되는 회사라도 어떤 권리관계가 남아 있어 현실적으로 정리할 필요가 있으면 그 범위 내에서는 아직 완전히 소멸하지 아니한다(대법원 2001. 7. 13. 선고 2000두5333 판결).

3. 따라서 상법 제520조의2의 규정에 의하여 해산 및 청산종결 간주된 회사가 등기기록이 부활되었더라도 그 회사를 합병 후의 존속회사로 할 수는 없고 오로지 소멸회사로 하는 흡수합병만이 가능하다.

295. 채무초과회사를 소멸회사로 하는 흡수합병의 허용 여부(선례 변경)

[상업등기선례 제2-78호, 제정 2014. 1. 9.]

채무초과회사를 소멸회사로 하는 흡수합병 등기신청의 경우, 흡수합병으로 소멸하는 회사가 채무초과회사가 아님을 소명하는 서면(예컨대 소멸회사의 재무상태표 등)은 신청서에 첨부하여야 하는 서면이 아니며, 이러한 서면을 첨부하였다 하더라도 등기관은 소멸회사가 채무초과회사인지 여부를 심사할 수 없다.
(2014. 1. 9. 사법등기심의관-174 질의회답)

주) 이 선례에 의하여 등기선례 제3-957호(상업등기선례 제1-230호), 등기선례 제3-958호(상업등기선례 제1-231호), 등기선례 제6-667호(상업등기선례 제1-237호)는 폐지됨

◐ 선례 해설: 채무초과회사를 소멸회사로 하는 흡수합병의 가부[1]

1. 종전 선례 입장은 채무초과회사를 소멸회사로 하는 합병은 자본충실의 원칙과 합병의 공정성을 유지하여 존속회사의 주주와 채권자를 보호해야 하는 점을 고려하여 인정하기 어렵다는 입장을 취하였으나(상업선례 1-237, 896면),

2. 본 선례에서는 형식적 심사권한만을 가진 등기관은 소멸회사가 채무초과회사인지 여부를 심사할 수 없다는 입장을 취하면서 상업등기선례 제1-230호, 제1-231호, 제1-237호를 폐지함으로써, 현재는 등기절차상 채무초과회사를 소멸회사로 하는 흡수합병등기가 가능하게 되었다.

3. 채무초과회사를 소멸회사로 하는 흡수합병이 허용되는지에 대해서는 견해의 대립이 있을 수 있으나, 통상 합병의 경우 합병 당사회사의 주주총회 특별결의와 채권자보호절차을 거친다는 점, 합병 반대주주들에게 주식매수청구권이 인정되는 점 등을 고려 할 때, 상법상 주주 및 채권자 보호절차를 진행할 경우에는 채무초과회사를 해산회사로 하는 흡수합병도 가능하다고 본다(『주식회사법대계(Ⅲ)』, 407~409면 참조). 이러한 의미에서 상업등기선례 제2-78호는 진일보한 선례로 평가된다.

---

1) 「법원행정처 선례해설 요약(22)」, 891~893면 참조

법원행정처 선례해설 요약(22)[1]

【제목】 채무초과인 회사를 소멸회사로 하는 흡수합병의 가부와 이에 대해 등기관이 심사할 수 있는지 여부

1. 사안의 논점

종전 선례는 법령 해석론(학설)을 근거로 채무초과인 회사를 소멸회사로 하는 흡수합병을 원칙적으로 부정하였으나, 이 경우에 현행 법령상으로도 합병이 불가능한 것인지 여부 및 이에 대해 등기관이 심사할 수 있는지 여부

2. 상업등기 선례의 변화

i) 종전에 주식회사의 흡수합병의 경우 합병으로 소멸하는 회사가 존속하는 회사의 계열회사로 채무초과상태로서 주식평가가치가 0인 상태이어서 합병 후 존속하는 회사의 자본 또는 주식의 증가가 없게 되었다 하더라도 그 합병으로 인한 주식회사변경등기는 가능하다는 선례(상업선례 1-230)와 채무초과상태인 주식회사를 해산회사로 하는 무증자의 회사흡수합병등기는, 존속회사가 해산회사의 주식을 전부 소유한 경우를 제외하고는 허용되지 않는다는 선례(상업선례 1-231)가 있었지만,

ii) 위 두 선례는 다음 선례가 나오면서 일부 변경되었다. 일부 변경된 선례에 의하면, 채무초과회사를 해산회사로 하는 합병은 자본충실의 원칙 그리고 합병의 공정성을 유지하여 존속회사의 주주와 채권자를 보호해야 하는 점 및 합병차익을 전제로 한 상법규정을 종합하여 보면 인정하기 어려우나, ① 존속회사가 해산회사의 주식을 전부 소유한 경우 ② 존속회사가 해산회사 주주에게 배정함에 충분한 자기주식을 소유하고 있는 경우 등과 같이 관련회사 주주나 채권자의 지위에 영향이 미치지 아니할 때에는 가능하다(상업선례 1-237).

1) 『상업등기 주요선례 해설』, 296~302면

3. 채무초과회사의 합병 가능 여부

i) 채무초과회사의 합병 가능 여부에 대해서는 긍정하는 견해, 부정하는 견해, 모자(母子)관계 시 긍정하는 견해 등 다양하나, 일본의 경우에는 종전에는 부정하였으나 현행 일본 회사법은 채무초과 흡수합병도 가능하다는 입장[1]이다.

ii) 이에 대한 최근 판례에 의하면, "상법 제523조 제2호가 흡수합병계약서의 절대적 기재사항으로 '존속하는 회사의 증가할 자본'을 규정한 것은 원칙적으로 자본충실을 도모하기 위하여 존속회사의 증가할 자본액(즉, 소멸회사의 주주들에게 배정·교부할 합병신주의 액면총액)이 소멸회사의 순자산가액 범위 내로 제한되어야 한다는 취지라고 볼 여지가 있기는 하나, 합병당사자의 전부 또는 일방이 주권상장법인인 경우 그 합병가액 및 합병비율의 산정에 있어서는 증권거래법과 그 시행령 등이 특별법으로서 일반법인 상법에 우선하여 적용되고, 증권거래법 시행령 제84조의7[2] 소정의 합병가액 산정기준에 의하면 주권상장법인은 합병가액을 최근 유가증권시장에서의 거래가격을 기준으로 재정경제부령이 정하는 방법에 따라 산정한 가격에 의하므로 경우에 따라 주당 자산가치를 상회하는 가격이 합병가액으로 산정될 수 있고, 주권비상장법인도 합병가액을 자산가치·수익가치 및 상대가치를 종합하여 산정한 가격에 의하는 이상 역시 주당 자산가치를 상회하는 가격이 합병가액으로 산정될 수 있으므로, 결국 소멸회사가 주권상장법인이든 주권비상장법인이든 어느 경우나 존속회사가 발행할 합병신주의 액면총액이 소멸회사의 순자산가액을 초과할 수 있게 된다. 따라서 증권거래법 및 그 시행령이 적용되는 흡수합병의 경우에는 존속회사의 증가할 자본액이 반드시 소멸회사의 순자산가액의 범위 내로 제한된다고 할 수 없다(대법원 2008. 1. 10. 선고 2007다64136 판결)." 고 하여 합병가액을 정당한 평가방법에 의하여 정하였다면 주권상장법인의 경우 채무초과 흡수합병

1) 현행 일본 회사법(최종 개정: 2013. 6. 19. 법률 제45호) 제795조 제1항 및 제2항 => 승계채무액이 승계자산액을 초과하는 경우 주주총회의 결의에 따른 승인을 받도록 규정하고 있다.

2) 현행 「자본시장과 금융투자업에 관한 법률」 제165조의4 및 동법 시행령 제176조의5 참조

도 가능하다고 보았다.[1][2]

4. 합병의 등기와 등기관의 심사

i) 채무초과인 회사를 소멸회사로 하는 흡수합병의 허용 여부에 대해 상법 등 관련 규정에 소극적 제한 규정이 있는지 여부가 불분명하고 상업등기법과 상업등기규칙에 합병으로 인한 등기 시 소멸회사의 순자산이 있음을 증명하는 서면을 첨부하도록 하는 규정도 없으므로,

ii) 등기신청에 대하여 실체법상 권리관계와 일치하는지 여부를 심사할 실질적 심사권한은 없고 오직 신청서 및 첨부서면과 등기부에 의하여 등기요건에 합당하는지 여부를 심사할 형식적 심사권한밖에 없는 등기공무원으로서는 소멸회사가 채무초과회사인지 여부를 심사할 수 없다.[3]

※ 채무초과회사를 소멸회사로 하는 흡수합병 가부

구 분	상법의 규정	절차 규정	판례 입장	허용 여부
채무초과회사가 아닌 회사를 해산회사로 한 흡수합병등기	제522조 ~ 제530조	규칙 제148조	가능	긍정
채무초과회사를 해산회사로 한 흡수합병등기	〃 (제한규정 없음)			긍정 (심사할 수 없음)

1) 본 판례는 「자본시장과 금융투자업에 관한 법률」의 적용을 받는 법인 즉 주권상장법인 간의 합병 혹은 주권상장법인과 주권비상장법인 간의 합병에 있어서 채무초과회사를 소멸회사로 하는 흡수합병의 가부에 관한 것이나, 「자본시장과 금융투자업에 관한 법률」의 적용을 받지 않는 법인 즉 주권비상장법인 간의 합병의 경우에도 적용될 수 있다고 본다(자세한 논거는 『상업등기 주요선례 해설』, 299면 각주 54번 참조).

2) 이와 비슷한 취지로, 대법원은 합병비율은 자산가치 이외에 시장가치, 수익가치, 상대가치 등의 다양한 요소를 고려하여 결정되어야 할 것인 만큼 엄밀한 객관적 정확성에 기하여 유일한 수치로 확정할 수 없고, 그 제반요소의 고려가 합리적인 범위 내에서 이루어진 것이라면 결정된 합병비율이 현저하게 부당하다고 할 수 없다고 판시한 바 있다(대법원 2009. 4. 23. 선고 2005다22701,22718 판결). 이와 같은 판례의 취지는 자산가치로만 따져 채무초과회사를 소멸회사로 하는 흡수합병은 불가하다는 입장에 정면 배치되는 것이라 하겠다(저자 주).

3) 등기관의 형식적 심사권한과 관련해서는 대법원 1995. 1. 20.자 94마535 결정 및 2008. 12. 15.자 2007마1154 결정 참조

296. 주식회사의 흡수합병의 경우 무증자합병이 가능한지 여부[1)]

[상업등기선례 제1-230호, 제정 1992. 8. 10.]

주식회사의 흡수합병의 경우 합병으로 소멸하는 회사가 존속하는 회사의 계열회사로 채무초과상태로서 주식평가가치가 0인 상태이어서 합병 후 존속하는 회사의 자본 또는 주식의 증가가 없게 되었다 하더라도 그 합병으로 인한 주식회사변경등기는 가능한 것이다.

(1992. 8. 10. 등기 제1728호) **2014. 1. 9. 폐지**

1) 본 선례는 상업등기선례 제1-237호(896면)에 의해 일부 변경되었으며, 그 후 상업등기선례 제2-78호(890면)에 의하여 완전히 폐지되었다.

297. 채무초과상태인 주식회사를 해산회사로 하는 무증자합병등기 가부[1]

[상업등기선례 제1-231호, 제정 1993. 5. 24.]

채무초과상태인 주식회사를 해산회사로 하는 무증자의 회사흡수합병등기는, 존속회사가 해산회사의 주식을 전부 소유한 경우를 제외하고는 이를 할 수 없다.

(1993. 5. 24. 등기 제1244호) **2014. 1. 9. 폐지**

1) 본 선례는 상업등기선례 제1-237호(896면)에 의해 일부 변경되었으며, 그 후 상업등기선례 제2-78호(890면)에 의하여 완전히 폐지되었다.

298. 채무초과회사를 소멸회사로 한 무증자합병등기가 가능한지 여부(일부변경)[1]

[상업등기선례 제1-237호, 제정 2001. 10. 31.]

1. 채무초과회사를 해산회사로 하는 합병은 자본충실의 원칙 그리고 합병의 공정성을 유지하여 존속회사의 주주와 채권자를 보호해야 하는 점 및 합병차익을 전제로 한 상법규정(제523조 제1호 내지 제3호, 제459조 제2항)을 종합하여 보면 인정하기 어렵다.

2. 채무초과회사가 아닌 회사를 피합병회사로 한 흡수합병에서 무증자합병은 ① 존속회사가 해산회사의 주식을 전부 소유한 경우 ② 존속회사가 해산회사 주주에게 배정함에 충분한 자기주식을 소유하고 있는 경우 등과 같이 관련회사 주주나 채권자의 지위에 영향이 미치지 아니할 때에는 가능하다.

(2001. 10. 31. 등기 3402-736 질의회답) **2014. 1. 9. 폐지**

1) 상업등기선례 제2-78호(890면)에 의하여 본 선례는 폐지되었다. 하지만 무증자(흡수)합병을 제한적으로 인정하는 현 선례의 입장을 고려할 때, 본 선례 중 제2문은 채무초과 여부에 관한 것을 제외하고는 아직 유효하다고 본다(『2015 상업등기실무』, 488~489면). 이와 관련하여 상업등기선례 제2-76호에 대한 법원행정처 선례해설에서도 제한적으로 무증자(흡수)합병을 인정하는 입장을 확인할 수 있다(「법원행정처 선례해설 요약(23)」, 898~901면). 다만, 2015년 상법 개정으로 무증자 흡수합병을 명시적으로 허용하는 것으로 평가되는 점에서 본 선례 제2문을 포함하여 제한적으로 무증자 흡수합병을 허용하는 선례의 입장이 계속 유지될 지는 좀 더 지켜볼 필요가 있겠다.

299. 주식회사의 주주와 유한회사의 사원이 1인으로서 동일인인 경우 무증자 흡수합병등기가 가능한지 여부

[상업등기선례 제2-76호, 제정 2008. 9. 26.]

1인주주인 주식회사와 1인사원인 유한회사의 주주와 사원이 동일한 경우에 유한회사가 주식회사에 흡수합병하여 해산하고 주식회사가 존속하기로 하는 흡수합병을 하는 경우에 주식회사와 유한회사의 합병으로 인하여 증가할 주식의 수를 0으로, 증가할 자본금을 0원으로 하는 무증자합병등기는 채권자 보호절차를 거쳐 법원의 인가를 받은 때에는 가능하다.
(2008. 9. 26. 공탁상업등기과-1002 질의회답)

◐ 선례 해설: 무증자 흡수합병의 가부, 「법원행정처 선례해설 요약(23)」(898면) 참조

1. 상업등기선례 제2-78호(890면)가 제정되기 이전에도 합병에도 불구하고 존속회사의 자본금이 증가하지 않는 합병 즉 무증자 흡수합병이 가능한 경우가 있었는데,

2. 그 구체적인 예로 ⅰ) 존속회사가 완전자회사를 흡수합병하는 경우, ⅱ) 존속회사가 해산회사의 주주에게 배정함에 충분한 자기주식을 소유하고 있는 경우, ⅲ) 1인주주인 주식회사의 주주와 1인사원인 유한회사의 사원이 동일한 경우 등에는 상업등기선례에서 무증자 흡수합병이 가능한 것으로 보았다(상업선례 1-237 및 2-76 참조).

3. 즉 여태까지 상업등기선례에서는 무증자 흡수합병이 가능하기 위해서는 합병 당사회사의 주주나 채권자의 지위에 영향을 미치지 않으며 채권자보호절차를 거친 경우에 한하여 제한적으로 허용하는 입장을 취하였다. 실무상 무증자 흡수합병등기는 모회사와 완전자회사 간 많이 일어나고 있는 실정이다.

4. 하지만 2011년 개정 상법에서 제523조 제4호에 합병에도 불구하고 신주발행절차가 필요 없는 교부금합병이 가능하게 된 점, 2015년 개정 상법에서는 존속회사의 자본금이 증가하는 경우에 한하여 합병계약서에 기재하도록 함으로써 무증자 흡수합병의 가능성을 명시적으로 인정한 것으로 평가되는 점 등을 고려할 때, 향후 무증자 흡수합병등기에 관한 선례의 입장 변화가 예상된다(「무증자 흡수합병등기의 가부에 관한 사건」, 899~901면 참조).

법원행정처 선례해설 요약(23)[1)]

【제목】 주식회사의 주주와 유한회사의 사원이 1인으로 동일한 경우 무증자 흡수합병등기가 가능한지 여부(적극)

1. 사안의 논점

주식회사의 주주와 유한회사의 사원이 1인으로 동일하고 유한회사가 주식회사에 흡수합병되어 해산하고 주식회사가 존속하기로 하는 흡수합병을 하는 경우에 무증자 흡수합병등기가 가능한지 여부

2. 무증자합병의 인정여부

i) 흡수합병의 경우 존속회사의 자본금의 증가가 없는 형태의 합병이 가능한지에 대해 견해의 대립이 있으나 무증자합병이 가능하다는 견해가 다수의 입장이다.

ii) 판례도 "합병으로 인하여 증가한 존속회사의 순자산가치에 관하여 신주의 발행이 법률상 강제된다고 할 수 없고, 존속회사가 보유하고 있던 소멸회사의 주식에 대하여 반드시 합병신주를 배정하여야 하는 것이 아니며", "우선 존속회사는 소멸회사의 순자산가치에 해당하는 합병신주를 반드시 발행하여야 하는 것도 아니고 합병신주가 발행되지 않는 무증자 합병이 허용될 뿐만 아니라" 라는 판결이유에 비추어 무증자합병을 허용하고 있는 입장으로 보인다(대법원 2004. 12. 9. 선고 2003다69355 판결 참조).

iii) 이에 대한 선례로는, 존속회사가 해산회사의 주식을 전부 소유한 경우나 존속회사가 해산회사 주주에게 배정함에 충분한 자기주식을 소유하고 있는 경우와 같이 관련회사 주주나 채권자의 지위에 영향을 미치지 아니할 때에는 무증자 흡수합병이 가능하다는 선례(상업선례 1-237)와, 피분할회사(주: 현행 분할회사)가 존속하면서 일부사업부분을 인적분할하여 존립 중인 기존의 회사에 흡수합병하는 소위 흡수분할합병에서, 분할되는 특정사업부분이 상법 제530조의7 제1항 제2호의 대차대조표상 순자산가치가 0인 경우에는 합병차익이 존재하지 않으므로 피분할회사(주: 현행 분할회사)의 주주에게 분할합병의 상대방회사의 주식의 배정이 없는 무증자합병이 가능하다는 선례(상업선례 1-243)가 있다.

ⅳ) 무증자 흡수합병이 가능한지 여부는 자본충실의 원칙 그리고 합병의 공정성을 유지하여 관련회사의 주주와 채권자를 보호해야 하는 점 및 합병차익을 전제로 한 상법 규정(523조 1호 내지 4호, 459조 2항)의 취지를 종합적으로 고려하여 개별적으로 판단하여야 한다.

3. 주식회사의 주주와 유한회사의 사원이 1인으로 동일한 경우 무증자 흡수합병이 가능한지 여부

ⅰ) 주식회사의 주주와 유한회사의 사원이 1인으로 동일한 경우에 합병비율에 따른 주식의 배정을 하는 것이 원칙적인 모습이겠으나, 존속회사와 소멸회사의 주주 또는 사원이 동일하고 동일지분을 가지고 있는 경우에는 합병에 따른 신주를 배정하지 않더라도 합병 전후 회사에 대한 지분율은 동일하므로 주주나 사원의 지위에 영향을 미치지 않으며,

ⅱ) 합병 관련 회사의 종류 여하에 관계없이 원칙적으로 채권자보호절차를 거치도록 강제하고 있어 회사의 채권자에게 영향을 미치지 않으며,

ⅲ) 주식회사와 유한회사가 합병하여 주식회사가 존속회사가 될 때에는 법원의 인가를 얻어야 하는데(상법 600조 1항), 법원에 인가신청이 있는 경우 법원은 합병과 관련한 절차들이 적법하게 이루어졌는지 여부에 대하여 심사를 하게 된다.

4. 결어

1인 주주인 주식회사와 1인 사원인 유한회사의 주주와 사원이 동일한 경우와 같이 주주나 사원의 지위에 영향을 미치지 않고, 채권자보호절차를 거쳐 법원의 인가를 받은 경우 즉 일정한 요건 하에 무증자 흡수합병이 가능하다.

※ 무증자 흡수합병등기의 가부에 대한 사견(私見)

ⅰ) 흡수합병에 있어서 가장 이해관계를 많이 가지는 자는 소멸회사 및 존속회사의 각 기존 주주 및 각 회사의 채권자들이라 하겠다.

1) 『상업등기 주요선례 해설』, 280~286면

ii) 먼저 기존 주주의 지위에 미치는 영향을 살펴보면, 회사가 합병을 함에는 합병계약서를 작성하여 주주총회의 특별결의를 거쳐야 한다는 점(상법 522조), 합병반대주주에게는 주식매수청구권이 보장되어 있다는 점(상법 522조의3) 등을 고려할 때, 합병 당사회사의 기존 주주에게는 합병과정에서 그 권리보호가 제도적으로 마련되어 있어 합병으로 인해 기존 주주의 지위에 미치는 영향은 별문제가 없는 것으로 생각된다.

iii) 다음으로 기존 채권자의 지위에 미치는 영향을 살펴보면, 회사는 합병계약서에 대한 주주총회의 승인결의가 있은 날로부터 2주 내에 채권자에 대하여 합병에 이의가 있으면 1월 이상의 기간 내에 이를 제출할 것을 공고하고 알고 있는 채권자에 대하여는 따로따로 이를 최고하여야 한다(상법 527조의5). 이러한 채권자보호절차는 합병절차에 있어서 필수적인 절차이므로 이를 통하여 채권자의 지위에 미치는 영향은 별문제가 없는 것으로 생각된다.

iv) 결국 흡수합병에 있어서 가장 이해관계를 많이 갖는 기존 주주 및 채권자에게는 그들의 기존 지위를 보호하는 제도적 장치가 마련되어 있어 합병 당사회사의 합병비율에 따라 무증자 흡수합병이 이루어지더라도 문제될 것은 없다.

v) 또한 2011년 개정 상법에서는 존속회사의 신주발행절차가 필요 없는 교부금 합병 및 삼각 합병을 허용하고, 2015년 개정 상법에서는 여기서 한 걸음 더 나아가 무증자 흡수합병의 가능성을 명시적으로 인정한 것으로 평가되는 점(각주 1번 참조), 사안과 같은 유한회사의 주식회사에로의 합병은 법원의 인가과정에서 충분히 심리되기 때문에 그 인가서만 첨부정보로 제공되면 등기관의 형식적 심사권을 감안할 때 무증자 흡수합병등기를 수리하여야 하는 것이 이치에 맞는 점(소멸회사가 채무초과회사인지는 등기관이 심사할 수 없다는 상업등기선례 제2-78호의 입장과 같이) 등을 고려할 때, 무증자 흡수합병등기의 허용 여부에 대한 논의는 앞으로도 계속되어야 한다고 생각한다.[1)]

---

1) 2015년 개정 상법의 시행 이전에는 존속회사가 합병대가로서 소멸회사의 주주들에게 합병신주를 발행하여 교부하는 것을 기본으로 삼아 '존속회사의 증가할 자본금과 준비금의 총액'을 합병계약서의 필수적 기재사항으로 하였다. 그러나, 2015년 개정 상법(법률 제13523호, 공포일 2015. 12. 1., 시행일 2016. 3. 2.)은 존속회사의 자본금이 증가하는 경우에 한하여

합병계약서에 기재하도록 함으로써 무증자 흡수합병의 가능성을 명시적으로 인정하였고, 준비금도 증가하는 경우에만 합병계약서의 필수적 기재사항으로 하였다(상법 523조 2호). 따라서 이제는 합병대가로서 존속회사의 자기주식이 제공되는 경우 또는 교부금합병의 경우와 같이 합병으로 인하여 존속회사의 자본금 증가가 전혀 없는 경우 또는 준비금의 승계가 이루어지지 아니하는 경우에는 합병계약서에 존속회사의 자본금 또는 준비금에 관한 사항의 기재가 필요하지 않게 되었다(『주식회사법대계(Ⅲ)』, 403~404면). 또한 2015년 개정 상법에서는 합병대가로 존속회사의 자기주식이 이전될 수 있음을 명시적으로 규정하였다(상법 523조 3호).

이러한 무증자 흡수합병을 명시적으로 인정한 것으로 평가되는 2015년 개정 상법 이후, 제한적으로 무증자 흡수합병등기를 인정하는 기존 상업등기선례의 입장이 향후 어떻게 변경될지는 좀 더 지켜볼 필요가 있겠다.

생각건대, 상업등기에 있어서는 법령에서 첨부정보로 제공하라고 정한 첨부정보가 제공되었다면 등기관의 형식적 심사권으로 인하여 등기관은 무증자 흡수합병 등기를 수리하여야 한다고 본다.

※ 흡수합병의 합병계약서 기재사항 중 제523조 제2호 및 제3호 비교

종전 규정	2015년 개정 상법, 2016. 3. 2. 시행
2. 존속하는 회사의 증가할 자본금과 준비금	2. 존속회사의 자본금 또는 준비금이 증가하는 경우에는 증가할 자본금 또는 준비금에 관한 사항
3. 존속하는 회사가 합병 당시에 발행하는 신주의 총수, 종류와 수 및 합병으로 인하여 소멸하는 회사의 주주에 대한 신주의 배정에 관한 사항	3. 존속회사가 합병을 하면서 신주를 발행하거나 자기주식을 이전하는 경우에는 발행하는 신주 또는 이전하는 자기주식의 총수, 종류와 수 및 소멸회사의 주주에 대한 신주의 배정 또는 자기주식의 이전에 관한 사항
개정 내용은 무증자 흡수합병의 가능성을 명시적으로 인정한 것으로 평가됨	

실무사례(143)[1)]

제목: 완전모회사가 완전자회사를 무증자 흡수합병을 하려고 하는 경우의 첨부정보 등

완전모회사가 완전자회사를 무증자 흡수합병하는 경우에 관한 질의이다.

1. 기본 사실

【1】 갑(존속회사)이 을(소멸회사) 주식 100%를 소유하고 있어 무증자 흡수합병하고자 함.

【2】 갑, 을의 관할 등기소는 다르며, 을 주소지에 갑의 지점1이 설치되어 있음.

【3】 합병과 동시에 을 주소지에 갑 지점2를 설치하고자 함(갑과 을의 사업 목적이 다르므로 합병 후 이를 별개 지점 형태로 운영할 예정임).

2. 질의 사항

【1】 첨부할 의사록은 갑과 을의 합병승인 주주총회의사록, 갑의 합병보고총회의사록인 것 같은데, 을(소멸회사)의 합병보고총회의사록은 첨부하지 않는 것이 맞는지?

【2】 합병기일 7월 1일, 합병 후 유상증자 7월 1일, 합병등기일 7월 2일로 하여 합병등기, 증자등기를 별건으로 동시신청 가능한지? (아니면 합병기일 이후 7월 2일 유상증자 이사회 결의를 해야 하는지?)
- 유상증자는 이사회소집 기간단축 동의서 첨부하여 7월 1일자로 이사회 결의, 주금납입, 주금보관증명서 발급을 모두 실행할 예정임.

【3】 동일 장소에 수개의 지점설치 가능한지?

【4】 소멸회사 소유 부동산에 대한 존속회사 명의로 소유권이전등기 신청 시 취득세 세율 2.2% (취득세 1.5% + 교육세 0.15% + 농특세 0.15% + 취득세 감면분에 대한 농특세 0.4%)가 맞는지?

【5】 등기신청서는 아래와 같이 3건으로 제출하려고 한다.
- 합병, 지점변경(기존 지점의 합병사항), 지점설치 등기신청서 1건
- 해산등기신청서 1건
- 증자등기신청서 1건

---

1) 본 질의에 대한 답변은 이한휴 법무사님의 감수 내용에 힘입은 바 컸음을 알려 드립니다.

1. 흡수합병 시 첨부정보와 관련해서는 상업등기규칙 제128조 및 제148조에 규정되어 있는데, 본 사안과 관련된 것을 살펴보면 합병계약서, 존속회사의 주주총회의사록과 보고총회의사록, 소멸회사의 주주총회의사록 등이 필요하다. 따라서 사안의 경우 존속회사 갑과 소멸회사 을 사이에 체결한 합병계약서, 존속회사 갑의 합병승인 주주총회의사록, 보고총회의사록 등과 소멸회사 을의 합병승인 주주총회의사록은 흡수합병 등기신청서의 첨부정보이나, 소멸회사 을의 보고총회의사록은 첨부정보에 해당하지 않는다. 왜냐하면 존속회사와 달리 소멸회사의 경우는 보고총회를 개최하지 않고 소멸회사의 주주(합병신주의 인수인)는 존속회사의 보고총회에 참석하여 기존 존속회사의 주주와 동일한 권리를 행사하기 때문이다(상법 526조 2항). 따라서 존속회사의 보고총회의 주주의 수와 의결권의 수에는 합병신주 인수인에 대한 사항이 반영되어 표시되어야 한다(883면 설문【3】 해설 참조). 다만 사안의 경우에는 무증자 흡수합병이므로 합병 신주인수인이 없고, 따라서 보고총회의 주주 현황에는 변동이 없다.

2. 증자의 효력은 납입기일 다음날(상법 423조 1항)에, 합병은 합병등기(상법 530조 2항, 234조)를 함으로써 효력이 발생되므로, 주금납입일이 7월 1일이고, 합병등기신청일이 7월 2일이면 7월 2일에 증자 및 합병의 효력이 동시에 발생하므로 일괄신청을 하여야 한다. 만약 합병등기신청을 7월 2일에 하지 못하여 그 후 일자로 신청하게 된다면 증자의 효력은 이미 7월 2일에 발생하였으므로 이 경우 증자등기신청이 선행되어야 할 것이다. 질의의 경우 무증자 흡수합병이므로 합병등기신청 후 증자등기신청을 하더라도 별문제가 없으나, 자본의 증가를 가져오는 합병이라면 합병등기를 하고 이후에 증자등기를 하게 되면 자본에 관한 등기사항에 심각한 오류가 생기게 된다. 한편 합병절차 진행 중에 자본감소, 유상증자 등을 하게 된다면 합병계약서는 이를 전제로 하여 작성되어야 할 것이다.

3. 상업등기선례에 의하면, 동일한 행정구역 내에 있더라도 각 상이한 지점명칭을 기재하여 지점등기를 신청하는 것은 가능하다(상업선례 2-20). 즉 선례에 의하면 지점이 특정되었는지 여부는 지점 소재지와 함께 지점의 명칭을 함께 고려하여 판단한다. 따라서 사안의 경우 동일 장소에 수개의 지점이 있더라도 각각 상이한 지점명칭을 사용하여 특정될 수 있다면 지점등기가 가능하다고 본다.

4. 합병일 현재 소비성서비스업을 제외한 사업을 1년 이상 계속하여 영위한 법인 간의 합병에 따라 양수하는 재산에 대하여는 취득세를 면제한다(조세특례제한법 120조 2항 및 동법 시행령 116조 7항 => 주: 2015년 이후부터는 지방

세특례제한법 57조의2 1항으로 조문이 이전됨).[1] 이 경우 해당 취득세 면제분 4%의 20%에 상당하는 0.8%의 농어촌특별세만 납부하면 된다(농어촌특별세법 2조 및 5조).

5. 증자등기와 합병등기, 지점설치등기는 일괄신청이 가능하므로, 존속회사의 증자 및 합병으로 인한 변경 및 지점설치 등기신청서 1건 및 소멸회사의 합병으로 인한 해산등기신청서를 묶어서 존속회사 관할 등기소에 제출하면 된다. 다만, 존속회사와 소멸회사의 관할이 다르므로 합병으로 인한 지점의 변경등기는 본·지점 일괄신청이 안 된다(규칙 101조 1항 3호). 따라서 지점의 변경등기는 본점에서의 합병으로 인한 변경등기가 완료된 후 별도로 신청하여야 하며, 지점에서의 등기신청은 우편신청도 가능하다(법 24조 2항).

그런데, 존속회사와 소멸회사의 관할이 같더라도 실제로는 합병으로 인한 지점에서의 변경등기신청은 본·지점 일괄신청으로 하지 않는 것이 좋다. 관할이 같든 다르든 본·지점 일괄신청 자체는 이폼(e-Form)상으로는 가능하나, 실제로는 전산상의 이유로 교합이 되지 않고 있는 실정이다. 이는 각 회사의 본점과 지점의 경우 관할이 다르고, 본점등기부상의 기타사항란의 기재내용(소멸회사 합병)과 소멸회사의 본점등기부 기재내용(연월일 존속회사와 합병하고 해산), 각 지점에서의 기재내용(연월일 소멸회사를 합병, 연월일 존속회사에 합병하고 해산)이 다르기 때문에 생기는 것 같다. 아무튼 합병으로 인한 지점에서의 변경등기는 본점에서의 합병등기 후 별도로 신청하는 것이 편리하다.

참조 조문: 상법 제234조, 제522조 내지 제523조의2, 제526조, 제527조의4 내지 제530조, 상업등기법 제62조, 제63조, 상업등기규칙 제128조, 제148조, 제149조, 지방세특례제한법 제57조의2 제1항, 농어촌특별세법 제2조, 제5조

참조 선례: 상업등기선례 제2-20호(462면)

※ 사안과 같이 존속회사가 해산회사의 주식을 전부 소유한 경우 즉 완전모자회사 간의 무증자 흡수합병은 (무증자 흡수합병을 제한적으로 보는 현재까지의 선례의 입장을 따른다고 하더라도) 종전부터 인정되어(상업선례 1-231 및 1-237 참조), 실무에서 완전모자회사 간의 무증자 흡수합병은 많이 이루어지고 있다.

---

1) 2016년 1월 1일부터는 85%만 취득세 감면되는 것으로 개정되었다(지방세특례제한법 57조의2 1항, 177조의2 참조).

300. 합병교부금만을 지급하는 합병이 허용되는지 여부

[상업등기선례 제2-73호, 제정 2006. 8. 29.]

1. 회사의 합병이라 함은 두 개 이상의 회사가 계약에 의하여 신회사를 설립하거나 또는 그 중의 한 회사가 다른 회사를 흡수하고, 소멸회사의 재산과 사원(주주)이 신설회사 또는 존속회사에 법정 절차에 따라 이전·수용되는 효과를 가져오는 것이다. 소멸회사의 사원(주주)은 합병에 의하여 1주 미만의 단주만을 취득하게 되는 경우나 혹은 합병에 반대한 주주로서의 주식매수청구권을 행사하는 경우 등과 같은 특별한 경우를 제외하고는 원칙적으로 합병계약상의 합병비율과 배정방식에 따라 존속회사 또는 신설회사의 사원권(주주권)을 취득하여, 존속회사 또는 신설회사의 사원(주주)이 된다(대법원 2003. 2. 11. 선고 2001다14351 판결).

~~2. 우리 상법의 해석상, 신설회사 또는 존속회사가 소멸회사의 사원(주주)을 수용하는 것은 합병의 본질적 요소라고 할 것이므로, 소멸회사의 사원(주주) 전원이 동의하더라도, 합병대가로 존속회사 또는 신설회사의 사원권(주주권)을 주지 아니하고 합병교부금(상법 제523조 제4호, 제524조 제4호)만을 지급하는 이른바 교부금합병은 허용되지 않는다~~(주: 현행 상법에서는 교부금합병을 허용함. 이에 대한 설명은 「선례해설」, 906면 참조).
(2006. 8. 29. 공탁상업등기과-897 질의회답)

참조 조문 · 규칙 · 예규 · 선례 · 판례

▣ 상법[법률 제13523호, 2015.12.1., 일부개정]

제523조(흡수합병의 합병계약서) 합병할 회사의 일방이 합병 후 존속하는 경우에는 합병계약서에 다음의 사항을 적어야 한다.

1. 존속하는 회사가 합병으로 인하여 그 발행할 주식의 총수를 증가하는 때에는 그 증가할 주식의 총수, 종류와 수
2. 존속하는 회사의 증가할 자본금과 준비금의 총액
3. 존속하는 회사가 합병당시에 발행하는 신주의 총수, 종류와 수 및 합병으로 인하여 소멸하는 회사의 주주에 대한 신주의 배정에 관한 사항
4. 존속하는 회사가 합병으로 소멸하는 회사의 주주에게 제3호에도 불구하고 그 대가의 전부 또는 일부로서 금전이나 그 밖의 재산을 제공하는 경우

에는 그 내용 및 배정에 관한 사항
5. 각 회사에서 합병의 승인결의를 할 사원 또는 주주의 총회의 기일
6. 합병을 할 날
7. 존속하는 회사가 합병으로 인하여 정관을 변경하기로 정한 때에는 그 규정
8. 각 회사가 합병으로 이익배당을 할 때에는 그 한도액
9. 합병으로 인하여 존속하는 회사에 취임할 이사와 감사 또는 감사위원회의 위원을 정한 때에는 그 성명 및 주민등록번호

第524조(신설합병의 합병계약서) 합병으로 회사를 설립하는 경우에는 합병계약서에 다음의 사항을 적어야 한다.

4. 각 회사의 주주에게 지급할 금액을 정한 때에는 그 규정

◐ **선례 해설: 교부금합병의 가부**[1)]

1. 2011. 4. 14. 개정 상법 전에는 존속회사 또는 신설회사가 소멸회사의 주주를 수용하는 것은 합병의 본질적 요소로 보고, 소멸회사의 주주 전원이 동의하더라도 합병대가로 존속회사 또는 신설회사의 주권을 주지 아니하고 합병교부금만을 지급하는 교부금합병을 허용하지 않았다.

2. 하지만 2011. 4. 14. 개정 상법에서는 합병교부금만을 지급하는 합병을 허용하고 있다(상법 523조 4호 및 524조 4호 참조).

3. 즉 흡수합병의 합병계약서에는 존속하는 회사가 합병으로 소멸하는 회사의 주주에게 신주 대신에 그 대가의 전부 또는 일부로서 금전이나 그 밖의 재산을 제공하는 경우에는 그 내용과 배정에 관한 사항을 적어야 하며(상법 523조 4호), 또한 신설합병의 합병계약서에도 각 회사의 주주에게 지급할 금액을 정한 때에는 그 내용을 적도록 하고 있어(상법 524조 4호), 개정 상법에서는 흡수합병과 신설합병 모두 합병교부금만을 지급하는 교부금합병을 허용하고 있다.

4. 따라서 교부금합병을 허용하고 있는 현행 상법에서는 상업등기선례 제2-73호 중 2문의 내용은 그 실효성이 없게 되었다.

---

1) 합병대가의 유연화와 관련된 상법 개정 내용은 「보론」(907면) 참조

「보 론」 합병대가의 유연화와 관련된 상법 개정 내용

1. 합병대가와 관련된 종전 상법 내용[1]

i) 개정 전 상법은 원칙적으로 합병의 대가는 존속회사의 주식을 원칙으로 하고, ii) 예외적으로 합병비율을 조정하거나 소멸회사의 최종 영업연도의 배당에 대신하기 위한 경우에 국한하여 금전 교부가 허용된다는 입장으로, iii) 원칙적으로 합병대가는 존속회사 주식만을 허용하고 금전교부만을 하는 교부금합병을 금지하였다.

2. 2011. 4. 14. 상법 개정 내용[2]

i) 흡수합병 시 존속회사가 소멸회사의 주주에게 합병대가의 전부 또는 일부를 금전이나 그 밖의 재산으로 제공하는 것을 합병계약서에 기재하도록 하여 합병의 대가로 금전만을 지급하는 교부금합병을 전면적으로 허용하였으며(상법 523조 제4호 개정), ii) 합병대가의 다양화 차원에서 모회사 주식이 그 대가가 될 수 있도록 모회사 주식을 취득할 수 있는 특칙 규정을 신설하여 삼각합병 또한 허용하였다(상법 523조의2 신설).

3. 2015. 12. 1. 상법 개정 내용[3]

i) 합병대가로 존속회사의 자기주식을 소멸회사의 주주에게 지급할 수 있음을 명문화하였으며(상법 522조의2 1항 2호, 523조 3호 등 개정), ii) 삼각주식교환 제도의 도입으로 역삼각합병도 가능하게 하였다(상법 360조의3 6항 및 7항 신설).

※ 요약

구 분	합병대가의 내용
개정 전	원칙적으로 존속회사의 주식
2011년 개정	i)존속회사의 주식, ii)금전이나 그 밖의 재산(모회사의 주식도 가능)
2015년 개정	i)존속회사의 주식, ii)금전이나 그 밖의 재산(모회사의 주식뿐만 아니라 존속회사의 자기주식도 가능함을 명문화함)

---

1) 『상법 회사편 해설』, 413~416면
2) 『상법 회사편 해설』, 417~418면
3) 서유석, "기업 인수·합병(M&A) 활성화 「상법」 일부개정법률 공포", 법무사(2016년 1월호), 대한법무사협회, 32~37면

301. 흡수합병에 의하여 존속회사가 취득한 자기주식의 소각여부와 변경등기 절차 등

[상업등기선례 제1-235호, 제정 2000. 8. 1.]

1. 유한회사가 주식회사와 합병하는 경우에 합병 후 존속하는 회사가 주식회사인 때에는 법원의 인가를 얻어야 하는바(상법 제600조 제1항 참조), 법원에 대한 합병인가신청은 합병보고총회 전에는 이루어져야 할 것이다.

2. 회사가 합병하는 경우에 해산회사가 존속회사의 주식을 가지고 있다면 이는 존속회사가 자기주식을 취득하게 되는 경우에 해당하는바, 합병계약서에 합병으로 취득하는 자기주식을 소각하는 뜻과 그 주식의 수 및 소각으로 인한 자본액의 변동이 없다는 사실을 기재하는 경우에는 합병절차 외에 별도의 절차를 거치지 않고도 자본감소가 없는 주식소각이 가능할 것이며, 이 때 발행주식의 총수가 변경되므로 '발행주식의 총수, 그 종류와 각종주식의 내용과 수' (상법 제317조 제2항 제3호)에 대하여는 변경등기를 하여야 하나, '자본의 총액' (같은 항 제2호)에 대해서는 변경등기를 하지 않는다.

(2000. 8. 1. 등기 3402-534 질의회답)

◐ **선례 해설: 본 선례 중 2문과 관련하여**

1. 이사회 결의에 의해 자기주식을 소각하는 경우에는 i) 발행한 주식의 총수가 감소하더라도 정관의 변경 없이는 발행할 주식의 총수가 당연히 감소하는 것은 아니며, ii) 이는 기본적으로 주주들에게 배당할 재원으로 하여 주식을 소각하는 것이므로 자본금(자본의 총액)은 변경되지 않는다(상업선례 2-55, 615면 참조).

2. 흡수합병에 의하여 존속회사가 자기주식을 취득하는 경우에도 상기 1.과 같은 논리가 동일하게 적용된다. 본 선례에서는 여기서 한 걸음 더 나아가 흡수합병의 경우에 합병계약서에 합병으로 취득하는 자기주식을 소각하는 뜻과 그 주식의 수 및 소각으로 인한 자본액의 변동이 없다는 사실을 기재한 경우에는 합병절차 외에 별도의 절차 없이도 자본의 감소가 없는 자기주식의 소각이 가능함을 밝히고 있다.

302. 흡수합병절차에서 해산회사가 존속회사의 발행주식을 보유하고 있는 경우, 존속회사가 합병으로 취득한 위 자기주식을 합병신주로 해산회사의 주주에게 배정하는 것이 가능한지 여부 등

[상업등기선례 제1-239호, 제정 2003. 1. 29.]

1. 흡수합병절차에서 해산회사가 존속회사의 발행주식을 보유하고 있는 경우에 존속회사는 합병에 의하여 이를 승계하게 되는바, 존속회사는 합병의 대가로 합병으로 승계할 위 자기주식을 해산회사 주주에게 지급하는 것을 내용으로 하는 합병계약을 체결하고 그에 대한 합병등기를 신청할 수 있다.

2. 흡수합병절차에서 해산회사가 존속회사의 발행주식 전부를 소유하고 있고 존속회사는 합병으로 승계할 위 자기주식을 자본감소에 의하여 전부 소각하며, 해산회사의 주주에게는 합병신주를 발행하여 교부하는 것으로 합병계약에서 정한 경우, 합병으로 인한 존속회사의 발행주식총수 및 자본의 총액의 등기부상 각 기록방법은 합병신주의 발행으로 인한 변경등기를 먼저 한 후에 주식소각으로 인한 변경등기를 하여야 하며, 합병신주발행과 주식소각으로 인하여 최종적으로 변동되는 부분만의 변경등기를 경료할 수는 없다. 또한 위 경우에 자본감소가 없이 자기주식의 전부를 소각하는 것으로 합병계약에서 정한 때에는, 자본의 총액(발행주식총수는 위와 동일함)은 소각으로 인하여 변동이 없으며 합병신주의 발행으로 인하여 증가하는 자본액 만큼의 변경등기를 하여야 한다.

(2003. 1. 29. 공탁법인 3402-27 질의회답)

참조 조문 · 규칙 · 예규 · 선례 · 판례

▣ 상법[법률 제13523호, 2015. 12. 1., 일부개정]

제341조의2(특정목적에 의한 자기주식의 취득) 회사는 다음 각 호의 어느 하나에 해당하는 경우에는 제341조에도 불구하고 자기의 주식을 취득할 수 있다.

1. 회사의 합병 또는 다른 회사의 영업전부의 양수로 인한 경우
2. 회사의 권리를 실행함에 있어 그 목적을 달성하기 위하여 필요한 경우
3. 단주(端株)의 처리를 위하여 필요한 경우
4. 주주가 주식매수청구권을 행사한 경우

◐ **선례 해설:**

1. 흡수합병의 경우에는 존속회사가 소멸회사의 자산과 부채 일체를 승계하게 되는데, 이 경우에 소멸회사가 존속회사의 주식을 갖고 있는 경우에는 결과적으로 존속회사는 합병절차를 통해 자기주식을 취득하게 되며, 상법 제341조의2에서는 상법 제341조와는 달리 재무적·절차적 제한 없이 회사의 합병으로 인한 경우에는 자기주식을 취득할 수 있음을 규정하고 있다. 이 경우에는 존속회사는 합병의 대가로 합병으로 승계할 자기주식을 해산회사의 주주에게 지급하는 것을 내용으로 하는 합병계약을 체결하고 그에 대한 합병등기를 신청할 수 있다.

2-1. 한편 흡수합병절차에서 해산회사가 존속회사의 발행주식 전부를 소유하고 있고 존속회사는 합병으로 승계할 위 자기주식을 자본감소에 의하여 전부 소각하며, 해산회사의 주주에게는 합병신주를 발행하여 교부하는 것으로 합병계약에서 정할 수 있다. 이 경우에는 먼저 주식소각으로 인한 변경등기를 먼저 할 수는 없다. 왜냐하면 주식소각으로 인한 등기를 먼저 할 경우에는 완전감자등기가 되어 허용 되지 않기 때문이다. 따라서 이 경우에는 합병신주의 발행으로 인한 변경 등기를 먼저 한 후에 주식소각으로 인한 변경등기를 하여야 한다.

2-2. 위 2-1.의 경우에 자본감소가 없이 자기주식의 전부를 소각하는 것으로 합병계약에서 정한 경우에는 자기주식의 소각으로 발행한 주식의 총수는 감소하나 합병신주가 발행되므로 결과적으로는 합병 후에는 합병신주와 소각하는 자기주식의 차이만큼 증가하게 된다. 또한 이 경우에 자기주식의 소각으로 인한 자본의 총액에는 변동이 없으므로(상업선례 2-55, 615면 참조), 합병 신주의 발행으로 인하여 증가하는 자본의 총액에 대한 변경등기만을 하여야 한다. 이 경우를 표로 간단한 예를 들면 다음과 같다(1주당 액면가를 5,000원으로 가정).

<table>
<tr><th>구 분</th><th>합병 전</th><th>합병 후</th></tr>
<tr><td>기본적 상황</td><td colspan="2">① 소멸회사가 존속회사의 주식을 10,000주를 전부 소유
② 존속회사는 자기주식으로 취득하는 10,000주 전부소각
③ ②에 갈음하여 합병신주 15,000주 발행하여 교부</td></tr>
<tr><td>발행한 주식총수</td><td>10,000주</td><td>15,000주</td></tr>
<tr><td>자본금</td><td>50,000,000원</td><td>125,000,000원</td></tr>
</table>

303. 흡수합병절차에서 해산하는 주식회사가 존속하는 유한회사의 지분을 보유하고 있는 경우, 존속하는 유한회사가 합병으로 취득한 위 자기지분을 합병의 대가로 해산회사의 주주에게 배정하는 것이 가능한지 여부 등

〔상업등기선례 제2-72호, 제정 2005. 8. 3.〕

1. 흡수합병절차에서 해산하는 주식회사가 존속하는 유한회사의 지분의 전부를 보유하고 있는 경우에 존속하는 유한회사는 합병에 의하여 이를 승계하게 되는바, 존속하는 유한회사는 합병의 대가로 합병으로 승계할 위 자기지분을 해산회사의 주주에게 지급하는 것을 내용으로 하는 합병계약을 체결하고 그에 대한 합병등기를 신청할 수 있을 것이다.

2. 위 흡수합병절차의 (1) 합병계약에서 '존속하는 유한회사가 합병으로 승계할 위 자기지분을 자본감소에 의하여 전부 소각하고 해산회사의 주주에게는 합병에 의한 신지분을 배정하는 것'으로 정한 경우, 존속회사인 유한회사의 자본의 총액의 등기부상 기록방법은 합병시 신지분의 배정으로 인한 자본증가의 변경등기를 먼저 한 후에 지분소각으로 인한 변경등기를 하여야 하며, (2) 또한 위 경우에, 자본감소 없이 자기지분의 전부를 소각하는 것으로 합병계약에서 정한 때에는, 자기지분의 소각으로 인한 자본의 총액의 변경은 없으며 합병시의 신지분의 배정으로 인하여 증가하는 자본액만큼의 변경등기를 하여야 할 것이다.
(2005. 8. 3. 공탁법인과-365 질의회답)

◐ 선례 해설:

1. 존속회사사가 합병에 의하여 소멸회사의 자산을 승계하므로 소멸회사가 소유한 존속회사의 주식은 합병 이후 존속회사의 자기주식이 된다는 해석이 일반적이다. 당해 주식은 이를 계속 보유해도 무방하나, 합병과 동시에 소각하는 때에는 그 사실을 합병계약서에 기재해야 한다(『주식회사법대계(Ⅲ)』, 418면).

2. 기타 본 선례의 내용은 상업등기선례 제1-239호(909면)와 사실관계가 완전 동일하여「선례해설」(910면) 참조.

304. 흡수합병 시 존속회사가 보유하는 소멸회사 주식의 일부에 대해 합병신주를 배정한 경우 합병으로 인한 변경등기

[상업등기선례 제2-75호, 제정 2008. 6. 23.]

흡수합병을 함에 있어 존속회사가 보유하고 있던 소멸회사의 주식 일부에 대해서만 합병신주를 배정한 경우 이를 증명하는 서면(합병계약서 등) 등을 첨부하여 합병으로 인한 변경(발행주식 총수, 자본의 총액 등)등기를 신청할 수 있다. (2008. 6. 23. 공탁상업등기과-648 질의회답)

◐ 선례 해설:

1. 회사가 합병을 함에는 합병계약서를 작성하여 주주총회의 특별결의로 그 승인을 얻어야 하는데(상법 522조),

2. 흡수합병 시 합병계약서에는 i) 존속하는 회사가 합병으로 인하여 그 발행할 주식의 총수를 증가하는 때에는 그 증가할 주식의 총수, 종류와 수, ii) 존속하는 회사의 자본금 또는 준비금이 증가하는 경우에는 증가할 자본금 또는 준비금에 관한 사항, iii) 존속하는 회사가 합병을 하면서 신주를 발행하거나 자기주식을 이전하는 경우에는 발행하는 신주 또는 이전하는 자기주식의 총수, 종류와 수 및 합병으로 인하여 소멸하는 회사의 주주에 대한 신주의 배정 또는 자기주식의 이전에 관한 사항, iv) 존속하는 회사가 합병으로 소멸하는 회사의 주주에게 그 대가의 전부 또는 일부로서 금전이나 그 밖의 재산을 제공하는 경우에는 그 내용 및 배정에 관한 사항, v) 각 회사에서 합병의 승인결의를 할 주주총회의 기일, vi) 합병을 할 날, vii) 존속하는 회사가 합병으로 인하여 정관을 변경하기로 정한 때에는 그 규정 등의 내용이 포함되어야 한다(상법 523조).

3. 한편 합병회사가 보유하는 피합병회사의 주식을 포합(抱合)주식[1]이라고 하는데, 이와 같이 존속회사가 소멸회사의 주식을 보유하고 있는 경우 그 주식에 대해 합병신주를 배정할 수도 있고 배정하지 않을 수도 있다. 이 경우 본 선례에 의하면 일부에 대해서만 배정하는 것도 가능하다. 단 이 경우에 중요한 것은 그와 같은 내용이 흡수합병의 합병계약서에 포함되어 있어야 한다는 점이다.

1) 포합주식이란 합병을 하기 전, 합병하는 법인이 취득한 피합병법인의 주식을 말한다.

305. 회사의 본점 소재지를 잘못 기재한 공고문을 첨부하여 합병으로 인한 등기를 신청할 수 있는지 여부

〔상업등기선례 제2-74호, 제정 2007. 6. 14.〕

주식회사가 합병에 따른 이의 제출 공고(상법 527조의5)를 할 때 공고문에 합병을 하는 회사를 표시하면서 회사의 본점 소재지가 아닌 다른 장소(예를 들어, 대표이사의 주소 등)를 기재한 경우, 그 공고에 의하여는 합병을 하는 회사의 동일성을 식별하기 어려워 적법·유효한 공고라고 볼 수 없기 때문에 그 공고문을 첨부한 등기신청(비송사건절차법 제215조 제3호 => 주: 현행 상업등기규칙 제148조 제8호)은 수리될 수 없다.
(2007. 6. 14. 공탁상업등기과-667 질의회답)

◐ 선례 해설:

1. 합병계약서는 주주총회의 특별결의에 의한 승인을 받아야 하며(상법 522조), 회사는 합병계약서에 대한 주주총회의 특별결의에 의한 승인결의가 있은 날로부터 2주간 내에 채권자에 대하여 합병에 이의가 있으면 1월 이상의 기간 내에 이를 제출할 것을 공고하고 알고 있는 채권자에 대하여는 따로따로 이를 최고하여야 한다(상법 527조의5).

2. 위 1.의 경우에 공고는 정관에서 정한 회사의 공고방법에 의하여야 하고 이와 다른 공고를 한 경우에는 공고로서의 효력이 발생하지 않는다(상업선례 1-225, 914면).

3. 통상 공고문에는 합병의 개요와 채권자이의제출에 관한 내용 밑에 합병 당사회사의 명칭, 본점 소재지, 대표이사 성명 등이 포함되는데, 본 선례에 의하면 합병 당사회사를 표시하면서 회사의 본점 소재지가 아닌 다른 장소를 기재한 경우(예: 대표이사의 주소 등)에는 합병 당사회사의 동일성을 식별하기 어려워 공고로서의 효력이 없다.

4. 결국 상업등기규칙 제148조에 의해 합병으로 인한 변경등기 시에는 상법 제527조의5에 따른 공고 및 최고한 사실을 증명하는 정보를 제공하여야 하는데, 합병 당사회사의 동일성을 식별하기 어려운 공고문은 수리될 수 없음을 본 선례는 밝히고 있다.

306. 정관에서 정한 회사의 공고방법과 다른 공고를 하였을 경우 공고로서의 효력이 있는지 여부[1]

[상업등기선례 제1-225호, 제정 2001. 10. 31.]

회사합병등기에서는 채권자보호절차로서 채권자에 대한 이의제출 공고 및 최고를 한 사실을 증명하는 서면을 제출하도록 하고 있는바, 정관에서 정한 공고방법과 다른 공고를 한 경우에는 상법상 채권자보호절차를 이행하였다고 볼 수 없으므로 공고로서의 효력이 발생하지 않는다.
(2001. 10. 31. 등기 3402-735 질의회답)

참조 조문 · 규칙 · 예규 · 선례 · 판례

▣ **상업등기규칙[대법원규칙 제2668호, 2016. 6. 27., 타법개정]**

제148조(합병으로 인한 변경등기) 합병으로 인한 변경등기를 신청하는 경우에는 다음 각 호의 정보를 제공하여야 한다.

8. 「상법」 제527조의5 제1항에 따른 공고 및 최고한 사실과 이의를 진술한 채권자가 있는 때에는 이에 대하여 변제 또는 담보를 제공하거나 신탁을 한 사실을 증명하는 정보

◐ **선례 해설:**

1. 회사의 공고는 관보 또는 시사에 관한 사항을 게재하는 일간신문에 하여야 함이 원칙이며(상법 289조 3항), 합병으로 인한 변경등기를 신청하는 경우에는 합병에 따른 이의제출공고를 한 사실을 증명하는 정보를 제공하여야 한다(규칙 148조 8호).
2. 상법이 이러한 공고를 요구하는 것은 주주, 회사채권자 기타의 이해관계인의 이익을 위한 것이므로, 정관에서 정한 공고방법과 다른 공고를 한 경우에는 상법상 채권자보호절차를 이행하였다고 볼 수 없으므로 공고로서의 효력이 발생하지 않는다.

---

1) 「선례해설」(913면) 참조

307. 채권자보호절차이행증명서

[상업등기선례 제1-228호, 제정 1991. 8. 1.]

회사가 합병을 하는 경우에는 상법 제232조 또는 그 준용규정에 따른 회사 채권자의 보호절차를 반드시 밟아야 하는 것으로서, 합병 후 소멸하는 회사의 재무제표상 채무가 없다는 이유만으로는 그 절차를 생략하거나 보다 간이한 방법으로 채권자의 보호절차를 밟을 수는 없다.
(1991. 8. 1. 등기 제1617호)

참조 조문 · 규칙 · 예규 · 선례 · 판례

■ **상법[법률 제13523호, 2015. 12. 1., 일부개정]**

제527조의5(채권자보호절차) ① 회사는 제522조의 주주총회의 승인결의가 있은 날부터 2주내에 채권자에 대하여 합병에 이의가 있으면 1월 이상의 기간내에 이를 제출할 것을 공고하고 알고 있는 채권자에 대하여는 따로따로 이를 최고하여야 한다.

◐ **선례 해설:** 「실무사례(144)(145)」(918~920면)

1. 합병은 합병 당사회사 뿐만 아니라 회사 채권자에게도 큰 변동을 초래하기 때문에 채권자보호절차는 상법상 합병의 필수적인 절차 중 하나로 되어 있다(『주석상법(회사편Ⅴ)』, 393면).
2. 따라서 회사가 합병하는 경우에는 상법 제527조의5에 기한 채권자보호절차를 밟아야 하며, 합병으로 인한 변경등기 혹은 설립등기 시 상법 제527조의5 제1항에 따른 공고 및 최고한 사실과 이의를 진술한 채권자가 있는 때에는 이에 대하여 변제 또는 담보를 제공하거나 신탁을 한 사실을 증명하는 정보를 첨부정보로 제공하여야 한다.
3. 본 선례에 의하면, 상법 제527조의5의 규정은 강행규정으로 해석되어 재무제표상 채무가 없다는 이유만으로 그 절차를 생략하거나 간이한 방법으로 할 수 없다.

308. 상법 제527조의5의 규정에 의하여 합병에 이의를 한 채권자와 채권의 존부 및 채권액에 관하여 다툼이 있는 경우에도 합병으로 인한 변경등기신청서에 비송사건절차법 제215조 제3호 (주: 현행 상업등기규칙 제148조 제8호 및 149조 제4호)의 서면을 첨부하여야 하는지 여부

[상업등기선례 제1-234호, 제정 1999. 4. 2.]

흡수합병으로 인한 변경등기신청서에는 상법 제527조의5 제1항의 규정에 의한 공고 및 최고를 한 사실과 이의를 진술한 채권자가 있는 때에는 이에 대하여 변제 또는 담보를 제공하거나 신탁을 한 사실을 증명하는 서면을 첨부하여야 하는바, 이의를 진술한 채권자들의 채권의 존부와 채권액에 대하여 회사가 이를 다투고 있다(소송계속중이라는 것임)는 사실만으로 위와 같은 서면의 첨부 없이 합병으로 인한 변경등기를 경료 받을 수는 없을 것이다.
(1999. 4. 2. 등기 3402-354 질의회답)

참조 조문 · 규칙 · 예규 · 선례 · 판례

■ **상업등기규칙[대법원규칙 제2668호, 2016. 6. 27., 타법개정]**

제148조(합병으로 인한 변경등기) 합병으로 인한 변경등기를 신청하는 경우에는 다음 각 호의 정보를 제공하여야 한다.

1. 합병계약에 관한 정보
2. 소멸회사의 주주총회 또는 이사회의 의사록이나 사원총회의 의사록 또는 총사원의 동의가 있음을 증명하는 정보
3. 합병으로 인하여 소멸회사의 어느 종류주주에게 손해를 미치게 될 경우에는 그 회사의 종류주주총회의사록
4. 「상법」제526조 제3항에 따른 공고를 한 경우에는 이를 증명하는 정보
5. 「상법」 제527조의2 제2항 또는 「상법」 제527조의3 제3항에 따른 공고 또는 통지를 한 경우에는 이를 증명하는 정보
6. 「상법」 제527조의3에 따른 합병의 경우에 소멸하는 회사의 주주에게 지급할 금액을 정한 때에는 존속하는 회사의 최종 대차대조표에 관한 정보
7. 「상법」 제527조의3 제4항에 따른 반대의사를 통지한 주주가 있는 경

우에는 그 주주가 소유하는 주식의 총수를 증명하는 정보
8. 「상법」 제527조의5 제1항에 따른 공고 및 최고한 사실과 이의를 진술한 채권자가 있는 때에는 이에 대하여 변제 또는 담보를 제공하거나 신탁을 한 사실을 증명하는 정보
9. 합병으로 주식의 병합 또는 분할을 한 경우에는 제139조 제1항의 정보

◐ **선례 해설:**

1. 모든 합병 당사회사는 주주총회의 합병결의가 있은 날로부터 2주 내에 회사 채권자에 대하여 합병에 이의가 있으면 1월 이상의 기간 내에 이를 제출할 것을 공고하고 알고 있는 채권자에 대하여 따로따로 이를 최고하여야 한다(상법 527조의5 1항). 또한 이의를 제출한 채권자가 있는 때에는 회사는 그 채권자에 대하여 변제 또는 상당한 담보를 제공하거나 이를 목적으로 하여 상당한 재산을 신탁회사에 신탁하여야 한다(상법 527조의5 3항).

2. 합병에 있어서 채권자보호절차는 본질적인 절차이므로 그 절차를 생략하거나 보다 간이한 방법으로 할 수는 없으며(상업선례 1-228), 이의를 제출한 채권자들에 대해서는 변제 또는 담보를 제공하거나 신탁을 한 사실을 증명하는 정보를 합병등기 시 첨부정보로 제공하여야 한다(법 148조 8호).

3. 따라서 본 선례의 내용과 같이 이의를 진술한 채권자들의 채권의 존부와 채권액에 대하여 회사가 이를 다투고 있다(소송계속중이라는 것임)는 사실만으로 위와 같은 첨부정보를 제공함이 없이 합병으로 인한 변경등기를 신청할 수는 없다.[1])

4. 위 3.과 관련하여 담보제공의 방법에 대해서는 상업등기선례 제2-96호(1046면) 및 「법원행정처 선례해설 요약(25)」(1048~1049면)참조.

---

1) 판례도 동일한 입장이다. 즉 판례에 의하면, 회사에 대하여 채권을 주장하는 자와 이를 부정하는 회사 사이에 다툼이 있거나 소송이 계류 중인 때에도 상법 제527조의5 제1항의 "알고 있는 채권자" 에 포함된다(대법원 1964. 6. 16. 선고 64다5 판결). 따라서 회사가 특정의 채권자들과 채권의 존부와 채권액에 대하여 다투고 있더라도, 회사는 그 채권자들에게도 합병에 이의가 있으면 이를 제출할 것을 최고하여야 하며, 그 채권자들이 합병에 이의를 진술하였다면, 회사는 그 채권자들에 대해서 변제 또는 담보를 제공하거나 신탁을 한 사실을 증명하는 서면을 첨부하여야만 합병으로 인한 변경등기를 할 수 있다.

실무사례(144)

제목: 합병 시 채권자에 대한 최고 및 이의제출

2015. 10. 5. 주주총회의 특별결의로 A 기업을 존속회사로 B 기업을 소멸회사로 하는 흡수합병을 하기로 하였다(양사는 모두 주식회사임). 다음은 합병과 관련한 채권자에 대한 최고와 관련된 사항이다.

【1】 합병의 결의가 있은 날로부터 2주 내에 알고 있는 회사 채권자에게 이의제출의 최고를 하게 되어 있는데, 이 경우 반드시 내용증명으로 최고를 하여야 하는지?

【2】 A 기업은 ○○은행에 10억원의 차입금과 관련하여 회사 소유의 부동산에 대해 근저당권을 1순위로 설정해준 바 있다. 현재 부동산의 시가를 고려하면 담보가 채권을 변제하기에 충분한 것으로 판단되는데, 이 경우에도 ○○은행에 최고를 하여야 하는지?

【3】 A 기업이 원고가 되고 A 기업의 채권자를 피고로 하여 관할 지방법원에 채무부존재확인의 소가 제기되어 있는 경우에도, 그 채권자에 대해서도 최고를 하여야 하는지?

【4】 채권자 이의제출기간 내에 이의를 제출하지 않은 채권자라도 합병무효의 소를 제기할 수 있는지?

1. 회사는 흡수합병에 관한 주주총회의 승인결의가 있은 날로부터 2주 내에 알고 있는 채권자에 대하여 합병에 이의가 있으면 1월 이상의 기간 내에 이를 제출할 것을 각별로 최고하여야 한다(상법 527조의5 1항). 2주 내에 최고한다는 것은 합병결의일로부터 2주 내에 그 최고가 채권자에게 도달할 것을 요하는 것이 아니라 그 기간 내에 채권자에게 최고를 발송함으로써 족하나,[1] 그 최고 방법에 관해서 상법에 구체적으로 명시한 바가 없으므로 반드시 내용증명으로 할 필요는 없다고 본다.

2. 원칙적으로는 담보권을 가진 채권자에 대하여도 최고를 하여야 하지만, 그 채권자가 가진 담보가 채권을 변제하기에 충분한 때에는 합병에 대하

1) 알고 있는 채권자에게 이의제출의 최고를 하였다는 것의 증명책임은 회사 측에 있지만, 회사가 최고기간 내에 최고를 발송하였음을 증명하면 그로써 상당한 시기에 채권자에게 도달한 것으로 추정되어(증명책임의 전환) 최고가 도달하지 않았다는 것은 채권자가 증명하여야 한다고 해석된다(『주석상법(회사편Ⅰ)』, 305면). 이에 대해 2주간 내에 채권자에게 도달하여야 한다는 견해도 있다.

여 이의를 제출할 실익이 없기 때문에 최고를 할 필요는 없다(『주석상법(회사편 I)』, 307면). 하지만 상법에서 최고를 요하는 채권자의 범위에서 제외되는 예외의 규정을 두고 있지 않은 점을 감안하면, 담보권을 가진 ○○은행에 대하여도 최고를 하는 것이 좋을 듯싶다.

3. 이의를 진술한 채권자의 채권의 존부와 채권액에 대하여 회사가 이를 다투고 있다는 사실만으로 채권자에 대한 최고를 생략할 수는 없다(상업선례 1-234 참조).[1)]

4. 채권자가 공고·최고에 정하여진 이의제출기간 내에 이의를 제출하지 아니한 때에는 합병을 승인한 것으로 본다(상법 527조의5 2항, 232조 2항). 최고를 받은 채권자는 그 이의제출기간 내에 이의를 제출하지 아니한 경우에는 합병을 승인한 것으로 보므로 그 채권자는 합병무효의 소를 제기할 수 없다. 반면에 최고를 받아야 할 채권자가 최고를 받지 못한 경우에는 이의제출기간 내에 이의를 제출하지 않았다고 하여 합병을 승인한 것으로 보지 않으므로 그 자는 합병무효의 소를 제기할 수 있다(『주석상법(회사편 I)』, 308면).[2)]

참조 조문: 상법 제232조, 제527조의5
참조 선례: 상업등기선례 제1-228호(915면), 제1-234호(916면)
참조 판례: 대법원 1964. 6. 16. 선고 64다5 판결

[관련 사례] 합병에 관하여 채권자가 이의를 제출할 경우 반드시 내용증명으로 하여야 하는지?
=> 채권자가 이의를 제출하는 방법에 관해서는 상법에서는 아무런 정함이 없어 원칙적으로 구두 또는 서면 모두 가능하여 반드시 내용증명으로 할 필요는 없다. 다만, 증거보전의 필요상 내용증명으로 하는 것이 좋을 듯싶다.

---

1) 합병에 있어서 채권자보호절차는 본질적인 절차이므로 그 절차를 생략하거나 보다 간이한 방법으로 할 수는 없으며, 이의를 제출한 채권자들에 대해서는 변제 또는 담보를 제공하거나 신탁을 한 사실을 증명하는 정보를 합병등기 시 첨부정보로 제공하여야 한다(상업선례 1-228호). 또한 이의를 진술한 채권자들의 채권의 존부 또는 채권액에 대하여 회사가 이를 다투고 있다고 하더라도 마찬가지이다(상업선례 1-234). 따라서 위와 같은 경우에도 채권자들에 대한 최고를 생략할 수는 없다.

2) 합병무효는 각 회사의 주주·이사·감사·청산인·파산관재인 또는 합병을 승인하지 아니한 채권자에 한하여 소만으로 이를 주장할 수 있다(상법 529조 1항).

실무사례(145)

제목: 회사가 합병을 하는 경우에 이의를 진술한 채권자가 있는 때의 담보제공 방법 등

흡수합병을 하기 위한 채권자 이의 기간 만료일이 2014. 10. 30.인데 2014. 10. 29.에 채권자 이의가 들어왔다. 그 내용은 "ⅰ) 채권자는 이의한다(합병 승인에 동의하지 않는다). ⅱ) 기 실행된 차입금은 만기 도래 시에 상환하고, 추가로 L/C는 중단한다."라고 되어 있다.

【1】 채권자 이의에 대한 담보제공의 구체적인 내용이 무엇인지?
【2】 담보제공을 한 이후 합병등기신청을 하여야 하는 것인지?

1-1. 합병을 하려는 회사는 합병의 결의가 있은 날로부터 2주 내에 회사 채권자에 대하여 합병에 이의가 있으면 일정한 기간 내에 이를 제출할 것을 공고하고 알고 있는 채권자에 대하여는 개별적으로 이를 최고하여야 하며, 그 기간은 1월 이상이어야 한다(상법 527조의5).

1-2. 위 1-1.의 기간 내에 이의를 제출한 채권자가 있는 때에는 회사는 그 채권자에 대하여 변제하거나 또는 상당한 담보를 제공하거나 이를 목적으로 상당한 재산을 신탁회사에 신탁하여야 한다(상법 232조 3항, 527조의5 3항). 선례에 의하면, 여기에서의 담보는 물적 담보뿐만 아니라 인적 담보도 포함되며, 상당한 담보인지 여부는 사회통념에 따라 객관적으로 판단하여야 한다고 설명하면서 은행법에 의하여 설립된 은행이 채권액에 상당하는 지급보증을 한 경우에는 특별한 사정이 없는 한 그 상당성을 인정할 수 있다고 하였다(상업선례 2-96, 1046면).

2. 따라서 회사에서는 이의를 한 채권자에 대해 은행의 지급보증서로 담보제공을 할 수 있다고 보며, 그 담보 제공한 사실을 증명하는 정보를 존속회사가 흡수합병으로 인한 변경등기를 신청하는 경우에 첨부정보로 제공하여야 하므로, 합병으로 인한 변경등기신청 전에 담보제공이 이루어져야 한다.

[유사 사례] 회사가 합병을 하는 경우에 이의를 진술한 채권자와 다툼이 있어 소송 진행 중인 경우에도 그 채권자가 이의를 한 경우에 변제 또는 담보를 제공하여야 하는지 여부(적극) => 상업등기선례 제1-234호(916면) 참조.

309. 합병절차진행중의 상호변경등기 가부[1]

[상업등기선례 제1-232호, 제정 1995. 6. 14.]

주식회사가 다른 주식회사를 흡수하여 합병함에 있어 채권자에 대한 공고와 최고기간 중이라도 합병 후 존속하는 주식회사에 대한 상호변경등기를 한 후 합병의 등기를 신청할 수 있다.
(1995. 6. 14. 등기 3402-465 질의회답)

참조 조문 · 규칙 · 예규 · 선례 · 판례

▣ 상법[법률 제13523호, 2015. 12. 1., 일부개정]

제232조(채권자의 이의) ① 회사는 합병의 결의가 있은 날부터 2주내에 회사채권자에 대하여 합병에 이의가 있으면 일정한 기간내에 이를 제출할 것을 공고하고 알고 있는 채권자에 대하여는 따로따로 이를 최고하여야 한다. 이 경우 그 기간은 1월 이상이어야 한다.
② 채권자가 제1항의 기간내에 이의를 제출하지 아니한 때에는 합병을 승인한 것으로 본다.
③ 이의를 제출한 채권자가 있는 때에는 회사는 그 채권자에 대하여 변제 또는 상당한 담보를 제공하거나 이를 목적으로 하여 상당한 재산을 신탁회사에 신탁하여야 한다.

제527조의5(채권자보호절차) ① 회사는 제522조의 주주총회의 승인결의가 있은 날부터 2주내에 채권자에 대하여 합병에 이의가 있으면 1월 이상의 기간내에 이를 제출할 것을 공고하고 알고 있는 채권자에 대하여는 따로따로 이를 최고하여야 한다.
② 제1항의 규정을 적용함에 있어서 제527조의2(주: 간이합병) 및 제527조의3(주: 소규모합병)의 경우에는 이사회의 승인결의를 주주총회의 승인결의로 본다.
③ 제232조제2항 및 제3항의 규정은 제1항 및 제2항의 경우에 이를 준용한다.

---

1) 존속법인의 경우 합병 후 상호를 변경하는 경우가 많은데, 본 선례에서는 채권자보호절차 기간 중에도 존속법인의 상호변경등기가 가능하다고 보았다. 상호변경에 있어서 법령에 의한 상호사용금지와 동일상호 여부에 대한 판단 이외 특별한 제한이 없다는 점에서 선례의 입장은 타당해 보인다.

310. 주식회사의 합병등기절차

[상업등기선례 제1-227호, 제정 1982. 8. 2.]

자본금 100억원인 갑회사가 자본금 25억원인 을회사를 "합병 후 자본금 110억원, 합병비율 갑회사 주식 1주당 을회사 주식 2.5주"의 합병조건으로 흡수합병하는 경우에는, 소멸회사에 관하여 합병비율에 따른 감자등기를 거칠 필요는 없고, 합병비율에 따라 주식의 병합절차를 이행한 사실을 증명하는 서면을 합병등기신청서에 첨부하면 될 것이다.
(1982. 8. 2. 등기 제313호)

◐ 선례 해설:[1)]

1. 합병으로 주식병합을 한 경우에는 상법 제440조에 따른 주권제출공고를 하였음을 증명하는 정보를 합병으로 인한 변경등기 시 첨부정보로 제공하여야 한다(규칙 139조 1항 및 148조 9호).

2. 본 선례 의하면, 자본금 100억원인 갑회사가 자본금 25억원인 을회사를 "합병 후 자본금 110억원, 합병비율 갑회사 주식 1주당 을회사 주식 2.5주"의 합병조건으로 흡수합병하는 경우에는, 소멸회사에 관하여 합병비율에 따른 감자등기를 거칠 필요는 없고, 합병비율에 따라 주식의 병합절차를 할 수 있다. 따라서 이 경우에는 자본금 감소에 따른 채권자보호절차를 이행하였음을 증명하는 정보는 첨부정보로 제공할 필요가 없고 주권제출공고를 하였음을 증명하는 정보만 첨부정보로 제공하면 된다. 물론 합병에 대한 채권자보호절차는 거쳐야 함은 당연하다.

3. 이 경우 합병 전후의 자본금의 변동 내역은 아래와 같다.

구 분	합병 전 자본금	합병비율	합병 후 자본금
갑회사(존속회사)	100억	갑회사 주식 1주당 을회사 주식 2.5주	110억
을회사(소멸회사)	25억		-
계	125억		110억

1) 합병비율은 합병조건 중 가장 중요한 사항으로 흡수합병계약서의 절대적 기재사항이며, 합병계약서와 함께 합병비율산정서는 합병을 한 날 이후 6월이 경과하는 날까지 본점에 비치하도록 하고 있다(상법 522조의2 1항 2호).

311. 합병으로 인하여 주식을 병합 또는 분할하는 경우 합병으로 인한 변경등기 신청서에 반드시 주권제출의 공고를 증명하는 서면을 첨부하여야 하는지 여부(적극)

[상업등기선례 제1-233호, 제정 1999. 3. 22.]

갑 주식회사가 을 주식회사를 흡수합병함으로 인하여 주식의 병합 또는 분할을 한 때에는 합병으로 인한 변경등기신청서에 상법 제440조의 규정에 의한 공고를 증명하는 서면을 첨부하여야 하는바, 갑 주식회사의 발행주식 총수를 병이 소유하고 있고, 을 주식회사의 발행주식 총수를 병과 정이 소유하고 있으며 을 주식회사가 주권도 발행하지 아니하였고 병이나 정이 그 소유의 주식에 질권을 설정한 바가 없는 경우라도, 상법 제440조의 규정에 의하여 병과 정에게 통지를 한 사실을 증명하는 서면을 첨부함으로써 위 공고를 증명하는 서면의 첨부에 갈음할 수는 없을 것이다.
(1999. 3. 22. 등기 3402-311 질의회답)

◐ 선례 해설:

1. 주식을 분할 또는 병합할 경우에는 회사는 1월 이상의 기간을 정하여 그 뜻과 그 기간 내에 주권을 회사에 제출할 것을 공고하고 주주명부에 기재된 주주와 질권자에 대하여는 각별로 그 통지를 하여야 한다(상법 440조, 329조의2 3항).

2. 상업등기선례에 의하면, ⅰ) 주권이 발행되지 않았다는 이유로 주권제출기간을 명시하지 않은 주식액면분할공고만 한 경우는 부적법하며(상업선례 1-196, 730면), ⅱ) 주주 전원의 이의가 없다는 사유로 주권제출공고를 생략할 수는 없으며(상업선례 1-199, 731면), ⅲ) 주권을 발행하지 않았고 주식에 질권을 설정한 바 없다는 이유로 주권제출공고를 생략할 수는 없다(본 선례). 왜냐하면 주식분할과 주식병합에 있어서 주권제출공고는 절차상 본질적인 요소로서 생략을 할 수가 없기 때문이다. 이는 합병으로 인한 주식분할이나 주식병합의 경우에도 마찬가지이다. 따라서 합병으로 주식의 병합 또는 분할을 한 경우에는 주권제출공고를 하였음을 증명하는 정보는 합병으로 인한 변경등기 시 첨부정보로 반드시 제공되어야 한다(규칙 148조 9호).

312. 신설합병절차에서 창립총회를 이사회의 결의에 의한 공고로 갈음할 수 있는지 여부(적극)

[상업등기선례 제1-236호, 제정 2001. 8. 9.]

주식회사의 신설합병절차에서 합병계약서에 일반적인 합병사항과 신설회사의 등기할 사항에 대한 내용이 포함되고 이 합병계약서가 주주총회의 특별결의로 승인되었다면 단지 보고만을 위한 창립총회는 상법개정(주: 상법 제527조 제4항 참조)으로 이사회의 결의에 의한 공고로 갈음할 수 있으며, 신설회사에 대한 설립등기도 등기사항이 합병승인을 위한 주주총회에서 승인되었다고 볼 수 있으므로 일반적인 회사설립에서 필요한 창립총회를 거칠 필요없이 등기가 가능하다.
(2001. 8. 9. 등기 3402-542 질의회답)

참조 조문 · 규칙 · 예규 · 선례 · 판례

▣ 상법[법률 제13523호, 2015. 12. 1., 일부개정]

제527조(신설합병의 창립총회) ① 합병으로 인하여 회사를 설립하는 경우에는 설립위원은 제527조의5의 절차의 종료후, 합병으로 인한 주식의 병합이 있을 때에는 그 효력이 생긴 후, 병합에 적당하지 아니한 주식이 있을 때에는 제443조의 처분을 한 후 지체 없이 창립총회를 소집하여야 한다.
② 창립총회에서는 정관변경의 결의를 할 수 있다. 그러나 합병계약의 취지에 위반하는 결의는 하지 못한다.
③ 제308조제2항, 제309조, 제311조, 제312조와 제316조제2항의 규정은 제1항의 창립총회에 준용한다.
④ 제1항의 경우에 이사회는 공고로써 주주총회에 대한 보고에 갈음할 수 있다.

◐ 선례 해설: 관련판례(대법원 2009. 4. 23. 선고 2005다22701 판결)

상법 제527조 제4항은 신설합병의 경우 이사회는 공고로써 신설합병의 창립총회에 대한 보고를 갈음할 수 있다고 규정하고 있고, 상법 제528조 제1항은 신설합병의 창립총회가 종결한 날 또는 보고에 갈음하는 공고일로부터 일정기간 내에 합병등기를 하도록 규정하고 있으므로, 상법 제527조 제4항은 신설합병의 창립총회 자체를 이사회의 공고로써 갈음할 수 있음을 규정한 조항이라고 해석된다.

313. 주식회사의 흡수합병으로 인한 등기 등

[상업등기선례 제1-229호, 제정 1992. 5. 19.]

가. 주식회사의 흡수합병으로 인하여 권리의무는 포괄적으로 존속회사에 이전되므로 회사에 대한 채무자에게는 별다른 통지를 할 필요가 없다(상법 제530조, 제235조 참조).

나. 합병 후 존속하는 주식회사 등기부에는 합병으로 인하여 소멸하는 주식회사의 상호 및 본점과 합병을 한 뜻도 함께 기재된다(비송사건절차법 제217조, 제192조 참조 => 주: 현행 상업등기법 제62조 참조).

다. 흡수합병으로 소멸하는 주식회사의 지점에도 해산등기를 하여야 하므로 소멸회사의 지점 지배인을 존속회사의 지점 지배인으로 계속하려면 존속회사의 해당 지점에 새로이 지배인 선임등기를 하여야 한다.
(1992. 5. 19. 등기 제1091호)

참조 조문 · 규칙 · 예규 · 선례 · 판례

▣ 상법[법률 제13523호, 2015. 12. 1., 일부개정]

제235조(합병의 효과) 합병 후 존속한 회사 또는 합병으로 인하여 설립된 회사는 합병으로 인하여 소멸된 회사의 권리의무를 승계한다.

제530조(준용규정) ① 삭제
② 제234조, 제235조, 제237조 내지 제240조, 제329조의2, 제374조제2항, 제374조의2제2항 내지 제5항 및 제439조제3항의 규정은 주식회사의 합병에 관하여 이를 준용한다.

▣ 상업등기법[법률 제13953호, 2016. 2. 3., 타법개정]

제62조(합병으로 인한 등기의 등기사항) ① 합병으로 인한 변경 또는 설립등기를 할 때에는 합병으로 소멸하는 회사(이하 "소멸회사"라 한다)의 상호 · 본점과 합병을 한 뜻도 함께 등기하여야 한다. 이 경우 지점 소재지에서 합병으로 인한 변경등기를 할 때에는 합병 연월일도 등기하여야 한다.
② 합병으로 인한 해산등기를 할 때에는 합병 후 존속하는 회사(이하 "존속회사"라 한다) 또는 합병으로 설립하는 회사(이하 "신설회사"라 한다) 및 소멸회사의 상호 · 본점과 합병을 한 뜻 및 그 연월일도 함께 등기하여야 한다.

제63조(합병으로 인한 해산등기의 신청) ① 합병으로 인한 해산등기는 존속

회사 또는 신설회사의 대표자가 소멸회사를 대표하여 신청한다.
② 본점 소재지에서 하는 제1항의 등기신청은 그 등기소의 관할구역 내에 존속회사 또는 신설회사의 본점이 없을 때에는 그 본점 소재지를 관할하는 등기소를 거쳐야 한다.
③ 본점 소재지에서 하는 제62조제1항의 변경 또는 설립등기의 신청과 제1항의 해산등기의 신청은 존속회사 또는 신설회사의 본점 소재지를 관할하는 등기소에 동시에 하여야 한다.

제64조(합병으로 인한 해산등기신청의 처리) ① 등기관은 제63조제3항에 따른 등기의 신청 중 어느 하나에 관하여 제26조 각 호의 어느 하나에 해당하는 사유가 있을 때에는 이들 신청을 함께 각하하여야 한다.
② 존속회사 또는 신설회사의 본점 소재지를 관할하는 등기소에서 합병으로 인한 변경 또는 설립등기를 하였을 때에는 지체 없이 그 등기 연월일과 제63조제1항에 따른 등기신청이 있었다는 뜻을 소멸회사의 본점 소재지를 관할하는 등기소에 전산정보처리조직을 이용하여 통지하여야 한다.
③ 제2항에 따른 통지가 도달한 때에 소멸회사의 본점 소재지를 관할하는 등기소의 등기관이 제63조제1항의 등기신청을 접수한 것으로 본다.

◐ 선례 해설: 흡수합병의 효력 및 등기사항

1. 합병으로 존속회사는 소멸회사의 권리의무를 포괄적으로 승계하고 소멸회사는 청산절차를 거치지 않고 합병의 효력발생 시에 소멸한다.

   [대법원 1980. 3. 25. 선고 77누265 판결] 회사합병이 있는 경우에는 피합병회사의 권리·의무는 사법상의 관계나 공법상의 관계를 불문하고 그 성질상 이전을 허용하지 않는 것을 제외하고는 모두 합병으로 인하여 존속한 회사에 승계된다.

2. 이 경우 소멸회사의 주주는 합병계약서에 정한 합병비율에 따라 주식인수의 의사를 특별히 표시하지 않고도 당연히 존속회사의 주주가 된다. 또한 흡수합병의 경우에는 존속하는 회사의 이사 및 감사로서 합병 전에 취임한 자는 합병계약서에 다른 정함이 있는 경우를 제외하고는 합병 후 최초로 도래하는 결산기의 정기주주총회가 종료하는 때에 퇴임한다(상법 527조의4 1항).

3. 마지막으로 본 선례에서는 흡수합병 시 등기사항에 대해 설명하고 있는 바, 이는 현행 규칙 제62조 내지 제64조에서 상세히 규율하고 있다.

314. 신설합병으로 인한 지점설치에서 등기용지를 개설한 사유를 잘못 등기한 경우, 합병의 효력이 그 신설지점에 미치는지 여부와 이를 바로잡는 방법

[상업등기선례 제1-238호, 제정 2002. 2. 2.]

1. 신설합병으로 인한 지점설치등기에는 합병으로 인하여 소멸하는 회사의 상호 및 본점과 합병을 한 뜻을 등기용지개설의 사유 및 연월일란에 등기하여야 하는바, 이에 반하는 등기가 경료된 경우 합병의 효력이 그 지점에 미치는가에 대하여 보면, 신설합병에서 합병의 효력은 신설회사의 본점소재지에서 합병의 등기를 한 때에 발생하므로 위 지점의 합병의 효력에는 영향이 없다고 보며,

2. 위와 같이 등기용지개설의 사유 및 연월일란에 기재할 사항을 잘못 등기한 경우, 이를 바로잡는 방법은 등기관의 직권 또는 당사자의 신청에 의하여 그 등기를 경정할 수 있다.

(2002. 2. 2. 등기 3402-82 질의회답)

참조 조문 · 규칙 · 예규 · 선례 · 판례

▣ 상법[법률 제13523호, 2015. 12. 1., 일부개정]

제233조(합병의 등기) 회사가 합병을 한 때에는 본점소재지에서는 2주간 내, 지점소재지에서는 3주간 내에 합병후 존속하는 회사의 변경등기, 합병으로 인하여 소멸하는 회사의 해산등기, 합병으로 인하여 설립되는 회사의 설립등기를 하여야 한다.

제234조(합병의 효력발생) 회사의 합병은 합병후 존속하는 회사 또는 합병으로 인하여 설립되는 회사가 그 본점소재지에서 전조의 등기를 함으로써 그 효력이 생긴다.

▣ 상업등기법[법률 제13953호, 2016. 2. 3., 타법개정]

제75조(경정등기의 신청) 등기 당사자는 등기에 착오나 빠진 부분이 있을 때에는 그 등기의 경정(경정)을 신청할 수 있다.

제76조(등기의 직권경정) ① 등기관은 등기를 마친 후 그 등기에 착오나 빠진 부분이 있음을 발견하였을 때에는 지체 없이 그 사실을 등기를 한 자에게 통지하여야 한다. 다만, 그 착오나 빠진 부분이 등기관의 잘못으로 인한

것이었을 때에는 그러하지 아니하다.
② 등기관은 등기의 착오나 빠진 부분이 등기관의 잘못으로 인한 것이었을 때에는 지체 없이 그 등기를 직권으로 경정하고 그 사실을 등기를 한 자에게 통지하여야 한다.

▣ 상업등기규칙[대법원규칙 제2668호, 2016. 6. 27., 타법개정]

제167조(경정등기신청) ① 경정등기를 신청하는 경우에는 착오나 빠진 부분이 있음을 증명하는 정보를 제공하여야 한다.
② 등기에 착오나 빠진 부분이 있음이 그 등기의 신청정보 또는 첨부정보에 의하여 명백할 때에는 경정등기의 신청서에 그 뜻을 기재하고 제1항의 첨부정보를 제공하지 아니할 수 있다.

◐ 선례 해설:

1-1. 회사의 합병등기는 등기를 완료한 때에 합병의 효력이 발생하므로(창설적 효력), 회사의 합병은 합병 후 존속하는 회사 또는 합병으로 인하여 설립되는 회사가 그 본점 소재지에서 합병등기를 함으로써 그 효력이 생긴다(상법 530조 2항, 234조).[1)]

1-2. 따라서 본 사안과 같이 신설합병으로 인한 지점설치등기에 잘못된 등기가 마쳐진 경우에도 합병의 효력은 그 지점에 미치므로,

2. 이 경우 상업등기법 제75조에 의한 당사자의 신청 혹은 동법 제76조에 의한 등기관의 직권으로 잘못된 지점설치등기를 경정할 수 있으며, 경정등기를 신청하는 경우에는 등기에 착오나 빠진 부분이 있음이 그 등기의 신청정보 또는 첨부정보에 의하여 명백한 때 외에는 착오나 빠진 부분이 있음을 증명하는 정보를 제공하여야 한다(규칙 167조). 경정등기의 등기원인일자는 당초의 합병등기신청일이 아닌 경정등기신청 당시의 신청일이 된다(173면 각주 2번 참조).

---

1) 상법 제234조는 합병의 효력발생시기에 관한 규정으로, 주식회사의 경우 제530조 제2항에서 준용하고 있다. 합병은 회사의 기본적 변경에 속하는 사항으로서 법인격의 존부, 조직의 변경 등으로 인하여 회사의 이해관계인에게 중대한 영향을 미친다. 따라서 합병의 효력발생시기를 획일적으로 명확하게 함과 동시에 제3자에 대하여도 그 효력을 대항할 수 있게 하는 것이 필요하여, 합병등기에 창설적 효력을 부여한 것이다(『주석상법(회사편Ⅰ)』, 312~313면 참조).

📖 「보 론」 흡수합병에서의 소규모합병과 간이합병의 비교[1)2)]

구 분	소규모합병(상법 527조의3)	간이합병(상법 527조의2)
적용대상	존속회사	소멸회사
요 건 및 절 차	○합병으로 인하여 발행하는 신주 및 이전하는 자기주식의 총수가 발행주식총수의 10%를 초과하지 아니할 것 ○합병계약서에 존속회사가 주주총회의 승인 없이 합병한다는 뜻을 기재 ○합병계약서의 작성일부터 2주 내에 주주총회의 승인 없이 합병한다는 뜻 등을 공고 또는 주주에게 통지	○존속회사가 소멸회사 주식의 90% 이상을 소유하거나 또는 소멸회사 총주주의 동의가 있을 것 ○합병계약서의 작성일부터 2주 내에 주주총회의 승인 없이 합병한다는 뜻을 공고 또는 주주에게 통지(예외: 총주주의 동의가 있는 경우 불필요)
주주총회 승인여부	○존속회사: 주총승인 불필요하나 다음의 경우에는 주총승인 필요 - 합병으로 인하여 소멸회사의 주주에게 제공할 금전이나 그 밖의 재산을 정한 경우에 그 금액 및 그 밖의 재산의 가액이 존속회사 최종 대차대조표상 현존하는 순자산액의 5%를 초과하는 경우 - 존속회사 발행주식총수의 20% 이상을 소유한 주주가 공고 또는 통지일로부터 2주 내에 회사에 대하여 서면으로 소규모합병에 대한 반대의사를 통지한 경우 ○소멸회사: 주총승인 필요	○존속회사: 주총승인 필요 ○소멸회사: 주총승인 불필요
주식매수 선택권	○존속회사: 불인정 ○소멸회사: 인정	○존속회사: 인정 ○소멸회사: 인정 (예외: 총주주의 동의에 의한 간이합병의 경우 불인정)

1) 『주식회사법대계(III)』, 455~456면
2) 표에서 '주주총회 승인 불필요'라고 한 표현은 주주총회의 승인결의 없이 이사회의 승인으로 갈음할 수 있다는 의미이다.

제29절 분할 또는 분할합병의 등기[1][2]

<table>
<tr><th rowspan="2">내 용</th><th colspan="2">관련 조문</th><th rowspan="2">관련 선례 · 예규 · 규칙
(실무사례 포함)</th></tr>
<tr><th>상법</th><th>상업등기법</th></tr>
<tr><td>1. 분할등기 일반론</td><td rowspan="5">제530조의2
~제530조의12</td><td rowspan="5">제70조
~제72조,
규칙
제150조
~제151조</td><td>315. 상업선례 제2-79호
☞ 실무사례(146)
316. 상업선례 제201507-2호
317. 상업선례 제1-245호
~~318. 상업선례 제2-83호~~[3]
319. 상업선례 제2-84호
320. 상업선례 제1-242호</td></tr>
<tr><td>2. 분할등기 시 첨부정보</td><td>321. 상업선례 제2-82호
322. 상업선례 제2-80호
323. 상업선례 제1-240호
324. 상업선례 제1-247호
325. 상업선례 제1-249호
326. 상업선례 제1-241호</td></tr>
<tr><td>3. 분할합병등기 일반론</td><td>327. 상업선례 제1-243호
328. 상업선례 제2-85호
329. 상업선례 제1-246호
330. 상업선례 제1-248호
331. 상업선례 제2-81호</td></tr>
<tr><td>4. 분할합병등기 시 첨부정보</td><td>332. 상업선례 제1-244호</td></tr>
<tr><td>5. 분할 또는 분할합병으로 인한 등기신청과 등기관의 업무처리지침</td><td>※ 등기예규 제1542호
☞ 실무사례(147)</td></tr>
</table>

1) 1998. 12. 28. 상법 개정으로 주식회사에 한하여 회사분할제도가 도입되었다. 따라서 분할되는 회사, 분할로 신설되는 회사 또는 분할합병의 상대방 회사는 모두 주식회사여야 한다.

2) 분할 또는 분할합병의 등기는 분할 또는 분할합병의 효력발생요건이다. 즉 분할 또는 분할합병의 효력은 단순분할 또는 신설분할합병의 경우에는 분할 또는 분할합병으로 신설되는 회사의 설립등기를 한 때에, 흡수분할합병의 경우에는 분할합병의 상대방 회사가 본점소재지에서 변경등기를 한 때에 그 효력이 발생한다(『상업등기실무(Ⅱ)』, 507면).

3) 상업등기선례 제2-83호(942면)는 현행 법제 하에서는 등기할 수 없는 상호인지 여부는 상호 자체의 동일성과 영업의 동종성만으로 판단하므로 현재는 맞지 않아 사실상 사문화되었다.

§ 요약[1]

1. 해산한 회사는 재산의 환가처분의 한 방법으로 물적분할 또는 인적분할을 통하여 새로운 회사를 설립할 수 있다(상업선례 2-79, 933면).

2. 주식회사를 분할하여 새로운 회사를 설립하는 경우에 분할되는 회사(이하 '분할회사'라 한다)의 출자만으로 설립할 수도 있고 분할회사의 출자 이외에 새로운 주주를 모집하여 설립할 수도 있다(상업선례 1-245, 940면). 또한 분할회사가 영업을 분할하여 신설회사를 설립하면서 신설회사의 상호를 분할회사의 상호로 설립등기를 할 수 있다(상업선례 2-84, 943면).

3. 통상적으로 분할회사는 자본금이 감소하므로 분할계획서 혹은 분할합병계약서에 감소할 자본금의 액을 기재하여 자본금 감소의 절차를 따르겠지만, 그렇더라도 분할회사에서 반드시 자본금을 감소하여야 하는 것은 아니다(상업선례 1-242, 944면).

4. 원칙적으로 회사분할의 경우 채권자보호절차를 거칠 필요가 없으나, 분할계획서의 승인결의로 단순분할신설회사는 분할회사의 채무 중에서 분할계획서에 승계하기로 정한 채무만을 부담할 것을 정한 경우에는 채권자보호절차를 거쳐야 한다(「보론」, 945~946면 참조).

5. 관청의 허가(인가) 또는 등록사항과 달리 단지 신고사항에 불과한 것은 등기신청 시에 첨부정보로 제공할 것은 아니다. 따라서 기존의 주식회사를 분할하여 회사를 설립하면서 기존 주식회사가 분할로 인하여 설립되는 회사(단순분할신설회사)에 건설업을 양도하는 경우, 이는 단지 신고사항에 불과하여 분할로 인하여 설립되는 회사의 설립등기신청서에 첨부정보로 제공할 것은 아니다(상업선례 1-249, 953면).

6. 물적분할로 신설되는 주식회사의 설립등기신청서에 검사인이나 공증인의 조사보고서와 그 부속서류 또는 감정인의 감정서와 그 부속서류를 첨부할 필요가 없으며(상업선례 1-241, 955면), 회사분할합병으로 인한 설립등기신청 시에도 분할회사의 주주가 갖는 기존 주주의 지분 비율대로 분할신설회사의 주식을 교부받는 비례적 인적분할의 경우에도 검사인이나 공증인의 조사보고서 등을 첨부할 필요가 없다(상업선례 1-244, 963면 참조).

---

1) 분할 또는 분할합병으로 인한 등기신청과 그 신청에 대한 등기관의 업무처리절차를 규정하기 위해 등기예규 제1542호(964~966면)가 제정되어 있으며, 2015년 상법 개정 시 분할과 관련된 용어를 정비하였다(「보론」, 932면 참조).

📖 「보 론」 분할과 관련된 2015년 개정 상법<2016. 3. 2. 시행> 주요 내용[1)]

1. 용어의 정리

i) 2015년 상법 개정 시에 회사분할과 관련한 용어를 정비하였다.

ii) 회사의 분할 시 분할하는 해당 회사를 '분할회사'로, 분할을 통하여 새로 설립되는 회사를 '단순분할신설회사'로, 분할흡수합병의 존속회사를 '분할승계회사'로, 분할신설합병으로 새로 설립되는 회사를 '분할합병신설회사'로 용어를 명확하게 정비하였다(상법 530조의4, 530조의5, 530조의6 등)

2. 삼각분할합병 제도의 도입

i) 개정 전 상법에서는 분할합병 시에 분할합병 후 존속하는 회사 혹은 분할로 신설되는 회사는 분할의 대가로 자신의 주식을 발행하였으나, 2015년 상법 개정 시에는 인수하는 회사가 인수 대상기업의 특정 사업부분만을 떼어내 분할합병 할 때 분할회사의 주주에게 분할승계회사의 모회사의 주식을 인수대상 회사의 주주에게 교부할 수 있도록 하여,

ii) 2011년 상법 개정 시에 삼각합병이 도입된 데 이어(상법 523조의2), 이번 개정으로 분할을 통한 삼각분할합병 제도가 새로이 도입되었다(상법 530조의6 4항 및 5항 신설).[2)]

3. 분할 및 분할합병 시 연대책임이 배제되는 채무의 범위 명확화: 「보론」(945~946면) 참조

4. 분할합병 시 분할대가로 신주발행 외에 분할승계회사의 자기주식을 이전할 수 있음을 명문화함(상법 530조의6 1항 2호 및 3호 개정)

---

1) 서유석, "기업 인수·합병(M&A) 활성화 「상법」 일부법률개정법률공포", 법무사(2016년 1월호), 대한법무사협회, 32~37면 참조

2) 2011. 4. 14. 상법 개정 시에 합병 시 존속회사가 소멸회사의 주주에게 합병의 대가로 존속회사의 모회사의 주식을 취득하여 지급할 수 있도록 함으로써 삼각합병이 가능하게 되었으며, 2015. 12. 1. 상법 개정 시에는 분할에 있어서도 분할의 대가로 모회사의 주식을 취득하여 인수대상회사의 주주에게 교부할 수 있도록 함으로써 삼각분할합병의 길이 열리게 된 것이다. 이로써 기업인수형태가 다양화되었다고 볼 수 있다.

315. 주주총회의 해산 결의에 의하여 해산한 주식회사가 물적분할 또는 인적분할의 방법으로 회사를 설립할 수 있는지 여부(적극)

〔상업등기선례 제2-79호, 제정 2006. 5. 24.〕

1. 주주총회의 해산 결의에 의하여 해산한 주식회사(이하, '청산회사'라 한다)는 재산의 환가처분(상법 제542조 제1항, 제254조 제1항 제3호)의 한 방법으로서 물적분할 또는 인적분할을 통하여 새로 회사를 설립할 수 있으나(상법 제530조의2 제4항), 분할 후 청산절차를 계속 진행하여야 하며 회사계속의 결의(상법 제519조) 없이 해산 전의 영업을 할 수는 없다.

2. 물적분할과 인적분할은 절차상 차이가 없고(상법 제530조의12) 채권자보호도 해산 전의 회사분할과 동일한 절차에 따르면 충분하다. 따라서, 청산회사는 동시에 물적분할과 인적분할의 방법으로 수 개의 회사를 설립할 수 있고, 그에 따라 각 신설 회사는 본점 소재지 관할 등기소에서 설립등기를 함으로써 성립한다(상법 제530조의11 제1항, 제528조, 제317조, 제234조)
(2006. 5. 24. 공탁상업등기과-445 질의회답)

◐ **선례 해설: 회사분할의 종류에 대해서는 「보론」(934면) 참조**

1-1. 주주총회의 해산 결의에 의하여 해산한 주식회사는 주주총회의 특별결의에 의한 회사계속을 하지 않는 한 그 목적인 영업을 수행할 수는 없고 그 목적이 청산의 범위 내로 축소되어, 해산회사의 청산인의 직무는 현존사무의 종결, 채권의 추심과 채무의 변제, 재산의 환가처분, 잔여재산의 분배 등에 국한된다(상법 542조, 254조).

1-2. 따라서 해산한 회사는 회사계속을 하지 않는 한 해산 전의 영업을 할 수가 없고 청산절차를 진행하여야 하는데, 본 선례에 의하면 재산의 환가처분의 한 방법으로서 물적분할 또는 인적분할을 통하여 새로운 회사를 설립할 수 있다. 해산 후의 회사는 존립 중의 회사를 존속하는 회사로 하거나 새로 회사를 설립하는 경우에 한하여 분할 또는 분할합병할 수 있으나(상법 530조의2 4항), 그 본질은 청산절차의 일환일 뿐 해산 전의 영업을 계속하기 위한 회사계속의 의미는 아닌 것이다.

2. 해산한 회사는 재산의 환가처분의 일환으로 물적분할과 인적분할의 방법으로 수 개의 회사를 설립할 수 있다.

📖 「보 론」 회사분할의 종류[1)]

1. 단순분할 · 분할합병 · 혼합분할합병(회사분할이 합병을 수반하는지 여부)

i) 단순분할: 분할회사가 단독으로 분할에 의하여 1개 또는 수개의 회사를 설립함으로써 2개 이상의 회사로 되는 것

ii) 분할합병: 분할회사가 분할에 의하여 1개 또는 수개의 기존회사와 계약에 의하여 합병하는 것(흡수분할합병과 신설분할합병 모두 가능)

iii) 혼합분할합병: 단순분할과 분할합병을 병행하여, 분할한 영업재산의 일부로 회사를 설립하고, 다른 일부는 기존회사와 합병하는 것

2. 완전분할 · 불완전분할(분할회사가 분할 후에 소멸하는지 여부)

i) 완전분할: 분할회사의 영업재산 전부가 분리되어 둘 이상의 다른 기존 또는 신설회사(인수회사)에 포괄 승계되는 동시에 분할회사의 법인격은 청산절차 없이 소멸하고, 분할회사의 주주는 다른 회사의 주식을 취득하여 그 회사의 주주가 되는 경우(소멸분할이라고도 함)

ii) 불완전분할: 분할회사가 영업재산의 일부를 기존 또는 신설회사에 포괄적으로 양도하고 분할회사의 주주는 기존 또는 신설회사의 주식을 취득하는 형태(존속분할이라고도 함)

3. 인적분할 · 물적분할(분할회사의 주주가 수혜회사의 주주가 되는지 여부)

i) 인적분할: 분할로 인한 신설회사 또는 분할합병으로 인한 상대방 회사의 주식이 분할회사의 주주에게 귀속되는 형태

ii) 물적분할: 분할로 인한 신설회사 또는 분할합병으로 인한 상대방 회사의 주식을 분할회사의 주주에게 귀속시키지 않고 분할회사가 그대로 소유하는 형태(자회사 설립의 회사분할)

---

1) 실무상 분할에 있어서 중요한 쟁점이 세금에 관한 것이다. 즉 분할은 분할회사의 사업부문의 순자산(자산총액-부채총액) 전체를 분할신설회사 등 상대방 회사에 양도하는 것이므로, 사업부문의 양도차익에 관한 세금문제와 분할신설회사가 부동산을 취득함에 따른 세금문제 등이 발생한다. 이에 대하여 일정한 요건을 갖춘 경우에는 해당 자산양도차익에 대해 과세를 이연시키거나 양도손익이 없는 것으로 하고 분할신설회사가 취득하는 자산에 대해서도 취득세를 면제해 주는데, 그 요건을 갖춘 분할을 '적격분할'이라 한다. 이와 관련하여 「실무사례(146)」(935면) 참조.

실무사례(146)

제목: 적격분할의 요건

자동차부품 제조(금속압형제품)업과 자동차부품 자동화 생산시설 설치업을 영위하고 있는 A 주식회사는 이번에 자동차부품 자동화 생산시설 설치업 부문을 분할하여 회사를 설립하려고 한다. A 주식회사는 본점과 지점이 있으며, 자동차부품 제조부문은 본점에서 관리하고 자동차부품 자동화 생산시설 설치부문은 지점에서 관리하고 있다. 또한 두 부문의 자산・부채 및 인적 구성은 분리되어 있으며, 분할의 방법은 인적분할이다.

【1】 A 주식회사의 사업목적에는 자동차부품 제조(금속압형제품)업만이 등기되어 있고, 자동차부품 자동화 생산시설 설치업은 등기되어 있지 않다. 이 경우에도 회사분할이 가능한지?

【2】 A 주식회사의 본점과 지점에는 각 부동산이 있으며, 분할로 설립되는 회사에서 부동산을 취득할 시 취득세를 감면받기 위한 요건은 무엇인지?

1-1. 회사분할 과정에서 기존 회사의 양도차익에 대한 과세 및 분할로 신설되는 회사의 부동산 취득단계에서의 과세 등을 이연시키거나 면제받기 위해서는 일정한 요건을 갖추어야 하는데, 이를 '적격분할'이라 한다. 그 요건에 대해서는 법인세법 제46조에서 자세히 정하고 있다. 여기서는 그 요건 중 독립된 사업의 분리요건에 대해서만 살펴보고자 한다.[1]

1-2. 독립된 사업의 분리요건이란 분할되는 사업부문이 분리가능하고 독립적으로 사업을 영위할 수 있어야 한다는 것으로, 분할법인의 인적・물적 자원의 분리가능성 및 분리된 사업부문이 독립적으로 운영될 수 있느냐의 문제로 이는 사실관계를 종합하여 판단하여야 할 것이다.[2]

1-3. 사안의 경우 A 주식회사의 사업부문은 자동차부품 제조부문과 자동차부품 자동화 생산시설 설치부문으로 구분될 수 있는데, 양 부문은 인적・물적 자원이 분리되어 있으며 또한 신설되는 자동차부품 자동화 생산시설 설치부문은 현재 지점에서 독립적으로 운영될 수 있는 것으로 판단되어 적격분할의 요건 중 가장 중요한 독립된 사업의 분리요건은 충족한 것으

1) 기타 요건에 관해서는 법인세법 제46조 제2항 및 동법 시행령 제82조의2 참조
2) 관련 문제로 일부 재산만을 분할대상으로 하는 분할의 가능성에 대해서는 「보론」(937면) 참조

로 보인다. 다만 사업부문의 분리는 기존에 이미 영위하던 사업부문을 분리하는 것을 의미하므로, A 주식회사의 사업목적에 자동차부품 제조(금속압형제품)업과 자동차부품 자동화 생산시설 설치업이 모두 있어야 할 것으로 생각된다. 따라서 A 주식회사의 자동차부품 자동화 생산시설 설치부문의 분할을 위해서는, 먼저 주주총회의 특별결의를 통해 자동차부품 생산시설 설치업의 사업목적 추가를 위한 정관변경을 선행하여야 할 것이다(주: 물론 사업목적에 분할하고자 하는 사업부문이 없더라도 분할이 불가능한 것은 아니지만, 적격분할의 요건 중 독립된 사업부문의 분할임을 객관적으로 입증키 위해서는 사업목적에도 확실히 명시해 두는 것이 간명하다고 본다).

2. 법인세법 제46조 제2항 각 호의 요건을 갖춘 경우에는 분할로 신설되는 회사가 분할로 취득하는 재산에 대해서는 취득세를 2018년 12월 31일까지 85%(2016. 1. 1.이전에는 100%) 면제한다(지방세특례제한법 57조의2 3항 2호, 177조의2, 법률 제13637호 부칙 5조 참조). 그 요건을 간단히 요약하면 다음 표와 같다(사업목적 분할 중 ㉠ 독립된 사업부문의 분할과 관련된 사항은 질의 【1】에 대한 답변 참조).[1)]

구 분	적격분할의 요건
사업 목적 분 할	분할등기일 현재 5년 이상 사업을 계속하던 내국법인이 분할하는 것일 것 ㉠ 분리하여 사업이 가능한 독립된 사업부문을 분할하는 것일 것 ㉡ 분할하는 사업부문의 자산 및 부채가 포괄적으로 승계될 것 ㉢ 분할법인만의 출자에 의하여 분할하는 것일 것
지 분 의 연 속 성	분할법인 등의 주주가 분할신설법인으로부터 받은 분할대가의 전액이 주식으로서 그 주식이 분할법인의 주주가 소유하던 주식의 비율에 따라 배정되고 분할법인의 지배주주 등이 분할등기일이 속하는 사업연도의 종료일까지 그 주식을 보유할 것
사 업 의 계 속 성	분할신설법인이 분할등기일이 속하는 사업연도의 종료일까지 분할법인으로부터 승계받은 사업을 계속할 것

참조 조문: 법인세법 제46조, 지방세특례제한법 제57조의2 제3항 제2호, 제177조의2

1) 분할등기일이 속하는 사업연도의 다음 사업연도 개시일로부터 2년 이내에 ⅰ) 분할신설법인이 분할법인으로부터 승계받은 사업을 폐지하는 경우, ⅱ) 분할법인의 일정 지배주주가 분할신설법인으로부터 받은 주식 등을 처분하는 경우에는 면제받은 취득세를 추징한다(지방세특례제한법 57조의2 3항 2호 단서).

📖 「보 론」 일부 재산만을 분할대상으로 하는 분할의 가능성[1]

1. 자산만의 분할

i) 분할의 대상을 조직적 일체성을 가진 영업이 아니라 자산만을 분할의 대상으로 할 수 있는지에 대해서는 견해의 대립이 있다.

ii) 이에 대해 법무부는 2004. 3. 11. 금융감독위원회의 "상법상 분할합병 관련 질의"에 대하여 유보적인 입장을 밝힌 바 있다. 학설은 개별 자산만을 분할할 수 있다고 보는 입장과 부정하는 입장으로 나뉘어져 있다.

iii) 실무사례에서 살펴보았듯이 세법상 과세특례 적용을 위한 적격분할 요건을 충족하기 위해서는 법인세법 제46조 제2항 제1호에 의하여 분할대상 사업에 관한 자산 및 부채가 포괄적으로 승계되어야 하므로, 실무상 회사분할 과정에서 자산만을 분할대상으로 삼는 경우에는 세제상 불이익이 발생할 여지가 크다. 이러한 불이익을 감수하고 자회사 투자주식 등만을 분할의 대상으로 삼는 사례가 실무적으로 다수 발생하고 있어, 분할에 따른 과세특례 적용을 받지 않으면서까지 자산만을 분할의 대상으로 하는 것을 막을 이유는 없다고 본다.

2. 부채만의 분할 혹은 채무초과재산의 분할

i) 영업이 아니라 채무만의 분할은 원칙적으로 허용되지 않는다. 특히 회사가 신설되는 경우에는 채무만을 출자하는 형태의 회사설립은 허용되지 않는다.

ii) 분할회사의 일부 자산 및 부채를 출자하여 흡수분할합병을 할 때 자산보다 부채가 많은 경우(채무초과재산)을 허용할 수 있을지 문제이다. 채무초과회사를 소멸회사로 하는 흡수합병이 허용되는 되는 점을 감안하면(상업선례 2-78, 890면), 이러한 분할합병도 허용된다고 보아야 할 것이다.

---

1) 『주식회사법대계(Ⅲ)』, 509~511면

316. 주식회사의 단순분할 시 상법 제530조의11 제1항 및 제528조 제1항에 의한 분할되는 분할존속회사(피분할회사)[1]의 변경등기사항뿐만 아니라 그 밖의 변경사항 역시 신설회사의 관할 등기소에 제출할 수 있는지 여부

[상업등기선례 제201507-2호 , 제정 2015. 7. 13.]

1. 주식회사의 단순분할 시 분할존속회사의 임원, 상호, 목적 기타 정관 변경을 가져오지 않는 그 밖의 사항이라도 분할계획서에는 합병계약서의 기재사항과 같이 임의적 기재사항을 법령에 위배되지 아니하는 범위 내에서 추가로 기재할 수 있기 때문에, 상법상 등기사항에 해당하고 분할계획서에 기재하여 분할승인결의를 받는다면 분할존속회사는 이를 분할로 인한 등기의 신청서에 기재하여 분할신설회사[2]의 관할등기소에 제출할 수 있다.

2. 다만, 분할존속회사의 임원 · 상호 · 목적변경 등을 분할계획서에 기재하고 분할승인결의를 받았더라도 이를 등기신청서에 기재하여 분할신설회사의 관할등기소에 제출하려면 임원 · 상호 · 목적변경 등의 사항이 당해 분할과 직접적인 관련이 있어야 하는데, 당해 분할과 직접적인 관련이 있는지 여부는 등기신청 시 제출한 모든 첨부정보를 바탕으로 구체적인 등기신청사건을 담당하는 등기관이 판단하여야 할 것이다.

(2015. 7. 13. 사법등기심의관－2360 질의회답)

참조 조문 · 규칙 · 예규 · 선례 · 판례

▣ 상법[법률 제13523호, 2015. 12. 1., 일부개정]

제530조의5(분할계획서의 기재사항) ② 분할후 회사가 존속하는 경우에는 존속하는 회사에 관하여 분할계획서에 다음 각 호의 사항을 기재하여야 한다.

1. 감소할 자본금과 준비금의 액
2. 자본감소의 방법
3. 분할로 인하여 이전할 재산과 그 가액

---

1) 2015. 12. 1. 상법 개정 시에 회사의 분할시 분할하는 해당 회사를 '분할회사'로 용어를 정비하였다(상법 530조의4 참조).

2) 2015. 12. 1. 상법 개정 시에 분할에 의하여 설립되는 회사를 '단순분할신설회사'로 용어를 정비하였다(상법 530조의5 1항 참조).

4. 분할후의 발행주식의 총수
5. 회사가 발행할 주식의 총수를 감소하는 경우에는 그 감소할 주식의 총수, 종류 및 종류별 주식의 수
6. 정관변경을 가져오게 하는 그 밖의 사항

◐ **선례 해설:**

1-1. 분할 후 회사가 존속하는 경우에는 존속하는 회사에 관하여 분할계획서에 ⅰ) 감소할 자본금과 준비금의 액, ⅱ) 자본감소의 방법, ⅲ) 분할로 인하여 이전할 재산과 그 가액, ⅳ) 분할 후의 발행주식의 총수, ⅴ) 회사가 발행할 주식의 총수를 감소하는 경우에는 그 감소할 주식의 총수, 종류 및 종류별 주식의 수, ⅵ) 정관변경을 가져오게 하는 그 밖의 사항 등을 기재하여야 한다(상법 530조의5 2항). 이는 분할로 인하여 분할 전 회사 자체에 정관변경 기타의 중대한 변경이 있게 되는 만큼, 이를 분할계획서에 기재하여 주주와 회사채권자에게 알림과 동시에 이들 변동사항을 자신의 분할승인 주주총회를 통하여 함께 처리하도록 하는 취지이다(『주식상법(회사편Ⅴ)』, 449면).

1-2. 위 1-1.에서 살펴본 바와 같이 분할 후 회사가 존속하는 경우에는 존속하는 회사에 관하여 분할계획서에는 임원, 상호, 목적 기타 정관 변경을 가져오지 않는 그 밖의 사항(이하 '임원·상호·목적변경 등'이라 함)에 대해서는 기재하도록 규정하고 있지는 않으나, 분할계획서에는 합병계약서의 기재사항과 같이 임의적 기재사항들을 법령에 위배하지 아니하는 범위 내에서 얼마든지 추가 기재할 수 있다(『주석상법(회사편Ⅴ)』, 450면). 따라서 분할계획서의 임의적 기재사항에 대해서도 분할승인결의를 받았고 상법상 등기사항에 해당한다면, 이를 분할로 인한 등기의 신청서에 기재하여 단순분할신설회사의 관할 등기소[1]에 제출할 수 있다.

2. 다만, 분할계획서의 임의적 기재사항인 임원·상호·목적변경 등을 분할계획서에 기재하고 분할승인결의를 받았더라도 이를 등기신청서에 기재하여 단순분할신설회사의 관할 등기소에 제출하려면, 그와 같은 임원·상호·목적변경 등의 사항이 당해 분할과 직접적인 관련이 있어야 한다.

---

1) 갑 회사의 일부를 분할하여 을 회사를 설립하는 경우에는 을 회사의 관할 등기소에 분할로 인한 등기의 신청서를 제출하여야 한다(등기예규 1542호 3조 2항 1호).

317. 회사 분할시 제3자의 출자 가능 여부(적극)

[상업등기선례 제1-245호, 제정 2003. 9. 1.]

주식회사를 분할하여 새로운 회사를 설립하는 경우에 분할되는 회사(주: 현행 분할회사)의 출자 이외에 새로운 주주를 모집하여 설립할 수도 있다. (2003. 9. 1. 공탁법인 3402-207 질의회답)

참조 조문 · 규칙 · 예규 · 선례 · 판례

▣ 상법[법률 제13523호, 2015. 12. 1., 일부개정]

제530조의2(회사의 분할 · 분할합병) ① 회사는 분할에 의하여 1개 또는 수개의 회사를 설립할 수 있다.

② 회사는 분할에 의하여 1개 또는 수개의 존립 중의 회사와 합병(이하 "분할합병"이라 한다)할 수 있다.

③ 회사는 분할에 의하여 1개 또는 수개의 회사를 설립함과 동시에 분할합병할 수 있다.

④ 해산후의 회사는 존립중의 회사를 존속하는 회사로 하거나 새로 회사를 설립하는 경우에 한하여 분할 또는 분할합병할 수 있다.

제530조의4(분할에 의한 회사의 설립) ① 이 장 제1절의 회사설립에 관한 규정은 제530조의2의 규정에 의한 회사의 설립에 관하여 이를 준용한다.

② 제1항의 규정에 불구하고 분할에 의하여 설립되는 회사는 분할되는 회사의 출자만으로도 설립할 수 있다. 이 경우 분할되는 회사의 주주에게 그 주주가 가지는 그 회사의 주식의 비율에 따라서 설립되는 회사의 주식이 발행되는 때에는 제299조의 규정을 적용하지 아니한다.

▣ 상업등기규칙[대법원규칙 제2668호, 2016. 6. 27., 타법개정]

제150조(분할 또는 분할합병으로 인한 설립등기) 법 제70조제1항의 신설회사의 설립등기를 신청하는 경우에는 다음 각 호의 정보를 제공하여야 한다.

1. 분할계획 또는 분할합병계약에 관한 정보
2. 분할 또는 분할합병 후 존속하는 회사나 소멸하는 회사(이하 "분할존속회사 또는 분할소멸회사"라 한다. 이하 같다)의 주주총회의사록
3. 분할존속회사 또는 분할소멸회사의 어느 종류주주에게 손해를 미치게 될 경우에는 그 회사의 종류주주총회의사록
4. 분할존속회사 또는 분할소멸회사의 주주의 부담이 가중되는 경우에는

그 주주 전원의 동의가 있음을 증명하는 정보
5. 제129조제1호, 제9호부터 제11호까지의 정보
6. 분할되는 회사의 출자 외에 다른 출자에 의하여 회사를 설립하는 경우에는 제129조 제2호부터 제7호까지, 제12호의 정보
7. 분할 또는 분할합병으로 주식의 병합 또는 분할을 하는 경우에는 제139조제1항의 정보
8. 제148조제8호의 정보(단순분할로 설립되는 회사가 분할되는 회사의 분할 전 채무에 관하여 연대책임을 지는 경우는 제외한다)
9. 제149조제1호의 정보

◐ 선례 해설:

1. 분할에 의하여 설립되는 회사는 분할되는 회사(이하 '분할회사라 한다)의 출자만으로 설립할 수 있으며, 또한 분할회사의 출자 이외에 새로운 주주를 모집하여 설립할 수도 있다(상법 530조의4).[1)]

2. 분할 또는 분할합병으로 인한 설립등기를 신청하는 경우에는 분할계획 또는 분할합병계약에 관한 정보, 분할 또는 분할합병 후 존속하는 회사나 소멸하는 회사의 주주총회의사록 등을 첨부정보로 제공하여야 하는데(규칙 150조),

3. 특별히 분할회사의 출자 외에 다른 출자에 의하여 회사를 설립하는 경우에는 주식의 인수를 증명하는 정보, 주식의 청약을 증명하는 정보, 주금 납입금 보관을 증명하는 정보 등 상업등기규칙 제129조 제2호부터 제7호 및 제12호의 정보를 추가로 첨부정보로 제공하여야 한다(규칙 150조 6호).

4. 결국 회사분할 시 제3자의 출자가 가능한지 여부는 상법 제530조의4 제2항 및 상업등기규칙 제150조 제6호에 나타난 바와 같이 실체법 및 절차법 모두에서 명문으로 인정하고 있어 별 문제가 되지 않는다.

---

1) 분할 후 회사는 주식회사의 일반 설립절차에 관한 상법 제288조 이하의 규정을 준용하지만, i) 분할 전 회사 이외의 제3자의 참여 없이 분할 전 회사의 출자만으로 단독으로 분할 후 회사를 설립할 수 있으며, ii) 분할 전 회사의 출자만으로 분할 후 회사를 설립하는 경우에 그 발행하는 주식을 분할 전 회사의 주주들에게 그들이 가진 주식 수 비례대로 배정하는 한 상법 제299조가 규정하는 검사인의 검사절차를 밟지 않아도 된다(상법 530조의4).

318. 신설회사가 분할회사의 상호로 설립등기를 할 수 있는지 여부
[상업등기선례 제2-83호, 제정 2007. 5. 8.]

주식회사가 분할에 의하여 다른 주식회사를 설립하는 경우(상법 제530조의2제1항)에 그 설립되는 회사가 분할되는 회사의 상호로 분할에 의한 설립등기를 할 수 있는지 여부는, 등기관이 회사의 목적, 거래계의 실정 등을 고려하여 사회 일반인으로 하여금 설립되는 회사를 분할되는 회사 또는 다른 상인으로 오인·혼동하게 할 우려가 있는지 여부로 판단하여야 할 것(상법 제22조, 제22조의2제4항, 비송사건절차법 제164조 => 주: 현행 상업등기법 제29조)이다.

(2007. 5. 8. 공탁상업등기과-477 질의회답) **사실상 폐지**

참조 조문 · 규칙 · 예규 · 선례 · 판례

▣ 상법[법률 제13523호, 2015. 12. 1., 일부개정]

제22조(상호등기의 효력) 타인이 등기한 상호는 동일한 특별시·광역시·시·군에서 동종영업의 상호로 등기하지 못한다.

▣ 상업등기법[법률 제13953호, 2016. 2. 3., 타법개정]

제29조(등기할 수 없는 상호) 동일한 특별시, 광역시, 특별자치시, 시(행정시를 포함한다. 이하 같다) 또는 군(광역시의 군은 제외한다. 이하 같다)에서는 동종의 영업을 위하여 다른 상인이 등기한 상호(商號)와 동일한 상호를 등기할 수 없다.

◐ 선례 해설:

1. 현행 법제 하에서는 등기할 수 있는 상호인지 여부는 상호 자체의 동일성과 영업의 동종성만으로 판단하므로 본 선례의 내용은 현재는 맞지 않아 사실상 사문화되었다(상법 22조 및 법 29조, 예규 1547호 참조).[1]
2. 본 선례 보다는 등기예규 제1547호(208~211면)를 참조하시기 바람.

1) 2009. 5. 28. 상업등기법이 개정되어 상호 신설 및 변경 시에 등기관은 동일상호 여부만을 심사대상으로 하고 유사상호 여부는 심사대상이 아니다.

319. 신설회사가 분할회사의 상호로 변경등기를 할 수 있는지 여부
[상업등기선례 제2-84호, 제정 2009. 8. 4.]

주식회사(분할회사)가 영업을 분할하여 다른 주식회사(신설회사)를 설립하면서 신설회사의 상호를 분할회사의 상호로 하여 설립등기를 하고, 분할회사에 대하여는 본래의 상호에 '홀딩스'를 붙여 변경등기를 하는 것은, 분할회사의 변경 후의 상호가 동일한 특별시·광역시·시 또는 군 내에서 동일한 영업을 위하여 다른 사람이 등기한 것과 동일한 상호가 아니라면 가능하다.
(2009. 8. 4. 사법등기심의관-1763 질의회답)

참조 조문·규칙·예규·선례·판례

▣ 상법[법률 제13523호, 2015. 12. 1., 일부개정]

제22조(상호등기의 효력) 타인이 등기한 상호는 동일한 특별시·광역시·시·군에서 동종영업의 상호로 등기하지 못한다.

▣ 상업등기법[법률 제13953호, 2016. 2. 3., 타법개정]
제29조(등기할 수 없는 상호) 동일한 특별시, 광역시, 특별자치시, 시(행정시를 포함한다. 이하 같다) 또는 군(광역시의 군은 제외한다. 이하 같다)에서는 동종의 영업을 위하여 다른 상인이 등기한 상호(상호)와 동일한 상호를 등기할 수 없다.

◐ 선례 해설:

예를 들면, 주식회사 예인을 물적분할하여 신설되는 회사의 상호를 주식회사 예인, 기존 분할회사의 상호를 주식회사 예인홀딩스로 할 경우, 분할회사의 변경 후의 상호인 주식회사 예인홀딩스와 분할에 의하여 설립되는 신설회사인 주식회사 예인의 상호가 동일한 특별시·광역시·시 또는 군 내에서 동일한 영업을 위하여 다른 사람이 등기한 것과 동일한 상호가 아니라면 가능하다고 본다.

320. 주식회사 분할시 피분할회사(주: 현행 분할회사)의 자본감소절차가 반드시 필요한지 여부

[상업등기선례 제1-242호, 제정 2001. 12. 4.]

주식회사의 분할 및 분할합병시 분할되는 것은 회사의 재산 즉 특정영업을 위하여 조직화되고 유기적 일체를 이루는 적극 및 소극재산이므로, 피분할회사(주: 현행 분할회사, 이하 같다)가 존속하는 불완전분할의 경우 분할로 피분할회사의 재산이 감소한다고 해서 필요적으로 자본감소를 수반하는 것은 아니며, 자본감소에 관한 사항이 분할계획서 또는 분할합병계약서에 포함된 때에 한하여 자본감소절차가 필요하다.

(2001. 12. 4. 등기 3402-781 질의회답)

◐ **선례 해설:**

1. 통상적으로 분할되는 회사(이하 '분할회사'라 한다)가 존속하는 불완전분할의 경우, 회사가 분할되면 회사의 영업재산이 신설회사에 이전되므로 분할회사의 재산이 감소한다.

2. 상법 제530조의5에 의하면, 분할 후 회사가 존속하는 경우에는 존속하는 회사에 관하여 분할계획서에 감소할 자본금과 준비금의 액을 기재하도록 하고 있다(상법 530조의5 2항 1호).[1] 그리고 분할회사의 일부와 분할합병을 하여 회사를 설립하는 경우에는 분할합병계약서에 그 내용을 기재하도록 하고 있다(상법 제530조의6 2항 1호).

3. 따라서 통상적으로 분할회사는 자본금이 감소하므로 분할계획서 혹은 분할합병계약서에 감소할 자본금의 액을 기재하여 자본금 감소의 절차를 따르겠지만, 그렇더라도 분할회사에서 반드시 자본금을 감소하여야 하는 것은 아니며, 자본금 감소에 관한 사항이 분할계획서 또는 분할합병계약서에 포함된 때에 한하여 자본금 감소절차가 필요하다.

1) 분할계획서에 기재할 사항에 대해서는 상법 제530조의5 제1항에 정해져 있으며, 동조 제2항에는 분할 후 회사가 존속하는 경우에는 존속하는 회사에 관하여 i) 감소할 자본금과 준비금의 액, ii) 자본감소의 방법, iii) 분할로 인하여 이전할 재산과 그 가액, iv) 분할 후의 발행주식의 총수 등을 분할계획서에 추가적으로 기재하여야 함을 정하고 있다.

📖 「보 론」 분할과 채권자보호절차 관련 선례: 제2-82호(947면) 및 제2-80호(949면)[1][2]

1. 연대책임의 원칙

i) 원칙적으로 분할회사, 단순분할신설회사, 분할승계회사 또는 분할합병신설회사는 분할 또는 분할합병 전의 분할회사 채무에 관하여 연대하여 변제할 책임이 있다(상법 530조의9 1항).

ii) 연대책임의 대상이 되는 채무는 분할 전에 성립한 분할회사의 채무로서 분할 후 분할회사에 잔존하는 채무와 단순분할신설회사, 분할승계회사 또는 분할합병신설회사에 승계된 채무이다. 여기에는 회사분할 또는 분할합병의 효력발생 전에 발생하였으나 분할 또는 분할합병 당시에는 아직 그 변제기가 도래하지 아니한 채무도 포함된다(대법원 2008. 2. 14. 선고 2007다73321 판결).

2. 연대책임의 예외

i) 분할회사가 승인결의로 분할에 의하여 회사를 설립하는 경우에는 단순분할신설회사는 분할회사의 채무 중에서 분할계획서에 승계하기로 정한 채무에 대한 책임만을 부담하는 것으로 정할 수 있다. 이 경우 분할회사가 분할 후에 존속하는 경우에는 단순분할신설회사가 부담하지 아니하는 채무에 대한 책임만을 부담한다(상법 530조의9 2항).

ii) 분할합병의 경우에 분할회사는 승인결의로 분할합병에 따른 출자를 받는 분할승계회사 또는 분할합병신설회사가 분할회사의 채무 중에서 분할합병계약서에 승계하기로 정한 채무에 대한 책임만을 부담하는 것으로 정할 수 있다. 이 경우 분할회사가 분할 후에 존속하는 경우에는 분할승계회사 또는 분할합병신설회사가 부담하지 아니하는 채무에 대한 책임만을 부담한다(상법 530조의9 3항).

iii) 결국 연대책임의 예외로 일정 요건 충족 시에는 분할회사와 분할신설회사, 분할승계회사 또는 분할합병신설회사 등이 부담하는 채무가 분할되어, 분할 전에 성립한 분할회사의 채무에 대하여 연대책임을 지지 않는 것이다.

---

1) 사법연수원, 『2012 회사법연구』, 330~333면

2) 분할에서는 분할당사회사에 의한 적극 및 소극재산의 배정의 자유가 보장되기에 채권자보호절차가 무엇보다도 중요하다.

3. 채권자보호절차[1)]

i) 주식회사가 상법 제530조의2 제1항의 규정에 의하여 단순분할하면, 분할신설회사는 분할회사의 분할 전 회사 채무에 관하여 원칙적으로 연대책임이 있으므로, 이 경우에는 채권자보호절차를 거칠 필요가 없다. 다만, 분할회사가 분할계획서의 승인결의로 분할에 의하여 회사를 설립하는 경우에는 단순분할신설회사는 분할회사의 채무 중에서 분할계획서에 승계하기로 정한 채무에 대한 책임만을 부담하는 것으로 정할 수 있는데, 이 경우에는 단순분할의 경우에도 채권자보호절차를 거쳐야 한다(상법 530조의9 4항, 527조의5).

ii) 단순분할과 달리 분할합병의 경우에는 반드시 채권자보호절차를 거쳐야 한다(상법 530조의11 2항, 527조의5).

4. 요약

구 분	채권자보호절차	이의제출권이 인정되는 채권자	관 련 상업등기선례
단순분할	i) 원칙적으로 연대책임을 지므로 채권자보호절차는 불요	-	제2-82호(947면), 제2-80호(949면)
	ii) 분할회사가 승인결의로 분할에 의하여 회사를 설립하는 경우에는 단순분할신설회사는 분할회사의 채무 중에서 분할계획서에 승계하기로 정한 채무에 대한 책임만을 부담하는 것으로 정한 경우에는 채권자보호절차 필요	분할회사의 채권자	제2-80호(949면)
분할합병	필 요 (상법 530조의11 2항, 527조의5)	분할회사의 채권자[2)] 및 분할합병의 상대방회사의 채권자	

1) 회사가 분할 또는 분할합병을 하는 경우 분할의 내용에 따라 분할회사의 채권자에게 중대한 영향을 미친다. 책임재산이 소멸하거나 변동하여 채권자의 채권회수가 어렵게 되는 경우에 대비하여, 상법은 분할 후 존속하는 회사와 신설회사 또는 분할합병의 상대방 회사는 분할회사의 채무에 대하여 연대하여 변제책임을 지도록 하고, 필요한 경우 채권자보호절차를 거치도록 하고 있다(『상법판례 백선』, 710면).

2) 분할합병에 있어서는 분할회사의 채권자로서는 분할합병의 상대방 회사의 재무상태에 따라서는 분할합병 전보다 불리한 결과가 되는 수가 있기 때문에 연대책임을 지는 경우에도 이의권이 인정된다(사법연수원, 『2012 회사법연구』, 331면).

321. 회사 분할에 따른 등기시 채권자보호절차를 거쳤음을 증명하는 서면의 첨부 요부

[상업등기선례 제2-82호, 제정 2007. 5. 3.]

분할에 의하여 회사를 설립하면서(상법 제530조의2제1항) 분할되는 회사(이하, '분할회사'라 한다)는 자본을 감소하고, 그에 따라 분할회사의 변경(자본감소 등)등기 및 분할로 인하여 설립되는 회사(이하, '신설회사'라 한다)의 설립등기를 신청하는 경우, ①그 자본 감소가 주주에 대한 출자의 환급이 없는 명목상의 것이고 ②분할 후 분할회사의 자본과 신설회사의 자본의 합계액이 분할 전 분할회사의 자본액 이상이며 ③신설회사가 분할회사의 채무에 관하여 연대하여 변제할 책임(상법 제530조의9제1항)을 부담한다면, 그 신청서에 채권자보호절차를 거쳤음을 증명하는 서면(비송사건절차법 제211조제1호, 제215조제3호, 제216조의2제2항)은 첨부할 필요가 없다.
(2007. 5. 3. 공탁상업등기과-468 질의회답)

참조 조문 · 규칙 · 예규 · 선례 · 판례

▣ 상법[법률 제13523호, 2015. 12. 1., 일부개정]

제530조의9(분할 및 분할합병후의 회사의 책임) ① 분할 또는 분할합병으로 인하여 설립되는 회사 또는 존속하는 회사는 분할 또는 분할합병전의 회사채무에 관하여 연대하여 변제할 책임이 있다.

▣ 상업등기규칙[대법원규칙 제2668호, 2016. 6. 27., 타법개정]

제150조(분할 또는 분할합병으로 인한 설립등기) 법 제70조제1항의 신설회사의 설립등기를 신청하는 경우에는 다음 각 호의 정보를 제공하여야 한다.

8. 제148조 제8호의 정보(단순분할로 설립되는 회사가 분할되는 회사의 분할 전 채무에 관하여 연대책임을 지는 경우는 제외한다)

◐ **선례 해설:**

1. 분할로 인하여 신설법인이 설립되는 경우에는 분할로 신설되는 회사의 설립등기를 한 때에 그 효력이 발생하며(상법 530조의11, 234조),

2. 분할의 효력이 발생하면, 분할계획서에 기재된 분할회사의 권리의무는 분할의 효력이 발생하는 때 즉 분할로 신설되는 회사의 설립등기를 한 때에 신설되는 회사에 포괄 승계된다(상법 530조의 10). 따라서 분할로 인하여 설립되는 회사는 분할 전의 회사 채무에 관하여 연대하여 변제할 책임이 있는 것이 원칙이다(상법 530조의9 1항). 회사분할의 경우에는 회사의 채권자의 의사와는 상관없이 분할합병계약서 내지 분할계획서에 정해진 대로 분할 대상인 자산 및 부채가 각 승계회사에 나뉘어 이전되어 채권자의 지위가 다소 불안할 수 있기 때문에 분할로 인하여 채권자의 지위가 손상되는 것을 방지하기 위한 조치로 상법에서는 연대책임의 원칙을 기본원칙으로 하고 있다(『주석상법(회사편Ⅴ)』, 471~480면).

3. 본 선례는 분할되는 회사(이하 '분할회사'라 한다)가 분할 후에도 존속하면서 분할의 기회에 자본금을 감소하는 경우 원칙적으로 채권자보호절차를 거쳐야 하지만, 다음의 요건을 모두 충족시킬 경우에는 채권자보호절차를 생략할 수 있음을 밝히고 있다.

i) 자본 감소가 주주에 대한 출자의 환급이 없는 명목상의 것일 것

ii) 분할 후 분할회사의 자본과 신설회사의 자본의 합계액이 분할 전 분할회사의 자본액 이상일 것

iii) 신설회사가 분할회사의 채무에 관하여 연대하여 변제할 책임(상법 530조의9 1항)을 부담할 것

4. 단, 위 3. iii)과 관련하여 분할계획서의 승인결의로 신설회사가 분할회사의 채무 중에서 분할계획서에 승계하기로 정한 채무에 대한 책임만을 부담할 것을 정한 경우에는 채권자보호절차를 거쳐야 한다(상업선례 2-80, 949면).

5. 이와 관련하여 현행 상업등기규칙에서도 단순분할로 설립되는 회사가 분할회사의 분할 전 채무에 관하여 연대책임을 지는 경우에는 채권자보호절차를 거쳤음을 증명하는 첨부정보를 제공할 필요가 없음을 규정하고 있다(규칙 150조 8호).[1)]

---

1) 단순분할과 달리 분할합병의 경우에는 반드시 채권자보호절차를 거쳐야 한다(상법 530조의11 2항, 527조의5). 분할회사에서 자본금을 줄이는 경우에는 그 줄이는 자본금과 자본금감소의 방법을 분할합병계약서에 기재하여야 하고, 원칙적으로 자본금감소에 관한 채권자보호절차를 이행하여야 한다. 이때 분할회사의 자본금감소에 관한 채권자보호절차는 분할합병에 관한 채권자보호절차와 동시에 진행하는 것도 가능하다(『2016 상업등기실무』, 518면).

322. 회사분할에 의한 등기의 신청서에 채권자보호절차를 거쳤음을 증명하는 서면을 첨부해야 하는 경우

[상업등기선례 제2-80호, 제정 2006. 6. 13.]

1. 주식회사가 상법 제530조의2 제1항의 규정에 의하여 단순분할하면, 분할에 의하여 설립되는 회사(이하, '신설회사'라 한다)는 분할되는 회사(이하, '분할회사'라 한다)의 분할 전 회사채무에 관하여 원칙적으로 연대책임이 있고(상법 제530조의9 제1항), 이 경우에는 채권자보호절차(상법 제530조의9 제4항, 제527조의5)를 거칠 필요가 없으므로 채권자보호절차를 거쳤음을 증명하는 서면(비송사건절차법 제216조의2 제2항, 제215조 제3호)은 분할에 의한 등기의 신청시 제출할 필요가 없다.

2. 분할계획서의 승인결의로 신설회사가 분할회사의 채무 중에서 출자한 재산에 관한 채무만을 부담할 것을 정한 경우(상법 제530조의9 제2항, 제530조의5 제1항 제8호)에는 채권자보호절차를 거쳐야 하며(상법 제530조의9 제4항, 제439조 제3항, 제527조의5) 분할에 의한 등기의 신청서에 채권자보호절차를 거쳤음을 증명하는 서면(비송사건절차법 제216조의2 제2항, 제215조 제3호 => 주: 현행 상업등기규칙 제150조 제8호, 제148조 제8호)을 첨부하여야 한다. (2006. 6. 13. 공탁상업등기과-546 질의회답)

◐ **선례 해설:**

1. 원칙적으로 분할에 의하여 설립되는 회사는 분할되는 회사(이하 '분할회사'라 한다)의 분할 전 회사 채무에 관하여 연대하여 변제할 책임이 있지만, 분할계획서의 승인결의로 분할에 의하여 설립되는 회사가 분할회사의 채무 중에서 분할계획서에 승계하기로 정한 채무에 대한 책임만을 부담할 것을 정한 경우에는 채권자보호절차를 거쳐야 한다(상법 5309조의9 1항 및 2항).

2. 현행 상업등기규칙에서도 단순분할로 설립되는 회사가 분할회사의 분할 전 채무에 관하여 연대책임을 지는 경우에는 채권자보호절차를 거쳤음을 증명하는 첨부정보를 제공할 필요가 없으나, 그렇지 않은 경우에는 첨부정보를 제공하여야 함을 규정하고 있다(규칙 150조 8호).

323. 갑 주식회사가 일부를 분할하여 갑 주식회사의 출자만으로 을 주식회사를 설립하는 경우 을 주식회사의 설립등기신청서에 첨부되는 정관에 서명할 발기인 여하 등

[상업등기선례 제1-240호, 제정 1999. 4. 26.]

1인이 발행주식의 총수를 소유하고 있는 갑 주식회사가 그 일부를 분할하여 갑 주식회사의 출자만으로 을 주식회사를 설립하고자 하는 경우,

가. 을 주식회사의 설립을 위해 발기인을 두어야 하는 것은 아니며, 정관에는 갑 주식회사의 대표이사가 서명 또는 기명날인하여야 할 것이다.

나. 설립등기신청서에 첨부되는 을 주식회사의 정관은 공증인의 인증을 요하지 아니하나, 창립총회의사록 등에는 을 주식회사의 본점소재지를 관할하는 지방검찰청에 소속된 공증인의 인증을 받아야 한다.

~~다. 이 경우 신설되는 을 주식회사의 설립등기신청은 분할되는 갑 주식회사에 대한 변경등기신청과 동시에 갑 주식회사의 관할등기소에 하여야 한다~~.

(1999. 4. 26. 등기 3402-452 질의회답)

주) 공증인법 제66조의2 제4항의 개정(제62조의 준용삭제)으로 의사록 인증의 경우 관할의 제한이 폐지됨

◐ **선례 해설:**

1. 분할로 신설되는 회사의 설립등기신청서에는 정관을 첨부하여야 하는데(규칙 150조 5호, 129조 1호), 1인 주주인 회사에서 그 일부를 분할하여 분할회사의 출자만으로 회사를 설립하는 경우 정관에는 분할회사(분할존속회사)의 대표자가 서명 또는 기명날인하면 된다. 즉 일반 회사의 설립등기 경우와 같이 정관에 발기인의 서명 또는 기명날인이 있어야 하는 것이 아니다. 또한, 단순분할신설회사의 정관에 대해서는 상법 제292조가 준용되지 않으므로 공증인의 인증을 받을 필요가 없다.

2. 개정된 등기예규 제1542호 제3조에 의하면, 갑과 을의 관할 등기소가 다른 경우에는 갑 회사의 일부를 분할하여 을 회사를 설립하는 경우에는 분할로 인한 등기의 신청서는 을 회사의 관할 등기소에 제출하게 되어 있으므로, 본 선례 내용 중 '다.' 의 내용은 변경되어야 한다.

324. 주식회사 분할시 신주인수권부사채나 전환사채의 승계가 있는 경우 승계에 따른 등기를 하여야 하는 시점[1]

[상업등기선례 제1-247호, 제정 2003. 11. 14.]

1. 주식회사를 분할하는 경우에 신주인수권부사채(전환사채도 동일)의 승계가 있는 때에는 원칙적으로 상법 제528조 제2항, 제530조의11 제1항의 규정에 따라 사채의 승계사실을 증명하는 서면(예, 분할계획서 · 분할계획서 승인의 주주총회의사록 등)을 첨부하여 분할에 따른 각 등기신청과 동시에 사채의 등기신청을 하여야 할 것이다.

2. 그러나 신주인수권부사채의 승계에 관한 등기가 분할에 따른 각 등기신청과 동시에 경료되지 못한 경우에는 등기해태의 책임여부는 별론으로 하고 사채의 승계가 있었다는 사실을 증명하는 서면(예, 분할 당시의 분할계획서와 분할계획서 승인의 주주총회 의사록 · 승계에 따른 세부사항을 정한 이사회의사록 · 채권자보호절차의 이행을 증명하는 서면 등)을 첨부하여 분할에 따른 각 등기의 종료 후에라도 등기신청을 할 수는 있을 것이다.

3. 이때 등기관은 신청인이 제출한 신청서와 각 첨부서면, 당해 등기부 등을 심사자료로 하여 분할의 효력 발생시점을 기준으로 신주인수권부사채가 분할계획서에 따라 이전 승계되는 적극 · 소극재산에 포함되었는지를 조사하여 수리여부를 결정하여야 할 것이다.
(2003. 11. 14. 공탁법인 3402-270 질의회답)

참조 조문 · 규칙 · 예규 · 선례 · 판례

▣ 상법[법률 제13523호, 2015. 12. 1., 일부개정]

제528조(합병의 등기) ① 회사가 합병을 한 때에는 제526조의 주주총회가 종결한 날 또는 보고에 갈음하는 공고일, 제527조의 창립총회가 종결한 날 또는 보고에 갈음하는 공고일부터 본점소재지에서는 2주내, 지점소재지에서는 3주내에 합병후 존속하는 회사에 있어서는 변경의 등기, 합병으로 인하여 소멸하는 회사에 있어서는 해산의 등기, 합병으로 인하여 설립된 회사에 있어서는 제317조에 정하는 등기를 하여야 한다.

---

1) 본 선례는 분할 또는 분할합병 후 존속하는 회사 또는 분할 또는 분할합병으로 인하여 설립된 회사가 분할 또는 분할합병으로 인하여 전환사채 또는 신주인수권부사채를 승계한 때에는 분할 또는 분할합병의 등기와 동시에 사채의 등기를 하여야 한다는 상법 규정에 관한 것이다(상법 530조의11 1항, 528조 2항).

② 합병후 존속하는 회사 또는 합병으로 인하여 설립된 회사가 합병으로 인하여 전환사채 또는 신주인수권부사채를 승계한 때에는 제1항의 등기와 동시에 사채의 등기를 하여야 한다.

제530조의11(준용규정) ① 분할 또는 분할합병의 경우에는 제234조, 제237조부터 제240조까지, 제329조의2, 제440조부터 제443조까지, 제526조, 제527조, 제527조의6, 제528조 및 제529조를 준용한다. 다만, 제527조의 설립위원은 대표이사로 한다.

◐ 선례 해설:

1. 분할로 인하여 회사를 설립하는 경우에는 분할계획서에 단순분할신설회사에 이전될 재산과 그 가액을 적어야 한다(상법 530조의5 7호). 여기서 재산에는 적극 재산뿐만 아니라 채무인 소극 재산도 포함하는 것으로 해석된다(『상업등기실무(II)』, 473면).
2. 따라서 분할회사에 전환사채 또는 신주인수권부사채가 있고 그것이 분할신설회사에 승계되는 것으로 분할계획서가 작성되었다면, 분할신설회사는 분할로 인한 설립등기 시에 전환사채 또는 신주인수권부사채의 등기를 동시에 하여야 한다(상법 530조의11, 528조 2항).
3. 본 선례에 의하면, 신주인수권부사채(전환사채도 동일)의 승계에 관한 등기가 분할에 따른 각 등기신청과 동시에 경료되지 못한 경우에는 사채의 승계가 있었다는 사실을 증명하는 서면을 첨부하여 분할에 따른 각 등기의 종료 후이더라도 등기신청을 할 수 있음을 밝히고 있다. 이 경우 등기관은 분할의 효력 발생시점인 분할로 신설되는 회사의 설립등기를 한 때를 기준으로 신주인수권부사채가 분할계획서에 따라 이전승계되는 적극·소극재산에 포함되었는지를 조사하여 그 수리여부를 결정하게 된다.
4. 분할의 효력은 분할로 신설되는 회사의 설립등기를 한 때 그 효력이 발생하며(상법 530조의11, 234조), 따라서 분할계획서에 기재된 분할회사의 권리의무는 분할의 효력이 발생하는 때에 신설회사에 포괄승계 된다는 점에서(상법 530조의10),[1] 본 선례의 결론은 타당하다.

---

1) 분할계획서 또는 분할계약서에 특정된 분할회사의 권리와 의무는 신설회사 또는 분할승계회사에 포괄적으로 이전되지만, 분할로 인해 신설되는 회사 또는 분할승계회사는 분할회사의 법인격을 승계하는 것은 아니다(대법원 2012. 7. 26. 선고 2010다37813 판결 참조).

325. 기존의 주식회사를 분할하여 회사를 설립하면서 기존 존속회사가 분할로 인하여 설립되는 회사에 건설업을 양도할 경우, 분할로 인하여 설립되는 회사의 설립등기신청서에 건설업의 양도에 관한 주무관청에의 신고를 증명하는 서면을 첨부하여야 하는지 여부(소극)

[상업등기선례 제1-249호, 제정 2004. 8. 30.]

기존의 주식회사를 분할하여 회사를 설립하면서 기존 존속회사가 분할로 인하여 설립되는 회사에 건설업을 양도할 경우, 이는 신고사항에 불과하여(1999.4.15. 종래의 인가사항을 신고사항으로 개정) 분할로 인하여 설립되는 회사의 설립등기신청서에는 건설업의 양도에 관한 주무관청에의 신고를 증명하는 서면은 첨부할 필요가 없을 것이다.
(2004. 8. 30. 공탁법인 3402-187 질의회답)

참조 조문 · 규칙 · 예규 · 선례 · 판례

■ **상업등기규칙[대법원규칙 제2668호, 2016. 6. 27., 타법개정]**

제52조(첨부정보) ① 등기를 신청하는 경우에는 다음 각 호의 정보를 그 신청정보와 함께 첨부정보로서 등기소에 제공하여야 한다.

1. 대리인에 의하여 등기를 신청하는 경우에는 그 권한을 증명하는 정보
2. 관청의 허가 또는 인가를 필요로 하는 사항의 등기를 신청하는 경우에는 그 허가 또는 인가가 있음을 증명하는 정보
3. 주소, 주민등록번호(또는 생년월일)를 등기하여야 하는 경우에는 이를 증명하는 정보
4. 성명 또는 주소의 변경에 관한 등기를 신청하는 경우에는 그 사실을 증명하는 정보

② 법 제27조에 해당하는 등기를 신청하는 경우에는 법 제27조의 소가 그 제소기간 내에 제기되지 아니한 사실을 증명하는 정보와 등기할 사항의 존재를 증명하는 정보를 첨부정보로서 등기소에 제공하여야 한다. 이 경우 회사는 그 본점소재지를 관할하는 지방법원 또는 그 지원에 법 제27조의 소가 그 제소기간 내에 제기되지 아니한 사실을 증명하는 서면의 발급을 신청할 수 있다.

③ 첨부정보 중 법원행정처장이 지정하는 첨부정보는 「전자정부법」 제36

조제1항에 따른 행정정보 공동이용을 통하여 등기관이 확인하고 신청인에게는 그 제공을 면제한다. 다만, 그 첨부정보가 개인정보를 포함하고 있는 경우에는 그 정보주체의 동의가 있음을 증명하는 정보를 등기소에 제공한 경우에만 그 제공을 면제한다.

④ 첨부정보 중 「주민등록법」에 따른 주민등록표등본·초본과 「인감증명법」에 따른 인감증명 및 「가족관계의 등록 등에 관한 법률」에 따른 가족관계등록사항별증명서는 발행일부터 3개월 이내의 것이어야 한다.

⑤ 첨부정보가 외국어로 작성된 경우에는 그 번역문을 함께 제공하여야 한다.

■ 건설산업기본법[법률 제13469호, 2015. 8. 11., 일부개정]

제17조(건설업의 양도 등) ① 건설업자는 다음 각 호의 어느 하나에 해당하는 경우에는 국토교통부령으로 정하는 바에 따라 국토교통부장관에게 신고하여야 한다.

1. 건설업자가 건설업을 양도하려는 경우
2. 건설업자인 법인이 다른 법인과 합병하려는 경우. 다만, 건설업자인 법인이 건설업자가 아닌 법인을 흡수합병하려는 경우는 제외한다.

◐ 선례 해설:

1. 관청의 허가 또는 인가가 필요한 사항의 등기를 신청하는 경우에는 그 허가 또는 인가가 있음을 증명하는 정보를 제공하여야 하는데(규칙 52조 1항 2호),

2. 이 경우 회사의 설립과 관련하여 관청의 허가(인가)가 필요한 때라 함은 그 허가(인가)가 회사가 법인격을 취득하기 위한 효력요건, 즉 설립등기의 효력요건인 경우를 말한다(예규 1544호 3조 2항).[1]

3. 건설산업기본법 제17조의 규정에 의하면, 건설업자가 건설업을 양도하려는 경우에는 국토교통부령으로 정하는 바에 따라 국토교통부장관에게 신고하는 것으로 되어 있어 상업등기규칙 제52조 제1항 제2호는 적용되지 않는다. 즉 인가(허가)사항과 신고사항을 달리 보고 단지 신고사항에 불과한 것은 주무관청에의 신고를 증명하는 정보를 첨부정보로 제공할 필요가 없다는 것이 본 선례의 취지이다.

---

1) 회사설립등기의 효력발생요건으로서 관청의 허가(인가)서를 첨부하여야 하는지에 대한 것은 「선례해설」, 388면 참조

326. 물적분할로 신설되는 주식회사의 설립등기신청서에 검사인이나 공증인의 조사보고서와 그 부속서류 또는 감정인의 감정서와 그 부속서류를 첨부하여야 하는지 여부

[상업등기선례 제1-241호, 제정 1999. 5. 27.]

제530조의12의 규정에 의한 물적분할의 경우, 분할(분할합병이 아님)로 인하여 신설되는 주식회사의 설립등기신청서에 검사인이나 공증인의 조사보고서와 그 부속서류 또는 감정인의 감정서와 그 부속서류를 첨부할 필요는 없을 것이다.
(1999. 5. 27. 등기 3402-553 질의회답)

참조 조문 · 규칙 · 예규 · 선례 · 판례

▣ 상법[법률 제13523호, 2015. 12. 1., 일부개정]

제530조의4(분할에 의한 회사의 설립) ① 이 장 제1절의 회사설립에 관한 규정은 제530조의2의 규정에 의한 회사의 설립에 관하여 이를 준용한다.

②제1항의 규정에 불구하고 분할에 의하여 설립되는 회사는 분할되는 회사의 출자만으로도 설립할 수 있다. 이 경우 분할되는 회사의 주주에게 그 주주가 가지는 그 회사의 주식의 비율에 따라서 설립되는 회사의 주식이 발행되는 때에는 제299조의 규정을 적용하지 아니한다.

제530조의12(물적 분할) 이 절의 규정은 분할되는 회사가 분할 또는 분할합병으로 인하여 설립되는 회사의 주식의 총수를 취득하는 경우에 이를 준용한다.

▣ 상업등기규칙[대법원규칙 제2668호, 2016. 6. 27., 타법개정]

제129조(설립등기) 설립등기를 신청하는 경우에는 다음 각 호의 정보를 제공하여야 한다.

6. 「상법」제299조, 제299조의2 및 제310조에 따른 검사인이나 공증인의 조사보고 또는 감정인의 감정에 관한 정보
7. 제6호의 검사인이나 공증인의 조사보고 또는 감정인의 감정결과에 관한 재판이 있은 때에는 그 재판이 있음을 증명하는 정보

제150조(분할 또는 분할합병으로 인한 설립등기) 법 제70조제1항의 신설회사의 설립등기를 신청하는 경우에는 다음 각 호의 정보를 제공하여야 한다.

5. 제129조 제1호, 제9호부터 제11호까지의 정보

(주: 제6호 및 제7호가 준용되고 있지 않음에 주의)

6. 분할되는 회사의 출자 외에 다른 출자에 의하여 회사를 설립하는 경우에는 제129조 제2호부터 제7호까지, 제12호의 정보

◐ **선례 해설:**[1]

1. 설립등기를 신청하는 경우에는 상법 제299조, 제299조의2 및 제310조에 따른 검사인이나 공증인의 조사보고 또는 감정인의 감정에 관한 정보와 검사인이나 공증인의 조사보고 또는 감정인의 감정결과에 관한 재판이 있은 때에는 그 재판이 있음을 증명하는 정보를 첨부정보로 제공하여야 하나(규칙 129조),

2. 분할로 인한 신설회사의 주식을 분할되는 회사(이하 '분할회사'라 한다)가 그대로 소유하는 형태인 물적분할의 경우에는 상법 제299조, 제299조의2 및 제310조에 따른 검사인이나 공증인의 조사보고 또는 감정인의 감정에 관한 정보와 검사인이나 공증인의 조사보고 또는 감정인의 감정결과에 관한 재판이 있은 때에는 그 재판이 있음을 증명하는 정보를 첨부정보로 제공할 필요가 없다(규칙 150조 5호 및 6호 참조). 물론 분할회사의 출자 외에 다른 출자에 의하여 회사를 설립하는 경우에는 검사인이나 공증인의 조사보고 또는 감정인의 감정이 필요한 때에는 설립등기 신청 시 위 첨부정보를 제공하여야 한다.

3. 이는 분할회사의 출자 외에 다른 출자가 없는 물적분할의 경우에는 분할회사 외에 다른 출자자가 없어 이해가 상충될 여지가 없기 때문으로 생각된다.[2] 다만 실무적으로는 물적분할의 경우에는 공정가액으로 평가하여야 하기 때문에 통상 공인된 감정인의 감정을 받지만, 그럼에도 불구하고 본 선례의 입장과 같이 분할로 인한 설립등기 시 첨부정보로 제공할 것은 아니다.

---

1) 분할합병으로 인한 설립등기 신청서에 검사인 등의 조사보고서를 첨부할 필요가 없다는 것에 대해서는 상업등기선례 제1-244호(963면) 참조

2) 또한 분할회사의 주주가 갖는 기존 주식의 지분 비율대로 분할신설회사의 주식을 교부받는 비례적 인적분할의 경우에도 검사인이나 공증인의 조사보고 또는 감정인의 감정이 면제된다(상법 530조의4 2항 참조). 이 경우에도 현물출자의 평가에 관해 새로운 이해관계가 생기지 않고, 또 분할회사의 주주들이 분할회사에서의 지분율에 비례해서 신설회사의 주식을 배정받으므로 기존 주주들의 이해에도 변동이 없어 현물출자의 공정성은 문제되지 않기 때문이다(이철송, 『회사법강의』, 1098면 참조).

327. 흡수분할합병시 무증자합병이 가능한지 여부(적극)
[상업등기선례 제1-243호, 제정 2002. 1. 2.]

피분할회사[1]가 존속하면서 일부사업부문을 인적분할하여 존립중인 기존의 회사에 흡수합병하는 소위 흡수분할합병에서, 분할되는 특정사업부문이 제530조의7 제1항 제2호의 대차대조표상 순자산가치가 영(0)인 경우에 합병차익이 존재하지 않으므로 피분할회사의 주주에게 분할합병의 상대방 회사의 주식의 배정이 없는 무증자합병이 가능하다.
(2002. 1. 2. 등기 3402-2 질의회답)

◐ **선례 해설:**

1. 분할회사가 존속하면서 일부 사업부문을 인적분할하였으나 해당 사업부문의 자산과 부채가 동일한 경우(즉 분할되는 특정사업부문이 분할되는 부분의 대차대조표상 순자산가치가 영(0)인 경우)에 자본금의 증가가 없는 무증자 흡수합병이 가능한지가 문제된 사안이다.

2. 이 경우에는 합병차익이 발생하지 않음으로 무증자 분할합병이 가능하다고 보았다. 즉 선례의 입장은 무증자 분할합병은 제한적으로만 인정된다는 최근 법원행정처의 선례해설과 동일한 입장으로 보인다(「법원행정처 선례해설(23)」, 898~901면 참조).[2]

---

1) 2015년 상법 개정 시에 용어가 '분할회사'로 정비되었다(「보론」, 932면 참조).

2) 승계회사의 자본금 또는 준비금이 증가하는 경우에는 증가할 자본금 또는 준비금에 관한 사항을 흡수분할합병계약서에 기재하여야 한다(상법 530조의6 1항 5호). 개정 전 '분할합병의 상대방 회사의 증가할 자본금의 총액 및 준비금에 관한 사항'에서 2015년 개정 후 '승계회사의 자본금 또는 준비금이 증가하는 경우에는 증가할 자본금 또는 준비금에 관한 사항'으로 변경된 것을 감안하면 무증자 분할합병을 명시적으로 인정한 것으로 평가된다.

하지만 아직 선례의 입장은 무증자 분할합병을 제한적으로 인정하고 있다. 즉, i) 100% 모자회사 관계에서 모회사가 자회사의 사업일부를 분할합병하는 경우(상업선례 2-85, 958면), ii) 승계회사에 분할회사(물적 분할합병인 경우) 또는 분할회사의 주주(인적 분할합병의 경우)에게 배정하기에 충분한 자기주식이 있는 경우, iii) 분할회사의 분할사업부문의 대차대조표상 순자산가치가 영(0)인 경우(본 선례) 등과 같이 매우 제한적으로만 무증자 분할합병을 인정하고 있다(『주식회사법대계(III)』, 525면 참조). 2015년 개정 상법 후 무증자 분할합병에 대한 선례의 입장이 어떤 변화를 보일지 좀 더 지켜보아야 할 것 같다.

328. 분할합병의 상대방 회사가 분할되는 회사의 주식 전부를 소유하고 있는 경우 무증자 분할합병등기의 가부

[상업등기선례 제2-85호, 제정 2009. 9. 2.]

분할합병의 상대방 회사가 분할되는 회사의 주식을 전부 소유하고 있는 경우에는 분할되는 회사의 주주인 분할합병의 상대방 회사 자신이나 분할되는 회사에 대하여 분할합병의 상대방 회사의 주식을 주지 않는 내용의 분할합병계약을 체결하고(따라서 분할합병의 상대방 회사의 발행주식의 총수와 자본의 총액이 증가하지 않음), 그 분할합병계약서를 첨부하여 분할합병에 따른 변경등기를 신청할 수 있다.
(2009. 9. 2. 사법등기심의관-1961 질의회답)

참조 조문 · 규칙 · 예규 · 선례 · 판례

▣ 상법[법률 제13523호, 2015. 12. 1., 일부개정]

제530조의2(회사의 분할 · 분할합병) ① 회사는 분할에 의하여 1개 또는 수개의 회사를 설립할 수 있다.
② 회사는 분할에 의하여 1개 또는 수개의 존립 중의 회사와 합병(이하 "분할합병"이라 한다)할 수 있다.
③ 회사는 분할에 의하여 1개 또는 수개의 회사를 설립함과 동시에 분할합병할 수 있다.
④ 해산후의 회사는 존립중의 회사를 존속하는 회사로 하거나 새로 회사를 설립하는 경우에 한하여 분할 또는 분할합병할 수 있다.

제530조의12(물적 분할) 이 절의 규정은 분할되는 회사가 분할 또는 분할합병으로 인하여 설립되는 회사의 주식의 총수를 취득하는 경우에 이를 준용한다.

◐ 선례 해설:

1. 이 경우에는 분할합병의 형태를 취하고는 있지만, 모회사와 완전자회사 간 무증자 흡수합병과 동일한 효과가 있다.

2. 무증자 흡수합병과 관련된 논의는 「선례해설」(897면) 및 「법원행정처 선례해설 요약(23)」(898~901면) 참조.

329. 이른바 물적흡수분할합병[1]의 경우에도 분할합병에 따른 변경 등기가 허용되는지 여부(적극)

[상업등기선례 제1-246호, 제정 2003. 10. 8.]

갑회사를 분할하여 그 일부와 을회사를 합병하고 갑회사와 을회사는 모두 존속하는 흡수분할합병을 하면서, 분할된 갑회사의 일부에 해당하는 출자지분에 관하여 존속하는 갑회사에게 주식을 배정·교부하는 이른바 물적흡수분할합병의 경우에도 분할합병에 따른 변경등기가 가능할 것이다.
(2003. 10. 8. 공탁법인 3402-239 질의회답)

참조 조문·규칙·예규·선례·판례

▣ 상법[법률 제13523호, 2015. 12. 1., 일부개정]

제530조의2(회사의 분할·분할합병) ① 회사는 분할에 의하여 1개 또는 수개의 회사를 설립할 수 있다.
② 회사는 분할에 의하여 1개 또는 수개의 존립 중의 회사와 합병(이하 "분할합병"이라 한다)할 수 있다.
③ 회사는 분할에 의하여 1개 또는 수개의 회사를 설립함과 동시에 분할합병할 수 있다.
④ 해산후의 회사는 존립중의 회사를 존속하는 회사로 하거나 새로 회사를 설립하는 경우에 한하여 분할 또는 분할합병할 수 있다.

제530조의12(물적 분할) 이 절의 규정은 분할되는 회사가 분할 또는 분할합병으로 인하여 설립되는 회사의 주식의 총수를 취득하는 경우에 이를 준용한다.

▣ 상업등기법[법률 제13953호, 2016. 2. 3., 타법개정]

제70조(분할 또는 분할합병으로 인한 등기의 등기사항) ② 분할합병으로 분할되는 부분을 흡수하는 분할합병의 상대방 회사(이하 "흡수분할합병회사"라 한다)의 변경등기를 할 때에는 분할존속회사나 분할소멸회사의 상호·본점과 분할합병을 한 뜻도 함께 등기하여야 한다. 이 경우 지점 소재지에서 흡수분할합병회사의 변경등기를 할 때에는 분할합병의 연월일도 등기하여야 한다.

---

1) 이는 분할회사가 분할에 의하여 1개 또는 수개의 기존회사와 계약에 의하여 합병하는 분할합병과 분할합병으로 인한 상대방 회사의 주식을 분할회사의 주주에게 귀속시키지 않고 분할회사가 그대로 소유하는 물적분할의 형태가 결합된 형태이다.

330. 한국증권선물거래소법에 의한 한국증권선물거래소 설립을 위한 분할합병등기시 비송사건절차법 제216조의2(주: 현행 상업등기법 제70조 내지 제72조, 동 규칙 제150조 및 제151조 참조)(분할 또는 분할합병에 의한 등기)와 등기예규 제964호(주식회사의 분할 또는 분할합병으로 인한 등기의 사무처리지침)가 유추적용될 수 있는지 여부(적극) 등

[상업등기선례 제1-248호, 제정 2004. 6. 3.]

1. 한국증권업협회의 협회중개시장운영 부분을 분할하여 한국증권거래소 등과 합병하여 한국증권선물거래소를 설립하는 경우, 한국증권업협회에 관하여는 분할로 인한 변경등기를 요하지 않으나, 목적 사업 변경에 따른 민법상 변경등기를 하여야 할 것이다.

2. 한국증권선물거래소법에의하여 한국증권선물거래소를 설립하는 경우, 비송사건절차법 제216조의2(분할 또는 분할합병에 의한 등기)의 규정과 등기예규 제964호(주식회사의 분할 또는 분할합병으로 인한 등기의 사무처리지침)는 관련 법령에서 특별히 정한 경우를 제외하고는 그 성질에 반하지 아니하는 한 유추적용할 수 있을 것이다.

3. 한국증권선물거래소 설립등기 신청시, 분할 또는 분할합병되는 법인과 회사의 출자 외에 다른 출자가 없고 불비례적 신주 배정이 아닌 한, 검사인 등의 조사보고서를 첨부할 필요는 없을 것이다.

(2004. 6. 3. 공탁법인 3402-125 질의회답)

◐ **선례 해설:**

1. 회사분할은 주식회사에 한하여 적용되는 것으로 분할회사, 분할로 신설되는 회사 또는 분할합병의 상대방 회사는 모두 주식회사여야 함이 원칙이다.

2. 한국증권업협회(민법상 법인)의 일부를 분할하여 한국증권거래소(특수법인) 등과 합병하여 한국증권선물거래소(주식회사)를 설립하는 경우에 분할의 당사자인 한국증권업협회가 주식회사가 아니어서 문제된 사안에서, 본 선례는 i) 분할의 당사자인 한국증권업협회는 분할로 인한 변경등기가 아닌 목적 사업 변경에 따른 민법상 변경등기를 하고, ii) 신설되는 한국증권선물거래소에 대해서는 관련법령에서 특별히 정한 경우를 제외하고는 그 성질에 반하지 아니하는 한 분할 또는 분할합병에 관한 상업등기법 및 상업등기규칙 및 관련 등기예규 등을 유추 적용할 수 있는 것으로 보았다.

331. 회사분할과 흡수합병으로 인한 등기를 동시에 신청할 수 있는지 여부

[상업등기선례 제2-81호, 제정 2006. 12. 27.]

1. 주식회사 갑은 그 사업부문의 일부를 인적 또는 물적 분할하여 새로운 회사를 설립하는 절차와 회사 을, 병, 정을 흡수합병하는 절차를 동시에 진행한 후에 관련된 등기를 신청할 수 있다. 다만, 이처럼 절차를 동시에 진행하게 되면 그렇지 않은 경우에 비해 여러 가지 문제들(특히, 관련 회사의 주주 및 채권자의 보호와 관련하여)이 생길 수 있을 것이다.

~~2. 위에서, 갑의 본점 소재지를 관할하는 등기소(이하, '갑 관할등기소'라 합니다)와 분할로 인하여 설립되는 회사의 본점 소재지를 관할하는 등기소(이하, '신설회사 관할등기소'라 합니다)가 같은 경우에는, 분할로 인한 갑의 변경 등기와 신설회사의 설립 등기, 흡수합병으로 인한 갑의 변경 등기와 을, 병, 정의 해산 등기를 갑 관할등기소에 동시에 신청할 수 있다. 그러나, 갑 관할등기소와 신설회사 관할등기소가 다른 경우에는, 분할로 인한 신설회사의 설립 등기가 경료된 후에 흡수합병으로 인한 갑의 변경 등기와 을, 병, 정의 해산 등기를 신청할 수 있다~~.

(2006. 12. 27. 공탁상업등기과-1455 질의회답)

참조 조문 · 규칙 · 예규 · 선례 · 판례

▣ 상업등기법[법률 제13953호, 2016. 2. 3., 타법개정]

제71조(분할 또는 분할합병으로 인한 등기의 신청) ① 분할 또는 분할합병으로 인한 해산등기는 분할신설회사 또는 흡수분할합병회사의 대표자가 분할소멸회사를 대표하여 신청한다.

② 본점 소재지에서 하는 제70조 제3항의 등기신청은 그 등기소의 관할구역 내에 분할신설회사 또는 흡수분할합병회사의 본점이 없을 때에는 그 본점 소재지를 관할하는 등기소를 거쳐야 한다.

③ 본점 소재지에서 하는 분할신설회사 · 흡수분할합병회사 · 분할존속회사 · 분할소멸회사의 설립등기 · 변경등기 · 해산등기의 신청은 분할신설회사 또는 흡수분할합병회사의 본점 소재지를 관할하는 등기소에 동시에 하여야 한다.

제72조(분할 또는 분할합병으로 인한 등기신청의 처리) ① 등기관은 제71조 제3항에 따른 등기의 신청 중 어느 하나에 관하여 제26조 각 호의 어느 하

나에 해당하는 사유가 있을 때에는 이들 신청을 함께 각하하여야 한다.
② 분할신설회사 또는 흡수분할합병회사의 본점 소재지를 관할하는 등기소에서 분할 또는 분할합병으로 인한 설립 또는 변경등기를 하였을 때에는 지체 없이 그 등기 연월일과 제70조제3항에 따른 등기신청이 있었다는 뜻을 분할존속회사 또는 분할소멸회사의 본점 소재지를 관할하는 등기소에 전산정보처리조직을 이용하여 통지하여야 한다.
③ 제2항에 따른 통지가 도달한 때에 분할존속회사 또는 분할소멸회사의 본점 소재지를 관할하는 등기소의 등기관이 제70조제3항의 등기신청을 접수한 것으로 본다.

▣ 「개정 상업등기법 시행에 따른 업무처리절차 등 변경안내」 중 발췌(출처: 법원행정처 사법등기국 2014. 11. 11. 자료)

* 분할 또는 분할합병등기신청에 대한 절차 마련(등기예규 제1542호)[1]

예규	접수등기소	처리절차
시행 전	소멸회사 또는 존속회사	
시행 후	분할신설회사 또는 흡수분할합병회사	전산정보처리조직에 의한 통지절차

※ 상업등기법에 따라 접수등기소를 종전과 달리 분할신설회사 또는 흡수분할합병회사로 하여 분할 또는 분할합병으로 인한 모든 등기신청사건에 대해 전산정보처리조직에 의해 처리하도록 함

1) 등기신청서를 제출할 등기소와 신청서를 접수받은 등기관의 업무처리절차와 관련해서는 등기예규 제1542호「주식회사의 분할 또는 분할합병으로 인한 등기의 사무처리지침」제3조 및 제5조(964~966면 참조)에서 상세하게 규율하고 있다. 따라서 본 선례 중 문단2의 내용은 등기예규 제1542호의 규정한 바에 따라 변경되어야 할 것으로 보인다.

332. 회사분할합병으로 인한 설립등기신청시 검사인 등의 조사보고서 첨부여부(소극)[1)]

[상업등기선례 제1-244호, 제정 2003. 7. 25.]

갑회사를 분할하여 그 일부와 을회사를 합병하여 병회사를 신설하는 한편 갑회사는 존속하는 신설분할합병을 하면서, 분할된 갑회사의 일부에 해당하는 출자지분에 관하여는 존속하는 갑회사에게, 합병으로 소멸하는 을회사에 해당하는 출자지분에 관하여는 을회사의 종전 주식비율에 따라 을회사의 주주들에게, 각각 신설된 병회사의 주식을 배정·교부한 경우에, 병회사의 설립등기 신청시에 검사인이나 공증인의 조사보고서 등을 첨부할 필요는 없다.

(2003. 7. 25. 공탁법인 3402-179 질의회답)

◐ **선례 해설:**

1. 회사 설립등기를 하는 경우에는 상법의 규정에 따른 검사인이나 공증인의 조사보고 또는 감정인의 감정에 관한 정보와 그에 대한 재판이 있은 때에는 그 재판이 있음을 증명하는 정보를 첨부정보를 제공하여야 하나(규칙 129조 6호 및 7호),

2. 분할회사의 출자 외에 다른 출자가 없는 물적분할 혹은 분할회사의 주주가 갖는 기존 주식의 지분 비율대로 분할신설회사의 주식을 교부받는 비례적 인적분할의 경우에는 검사인이나 공증인의 조사보고 또는 감정인의 감정이 면제된다(상업선례 1-241, 955면 및 상법 530조의4 2항 참조).

3. 본 선례에서는 갑회사를 분할하여 그 일부와 을회사를 합병하여 병회사를 신설하는 한편 갑회사는 존속하는 분할신설합병의 경우에도 위 2.와 같은 논리가 동일하게 적용됨을 밝히고 있다.

---

1) 물적분할로 신설되는 주식회사의 설립등기신청서에 검사인 등의 조사보고서를 첨부정보로 제공할 필요가 없다는 것은 상업등기선례 제1-241호(955면) 참조

※ 주식회사의 분할 또는 분할합병으로 인한 등기의 사무처리지침[등기예규 제1542호, 개정 2014. 11. 5.] 1)2)3)

제1조(목적)

이 예규는 주식회사의 분할 또는 분할합병으로 인한 등기신청과 그 신청에 대한 등기관의 업무처리절차를 규정함을 목적으로 한다.

제2조(정의)

이 예규에 사용하는 정의는 다음과 같다.

1. "분할신설회사와 흡수분할합병회사"란 각 분할 또는 분할합병으로 설립하는 회사와 분할합병으로 분할되는 부분을 흡수하는 분할합병의 상대방 회사를 말한다.
2. "분할존속회사나 분할소멸회사"란 분할 또는 분할합병 후 존속하는 회사나 소멸하는 회사를 말한다.

제3조(등기신청서를 제출할 등기소)

① 분할존속회사, 분할소멸회사, 분할신설회사, 흡수분할합병회사의 관할등기소(본점소재지의 관할등기소를 의미한다. 이하 같다)가 동일한 경우, 분할 또는 분할합병으로 인한 등기의 신청서는 그 관할등기소에 제출하여야 한다.
② 분할존속회사, 분할소멸회사, 분할신설회사, 흡수분할합병회사의 관할등기소가 서로 다른 경우, 분할 또는 분할합병으로 인한 등기의 신청서를 제출하여야 할 등기소는 다음 각 호와 같다.

---

1) 회사의 분할은 분할등기를 함으로써 효력이 생긴다(상법 530조의11 1항, 234조). 분할회사의 경우 분할 이후에도 존속한다면 변경등기를, 분할로 소멸한다면 해산등기를 하여야 한다. 분할승계회사의 경우에는 변경등기를 하여야 하고, 신설회사는 설립등기를 하여야 한다(법 71조 참조).

2) 구 법 제97조 제3항에 의하면 분할 또는 분할합병으로 인한 각 등기신청을 분할존속회사나 분할소멸회사의 관할 등기소에 먼저 접수하여야 하고, 이 경우 접수등기소는 구 법 제99조에 따라 분할신설회사의 설립등기나 흡수분할합병회사의 변경등기의 신청서나 첨부서면을 관할 등기소에 보내야 하는데 그 시기를 당사자가 결정할 수 없다는 문제점이 있었다. 이러한 문제점을 해결하기 위하여 합병등기 신청절차와 동일하게 당사자는 분할 또는 분할합병으로 인한 각 등기신청을 분할신설회사나 흡수분할합병회사의 관할 등기소에 접수하도록 개정하여 상업등기법 제71조에 반영하였으며(『개정 상업등기법·규칙 해설』, 99면), 등기예규 제1542호에서는 이러한 상업등기법 제71조의 개정 내용을 반영하였다.

3) 「실무사례(147)」(967면) 참조

1. 갑 회사의 일부를 분할하여 을 회사를 설립하는 경우 : 을 회사의 관할등기소
2. 갑 회사를 분할하여 을 회사와 병 회사를 각 설립하고 갑 회사는 소멸하는 경우
   (1) 을 회사와 병 회사의 관할등기소가 같은 경우 : 을 및 병 회사의 관할등기소
   (2) 갑과 을 회사의 관할등기소 또는 갑과 병 회사의 관할등기소가 같은 경우 : 갑 및 을 회사의 관할등기소 또는 갑 및 병 회사의 관할등기소
   (3) 갑, 을, 병 회사의 관할등기소가 모두 다른 경우 : 을 또는 병 회사의 관할등기소
3. 갑 회사의 일부를 분할하여 을 회사와 병 회사를 각 설립하고 갑 회사는 존속하는 경우 : 2.와 같다.
4. 갑 회사의 일부를 분할하여 그 분할된 부분을 을 회사에 합병하고 갑 회사와 을 회사가 모두 존속하는 경우 : 을 회사의 관할등기소
5. 갑 회사의 일부를 분할하여 그 분할된 부분과 을 회사를 합병하여 병 회사를 설립하고 갑 회사는 존속하고 을 회사는 소멸하는 경우 : 병 회사의 관할등기소
6. 갑 회사와 을 회사가 각 일부를 분할하여 그 분할된 부분을 합하여 병 회사를 설립하고 갑 및 을 회사가 존속하는 경우 : 병 회사의 관할 등기소
7. 갑 회사의 일부를 분할하여 그 분할된 부분과 을 및 병 회사를 합병하여 정 회사를 설립하고 갑 회사는 존속하며 을 및 병 회사는 소멸하는 경우 : 정 회사의 관할등기소
8. 기타의 경우

   분할존속회사, 분할소멸회사, 분할신설회사, 흡수분할합병회사의 관할등기소가 같지 않은 경우로서 위에서 언급한 사례 이외의 경우에는 원칙적으로 분할신설회사 또는 흡수분할합병회사의 관할등기소, 분할신설회사 또는 흡수분할합병회사가 둘 이상인 경우에는 분할존속회사 또는 분할소멸회사와 관할등기소를 같이하는 회사가 있는 때에는 관할이 동일한 관할등기소에, 그와 같은 회사도 없는 때에는 둘 이상의 분할신설회사 또는 흡수분할합병회사 중 어느 한 회사의 관할등기소에 제출하는 것으로 한다.

제4조(신청인과 첨부서면)

① 분할 또는 분할합병으로 인한 분할소멸회사의 해산등기는 분할신설회사 또는 흡수분할합병회사의 대표자가 분할소멸회사를 대표하여 신청한다.
② 제3조에 따라 같은 등기소에 여러 건의 등기신청을 동시에 하는 경우에

첨부서면이 같은 것이 있을 때에는 먼저 접수하는 신청서에만 그 서면을 첨부하고 다른 신청서에는 위임장만 첨부하되 그 서면을 첨부하였다는 뜻을 기재하면 된다.
③ 분할 또는 분할합병으로 인한 소멸회사의 해산등기의 경우에는 그 해산등기 신청서에 일체의 서면을 첨부하지 않아도 된다.

제5조(신청서를 접수받은 등기관의 업무처리절차)

① 신청서를 접수받은 등기관은 「상업등기법」(이하 "법"이라 한다) 제71조제3항에 따른 등기의 신청 중 어느 하나에 관하여 법 제26조 각 호에 해당하는 사유가 있을 때에는 이들 신청을 함께 각하하여야 한다.
② 분할신설회사 또는 흡수분할합병회사의 본점 소재지를 관할하는 등기소에서 분할 또는 분할합병으로 인한 설립 또는 변경등기를 하였을 때에는 지체 없이 그 등기 연월일과 법 제70조제3항에 따른 등기신청이 있었다는 뜻을 분할존속회사 또는 분할소멸회사의 본점 소재지를 관할하는 등기소에 전산정보처리조직을 이용하여 통지하여야 한다.
③ 제2항에 따라 통지받은 등기소의 등기관이 그 신청사건을 각하한 경우에도 접수등기소의 당해 등기사건은 각하된 것으로 보지 않는다.

제6조(분할 또는 분할합병의 무효로 인한 등기절차)

① 분할 또는 분할합병을 무효로 하는 판결이 확정된 때에는 제1심 수소법원은 합병무효판결의 확정의 경우에 준하여 회사의 본점과 지점소재지의 등기소에 그 등기를 촉탁하여야 한다(「상법」 제529조, 「비송사건절차법」제99조).
② 분할 또는 분할합병의 무효로 인한 등기는, 분할 또는 분할합병 후 존속한 회사에 대하여는 변경등기, 소멸한 회사에 대하여는 회복등기, 설립된 회사에 대하여는 해산등기를 하여야 한다(「상법」 제530조의11, 제238조).
③ 분할 또는 분할합병으로 인한 회복 또는 해산의 등기는 등기기록 중 「기타사항란」에 하여야 한다.

부 칙(2014. 11. 5 제1542호)
이 예규는 2014. 11. 21.부터 시행한다.

실무사례(147)

제목: 주식회사의 분할과 관련한 등기신청

회사의 사업부문 중 하나의 사업부문을 분할하여, 분할존속법인(이하 '갑 회사' 라 함)의 변경등기 및 분할신설법인(이하 '을 회사' 이라 함)의 설립등기를 신청하려고 한다. 갑 회사의 본점 소재지는 울산이며, 을 회사의 본점 소재지는 부산에 있다.

【1】 갑 회사의 변경등기 및 을 회사의 설립등기에 대한 관할 등기소는 어디인지?

【2】 갑 회사의 변경등기 및 을 회사의 설립등기에는 분할계획서 및 분할 승인에 대해 인증받은 주주총회의사록이 동일하게 첨부서면으로 되어 있다. 이 경우 각각의 등기신청서에 모두 첨부하여야 하는지?

【3】 갑 회사의 이사가 을 회사의 이사를 겸직하려고 한다. 이 경우 상법 제397조의 경업금지에 해당하여 이사회의 승인을 득하여야 하는지?

1. 본점 소재지에서 하는 분할존속회사의 변경등기 및 분할신설회사의 설립등기는 분할신설회사의 본점 소재지를 관할하는 등기소에 동시에 하여야 한다(법 71조 3항). 따라서 갑 회사의 변경등기 및 을 회사의 설립등기는 분할신설법인인 을 회사의 본점 소재지인 부산을 관할하는 등기소에 동시에 하여야 한다.

2. 위 1.에 따라 갑 회사의 변경등기 및 을 회사의 설립등기를 동시에 접수한 을 회사 본점 소재지의 관할 등기소에서는 을 회사의 설립등기가 완료되면 전산정보처리조직을 통하여 갑 회사의 본점 소재지를 관할하는 등기소에 통지하게 되므로, 공통되는 분할계획서 및 분할 승인에 대해 인증받은 주주총회의사록은 분할신설회사인 을 회사의 설립등기신청서에만 첨부하면 되고, 분할존속법인인 갑 회사의 변경등기신청서에는 그 서면을 첨부하였다는 뜻만 기재하면 된다(예규 1542호 4조 2항 및 5조 2항 및 규칙 53조 2항).

3. 분할에 의하여 회사를 설립하는 경우에는 분할계획서에 설립되는 회사의 이사와 감사를 정한 경우에는 그 성명과 주민등록번호를 기재하여야 한다(상법 530종의5 1항 9호). 이 경우 분할계획서에 대해서는 주주총회의 특별결의(상법 530조의3 1항 및 2항)를 거치는 점을 감안하면, 이사회의 승인을 요하는 경업금지에 관한 규정은 그 적용이 없다고 본다(다른 견해 있음).

제30절 주식의 포괄적 교환 · 이전[1)2)3)]의 등기

내 용	관련 조문		관련 선례 · 예규 · 규칙 (실무사례 포함)
	상법	상업등기법	
1. 주식의 포괄적 교환 · 이전	제360조의 2 내지 23	규칙 제146조 ~제147조	

1) 주식의 포괄적 교환이란 완전자회사가 되는 회사의 주주가 가지는 주식을 주식교환에 의하여 완전모회사가 되는 회사에 이전하고, 주주는 완전모회사가 되는 회사의 신주를 배정받거나 완전모회사의 자기주식의 이전을 받음으로써 완전모회사의 주주가 되는 것을 말하며(상법 360조의2 2항), 이에 대해 주식의 포괄적 이전이란 완전자회사가 되는 회사의 주주가 새로이 설립되는 완전모회사가 되는 회사에 주식을 이전하고 새로이 설립되는 완전모회사의 신주를 교부 받음으로써 완전모회사의 주주가 되는 것을 말한다(상법 360조의15 2항). 주식의 포괄적 교환과 주식의 포괄적 이전은 모두 회사 간의 계약(주식교환계약) 또는 일방의 계획(주식이전계획)에 의해 완전자회사가 되는 회사의 주주들이 소유하는 주식이 완전모회사로 강제로 이전된다는 점에 그 특색이 있다(이수천, 『상법강의』, 748면).

2) 주식의 포괄적 교환과 주식의 포괄적 이전은 그 경제적 효과의 측면에서 보면 현물출자적인 성격이 강하다. 하지만, 상법은 주식의 포괄적 교환과 주식의 포괄적 이전을 현물출자의 법리로 구성하지 않고, 합병 · 분할과 같은 조직법적 행위로 구성하고 있다. 따라서 주식의 포괄적 교환 및 이전의 경우에는 현물출자가 아니므로 현물출자에 의한 신주발행 시 상법상 거쳐야 하는 검사절차를 거치지 않는다. 또한 주식의 포괄적 교환 또는 주식의 포괄적 이전으로 완전자회사가 되는 회사에 있어서는 그 주주만 변경되고 자본금이 감소하거나 책임재산이 변동되지 않으며, 완전모회사가 되는 회사에 있어서는 신주를 발행하거나 이미 가지고 있던 자기주식을 완전자회사의 주주에게 이전할 뿐이어서 책임재산 및 자본금이 증가할 수는 있어도 감소하지 않아, 완전모회사 또는 완전자회사가 될 회사에서 채권자보호절차를 거칠 필요가 없다(『2016 상업등기실무』, 528~529면 및 『주식회사법대계(Ⅲ)』, 624면 참조).

3) 2015년 개정 상법에서는 삼각주식교환제도를 도입하였다(상법 360조의2 6항 및 7항 신설). 개정 전 상법에서는 주식의 포괄적 교환의 경우에는 완전자회사가 되는 주주는 완전모회사의 주식을 교부받을 수 있었으나, 2015년 개정 상법에서는 완전자회사가 되는 주주는 완전모회사의 주식뿐만 아니라 완전모회사가 되는 회사의 모회사의 주식도 교부받을 수 있는 삼각주식교환제도를 도입하였다(서유석, “기업 인수 · 합병(M&A) 활성화 「상법」 일부개정법률 공포”, 법무사(2016년 1월호), 대한법무사협회, 33면).

제31절 조직변경의 등기[1)]

내 용	관련 조문		관련 선례 · 예규 · 규칙 (실무사례 포함)
	상법	상업등기법	
1. 조직변경 일반론			333. 상업선례 제201508-2호 ☞ 실무사례(148)
2. 공기업의 상법상 회사로의 조직변경			334. 상업선례 제1-250호 335. 상업선례 제1-252호 336. 상업선례 제2-144호
3. 주식회사의 유한회사로의 조직변경[2)]	제604조 ~제608조	제65조 ~제67조, 규칙 제152조	337. 상업선례 제1-251호 ☞ 실무사례(149) ☞ 실무사례(150) ☞ 실무사례(151)

1) 조직변경이란 회사가 그 법인격의 동일성을 보유하면서 다른 종류의 회사로 법률상의 조직을 변경하는 것을 말하는데, 주식회사가 유한회사로 조직변경하기 위해서는 상법 제604조의 규정에 부합하여야 하며, 한편 특수법인이 상법상 회사로 조직변경을 하기 위해서는 그 법인의 설립근거 법률에 근거규정이 있어야 한다.

2) 조직변경으로 인한 변경 전 주식회사의 해산등기와 변경 후의 유한회사의 설립등기는 동시에 신청하여야 한다(법 제66조). 조직변경의 경우 변경 전·후에 회사의 법인격의 동일성이 유지된다는 점에서 조직변경에 따른 변경 전 주식회사의 해산등기 및 변경 후 유한회사의 설립등기는 등기절차상 등기기록의 편제를 변경하는 수단에 불과할 뿐, 법인격 소멸 또는 법인격 창설의 원인이 되는 고유한 의미의 해산등기 또는 설립등기가 아니다(『상업등기실무(II)』, 514면).

§ 요약

1. 조직변경이란 회사가 그 법인격의 동일성을 보유하면서 다른 종류의 회사로 법률상의 조직을 변경하는 것을 말한다. 조직변경은 변경 전의 회사가 소멸하고 변경 후 새로운 별개의 회사가 생기는 것이 아니라 법인격의 동일성이 그대로 유지된다는 점에서, 2개 이상의 회사가 청산절차를 거치지 않고 그 중 한 회사가 다른 회사를 흡수하거나 신회사를 설립함으로써 1개 이상의 회사의 소멸과 권리의무 및 사원의 포괄적 승계를 생기게 하는 회사의 합병과 구별된다(『상업등기실무(Ⅱ)』, 508면).

2. 조직변경이 모든 경우에 허용되는 것은 아니며, ⅰ) 상법상 인적회사는 인적회사로, 물적회사는 물적회사로의 변경만이 인정된다. ⅱ) 특별법에 의하여 설립된 법인은 그 설립근거 법률에 조직변경 규정이 있는 경우에만 조직변경을 할 수 있으므로, 지방공기업법에 의하여 설립된 지방공사의 상법상 주식회사로의 조직변경은 해당 법률에 근거규정이 없어 불가능하다(상업선례 1-250, 975면 및 1-252, 976면).

3. 주식회사는 이익의 배당, 잔여재산의 분배, 주주총회에서의 의결권의 행사, 상환 및 전환 등에 관하여 내용이 다른 종류주식을 발행할 수 있으나, 유한회사의 경우에는 주식회사와 같은 종류주식의 규정은 두고 있지 않고 단지 출자지분에 관한 사항만을 정하고 있다. 따라서 보통주식과 종류주식을 발행한 주식회사가 유한회사로 그 조직을 변경하는 경우에는 주식회사의 보통주식과 종류주식이 유한회사의 보통지분·종류주식지분으로 변경된다고는 볼 수 없고, 종류주식에 대하여 주어져야 할 지분에 대해서는 조직변경 결의 시의 주주총회에서 정하여야 할 것이다(상업선례 1-251, 978면).

4. 주식회사의 유한회사로의 조직변경에 관한 등기신청은 주식회사의 해산등기와 유한회사의 설립등기를 동시 신청하는 방식으로 진행되는데, 이 경우 법인설립에 해당하는 등록면허세를 다시 납부하여야 하는지 문제된다. 주식회사의 유한회사로의 조직변경 시 주식회사의 해산등기와 유한회사의 설립등기를 하는 것은 유한회사의 등기기록을 새로 개설하는 방편에 불과할 뿐이라는 것이 판례의 입장이며, 이는 2015. 7. 24. 지방세법 시행령 개정 시에 반영되었다(「실무사례(151)」, 983면 참조).

333. 명칭변경과 조직변경[1)]

[상업등기선례 제201508-2호 , 제정 2015. 8. 19.]

1. 회사의 조직변경이란 회사가 그 법인격의 동일성을 보유하면서 법률상의 조직을 변경하여 다른 종류의 회사로 되는 것으로, 실체적 요건으로서 법인격의 동일성 유지와 절차적 요건으로서 해산등기 및 설립등기가 필요하다. 한편, 법인격의 동일성이 유지되기 위해서는 해산하는 법인과 설립되는 법인이 각각 1개임을 전제로, 명문으로 '조직변경'을 직접 명시하거나 권리·의무 승계규정 등을 두어야 한다.

2. 상호변경이나 명칭변경은 같은 종류의 회사 또는 같은 종류의 법인내에서만 가능하기 때문에, 주식회사에서 특수법인으로의 명칭변경은 불가능하다. 따라서 조직변경을 전제로 하지 않고서는 대한주택보증주식회사에서 주택보증공사로의 명칭변경을 할 수 없다. 다만, 주택도시기금법 제1조(목적) 및 동법 부칙 제2조, 제4조의 규정을 고려해 볼 때 법인격의 동일성이 유지되고 동법 제20조와 제30조에 의해 설립등기와 해산등기 등이 가능하여 조직변경이 가능하므로, 조직변경을 전제로 한 명칭변경은 가능하다.

(2015. 8. 19. 사법등기심의관-2776 질의회답)

참조 조문 · 규칙 · 예규 · 선례 · 판례

■ **주택도시기금법**

부칙 <법률 제12989호, 2015. 1. 6.>

제1조(시행일) 이 법은 2015년 7월 1일부터 시행한다.

제2조(국민주택기금에 관한 경과조치) ① 이 법 시행 당시 「주택법」에 따른 국민주택기금은 이 법에 따른 주택도시기금으로 본다.

② 이 법 시행 당시 「주택법」에 따라 이루어진 국민주택기금의 출자, 출연, 융자 및 그 밖의 법률행위는 이 법의 규정에 따라 행하여진 것으로 본다.

---

1) 본 선례의 쟁점은 조직변경이 아닌 한 주식회사에서 특별법에 의한 특수법인으로의 명칭변경이 불가능한 바, 주택법에 따른 "대한주택보증 주식회사"가 2015. 7. 1.부로 주택도시기금법에 따른 "주택도시보증공사"로 전환된 것이 조직변경에 해당하여 명칭변경이 가능한지 여부이다.

③ 이 법 시행 당시 「주택법」에 따라 이루어진 국민주택기금의 재산 및 채권 · 채무는 이 법에 따른 주택도시기금의 주택계정이 승계한다.

제4조(대한주택보증주식회사의 명칭변경에 따른 경과조치) ① 이 법 시행 당시 「주택법」에 따른 대한주택보증주식회사(이하 "대한주택보증"이라 한다)는 이 법에 따른 주택도시보증공사로 본다.

② 이 법 시행 당시 대한주택보증의 명의로 행한 행위, 그 밖의 법률관계에 있어서는 이를 이 법에 따른 주택도시보증공사의 명의로 행한 것으로 본다.

③ 이 법 시행 당시 등기부, 그 밖의 공부상의 대한주택보증의 명의는 이 법에 따른 주택도시보증공사의 명의로 본다.

◐ **선례 해설:** 「실무사례(148)」(973면) 참조

1. 조직변경이란 회사가 그 법인격의 동일성을 보유하면서 다른 종류의 회사로 법률상의 조직을 변경하는 것을 말하며, 조직변경을 위해서는 조직변경에 관한 근거 규정이 있어야 한다.

2-1. 주식회사에서 특수법인으로의 전환이 조직변경에 해당한다면 그 법인격의 동일성을 유지한 채 특수법인으로 그 조직을 변경한 것에 해당하여 그 명칭변경이 가능하나, 그렇지 아니할 경우에는 주식회사에서 특수법인으로의 명칭변경은 불가하다.

2-2. 결국 주택법에 따른 "대한주택보증 주식회사"(주식회사)가 주택도시기금법에 따른 "주택도시보증공사"(특수법인)로의 명칭변경이 가능하기 위해서는 조직변경에 해당하여야 한다. 위 전환이 조직변경에 해당하는지 여부에 관해 살펴보면, i) 조직변경은 그 법인격의 동일성이 유지되어야 하는데, 주택도시기금법 제1조 및 부칙 제2조 및 제4조의 규정을 살펴볼 때 그 동일성이 유지되고 있음을 알 수가 있으며, ii) 주택도시기금법 제20조 및 제30조에 의해 등기 기술상으로도 설립등기 및 해산등기가 가능하여 조직변경의 등기가 가능한 점 등 제반 사항을 종합하여 볼 때, 주택법에 따른 "대한주택보증 주식회사"(주식회사)가 주택도시기금법에 따른 "주택도시보증공사"(특수법인)로의 전환은 조직변경에 해당하다. 따라서 조직변경을 전제로 한 명칭변경(대한주택보증 주식회사 -> 주택도시보증공사) 또한 가능하다.

실무사례(148)

제목: 조직변경 시 상호변경, 회사성립 연월일, 법인등록번호 등

2000. 2. 1.에 설립등기된 주식회사 옥태실업은 2015. 12. 14.에 총주주의 일치에 의한 주주총회의 결의로 유한회사 한국양행으로 조직변경하기로 하였다. 채권자보호절차를 마친 후 2016. 1. 15.에 주식회사 옥태실업의 해산등기 및 유한회사 한국양행의 설립등기신청서를 관할 등기소에 동시에 접수하였다.

【1】 상기와 같이 조직변경 전후의 상호가 다른 경우에도 문제는 없는지?

【2】 새로이 설립되는 유한회사 한국양행의 등기기록상 회사성립 연월일은 설립등기 신청일인 2016년 1월 15일로 하면 되는지?

【3】 조직변경으로 인해 기존의 사업자등록번호와 법인등록번호는 변경되는지?

1. 원칙적으로 상호변경은 같은 종류의 회사 내에서만 가능하나, 주식회사에서 다른 종류의 회사인 유한회사로의 조직변경을 하는 경우에는 그 법인격의 동일성이 인정되므로 상호변경이 가능하다(상업선례 201508-2).

2. 조직변경으로 인한 변경 후의 회사에 관한 설립등기를 한 때에는 변경 전의 회사의 성립 연월일, 변경 전의 회사의 상호·본점과 변경한 뜻을 함께 등기하여야 하며, 조직변경으로 인한 변경 전의 회사에 관한 해산등기를 할 때에는 변경 후의 회사의 상호·본점과 조직을 변경한 뜻 및 그 연월일도 함께 등기하여야 한다(법 65조). 따라서 새로이 설립되는 유한회사 한국양행의 등기기록상 회사성립 연월일은 변경 전 주식회사 옥태실업의 성립 연월일인 2000년 2월 1일로 하여야 하며, 유한회사 한국양행의 설립등기 신청일인 2016년 1월 15일로 하여서는 아니 된다. 참고로 유한회사 한국양행의 설립등기기재례를 일부 인용하면 다음과 같다.1)

회사성립연월일	2000년 02월 01일

등기용지의 개설 사유 및 연월일
2016년 1월 15일 주식회사 옥태실업을 조직변경하여 설립 2016년 01월 15일 등기

1) 『상업등기기재례집』, 284면

3-1. 사업자등록번호는 "000-00-00000" 의 형태로 10자리로 구성되어 있는데, 중간에 있는 2자리로 개인사업자 및 법인사업자를 구분하며 법인사업자의 경우에는 법인의 성격에 따라 코드를 구분하여 사용한다. 영리법인의 본점의 경우에는 " 81, 86, 87, 88" 로 영리법인의 지점은 "85" 의 코드를 사용한다. 사안의 경우 주식회사에서 유한회사로 조직변경하는 것으로 조직변경 전후의 회사가 모두 영리법인에 해당하여 조직변경으로 인해 사업자등록번호는 변경되지 않는다.

3-2. 법인에 대한 등록번호는 등기관서별 분류번호 4자리 수, 법인종류별 분류번호 2자리 수, 일련번호 6자리 수 및 오류검색번호 1자리 수를 차례로 연결하여 구성되어 있으며, 법인에 대한 등록번호는 법인의 설립등기를 하는 때에 이를 부여한다(규칙 2566호 2조 및 3조 참조). 「법인 및 재외국민의 부동산등기용등록번호 부여에 관한 규칙」상의 [별표3]에 의하면, 주식회사는 "11" 인데 반해 유한회사는 "14" 의 법인종류별 분류번호를 사용한다. 따라서 주식회사 옥태실업에서 유한회사 한국양행으로의 조직변경에 따른 유한회사 한국양행의 설립등기 시에 유한회사 법인종류별 분류번호("14")를 사용한 법인에 대한 등록번호가 새로이 부여되므로 기존의 법인등록번호는 변경된다(주: 비록 법인에 대한 등록번호 분류 체계상 법인등록번호가 변경되더라도, 조직변경 전후 법인격의 동일성이 그대로 유지된다는 법적 성격에는 변함이 없다).

※ 법인등록번호의 구성체계(규칙 2566호 별표1 및 별표3 참조)

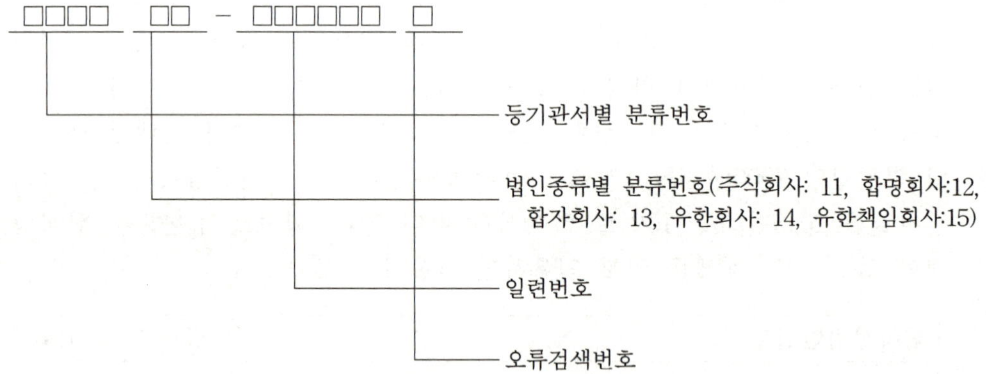

참조 조문: 상법 제604조 내지 제608조, 상업등기법 제65조
참조 규칙: 「법인 및 재외국민의 부동산등기용등록번호 부여에 관한 규칙」(규칙 2566호)
참조 선례: 상업등기선례 제201508-2호(971면)

334. 지방공사의 주식회사로의 변경등기 가부
[상업등기선례 제1-250호, 제정 1999. 6. 9.]

지방공기업법 제49조의 규정에 의하여 설립된 지방공사가 상법상의 주식회사로 전환할 수 있는 법률규정이 없으므로, 지방공사설치조례의 폐지조례에 주식회사로 전환할 수 있는 근거규정을 두는 방법으로는 지방공사를 상법상의 주식회사로 전환할 수 없을 것이다.
(1999. 6. 9. 등기 3402-601 질의회답)

참조 조문 · 규칙 · 예규 · 선례 · 판례

▣ 지방공기업법[법률 제13633호, 2015. 12. 29, 일부개정]

제49조(설립) ① 지방자치단체는 제2조에 따른 사업을 효율적으로 수행하기 위하여 필요한 경우에는 지방공사(이하 "공사" 라 한다)를 설립할 수 있다. 이 경우 공사를 설립하기 전에 특별시장, 광역시장, 특별자치시장, 도지사 및 특별자치도지사(이하 "시 · 도지사" 라 한다)는 안전행정부장관과, 시장 · 군수 · 구청장(자치구의 구청장을 말한다)은 관할 특별시장 · 광역시장 및 도지사와 협의하여야 한다.

제75조(「상법」의 준용) 공사에 관하여는 이 법에서 규정한 사항을 제외하고는 그 성질에 반하지 아니하는 범위에서 「상법」 중 주식회사에 관한 규정을 준용한다. 다만, 「상법」 제292조(주: 정관의 효력발생)는 준용하지 아니한다.

◐ 선례 해설:

1. 지방공기업법 제49조 규정에 의하여 설립된 지방공사에 대해서는 비록 그 성질에 반하지 아니하는 범위 내에서는 상법 중 주식회사에 관한 규정이 적용되기는 하나, 본 선례에서는 지방공사는 상법상의 주식회사로 전환할 수 있는 법률규정이 없어 지방공사의 주식회사로의 조직변경은 불가함을 밝히고 있다.

2. 따라서 법률의 규정이 아닌 「지방공사설치조례의 폐지조례」에 주식회사로 전환할 수 있는 근거규정을 두는 방법으로는 본 선례의 입장과 같이 지방공사를 상법상의 주식회사로 전환할 수는 없다.

335. 특수법인인 지방공사를 상법상의 주식회사로 조직변경등기를 할 수 있는지 여부1)

[상업등기선례 제1-252호, 제정 2005. 2. 14.]

특수법인인 지방공사를 상법상의 주식회사로 전환하기 위해서는 조직변경에 관한 근거규정을 법률에 두어야 할 것인바, 이러한 근거규정이 없는 경우에는 조직변경에 따른 등기신청을 수리할 수 없을 것이다.

(2005. 2. 14. 공탁법인 3402-40 질의회답)

◐ 선례 해설:

1. 조직변경을 위해서는 조직변경에 관한 근거규정이 법률에 정해져 있어야 한다.

2. 상법상 회사의 조직변경에 대해서는 근거규정이 상법에 정해져 있다. 즉 상법상 회사의 조직변경은 합명회사와 합자회사 상호간(상법 242조, 286조), 주식회사와 유한회사 상호간(상법 604조, 607조), 주식회사와 유한책임회사 상호간(상법 287조의43, 287조의44) 등의 경우에 허용되는데, 이 경우 각각의 근거규정이 상법에 명문으로 정해져 있다.

3. 위 2.와 달리, 지방공기업 제49조의 규정에 의하여 설립된 특수법인인 지방공사의 경우에는 상법상의 주식회사로의 조직변경에 관한 근거규정이 해당 법률에서 정한 바가 없어, 지방공사의 상법상 주식회사로의 조직변경은 불가하다. 비록 지방공기업법 제75조에 지방공사에 관하여 지방공기업법에서 규정한 사항을 제외하고는 그 성질에 반하지 아니하는 범위에서 상법 중 주식회사에 관한 규정을 준용한다고 규정되어 있더라도 마찬가지이다.

1) 동일한 취지의 선례로는 상업등기선례 제1-250호(975면) 참조.

336. 지방공기업법에 의하여 설립된 지방공사를 조례에 의하여 상법상 주식회사로 전환할 수 있는지, 동 지방공사를 상법상 주식회사 또는 농업협동조합법에 의한 업종별조합과 합병할 수 있는 지 여부 등[1)]

[상업등기선례 제2-144호, 제정 2005. 12. 26.]

1. 지방공기업법 제49조에 의하여 설립된 특수법인인 지방공사를 상법상의 주식회사로 전환하기 위해서는 조직변경에 관한 근거법률이 있어야 하므로, 지방공기업법 등에 이러한 근거규정이 없는 경우, 지방공사설치조례의 폐지조례에 주식회사로 전환할 수 있는 근거규정을 두는 방법으로는 지방공사를 상법상의 주식회사로 전환할 수 없을 것이다.

2. 또한, 위 공사가 상법상 회사 등과 합병을 하기 위해서는 그 근거법률이 있어야 하는데, 지방공기업법, 비송사건절차법 등에 지방공사가 농업협동조합법에 의하여 설립된 업종별조합 또는 상법상 주식회사와 합병할 수 있다는 근거규정 및 합병등기절차에 관한 규정이 없으므로, 지방공사와 농업협동조합법에 의한 업종별조합 또는 상법상 주식회사와의 합병으로 인한 변경등기는 할 수 없을 것이다.
(2005. 12. 26. 공탁법인과-723 질의회답)

1) 본 선례에서는 지방공기업에 의해 설립된 지방공사가 상법상의 주식회사로 조직변경하는 경우뿐만 아니라, 농업협동조합법에 의하여 설립된 업종별조합이나 상법상 회사 등과 합병하기 위해서도 해당 법률에 근거규정이 있어야 함을 밝히고 있다.

337. 주식회사가 유한회사로 조직변경되는 경우의 등기신청과 우선주의 처리

[상업등기선례 제1-251호, 제정 2000. 1. 13.]

주식회사는 이익이나 이자의 배당 또는 잔여재산의 분배에 관하여 내용이 다른 수종의 주식을 발행할 수 있고(상법 제344조 제1항), 이때 그 종류와 각종 주식의 내용과 수는 등기하여야 하는 것이나(상법 제317조 제2항 제3호), 위와 같은 규정이 없는 유한회사에서는 이러한 사항을 정할 수는 없을 것이며, 이는 보통주와 우선주를 발행한 주식회사가 유한회사로 그 조직을 변경하는 경우에도 마찬가지이므로 주식회사의 보통주와 우선주가 유한회사의 보통지분·우선지분으로 변경되거나 또는 보통지분·우선지분의 구별을 둘 수는 없을 것이며, 우선주에 대하여 주어져야 할 지분에 대하여는 조직변경 결의시의 주주총회에서 정할 사항이며 반드시 우선주를 소각하여야만 하는 것은 아니다.
(2000. 1. 13. 등기 3402-27 질의회답)

참조 조문·규칙·예규·선례·판례

▣ 상법[법률 제13523호, 2015. 12. 1., 일부개정]

제604조(주식회사의 유한회사에의 조직변경) ① 주식회사는 총주주의 일치에 의한 총회의 결의로 그 조직을 변경하여 이를 유한회사로 할 수 있다. 그러나 사채의 상환을 완료하지 아니한 경우에는 그러하지 아니하다.
② 전항의 조직변경의 경우에는 회사에 현존하는 순재산액보다 많은 금액을 자본금의 총액으로 하지 못한다.
③ 제1항의 결의에 있어서는 정관 기타 조직변경에 필요한 사항을 정하여야 한다.
④ 제601조의 규정은 제1항의 조직변경의 경우에 준용한다.

제606조(조직변경의 등기) 주식회사가 제604조의 규정에 의하여 그 조직을 변경한 때에는 본점소재지에서는 2주간, 지점소재지에서는 3주간내에 주식회사에 있어서는 해산등기, 유한회사에 있어서는 제549조제2항에 정하는 등기를 하여야 한다.

▣ 상업등기규칙[대법원규칙 제2668호, 2016. 6. 27., 타법개정]

제152조(조직변경으로 인한 설립등기) 주식회사가 유한회사 또는 유한책임회사로 조직을 변경함으로 인한 설립등기를 신청하는 경우에는 다음 각 호의 정보를 제공하여야 한다.

1. 정관
2. 회사에 현존하는 순재산액을 증명하는 정보
3. 사채의 상환을 완료하였음을 증명하는 정보
4. 제111조제2호의 정보
5. 유한책임회사로 조직을 변경한 경우에는 제120조 제3호부터 제5호까지의 정보
6. 유한회사로 조직을 변경한 경우에는 제156조 제3호부터 제5호까지의 정보

◐ **선례 해설:**[1)]

1. 주식회사는 이익의 배당, 잔여재산의 분배, 주주총회에서의 의결권의 행사, 상환 및 전환 등에 관하여 내용이 다른 종류의 주식(이하 "종류주식"이라 한다)을 발행할 수 있다(상법 344조 1항).

2. 그 구체적인 내용으로 상법에서는 제344조의 종류주식에 관한 일반 규정 이외에, 이익배당, 잔여재산분배에 관한 종류주식(제344조의2), 의결권의 배제·제한에 관한 종류주식(제344조의3), 주식의 상환에 관한 종류주식(제345조), 주식의 전환에 관한 종류주식(제346조) 등의 개별규정을 두고 있다.

3. 반면에 유한회사에서는 주식회사와 같은 종류주식의 규정은 두고 있지 않고 단지 출자지분에 관한 사항만을 정하고 있어(상법 554조, 555조 등),

> **제554조(사원의 지분)** 각 사원은 그 출자좌수에 따라 지분을 가진다.
>
> **제555조(지분에 관한 증권)** 유한회사는 사원의 지분에 관하여 지시식 또는 무기명식의 증권을 발행하지 못한다.

4. 본 선례에서는 유한회사는 주식회사와 같은 종류주식(종전의 우선주 포함, 이하 같다)을 둘 수 없고, 이는 주식회사가 유한회사로 조직변경을 한 경우에도 마찬가지임을 밝히고 있다. 또한 주식회사가 유한회사로 조직변경 시 기존의 주식회사의 종류주식에 대하여 주어져야 할 지분에 관해서는 조직변경 결의 시의 주주총회에서 정하면 될 것이지 반드시 종류주식을 소각하여야만 하는 것은 아니다.

1) 기타 조직변경과 관련된 부가 논점으로 조직변경 시의 등기기산점, 임원선임 및 등록면허세에 관한 것은 「실무사례(149)(150)(151)」(980~983면) 참조

실무사례(149)

제목: 주식회사의 유한회사로의 조직변경(1): 등기기산점과 효력발생시기

다음은 주식회사의 유한회사로의 조직변경과 관련된 질의이다(각 사안은 별개 사안임).

【1】 주식회사가 총주주의 일치에 의한 총회의 결의로 유한회사로 조직변경을 하는 경우, '그 조직을 변경한 때'에는 본점 소재지에서는 2주간, 지점 소재지에서는 3주간 내에 등기를 하도록 규정하고 있는데, '그 조직을 변경한 때'란 총주주의 일치에 의한 총회의 결의일로 보면 되는지?

【2】 조직변경의 효력발생시기는?

1. 조직변경등기의 등기기산점과 관련하여 상법 제606조에서의 '그 조직을 변경한 때'란 주식회사에서 총주주의 일치에 의한 주주총회의 결의로 유한회사로의 조직변경을 하기로 결의한 때로 해석할 여지가 있으나, 이는 조직변경을 위하여 필요한 절차가 모두 종료한 시점 즉 조직변경을 결정한 주주총회의 결의, 채권자보호절차, 단주의 처리 등의 모든 절차를 종료한 때로 해석해야 한다(『주석상법(회사편Ⅵ)』, 481면). 실무제요도 같은 입장이다(『상업등기실무(Ⅱ)』, 513~514면). 따라서 주식회사의 유한회사로의 조직변경으로 인한 유한회사의 설립등기신청서의 첨부서면에는 소멸하는 주식회사의 주주총회의사록 이외에 채권자보호절차를 이행하였음을 증명하는 서면이 반드시 포함되어야 하며, 실무적으로 통상 채권자이의 제출기간의 만료일의 다음 날부터 등기기간을 계산하여 등기신청하고 있다.

2. 합병의 경우 합병등기를 한 때 합병의 효력이 발생하며(상법 234조) 분할의 경우에도 분할등기를 한 때 그 효력이 발생하나(상법 530조의11), 조직변경의 효력발생시기에 대하여는 명문의 규정이 없다. 이에 대하여 현실적으로 조직변경이 있은 때에 조직변경의 효력이 생긴다는 학설도 있으나, 통설은 유한회사에 관한 설립등기 시에 그 효력이 발생한다고 본다.

참조 조문: 상법 제234조, 제530조의11, 제604조, 제606조, 상업등기규칙 제152조

참조 문헌: 『주석상법(회사편Ⅵ)』, 481면 및 『상업등기실무(Ⅱ)』, 513~514면

실무사례(150)

제목: 주식회사의 유한회사로의 조직변경(2): 임원선임 등

다음은 주식회사의 유한회사로의 조직변경과 관련된 질의이다(각 질의는 별개의 사안임).

【1】 임기가 만료되지 않은 이사 2인과 감사를 두지 않은 주식회사가 이번에 유한회사로의 조직변경을 하려고 한다. 이 경우 기존의 이사들은 별도의 절차 없이도 당연히 유한회사의 이사가 되는지? 또한 감사를 별도로 선임할 필요는 없는지?

【2】 조직변경을 하려고 하는 당시 기존 주식회사의 자산이 10억원, 부채가 16억원인 경우, 즉 자본잠식 상태에서도 유한회사로의 조직변경이 가능한지?

【3】 주식회사의 유한회사로의 조직변경으로 인한 등기신청은 주식회사의 해산등기와 유한회사의 설립등기를 동시에 신청하도록 되어 있는데, 두 건의 등기신청서에 공통되는 첨부서류는 전건 원용하면 되는지?

1-1. 조직변경 후의 유한회사의 이사 또는 감사는 주식회사의 유한회사로의 조직변경을 위한 주주총회 결의 시에 정관에서 정할 수도 있고 조직변경을 위한 주주총회의 결의 시에 선임할 수도 있다(상법 547조 1항). 만약에 조직변경의 결의 시에 유한회사의 이사를 선임하지 않은 경우에 상법 제386조 제1항을 유추 적용하여 임기가 만료되지 않은 기존 주식회사의 이사가 당연히 조직변경 후의 유한회사의 이사가 되는지 문제되는데, 조직변경의 경우에는 주식회사의 이사・감사 전원이 종임되기 때문에 변경 전 주식회사의 종전 이사가 임기가 만료되지 않았다고 하여 당연히 변경 후의 유한회사의 이사가 되는 것은 아니다. 따라서 주식회사를 유한회사로 조직을 변경하기 위한 주주총회의 결의 시에 변경 후의 유한회사의 이사를 선임하거나, 주식회사의 유한회사로의 조직변경을 위한 주주총회 결의 시에 정관에서 정하여야 한다(『2016 상업등기실무』, 542면).

1-2. 또한 유한회사의 경우 감사는 정관에 규정이 있는 경우에만 둘 수 있는 임의기관이므로(상법 568조 1항), 조직변경의 결의 시에 정관에 유한회사의 감사설치에 관한 규정을 두지 않았다면 감사를 별도로 선임할 필요가 없다.

2. 주식회사의 유한회사로의 조직변경의 경우에는 회사에 현존하는 순재산액(회사의 자산총액으로부터 채무총액을 뺀 금액)보다 많은 금액을 유한회사의 자본금의 총액으로 하지 못한다(상법 604조 2항). 사안의 경우 조직변경 전의 주식회사의 자산총액이 10억원인데 반해, 부채총액이 16억원으로 순재산액이 마이너스(-)이므로 주식회사의 유한회사로의 조직변경이 불가하다.

3-1. 주식회사의 유한회사로의 조직변경은 주식회사의 해산등기와 유한회사의 설립등기를 동시에 신청하여야 한다(법 66조).

3-2. 이 경우 유한회사의 설립등기를 신청하는 경우에는, i) 정관, 회사에 현존하는 순재산액을 증명하는 서면(대차대조표 등), 사채의 상환을 완료하였음을 증명하는 서면(대차대조표 혹은 대표자 확인서 등), 채권자보호절차를 이행하였음을 증명하는 서면, 이사 등의 취임승낙을 증명하는 서면, 이사 등의 주민등록번호 및 주소를 증명하는 서면, 감사를 둔 경우에는 그의 취임승낙을 증명하는 서면, 대표이사를 정한 경우에는 그의 취임승낙을 증명하는 서면 등의 규칙에서 정하고 있는 개별적인 서면(규칙 152조)과, ii) 소멸회사의 주주총회의사록, 이사회의사록(대표이사를 이사회에서 선임한 경우) 혹은 이사 과반수동의서 등의 일반 서면(규칙 128조)을 첨부서면으로 제출하여야 하나,

3-3. 조직변경 전의 주식회사의 해산등기의 신청에는 신청서의 첨부서면에 관한 규정이 적용되지 아니하므로 일체의 서면을 첨부할 필요가 없어(규칙 53조 3항), 전건 원용할 것은 아니다(※ 등록면허세영수필확인서 및 위임장만 첨부함).

참조 조문: 상법 제386조 제1항, 제547조, 제568조, 제604조 내지 제606조, 상업등기법 제66조, 상업등기규칙 제53조 제3항, 제128조, 제152조

참조 문헌: 『2016 상업등기실무』, 541~547면

> **[비교 사례]** 유한회사가 자본잠식 상태에서 주식회사로의 조직변경이 가능한지 여부(소극) => 유한회사가 총사원의 일치에 의한 총회의 결의로 주식회사로 조직을 변경할 때 발행하는 주식의 발행가액의 총액은 회사에 현존하는 순재산액을 초과하지 못하므로(상법 607조 2항), 유한회사가 자본잠식인 상태에서는 주식회사로의 조직변경은 불가하다.[1)]

1) 결국 주식회사의 유한회사로의 조직변경에서의 주식회사와 유한회사의 주식회사로의 조직변경에서의 유한회사가 자본잠식 상태인 경우에는 조직변경이 불가하다(상법 604② 및 607②).

실무사례(151)

제목: 주식회사의 유한회사로의 조직변경(3): 등록면허세

자본금이 10억원인 주식회사를 유한회사로의 조직변경을 검토 중이다. 이 경우 등기절차가 주식회사 해산등기와 유한회사 설립등기를 동시 신청하는 것으로 되어 있는데, 그렇다면 주식회사의 유한회사로의 조직변경 시 법인 설립에 해당하는 등록면허세를 다시 납부해야 하는지?

1. 법인등기에 관한 등록면허세의 세율에 대해서는 지방세법 제28조 제1항 제6호에 그 유형별로 가목에서 바목까지 규정되어 있는데, 주식회사의 유한회사로의 조직변경 시 가목의 설립에 준하는 등록면허세를 납부하여야 하는지 아니면 바목의 그 밖의 등기에 해당하는 등록면허세를 납부하여야 하는지가 문제된다.

2. 이와 관련하여 판례의 입장은 실질과세의 원칙에 입각하여 주식회사의 유한회사로의 조직변경 시 유한회사 설립등기를 하는 것은 유한회사의 등기기록을 새로 개설하는 방편에 불과하여 설립에 관한 등록면허세의 세율을 적용할 수는 없고 그 밖의 등기에 해당하는 등록면허세만을 납부하면 된다는 입장이다. 즉 판례에 의하면, “법인에 관한 어떠한 등기가 구 지방세법 제137조 제1항 어느 호(주: 현행 지방세법 제28조 제1항 제6호의 어느 목)에 해당하는지는 실질과세의 원칙에 의하여 그 명칭이나 형식과 관계없이 실질 내용에 따라 판단하여야 한다. 상법상 주식회사의 유한회사로의 조직변경은 주식회사가 법인격의 동일성을 유지하면서 조직을 변경하여 유한회사로 되는 것이다. 그럼에도 주식회사의 해산등기와 유한회사의 설립등기를 하는 것은 유한회사의 등기기록을 새로 개설하는 방편일 뿐이고, 주식회사가 해산하고 유한회사가 설립되기 때문이 아니다. 또한 이러한 조직변경이 있더라도 구 지방세법 제137조 제1항 제1호 제1목(주: 현행 지방세법 제28조 제1항 제6호 가목, 이하 같다)에서 등록세의 과세표준으로 삼고 있는 신규출자가 이루어지지 아니한다. 이러한 점들을 종합하여 볼 때, 주식회사의 조직변경에 따른 유한회사의 설립등기는 구 지방세법 제137조 제1항 제1호 제1목의 적용대상이라고 할 수 없다.” (대법원 2012. 2. 9. 선고 2010두6731 판결).

3. 위 2.의 판례의 입장은 2015. 7. 24. 지방세법 시행령 개정 시에 반영되어 현재 시행되고 있다. 즉 개정된 지방세법 시행령 제43조 제5항에 의하면, 상법 제606조에 따라 주식회사에서 유한회사로 조직변경의 등기를 하는 경우 또는 같은 법 제607조 제5항에 따라 유한회사에서 주식회사로 조직변경의 등기를 하는 경우에는 법 제28조 제1항 제6호 바목에 따른 등록면허세를 납부하면 된다.

제32절 청산종결의 등기[1)2)]

내 용	관련 조문		관련 선례 · 예규 · 규칙 (실무사례 포함)
	상법	상업등기법	
1. 청산종결	제540조 ~제542조	규칙 제110조 2항, 제154조	☞ 실무사례(152) 338. 상업선례 제1-280호 ☞ 실무사례(153) 339. 상업선례 제1-279호 340. 상업선례 제1-278호 341. 상업선례 제2-95호

1) 청산이 완료된 때에는 청산인은 결산보고서에 대한 주주총회의 승인이 있은 날로부터 본점 소재지에서는 2주 내에, 지점 소재지에서는 3주 내에 청산종결의 등기를 신청하여야 하는데(상법 542조 1항, 264조), 여기서 청산이란 해산 후에 현존사무를 종결하고, 채권의 추심과 채무의 변제, 재산의 조사, 재산의 환가처분을 한 다음 잔여재산을 주주에게 분배하는 것을 말한다(상법 542조 2항, 254조 및 260조 참조).

2) 청산절차 진행 중에 회사의 재산으로 회사의 채무를 완제하기에 부족한 것이 분명한 때 즉 부채초과 상태임이 분명한 때에는 상법에 의한 청산절차를 중지하고 「채무자 회생 및 파산에 관한 법률」에 의한 법인파산절차 혹은 기업회생절차를 진행하여야 한다. 이에 관한 것은 「실무사례(156)」(1021면) 참조.

§ 요약

1. 청산이란 해산한 후에 현존사무를 종결하고, 채권의 추심과 채무의 변제, 재산의 조사, 재산의 환가처분을 한 다음 잔여재산을 주주에게 분배하는 것을 말하며, 청산이 완료된 때에는 청산인은 결산보고서에 대한 주주총회의 승인이 있은 날로부터 본점 소재지에서는 2주 내에, 지점 소재지에서는 3주 내에 청산종결의 등기를 신청하여야 한다. 한편 청산종결의 등기가 되었더라도 회사명의의 재산이 남아 있는 경우에는 폐쇄된 등기기록(혹은 등기용지)상 청산종결등기의 말소등기 및 종전 등기부의 부활을 통해 청산절차를 진행할 수 있다(상업선례 1-279, 989면 및 1-278, 990면).

2. 청산인은 취임한 날로부터 2월 내에 회사채권자에 대하여 일정한 기간 내에 그 채권을 신고할 것과 그 기간 내에 신고하지 아니하면 청산에서 제외될 뜻을 2회 이상 공고로써 최고하여야 하고 그 기간은 2월 이상이어야 하는데(상법 535조), 상업등기규칙에서는 청산종결등기신청 시에 회사채권자에의 최고 공고문을 첨부정보로 하고 있지 않다. 따라서 첨부정보의 법정주의에 의해, 청산종결등기신청 시에는 회사채권자에의 최고 공고문은 첨부정보로 제공할 것은 아니다(상업선례 1-280, 987면).

3. 청산종결등기신청 시에는 청산인이 결산보고서에 관해 주주총회의 승인을 얻었다는 것을 증명하는 주주총회의사록을 첨부정보로 제공하여야 한다. 따라서 주주총회의사록에는 결산보고서가 별첨되어 있어야 하며, 이는 공증인법 제66조의2에 의해 공증인의 인증을 받은 것이어야 한다(「실무사례(153)」, 988면).

4. 청산인등기가 되어 있지 않은 상태에서 등기부가 폐쇄된 주식회사가 등기의무자로서 부동산등기신청을 하기 위해서는 폐쇄된 등기부를 부활하여야 하나, 폐쇄된 등기부를 부활할 수 없는 경우에는 등기권리자는 그 회사를 상대로 한 판결을 받아 단독으로 소유권이전등기를 신청할 수 있다(상업선례 2-95, 991면).[1]

5. 해산의 등기를 한 후 10년이 지난 경우에는 등기관의 직권으로 등기기록을 폐쇄할 수 있지만(법 19조), 등기기록이 폐쇄되지 않은 경우에는 회사는 청산절차를 진행할 수 있다(「실무사례(152)」, 986면).

---

1) 이와 관련해서는 「법원행정처 선례해설 요약(24)」(993~994면) 참조

실무사례(152)

제목: 오래 전에 해산등기 된 주식회사의 청산절차 진행 가능 여부

2000년도 해산등기 하였으나 법정 청산절차를 진행하지 않은 것 같다.

【1】 지금이라도 법정 청산절차 진행해도 되는지?

【2】 법원 신고 의무도 제대로 하지 않은 경우 과태료 대상인지?

1-1. 청산이란 해산한 후에 현존 사무를 종결하고, 채권의 추심과 채무의 변제, 재산의 조사, 재산의 환가처분을 한 다음 잔여재산을 주주에게 분배하는 것을 말하며, 청산절차를 종료하면 청산회사의 신청에 의해 청산종결의 등기를 하고 등기기록을 폐쇄한다.

1-2. 통상 해산등기의 신청과 해산으로 인한 청산인의 취임등기의 신청은 동시에 하여야 하는 것을 감안하면(법 60조 2항), 사안의 경우 사실관계가 다소 불명확하지만 2000년도 해산등기가 되어 있는 것으로 보아 그 당시 청산인 선임등기도 되어 있을 것으로 보인다. 현재 법령 기준으로 해산의 등기를 한 후 10년이 지난 경우에는 등기관의 직권으로 등기기록을 폐쇄할 수 있지만(법 19조 및 상업선례 2-141호), 사안의 경우 아직 등기기록이 폐쇄되지 않았음으로 지금이라도 청산절차를 진행할 수 있다고 본다.

2. 청산인은 해산 및 청산인 취임등기를 하고, 취임한 날로부터 2주 내에 해산의 사유와 그 연월일, 청산인의 성명, 주민등록번호, 주소를 법원에 신고해야 하고(상법 532조), 청산개시일을 기준으로 하는 재산목록과 대차대조표를 작성하고 이를 주주총회에 제출하여, 그에 대한 결의·승인을 얻은 후 위 재산목록, 대차대조표, 주주총회의사록을 지체 없이 법원에 제출해야 한다(상법 533조). 또한 제출한 대차대조표가 부채초과인 경우에는 청산인은 파산을 신청하여야 한다. 이와 같은 청산인의 의무를 게을리 한 경우에는 상법 제635조 제1항의 과태료 처분을 받을 수 있다. 다만, 이는 법무부장관이 부과하도록 되어 있으나 현재는 부과하고 있지 않은 실정이다.

참조 조문: 상법 제532조, 제533조, 제635조 제1항, 상업등기법 제19조, 제60조 2항

참조 문헌: 『법인파산실무』, 559~569면

338. 청산종결등기 신청서에 회사채권자에의 최고 공고문 첨부 요부

〔상업등기선례 제1-280호, 제정 1997. 4. 3.〕

주식회사를 설립하였으나 사업을 시작하지 않고 해산결의를 하여 주주 이외 다른 채권채무가 없다 하더라도, 청산인은 취임한 날로부터 2월 내에 회사채권자에 대하여 일정기간(2월 이상이어야 함) 내에 그 채권을 신고할 것과 그 기간 내에 신고하지 아니하면 청산에서 제외된다는 뜻을 2회 이상 공고로써 최고하여야 하며, 따라서 청산종결등기신청은 최고기간이 지나야 하지만 그 등기신청서에는 결산보고서를 승인한 주주총회 의사록을 첨부하면 되고 채권신고를 최고한 공고문은 첨부할 것이 아니다.
(1997. 4. 3. 등기 3402-257 질의회답)

◐ **선례 해설:**

1. 청산인은 취임한 날로부터 2월 내에 회사채권자에 대하여 일정한 기간 내에 그 채권을 신고할 것과 그 기간 내에 신고하지 아니하면 청산에서 제외될 뜻을 2회 이상 공고로써 최고하여야 하고 그 기간은 2월 이상이어야 한다(상법 535조).

2. 하지만 청산종결등기신청 시에는 청산인이 계산의 승인을 받았음을 증명하는 정보를 제공하도록 되어 있으나, 상법 제535조의 규정에도 불구하고 회사채권자에의 최고 공고문을 첨부정보로 제공하라는 규정이 없어 문제된다(규칙 154조 1항, 110조 참조).

3. 이와 관련하여 살펴보면, 첨부정보의 법정주의에 의해 상업등기법, 상업등기규칙 및 그 밖의 법령에서 첨부정보로 제공하라고 규정한 것 이외에는 등기신청 시 첨부정보로 제공할 필요는 없는 것이므로, 상법 제535조의 규정에도 불구하고 청산종결등기신청 시에는 결산보고서에 관해 주주총회의 승인을 얻었다는 것을 증명하는 주주총회의사록을 첨부정보로 제공하면 되는 것이지, 첨부정보로 규정되어 있지 않은 회사채권자에 대한 최고 공고문을 첨부정보로 제공할 것은 아니다.

4. 공고를 하였음을 증명하는 정보를 첨부정보로 제공하여야 하는지에 관한 일반적인 사항은 「총괄(8)」 (732면) 참조.

실무사례(153)

제목: 청산종결등기신청 시 첨부정보로 제공하는 결산보고서

청산종결등기신청 시 청산인이 결산보고서에 관하여 주주총회의 승인을 얻었다는 것을 증명하는 주주총회의사록을 첨부정보로 제공하여야 하는데, 이때 결산보고서는 주주총회의 승인내용이므로 당연히 주주총회의사록의 일부로 첨부되어야 한다고 규정되어 있다.

주주총회의사록을 공증 받을 때, 결산보고서를 주주총회의사록의 "첨부"로서 덧붙여서 함께 공증받아야 하는 것인지? 아니면 주주총회의사록의 공증과는 별개로 보고, 별도의(즉 공증이 없는) 결산보고서를 청산종결등기신청의 첨부서면으로 제출해도 되는지? 또는 양쪽 모두 괜찮은 방식인지?

1. 청산종결등기신청 시 청산인이 결산보고서에 관해 주주총회의 승인을 얻었다는 것을 증명하는 주주총회의사록을 첨부정보로 제공하여야 한다. 이때, 결산보고서는 주주총회의 승인내용이므로 당연히 주주총회의사록의 내용의 일부로 첨부되어야 한다(규칙 154조 1항, 110조 2항). 또한 등기신청 시 첨부되는 주주총회의사록은 공증인의 인증을 받은 것이어야 한다. 위 내용을 살펴보건대, 주주총회의사록 별첨에 첨부된 결산보고서도 함께 공증인법에 의한 공증인의 인증을 받아야 하는 것으로 해석된다. 왜냐하면 청산종결등기신청 시 첨부되는 주주총회의사록에 별첨된 결산보고서를 살펴보아야 청산사무가 종결되었는지, 잔여재산의 분배계획은 어떠한지 등을 확인할 수 있다는 점, 청산종결등기를 신청하는 경우에는 청산인이 계산의 승인을 받았음을 증명하는 정보를 제공하여야 한다고 상업등기규칙 제110조 제2항에서 명문으로 규정하고 그 규정을 주식회사의 경우 동 규칙 제154조 제1항에서 준용하고 있는 점 등을 고려해볼 때, 공증인의 인증을 받은 주주총회의사록에는 별첨된 결산보고서도 함께여야 하는 것으로 보는 것이 합리적이기 때문이다.
2. 청산종결등기신청 시 주주총회의사록에 별첨된 결산보고서는 재무상태표, 손익계산서, 잔여재산분배계획서 등인데, 위 1.의 내용과 같이 누락 없이 전부가 공증인의 인증받은 주주총회의사록에 첨부되어야 한다고 본다.

[비교 사례] 청산종결등기신청 시 회사채권자에의 최고 공고문을 첨부정보로 제공하여야 하는지 여부(소극) => 상업등기선례 제1-280호(987면) 참조.

339. 청산종결등기 후의 회사명의 재산의 청산관계

[상업등기선례 제1-279호, 제정 1993. 3. 19.]

주식회사의 청산종결등기가 경료된 후 그 회사 소유명의의 부동산이 있는 경우에 그 부동산은 무주 부동산이 되어 바로 국가로 귀속되는 것은 아니고, 그 부동산이 회사소유 명의로 남아 있는 한 회사의 청산사무가 종결된 것이 아니므로 청산절차에 의해 그 부동산이 처리될 것이다.
(1993. 3. 19. 등기 제653호)

참조 조문 · 규칙 · 예규 · 선례 · 판례

▣ 상법[법률 제13523호, 2015. 12. 1., 일부개정]

제540조(청산의 종결) ① 청산사무가 종결한 때에는 청산인은 지체없이 결산보고서를 작성하고 이를 주주총회에 제출하여 승인을 얻어야 한다.
② 전항의 승인이 있는 때에는 회사는 청산인에 대하여 그 책임을 해제한 것으로 본다. 그러나 청산인의 부정행위에 대하여는 그러하지 아니하다.

▣ 비송사건절차법[법률 제13765호, 2016. 1. 19., 일부개정]

제118조(법원의 감독) ① 회사의 청산은 법원의 감독을 받는다.

◐ 선례 해설:

1. 청산종결의 등기가 되었더라도 회사명의의 재산이 남아 있는 경우에는 폐쇄된 등기기록(혹은 등기용지)상 청산종결등기의 말소등기 및 종전 등기의 부활을 통해 청산절차를 진행할 수 있다.

> 청산결과의 등기를 하였더라도 채권이 있는 이상 청산은 종료되지 않으므로 그 한도에서 청산법인은 당사자 능력이 있다(대법원 1968. 6. 18. 선고 67다2588 판결).

2. 위 1.과 관련한 등기예규로는,

 i) 「전산접수할 수 없는 등기신청서의 접수 방법 등에 관한 예규」(1546호)
 ii) 「청산법인의 부동산등기신청절차에 관한 업무처리지침」(1087호)

340. 회사의 청산종결등기 후 잔여재산처분을 위한 청산인 등 변경등기

[상업등기선례 제1-278호, 제정 1992. 5. 27.]

국유재산법 제55조, 동법시행령 제60조, 제61조(주: 현행 국유재산법 제80조, 동법시행령 제79조, 제80조)에 의하여 총괄청이 지정한 청산법인에 대한 청산종결등기를 마쳤으나 그 후 잔여재산이 있어 이를 환가 처분하고자 연합청산위원회에서 청산을 재개하기로 결정하고 1차 청산종결 당시 대표청산인 및 청산인을 해임하고 새로이 청산인 등을 선임한 경우 그 등기는 다음과 같은 방식으로 행하여진다. 즉 청산종결등기가 착오에 의한 것임을 증명하여 청산종결등기의 말소등기를 신청함으로써 폐쇄된 등기용지를 부활시키고, 연합청산위원회의 청산인, 감사 등에 대한 해임 및 선임 등기의 신청에 따라 부활된 그 등기용지에 해당 등기가 행해질 것이다(위 등기신청들은 동시에 행할 수 있음). 다만 이 경우 등기용지의 양식이 바뀌었으므로 등기공무원으로서는 청산종결등기로 인하여 폐쇄된 등기용지를 막바로 부활시키는 대신 폐쇄등기부에 기재된 폐쇄 당시 효력이 있는 등기사항을 신등기용지에 이기하는 방식에 의하여 폐쇄된 등기용지를 부활시키게 될 것이다.
(92. 5. 27. 등기 제1153호 성업공사 대 질의회답)

◐ **선례 해설:**

1. 국유재산법 제80조에 의해 총괄청이 지정한 청산법인에 대한 청산종결등기를 마친 경우에도 잔여재산이 존재하는 등 청산사무가 잔존하는 경우에는 그 법인격이 소멸하지 않고 청산의 목적범위 내에서 여전히 존속하는 것이므로,

2. 본 선례에 의하면, 청산종결등기를 마쳤으나 잔여재산가액이 있는 것으로 판명된 경우에 기존의 청산인 및 감사 등을 변경하기 위한 등기절차를 정리하면, ⅰ) 청산종결등기가 착오에 의한 것임을 증명하여 청산종결등기의 말소등기신청,[1] ⅱ) 폐쇄된 등기용지를 부활시킨 후 그 등기용지에 기존 청산인, 감사 등에 대한 해임 및 신임 청산인, 감사 등 선임등기신청, ⅲ) 상기 ⅰ)과 ⅱ)의 동시신청 등의 절차를 밟으면 된다.

1) 청산종결등기 말소등기에 관한 신청서 작성 예는 「보론」(852~853면) 참조

341. 폐쇄일로부터 20년이 지난 등기용지의 부활 가부

[상업등기선례 제2-95호, 제정 2011. 7. 4.]

1. 청산인등기가 되어 있지 않은 상태에서 등기부가 폐쇄된 주식회사가 등기의무자로서 부동산등기신청을 하기 위해서는 폐쇄된 등기부를 부활하여야 하나, 구 「비송사건절차법」(2007. 7. 27. 법률 제8569호로 개정되기 전의 것)의 규정에 따라 등기용지가 폐쇄되어 그 등기용지가 폐쇄된 지 20년이 경과한 주식회사는 폐쇄된 등기부를 부활할 수 없다.

2. 폐쇄된 등기부를 부활할 수 없는 주식회사에 대해 등기청구권을 갖는 자가 등기의무자와 공동신청에 의해 자기 앞으로 소유권이전등기를 마치는 것은 불가능하지만, 이러한 회사도 소유권이전등기의무가 남아 있는 이상 그 청산사무의 범위에서 법인격을 가지고 소송상 당사자능력이 있으므로, 등기권리자는 그 회사를 상대로 한 판결을 받아 단독으로 소유권이전등기를 신청할 수 있다.
(2011. 7. 4. 사법등기심의관-1491 질의회답)

저자 주) 본 선례는 부동산등기에 관한 선례이나, 폐쇄된 등기용지의 부활에 관한 내용은 상업등기에 있어서도 그 적용이 있다 하겠다.

참조 조문 · 규칙 · 예규 · 선례 · 판례

▣ 상업등기규칙[대법원규칙 제2668호, 2016. 6. 27., 타법개정]

제116조(등기기록의 폐쇄) ① 다음 각 호의 등기는 기타사항란에 하여야 하고, 이를 등기한 때에는 그 등기기록을 폐쇄하여야 한다.
 4. 청산종결의 등기
② 제1항 제4호에 따라 본점등기기록이 폐쇄된 후 3년이 경과한 경우, 등기관은 그 회사의 지점등기기록을 폐쇄할 수 있다.

▣ 전산접수할 수 없는 등기신청서의 접수 방법 등에 관한 예규[등기예규 제1546호, 개정 2014. 11. 5.]

제1조(목적) 이 예규는 폐쇄된 등기용지(전산등기부로 개제되기 전의 종이 로 된 등기용지를 말한다. 이하 같다)상 청산종결등기의 말소등기에 관한 신청서를 접수하는 방법, 이 신청에 관한 사항을 조사함에 있어 주의하여야 할 점 등에

관하여 규정함을 목적으로 한다.

제3조(신청서의 조사) 등기관이 폐쇄된 등기용지상 청산종결등기의 말소 등기 등의 신청서를 받은 때에는 다음 각 호의 요건을 충족하는지 여부 및 신청에 관한 모든 사항이 적법·유효한지를 조사하여야 한다.

1. 청산사무가 남아 있을 것
2. 권한 있는 사람에 의하여 등기신청이 이루어졌을 것
3. 등기용지가 폐쇄된 날로부터 20년이 지나지 않았을 것(다만, 등기용지가 폐쇄된 날로부터 20년이 지난 경우에도 등기소에서 그 용지를 보관하고 있는 경우에는 예외로 함)

◐ 선례 해설: 「법원행정처 선례해설 요약(24)」(993~994면) 참조

1-1. 현행 상업등기법에서는 폐쇄한 등기기록은 법률에 다른 규정이 없는 경우에는 보조기억장치에 기록하여 보관하고 이를 영구히 보존하도록 규정하고 있는데 반해(법 20조 1항 및 2항), 폐쇄된 등기용지는 구 비송사건절차법 제145조 제2항에 따라 20년간 보존하도록 하고 있다.

1-2. 본 선례에 의하면, 청산인등기가 되어 있지 않은 상태에서 등기부가 폐쇄된 주식회사가 등기의무자로서 부동산등기신청을 하기 위해서는 폐쇄된 등기부를 부활하여야 하나, 구 비송사건절차법(2007. 7. 27. 법률 제8569호로 개정되기 전의 것)의 규정에 따라 등기용지가 폐쇄되어 그 등기용지가 폐쇄된 지 20년이 경과한 주식회사는 폐쇄된 등기부를 부활할 수 없다.

1-3. 하지만 위 1-2.와 달리 개정된 등기예규 제1546호에 의하면, 등기용지가 폐쇄된 날로부터 20년이 지난 경우에도 등기소에서 그 용지를 보관하고 있는 경우에는 폐쇄된 등기용지를 부활할 수 있도록 함으로써, 본 선례의 내용은 개정된 등기예규 제1546호 제3조의 내용 한도 내에서는 변경되어야 한다고 본다.

2. 한편 본 선례 문단2에서는 폐쇄된 등기부를 부활할 수 없는 회사에 대해 등기청구권을 갖는 자는 회사를 상대로 한 판결을 받아 단독으로 소유권이전등기를 할 수 있음을 밝히고 있다(부동산등기법 23조 4항 참조).

법원행정처 선례해설 요약(24)[1)]

【제목】 폐쇄일로부터 20년이 지난 등기용지의 부활 여부(제한적 인정) 및 폐쇄된 등기부를 부활할 수 없는 법인에 대해 등기청구권을 갖는 자의 권리행사방법

1. 사안의 논점

폐쇄일로부터 20년이 지난 등기용지(등기기록을 포함한다. 이하 같다)를 부활시킬 수 있는지 여부 및 부활시킬 수 없는 경우에는 그 법인의 권리·의무 행사방법

2. 등기용지의 부활

i) 청산종결등기로 인하여 등기용지가 폐쇄되었다고 하더라도 법인의 청산사무가 남아 있는 경우에는 이를 증명하는 서면을 첨부하여 청산종결등기의 말소 및 등기용지의 부활을 신청할 수 있다.

ii) 청산종결등기로 인하여 등기용지가 폐쇄된 청산법인이 부동산등기신청의 당사자가 되는 경우에는 등기용지를 부활할 필요성이 있으며, 부동산등기신청의 등기권리자인지 또는 등기의무자인지 여부 및 청산인등기 여부를 불문하고 청산종결등기의 말소신청이 있는 경우에는 등기관은 폐쇄된 등기용지를 부활하여야 한다(규칙 59조 1항).

3. 폐쇄일로부터 20년이 경과한 등기용지의 부활 여부

i) 종전 비송사건절차법의 규정에 따라 폐쇄된 등기용지는 20년간 보존하도록 되어 있었고, 종전 비송사건절차법의 규정에 따라 폐쇄된 등기기록은 50년간 보존하도록 규정되어 있었다.

ii) 이에 따라 종전 등기예규 및 선례에 의하면, 구 비송사건절차법의 규정에 따라 등기용지가 폐쇄되어 그 등기용지가 폐쇄된 지 20년이 경과한 회사는 폐쇄된 등기부를 부활할 수 없었다(예규 1212호 3조 및 상업선례 2-95).

---

1) 『상업등기 주요선례 해설』, 312~317면

iii) 하지만 개정된 「전산접수할 수 없는 등기신청서의 접수 방법 등에 관한 예규」(예규 1546호 3조 3호)에 따르면, 원칙적으로 등기용지가 폐쇄된 날로부터 20년이 지나지 않았을 것을 요건으로 청산종결등기의 말소등기 등을 신청할 수 있으나, 20년이 지난 경우에도 등기소에 그 용지를 보관하고 있을 때에는 청산종결의 말소등기 등을 신청할 수 있다.

4. 폐쇄된 등기부를 부활할 수 없는 경우에 권리행사 방법 등

i) 등기용지가 폐쇄한 날로부터 20년이 지났고 등기소에 그 등기용지를 보관하고 있지 않아 폐쇄된 등기용지를 부활할 수 없는 경우에 그 법인의 부동산에 대해 등기청구권을 가진 자의 권리행사 방법이 문제되는데,

ii) 판결에 의한 등기는 승소한 등기권리자 또는 등기의무자가 단독으로 신청하므로(부동산등기법 23조 4항), 폐쇄된 등기부를 부활할 수 없는 법인에 대해 등기청구권을 가지는 자는 등기의무자와 공동신청에 의해 자기 앞으로 소유권이전등기를 마치는 것은 불가능하지만, 이러한 법인도 소유권이전 등기의무가 남아 있는 이상 그 청산사무의 범위 내에서 법인격을 가지고 소송상 당사자능력이 있으므로 등기권리자는 그 회사를 상대로 한 판결을 받아 단독으로 소유권이전등기를 신청할 수 있다.

※ 등기용지의 부활 여부에 따른 권리(부동산)행사 방법(표 일부 수정함)[1)]

<table>
<tr><th>구 분</th><th colspan="3">권리행사를 위한 첨부서면</th></tr>
<tr><td rowspan="3">부활할 수 있는 경우</td><td>등기권리자</td><td colspan="2">부활된 등기부</td></tr>
<tr><td rowspan="2">등기의무자</td><td>청산인등기가 되어 있는 경우</td><td>폐쇄된 등기부
+ 인감증명법에 의한 청산인 개인인감</td></tr>
<tr><td>청산인등기가 되어 있지 않은 경우</td><td>부활된 등기부
+ 법인인감인 청산인의 인감</td></tr>
<tr><td>부활할 수 없는 경우</td><td colspan="3">이행판결을 받아 단독으로 신청할 수 있음(선례)</td></tr>
</table>

1) 「청산법인의 부동산등기신청절차에 관한 업무처리지침」(예규 1087호) 참조

제33절 회생절차에 관한 등기[1)2)3)]

내 용	관련 조문		관련 선례·예규·규칙 (실무사례 포함)
	상법	상업등기법	
1. 회생절차			※ 등기예규 제1518호[4)] 342. 상업선례 제201507-1호 343. 상업선례 제201602-1호 ☞ 실무사례(154) 344. 상업선례 제1-265호 ☞ 실무사례(155) 345. 상업선례 제1-219호 346. 상업선례 제2-89호 347. 상업선례 제2-90호

1) 「채무자 회생 및 파산에 관한 법률」은 회생절차와 파산절차를 규정하고 있는데, 회생절차는 재정적 어려움으로 인하여 파탄에 직면하여 있는 채무자에 대하여 채권자, 주주·지분권자 등 이해관계인의 법률관계를 조정하여 채무자 또는 그 사업의 효율적인 회생을 도모하는 것을 목적으로 하는 제도이다. 반면에 파산절차는 채무자에게 파산의 원인이 있을 때 파산선고를 하고 채권조사절차를 통하여 채권자의 권리를 확정(소극재산의 처리)한 다음 채무자의 재산을 환가(적극재산의 처리)하여 권리의 우선순위와 채권액에 따라 환가된 금원을 분배하는 과정이다(법원공무원교육원, 『2014 도산실무Ⅰ』, 3~6면 참조).

2) 상업등기는 상인에 관한 등기이다. 상인에 관한 등기인 이상 상법에 규정된 것에 한정되지 아니하므로 「채무자 회생 및 파산에 관한 법률」에 의하여 회사의 본점 및 지점의 소재지에서 하는 회생절차개시결정의 등기, 파산선고의 등기 등도 상업등기에 속한다.

3) 구 회사정리법에서는 회사정리절차개시결정, 정리계획인가결정, 정리절차종결결정, 정리절차폐지결정의 등기를 회사의 등기기록에 등기함과 동시에 회사의 재산 중 등기, 등록된 것에 대하여서도 등기, 등록을 하였지만, 현재 「채무자 회생 및 파산에 관한 법률」에서는 채무자인 회사의 재산에 대한 회생절차에 관한 등기, 등록제도는 폐지하고, 회사의 등기기록에만 이를 하고 있다(『상업등기실무(Ⅱ)』, 554~555면). 이는 제34절 파산에 관한 등기에서도 동일하게 적용된다.

4) 「채무자 회생 및 파산에 관한 법률에 따른 법인등기 사무처리지침」(예규 1518호)는 「채무자 회생 및 파산에 관한 법률」 및 「채무자 회생 및 파산에 관한 규칙」에 따른 법인등기절차를 규정한 것으로서 회생절차 및 파산절차와 관련한 상업등기에 있어서 필히 검토할 등기예규이다.

§ 요약[1)]

1. 「채무자 회생 및 파산에 관한 법률」(이하 '통합도산법')은 회생절차와 파산절차를 규정하고 있다. 회생절차는 원칙적으로 채무자 또는 그 사업의 회생을 목적으로 하지만, 파산절차는 회생이 어려운 채무자의 모든 재산을 공정하게 환가·배당하는 것을 목적으로 하고 있다.

2. 회생절차, 파산절차, 국제도산절차와 관련하여, 통합도산법 제23조의 규정에 의한 법원사무관등의 촉탁이 있는 때에는 관할 등기소의 등기관은 이를 수리하여 그에 따른 등기를 하여야 하고, 당사자가 이러한 등기를 신청한 경우에는 이를 수리하여서는 아니 된다(예규 1518호 3조 1항). 하지만 회생절차종결 후에는 원칙적으로 채무자인 법인 또는 새로운 법인의 신청에 의하여 등기하여야 하고, 법원사무관등의 촉탁에 의하여 등기할 수 없다(예규 1518호 3조 2항).

3. 법원사무관등의 촉탁에 의하여 이루어지는 등기사항을 살펴보면, ⅰ) 회생절차개시·간이회생절차개시 또는 파산선고의 결정이 있는 경우, ⅱ) 회생절차개시결정취소·간이회생절차개시결정취소, 회생절차폐지·간이회생절차폐지 또는 회생계획불인가의 결정이 확정된 경우, ⅲ) 회생계획인가 또는 회생절차종결·간이회생절차종결의 결정이 있는 경우, ⅳ) 통합도산법 제266조에 의한 신주발행, 제258조에 의한 사채발행 등, ⅴ) 파산취소·파산폐지 또는 파산종결의 결정이 있는 경우 등이다(통합도산법 23조 1항).

4. 법원은 회생절차개시결정을 하면서 필요하다고 인정하는 때에는 통합도산법 제61조 제1항 각 호의 사항을 관리인이 이행하기 위해서는 법원의 허가를 받도록 할 수 있으며, 법원에서 허가를 받도록 규정한 사항에 대해 법원의 허가를 받지 않고 행한 행위는 무효에 해당한다. 따라서 법원의 허가가 필요한 사항에 대해 등기를 하여야 할 경우에는 법원의 허가서를 첨부하여야 한다(「실무사례(154)」, 1006면 참조).

5. 지방세법 제26조 제2항 제1호에 의해 회사의 정리 또는 특별청산에 관하여 법원의 촉탁으로 인한 등기에 대한 등록면허세는 비과세된다. 다만, 2016. 1. 1.부터는 자본금의 납입, 증자 및 출자전환에 따른 등기에 대해서는 등록면허세 비과세에서 제외되었다(「실무사례(155)」, 1008면 참조).

---

1) 회생절차 및 파산절차와 관련된 법인등기 전반에 대해서는 등기예규 제1518호(997~1003면) 참조

※ 「채무자 회생 및 파산에 관한 법률」에 따른 법인등기 사무처리지침[등기예규 제1518호, 개정 2014. 4. 24.]

제1조(목적)

이 예규는 「채무자 회생 및 파산에 관한 법률」(이하 "법"이라 한다) 및 「채무자 회생 및 파산에 관한 규칙」(이하 "규칙"이라 한다)에 따른 법인등기절차를 규정함을 목적으로 한다.

제2조(적용범위)

이 예규는 채무자인 민법법인, 상법상의 회사, 민법 및 상법 이외의 법령에 의하여 설립된 법인, 외국회사 및 외국회사를 제외한 기타의 외국법인(이하 "법인"이라 한다) 및 회생계획에 의하여 신설되는 새로운 법인(이하 "새로운 법인"이라 한다)에 대하여 적용한다.

제3조(촉탁에 의한 등기)

① 회생절차, 파산절차, 국제도산절차와 관련하여, 법 제23조의 규정에 의한 법원사무관등의 촉탁이 있는 때에는 관할등기소의 등기관은 이를 수리하여 그에 따른 등기를 하여야 하고, 당사자가 이러한 등기를 신청한 경우 이를 수리하여서는 아니 된다.
② 회생계획의 수행에 따른 등기는 회생절차종결 후에는 채무자인 법인 또는 새로운 법인의 신청에 의하여 등기하여야 하고, 법원사무관등의 촉탁에 의하여 등기할 수 없다. 다만, 회생절차종결 이전에 등기사항이 발생하여 법원사무관등이 회생절차종결 이전에 촉탁할 수 있었던 사항에 관하여 착오로 이를 누락한 경우에는 그러하지 아니하다.

제4조(촉탁등기사항 이외의 등기사항에 대한 등기신청권자)

① 회생절차개시결정이 있는 때에는 채무자의 업무의 수행과 재산의 관리 및 처분을 하는 권한은 관리인에게 전속하고(법 제56조 제1항), 관리인이 선임되지 아니한 경우에는 채무자인 법인의 대표자가 관리인으로 간주되므로(법 제74조 제4항), 법원사무관등이 촉탁하여야 할 등기사항 이외의 등기사항에

관하여는 관리인 또는 법 제74조 제4항에 의하여 관리인으로 간주되는 자의 신청에 의하여 등기하여야 한다.
② 법 제43조 제3항에 따른 보전관리명령이 있는 때에는 회생절차개시결정 전까지 채무자의 업무수행과 재산의 관리 및 처분을 하는 권한은 보전관리인에게 전속하므로(법 제85조), 제1항의 규정은 보전관리인에 준용한다.
③ 파산재단을 관리 및 처분하는 권한은 파산관재인에게 속하므로(법 제384조), 파산재단과 관련된 등기사항은 파산관재인의 신청에 의하여 등기하여야 한다.

제5조(등기의 방법)

① 보전관리, 회생절차개시, 회생절차개시취소, 회생계획인가·불인가, 회생계획인가취소, 회생절차폐지, 회생절차종결의 등기 및 파산선고, 파산취소, 파산폐지, 파산종결의 등기는 기타사항란에 등기한다.
② 보전관리인, 관리인, 관리인대리, 파산관재인, 파산관재인대리, 국제도산관리인 및 국제도산관리인대리는 임원란 또는 사원란에 등기하고, 채무자인 법인의 대표자 등 임원에 관한 등기와 지배인 또는 대리인에 관한 등기는 말소하지 아니 한다.
③ 법 제74조 제4항에 의하여 채무자인 법인의 대표자를 관리인으로 본다는 취지의 등기는 임원란 또는 사원란의 당해 대표자의 란에 등기한다.

제6조(등기부 열람 및 등기부 등·초본의 발급)

보전관리, 회생절차개시 또는 파산선고의 등기를 한 경우에는 등기부의 첫 장 오른쪽 윗부분의 적당한 곳에 "보전관리", "회생절차" 또는 "파산"이라고 표시하여 등기부를 열람하게 하거나 등기부 등·초본을 발급하여야 한다.

제7조(관리인 등의 인감증명서 발급절차 및 법인대표자 등의 인감증명서 발급제한)

① 회생절차의 보전관리인, 관리인, 관리인대리, 파산절차의 파산관재인, 파산관재인대리, 국제도산절차의 국제도산관리인 또는 국제도산관리인대리는 그 인감을 등기소에 제출하고 인감에 관한 증명서의 교부를 청구할 수 있다.

② 법 제74조 제4항에 의하여 채무자인 법인의 대표자가 관리인으로 간주되는 경우, 그 법인의 대표자는 새로운 인감을 등기소에 제출한 후에 인감에 관한 증명서의 교부를 청구할 수 있다. 이 경우, 인감증명서에 "채무자 회생 및 파산에 관한 법률 제74조 제4항에 의하여 관리인으로 간주"라는 표시를 하여 발급하여야 한다.
③ 관리인대리, 파산관재인대리 또는 국제도산관리인대리가 제1항의 규정에 의하여 인감신고서 또는 개인(改印)신고서를 제출하는 경우에는, 그 인감이 틀림없음을 보증하는 관리인, 파산관재인 또는 국제도산관리인의 서면을 첨부하여야 하고, 그 서면에는 관리인, 파산관재인 또는 국제도산관리인이 등기소에 제출한 인감을 날인하여야 한다.
④ 보전관리, 회생절차개시 또는 파산선고의 등기를 한 경우, 제2항의 경우를 제외하고는 법인의 대표자, 지배인, 대리인의 인감증명서는 발급할 수 없다.

제8조(등록세 및 등기신청수수료)

① 법원사무관등이 법 제23조, 법 제25조 제2항, 제3항에 의한 등기 등 회생절차·파산절차·국제도산절차와 관련하여 등기를 촉탁하는 경우 등록세 및 등기신청수수료가 면제된다.
② 회생계획의 수행에 따른 법 제266조의 규정에 의한 신주발행, 제268조의 규정에 의한 사채발행, 제269조의 규정에 의한 주식의 포괄적 교환, 제270조의 규정에 의한 주식의 포괄적 이전, 제271조의 규정에 의한 합병, 제272조의 규정에 의한 분할 또는 분할합병이나 제273조 및 제274조의 규정에 의한 신회사의 설립이 있는 경우에, 법원사무관등이 그 등기를 촉탁하는 경우에는 등록세 및 등기신청수수료가 면제된다.
③ 제1항, 제2항의 규정에 의한 등기 외에 규칙 제9조 제1항에 따라 회생계획의 수행이나 법의 규정에 의한 등기를 법원사무관등이 촉탁하는 경우에는 등록세 및 등기신청수수료가 면제된다.

제9조(보전관리 및 보전관리인선임 등기 등)

① 법 제43조 제3항의 규정에 의한 보전관리 및 보전관리인선임 등기, 그 변경의 등기는 법원사무관등의 촉탁으로 하여야 한다.
② 제1항의 촉탁서에는 등기의 목적, 등기의 원인 및 그 일자, 그 보전관리

명령을 한 법원을 기재하여야 하며, 보전관리인에 관한 등기를 촉탁함에 있어서는 보전관리인의 성명, 주민등록번호, 주소(법인인 경우에는 명칭·상호, 법인등록번호, 본점·주사무소 소재지를 말한다. 이하 같다) 등을 기재하여야 한다.
③ 제1항의 촉탁서에는 그 결정서의 등본(또는 초본) 및 보전관리인의 성명, 주민등록번호, 주소 등을 증명하는 자료를 첨부하여야 한다.
④ 보전관리명령취소결정, 회생절차개시신청의 기각결정이 확정된 때에는 법원사무관등의 촉탁에 의하여 보전관리 및 보전관리인선임 등기를 말소한다.
⑤ 보전관리명령이 있는 경우에는 법원의 허가를 받지 아니하면 보전처분신청 또는 회생절차개시신청을 취하할 수 없으므로(법 제48조제2항), 법원사무관등은 보전처분신청 또는 회생절차개시신청의 취하서 등본 및 이에 대한 법원의 허가결정서 등본을 첨부하여 보전처분신청 또는 회생절차개시신청의 취하에 따른 보전관리 및 보전관리인선임 등기의 말소를 촉탁하여야 한다.

제10조(회생절차개시 및 관리인선임 등기 등)

① 회생절차개시(법 제49조), 관리인의 선임(법 제74조), 관리인 대리의 선임허가(법 제76조), 관리인의 사임 및 해임(법 제83조)에 관한 등기는 법원사무관등의 촉탁으로 하여야 한다. 그 결정이 취소 또는 변경된 때에도 같다.
② 법원이 법 제74조 제3항에 의하여 관리인을 선임하지 아니하는 경우에는, 법원사무관등의 촉탁에 의하여 채무자인 법인의 대표자를 관리인으로 본다는 취지의 등기를 하여야 한다. 그 결정이 취소 또는 변경된 때에도 같다.
③ 제1항 또는 제2항의 촉탁서에는 등기의 목적, 등기의 원인 및 그 일자, 그 결정(허가)를 한 법원을 기재하여야 하며, 관리인, 관리인대리 또는 관리인으로 간주되는 자에 관한 등기를 촉탁함에 있어서는 관리인, 관리인대리 또는 관리인으로 간주되는 자의 성명, 주민등록번호, 주소 등을 기재하여야 한다.
④ 제1항 또는 제2항의 촉탁서에는 그 결정(허가)서의 등본(또는 초본) 및 관리인 또는 관리인대리의 성명, 주민등록번호, 주소 등을 증명하는 자료를 첨부하여야 한다.
⑤ 회생절차개시의 등기를 한 경우, 등기관은 직권으로 보전관리 및 보전관리인에 관한 등기를 말소하여야 한다.
⑥ 회생절차개시결정 취소결정이 확정된 경우, 법원사무관등의 촉탁에 의하여 회생절차개시의 등기 및 관리인, 관리인대리 또는 법 제74조 제4항에 의하여 법인의 대표자를 관리인으로 본다는 취지의 등기를 말소하여야 한다.

⑦ 제2항에 따른 등기를 한 이후 취임을 원인으로 한 대표자의 변경등기가 있는 경우 등기관은 직권으로 법 제74조 제4항에 의한 채무자인 법인의 대표자를 관리인으로 본다는 취지의 등기를 하여야 한다.

제11조(회생계획의 인가·불인가 및 회생계획인가취소의 등기)

① 제10조 제1항, 제3항, 제4항의 규정은 회생계획인가결정, 회생계획불인가결정의 확정, 회생계획인가취소결정의 확정에 따른 등기에 준용한다.
② 파산선고의 등기 및 파산관재인, 파산관재인대리에 관한 등기가 있는 채무자인 법인에 대하여 회생계획인가의 등기를 한 때에는, 등기관은 직권으로 파산선고, 파산관재인, 파산관재인대리에 관한 등기를 말소하여야 한다.
③ 법원사무관등의 촉탁에 의하여 회생계획불인가결정에 따른 등기를 하는 경우에는, 등기관은 직권으로 회생절차개시등기 및 관리인, 관리인대리 또는 법 제74조 제4항에 의하여 법인의 대표자를 관리인으로 본다는 취지의 등기를 말소하여야 하고, 회생계획인가취소결정에 따른 등기를 하는 경우에는 회생계획인가의 등기만을 말소하여야 한다.
④ 회생계획인가취소의 등기를 한 때에, 제11조 제2항에 의하여 말소된 등기(파산선고의 등기, 파산관재인등기, 파산관재인대리등기 등)가 있는 경우, 등기관은 직권으로 그 등기를 회복하여야 한다.

제12조(회생계획의 수행에 따른 등기)

① 법 제266의 규정에 의한 신주발행, 제268조의 규정에 의한 사채발행, 제269조의 규정에 의한 주식의 포괄적 교환, 제270조의 규정에 의한 주식의 포괄적 이전, 제271조의 규정에 의한 합병, 제272조의 규정에 의한 분할 또는 분할합병이나, 제273조 및 제274조의 규정에 의한 신회사의 설립이 있는 경우의 등기, 기타 회생계획의 수행이나 법의 규정에 의하여 회생절차의 종료전에 법인인 채무자나 신회사에 관하여 등기할 사항이 생긴 경우 법원사무관등의 촉탁에 의하여 이를 등기하여야 한다.
② 제1항의 규정은 회생계획인가전의 영업양도(법 제62조)에 따른 등기에 준용한다.

제13조(회생절차폐지 및 회생절차종결 등기)
① 제10조제1항, 제3항, 제4항의 규정은 회생절차폐지결정의 확정 또는 회생

절차종결에 따른 등기에 준용한다.
② 회생절차폐지결정 또는 회생절차종결의 등기를 한 경우, 등기관은 직권으로 회생절차개시등기, 회생계획인가등기 및 관리인, 관리인대리, 또는 법 제74조 제4항에 의하여 법인의 대표자를 관리인으로 본다는 취지의 등기를 말소하여야 한다.
③ 회생계획에 따른 해산등기와 회생절차종결등기를 한 때에, 그 법인에 대하여 청산절차가 필요 없거나 청산절차가 종료되었음이 회생계획인가결정서, 회생절차종결결정서 등에 나타나면, 등기관은 해당 법인의 등기부를 직권으로 폐쇄하여야 한다.

제14조(회생절차폐지 등에 따른 파산선고의 등기)

법 제6조의 규정에 의한 파산선고의 등기와 회생절차개시신청의 기각결정·회생절차폐지결정·회생계획불인가결정에 따른 법 제23조 제1항의 등기는 동시에 촉탁되어야 한다.

제15조(파산선고 등에 따른 등기의 촉탁)

① 파산선고, 파산선고취소결정, 파산폐지, 파산종결의 결정에 따른 등기는 법원사무관등의 촉탁으로 하여야 한다.
② 파산관재인의 선임(법 제355조), 파산관재인대리의 선임허가(법 제362조), 파산관재인의 사임 및 해임(법 제363조, 제364조)에 관한 등기는 법원사무관등의 촉탁으로 하여야 한다.
③ 제1항 또는 제2항의 촉탁서에는 등기의 목적, 등기의 원인 및 그 일자, 그 결정(허가)을 한 법원을 기재하여야 하며, 파산관재인 또는 파산관재인대리에 관한 등기를 촉탁함에 있어서는 파산관재인 또는 파산관재인대리의 성명, 주민등록번호, 주소 등을 기재하여야 한다.
④ 제1항 또는 제2항의 촉탁서에는 그 결정(허가)서의 등본(또는 초본), 파산관재인 또는 파산관재인대리의 성명, 주민등록번호, 주소 등을 증명할 수 있는 자료를 첨부하여야 한다.

제16조(파산취소, 파산폐지, 파산종결의 등기)

① 등기관은 파산선고 취소의 등기를 한 때에는, 직권으로 파산선고의 등기,

파산관재인에 관한 등기, 파산관재인대리에 관한 등기를 말소하여야 한다.
② 등기관은 파산폐지 및 파산종결의 등기를 한 경우에는 당해 등기부를 폐쇄하여야 한다. 다만, 법 제538조의 동의에 의한 파산폐지의 등기를 한 경우에는 등기부를 폐쇄하지 아니하고, 직권으로 파산선고의 등기, 파산관재인, 파산관재인대리에 관한 등기를 말소하여야 한다.

제17조(국제도산관리인, 국제도산관리인대리의 등기)

국제도산관리인 및 국제도산관리인대리의 등기에 관하여는 관리인, 관리인대리 또는 파산관재인, 파산관재인 대리의 등기에 관한 규정을 준용한다.

제18조(등기의 기재례)

이 예규에 따른 등기의 기재례는 별지와 같다.

【부 칙】
제1조(시행일) 이 예규는 2006년 4월 1일부터 시행한다.
제2조(다른 예규의 폐지) 「회사정리절차와 관련된 상업등기에 관한 사무처리지침」(등기예규 제935호) 및 「관리인 대리인의 등기에 관하여」(등기예규 제748호)는 이를 폐지한다.
제3조(경과조치) 이 예규 시행당시 종전의 「회사정리법」에 의하여 정리절차개시의 신청을 한 회사정리사건은 종전의 「회사정리절차와 관련된 상업등기에 관한 사무처리지침」에 의한다. 다만, 관리인대리 및 보전관리인대리는 임원란 또는 사원란에 등기하여야 한다.

부 칙(2007. 2. 14 제1162호)
(시행일) 이 예규는 2007. 2. 14.부터 시행한다.

부 칙(2014. 4. 24 제1518호)
이 예규는 2014년 4월 28일부터 시행한다.

342. 주주가 등기사항인지 여부 등

[상업등기선례 제201507-1호, 제정 2015. 7. 7.]

1. 주주는 등기할 사항이 아니므로 등기사항증명서에도 표시되지 않는다.

2. 회생절차개시(채무자 회생 및 파산에 관한 법률 제293조의5 제4항에 따라 회생절차가 속행된 경우를 포함) · 간이회생절차개시 또는 파산선고의 결정이 있는 경우와 회생절차개시결정취소 · 간이회생절차개시결정취소, 회생절차폐지 · 간이회생절차폐지 또는 회생계획불인가의 결정이 확정된 경우에는 법원사무관등은 직권으로 지체 없이 촉탁서에 결정서의 등본 또는 초본 등 관련 서류를 첨부하여 채무자의 각 사무소 또는 영업소의 소재지의 등기소에 그 등기를 촉탁하여야 하고, 이러한 등기촉탁에 의해 등기된 경우에는 등기사항전부증명서에 회생 절차 개시 또는 폐지가 기재된다.

(2015. 7. 7. 사법등기심의관－2255 질의회답)

◐ 선례 해설:

1. 상법 등 법령에 의하여 등기할 수 있는 사항으로 규정된 것만 등기할 수 있으며(등기사항 법정주의), 등기는 원칙적으로 당사자의 신청 또는 관공서의 촉탁에 따라 하게 된다(법 22조 1항). 주주는 등기할 사항으로 상법 등 법령에 규정되어 있지 않으므로 등기할 수 없다.

2. 법인인 채무자에 대하여 회생절차개시 · 간이회생절차개시 또는 파산선고의 결정이 있는 경우와 회생절차개시결정취소 · 간이회생절차개시결정취소, 회생절차폐지 · 간이회생절차폐지 또는 회생계획불인가의 결정이 확정된 경우에는 법원사무관등은 직권으로 지체 없이 촉탁서에 결정서의 등본 또는 초본 등 관련서류를 첨부하여 채무자의 각 사무소 또는 영업소의 소재지의 등기소에 그 등기를 촉탁하여야 하며(통합도산법 23조 1항), 등기소는 위 등기의 촉탁을 받은 때에는 지체 없이 그 등기를 하여야 한다(통합도산법 25조 1항). 통합도산법에 의한 등기의 촉탁 및 등기의 실행은 법령에 등기할 수 있는 사항으로 규정된 것에 해당하여, 위 규정에 의해 등기된 경우에는 등기사항전부증명서에 회생절차개시 또는 폐지 등이 기재된다(예규 1518호 5조, 6조 및 별지 기재례 참조).

343. 대표이사의 자격

[상업등기선례 제201602-1호, 제정 2016. 2. 16.]

1. 대표이사는 이사의 자격을 전제로 하므로, 사형 · 무기징역 또는 무기금고의 판결을 선고받아 법인의 이사가 될 수 있는 자격이 상실되거나, 자격정지형에 의하여 법인의 이사가 되는 자격이 정지된 자는 대표이사가 될 수 없다.

2. 채무자회생절차가 진행 중인 회사는 회생계획으로 이사 또는 대표이사 중 유임하게 할 자를 정할 수 있는데, 이사 또는 대표이사에 의한 회사 재산의 도피, 은닉 또는 고의적인 부실경영 등이 채무자회생절차의 개시 원인이 된 때에는 이들을 유임하게 할 수 없고, 그 이사 또는 대표이사는 회생절차종결의 결정이 있은 후에도 채무자의 이사로 선임되거나 대표이사로 선정될 수 없다.

(2016. 2. 16. 사법등기심의관－527 질의회답)

◐ **선례 해설:** 기업회생 중 임원변경등기와 관련해서는 「실무사례(154)」(1006면) 참조

1. 이사의 자격과 관련하여 상법은 사외이사의 자격요건을 정하고(상법 382조 3항, 542조의8 2항), 이사와 감사의 겸직을 금하는 규정(상법 411조)을 두는 외에는 특별한 제한 규정을 두고 있지 않다. 다만, 사형, 무기징역 또는 무기금고의 판결을 받은 자는 이사의 자격을 상실하며(형법 43조), 자격정지형에 의하여 법인의 이사가 되는 자격이 정지된 자는 이사가 될 수 없다(형법 44조). 대표이사는 이사의 자격을 전제로 하므로, 이사의 자격을 상실하거나 이사가 되는 자격이 정지된 자는 대표이사가 될 수 없다.

2. 기업회생절차가 진행 중인 회사는 회생계획으로 이사 또는 대표이사 중 유임하게 할 자를 정할 수 있는데, 이사 또는 대표이사에 의한 회사 재산의 도피, 은닉 또는 고의적인 부실경영 등이 기업회생절차의 개시 원인이 된 때에는 이들을 유임하게 할 수 없고(통합도산법 203조 2항 단서), 기업회생절차가 종결된 이후에도 위 사유로 유임되지 못한 자는 회사의 이사로 선임되거나 대표이사로 선정될 수 없다(통합도산법 284조).

실무사례(154)

제목: 회생절차개시결정 후 임원변경등기 시 법원의 허가서가 첨부정보인지 여부

통합도산법에 의해 회생개시결정을 받았으나 회생계획인가결정 전의 회사이며, 기존 대표이사가 관리인으로 등기부에 등기되어 있다. 법원에서 기존 감사 대신 법원에서 지정하는 감사로 교체하라고 권고하여, 기존 감사를 사임시키고 법원에서 선임한 자를 감사로 교체하고 기존 감사는 사외이사로 선임하는 주주총회 결의를 한 뒤 법원의 허가를 받은 상태이다. 이 경우 임원변경등기와 관련하여 주주총회의사록 외에 법원으로부터 받은 허가서도 첨부정보로 제공하여야 하는지?

1. 회생절차가 개시되더라도 회생계획이 인가되기 전까지는 종래의 이사나 감사의 지위에 변동이 없음이 원칙이다. 즉 회생개시결정이 있으면 회사의 경우 채무자의 업무의 수행권 및 재산의 관리·처분권은 관리인에게 전속되나, 그와 관계없는 권리 등 조직법적·사단적 관계에 있어서의 회사의 활동은 원칙적으로 이사나 감사 등에 의하여 이루어진다.

2. 법원은 회생절차개시결정을 하면서 필요하다고 인정하는 때에는 통합도산법 제61조 각 호의 사항을 관리인이 이행하기 위해서는 법원의 허가를 받도록 할 수 있으며, 법원의 허가사항 중 상당부분은 관리위원에게 위임되어 있다(동 규칙 29조). 즉 관리인이 재산의 처분, 재산의 양수, 자금의 차입 등 차재, 쌍방미이행 쌍무계약의 해제 또는 해지, 소의 제기, 화해 또는 중재계약, 권리의 포기, 그 밖에 법원이 지정하는 행위 등을 할 경우 법원의 허가를 받도록 할 수 있다. 이와 같이 허가를 받도록 정해진 행위에 대해서 허가를 받지 않고 관리인이 실행한 행위는 무효에 해당한다.

3. 위 2.의 법원의 허가사항 중 그 밖에 법원이 지정하는 행위와 관련하여, 서울중앙지방법원에서는 임원의 인사 및 보수결정은 재판부의 허가사항으로, 과장급 이상의 인사 및 보수결정은 관리위원의 허가사항으로 되어 있다(김택수, 『기업회생 이론과 실무』, 삼일인포마인(2014), 246~247면).

4. 통합도산법 제61조에 의해 임원의 변경에 대해 법원에서 허가를 받도록 정하였다면, 허가를 받지 않고 행한 임원변경은 무효이므로 등기신청 시 법원의 허가서를 첨부하여 관리인이 신청하여야 할 것이다(예규 1518호 4조 1항).

344. 회사정리법[1] 제226조 제1항의 규정에 의한 신회사설립형식으로 정리계획안이 확정되어 정리법원이 회사설립등기를 촉탁할 경우 등록세 면제여부 등

[상업등기선례 제1-265호, 제정 2002. 11. 20.]

회사정리계획안이 회사정리법 제226조 제1항에 의한 신회사 설립으로 인가되어 정리법원이 관할등기소에 회사설립등기를 촉탁할 경우, 회사설립에 따른 등록세는 지방세법 제128조 제3호(주: 현행 지방세법 제26조 제2항 제1호)의 규정에 의하여 면제된다. 또한, 이에 따라 설립된 신회사가 취득하는 사업용 재산의 이전등기에 따르는 등록세는 조세특례제한법 제119조 제1항 제22호(주: 2003년 12월 30일 삭제)의 규정에 의하여 면제된다.
(2002. 11. 20. 등기 3402-644 질의회답)

참조 조문 · 규칙 · 예규 · 선례 · 판례

▣ **지방세법[법률 제13425호, 2015. 7. 24., 타법개정]**

제26조(비과세) ② 다음 각 호의 어느 하나에 해당하는 등록 또는 면허에 대하여는 등록면허세를 부과하지 아니한다.

1. 회사의 정리 또는 특별청산에 관하여 법원의 촉탁으로 인한 등기 또는 등록. 다만, 법인의 자본금 또는 출자금의 납입, 증자 및 출자전환에 따른 등기 또는 등록은 제외한다.

◐ **선례 해설:** 「실무사례(155)」(1008면) 참조

1. 종전에는 회사의 정리 또는 특별청산에 관하여 법원의 촉탁으로 인한 등기에 대한 등록면허세는 지방세법 제26조 제2항 제1호에 의해 등록면허세가 비과세되었다.

2. 하지만 2016. 1. 1.부로 회사의 정리에 관한 법원의 촉탁으로 인한 등기일지라도 자본금 또는 출자금의 납입, 증자, 출자전환 등 재산권 변동을 초래하는 등기에 대해서는 등록면허세 비과세를 배제하였다.

1) 현행 「채무자 회생 및 파산에 관한 법률」

실무사례(155)

제목: 「채무자 회생 및 파산에 관한 법률」에 의한 기업회생 중인 주식회사가 회생계획안 인가결정에 따라 회생채권의 출자전환에 따른 증자등기를 하기로 한 경우의 등기신청방법 등

「채무자 회생 및 파산에 관한 법률」(이하 '통합도산법' 이라 한다)에 의한 기업회생 중인 주식회사 ○○(본점소재지: 서울)에 대한 회생계획안이 2015. 2. 15.에 관할 법원으로부터 인가결정이 나왔다. 관할 법원의 회생계획안 인가결정 내용에 의하면 회생채권 중 30억원을 출자전환하는 것으로 되어 있다.

【1】 위 출자전환에 대한 등기신청방법은?

【2】 출자전환에 따른 증자등기가 2015. 2. 15.에 이루어질 경우에 납부할 등록면허세는(회사 설립일: 2013. 2. 10.)?

【3】 위 【2】의 출자전환에 따른 증자등기가 2016. 2. 15.에 이루어진다고 할 경우에 납부할 등록면허세는(회사 설립일: 2013. 2. 10.)?

1. 회생계획의 수행이나 통합도산법의 규정에 의하여 회생절차의 종료 전에 법인인 채무자나 신회사에 관하여 등기할 사항이 생긴 때에는 법원사무관 등은 직권으로 지체 없이 촉탁서에 결정서의 등본 또는 초본 등 관련서류를 첨부하여 채무자의 각 사무소의 소재지의 등기소에 그 등기를 촉탁하여야 하므로(통합도산규칙 9조 1항), 회생계획안 인가결정에 따른 회생채권의 출자전환에 관한 등기를 회사의 대표자가 신청할 것은 아니다.

2-1. 종전 지방세법 제26조 제2항 제1호에 의하면 회사의 정리 또는 특별청산에 관한 법원의 촉탁등기에 대해서는 등록면허세가 비과세된다.

2-2. 하지만 통합도산법에서는 납입 등이 있는 신주발행에 대해서는 등록면허세가 면제된다고 규정하고 있는 반면에 출자전환과 같이 납입 등이 없는 신주발행에 대해서는 등록면허세가 면제된다는 명문의 규정이 없어 논란이 되었다(통합도산법 25조 4항, 265조 및 266조 참조). 이에 대하여 통합도산법 제23조 제1항 제4호에서 규정하는 사항 이외에도 회생계획의 수행이나 법인인 채무자나 신회사에 관하여 등기할 사항이 생긴 때에는 법원사무관등은 직권으로 지체 없이 촉탁서에 결정서의 등본 또는 초본 등 관련서류를 첨부하여 채무자의 각 사무소 및 영업소의 소재지의 등기소에 그

등기를 촉탁하여야 한다는 규정을 근거로 출자전환과 같이 납입 등이 없는 신주발행의 경우에도 등록면허세가 면제되는 것으로 보았다(통합도산규칙 9조 및 예규 1518호 8조 3항).

2-3. 종전 과세관청의 유권해석도 상기 2-2.와 동일하였다. 즉, "법원의 촉탁으로 인한 등기·등록 중 비과세대상을 별도로 한정하지 아니한 점, 통합도산법 제23조 및 제25조에서 회생절차개시 등 국가기관으로서의 행위뿐만 아니라 회사정리절차개시 이후 법원의 촉탁에 의한 납입 등이 있는 신주발행(제266조), 사채발행(제268조) 등에 대해서도 등록세(현행 등록면허세)를 부과하지 아니한다고 규정하고 있는 점(감면규정을 두어 조세특례제한법-주: 현행 지방세특례제한법-과 배치되는 문제는 별론으로 함) 등을 고려해 볼 때 유상증자에 의한 신주발행에 따른 등기가 통합도산법에서 정한 규정에 따라 법원의 촉탁으로 이루어지는 경우 등록세 비과세대상으로 보는 것이 타당하다." 라고 유권해석한 바 있다(지방세운영과-3093, 2009. 8. 3.).[1]

2-4. 결국 회생계획안 인가결정에 따른 회생채권 중 약 30억원의 출자전환에 따른 2015. 2. 15. 증자등기 시에 납부할 등록면허세는 없다.

3-1. 2016. 1. 1.부로 회사의 정리 또는 특별정산에 관하여 법원의 촉탁으로 인한 등기일지라도 법인의 자본금 또는 출자금의 납입, 증자 및 출자전환에 따른 등기에 대해서는 등록면허세 비과세 규정을 배제하는 것으로 개정되었다(지방세법 26조 2항 1호). 즉 회사의 신속한 정리 등을 위하여 법원의 촉탁으로 인한 등기인 경우에는 등록면허세가 비과세되나, 정리절차가 아닌 자본증자 등기, 회사의 합병등기 등 재산권변동 등기까지 비과세 되고 있는 실정이므로 비과세 대상을 회사정리 절차에 관한 것으로만 한정토록 하고 자본금 납입, 증자, 출자전환 등 재산권변동 등기에 대해서는 비과세를 배제하였다(한국지방세연구원, 『지방세포럼』(통권 제25호, 2016년 1월호), 72면 참조). 따라서 2016. 2. 15. 회생계획의 인가결정에 따른 회생채권 중 30억원의 출자전환에 따른 증자등기 시에는 지방세법 제28조 제1항 제6호 가목의 세율인 1,000분의 4에 동법 제28조 제2항에 따른 중과세율을 적용한 36,000,000원(= 3,000,000,000 x 4/1,000 x 3배)의 등록면허세를 납부하여야 한다고 봄이 상당하다.

---

1) 종전 지방세 비과세에 관한 유권해석에서도 밝히고 있는 바와 같이, 비록 회생계획의 인가결정에 따른 유상증자의 경우에 등록면허세를 비과세한다고 해석하였지만, 이는 지방세특례제한법, 지방세기본법, 조세특례제한법 및 조약에 따르지 아니하고는 지방세법에서 정한 일반과세에 대한 지방세 특례를 정할 수 없다는 지방세특례제한법 제3조(종전에는 조세특례제한법 제3조)와 정면으로 배치되어 추후 판례 등에 따라 언제든지 그 결과가 바뀔 수 있는 불완전한 유권해석이었다.

3-2. 위 3-1.과 달리 통합도산법 제25조 제4항, 통합도산규칙 제9조, 등기예규 제1518호 제8조 제3항 등을 근거로 2016. 1. 1. 이후에도 여전히 등록면허세가 면제(혹은 비과세)된다고 주장할 수도 있지만, i) 지방세법 제26조 제2항 제1호에 대해 2016. 1. 1.부로 단서를 신설하여 자본금 또는 출자금의 납입, 증자 및 출자전환에 따른 등기 또는 등록은 제외함을 명문으로 규정한 점, ii) 그 개정 취지가 회사의 정리절차가 아닌 자본금 납입, 증자, 출자전환 등 재산권변동 등기에 대해서는 등록면허세 비과세를 배제하기 위한 점, iii) 지방세특례제한법, 지방세기본법, 조세특례제한법 및 조약에 따르지 아니하고는 지방세법에서 정한 일반과세에 대한 지방세 특례를 정할 수 없는 점(지방세특례제한법 3조) 등을 고려할 때, 통합도산법에 의한 회생계획안 인가결정에 따른 출자전환로 인한 증자등기 시에는 등록면허세 비과세가 배제된다고 생각한다(지방세운영과의 입장도 동일하다). 이와 관련하여 개정된 지방세법 제26조 제2항 제1호와 통합도산법 제25조 제4항 및 지방세특례제한법 제3조와 통합도산법 제25조 제4항 간의 각각의 이율배반적인 규정에 대해서는 향후 통합도산법의 개정으로 해결되거나, 혹은 관련 내용에 대한 판결 혹은 심판결정례 등을 통해 향후 정리될 것으로 예상한다.

※ [요약] 회생계획안 인가결정에 따른 회생채권의 출자전환로 인한 증자등기 시 등록면허세 비과세 여부

구 분	등록면허세	논 거
2015. 12. 31.이전 【설문 2】	비과세	지방세운영과-3093, 2009. 8. 3.
2016. 01. 01.이후 【설문 3】	과 세	『지방세포럼』(통권 제25호, 2016년 1월호), 지방세특례제한법 제3조 입법 취지 및 지방세법 제26조 제2항 제1호 개정 취지

참조 조문: 지방세법 제26조, 제28조, 지방세특례제한법 제3조, 조세특례제한법 제3조, 통합도산법 제23조, 제25조, 제265조, 제266조, 통합도산규칙 제9조

참조 예규: 등기예규 제1518호(997~1003면)

참조 선례: 상업등기선례 제1-265호(1007면)

참조 문헌: 한국지방세연구원, 『2014년 지방세 비과세 감면 사례집』, 33~35면
한국지방세연구원, 『지방세포럼』(통권 제25호, 2016년 1월호), 72면

345. 회사정리절차 종료 전에 정리계획의 일환으로 수행된 전환사채 및 신주인수권부사채의 상환이 전부 완료되었으나 이에 대한 관할법원의 말소등기촉탁이 누락된 경우 이를 말소하는 방법[1]

[상업등기선례 제1-219호, 제정 2003. 10. 14.]

회사정리절차 종료전에 정리계획의 일환으로 수행된 전환사채 및 신주인수권부사채(비분리형)의 상환이 전부 완료되었다면 회사정리법 제17조 제1항, 제3항에 따라 관할법원은 직권으로 등기소에 그 말소등기를 촉탁하여야 할 것이며, 착오로 인하여 이를 누락한 것이라면 정리절차 종료 후의 정리회사 또는 신회사의 대표이사는 관할법원에 전부상환을 원인으로 하여 추가촉탁신청을 할 수도 있을 것이다.
(2003. 10. 14. 공탁법인 3402-242 질의회답)

참조 조문 · 규칙 · 예규 · 선례 · 판례

▣ 「채무자 회생 및 파산에 관한 법률」에 따른 법인등기 사무처리지침[등기예규 제1518호, 개정 2014. 4. 24.]

【부 칙】 제3조(경과조치) 이 예규 시행당시 종전의 「회사정리법」에 의하여 정리절차개시의 신청을 한 회사정리사건은 종전의 「회사정리절차와 관련된 상업등기에 관한 사무처리지침」에 의한다. 다만, 관리인대리 및 보전관리인대리는 임원란 또는 사원란에 등기하여야 한다.

▣ 구 회사정리법[법률 제6626호, 2002. 1. 26., 일부개정]

제17조(정리절차개시의 등기의 촉탁) ① 정리절차개시의 결정을 한 때에는 법원은 직권으로 지체없이 촉탁서에 결정서의 등본 또는 초본을 첨부하여 정리절차개시의 등기를 회사의 본점과 지점(외국에 본점이 있는 때에는 대한민국에 있는 영업소)의 소재지의 등기소에 촉탁하여야 한다.
② 전항의 등기에는 관리인의 성명이나 명칭도 기재하여야 한다.
③ 제1항의 규정은 전항에 게기한 사항에 변경이 생긴 경우와 정리계획의 수행이나 본법의 규정에 의하여 정리절차종료전에 회사나 신회사에 관하여 등기할 사항이 생긴 경우에 준용한다.

1) 구 회사정리법 제17조 제1항 및 제3항에 의하면, 정리계획의 수행에 따른 등기는 법원의 촉탁에 의하여야 한다.

◐ **선례 해설:**[1)]

1. 「채무자 회생 및 파산에 관한 법률」에 따른 법인등기 사무처리지침(예규 1518호, 개정 2014. 4. 24.) 부칙 제3조에 의하면, 이 예규 시행 당시 종전의 회사정리법에 의하여 정리절차개시의 신청을 한 회사정리사건은 종전의 「회사정리절차와 관련된 상업등기에 관한 사무처리지침」에 의한다.

2. 따라서 현재도 종전의 회사정리법에 의하여 정리절차개시의 신청을 한 회사의 경우에는 상업등기선례 제1-219호의 적용이 있겠다.

3. 종래 「회사정리절차와 관련된 상업등기에 관한 사무처리지침」에 의하면, "정리계획의 수행이나 회사정리법의 규정에 의하여 정리절차종료 전에 회사 또는 신회사에 관하여 등기할 사항이 생긴 경우 그에 관한 등기(법 제17조 제3항)는 정리법원으로부터 회사의 본점 또는 지점(외국에 본점이 있는 때에는 대한민국에 있는 영업소)소재지의 관할 등기소에 촉탁하여야 한다. 이러한 등기의 유형으로는, 정리계획에 의하여 ① 회사의 정관을 변경하므로 인하여 등기사항이 변경된 경우(법 제219조, 제251조), ② 임원의 선임 등 변경이 있는 경우(법 제220조), ③ 자본의 감소가 있는 경우(법 제221조), ④ 신주의 발행으로 인해 자본의 증가가 있는 경우(법 제222조), ⑤ 회사가 사채(전환사채 또는 신주인수권부사채)를 발행한 경우(법 제223조), ⑥ 회사를 합병한 경우(법 제224조, 제225조), ⑦ 신회사를 설립한 경우(법 제226조), ⑧ 회사가 합병에 의하지 아니하고 해산을 한 경우(법 제227조) 등에 따른 등기가 있다."

4. 본 선례에서는 회사정리절차 종료 전에 정리계획의 일환으로 수행된 전환사채 및 신주인수권사채의 상환이 전부 완료되었으나 이에 대한 관할 법원의 말소등기촉탁이 누락된 경우에는 원칙적으로 관할 법원의 등기촉탁이 원칙이나, 정리절차 후의 정리회사 또는 신회사의 대표이사가 관할 법원에 전부상환을 원인으로 하여 추가촉탁신청을 할 수도 있음을 밝히고 있다.

---

1) 현행 통합도산법에서도 회생계획에 의하여 주식회사가 사채를 발행할 것을 정한 때에는 회생계획에 의하여 사채를 발행할 수 있으며, 이 경우 전환사채 또는 신주인수권부사채의 등기의 촉탁서에는 회계계획인가결정서의 등본 또는 초본 등을 첨부하여 법원사무관등이 그 등기를 촉탁하도록 하고 있다(통합도산법 23조, 209조, 268조).

346. 해산등기 및 정리절차종결등기를 한 때에 반드시 당해 등기용지를 폐쇄하여야 하는지 여부

[상업등기선례 제2-89호, 제정 2007. 1. 26.]

정리계획에 의하여 정리절차종결의 결정일에 해산한 회사에 대하여 해산등기 및 정리절차종결등기를 한 때에는 당해 등기용지를 폐쇄한다(등기예규 제1126호 제13조제3항, 폐지된 등기예규 제935호 4. 바. => 주: 현행 등기예규 제1518호 제13조 제3항). 그런데, 이러한 때라도 정리절차종결의 결정서에 당해 회사의 청산이 종결되지 않아 채권의 추심과 채무의 변제, 잔여 재산의 분배 등 청산사무가 남아 있음이 나타나면 등기관은 그 등기용지를 폐쇄하지 않는다.

(2007. 1. 26. 공탁상업등기과-110 질의회답)

◐ **선례 해설:**[1)]

1. 회생계획에 따른 해산등기와 회생절차종결등기를 한 때에, 그 법인에 대하여 청산절차가 필요 없거나 청산절차가 종료되었음이 회생계획인가 결정서, 회생절차종결결정서 등에 나타나면, 등기관은 해당 법인의 등기부를 직권으로 폐쇄하여야 한다(예규 1518호 13조 3항).

2. 위 1.과 달리 회생계획인가결정서, 회생절차종결결정서 등에 당해 회사의 청산이 종결되지 않아 채권의 추심과 채무의 변제, 잔여재산의 분배 등 청산사무가 남아 있음이 나타나면 등기관은 그 등기용지(혹은 등기기록)를 폐쇄해서는 아니 된다.

---

1) 법원은 채무자의 사업을 청산할 때의 가치가 채무자의 사업을 계속할 때의 가치보다 크다고 인정하는 때에는 관리인, 채무자 등의 신청에 의하여 청산을 내용으로 하는 회생계획안의 작성을 허가할 수 있다(통합도산법 222조). 즉 원칙적으로 회생절차는 채무자의 존속, 영업의 양도, 신회사의 설립 등에 의한 채무자의 사업의 계속을 내용으로 하는 것이지만, 전체적으로 볼 때 절차경제적으로 유익하고 채권자 일반의 이익에 부합하는 경우에는 일정한 요건 하에 청산을 내용으로 하는 계획안의 작성을 허용함으로써 실질적인 파산절차를 회생절차에 수용하면서 절차의 효율성과 경제성을 추구하는 것이다. 이러한 청산을 내용으로 하는 계획안이 관계인집회에서 가결되고 법원의 허가를 받아 실행이 완료되면 조기에 회생절차가 종료된다(김택수, 『기업회생 이론과 실무』, 삼일인포마인(2014), 576면).

347. 정리절차종결 후 정리계획의 수행에 따른 유상감자등기에 있어서 그 신청서에 첨부하여야 할 서면

[상업등기선례 제2-90호, 제정 2007. 1. 26.]

1. 정리절차가 종결된 후 정리계획의 수행에 따라 자본감소로 인한 변경등기를 신청하는 경우, 그 신청서에는 정리계획인가의 결정서 또는 정리계획변경허가의 결정서의 등본 또는 초본을 첨부하여야 한다(회사정리법 제253조제3항, 「채무자 회생 및 파산에 관한 법률」(법률 제7428호) 부칙 제3조). 그러나, 채권자보호절차(상법 제232조, 제439조제2항)를 거쳤음을 증명하는 서면과 주권 제출의 공고(상법 제440조)를 하였음을 증명하는 서면(비송사건절차법 제211조 => 주: 현행 상업등기규칙 제142조)은 첨부할 필요가 없다.

2. 위의 경우에 정리계획 또는 정리계획변경계획에서 일정한 절차를 거쳐 자본을 감소할 것을 정한 때에는 그러한 절차를 거쳤음을 증명하는 서면을 첨부하여야 한다. 예를 들어, 법원의 허가를 받아 별도로 공고하는 기간 내에 유상 소각을 신청한 주주들의 주식을 소각하도록 정리계획에서 정한 때에는 법원의 허가서와 이러한 공고를 하였음을 증명하는 서면을 첨부하여야 한다.
(2007. 1. 26. 공탁상업등기과-111 질의회답)

◐ **선례 해설:**

1. 종래 「회사정리절차와 관련된 상업등기에 관한 사무처리지침」에 의하면, "정리계획의 수행이나 회사정리법의 규정에 의하여 정리절차종료 전에 회사 또는 신회사에 관하여 자본의 감소와 같은 등기할 사항이 생긴 경우 그에 관한 등기는 정리법원으로부터 회사의 본점 또는 지점 소재지의 관할 등기소에 촉탁하여야 한다." 회생계획에 의해 자본감소를 하는 때에는 주주총회 특별결의, 채권자보호절차, 주권제출절차, 감소무효의 소 등에 관한 규정의 적용이 없다(통합도산법 260조, 264조 참조).

2. 한편 위 1.의 경우에 정리계획 또는 정리계획변경계획에서 일정한 절차를 거쳐 자본을 감소할 것을 정한 때에는 그러한 절차를 거쳤음을 증명하는 서면을 첨부하여야 한다(예: 법원의 허가서, 공고문 등).

제34절 파산절차에 관한 등기[1)2)]

내 용	관련 조문		관련 선례 · 예규 · 규칙 (실무사례 포함)
	상법	상업등기법	
1. 파산			348. 상업선례 재1-263호 349. 상업선례 제1-264호 350. 상업선례 제1-266호 351. 상업선례 제1-268호 ☞ 실무사례(156)

1) 파산이란 회사가 그 자력으로 총 채무를 완제할 수 없는 상태에 이르렀을 때 상법이 아닌 「채무자 회생 및 파산에 관한 법률」에서 정하는 절차에 따라 그의 전 재산을 강제적으로 관리, 환가하여 총 채권자에게 공평하게 배당해 주는 절차를 말한다. 따라서 파산은 회사의 해산사유 중 하나이지만, 파산한 회사는 상법상의 청산절차를 거치지 않고 보다 엄격한 청산절차인 「채무자 회생 및 파산에 관한 법률」에서 정하는 파산절차에 의하여 회사의 청산절차를 밟게 된다(『상업등기실무(Ⅱ)』, 584면).

2) 파산원인으로는 지급불능과 부채초과가 있다. 지급불능이란 변제능력이 부족하여 변제기가 도래한 채무를 일반적, 계속적으로 변제할 수 없는 객관적 상태를 말하며, 부채초과란 존립 중인 인적회사(합명회사, 합자회사)를 제외한 법인의 부채의 총액이 자산의 총액을 초과하는 것을 말한다. 지급불능과 부채초과는 별개의 독립된 파산원인으로, 파산선고를 하기 위해서 그 법인이 부채초과 상태 이외에 지급불능 상태에 이르렀을 것까지 요하는 것은 아니다(『법인파산실무』, 36~37면).

§ 요약

1. 파산이란 회사가 그 자력으로 총 채무를 완제할 수 없는 상태에 이르렀을 때 상법이 아닌 「채무자 회생 및 파산에 관한 법률」(이하 '통합도산법'이라 함)에서 정하는 절차에 따라 그의 전 재산을 강제적으로 관리, 환가하여 총 채권자에게 공평하게 배당해 주는 절차를 말한다.

2. 파산선고, 파산선고취소결정, 파산폐지, 파산종결의 결정에 따른 등기 및 파산관재인의 선임, 파산관재인대리의 선임허가, 파산관재인의 사임 및 해임에 관한 등기는 법원사무관등의 촉탁에 의한다(상업선례 1-263, 1017면).

3. 파산법인과 파산재단[1]은 법인격상 동일하지 않으므로 파산재단의 사무실 이전을 파산법인의 본점이전으로 보아 등기할 수는 없다. 한편 파산선고 후에도 파산관재인의 권한에 속하지 않는 회사의 비재산적 영역에 속하는 사항(본점이전, 임원의 선임과 같은 회사의 조직법적 사단활동에 속하는 사항)은 여전히 회사에게 있어, 파산법인의 본점이전은 파산관재인이 아닌 대표이사가 변경등기를 신청하여야 한다(상업선례 1-264, 1018면).

4. 법인이 파산선고를 받게 되면 파산법인은 파산재단에 속하게 된 자신의 재산에 관하여 관리처분권을 상실하고 파산관재인이 그 관리, 환가, 배당 등에 관하여 전권을 행사하게 되지만, 회사의 비재산적 활동에 속하는 사항에 관한 권리는 여전히 법인에게 있어, 파산절차 진행 중에도 회사의 기관으로 주주총회와 감사기관은 유지되며, 또한 집행기관으로서 이사(또는 청산인)도 계속 존재하게 된다(상업선례 1-266, 1019면 및 1-268, 1020면 참조).

5. 청산절차 중인 회사의 경우에도 회사의 재산으로 그 채무를 완제하기에 부족한 것이 분명한 때에는 상법에 의한 청산절차를 중지하고 통합도산법에 의한 법인파산절차 혹은 기업회생절차를 신청하여야 한다(「실무사례(156)」, 1021면).

---

1) 채무자에 대해 파산선고가 내려지면 선고 시의 총재산에 대한 관리처분권은 채무자로부터 파산관재인에게 이동하게 된다. 파산관재인은 이러한 재산을 다른 재산과 분리하여 파산채권자의 공동의 만족에 충당할 목적으로 재산을 확보하고 파산재단의 법률관계를 정리하고, 부인권을 행사해 재산의 증식을 꾀하는데 이러한 목적으로 관리되는 채무자의 재산의 집합체를 파산재단이라고 한다(김택수, 『기업회생 이론과 실무』, 삼일인포마인(2014), 918면).

348. 법원의 촉탁에 따른 파산관재인의 선임등기를 할 수 있는지 여부(적극)

[상업등기선례 제1-263호, 제정 2000. 12. 9.]

법원이 법인에 대하여 파산선고를 한 때에는 직권으로 파산등기를 촉탁하여야 하는바(파산법 제109조 => 주: 현행 「채무자 회생 및 파산에 관한 법률」 제23조), 법원이 파산등기의 촉탁과 함께 파산관재인의 선임등기를 촉탁한 경우, 등기관은 회사정리법 제17조의 규정을 유추하여 이를 등기할 수 있을 것이다. (2000. 12. 9. 등기 3402-895 질의회답)

◐ **선례 해설:**

1. 구 파산법은 파산선고결정이 있는 경우, 파산취소·파산폐지의 결정이 확정된 경우, 파산종결의 결정이 있는 경우, 파산관재인의 선임이 있는 경우 등에는 법원이 그 각 기입등기를 등기소에 촉탁하였으나, 현행 통합도산법에서는 그 주체를 법원사무관등으로 변경하였다(통합도산법 23조 참조). 다만, 부인의 등기가 된 재산을 임의 매각한 경우의 등기말소촉닥에 관한 것은 등기말소촉탁의 주체를 여전히 '법원'으로 정하고 있다.

2. 위 1.의 등기의 촉탁에 관한 내용은 등기예규 제1518호 제15조에서 자세히 규율하고 있다.

3. 한편 구 파산법은 파산선고결정이 있는 경우, 파산취소·파산폐지의 결정이 확정된 경우, 파산종결의 결정이 있는 경우 그 각 기입등기를 등기소에 촉탁함과 아울러 회사의 재산 중 등기·등록된 권리에 관하여도 위 각 기입등기·등록을 촉탁하도록 되어 있었다. 그러나 법인 채무자의 등기·등록된 권리에 관한 파산선고결정, 파산취소결정, 파산폐지결정, 파산종결결정의 각 기입등기·등록은 아무런 대항력을 가지지 못한 채 단지 채무자와 거래하는 제3자에 대하여 경고적 의미를 가지는데 불과한 반면 그 재산의 수가 너무 많은 경우 등기에 소요되는 시간 및 비용의 부담이 크다는 점, 파산선고를 받은 채무자가 법인인 경우 당해 법인과 거래하려는 제3자는 법인등기부에 의하여 위 사실을 알 수 있다는 점 등을 고려하여, 현재는 채무자가 법인인 경우에 개별적인 재산에 대한 등기촉탁제도는 폐지되었다(『법인파산실무』, 71~72면).

349. 법인이 파산한 경우, 파산재단 사무실 이전을 본점이전에 준하여 등기사항으로 볼 수 있는지의 여부[1)]

[상업등기선례 제1-264호, 제정 2002. 4. 16.]

1. 법인이 파산선고를 받게 되면 파산법인은 파산재단에 속하게 된 자신의 재산에 관하여 관리처분권을 상실하고 파산관재인이 그 관리, 환가, 배당 등에 관하여 전권을 행사함으로써 파산절차는 그 개시부터 종료에 이르기까지 파산관재인을 통하여 이루어지지만, 회사의 비재산적 활동범위에 속하는 사항(회사의 조직법적 사단활동)에 관한 권한은 여전히 법인에게 있으며,

2. 파산법인과 파산재단은 법인격상 동일하지 않으므로 파산재단의 사무실 이전을 파산법인의 본점이전으로 보아 등기할 수는 없으며, 파산법인의 본점이전은 비재산적 활동범위에 속하므로 일반절차에 따라 대표이사가 변경등기를 신청한다.

(2002. 4. 16. 등기 3402-232 질의회답)

참조 조문 · 규칙 · 예규 · 선례 · 판례

▣ 대법원 2010. 4. 29. 선고 2009다96083 판결

[판결이유] 파산자가 파산선고시에 가진 모든 재산은 파산재단을 구성하고, 그 파산재단을 관리 및 처분할 권리는 파산관재인에게 속하므로, 파산관재인은 파산자의 포괄승계인과 같은 지위를 가지게 되지만, (중략)

◐ 선례 해설:

1. 파산법인과 파산재단은 법인격상 동일하지 않으므로 파산재단의 사무실 이전을 파산법인의 본점이전으로 보아 등기할 수는 없다.
2. 또한 파산선고 후에도 파산관재인의 권한에 속하지 않는 회사의 비재산적 영역에 속하는 사항, 즉 회사의 조직법적 사단활동에 관한 권한은 여전히 회사에 있다. 따라서 파산법인의 본점이전은 파산관재인이 아닌 대표이사가 변경등기를 신청하여야 한다.

---

1) [유사 선례] 상업등기선례 제1-134호(433면) 참조

350. 파산법인의 파산재단이외의 관계에 있어서 업무집행기관 등 [상업등기선례 제1-266호, 제정 2003. 3. 12.]

1. 파산선고를 받은 법인도 파산절차가 진행되는 동안은 파산의 목적범위 내에서는 아직 존속되는 것으로 보므로(파산법 제4조 참조), 파산재단 이외의 관계에 있어서는 업무를 집행하여야 할 집행기관이 필요한바 이사가 그 집행기관이 된다.

2. 파산선고에 의하여 기존이사는 상법 제382조 제2항의 준용에 의한 민법 제690조에 근거하여 위임관계가 종료되어 당연 퇴임될 것이나, 후임이사가 선임될 때까지는 등기관이 기존이사에 관한 등기사항을 직권으로 주말할 수는 없다.

3. 파산법인이 신임이사를 선임한 경우에는 법인의 대표자는 기존이사의 퇴임등기와 신임이사의 취임등기를 신청할 수 있다.
(2003. 3. 12. 공탁법인 3402-68 질의회답)

◐ 선례 해설: 파산법인의 기관[1)]

1. 파산법인의 재산적 영역에 속하는 사항은 파산관재인의 권한이다.

2. 하지만, 회사의 비재산적 영역에 속하는 사항, 즉 회사의 조직법적 사단활동에 관한 권한은 여전히 회사에게 있으므로,

   i) 청산인 선임 전이라면 이사가 업무집행기관이 되며, 각종 신청은 파산법인의 대표이사가 신청하며,

   ii) 만약에 청산인이 선임되었다면 이사를 대신하여 청산인이 회사의 비재산적 영역에 속하는 사항을 처리하는 업무집행기관이 된다.

1) 법인이 파산선고를 받게 되면 파산법인은 파산재단에 속하게 된 자신의 재산에 관하여 관리처분권을 상실하고 파산관재인이 그 관리, 환가, 배당 등에 관하여 전권을 행사하게 되지만, 회사의 비재산적 활동범위에 속하는 사항 즉, 회사의 조직법적 사단활동에 관한 권한은 여전히 법인에게 있다. 따라서 파산절차 진행 중에도 회사의 기관으로 주주총회와 감사기관은 유지되며, 또한 집행기관으로 이사(또는 청산인)가 존재하게 된다. 결국 파산법인의 이사(또는 청산인)에 대해서도 상법 제386조 제1항 및 제542조 제2항이 적용되어, 선임이사(또는 청산인)가 퇴임하였으나 법률 또는 정관에 정한 이사(또는 청산인)의 원수를 결한 경우에는 퇴임한 이사(또는 청산인)는 후임이사(또는 청산인)가 취임할 때까지 권리의무가 있다(『법인파산실무』, 94면 참조).

351. 청산절차 진행 중 법인이 파산한 경우 등기부에 기재된 청산인과 감사등기를 신임 청산인과 감사의 취임등기를 하지 아니하고 말소할 수 있는지 여부(소극)

[상업등기선례 제1-268호, 제정 2003. 6. 3.]

1. 파산선고를 받은 법인도 파산절차가 진행되는 동안은 파산의 목적범위 내에서는 아직 존속되는 것으로 보므로, 파산재단 이외의 관계에서 업무를 집행하여야 할 업무집행기관(으로서 청산인)과 감독기관으로서 감사는 필요적 상설기관으로서 필요하다.

2. 청산중 법인이 파산한 경우에 업무집행기관으로서의 청산인과 감독기관으로서의 감사는 당해 파산법인이 신임 청산인과 신임 감사의 취임등기를 하지 아니하면 파산종결등기를 할 때까지 퇴임등기를 할 수 없을 것이다.

(2003. 6. 3. 공탁법인 3402-132 질의회답)

◐ 선례 해설: 「실무사례(156)」(1021면) 참조

1. 파산절차가 진행 중인 회사의 경우에도 회사의 비재산적 영역에 속하는 사항, 즉 회사의 조직법적 사단활동에 관한 사항은 여전히 회사에 있다. 따라서 파산절차가 진행 중인 회사의 기관으로 주주총회와 감사기관은 유지되며, 또한 업무집행기관으로서 이사(또는 청산인)가 존재하게 된다.

2. 법률 또는 정관에 정한 이사의 원수를 결한 경우에는 임기의 만료 또는 사임으로 인하여 퇴임한 이사는 새로 선임된 이사가 취임할 때까지 이사의 권리의무가 있다(상법 386조 1항). 청산 중 법인이 파산한 경우에 업무집행기관으로서의 청산인과 감독기관으로서의 감사 또한 마찬가지여서(상법 542조 2항 및 415조),[1] 파산선고를 받은 회사의 청산인 및 감사에 대한 퇴임등기는 신임 청산인 및 신임 감사의 취임등기를 신청하지 않는 한 파산종결등기를 할 때까지 할 수가 없다.

---

1) 상법 제386조 제1항의 이사 결원 시의 권리의무에 관한 규정은 청산인의 경우에는 제542조 제2항에서, 감사의 경우에는 제415조에서 각각 준용하고 있다.

실무사례(156)

제목: 청산절차 진행 중 파산원인이 발견된 경우

회사는 해산등기 후 기존의 감사는 그대로 유임시키고 청산인으로 기존의 대표이사이자 사내이사인 갑을 주주총회에서 선임한 후 청산절차를 진행하려고 한다. 청산인 갑은 취임한 후 회사의 재산 상태를 조사하였는바, 그 내용을 요약하면 회사의 자산은 예금 등 약 30억원이며, 부채는 은행차입금 및 거래처에 지급할 물품대금 등 약 45억원이다.

【1】 이 경우 청산인 갑은 청산절차를 계속 진행할 수 있는지?

【2】 위 【1】과 상관없이 청산절차를 계속 진행할 수 없을 경우에 감사와 청산인 갑은 퇴임등기를 할 수 있는지?

1. 청산 중인 회사의 재산이 그 채무를 완제하기에 부족한 것이 분명한 때에는 청산인은 지체 없이 파산선고를 신청하여야 한다(상법 524조 1항, 254조 4항, 민법 93조). 사안의 경우 회사의 재산은 예금 등 약 30억원인데 반해 회사의 채무는 은행차입금 및 거래처에 지급할 물품대금 등 약 45억원으로 회사의 재산으로 그 채무를 완제하기에 부족한 것이 분명한 때에 해당하므로, 청산인 갑은 상법에 의한 청산절차를 중지하고 「채무자 회생 및 파산에 관한 법률」(이하 '통합도산법')에 의한 법인파산절차를 신청하여야 한다(「보론」, 1022면 참조). 이와 관련하여 좀 더 살펴보면, 통합도산법에서는 법인의 파산원인으로 지급불능뿐만 아니라 법인 부채의 총액이 자산의 총액을 초과하는 경우도 해당한다고 규정하고 있다(통합도산법 305조 및 306조). 다만, 청산인은 파산을 신청하는 대신에 통합도산법 제35조에 따라 회생절차의 개시를 신청할 수도 있다.

2. 상법에 의한 청산절차가 불가능하여 통합도산법에 의한 법인파산절차를 진행하더라도 파산재단 이외의 관계에서 업무를 집행하여야 할 업무집행기관으로서 청산인과 감독기관으로서 감사는 필요적 상설기관으로서 필요하여(상업선례 1-266 및 1-268), 신임 감사 및 신임 청산인의 취임등기가 없는 한 기존 감사와 기존 청산인 갑의 퇴임등기는 할 수 없다.

참조 조문: 상법 제524조 제1항, 통합도산법 제35조, 제305조, 제306조

참조 선례: 상업등기선례 제1-266호(1019면), 제1-268호(1020면)

「보 론」 청산 및 파산 절차의 비교[1)]

<table>
<tr><th colspan="2">구 분</th><th>청 산</th><th>파 산</th></tr>
<tr><td colspan="2">근 거 법</td><td>○ 상법</td><td>○ 채무자 회생 및 파산에 관한 법률</td></tr>
<tr><td colspan="2">개시원인</td><td>○ 파산, 합병・분할・분할합병 이외의 원인에 의한 해산</td><td>○ 지급불능
○ 채무초과</td></tr>
<tr><td colspan="2">목 적</td><td>○ 회사의 잔여재산을 주주에게 분배</td><td>○ 파산자의 재산을 환가하여 총채권자에게 채권비율에 따라 배당</td></tr>
<tr><td colspan="2">성 격</td><td>○ 화해적 성격, 재판 외 절차</td><td>○ 강제집행적 성격, 재판상 절차</td></tr>
<tr><td colspan="2">기관 및
대표기관[2)]</td><td>○ 주주총회, 청산인(회), 감사
○ 대표청산인</td><td>○ 채권자집회, 파산관재인, 감사위원
○ 파산관재인</td></tr>
<tr><td colspan="2">환가방법</td><td>○ 회사의 임의환가</td><td>○ 채권자집회의 의결 또는 법원의 허가를 얻어 환가</td></tr>
<tr><td colspan="2">법원의 역할</td><td>○ 법정절차에 대한 감독</td><td>○ 파산재단의 공평분배를 위한 엄격한 감독</td></tr>
<tr><td rowspan="2">특징</td><td>장점</td><td>○ 당사자들의 자주적인 절차진행
○ 기간단축 및 비용절감 가능</td><td>○ 절차의 공정성
○ 강제절차에 의한 이해관계 조정 용이</td></tr>
<tr><td>단점</td><td>○ 절차진행의 공정성 시비 우려
○ 청산조건 합의의 불완전성</td><td>○ 비용부담, 소요기간 장기화 우려
○ 대외신용도 하락 가능성</td></tr>
<tr><td colspan="2">비 고</td><td colspan="2">○ 상법에 의한 청산절차 진행 중인 경우라도 청산 중인 회사가 채무초과 상태임이 확인되면, 청산인은 청산절차를 중지하고 「채무자 회생 및 파산에 관한 법률」에 의한 법인파산절차를 신청하여야 한다. 다만, 파산을 신청하는 대신에 경우에 따라서는 「채무자 회생 및 파산에 관한 법률」 제35조에 따라 회생절차의 개시를 신청할 수도 있다.</td></tr>
</table>

1) 『주식회사법대계(Ⅲ)』, 817면

2) 파산법인의 경우 파산재단을 관리 및 처분할 권리는 파산관재인에게 속하지만, 파산절차가 진행 중인 경우에도 회사의 기관으로 주주총회, 감사기관, 업무집행기관으로서의 청산인 등은 존재한다(상업선례 1-268, 1020면).

제35절 설립무효의 판결 등의 재판에 따른 등기[1]

내 용	관련 조문		관련 선례·예규·규칙 (실무사례 포함)
	상법	상업등기법	
1. 설립무효	제328조		352. 상업선례 제2-92호 353. 상업선례 제2-93호
2. 주주총회결의 취소 등	제376조 ∼제381조	규칙 제153조, 제132조	~~354. 상업선례 제1-260호~~[2] 355. 상업선례 제1-262호
3. 신주발행·자본감소 무효	제429조 ∼제432조	규칙 제153조	
4. 이사 등의 직무집행정지 가처분	제407조, 제408조	규칙 제131조	356. 상업선례 제1-270호 357. 상업선례 제201501-1호
5. 일시이사	제386조, 제389조, 제415조, 제542조	규칙 제131조	
6. 합병무효	제529조	규칙 제113조, 제154조	
7. 분할 또는 분할합병 무효	제530조의11, 제529조		
8. 주식교환·주식이전 무효	제360조의14, 제360조의23		

1) 설립무효의 판결 또는 설립취소의 판결이 확정된 때 및 신주발행 무효의 판결이 확정된 때(상법 328조 2항, 400조, 192조), 주주총회에서 결의한 사항이 등기된 경우에 결의취소, 결의무효 및 부존재확인, 부당결의의 취소·변경 등의 판결이 확정된 때(상법 378조, 380조, 381조 2항) 등의 경우에는 본점과 지점 소재지에 각 등기하여야 한다.

2) 상업등기선례 제1-260호(1027면)는 등기예규 제1536호에 의해 2014. 11. 21.부로 폐지되었으나, 그 폐지사유를 살펴보면 등기예규 제1536호 제3조에 반영되었기 때문에 폐지된 것이므로 실질은 폐지되지 않았다.

§ 요약

1. 재판에 따른 등기는 법령에 촉탁 근거가 있는 경우에는 법원(법원서기관·법원사무관·법원주사 또는 법원주사보를 포함한다)의 촉탁으로, 법령에 촉탁 근거가 없는 경우에는 법인을 대표하는 자가 그 등기를 신청한다(예규 1536호 2조 1항). 법원이 회사의 본점과 지점 소재지의 등기소에 등기를 촉탁할 때에는 촉탁서에 재판이 있었음을 증명하는 서면을 첨부하여야 한다(예규 1536호 2조 2항 및 비송법 108조).

2. 촉탁에 따른 등기절차에 관하여는 원칙적으로 신청에 따른 등기에 관한 규정을 준용하지만(법 22조 2항), 촉탁에 따른 등기는 촉탁자가 등기소에 출석하지도 않고 우편을 이용하여 신청정보 및 첨부정보를 적은 서면을 등기소에 제출할 수 있으며(법 24조 2항), 사전에 등기소에 인감을 제출하거나 촉탁서에 인감을 날인하지 않아도 된다(법 25조 3항).

3. 법원의 등기촉탁에 관한 근거 규정으로는 비송사건절차법 제93조(해산재판의 확정과 등기촉탁), 제98조(설립 무효판결의 확정과 등기촉탁), 제99조(합병 등의 무효판결의 확정과 등기촉탁), 제107조(그 밖의 등기촉탁을 할 경우) 등이 있다.

4. 사단법인이나 재단법인은 주무관청의 설립허가 취소에 의하여 당연히 해산되어, i) 등기관은 전산시스템의 부전지 기능을 이용하여 설립허가취소 사실, 설립허가취소 연월일, 취소기관, 문서번호 또는 관보번호 등을 입력하여 해산된 법인임을 알 수 있도록 하여야 하며, ii) 인감증명서를 발급하여서는 아니 되고, iii) 해산등기 및 청산인 선임등기 이외의 등기는 수리하여서는 아니 된다(예규 1506호).

5. 한편 주무관청의 설립허가취소처분에 대한 법원의 취소판결이 확정된 때에는 등기기록상 말소된 대표권 있는 종전 이사는 확정된 재판의 등본을 첨부하여 해산등기 및 청산인등기의 말소등기를 신청할 수 있으며, 이 경우 등기관은 등기기록의 해산등기 및 청산인등기를 말소하고 주말된 종전 이사의 등기기록을 직권으로 회복하는 등기를 하여야 한다(상업선례 2-93, 1026면).

6. 법인과 관련된 등기사항에 관한 재판에 따른 등기에 관한 등기관의 업무처리절차를 규정한 것으로는 등기예규 제1536호(1031~1033면)가 있다.

352. 법인설립허가취소처분의 효력정지결정에 따른 법인등기의 사무처리요령에 관한 질의

[상업등기선례 제2-92호, 제정 2012. 9. 18.]

행정처분에 대한 효력정지결정으로 처분의 효력이 정지됨으로써 당사자는 잠정적으로 처분이 없었던 것과 동일한 상태 아래에 놓이게 되므로, 법인설립허가취소 처분에 대한 법원의 효력정지결정이 있을 때에는 주무관청의 설립허가취소에 의하여 법인의 등기기록의 첫 장 오른쪽 윗부분의 여백에 하였던 주무관청의 설립허가취소처분에 관한 사항의 표시를 삭제하고, 등기사항증명이나 인감증명의 신청이 있을 때에는 이를 발급하여야 한다. 또한 사회복지법인의 대표이사는 통상적인 경우와 같이 당해 법인에 관한 등기를 신청할 수 있다.

(2012. 9. 18. 사법등기심의관-2897 질의회답)

◐ 선례 해설:

1. 사단법인이나 재단법인은 주무관청의 설립허가 취소에 의하여 당연히 해산되어(민법 77조), ⅰ) 등기관은 전산시스템의 부전지 기능을 이용하여 설립허가취소 사실, 설립허가취소 연원일, 취소기관, 문서번호 또는 관보번호 등을 입력하여 해산된 법인임을 알 수 있도록 하여야 하며, ⅱ) 인감증명서를 발급하여서는 아니 되고, ⅲ) 해산등기 및 청산인 선임등기 이외의 등기는 수리하여서는 아니 된다(예규 1506호).

2. 한편 사회복지사업법에 의한 사회복지법인과 같은 사단법인에 대해 설립허가 취소소송이 제기된 경우에 처분 등이나 그 집행 또는 절차의 속행으로 인하여 생길 회복하기 어려운 손해를 예방하기 위하여 긴급한 필요가 있다고 인정할 때에는 본안이 계속되고 있는 법원은 당사자의 신청 또는 직권에 의하여 처분 등의 효력이나 그 집행 또는 절차의 속행의 전부 또는 일부의 정지를 결정할 수 있다(행정소송법 23조 2항).

3. 따라서 법인설립허가취소처분에 대한 법원의 효력정지결정이 있을 때에는 위 1.의 조치는 모두 백지화됨과 동시에 사회복지법인의 대표이사는 통상의 예에 따라 당해 법인에 관한 등기를 신청할 수 있다.

353. 주무관청의 설립허가취소에 대한 법원의 취소판결에 따른 등기절차 및 촉탁등기 가능 여부

[상업등기선례 제2-93호, 제정 2014. 2. 26.]

1. 사단법인에 대한 주무관청의 설립허가취소처분이 법원의 판결에 의하여 취소된 경우에는 그 처분은 소급적으로 효력을 상실하여 처음부터 그 처분이 없었던 것으로 되므로, 등기기록상 말소된 대표권 있는 종전 이사는 확정된 재판의 등본을 첨부하여 해산등기 및 청산인등기의 말소등기를 신청할 수 있다. 이 경우 등기관은 등기기록의 해산등기 및 청산인등기를 말소하고 주말된 종전 이사의 등기기록을 직권으로 회복하는 등기를 하여야 한다.

2. 등기는 당사자의 신청 또는 관공서의 촉탁에 의하여 하나, 사단법인의 경우 수소법원에서 등기를 촉탁할 수 있다는 규정이 없으므로, 재판에서 승소한 법인의 대표권 있는 이사는 확정된 재판의 등본을 첨부하여 직접 또는 그 대리인을 통하여 등기를 신청할 수 있다.

(2014. 2. 26. 사법등기심의관－787 질의회답)

◐ **선례 해설:**

1. 주무관청으로부터 사단법인이나 재단법인의 설립허가 취소 통보를 받은 경우에 등기관의 처리에 관한 것은 등기예규 제1506호 제3조 및 제4조에 규정되어 있다(「선례해설」, 1025면 참조). 한편 주무관청의 설립허가 취소처분에 대한 법원의 취소판결이 확정된 때에는 등기기록상 말소된 대표권 있는 종전 이사는 확정된 재판의 등본을 첨부하여 해산등기 및 청산인등기의 말소등기를 신청할 수 있다. 이 경우 등기관은 등기기록의 해산등기 및 청산인등기를 말소하고 주말된 종전 이사의 등기기록을 직권으로 회복하는 등기를 하여야 한다(예규 1536호, 1031~1033면 참조).

2. 한편 재판에 따른 등기는 법령에 촉탁 근거가 있는 경우에만 법원의 촉탁으로 등기를 행할 수 있으므로, 사단법인의 경우에는 촉탁할 수 있다는 근거가 없으므로 재판에서 승소한 법인의 대표권 있는 이사는 확정된 재판의 등본을 첨부하여 직접 또는 그 대리인을 통하여 등기를 신청할 수 있다.

354. 주주총회결의부존재확인판결에 의한 이사 등 취임등기말소와 종전이사 등의 등기회복

[상업등기선례 제1-260호, 제정 1991. 2. 27.]

A가 대표이사 겸 이사로, B·C가 이사로, D가 감사로 있던 "갑" 주식회사의 등기부에 90. 1. 12.자로 A·B·C의 종임등기가 경료되고, 같은 날 E·F가 이사로, G가 대표이사 겸 이사로, H가 감사로 각 선임되었다는 내용의 등기와 90. 3. 24.자로 감사 D는 사임하였다는 내용의 등기가 각 경료된 후, 갑 회사의 주주들이 갑 회사를 상대로 90.1.12.자 주주총회결의에 대한 부존재확인소송을 제기하여 원고승소판결이 확정된 경우, 그 판결에 기하여 말소등기촉탁이 있는 때에는 등기공무원은 그 등기사항을 말소함과 아울러 상법 제386조 제1항, 제389조 제3항, 제415조의 규정에 의하여 이사 및 감사의 권리의무가 있는 종전 이사 및 종전 감사의 등기를 직권으로 회복하여야 할 것이다.

(1991. 2. 27. 등기 제432호) **2014. 11. 21. 폐지(실질은 유효)**

◐ 선례 해설:

1. 본 선례는 등기예규 제1536호에 의해 2014. 11. 21.부로 폐지되었다. 하지만 그 폐지사유가 본 선례의 내용이 등기예규 제1536호 제3조(재판에 따른 등기)에 반영되었기 때문이므로, 결국 본 선례의 내용은 그대로 유효하다.

2. 재판에 따른 등기는 법령에 촉탁 근거가 있는 경우에는 법원의 촉탁으로, 법령에 촉탁 근거가 없는 경우에는 법인을 대표하는 자가 그 등기를 신청하는 바, 주식회사의 창립총회 또는 주주총회가 결의한 사항이 등기된 경우에 결의부존재확인(決議不存在確認)의 판결이 확정된 경우에는 제1심 수소법원은 회사의 본점과 지점 소재지의 등기소에 그 등기를 촉탁하여야 한다고 비송사건절차법 제107조 제6호에 규정되어 있으므로 법원의 촉탁에 따른 등기를 하여야 한다. 또한 등기관은 그 등기로 인하여 회복할 필요가 있는 등기사항이 있는 경우에는 직권으로 그 사항을 회복하여야 한다(예규 1536호, 1031~1033면 참조).

355. 주주총회결의부존재확인 등의 판결에 의한 회복등기 절차 등[1)]

[상업등기선례 제1-262호, 제정 1999. 8. 18.]

주주총회의 결의의 부존재, 무효 또는 취소의 등기를 할 경우에는 결의한 사항에 관한 등기를 주말하고 그 등기에 의하여 주말된 등기사항이 있는 때에는 그 등기를 회복하여야 하는 것이나(상업등기처리규칙 제84조 제1항=> 주: 현행 상업등기규칙 제153조 제1항), 부존재확인판결의 대상이 아닌 주주총회결의에 의하여 선임된 이사와 부존재확인판결의 대상인 주주총회에서 선임되었으나 그 판결에 따른 등기신청 전에 퇴임등기가 된 이사 및 부존재확인판결의 대상인 주주총회 또는 이사회 결의에 의하여 선임되었으나 그 등기 전에 그 지위에서 퇴임하였다가 그 판결의 대상이 아닌 별개의 주주총회 또는 이사회 결의에 의하여 다시 이사 또는 대표이사로 선임되어 그에 따른 등기가 경료된 이사 또는 대표이사에 대하여는 그 부존재확인판결에 따른 등기를 할 것은 아니다. 또한 이사 겸 대표이사인 자를 해임하는 주주총회의 결의에 대하여 부존재확인판결이 확정되어 그에 따른 회복등기가 경료되었다 하더라도 그 후 별개의 주주총회에서 그 이사 겸 대표이사인 자를 해임한 경우, 그 결의에 따라 다시 해임등기를 할 수 있을 것이다.

(1999. 8. 18. 등기 3402-826 질의회답)

참조 조문 · 규칙 · 예규 · 선례 · 판례

▣ 상법[법률 제13523호, 2015. 12. 1., 일부개정]

제376조(결의취소의 소) ① 총회의 소집절차 또는 결의방법이 법령 또는 정관에 위반하거나 현저하게 불공정한 때 또는 그 결의의 내용이 정관에 위반한 때에는 주주·이사 또는 감사는 결의의 날로부터 2월내에 결의취소의 소를 제기할 수 있다.

② 제186조 내지 제188조, 제190조 본문과 제191조의 규정은 제1항의 소에 준용한다.

제380조(결의무효 및 부존재확인의 소) 제186조 내지 제188조, 제190조 본문, 제191조, 제377조와 제378조의 규정은 총회의 결의의 내용이 법령에 위반한 것

1) 본 선례의 내용은 기판력의 관점에서 이해하여야 한다. 즉 기판력은 당사자 간에 한하여 생기고, 제3자에게는 미치지 않는 것이 원칙이며(기판력의 주관적 범위), 판결주문에 포함된 것에 한하여 기판력이 미친다(기판력의 객관적 범위).

을 이유로 하여 결의무효의 확인을 청구하는 소와 총회의 소집절차 또는 결의방법에 총회결의가 존재한다고 볼 수 없을 정도의 중대한 하자가 있는 것을 이유로 하여 결의부존재의 확인을 청구하는 소에 이를 준용한다.

▣ 비송사건절차법[법률 제13765호, 2016. 1. 19., 일부개정]

제107조(그 밖의 등기촉탁을 할 경우) 다음 각 호의 어느 하나에 해당하는 경우에는 제1심 수소법원은 회사의 본점과 지점 소재지의 등기소에 그 등기를 촉탁하여야 한다.

1. 회사 청산인의 해임 재판이 있는 경우
2. 합명회사, 합자회사 또는 유한회사의 설립을 취소하는 판결이 확정된 경우
3. 합명회사 또는 합자회사의 사원 제명(除名) 또는 그 업무집행권한이나 대표권 상실의 판결이 확정된 경우
4. 주식회사의 이사·감사·대표이사 또는 청산인이나 유한회사의 이사·감사 또는 청산인의 직무를 일시적으로 맡아 할 사람을 선임한 경우
5. 주식회사의 이사 또는 감사나 유한회사 이사의 해임 판결이 확정된 경우
6. 주식회사의 창립총회 또는 주주총회나 유한회사의 사원총회가 결의한 사항이 등기된 경우에 결의취소·결의무효확인·결의부존재확인(決議不存在確認) 또는 부당결의의 취소나 변경의 판결이 확정된 경우
7. 주식회사의 신주 발행 또는 자본 감소의 무효판결이 확정된 경우
8. 주식회사의 주식 교환 또는 이전(移轉)의 무효판결이 확정된 경우
9. 유한회사의 자본 증가 또는 자본 감소의 무효판결이 확정된 경우

▣ 상업등기규칙[대법원규칙 제2668호, 2016. 6. 27., 타법개정]

제132조(대표이사 또는 대표집행임원의 등기) 이사 또는 집행임원의 선임결의의 부존재, 무효나 취소 또는 판결에 의한 해임의 등기를 하는 경우에 그 이사 또는 집행임원이 대표이사 또는 대표집행임원일 때에는 그 대표이사 또는 대표집행임원에 관한 등기도 말소하여야 한다.

제153조(결의부존재 등의 등기) ① 주주총회 결의의 부존재, 무효 또는 취소의 등기를 하는 경우에는 결의한 사항에 관한 등기를 말소하고, 그 등기에 의하여 말소된 등기사항이 있을 때에는 그 등기를 회복하여야 한다.

② 창립총회 결의의 부존재, 무효 또는 취소의 등기와 신주발행 또는 자본금 감소의 무효의 등기에 관하여는 제1항을 준용한다.

356. 등기부에 직무집행정지 가처분등기만 되어 있고 직무대행자 선임 가처분등기가 되어 있지 아니할 경우 등기예규 제359호(주: 현행 등기예규 제1536호)의 적용 여부(소극)[1)2)]

[상업등기선례 제1-270호, 제정 2003. 12. 31.]

등기부에 직무집행정지 가처분등기만 되어 있고 직무대행자선임 가처분등기가 되어 있지 않을 경우에는 등기예규 제359호는 그 적용이 없으므로 직무집행정지 가처분등기가 말소되기 전이라도 직무집행이 정지된 임원에 대한 해임등기 및 후임 임원의 선임등기 신청을 할 수 있다.

(2003. 12. 31. 공탁법인 3402-316 질의회답)

주) 예규 제359호는 폐지됨. 예규 제1079호(주: 현행은 예규 제1536호) 참조

참조 조문 · 규칙 · 예규 · 선례 · 판례

▣ 상법[법률 제13523호, 2015. 12. 1., 일부개정]

제407조(직무집행정지, 직무대행자선임) ① 이사선임결의의 무효나 취소 또는 이사해임의 소가 제기된 경우에는 법원은 당사자의 신청에 의하여 가처분으로써 이사의 직무집행을 정지할 수 있고 또는 직무대행자를 선임할 수 있다. 급박한 사정이 있는 때에는 본안소송의 제기 전에도 그 처분을 할 수 있다.

② 법원은 당사자의 신청에 의하여 전항의 가처분을 변경 또는 취소할 수 있다.

③ 전2항의 처분이 있는 때에는 본점과 지점의 소재지에서 그 등기를 하여야 한다.

제408조(직무대행자의 권한) ① 전조의 직무대행자는 가처분명령에 다른 정함이 있는 경우 외에는 회사의 상무에 속하지 아니한 행위를 하지 못한다. 그러나 법원의 허가를 얻은 경우에는 그러하지 아니하다.

---

1) 법인의 대표자 그 밖의 임원으로 등기된 사람에 대하여 직무의 집행을 정지하거나 그 직무대행자를 선임하거나 그 가처분을 변경·취소한 때에는 그 사항이 등기할 사항이 아닌 경우를 제외하고는 이를 등기하여야 한다(상법 407조). 이 등기는 가처분 법원의 법원사무관등이 본점 및 지점이 있는 곳의 등기소에 촉탁하여 집행한다(민사집행법 306조).

2) 본 선례의 내용은 현행 등기예규 제1536호 제5조(직무집행정지가처분등기 등과 다른 등기신청과의 관계)에 반영되어 있다(1033면 참조).

▣ 직무집행정지가처분 등 재판에 따른 등기에 관한 업무처리지침[등기예규 제1536호, 제정 2014. 11. 5.]

제1조(목적)

이 예규는 법인(합자조합을 포함한다. 이하 같다)과 관련된 등기사항에 관한 직무집행정지가처분등기 등 재판에 따른 등기에 관한 등기관의 업무처리절차를 규정함을 목적으로 한다.

제2조(등기신청인과 첨부서면)

① 재판에 따른 등기는 법령에 촉탁 근거가 있는 경우[1]에는 법원(법원서기관·법원사무관·법원주사 또는 법원주사보를 포함한다)의 촉탁으로, 법령에 촉탁 근거가 없는 경우에는 법인을 대표하는 자가 그 등기를 신청한다.

【촉탁 또는 신청에 의한 등기의 예시】

(ㄱ) 신소재지로 본점이전등기를 한 후 본점이전결의 무효확인판결이 확정된 경우에 각 신본점 소재지와 지점소재지 등기소에 하는 제1심수소법원의 등기촉탁

(ㄴ) 민법상 법인의 이사회결의 무효확인판결이 확정된 경우에 그 법인의 대표자가 하는 등기신청

② 제1항의 등기를 신청하는 경우에는 그 재판이 있었음을 증명하는 서면을 첨부하여야 한다.

---

1) 법령에 촉탁 근거가 있는 대표적인 예로는 해산을 명한 재판이 확정이 된 경우(비송법 93조), 회사 설립을 무효로 하는 판결이 확정된 경우(비송법 98조), 회사 청산인의 해임 재판이 있는 경우, 합명회사·합자회사 또는 유한회사의 설립을 취소하는 판결이 확정된 경우, 합명회사 또는 합자회사의 사원 제명 또는 그 업무집행권한이나 대표권 상실의 판결이 확정된 경우, 주식회사의 이사·감사·대표이사 또는 청산인이나 유한회사의 이사·감사 또는 청산인의 직무를 일시적으로 맡아 할 사람을 선임한 경우, 주식회사의 이사 또는 유한회사 이사의 해임 판결이 확정된 경우, 주식회사의 창립총회 또는 주주총회나 유한회사의 사원총회가 결의한 사항이 등기된 경우에 결의취소·결의무효확인·결의부존재확인 또는 부당결의의 취소나 변경의 판결이 확정된 경우, 주식회사의 신주발행 또는 자본 감소의 무효판결이 확정된 경우, 주식회사의 주식교환 또는 이전의 무효판결이 확정된 경우, 유한회사의 자본 증가 또는 자본 감소의 무효판결이 확정된 경우(비송법 107조) 등이다.

제3조(재판에 따른 등기)

① 등기사항을 기입, 변경, 말소, 회복하는 취지의 재판이 있는 경우에 등기관은 그것이 등기할 수 있는 것이면 재판의 내용에 따라 등기기록에 기입, 변경, 말소, 회복등기를 하여야 한다. 다만, 말소할 대상이 일체로서 등기되어 있는 사항의 일부인 경우에는 그 사항 전부를 말소하고 그 부분을 제외한 사항을 다시 기록하고 괄호 안에 변경의 연월일을 함께 등기하여야 한다.

【등기할 수 있는 경우의 예시】

㈀ 이사선임결의 무효판결이 확정된 경우 이사취임등기의 말소등기

㈁ 신주발행 등기 후 2회에 걸쳐 추가로 신주발행 등기를 한 후 최초의 신주발행결의에 관하여 무효판결이 확정된 경우 그 신주발행에 따른 등기의 말소등기

【등기할 수 없는 경우의 예시】

㈀ 본점이전금지가처분결정이 있는 경우 그 가처분등기

㈁ 이사선임결의 무효판결이 확정되기 전에 그 이사의 사임등기가 된 경우 이사취임등기의 말소등기

② 등기관이 제1항에 따라 등기를 함에 있어서 그 등기로 인하여 말소 또는 회복할 필요가 있는 등기사항이 있는 경우에는 직권으로 그 사항을 말소 또는 회복하여야 한다. 다만, 재판에 따른 해산등기로 등기기록을 폐쇄하는 경우에는 그러하지 아니하다.

【말소 또는 회복할 필요성이 있는 경우의 예시】

㈀ 설립무효의 등기를 할 때에 감사 외에 임원에 관한 기록의 말소

㈁ 판결에 따라 임원등기를 말소할 때에 그 임원등기의 말소로 인하여 종전 임기만료 또는 사임한 임원이 상법 제386조제1항, 제389조제3항, 제415조의 규정에 의하여 권리의무가 있는 경우에 그 사람에 관한 기록의 회복

【말소할 필요성이 없는 경우의 예시】

분할합병의 무효판결에 따라 설립한 회사에 대한 해산등기를 할 때에 임원에 관한 기록의 말소

제4조(재판에 따른 등기기록)

재판에 따른 등기를 할 때에는 법원의 명칭, 사건번호, 재판의 확정연월일 또는 재판연월일을 기록하여야 한다.

제5조(직무집행정지가처분등기 등과 다른 등기신청과의 관계)

① 직무집행정지가처분등기가 말소되기 전이라도 직무집행이 정지된 임원에 대하여 적법한 절차에 의한 해임 등의 사유를 원인으로 한 말소등기 신청이 있는 경우에는 이를 수리하여야 한다. 다만, 직무집행정지가처분등기와 함께 직무대행자선임가처분등기가 마쳐진 경우, 직무대행자선임가처분등기가 말소되기 전에는 직무집행이 정지된 임원에 대한 해임 등에 의한 퇴임등기나 후임자 취임등기를 수리하여서는 아니 된다.

② 직무집행정지된 당해 임원에 대한 말소등기를 한 때에는 직무집행정지가처분등기도 이를 직권으로 말소하여야 한다. 이 경우 등기관은 지체 없이 그 뜻을 [별지1] 양식에 의하여 가처분재판을 한 법원에 통지하여야 한다.

③ 제1항에 의하여 말소한 후 해임무효 등의 판결이 확정되어 촉탁 등을 원인으로 말소된 임원에 대한 등기를 회복하는 때에는 직무집행정지가처분등기도 직권으로 회복하여야 한다. 다만, 직무집행정지가처분등기가 가처분 취소결정 등을 원인으로 실효되었음이 소명된 때에는 그러하지 아니하다.

부 칙

제1조(시행일) 이 예규는 2014년 11월 21일부터 시행한다.

제2조(다른 예규의 폐지) 다음 각 호의 예규를 각각 폐지한다.

1. 본점이전금지가처분 결정에 의한 가처분촉탁등기의 수리 여부(등기예규 제673호)
2. 주주총회결의부존재확인판결에 의한 이사등 취임등기말소와 종전이사 등의 등기회복(등기예규 제719호)
3. 이사 등의 임원에 대한 직무집행정지 가처분등기 말소에 관한 사무처리지침(등기예규 제1079호)

357. 법령에 촉탁 근거가 없는 경우 재판에 따른 등기의 신청권자[1)]

[상업등기선례 제201501-1호, 제정 2015. 1. 8.]

재판에 따른 등기는 그 재판이 있었음을 증명하는 서면을 첨부하여 법령에 촉탁 근거가 있는 경우에는 법원의 촉탁으로, 법령에 촉탁 근거가 없는 경우에는 법인을 대표하는 자가 그 등기를 신청한다(직무집행정지가처분 등기 등 재판에 따른 등기에 관한 업무처리지침. 등기예규 제1536호 제2조 참조).

(2015. 1. 8. 사법등기심의관-124 질의회답)

참조 조문 · 규칙 · 예규 · 선례 · 판례

▣ 직무집행정지가처분 등 재판에 따른 등기에 관한 업무처리지침[등기예규 제1536호, 제정 2014. 11. 5.]

제2조(등기신청인과 첨부서면)

① 재판에 따른 등기는 법령에 촉탁 근거가 있는 경우에는 법원(법원서기관 · 법원사무관 · 법원주사 또는 법원주사보를 포함한다)의 촉탁으로, 법령에 촉탁 근거가 없는 경우에는 법인을 대표하는 자가 그 등기를 신청한다.

【촉탁 또는 신청에 의한 등기의 예시】

㈀ 신소재지로 본점이전등기를 한 후 본점이전결의 무효확인판결이 확정된 경우에 각 신본점 소재지와 지점소재지 등기소에 하는 제1심수소법원의 등기촉탁

㈁ 민법상 법인의 이사회결의 무효확인판결이 확정된 경우에 그 법인의 대표자가 하는 등기신청

② 제1항의 등기를 신청하는 경우에는 그 재판이 있었음을 증명하는 서면을 첨부하여야 한다.

---

1) 본 선례는 「직무집행정지가처분 등 재판에 따른 등기에 관한 업무처리지침」(예규 1536호) 제2조 제1항의 내용에 관한 것이다. 법령에 촉탁 근거가 있는 대표적인 예로는 비송사건절차법 제93조(해산재판의 확정과 등기촉탁), 제98조(설립 무효판결의 확정과 등기촉탁) 및 제107조(그 밖의 등기촉탁을 할 경우), 민사집행법 제306조(법인임원의 직무집행정지 등 가처분의 등기촉탁) 등을 들 수가 있겠다.

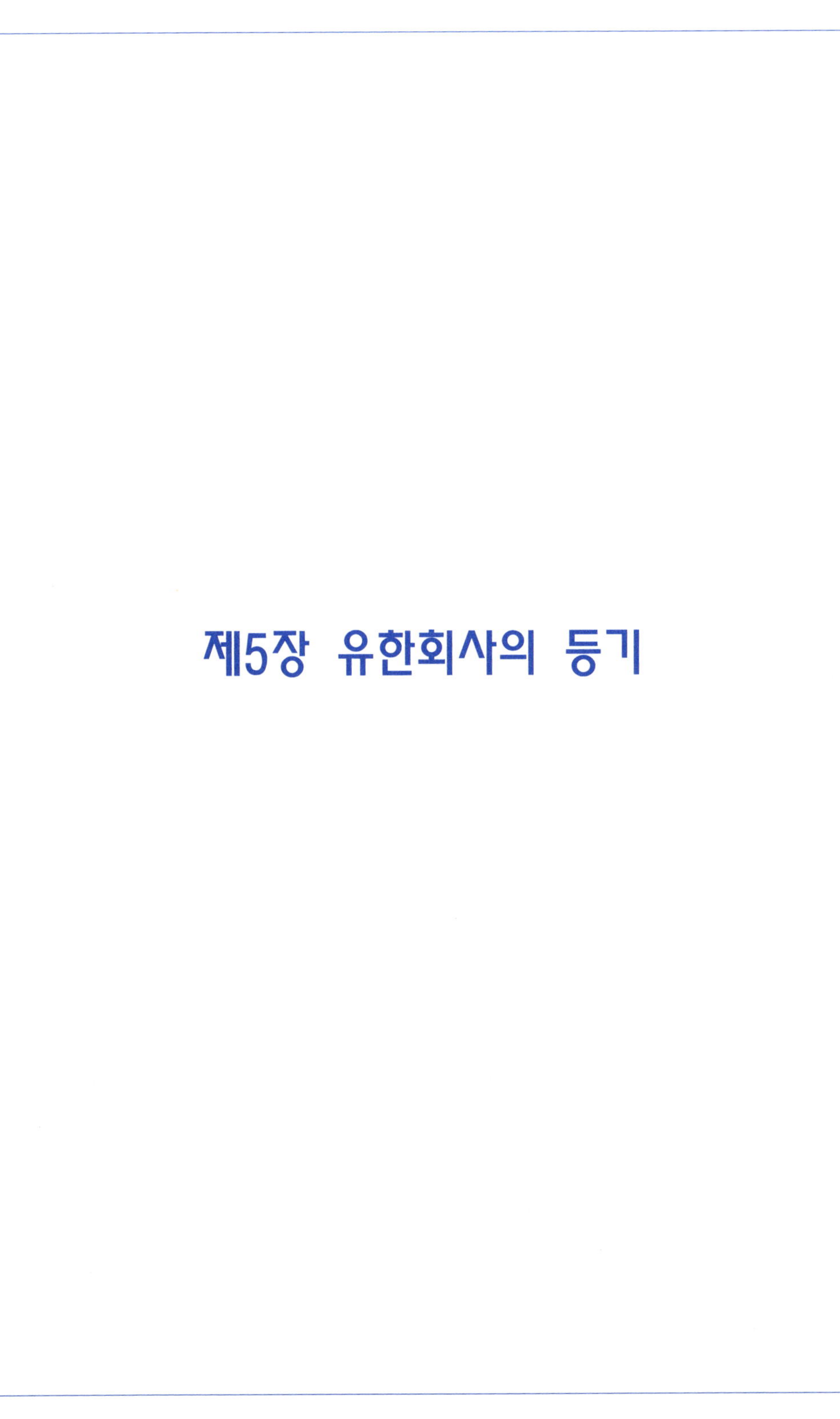

제5장 유한회사의 등기

제5장 유한회사의 등기[1)2)3)4)]

내 용	관련 조문		관련 선례 · 예규 · 규칙 (실무사례 포함)
	상법	상업등기법	
1. 유한회사	제543조 ~제613조	규칙 제155조 ~제162조	358. 상업선례 제1-284호 ☞ 실무사례(157) 359. 상업선례 제1-283호 ☞ 실무사례(158) 360. 상업선례 제1-282호 361. 상업선례 제2-96호 ☞ 실무사례(159)

1) 유한회사는 상호 신뢰가 있는 비교적 소수의 사원이 주식회사의 특징인 유한책임 제도를 이용하면서 상행위 기타 영리를 목적으로 하여 설립한 법인으로 주식회사에 비하여 폐쇄적인 성격을 띠는 회사이다(『2016 상업등기실무』, 584면).

2) 유한회사에 관한 상법 규정 중 2011. 4. 24. 개정 상법에서 몇 가지 중요한 변화가 있었던바, ⅰ) 최소자본금 제도의 폐지(상법 546조 1항), ⅱ) 사원총수는 50인을 넘을 수 없다는 규정의 삭제(상법 545조), ⅲ) 지분양도의 완화(상법 556조) 등을 들 수 있겠다.

3) 기관구성에 있어서 유한회사는 주식회사와는 달리, ⅰ) 이사회가 필요적 기관이 아니다(상법 562조). 다만, 정관으로 이사회를 두는 것은 가능하다(『상업등기실무(Ⅱ)』, 631면). ⅱ) 감사는 정관의 규정에 의해 둘 수도 있고 두지 않을 수도 있는 임의기관이다(상법 568조 1항). ⅲ) 주식회사의 주주총회와는 달리 유한회사의 사원총회에서는 법령에 의해서 제외된 것이 아닌 한 회사의 모든 사항에 대하여 결의할 권한이 있다.

4) 등기와 관련하여 유한회사의 특징을 간략히 살펴보면, ⅰ) 유한회사는 1인의 사원만으로 설립 및 존속이 가능하며, ⅱ) 회사의 공고방법이 정관의 절대적 기재사항 및 등기사항이 아니며, ⅲ) 사채제도가 없으며, ⅳ) 유한회사에도 법정준비금 제도가 있으나(상법 583조 1항, 458조 내지 460조), 준비금의 자본금 전입은 불가하다는 점 등이다.

§ 요약

1. 유한회사는 상호 신뢰가 있는 비교적 소수의 사원이 주식회사의 특징인 유한책임 제도를 이용하면서 상행위 기타 영리를 목적으로 설립한 법인으로 주식회사에 비하여 폐쇄적인 성격을 띠는 회사인 관계로, ⅰ) 광고 기타의 방법에 의하여 사원을 공모할 수 없으며, ⅱ) 사채제도가 없으며, ⅲ) 회사의 공고방법이 정관의 절대적 기재사항 및 등기사항으로 되어 있지 않는 등 주식회사와 다른 특징을 갖고 있다.

2. 또한 유한회사는 그 설립절차에 있어서도, ⅰ) 유한회사의 경우에는 사원의 성명·주민등록번호 및 주소가 정관의 절대적 기재사항이므로 정관이 작성되는 때에 사원이 확정되며, ⅱ) 주식회사의 모집설립에 관한 제도는 그 적용이 없고, ⅲ) 초대 이사 및 초대 감사는 정관에 의하여 이를 정할 수 있으며, ⅳ) 감사는 임의기관에 불과하다는 등의 특징을 갖고 있다.

3. 회사의 내부에서 의사를 결정하는 유한회사의 최고기관인 사원총회의 결의의 방법으로는 통상결의, 특별결의 및 총사원의 동의에 의한 결의의 방법이 있다. 통상결의는 총사원의 의결권의 과반수를 가진 사원이 출석하고 그 의결권의 과반수로써 하며, 특별결의는 총사원의 반수 이상이며 총사원의 의결권의 4분의 3 이상을 가진 자의 동의로 한다. 반면 총사원의 동의에 의한 결의는 어떤 사항을 사원총회에서 서면으로 결의할 것을 정하거나(상법 577조 1항) 주식회사로 조직변경을 하는 경우(상법 607조 1항 본문) 등에 행해진다. 또한 유한회사는 사원총회의 결의에 갈음하는 결의방법으로 서면에 의한 결의를 할 수 있는데(상법 577조), 여기에는 총사원이 서면으로 결의할 것을 동의한 경우와 결의의 목적사항에 대하여 총사원이 서면으로 동의한 경우가 있다.

4. 사원총회의 결의에 갈음하는 결의방법으로 서면에 의한 결의로서 결의의 목적사항에 대하여 총사원이 서면으로 동의한 경우에는 사원총회의 사록이 아닌 총사원동의서를 첨부정보로 제공하여야 한다(상업선례 1-284, 1039면 및 1-283, 1042면 참조).

5. 합병에 이의를 진술한 채권자가 있을 경우에는 이에 대하여 변제 또는 담보를 제공하거나 신탁을 한 사실을 증명하는 서면을 제출하여야 하는바, 그 담보제공과 관련된 선례로는 상업등기선례 제2-96호(1046면)가 있다.

358. 유한회사의 초대 이사 및 대표이사를 정관으로 정하지 아니한 경우 사원총회가 아닌 총사원의 서면동의로 위 임원을 선임할 수 있는지 여부(적극)[1)2)]

[상업등기선례 제1-284호, 제정 2002. 8. 26.]

유한회사의 초대 이사 및 대표이사를 정관으로 정하지 아니한 때에는 회사 설립전에 사원총회를 열어 이를 선임하여야 하는 바, 초대 이사 및 대표이사의 선임에 관하여 총사원이 서면으로 동의한 경우에는 사원총회의 사록이 아닌 총사원동의서를 첨부하여 설립등기를 신청할 수 있다.
(2002. 8. 26. 등기 3402-464 질의회답)

◐ 선례 해설:

1. 사원총회는 회사의 내부에서 의사를 결정하는 유한회사의 최고기관이며, 그 결의의 방법으로는 통상결의(상법 574조), 특별결의(상법 585조 1항) 및 총사원의 동의에 의한 결의(상법 577조) 등 3가지가 있다.

2. 유한회사는 사원총회의 결의에 갈음하여 서면에 의한 결의를 할 수 있는데, 서면에 의한 결의에는 다음의 2가지 유형이 있는바, i) 총회의 결의를 하여야 할 경우에 총사원이 그 의안에 관하여 서면결의에 의할 것을 동의한 경우의 서면에 의한 결의(총사원이 서면으로 결의할 것을 동의한 경우), ii) 결의의 목적사항 그 자체에 관하여 총사원이 서면으로 동의한 경우 등이다.

3. 유한회사의 초대 이사 및 대표이사를 정관으로 정하지 아니한 때에는 회사 설립 전에 사원총회에서 선임하여야 한다(상법 547조 1항). 사안의 경우 유한회사의 초대 이사 및 대표이사를 정관으로 정하지 아니하여 총사원이 그 선임을 서면으로 동의한 경우로서, 이는 결의의 목적사항 그 자체에 관하여 총사원이 서면으로 동의한 경우로 총회의 결의와 동일한 효력이 있다. 이 경우 첨부정보로는 사원총회의사록이 아닌 총사원동의서가 필요하다.

1) 상업등기선례 제1-283호(1042면) 참조
2) 유한회사 설립등기 관련 일반적인 사항은 「실무사례(157)」(1040~1041면) 참조

실무사례(157)

제목: 유한회사 설립등기 관련

이번에 유한회사 설립등기를 준비 중이다.

【1】 유한회사 설립등기를 할 때 법령에 정한 최소자본금은 있는지?

【2】 유한회사의 이사가 수인이 있지만, 정관의 정함으로 이사 외의 자를 대표이사로 선임할 수 있는지?

【3】 정관 및 사원총회의사록은 공증인의 인증을 받아야 하는지?

【4】 설립등기신청 시 주식회사와 같이 상법 제298조의 이사・감사의 조사보고서를 첨부정보로 제공하여야 하는지?

【5】 설립 자본금이 10억원 미만인 경우 은행의 잔고증명서로 가능한지?

1. 종전에는 유한회사의 최소자본금에 관한 규정이 있었으나, 2011년 4월 개정 상법은 유한회사의 최저자본금제도를 폐지하였다. 따라서 지금 현재는 자본금 100원 이상이면 유한회사를 설립할 수 있다(상법 546조).

2. 유한회사는 원칙적으로 이사가 회사를 대표함이 원칙이지만(상법 562조 1항), 이사가 수인인 경우에 정관에 다른 정함이 없으면 사원총회에서 회사를 대표할 이사를 선정하여야 한다(상법 561조, 562조 2항). 사안과 같이 유한회사의 이사가 수인인 경우에는 정관의 규정 혹은 사원총회에서 수인의 이사 중 회사를 대표할 이사를 선정하여야 하므로, 정관의 규정에 의해서도 이사 외의 자를 유한회사의 대표이사로 선임할 수는 없다.

3-1. 주식회사의 경우 자본금 총액이 10억원 미만인 주식회사를 발기설립하는 경우에는 각 발기인이 정관에 기명날인 또는 서명함으로써 효력이 생기므로 이 경우에는 정관의 공증이 면제된다(상법 292조). 이러한 주식회사에 있어서의 정관의 공증 면제에 관한 상법 제292조는 유한회사의 경우 상법 제543조 제3항에서 준용하므로,[1] 자본금 총액이 10억원 미만으로 유한회사를 설립하는 경우에는 정관에 대한 공증인의 인증이 면제된다.

---

1) 유한회사의 경우에는 발기인이 없기 때문에 발기설립이 있을 수 없으므로 상법 제543조 제3항에서 동법 제292조를 준용한다고 규정하고 있음에도 불구하고 상법 제292조 단서가 유한회사의 경우에도 준용될 수 있는지가 문제되는데, 통설은 자본금 총액이 10억원 미만인 유한회사의 경우에는 상법 제292조 단서가 준용된다고 본다.

3-2. 반면에 자본금의 총액이 10억원 미만으로 주식회사를 발기설립하는 경우에는 의사록의 공증이 면제되나(공증인법 66조의2 1항), 유한회사의 경우에는 사원총회의사록에 대해 공증인의 인증을 면제한다는 명문의 규정이 없어 공증인의 인증이 면제되지 않는다. 하지만 유한회사의 경우에도 총회의 결의를 총사원의 동의로 서면에 의한 결의를 할 수 있으며(이 경우 결의의 목적사항에 대하여 총사원이 서면으로 동의를 한 때에는 서면에 의한 결의가 있은 것으로 본다), 유한회사가 총회의 결의를 총사원의 동의로 서면에 의한 결의를 할 경우에는 인증받은 사원총회의사록 대신에 인증받지 않은 총사원동의서의 제출로 갈음할 수 있다(상업선례 1-283 및 1-284 참조).[1)]

4. 주식회사의 경우 설립등기신청 시에 상법 제298조 및 제313조에 따른 이사와 감사의 조사보고에 관한 정보를 첨부정보로 제공하여야 하나(규칙 129조), 유한회사의 경우 상법 제298조 및 제313조의 적용이 없어 그에 관한 정보를 첨부정보로 제공할 필요가 없다(규칙 156조). 참고로 변태설립사항에 대해서도 법원에서 선임한 검사인 혹은 공인된 감정인의 조사 내지 감정을 요하지 않는다(『주석상법(회사편Ⅵ)』, 48~49면 참조).

5. 유한회사 설립등기신청 시에 출자 전액 납입 또는 현물출자의 목적인 재산 전부의 급여가 있음을 증명하는 정보를 첨부정보로 제공하여야 하나(규칙 156조 2호), 유한회사의 출자금은 반드시 금융기관에 예치하여야 한다는 규정이 없으므로 회사가 직접 납입을 맡을 수 있지만 금융기관에 예치한 경우에는 그 증명서를 첨부하고, 증명서 발급자의 자격에 관한 등기가 없는 등기소에 제출할 경우에는 지배인 초본 또는 회사 등기부등본 등을 첨부정보로 함께 제공하여야 한다. 결국 사안의 경우 은행의 잔고증명서로 가능하다.

[관련 사례] 유한회사의 초대 이사를 선임하는 방법은?
=> 유한회사의 경우 초대 이사의 선임을 정관에서 직접 정할 수 있으며, 정관으로 초대 이사를 정하지 아니한 때에는 회사성립 전에 사원총회를 열어 선임하여야 한다(상법 547조 1항). 한편 초대 이사의 선임에 관하여 사원총회의 결의에 갈음하여 총사원이 서면으로 동의하는 방법으로 선임하는 것도 가능하다(상업선례 1-284).

---

1) 서면결의의 경우는 사원총회를 개최한 것이 아니므로 의사의 경과의 요령 및 그 결과를 기재하는 의사록의 작성은 문제가 되지 않지만 이러한 사실이 결정되었다는 것의 기록 내지 증거방법은 필요하므로, 실무에서는 결의록 혹은 총사원동의서는 사원총회의 의사록에 상당하는 것으로 평가되고 등기신청의 첨부서류로 사용되고 있다(『주석상법(회사편Ⅵ)』, 290면 참조).

359. 유한회사의 감자결의시 사원총회의 결의를 거치지 않고 총사원동의서를 첨부하여 변경등기를 신청할 수 있는지 여부[1]

[상업등기선례 제1-283호, 제정 2002. 6. 24.]

유한회사에서 총회결의의 목적사항에 대하여 총사원이 서면으로 동의한 경우에는 총회의 결의와 동일한 효력이 있으므로, 유한회사의 자본감소에 관하여 총사원이 동의한 경우에는 사원총회의사록이 아닌 총사원동의서를 첨부하여 변경등기를 신청할 수 있다.
(2002. 6. 24. 등기 3402-343 질의회답)

참조 조문 · 규칙 · 예규 · 선례 · 판례

▣ 상법[법률 제13523호, 2015. 12. 1., 일부개정]

제577조(서면에 의한 결의) ① 총회의 결의를 하여야 할 경우에 총사원의 동의가 있는 때에는 서면에 의한 결의를 할 수 있다.
② 결의의 목적사항에 대하여 총사원이 서면으로 동의를 한 때에는 서면에 의한 결의가 있은 것으로 본다.
③ 서면에 의한 결의는 총회의 결의와 동일한 효력이 있다.
④ 총회에 관한 규정은 서면에 의한 결의에 준용한다.

◐ 선례 해설: 「실무사례(158)」 (1043~1044면) 참조

1. 유한회사는 상법 제577조에 의해 사원총회의 결의에 갈음하여 서면에 의한 결의를 할 수 있는바,
2. 서면에 의한 결의에는 ⅰ) 총사원이 서면으로 결의할 것을 동의한 경우(상법 577조 1항), ⅱ) 결의의 목적사항에 대하여 총사원이 서면으로 동의한 경우(상법 577조 2항) 등 2가지가 있다.
3. 사안의 경우 유한회사의 자본금 감소에 관하여 총사원이 서면으로 동의한 경우로서 상법 제577조 제2항에 의한 결의로 총회의 결의와 동일한 효력이 있으며, 이 경우 첨부정보로는 사원총회의사록이 아닌 총사원동의서를 제공하여야 한다.

---

1) 유사 사례로 상업등기선례 제1-284호(1039면) 참조

실무사례(158)

제목: 유한회사 자본금 증가로 인한 변경등기[1]

자본금의 총액이 3억원인 유한회사가 이번에 채권자 2인(1인은 기존 사원임)의 채권액 12억원을 납입상계에 의한 방법 및 출자좌수를 늘리는 방법으로 자본금 증가로 인한 변경등기를 신청하려고 한다.

【1】 유한회사의 경우에도 상계에 의한 자본금 증가로 인한 변경등기가 가능한지? 그리고 할증발행이 가능한지?

【2】 이번 자본금 증가에 참여하는 채권자 2인 중 1인은 사원 이외의 자이며, 회사의 정관에는 사원 이외의 자에게 출자의 인수권을 부여할 수 있다는 명문의 규정이 없다. 이 경우에도 기존 사원 이외의 자에게 출자의 인수권을 부여할 수 있는지?

【3】 자본금 증가에 대해 이사회에서 결의하면 되는지?

【4】 위 【3】의 결의 기관이 사원총회라고 한다면, 사원총회의사록 대신에 총사원동의서를 첨부정보로 제공할 수 있는지?

1-1. 주식회사의 경우 신주의 인수인은 회사의 동의가 있으면, 신주인수인의 주금납입의무와 회사에 대한 채권을 상계할 수 있으며(상법 421조 2항), 유한회사의 경우에는 상법 제596조에서 상법 제421조 제2항을 준용하고 있어, 사안의 경우 회사의 동의가 있는 경우에는 채권자 2인의 유한회사에 대한 채권액 12억원과 채권자 2인의 유한회사에 대한 출자금납입의무 12억원의 상계에 의한 방법으로 자본금 증가로 인한 변경등기가 가능하다.

1-2. 유한회사의 경우 자본금 증가 시 출자 1좌 이상의 금액으로 하는 할증발행이 가능한지에 대한 명시적인 규정은 없지만, 영업이익 등이 많이 적립되어 있는 회사에서 제3자에게 출자인수권을 부여하는 등의 경우에는 할증발행의 필요성이 인정되어 등기실무에서는 이를 인정하고 있다.[2]

---

1) 주식회사의 경우 신주발행은 납입기일의 다음날에 그 효력이 발생하나, 유한회사의 경우에는 본점 소재지에서 자본금 증가의 변경등기를 함으로써 그 효력이 생긴다(상법 592조).

2) 한편 주식회사의 경우 상법 제461조에 준비금의 자본금 전입 규정을 두고 있어 할증발행으로 인하여 발생한 자본준비금의 일종인 주식발행초과금을 추후 자본금 전입할 수 있으나, 유한회사의 경우에는 준비금을 자본금 전입할 수 있다는 명문의 규정이 없어 불가하다(『상업등기실무(II)』, 653면).

2. ⅰ) 주식회사의 경우에는 주주 이외의 자에게 신주인수권을 부여하기 위해서는 반드시 정관에 그 근거규정이 있어야만 가능하지만(상법 418조 2항), ⅱ) 유한회사의 경우에는 사원 이외의 자에게 출자의 인수권을 부여함에 있어 정관에 그 정함이 없어도 사원총회의 결의에 의하여 출자의 인수권을 부여할 수 있다(상법 568조 3호, 587조, 588조 단서).

3. ⅰ) 유한회사의 경우 이사회는 주식회사와 달리 필요적 기관이 아니며, ⅱ) 또한 유한회사의 경우 자본금의 총액, 사원의 성명·주민등록번호 및 주소, 각 사원의 출자좌수 등은 정관의 절대적 기재사항으로 되어 있어(상법 543조 2항), ⅲ) 기존 사원 1인과 기존 사원 이외의 자 1인 총 2인의 참여 및 출자좌수 증가의 방법으로 자본금 12억원 증가로 인한 변경등기를 신청하는 사안의 경우에는, 정관의 절대적 기재사항인 자본금의 총액, 사원의 성명·주민등록번호 및 주소, 각 사원의 출자좌수 등에 변경이 발생하여 이사회 결의가 아닌 정관변경을 위한 사원총회의 특별결의가 필요하다(상법 584조, 585조).[1)]

4. 유한회사의 경우 사원총회의 결의에 갈음하여 결의의 목적사항에 대하여 총사원이 서면으로 동의하는 것이 가능하며(상법 577조 2항), 이 경우에는 사원총회의사록 대신에 총사원동의서를 첨부정보로 제공하면 된다(상업선례 1-283, 규칙 155조 1항 참조).

참조 조문: 상법 제418조, 제421조, 제543조, 제577조, 제584조, 제585조 제586조, 제587조, 제588조, 제596조, 상업등기규칙 제155조, 제157조

참조 선례: 상업등기선례 제1-283호(1042면)

참조 문헌: 『상업등기실무(Ⅱ)』, 653~657면

[유사 사례] 유한회사의 자본금 감소로 인한 변경등기의 신청서에 감자를 결의한 사원총회의사록 대신에 총사원동의서를 첨부할 수 있는지 여부(적극)
=> 상업등기선례 제1-283호(1042면) 참조.

---

1) 유한회사에서 자본금을 늘리는 방법으로 출자 1좌의 금액을 증가시키는 방법과 출자좌수를 늘리는 방법, 그리고 양 방법을 병용하는 방법이 있다. 출자좌수를 늘리는 방법의 경우에는 정관 변경을 위한 사원총회의 특별결의가 필요함이 원칙이나, 출자 1좌의 금액을 증가시키는 방법은 각 사원에게 추가 출자를 요하는 것이므로 총사원의 동의를 요한다는 점에서 그 차이가 있다(『상업등기실무(Ⅱ)』, 653~654면).

360. 정관에서 정한 해산사유의 발생으로 인한 유한회사의 해산등기 신청시 사원총회의 해산결의서를 첨부하여야 하는지 여부

[상업등기선례 제1-282호, 제정 1996. 3. 22.]

정관에서 정한 해산사유의 발생으로 인한 유한회사의 해산등기 신청서에는 그 사유의 발생을 증명하는 서면 이외에 사원총회의 해산결의서를 첨부할 필요는 없다.
(1996. 3. 22. 등기 3402-202 질의회답)

참조 조문 · 규칙 · 예규 · 선례 · 판례

■ **상업등기규칙[대법원규칙 제2668호, 2016. 6. 27., 타법개정]**

제155조(첨부정보에 관한 통칙) ① 정관의 규정, 법원의 허가 또는 총사원의 동의가 없으면 효력이 없거나 취소할 수 있는 사항의 등기를 신청하는 경우에는 정관, 법원의 허가 또는 총사원의 동의가 있음을 증명하는 정보를 제공하여야 한다.
② 사원총회의 결의 또는 어느 이사나 청산인의 동의를 필요로 하는 등기를 신청하는 경우에는 사원총회의 의사록 또는 그 이사나 청산인의 동의가 있음을 증명하는 정보를 제공하여야 한다.

◐ **선례 해설:**

1. 등기할 사항에 관하여 사원총회의 결의가 필요한 경우에는 신청서에 사원총회의 의사록을 첨부정보로 제공하여야 하나(규칙 155조 2항),
2. 정관에서 정한 해산사유의 발생으로 인한 유한회사의 해산등기[1]는 사원총회의 결의에 의한 것이 아니므로 유한회사의 해산등기를 신청할 때 사원총회의 해산결의서를 첨부정보로 제공할 것은 아니다.

---

1) 유한회사는 존립기간의 만료 기타 정관으로 정한 사유의 발생, 합병, 파산, 법원의 명령 또는 판결, 사원총회의 결의 등의 사유로 해산한다(상법 609조).

361. 유한회사의 합병에 대한 이의를 진술한 채권자가 있는 경우 상업등기법 제107조 제3호(주: 현행 상업등기규칙 제159조 제4호)의 담보를 제공한 사실을 증명하는 서면

[상업등기선례 제2-96호, 제정 2011. 1. 3.]

1. 유한회사의 합병으로 인한 변경등기신청서에는 「상법」 제603조, 제232조 제1항에 따른 공고 및 최고를 한 사실과 이의를 진술한 채권자가 있는 때에는 이에 대하여 변제 또는 담보를 제공하거나 신탁한 사실을 증명하는 서면을 첨부하여야 하는 바(「상업등기법」 제107조 제3호 => 주: 현행 상업등기규칙 제159조 제4호), 여기에서의 담보는 물적 담보뿐만 아니라 인적 담보도 포함된다.

2. 「상법」 제603조, 제232조 제3항의 상당한 담보인지 여부는 사회통념에 따라 객관적으로 판단하여야 하는 바, 「은행법」에 의하여 설립된 은행이 채권액에 상당하는 지급보증을 한 경우에는 특별한 사정이 없는 한 그 상당성을 인정할 수 있으며, 그 이외의 인적 담보의 상당성 여부는 물적 담보만큼의 충분한 지급확보가 가능한지 여부, 채권의 존부나 채권액에 다툼이 있는지 여부, 합병 전·후의 재무상태 등을 종합적으로 고려하여 판단할 사항이다.

(2011. 1. 3. 사법등기심의관-2 질의회답)

참조 조문 · 규칙 · 예규 · 선례 · 판례

▣ 상법[법률 제13523호, 2015. 12. 1., 일부개정]

제232조(채권자의 이의) ① 회사는 합병의 결의가 있은 날부터 2주내에 회사채권자에 대하여 합병에 이의가 있으면 일정한 기간내에 이를 제출할 것을 공고하고 알고 있는 채권자에 대하여는 따로따로 이를 최고하여야 한다. 이 경우 그 기간은 1월 이상이어야 한다.

② 채권자가 제1항의 기간내에 이의를 제출하지 아니한 때에는 합병을 승인한 것으로 본다.

③ 이의를 제출한 채권자가 있는 때에는 회사는 그 채권자에 대하여 변제 또는 상당한 담보를 제공하거나 이를 목적으로 하여 상당한 재산을 신탁회사에 신탁하여야 한다.

제603조(준용규정) 제232조, 제234조, 제235조, 제237조 내지 제240조, 제443조, 제522조제1항・제2항, 제522조의2, 제523조, 제524조, 제526조제1항・제2항, 제527조제1항 내지 제3항 및 제529조의 규정은 유한회사의 합병의 경우에 준용한다.

▣ 상업등기규칙[대법원규칙 제2668호, 2016. 6. 27., 타법개정]

제159조(합병으로 인한 변경등기) 합병으로 인한 변경등기를 신청하는 경우에는 다음 각 호의 정보를 제공하여야 한다.

1. 합병계약에 관한 정보
2. 소멸회사의 사원총회나 주주총회의 의사록 또는 총사원의 동의가 있음을 증명하는 정보
3. 소멸회사가 주식회사인 경우에는 사채의 상환을 완료하였음을 증명하는 정보
4. 제111조 제2호의 정보(주: 상법 제232조 제1항에 따른 공고 및 최고를 한 사실과 이의를 진술한 채권자가 있는 때에는 이에 대하여 변제 또는 담보를 제공하거나 신탁을 한 사실을 증명하는 정보)

◐ 선례 해설:[1] 「법원행정처 선례해설 요약(25)」(1048~1049면) 참조

1. 회사가 합병하는 경우 반드시 채권자보호절차를 밟아야 하며, 그 구체적인 절차는 상법 제232조에 규정되어 있고, 유한회사의 경우 상법 제603조에서 동 규정을 준용하고 있다.
2. 합병에 이의를 제출한 채권자가 있는 때에는 회사는 그 채권자에 대하여 변제 또는 상당한 담보를 제공하거나 이를 목적으로 하여 상당한 재산을 신탁회사에 신탁하여야 하는 바(상법 603조, 232조 3항),
3. 본 선례는 이와 관련하여 제공하여야 할 담보의 종류와 상당한 정도의 판단기준을 제시하고 있다는 점에서 주목할 만하며, 이는 유한회사에 국한되는 것이 아니라 상법상의 모든 회사에 그 적용이 있어 채권자의 이의와 관련하여 담보제공의 문제가 발생할 시 검토해야 할 선례로 보인다.

---

1) 「실무사례(144)」(918면) 참조

법원행정처 선례해설 요약(25)[1]

【제목】 소멸회사와 존속회사가 진행하는 합병절차와 관련하여 미확정채권을 근거로 합병절차에 채권자가 이의를 진술한 경우에 존속회사의 모회사, 관계회사 또는 금융기관 등 제3자가 지급보증을 하였다면 해당 지급보증서가 합병등기신청 시 첨부서류인 이의를 진술한 채권자에 대하여 담보를 제공한 사실을 증명하는 서면에 해당할 수 있는지 여부(적극)

1. 사안의 논점

상법 제603조, 제232조 제3항 및 상업등기규칙 제111조 제2호의 회사가 제공하는 담보에 인적 담보도 포함되는지 여부 및 제공한 담보의 상당성 판단 기준이 무엇인지 여부

2. 채권자보호절차

i) 합병 시에는 채권자보호절차를 거쳐야 하며, 합병에 대한 채권자의 이의가 있는 때에는 이의를 제출한 채권자에게 변제 또는 상당한 담보를 제공하거나 이를 목적으로 하여 상당한 재산을 신탁회사에 신탁하여야 한다.

ii) 이 경우에 제공하는 담보에는 물적 담보가 해당됨은 당연하다. 왜냐하면 물적 담보는 채권자가 그 물건을 현금화하여 그 매각대금으로부터 우선변제를 받을 수 있어 채권자를 보호하는데 문제가 되지 않기 때문이다.

iii) 문제는 인적 담보가 가능한지 여부이다. 인적 담보라 하더라도 물적 담보만큼의 지급이 확실히 보장되고, 오히려 물적 담보보다 용이한 방법으로 채권자가 채권을 회수할 수 있는 경우(예를 들면, 은행의 지급보증 등)에는 채권자보호절차에 문제가 없으므로 상법 제603조, 제232조 제3항의 담보에 해당한다고 볼 수 있다.

1) 『상업등기 주요선례 해설』, 287~295면

ⅳ) 회사가 상당한 담보를 제공하였다면 채권자가 수락 내지 동의를 하지 않은 경우라고 하더라도 상법 제603조, 제232조 제3항의 담보제공 의무를 다한 것으로 볼 수 있는데, 문제는 담보의 상당성의 판단기준이라 하겠다. 물적 담보의 경우에는 담보 목적물의 가액이 채권을 변제하기에 충분한 가액이면 상당성의 요건은 충족되었다고 볼 수 있고, 인적 담보의 경우에는 제3자의 일반재산의 상태에 따라 채권의 실현가능성이 좌우되고 채권자 평등이 유지되므로, 담보가액과 채권을 비교하는 것은 어려움이 있지만 사회통념상 물적 담보에 준하여 변제가 확실히 보장될 수 있는 경우에는 물적 담보와 동일한 기준에 의하여 상당성 요건을 판단하면 된다고 볼 수 있다. 다만, 회사가 제공한 담보에 대하여 채권자가 동의 내지는 수락하는 경우에는 상당한지 여부를 판단할 필요가 없다.

ⅴ) 첨부서면과 관련하여 살펴보면, 담보의 제공에 대하여 채권자가 동의를 한 경우에는 상당성 여부를 판단할 필요가 없으므로 담보의 제공에 따른 채권자의 동의를 증명하는 서면을 첨부하면 충분하나, 상당한 담보를 제공하였음에도 채권자가 거절한 경우에는 상당한 담보를 제공하였음을 증명하는 서면과 담보를 제공한 사실이 채권자에게 도달하였음을 증명하는 서면(예: 은행의 지급보증서와 이에 대한 수락요청서 등이 채권자에게 도달하였음을 증명하는 서면)을 첨부하여야 한다.

3. 등기관의 심사방법

ⅰ) 이의를 제출한 채권자가 없는 경우에는 상법 제603조 및 제232조 제1항에 따른 공고 및 최고한 사실을 증명하는 서면과 이의를 제출한 채권자가 없다는 대표자의 (진술)확인서가 첨부되었는지,

ⅱ) 이의를 제출한 채권자가 있으나 그 채권자의 동의서가 제공된 경우에는 상법 제603조 및 제232조 제1항에 따른 공고 및 최고한 사실을 증명하는 서면과 담보를 제공하였다는 서면이 첨부되었는지,

ⅲ) 이의를 제출한 채권자가 있고 그 채권자의 동의를 증명하는 서면이 제공되지 않은 경우에는 제603조 및 제232조 제1항에 따른 공고 및 최고한 사실을 증명하는 서면과 상당한 담보를 제공하였음을 증명하는 서면 및 그 담보를 제공한 사실이 채권자에게 도달하였음을 증명하는 서면이 첨부되었는지 등을 등기관은 조사하여야 한다.

실무사례(159)

제목: 유한회사의 주식회사로의 조직변경

인천에 있는 유한회사가 사업 확장에 따라 주식회사로 조직변경을 하려고 한다. 회사는 2015년 9월 10일 총사원의 일치에 의한 총회의 결의로 유한회사의 주식회사로의 조직변경의 건, 주식회사의 정관에 대한 승인의 건, 주식회사의 임원선임의 건 등을 가결하였다.

【1】 신청인 및 관할은 어디인지?

【2】 유한회사의 주식회사로의 조직변경을 위한 법원의 인가신청서에 첨부할 서면은?

【3】 법원인가신청서의 구체적 작성 방법은(신청일은 2015. 9. 24.로 함)?

1-1. 일반적으로 유한회사보다 주식회사에 대한 공공의 신뢰가 높아 상법은 유한회사에서 주식회사로 조직을 변경하기 위해서는 주식회사의 설립에 관한 엄격한 절차적 제한이 잠탈되지 않도록 법원의 인가를 받도록 하고 있으며, 이러한 조직변경은 법원의 인가를 받지 아니하면 그 효력이 없다(상법 607조 3항).[1]

1-2. 유한회사의 주식회사로의 조직변경 인가사건에 있어서, i) 신청인은 이사와 감사(감사가 없는 경우에는 이사만으로) 전원이 공동신청인이 되며(비송법 105조, 104조), ii) 그 관할은 회사의 본점 소재지의 지방법원 합의부가 된다(비송법 72조 1항).

2. 인가신청 시 첨부할 서면으로는, ① 유한회사 법인등기사항증명서, ② 유한회사 정관, ③ 사원총회의사록, ④ 사원총회 결의 당시의 사원명부, ⑤ 주식회사 정관, ⑥ 직전 2기 내지 3기의 결산보고서(대차대조표 포함), ⑦ 재산평가감정서,[2] ⑧ 공고를 하였음을 증명하는 서면(상법 608조, 232조), ⑨ 알고 있는 채권자에 대하여 조직의 변경에 관한 최고를 하였음을 증명하는 서면 및 채권자 명부(상법 608조, 232조) 등이다(『법원실무제요 비송』, 199~200면 참조).

---

1) 유한회사의 조직변경 인가사건에 대한 보다 자세한 내용은 『법원실무제요 비송』(199~201면) 참조

2) 순자산의 정확한 평가를 위하여 공인회계사 또는 세무사가 작성한 재산감정서를 제출하도록 한다(상법 607조 2항 참조).

3. 유한회사의 주식회사로의 조직변경 인가신청서의 작성 예는 다음과 같다.

유한회사의 주식회사로의 조직변경 인가신청[1]

신청인[2] 1. 대표이사 ○○○(580101-*******)
인천 남동구 ○○○
2. 이　　사 △△△(640101-*******)
인천 연수구 △△△

신 청 취 지

유한회사 ○○의 조직을 변경하여 이를 주식회사 □□로 하는 것을 인가한다.
라는 재판을 구합니다.

신 청 이 유

1. 신청 회사는 1999년 1월 25일 자본금 금 10,000,000원, 출자 1좌의 금액 10,000원, 총 출자좌수 1,000좌로, 의료용기구 제조 및 판매업, 수출입업, 위 관련 부대사업 일체를 목적으로 영업을 개시하였습니다.
2. 사업의 확장에 따라 주식회사로의 조직변경이 필요하게 되어, 2015년 9월 10일 사원총회를 개최하여 총사원의 일치에 의한 총회의 결의로 회사의 조직을 주식회사로 할 것을 결의하였습니다.
3. 이와 같은 이유로 법원의 인가를 받고자 본 신청을 하는 바입니다.

소 명 방 법

서류 등으로 신청사항을 소명합니다.

첨부서류

1. 첨부서류에 관한 것은 설문【2】에 대한 해설 참조

2015. 9. 24.

신청인 대표이사 ○○○(인)
이　　사 △△△(인)

인천지방법원귀중

1) 김종호, 『상사비송사건실무』, 백영사(2008), 569~584면 참조
2) 편의상 감사는 없는 것으로 한다.

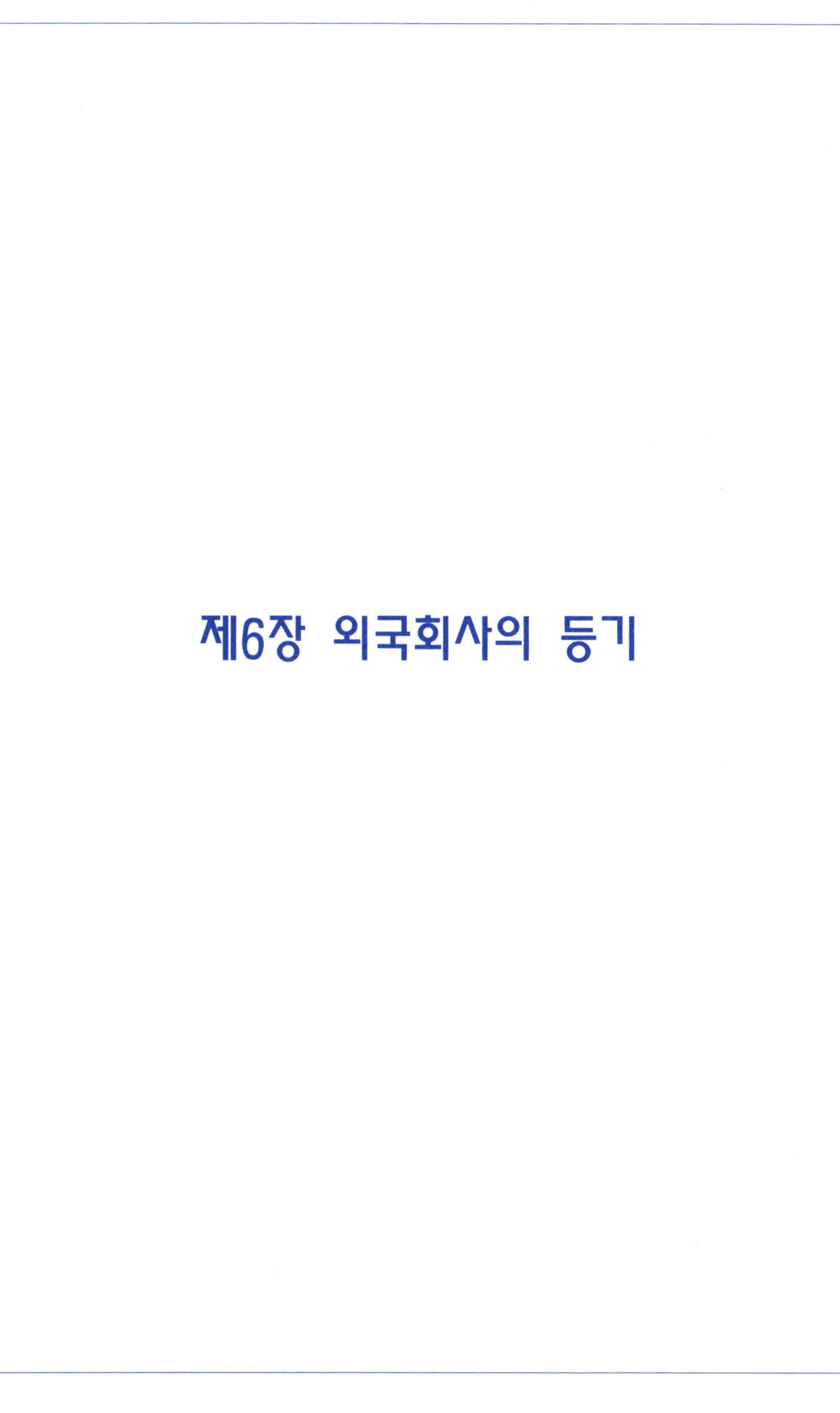

제6장 외국회사의 등기

제6장 외국회사의 등기[1)2)3)]

내 용	관련 조문		관련 선례 · 예규 · 규칙 (실무사례 포함)
	상법	상업등기법	
1. 외국회사의 영업소 설치	제614조 ~제621조	제74조, 규칙 제163조 ~제166조	362. 상업선례 제1-286호 363. 상업선례 제1-288호 364. 상업선례 제2-97호
2. 대한민국에서의 대표자			365. 상업선례 제1-287호 366. 상업선례 제1-290호 367. 상업선례 제1-292호 368. 상업선례 제1-294호
3. 영업소설치등기 시 첨부정보			369. 상업선례 제1-291호 370. 상업선례 제2-98호 ☞ 실무사례(160)
4. 외국회사의 영업소 폐쇄			371. 상업선례 제1-289호 372. 상업선례 제1-293호

1) 회사가 어떤 나라의 법에 의하여 설립되었는가를 기준으로 대한민국 법에 의하여 설립된 경우에는 내국회사, 외국법에 의하여 설립된 경우에는 외국회사로 본다(설립준거법주의가 통설임). 다만, 외국에서 설립된 회사라도 대한민국에 그 본점을 설치하거나 대한민국에서 영업할 것을 주된 목적으로 하는 때에는 대한민국에서 설립된 회사와 동일한 규정이 적용된다(상법 617조).

2) 2014. 11. 21.부로 시행된 개정 상업등기법 및 상업등기규칙에 의하면, 국내에서 영업하는 외국회사에 대하여 국내 회사와 같이 회사의 공고방법(본국에서의 공고방법) 외에, 주식회사와 유사한 외국회사의 경우에는 영업소 설치에 따른 등기를 할 때 상법에 따른 대차대조표 등의 공고방법(대한민국에서의 공고방법)도 같이 등기하도록 하였다(『개정 상업등기법·규칙 해설』, 22면 참조).

또한 등기예규 제1537호 「외국회사의 영업소 설치·폐쇄등기에 관한 업무처리지침」 제4조에 의하면, 동 예규 시행 당시 등기되어 있는 외국회사의 영업소가 상업등기법 제74조에 해당하는 외국회사의 경우(대한민국에서의 같은 종류의 회사 또는 가장 비슷한 회사가 주식회사인 외국회사의 경우)에는 대한민국에서의 공고방법의 결정을 증명하는 서면을 첨부하여 변경등기의 방식으로 그 영업소의 공고방법에 관한 등기를 신청할 수 있다. 다만, 이 경우에는 등록면허세·지방교육세와 등기신청수수료를 납부하여야 한다(예규 1537호 4조).

3) 개정 전에는 외국회사가 대한민국에서 영업을 하기 위한 방법으로 대한민국에서의 대표자를 정하고 대한민국 내에 영업소를 설치하는 방법만 있었으나, 2011. 4. 14. 개정 상법은 대표자 중 1명 이상이 대한민국에 그 주소를 두는 방법도 추가하였다(상법 614조 1항).

§ 요약

1. 외국법인의 국내지사로는 지점과 연락사무소의 2가지 유형이 있는 바, 국내에서 수익을 발생시키는 영업활동을 영위하는 경우에는 지점으로 분류되어 외국회사의 영업소 설치등기를 하여야 하지만, 이와 달리 연락사무소는 국내에서 수익을 발생시키는 영업활동을 영위하지 아니하고 업무연락, 시장조사, 연구개발활동 등 비영업적 기능만을 수행하는 점에서 차이가 나며 지점(혹은 영업소)과는 달리 국내에서 등기를 요하지 않는다(상업선례 1-286, 1057면 참조).

2. 외국회사가 국내에서 영업소 설치등기를 신청하는 경우에는 본점의 존재를 인정할 수 있는 정보, 대한민국에서의 대표자의 자격을 증명하는 정보, 정관 또는 회사의 성질을 식별할 수 있는 정보, 대한민국에서의 같은 종류의 회사 또는 가장 비슷한 회사가 주식회사인 외국회사의 경우에는 대한민국에서의 공고방법의 결정을 증명하는 정보 등을 첨부정보로 제공하여야 한다. 이 경우 외국공문서의 제출방법에 관해서는 「외국공문서에 관한 업무처리지침」(예규 1534호, 1068~1069면 참조)의 적용이 있다.

3. 외국회사의 대한민국에서의 대표자는 외국회사의 대한민국에서의 영업에 관하여 재판상 또는 재판 외의 모든 행위를 할 권한이 있어, 외국회사가 국내에 2개 이상의 영업소를 설치하는 경우 각 영업소별로 서로 다른 대표자를 정하여 등기하거나 대표권을 특정 영업소의 영업에 한정하는 취지의 등기는 할 수 없다(상업선례 1-287, 1062면).

4. ⅰ) 상법 제620조 제1항의 법원의 청산개시명령은 일정한 경우에 법원의 재량으로 청산개시명령을 할 수 있는 것이므로(※ 청산개시명령을 하여야 한다가 아님), 법원이 이해관계인의 신청에 의하여 또는 직권으로 대한민국에 있는 그 회사재산의 전부에 대한 청산의 개시를 명하고 청산인을 선임한 경우가 아닌 한 외국회사 스스로 청산절차를 거치지 않고 영업소 폐쇄등기를 신청할 수 있으며, ⅱ) 이 경우 외국회사가 스스로의 결정에 의하여 영업소를 폐쇄한 때에는 한국에서의 대표자의 신청에 의하여, 법원의 폐쇄명령에 의한 경우에는 법원의 촉탁에 의하여 영업소 폐쇄의 등기를 한다(상업선례 1-289, 1074면 및 1-293, 1075면).

362. 외국의 은행 및 증권회사의 대표사무소 설치등기의 가부

[상업등기선례 제1-286호, 제정 1988. 2. 4.]

외국의 은행 및 증권회사의 대표사무소는 상법 제614조가 규정하는 영업소에 해당하지 아니하고 따라서 국내에서 그 설치등기를 할 수는 없다.
(1988. 2. 4. 등기 제57호)

질의요지 : 외국의 은행 및 증권회사가 한국은행 또는 재무부 등 관련 감독기관으로부터 대한민국에서의 대표사무소의 설치허가를 받은 후 사무소를 설치하여 지점과 같은 정도의 포괄적인 영업행위는 하지 않는다 하더라도 관계기관 및 기업 등의 업무에 관련된 정보교환 및 자료수집과 본사와의 업무연락 등 허가받은 범위 내에서 한정된 업무활동을 수행하고 있는 경우 그 대표사무소를 상법 제614조에 규정된 영업소에 해당하는 것으로 보아 대한민국에서 설립되는 동종의 회사 또는 가장 유사한 회사의 지점과 동일한 설치등기를 할 수 있는지 여부.

◐ **선례 해설:**

1. 외국회사가 대한민국에서 영업을 하기 위해서 설치하는 영업소는, 그 영업소가 지점임을 요한다는 견해와 지점의 정도에 미치지 못하는 분점, 매점, 파출소 내지 출장소까지 포함된다는 견해로 갈리는데, 상법 제614조 이하의 취지가 외국회사의 국내에서의 영업활동에 따르는 거래의 안전을 보호하기 위한 것이라는 점에서 후자의 견해가 타당한 것으로 해석된다(『상업등기실무(Ⅱ)』, 619면).[1]
2. 위 1.과 같이 외국회사의 대한민국에서의 영업소에 지점뿐만 아니라 분점, 매점, 파출소 내지 출장소까지 포함된다고 하더라도, 국내에서 수익을 발생시키는 영업활동을 영위하지 아니하고, 단순히 업무연락, 시장조사, 연구개발활동 등 비영업적 기능만을 수행하는 경우에까지 영업소로 볼 수 있는지 문제된 사안에서, 본 선례는 그러한 기능만을 수행하는 대한민국 내의 외국의 은행 및 증권회사의 대표사무소는 상법 제614조가 규정하는 영업소에 해당하지 않는 것으로 보았다.

---

1) 상법 제614조 이하 영업소의 의미에 관한 견해의 대립에 대해서는 『주석상법(회사편 Ⅶ)』(55~57면) 참조

363. 소련항공사의 한국 내 영업소 설치등기의 가부[1)]

[상업등기선례 제1-288호, 제정 1990. 5. 22.]

소련의 항공사가 소련의 국내법상 법인격을 가지고 있지 아니하다 하더라도 내국회사와 유사한 실체를 가지고 우리나라에 지점을 설치하여 영업을 하는 경우에는, 대한민국에서 설립되는 동종의 회사 또는 가장 유사한 회사의 지점등기와 동일한 영업소 설치등기를 할 수 있으며(상법 제614조 참조), 다만 위 영업소 설치등기신청서에는 소련항공의 본국관할관청 또는 대한민국에 있는 소련영사의 인증을 받은 주사무소의 존재를 증명하는 서면과 대표자의 자격을 증명하는 서면 및 소련항공의 정관 또는 그 성질을 식별할 만한 서면을 첨부하여야 한다.
(1990. 5. 22. 등기 제1031호)

참조 조문 · 규칙 · 예규 · 선례 · 판례

▣ 상법[법률 제13523호, 2015. 12. 1., 일부개정]

제614조(대표자, 영업소의 설정과 등기) ① 외국회사가 대한민국에서 영업을 하려면 대한민국에서의 대표자를 정하고 대한민국 내에 영업소를 설치하거나 대표자 중 1명 이상이 대한민국에 그 주소를 두어야 한다.
② 전항의 경우에는 외국회사는 그 영업소의 설치에 관하여 대한민국에서 설립되는 동종의 회사 또는 가장 유사한 회사의 지점과 동일한 등기를 하여야 한다.
③ 전항의 등기에서는 회사설립의 준거법과 대한민국에서의 대표자의 성명과 그 주소를 등기하여야 한다.

▣ 상업등기규칙[대법원규칙 제2668호, 2016. 6. 27., 타법개정]

제163조(영업소 설치등기) ① 영업소 설치등기를 신청하는 경우에는 다음 각 호의 정보를 제공하여야 한다. 다만, 다른 등기소에 이미 영업소 설치등기를 한 때에는 다음 각 호의 정보를 제공하지 아니할 수 있다.

1. 본점의 존재를 인정할 수 있는 정보
2. 대한민국에서의 대표자의 자격을 증명하는 정보

---

1) 법인격이 인정되지 않는 외국회사도 외국회사의 영업소 설치 등에 관한 상법 제3편 제6장이 적용되는지 문제된 사안에서, 선례는 그 법인격의 유무에 관계없이 상법의 외국회사에 관한 규정이 적용된다고 보았다. 외국기업의 국내 영업활동을 규율할 필요성은 법인격 유무와 관계없이 인정되는 것이므로, 법인격이 인정되지 않는 회사의 경우에도 상법 제3편 제6장의 외국회사로 규율될 수 있다(『주식회사법대계(III)』, 911면 참조).

3. 정관 또는 회사의 성질을 식별할 수 있는 정보
4. 법 제74조에 해당하는 외국회사의 경우에는 대한민국에서의 공고방법의 결정을 증명하는 정보

② 제1항 각 호의 정보는 외국회사의 본국의 관할 관청 또는 대한민국에 있는 그 외국의 영사의 인증을 받은 것이어야 한다.

▣ 외국회사의 영업소 설치·폐쇄등기에 관한 업무처리지침[등기예규 제1537호, 제정 2014. 11. 5.]

제1조(목적) 이 예규는 외국회사의 영업소 설치 및 폐쇄의 등기신청절차와 그에 따른 등기관의 업무처리절차를 규정함을 목적으로 한다.

제2조(영업소 설치등기) ① 외국회사가 영업소 설치등기를 신청하는 경우에 그 등기신청서에 첨부할 서면은「상업등기규칙」제163조 제2항에 따라 외국회사의 본국의 관할 관청(본국법상 공증인에게 당해 사항을 인증할 권한이 있는 공증인의 인증을 포함한다. 이하 같다) 또는 대한민국에 있는 그 외국의 영사의 인증을 받은 것이어야 한다. 이 경우「외국공문서에 관한 업무처리지침」제2조 및 제3조가 적용된다.

> **「외국공문서에 관한 업무처리지침」[등기예규 제1534호, 제정 2014. 11. 5.]**
>
> **제2조(외국공문서의 제출방법)**
>
> 외국의 정부나 그 밖의 권한 있는 기관이 발행한 서류 또는 공증인(법률에 따른 공증인의 자격을 가진 자만 해당된다)이 공증한 외국문서는 「재외공관공증법」 제30조제1항 본문에 따른 영사관의 확인을 받아 제출하여야 한다. 다만, 「외국공문서에 대한 인증의 요구를 폐지하는 협약」에 가입한 국가인 경우에는 그 협약에서 정한 바에 따라 아포스티유(Apostille)를 발급받아 제출할 수 있다.
>
> **제3조(등기관의 심사)**
>
> 등기관은 외국의 정부나 그 밖의 권한 있는 기관이 발행한 서류 또는 공증인이 공증한 외국문서에 제2조에 따른 영사관의 확인이나 아포스티유가 없는 경우에는 보정을 명하여야 한다[협약 가입국 현황(www.hcch.net), (www.mofa.go.kr) 참조]. 다만, 영사관의 확인이나 아포스티유를 제출할 수 없는 특별한 사정이 있고, 그 외국공문서가 적법하게 발급되었다고 인정할 만한 충분한 자료가 있는 경우에는 그러하지 아니하다.

② 제1항의 등기기록은 국내에서 설립되는 같은 종류 또는 가장 유사한 회사의 등기기록의 예에 의하여 편성하여야 한다. 다만, 대한민국 외에 둔 그 외국회사의 지점 또는 영업소에 관한 내용은 기록하지 아니한다.

364. 외국회사 영업소 설치등기와 유사상호(주: 현행은 동일상호)

[상업등기선례 제2-97호, 제정 2005. 12. 27.]

1. 타인이 등기한 상호는 동일한 특별시, 광역시, 시, 군에서 동종영업의 상호로 등기할 수 없는바(상법 제22조), 그 제도적 취지가 상호권자의 이익보호 및 등기된 상호에 대한 일반 공중의 오인혼동을 방지하여 이에 대한 신뢰를 보호하고자 하는 것이라는 점에서, 이미 등기되어 있는 외국회사 영업소가 청산예정이고 그 외국회사 영업소가 유한회사의 설립등기로 인하여 동일 상호가 중복하여 등기되는 것에 대하여 승낙한다고 하더라도 유한회사의 설립등기신청은 수리될 수 없으며(비송사건절차법 제159조 제13호 및 제164조 => 주: 현행 상업등기법 제26조 제13호 및 제29조),

2. 이와 반대로, 외국회사 영업소 설치등기를 할 경우에 있어서는, 외국회사 영업소가 지점의 성격을 가지고 있으며 지점에 있어서의 등기는 상법상 강제되어 있기 때문에, 이미 유한회사의 설립등기가 되어 있는 관할 등기소 내에 동종영업을 목적으로, 동일 상호로 외국회사 영업소 설치등기를 하는 것이 가능할 것이다(상법 제614조 제2항, 제35조).
(2005. 12. 27. 공탁법인과-730 질의회답)

참조 조문 · 규칙 · 예규 · 선례 · 판례

▣ 상법[법률 제13523호, 2015. 12. 1., 일부개정]

제614조(대표자, 영업소의 설정과 등기) ① 외국회사가 대한민국에서 영업을 하려면 대한민국에서의 대표자를 정하고 대한민국 내에 영업소를 설치하거나 대표자 중 1명 이상이 대한민국에 그 주소를 두어야 한다.
② 전항의 경우에는 외국회사는 그 영업소의 설치에 관하여 대한민국에서 설립되는 동종의 회사 또는 가장 유사한 회사의 지점과 동일한 등기를 하여야 한다.
③ 전항의 등기에서는 회사설립의 준거법과 대한민국에서의 대표자의 성명과 그 주소를 등기하여야 한다.
④ 제209조와 제210조의 규정은 외국회사의 대표자에게 준용한다.

▣ 동일상호의 판단 기준에 관한 예규[등기예규 제1547호, 개정 2014. 11. 5.]

제4조(동일상호 판단을 요하는 등기사건) ① 등기관이 동일상호 여부를 조

사ㆍ판단하여야 하는 등기 사건은 다음 각 호와 같다.
(이하 각 호는 생략)
② 회사의 지점 및 외국회사의 영업소를 설치하거나 이전하는 등기, 지점의 등기기록에서 상호 또는 목적을 변경하는 등기신청에서는 동일상호 여부를 조사하지 아니한다.

◐ **선례 해설:**

1. 외국회사는 그 영업소의 설치에 관하여 대한민국에서 설립되는 동종의 회사 또는 가장 유사한 회사의 지점과 동일한 등기를 하여야 한다(상법 624조 2항). 한편 국내회사의 경우 본점의 소재지에서 등기할 사항은 다른 규정이 없으면 지점의 소재지에서도 등기하여야 하므로(상법 35조), 국내회사의 지점의 경우 상호의 등기가 상법상 강제되어 있다.

2. 위 1.에서와 살펴본 바와 같이, 외국회사는 국내에 영업소를 설치할 경우에는 국내회사의 지점의 경우와 같이 상호의 등기가 강제되는데, 이에 대해 본 선례는 외국회사 영업소가 지점의 성격을 가지고 있으며 지점에 있어서의 등기는 상법상 강제되어 있기 때문에 이미 유한회사의 설립등기가 되어 있는 관할 등기소 내에 동종 영업을 목적으로, 동일 상호로 외국회사 영업소 설치등기를 하는 것이 가능하다고 보았다.

3. 위 2.에 관한 사항은 「동일상호 판단기준에 관한 예규」(예규 1547호)에 그대로 반영되어 현재 시행되고 있다. 즉, 회사의 지점 및 외국회사의 영업소를 설치하거나 이전하는 등기, 지점의 등기기록에서 상호 또는 목적을 변경하는 등기신청에서는 동일상호 여부를 조사하지 아니한다(예규 1547호 4조 2항).

4. 위와 같은 결론이 도출되는 것은 외국회사의 국내 영업소 설치에 따른 상호는 국내회사의 지점의 등기와 같이 상법상 강제되어 동일상호 여부를 판단할 시에는 불합리하기 때문이다. 이와 반대로 외국회사의 국내 영업소 설치에 따른 상호에 대해서는 국내회사의 경우 동일상호 여부를 판단할 시에는 그 적용이 있어, 국내회사의 경우 동일한 특별시, 광역시, 특별자치시, 시 또는 군에서는 동종의 영업을 위하여 외국회사의 국내 영업소에 등기되어 있는 상호와 동일한 상호를 등기할 수 없다.

365. 외국회사의 대한민국에서의 대표자의 대표권

[상업등기선례 제1-287호, 제정 1988. 4. 14.]

외국회사의 대한민국에서의 대표자의 대표권은 국내의 모든 영업소에 미치므로, 외국회사가 국내에 2개 이상의 영업소를 설치하는 경우 각 영업소별로 서로 다른 대표자를 정하여 등기하거나 대표권을 특정 영업소의 영업에 한정하는 취지의 등기를 할 수는 없지만, 각 영업소마다 지배인을 선임하여 지배인등기를 할 수는 있다.

(1988. 4. 14. 등기 제219호)

◐ 선례 해설:[1]

1. 외국회사가 국내에서 영업을 하기 위해서는 대한민국에서의 대표자를 정하고 대한민국 내에 영업소를 설치하거나 대표자 중 1명 이상이 대한민국에 그 주소를 두어야 한다(상법 614조). 또한 대한민국의 영업소 소재지에서 계속하여 영업을 하기 위해서는 등기를 하여야 한다(상법 616조).
2. 외국회사의 대한민국에서의 대표자는 외국회사의 대한민국에서의 영업에 관하여 재판상 또는 재판 외의 모든 행위를 할 권한이 있다.
3. 따라서 외국회사가 국내에 2개 이상의 영업소를 설치하는 경우 각 영업소별로 서로 다른 대표자를 정하여 등기하거나 대표권을 특정 영업소의 영업에 한정하는 취지의 등기는 할 수 없다.[2]

---

1) 외국회사의 국내 대표자에 대하여 상법은 합명회사 대표사원의 권한에 관한 규정을 준용하고 있다(상법 614조 4항, 209조, 210조). 따라서 외국회사의 대한민국에서의 대표자는 회사의 영업에 관하여 재판상 또는 재판 외의 모든 행위를 할 권한이 있고, 그 권한에 대한 제한은 선의의 제3자에게 대항하지 못한다. 이 경우 대표자는 "대한민국에서의 대표자"이므로, 그의 대표권은 그가 속한 영업소의 영업에 한하지 않고 그 외국회사의 모든 국내영업소에 미치는 것으로 해석된다(『주석상법(회사편VII)』, 62~63면 참조).

2) 이 경우 각 영업소마다 그 영업에 관하여 포괄, 정형적 대리권을 가지는 지배인을 선임하여 지배인등기를 할 수는 있다(『2016 상업등기실무』, 622면).

366. 외국회사의 한국에서의 대표자에 2인의 외국인을 공동대표로 추가하는 변경등기 방법[1)2)]

[상업등기선례 제1-290호, 제정 1997. 1. 30.]

공동대표는 법률행위를 공동으로 하여야 하므로, 외국회사의 한국에서의 대표자에 2인의 외국인을 공동대표로 추가하는 변경등기를 할 경우 기존 대표자와 추가되는 외국인 2인의 대표자가 공동으로 변경등기를 신청하여야 한다.
(1997. 1. 30. 등기 3402-76 질의회답)

1) 외국회사의 경우 대한민국에서의 대표자를 공동대표로 할 수 있는가에 관하여 명시적 규정은 없으나, 본 선례에서는 허용하는 것으로 해석하고 있다.

2) 관련 문제로 외국회사의 본국 대표자를 외국회사의 대한민국에서의 대표자로 등기할 수 있는지 여부이다. 이는 본점과 독립된 영업활동의 장소인 국내 영업소의 독립성을 해하고 국내 대표자를 두도록 한 규정을 회피하기 위한 것으로서 허용되지 않는다고 볼 여지도 있으나, 등기실무는 외국회사의 본래의 대표자를 대한민국에서의 대표자로 정하여 등기신청하는 때에도 이를 수리하고 있다(『상업등기실무(II)』, 701면).

367. 외국회사의 대한민국에서의 대표자 변경등기 등

[상업등기선례 제1-292호, 제정 1998. 7. 8.]

외국회사의 대한민국에서의 대표자변경등기에 있어서 그 등기된 사항에 관하여 무효의 원인이 있는 경우, 당사자는 무효의 원인이 있음을 증명하는 서면을 첨부하여 그 등기의 말소를 신청할 수 있으며, 그 등기를 말소함으로써 종전의 대표자의 대표권이 회복되는 경우, 등기관은 그 무효인 등기의 말소와 동시에 말소로 인한 회복등기를 하여야 한다.
(1998. 7. 8. 등기 3402-630 질의회답)

◐ 선례 해설:[1]

1. 등기관은 등기할 사항에 무효 또는 취소의 원인이 있는 경우에는 이유를 적은 결정으로 신청을 각하하여야 하나(법 26조 10호),

2. 만약 등기할 사항에 무효의 원인이 있음에도 등기관이 등기신청을 각하하지 않고 등기가 이미 되었다면, 등기 당사자는 등기된 사항에 무효의 원인이 있는 경우에 대하여 소로써만 그 무효를 주장할 수 있는 경우를 제외하고는 무효의 원인이 있음을 증명하는 첨부정보를 제공하여 그 등기의 말소를 신청할 수 있으며(법 77조 및 규칙 169조),

3. 등기관이 등기 당사자의 신청에 의하여 등기를 말소하는 경우에는 말소할 등기에 대하여 말소하는 표시를 하고, 그 등기에 의하여 말소된 등기사항이 있을 때에는 그 등기를 직권으로 회복하여야 한다(규칙 170조).

4. 본 선례의 내용은 위의 현행 상업등기법과 상업등기규칙에서 정하고 있는 내용에 관한 것이다. 다만, 등기관은 등기신청에 대하여 실체법상의 권리관계와 일치하는지 여부를 심사할 실질적 심사권한은 없으므로, 오직 신청서와 그 첨부서류와 등기기록 만에 의하여 그 등기된 사항에 관하여 무효의 원인이 있는지 심사할 형식적 심사권한밖에 없다는 것이 판례와 상업등기선례의 입장이다.

---

1) 본 선례는 외국회사의 대한민국에서의 대표자 변경등기에 있어서 그 등기된 사항에 관하여 무효의 원인이 있는 경우에는 등기의 말소에 관한 상업등기법 제77조 및 규칙 제169조, 제170조의 일반 법리가 그대로 적용됨을 밝히고 있다.

368. 외국회사(주식회사)가 국내영업소설치를 함에 있어 등기사항 중 대표이사나 국내에서의 대표자 외에 일반임원(이사, 감사 등)에 대한 사항도 등기하여야 하는지 여부(소극)

[상업등기선례 제1-294호, 제정 2001. 8. 25.]

1. 외국회사의 국내영업소 설치등기는 국내에서 설립되는 동종의 회사 또는 가장 유사한 회사의 지점에 관한 등기와 동일한 등기를 하여야 하므로, 외국회사가 주식회사인 경우 임원등기와 관련하여 보면 본점의 대표이사와 국내에서의 대표자의 성명과 주소를 기재하면 되고 다른 임원(이사, 감사 등)은 등기사항이 아니다.

2. 위의 규정에도 불구하고 본점의 대표이사나 국내에서의 대표자가 아닌 일반임원이 등기가 되었다면 이는 등기할 사항이 아닌 것으로 등기관의 직권 또는 당사자의 말소신청에 의하여 그 등기를 말소할 수 있다.

(2001. 8. 25. 등기 3402-595 질의회답)

참조 조문 · 규칙 · 예규 · 선례 · 판례

▣ 상법[법률 제13523호, 2015. 12. 1., 일부개정]

제614조(대표자, 영업소의 설정과 등기) ① 외국회사가 대한민국에서 영업을 하려면 대한민국에서의 대표자를 정하고 대한민국 내에 영업소를 설치하거나 대표자 중 1명 이상이 대한민국에 그 주소를 두어야 한다.
②전항의 경우에는 외국회사는 그 영업소의 설치에 관하여 대한민국에서 설립되는 동종의 회사 또는 가장 유사한 회사의 지점과 동일한 등기를 하여야 한다.
③전항의 등기에서는 회사설립의 준거법과 대한민국에서의 대표자의 성명과 그 주소를 등기하여야 한다.
④제209조와 제210조의 규정은 외국회사의 대표자에게 준용한다.

▣ 법인등의등기사항에관한특례법규칙에 따른 사무처리지침[등기예규 제943호, 개정 1998. 9. 8.]

7. 법이 외국법인의 국내영업소 등기에는 적용되는지 여부
외국인의 국내에서의 영업소의 등기에 관하여는 이 법이 적용되지 않는다.

◐ **선례 해설:**

1. 외국회사는 그 영업소의 설치에 관하여 대한민국에서 설립되는 동종의 회사 또는 가장 유사한 회사의 지점과 동일한 등기를 하여야 하나(상법 614조 2항), 외국회사 영업소의 경우 「법인의 등기사항에 관한 특례법」 및 같은 법의 규칙은 적용되지 않는다(예규 943호 7.).

2. 따라서 외국회사의 경우 각 회사의 종류별로 지점의 등기사항을 정하고 있으므로(상법 181조, 269조, 317조 3항, 549조 3항), 외국회사 영업소의 경우 상법에서 각 회사 종류별로 정하고 있는 지점의 등기사항을 등기하여야 한다.

구 분	외국회사의 종류별 등기사항 내용	관련 법률
주식회사	목적, 상호, 회사가 발행할 주식의 총수, 액면주식을 발행하는 경우 1주의 금액, 본점의 소재지, 회사가 공고를 하는 방법, 회사의 존립기간 또는 해산사유를 정한 때에는 그 기간 또는 사유, 회사를 대표할 이사의 성명·주민등록번호 및 주소, 공동대표규정	상법 317③
	본국에서의 공고방법 및 대한민국에서의 공고방법[1]	상등법 74
유한회사	목적, 상호, 본점의 소재지, 이사의 성명·주민등록번호 및 주소(다만, 회사를 대표할 이사를 정한 때에는 그 외의 이사의 주소를 제외), 회사를 대표할 이사를 정한 때에는 그 성명, 공동대표규정, 존립기간 기타의 해산사유를 정한 때에는 그 기간과 사유	상법 549③
합명· 합자회사	목적, 상호, 사원의 성명·주민등록번호 및 주소(다만, 회사를 대표할 사원을 정한 때에는 그 외의 사원의 주소를 제외), 본점의 소재지, 사원의 출자의 목적·재산출자에는 그 가격과 이행한 부분, 존립기간 기타의 해산사유를 정한 때에는 그 기간과 사유, 회사를 대표할 사원을 정한 때에는 그 성명, 공동대표규정	상법 181· 269

3. 상법에서 정하고 있는 각 회사 종류별 지점의 등기사항에 의하면, 외국회사가 주식회사의 경우 본점의 대표이사와 국내에서의 대표자 외의 다른 임원(이사, 감사 등)은 등기사항이 아니다.

1) 2014. 11. 21. 개정 상업등기법에서는 외국회사가 주식회사이거나 이와 가장 비슷한 회사일 경우 본국에서의 공고방법 외에 대한민국에서의 공고방법도 등기하도록 하였다(법 74조).

369. 외국회사의 국내영업소 설치등기신청과 첨부서면

[상업등기선례 제1-291호, 제정 1997. 7. 22.]

일본국에 본점을 둔 부엌용품, 미용기구, 보석, 악세사리 등 귀금속의 수출입 및 판매 등을 하는 주식회사가 대한민국 내에 영업소 설치등기를 신청하는 경우에는 주무관청의 허가서를 첨부할 필요가 없다.
(1997. 7. 22. 등기 3402-556 질의회답)

◐ **선례 해설:**

1. 등기를 신청하는 경우에 관청의 허가 또는 인가를 필요로 하는 사항의 등기를 신청하는 경우에는 그 허가 또는 인가가 있음을 증명하는 정보를 첨부정보로 제공하여야 한다(규칙 52조 1항 2호). 하지만 이는 관청의 허가(인가)가 등기할 사항의 효력요건인 경우에만 그러하며, 등기할 사항이 효력요건이 아닌 경우에는 첨부정보로 제공할 필요가 없다는 것이 등기예규 및 선례의 입장이다(예규 1544호 3조 2항 참조).[1)]

2. 따라서 외국기업 등이 국내지사를 설치하고자 하는 경우에는 지정거래외국환은행의 장 또는 기획재정부장관에게 신고하여야 하나(외국환거래규정 제9-33조), 이는 단순 신고사항에 불과하여 외국회사 영업소 설치등기신청서에 첨부정보로 제공할 것은 아니다(상업선례 2-52 및 1-249 참조).

3. 본 선례에 의하면, 일본국에 본점을 둔 부엌용품, 미용기구, 보석, 악세사리 등 귀금속의 수출입 및 판매 등을 하는 주식회사가 대한민국 내에 영업소 설치등기를 신청하는 경우에는 주무관청의 허가서를 첨부정보로 제공할 필요가 없는 바, 선례에서는 그 이유에 대해 아무런 이유를 설명하고 있지 않다. 저자의 소견으로는 이는 등기할 사항의 효력요건이 아닌 단순한 영업요건에 불과하기 때문이 아닌가 싶다. 또한 2.에서 살펴본 바와 같이 현재의 「외국환거래규정」에 의하면 허가사항이 아닌 단순 신고사항으로 되어 있어 논의의 실익은 별로 없는 것 같다.

---

1) 이와 관련된 논의는 「선례해설」(388면) 참조

370. 외국회사 영업소 설치등기시 첨부서면의 인증

[상업등기선례 제2-98호, 제정 2013. 1. 9.]

1. 외국회사 영업소 설치등기신청서에 첨부하는 「상업등기법」 제112조 제1항(주: 현행 상업등기규칙 제163조 제1항) 각호의 서류에 대한 같은 조 제2항의 인증에는, 외국회사의 본국법상 공증인에게 당해 사항을 인증할 권한이 있다면, 그 공증인의 인증도 포함될 것이다. 이 경우 공증인의 인증을 받은 서류에 본국 관할관청 또는 대한민국에 있는 그 외국 영사의 인증을 추가로 받을 필요는 없을 것이다.

2. 특별한 사정이 없는 한 위 공증된 문서에 대하여는 「재외공관공증법」 제30조에 의한 영사 확인을 받거나 아포스티유를 부착하여야 한다.
(2013. 1. 9. 사법등기심의관-111 질의회답)

참조 조문 · 규칙 · 예규 · 선례 · 판례

▣ 상업등기규칙[대법원규칙 제2668호, 2016. 6. 27., 타법개정]

제163조(영업소 설치등기) ① 영업소 설치등기를 신청하는 경우에는 다음 각 호의 정보를 제공하여야 한다. 다만, 다른 등기소에 이미 영업소 설치등기를 한 때에는 다음 각 호의 정보를 제공하지 아니할 수 있다.

1. 본점의 존재를 인정할 수 있는 정보
2. 대한민국에서의 대표자의 자격을 증명하는 정보
3. 정관 또는 회사의 성질을 식별할 수 있는 정보
4. 법 제74조에 해당하는 외국회사의 경우에는 대한민국에서의 공고방법의 결정을 증명하는 정보

② 제1항 각 호의 정보는 외국회사의 본국의 관할 관청 또는 대한민국에 있는 그 외국의 영사의 인증을 받은 것이어야 한다.

▣ 외국공문서에 관한 업무처리지침[등기예규 제1534호, 제정 2014. 11. 5.]

제1조(목적)
이 예규는 법인(합자조합을 포함한다)이 등기를 신청하는 경우에 첨부되는 외국공문서의 심사방법을 규정함을 목적으로 한다.

제2조(외국공문서의 제출방법)
외국의 정부나 그 밖의 권한 있는 기관이 발행한 서류 또는 공증인(법률에 따른 공증인의 자격을 가진 자만 해당된다)이 공증한 외국문서는 「재외공관공증

법」 제30조 제1항 본문에 따른 영사관의 확인을 받아 제출하여야 한다. 다만, 「외국공문서에 대한 인증의 요구를 폐지하는 협약」에 가입한 국가인 경우에는 그 협약에서 정한 바에 따라 아포스티유(Apostille)를 발급받아 제출할 수 있다.

> ※ 「재외공관 공증법」 제30조 제1항 본문:
>
> "영사관은 촉탁인이 청구하면 주재국 공무원이 발행하였거나 주재국 공증인이 공증한 문서에 찍힌 도장 또는 서명의 진위 여부와 그 공무원이나 공증인의 직위를 확인할 수 있다."

제3조(등기관의 심사)

등기관은 외국의 정부나 그 밖의 권한 있는 기관이 발행한 서류 또는 공증인이 공증한 외국문서에 제2조에 따른 영사관의 확인이나 아포스티유가 없는 경우에는 보정을 명하여야 한다[협약 가입국 현황(www.hcch.net), (www.mofa.go.kr) 참조]. 다만, 영사관의 확인이나 아포스티유를 제출할 수 없는 특별한 사정이 있고, 그 외국공문서가 적법하게 발급되었다고 인정할 만한 충분한 자료가 있는 경우에는 그러하지 아니하다.

◐ 선례 해설: 외국회사 영업소 설치등기 시 첨부정보1)

1. 상업등기규칙 제163조 제1항에 의하면, 외국회사가 영업소 설치등기를 신청하는 경우에 첨부하는 정보에 대해서는 외국회사의 본국의 관할 관청 또는 대한민국에 있는 그 외국의 영사의 인증을 받은 것이어야 하는데, 등기예규 제1537호 제2조 제1항에서는 외국회사의 본국의 관할 관청에 본국법상 공증인에게 당해 사항을 인증할 권한이 있는 공증인의 인증을 포함시키고 있다.

2. 결국 외국회사의 영업소 설치등기 시에는 ⅰ) 상업등기규칙 제163조 제1항의 서면은 외국회사의 본국의 관할 관청(본국법상 공증인에게 당해 사항을 인증할 권한이 있는 공증인 포함) 또는 대한민국에 있는 그 외국의 영사의 인증을 받은 것이어야 하고, ⅱ) 이 경우에는 등기예규 제1534호 「외국공문서에 관한 업무처리지침」 제2조 및 제3조가 적용된다.

1) 「법원행정처 선례해설 요약(26)」(1070~1071면) 및 「실무사례(160)」(1072~1073면) 참조

법원행정처 선례해설 요약(26)[2)]

【제목】 외국회사의 영업소 설치등기신청서에 첨부되는 서면에 받아야 하는 본국의 관할 관청 또는 대한민국에 있는 그 외국의 영사의 인증에 본국의 공증인의 인증도 포함되는지 여부(적극) 및 그 문서가 외국 공문서인 경우 아포스티유를 첨부하여 등기를 신청하여야 하는지 여부(적극)

1. 사안의 논점

i) 외국회사 영업소 설치등기 시 첨부하여야 하는 서류에 대하여 하는 인증 중 본국의 관할 관청에 본국 공증인의 인증도 해당하는지 여부

ii) 첨부되는 서면이 외국 공문서인 경우에 「재외공관 공증법」 제30조에 따른 영사관의 확인 내지 아포스티유를 첨부하여 제출하여야 하는지 여부

2. 외국회사 영업소 설치등기 시 첨부정보(규칙 163조 1항)

i) 본점의 존재를 인정할 수 있는 정보(1호)
ii) 대한민국에서의 대표자의 자격을 증명하는 정보(2호)
iii) 정관 또는 회사의 성질을 식별할 수 있는 정보(3호)
iv) 상업등기법 제74조에 해당하는 외국회사의 본국의 관할 관청 또는 대한민국에서의 공고방법의 결정을 증명하는 정보

3. 본국의 관할 관청에 본국 공증인을 포함할 수 있는지 여부

i) 외국회사 영업소 설치등기 시 첨부하는 서류가 본국의 공문서인 경우에는 인증을 하는 기관도 본국의 관할 관청(혹은 본국의 공무원)인 것은 당연하나, 대상 문서가 사문서인 경우에는 본국의 관할 관청이 인증을 하지 않는 경우가 많아 문제이다.

ii) 즉 대한민국에서 사용되어질 사서증서에 대한 인증을 우리나라에 주재하는 외국 재외공관의 영사(예: 주한미대사관, 주한인도대사관 등)가 하는 경우를 찾아보기 어렵다는 현실적인 어려움이 존재한다.

---

2) 『상업등기 주요선례 해설』, 303~311면

iii) 외국회사가 대한민국에서 영업을 하고자 하여 대한민국에서의 대표자를 정하고 대한민국 내에 영업소를 설치하는 경우에는 외국회사의 영업소 설치등기를 하여야 하는데, 이 경우에 첨부서면으로 정한 상업등기규칙 제163조 제1항의 각 서면은 성질상 사문서에 해당하는 것들이 대부분이고, 이러한 사문서의 인증은 대부분 관공서의 공무원이 하는 것이 아니고 공증인의 직무로 규정하는 나라가 많다. 따라서 공증인의 인증을 허용하지 않는다면 상법의 규정에도 불구하고 상업등기법상의 인증을 받을 수 없는 외국회사는 영업소 설치등기를 할 수 없게 되고, 결과적으로 대한민국에서 영업을 할 수 없다는 문제점이 발생한다.

iv) 따라서 선례에서도 외국회사 영업소 설치등기신청서에 첨부하는 서류에 대한 인증에는, 외국회사의 본국법상 공증인에게 당해 사항을 인증할 권한이 있다면, 그 공증인의 인증도 포함됨을 밝히고 있다(상업선례 2-98).

4. 「재외공관 공증법」 제30조에 따른 영사확인 내지 아포스티유 첨부 여부[1)]

i) 아포스티유 협약은 외국의 공문서나 공증문서가 제출되는 경우 그 문서의 진정성립 판단을 위해 「재외공관 공증법」상의 영사확인을 요구하던 것에 갈음하여 문서발행국이 직접 진정성립을 확인한 아포스티유 증명서로 대체하여 인증절차를 간소화하자는 협약으로 가입국에서 아포스티유가 부착된 문서는 우리나라 영사가 「재외공관 공증법」에 따라 확인한 것과 동일한 효력이 있다.

ii) 선례 또한 특별한 사정이 없는 한 공증된 문서에 대하여 「재외공관 공증법」제30조에 의한 영사 확인을 받거나 아포스티유를 부착하여야 한다고 하여 같은 입장이다(상업선례 2-98).

---

1) 이와 관련하여 「외국공문서에 관한 업무처리지침」(예규 1534호)이 제정되어 있다.

실무사례(160)

제목: 외국회사 국내영업소 설치등기 시 첨부서면의 인증

외국회사의 국내영업소 설치등기신청서에 첨부하는 서면에 대한 인증과 관련된 사항이다(각 사안은 별개의 사안임).

【1】 아포스티유(Apostille) 협약 미가입국인 싱가포르 소재 외국회사가 국내에 영업소를 설치하려고 한다. 첨부서면 중 싱가포르 관할 관청의 회사설립증서와 회사의 성질을 식별할 수 있는 사항에 대해 외국회사 대표이사가 작성하고 싱가포르 소재 공증인이 인증한 서면이 있다. 이 경우 외국회사 국내영업소 설치등기신청서에 위 각 서면을 첨부할 경우의 구체적인 인증방법은?

【2】 아포스티유(Apostille) 협약 가입국인 홍콩 소재 외국회사가 국내에 영업소를 설치하려고 한다. 홍콩에는 우리나라의 법인등기사항증명서와 비슷한 증명서를 홍콩 관할 관청에서 발급해주고 있어, 그 서면을 외국회사의 본점의 존재를 증명하는 서면과 회사의 성질을 식별할 수 있는 서면으로 첨부하려고 한다. 이 경우 외국회사 국내영업소 설치등기신청서에 위 서면을 첨부할 경우의 구체적인 인증방법은?

1. 외국의 정부나 그 밖의 권한 있는 기관이 발행한 서류 또는 법률에 따른 공증인의 자격을 가진 자가 공증한 외국문서는 「재외공관 공증법」 제30조 제1항 본문에 따른 영사관의 확인을 받아 제출하여야 한다. 다만, 아포스티유(Apostille) 협약 가입국가인 경우에는 그 협약에 정한 바에 따라 아포스티유를 발급받아 제출할 수 있다(예규 1534호 2조).

 싱가포르의 경우 아포스티유 협약 미가입국이므로 첨부서면 중 싱가포르 관할 관청이 발급한 회사설립증서와 회사의 성질을 식별할 수 있는 사항에 대해 외국회사 대표이사가 작성하고 싱가포르 소재 공증인이 인증한 서면에 대해서는 「재외공관 공증법」 제30조 제1항 본문에 따라 주 싱가포르 대한민국 대사관의 확인을 받은 서면을 외국회사 국내영업소 설치등기신청서에 첨부서면으로 제출하여야 한다.

2. 위와 달리 아포스티유 협약 가입국인 홍콩의 경우에는 홍콩 관할 관청이 발급한 우리나라 법인등기사항증명서와 유사한 서면에 대해서는 주 홍콩 대한민국 총영사관의 확인을 받을 필요 없이 홍콩에서 아포스티유를 발급

받아, 그 서면을 외국회사 국내영업소 설치등기신청서에 첨부서면으로 제출하면 된다.[1]

참조 조문: 상업등기규칙 제163조
참조 예규: 등기예규 제1534호
참조 선례: 상업등기선례 제2-98호(1068면)
참조 문헌: 『상업등기 주요선례 해설』, 303~311면

※ 아포스티유(Apostille) 소개-외교통상부 자료를 중심으로-[2]

1. 지구촌의 국제화·세계화 물결에 따라 한 국가에서 발행한 문서가 다른 국가에서 사용되는 사례가 급격히 증가하고 있는 가운데, 이처럼 한 국가의 문서가 다른 국가에서 인정받기 위해서는 문서의 국외 사용을 위한 확인(Legalization)을 받아야만 한다. 일반적으로는 문서가 사용될 국가(문서접수국)가 자국의 해외공관에서 '영사확인' 이라는 방식으로 공관이 소재하고 있는 국가의 발행 문서의 신뢰성을 확인해 주고 있다.

2. 그러나, 문서접수국 해외공관원(영사)이 문서발행국 문서를 '영사확인' 하는 경우, 문서발행국 공문서 신뢰성 여부를 신속하게 확인하기 힘들고 확인에 장시간이 소요되는 불편이 있어 공관 소재국의 외교부 영사확인 등을 먼저 이행하도록 요구하고 있으며, 민원인 또한 시간·비용면에서 이중의 불편을 감수하고 있다.

3. 이러한 불편을 해소하기 위해, 문서발행국의 권한 있는 당국이 자국 문서를 확인하면, 아포스티유 협약 가입국들은 자국의 해외공관이 현지 국가가 발행한 문서에 대한 추가적 확인 없이 자국에서 직접 사용할 수 있도록 인정하는 「외국공문서에 대한 인증의 요구를 폐지하는 협약(이른바 아포스티유 협약)」이 도입되었다.

4. 2013.11.7. 현재 아포스티유 협약 가입국은 총 105개국이다.

---

1) 외교부 해외안전여행(www.0404.go.kr)에 소개된 아포스티유 관련 질의 및 답변에 의하면, 아포스티유와 영사확인은 병행 발급이 불가하여, 아포스티유 협약 가입국은 아포스티유만 발급가능하고 아포스티유 협약 미가입국은 영사확인을 받아야 한다.

2) 외교부 해외안전여행(www.0404.go.kr)에서 발췌

371. 외국회사 한국영업소의 폐쇄등기에 관한 절차

[상업등기선례 제1-289호, 제정 1992. 8. 27.]

외국회사가 한국에 영업소를 설치한 후 스스로 그 영업소를 폐쇄하는 때에는, 법원이 직권 또는 이해관계인의 신청에 의하여 청산의 개시를 명하고 청산인을 선임한 경우가 아닌 한 막바로 그 등기를 할 수 있을 것이다. (1992. 8. 27. 등기 제1860호)

질의요지 : 외국회사가 한국에 영업소를 설치 후 영업부실로(상법 제619조에 해당사항 없음) 본점 이사회에서 한국의 영업소 폐쇄를 1992. 4. 18. 결의하고, 청산인을 선임하여서 동월 20일을 폐쇄년월일로 하여 본점(외국)소재지 등기부상 동월 20일자로 그 폐쇄등기를 완료하였는데, 이럴 경우 본점(외국)소재지 등기부등본상 한국의 영업소 폐쇄사항이 나오고, 이사회에서 청산인이 선임되었는데 한국에서 영업소 폐쇄등기를 함에 있어서 관할법원으로부터 청산절차 개시 및 청산인 선임을 별도로 받을 필요가 있는지 여부.

◐ 선례 해설:

1. 외국회사는 스스로 영업소를 폐쇄할 수 있다. 이 경우 법원은 이해관계인의 신청에 의하여 또는 직권으로 대한민국에 있는 그 회사재산의 전부에 대한 청산의 개시를 명할 수 있으며, 이 경우에는 법원이 청산인을 선임하게 된다(상법 620조).[1)]

2. 외국회사가 스스로의 결정에 의하여 영업소를 폐지한 때에는 한국에서의 대표자의 신청에 의하여 영업소 폐쇄의 등기를 한다(법 23조 3항).

3. 위 2.의 경우에 등기신청서에는 외국의 본국 관할 관청 또는 대한민국에 있는 그 외국의 영사가 인증한 영업소 폐지의 사실을 증명하는 정보를 첨부정보 제공하여야 하며(규칙 164조 1항 및 예규 1537호 3조), 이 경우에는 등기예규 제1534호 「외국공문서에 관한 업무처리지침」 제2조 및 제3조가 적용된다. 한편 외국은행이 대한민국에 설치한 지점·대리점을 폐쇄하려는 경우에는 금융위원회의 인가를 받아야 한다(은행법 58조 1항).

1) 위와 달리 외국회사가 임의적으로 청산절차를 진행하는 경우에는 청산인에 관한 등기, 청산종결의 등기 등 청산 관련 등기는 할 수 없다(『상업등기실무(Ⅱ)』, 718면).

372. 외국회사 영업소의 폐지등기에 관한 절차[1)2)]

[상업등기선례 제1-293호, 제정 2000. 9. 27.]

대한민국에 영업소를 설치한 외국회사가 스스로 영업소를 폐쇄한 경우, 법원이 이해관계인의 신청에 의하여 또는 직권으로 대한민국에 있는 그 회사재산의 전부에 대한 청산의 개시를 명하고 청산인을 선임한 경우가 아닌 한, 청산절차를 거치지 않고도 영업소 폐지의 등기를 신청할 수 있다.
(2000. 9. 27. 등기 3402-680 질의회답)

참조 조문 · 규칙 · 예규 · 선례 · 판례

▣ 상법[법률 제13523호, 2015. 12. 1., 일부개정]

第620條(한국에 있는 재산의 청산) ① 전조 제1항의 규정(주: 영업소 폐쇄명령)에 의하여 영업소의 폐쇄를 명한 경우에는 법원은 이해관계인의 신청에 의하여 또는 직권으로 대한민국에 있는 그 회사재산의 전부에 대한 청산의 개시를 명할 수 있다. 이 경우에는 법원은 청산인을 선임하여야 한다.
② 제535조 내지 제537조와 제542조의 규정은 그 성질이 허하지 아니하는 경우 외에는 전항의 청산에 준용한다.
③ 전2항의 규정은 외국회사가 스스로 영업소를 폐쇄한 경우에 준용한다.

▣ 외국회사의 영업소 설치 · 폐쇄등기에 관한 업무처리지침[등기예규 제1537호, 제정 2014. 11. 5.]

제3조(영업소 폐쇄등기) ① 법원이 영업소 폐쇄를 명령하고 영업소 폐쇄등기를 촉탁하는 경우에는 그 재판이 있었음을 증명하는 서면을, 외국회사가 영업소를 폐지하기로 하고 영업소 폐쇄등기를 신청하는 경우에는 영업소의 폐쇄사실을 증명하는 서면을 각각 첨부하여야 한다.
② 등기관은 제1항의 촉탁 또는 신청에 따른 영업소 폐쇄등기를 하는 경우 그 등기기록을 폐쇄하여야 한다. 다만, 해당 등기소의 관할 구역 내에 다른 영업소가 있는 경우와 청산개시명령이 있는 경우에는 그러하지 아니하다.

---

1) 상업등기선례 제1-289호(1074면)와 동일한 취지의 선례
2) 여기서 청산절차는 외국회사 자체의 해산 후의 청산절차를 말하는 것이 아니라 한국 내에 설치한 영업소의 채권 · 채무관계를 정리하는 것을 말한다(『2016 상업등기실무』, 631면). 즉, 대한민국에 존재하는 외국회사의 재산만을 청산하는 속지청산(屬地清算)제도에 따른다.

◐ 선례 해설: 외국회사의 영업소 폐쇄 및 법원의 청산개시명령

1. 외국회사의 영업소 폐쇄

외국회사가 스스로의 결정에 의하여 영업소를 폐쇄한 때에는 한국에서의 대표자의 신청에 의하여, 법원의 폐쇄명령(상법 619조)에 의한 경우에는 법원의 촉탁에 의하여 영업소 폐쇄의 등기를 한다(비송법 101조 2항).

2. 법원의 청산개시명령

법원은 영업소의 폐쇄를 명한 때 또는 외국회사가 스스로 영업소를 폐쇄한 때에 이해관계인의 신청이나 직권으로 대한민국에 있는 회사재산 전부에 대한 청산의 개시를 명할 수 있다. 이 경우 법원은 청산인을 선임하여야 한다(상법 620조 1항).

3. 본 선례의 의미

i) 상법 제620조 제1항의 법원의 청산개시명령은 일정한 경우에 법원의 재량으로 청산개시명령을 할 수 있는 것이므로(※ 청산개시명령을 하여야 한다가 아님), 법원이 이해관계인의 신청에 의하여 또는 직권으로 대한민국에 있는 그 회사재산의 전부에 대한 청산의 개시를 명하고 청산인을 선임한 경우가 아닌 한 외국회사 스스로 청산절차를 거치지 않고 영업소 폐쇄등기를 신청할 수 있으며,

ii) 이 경우 외국회사가 스스로의 결정에 의하여 영업소를 폐지한 때에는 한국에서의 대표자의 신청에 의하여(법 23조), 법원의 폐쇄명령에 의한 경우에는 법원의 촉탁에 의하여 영업소 폐쇄의 등기를 한다(비송법 101조 2항, 93조).

iii) 첨부정보로서 특이한 것은 영업소의 임의폐쇄에 따른 등기신청서에는 외국의 본국 관할 관청 또는 대한민국에 있는 그 나라 영사가 인증한 영업소 폐쇄사실을 증명하는 서면을 첨부정보 제공하여야 한다는 점이다(예규 1537호 3조 1항 참조).[1]

---

1) 위와 달리 이해관계인이 외국회사 청산절차개시 신청을 할 경우에는 지점 등기사항증명서, 이사회결의서 및 번역문, 지점폐쇄사유서, 폐업사실증명원 및 외국기업 국내지사 폐쇄신고서, 납세완납증명, 직원들에게 임금 및 퇴직금을 전액 지급하였다는 소명자료, 재무상태표와 손익계산서, 청산인에 관한 자료 등이 필요하다(『법원실무제요 비송』, 218~219면).

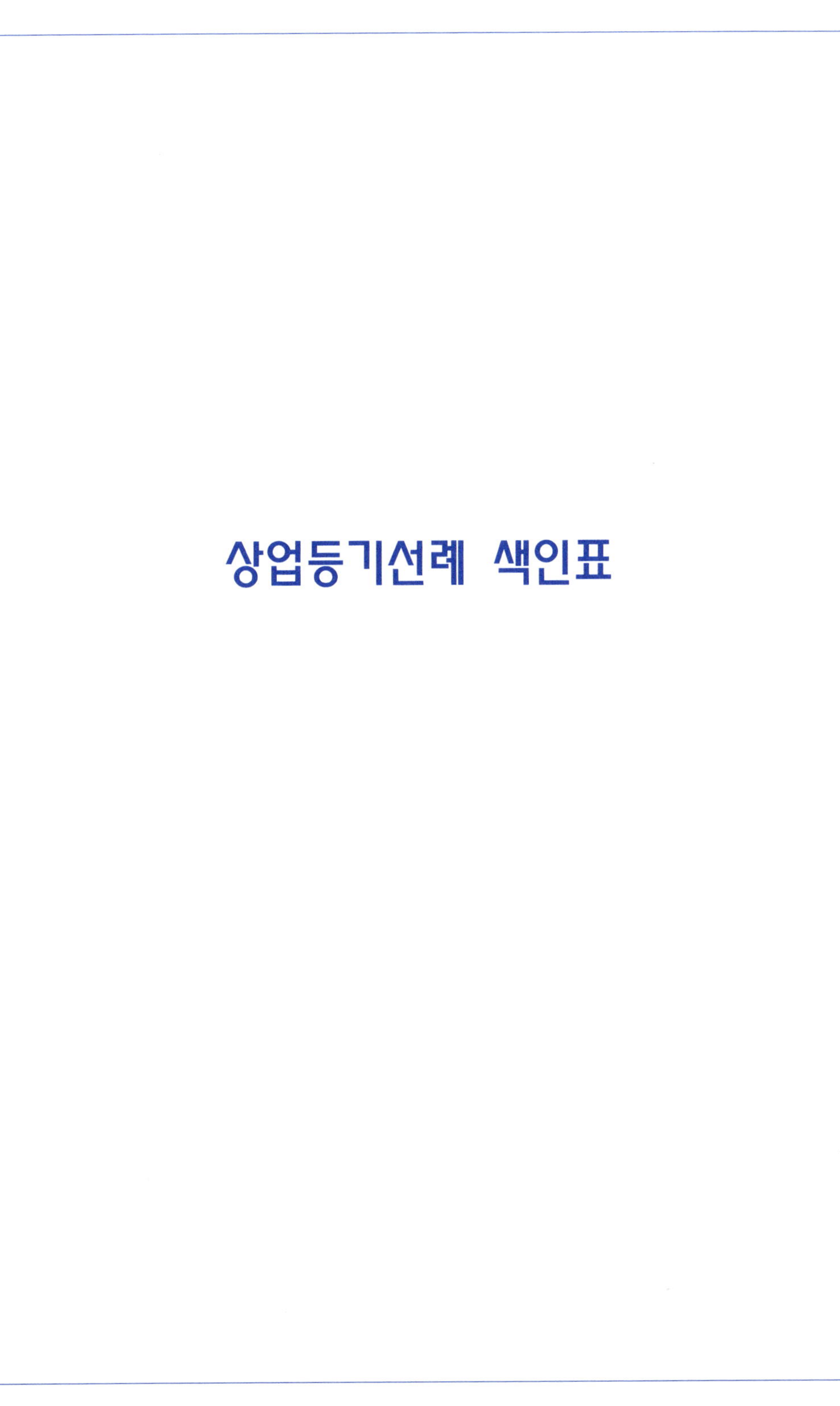

상업등기선례 색인표

※ 색인표를 보기 위한 참조사항

<table>
<tr><th>발표 기간</th><th>권내: 항목별 분류
권별: 제정연월일 순</th><th>항목별 분류</th></tr>
<tr><td>1981.07.01.~1986.12.31.</td><td>『등기선례요지집』 제1권</td><td rowspan="7">『상업등기선례요지집』
(1981. 7. 1.
~2005. 3. 31.)</td></tr>
<tr><td>1987.01.01.~1989.12.31.</td><td>『등기선례요지집』 제2권</td></tr>
<tr><td>1990.01.01.~1993.06.30.</td><td>『등기선례요지집』 제3권</td></tr>
<tr><td>1993.07.01.~1996.06.30.</td><td>『등기선례요지집』 제4권</td></tr>
<tr><td>1996.07.01.~1998.12.31.</td><td>『등기선례요지집』 제5권</td></tr>
<tr><td>1999.01.01.~2001.10.31.</td><td>『등기선례요지집』 제6권</td></tr>
<tr><td>2001.11.01.~2005.03.31.</td><td>* 제정 순으로 선례 발표</td></tr>
<tr><td>2005.04.01.~2015.03.31.</td><td>* 제정 순으로 선례 발표</td><td>『상업등기선례 요지 및 주요선례 해설』
(2005. 4. 1.
~2015. 3. 31.)</td></tr>
<tr><td>2015.04.01.~현재까지</td><td colspan="2">* 이 이후의 선례는 대법원 종합법률정보에서 규칙/예규/선례 중 디렉토리 검색에서 제정 순으로 검색 가능</td></tr>
<tr><td>참 조 사 항</td><td colspan="2">1. 색인표상의 기준은 상업등기선례요지집을 기준으로 작성하였으며, 검색의 편의를 위해 구 상업등기선례번호 혹은 구 등기선례번호를 병기해 두었다.

2. 1981. 7. 1.부터 2005. 3. 31.까지 항목별로 분류한 『상업등기선례요지집』을 제1권으로, 2005. 4. 1.부터 2015. 3. 31.까지 항목별로 분류한 『상업등기선례 요지 및 주요선례 해설』을 제2권으로 하여 선례번호를 부여하였다(아래 예시 참조).
상업등기선례요지집 제1권 10항 = 제1-10호
상업등기선례요지집 제2권 10항 = 제2-10호

3. 선례요지집에 수록되지 않은 2015. 4. 1.이후 발표된 상업등기선례는 대법원 종합법률정보에서 입력하는 검색번호를 표시하였다(예: 제201505-1호).

4. 예규 등의 폐지로 동일 내용의 선례 또한 폐지는 되었으나 실질은 유효한 것은 폐지일자 란에 "0000. 00.00. 유효"라고 표기하여 두었다. 또한 관련 법령 등의 검토를 통해 사실상 폐지된 것으로 판단되는 것은 "사실상 폐지"라고 표기하였다.</td></tr>
</table>

상업등기선례 번호	구 선례 번호	제정일자	폐지일자	면수
제1-1호	등기선례 제3-15호	1991.05.20.		20
제1-2호	등기선례 제3-1033호	1992.04.23.		26
제1-3호	등기선례 제4-16호	1994.07.14.		17
제1-4호	등기선례 제4-163호	1994.09.12.		23
제1-5호	등기선례 제4-968호	1995.02.14.		32
제1-6호	등기선례 제6-752호	2000.08.29.		28
제1-7호	등기선례 제6-753호	2001.01.16.		33
제1-8호	등기선례 제200307-13호	2003.07.24.	사실상 폐지	15
제1-9호	등기선례 제7-549호	2003.08.30.		30
제1-10호	등기선례 제200401-7호	2004.01.12.		34
제1-11호	등기선례 제200410-2호	2004.10.12.		22
제1-12호	등기선례 제2-711호	1987.05.09.		45
제1-13호	등기선례 제2-671호	1987.05.21.		46
제1-14호	등기선례 제4-27호	1994.06.30.		50
제1-15호	등기선례 제6-15호	2000.04.21.		53
제1-16호	등기선례 제200403-19호	2004.03.31.		61
제1-17호		1982.07.16.		94
제1-18호	등기선례 제1-131호	1982.12.31.		95
제1-19호	등기선례 제1-862호	1984.06.15.		65
제1-20호	등기선례 제2-710호	1987.05.08.		68
제1-21호	등기선례 제5-129호	1997.11.05.		83
제1-22호	등기선례 제5-44호	1997.11.05.		84
제1-23호	등기선례 제5-851호	1998.11.13.	사실상 폐지	81
제1-24호	등기선례 제6-681호	1999.03.10.		82
제1-25호	등기선례 제6-685호	2000.10.11.		69
제1-26호	등기선례 제6-88호	2000.11.03.		90
제1-28호	등기선례 제2-674호	1988.08.02.		93
제1-29호	등기선례 제2-675호	1989.03.16.		92
제1-31호	등기선례 제200310-16호	2003.10.14.		159
제1-32호	등기선례 제5-219호	1998.06.29.		189
제1-33호	등기선례 제7-135호	2002.06.27.		190
제1-34호	등기선례 제200305-14호	2003.05.03.		191
제1-36호	등기선례 제3-613호	1990.01.10.		181
제1-37호	등기선례 제5-825호	1998.01.07.		180
제1-41호	등기선례 제200408-14호	2004.08.16.		175
제1-42호	등기선례 제3-1017호	1990.04.12.		135
제1-43호	등기선례 제3-1014호	1992.11.10.		131
제1-44호	등기선례 제3-1018호	1993.03.13.		132
제1-46호	등기선례 제6-726호	1999.04.08.		137
제1-47호	등기선례 제6-710호	2000.04.18.		143
제1-48호	등기선례 제7-520호	2003.10.16.		115
제1-51호	등기선례 제1-856호	1985.11.04.		215
제1-52호	등기선례 제1-857호	1985.12.31.		216
제1-53호	등기선례 제1-859호	1985.12.31.		217
제1-54호	등기선례 제1-860호	1985.12.31.		218
제1-55호	등기선례 제2-676호	1989.05.23.		199
제1-56호	등기선례 제3-936호	1991.01.05.		205
제1-57호	등기선례 제3-937호	1993.03.10.		207
제1-58호	등기선례 제200205-8호	2002.05.15.		213

상업등기선례 번호	구 선례 번호	제정일자	폐지일자	면수
제1-59호	등기선례 제200502-12호	2005.02.18.		201
제1-60호	등기선례 제3-938호	1992.04.28.		237
제1-62호	등기선례 제4-875호	1996.06.21.		96
제1-63호	등기선례 제2-705호	1988.04.29.		252
제1-64호	등기선례 제5-832호	1997.11.21.		250
제1-65호	등기선례 제2-689호	1988.01.13.		257
제1-66호	등기선례 제3-946호	1990.02.16.		266
제1-67호	등기선례 제3-974호	1991.11.20.		268
제1-68호	등기선례 제4-863호	1994.06.03.		263
제1-69호	등기선례 제6-649호	1999.08.17.		260
제1-70호	등기선례 제200501-8호	2005.01.19.		261
제1-72호	등기선례 제2-672호	1987.06.13.		288
제1-73호	등기선례 제2-687호	1987.11.30.		279
제1-74호	등기선례 제4-852호	1994.04.01.		301
제1-75호	등기선례 제5-823호	1997.11.24.		303
제1-76호	등기선례 제5-841호	1998.09.22.		296
제1-79호	등기선례 제6-637호	1999.10.05.		280
제1-81호	등기선례 제2-679호	1989.11.07.		378
제1-83호	등기선례 제5-830호	1997.01.28.		343
제1-84호	등기선례 제5-831호	1997.01.28.		339
제1-85호	등기선례 제5-829호	1997.04.04.		335
제1-86호	등기선례 제5-824호	1997.11.27.		372
제1-87호	등기선례 제6-630호	1999.01.07.		326
제1 88호	등기선례 제6-631호	1999.03.10.		348
제1-90호	등기선례 제6-633호	1999.04.22.		351
제1-91호	등기선례 제6-636호	1999.06.02.		344
제1-92호	등기선례 제200208-14호	2002.08.22.		387
제1-93호	등기선례 제200301-14호	2003.01.27.		349
제1-94호	등기선례 제200302-16호	2003.02.18.		366
제1-95호	등기선례 제200302-17호	2003.02.25.		341
제1-97호		2003.05.20.		375
제1-98호	등기선례 제200309-17호	2003.09.22.		391
제1-100호	등기선례 제1-875호	1985.08.21.		292
제1-102호	등기선례 제3-952호	1992.09.21.		397
제1-103호	등기선례 제1-872호	1984.12.31.		415
제1-104호	등기선례 제1-873호	1985.01.15.		416
제1-107호	등기선례 제4-861호	1994.02.19.	2014.01.01.유효	413
제1-109호	등기선례 제4-866호	1995.12.07.		399
제1-110호	등기선례 제200306-33호	2003.06.27.	사실상 폐지	400
제1-111호	등기선례 제200402-10호	2004.02.04.		425
제1-112호	등기선례 제200408-15호	2004.08.16.	사실상 폐지	401
제1-113호	등기선례 제200410-12호	2004.10.21.		407
제1-115호	등기선례 제1-877호	1986.02.15.		426
제1-116호	등기선례 제1-879호	1986.06.05.		461
제1-117호	등기선례 제2-691호	1988.07.15.		437
제1-118호	등기선례 제2-593호	1988.11.29.		427
제1-119호	등기선례 제3-973호	1990.06.14.	사실상 폐지	448
제1-120호	등기선례 제3-940호	1990.06.21.		438
제1-121호	등기선례 제3-945호	1992.05.19.		455

상업등기선례 번호	구 선례 번호	제정일자	폐지일자	면수
제1-122호	등기선례 제3-951호	1992.08.10.	사실상 폐지	440
제1-125호	등기선례 제3-199호	1993.03.31.		439
제1-126호	등기선례 제4-853호	1994.05.04.		469
제1-127호	등기선례 제4-878호	1995.02.22.		480
제1-128호	등기선례 제5-877호	1997.11.12.		482
제1-129호	등기선례 제6-654호	1999.11.30.		176
제1-130호	등기선례 제200111-11호	2001.11.01.		434
제1-131호	등기선례 제200202-13호	2002.02.02.		456
제1-132호	등기선례 제200304-22호	2003.04.02.		446
제1-133호	등기선례 제200307-11호	2003.07.09.		466
제1-134호	등기선례 제200402-9호	2004.02.04.		433
제1-136호	등기선례 제200402-12호	2004.02.06.		315
제1-137호	등기선례 제200403-16호	2004.03.03.		317
제1-138호	등기선례 제1-871호	1984.12.21.	2014.11.21.유효	495
제1-139호	등기선례 제1-874호	1985.07.29.		492
제1-140호	등기선례 제2-685호	1987.06.13.		571
제1-141호	등기선례 제2-686호	1987.07.31.		494
제1-142호	등기선례 제2-692호	1989.10.18.	2014.11.21.유효	513
제1-143호	등기선례 제2-693호	1989.11.09.	2014.01.01.유효	572
제1-144호	등기선례 제3-947호	1989.04.12.		497
제1-145호	등기선례 제3-953호	1992.12.26.		579
제1-146호	등기선례 제3-979호	1993.05.11.		510
제1-147호	등기선례 제4-873호	1993.09.16.		580
제1-149호	등기선례 제5-834호	1996.10.23.		500
제1-150호	등기선례 제5-852호	1997.04.24.		100
제1-152호	등기선례 제5-842호	1998.10.08.		539
제1-153호	등기선례 제5-843호	1998.11.11.		541
제1-154호	등기선례 제6-642호	1999.04.08.		511
제1-155호	등기선례 제6-643호	1999.04.21.		498
제1-156호	등기선례 제6-680호	1999.05.10.		581
제1-157호	등기선례 제6-645호	1999.05.11.		542
제1-158호	등기선례 제6-655호	1999.12.16.		502
제1-159호	등기선례 제6-657호	2000.01.14.		582
제1-160호	등기선례 제6-659호	2000.04.19.		553
제1-161호	등기선례 제6-707호	2001.08.01.		536
제1-162호	등기선례 제200111-10호	2001.11.01.		535
제1-164호	등기선례 제200304-24호	2003.04.23.		556
제1-165호	등기선례 제200306-31호	2003.06.10.		499
제1-166호	등기선례 제200307-10호	2003.07.08.	사실상폐지	563
제1-168호	등기선례 제200502-13호	2005.02.18.		589
제1-169호	등기선례 제200503-9호	2005.03.15.		564
제1-170호	등기선례 제1-867호	1982.06.18.		613
제1-171호	등기선례 제1-869호	1984.10.22.		647
제1-172호	등기선례 제1-870호	1984.12.13.		696
제1-173호	등기선례 제1-876호	1986.01.27.		622
제1-174호	등기선례 제2-683호	1987.05.19.		770
제1-175호	등기선례 제2-684호	1987.05.21.		740
제1-176호	등기선례 제2-673호	1987.07.07.	사실상 폐지	772
제1-177호	등기선례 제2-688호	1987.12.23.	사실상 폐지	711

상업등기선례 번호	구 선례 번호	제정일자	폐지일자	면수
제1-179호	등기선례 제3-949호	1990.10.31.	2014.11.21.유효	694
제1-180호	등기선례 제4-862호	1994.03.22.		741
제1-181호	등기선례 제5-833호	1996.10.07.	1999.07.12.	717
제1-183호	등기선례 제5-836호	1997.01.31.		710
제1-186호	등기선례 제5-838호	1998.06.23.		683
제1-187호	등기선례 제5-840호	1998.09.07.		661
제1-188호	등기선례 제6-641호	1999.04.08.		765
제1-189호	등기선례 제6-629호	1999.07.12.	2003.10.17.	722
제1-190호	등기선례 제6-651호	1999.08.24.		685
제1-191호	등기선례 제6-652호	1999.09.27.		738
제1-192호	등기선례 제6-653호	1999.10.21.		703
제1-193호	등기선례 제6-700호	1999.10.28.	사실상 폐지	686
제1-194호	등기선례 제6-701호	1999.11.23.	사실상 폐지	687
제1-195호	등기선례 제6-656호	2000.01.13.		743
제1-196호	등기선례 제6-660호	2000.07.03.		730
제1-197호	등기선례 제6-661호	2000.07.13.		715
제1-198호	등기선례 제6-663호	2000.11.08.		697
제1-199호	등기선례 제6-664호	2000.11.08.		731
제1-200호	등기선례 제6-511호	2001.02.13.	사실상 폐지	688
제1-201호	등기선례 제6-665호	2001.04.12.	사실상 폐지	684
제1-202호	등기선례 제6-666호	2001.08.04.		735
제1-203호	등기선례 제200112-19호	2001.12.07.		759
제1-204호	등기선례 제200201-18호	2002.01.02.	사실상 폐지	689
제1-205호	등기선례 제200204-14호	2002.04.09.		700
제1-206호	등기선례 제200206-12호	2002.06.14.	사실상 폐지	691
제1-207호	등기선례 제200206-14호	2002.06.24.		648
제1-208호	등기선례 제200208-15호	2002.08.26.		664
제1-209호	등기선례 제200305-13호	2003.05.02.		336
제1-211호	등기선례 제200307-12호	2003.07.16.	사실상 폐지	692
제1-212호	등기선례 제200310-18호	2003.10.17.		718
제1-213호	등기선례 제1-861호	1981.11.25.		811
제1-214호	등기선례 제5-837호	1997.06.20.		815
제1-215호	등기선례 제6-646호	1999.05.19.		813
제1-217호	등기선례 제6-658호	2000.02.16.		814
제1-218호	등기선례 제200212-14호	2002.12.21.	사실상 폐지	808
제1-219호	등기선례 제200310-17호	2003.10.14.		1011
제1-220호	등기선례 제200406-9호	2004.06.03.	사실상 폐지	809
제1-223호	등기선례 제4-864호	1994.06.20.		608
제1-224호	등기선례 제5-844호	1998.12.10.		418
제1-225호	등기선례 제6-673호	2001.10.31.		914
제1-226호	등기선례 제200501-11호	2005.01.26.		610
제1-227호	등기선례 제1-880호	1982.08.02.		922
제1-228호	등기선례 제3-955호	1991.08.01.		915
제1-229호	등기선례 제3-939호	1992.05.19.		925
제1-230호	등기선례 제3-957호	1992.08.10.	2014.01.09.	894
제1-231호	등기선례 제3-958호	1993.05.24.	2014.01.09.	895
제1-232호	등기선례 제4-865호	1995.06.14.		921
제1-233호	등기선례 제6-668호	1999.03.22.		923
제1-234호	등기선례 제6-640호	1999.04.02.		916

상업등기선례 번호	구 선례 번호	제정일자	폐지일자	면수
제1-235호	등기선례 제6-671호	2000.08.01.		908
제1-236호	등기선례 제6-672호	2001.08.09.		924
제1-237호	등기선례 제6-667호	2001.10.31.	2014.01.09.	896
제1-238호	등기선례 제200202-12호	2002.02.02.		927
제1-239호	등기선례 제200301-15호	2003.01.29.		909
제1-240호	등기선례 제6-634호	1999.04.26.		950
제1-241호	등기선례 제6-670호	1999.05.27.		955
제1-242호	등기선례 제200112-18호	2001.12.04.		944
제1-243호	등기선례 제200201-17호	2002.01.02.		957
제1-244호	등기선례 제200307-14호	2003.07.25.		963
제1-245호	등기선례 제200309-16호	2003.09.01.		940
제1-246호		2003.10.08.		959
제1-247호	등기선례 제200311-13호	2003.11.14.		951
제1-248호	등기선례 제200406-10호	2004.06.03.		960
제1-249호	등기선례 제200408-16호	2004.08.30.		953
제1-250호	등기선례 제6-647호	1999.06.09.		975
제1-251호	등기선례 제6-676호	2000.01.13.		978
제1-252호	등기선례 제200502-11호	2005.02.14.		976
제1-253호	등기선례 제1-882호	1982.11.20.		866
제1-254호	등기선례 제1-883호	1985.05.25.		867
제1-255호	등기선례 제2-702호	1988.12.12.		869
제1-256호	등기선례 제4-870호	1993.11.18.		873
제1-257호	등기선례 제4-872호	1994.09.12.		875
제1-258호	등기선례 제6-677호	2000.06.21.		876
제1-260호	등기선례 제3-950호	1991.02.27.	2014.11.21.유효	1027
제1-262호	등기선례 제6-650호	1999.08.18.		1028
제1-263호	등기선례 제6-510호	2000.12.09.		1017
제1-264호	등기선례 제200204-13호	2002.04.16.		1018
제1-265호	등기선례 제200211-15호	2002.11.20.		1007
제1-266호	등기선례 제200303-15호	2003.03.12.		1019
제1-268호	등기선례 제200306-30호	2003.06.03.		1020
제1-270호	등기선례 제200312-15호	2003.12.31.		1030
제1-271호	등기선례 제2-704호	1987.09.29.		839
제1-272호	등기선례 제2-701호	1988.04.25.		840
제1-273호	등기선례 제3-961호	1990.12.18.		834
제1-274호	등기선례 제3-962호	1993.05.24.		847
제1-275호	등기선례 제5-845호	1998.03.17.		841
제1-276호	등기선례 제5-846호	1998.10.02.		836
제1-278호	등기선례 제3-970호	1992.05.27.		990
제1-279호	등기선례 제3-971호	1993.03.19.		989
제1-280호	등기선례 제5-848호	1997.04.03.		987
제1-281호	등기선례 제200406-11호	2004.06.09.		851
제1-282호	등기선례 제4-868호	1996.03.22.		1045
제1-283호	등기선례 제200206-13호	2002.06.24.		1042
제1-284호	등기선례 제200208-16호	2002.08.26.		1039
제1-286호	등기선례 제2-680호	1988.02.04.		1057
제1-287호	등기선례 제2-678호	1988.04.14.		1062
제1-288호	등기선례 제3-944호	1990.05.22.		1058
제1-289호	등기선례 제3-942호	1992.08.27.		1074

상업등기선례 번호	구 선례 번호	제정일자	폐지일자	면수
제1-290호	등기선례 제5-835호	1997.01.30.		1063
제1-291호	등기선례 제5-826호	1997.07.22.		1067
제1-292호	등기선례 제5-839호	1998.07.08.		1064
제1-293호	등기선례 제6-675호	2000.09.27.		1075
제1-294호	등기선례 제6-639호	2001.08.25.		1065
제1-332호	등기선례 제6-693호	2001.10.31.		420
제1-343호	등기선례 제200502-8호	2005.02.04.		277
제1-373호	등기선례 제200311-12호	2003.11.14.		550
제2-1호	상업등기선례 제200508-3호	2005.08.22.		29
제2-2호	상업등기선례 제200609-1호	2006.09.26.		31
제2-3호	상업등기선례 제200607-1호	2006.07.10.		590
제2-4호	상업등기선례 제201206-1호	2012.06.22.		85
제2-5호	상업등기선례 제201305-2호	2013.05.14.		74
제2-6호	상업등기선례 제201311-1호	2013.11.22.		58
제2-7호	상업등기선례 제200608-1호	2006.08.02.		122
제2-8호	상업등기선례 제200608-3호	2006.08.02.		138
제2-9호	상업등기선례 제200702-1호	2007.02.16.		239
제2-10호	상업등기선례 제201105-1호	2011.05.11.		233
제2-11호	상업등기선례 제201204-1호	2012.04.05.		235
제2-12호	상업등기선례 제200703-3호	2007.03.14.		264
제2-13호	상업등기선례 제200905-1호	2009.05.27.		265
제2-14호	상업등기선례 제201112-1호	2011.12.01.		283
제2-15호	상업등기선례 제200607-2호	2006.07.13.		338
제2-16호	상업등기선례 제201109-1호	2011.09.08.		390
제2-17호	상업등기선례 제201206-3호	2012.06.25.		328
제2-18호	상업등기선례 제201310-2호	2013.10.01.		363
제2-19호	상업등기선례 제201006-1호	2010.06.18.		409
제2-20호	상업등기선례 제200510-2호	2005.10.31.		462
제2-21호	상업등기선례 제200512-2호	2005.12.20.		463
제2-22호	상업등기선례 제200610-1호	2006.10.11.		472
제2-23호	상업등기선례 제200611-1호	2006.11.15.		468
제2-24호	상업등기선례 제200707-5호	2007.07.24.		435
제2-25호	상업등기선례 제200508-5호	2005.08.29.		529
제2-26호	상업등기선례 제200704-1호	2007.04.18.		453
제2-27호	상업등기선례 제200705-1호	2007.05.03.		544
제2-28호	상업등기선례 제200705-5호	2007.05.25.		591
제2-29호	상업등기선례 제200706-3호	2007.06.20.		602
제2-30호	상업등기선례 제200901-3호	2009.01.21.		603
제2-31호	상업등기선례 제200907-1호	2009.07.02.		576
제2-32호	상업등기선례 제200909-2호	2009.09.09.		547
제2-33호	상업등기선례 제201012-2호	2010.12.27.		508
제2-34호	상업등기선례 제201101-2호	2011.01.03.		596
제2-35호	상업등기선례 제201105-2호	2011.05.30.		515
제2-36호	상업등기선례 제201111-2호	2011.11.02.		70
제2-37호	상업등기선례 제201210-1호	2012.10.19.		573
제2-38호	상업등기선례 제201305-1호	2013.05.14.		604
제2-39호	상업등기선례 제201405-3호	2014.05.16.		605
제2-40호	상업등기선례 제200510-1호	2005.10.06.		719

상업등기선례 번호	구 선례 번호	제정일자	폐지일자	면수
제2-41호	상업등기선례 제200611-3호	2006.11.23.		620
제2-42호	상업등기선례 제200701-2호	2007.01.10.		702
제2-43호	상업등기선례 제200706-4호	2007.06.21.		704
제2-44호	상업등기선례 제200805-1호	2008.05.02.		373
제2-45호	상업등기선례 제200508-4호	2005.08.22.		377
제2-46호	상업등기선례 제200702-2호	2007.02.28.	사실상 폐지	693
제2-47호	상업등기선례 제200808-1호	2008.08.28.		669
제2-48호	상업등기선례 제200809-1호	2008.09.03.		374
제2-49호	상업등기선례 제200901-2호	2009.01.21.		379
제2-50호	상업등기선례 제200906-2호	2009.06.10.		783
제2-51호	상업등기선례 제201012-1호	2010.12.07.	사실상 폐지	781
제2-52호	상업등기선례 제201103-1호	2011.03.07.		389
제2-53호	상업등기선례 제201107-3호	2011.07.18.		630
제2-54호	상업등기선례 제201204-2호	2012.04.23.		652
제2-55호	상업등기선례 제201207-1호	2012.07.09.		615
제2-56호	상업등기선례 제201207-2호	2012.07.18.	사실상 폐지	799
제2-57호	상업등기선례 제201208-1호	2012.08.20.		658
제2-58호	상업등기선례 제201208-2호	2012.08.20.		745
제2-59호	상업등기선례 제201211-1호	2012.11.29.		775
제2-60호	상업등기선례 제201304-1호	2013.04.17.		660
제2-61호	상업등기선례 제201306-1호	2013.06.24.		786
제2-62호	상업등기선례 제201310-4호	2013.10.25.		381
제2-63호	상업등기선례 제201310-5호	2013.10.25.		649
제2-64호	상업등기선례 제200701-1호	2007.01.10.		819
제2-65호	상업등기선례 제200704-2호	2007.04.18.	사실상 폐지	810
제2-66호	상업등기선례 제200709-1호	2007.09.11.		723
제2-67호	상업등기선례 제200906-1호	2009.06.03.		816
제2-68호	상업등기선례 제201301-2호	2013.01.10.		823
제2-69호	상업등기선례 제201407-1호	2014.07.08.		828
제2-70호	상업등기선례 제200508-1호	2005.08.01.	사실상 폐지	319
제2-71호	상업등기선례 제201405-2호	2014.05.12.		322
제2-72호	상업등기선례 제200508-2호	2005.08.03.		911
제2-73호	상업등기선례 제200608-5호	2006.08.29.		905
제2-74호	상업등기선례 제200706-1호	2007.06.14.		913
제2-75호	상업등기선례 제200806-2호	2008.06.23.		912
제2-76호	상업등기선례 제200809-2호	2008.09.26.		897
제2-77호	상업등기선례 제201209-2호	2012.09.18.		889
제2-78호	상업등기선례 제201401-1호	2014.01.09.		890
제2-79호	상업등기선례 제200605-4호	2006.05.24.		933
제2-80호	상업등기선례 제200606-1호	2006.06.13.		949
제2-81호	상업등기선례 제200612-2호	2006.12.27.		961
제2-82호	상업등기선례 제200705-2호	2007.05.03.		947
제2-83호	상업등기선례 제200705-3호	2007.05.08.	사실상 폐지	942
제2-84호	상업등기선례 제200908-1호	2009.08.04.		943
제2-85호	상업등기선례 제200909-1호	2009.09.02.		958
제2-86호	상업등기선례 제200605-3호	2006.05.02.		503
제2-87호	상업등기선례 제200605-5호	2006.05.29.		567
제2-88호	상업등기선례 제200606-2호	2006.06.13.		506
제2-89호	상업등기선례 제200701-3호	2007.01.26.		1013

상업등기선례 번호	구 선례 번호	제정일자	폐지일자	면수
제2-90호	상업등기선례 제200701-4호	2007.01.26.		1014
제2-92호	상업등기선례 제201209-1호	2012.09.18.		1025
제2-93호	상업등기선례 제201402-1호	2014.02.26.		1026
제2-94호	상업등기선례 제201404-2호	2014.04.21.		843
제2-95호	상업등기선례 제201107-1호	2011.07.04.		991
제2-96호	상업등기선례 제201101-1호	2011.01.03.		1046
제2-97호	상업등기선례 제200512-5호	2005.12.27.		1060
제2-98호	상업등기선례 제201301-1호	2013.01.09.		1068
제2-101호	상업등기선례 제200507-2호	2005.07.25.		838
제2-105호	상업등기선례 제200611-2호	2006.11.17.		444
제2-114호	상업등기선례 제201206-2호	2012.06.25.		490
제2-115호	상업등기선례 제201310-3호	2013.10.25.		491
제2-116호	상업등기선례 제200511-1호	2005.11.15.		5
제2-144호	상업등기선례 제200512-4호	2005.12.26.		977
제201501-1호		2015.01.08.		1034
제201502-1호		2015.02.10.		593
제201505-1호		2015.05.18.		548
제201507-1호		2015.07.07.		1004
제201507-2호		2015.07.13.		938
제201507-3호		2015.07.22.		187
제201507-4호		2015.07.22.		585
제201508-1호		2015.08.06.		178
제201508-2호		2015.08.19.		971
제201510-1호		2015.10.05.		562
제201511-1호		2015.11.24.		558
제201511-2호		2015.11.24.		161
제201602-1호		2016.02.16.		1005
제201603-1호		2016.03.09.		236
제201604-2호		2016.04.25.		465
제201607-1호		2016.07.05.		870

저자 소개

저자 서 유 석

서울대학교 경영대학 경영학과 졸업
제29회 공인회계사 시험 합격
제19회 법무사 시험 합격
LG생활건강 생활용품사업부 마케팅팀 근무(1987년-1993년)
안건세화 회계법인 회계감사 파트 근무(1994년-1996년)
인천광역시 남구청 결산검사위원
인천사회복지공동모금회 배분분과실행위원
인천광역시 교육청 재정투융자심의위원

현) 예인세무회계·법무사사무소 운영(인천지방법무사회 소속)

연락처: sys1991@hotmail.com

상업등기 질의 · 회신집

-선례해설 및 실무사례-

2015년 2월 28일 제1판 발행
2015년 8월 28일 제2판 발행
2016년 8월 20일 제3판 발행

저자와의
협의하에
인지생략

저 자 : 서 유 석
발행인 : 양 갑 수
발행처 : 법률 & 출판

주 소 : 서울 서초구 법원로2길 7-4. 104호(서초동, 동용빌딩)
전 화 : 02-521-8199 팩 스 : 02-598-0332

등록번호 : 25100-2005-0001100
ISBN: 978-89-97476-50-3 93360

값 65,000원

홈페이지 : www.법률서적.한국